성격심리학

성격에 대한 관점

Charles S. Carver · Michael F. Scheier 공저
김교헌 역

PERSPECTIVES ON PERSONALITY

(7th ed.)

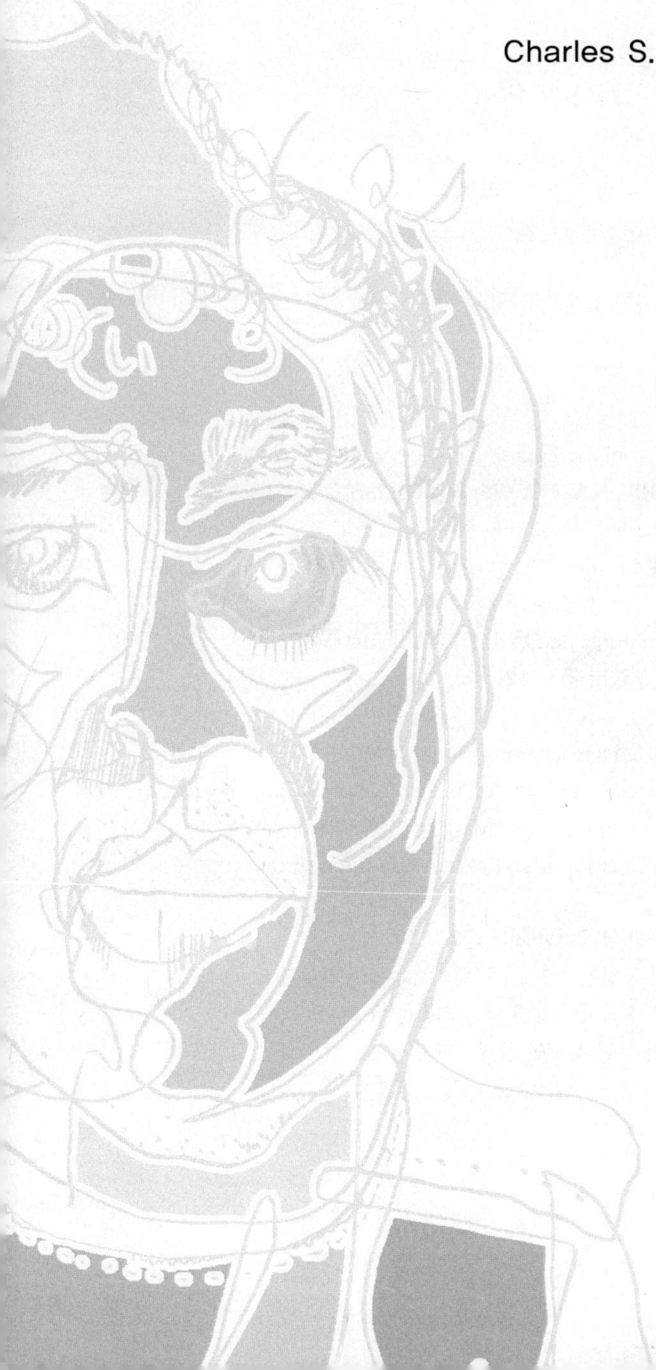

학지사

Authorized translation from the English language edition,
entitled **PERSPECTIVES ON PERSONALITY**, 7th Edition, ISBN: 0205151361
by CARVER, CHARLES S.; SCHEIER, MICHAEL F.,
published by Pearson Education, Inc., Copyright © 2012.

KOREAN language edition published by HAKJISA PUBLISHER,
Copyright © 2012.

역자 서문

2005년 3월 Carver와 Scheier가 저술한 Perspectives on Personality(5판, 2004)을 우리말로 옮겨 『성격심리학: 성격에 대한 관점들』이라는 제목으로 국내에 내놓은 지 어느덧 7년이 넘는 시간이 흘렀다. 그 사이 원 저서는 6판을 거쳐 개정 7판이 2012년에 발간되었다. 적지 않은 번역의 오류를 비롯하여 최신 연구 동향과 결과를 놓치고 있는 기존의 역서를 바라보는 역자의 심정은 착잡했다. 그러나 번역 작업의 어려움과 작업량의 방대함에 대한 두려움으로 차일피일 책임을 회피해 오다가 이제야 개정 7판을 번역 출판하게 되었다. 이 책을 아껴 온 독자에게 그간의 미안한 마음을 전한다.

5판과 6판에 비해 7판에서는 적지 않은 변화가 있었다. 18개의 장이 14개의 장으로 축소되고, 7개의 관점 속에 각각 2개의 장으로 구성되어 있던 성격이론의 내용이 10개의 독립된 관점으로 개별 장을 이루게 되었다. 자아심리학과 개인구성개념심리학의 장은 이번 개정판에서 빠지고, 정신역동적 관점과 학습적 관점은 2개의 장이 1개의 장으로 축약되었다. 책의 전체 분량은 줄었지만 중요 내용은 명확해지고 최신 연구 결과가 풍부하게 추가되어 이전보다 더욱 매력적인 성격심리학 교재로 거듭나게 되었다.

이 책의 매력은 성격에 관한 아이디어와 실증 연구결과를 매끄럽게 연결하여 성격이론의 이해와 활용에 깊이 있는 도움을 준다는 데 있다. 현대 성격심리학에서 아이디어와 연구는 수레의 양 바퀴처럼 본체의 핵심이자 연결축이다. 역자의 경험으로는 성격심리학의 아이디어와 연구를 Carver와 Scheier의 책처럼 잘 소화해서 긴밀하게 연결하고 있는 저술은 찾기 어려웠다. 이 책의 내용이 다른 성격심리학 교재에 비해 다소 어렵고 개별 연구 수준에서 논의되고 있어 이를 정확히 이해하는 데는 어려움이 있을 수 있다. 그러나 이러한 도전은 성격이라는 심리학 하위 분야 중에서도 가장 복잡한 영역에 대한 제대로 된 전문성을 키우기 위해 반드시 거쳐야 할 관문이라고 생각한다. 이 책의 내용을 반복해서 생각해 가며 읽는다면 인간의 개성과 영혼을 과학적으로 조망해 보는 깊은 맛을 느낄 수 있으리라고 확신한다.

개정 7판을 번역하면서 앞선 역서의 미흡한 점을 개선하려 했다. 한글로 바꾸어 표기했던 인명을 다시 원어로 표기해서 발음상의 오류를 수정하려 했다. 가능하면 우리말식의 자연스러운 표현을 사용하려고 노력했다. 이전 판에서 이해하기 어렵거나 이중의 의미를 가질 수 있다고 지적된 문장은 의역해서 가독성을 높이려 했다. 이전 판에서 심미영, 원두리 선생과 함께 했던 번역 작업을 이번에는 김교헌 단독 번역으로 통일성을 높이고자 하였다. 그러나 여전히 부족한 부분이 남아 있음을 자인한다. 저자들의 뜻과 메시지 내용이 제대로 전달되지 못한 데 따르는 책임은 전적으로 역자의 몫이다. 이에 대해 독자들의 끊임없는 지도와 편달을 기대한다.

이 책이 나오기까지 많은 분의 도움이 있었다. 책을 출간할 수 있게 저작권 협약에서부터 까다로운 편집 작업과 표지 디자인에 이르기까지 든든하게 역자를 뒷받침해 주신 학지사 김진환 사장님과 편집부 김경민 차장님께 깊은 감사를 표한다. 개정 5판을 함께 번역했던 심미영, 원두리 선생께도 고마운 뜻을 전한다. 세 사람이 함께 작업했던 첫 시작이 없었다면 이번 번역 작업은 엄두도 내지 못했을 것이다. 충남대학교 심리학과 대학원의 임상 및 건강심리학 교실 학생들에게도 감사하다. 이들과 원 저서를 함께 읽으면서 발표하고 토론하는 과정을 거쳤는데, 그 과정에서 원 저서의 잘못된 표기를 상당 부분 바로잡을 수 있었다.

2010년 여름 대만에서 개최된 제4회 아시아건강심리학회에 초대받아 이 책의 저자 중 한 명인 Carver 박사와 같은 숙소에서 여러 날을 함께 보냈다. 그는 매우 신중하면서도 따뜻한 성격의 소유자였으며, 한국에 대해서 각별한 관심을 표하였다. 성격을 더 깊이 있게 이해하고 연구할 수 있는 훌륭한 책의 저술로 많은 이에게 도움을 준 저자들에게도 지면을 빌려 고마운 마음을 표하고 싶다.

2012년 8월

김교헌 씀

저자 서문

이 책 『성격심리학: 성격에 관한 관점(Perspectives on Personality)』 7판(7th ed.)은 인간의 성격이라는 삶의 가장 흥미로운 주제를 검토한다. 책 제목이 암시하듯 성격에 관한 많은 관점이 있으며, 이는 인간의 본성에 대해 생각하는 방식에 해당한다. 이 책은 현대 성격심리학자가 가지는 광범위한 시각에 대해 기술한다.

이번 7판에서도 동일하게 유지되는 것은 무엇인가

전판과 동일하게, 이 책에도 우리가 강하게 믿고 있는 두 가지 신념이 반영되어 있다. 첫 번째는 성격에 관한 입문에서 가장 중요한 것은 아이디어ideas라는 생각이다. 우리는 이 책 전반을 통해서 성격에 관한 아이디어를 강조한다. 그래서 각각의 이론적 관점에서 제시되는 아이디어를 가능하면 명료하게 드러내는 데 일차적인 초점을 맞추었다.

두 번째는 연구research가 성격심리학에서 매우 중요하다는 믿음이다. 아이디어와 직관은 그 자체로도 가치가 있지만, 그 아이디어가 주장하는 바처럼 실제로 그렇게 작동하는지를 확인하지 않고 장시간 방치해서는 안 된다. 이런 이유로 우리는 각 이론의 아이디어에 더해서 그와 관련되는 연구에 관해서도 상세히 논의한다. 연구의 역할에 대한 강조는 성격심리학이 지금도 계속 진행되고 있는 과학적 탐구의 살아 움직이는 역동적 과정임을 의미한다.

이전 판에서와 유사하게, 우리는 이 책에서 논의되는 개별 시각view point이 성격에 대한 하나의 관점perspective이라는 아이디어에 초점을 맞춘다. 특정한 방향의 시각은 각 이론가가 성격을 설명하고 연구해 가는 일종의 각角, angle이라는 의미다.

각 관점은 인간 본성에 대한 기본 가정을 반영한다. 개별 관점에 관한 각각의 장에는 그 관점에서 바라본 성격평가에 대한 논의와 문제가 어떻게 발생하고 치료되는가에 관한 논의가 포함된다. 각 장은 그 이론의 문제에 관한 논의와 전망에 대한 필자들의 예상으로 마무리된다.

이 책에서 제시되는 장들은 저자들에게 의미 있는 순서대로 편집되었지만, 독자들은 자신의 취향대로 읽어도 무방하다. 각 장은 어느 정도 그 자체로 완결성을 갖도록 노력했다. 그래서 특정 장이 앞서 제시된 장과 연결되는 경우에도 앞선 장을 미리 보지 않고도 이해가 되도록 책을 저술하려 했다. 그러나 한두 가지 예외도 있다. 우리는 특성적 관점을 상대적으로 더 여러 차례 언급하고 있으므로 이에 관한 장(4장)을 먼저 읽는 것이 가장 좋을 것이다. 심리사회적 관점에 앞서 정신분석적 관점을 소개하는 것도 역사적 의미가 있는데, 심리사회적 관점은 정신분석적 관점에서 직접 유래했기 때문이다.

이전 판과 마찬가지로, 마지막 장에서 각 장에서 제시된 상이한 시각이 서로 어떻게 관계되는가를 다루었다. 마지막 장의 주목적은 앞선 장에서 서로 분리해서 다루었던 이론의 아이디어를 함께 묶어 보려는 것이다. 두 번째 목적은 이론을 상호 경쟁적인 것보다는 상호 보완적인 것으로 보고, 이론을 서로 섞으면 어떤 유용성이 있는가를 생각해 보려는 것이다.

이번 개정판에서도 우리는 책의 내용이 보다 쉽게 전달될 수 있게 하려고 많은 애를 썼다. 독자가 아이디어에 끌리도록 덜 딱딱하고 구어체적인 표현 양식을 사용하려 했으며, 각 아이디어가 우리 자신의 삶에 어떻게 적용될 수 있는지를 보여 주는 예를 제시했다. 우리는 이 책이 정보가 풍부할 뿐만 아니라 재미있고 즐길 만했으면 한다.

이번 판에서 달라진 점은 무엇인가

이번 7판은 몇 가지 중요한 변화도 포함하고 있다.

두 경우에서 2개의 장으로 분리되어 있던 것을 1개의 장으로 묶었다. 이전 판에서는 정신역동적 관점과 학습적 관점이 다른 관점에 비해 더 많은 관심을 받고 있다는 생각에서 2개의 장으로 분리해서 기술했는데, 이번에는 새로운 균형을 취했다.

자아심리학과 개인구성개념심리학 관점에 해당하는 2개의 장은 생략했다. 그러나 이에 관한 아이디어는 다른 장에 글상자 내용으로 남아 있다. 솔직하게 말해서, 이 2개의 장은 현행 성격심리학자들이 시대에 뒤떨어진 것으로 보는 듯하다. 다른 영역의 활동에서와 마찬가지로, 우리는 이런 주제에 대해 너무 많은 지면을 할애하는 것은 합리적이지 못하다고 느꼈다.

이런 변화로 책은 종전에 비해 보다 얇고 간명해졌다. 2개의 장을 1개의 장으로 묶는 경우에도 그 내용이 너무 길어지지 않도록 노력했다. 우리는 이번 판을 가능하면 얇게 만들려고 노력했다.

성격에 대한 관점이라는 감感에 다시 초점을 맞추려 했다. 이번 판에서 우리는 성격에 관해 완전하게 설명해야 한다는 압박보다는 특정 이론이 제공하는 특장特長에 해당하는 아이디어에 명시적으로 초점을 맞추었다. 각 장은 인간 경험을 바라볼 수 있는 창窓이 되는 인간 본성에 관한 하나의 정향성orientation을 제공한다. 그래서 각 장은 개별 이론이 제공하는 저마다의 창을 통해 무엇이 보이는가에 관한 그림을 보여 준다.

거의 모든 장에서 새로운 연구와 정보가 추가되었다. 200편 이상의 새로운 참고문헌을 보강했다. 환경과 상관되고 상호작용하는 유전자의 역할을 다루는 '새로운' 행동유전학과 유전자 발현에 대한 후성유전학의 영향을 포함하는 주제가 보강되었다. 새로운 정보를 많이 추가하면서도 우리는 책의 장 분량은 줄였다.

『성격심리학: 성격에 관한 관점』 7판에 관해 더 많은 정보를 원하는 독자는 웹페이지(www.abacon.com/carver)를 참고하기 바란다.

/ 차례 /

제1장

성격심리학이란 무엇인가

- 성격의 정의
  - 사람들은 왜 일상에서 성격이란 개념을 사용하는가
  - 실무적 정의
  - 성격심리학의 두 가지 기본 쟁점
- 성격심리학의 이론
  - 이론은 어떤 구실을 하나
  - 이론의 평가: 연구의 구실
  - 좋은 이론을 만드는 기타 요소
- 성격에 대한 관점
  - 이 책에서 검토되는 관점
  - 관점에 대한 재고
- 각 장의 조직
  - 평가
  - 행동 문제와 행동 변화
- 요약

사 례

수와 릭은 두 사람 모두 대학 3학년일 때 철학 수업에서 만났다. 그들은 데이트를 시작했고 관계는 점차 깊어져 갔다. 2년이 지난 지금 그들은 결혼에 대해 진지하게 이야기하고 있다. 수는 릭에 대해 이렇게 이야기한다. "릭은 잘생기고 머리가 좋아요. 릭은 요리와 같은 남자들이 알 거라고 기대하기 힘든 여러 가지 일을 어떻게 하는가도 잘 알고 있어요. 그러나 가장 좋은 점은 어떻게 말해야 될지 잘 모르겠지만 정말 성격이 좋다는 거예요."

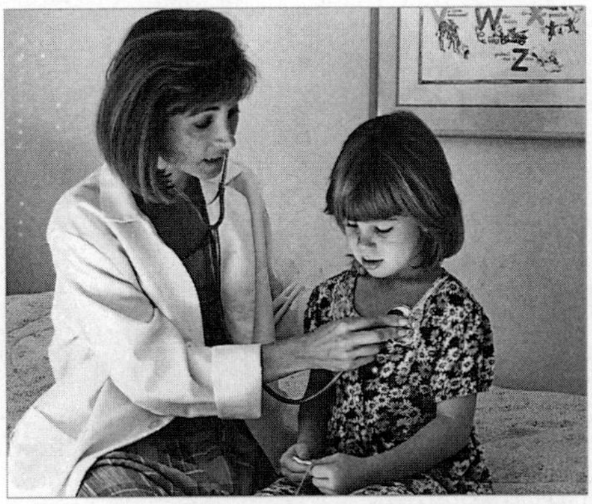

• • •
성격은 여러 상이한 맥락에 걸친 행동의 일관성을 창조해 낸다. 사진 속의 이 여성은 여러 상황에서 따뜻하게 남을 돌보는 특성을 보인다.

사람들은 결혼 배우자를 고를 때 어떤 자질을 중요하게 보아야 하는가 고민한다. 대다수 사람은 유머감각이 있고 잘생기고 낭만적인 것을 들고 있으나, 언제나 최우선 순위로 등장하는 항목은 성격이다. 대부분의 사람은 바로 성격 좋은 사람을 배우자감으로 원한다. 이 말은 무엇을 의미하는가? 당신의 친구 중에서 성격 좋은 한 친구에 대해 이야기하려고 한다면, 당신은 뭐라고 말하겠는가? "릭이 끝내 주는 성격을 가졌다…."라고 한다면 도대체 릭이 어떻다는 말인가?

어떤 사람의 성격을 기술하는 일은 그 사람의 진수를 묘사하려는 시도다. 이 작업은 그 사람에 관해 알고 있는 여러 가지 정보에서 무엇인가를 정제해 내는 과정이다. 즉, 그 사람에 관한 다량의 정보를 취해서 소수의 특성 조합으로 줄이는 작업을 의미한다. 성격은 사람들이 '말하고 행동하는 바', 그리고 자신의 행위에 저마다의 고유한 개성이라는 도장을 찍어 주는 스타일에 해당하는 '무엇을 어떤 방식으로 행하는가'를 반영한다.

성격의 정의

누군가의 성격을 묘사하는 작업은 심리학자가 되는 일과 유사하다. 사람들은 누구나 다 가끔씩은 심리학자가 된다. 왜냐하면 사람들은 때때로 다른 사람은 어떤가에 대해 이해하려고 하면서 시간을 보내기 때문이다. 당신이 누군가를 어떻게 묘사하고 그런 묘사가 당신에게 무엇을 의미하는가를 생각할 때, 당신은 심리학자가 공식적으로 하는 작업을 비공식적으로 실천하고 있는 것이다.

당신이 일상에서 하는 작업과 심리학자가 하는 작업은 초점이 조금 다르다. 일상어로서 성격이라는 용어를 사용할 때는 특정한 사람(예, 릭)의 특정한 성격에 초점을 맞추는 경향이 있다. 이에 반해 심리학자는 보다 추상적인 측면에 초점을 맞춘다. 심리학자가 성격personality이라는 용어를 사용할 때는 모든 사람의 성격이 갖추고 있는 일반적인 개념을 의미한다.

일반적이고 추상적인 방식으로 조망한다면 성격은 무엇일까? 심리학자는 성격을 어떻게 정확하게 정의할 수 있을까에 대해 오랫동안 논쟁해 왔다. 성격에 관한 많은 정의가 제안되었지만 아직 어느 정의도 이구동성으로 수용되지는 못하고 있다. 성격은 여전히 실체를 잡기가 어려운 매우 미묘한 개념이다.

사람들은 왜 일상에서 성격이란 개념을 사용하는가

성격 개념을 정의하기 위해, 우리는 그 단어가 왜 사용되고 있는가를 먼저 생각해 볼 필요가 있다. 단어의 용처를 이해하면 그것이 무엇을 의미하는가를 정하는 데 도움이 될 것이다. 당신이 성격이라는 단어를 사용할 때, 다른 단어가 아닌 왜 그 용어를 사용하는가?

성격이라는 단어를 택하게 되는 한 가지 이유는 어떤 사람에 관한 일관성consistency이나 연속성continuity의 느낌을 전달하려는 것이다. 몇 가지 종류의 일관성이 있겠지만, 이 모두는 성격이라는 개념을 연상시킨다. 당신은 여러 시기에 걸친 일관성(그녀는 당신을 처음 만났을 때도 말을 많이 했는데, 몇 년이 지난 지금도 이야기를 도맡아 한다)을 볼 수도 있고, 유사한 상황에 걸친 일관성(앙드레는 식당의 웨이터에게 매우 공손하며 당신이 그와 함께 식사할 때마다 늘 그렇다)을 관찰할 수도 있다. 심지어는 서로 꽤 달라 보이는 상황에 걸친 일관성(빅토리아는 상점과 직장에서뿐만 아니라 파티에서도 주위 사람에게 명령하는 경향이 있다)을 깨달을 수도 있다. 이런 예에서 당신은 상대방이 모든 시간과 상황에서 일관된 방식으로 행위한다(혹은 말하거나 생각하거나 감정을 느낀다)고 느끼기 때문에, 그 사람이 어떤 경우에나 동일한 인물임을 믿어 의심치 않는다는 느낌을 갖는다. 성격이라는 단어를 사용하는 한 가지 이유는 이와 같이 한 사람 내부의 일관성이나 연속성에 관한 느낌을 전달하고 싶기 때문이다.

성격이라는 단어를 사용하는 두 번째 이유는 그 사람이 행하고 있는(혹은 생각하거나 느끼고 있는) 것이 본인 내부에서 유래한다는 느낌을 전달하고 싶어서다. 행동이 그 사람의 내부에서 유래한다는 생각은 다시 언급할 가치가 없어 보일 정도로 자명해 보인다. 그럼에도 성격이라는 용어는 사람 내부에서 나오는 인과적 힘으로 그 사람이 어떻게 행동하는가에 영향을 미친다는 의미를 전달한다. 그러나 실상 성격이 행동의 원인이라기보다는 중요한 행동의 결과라고 주장할 만한 상당한 이유도 있다(Ozer & Benet-Martínez, 2006; Roberts, Kuncel, Shiner, Caspi, & Goldberg, 2007).

우리는 다른 사람(심지어는 자신)의 행동을 예측하고 이해하려 할 때, 위에서 기술한 성격의 두 가지 개념을 함께 결합해서 사용한다. 행동을 예측하는 일은 매우 중요할 수 있다. 당신에게 내년 한 해 당신과 함께 같은 방을 사용할 사람을 고르라고

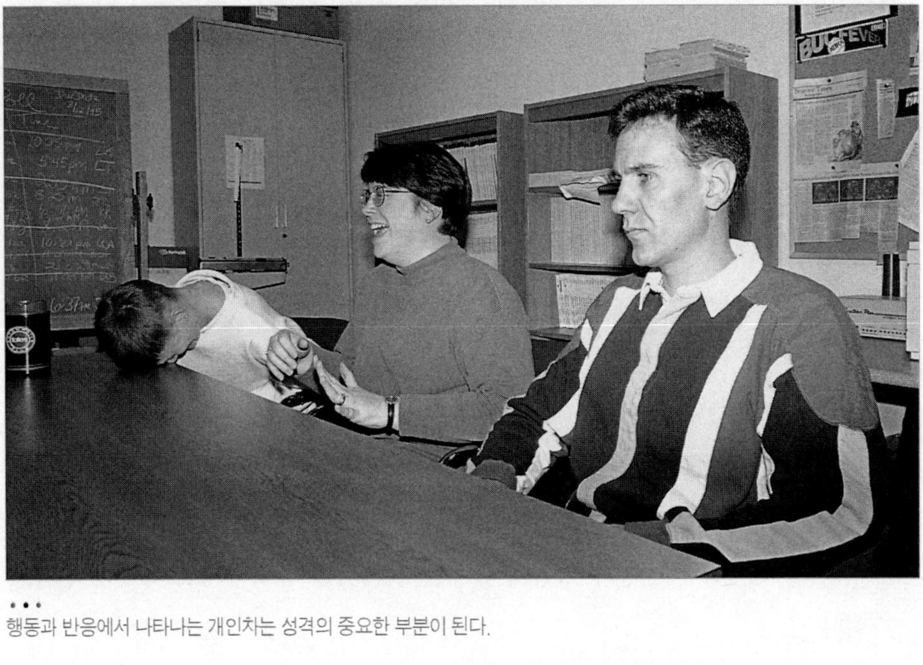

• • •
행동과 반응에서 나타나는 개인차는 성격의 중요한 부분이 된다.

한다면, 당신은 아마 자신이 과연 그 사람과 잘 지낼 수 있을까를 예측해 보려 할 것이다. 약속 시간에 늘 늦게 오는 친구에게는 영화가 실제로는 8시 반에 시작하더라도 8시에 시작한다고 말할 수 있는데, 그 친구가 약속 시간보다 어느 정도 늦게 도착할 것이라고 예측할 수 있기 때문이다. 이런 예측에서 한 가지 중요한 정보원은 상대방의 성격이 어떤가에 대한 당신의 견해다.

성격이라는 단어는 또 다른 이유로도 사용된다. 그 이유는 소수의 현저한 특징이 그 사람의 행동에서 매우 지배적이기 때문에 그것이 그 사람에 대한 요약이 된다는 느낌을 전달하려는 것이다. 예를 들어, 카렌이 사교적인 성격이라는 말은 사교성이 그녀의 행동에서 두드러짐을 의미한다. 타냐가 적대적인 사람이라는 말은 적대감이 그녀의 핵심 특징임을 뜻한다. 어떤 사람에게서 가장 두드러진 특징을 집어내어 이야기하는 것은 그 특징이 그 사람의 진수를 보여 주는 것이기 때문에 성격 개념을 떠올리게 한다.

사람들이 성격이라는 단어를 사용하는 이유에 대해 탐색해 봄으로써 우리는 성격의 정의에 한 걸음 더 다가갔다. 즉, 성격이란 단어는 일관성, 개인 내부의 원인 및 독특성의 느낌을 전달한다. 이런 성격의 속성은 성격에 관한 모든 정의에 포함되어 있다.

실무적 정의

다음에 성격에 대한 한 가지 정의가 있다. 우리는 이 정의가 '정답'이라고 여기지는 않지만 어느 정도 정답에 가깝다고 생각한다. 우리는 Gordon Allport(1961)가 내린 정의를 조금 변형해서 성격personality을 "한 개인의 독특한 행동과 사고 및 감정의 패턴을 창조해 내는, 개인 내부에 있는 심리신체 체계의 역동 조직"으로 정의한다.

이 정의는 다음과 같은 몇 가지 요점을 지적한다.

- 성격은 개별 조각의 단순한 축적이 아닌 조직이다.
- 성격은 수동적 존재가 아닌 일종의 과정이다.
- 성격은 심리적 개념이나 물리적 신체와도 복잡하게 연결되어 있다.
- 성격은 그 사람이 세상과 어떻게 관계를 맺는가를 결정하게 도와주는 인과력이다.

- 성격은 재현과 일관성을 특징으로 하는 패턴patterns으로 드러난다.
- 성격은 한 가지 방식이 아닌 다양한 방식의 행동, 사고, 감정으로 드러난다.

이러한 정의는 많은 것을 포괄한다. 성격을 개념화할 때 포함해야 할 몇 가지 요소를 지적하고 있다. 그러나 위의 정의가 '어느 정도 좋다'는 의미이지 완벽하다는 것은 아니다. 이렇게 주의 깊게 성격을 정의해도 중요한 일부 요소는 우리 손가락 사이를 술술 빠져나가 버린다. 성격심리학자는 오랫동안 이런 미묘한 문제와 씨름해 왔다.

성격심리학의 두 가지 기본 쟁점

두 가지 주제가 성격에 관한 논의에서 두드러진다. 그 하나는 개인차individual differences의 존재에 관한 것이다. 세상 사람들은 모두가 서로 다르다. 일란성 쌍둥이의 경우도 서로 똑같지 않다. 어느 두 사람도 완벽하게 같지는 않다. 어떤 사람은 전반적으로 행복하고 어느 사람은 슬프다. 어떤 이는 사교적이고 다른 이는 수줍어한다. 앞서도 말했듯이, 성격이라는 말을 쓰는 한 가지 이유는 어떤 사람의 중심 특성을 집어내기 위해서다. 만약 사람들이 서로 구별되지 않는다면 이런 일은 할 수가 없다. 그래서 개인차 혹은 개성이라는 개념이 성격이라는 용어의 일상 용례에서 핵심이 된다.

개인차는 성격을 이해하려고 하는 이론가에게도 중요하다. 성격에 대한 어떤 접근법이 유용하려면 개인차에 대해 이야기할 수 있는 무언가를 지니고 있어야 한다. 성격을 제대로 헤아리기 위해서는 그 개인차가 어디에서 유래하는가에 대해 설명할 수 있어야 한다. 아울러 그 개인차가 왜 중요한가에 대해서도 고려할 수 있어야 한다.

다른 하나의 쟁점은 개인 내 기능intrapersonal functioning이라고 부르는 것이다. 개인 내 기능은 그 개인 내부에서 발생하는 일련의 과정, 즉 Allport(1961)가 성격을 정의하면서 체계system의 "역동적 조직"이라고 불렀던 바로 그 과정을 뜻한다. 이런 아이디어는 성격이 당신이 접하게 되는 각 상황에서 똑같이 찍어 내는 고무도장 같은 것이 아니라는 점을 알려 준다. 그보다는 당신이 행하는 바로 그 방식으로 행동하게 이끄는, 당신 내부에서 진행되는 과정을 의미한다. 이와 같은 과정은 비록 상이한 상황에서 상이한 방식으로 행동하는 경우라고 하더라도 그 사람 내부에 어떤 연속성이 있다는 느낌을 창조해 낸다. 즉, 상이한 상황에서 다른 결과가 초래되더라도 동일한 과정이 관여되어 있다고 느낄 수 있게 해 준다.

예를 하나 들어 보자. 일부 심리학자는 인간의 행동이 동기의 산물이라 믿는다. 그런데 동기적 경향성은 시간과 상황의 변화에 따라서 올라가기도 하고 떨어지기도 한다. 특정 시점에서 가장 강력한 동기가 그 시점에서의 행동을 결정한다. 그래서 사람들은 4시간 동안 혼자서 일을 하다가, 다음 몇 시간은 다른 사람과 어울리고, 그다음 저녁을 먹고, 그다음은 독서를 하는 방식으로 행동한다. 이런 행동은 서로 다르지만 모두가 그날의 각 시점이나 상황에서 변화해 가는 동기의 강도에서 유래한다는 점에서 동일하다. 성격에 대한 이런 견해에서는 동기가 핵심 변인이다. 이 견해에서는 동기의 강도가 변화하는 것이 개인 내 기능의 과정이다.

이것은 단지 개인 내 과정의 한 예에 불과하며 이와 다른 종류의 과정도 가정할 수 있음은 물론이다. 어떤 종류의 과정을 가정하느냐에 관계없이 과정이라는 아이디어 그 자체가 중요하다. 보다 완전한 성격이론이 되기 위해서는 성격의 기초가 되는 과정과 그것이 어떻게 그리고 왜 작동하는가를 이야기할 수 있어야 한다.

성격에 대한 다양한 접근법은 이런 두 가지 쟁점 중에서 어느 것을 어느 정도나 강조하는가에 따라 다르다. 어떤 접근은 개인 내 과정을 강조하고 주로 개인 내 과정에 대한 아이디어가 풍부하다. 이에 반해 어떤 접근은 개인의 독특성을 성격의 가장 중요한 측면으로 취급하며 내부에서 발생하는 과정에 대해서는 모호한 입장을 취한다. 이런 강조점의 차이가 성격이론의 다양성을 빚어낸다.

성격심리학의 정의가 무엇인가에 대해 왜 이렇게 긴 이야기를 늘어놓게 되는가? 우리는 이 책에서 당신에게 이론가의 역할을 부여하려 한다. 이론가는 자신이 이해하기를 원하는 인간 경험의 측면이 무엇인지를 제대로 알고 있어야 한다. 이는 이론을 제대로 이해하기 위해서도 마찬가지다.

성격심리학의 이론

이 책의 많은 부분은 일련의 이론 원칙에 관한 내용이다. 이렇듯 이론이 매우 중요하기 때문에 이론이 무엇이고, 어떤 구실을 하며, 어떻게 평가되는가에 대해 얼마간의 시간을 할애해야 한다.

이론은 어떤 구실을 하나

이론이란 무엇인가? 이론theory은 특정한 종류의 사건에 관한 원리의 집합이나 요약 진술이다. 다르게 이야기하면, 이론은 특정 유형의 사건에 관해 어떻게 생각하는가에 관한 아이디어의 집합이다. 이론은 매우 특정한 사건에만 적용될 수도 있고 광범위한 사건에 적용될 수도 있다. 심리학의 일부 이론은 단일 신경세포 내에서 일어나는 과정에만 관심을 보이는 반면, 다른 이론은 친밀한 관계를 맺거나 체스 게임을 하거나 세상을 더 풍요롭게 살아가는 것과 같은 좀 더 복잡한 행동에 관심을 갖는다.

이론은 두 가지 목적을 갖는데, 이는 무엇에 관한 이론이든 동일하다. 첫 번째 목적은 그것이 관심을 보이는 현상을 설명하는 것이다. 이론은 언제나 이미 사실이라고 알려진 어떤 것을 설명하는 하나의 방식을 제공한다. 예를 들어, 생리적 입장을 취하는 일부 성격 이론가는 유전이 성격에 영향을 미친다고 생각한다. 이런 아이디어는 왜 아동이 특정 사건에 대해 자기 부모와 유사한 방식으로 반응하는가(우리가 사실로 알고 있는 현상)를 설명하는 한 가지 방법을 제공한다.

성격에 관한 모든 이론은 적어도 성격의 일부 현상에 대한 설명을 제공한다. 설명이라는 이론의 첫 번째 목적은 근본에 해당한다. 이미 사실이라고 알려져 있는 것의 일부분이라도 설명하지 못한다면 그 이론은 쓸모가 없다.

이론의 두 번째 목적은 아직 사실인지 아닌지 확실하게 알지 못하는 어떤 가능성을 제안하는 것이다. 달리 말하면 이론은 새로운 정보를 예측하게 해 주어야 한다. 성격 이론은 당신이 아직 알아볼 생각을 하지 않은 혹은 어느 누구도 탐구해 보지 않은 미래의 어떤 것을 예측할 수 있게 해 주어야 한다. 심리학자는 이에 큰 흥미가 있다.

심리학자는 일반적으로 다수의 사람에 관해 예측하기를 원한다. 그러나 동일한 원리가 당신 자신의 삶을 예측하려 할 때도 동일하게 적용된다. 성격이 어떻게 작용하고 그것을 사용해서 당신의 룸메이트가 당신이 전에는 관찰해 본 적 없는 상황에 대해 어떻게 반응할 것인가를 예측하는 일은 매우 흥미롭다. 당신의 예측이 맞아떨어진다면 특히 그러할 것이다!

이론의 예측 기능은 설명 기능보다 더 미묘하고 어렵다. 그 어려움은 부분적으로는 대다수의 이론이 어느 정도의 모호성을 포함하고 있다는 사실에 기인한다. 이런 모호성은 흔히 정확한 예측이 무엇이 되어야 하는가를 불분명하게 만든다. 실상 이론의 범위가 넓으면 넓을수록(설명하려는 것이 더 많으면 많을수록) 예측은 더 모호해진다. 지금까지 보아 왔듯이, 성격은 매우 광범위하고 추상적인 개념이다. 그래서 성격이론은 그 범위가 넓고 복잡하다. 그 결과로 특정 성격이론을 사용해서 매우 특정한 예측을 구성해 내기가 쉽지 않을 때가 적지 않다.

이론의 평가: 연구의 구실

심리학자는 특정 이론이 좋은가의 여부를 어떻게 결정하는가? 이론의 예측 기능을 이야기하면서 우리는 오늘날의 성격 이론가가 지니고 있는 많은 편향을 드러낸다. 이론은 검증 가능해야 하고 검증되어야 한다. 어떤 이론이 지지받는 예측을 생산하고 있는가를 알아보는 일은 매우 중요하다.

여기서 우리가 말하는 바의 의미를 보다 구체화하려고 한다. 성격은 심리학자가 아닌 일반 사람에게도 매우 중요하다. 성격은 신학자, 철학자, 예술가, 시인, 소설가, 작사가 등에게 사색의 중요한 소재였고, 그들 중 상당수가 성격에 대한 의미 있는 직관적 이해를 얻었다. 우리는 이런 직관적 이해의 중요성을 폄하하려는 것은 아니다. 그러나 그것으로 충분한가?

사람들은 이 질문에 대해 다양한 의견을 보인다. 많은 사람은 성격에 대한 직관적 이해 자체가 가치 있다고 생각한다. 심지어 성격심리학자 중의 일부도 이런 의견에 동의한다. 성격심리학의 아버지로 불리는 Sigmund Freud는 자신의 아이디어가 다른 사람의 연구에 의해 지지를 받는지의 여부에 별 관심이 없었다. 그는 자신의 직관 그 자체만으로 충분하다고 보았다.

그러나 오늘날 심리학의 주된 견해는 어떤 아이디어가 그 자체로는 정말 멋진 것일지라도 그 내용을 신뢰하기에 앞서 검증이 선행되어야 한다고 본다. 겉으로 보기에는 진실로 보이던 것이 종국에는 허위로 판명되는 경우가 많다. 불행하게도 우리 인간은 어떤 아이디어가 멋지고 옳은지, 어떤 아이디어가 멋지지만 옳지 않은지 그것을 검증해 보기 전에는 알 수가 없다. 이런 이유 때문에 오늘날의 성격심리학은 증거를 매우 중요하게 보는 과학의 영역이 되었다. 연구 결과는 이론의 예측과 일치할 수도 있고 불일치할 수도 있다. 그에 따라 이론은 지지되거나 기각된다.

이론이 연구를 위한 예측을 생성하는 데 사용될 때는 [그림 1-1]과 같은 연속적인 상호작용이 발생한다. 만약 이론이 예측을 생성하면, 연구 결과는 그 예측을 검

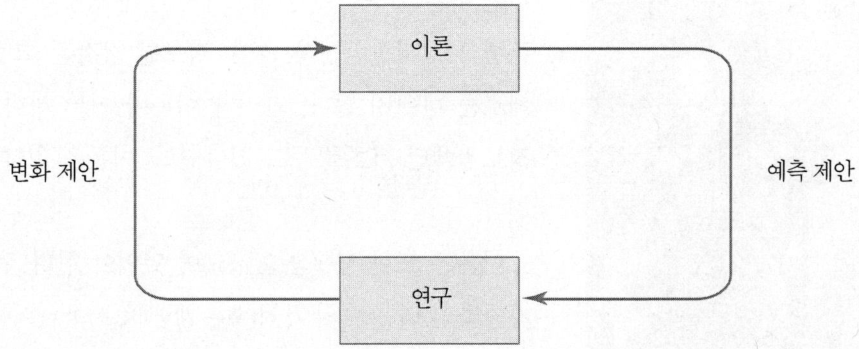

[그림 1-1]

성격심리학에 대한 과학적 접근에서는 이론과 연구 사이에 연속적인 순환관계가 있다. 이론은 검증되어야 할 예측을, 연구의 결과는 새로운 이론 혹은 수정 이론을 제안한다.

증한다. 연구는 종종 이론을 지지하는 결과를 내기도 하지만 그렇지 않거나 부분적 지지만을 제공하는 결과를 내기도 한다. 이런 연구 결과는 이론의 한계를 보여 주는 것이다. 그래서 어떤 조건하에서는 예측이 정확하지만 다른 조건하에서는 그렇지 않다. 이러한 발견은 이론의 수정을 유도한다.

일단 수정된 뒤의 이론은 옛 이론과 같은 것이 아니기 때문에 다시 검증되어야 한다. 수정된 이론의 새롭거나 변화된 요소는 그것이 예측하는 바에 기초해서 검증되어야 한다. 이런 '예측, 검증, 수정이나 세련화, 새로운 부가적 예측과 검증'이라는 연쇄 과정은 실제로는 끝이 없는 순환이다.

좋은 이론을 만드는 기타 요소

어떤 이론이 좋은가를 결정하는 데 있어 중요한 점은 그 이론이 설명과 예측을 제대로 하는가다. 그러나 설명과 예측만이 이론을 평가하는 유일한 기준은 아니다. 사람들이 어떤 이론을 다른 이론에 비해 더 좋아하는 데는 몇 가지 추가적인 이유가 더 있다.

한 가지 이유는 그 이론을 기초하고 있는 정보의 폭에 관한 것이다. 일부 이론은 이론가 자신의 치료 경험에만 지나치게 매달려 있다고 비판받는다. 다른 이론은 매우 인위적인 실험실 상황에서의 동물 행동 관찰에만 매여 있다고 비판받는다. 반면

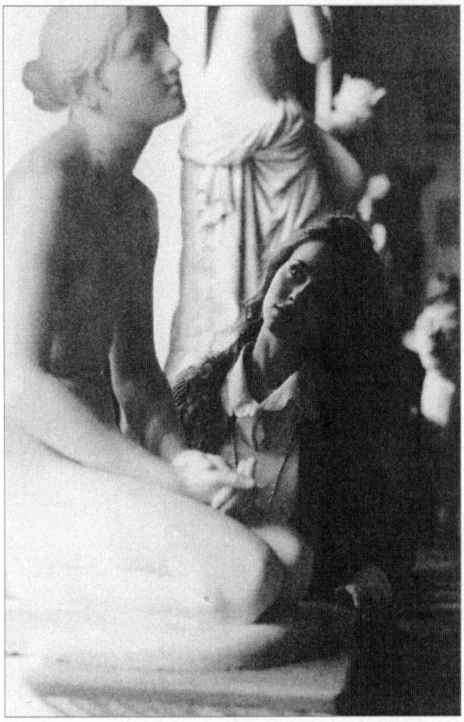

좋은 예술 작품처럼 좋은 이론은 어떤 종류의 반응을 유발해야 한다. 그 반응은 좋거나 나쁘거나이지 무관심은 아니다.

어떤 이론은 주로 평정 척도에서 얻은 정보에만 의존했다고 비판받는다. 이런 정보원 각각은 그 자체로는 나쁘지 않다. 그러나 이론이 어느 하나의 정보원에만 기초를 두고 있다면 그 이론은 취약해진다.

이론은 또한 경제성parsimony이 있어야 한다. 즉, 가능하면 더 소수의 가정(혹은 개념)을 사용해야 한다. 달리 말하면 최대한 단순해야 한다. 이 원칙이 중요하기는 하지만 성격이론에 지나치게 엄격하게 적용할 수는 없다. 완벽한 지식은 아직 매우 멀리 있다. 오늘은 매우 경제적으로 보이는 이론이 내일 발견될 어떤 것을 설명하지 못할 수도 있다. 오늘은 너무 복잡하게 보이는 이론이 미래의 발견을 다룰 수 있는 유일한 것일 수도 있다. 그럼에도 지나치게 복잡한 이론은 재고해야 한다.

사람들이 이론을 평가하는 또 다른 기준은 매우 주관적인 것이다. 일부 이론은 다른 것에 비해 단지 더 기분이 좋다고 '느낀다'. 일부 이론은 다른 이론에 비해 당신의 세계관과 더 잘 들어맞는다. 당신만 그렇게 반응하는 것이 아니라 심리학자도 마찬가지다. 심지어 엄밀한 과학자도 자신의 이미지와 들어맞는 이론을 더 선호한다는 증거도 있다(J. A. Johnson, Germer, Efran, & Overton, 1988). 심리학 초기 역사의 중요 인물인 William James는 사람들이 "그들 자신의 심미적 · 정서적 · 활동적 욕구에 가장 끌리고 흥미를 유발하는 이론을 선호할 것"이라고 지적했다(James, 1890, p. 312). 어느 이론이 당신 구미에 가장 잘 맞는가는 부분적으로는 당신이 세상을 어떻게 바라보느냐에 달려 있다.

성격에 대한 관점

이제 당신이 장차 읽게 될 성격에 관한 관점에 대해 미리 좀 알아보자. 오늘날 영향력이 있고 장차도 그 영향력이 지속될 것으로 보이는 이론을 이 책에서 기술할 것이다. 이 이론들은 출발점이 광범위해서 어느 정도 혼란을 유발하기도 한다. 그러나 출발점은 언제나 인간의 본성을 어떻게 보느냐—인간을 이해하는 데 인간 경험의 어떤 측면이 핵심인가—에 관한 관점이다.

왜 어떤 사람이 특정 행동을 하는가를 설명할 때, 사람들은 "그건 인간 본성이기 때문이야."라고 말한다. 그러나 인간 본성이란 무엇인가? 인간에 대해 어떤 용어로 생각해야 하는가? 여러 이론은 이에 대해 매우 상이한 답을 내놓고 있다.

이 책에서 검토되는 관점

이 책에서 검토되는 이론적 관점은 인간의 본성을 각기 다른 각도에서 바라본다. 그래서 각각은 인간 경험의 중심 요소가 무엇인지에 대해 상이한 관점을 대표한다. 다음에 당신이 보게 될 관점에 대한 개관을 제공한다.

특성적 관점trait perspective은 사람들이 자기 내부에 깊숙이 들어 있지만 많은 장면에 걸쳐서 드러나는 상당히 안정된 특성을 가지고 있다는 직관적인 아이디어에서 시작한다. 성격을 이런 방식으로 생각하는 전통은 고대에 시작되었지만 오늘날에도 여전히 매우 중요하게 남아 있다. 이 관점에서의 큰 쟁점은 성격에서 어떤 특성(그리고 얼마나 많은 특성)이 중요한가와 어떻게 특성에서의 차이가 행동으로 표현되는가다.

동기적 관점motive perspective은 인간 경험의 핵심 요소는 행동을 기초하고 있는 동기적인 힘이라는 아이디어에서 출발한다. 이 관점의 이론가들은 여러 상이한 동기를 제안하고 그중 일부가 상황이 달라짐에 따라 어떻게 증가하고 감소하는지를 검토한다. 사람들은 동기의 강도 패턴에서 다를 수 있다. 이 관점에서는 동기의 균형에서의 이런 차이가 성격의 핵심이다.

유전과 진화적 관점inheritance and evolution perspective은 인간이 수백만 년에 걸쳐 진화해 온 창조물이며 인간 본성은 그것이 무엇이든 유전자에 깊이 뿌리내리고 있다는 사실을 강조한다. 이 관점에서 성격은 유전에 기초하고 있으며 성향은 유전된다. 이 진영의 일부 이론가는 한 걸음 더 나아가서 인간 행동(그리고 성격)의 많은 특성이 오래전에 진화적 이점을 가졌기 때문에 존재한다고 주장한다.

생리과정적 관점biological process perspective은 성격이 신체와 신체를 움직이는 뇌의 작동을 반영한다고 생각하는 아이디어에서 출발한다. 이런 생물적 관점에서는 신경계와 호르몬이 사람들의 행동에 어떻게 영향을 미치며 이런 기능에서의 차이가 당신의 성격에 어떻게 영향을 미치는가에 초점을 맞춘다.

정신분석적 관점psychoanalytic perspective은 인간 본성에 대해 매우 다른 견해를 보인다. 성격은 서로 경쟁하고 갈등을 보이는 내적인 힘의 조합이다. 이 관점의 초점은 이런 힘의 역동과 그것이 행동에 영향을 미치는 방식에 있다. 인간의 본성은 그 사람 내부에 있으면서 때로는 서로 협력하기도 하고 때로는 서로 전쟁을 벌이기도 하는 압력의 조합이다. Sigmund Freud의 이론이 이 관점을 지배하고 있다.

심리사회적 관점psychosocial perspective은 인간 본성의 가장 중요한 측면이 다른 사람과 관계를 맺는 것과 이 관계가 드러나는 방식에 있다고 본다. 심리사회 이론은 역사적으로 정신분석과 연결되어 있지만(그래서 때로는 신정신분석neoanalytic으로 불리기도 한다) 실제로는 정신분석과는 매우 다른 세계관을 드러낸다.

사회학습적 관점social learning perspective은 인간 본성의 항상성보다는 변화가 훨씬 중요하다는 견해를 가진다. 이 관점에서의 인간 본성은 행동이 경험의 결과로 체계적으로 변화한다는 점이다. 학습이 어떻게 발생하는가에 관한 몇 가지 견해가 있기 때문에 몇몇 이론은 학습을 성격과 서로 다른 방식으로 연결한다. 이 관점은 개인의 성격이 그 사람이 지금까지 학습해 온 것들의 총체적 합이라고 본다.

자기실현과 자기결정적 관점self-actualization and self-determination perspective은 모든 사람은 성장 잠재력을 지니며 그렇게 할 수 있게 허락된다면 모두가 가치 있는 존재로 발달한다는 아이디어에 뿌리를 두고 있다. 이는 가끔 유기적 관점organismic perspective으로 불리기도 한다. 사람들은 자연스럽게 자기 완성을 향해 나아가는 경향이 있다고 보며, 사람들은 그렇게 하려는 자유의지를 발휘하고 환경은 그런 노력을 지지함으로써 자기 완성의 방향으로 보다 완전하게 나아갈 수 있다고 본다. 자기 행동을 스스로 결정한다는 느낌이 인간 본성의 중심이다. 이 견해에서 성격은 부분적으로는 개인 내부에 숨어 있는 독특함의 문제이고 또 부분적으로는 그 독특함을 이루기 위해 자신이 무엇을 선택하는가의 문제다.

인지적 관점cognitive perspective은 인간 본성이 경험에서 의미를 뽑아내는 데 있다고 본다. 마음은 경험에 조직화와 형태를 부여하며, 이런 정신적 조직화는 사람이 어떻게 행동하느냐에 영향을 미친다. 이 관점에서 성격을 이해하는 일은 사람들이 세상을 구성하는 과정과 그것이 자신의 행동과 세상에 대한 반응을 결정하는 데 어떻게 사용되는가를 연구하는 작업이 된다.

자기조절적 관점self-regulation perspective은 사람들이 복잡한 심리적 체계라고 보는 아이디어에서 출발한다. 이는 동질정체적 과정이 복잡한 생리 체계를 형성하고 날씨가 기후 체계로 드러나는 것과 유사하다. 체계에는 특정한 결과를 달성하기 위한 조직화된 행위로 구성되는 순환 피드백 과정이 존재한다. 그래서 조직화, 응집성, 패턴화를 가정한다. 심리적으로 자기조절은 목표를 합성하고 그 목표를 향해서 움직여 가는 것을 의미한다.

관점에 대한 재고

성격에 관한 각 관점은 성격에 관해 생각하는 출발점이 다르다고 말했다. 한 가지 더 보태어야 할 말이 있다. 관점의 대부분은 실제로는 성격의 완전한 모형이 아니며 그렇게 표현하거나 판단하는 것은 다소 오해를 불러일으킬 수 있다.

한때 성격심리학자가 성격의 전체 복잡성에 대해 답할 수 있는 대이론grand theory을 만들려 한 시기도 있었다(Freud 이론이 가장 좋은 예다). 그러나 이제 이런 시도는 꽤 드물어졌다. 오늘날 보다 흔한 예는 성격의 일부 측면을 다루거나 성격의 일부 쟁점을 다루는 이론에 해당한다. 특정 이론이 규모 면에서 크지 않다는 것이 성격에 관해 아무런 할 말이 없다는 의미는 아니다. 다만 성격의 모든 것에 대해 이야기하지 않는다는 것이다. 그것은 성격에 관한 특정한 조망 시각viewing angle을 나타낸다. 이런 조망 시각은 저마다 특별하고 다른 시각에서는 얻지 못할 통찰을 가져다 줄 수 있다. 그러나 그 통찰은 전체 그림의 부분에 한해서다. 이런 제한점을 여러 이론과 그 주장을 생각할 때 염두에 두어야 할 것이다.

장래에는 성격이론이 대이론으로 회귀할 것인가? 몇몇 현행 성격 이론가는 그렇게 되기를 희망한다(예, McAdams & Olson, 2010; McAdams & Pals, 2006; Roberts & Wood, 2006). 그들은 전인적인 인간을 이해하기 위해서는 특정한 '조망 시각' 이론으로 설명되는 것 이상의 것이 더 있어야 한다고 주장한다. 이런 운동이나 움직임은 부분적으로는 현재의 성격심리학이 전체적인 인간의 개성에 초점을 맞추지 못하고 있다는 염려에 대한 반작용으로 볼 수 있다.

전인의 모습을 그려 내기 위해 무엇이 포함되어야 하는가는 〈표 1-1〉에서 보듯이 견해의 문제다. 이 주제에 대해 목소리를 내는 많은 학자는 특성과 함께 인간의

‖ 표 1-1 ‖ **성격의 완전한 이해를 위해 포함시켜야 한다고 주장하는 주제**

주제	합의 수준
인간 유전 설계	높음
성향 특성	높음
동기와 가치	중간
능력(기술)	중간
적응(예, 신념)	중간
통합적(인생) 이야기	높음
문화	낮음

출처: McAdams & Pals(2006), McCrae(2010), Roberts & Wood(2006)에 기초함.

유전 설계가 반드시 포함되어야 한다고 주장한다. 일부는 성격의 일부로 동기, 가치, 능력 및 기술 등이 포함되어야 한다고 본다. 다른 일부는 신념과 태도와 같은 세상에 대한 적응을 포함시키고자 한다. 대다수는 이제 통합적인 인생 이야기—사람들이 자신을 보다 잘 이해하려고 응집성과 의미를 제공하는 자신에 관한 이야기를 만드는 것—를 포함시키려 한다. 일부에서는 문화를 성격의 한 부분으로 포함시키는 반면, 다른 일부에서는 문화를 성격 밖에서 성격에 영향을 미치는 외부 힘으로 바라본다.

이런 주제를 모두 포함하는 성격의 모습을 그려 내기는 매우 어렵다. 어떤 의미에서 최근에 등장하고 있는 대이론은 진정한 규모의 대이론이라기보다는 몇 가지 관점을 혼합한 것이라고 볼 수 있다. 이 책의 한두 시점에서는 이런 광범위한 설명을 제공하려는 견해의 아이디어를 다루겠지만, 대부분은 한 번에 하나의 관점만을 다룰 것이다.

각 장의 조직

각각의 개별 장을 어떻게 조직화할 것인가에 대해 간략하게 알아본다. 각 장 내용의 대부분은 개별적 관점에서 바라보는 성격의 기본 요소와 과정에 대한 기술이다. 개별 장은 각자의 이론적 관점에서 바라보는 개인차와 개인 내 기능에 관해 말해 준다.

각 장에서는 두 가지의 부가적 주제에 대해서도 언급한다. 하나는 성격 측정 과정, 즉 평가assessment다. 다른 하나는 인간 경험에서 발생하는 문제와 치료를 통해서 더 나아지는 행동 과정에 관한 것이다. 다음에서 간단한 예시를 들어 본다.

평가

성격심리학자는 적어도 다음과 같은 세 가지 이유로 성격을 측정하는 과정에 상당한 관심이 있다. 먼저 심리학자는 당신이 자신이 알고 있는 사람의 성격을 묘사하려는 방식과 똑같이 특정한 개인의 성격을 묘사하는 데 상당한 흥미를 보인다. 그 묘사가 정확하다고 확신하기 위해서 심리학자에게는 성격을 측정하는 좋은 방법이 필요하다.

두 번째 이유는 성격연구를 위한 것이다. 성격의 성질을 연구하기 위해 심리학자는 그 성질을 측정할 수 있어야 한다. 개인차나 개인 내 기능을 평가하는 좋은 방법이 없이 그것을 연구할 수는 없다. 그래서 훌륭한 평가는 성격연구의 핵심이 된다.

세 번째 이유는 이 책의 주된 초점에서 다소 벗어나는 것이다. 개인의 성격을 평가하는 일은 응용심리학의 중요한 부분이다. 예를 들어, 조직심리학자는 성격을 고용 결정의 중요 근거로 사용한다(예를 들어, 당신은 자신이 고용하려는 종업원이 회사를 위해 열심히 일하려는 동기를 가지고 있는지에 대한 확신을 가지고 싶을 것이다). 또 임상심리학자는 문제를 진단하기 위해서 성격평가를 사용한다.

평가는 성격심리학의 중요한 목표다. 일부 쟁점은 모든 관점에서 동일하다(이에 대해서는 3장에서 논의된다). 그러나 평가의 여러 측면은 관점에 따라 어느 정도 달리 조망된다. 그래서 각각의 관점은 그들이 강조하는 평가 기법에서 서로 다르다. 개별 장에서 평가를 논의할 때는 각 이론의 입장에서 성격을 어떻게 평가하는가에 초점을 맞춘다.

행동 문제와 행동 변화

각 장에서 다루게 될 또 하나의 주제는 사람들의 삶이 언제나 부드럽게 술술 풀려 가지 않는다는 사실과 관련된다. 정상적인 성격 기능에 대한 견해는 문제를 생각하는 방식에 대해서도 시사점을 던진다. 실제로 성격이론은 개인의 문제에 대해 얼마

• • •
성격이 언제나 부드럽게 기능하는 것은 아니다. 성격에 관한 각각의 관점은 왜 문제가 발생하는가에 대해 나름의 견해를 가진다.

나 유용한 이야기를 할 수 있느냐에 따라 그 평가가 달라진다. 성격의 각 접근법이 문제를 어떻게 보느냐를 분명하게 하기 위해서, 우리는 각 장에서 이 쟁점을 간략하게 언급한다. 평가의 경우와 마찬가지로, 이때도 특정 이론이 문제를 바라보는 데 어떤 독특한 기여를 했는가에 대해 논의의 초점을 맞춘다.

끝으로 각 이론적 관점이 문제의 치료적 관리를 이해하는 데 어떻게 기여하고 있는지 살펴본다. 각 이론은 정상적 과정이 어떠하며 그런 과정이 어떻게 잘못될 수 있는가에 관한 견해를 가지며, 그 문제를 어떻게 개선하는가에 대해서도 나름대로의 생각이 있다. 아울러 문제가 되는 기능을 효과적이고 만족스러운 기능으로 바꿀 수 있는 방법에 대한 제안도 있다.

요 약

성격은 정의하기 어려운 개념이다. 그러나 사람들이 그 개념을 어떻게 사용하는가를 생각해 보면 세 가지 용도가 드러난다. 사람들은 성격이라는 용어를 어떤 사람의 내부에 있는 일관성과 연속성의 느낌, 행동의 원인이 그 사람 내부에 있다는 느낌, 그리고 그 사람의 본질이 요약될 수 있거나 소수의 현저한 특징으로 집약될 수 있다는 느낌을 전하기 위해 사용한다.

성격 영역은 두 가지 기본 주제에 답하려 한다. 하나는 사람들 사이의 차이의 존재다. 다른 하나는 그 사람 내부에서 일어나는 과정으로, 행동에 연속성과 형태를 부여하는 개인 내 기능으로 가장 잘 개념화된다.

이 책의 대부분은 이론을 다룬다. 이론은 한 종류의 사건에 관한 요약 진술이나 원리의 집합이다. 이론은 두 가지 목적을 갖는다. 이미 알려져 있는 것을 설명하고 아직 모르는 것의 가능성을 예측한다. 이론의 가치를 평가하는 한 가지 방법은 연구가 이론의 예측을 지지하는가를 물어보는 것이다. 과학을 지향하는 심리학은 이론과 연구 사이의 지속되는 순환고리—이론은 검증되고, 그 결과에 기초해서 수정되며, 수정 이론은 다시 검증되는—를 갖는다.

이론들은 연구 외에 다른 근거로도 평가될 수 있다. 예를 들면, 좋은 이론은 단일한 종류의 정보에만 기초해서는 안 된다. 상대적으로 더 적은 가정과 개념을 사용하는 경제성의 면에서도 좋게 평가될 수 있다. 사람들은 자신의 직관과 더 잘 들어맞는 이론을 선호하는 경향도 있다.

이 책에서 기술되는 이론은 인간 본성에 관한 몇 가지 관점이나 견해에서 유래했다. 각 장은 특정한 이론적 관점에서 바라본 성격의 성질에 관한 가정에 초점을 맞추고 있다. 이에 더해서 개별 이론의 관점에서 바라보는 평가와 행동 문제 및 그 문제를 어떻게 고쳐야 하는가에 관해서 논의해 본다.

용어설명

개인 내 기능intrapersonal functioning 그 사람 내부에서 일어나는 심리 과정.

개인차individual differences 한 사람과 다른 사람 사이의 성격에서의 차이.

경제성parsimony 소수의 가정을 요구하는 성질; 단순성.

성격personality 한 개인의 독특한 행동과 사고 및 감정의 양상을 창조해 내는, 개인 내부에 있는 심리신체 체계의 역동적 조직.

이론theory 한 종류의 사건에 관한 요약 진술이나 원리의 집합.

제2장

성격연구 방법

- 정보수집
  - 정보원: 자신과 타인을 관찰하기
  - 깊이의 추구: 사례연구
  - 경험 표집에 기인한 깊이
  - 일반성의 추구: 많은 사람에 대한 연구
- 변인 사이의 관계 정립
  - 변인 사이의 상관
  - 두 가지 종류의 유의성
  - 인과성과 추리의 한계
  - 인과성의 추구: 실험연구
  - 연구 유형 구분하기
  - 어떤 연구가 가장 좋은가
  - 중다요인 연구
  - 중다요인 연구에서 얻은 양상의 해석
- 요약

사례

샘과 데이브가 하던 공부를 멈추고 잠시 쉬고 있다. 샘이 말한다. "내 룸메이트의 고향 여자친구가 결별을 선언해 왔대. 그 녀석 아마 헤어진 여친을 잊기 위해서 누구와 한잔 거하게 하고 싶을 거야."

"도대체 무슨 소리야?"

"뭐가 문젠데, 나라도 그렇게 했을 것 같은데."

"내가 관찰한 바로는 고향 여친에게 버림받았을 때 그렇게 하는 녀석은 없었어. 그와는 정반대야. 혼자서 침울해하며 그냥 뒹굴고 있지. 난 네가 이런 상황에서 사람들이 보이는 반응을 잘 모른다고 생각해."

사람들이 성격을 이해하려고 할 때, 그들은 어디에서 시작할까? 이론은 어디에서 유래하는가? 이론은 어떻게 검증되는가? 성격심리학자는 무엇을 믿을지를 어떻게 결정하는가? 이런 질문은 모두 과학적 방법에 관한 것이다. 이런 유의 질문은 천문학에서부터 동물학에 이르기까지 모든 연구 영역에서 동일하게 제기된다. 그러나 이런 질문이 성격에 적용될 때는 특히 어려운 도전이 된다.

정보수집

정보원: 자신과 타인을 관찰하기

성격에 관한 정보를 수집하는 한 가지 방법은 당신 자신의 내적 경험을 바라보는 내성법introspection이라 불리는 과정이다. 이 방법(앞의 예에서 샘이 사용했던 방법)은 누구나 이용할 수 있다. 당신도 한번 시도해 보라. 당신도 성격이 있다. 성격에 관해 알고자 한다면 자신의 성격을 바라보라. 잠시 돌아앉아서 자신의 최근 생활에서 발생했던 몇 가지 사건을 떠올려 보라. 그때 당신이 무엇을 했고 어떻게 느꼈는가를 생각해 보라. 그리고 그런 회상을 통해 일련의 주제를 도출해 보라. 아마 이런 과정을 통해서 당신의 사고와 감정 및 행동을 설명해 주는 원리의 집합인 당신 나름의 이론을 출발시킬 수도 있을 것이다.

그러나 당신 자신의 경험을 살펴보는 방법은 손쉬운 시작이 될 수도 있으나 결점도 있다. 특히 당신의 의식은 당신의 기억과 특별한 관계가 있다. 왜냐하면 그 둘 모두 당신의 것이기 때문이다. 이런 특별한 관계 때문에 당신이 보는 것을 왜곡하지 않았다고 확신하기 어렵다. 예를 들어, 당신은 자신이 경험했던 어떤 일을 잘못 회상하고 있지만, 여전히 그 기억이 정확하다고 확신하고 있을 수도 있다.

이런 문제는 당신이 자기가 아닌 다른 사람을 관찰할 때(앞의 예에서 데이브가 그랬던 것처럼) 감소된다. 이것이 정보를 수집하는 두 번째 방법인 타인 관찰이다. 이 방법에는 내성법이 갖는 문제와 반대되는 문제점이 있다. '다른 사람의 마음속에 들어갈 수 없기 때문에' 그 사람이 생각하고 느끼는 것이 무엇인지를 정말로 아는 것은 불가능하다. 이런 관점의 차이는 엄청난 이해의 차이를 만들 수 있으며 오해를 불러일으킬 수 있다.

어떤 출발점이 더 좋은가? 이런 방법이 저마다의 문제를 갖고 있다 할지라도, 두 방법 모두 진실을 찾기 위한 나름대로의 용도가 있다. 어느 것도 완벽하지는 않지만 상호 보완적으로 사용될 수 있다.

깊이의 추구: 사례연구

이런 출발점은 여러 방향으로 갈래를 친다. 성격심리학자는 때때로 그 사람의 일부분에 대해서만 이해하기보다 전체적인 모습을 이해하려고 노력한다. 응집성 있는 전체로서의 한 인간을 연구해야 한다고 강조한 Henry Murray(1938)는 이런 노력을 표현하는 말로 인간학personology이라는 용어를 만들었다.

이런 견해는 사례연구case study라는 기법을 사용하도록 권한다. 사례연구는 한 개인에 대한 심층 연구다. 사례연구는 보통 장기간에 걸친 관찰과 함께 비구조화된 면접을 사용한다. 때로 사례연구에서는 하루나 이틀 동안 그 사람과 직접적으로 상호작용해 보거나, 그 사람이 다른 사람과 어떻게 상호작용하는가를 관찰하기 위해 그 사람의 주변에 머물러 있어야 할 수도 있다. 이러한 반복 관찰을 통해 관찰자는 처음의 인상을 확증하거나 오해했던 인상을 수정할 수 있다. 한 번의 짧은 관찰로 어떤 인상을 확증하거나 반증하기는 어렵다. 이 방법은 한 사례에 대해 깊이 있게 조사할 수 있기 때문에, 그러지 않고는 분명하게 드러나지 않을 수도 있는 그 사람 삶의 자세한 모습을 파악할 수 있으며, 이를 통해 중요한 통찰을 얻을 수 있다.

사례연구를 통해 관심 있는 사람에 대한 풍부한 정보를 얻을 수 있고 그 사람을 생생하게 묘사할 수 있다. 특히 강한 흥미를 끄는 사건이나 일화가 종종 그 사람의 보다 광범위한 삶의 주제를 잘 나타내 주는 것으로 간주된다. 사례연구에서는 연구자가 상황을 만들어 내는 실험과는 달리 실제 상황에서 그 사람을 관찰하기 때문에 그 정보가 그 사람의 일상생활과 관련된다. 아울러 사전에 미리 선택된 질문만을 하기보다는 흥미로운 것이면 무엇이든 물어볼 수 있는 개방성이 있다.

경험 표집에 기인한 깊이

또 다른 종류의 깊이는 경험 표집experience sampling 혹은 일기 연구에 기인한다 (Kamarck, Shiffman, & Wethington, 2011; Laurenceau & Bolger, 2005). 이 연구들도

사례연구와 유사하게 상당한 시간에 걸쳐서 진행된다. 그러나 외부 관찰자를 사용하는 사례연구와는 달리 연구 참여자 자신이 반복해서 신호를 받은 당시의 자기 경험을 보고한다. 흔히 신호는 삐삐로 받는다. 어떤 연구는 매우 집중적이어서 하루에도 여러 차례 보고가 이루어지기도 하고 또 어떤 연구는 아침저녁으로만 보고가 이루어지기도 한다.

경험 표집법의 중요한 장점은 오랜 시간이 지난 뒤에 회상하도록 하지 않는다는 점이다. 흔히 반나절 뒤의 일이나 한 시간 혹은 직전의 경험에 대해 보고하도록 한다. 이렇게 하면 실제 경험을 시간이 지난 뒤에 회상하는 데 따르는 왜곡을 줄일 수 있다. 불행하게도 사람들은 시간이 꽤 흐른 뒤에는 경험한 사건을 세부적으로 회상하지 못한다는 증거가 있다(Kamarck, Muldoon, Shiffman, & Sutton-Tyrrell, 2007; Stone, Kennedy-Moore, & Neale, 1995). 경험 표집법은 다른 어느 방법보다도 사건을 실시간으로 회상할 수 있게 해 준다.

경험 표집법은 관심을 가진 개인에 대해 많은 정보를 얻는다는 점에서는 사례연구와 같다. 두 방법 모두 여러 상황에 걸친 그 사람 내부의 행동 패턴에 대한 정보를 추구할 수 있다. 개인에게 초점을 맞추기 때문에 이런 방법은 개체기술적$_{idiographic}$이라고 불린다(Conner, Tennen, Fleeson, & Barrett, 2009; Molenaar & Campbell, 2009). '개체기술적$_{idiographic}$'이라는 말은 '개인 고유한$_{idiosyncratic}$'이라는 말과 그 어원이 같다.

일반성의 추구: 많은 사람에 대한 연구

사례연구는 인간 경험에 대한 통찰을 제공할 수 있다. 사례연구는 연구자에게 유용한 정보를 제공하기도 하고 종종 중요한 아이디어의 출처가 되기도 한다. 그러나 오늘날은 사례연구가 성격에 대해 정보를 얻는 주된 정보원은 아니다. 그 이유는 사례연구가 아무리 완벽하다고 하더라도 거기에는 여전히 부족한 점이 있기 때문이다. 사례연구는 단지 한 사람만을 다룬다. 당신은 관찰을 통해 결론을 이끌어 내려 할 때 그것이 많은 사람, 가능하다면 모든 사람에게 적용되기를 원할 것이다.

어떤 결론이 적용될 수 있는 범위를 일반성$_{generality}$이나 일반화 가능성$_{generalizability}$이라고 말한다. 어떤 결론이 일반화되려면 단지 한두 사람만이 아닌 많은 사람에 대한 관찰에 기초해야만 한다. 당신은 관찰하는 사람이 많으면 많을수록 당신이 찾아낸 것이 단지 소수의 사람에게만 적용되는 것이 아니라 여러 사람에게 적용될 수 있다고 확신할 수 있다. 오늘날 행해지는 성격연구의 대부분에서 연구자는 결론의 일반성을 높이기 위해 수십 명, 심지어 수백 명의 사람들을 연구한다.

일반화 가능성을 제대로 확보하기 위해서 연구자는 여러 연령층과 다양한 삶의 분야, 실제로 모든 문화권의 사람들을 연구해야 한다. 그러나 여러 가지 이유로 이런 일이 항상 가능하지는 않다. 편의상 성격을 연구하는 많은 연구자는 지난 수십 년 동안 대학생만을 연구해 왔다. 대학생이 일반 성격의 중요한 과정을 연구하는 데 적합한가? 그럴 수도 있고 아닐 수도 있다. 대학생은 자기감sense of self이 아직 충분히 형성되지 못했다. 이 점이 연구 결과에서 차이를 만들어 낼 수도 있다. 차이가 얼마나 큰가에 대해서는 추측만 가능하겠지만, 대학생을 대상으로 하는 연구에서 얻어진 결론이 일반인에게 늘 적용될 수 있다고 가정하는 것은 분명 주의해야 한다.

이와 비슷하게 성격연구의 대부분이 미국과 영국에서 행해졌고, 그 연구의 대부분은 중류계층 이상의 사람들을 대상으로 한 것이었다. 그들 중 일부는 여성 또는 남성만을 연구하기도 했다. 이런 점을 감안하면 특정한 성격연구의 결과를 다른 문화, 다른 사회경제적 집단, 그리고 (때로는) 남성과 여성 모두에게 적용할 수 있다고 가정하는 것에는 상당한 주의가 필요하다.

특정한 결론의 일반성은 상이한 배경을 가진 다양한 사람을 연구함으로써 확립될 수 있다.

일반화 가능성은 일종의 연속체 개념이다. 어떠한 연구도 모든 인간에게 일반화할 수 있을 만큼 충분히 범위가 넓지는 않다. 그렇지만 어떤 연구는 다른 연구에 비해서는 일반화 범위가 더 넓다. 연구 결과를 평가할 때는 언제나 그 결론이 얼마나 넓게 일반화될 수 있는가의 문제를 염두에 두어야 한다.

일반화의 범위를 넓히고자 하는 욕구와 한 개인을 깊이 있게 이해하고자 하는 욕구는 성격 연구자에게 서로 경쟁하는 압력이 된다. 연구자는 이 두 가지 압력 사이에서 협상을 한다. 같은 시간과 에너지를 투자했을 때, 당신은 한 사람의 삶(또는 매우 소수인 몇 사람의 삶)에 대해 상당히 깊이 있게 많이 아는 것과 많은 사람의 삶의 일부에 대해서만 아는 것 중에서 어느 하나를 선택해야 한다. 한 번에 두 가지를 모두 다 이루기란 거의 불가능하다. 결과적으로 연구자는 자신이 더 중요하다고 생각하는 어느 한 가지 경로를 선택하는 경향이 있다.

변인 사이의 관계 정립

내성법이나 관찰에서 얻은 직관을 통해 변인 사이의 관계를 시사받을 수 있다. 변인(혹은 변수)variable은 변산variation이 존재하는 한 차원이다. 비록 어떤 변인은 무한히 많은 값을 가질 수 있으나, 변인의 차원에는 적어도 두 개 이상의 값이나 수준이 존재해야 한다. 예를 들어, 성sex은 남성과 여성이라는 두 개의 값을 가진 변인이다. 당신이 사람들을 좀 더 잘 구분하기만 한다면, 자존감은 실질적으로 무수히 많은(매우 낮은 값에서부터 매우 높은 값에 이르기까지의) 값을 취할 수 있는 변인이 된다.

변인 사이의 관계에 대한 결론은 변인의 한 극단 값이 아니라 전체 차원에 관한 진술이다. 따라서 어떤 변인의 특정한 값과 변인 자체가 다름을 구별하는 것이 중요하다. 이런 이유로 연구자는 항상 자신이 관심 있어 하는 변인의 적어도 두 수준 이상을 검토한다. 예를 들면, 자존감이 낮은 사람만을 조사한다면 낮은 자존감의 영향을 알 수 없다. 만약 자존감과 학업 성취 사이에 관계가 있다면 그 관계를 찾아낼 수 있는 유일한 방법은 자존감 수준이 다른 사람을 관찰하는 것이다([그림 2-1] 참조). 만약 관계가 존재한다면, 자존감이 낮은 사람은 낮은 평점을 보이고 자존감이 높은 사람은 높은 평점을 보여야 한다.

이 진술의 마지막 부분은 첫 부분만큼이나 중요하다. 자존감이 높은 사람 또한 낮은 평점을 받는 것으로 밝혀진다면, 자존감이 낮은 사람이 낮은 평점을 받는다는 사실은 별 정보 가치가 없다. 그러나 우리는 이 점을 자주 잊어버리게 된다. 사실 사람들은 이 쟁점이 얼마나 중요한지 깨닫는 데 종종 실패한다. 그러나 이를 망각하게 되면 심각한 오류를 지닌 결론에 이를 수 있다(이런 예는 Chapman, 1967; Crocker, 1981에서 찾을 수 있다).

결론을 도출하기 전에 넓은 범위에 걸쳐 있는 사람들을 검토해야 한다는 요구는 사례연구를 넘어서는 것이 왜 중요한가에 대한 두 번째 이유다(일반화에 대한 쟁점이

[그림 2-1]

변인 사이에 어떤 관계가 존재하는가는 각 변인상의 하나 이상의 값을 관찰해야 알 수 있다. 낮은 자존감을 보이는 사람의 학업 성취가 낮다고 하더라도 다른 자존감 수준의 사람들 역시 낮은 학업 성취를 보일 수 있을 것이라는 의문이 여전히 남는다. 이 의문은 두 변인 사이의 관계를 확립하는 데 결정적으로 중요하다.

첫 번째 이유였음을 회상하라). 넓은 범위의 변산을 검토해야 하는 요구는 몇몇 연구 방법의 기초다.

변인 사이의 상관

변인 사이에서 발견할 수 있는 관계에는 두 가지 종류가 있다. 그 첫 번째 것은 상관correlation이라 한다. 당신이 많은 예나 사례를 검토할 때 두 차원 사이에 상관이 있다고 말한다면, 두 변인의 관찰 값이 체계적인 방식으로 함께 작용하는 경향이 있음을 의미한다. 이러한 관계에는 서로 구분되는 두 가지 측면이 있다. 즉, 상관의 방향direction과 상관의 강도strength다. 이 용어들이 의미하는 바를 명확히 하기 위해 자존감과 학업 성취도의 문제로 돌아가 보자.

당신이 이 두 변인이 함께 작용하는지 혹은 그렇지 않은지를 조사하기로 했다고 가정해 보자. 당신은 연구를 위해 40명의 학생을 찾았고, 학생들은 자존감 측정을 끝마쳤다. 당신에게 학생들의 현재 학점 평점(GPA)이 주어졌다. 당신은 현재 각 사람에 관한 두 개의 정보를 가지고 있다([그림 2-2], A 참조). 이 정보를 조직화하는 한

두 변인 사이에 상관이 있다는 것은 두 변인이 어떤 체계적인 방식으로 함께 변화한다는 의미다. 여기 사진에서는 키와 한 줄로 선 위치 사이에 상관이 있다.

가지 방법은 산포도scatterplot([그림 2-2], B 참조)라는 그래프를 만드는 것이다. 산포도의 경우에 두 개의 변인은 서로 직교하는 선(그래프의 축)에 의해 표시된다. 선이 만나는 지점은 두 변인의 영점에 해당한다. 두 선이 영점에서 점점 멀어지는 것은 그 변인에 대해 더 높은 값을 갖는 것을 의미한다. 두 선이 직교하기 때문에 한 변인과 다른 변인에서의 어떤 값의 배합은 2차원 공간의 한 점으로 표시된다. 예를 들어, [그림 2-2]에서 팀은 42점의 자존감 점수(그래서 수평선상에서 오른쪽에 위치)와 3.8의 평점을 보인다. 당신의 연구에서 산포도는 각 사람의 자존감 점수와 평점의 교차 지점을 나타내는 점으로 구성될 것이다.

두 변인 사이에 상관이 있는지 없는지 물어보는 것은 본질적으로 산포도에 대해 다음의 질문을 하는 것을 뜻한다. 당신이 수평 차원에서 낮은 점수 대 높은 점수를 나타내는 점들을 볼 때, 그것을 다시 수직 차원으로 정렬해 보면 어떻게 될까? 낮은 값은 낮은 값과 함께 작용하는 경향이 있고 높은 값은 높은 값과 함께 작용하는 경향이 있다면([그림 2-3], A에서처럼), 두 변인은 정적으로positively 상관되었다고 말한다. 자존감이 낮은 사람이 낮은 GPA 점수를 갖는 경향이 있는 반면 자존감이 높은 사람이 높은 GPA 점수를 갖는 경향이 있다면, 당신은 자존감이 GPA와 정적으로 상관되었다고 말할 수 있다.

A. 원자료

이름	자존감 점수	학업평점(GPA)
팀	42	3.8
수지	10	1.4
워렌	15	2.5
도널드	22	3.1
기타		

B. 산포도

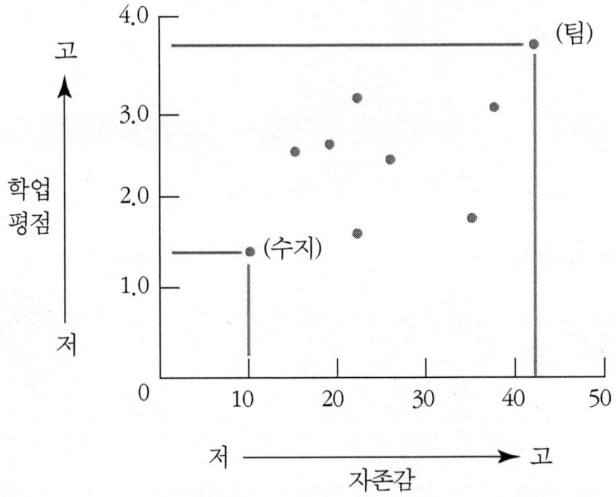

[그림 2-2]

상관의 의미에 관해서 생각하기(가설에 근거한 자료):
(A) 각 개인에 대해, 자존감 점수와 GPA 점수의 두 가지 정보가 있다.
(B) 정보는 수평 차원에는 각 개인의 자존감 점수를, 수직 차원에는 GPA 점수를 표시해서, 2차원적 공간에 점수 배합을 위치시킴으로써 산포도를 구성하도록 배열된다.

그러나 때로는 다른 종류의 상관이 발생한다. 가끔 한 차원의 높은 값이 다른 차원의 낮은 값과 함께 작용하는 경향이 있다(그리고 그 반대도 사실이다). 이런 현상이 발생할 때([그림 2-3], B 참조), 이 변인 간의 상관은 역inverse 또는 부적negative이라고 표현한다. 이런 종류의 상관은 GPA와 파티 참여 빈도 간의 관계성을 연구한다면 나타날 것이다. 즉, 파티에 가장 많이 나가는 학생은 낮은 GPA 점수를 갖는 경향이 있는 반면, 파티에 가장 적게 나가는 학생은 높은 GPA 점수를 갖는 경향이 있을 것이다.

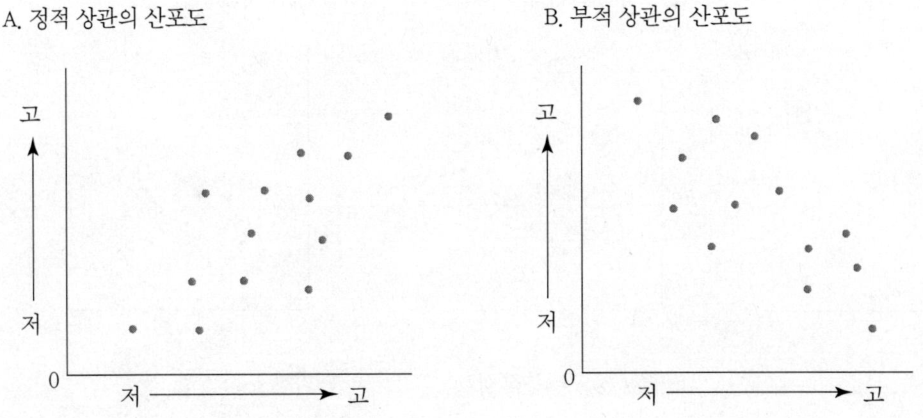

[그림 2-3]

(A) 만약 한 차원에서 큰 수가 다른 차원의 큰 수(작은 수는 작은 수)와 같이 가는 경향이 있다면, 여기엔 정적 상관이 있다.
(B) 만약 한 차원에서의 큰 수가 다른 차원의 작은 수와 같이 가는 경향이 있다면 거기에는 역 혹은 부적 상관이 있다.

변인 간 관계의 방향(정적 대 부적)은 상관의 한 측면이다. 두 번째 측면(첫 번째 측면과는 완전히 구별되는)은 관계의 강도다. 강도는 변인 간 연합의 '끈끈함sloppines' 정도로 생각할 수 있다. 더욱 공식적으로 진술하면, 그것은 한 차원의 값에서 다른 차원의 값을 예측할 때의 정확성 정도라고 할 수 있다. 자존감과 GPA 사이에 정적 상관을 가정하고, 빅토리아가 당신의 연구에서 두 번째로 높은 자존감 점수를 받았다고 가정하자. 그러면 당신은 빅토리아의 GPA에 대해 얼마나 정확하게 예측할 수 있는가?

이 질문에 대한 답은 상관이 얼마나 강한가에 의해서 결정된다. 상관이 정적이기 때문에 빅토리아가 자존감 차원에서 높은 점수에 위치해 있다는 사실은 당신에게 높은 GPA를 예견하도록 해 준다. 만약 상관이 상당히 높다면 이런 예측은 거의 옳을 것이다. 그러나 상관이 약하다면 그 예측은 거의 옳지 않을 것이다. 완벽한 정적 상관은 한 변인에 대해 가장 높은 값을 갖는 사람은 다른 변인에 대해서도 가장 높은 값을 갖고, 한 변인에 대해 그다음으로 높은 값을 갖는 사람은 다른 변인에 대해서도 그다음으로 높은 값을 갖는다는 것을 의미한다([그림 2-4], A 참조).

숫자로 표시되는 상관의 정도는 상관계수correlation coefficient(소문자 r로 표시)라 한다. 완벽한 정적 상관([그림 2-4], A에서처럼)은 숫자 1.0으로 표현된다. 이것은 상관

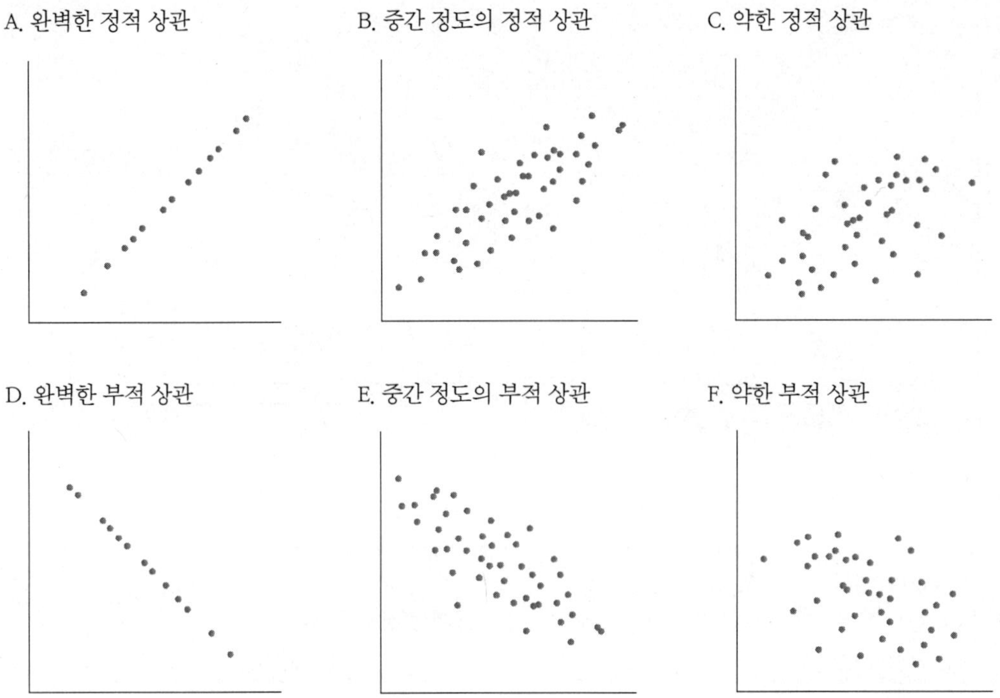

[그림 2-4]

여섯 개의 상관: (A) 완벽한 정적 상관, (B) 중간 정도로 강한 정적 상관, (C) 약한 정적 상관, (D) 완벽한 부적 상관, (E) 중간 정도로 강한 부적 상관, (F) 약한 부적 상관.
상관이 더 약할수록 산포도가 더 흩어져 있다.

이 취할 수 있는 가장 큰 값이다. 그것은 한 차원에서 다른 차원을 완벽하게 예측할 수 있음을 의미한다. 당신이 어떤 사람의 한 차원 값이 어디에 있는지 안다면 그 사람의 다른 차원 값도 어디에 있는지 완벽한 확신을 가지고 예측할 수 있다.

[그림 2-4]의 B의 산포도는 다소 낮은 상관을 보여 준다. 쉽게 알 수 있듯이, 첫 번째 경우에서보다 점이 더 흩어져 있다. 여전히 한 차원의 높은 값이 다른 차원의 높은 값에, 그리고 한 차원의 낮은 값은 다른 차원의 낮은 값에 대응되는 두드러지는 경향성은 있으나 이러한 경향성이 덜 완벽하다. 상관이 점점 약해짐에 따라 그것을 나타내는 숫자도 점점 작아진다(사실 모든 상관은 소수점 이하의 값이다). 흔히 .6에서 .8까지는 높은 상관으로 간주된다. .3에서 .5까지의 상관은 보다 약하지만 어느 정도 높다고 불린다. .3 또는 .2 이하에서는 한 변인에서 다른 변인을 예견하는 것이 더욱 어려워진다. [그림 2-4]의 C에서 보듯이, 약한 상관은 더 큰 흩어짐을 보인다.

정적 상관의 경향성은 있지만 분명 강한 것은 아니다. .0의 상관은 두 변인이 서로 전혀 관련이 없음을 의미한다.

앞에서 언급했듯이, 상관의 강도는 방향과는 완전히 독립적이다. 강도는 단지 예측의 정확도를 말하는 것이다. 따라서 상관의 강도라는 면에서는 완벽한 정적 상관과 완벽한 역(부적)상관이 서로 같다. 완벽한 부적 상관([그림 2-4], D 참조)은 한 변인에 대해 가장 높은 값을 갖는 사람이 다른 변인에 대해 가장 낮은 값을 갖고, 한 변인에 대해 그다음으로 높은 값을 갖는 사람은 다른 변인에 대해 그다음으로 낮은 값을 갖는다는 것을 의미한다.

부적 상관은 정적 상관과 마찬가지로 숫자로 표현된다. 그러나 상관이 역이라는 것을 나타내기 위해 '–' 부호를 숫자 앞에 놓는다. 그러므로 –.75의 r값은 정확하게 .75의 r값만큼 높은 강도다. 앞의 것은 부적 상관을 의미하고, 뒤의 것은 정적 상관을 의미한다.

두 가지 종류의 유의성

우리는 통계적인 표기를 할 때 상관의 강도를 숫자 크기로 기술한다. 비록 숫자 크기가 그 강도에 대한 정보를 주지만, 숫자 크기 자체는 연구자에게 상관이 믿을 만하고 의미가 있는지를 말해 주지 않는다. 실상 이것은 다른 모든 통계치에서도 마찬가지다. 통계치나 그래프를 보는 것만으로 그 결과가 정말인지를 말할 수는 없다. 대신에 당신은 그 결과가 통계적으로 유의한statistically significant가를 알아보아야 한다.

이 문맥에서 유의하다는 말은 매우 특별한 의미를 지닌다. 그것은 그 상관(또는 무엇이든지)이 우연에 의해 발생하지 않을 만큼 충분히 크다는 것을 뜻한다. 우연의 가능성이 충분히 적을 때(단지 5% 미만) 상관(또는 어떤 통계치든지)은 통계적으로 '유의하다'고 한다(〈글상자 2-1〉 참조). 그 점에서 연구자는 관계가 우연한 것이라기보다는 실재하는 것real one으로 결론짓는다.

유의성이라는 말의 두 번째 용도는 심리학에서 점점 보편화되고 있다. 이러한 용도에서는 일상 언어에서 그 단어를 사용하는 방식과 그 의미가 점점 비슷해져 간다. 연구자는 결과가 통계적으로 유의하고(그래서 믿을 만하고) 어느 정도 실제적인 중요성을 갖기에 충분하다면, 그 관계를 임상적으로 유의한clinically significant 또는 실제적으로 유의한practically significant 것으로 말한다. 그러나 유의성이 얼마나 커야 하는가는

글상자 2-1 **통계와 통계**

기술 대 추리

사람들은 통계에 대해 생각할 때 흔히 통계 값—예를 들면, "미국인의 연봉이 3만 7000달러다." 또는 "그 여자는 게임당 21.6점을 얻었다." 등—을 연상한다. 이런 통계는 현상을 기술하는 것이 그 목적이기 때문에 기술 통계descriptive statistics라 부른다.

심리학자는 흔히 추리 통계inferential statistics라 부르는 다른 통계를 사용한다. 이렇게 부르는 이유는 이 방법이 추리를 하게 만들기 때문이다. 그것이 정말인지 어떤지를 결정할 수 있는 정보를 제공해 준다. 흥미롭게도 어떤 것이 정말이라는 것을 직접적으로 증명해 보일 수는 없다. 추리 통계에서 보여 주는 것은 정말 아무런 관계가 없다면 그런 결과가 나타날 확률이 어느 정도인가다. 효과가 우연히 나타날 가능성이 매우 낮다면, 연구자는 그것이 실제일 가능성이 높다고 추리할 수 있다.

추리 통계가 어떤 패턴patterns을 잡아내는 능력과 함께 그것의 한계를 보인 사례를 2000년 미국 대선에서 찾을 수 있다. 플로리다 팜비치 유권자는 선거 당일 낯설고 혼동을 일으키는 투표지를 받게 되었다. 많은 유권자가 Al Gore에게 표를 주려 했는데 Pat Buchnan에게 표를 잘못 찍게 되었다고 이야기했다. 선거는 아주 근소한 차이로 George W. Bush가 Al Gore를

사례에 따라 다양하게 달라진다. 두 변인이 관련되는 정도가 통계적으로는 유의하다 하더라도 관심 있어 하는 행동의 단지 작은 부분만을 설명하는 데 그치는 경우도 있다. 이런 사례에서는 실제적인 유의성은 별로 크지 않다.

인과성과 추리의 한계

상관은 두 변인이 함께 작용하는지 그렇지 않은지를 말해 준다(그리고 어떤 방향으로 얼마나 강하게 작용하는지를 말해 준다). 그러나 왜 두 변인이 함께 작용하는지 그 이유를 알려 주지는 않는다. '왜'라는 질문은 우리가 상관의 영역을 넘어서서 두 번째 종류의 관계에 이르도록 한다. 이런 관계를 인과성causality—원인과 결과의 관계—이라 한다. 상관연구는 이 두 번째 종류의 관계에 대한 증거를 제공할 수 없다. 상관연구는 종종 사람들에게 인과관계에 대한 강한 직관을 주지만 그 이상은 아니다.

이겼다. 투표지의 혼동 때문에 결과가 달라질 수도 있는 경우였다. 단순히 자신이 지지하는 후보가 져서 불평을 늘어놓은 것인가? 아니면 투표지에 정말 문제가 있던 것일까?

사회과학자 Greg Adams와 Chris Fastnow(2000)는 팜비치의 투표 양상이 플로리다 주의 다른 지역과 다른지를 검증하기 위해 추리 통계를 사용했다. 즉, 팜비치를 제외한 모든 지역에서 Bush에게 찬성표를 던진 유권자일수록 Buchanan에게도 찬성표를 던지는 경향이 있었다. 만약 팜비치가 플로리다 주의 다른 지역과 유사하다면, Buchanan은 3407표가 아닌 600표 정도를 득표했어야 했다. 추리는 분명했다. 즉, 투표지와 투표 결과 사이에 실제 관계가 없다면 이런 득표 양상에서의 차이가 나타날 가능성은 극단적으로 낮았다. 팜비치의 투표 패턴에는 무언가가 작동했다.

우리는 판단을 위해 추리 통계를 사용할 때마다 '표면적으로apparantly' 라는 말을 사용하는데, 그 이유는 통계적 결론은 언제나 확률적이라는 사실 때문이다. 추리가 틀릴 확률이 이 선거의 경우에는 극단적으로 낮았지만 여전히 존재한다. 그래서 추리 통계는 오류가 없는 올바른 선택을 하게 해 주는 절차라기보다는 우리의 판단에 대한 '확신 정도confidence unit' 를 제공해 주는 절차에 해당한다.

왜일까? 그 답은 [그림 2-5]에 나타난다. 이 그림에서 각각의 화살표는 가능한 인과관계의 경로를 나타낸다. 이 그림은 상관연구의 결과를 설명할 수 있는 세 가지 길이 있음을 보여 준다. 자존감과 학업 성취도 간의 상관을 생각해 보자. 무엇이 이

무선할당은 실험법에 매우 중요한 상징이다. 실험자는 실험에 참여하는 사람들을 무선적으로 어떤 조건에 할당한다. 이는 마치 룰렛 휠이 볼을 검은색 구멍에 들어가게 하느냐 붉은색 구멍에 들어가게 하느냐를 결정하는 과정과 같다.

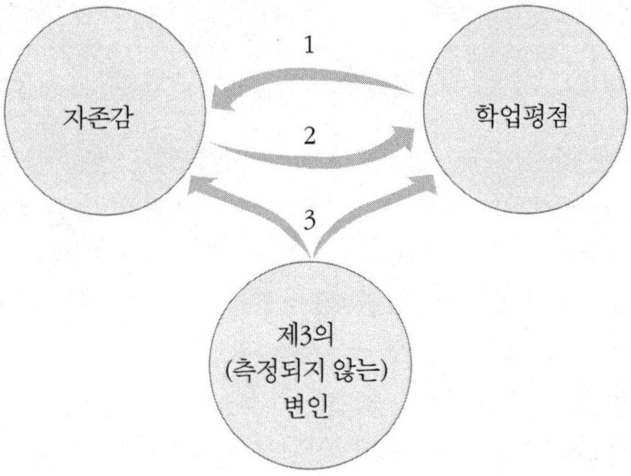

[그림 2-5]

상관은 원인과 결과를 암시하지 않는다. 왜냐하면 항상 세 가지 가능성이 존재하기 때문이다. (1) 첫 번째 변인(학업성취도)에서의 변화가 두 번째 변인(자존감)에서의 변화를 야기할 수 있다. (2) 두 번째 변인에서의 변화가 첫 번째 변인에서의 변화를 야기할 수 있다. 혹은 (3) 세 번째 변인이 관찰된 결과를 야기할 수 있다. 자존감과 GPA 간의 상관만을 아는 것은 이러한 가능성을 구별할 수 없게 한다.

둘 사이의 관련성을 만들어 내는가? 직관적으로 사람들에게는 학업 성적이 나쁘면 자존감이 낮아지고, 반면에 학업 성적이 좋으면 자신에 대해서 더 좋게 느끼게 된다고 설명하는 것이 가장 타당해 보일 수도 있다([그림 2-5]의 화살표 1에 해당). 또는 자존감이 낮은 사람은 교과과정에서 열심히 노력하지 않고, 그로 인해 더 형편없는 성취 결과를 얻을 수도 있다(화살표 2에 해당)는 설명이 가장 타당하다고 생각할 수도 있다. 비록 반대의 인과관계를 나타내는 것이지만 두 설명은 모두 그럴듯하다.

그러나 실제로는 위에서 고려하지 않은 제3의 변인이 위의 두 변인에 인과적 영향을 발휘할 수도 있다(양방향의 화살표 3에 해당). 예를 들어, 높은 수준의 지능은 높은 자존감 지각과 아울러 높은 학업 성취를 야기할 수 있다. 이 시나리오에서 자존감과 학업 성취도는 둘 다 지능의 결과이고, 제3의 어떤 것(지능)이 자존감과 학업 성취 사이에서 발견된 상관의 원인이 된다.

상관에서 또 다른 변인의 관련 가능성은 때때로 제3변인 문제third variable problem로 불린다. 그것은 상관연구의 방법으로는 다루어질 수 없는 문제다. 이러한 방법으로는 [그림 2-5]에서 보는 세 가지 가능성 중 어느 것이 정말로 옳은가를 말해 줄 수 없다.

인과성의 추구: 실험연구

원인과 결과를 입증하는 방법도 있다. 이것은 실험법experimental method이라 하며, 두 개의 정의defining 특징을 가진다. 첫 번째는 실험에서 연구자가 한 변인을 조작한다. 즉, 그 변인에 대해 적어도 두 개 이상의 수준이 존재하도록 만든다. 실험자가 조작하는 변인은 독립변인independent variable이라고 한다. 이것은 원인과 결과의 관계에서 가능한 원인cause으로서 실험자가 검증해 보는 변인이다. 실험자가 이 변인에 대해 두 개의(혹은 더 많은) 수준을 '만든다creating'고 말할 때, 우리는 글자 그대로 창조해 내는 것을 의미한다. 사람들 사이의 경험 간 차이를 능동적으로 만들어 내는actively create 어떤 종류의 사건이 존재한다.

때로 연구자는 상관연구에서 자신이 관찰했던 것을 더 잘 이해하기 위해서 실험을 하기도 한다. 앞서 논의된 상관연구 결과의 예를 사용해서 실험법을 설명해 보자. 당신이 학업 성취도의 변화가 자존감에 인과적 영향을 미친다는 생각을 한다고 가정하자. 이런 가능성을 연구하기 위해서 당신은 학업 성취가 자존감에 영향을 주는 원인이라고 가설을 세우는(예언하는) 실험을 한다.

이 실험에서 GPA를 조작할 수는 없지만, 학업 성취도의 의미를 GPA 점수 외의 다른 것을 조작해서 바꾸기는 상당히 쉽다. 예를 들어, 당신은 한 집단에게는 문제가 매우 쉬웠다고 이야기해 주고, 다른 집단에게는 매우 어려웠다고 말해 줄 수 있다. 이 경우 일부 사람은 성공 경험을 갖고 또 일부 사람은 실패 경험을 한 것으로 느끼도록 조작할 수 있다. 이러한 조작으로 당신은 성공과 실패를 만들어 낼 수 있다. 당신은 단순히 그것을 측정한 것이 아니라 조작한 것이다. 당신은 실험에서 두 집단 사이에 차이가 존재하도록 만들었기 때문에 두 집단 사이에 현재 차이가 존재한다고 확신할 수 있다.

다른 모든 연구에서처럼, 당신은 실험에 참여한 전체 참여자에게 모든 면에서 정확하게 똑같은 처치를 하기 위해 최선을 다할 것이다. 그러기 위해 당신은 실험의 모든 절차를 통일한다. 모든 사람에게 같은 처치를 하는 것—실제 당신이 조작한 것을 제외하고 모든 것을 정확히 같게 만드는 것—을 실험통제experimental control라고 한다. 앞으로 계속해서 언급되겠지만, 실험통제 수준을 높이는 것은 실험법의 논리에서 매우 중요하다.

비록 통제가 중요하다 하더라도 인간이 모든 것을 통제할 수는 없다. 모든 사람이 하루 중 같은 시간 또는 그 주의 같은 날에 연구에 참여하도록 하는 것은 거의 불가능한 일이다. 이보다 더 분명하게, 실험에 참여한 사람들이 정확하게 서로 같다고 확신하는 것도 불가능하다. 그리고 이 책의 주요 관점 중 하나는 사람들은 모두 서로 다르다는 것이다. 당신의 실험에 참여하는 사람 중 일부는 처음부터 다른 사람보다 자존감이 더 높은 사람이다. 이러한 차이를 어떻게 통제할 것인가?

이런 질문은 우리로 하여금 실험법의 두 번째 정의 특징에 이르도록 한다. 통제될 수 없는 어떤 변인, 즉 개인차와 같은 것은 무선할당random assignment으로 다루어진다. 실험에서 당신은 성공이나 실패 경험이 있는 참여자를 무선적으로 각 조건에 할당함으로써 개인차를 처리한다. 무선할당은 할당을 결정하기 위해 동전 던지기나 난수표 목록과 같은 무선無選적 방법을 사용함을 의미한다.

무선할당의 사용은 특정한 가정에 기초한다. 즉, 당신이 실험에서 충분히 많은 사람을 연구한다면, 사람 간의 어떤 중요한 차이(그리고 마찬가지로 다른 원인에서 오는 차이)는 집단 사이에서 균형이 맞춰질 것이다. 당신이 만약 상당히 많은 수의 연구 참여자를 무선 할당한다면, 각 집단은 다른 집단과 유사한 정도로 많은 수의 키 큰 사람, 뚱뚱한 사람, 의기소침한 사람, 자신만만한 사람을 포함할 것이다.

그래서 당신은 사람들을 연구실로 한 번에 한 명씩 데려가 두 가지 조건에 무선적으로 할당하고, 독립변인을 조작한 뒤 그 밖의 모든 것에 대해 실험통제를 한다. 그리고 실험의 어떤 시점에서 원인과 결과의 관계 중 결과를 나타낸다고 생각되는 변인을 측정할 것이다. 이를 종속변인dependant variable이라 부른다.

이 실험에서 당신의 가설은 성공과 실패에서의 차이가 사람들의 자존감을 다르게 하는 원인이라는 것이다. 그러므로 종속변인의 측정은 자존감의 측정이 될 것이다. 각 개인에 대해 이런 측정을 한 후, 당신은 성공하거나 실패한 집단을 서로 비교할 것이다. 그래서 만약 집단 간의 차이가 통계적으로 유의하다면, 당신은 성공과 실패의 경험이 사람들의 자존감을 다르게 만드는 원인이라고 자신 있게 결론 내릴 수 있다.

그 원인과 결과에 관한 결론에서 당신은 무엇 때문에 그렇게 확신할 수 있는가? 우리가 지금까지 살펴봤던 모든 세부 사항에도 불구하고 그 대답은 아주 간단하다. 그 원리가 [그림 2-6]에 도표로 나타나 있다. 실험 초기에 당신은 두 집단으로 사람들을 분리했다(그런데 독립변인이 두 수준 이상이라 하더라도 이 추론은 똑같이 적용된다). 무선할당의 결과에 관한 가정이 옳다면 두 집단은 서로 차이가 나지 않는다. 아

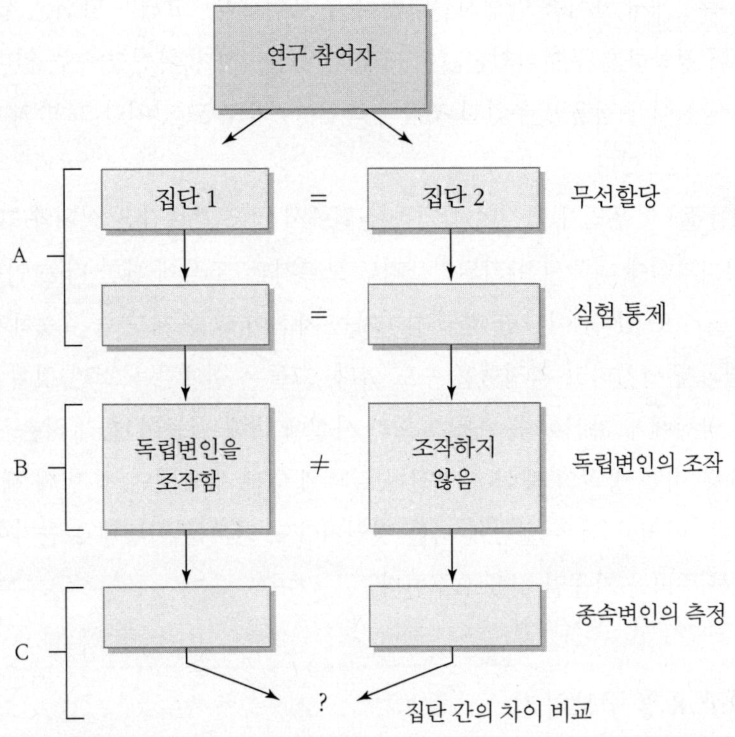

[그림 2-6]

실험 방법의 논리: (A) 무선할당과 실험통제 때문에 집단 간에 체계적인 차이가 없다. (B) 실험적인 조작은 특별한 차이를—처음으로—만든다. (C) 집단이 서로 차이가 난다는 것이 발견되면 앞서의 조작이 이러한 차이를 일으킴에 틀림없다.

울러 실험의 전 과정에 걸쳐 실험통제를 했기 때문에 실험이 전개되어도 집단은 여전히 다르지 않다.

그러나 독립변인을 조작하는 그때 집단 간 차이가 처음 도입된다. 전에도 말했듯이, 당신은 스스로가 그 차이를 만들었기 때문에 이 시점에서 차이가 있다는 것과 그 차이가 무엇인지를 안다. 이러한 이유로 당신은 그 집단들이 실험의 마지막에 측정하는 종속변인에서 서로 차이가 있다는 것을 발견한다면 그 차이를 일으킬 수 있었던 그 단 한 가지 조건만을 알고 있는 것이 된다([그림 2-6] 참조). 그것은 바로 독립변인의 조작에 의해서 일어나야만 한다. 바로 그것이 실험을 하는 동안 집단 간 차이가 나게 만드는 유일한 것이며, 결과를 일으킨 유일한 원인이 된다.

이런 추론은 매우 직설적이다. 그러나 우리는 이 방법이 전적으로 완벽하지 않다는 점을 인식하고 있어야 한다. 문제는 이렇다. 실험을 할 때 당신은 조작이 종속변인의 측정에서 차이를 발생시킨다는 것을 보여 준다. 그러나 당신은 결과를 일으킨 조작이 정확하게 무엇이었는지에 대해 항상 완벽하게 확신할 수는 없다. 아마도 그것은 당신이 초점을 맞추었던 조작의 측면이었을 수도 있지만 그 밖의 다른 어떤 것이었을 수도 있다.

예를 들어, 우리가 앞서 이야기한 실험에서 낮은 자존감은 실패와 그것이 유발하는 자기의심에 의해서 야기되었을지도 모르지만, 조작에 관한 다른 어떤 것에 의해 생겼을 수도 있다. 어쩌면 연구 참여자는 자신이 그 문제를 풀지 못해서 당신의 실험 결과를 망쳤다고 걱정했을 수도 있다. 그들은 실패감을 느낀 것이 아니라 연구자인 당신에게 자신이 문제를 일으킨 사실에 대해 기분이 좋지 않은 것이다. 결과에 대한 이런 방식의 해석은 당신이 결과에 대해 행하였던 첫 번째 해석과는 매우 다르다. 이러한 점은 실험에 의한 것일지라도 결과를 어떻게 보는가에 대해 항상 세심한 주의를 기울일 것을 요구한다.

연구 유형 구분하기

당신이 이 책의 다른 장에서 상관연구와 실험연구에 관해서 읽을 때, 그것을 따로 구분해서 설명하는 것은 얼마나 쉬울까? 언뜻 보기에 이 일은 간단해 보인다. 실험은 집단 간의 비교를 포함하고, 상관연구는 당신에게 상관을 제공해 준다. 맞는 말인가? 실은 그렇지 않다. 상관연구의 결과가 언제나 상관으로 보고되는 것은 아니다. 때때로 상관연구에서도 어떤 종속 측정치에 대해 두 집단(또는 그 이상)을 서로 비교하고, 상관이라는 말은 결코 언급조차 하지 않는 경우도 있다.

당신이 정상보다 40% 과체중인 사람 몇 명과 40% 저체중인 사람 몇 명을 연구했다고 가정하자. 당신은 그 사람들을 개인적으로 면접했고, 그들이 얼마나 사교적이었는지를 판단했다. 그래서 당신은 뚱뚱한 사람이 마른 사람보다 더 사교적이었다는 점을 발견하게 됐다. 이것은 실험연구인가, 아니면 상관연구인가? 판단할 수 있는 방법은 실험의 두 가지 정의적인 특징인 독립변인의 조작과 집단에 대한 사람들의 무선할당을 적용해 보는 것이다. 당신이 뚱뚱하거나 마른 사람을 무선적으로 할당하지 않았기 때문에(그리고 이러한 차이를 만들지 않았기 때문에) 이 연구는 상관연구다. 상관연구의 한계(원인과 결과를 결정하는 것이 불가능함)가 여기에 적용된다.

손쉬운 실용적 방법으로, 연구 참여자를 집단으로 묶는 것이 자연적으로 발생된 차이를 반영하거나 측정하고자 하는 특징에 기초해서 이루어진 것이라면 그 연구는 언제나 상관연구다.

왜 성격 연구자는 자신의 상관연구를 실험처럼 보이도록 만들까? 때때로 그들은 일부 성격 변인의 극단적인 일부 차원에 대해 각각 매우 낮고 매우 높은 사람을 참여자로 선택하기 때문이다. 이러한 전략은 차이를 발견할 기회를 극대화한다. 즉, 그 차원에 대해 평균적인 사람들을 제거하는 것은 혼돈을 막고 상황을 더욱 명확하게 만들어 준다. 그러나 그것은 결과를 상관으로 나타내기 어렵게 만드는 부작용을 초래한다. 그래서 언뜻 보기에는 실험처럼 보이는 상관연구를 만들어 낸다.

어떤 연구가 가장 좋은가

종종 제기되는 또 다른 질문은 실험연구와 상관연구 중 어떤 것이 더 좋은가다. 그 대답은 둘 다 나름대로의 장점이 있고 한 방법의 장점은 다른 방법의 단점이 된다는 것이다. 물론 실험법의 장점은 원인과 결과를 보여 줄 수 있다는 점이고, 상관법은 그렇게 할 수 없다.

그러나 실험법 또한 결점을 갖고 있다. 그 하나는 앞서 지적했듯이 때때로 조작의 어떤 측면이 중요했는지가 불확실한 경우가 있다는 것이다. 다른 하나는 조건이 조심스럽게 통제되어야 하기 때문에 인간에 대한 실험은 비교적 단기간의 사건에만 한정될 수밖에 없다는 점이다. 반면에 상관연구에서는 오랜 기간(심지어 수십 년)이 걸리는 사건을 연구할 수 있고, 아울러 사건을 보다 상세하게 연구할 수 있다. 상관연구는 또한 우리가 실험적인 조작에서 비윤리적이서 실행할 수 없는 사건에 관한 정보를 얻게 해 준다. 이혼한 부모에 의한 양육의 효과나 건강에 해롭다고 알려진 흡연의 효과 등을 그 예로 들 수 있다.

아울러 많은 성격심리학자는 실험이 밝히고자 하는 관계의 종류가 성격의 중요한 논점과는 거의 관련성이 없다는 이유로 종종 실험을 비판한다. 성격에서 중요한 쟁점에 대해 중요한 정보를 제공할 것처럼 보이는 실험에서조차 별 소득이 없을 수도 있다. 앞서 예로 들었던, 성공과 실패를 조작하고 나서 자존감을 측정했던 가상 실험을 생각해 보자. 잠시 동안 자신이 실패했다고 피드백을 준 사람이 성공했다고 말해 준 사람보다 자존감이 낮았다고 가정해 보자. 그러면 당신은 이 실험을 통해 한 사람의 인생 행로에서 형편없는 학업 성과를 내는 경험이 낮은 자존감을 발달시킨다고 추론하고 싶을 것이다.

그러나 이런 결론이 정당화되지 못할 수도 있다. 이 실험은 단순한 과제를 다루었고 성공과 실패를 특정한 방법으로 조작했다. 당신이 내리고자 하는 더 광범위한 결론은 성격의 기본 성질에 관련된다. 이런 성질은 많은 면에서 당신이 실험 예에서 일시적으로 조작했던 그 상태와는 다를 수 있다. 그래서 당신이 그렇게 하고 싶어 하는 유혹을 느끼는 '유사類似에 의한 추론reasoning by analogy'은 위험하고 오해를 불러일으킬 수도 있다.

많은 성격심리학자의 경우, 실제로 성격을 이해할 수 있는 유일한 방법은 사람들 사이에서 자연스럽게 발생하는 차이를 보는 것이다(Underwood, 1975). 이런 연구자는 인과관계 추론에서 상관연구가 본래 가지고 있는 한계를 기꺼이 받아들인다. 그들은 그것을 응당 지불해야 할 대가로 간주한다. 반면 심리학자 중 많은 사람은 다음에서 설명하는 것처럼 실험적인 기법과 상관적인 전략의 결합combining에 마음 편해한다.

중다요인 연구

지금까지 우리는 연구에 대해 이야기하면서 마치 하나의 예측(독립)변인에서 하나의 종속변인을 예측하는 것만이 전부인 양 논의해 왔다(실험적인 조작이나 개인차 모두에서). 그러나 사실 많은 연구가 중다요인 설계를 사용하여 종종 동시에 몇 가지 예측변인의 결과를 살펴보고 있다. 중다요인 연구multifactor study에서는 두 가지(또는 그 이상) 변인을 독립적으로separately 변화시켜서 예측변인의 모든 조합을 만들어 낸다. [그림 2-7]의 연구는 두 요인을 포함하고 있는데, 두 요인 이상의 조합도 사용될 수 있다. 물론 연구에서 요인의 수가 늘어날수록 조합의 결과는 더욱 복잡해지고, 각 조합의 세부적 의미를 추적하기는 더욱 까다로워진다.

때때로 중다요인 연구에서는 모든 요인이 실험적으로 조작되기도 한다. 어떤 때는 그것이 모두 성격 변인이 되기도 한다. 또 다른 예로는 실험 조작에 의한 요인과 성격 변인을 함께 포함하는 설계를 들 수 있다. [그림 2-7]에 나타나 있는 예는 혼합 설계다. 자존감 요인은 사람들이 연구 기간 동안 갖게 되는 자존감 수준이다. 이것은 성격 차원이다(따라서 상관적이다). 성공-실패 요인은 실험적인 조작으로 실험 기간 동안만 발생한다. 이 실험에서 종속변인은 참여자가 실험적인 조작 후에 행하

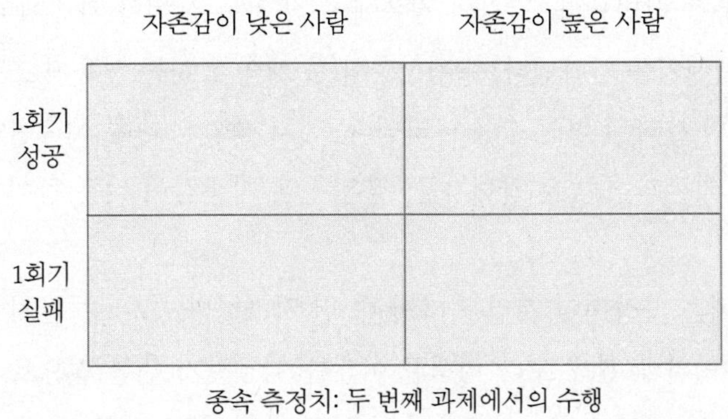

[그림 2-7]

가설적인 2-요인 연구의 도표. 각 사각형은 그 위와 왼쪽에 기입된 값의 조합을 나타낸다. 중다요인 연구에서, 예측변인에 대한 모든 값의 조합은 이런 방식으로 만들어진다.

는 이차적 과제의 수행을 통하여 측정한다.

교차 설계는 연구자로 하여금 상이한 유형의 사람들이 상황의 변이에 어떻게 다르게 반응하는지에 대해 검토할 수 있게 해 준다. 이러한 유형의 연구는 실험적 절차와 개인차를 결합하기 때문에 종종 실험성격 연구experimental personality research라고 한다.

중다요인 연구에서 얻은 양상의 해석

중다요인 설계는 단일요인 연구보다 더 복잡하기 때문에 그것이 말해 줄 수 있는 것 또한 보다 복잡하다. 실제로 실험성격 연구를 하는 사람은 이런 이유 때문에 정밀하게 이런 설계를 한다.

중다요인 연구라고 해서 항상 복잡한 결과를 얻는 것은 아니다. 때때로 당신은 각 예측변인을 분리해서 연구했을 때 얻을 수 있는 것과 같은 결과를 얻기도 한다. 한 예측변인이 다른 예측변인과 독립적으로 결과변인과 체계적인 방식으로 관련되어 있다는 것을 발견했을 때 이러한 발견을 주 효과main effect라 한다. 예를 들어, [그림 2-7]의 연구에서는 두 가지 자존감 수준의 사람들 모두에게서 성공보다는 실패 후에 더 나쁜 수행을 보인다는 결과를 도출할 수 있다.

중다요인 연구에서의 복잡성은 연구에서 상호작용interaction이 발견될 때 발생한다. [그림 2-8]은 [그림 2-7]의 가상적인 연구에서 나타날 수 있는 가능한 연구 결과인

두 개의 상호작용을 나타낸다. 각각의 경우에 수직 차원은 이차 과제에 대한 수행인 종속변인의 측정치를 나타낸다. 수평선상의 두 개의 표시는 처음에 조작한 성공 대 실패의 두 개의 조작된 변인 값을 나타낸다. 선의 색깔은 다른 예측변인을 나타낸다. 흐린 선은 자존감이 높은 참여자를, 짙은 선은 자존감이 낮은 참여자를 나타낸다.

이 그래프의 예는 가상적인 것임을 다시 한 번 강조한다. 그것은 단지 당신에게 상호작용이 무엇인가에 관해 보다 명백한 이해를 제공하기 위한 것으로 실제와는 다를 수 있다. [그림 2-8]의 A는 자존감이 낮은 사람은 성공보다는 실패 후에 보다 나쁜 수행을 한다는 결과를 보여 준다. 그러나 자존감이 높은 사람 사이에서 이러한 결과는 발생하지 않는다. 일시적 실패 경험은 그들에게 분명하게 아무런 영향이 없다. 그러므로 한 변인의 영향(성공 대 실패)은 다른 변인의 두 수준(자존감의 정도)

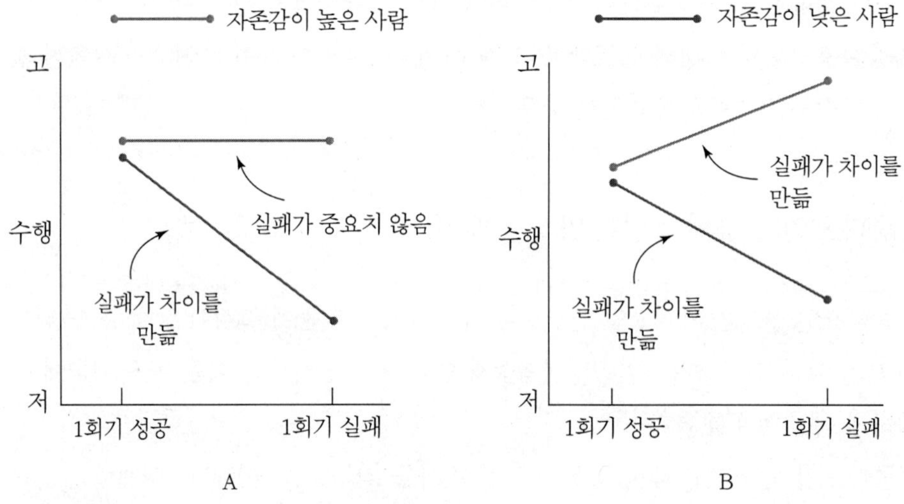

[그림 2-8]

자존감과 1회기의 '성공 대 실패' 경험이 2회기의 과제 수행에 미치는 영향을 살펴보는 연구에 관한 두 가지의 가상 결과.
(A) 이 그림은 자존감이 낮은 사람이 1회기에서 실패하면 성공 경험을 했을 때보다 2회기의 과제 수행을 잘 못하게 됨을 보여 준다. 반면 자존감이 높은 사람은 1회기의 성공이나 실패로부터 아무런 영향을 받지 않는다.
(B) 이 그림은 1회기에서 실패하게 되면 자존감이 낮은 사람이 2회기에서 수행이 더 나빠지는 데 반해, 자존감이 높은 사람은 1회기에서의 실패를 2회기에서의 더 나은 수행으로 발전시킴을 보여 준다. 그래서 실패가 자존감이 높은 사람과 낮은 사람에게 반대로 작용한다.

에 따라서 달라진다. 이것이 상호작용이라는 용어의 뜻이다. [그림 2-8]의 A에 나타나듯이, 실패는 두 번째 변인의 한 수준(자존감이 낮은 집단)에서 어떤 효과를 갖지만 다른 수준(자존감이 높은 집단)에서는 아무런 효과도 갖지 못한다.

상호작용에 관한 두 개의 부가적인 특징이 있다. 첫 번째는 상호작용을 발견하기 위해서는 동시에 한 요인 이상을 연구하는 것이 절대적으로 필요하다는 점이다. 동시에 두 요인을 연구하지 않는다면 상호작용을 발견할 수 없다. 이것이 연구자가 종종 복잡한 설계를 하는 한 가지 이유다. 그것은 상호작용이 나타나는 것을 가능하게 한다.

두 번째 특징은 [그림 2-8]의 A와 B를 비교해 보면 알 수 있다. 이 특징은 상호작용이 많은 상이한 형태를 취할 수 있다는 것이다. 우리가 설명했던 상호작용과는 정반대의 결과이지만, B의 그래프는 실패가 두 집단의 사람들에게 모두 영향을 준다는 사실을 나타낸다. 자존감이 낮은 사람은 실패 후에 더 나쁜 수행을 한다(첫 번째 그래프에서 보듯이). 자존감이 높은 사람은 성공 후보다는 실패 후에 더 좋은 수행을 하는데, 이는 실패가 그들을 더 노력하도록 동기화하기 때문이라고 해석할 수 있다.

이러한 예의 두 가지 그래프는 상호작용이 취할 수 있는 유일한 형태는 아니다. 정확하게 상호작용이 의미하는 것은 그것이 취하는 특정한 형태에 따라 달라진다. 그러므로 상호작용을 조사하는 것은 '각 집단이 어떤 식으로 다른 변인에 의해 영향을 받게 되는가?'를 알아볼 것을 늘 요구한다.

요 약

성격연구는 자신과 타인의 관찰에 기초한다. 한 사람을 전인의 모습으로 이해하고자 하는 욕망은 특정한 사람들에 대한 심층 연구인 사례연구를 유도한다. 결론을 소수의 사람이 아닌 다수의 사람에게 적용할 수 있게 하려는 일반화의 욕망은 많은 사람을 체계적으로 검토하는 연구를 하게 이끈다.

정보수집은 변인 사이의 관계를 검토하기 위한 단지 첫 단계다. 변인 사이의 관계는 두 가지 방법으로 검토된다. 상관연구는 두 변인이 두 차원의 상이한 수준에서 측정될 때 예측 가능한 방식으로 함께 움직이는 경향성이 있는가의 정도를 결정한다. 이 기법은 관계의 방향과 강도라는 두 측면을 결정해 준다. 그러나 원인과 효과라는 특수한 관계는 이 방법에서 결정될 수 없다.

실험법이라 불리는 두 번째 기법은 원인과 효과라는 관계를 검증할 수 있게 해 준다. 실험에서 독립변인은 조작되고, 가외변인은 통제(일정하게 유지)되거나 통제될 수 없는 것은 무선할당된다. 조작된 변인의 효과는 종속변인으로 측정된다. 중다요인 연구에서는 실험법과 상관법이 결합된다. 어떤 연구에 성격 변인과 실험 조작이 함께 포함되면 이를 실험성격 연구라 부른다. 중다요인 연구는 상호작용을 다룰 수 있게 된다.

용어설명

개체기술적idiographic 여러 상황에 걸쳐 특정한 개인에게 초점을 맞추는 접근과 관련되는.

경험 표집experience sampling 자신들의 현재 경험에 대해 반복적으로 보고하게 하는 방법.

기술 통계descriptive statistics 특정 집단을 기술하거나 특징짓기 위해 사용되는 통계.

독립변인independent variable 실험에서 조작되는 변인으로 원인-효과 관계에서 원인으로 검증되는 변인.

무선할당random assignment 사람들을 실험의 집단으로 무선적으로 할당해서 그들의 특징이 집단에 걸쳐 균형 잡히게 하는 것.

변인variable 두 개나 그 이상의 변이가 존재하는 차원.

사례연구case study 한 개인에 대한 심층 연구.

상관correlation 반복해서 측정되었을 때 두 변인이나 차원이 함께 변화하는 관계.

상관계수correlation coefficient 두 변인 사이의 상관의 정도에 대한 수치.

상호작용interaction 한 예측변인이 다른 예측변인의 수준에 따라 달라지는 효과를 보이는 것.

실제적 유의성practical significance 실제적 중요성을 가질 만큼 충분히 큰 연합.

실험성격 연구experimental personality method 성격 요인과 실험 요인을 함께 포함하는 연구.

실험통제experimental control 조작되지 않는 변인을 일정하게 유지하기.

실험법experimental method 한 변인이 다른 변인에 미치는 인과적 영향을 검증하기 위해 변인을 조작하는 방법.

인간학personology 인간의 한 측면만을 연구하는 것에 반대하고 전체 인간을 연구하려는 접근.

인과성(인과관계)causality(causal relationship) 한 차원의 변이가 다른 차원의 변이를 만들어 내는 관계.

일반성(일반화 가능성)generality(generalizability) 결론이 많은 사람에게 적용되는 정도.

임상적으로 유의한clinically significant 실제적인 중요성을 가질 만큼 충분히 큰 연합.

제3변인 문제third-variable problem 측정되지 않은 변인이 두 변인이 상관이 있는 것처럼 보이게 만들 가능성.

종속변인dependent variable 실험의 결과로 측정되는 변인으로 원인과 효과 관계에서 효과에 해당하는 변인.

주 효과main effects 다른 변인과 독립적으로 한 예측변인의 효과를 보이는 것.

중다요인 연구multifactor study 두 개나 그 이상의 예측변인을 갖는 연구.

추리 통계inferential statistics 변인 사이의 관계가 존재하는지를 판단하는 데 사용되는 통계.

통계적 유의성statistical significance 실제 효과가 없을 때 관찰된 효과를 얻을 가능성.

Perspectives on Personality

제3장

성격평가의 쟁점

- 정보의 출처
  - 관찰자 평정
  - 자기보고
  - 암묵적 평가
  - 주관적 대 객관적 측정
- 측정의 신뢰도
  - 내적 일관성
  - 평정자 간 신뢰도
  - 시간에 따른 안정성
- 측정의 타당도
  - 구성타당도
  - 준거타당도
  - 수렴타당도
  - 변별타당도
  - 안면타당도
  - 문화와 타당도
  - 반응 세트와 타당도의 상실
- 평가도구 개발의 기초가 되는 두 가지 이론적 배경
  - 논리적 혹은 이론적 접근
  - 경험적 접근
- 더 나은 평가를 위해: 끝이 없는 탐구
- 요약

사례

성격 수업 첫날에 제프는 한 여자를 처음 보았고, 그 후 그녀가 어떤 사람인가 알기 위해 계속 노력하는 중이다. 그는 그녀가 어떻게 행동하고, 어떤 옷을 입으며, 사람들에게 무슨 이야기를 하는지 관찰한다. 그는 친구들에게 그녀에 관해 자신이 아는 내용을 종종 물어본다. 얼마 후 그는 자신이 수집한 정보가 얼마나 '좋은' 정보인지에 대해 의심을 갖기 시작했다. 팻은 언제나 편향된 방식으로 사물을 바라본다. 그래서 팻이 말하는 것은 어느 정도 걸러서 받아들여야 한다. 제니퍼는 자신의 바로 코앞에서 일어나는 일도 거의 알아차리지 못하는데 그녀가 하는 말이 무엇을 의미하는지를 도대체 누가 알아듣겠는가? 그녀가 수업시간에 손을 들고 의견을 말할 때, 그 의견은 그녀가 누구인지를 반영하는가? 아니면 그녀가 단지 자신이 똑똑하다는 것을 선생님에게 확신시켜 주려는 시도라고 보아야 하는가? 그저께 그녀가 방과 후 크리스의 데이트 신청을 거절했을 때, 그녀의 목소리에는 도도함이 배어 있었는가? 아니면 그녀는 단지 당황해서 그렇게 했을 뿐인가?

성격에 대한 측정을 평가assessment라고 한다. 우리 모두는 비공식적이기는 하지만 늘 성격평가를 하고 있다. 우리는 본원적으로 자신과 상호작용하는 다른 사람의 성격에 대해 알고 싶어 하고, 그럼으로써 상대방에게 무엇을 기대해야 하는지에 대해 알게 된다. 이런 까닭으로 우리는 타인이 어떠할 것이라고 짐작하는 저마다의 성격평가 방법을 개발한다. 비록 당신 자신이 이것을 '평가'라고 생각하지 않는다 하더라도 당신은 일상에서 비공식적으로 성격을 평가하고 있으며, 심리학자는 보다 공식적으로 이런 작업을 행하고 있지만 작업의 원리 면에서는 둘이 다를 바가 없다.

다른 사람이 어떠할 것이라고 인상을 형성하는 일은 어려운 작업일 수 있다. 그래서 흔히 잘못된 인상을 형성하기도 한다. 성격평가는 심리학자에게조차 어렵다. 당신이 성격평가에서 경험하는 모든 문제를 심리학자 또한 겪고 있다. 그러나 성격심리학자는 그러한 문제를 다루기 위해 더욱 열심히 노력한다.

정보의 출처

일상의 비공식 평가에서 우리는 다양한 출처로부터 정보를 얻는다. 공식 평가에서도 마찬가지다.

관찰자 평정

2장에서 언급했듯이, 많은 성격 측정치는 평가받는 사람이 아닌 다른 누군가에게서 나온다(Funder, 1991; Paunonen, 1989). 이런 기법에 대한 일반적인 명칭은 관찰자 평정observer ratings이다.

관찰자 평정에는 여러 종류가 있다. 그중 일부는 면접을 포함한다. 평가받는 사람이 자신에 관해 이야기를 하고, 면접자는 그들이 무엇을 어떻게 말하는지를 관찰해서 결론을 도출한다. 때로 면접을 받는 사람이 자신 이외의 다른 것에 관해서 이야기하기도 한다. 그렇게 함으로써 그들은 면접자에게 자신이 어떠한지에 대해 간접적으로 드러낸다.

다른 종류의 관찰자 평정은 그렇게 복잡하지 않다. 관찰자는 피관찰자의 행위를

관찰자 평정에는 많은 다른 유형이 존재한다. 여기 사진 속에서는 한 관찰자가 연구에 참여한 아이들의 겉으로 드러나는 행동을 직접 평정하고 있다.

관찰해서 판단을 내린다. 혹은 관찰자가 피관찰자가 어떠하다는 것을 이야기할 수 있을 만큼 이미 그를 잘 아는 사람일 수도 있다. 그런 경우 평정은 단순히 기존 지식

글상자 3-1 당신의 소유물은 당신에 관해 무엇을 말해 주나

많은 사람이 인터넷 웹과 대중 미디어가 미국 문화를 거의 동질적으로 만들어 놓았다고 가정한다. 사람들은 모두 거의 유사한 물건을 구매하고, 그래서 모두가 거의 유사한 사적 공간의 모습을 보이리라고 짐작한다. 그러나 실상은 그렇지 않다. 전혀 아니다.

Sam Gosling과 동료 연구자들은 사람들이 자신을 둘러싸고 있는 물건과 기념품을 통해 자신의 성격을 "묘사하기도 하고 무심코 드러내기도 한다"는 사실을 발견했다(Gosling, 2008). 자신들이 행한 연구방법을 '스누핑의 과학snoopology'이라 칭하면서, 이 연구자들은 사람들의 사무실과 침실 및 기타 사적 공간을 광범위하게 조사했다. 그들은 사람들이 자신과 공간을 연결 짓는 세 가지 광의의 기제가 있음을 발견했다. 연구자들은 이 기제를 각각 자기표현identity claims, 감정조절feelings regulators 및 행동 허물behavioral residue이라고 이름 붙였다.

자기표현은 자신이 누구인가를 상징적으로 드러내는 것이다. 사진, 상장, 범퍼 스티커 및 과거나 현재 혹은 미래의 자신을 상징하는 물건(예, 치어리더 사진)은 자기표현이다. 그것들은 자신이 어떻게 되기를 원하는가를 알려 주는 지표가 된다. 그 물건들은 자신의 공간에 들어오는 다른 사람이나 자신에게 자신이 어떤 사람인지(혹은 장차 어떻게 되기를 원하는 사람인지)를 알려 주고 상기하게 해 준다.

을 요약하는 일이 된다. 관찰자는 피관찰자의 소유물(물건)을 관찰하고 그 사람이 어떨 것이라는 결론을 도출하기도 한다(〈글상자 3-1〉 참조).

자기보고

또 다른 평가기법은 자기보고self-reports다. 자기보고에서 사람들은 자신이 어떠한지 또는 어떻게 느끼고 행동하는지에 대해서 그들 스스로 생각하는 바를 나타낸다. 그러므로 자기보고는 2장에서 설명된 내성법의 과정과 유사하다. 비록 자기보고가 비구조화된 방식으로 행해질 수도 있지만, 일반적으로는 그렇지 않다. 대부분의 자기보고 척도는 사람들이 특정한 항목에 반응하도록 요구한다.

자기보고 척도는 여러 가지 형태로 만들 수 있다. 한 예로 '예-아니요'의 형태가 있다. 당신은 진술문을 읽고 각 진술이 자신에게 참인지 거짓인지를 판단한다. 또 다른 흔한 형태는 다중점수 평정 척도다. 그것은 더 넓은 범위, 예를 들면 '매우 그렇다' 에서 '전혀 그렇지 않다' 까지의 범위에 걸쳐서 반응을 선택할 수 있다.

몇몇 자기보고법은 성격의 단일한 특성에 초점을 맞춘다. 그러나 검사 개발자는

사진은 특히 이런 역할을 잘해 내는데, "여기에 이런 내가 있어요."라고 말한다(Gosling, 2008, p. 16).

감정조절은 자기 정체감의 메시지를 전달하려는 것이 아니다. 대신 자신의 정서를 조절하는 것을 도와준다. 자신이 바라는 정서 상태에 존재할 수 있음은 다양한 활동에서 매우 중요하며, 정서는 다양한 방식으로 조절될 수 있다. 당신은 매우 행복했던 시절의 사진을 보며 기분을 좋게 할 수 있다. 평화를 선사하는 그림을 보거나 높은 음질로 연주되는 음악을 들어서 자신을 위로할 수 있다. 촛불을 켜 놓고 욕조에 몸을 담그고 있으면 깊이 이완된다. 당신이 흥분을 갈망하는 사람이라면 그런 감정을 자극해 주는 여러 가지 물건으로 당신의 공간을 채울 것이다.

행동 허물은 위의 두 가지 기제보다 덜 흥미롭다. 행동 허물은 당신이 행한 여러 활동이 남기는 찌꺼기에 해당한다(쓰레기는 반복적으로 버려지는 허물의 특수한 사례다). 이런 허물은 당신의 성격에 관해 무엇을 말해 주는가? 단순한 한 가지 지표는 당신이 만들어 내는 허물의 양이다. 그 양이 많을수록 아마도 당신의 삶은 덜 조직화되어 있을 것이다. 또 하나의 다른 쟁점은 당신이 만드는 허물의 종류다. 1장에서 지적했듯이, 성격은 일관성으로 드러난다. 이와 유사하게, 행동 허물은 당신 삶의 공간에서 어떤 종류의 일이 반복적으로 일어나는 것을 보여 주는 경향이 있다.

흔히 하나의 검사를 통해 성격의 여러 가지 측면을 동시에 평가하고 싶어 한다. 성격의 여러 측면을 평가하는 장치를 성격목록 검사inventory라고 한다. 성격목록 검사를 개발하는 과정은 단일 척도를 개발하는 과정과 다르지 않다. 유일한 차이는 검사를 개발하는 데 있어 성격목록 척도는 한 번이 아니라 개별 척도별로 척도를 개발하는 단계를 모두 거친다는 점이다.

암묵적 평가

지난 10여 년 동안 암묵적 평가implicit assessment라고 불리는 기법이 흥미를 끌어 왔다(비록 오래전부터 존재해 왔지만). 이 방법에서는 자기보고식에서 하듯이 직접 본인에게 물어서 그 사람의 모습을 파악하려 하지 않는다. 대신 자극에 대한 일종의 판단 과제를 제공한다. 반응의 패턴(예, 반응 시간)을 통해서 그 사람이 어떤 사람인가에 대한 정보를 얻는다.

이런 방법의 널리 알려진 예로 암묵적 연합검사Implicit Association Test: IAT(개관을 위해서는 Greenwald, McGhee, & Schwartz, 2008 참조)를 들 수 있다. 이 방법은 내성법으로는 추적하기 어렵다고 생각되는 기억의 의미론적인(그래서 암묵적이라 일컬어지는) 특성을 측정한다. IAT는 실제로 어떤 종류의 연합에도 적용될 수 있다. 성격 특성에 관해 적용될 때, IAT는 다음과 같은 절차를 따른다. 당신이 할 일은 일련의 자극을 가능한 한 빨리 몇몇 범주로 구분하는 것이라고 소개받는다. 분류하는 범주는 '나에게 해당하는' 대 '나에게 해당하지 않는' 이거나 '식물' 대 '광물' 등으로 두 가지로 나뉜다. 당신은 자극 항목이 나오기 전까지는 그 항목이 어떤 범주에 속할지를 모르는 상태다. 제시되는 항목 중 일부는 당신의 성격과 관련성이 있는 성질을 지닌다. 만약 그런 항목 중 자신의 기억과 강하게 연합된 무엇이 있다면, 그것은 강하게 연합되어 있지 않은 다른 항목에 비해 '나에게 해당한다'는 범주로 보다 신속하게 분류될 것이다. 그래서 다양한 자극에 대한 반응 시간의 양상을 살펴보면 자신에 관한 당신의 암묵적 자기감을 평가할 수 있는 정보를 알 수 있을 것이다.

암묵적 평가기법은 성격에 대한 동기적 접근에 특별히 중요하다. 우리는 5장에서 이에 관해 더 자세히 알아보게 될 것이다.

앞 장에서 언급되었듯이, 평가기법은 다양하다. 그러나 모든 기법에는 두 가지 기본 사항이 필요하다. 하나는 평가받는 사람이 '행동'의 표본을 생산해 내야 한다. 그것은 누군가가 관찰하는 활동일 수도 있고, 심장박동률의 변화와 같이 내적인 행동일 수도 있다. 또 질문에 답하는 행동일 수도 있고, 상당 기간에 걸친 소유물의 집적일 수도 있다. 두 번째는 그 행동 표본을 그 사람의 성격의 어느 측면을 나타내는 지침으로 사용하는 것이다.

주관적 대 객관적 측정

측정은 주관적subjective일 수도 있고 객관적objective일 수도 있다. 주관적인 측정에는 해석이 과정에 포함되어 있다. 관찰되고 있는 사람이 신경증적으로 보인다는 관찰자의 판단이 한 예가 될 것이다. 판단은 사람의 행동에 대한 해석interpretation이기 때문에 측정을 주관적으로 만든다. 대신에 측정의 초점을 해석이 필요 없는 어떤 구체적인 물리적 실재에 맞춘다면 그것은 객관적이라고 한다. 예를 들면, 사람이 말을 하는 동안 더듬는 횟수를 세는 것에는 해석이 전혀 포함되지 않는다. 이러한 수 세기가 나중에 초조함을 추론하는 데 사용된다 할지라도 측정 자체는 객관적이다.

이 쟁점은 어느 정도 관찰자 평정과 자기보고 간의 구분과 관련된다. 관찰자는 행위의 객관적 수를 계산할 수도 있고, 그 사람에 대한 주관적인 인상을 발달시킬 수도 있다. 같은 방법으로, 자기보고를 하는 사람의 경우도 특정한 사건에 대해 횟수를 계산할 수도 있고, 자신이 어떤 사람이라는 주관적인 인상을 제공할 수도 있다. 그렇다 할지라도 자기보고는 주관성과 관련해서 특히 취약할 수 있다는 점이 분명하다. 특정한 사건을 보고하게 하는 경우라 하더라도, 사람들이 과거를 회상할 때면 자신이 의도하지 않은 해석이 그 과정에 스며들 가능성이 높다.

측정의 신뢰도

모든 평가기법은 몇 가지 문제나 쟁점에 직면하게 된다. 그중 한 가지는 측정의 신뢰도reliability다. 이 논점에 대한 본질은 이런 질문을 통해 분명해질 수 있다. 즉, 당신이 누군가에 대해 관찰할 때 같은 사람을 두 번, 세 번 반복해서 관찰했다 하더라도 그것이 동일하게 관찰한 것이라고 얼마나 확신할 수 있는가? 신뢰할 만한 관찰은 높은 일관성consistency 혹은 반복 가능성repeatability을 지닌다. 낮은 신뢰도는 관찰 또는 측정이 일관되지 못함을 의미한다. 측정치는 단지 측정받는 사람의 속성만을 반영하는 것이 아니라 오차error라 부르는 무선성randomness도 포함한다.

모든 측정 절차는 오류원을 지닌다(오류는 감소될 수 있지만 완전히 제거될 수는 없다). 당신이 달을 보기 위해 망원경을 사용한다고 가정해 보자. 렌즈에 있는 미세한 먼지, 안경에 있는 사소한 결함, 근처 도시에서 나오는 깜빡이는 불빛, 공기 흐름에서 발생한 소용돌이 등은 모두 당신이 달을 보는 데 오류를 일으킬 수 있다. 이번에는 당신이 다른 사람이 자신을 얼마나 '독립적인' 사람으로 생각하는지 측정하기 위해 평정 척도를 사용한다고 가정해 보자. 당신이 질문 항목을 진술하는 방법은 사람마다 다른 해석을 유도할 수 있기 때문에 오류의 한 가지 원천이 될 수 있다. 당신이 누군가에게 한 아이의 행동을 관찰하게 한다면 그 사람 자신이 바로 오류의 근원이 될 수 있다. 즉, 그가 얼마나 엄밀하게 주의를 기울이는지, 그가 관찰하는 것을 무엇이라고 생각하는지 등 무수히 많은 영향 요소에 의해 관찰자는 오류를 범할 수 있다.

당신은 어떤 측정의 신뢰도 문제를 어떻게 해결하는가? 일반적인 해결책은 측정을 반복하고 관찰을 여러 번 하는 것이다. 보통 이것은 약간 다른 각도에서 같은 성질을 측정하는 것, 또는 약간 다른 '측정방법'을 사용하는 것을 의미한다. 이렇게 함으로써 상이한 방법에 들어 있는 다양한 오류의 근원이 상쇄된다.

신뢰도는 서로 다른 맥락에서 나타나기 때문에 단일한 문제가 아닌 일군의 문제다. 문제의 각 형태는 별개의 이름을 갖고 있고, 각 형태를 다루기 위해 사용되는 방법 또한 서로 다르다.

내적 일관성

평가의 가장 단순한 사례는 단일 관찰이나 측정이다. 당신은 그 관찰이나 측정이 과도한 오류를 포함하지는 않았다고 어떻게 확신할 수 있는가? 능력평가를 예로 들어 보자. 어떤 사람이 수학 문제나 단어 퍼즐 같은 특별한 유형의 문제를 얼마나 잘 푸는지 알고자 한다면 당신은 무엇을 해야 할까? 당신은 그 사람에게 단지 문제 하나만을 주지는 않을 것이다. 왜냐하면 그 사람이 문제를 쉽게 풀거나 풀지 못하는 것은 문제의 성질에 크게 좌우되기 때문이다. 만약 당신이 그 사람이 이런 종류의

• • •
인간의 판단에는 오류가 포함된다. 사람들은 가끔씩 사건을 부정확하게 지각한다.

문제를 얼마나 잘 푸는지(신뢰할 만하게)를 알고자 한다면, 당신은 단일 문제가 아닌 일련의 문제를 줄 것이다.

같은 전략이 성격평가에도 적용된다. 당신이 사람들에게 자신이 생각하기에 스스로가 얼마나 독립적인지를 물어보기 위해 자기보고를 사용했다면, 당신은 단지 한 번만 물어보지는 않을 것이다. 당신은 독립성을 반영하는 서로 다른 여러 개의 문항을 사용해서 여러 차례 물어볼 것이다. 이런 경우에 각 항목은 한 개의 '측정도구'다. 새로운 항목으로 옮겨 갈 때마다 당신은 새로운 측정도구로 바꾸는 것이고, 같은 사람에 대해 같은 성질을 측정하려고 하는 것이다. 사실상 당신은 하나의 망원경을 내려놓고 다른 것을 집어서 같은 달을 볼 수 있다. 신뢰도는 당신이 서로 다른 망원경을 통해 '얼마나 같은 것을 볼 수 있는가'의 문제다.

이러한 종류의 신뢰도를 내적 신뢰도internal reliability 또는 내적 일관성internal consistency이라고 한다. 이는 성격의 동일한 측면에 대한 한 관찰 세트set 내부의 신뢰도다. 개별 문항이 각기 다른 무선적 오류의 출처를 갖기 때문에, 많은 문항을 사용하는 것은 이런 오류를 상쇄할 수 있다. 관찰을 많이 하면 할수록 무선 오류는 더욱 상쇄될 것이다. 자기보고 척도를 사용하는 사람들은 좋은 신뢰도를 얻기 원한다. 따라서 대부분의 척도는 많은 수의 문항을 포함하고 있다(그러나 〈글상자 3-2〉도 참조). 문항이 충분히 신뢰할 만하다면 하나로 모아져서 그 성격 특성의 단일 지표로 사용된다.

당신은 자신이 사용하고 있는 문항이 좋은 내적 신뢰도를 보이는지를 어떻게 알 수 있는가? 많은 문항 수가 높은 내적 신뢰도를 보증하지는 않는다. 신뢰도는 문항에 대한 사람들의 반응 사이의 상관에 관한 문제다. 항목이 꽤 신뢰할 만하다고 말

글상자 3-2

평가에 대한 새로운 접근: 문항반응이론과 컴퓨터 적응검사

오랫동안 척도 구성을 안내해 왔던 고전 검사이론에 따르면, 문항 수를 늘리는 것은 척도의 내적 일관성을 높인다. 더 최근에는 문항반응이론item response theory: IRT으로 불리는 새로운 접근법이 출현했다. IRT는 문항 수를 줄이면서 평가의 효율성을 증가시키려는 시도다(Reeve, Hays, Change, & Perfetto, 2007).

IRT는 측정하려는 개념에 가장 유용한 문항과 가장 유용한 반응 선택지를 결정하는 데 초점을 맞춘다. 어느 반응 선택지가 가장 유용한가를 결정하는 것은 반응 곡선을 그림으로써 시작한다. 이는 각 반응이 얼마나 자주 사용되는가를 보여 주고 각 선택지가 다른 선택지와 상이한 무엇을 측정하는가를 알려 준다(Streiner, 2010). 예를 들어, 반응 선택지로 '언제나', '자주', '가끔' 및 '결코'가 주어졌다고 가정해 보자. 분석 결과에서 '자주'와 '가끔'이 실제로는 동일하게 취급되고 있다면 이런 반응 선택지를 구별해서 제시할 필요가 없을 것이다.

IRT는 또한 개별 문항의 난이도를 결정한다(Streiner, 2010). 예를 들어, 불안을 평가하는 척도에서 '나는 걱정한다'라는 문항은 '나는 공황에 빠진다'라는 문항에 비해 더 쉽게 '그렇다'는 응답을 받을 것이다. 불안에 관해 응답하기 어려운 문항은 불안이 없는 사람과 불안한 사람을 더 잘 구별해

하는 것은 한 척도의 문항에 대한 사람들의 반응이 높게 상호 상관됨을 의미한다.

실제적으로 내적 일관성을 조사하는 몇 가지 방법이 있다. 이들 모두는 문항에 대한 사람들의 반응 간 상관을 조사한다. 아마도 가장 좋은 방법(비록 번거롭기는 하나)은 따로따로 얻어진 항목을 두 개씩 짝지어서 각 쌍의 평균 상관을 보는 것이다. 더 단순한 접근은 문항을 두 개의 하위 세트로 분리하고(종종 홀수 대 짝수 번호로 매겨진 항목), 각 하위 세트별로 사람들의 점수를 더해서 서로를 상관시키는 것이다. 이러한 상관은 반분신뢰도split-half reliability라는 지표를 제공한다. 만약 원래의 세트 중 두 개의 반쪽이 성격에 대해 같은 성질을 측정한다면, 하나의 반쪽에 대해 높은 점수를 받은 사람은 다른 반쪽에 대해서도 높은 점수를 받을 것이고, 하나의 반쪽에 대해 낮은 점수를 받은 사람은 다른 반쪽에 대해서도 낮은 점수를 받을 것이다. 그러므로 반쪽 사이의 강한 정적 상관은 내적 신뢰도의 증거가 된다.

줄 것이다.

IRT의 한 가지 널리 사용되는 용도는 컴퓨터화된 적응검사다computerized adaptive testing: CAT (Bjorner, Chang, Thissen, & Reeve, 2007; Cook, O'Malley, & Roddey, 2005). 컴퓨터상에서 한 측정치에 응답을 완료하면 CAT 프로그램은 질문 은행에서 그 사람에게 가장 알맞은 다음 문항을 선별해 준다. 사전 문항에 대한 응답자의 반응에 기초해서 문항이 선택된다. 만약 어떤 응답자가 '나는 언제나 희망적이다'에 '그렇다'고 응답했다면, '나는 가끔 희망적이다'와 같은 덜 어려운 문항을 다시 물어볼 필요는 없을 것이다. IRT와 CAT는 성격(예, Samuel, Simms, Clark, Livesley, & Widiger, 2010; Walton, Roberts, Krueger, Blonigen, & Hicks, 2008)과 심리장애(예, Gelhorn et al., 2009; Purpura, Wilson, & Lonigon, 2010; Uebelacker, Strong, Weinstock, & Miller, 2009) 등의 다양한 범위에 걸친 평가에 적용되어 왔다. 이런 분석에서 나타난 한 가지 흥미로운 발견은 정상 성격과 비정상 성격 측정치 사이에 기대했던 것보다 훨씬 더 많은 중복이 있다는 것이다(Samuel et al., 2010; Walton et al., 2008).

평정자 간 신뢰도

앞에서 지적했듯이, 성격이 늘 자기보고에 의해서만 측정되는 것은 아니다. 일부 관찰은 문자 그대로 한 사람이 누군가를 관찰하고 평가하는 방식의 관찰이다. 관찰자 평정의 사용은 자기보고 측정 때 발생하는 것과는 조금 다른 신뢰도의 문제를 낳는다. 관찰자 평정에서는 관찰을 하는 사람이 하나의 '측정도구'다. 다른 도구처럼 이런 도구에도 오류가 개재될 수 있다. 이런 경우에 당신은 신뢰의 정도를 어떻게 판단할 수 있는가?

개념적으로 대답은 앞에서와 같다. 당신은 하나의 망원경을 내려놓고 다른 망원경을 집어야 한다. 관찰자 평정의 경우에는 또 다른 관찰자와 비교하여 현재의 관찰자를 점검할 필요가 있다. 만약 동일한 사건을 볼 때 둘이 같이 보는 정도가 높다면 신뢰도가 높다고 할 수 있다. 이와 같은 이중관찰은 논리적으로 두 개의 질문지를 사용하는 것과 유사하다. 많은 평정에 걸쳐서 판단이 서로 일치하는 평정자는 높은 평정자 간 신뢰도inter-rater reliability를 보인다고 한다.

• • •
만약 모든 심판이 어떤 사건을 평가할 때 동일한 것을 본다면, 그들의 평정자 간 신뢰도는 높을 것이다.

많은 경우에 높은 평가자 간 신뢰도를 얻는 것에는 그들이 관찰하고 있는 것을 어떻게 관찰해야 하는지에 대해 철저하게 훈련받은 평가자가 필요하다. 예를 들면, 올림픽 다이빙 시합의 심판은 수천 번의 다이빙 수행을 보았고 정확하게 무엇을 보아야 하는지에 대해 숙련되어 있다. 결과적으로 그들의 평정자 간 신뢰도는 높다. 유사하게 관찰자가 성격의 특징을 평가할 때는 실제 상황을 맞이하기 전에 흔히 상당한 교육과 실습을 받기 때문에 신뢰도가 높을 것이다.

시간에 따른 안정성

성격 측정에 있어 중요한 또 다른 종류의 신뢰도가 하나 더 있다. 이 유형의 신뢰도는 시간에 따른 안정성에 관계된다. 즉, 한 시점에서의 평가는 다른 시점에서 행해지는 평가와 상당히 높게 일치해야 한다.

이것이 왜 중요할까? 성격은 상당히 안정적이라고 가정한 점을 기억하라. 즉, 성격이라는 용어를 사용하는 한 가지 핵심 이유는 한 개인에 대한 안정성의 느낌을 전달하기 위함이다. 만약 성격이 안정적이라면, 즉 매분 혹은 매일 동요하지 않는다면 성격의 측정치는 시간에 걸쳐서 신뢰할 수 있어야 한다. 일주일 후, 한 달 후, 또는 넉 달 후에 측정했을 때도 사람들의 점수는 대체로 같아야 한다.

이런 종류의 신뢰도를 검사-재검사 신뢰도test-retest reliability라고 한다. 이것은 두 개의 서로 다른 시점에서 같은 사람들에게 검사를 함으로써 결정된다. 높은 검사-재검사 신뢰도를 갖는 측정은 첫 번째와 거의 비슷한 두 번째 점수(재검사)를 낼 것이

‖ 표 3-1 ‖ **세 종류의 신뢰도**

신뢰도 유형	측정도구	일관성의 유형
내적 신뢰도	검사 문항	검사 내의 일관성
평정자 간 신뢰도	평정자	평정자 사이의 일치
검사-재검사 신뢰도	전체 검사	시간에 걸친 일관성

* 각각은 두 번째 관찰하거나 동일한 측정도구 혹은 조금 다른 도구를 가지고 관찰의 일관성이나 반복 가능성을 평가한다.

다. 첫 번째에 높은 점수를 가진 사람은 두 번째에 높은 점수를 가질 것이고, 첫 번째에 낮은 점수를 가진 사람은 나중에도 낮은 점수를 가질 것이다(이 세 번째 형태의 신뢰도에 대한 요약은 〈표 3-1〉 참조).

측정의 타당도

측정에 있어서 신뢰도는 점검해야 할 쟁점의 출발이지 완결은 아니다. 측정은 아주 신뢰할 만하더라도 의미가 전혀 없을 수 있다. 또 다른 중요한 쟁점은 타당도 validity다. 이 쟁점에서는 당신이 관찰을 할 때 측정하고 있는 것이 실제로 당신이 측정하려고 생각하고 있는 것인지 아닌지(또는 당신이 측정하려고 의도하고 있는 것인지)를 고려한다. 앞에서 신뢰도의 개념은 당신이 망원경을 통해 달을 볼 때 망원경에 비치는 상像에 대한 무선적 영향이라는 말로 표현했다. 같은 비유를 적용해 보면, 타당도는 당신이 보고 있는 상이 정말로 당신이 보고자 하는 달인지, 아니면 단지 거리에 켜진 가로등 불빛인지에 대한 것이다([그림 3-1] 다시 참조).

당신은 자신이 측정하고자 하는 것을 정말로 측정하고 있는가의 결정을 어떻게 할 것인가? 이 질문에 답할 수 있는 두 가지 방법이 있다. 하나는 원칙적인 대답이고, 다른 하나는 일련의 전술적인 대답이다. 원칙적인 대답은 두 가지 종류의 정의를 비교함으로써 결정한다. 당신이 정의definition라는 말을 들을 때 아마도 마음속에 다가오는 것은 개념적이거나 사전적인 의미의 정의일 것이다. 그것은 개념적인 성질이나 속성으로 그 단어의 의미를 풀어 쓰는 방식이다. 이는 언어 사용자가 동의하는 정보가 그 단어로 전달된다는 것을 말해 준다. 그러나 심리학자는 조작 정의 operational definition라고 하는 다른 종류의 정의에 대해서도 언급한다. 이러한 정의는

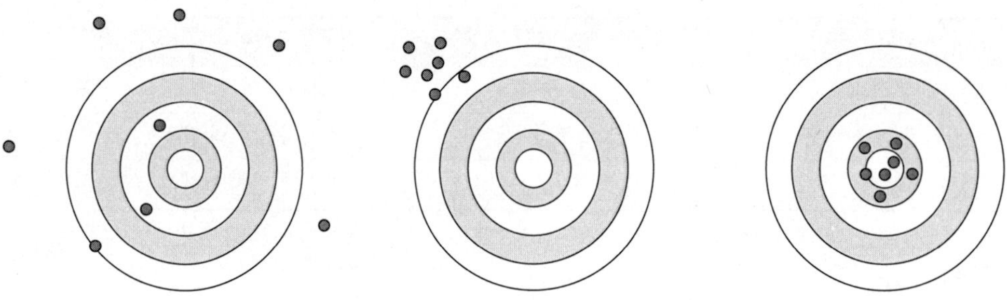

[그림 3-1]

신뢰도와 타당도 간의 차이를 생각해 보는 간단한 방법은 과녁 맞추기의 은유를 사용하는 것이다. (A) 때로 사람들은 과녁의 여기저기를 쏜다. 이것은 신뢰도도 없고 타당도도 없는 측정에 해당한다. (B) 사격 결과가 모여 있어서 신뢰도는 보다 높다. 그러나 점수를 내지 못한 사격은 타당도가 떨어진다. (C) 좋은 측정은 사격 결과가 모여 있고(신뢰할 만하고) 과녁에 가깝다(타당하다).

물리적인 사건에 대한 기술이다.

두 가지 종류의 정의에 대한 차이를 설명하기 위해 사랑이라는 개념을 생각해 보자. 사랑이라는 단어의 개념적인(사전적인) 정의는 '다른 사람에 대한 강한 애정' 같은 것이 될 것이다. 그러나 사랑을 조작적으로 정의하는 방법은 많다. 예를 들어, 당신은 그녀에게 직접 누군가를 얼마나 사랑하고 있는지를 평정하는 척도에 나타내 보라고 요청할 수 있을 것이다. 그리고 그녀가 그와 함께 상호작용할 때 상대의 눈을 얼마나 자주 바라보는지를 측정할 수도 있을 것이며, 그녀가 그와 함께하기 위해 얼마나 기꺼이 자신의 다른 일을 포기하는지를 측정할 수도 있을 것이다. 이러한 세 가지 측정은 서로 상당히 다르지만 각각을 사랑에 대한 조작적 정의(또는 조작화operationalization)로 간주할 수 있다.

측정에 있어서 타당도 문제의 본질은 이러한 질문으로 요약된다. 사용되는 조작적 정의(사건event)는 개념적인 정의(측정을 위해 당신이 마음속에 갖고 있는 추상적인 성질)와 얼마나 잘 들어맞는가? 두 가지가 밀접하게 들어맞는다면 그 측정은 높은 타당도를 가진다. 그러나 서로 아귀가 잘 맞지 않으면 타당도는 낮다.

그런데 두 종류의 개념이 얼마나 밀접한지는 어떻게 결정할 것인가? 일반적으로 심리학자는 개념에 결정적인 요인이 무엇인지가 명백해질 때까지 개념적인 정의를 이리저리 쿡쿡 찔러 보고 나서 그런 요소가 조작적 정의화에 제대로 들어 있는지를 살펴본다. 만약 그렇지 않다면(적어도 그렇다는 강한 시사가 있다면), 그 조작화의 타당도는 의심스러운 것이다.

타당도 문제는 중요하면서도 까다롭다. 그것은 연구자가 사람의 행동을 관찰하기 위해 끊임없이 더욱더 좋은 방법을 고안해 내려고 노력하듯이 심리학에서 계속 이어져 온 논쟁의 대상이다(Borsboom, Mellenbergh, & van Heerden, 2004). 이 문제가 중요한 이유는 성격에 대한 결론이 연구자와 평가자가 무엇을 측정하고 있다고 생각하느냐에 의해 형성될 것이기 때문이다. 만약 그들이 측정하고 있는 것이 정말로 측정하려고 하는 것이 아니라면, 연구자는 잘못된 결론을 이끌어 낼 것이다. 이와 비슷하게, 임상가도 만약 도구가 원래 측정하려고 한 것을 제대로 측정하지 못한다면 평가 대상이 되는 사람에 관해 잘못된 결론을 이끌어 낼 것이다.

어떤 것이 관찰될 때마다 타당도의 쟁점은 중요하다. 그러나 성격평가에 있어 타당도 문제는 더욱 중요해서 오랜 시간 동안 엄밀히 검토되어 왔다. 성격검사가 타당하다고 보증하려는 시도에서 이론가는 타당도의 여러 가지 측면을 서로 구별해 왔으며, 이러한 구분은 타당도를 확립하는 실제적인 절차에도 영향을 끼쳤다.

구성타당도

지금 당신의 마음속에 있는 타당도에 대한 생각은 기술적으로 구성타당도construct validity라고 한다(Campbell, 1960; Cronbach & Meehl, 1955; Strauss & Smith, 2009). 구성타당도는 모든 타당도를 망라하는 것이기 때문에 가장 중요한 타당도에 해당한다(Hogan & Nicholson, 1988; Landy, 1986). 구성타당도는 그 측정(평가도구)이 심리학자가 마음속에 갖고 있는 구성개념(개념적인 속성)을 정확하게 반영하는 것을 의미한다. 구성개념construct이라는 말은 추상적으로 들릴지 모르겠지만 단지 개념일 뿐이다. 예를 들면, 어떤 종류의 특성도 모두 구성개념이다.

어떤 측정의 구성타당도를 확립하는 것은 길고도 복잡한 과정이다. 그것은 몇 가지 다른 종류의 정보를 요구하며, 각각은 타당화 과정의 독립적 측면으로 취급된다. 이런 이유로 구성타당도에 기여하는 다양한 특성은 각자 구별되는 이름을 갖는데, 그것을 다음에서 설명한다.

준거타당도

어떤 평가도구가 구성타당도를 갖추었음을 보여 주는 데 있어 특히 중요한 부분은 도구가 측정하고자 하는 속성의 다른 발현 증상과 관련된다는 것을 보이는 것이다(Campbell, 1960). 이것은 보통 외부 준거criterion(비교의 기준)로서 행동 지표(또는 주의 깊게 훈련받은 관찰자의 판단)를 사용하는 것과 평가도구가 그것과 얼마나 상관이 되는가를 보는 것을 의미한다. 타당도의 이런 측면을 준거타당도criterion validity(그것이 외부 준거를 사용하기 때문에) 또는 예측타당도predictive validity(측정치가 예측한다고 가정하는 어떤 것을 얼마나 잘 예측하는지를 검토하기 때문에)라고 한다.

예를 들어, 당신이 지배성의 측정을 위한 준거타당도를 확립하려 한다고 가정해 보자. 이 문제에 접근할 수 있는 한 가지 방법은 측정에서 높은 점수와 낮은 점수를 받은 사람을 선택하여 실험실로 동시에 데려와 다른 사람 두 명과 함께 작업을 수행하도록 하는 것이다. 당신은 각 집단의 논의를 테이프에 기록하고 사람들이 각각 제안을 몇 번이나 하는지, 지시를 몇 번이나 하는지, 상황에 대한 책임을 몇 번이나 떠맡는지 등에 대해 기록할 것이다. 이러한 행동은 지배성에 대한 준거를 나타낸다고 가정한다. 만약 당신의 측정에서 높은 점수를 받은 사람이 낮은 점수를 받은 사람보다 이런 행동을 더 많이 했다면, 당신의 측정은 준거타당도를 가졌다고 할 수 있다.

이 문제에 접근하는 또 다른 방법은 당신의 척도에 응답한 사람이 숙련된 면접자와 20분 동안 구조화된 면접을 하고 면접자가 각 사람의 주도성 수준을 평가하는 것이다. 각 사람에 대한 면접자의 인상은 지배성에 관한 또 다른 종류의 준거가 될 것이다. 만약 면접자의 평가가 당신이 측정한 점수와 관련이 있는 것으로 확인되면, 그것은 측정이 준거타당도를 가지고 있다는 것을 나타낼 것이다.

준거타당도는 일반적으로 구성타당도 중 가장 중요한 지표로 간주된다. 그러나 그것을 확립하는 과정에 대한 논쟁이 최근 몇 년간 일어났다. Howard(Howard, 1990; Howard, Maxwell, Weiner, Boynton, & Rooney, 1980)는 사람들이 종종 선택된 행동의 준거가 그 구성개념에 대한 완벽한 반영이라고 지나치게 가정한다는 점을 지적한다. 그러나 사실상 그런 일은 결코 있을 수 없다. 사실 연구자는 지나치게 자주 구성개념을 빈약하게 반영하는 준거를 선택한다.

우리는 어떤 준거를 사용할지 결정하는 데 있어서 신중한 선택이 얼마나 중요한

가를 강조하기 위해 이러한 지적을 했다. 준거가 좋지 않다면 구성개념과의 관련성이 높아도 아무런 의미가 없다. 그러나 이런 쟁점이 있음에도 준거타당도는 구성타당화의 근본 원리로 남는다.

수렴타당도

구성타당도를 보여 주려는 노력의 또 다른 측면은 평가도구가 측정하려고 하는 것과 유사하기는 하지만 동일하지는 않은 특징과 어떻게 관련되는가를 보여 주는 것이다. 이것이 준거타당도 검증과는 어떤 차이가 있는가? 이 경우에 두 번째 측정치는 당신이 처음 측정하려는 것과 약간 다른 것을 측정하려 한다는 점에서 다르다. 이러한 종류의 증거를 얻는 것은 종종 몇 가지 방향에서 진행되기 때문에 종종 수렴타당화convergent validation라고 한다(Campbell & Fiske, 1959). 즉, 어떤 단일한 발견이 그 자체만으로는 그 구성개념을 명백하게 반영하지 못한다 해도 여러 가지 발견은 당신이 관심 있어 하는 그 구성개념에 대해 '수렴' 한다.

예를 들면, 지배성을 측정하려고 하는 척도는 리더십(정적으로)이나 수줍음(부적으로)과 같은 특성의 측정치와 어느 정도는 관련되어야 할 것이다. 이 구성개념은 서로 같지는 않기 때문에 상관값이 완전할 수는 없지만 그렇다고 0이 될 수도 없다. 만약 당신이 지배성을 측정하도록 의도된 측정도구를 개발했고 그것이 리더십과 수줍음에 대한 측정과 전혀 상관이 없었다면, 당신은 자신의 측정이 정말로 지배성을 평가하고 있는 것인지에 대해 의심해 보아야만 할 것이다.

변별타당도

평가도구가 측정하고자 했던 것을 제대로 측정한다는 점을 입증하는 일은 중요하다. 그러나 그것이 측정하려고 하지 않았던 속성, 특히 연구자가 마음속에 구성개념으로서 담고 있었던 것과 맞지 않는 속성을 측정하지 않는다는 점을 입증하는 일 또한 중요하다(Campbell, 1960). 구성타당화 절차의 이러한 측면을 변별타당화discriminant validation라고 한다(Campbell & Fiske, 1959).

변별타당화의 중요성은 간과되기 쉽다. 그러나 변별타당화는 2장에서 논의된, 상관연구에서 제3변인 문제를 해결하는 중요한 방법이다. 당신은 2개의 상관되는 변인이 왜 상관이 있는지를 확신할 수 없다. 변인 하나가 다른 변인에 영향력을 미치는지도 모른다. 그러나 그 상관이 당신이 연구했던 두 변인 모두와 상관이 있는 제3변인의 탓일 가능성도 있다. 어떤 성격 차원이 행동에 미치는 효과를 다른 성격 차원의 영향으로 귀인하는 것은 항상 가능하다. 그러나 실제적으로 변별타당도 discriminant validity의 증거가 있다면 제3변인에 귀인하기는 더욱 어렵다. 즉, 당신이 관심을 두는 차원이 다른 변인과 관련되지 않는다는 점을 밝힌다면 그 변인으로 행동의 효과를 설명하는 것은 설득력을 갖기 힘들다.

이를 설명하기 위해 2장에서 제3변인 문제를 논의하는 데 사용된 자존감과 학업 성취 간의 상관의 예로 돌아가 보자. 자존감과 학업 성취 간의 관련성은 연구에서 측정되지 않았던 변인인, 예를 들면 IQ의 영향을 반영할 가능성도 있다. 하지만 이미 우리가 자존감의 측정치는 IQ와 관련이 없다는 것을 알고 있다고 가정하자. 왜냐하면 누군가 타당화 과정에서 자존감과 IQ 사이의 상관에 대해 조사했기 때문이다. 이러한 정보는 IQ가 자존감과 학업 성취 간의 실질적인 상관의 기초라고 주장하기 어렵게 만들 것이다.

변별타당화의 과정은 제3변인의 새로운 가능성이 늘 존재하기 때문에 결코 끝나지 않는다. 그러므로 대안 설명을 배제하는 것은 벅찬 도전 과제가 되지만 꼭 필요한 과제이기도 하다. 이 장의 앞부분(〈글상자 3-1〉 참조)에서 문항반응이론이 내적 일관성에 대해 갖는 함의에 대해 논의했었다. 문항반응이론은 척도의 문항이 원래 그들이 측정하려고 했던 것만을 측정한다는 점을 확신하게 도와주는 안전판을 만들어 준다. 그래서 이 방법은 변별타당도를 향상하고 제3변인 문제를 줄일 수 있게 도와주는 유용한 도구가 된다.

안면타당도

언급해야 할 또 다른 종류의 타당도가 더 있다. 그것은 보다 간단하고 직관적이며 그다지 중요하지 않다. 이를 안면타당도face validity라고 한다. 안면타당도는 평가도구가 측정하고자 했던 구성개념을 측정하는 것이 '안면-겉face'으로 드러나는 것을 의미한다. 이는 겉으로 보기에 옳은 것처럼 보인다. 사교성 검사에 '나는 혼자보다는 친구들과 함께 많은 시간을 보내는 편이다' 또는 '나는 책을 읽는 것보다는 사회활동을 하는 것을 좋아한다'와 같은 문항이 많이 포함되어 있다면, 그 검사는 높은 안면타당도를 가질 것이다. '초록색은 내가 가장 좋아하는 색이야' 또는 '나는 국산차보다는 수입차를 더 좋아해'와 같은 문항으로 구성되는 사교성 검사는 안면타당도가 낮다고 볼 수 있다.

안면타당도는 두 가지 이유로 연구자에게 편리한 것으로 여겨진다. 첫째, 일부 연구자는 겉으로 보기에 타당해 보이는 측정이 그렇지 못한 것에 비해 응답자가 반응하기 더 쉽다고 생각한다. 둘째, 연구자는 때때로 미묘하게 다른 성격 속성 사이의 차이에 관심을 갖는다. 이럴 경우 높은 안면타당도를 가진 문항을 고르는 기준 외에 성격 속성을 구별할 수 있는 다른 방법이 없는 듯하다.

때로는 안면타당도가 방해될 수도 있다. 이것은 평가도구가 피평가자가 두려워하거나 받아들이고 싶어 하지 않는 것을 측정하고자 하는 경우에 그렇다. 이런 경우 검사 개발자는 보통 검사의 안면타당도를 낮추어서 응답자가 검사의 목적을 감지할 수 없도록 만든다.

안면타당도가 좋은 것이든, 나쁜 것이든, 또는 둘 다 아니든 다른 종류의 타당도에 비해 그다지 중요하지 않다는 것은 명백하다. 평가도구가 오랜 시간 동안 유용하려면 구성타당화의 힘든 과정을 겪어야만 한다. '최종 결정'은 언제나 구성타당도다.

문화와 타당도

평가에서 또 다른 중요한 쟁점은 문화 차이다. 이것은 어떤 의미로는 타당도에 대한 쟁점이고 일반화 가능성의 문제다. 이 쟁점은 다음과 같은 질문으로 표현될 수 있다. 성격검사 점수가 중산층의 유럽계 미국인에게 적용되듯이 아시아, 라틴 혹은 아프리카계 미국인 문화에서 자란 사람에게도 동일한 의미를 지닐 수 있는가?

이 질문에는 적어도 두 가지 측면이 있다. 첫 번째는 특정한 심리적 구성개념 자체가 특정 문화에서와 같이 다른 문화에서도 동일한 의미를 갖는가 하는 것이다. 이는 성격의 본질에 관한 기본 의문이다. 성격의 기본 요소는 한 인간 집단에서 다른 집단까지 같은가? 많은 사람이 성격의 기본 요소는 보편적이라고 가정한다. 그러나 이런 가정은 위험한 것일 수도 있다.

질문에 대한 두 번째 측면은 성격 측정을 위한 문항이 각기 다른 문화의 사람들에게 어떻게 해석되는가와 관련이 있다. 어떤 문항이 중산층의 미국인에게는 특정한 의미나 시사일 수 있지만 다른 문화권의 사람에게는 다른 의미를 갖는다면, 그 문항에 대한 사람들의 반응 또한 문화에 따라 서로 다른 의미를 가질 것이다. 이와 비슷한 쟁점은 척도가 다른 언어로 번역될 때도 발생한다. 이것은 새로운 언어로 번역된 후에 원본 문항을 원래의 번안자와 독립적인 제3의 인물에 의해 원래의 언어로 역번역하는 과정을 거치는 것과 관련된다. 이런 과정에서 문항은 가끔 동일한 형태로 번역하기 어려운 관용어를 사용하거나 은유적인 의미를 포함하는 것으로 드러난다. 한 문화에서 개발된 측정도구를 다른 문화에서 사용하기 위해 번안하는 과정은 많은 어려움을 가진 복잡한 과정이다(Butcher, 1996). 그 측정이 새로운 문화에서 타당해지려면 매우 깊은 주의가 필요하다.

반응 세트와 타당도의 상실

타당도 논의는 수집된 정보의 타당도를 방해할 수 있는 자기보고 평가의 문제까지도 포함한다. 우리는 정보를 회상하는 데 있어서의 편향이 실상을 왜곡할 수 있음을 앞서 언급했다. 이것은 정보를 타당하지 않게 만들 수 있다. 같은 방법으로 사람들의 동기적인 경향성도 정확한 보고를 편향되게 만들 수 있다.

사회적으로 바람직하게 반응하려는 경향성은 한 사람의 진실한 특성이나 감정을 숨기게 만들 수도 있다.

평가에서 사람들이 반응하는 방법에는 적어도 두 가지 편향이 있다. 이러한 편향을 반응 세트response sets라고 한다. 하나의 반응 세트는 특별한 방식으로 대답하려고 준비되어 있는 심리적인 정향성orientation이다(Jackson & Messick, 1967). 반응 세트는 평가된 정보에 있어 왜곡을 만들어 낸다. 성격심리학자는 자신의 평가가 오염contamination으로부터 자유로운 정보를 제공하기를 바란다. 그렇기에 반응 세트는 문제가 된다.

두 가지 반응 세트가 성격평가에서 특히 중요하다. 그중 하나는 평가도구가 어떤 방식으로든 응답자에게 '예 또는 아니요' 식의 반응(또는 찬성이나 반대의 정도를 평정하게 하는 반응)을 요구하는 자기보고 방법일 때 가장 명백하게 나타난다. 묵종acquiescence 경향성이라고 하는 이런 반응 세트는 어지간하면 '예' 라고 응답하려는 경향성과 거의 다를 바 없다(Couch & Keniston, 1960).

아마 모든 사람이 이런 반응 경향성을 어느 정도는 갖고 있다고 가정되지만, 그 정도는 사람마다 다양하게 다르다. 이것이 문제를 일으킨다. 반응 세트가 처치되지 않는다면 높은 묵종 경향성을 지닌 사람의 점수는 더 과장되게 된다. 그들의 높은 점수는 그들의 성격이라기보다는 반응 세트를 반영한다. 심한 묵종 경향성을 지닌 사람 외에도, 극단적인 성격을 가진 사람도 높은 점수를 보일 것이다. 그러나 당신은 누구의 점수가 성격에 기인하고 누구의 점수가 묵종 경향성에 기인한 것인지 알 수가 없다.

묵종 경향성은 일반적으로 쉽게 다룰 수 있는 문제로 간주된다. 자기보고에서 그것을 다루는 방법은 '예yes' 반응이 그 성격 특징에 대해 높은 것을 의미하도록 문항의 반을 배치하는 것이다. 마찬가지로 '아니요no' 반응이 그 성격 특징에 대해 높다는 것을 의미하도록 문항의 다른 반을 배치한다. 그러면 검사를 채점하는 과정에서 '예' 라고 반응하는 단순한 경향성에서 오는 어떤 편향도 상쇄될 수 있다.

이러한 절차가 지나치게 동의하는 문제를 교정하기는 하지만, 모든 사람이 이것이 좋은 생각이라고 확신하지는 않는다. 부정적인 말로 표현되는 문항은 종종 긍정적인 말로 표현되는 문항보다 더 이해하기 힘들고 대답하기 복잡한 것으로 밝혀졌다. 그 결과는 다소 정확하지 못한 반응이 될 수도 있다(Converse & Presser, 1986; Schriesheim & Hill, 1981). 이런 이유로 몇몇 사람은 복잡한 말로 표현하는 것에 의해 다른 종류의 오류가 개입되는 것보다는 묵종 경향성의 문제를 가진 채 척도를 만드는 것이 더 낫다고 느끼기도 한다.

묵종 경향성보다 더 중요하고 골치 아픈 두 번째 반응 세트가 있다. 이는 사람이 자신을 가능한 한 (사회적으로 바람직한 방법으로) 좋게 묘사하고자 한다는 사실을 반영하는 사회적 요망도social desirability다. 이러한 경향성도 몇몇 사람에게 특히 강하게 나타난다(Crowne & Marlowe, 1964; Edwards, 1957). 만약 이것이 교정되지 않는다면, 묵종 경향성에서와 같이 높은 사회적 요망도를 보이는 사람은 자신의 성격이라기보다는 반응 세트를 반영하는 점수를 나타낼 수도 있다.

몇몇 성격 차원에서는 이것이 큰 문제가 아니다. 어떤 성격 특성은 그 차원의 양극단에 있더라도 그것이 어떤 사회적 인정이나 불승인을 뜻하지는 않는다. 그러나 다른 경우에는 한 방식(정직하거나 호감을 받는 것)이 다른 방식(부정직하거나 인기가 없는 것)보다 더 좋다는 의견 일치가 존재한다. 이럴 경우에 평가는 다루기 힘들어진다.

일반적으로 심리학자는 사회적 요망도의 문제가 두드러지지 않도록 문장의 표현을 가다듬어서(또는 어떤 평가 장치를 사용해서) 이런 문제를 피하려 한다. 이는 어떤 종류의 사람이 다른 종류의 사람보다 더 호감을 받는다고 느끼지 않게 표현되도록 노력하는 과정이다. 때로 이것은 바람직하지 않은 반응을 좀 더 수용 가능한 방식으로 표현하는 것을 의미하기도 하며, 바람직하지 않은 속성을 간접적으로 허용하도록 하는 방법을 찾는 것을 의미하기도 한다. 사회적 요망도를 다루는 또 다른 방법은 개인의 사회적 요망도에 대한 관여 정도를 평가하는 문항을 검사에 포함하여 다른 문항에 대한 그 사람의 반응을 평가하는 데 교정 요인correction factor으로 사용하는 것이다. 어떤 경우든 사람의 성격을 측정하려 할 때 성격심리학자는 사회적 요망도의 문제를 계속 인식하고 그 영향을 배제해야 한다.

평가도구 개발의 기초가 되는 두 가지 이론적 배경

지금까지 성격의 어떤 특성을 측정하려는 시도에서 유래하는 쟁점을 고찰해 왔다. 이제까지 제기되지 않은 또 다른 문제는 사람들이 어떤 속성을 측정할 것인지를 처음에 어떻게 결정하는가와 관련된다. 이 문제는 여기에서 완벽하게 대답하기 어렵다. 왜냐하면 그 대답이 평가자가 진행하고 있는 이론적인 관점에 부분적으로 달려 있기 때문이다. 그러나 일반적으로 이야기할 수 있는 논점도 있다. 특별히 성격 측정의 발달은 보통 다음의 두 가지 길 중 한 가지를 따른다. 각각의 방향은 특정한 종류의 논리를 갖지만, 그 논리는 서로 다르다.

논리적 혹은 이론적 접근

한 전략은 논리적rational 또는 이론적theoretical 접근이다. 이러한 전략은 처음 시작부터 이론적인 고찰에 기초한다. 심리학자는 먼저 성격의 특별한 차원이 중요하다는 믿음에 대한 이론적인 기초를 발달시킨다. 다음 과제는 이러한 성격 차원이 사람들의 응답에서 타당하고 신뢰할 만하게 반영되도록 검사를 개발하는 것이다. 검사 개발에 대한 이러한 접근은 종종 높은 안면타당도를 갖는 평가도구를 만들어 낸다.

문항 세트가 일단 개발되었다 하더라도 연구가 거기서 멈추지 않는다는 것을 인식하는 것이 중요하다. 이렇게 개발된 도구는 신뢰할 만하고, 행동 준거를 예언하며, 좋은 구성타당도를 가졌음을 입증해야 한다. 이러한 단계를 거치기 전까지는 척도가 어떤 것을 유용하게 측정하는 것으로 간주해서는 안 된다.

현존하는 대부분의 성격 측정도구가 이론적인 접근을 통해 개발되었다고 말하는 것이 안전할 것이다. 이런 측정 중 몇 가지는 단일 척도이고, 다른 몇 가지는 성격목록 검사다. 다음 장에서 논의될 측정의 대부분은 처음에 무엇을 측정할지를 결정하고 그다음으로 그것을 어떻게 측정할 것인지를 고안하는 방식으로 만들어졌다.

경험적 접근

이론적 접근theoretical approach이 척도 개발을 시작하는 유일한 방법은 아니다. 두 번째 전략은 보통 경험적empirical 접근 또는 자료에 근거한 접근으로 불린다. 이러한 접근의 기본 특징은 어떤 항목으로 평가도구를 구성할지를 결정할 때 이론보다는 자료에 의존한다는 것이다.

이 주제에는 두 가지 중요한 변이가 있다. 그중 하나는 척도를 개발하려는 사람이 성격의 어떠한 특성을 측정할 수 있는가를 결정하는 데 경험적 자료를 이용한다는 점에서 귀납적인 접근이다(예, Cattell, 1979). 이러한 사고방식이 특성trait 심리학의 중요한 특징이기 때문에, 이에 대한 논의는 특성심리학을 다룬 4장으로 미룬다. 이 장에서는 다른 경험적 접근에 집중할 것이다. 그것은 평가 과정에 대해 매우 실용적으로 접근한다. 즉, 성격을 이해하려는 욕망보다는 사람들을 범주로 구분하려는 실용적인 목적에 따라 움직인다. 신속하고 비용이 저렴한 기법으로 이런 목적을 달성할 수 있다면 그 기법은 중요한 이익을 제공한다.

이 접근에서는 먼저 검사를 개발하고 그것을 준거에 대하여 타당화해 보는 것과는 반대 방향으로 작업을 한다. 먼저 사람들을 분류하여 검사에 준거로 사용될 집단을 구성한다. 검사 개발은 가능한 한 많은 문항으로 시작해서 어떤 문항이 다른 집단보다 한 준거 집단의 구성원에 의해 의미 있게 높은 점수를 받는가를 바탕으로 진행해 간다. 이를 검사 개발에 대한 준거조율criterion keying 접근이라고 한다. 이런 명칭은 준거집단과 다른 집단을 경험적으로 구별하는 문항만을 검사에 존속시키는 데서 유래했다. 각 준거집단에 대해서 그런 특징을 갖는 문항 세트를 발견할 수 있다면, 전체 검사(모든 문항의 세트)는 누가 어떤 집단에 속하는지를 말하는 데 사용될 수 있다. 이런 접근의 관점에서는 평가도구의 문항이 표면적으로 어떻게 보이는가는 전혀 중요치 않다. 척도에서의 문항은 단지 특정 집단의 구성원이 다른 집단의 구성원보다 그 문항에 대해 다르게 답하는 경향이 있기 때문에 선택되었다.

이런 방법을 사용한 가장 좋은 예는 MMPI(Hathaway & McKinley, 1943)로 잘 알려진 미네소타 다면인성검사Minnesota Multiphasic Personality Inventory와 1989년에 개정된 MMPI-2(Butcher, Dahlstrom, Graham, Tellegen, & Kaemmer, 1989)다. MMPI는 이상 성격의 측정을 위해 개발된 매우 긴 '진위' 방식의 성격목록 검사다. MMPI의 개발에서 첫 단계는 방대한 수의 자기보고식 진술문을 수집하는 것이었다. 그다음으로 그 진술문이 정상 집단과 사전에 정신과 환자로 진단받은 집단—임상가가 특정한 장애를 보인다고 진단한—에게 주어졌다. 그러므로 이미 준거는 존재했다.

MMPI-2는 최근 몇 가지 이유로 논란이 되어 왔다. 이 책의 목적 면에 비추어 가장 중요한 논란은 서로 다르다고 가정해 왔던 진단 범주가 처음 생각처럼 그렇게 서로 잘 구별되지 않는다는 것을 깨닫게 된 점이다. 그 결과 MMPI의 점수는 단지 하나의 척도가 아닌 몇 개의 척도가 함께 상승하는 경향이 있다. 이런 패턴을 인식하게 된 결과로 정신과 진단의 본성에 대해 다시 생각해 보게 되었다.

더 나은 평가를 위해: 끝이 없는 탐구

어느 검사도 완벽하지는 않으며 단지 널리 사용된다는 이유로 완성된 것으로 간주되지 않는다. 오늘날 널리 사용되는 대부분의 성격 척도는 한 번 또는 그 이상 수정되어 왔고 정기적으로 재표준화되어 왔다. 구성타당도를 확립하는 절차는 단지 한 차례의 연구가 아닌 많은 연구를 요구한다. 그래서 그것은 시간이 걸린다. 변별타당도를 확립하는 절차는 실질적으로는 끝이 없다. 막대한 양의 노력이 성격검사를 만들고 개선하는 절차에 투자된다. 이런 노력의 투자는 검사가 측정하고 있는 것이 무엇인지를 확신하는 데 필수다. 그런 확신을 가지는 것은 성격 측정의 중요한 부분이다.

이 장에서 논의되었던 성격검사의 특징은 신문, 잡지, TV 등의 대중매체에서 때때로 당신이 보았던 검사와 제대로 된 자격이 있는 성격검사를 구분하게 해 준다. 어떤 경우에 잡지 기사에 있는 문항은 특별히 그 기사를 위해 만들어졌다. 어느 누구도 그들 문항의 신뢰도를 확인할 리 없다. 타당도에 대한 확인은 더 말할 나위 없다. 그 문항들이 조심스럽게 개발된 도구에서 비롯되었다고 할지라도 보통 전체 문항 세트가 제시되지는 않는다. 발췌된 문항이 전체 척도를 얼마나 잘 반영하는지는 확신하기 어렵다. 어떤 도구를 만들기 위해 제대로 된 절차가 취해지지 않는다면, 당신은 그것에서 얻어진 결과를 신뢰하는 데 주의해야 할 것이다.

요 약

평가(성격 측정)은 사람들이 비공식적으로 끊임없이 해 가는 일이다. 심리학자는 이 과정을 몇 가지 구분되는 기법으로 공식화한다. 관찰자 평정은 피평가자가 아닌 다른 누군가—면접자, 관찰자, 혹은 그 사람에 대해 이미 잘 아는 평정을 할 만한 사람—가 한다. 관찰자 평정은 피평가자의 행동에 관한 해석이 포함된다는 점에서 어느 정도 주관적이다. 자기보고는 피평가자 자신에 관한 보고다. 자기보고는 단일한 척도일 수도 있고 다중 척도의 성격목록 검사일 수도 있다. 암묵적 평가는 자신에 대한 내성으로는 알 수 없는 자기 내부의 연합 패턴을 측정한다. 평가는 주관적이거나 객관적일 수 있다. 객관적 기법은 평가를 할 때 해석을 요구하지 않는 반면, 주관적 평가는 측정의 본원적 부분으로 어떤 종류의 해석을 포함한다.

모든 측정에서 한 가지 쟁점은 신뢰도(그 측정치의 재생 가능성)다. 신뢰도는 한 측정치를 다른 측정치에 비교해서 체크해 봄으로써 결정된다. 자기보고 척도는 흔히 여러 문항을 포함하고 있고, 각 문항은 일종의 개별 척도로 볼 수 있어 내적 신뢰도나 내적 일관성 지수를 낼 수 있다. 관찰자의 판단은 평정자 간 신뢰도로 확인될 수 있다. 검사-재검사 신뢰도는 시간에 걸쳐서 같은 측정치를 재상산해 낼 수 있는지를 평가한다. 모든 경우에 측정치 사이에 상관이 높은 것은 신뢰도가 높음을 의미한다.

또 다른 중요한 쟁점은 타당도다. 타당도는 정말 측정하려고 원하는 것을 측정했는가를 의미한다. 조작 정의(평가도구)와 당신이 측정한다고 주장하는 개념이 잘 들어맞는지를 결정하려는 시도는 구성타당화라 한다. 구성타당도에 기여하는 증거로는 준거, 수렴 및 변별 타당도 등이 있다. 타당도는 응답자의 반응을 편향되게 만드는 반응 세트(예, 묵종과 사회적 요망도)에 의해 위협받는다.

평가도구의 개발은 두 가지 전략이나 접근법 중 하나를 따른다. 논리적 전략은 무엇이 측정되고 어떤 방법으로 가장 잘 측정되는가를 결정하는 데 이론을 사용한다. 대부분의 평가도구가 이 방법으로 개발된다. 경험적 전략은 척도에 어떤 문항을 넣어야 하는가를 결정할 때 자료를 사용한다. MMPI는 응답자의 반응에 따라 포함할 검사 문항을 결정하는 준거조율이라는 기법을 사용해서 개발되었다.

이 방법에서는 응답자의 반응이 검사에 어떤 문항을 사용할까를 말해 준다. 어떤 진단 범주에 속해 있는 구성원이 다른 범주의 사람과 다르게 응답한 검사 문항이 남겨진다.

용어설명

객관적 측정objective measure 해석이 포함되지 않는 측정.

검사-재검사 신뢰도test-retest reliability 시간에 걸친 측정치의 안정성.

경험적 접근(척도 개발의)empirical approach(to scale development) 어떤 문항이 척도에 포함되어야 하는가를 결정하기 위해 이론 대신 자료를 사용하는 방법.

관찰자 평정observer ratings 누군가 다른 사람이 피평가자에 관한 정보를 생산하는 평가.

구성타당도construct validity 어떤 측정치가 재려는 구성개념을 실제로 반영하는 정도.

내적 신뢰도(내적 일관성)internal reliability(internal consistency) 측정 항목에 대한 반응 사이의 일치도.

논리적 접근(척도 개발의)rational approach(to scale development) 측정하려는 것을 정하고 그것을 어떻게 측정할 것인가를 결정할 때 이론을 사용하는 방법.

묵종acquiesence 어떤 질문에 대한 반응에서든 '그렇다' 고 응답하는 반응 세트.

반분신뢰도split-half reliability 척도의 문항을 반으로 나누어 서로의 점수를 상관시켜서 내적 일관성 정도를 추정하는 방법.

반응 세트response set 편향된 응답 정향성.

변별타당도discriminant validity 한 척도가 의도하지 않은 특성을 측정하지 않는 정도.

사회적 요망도social desirability 자신을 사회적으로 바람직하게 내보이려는 반응 세트.

성격목록 검사inventory 구별되는 다수의 성격 측면을 측정하는 성격검사.

수렴타당도convergent validity 어떤 측정치가 평가한다고 가정되는 것과 개념적으로 유사한 다른 특성을 측정하는 정도.

신뢰도reliability 반복 측정에 걸친 일관성.

안면타당도face validity 척도가 측정한다고 가정하는 것을 측정하고 있는 것으로 보이는 정도.

암묵적 평가implicit assessment 암묵적이어서 내성하기 어려운 자기감과 성격 측면 사이의 연합을 측정하는 것.

예측타당도predictive validity 척도가 예측해야 할 다른 변인을 예측하는 정도.

오차error 측정에 포함되어 있는 무선적 영향.

이론적 접근theoretical approach 척도 개발의 논리적 접근과 동일.

자기보고self-report 자신에 대해 평정하는 평가.

조작 정의operational definition 측정되거나 조작되는 방식으로 개념을 구체적 사건으로 정의하는 것.

주관적 측정subjective measure 개인적 해석이 포함되는 측정.

준거조율criterion keying 문항이 의도하던 바대로 집단을 구별해 주는가를 보고 검사를 개발하는 방법.

준거타당도criterion validity 측정치가 동일한 개념을 반영하는 다른 상관물과 관련되는 정도.

타당도validity 측정하려고 의도하던 것을 실제로 측정하고 있는 정도.

평가assessment 성격의 측정.

평정자 간 신뢰도inter-rater reliability 동일한 사건을 관찰하는 사람들 사이의 일치도.

제4장
특성적 관점

■ 유형과 특성
- 특성에 관한 법칙정립적 견해와 개체기술적 견해

■ 어떤 특성이 중요한가
- 핵심 도구: 요인분석
- 실체가 스스로를 드러내게 하라
- 이론에서 시작하기
- 또 다른 이론적 출발점: 대인 간 원

■ 5요인 모형: 성격의 기본 차원인가
- 5요인은 무엇인가

■ 5요인의 행동 반영
- 사회적 특성: 외향성과 우호성
- 성실성, 개방성, 그리고 신경증 성향

■ 초기 특성 모형과의 관계

■ 기타 변이
- 5요인 모형의 확장과 축소
- 상위 특성이 사용하기에 가장 유용한 수준인가

■ 특성, 상황, 그리고 상호작용론
- 행동은 실제로 특성적인가
- 상황주의
- 상호작용주의
- 상호작용주의의 다른 측면
- 문제가 추측했던 것만큼 그렇게 나쁜가

■ 상호작용주의가 새로운 특성 관점이 되다: 성격의 맥락 의존적 표현
- 조각을 하나로 맞추기: 특성과 행동에 대한 견해

■ 평가
- 개인을 비교하기: 성격 프로파일

■ 행동 문제와 행동 변화
- 5요인 모형과 성격장애
- 행동 문제에서의 상호작용주의
- 행동 변화

■ 특성심리학: 문제점과 전망

■ 요약

사례

"난 네가 고등학교 때부터 알고 지낸 내 친구를 한번 만났으면 해. 그 녀석은 정말 외향적이야. 친절하긴 하지만 늘 무리를 지어 어울려 다니는 건 아니지. 사교적이라고 할 수 있겠지만 한편으로는 독립적이기도 하지."

"우리 심리학 교수님은 명석하시지만 희망이 없는 분이지. 그분은 틀림없이 대부분의 시간을 연구실에만 틀어박혀 보내실 거야. 난 그분이 취미나 재미로 무엇을 하리라고는 상상도 하지 못하겠어. 짐작컨대 그럴 수 없는 분이지. 그게 바로 그분의 성격이야."

성격에 관한 특성 접근은 1장에서 이야기한 성격 개념의 두 가지 요점의 예를 잘 보여 준다. 하나는 사람들의 행동과 사고 및 감정이 시간과 상황에 걸쳐 일관성이 있다는 점이다. 실제로 특성 개념은 사람들이 시간이 흐르고 이 상황에서 저 상황으로 옮겨 가더라도 여전히 동일한 사람으로 남아 있음을 표현하게 해 주는 한 가지 방법이다. 특성은 그 사람이 지니고 다니는 것이며, 그에게 속하는 것이고, 바로 그 자신의 분신이다.

성격 정의의 두 번째 요점은 사람들이 여러 가지 면에서 서로 다르다는 것이다. 성격심리학 영역은 부분적으로는 사람 사이의 개인차에 대한 강조에 의해서 움직여 왔다. 안정된 개인차에 대한 강조는 특성 관점의 핵심 특징이다. 이 견해에 따르면 성격은 특성의 패턴이다. 이런 패턴의 조합이 사람마다 다르다. 특성의 특정한 조합이 그 사람의 성격을 규정한다.

유형과 특성

사람들이 근본적으로 서로 다르다는 생각은 적어도 Hippocrates(기원전 약 400년경)까지 거슬러 올라가고, 그의 생각은 후에 Galen(기원후 약 150년경)에 의해 확장되었다. 이 시대에는 사람들을 담즙질choleric(화를 잘 내는), 우울질melancholic(침울한), 다혈질sanguine(낙천적인), 점액질phlegmatic(침착한)의 네 집단으로 나눌 수 있다고 생각했다. 이런 각각의 성격 유형은 네 가지 체액 중 하나가 많아서 그런 것으로 여겨졌다.

유형론에 관한 최근의 기원은 사람들을 내향적이거나 외향적이라고 보는 Carl Jung(1933)의 주장에서 유래한다. 내향적인 사람introvert은 대부분 홀로 있는 경향이 있고, 수줍은 듯 보이며, 혼자서 행동하는 것을 선호하는 경향이 있다. 그들은 스트레스에 직면할 때 자기 안으로 물러서는 경향이 있다. 외향적인 사람extrovert은 혼자 있기보다는 다른 사람과 함께 지내기를 더 좋아한다. 그들은 스트레스에 직면할 때 다른 사람을 찾는다.

유형론에서 유형types은 일반적으로 뚜렷이 구별되는 비연속적인 범주로 간주된다([그림 4-1], A 참조). 유형론은 이제 세월의 뒤안길로 사라지게 되었다(여전히 유형론을 지지하는 일부 사람이 존재한다 할지라도 말이다. 이에 관한 논의는 Gangestad &

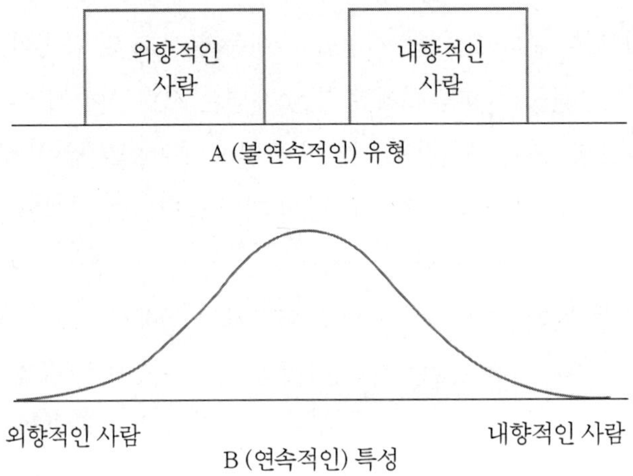

[그림 4-1]

(A) 초기의 유형이론은 사람들을 나누는 범주 사이에 불연속성을 가정했다.
(B) 특성이론은 특성이 몇 가지 특징의 변산의 연속 차원에 해당하고, 그 특징의 존재와 부재의 정도가 모집단에서 다양하게 분포되어 있다고 가정한다.

Snyder, 1985; Meehl, 1992; Robins John, Caspi, Moffitt, & Stouthamer-Loeber, 1996; Strube, 1989; York & John, 1992 등 참조).

이와는 대조적으로, 특성traits은 사람들이 연속 변수 혹은 차원에 따라 서로 다르다고 가정한다([그림 4-1], B). 이러한 이유에서 이런 종류의 이론은 종종 '차원적' 접근으로 불린다. 특성이론에서 사람들은 자신의 성격에 내재해 있는 다양한 특성의 양에서 차이가 난다. 이 관점에서 사람들 사이의 차이는 질적이라기보다는 양적이다.

특성에 관한 법칙정립적 견해와 개체기술적 견해

지금까지 우리는 특성이 모든 사람에게 관련되고 사람들은 각 특성을 얼마나 많이 가지고 있느냐에서 차이를 보인다고 가정해 왔다.

특성이 모든 사람에게 동일한 방식으로 존재한다고 믿는 신념을 법칙정립적nomothetic 견해라고 부른다(Allport, 1961). 법칙정립적이라는 용어는 법이라는 의미의 그리스 단어에서 유래했다. 이 견해는 모든 사람은 존재하고 있는 각 특성상의 특정한 지점에 위치하고 있다고 주장한다. 따라서 사람들 사이의 비교가 가능하다.

이에 반하여 성격에 관한 개체기술적idiographic 접근(Allport, 1961)은 각각의 사람이 모두 고유하다는 점을 강조한다. 2장에서 우리는 이 용어를 한 개인이 여러 상황에 걸쳐서 어떻게 경험하는가에 초점을 맞추는 접근법에 적용했었다. 이런 맥락에서 이 용어는 특성이 사람마다 다르다는 의미다. 한 특성은 이 세상에 오직 한 사람에게만 존재한다. 동일한 용어를 두 사람에게 적용한다 하더라도 그 의미는 서로 다르다(Dunning & McElwee, 1995). 또 의미하는 바가 유사한 경우라고 하더라도 그 특성의 중요성이 사람마다 달라서 특정 특성 차원상에서 사람들을 의미 있게 비교할 수는 없다(Britt & Shepperd, 1999).

어떤 이들은 법칙정립적 견해가 개인의 고유함을 표현할 수 없다고 생각하기 때문에 개체기술적 견해를 선호한다. 법칙정립적 견해를 선호하는 이들은 이런 주장에 대응해서, 개인의 고유함은 많은 특성 차원에서의 수준들의 조합에서 유래하며, 특성 차원(들) 자체는 모든 사람에게 동일하다고 주장한다. Eysenck는 이를 "고유한 개별성을 지닌 개인은 다수의 양적인 변수들의 교직交織점일 뿐이다."라고 말한다(1952, p. 18).

개체기술적 견해를 강조하는 심리학자는 법칙정립적 견해에는 언제나 과도한 일반화의 위험이 있다고 믿는다(비록 자신들도 그 방법을 가끔씩 사용하면서도). Allport(1961)는 우리가 사람들이 서로 공유하고 있는 어떤 특성이라 하더라도 사람마다 특별한 풍미를 가질 수 있다는 사실(그 특성이 어떻게 표현되는가에서 서로 다를 수 있어서)을 유념해야 한다고 믿는다.

어떤 특성이 중요한가

특성이라는 관점에서 성격을 생각하면 즉각적으로 또 다른 질문이 이어진다. 즉, 성격을 구성하는 특성의 내용은 무엇인가?

이는 답하기 쉽지 않은 질문이다. 사실 이 질문에 답하는 출발점을 어디로 잡을 것인가에 관해서 심각한 불일치가 있다. 이런 불일치를 이야기하기에 앞서 모든 특성 이론가가 공유하고 있는 논리적 문제와 이것을 해결하도록 돕는 도구에 대해 살펴보자.

핵심 도구: 요인분석

성격은 많은 방식, 예를 들면 기술적인 단어로 묘사된다. 성격을 표현하는 단어가 각기 하나의 다른 특성을 의미한다면, 심리학자는 그것을 조직화하려고 노력하다가 미쳐 버릴 수도 있다. 한마디로 말해, 바로 다양성을 질서 있게 배열하는 것이야말로 모든 특성심리학자가 직면한 문제다. 이 문제의 해결책은 많은 수의 단어가 더 적은 수의 기본적인 차원을 반영할 것이라는 아이디어에서 시작했다. 하지만 당신은 그 차원이 무엇인지 어떻게 알게 되는가?

이를 위해 종종 사용되는 도구는 요인분석factor analysis이라 불리는 통계 기법이다. 기본 아이디어는 간단하다. 많은 사람을 대상으로 평가했을 때 둘 혹은 그 이상의 특징이 공변(서로가 함께 변화)한다면, 그것은 소수의 공유된 기본 차원을 반영하는 것이다. 공변산의 패턴을 검증함으로써 측정된 성질의 기초에 깔려 있는 특성 차원을 발견할 수 있게 된다. 요인분석은 본질적으로 보다 복잡한 형태의 상관이라 할 수 있다. 두 변인 사이의 상관을 보는 대신 많은 변인 사이의 상관 패턴을 보는 것이다.

요인분석은 많은 변인 사이의 상관관계에 대한 행렬matrix을 사용한다. 그 과정이 매우 복잡하기 때문에, 요인분석은 컴퓨터가 보급된 이후에 더욱 광범위하게 사용되어 왔다. 실제로 여러 해에 걸친 계산 능력의 향상이 요인분석에서의 정교함을 증가시켰다(Bentler, 1990; Jöreskog & Sörbom, 1979).

요인분석의 과정은 많은 변인에 대해 많은 사람에게서 측정(전형적으로 자기보고나 관찰자 평정)치를 수집하는 것에서 시작된다. 일단 자료가 수집되면, 변인의 모든 쌍 사이의 상관이 계산된다(〈글상자 4-1〉 참조). 상관관계의 집합은 요인 추출factor extraction이라 불리는 다음 과정으로 넘어간다. 이 단계에서는 상관을 보다 소수의 요인factors의 집합으로 거른다. 각각의 요인은 (고유가commonalities에 기초해서) 자료 세트data set에 있는 몇몇 측정치 사이의 공유된 변량을 나타낸다.

일단 요인이 추출되면, 각각은 요인 부하량factor loadings의 집합으로 기술될 수 있다. 이것은 요인과 그 요인의 존립에 기여하는 각각의 문항(혹은 측정) 간의 상관으로 생각할 수 있다. 요인과 강한 상관관계가 있는(보통 약 .30보다 높은) 문항은 그 요인에 '부하되었다load on'고 표현한다. 문항이 그 요인과 높게 상관되지 않았다면 부하되지 않았다고 표현한다. 요인에 부하된 항목은 그 요인이 무엇인가에 대해 말해 준다.

요인분석의 마지막 단계—모든 과정 중에서 가장 민감한 부분—는 요인에 이름을 붙이는 것이다. 요인은 그에 부하된 문항에 의해 정의되기 때문에 가능하면 그 문항의 내용—특별히 가장 많이 부하된 문항의 내용—에 가장 가까운 이름을 선택해야 한다. 성격과 관련된 요인분석에서 요인은 특성의 통계적 반영으로 볼 수 있다. 요인에 이름을 붙이는 것은 바로 특성에 이름을 붙이는 것이다.

요인에 이름을 붙이는 행위는 매우 주관적이다. 몇 가지 다른 이름도 비슷하게 좋아 보일 수도 있다. 그러나 최종으로 어떤 이름이 선택되었는가 하는 것은 매우 중요한 결과를 초래할 수 있다. 사람들은 선택된 이름이 정보의 패턴에서 추론된 것임을 종종 망각한다. 결과적으로 사람들은 그 특성이 어떤 것인지를 말하기 위해 이름에 의지한다. 만일 당신이 선택한 이름이 잘못된 것이라면, 그것은 나중에 해석의 문제를 일으킬 수 있다.

특성심리학의 도구로서 요인분석은 세 가지 역할을 한다. 첫째로 요인분석은 성격의 여러 반영reflections을 특성의 더 작은 묶음으로 줄여 준다. 둘째로 요인분석은 그중 어떤 특성이 더 중요한가에 관해 논의할 수 있는 기초를 제공한다. 즉, 만일 한 요인이 자료의 많은 변량을 설명할 수 있다면 그렇지 못한 요인보다 더 중요한 특성을 반영하고 있는 것이며, 보다 적은 변량만을 설명할 수 있는 요인이라면 덜 중요한 것이다. 셋째로 요인분석은 평가도구를 만들어 내는 데 도움이 된다. (높게) 부하되는 문항(혹은 평정치)은 그대로 두고 부하되지 않은 문항은 버린다. 반복되는 새 문항 만들기와 분석을 통해 어떤 특별한 특성을 측정하는 데 유용하지 못한 문항을 더 좋은 것으로 대체할 수 있다.

요인분석은 매우 유용한 도구다. 그렇지만 단지 도구일 뿐이다. 우리가 말해 온 것에는 주요한 허점이 하나 있다. 우리는 맨 처음 단계에서 자료의 수집을 위해 어떤 방법이 사용되었는가에 대해서는 아무런 언급도 하지 않았다. 요인분석은 단지 당신이 집어넣은 것에 관해서만 말해 줄 수 있을 뿐이다. 따라서 무엇을 측정할 것인가에 대한 결정은 어떤 특성이 나타날 것인가에 막대한 영향력을 행사한다.

어떤 측정치가 수집되어야 하는가를 어떻게 결정하는가? 앞서 언급했듯이, 이론가는 이 질문에 대해 저마다 다른 대답을 하고 있다. 그 질문으로 돌아가 보자.

글상자 4-1 요인분석을 보다 자세히 살펴보기

요인분석은 복잡하지만 그 논리는 꽤나 단순하다. 그것은 변인의 조합에서 연합의 패턴을 찾아내려는 시도다.

첫 단계는 자료수집이다. 이는 겉보기보다 복잡한데, 먼저 당신이 측정하기를 원하는 행동의 측면이 무엇인가를 결정해야 한다. 자기보고를 원하는가? 관찰자 평정을 원하는가? 자료를 수집하는 첫 단계에는 많은 결정이 필요하다.

한 예를 들어 보자. 당신이 스트레스에 대해 사람들이 어떻게 대처하는가에 관심이 있다고 상상해 보자. 당신은 자기보고를 사용하기로 결정한다. 사람들은 지난해 가장 스트레스가 많았던 사건에 대해 각각의 대처방법을 얼마나 많이 사용했는가를 평정한다. 자료를 수집하기 위해 300여 명의 친구에게 지난해 스트레스 받았던 어떤 사건에 대해 회상하면서 28개의 문항(사람들이 스트레스 상황에서 흔히 대처하는 방식의 목록) 각각에 대해 응답하게 한다. 아래에 이 문항의 몇 가지 예가 있다.

1. 일이 더 나빠지기 전에 신속하게 대책을 강구한다.
2. 그것이 실제로 일어난 일이라고 믿기를 거부한다.
3. 그 상황을 개선하기 위해 구체적인 조치를 취한다.
4. 그 일이 실제로 일어나지 않았다고 스스로를 납득시킨다.
5. 그 일은 내가 어떻게 하는가와 관계없이 제 방식대로 굴러갈 것이라고 생각한다.
6. 그 일을 통해 자신을 새로운 방식으로 성장 또는 변화시킨다.
7. 사건의 밝은 면을 찾아내려고 노력한다.

A. 가설적 상관행렬

문항	1	2	3	4	5	6	7
1	*	0.10	0.75	-0.05	0.03	0.12	0.00
2		*	-0.02	0.52	0.61	-0.007	-0.08
3			*	0.17	0.00	0.09	0.15
4				*	0.71	0.11	0.08
5					*	0.06	-0.04
6						*	0.59
7							*

두 번째 단계는 모든 문항 사이의 상호 상관을 계산하는 작업이다(표 A). 각각의 상관 값은 300명의 친구가 한 문항에 응답한 방식과 다른 문항에 응답한 방식이 얼마나 유사한가 하는 정도를 반영한다. 표 A에서 볼 수 있듯이, 문항 1과 3; 6과 7; 그리고 2와 4 및 5; 4와 5 사이에 강한 상관이 있다. 다른 문항 사이의 상관은 매우 낮다.

친구들에게 단지 7개 문항이 아니라 28개 문항에 대해 평정하도록 했기 때문에 당신이 실제로 갖게 되는 상관 매트릭스는 거대할 것이고, 여기에서 상관의 패턴을 해석하는 일은 매우 고단한 일이 될 것이다. 이 고역은 요인추출factor extraction이라 불리는 요인분석의 세 번째 단계에 의해 줄어든다. 이 과정은 상관 매트릭스를 보다 적은 수의 기본 차원으로 줄여 준다(예를 들어, 문항 2, 4, 5는 하나의 차원으로 묶일 수 있다). 공통성을 기초하고 있는 이런 차원을 요인factors이라 부른다. 요인은 비록 당신이 보지는 못했을지라도 상상은 해 볼 수 있는 희미한 모습의 실체라 할 수 있다.

다음 단계는 개별 문항이 각 요인에 갖는 요인부하량factor loadings을 계산하는 것이다. 요인부하량은 각 문항과 요인 사이의 관계 정도를 말해 준다(표 B). 개별 부하량은 그 문항이 특정한 기본 차원을 얼마나 반영하고 있는가를 말해 준다. 높은 숫자(높은 부하량)는 그 문항이 특정한 차원에 밀접하게 연결되어 있음을 의미하고, 낮은 숫자는 그렇지 않음을 뜻한다. 문항 1과 3은 요인 A에, 6과 7은 요인 B에, 그리고 2와 4 및 5는 요인 C에 높은 부하량을 보인다. 28개 문항의 조합에서도 위의 예와 유사하게 함께 움직이는 부하량의 패턴을 찾을 수 있을 것이다.

어떤 문항이 어떤 요인을 구성하는지가 분명해지면, 이제 당신은 요인에 이름을 붙이는 마지막 단계에 온 것이다. 당신은 특정한 기본 차원(요인)의 진수를 잘 전달하기를 원하겠지만 당신이 가진 유일한 안내자는 그 요인에 높게 부하되어 있는 문항뿐이다. 흔히 높게 부하되는 문항의 패턴이 모호하여 그림이 흐려진다. 우리가 사용하고 있는 예에서는 요인에 이름 붙이기가 상당히 간단하다. 요인 A는 문제를 해결하려고 시도하는 경향성을 보여 준다. 이는 문제중심적 대처problem-focused coping라고 부를 수 있을 것이다. 문항 2, 4, 5가 높은 부하를 보인 요인 C는 부정denial이라 부를 수 있다. 한편 요인 B는 긍정적 재해석positive reinterpretation이나 외상후 성장posttraumatic growth 혹은 밝은 면 바라보기looking on the bright side 등의 이름을 생각할 만하다. 그러나 어느 것이 최상인지는 확신하기 어렵다. 어느 이름을 사용할 것인가를 결정할 때는 매우 주의해야 한다. 선택한 이름이 장차 당신의 생각을 이끌어 가기 때문이다.

B. 가설적 요인 부하

요인	A	B	C
문항 1	0.62	0.15	0.01
문항 2	0.03	-0.08	0.49
문항 3	0.54	0.04	0.20
문항 4	0.10	0.11	0.56
문항 5	0.07	0.08	0.50
문항 6	-0.02	0.72	0.12
문항 7	0.08	0.48	0.08

외향적인 사람은 다른 사람과 관여된 흥분되는 활동을 선호하는 반면, 내향적인 사람은 혼자 있는 것을 좋아한다.

실체가 스스로를 드러내게 하라

첫 번째 대답은 연구자는 어떤 특성이 성격을 구성하고 있는지에 대해 선입견을 가지지 말고 경험적으로 결정해야만 한다는 것이다. 만일 당신이 선입견을 가지고 시작한다면 스스로를 잘못된 길로 인도할 위험에 빠지게 될 것이다. 이는 특성심리학의 초기 공헌자요, 요인분석의 최초 사용자 중 하나인 Raymond Cattell의 주장이다(Cattell, 1947, 1965, 1978; Cattell & Kline, 1977).

정보의 출처 중 하나는 언어로서(Goldberg, 1982 참조) 다음과 같은 논리를 기초로 한다. 수천 년이 넘는 시간에 걸쳐서 발전된 언어는 실제로 존재하는 모든 인간 특징을 묘사하는 단어를 가지고 있다. 아마도 중요한 특성이라면 그 모두가 그것을 묘사하기 위한 단어에 반영되어 있을 것이라고 가정된다. 사실상 성격의 어떤 특징에 적용되는 단어가 많으면 많을수록 그것은 아마도 더 중요한 무엇일 것이다. 이는 중요성의 어휘적 준거lexical criterion라고 불린다. 이러한 아이디어를 이용해서 Cattell(1947, 1965)은 특성 용어의 묶음을 얻어서 그것을 평정하게 하고, 그 평정치를 요인 분석했다. 그 결과로 얻은 요인이 바로 그가 인간의 성격에서 중요한 것이라 믿었던 특성이다.

Cattell은 성격이 16개 차원의 집합으로 포착된다는 믿음에 도달하게 되었다. 이러한 차원은 그가 사용한 상이한 유형의 자료를 분석한 결과에서도 일관되게 다시 나타났으며, 그는 이것을 성격의 일차primary 특성으로 보았다. 그는 이러한 16개의 일차 성격 요인을 따서 16성격요인16 Personality Factor 검사 또는 16PF라고 이름 붙였다(Cattell, Eber, & Tatsuoka, 1977).

이론에서 시작하기

모든 사람이 경험적 출발점을 최상이라고 여기지는 않는다. 성격의 특성이론의 또 다른 중요한 기여자인 Hans Eysenck(예, Eysenck, 1967, 1970, 1975, 1986; Eysenck & Eysenck, 1985)는 우리가 먼저 무엇을 측정하려 하는가에 관해 잘 정립된 아이디어를 가지고 시작해야 한다고 주장한다. 그런 다음 그 성질을 잘 측정해야 한다. 그는 이론을 세우면서 Jung과 Wundt의 관찰과 Hippocrates와 Galen의 유형론에서 시작했다(Eysenck, 1967). 그는 Hippocrates와 Galen에 의해 확인된(그리고 다른 이들에 의해 재확인된) 유형이 두 개의 초특성supertrait의 상하위 수준의 결합으로 구성되었을 것이라는 아이디어를 연구하기 시작했다.

Eysenck가 성격의 기본을 이루는 차원으로 취했던 두 개의 초특성은 외향성extraversion과 신경증 성향neuroticism이다. 외향성 차원은 사교성sociability, 쾌활함liveliness, 활동성activeness, 지배성dominance의 경향성과 관련이 있다. 이 모든 것이 외향적인 사람을 특징짓는다. 신경증 성향은 사람이 쉽게 그리고 자주 혼란에 빠지거나 고통을 받는 것과 관련된다.

이 두 차원은 생각보다 더 큰 다양성을 만들어 낸다. 〈표 4-1〉은 이러한 차원의 높고 낮음에 따른 조합을 통해 사람들을 네 집단으로 분류하여 묘사한다. 각 집단을 묘사하기 위해 사용된 옛 이름은 색이 있는 글자로 표현되었다. 이 네 집단의 기술을 보면서 두 가지를 염두에 두어야 한다. 첫째, 〈표 4-1〉의 형태는 비연속적인 것으로 제시되었지만, 두 차원은 모두 연속적인 것이다. 둘째, 표에서 기술된 것은 비교적 극단적이고 명백하게 분류되는 사례에 적용된다는 점이다. 대부분의 사람은 양 차원의 중간 지점에 더 가깝기 때문에 표에서 기술된 것보다는 덜 극단적인 특징을 가질 것이다.

먼저 내향적인 사람의 집단을 보라. 〈표 4-1〉에서 볼 수 있듯이 내향적이고 정서적으로 안정된 사람은 조심성 있고, 자제력 있으며, 침착하고, 사려 깊게 행동하는 경향이 있다. 반면에 내향성과 정서적 불안정성의 조합은 더 침울하고 염세적이고 불안한 특징을 보인다. 내향적인 사람은 정서적 안정성 혹은 불안정성의 수준에 따

‖ 표 4-1 ‖

Eysenck가 제안한, 성격의 주요한 두 차원에서 분류된 네 가지 범주에 흔한 특성. 각 범주는 정서적 안정성의 높고 낮은 수준에 따른 외향성 혹은 내향성 수준의 조합으로 이루어져 있다(Eysenck, 1975에서 인용).

	정서적으로 안정된		정서적으로 불안정한	
내향적인	수동적인 조심성 있는 사려 깊은 자제력 있는 신뢰할 수 있는 마음이 평온한 침착한	점액질 Phlegmatic	조용한 비관적인 비사교적인 냉정한 경직된 불안한 우울한	우울질 Melancholic
외향적인	사교적인 활달한 말이 많은 반응적인 느긋한 생기발랄한 근심 없는 리더십 있는	다혈질 Sanguine	활동적인 낙천적인 충동적인 변덕스러운 흥분하기 쉬운 공격적인 들떠 있는 성미가 급한	담즙질 Choleric

라 상당히 다를 수 있다. 외향적인 사람도 마찬가지다. 외향성이 정서적 안정성과 결합되었을 때, 그 결과는 느긋하고 태평한 사교성으로 나타난다. 반면 외향적인 사람의 정서적 불안정성이 높으면 쉽게 흥분하는 공격적인 특징으로 나타난다. 그러므로 한 차원(외향성-내향성)의 효과는 그 사람이 가진 다른 특성 차원(정서적 안정성)에 따라 달라질 수 있다.

Eysenck는 이 두 차원을 자기보고 방식으로 평가했다(Eysenck & Eysenck, 1975). 그는 이 도구를 만들기 위해 요인분석을 사용했으나, Cattell과는 다른 목적으로 이 방법을 사용했다. Cattell이 성격에 어떤 차원이 존재하는가를 찾기 위해 요인분석을 사용했다면, Eysenck는 부하량이 높은 문항을 골라서 자신의 척도를 세련되게 만들고 척도가 의도한 바대로 두 가지 요인을 측정하고 있는가를 확인하기 위해 요인분석을 사용했다.

Eysenck와 Cattell은 서로 매우 다르게 출발했지만, 그들이 만들어 낸 특성 구조

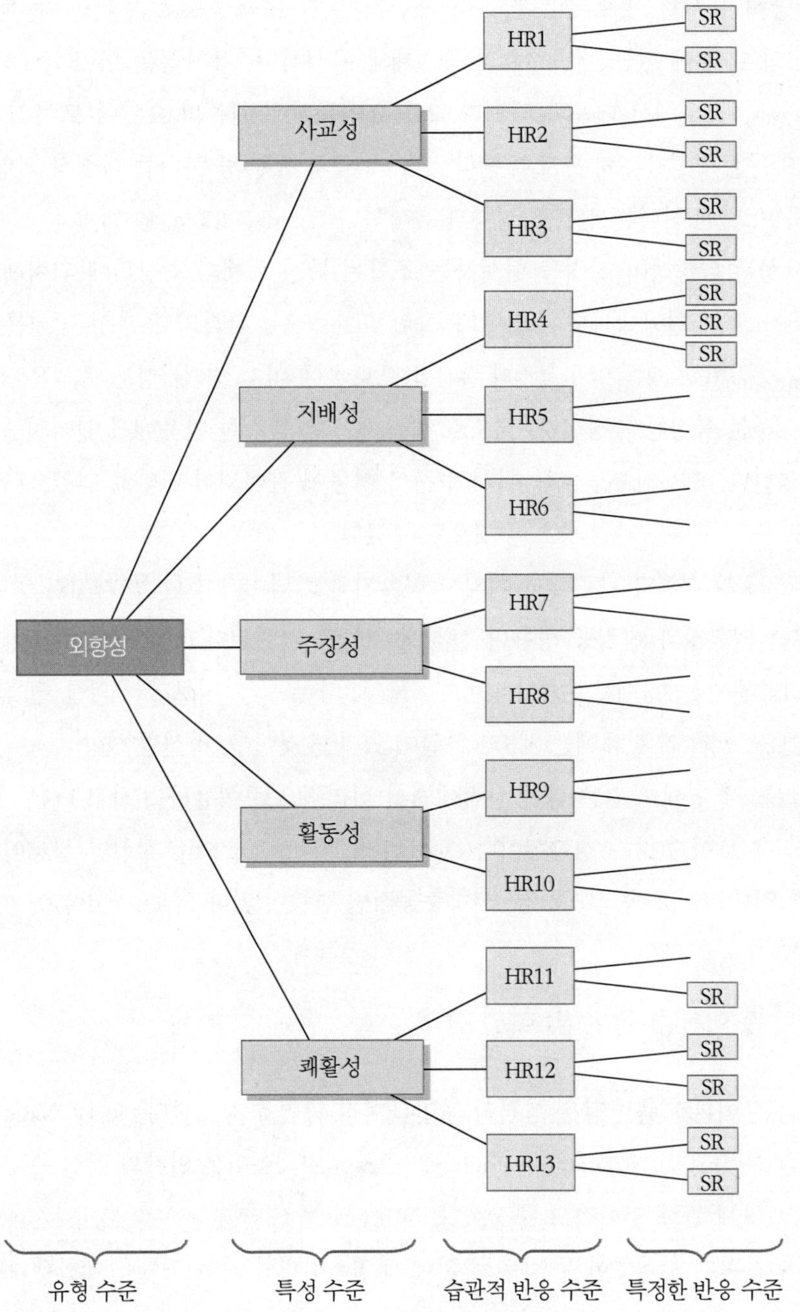

[그림 4-2]

성격에 관한 아이젱크의 위계적 견해. 모형의 최상위 수준(유형)은 그 아래의 수준(특성)의 성분(혹은 요소)으로 구성되며, 특성은 다시 그 아래 위계인 습관으로 구성된다. 습관은 다시 자극과 반응 사이의 연합으로 구성된다.

[출처] *The Biological Basis of Personality*(1967, p. 36), by H. J. Eysenck에서 인용. Charles C. Thomas, Publisher, Springfield, IL.의 허락하에 게재함.

는 상당히 유사한 것으로 드러났다. Eysenck가 초특성으로 보았던 두 차원은 Cattell의 16PF에 있는 처음 3요인 중 2개와 유사하다. 유사성은 16PF의 2차 요인 second-order factors에서 더욱 강해진다. 2차 요인분석은 기존의 요인이 모여 또 다른 상위 요인을 형성하는지를 보여 준다. 16PF의 2차 요인 중 하나는 사실상 외향성과 동일하며, 다른 하나는 신경증 성향과 유사하다(Cattell & Kline, 1977).

유사성은 외향성이 성격을 형성하는 조합된 특징 위계의 최상위에 위치해 있다는 Eysenck의 견해에서도 나타난다([그림 4-2] 참조). 각각의 초특성은 성분 특성 component trait(Cattell의 일차 특성과 유사함)으로 이루어져 있다. 성분 특성은 초특성에 기여하는 특정한 특징이다. 역으로 성분 특성은 특정한 반응에서 얻어지는 습관을 반영한다. Eysenck는 모든 위계 수준이 행동에 관여되어 있다고 믿었으나 그중에서도 유형 수준을 가장 중요한 것으로 보았다.

Eysenck의 견해와 관련해서 여기서 이야기하고 넘어가야 할 두 가지가 있다. 첫째, 그는 외향성과 신경증 성향이 신경계 기능과 관련된다고 믿었다(Eysenck 이론의 생리적 측면은 7장에서 논의될 것이다). 둘째, 다른 두 가지보다 주의를 덜 받기는 했지만 Eysenck의 견해에는 제3의 차원이 있다는 것이다. 정신병 성향psychoticism이라 불리는 세 번째 차원은 다른 사람에게서 심리적으로 이탈하려 하고 다른 사람에게 관심을 보이지 않는 경향성이다(Eysenck & Eysenck, 1976). 정신병 성향이 높은 사람은 적대적이고 속임수를 잘 쓰며 충동적인 경향이 있다(Eysenck, 1992).

또 다른 이론적 출발점: 대인 간 원

또 다른 이론적 출발점은 성격의 대인관계적 측면을 강조한다. Jerry Wiggins와 동료들(Wiggins, 1979; Wiggins, Phillips, & Trapnell, 1989)은 인간의 핵심 특성은 대인 간 생활에 관한 것이라고 주장했다. Wiggins는 대인 간 원interpersonal circle이라고 부른, 인간관계에 기초한 두 차원 주위에 배열된 8개의 패턴 조합을 제안했다([그림 4-3] 참조). 이 견해의 중심 차원은 지배성dominance(혹은 지위status)과 사랑love이다.

Wiggins는 (Eysenck가 그랬듯이) 다양한 성격이 이 두 중심 차원상의 조합에서 생겨난다고 주장한다. 예를 들어, 높은 지배성과 사랑 차원의 한 극단인 차가운 마음을 향하고 있는 사람은 거만하고 계산적으로 보일 것이다. 그렇지만 동일한 정도의 지배성을 사랑 차원에서의 따뜻함과 함께 결합하면 사교적이고 외향적인 사람을

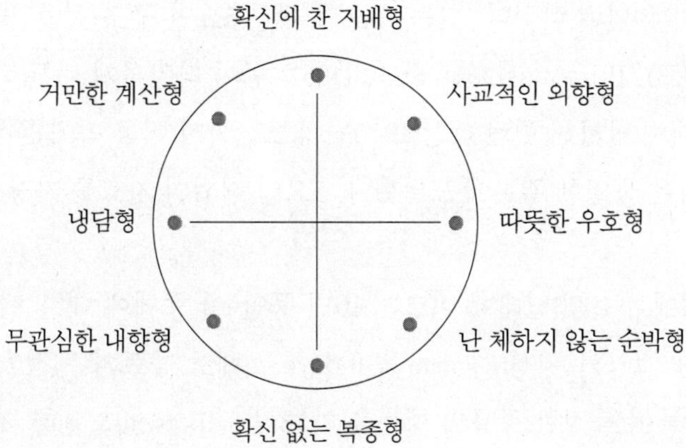

[그림 4-3]

두 개의 특성[사랑(수평 차원)과 지배성(수직 차원)]의 상대적 크기에 따라 이름 붙여진 특성으로 묘사된 성격 유형의 모음인 대인 간 원. 각 특징의 중간 지점은 두 축이 교차되는 곳이다.
[출처] Wiggins, Phillips, and Trapnell(1989)에서 인용.

볼 수 있을 것이다.

내향성과 외향성이 모두 대인 간 원 안에 나타나지만(왼쪽 아래와 오른쪽 위에서), 여기서 그것은 근본 차원으로 여겨지지 않는다. 대신에 그것은 두 개의 보다 근본적인 다른 특징을 조합한 결과로 여겨진다.

5요인 모형: 성격의 기본 차원인가

연구자마다 출발점이 달랐음에도 어떤 특성이 기본적인가에 대한 주목할 만한 합의가 이루어지기 시작했다. 그 합의는 우리가 이미 언급한 여러 아이디어를 내포하고 있으나 그것을 넘어서는 것이다. 드러난 합의 내용은 성격의 기본 구조가 5개의 상위 요인으로 통합된다는 것이다. 이것은 종종 성격의 5요인 모형five-factor model 혹은 '빅 파이브big five' 라고 언급된다(Goldberg, 1981; McCrae & Costa, 2003; Wiggins, 1996).

성격 구조의 5요인 관점을 지지하는 증거가 장기간 동안 꾸준히 축적되어 왔다(Digman, 1990). 초기의 증거는 Fiske가 Cattell의 16요인 구조를 재확인할 수 없다고 보고한 1949년에 나왔다. 그는 16요인 대신 5요인 구조를 얻었다. 이런 발견은 Norman(1963), Borgatta(1964), Smith(1967) 등이 다양하게 다른 측정방법으로 같은 쟁점에 대해 답하려 했던 때인 1960년대 초반까지 어둠 속에 묻혀 있었다. 이 연구자들 각각은 동일한 결론에 도달했다. 5요인 해법이 자료를 가장 잘 설명하고 있었다.

1980년대에서 1990년대에 이르는 10년 동안 이 주제에 대한 연구가 급증했다. 아동에 대한 교사의 평정(Digman & Inouye, 1986), 동료의 평정(McCrae & Costa, 1987), 사람들이 특정한 종류의 행동을 하는 빈도(Botwin & Buss, 1989) 및 비언어적 평가(Paunonen, Jackson, Trzebinski, & Foresterling, 1992) 등의 다양한 표본이 연구되었다. 어떤 이는 발상을 완전히 달리해서 측정치에 대해 5요인 모형이 들어맞는가를 검증했다(Costa & McCrae, 1988a; McCrae & Costa, 1989a). Peabody와 Goldberg(Goldberg, 1989; Peabody, 1984)는 일반 사람보다 심리학자에게 더 의미 있는 용어를 사용하는 것에 대해 비판했다. 대신 충분히 일상적인 특성 단어라는 확신을 가지고 선택된 용어를 척도에 사용했다. Haas(2002)는 속담 속에 5요인의 내용이 담겨 있다는 아이디어까지 탐색해 나갔다.

지금까지 다양한 문화와 언어에서 자료가 수집되고 있다. 전체적인 결과는 5요인이 언어와 문화의 경계를 뛰어넘어 공통적임을 시사한다(예, Benet-Martínez & John, 1998; Church, 2001; Katigbak, Church, Guanzon-Lapeña, Carlota, & del Pilar, 2002; McCrae & Costa, 1997; McCrae, Zonderman, Costa, Bond, & Paunonen, 1996; Paunonen et al., 1992; Saucier & Ostendorf, 1999; Somer & Goldberg, 1999; Stumpf, 1993). 이런 연구에서 검토된 문화는 터키(Somer & Goldberg, 1999)에서부터 필리핀(Katigbak et al., 2002)에 이르기까지 다양했다. 심지어는 5요인(적어도 요인 중 몇 개는)이 인간이 아닌 동물에게도 적용된다는 주장까지 있다(Gosling, 2001).

5요인 패턴을 찾는 데 실패한 연구도 있었고, 5요인 패턴을 불완전하게 지지하는 연구도 있었다(예, Benet & Waller, 1995; Church & Burke, 1994; Di Blas & Forzi, 1991; Lanning, 1994). 그리고 Saucier와 Simonds(2006)는 서구 언어권에서는 5요인 패턴이 분명하지만 다른 언어에서는 그렇지 못하다고 주의의 말을 덧붙인다. 그러나 전체적으로 볼 때는 여전히 5요인 모형이 적합하다는 인상이 강하다(Digman, 1990; John, 1990; McCrae & Costa, 1997; McCrae & John, 1992; Ozer & Reise, 1994).

5요인은 무엇인가

5요인 모델에 대한 합의가 있은 다음에 이어지는 일은 당신을 놀라게 할 것이다. 특히 다섯 개의 차원이 명확하게 어떤 것인가에 대해서는 여전히 상당한 불일치가 존재한다(Briggs, 1989; John, 1990; Johnson & Ostendorf, 1993; Pytlik Zillig, Hemenover, & Dienstbier, 2002; Saucier, 1992).

이런 불일치에는 적어도 두 가지 근원이 있다. 첫째, 요인에 이름을 붙이는 것이 어렵다는 점을 회상하라. 당신은 그 요인에 높게 부하된 문항을 찾는 것과 그 문항을 연결하는 기본 실마리가 무엇인지를 추출하려는 노력을 통해 요인의 이름을 붙인다. 그러나 단어는 다양한 의미를 가지고 있고, 특성 용어는 종종 단어마다 한 요인에만 부하되기보다는 다른 요인에도 함께 부하된다(Hofstee, de Raad, & Goldberg, 1992). 그 결과로 자연스럽게 해석의 불일치가 존재하게 된다.

둘째, 어떤 요인이 명확하게 무엇으로 보이는가는 그 연구에서 무엇을 측정하는가에 달려 있다. 만약 특정한 성질이 생략되거나 혹은 문항에 의해 잘 표현되지 않았다면, 이런 성질은 당연히 특성에서 누락될 것이다(Peabody & Goldberg, 1989 참조). 그러므로 약간이라도 다른 측정방볍을 가지고 하는 연구는 심지어 어느 정도 동일한 요인이 나타났다는 동의가 있는 경우라고 하더라도 요인의 의미에 대해 다른 결론을 내릴 수 있다.

〈표 4-2〉는 5개의 특성을 다양한 종류의 이름을 사용하여 나타낸 것이다. Peabody와 Goldberg(1989)는 5요인이 어떤 주제theme가 있고 각 주제에 변주가 있는 고전 음악의 유파와 유사점이 있다고 제안했다. 그것은 〈표 4-2〉에서 두드러지게 나타난다. 각 요인 밑으로 나열된 이름 모두는 어떤 주제를 공유하고 있지만, 변이變異 또한 존재한다. 이런 변이에서 기본이 되는 것이 여러 연구에 걸쳐서 각 연구마다 5요인에 높게 부하된 용어의 예를 통해 〈표 4-3〉에 제시되어 있다.

첫 번째 요인은 보통 외향성extraversion이라 불리지만, 이 요인을 구성하는 요소에 관해서는 다양한 의견이 있다(McCrae & Costa, 1987). 그리하여 상이한 명칭이 사용되기도 한다. 때때로 이 요인은 주장성에 근거하기도 하고, 때로는 자발성과 에너지에 근거하기도 한다. 때로는 지배성과 확신감에 근거하기도 하며, 행복에 대한 지향성에 기초하기도 한다. 외향성은 종종 사회성의 느낌을 주는 것으로 생각되지만(Watson, Clark, McIntyre, & Hamaker, 1992), 일부 사람은 사회성이 실제로는 외

‖ 표 4-2 ‖

다양한 저자에 의해 성격의 '빅 파이브Big five' 요인을 나타내는 명칭이 서로 다르게 사용되었다. 아래 제시된 이름은 (순서대로) Fiske(1949), Norman(1963), Borgatta(1964), Digman(1990) 및 Costa와 McCrae(1985)가 붙인 것들이다. 가장 아래 열에 제시되어 있는 것은 그 특성이 관련되는 삶의 영역을 나타내는 것으로, Peabody와 Goldberg(1989)가 붙인 것이다.

1	2	3	4	5
사회 적응력 Social adaptability	정서적 통제 Emotional control	순응성 Conformity	성취 의지 Will to achieve	지적 탐구 Inquiring intellect
집행력 Surgency	정서성 Emotionality	우호성 Agreeableness	성실성 Conscientiousness	문화 Culture
주장성 Assertiveness	정서성 Emotionality	호감성 Likeability	책임성 Responsibility	지능 Intelligence
외향성 Extraversion	신경증 경향 Neuroticism	우호적 응종 Friendly compliance	성취 의지 Will to achieve	지성 Intellect
외향성 Extraversion	신경증 경향 Neuroticism	우호성 Agreeableness	성실성 Conscientiousness	경험에 대한 개방성 Openness to experience
권력 Power	정동 Affect	사랑 Love	일 Work	지성 Intellect

향성의 다른 특징의 부산물이라고 주장하기도 한다(Lucas, Diener, Grob, Suh, & Shao, 2000). 그러나 외향성이 높은 사람은 일상생활에서 타인과 더 많은 상호작용을 하는 경향이 있다(Srivastava, Angelo, & Vallereux, 2008).

두 번째 요인의 의미에 관해서는 더 많은 의견 일치가 있다. 신경증 성향neuroticism 혹은 정서적 안정성emotional stability은 Eysenck가 그 이름을 붙였던 초기의 의미로 사용된다. 비록 다른 의미가 일부 끼어들기도 하지만, 이 성격 요인의 핵심은 불안과 전반적인 고통 경험을 많이 한다는 것이다.

〈표 4-3〉의 세 번째 요인은 일반적으로 우호성agreeableness이라 불리는 것이다. 이 특성은 흔히 관계의 유지에 대한 관심으로 특징지어진다. 이는 또한 부정적 감정의 억제를 요구하는 양육과 정서적 지지를 시사한다(Graziano & Eisenberg, 1999). 이런 억제는 우호성이 높은 사람에게서 자동적으로 발생하는 것으로 보인다(Haas,

‖ 표 4-3 ‖

5개의 주요 성격 요인을 반영하는 단극 및 양극 형용사 척도.

요인	항목	
외향성	대담한 - 소심한	사교적인
	강압적인 - 복종하는	솔직한
	자신 있는 - 자신 없는	정력적인
	말이 많은 - 말이 적은	행복한
	자발적인 - 억제적인	은둔적인(역전됨)
우호성	우호적인 - 비우호적인	질투하는(역전됨)
	따뜻한 - 냉정한	사려 깊은
	친절한 - 불친절한	경멸적인(역전됨)
	정중한 - 무례한	성마른(역전됨)
	심성이 착한 - 성미가 고약한	불평하는(역전됨)
성실성	주의 깊은 - 분별 없는	단정한
	신중한 - 경솔한	끈기 있는
	책임감 있는 - 무책임한	계획성 있는
	철저한 - 부주의한	꼼꼼한
	근면한 - 게으른	괴팍한(역전됨)
정서성	긴장된 - 이완된	염려하는
	불안한 - 차분한	불안정한
	흥분하기 쉬운 - 침착한	걱정이 많은
	초조한 - 편안한	긴장된
지성	상상력이 풍부한 - 상상력이 부족한	총명한
	생각이 깊은 - 생각이 얕은	지각력이 예민한
	세련된 - 거친	상상력이 풍부한
	호기심 많은 - 호기심 없는	다변의
	창의적인 - 창의적이지 않은	독창적인

출처: Digman & Inouye(1986); McCraw & Costa(1987); Norman(1963); Peabody & Goldberg(1989)에서 인용.

Omura, Constable, & Canli, 2007). 이와 반대 극에 해당하는 낮은 우호성은 종종 적개심을 일으키는 반항적이고 적대적인 성질을 지닌다(Digman, 1990). 이런 이야기에 아귀가 맞게, 우호성이 낮은 사람은 우호성이 높은 사람에 비해 사회 갈등을 해결하기 위한 방법으로 권력의 과시를 더 빈번히 택한다는 증거가 있다(Graziano, Jensen-Campbell, & Hair, 1996). 우호성이 낮은 사람이 실생활에서 더 많은 갈등을 경험한다는 증거도 있다(Asendorpf & Wilpers, 1998).

네 번째 요인의 본질을 파악하는 것 또한 꽤 어렵다. 가장 일반적으로 사용되는 이름은 성실성conscientiousness이다. 그러나 이 이름은 이 요인에 종종 높게 부하되는 계획 세우기, 인내, 목표를 향한 의지적인 노력과 같은 문항의 특징을 충분히 반영하지 못한다(Digman & Inouye, 1986). 게다가 '성실하다'는 단어 자체가 이 요인과 우호성 요인 모두에 부하되고 있어서, 성실성이라는 명칭은 이 요인의 완벽한 이름이라 할 수 없다. Digman(1990)은 이 요인을 성취하려는 의지will to achieve, 혹은 단순하게 의지will로 간주해야 한다고 제안했다. 다른 사람이 제안한 이 요인에 대한 또 다른 이름으로는 억제constraint와 책임감responsibility이 있다. Roberts, Walton 및 Bogg(2005)는 여러 이론가가 성실성의 부분이라고 여겼던 내용을 검토해 보고서 어느 단일한 측정방법만으로는 이 요인의 모든 것을 포괄할 수는 없다고 결론 내렸다.

가장 광범위한 불일치는 다섯 번째 요인과 관련된 논의다. 이런 큰 불일치는 부분적이지만 측정방법의 차이에서 유래했다. 일찍이 Cattell은 지능과 관련되는 특징을 측정하다가 하던 연구를 멈추고, 남겨진 기타 특징을 나타내기 위해 문화culture라는 용어를 사용했다. 그 뒤 이 방면의 연구는 정체되었다. Peabody와 Goldberg(1989)는 성격 요인 연구에서 지능과 관련된 측정치가 다시 소개되었을 때 그것이 문화와 관련된다고 지적했지만, 그들은 이 요인을 지성intellect이라고 명명하는 것이 더 적절하다고 제안했다. Costa와 McCrae(1985)는 경험에 대한 개방성openness이라는 또 다른 명칭을 더 선호한다.

Peabody와 Goldberg(1989)는 이러한 요인에 대한 Costa와 McCrae의 측정치가 지성의 한 측면(상상력에 해당하는 측면)을 반영하고 있지만 지성의 다른 측면(논리적 측면)은 놓치고 있다고 주장했다. 그들은 지성의 이런 양 측면 모두가 측정되고 통합되었을 때 이 요인이 비로소 제대로 된 지성을 의미하는 것이 될 수 있다고 주장한다. 그러나 지성과 개방성은 뇌의 상이한 측면을 반영한다는 증거도 있다(DeYoung, Shamosh, Green, Braver, & Gray, 2009).

5요인의 행동 반영

최근까지 5요인 모형에 대한 대부분의 연구는 요인 그 자체를 목표로 삼았다. 즉, 5요인이 다양한 문화와 다양한 측정방법에 걸쳐서 공통으로 발견된다는 점을 보여주려 했다. 그러나 더 최근의 연구는 이러한 5요인이 사람들의 보다 폭넓은 인생 캔

버스에 어떻게 반영되거나 표현되는지를 살펴보는 쪽으로 방향을 틀었다.

사회적 특성: 외향성과 우호성

먼저 그 성질이 가장 사회적인 외향성과 우호성에서 논의를 시작해 보자. 몇몇 연구는 외향성과 우호성 모두 사회적 상황에 관여되지만 그 방식이 다르다고 제안한다. 외향성은 사회적 영향력을 갖는 데 관계되는 반면, 우호성은 다른 사람과 좋은 관계를 유지하는 것에 관심을 갖는 듯 보인다(Jensen-Campbell, & Graziano, 2001). 그러므로 외향성은 대학의 남학생 사교 모임이나 여학생 사교 모임과 같은 집단에서 타인의 눈에 잘 드러나는 행동을 예언하고(Anderson, John, Keltner, & Kring, 2001), 우호성은 그렇지 않았다. 청소년의 동료관계에 관한 연구(Jensen-Campbell et al., 2002)에서 외향성과 우호성은 모두 동료의 수용과 관련되지만, 우호성은 동료에게서 괴롭힘을 당하는 것을 방지하는 역할을 하고 있었다. 우호성이 높은 성인은 가족 구성원에게서 더 많은 사회적 지원을 받는다고 보고했다(Branje, van Lieshout, & van Aken, 2004). 이런 양상은 우호성이 주로 좋은 관계를 유지하려는 것과 관련된다고 보면 그럴 듯하다.

다른 연구 결과도 이런 아이디어에 잘 들어맞는다. 우호성은 아동 사이의 갈등 해결에서 상대에게 동의하는 행동을 예측했다(Jensen-Campbell, Gleason, Adams, & Malcolm, 2003). 우호성이 높은 성인은 우호성이 낮은 성인에 비해 다른 사람 때문에 결과가 나빠진 것에 대해 화를 덜 냈다(Meier & Robinson, 2004). 이와 같이 우호

우호성이 높은 사람은 다른 사람과 좋은 관계를 유지하는 데 관심을 보인다.

성은 공격 반응을 줄인다(Meier, Robinson, & Wilkowski, 2006). 우호성은 아동 양육에서 반응성이 높은 것(Clark, Kochanska, & Ready, 2000), 결혼생활에서 부정적 반응이 적은 것(Donnellan, Conger, & Bryant, 2004), 자신이 해를 입은 후에 복수할 기회를 노리는 정도가 낮은 것(McCullough & Hoyt, 2002)과 관련된다. 우호성은 남의 연애 파트너를 덜 넘보려 하거나 넘보려는 상대의 행동에 대해 덜 반응하는 것과 관련되고(Schmitt & Buss, 2001), 자원과 관련된 사회적 딜레마를 해결하려 할 때 더 많은 협조를 보이는 행동과 관련된다(Koole, Jager, van den Berg, Vlek, & Hofstee, 2001). 이 밖에도 우호성은 물질 남용이 적은 것(Chassin, Flora, & King, 2004; Lynam, Leukefeld, & Clayton, 2003; Walton & Roberts, 2004)과 반사회적 행동이 적은 것(Miller, Lynam, Leukefeld, 2003)과 관련됐다.

외향성은 우호성이 보이는 효과와는 다른 방식으로 사회생활에 유용하다. 외향적인 남성은 내향적인 남성보다 잘 알지 못하는 여성과 더 잘 상호작용하고(Berry & Miller, 2001), 자신감을 전달하는 힘이 들어간 악수를 하는 경향이 높다(Chaplin, Phillips, Brown, Clanton, & Stein, 2000). 외향성이 높은 사람에게 친구한테 '이어가기 이야기'를 말하라 하면 친구들과 함께 지내는 이야기 줄거리를 구성하는 데 반해, 내향성이 높은 사람은 혼자서 지내는 이야기를 구성한다(Thorne, Korobov, & Morgan, 2007). 그러나 외향적인 사람은 자원에 대한 사회적 딜레마에 직면하게 되었을 때 내향적인 사람에 비해 덜 협력적이었다(Koole et al., 2001).

연구는 또 외향성과 우호성이 개인적 가치관이나 삶의 목표와 일관되게 관련됨을 밝혀냈다. 외향성은 성취와 자극을 가치 있게 여기는 가치와 관련되는 반면, 우호성은 박애와 전통을 가치 있게 여기는 것과 관련되었다(Roccas, Sagiv, Schwartz, & Knafo, 2002). 외향성은 높은 지위의 직업, 정치적 영향력, 흥미진진한 생활양식, 자식 갖기에 대한 욕구와 관련이 되는 반면, 우호성은 집단의 안녕과 조화로운 가족 관계를 지향하는 목표에 대한 욕구와 관련이 있고 실질적으로 부, 정치적 영향력, 흥미진진한 생활양식에 대한 욕구와는 반비례 관계를 보인다(Roberts & Robins, 2000).

성실성, 개방성, 그리고 신경증 성향

성실성은 최근 많은 연구 관심을 받고 있다. 높은 성실성은 안전하지 못한 성행위(Trobst, Herbst, Masters, & Costa, 2002)와 다른 위험 행동(Markey, Markey, &

Tinsley, 2003)의 회피를 예측한다. 성실성이 높은 사람은 남의 연애 파트너를 덜 유혹하려 하고 다른 파트너의 유혹에도 반응을 덜한다(Schmitt & Buss, 2001). 성실성은 또한 어린 자녀에 대한 민감한 보살핌과 관련되고(Clark et al., 2000), 갈등해결 전략으로 협상을 더 많이 사용하게 한다(Jensen-Campbell & Graziano, 2001). 성실성은 청소년기의 관계 발달에서 중요한 역할을 한다(Jensen-Campbell, & Malcolm, 2007).

성실성은 직업에 대한 욕구와 관련되어 있지만, 성실성이 높다고 반드시 높은 삶의 기준을 갖는 것은 아니었다(Roberts & Robins, 2000). 청소년기의 성실성은 높은 학업 성취를 예측하고(Chamorro-Premuzic & Furnham, 2003; Noftle & Robins, 2007; Poropat, 2009; Wagerman & Funder, 2007) 성인이 되어 더 종교적이 되는 것과 관련되었다(McCullough, Tsang, & Brion, 2003). 성실성은 조직 장면에서 동료가 평가하는 사회적 영향력과도 관련되었다(Harms, Roberts, & Wood, 2007).

성실성은 건강에 대해 많은 시사점을 갖는 것으로 보인다. 암의 위험에 관한 연구에서 성실성은 가정 내에서 보다 엄격한 금연을 하도록 유도하고 있었다(Hampson, Andrews, Barckley, Lichtenstein, & Lee, 2000). 추측하건대 성실성이 높은 사람은 그들 스스로를 더 잘 돌보기 때문에(Christensen et al., 2002) 더 오래 사는 것으로 여겨진다(Kern & Friedman, 2008; Martin, Friedman, & Schwartz, 2007). 이런 견해와 들어맞게 성실성은 다양한 종류의 건강 관련 행동과 상관된다(Bogg & Roberts, 2004; Roberts et al., 2005). 실제로 아동기의 성실성은 40년 후의 건강 행동에 의미 있게 관련되어 있었다(Hampson, Goldberg, Vogt, & Dubanoski, 2006). 성실성은 더 적은 약물 남용(Chassin et al., 2004; Lynam et al., 2003; Roberts & Bogg, 2004; Walton & Roberts, 2004)과 더 낮은 반사회적 행동(Miller, Pedersen, Earleywine, & Pollock, 2003)과 관련된다.

경험에 대한 개방성은 다양한 범위에 걸친 사회적 경험의 폭과 관련되어 있다(McCrae, 1996). 개방성은 인생의 실존적 도전에 더 많이 관여하게 한다고 밝혀졌다(Keyes, Shmotkin, & Ryff, 2002). 개방성은 인종 간 차별적 태도가 낮고(Flynn, 2005) 다른 사람을 덜 낙인찍는 것(McCrae et al., 2005)과 관련된다. 개방성은 또한 높은 결혼 성생활의 만족(Donnellan et al., 2004)과 관련된다. 개방성이 높은 사람은 예술적 표현을 원하고, 관습적 결혼이나 쉽고 나태한 삶의 가치를 평가절하하는 것으로 밝혀졌다(Roberts & Robins, 2000). 반면에 개방성은 죄수 사이에서 더 많은 전과 기록을 예언하는 것으로도 밝혀졌다(Clower & Bothwell, 2001).

신경증 성향은 여러 해 동안 연구되어 왔다. 높은 신경증 성향은 다양한 역경에 처했을 때 경험하게 되는 고통 정도와 관련된다. 이는 결혼 배우자와의 상호작용의 어려움(Donnellan et al., 2004)과 관계에서의 불만족과 관련된다. 신경증 성향이 매우 높은 사람은 부정적인 생활 사건을 경험한 뒤에 자신의 파트너와 더욱 거리를 두는 것으로 나타났다(Bolger & Zuckerman, 1995). 신경증 성향은 학업 수행에 손상을 초래하고(Chamorro-Premuzic, & Furnham, 2003) 자신에 관한 이야기를 쓰게 했을 때 보다 부정적인 정서적 색조로 이야기를 구성하는 경향과 관련된다(McAdams et al., 2004). 신경증 성향은 또한 이른 죽음(Hampson & Friedman, 2008)을 예언하는데, 이는 부분적으로(전적으로는 아니겠지만) 신경증 성향이 높은 사람이 담배를 더 많이 피우기 때문이다(Mroczek, Spiro, & Turiano, 2009). 이른 죽음은 나이가 들어가면서 점차 신경증 성향 수준이 높아지는 경우에도 해당된다(Mroczek & Spiro, 2007).

초기 특성 모형과의 관계

오늘날 사람들이 특성심리학에 대해 생각할 때면 보통 5요인 모형만을 떠올린다. 그러나 앞선 장들을 회고해 보면 다른 특성 모형이 5요인 모형에 앞서 제안되었다. 5요인 모형과 이들 사이의 관계에 대해 얼마간 살펴보기로 하자.

가장 손쉬운 비교는 Eysenck 이론이다. 〈표 4-2〉의 5요인 중에서 둘은 Eysenck의 외향성과 정서적 안정성이라는 두 상위 요인과 실제적으로 거의 같다. Eysenck의 세 번째 특성인 정신증 성향은 우호성과 성실성의 혼합이라고 볼 수 있다(Goldberg, 1993b; Zuckerman, Kuhlman, Joireman, Teta, & Kraft, 1993).

Eysenck 이론과의 두 번째 유사성은 5요인이 보다 협소한 특성을 통합하는 초특성에 해당한다는 점이다. Paul Costa와 Roberts McCrae(1985, 1992)가 5요인 특성을 측정하기 위해 개발한 NEO 성격목록 검사NEO personality inventory: NEO-PI-R에서 N은 신경증 성향, E는 외향성, O는 경험에 대한 개방성을 의미하고, 우호성A과 성실성C는 나중에 추가되었음을, 그리고 R은 개정판임을 의미한다. NEO-PI-R은 각각 6개의 성분 요인을 포함하고 있는 5개의 상위 요인으로 구성되어 있다. 6개 성분의 점수를 합해서 상위 요인(5요인)의 점수가 된다. 그래서 5요인 모형을 사용하는 대다수 사람은 보다 세부적이고 특정한 국면 요인이 모여서 핵심 특성에 해당하는 초특성을 구성한다고 보는 Eysenck와 견해를 같이한다.

또 다른 유용한 비교는 Wiggins와 동료들이 제안하는 대인 간 원 모형과의 비교다. 원의 기본 차원은 지배와 사랑이다. 사랑은 우호성에 상응한다고 볼 수 있다. 만약 지배가 외향성과 대략 유사하다면, 대인 간 원 모형은 5요인 모형의 두 가지 요인을 포함하는 것이 된다(McCrae & Costa, 1989b; Peabody & Goldberg, 1989). Trapnell과 Wiggins(1990)는 대인 간 원 모형의 측정법에 부가적인 척도를 더해서 5요인 모형과 더 잘 맞추려 시도하기도 했다(Saucier, 1992 참조).

그러나 대인 간 원 모형과의 비교도 역시 의문을 일으킨다. 이전에 살펴보았던 것처럼([그림 4-3] 참조), Wiggins는 외향성을 기본 차원으로 보기보다는 대인 간 원 안에 있는 두 기본 특징의 조합으로 본다. 그것이 5요인과 모순되는지 그렇지 않은지는 당신이 외향성을 어떻게 정의하느냐에 달려 있다. 외향성에 대해 어떻게 생각하는가에 관한 여러 가지 다른 의견이 있었음을 기억하라. 만약 외향성이 지배성과 주장성에 관한 것이라면, 5요인 모형은 대인 간 원 모형과 잘 들어맞는다.

지금까지의 논의를 요약하자면, 성격의 5요인 모형은 이전에 제안되었던 다양한 개념적 모델을 통합할 수 있는 후보자로 등장했다. 지금까지 축적된 자료를 보면, 5요인 모형은 마치 성격의 보편적인 측면을 잘 나타내고 있는 것처럼 보인다(McCrae & Costa, 1997). 그러나 요인분석을 통해 나온 결과물은 애초에 그 분석에 무엇을 집어넣었는가에 달려 있다는 점을 기억하라. 최종 결론을 빨리 내리는 것은 위험할 수 있다. 그럼에도 현재 5요인 모형은 특성심리학이 지금까지 추구해 온 성격의 차원에 대한 최상의 합의 전망을 제공해 주는 것처럼 보인다.

기타 변이

그러나 합의가 만장일치를 의미하는 것은 아니다. 여러 사람이 다양한 이유로 이러한 관점에 반대해 왔다(예, Block, 1995, 2001; Eysenck, 1992, 1993; Zuckerman, 1992). 5요인 모형과 여러 면에서 다른 특성 모형이 존재한다.

그중 하나가 Tellegen(1985)의 모형이다. 그의 모형은 세 가지 초특성을 가정한다는 점에서 Eysenck(1975, 1986)의 모형과 매우 유사하다. 그러나 초특성의 기원과 색조는 다르다. Tellegen(1985)은 신경증 성향을 일반적인 부정적 정서를 경험하는 경향성으로 조금 바꾸고 외향성을 긍정적인 정서를 경험하는 경향성으로 바꾸었다. 긍정적 정서성은 (외향성과 유사하게) 사회적 성공과 연결되고 부정적 정서성은 (신경증 성향과 유사하게) 나쁜 적응의 지수와 연결된다(Shiner, Masten, & Tellegen, 2002). Tellegen의 세 번째 요인은 Eysenck 모형의 정신증 성향과 유사하지만 그 방향을 뒤집어 놓은 것이다. 낮은 억제는 범죄와 반사회적 행동(Krueger, 2002; Shiner et al., 2002) 및 약물 사용(Shoal & Giancola, 2003)과 관련된다(약물 사용은 높은 부적 정서성과 상호작용해서 영향을 미친다).

5요인 모형에 관한 아이디어는 수용하지만 또 다른 방향으로 나아간 연구가 '대안적 5요인 모형'을 제안하는 Zuckerman과 동료들(1993)에 의해 이루어졌다. 다시 한 번 요인분석 결과는 무엇을 투입하느냐에 부분적으로 달려 있음을 상기할 필요가 있다. 이 연구자들은 요인분석에 투입하는 자료가 조금 달랐다. 이들 모형에서의 사회성 요인은 만약 외향성을 사회성이 높은 것으로 본다면 외향성과 유사하다. 신경증 성향-불안 요인은 다른 곳에서 포함하고 있는 적개심을 빼고 난 신경증 성향과 유사하다. 적개심은 공격성-적개심 요인에 포함되는데, 이는 5요인 모형의 우호성을 역전시킨 내용과 닮았다. 충동적 감각추구 요인은 성실성의 역과 유사하다. 이들 모형의 마지막 요인은 활동성이다. 이들 모형과 5요인 모형 사이의 가장 중요한 차이는 Zuckerman 등은 적개심을 신경증 성향에서 제외시켰다는 점이다. 적개심을 왜 이런 위치로 옮기는 것이 더 좋은가에 대한 몇 가지 이유가 있다(Carver, 2004; Jang, Livesley, Angleitner, Riemann, & Vernon, 2002; Peabody & de Raad, 2002; Saucier & Goldberg, 2001).

5요인 모형의 확장과 축소

요인분석의 자료로 무엇이 투입되느냐에 따라 결과가 달라짐은 다른 요인을 모형에 추가해야 한다는 견해에서도 유사하게 드러난다. Ashton과 동료들은 5요인 모형이 불완전하다고 믿는다. 7개 국어를 포함하는 연구에서 그들은 정직-겸손성 honesty-humility이라는 6번째 초특성을 발견했다(Ashton, Lee, Perugini et al., 2004). 후속 연구에서 이 요인은 영어 사용권에서도 발견되었다(Ashton, Lee, & Goldberg,

2004). Ashton과 동료들은 6번째의 이 요인이 일부 측정에서는 우호성에 흡수되는 경향이 있으나, 요인분석 절차에서 6요인의 가능성을 열어 두면 독자적인 요인으로 나타난다고 주장한다. 그들은 HEXACO 모형이라 부르는 자신들의 모형을 측정하기 위한 측정방법을 개발했으며(Ashton & Lee, 2007) 제6요인의 추가로 인해 5요인 모형을 넘어서는 예측타당도가 확보됨을 보여 주었다(Ashton & Lee, 2008).

일부 연구자는 반대의 주장을 펼친다. 즉, 5요인 모형이 2개의 차원으로 축소될 수 있다는 것이다. 5요인을 다시 고차 요인 분석하면 2요인이 나타난다. 첫 번째 요인은 낮은 신경증 성향, 우호성 및 성실성으로 정의된다. Digman(1977)은 이를 사회화socialization 요인으로 부른다. 왜냐하면 위의 성질이 모두 사람이 사회적 단위에서 다른 사람과 얼마나 잘 지내느냐에 영향을 미치기 때문이다. 두 번째 요인에는 외향성과 개방성이 높게 부하된다. Digman은 이를 개인적 성장personal growth 요인으로 불렀는데, 외향성과 경험에 대한 개방성은 사람들이 새로운 것에 자신을 노출시키느냐에 영향을 미쳐서 결국은 성장을 조장하느냐와 관련되기 때문이다. DeYoung(2006)은 5요인의 고차 요인분석에서 안정성stability과 가소성plasticity이라는 두 개의 고차 요인을 얻었다. 그는 안정성 요인은 심리 기능의 안정된 조직을 유지하려는 유기체의 욕구를 반영하는 데 반해, 가소성 요인은 탐색과 성장의 욕구를 반영한다고 주장한다.

상위 특성이 사용하기에 가장 유용한 수준인가

당신이 5요인 모형을 채택한다 해도 제기되는 여러 가지 의문이 남아 있다. 언급했듯이 이것은 상위 특성에 관한 모형이다. 상위 특성은 작은 하위 국면을 포함한다. 앞서 지적했듯이 Costa와 McCrae의 NEO-PI-R은 5개 각각의 요인에서 여섯 가지의 하위 국면을 측정한다. 5요인 모형을 사용하는 사람은 때때로 각 요인 내 하위 특성의 패턴을 검토하는 것이 유용함을 강조한다(Costa & McCrae, 1995; Goldberg, 1993a).

하위 수준의 특성이 초특성을 만들기 위해 조합될 때는 잃어버리는 것이 없을까? 이 질문은 Cattell의 자료에서 2차 요인의 의미에 대해 서로 의견 일치를 보지 못했을 때 Cattell과 Eysenck가 논쟁을 했던 것과 꼭 같다(Briggs, 1989; H. E. P. Cattell, 1993; Funder, 1991; John, 1990 참조). 특성의 국면이 합쳐질 때 무언가가 유실된다는 증거가 있다.

Paunonen과 Ashton(2001a)은 하위 국면 척도와 5요인을 비교했다. 그들은 자기 보고와 동료 평정으로 측정된 40개의 서로 다른 행동을 준거변인으로 검증하였다. 이러한 행동은 사회적 중요성을 갖는다는 의미로 선택되었다(예, 이타 행동, 흡연, 알코올 소비, 종교 행동 등). 연구 결과에 따르면, 이런 행동의 상당히 많은 것에서 5요인이 먼저 예측변인으로 투입된 이후에 하위 국면 척도가 예측변인으로 추가 투입되면 준거 행동을 추가로 설명할 수 있는 정도가 유의하게 높아졌다. 그러므로 '5개의 큰 요인The big-five factors'만 사용한다면 유실되는 정보가 있다고 볼 수 있다. 많은 연구에서 개념적으로 이와 유사한 발견이 보고되고 있다(Mershon & Gorsuch, 1988; Paunonen, 1998; Paunonen & Ashton, 2001b; Schimmack, Oishi, Furr, Funder, & 2004; Wolfe & Kasmer, 1988).

그러나 특정하고 좁은 국면 특성을 사용해서 예언을 향상하려면 비용이 추가된다. 그 비용이란 결과를 보다 잘 이해하기 위해서는 더 많은 수의 하위 특성을 동시에 생각할 수 있어야 한다는 점이다. 일반적으로 말해 그것은 일종의 타협이다. 초특성을 사용하면 더 직관적이면서 마음속에 넣고 있기 더 쉬운 그림을 그릴 수 있다. 더 좁은 범위의 국면 특성을 사용하는 것은 더 높은 정밀도를 가져다준다.

중간 입장도 제안됐다(DeYoung, Quilty, & Peterson, 2007). 이런 입장은 개별 초특성 내의 6개 하위 국면 특성이 2개로 줄여질 수 있다는 증거에서 유래한다. DeYoung 등은 이런 중간 입장이 변인의 수는 다룰 만하게 유지하면서도 국면 특성을 사용하는 장점을 가질 수 있다고 제안한다.

특성, 상황, 그리고 상호작용론

우리는 이제 성격에 대한 특성 접근의 매우 다른 쟁점으로 옮겨 간다. 특성심리학은 1970년부터 대략 1990년에 이르는 20여 년 동안 중요한 논쟁을 경험했다. 비록 그 영향이 지금까지 우리가 논의해 온 것과 별 관련성이 없기는 하지만, 이 논쟁에 연구자가 대응한 방법은 오늘날의 특성심리학에 강한 영향을 미쳤다.

행동은 실제로 특성적인가

1970년대 초반에 특성심리학의 기반을 뒤흔든 질문은 행동이 실제로 특성적인 일관성을 보여 주는지의 여부와 관련이 있다. 이 장을 시작하면서 언급했듯이 특성은 광범위한 장면에서 발생하는 행동에 영향을 미치는 성격의 안정적인 측면이라고 가정된다. 우리가 특성이라는 개념을 가정할 수 있는 이유 자체가 바로 여러 시간과 상황에 걸친 인간 사고와 행동의 일관성 때문이다(〈글상자 4-2〉 참조). 그렇다면 어떤 특성에서의 차이는 특성과 관련된 행동에서의 차이를 예언할 수 있어야 한다.

그래서 특성 측정치와 행동이 종종 잘 상관되지 않는다는 것은 다소 놀라운 일이다(Mischel, 1968; Vernon, 1964). Mischel(1968)은 자기보고식으로 측정된 특성과 행동 사이의 상관이 미약함을 지적한다. 이들 사이의 상관값은 전형적으로 .30 부근(성격 계수라 불림)이어서 행동 변이의 9% 정도를 설명하고 나머지 91%는 설명하지 못함을 의미한다. 후기의 추정치는 그 값이 조금 더 올라갔지만, 여전히 설명되는 변산의 정도는 그리 높지 않았다.

그렇다면 우리는 특성에 대해 어떻게 생각해야 할까? 만일 특성이 사람의 행동을 예언하지 못한다면 왜 특성 개념을 유용하다고 여겨야 하는가?

상황주의

실제로 일부 학자는 그렇다면 성격의 개념을 사용하는 것이 왜 유용한가에 대해 의문을 제기하기도 했다. 이런 극단적 형태는 상황주의situationism라고 불린다. 이는 성격이 아닌 상황 변인이 행동을 결정한다는 생각이다. 이런 견해는 사람들의 행동의 원인으로 성격보다는 환경의 역할을 전통적으로 강조하는 일부 사회심리학자에 의해 조장되었다. 그들은 특성과 행동 사이의 낮은 것은 상황 변수의 효과가 성격의 효과를 압도하기 때문이라고 주장한다.

사실상 이런 주장은 매우 잘못된 것으로 밝혀졌다. Funder와 Ozer(1983)는 상황의 효과와 특성의 효과가 보통 다른 종류의 통계치로 보고되기 때문에 비교가 어렵다는 점을 지적했다(상황의 효과는 평균값의 차이로 보고되는 데 반해 특성의 효과는 상관계수로 보고된다). 이 연구자들은 행동에 대한 상황의 영향력에 관한 몇몇 유명한 연구를 분석해서 원 통계치를 상관값으로(예컨대, 설명 정도의 추정치로) 변환하였

글상자 4-2 성격은 오랜 기간에 걸쳐서 얼마나 안정적인가

성격의 일관성과 안정성에 관한 논의는 흔히 단기간에 초점을 맞춘다. 그러나 특성 개념은 훨씬 장기간에 걸친 안정성을 뜻한다. 과연 사람들의 성격은 수년간에 걸쳐서 안정되게 머물러 있는 것일까?

이 질문에 답하려면 수년 동안에 걸쳐서 동일한 사람들을 추적 연구해야 하기 때문에 쉽지 않다. 몇몇 연구가 이에 관한 정보를 제공한다(Caspi, Roberts, & Shiner, 2005; Roberts, Walton, & Viechtbauer, 2006의 개관 논문 참조). 전반적으로 결과는 연속성과 변화 모두를 인상적으로 보여 주고 있다. 이런 말이 모순처럼 들릴지 모르지만 그렇지 않다.

연구자가 상당한 기간에 걸쳐 다수의 사람에게 특정한 특성을 조사했을 때 조사된 특성 차원에서의 사람들의 상대적 위치에서 높은 정도의 안정성이 발견된다. 즉, 시간에 걸쳐 높은 정적 상관이 나타난다. 152개의 종단연구 결과를 개관해 본 결과에 따르면, 특성의 상관은 대학에서 중년, 그리고 후기 성인기로 갈수록 더욱 높아진다(Roberts & Del Vecchio, 2000; Costa & McCrae, 1988b, 1989; McCrae, 1993). 그래서 만약 레이철은 고등학교 상급생일 때의 연구 표본에서 우호성이 높았다면 같은 표본에서 대학 졸업 후 4년 뒤나 50세가 되었을 때도 높은 우호성을 보일 가능성이 높다.

그러나 안정성에 관한 두 번째 질문도 가능하다. 시간에 걸쳐서 특정 특성 차원에서의 위치나 점수가 변하지 않는가? 그래서 고3인 18세 때 레이철의 우호성이 10점 척도에서 6점이었다면 28세에도 그녀는 여전히 6점 부근의 점수를 받을까? 이 질문에 대한 답은 시간에 걸쳐 체계적인 전반적

다. 매우 놀랍게도 이 상관값 역시 설명력이 낮다고 날카롭게 비판받았던 성격 계수와 거의 같은 크기였다.

상호작용주의

특성과 행동 사이의 약한 연결에 대한 또 다른 이해 방식은 상호작용주의interactionism다(예, Ekehammer, 1974; Endler & Magnusson, 1976; Magnusson & Endler, 1977; Ozer, 1986; Pervin, 1985). 상호작용주의는 성격 특성과 상황이 상호작용해서 행동에 영향을 준다는 아이디어다. 장면이나 사람 어느 하나만으로는 행동에 대한 완전한 설명을 할 수 없다.

상호작용주의라는 용어는 두 개의 변인(혹은 이 사례에서 변인의 두 수준)이 결과에 어떻게 영향을 미치는가를 이해할 수 있게 해 주는 '변량분석'과 부분적인 관련성이 있다. 이를 분명히 하기 위해 우리는 2장에서 다룬 아이디어로 돌아간다. 우리는

(평균) 변화가 있다는 것이다. 이런 변화는 청소년기와 성인기 모두에 걸쳐 발생한다. 흔히 우리는 청소년기가 가장 큰 변화의 시기라고 생각하지만, Roberts 등(2006)은 가장 큰 변화는 초기 성인기(20~40세)에서 일어난다고 보고했다.

전체적인 집단의 면에서 대략 12~17세 정도 사이에 우호성은 높아지고 신경증 성향은 낮아지는 경향이 있다(Klimstra, Hale, Raaijmakers, Branje, & Meeus, 2009). 이런 변화는 이 시기에 일어나는 성숙적인 발달과 일맥상통한다. 성인기에 걸쳐서도 60세경까지 우호성은 점차 높아지고, 40세경까지 신경증 성향은 낮아졌다가 그 이후에는 더 이상 줄지 않고 지속되는 경향을 보인다(Roberts, 2006). 경험에 대한 개방성은 50세경까지는 안정적인 경향을 보이다가 그 이후로는 아래로 떨어지는 경향을 보인다.

외향성은 가장 혼란한 사례에 해당하는데, 몇몇 연구 결과 사이에 차이가 나타난다. Roberts 등(2006)은 이 수수께끼를 외향성을 사회적 활력social vitality(사회성과 긍정 정서)과 사회적 지배성social dominance(확신과 역량감)의 두 가지 하위 성분으로 나누어서 해결하려 했다. 사회적 지배성이 청소년기와 초기 성인기까지 상승하다가 안정된다면, 사회적 활력은 청소년기까지 상승하다가 25세경까지는 떨어지다가 55세경에 다시 떨어지기 시작한다(Roberts, 2006). 그래서 동일한 연령대 집단에서의 상대적 순위는 매우 안정적이어도 개인 점수 수준에서는 상당한 변화를 보일 수 있다.

거기서 실험성격 연구가 종종 단일 연구에서 어떻게 두 변인을 요인으로 조합하는지 묘사했다. 이번에는 개인과 상황의 면에서 그 점을 다시 진술하려 한다. 어떤 상황과 특성이 동일한 연구에서 다루어질 때 행동에 영향을 주는 세 가지 체계적 근원이 있다. 때로는 상황의 변이가 모든 사람에 대해 어떤 효과를 가질 수 있다. 예를 들어, 스트레스가 많은 상황은 모든 사람에게 다른 사람의 사회적 지원을 추구하게 만들 수 있다. 때로는 특성의 변이가 모든 상황에 대해 같은 효과를 가질 수 있다. 예를 들어, 외향적인 사람은 내향적인 사람에 비해 언제나 다른 사람과 더 많은 시간을 보낼 수 있다.

그러나 상황과 특성이 상호작용하는 것 역시 가능하다([그림 4-4] 참조). 여기서의 상호작용이란 상황에서의 변이가 어떤 사람에게는 특정 방식으로 영향을 주고, 다른 사람에게는 그와 다른 방식으로 영향을 줌을 의미한다. 예를 들어, 스트레스는 외향적인 사람에게는 다른 사람을 찾게 만들지만 내향적인 사람에게는 그렇지 않을 수 있다. 이런 상호작용은 상황과 성격(성향)이라는 전체(주) 효과의 하나나 둘

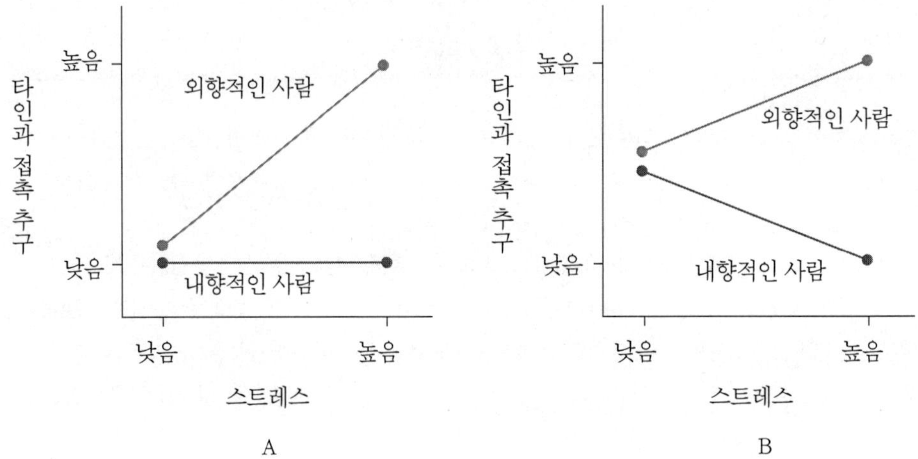

[그림 4-4]

상호작용주의. (A) 어떤 사람에게는 상황의 차이가 영향을 미치지만 다른 사람에게는 영향을 미치지 않는 방식의 상황과 특성 변인의 상호작용이 있다. (B) 때로는 어떤 사람에게는 특정 방향으로 영향을 미치는 데 반해 다른 사람에게는 반대 방향으로 영향을 미치는 보다 흥미로운 상호작용도 있다.

모두에 더하기를 함으로써 일어날 수 있다. 두 가지 효과 모두에 영향을 미치는 경우를 약한 상호작용이라 말한다.

이런 관점에서 상황과 성향은 행동을 결정하는 데 여러 가지 방식으로 상호작용할 수 있다. 아마도 관찰되는 대부분의 경우([그림 4-4, A]가 보여 주는 사례), 상황이 어떤 유형의 사람에게는 영향을 주고, 다른 유형의 사람에게는 그렇지 못하다는 것이다. 때때로 상황 변인은 이 사람에게는 이런 행동을 일으키고 다른 사람에게는

어떤 상황은 행동을 억제하고 개인차를 감추게 하지만 다른 상황은 성격이 자유롭게 표현되도록 허용한다.

• • •
사람들은 자신이 진입하는 장면을 선택한다. 이런 선택은 다른 사람의 행동에 영향을 준다. 어떤 사람은 미식축구를 보러 가고 다른 사람은 이와는 다른 선택을 한다.

다른 행동을 일으키기도 한다. 예를 들어, 스트레스 상황은 외향적인 사람에게는 다른 사람을 찾게 하지만 내향적인 사람에게는 다른 사람에게서 철수하게 만들 수 있다([그림 4-4, B]가 보여 주는 사례).

그런 상호작용을 기술해 주는 다른 방식이 있다. 즉, 어떤 상황은 성격의 표현이 쉬운 데 반해 다른 상황은 특정한 방식만으로 행동을 강제해서 성격의 표현을 막는다(Monson, Hesley, & Chernick, 1982; Schutte, Kenrick, & Sadalla, 1985). 첫 번째 경우를 약한 상황이라 하고, 두 번째 경우는 강한 상황이라 한다(Mischel, 1977). 예를 들어, 일요일 오후 대학 캠퍼스의 잔디밭은 약한 상황이다. 개인차가 쉽게 표출될 수 있다. 이에 반해 육군 신병 훈련 캠프는 강한 상황이다. 이것은 개인차의 표출을 약하게 만든다.

상호작용주의의 다른 측면

변량분석 모형은 연구자가 사람들을 동일한 상황으로 몰아넣는 맥락인 실험연구에서 유래한다. 그러면서 실험실 밖의 사람들도 동일한 상황에 처하게 될 수 있다고 가정한다. 물론 많은 연구자(예, D. M. Buss, 1984; Emmons & Diener, 1986; Emmons, Diener, & Larsen, 1986; Magnus, Diener, Fujita, & Pavot, 1993; Scarr & McCartney, 1983)가 지적하듯이 이런 관점은 틀린 것이다. 실험실 밖의 삶에서 사람들은 그들이 만나게 되는 환경에 대해 중요한 선택권을 행사한다(실험실 상황에서조차 선택권이 없는 경우는 일상적이지 않고 드물다).

어떤 사람은 교회에 가는 것을 선택하지만, 어떤 사람은 그런 선택을 하지 않는다. 어떤 사람은 농구경기에, 어떤 사람은 록 공연에, 또 어떤 사람은 시골 초지에 가는 것을 선택한다. 사람은 그들이 진입하게 되는 상황을 선택함으로써 자신이 참여하는 행동에 영향을 미친다. 실제로 사람은 적어도 자신의 결혼 상대를 고를 때에는 어느 정도 자신의 개성을 드러내게 해 주는 상대를 고른다는 증거가 있다(Caspi & Herbener, 1990). 사람들이 어떤 상황에 들어갈까를 선택할 때는 성격 차이가 부분적인 영향을 미친다(Brandstätter, 1983; Emmons & Diener, 1986; Emmons et al., 1986).

사람과 상황이 상호작용하는 또 다른 방식은 사람들이 다른 사람에게서 이끌어 내는 반응의 종류가 다르다는 것이다(Scarr & McCartney, 1983). 어떤 사람은 자연스럽게 당신의 얼굴에 미소를 띠게 하고, 또 어떤 이는 단지 방에 들어오는 것만으로도 얼굴을 찌푸리게 만들 수 있다. 내향적인 사람은 대화를 한 방향으로 향하게 하는 경향이 있고, 외향적인 사람은 그 반대다(Thorne, 1987). 실제로 사람은 매혹, 강압, 침묵 같은 다양한 전술을 사용해서 서로를 조정한다(Buss, Gomes, Higgins, & Lauterbach, 1987). 이 모든 효과가 상황에 변화를 주기 때문에 상황은 저마다 서로 다르다고 할 수 있다. 이런 상호 영향이 사람과 상황이 상호작용하는 또 다른 방식이다.

문제가 추측했던 것만큼 그렇게 나쁜가

왜 특성이 행동에 강력한 영향을 미치지 않는가를 이해하려는 시도를 통해 특성과 행동이 어떻게 관계를 맺고 있는가에 관한 풍부한 정보가 제공되었다. 그러나 한편으로 우리는 특성과 행동의 관계가 강력하지 못하다는 발견이 우리가 생각하고 있는 것처럼 정말 그렇게 나쁜 것인가에 대해서도 고려해 보아야 한다.

Mischel(1968)이 성격 특성이 전형적으로 행동과 약 .30 정도의 상관이 있다고 언급한 이후에 다른 이들은 그가 개관에서 사용한 연구가 아주 좋은 품질의 것이 아니었음을 지적했다(Block, 1977; Hogan, DeSoto, & Solano, 1977). 더 최신의 연구에서는 좀 더 주의 깊게 연구 설계를 한 경우(예, Conley, 1985; Deluty, 1985; Funder & Block, 1989; Funder & Colvin, 1991; Moskowitz, 1994)에 Mischel이 개관한 것보다 더 강한 관계성이 발견된다.

.30의 상관이 실질적으로는 그렇게 나쁘지 않은 이유를 통계적 논리로 설명할 수도 있다. 많은 행동은 하나 이상의 특성에 의해서 영향을 받는다. 예를 들어, 당신이 전혀 모르는 사람만 있는 파티에 갔을 때 당신이 어떻게 행동할 것인가는 아마도 당신이 얼마나 외향적인 사람인가에 좌우되겠지만, 아울러 그것은 당신이 얼마나 불안에 취약한 사람인가에도 좌우될 것이다. 하나의 행동이 동시에 여러 가지 특성의 영향을 받을 수 있다는 사실은 다중 영향력 중의 단지 하나에 불과한 단일 특성의 행동 예언력의 상한계를 정한다(Ahadi & Diener, 1989). 사실상 이러한 한계는 성격 계수(.30)와 상당히 유사해 보인다.

이처럼 핵심 문제는 Mischel이 1968년에 주장한 것처럼 그렇게 나쁜 것이 아닐 수도 있다. 그러나 이 논쟁에 답하는 과정에서 행동이 어떻게 일어나는가에 관한 매우 유용한 정보가 얻어졌다. 상황과 특성 사이의 논쟁 과정에서 얻은 유익 중 하나는 사람이 특성이라는 구성개념에 대해 보다 정교한 이해를 할 수 있도록 만든 것이다. 이런 점에 대해 살펴보자.

상호작용주의가 새로운 특성 관점이 되다: 성격의 맥락 의존적 표현

심리학자는 상호작용주의라는 이름으로 알려져 있는 아이디어를 개발하는 데 많은 노력을 쏟았다. 그러나 심리학자가 아닌 사람도 아주 자연스럽게 상호작용주의자와 비슷한 마음으로 특성에 접근하는 것처럼 생각된다. 즉, 사람은 어떤 특성이 행동에 영향을 줄 것인가 아닌가가 상황에 따라 달라진다는 점을 직관적으로 깨닫고 있다. 특정한 특성이 항상 작동한다고 기대하지는 않는다. 단지 관련된 상황에서만 작동할 것이다.

이것은 사람이 성격에 대해 이야기하면서 종종 '울타리'를 치는 방식으로 이야기한다는 사실로 잘 반영된다(Wright & Mischel, 1988). 이 맥락에서 울타리hedge나 경계는 어떤 특성에 대한 적용 가능성의 한계를 정하는 단어나 문장을 의미한다. 그 예로, 당신은 어떤 사람에 대해 묘사할 때 '낯선 사람과 있을 때 수줍어하는' 또는 '놀림을 당하면 공격적인'이라는 한정어를 사용할 수 있다. 특성에 대한 궁극적인 울타리는 '때때로sometimes'라는 단어다. 성격을 기술할 때 이런 울타리를 사용한다는 것은 사람이 특성에 기초한 행동이 단지 특별한 종류의 상황에서만 일어난다고 생각한다는 점을 시사한다(Shoda, Mischel, & Wright, 1989 참조).

상호작용주의에 대한 새로운 통찰과 함께 이런 증거로 인해서, Mischel과 Shoda(1995)는 특성이 행동에 어떻게 영향을 미치는지에 대한 보다 정교한 분석을 시도하게 되었다(Cervone, 1997; Mischel, Shoda, & Mendoza-Denton, 2002 참조). 그들은 특성이 행동에 대해 독립된 경향성freestanding tendencies으로 작용하는 것이 아니라, 일종의 상황과 행동 간의 연계 패턴patterns of linkages으로 작용한다고 주장했다. 특정한 상황 x는 y라는 행동의 가능성을 높일 수 있다. 이러한 생각이 시사하는 바는 행동을 유도하는 상황이 항상 존재하는 것은 아니기 때문에 그 행위가 언제나 발생하리라고 기대해서는 안 된다는 점이다. 그러므로 사람의 행동은 서로 매우 다르게 지각되는 상황에 걸쳐서는 일관되지 않은 것처럼 보일 수 있다. 그러나 그 사람에게 유사하게 보이는 상황에서는 행동의 일관성이 나타난다(Furr & Funder, 2004). 그래서 변이가 있음에도 상당한 일관성이 존재한다.

이 이론의 또 다른 핵심은 상황과 행동 사이의 연결 양상이 사람에 따라 다르다는 것이다. 이것이 개인차, 즉 그 개인이 가지는 특유함의 원천이다. 성격과 연결되는 상황-행동의 패턴pattern of situation-behavior은 많은 시간과 경험에 걸쳐서 확립되었다. 이런 패턴을 그 사람의 행동 서명behavioral signature이라 한다. 심지어 두 사람이 동일한 종류의 행동을 하는 경향이 있을지라도, 그 행동을 이끌어 내는 상황은 사람마다 다를 수 있다. 만약 그렇다면 심지어 두 사람이 동일한 특성을 가지고 있을지라도 많은 상황에서 서로 다르게 행동할 것이다. 이것이 개인 고유의 특성idiographic traits이 존재할 수 있는 한 방식일지도 모른다. 상황과 행위가 연결되는 각 사람의 고유한 패턴은 사람마다 조금씩 다른 특성을 창조해 낸다.

특성이 상황-행동 연결의 양상으로 나타난다는 아이디어는 다른 가능성도 열었다. 예를 들어, 전적으로 내향적이라고 생각되는 사람도 가끔은 외향적인 사람처럼 행동한다. 상황-행동 연결 모형의 관점에서는, 예를 들어 수다스러워지는 것이 그 사람에게 그렇게 행동하도록 연결하는 일군의 상황(아마 아주 가끔 발생하겠지만)이 있다는 의미로 간단하게 해석할 수 있다. 이렇게 생각하면 어떤 사람이 특정 상황에서는 어떤 특성 차원의 한쪽 끝에 있는 성질을 보일 수 있고, 또 다른 상황에서는 그 차원의 반대편 끝에 있는 성질을 보일 수 있다는 아이디어 사이에도 모순이 없다.

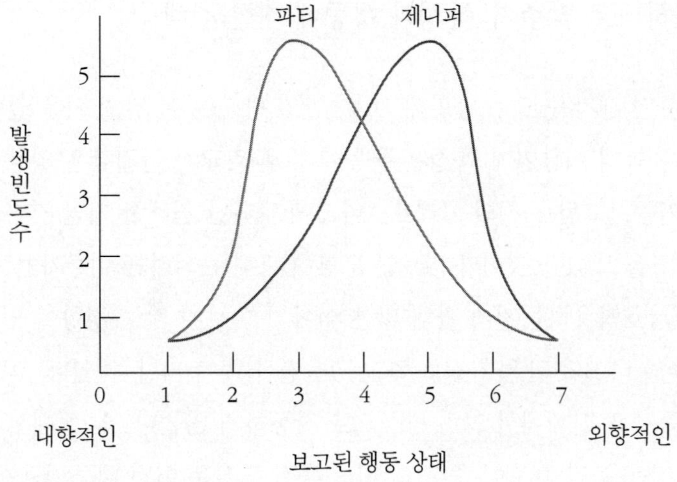

[그림 4-5]

상황과 연결된 빈도 분포 상태로서의 특성. 본질적으로 내향적인 사람일지라도(파티처럼) 때로는 외향적인 사람처럼 행동하고, 본질적으로는 외향적인 사람일지라도(제니퍼처럼) 때로는 내향적인 사람처럼 행동한다. 그 사람의 보편적인 특성은 특정한 종류의 행동 상태가 가장 빈번한 것에 해당한다(Fleeson, 2001).

이런 주장에 대한 유력한 지지 증거가 Fleeson(2001)에 의해 보고되었다. 그는 대부분의 사람은 어떤 한 특성 차원에서 나타날 수 있는 전 범위의 행동을 하며, 자신이 가장 자주 나타내는 행동의 좁은 범위가 그 사람의 특성이 된다([그림 4-5] 참조). 이와 유사한 방식으로 한 연구(Fleeson, Malanos, & Achille, 2002)에서는 외향성과 연결되는 긍정적인 감정이 자신이 관여하고 있는 외향적 행동의 정도에 따라서 시간별로 달라짐을 발견했다.

연결 관점은 사람들이 특성에 대해 생각할 때 말썽을 일으켰던 일부 문제에 좋은 대답을 주는 것처럼 보인다. 이 관점은 특성 개념을 왜곡하지는 않으면서, 이 장의 첫 부분에서 논의되었던 특성 개념에 새로이 무언가를 더해 준다. 이 이론은 우리가 12장에서 논의하게 될 다른 요소를 가지고 있다. 여기서 언급할 요점은 특성의 효과가 맥락 의존적이라는 점이다. 이러한 결론은 성격에 대한 상호작용주의자의 견해와 맥을 같이한다.

조각을 하나로 맞추기: 특성과 행동에 대한 견해

앞서 나왔던 생각을 모두 종합해 보자. 만일 당신이 이 장의 처음 절반만을 읽었다면 당신은 특성 이론가가 특성은 행동에 대해 비교적 한결같은 영향력을 가지고 있다고 여기는, [그림 4-6]의 그래프 A나 B에 나타난 견해를 지닐 것이라고 가정하고 싶은 유혹을 느꼈을 것이다. 5요인 모형에 관해 논의하는 이론가는 특성과 상황이 어떻게 상호작용하는지에 관해 많은 이야기를 하지 않는 경향이 있다. 이런 상황은 그들이 A나 B와 같은 가정을 하고 있음을 쉽게 추리할 수 있다.

그러나 특성은 실제에서 그런 방식으로 작동하지 않는다. 앞 절에서 기술되었던 연구는 그 점을 분명히 보여 준다. 오히려 특정 특성은 어떤 때는 행동에 많은 영향을 주고 어떤 때는 전혀 그렇지 않다. 그 특성이 행동에 대해 얼마나 중요한가는 상황에 달려 있다([그림 4-6], C). 끊임없이 변화해 가는 사회 환경 속에서 특성의 역할에 대해 이렇게 역동적으로 접근함으로써 행동의 발생이 얼마나 복잡한가 하는 점을 인식할 수 있게 된다.

[그림 4-6]의 C는 간단한 A나 B보다 분명 더 마음을 끈다. 그러나 매우 흥미롭게도 이런 핵심 아이디어는 전혀 새로운 것이 아니다. 초기의 몇몇 특성 이론가도 동일한 주장을 했다. 그러나 그들은 오늘날의 이야기처럼 충분하고 자세하게 설명하지는 않았다. 1937년에 Gordon Allport는 "특성은 종종 어떤 상황에서는 나타나고 다른 상황에서는 그렇지 않았다." (p. 331)라고 기술하였다. 특성에 대한 그의 이러한 개념에는 특성이 모든 행동에 영향을 미치지는 못하며, 특정한 범주의 행동에도 항상 영향을 미치지는 못할 것이라는 가정이 명백하게 포함되어 있다(Zuroff, 1986). 특정한 특성의 효과는 그 상황에서 그것이 자극될지의 여부에 달려 있다고 본 것이다. Allport는 심지어 사람들이 서로 모순되는 특성을 함께 가지고 있다고 믿었다. 서로 모순되는 특성이 서로 다른 상황에 의해 자극된다는 사실은 문제가 되지 않았다(Fleeson, 2001, 2004).

Allport는 또한 사람들은 자신이 들어갈 상황을 선택하고 자신이 들어간 그 상황을 실제로 변화시킨다는 점도 지적함으로써 그 당시에 또 다른 현대적 주제를 미리 내다보았다(Zuroff, 1986). 이처럼 상호작용주의로 알려진 이 아이디어의 본질은 긴 길을 거슬러 올라가는 역사적 뿌리를 지닌다.

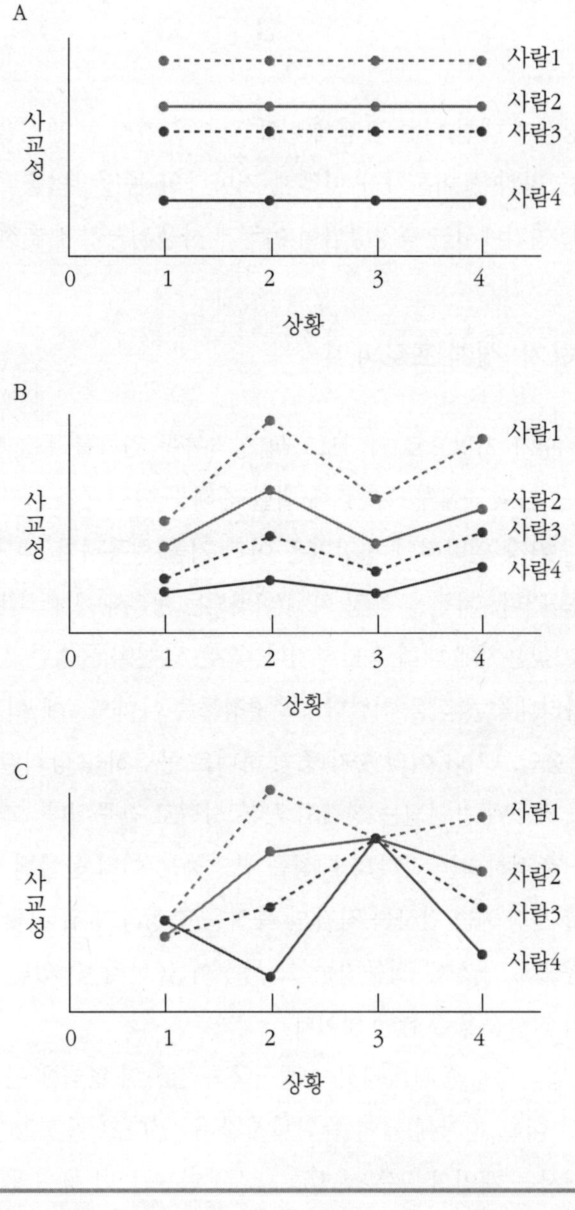

[그림 4-6]

행동에 대한 특성의 영향을 보여 주는 세 종류의 다른 모형(사교적인 특성의 묘사). (A) 사람들은 자신이 어떤 상황을 만나는가에 관계없이 비교적 일정한 수준의 특성을 표현한다고 가정하는 순진한naive 모형(Magnusson와 Endler[1977]가 절대적 일관성이라 부른 것). (B) 상황이 표현되는 특성의 전체적 수준에서 영향을 미치지만, 특정 특성을 표현하는 수준에 있어서는 여러 상황에 걸쳐서 동일한 순서를 유지하는 모형(상대적 일관성 모형). (C) 몇몇 상황(2와 4)은 개인차를 허용하거나 심지어 유발하기까지 하고, 다른 상황(1과 3)은 그렇지 않다고 보는 상호작용주의자의 모형.

평가

특성 관점은 성격에 대한 다른 관점에 비해 평가에 가장 큰 관심을 보인다. 이 장의 첫 부분에서는 다양한 이론가가 어떻게 저마다의 측정방법을 발달시켰는가에 대해 논의했는데, 여기에서는 측정방법이 어떻게 사용되는가에 초점을 맞춘다.

개인을 비교하기: 성격 프로파일

특성적 접근은 평가 기법으로 자기보고식 성격목록 검사를 폭넓게 활용했다. 이런 자기보고에서는 사람들에게 스스로에 대한 견해를 이런저런 평정법을 통해 기술하도록 요구한다. 가장 일반적인 평정법은 어떤 기술 형용사가 당신에게 적용되는지 안 되는지를 묻거나, 자신을 특정 차원(반대되는 형용사 쌍에 의해 기술되는)상의 어느 정도에 놓고 싶은지에 대해 응답하거나, 혹은 당신이 특정한 진술문에 동의하는지의 여부를 나타내는 방식을 취한다. 그 평정들은 아마도 '예-아니요' 혹은 '찬성-반대'에 대해 응답하거나 여러 숫자 중의 하나로 응답하는 방식일 것이다.

특성은 다양한 행동에 반영되는 성격의 근본 성질로 간주된다. 그래서 특성의 자기보고식 검사는 측정하려는 각각의 특성을 반영하는 여러 문항에 대한 평정을 포함한다. 형용사를 사용하는 검사는 각각의 특성을 측정하기 위한 몇 개의 형용사를 포함한다. 진술문으로 구성된 질문지는 그 특성이 표현될 수 있는 다양한 방식을 나타내는 몇 개의 진술문을 포함할 것이다.

특성심리학의 법칙정립적 견해에서는 성격목록 검사의 형태에 관계없이, 평가되는 특성 차원상의 어느 지점에 개인을 위치시킬 수 있다고 가정한다. 특성을 측정하는 성격목록 검사는 개인의 '프로파일profiles'을 만드는 데 사용된다. 성격 프로파일은, 성격목록 검사가 측정하는 각각의 특성 차원상에 한 개인의 위치를 표시한 요약적 묘사다([그림 4-7] 참조). 차원과 각 차원상에 개인이 있는 위치를 아는 것은 그가 어떠한 사람인가, 그리고 다양한 상황에서 어떻게 행동할 가능성이 높은가에 대한 감을 줄 수 있다.

[그림 4-7]의 프로파일은 성격목록 검사가 제공하는 정보의 종류를 보여 준다. 언뜻 보면 프로파일은 한 줄로 꿰어 놓은 구슬처럼 보일 수도 있다(이 비유는 Allport가

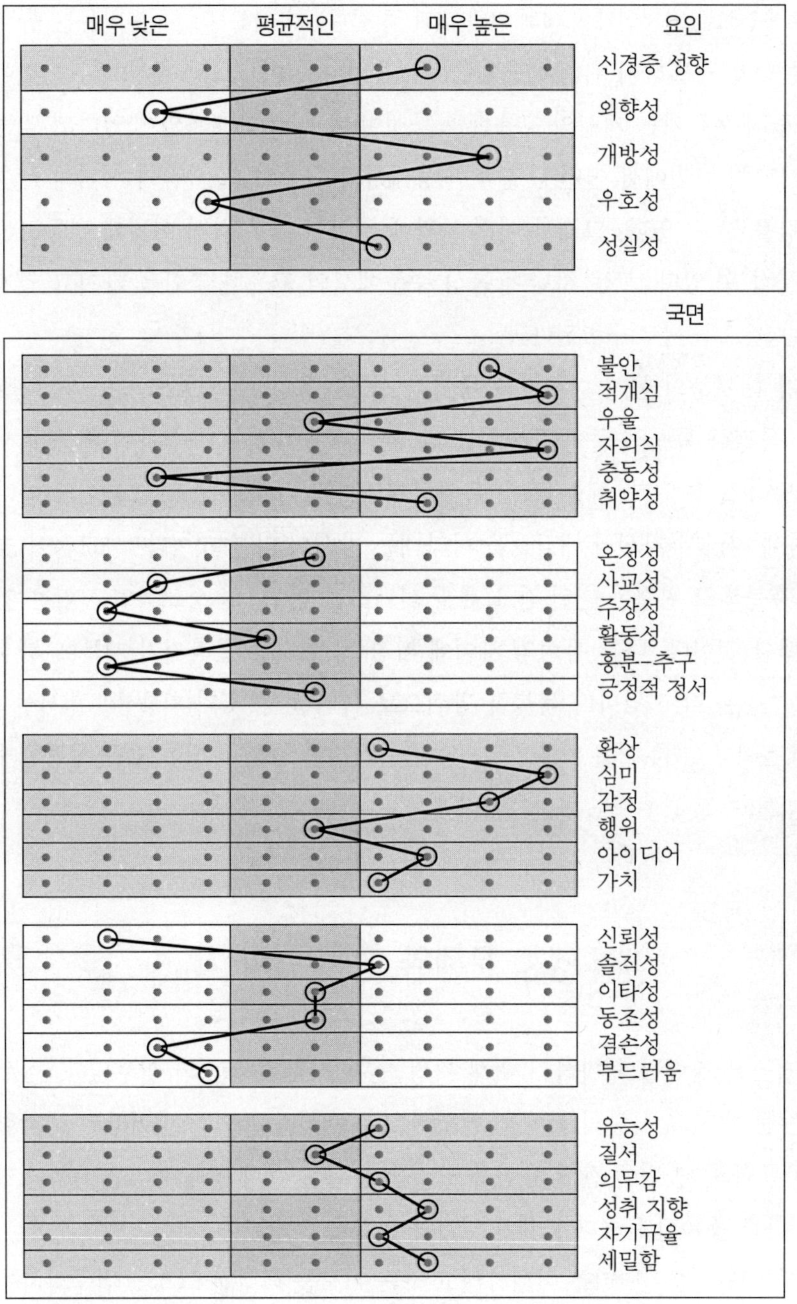

[그림 4-7]

NEO-PI-R을 사용하여 그려진 성격 프로파일. NEO-PI-R은 5개의 주요 요인의 전체적인 프로파일(위에 위치한)과 각각의 '빅 파이브'에 속해 있는 국면의 프로파일(아래 위치한)을 제공한다. 위에 있는 프로파일은 성격에 대한 빠르고 간결한 요약을 보여 주고, 아래에 있는 프로파일은 성격에 대한 세부적인 그림을 제공한다.

[출처] *NEO Personality Inventory-Revised*, by P. T. Costa, Jr., and R. R. McCrae에서 허락하에 재구성됨.

1961년 프로파일이란 무엇인가에 대해 말한 것과 꼭 같다). 아마도 더 나은 비유는 슈퍼마켓에서 물품을 구별하기 위해 사용하는 것 중 하나인 바코드와 유사하다는 것이다. 법칙정립적 이론가는 개인의 고유한 독특성이 바로 그 프로파일에 있다고 믿는다. 당신은 [그림 4-7]에서 어떤 단일한 특성에서의 이동이 그 사람의 성격의 균형을 변화시킴을 알 수 있다. 그래서 여러 상황에 걸쳐서 그 사람이 어떻게 행동하는가를 변화시킬 수 있다. 모든 사람이 특성 수준에서의 고유한 조합을 가지고 있기 때문에 사람은 모두 서로 구별된다.

더 나아가 대부분의 특성 이론가는 특성이 상호작용할 수 있다고 믿는다. 다른 말로 하면, 특정한 특성 수준이 표현되는 방식은 다른 특성에서의 차이 때문에 사람에 따라 달라질 수 있다. 예를 들어, 유사하게 모험적인 두 사람도 그들이 얼마나 사교적인가에 따라서 자신의 대담성을 나타내는 방식이 다를 것이다. 사교성이 높은 사람은 흥분되고 위험한 대인 간 교류를 선택하는 반면, 덜 사교적인 사람은 암벽등반을 택할 것이다. 다른 특성의 차이에 따라 그 효과가 달라지기 때문에 특정한 특성의 성질은 각 사람마다 독특한 방식으로 나타날 수 있다(외향성과 정서성에 관한 이전의 논의와 〈표 4-2〉를 떠올려 보라). 이는 특정한 특성 차원이 모든 사람에게 동일한 의미를 가질 경우에도 마찬가지다.

행동 문제와 행동 변화

특성적 접근은 장애를 평가하기 위해 가장 먼저 시작된 노력의 일부였다. 이런 입장에서는 문제가 그 사람의 특성을 직접적으로 반영하고 있을 것이라고 생각한다. 여러 종류의 문제 범주 간에 차이가 있다는 사실은 각각의 특성(혹은 특성의 집합)이 각기 다른 종류의 문제와 관계가 있다는 사실을 반영한다.

특성에 기초해서 정신병리를 이해하려고 하는 시도는 대부분 그것을 범주화하는 방식으로 나타났다. 범주화하는 것은 특정한 종류의 문제와 관련되어 있는 사람들의 행동에 반영되어 나타나는 특성 지표가 무엇인가를 결정하는 문제였다. 이 과정은 흔히 몇 차례 개정을 거치게 되는, 문제의 식별과 명명을 위한 분류학taxonomy을 발달시켰다(Wiggins, 1973).

특정한 특성 자체가 바로 특정한 비정상성을 정의하기 때문에 일부 특성은 문제와 관련된다. 이 장의 앞에서 지적했듯이, Eysenck의 모형은 정신증 성향이란 차원을 포함한다. 정신증 성향은 사실상 특정한 심리적 장애에 대한 사전 경향성이다. 사람들이 정신증 성향에 있어 다양하기 때문에 그 문제를 나타낼 것이라고 기대하는 정도는 각기 다르다. 정신증 성향은 반사회적 행동과 알코올 및 약물 남용과 관련된다(Sher, Bartholow, & Wood, 2000). 신경증 성향은 정서적 고통을 쉽게 경험하는 경향성이다. 많은 장애가 높은 수준의 고통으로 특징지어지기 때문에, 신경증 성향이 높은 사람은 낮은 사람에 비해 장애를 나타낼 가능성이 더 높을 것이다.

5요인 모형과 성격장애

최근 5요인 모형의 영향력이 부상해서 성격장애와 연관되는 특성에 대한 관심이 새로워졌다(Clark, 2007; Costa & Widiger, 2002; Widiger & Mullins-Sweatt, 2009; Widiger & Trull, 2007 참조). 성격장애는 정상적인 문화적 기대에서 벗어나는 안정적이고 지속적인 행동 양상 때문에 자신이나 타인의 삶이 해를 입게 되는 특징을 보인다. 다수의 이론가는 성격장애가 본질적으로 5요인 특성 중 몇 가지가 경직되고 극단적으로 표현되는 것인지에 대해 관심을 가진다(Lastone, Jang, Livesley, Vernon, & Wolf, 2002; Markon, Krueger, & Watson, 2005; Widiger, Trull, Clarkin, Sanderson, & Costa, 2002 참조).

최근 연구는 이런 가설이 지지받을 수 있음을 시사한다. 예를 들어, O'Connor와 Dyce(2001)는 모든 성격장애가 5요인 모형 내에서 표상될 수 있음을 제안했다. Reynolds와 Clark(2001)는 빅 파이브가 성격장애를 표상하는 데 훌륭한 역할을 하고, 국면 척도the facet scales(5개 영역 내에서 다시 6개로 세분된 척도)는 이런 역할을 더 잘할 수 있음을 발견했다. 책의 편집본에는 관련 증거의 다양한 개관 문헌이 포함되어 있고, 2판에는 빅 파이브와

공포를 쉽게 경험하는 경향이 있는 사람도 공포를 유발하는 상황에 노출되지 않는다면 공포를 경험하지 않을 것이다.

성격장애 사이의 관계에 대한 이론적 설명이 나와 있다(Costa & Widiger, 2002). 최근 한 연구는 임상가가 진단 체계의 범주보다 '5요인'을 임상적으로 더 유용하게 여긴다는 사실을 발견했다(Samuel & Widiger, 2006).

5요인과 장애의 설명은 성격장애에만 국한되지 않는다. 모든 유형의 이상에 5요인이 어떻게 관련되는가를 질문할 수 있다(Krueger, Watson, & Barlow, 2005; Nigg et al., 2002; O'Connor, 2002). 이 분야의 연구는 장래의 중요한 연구 초점으로 자리잡을 것이다.

행동 문제에서의 상호작용주의

이 장의 앞부분에서 설명했듯이, 상호작용주의 입장은 특성과 행동 사이의 관계가 빈약하다는 증거 때문에 등장했다. 상호작용주의의 논리는 정상적인 행동을 이해하는 것뿐만 아니라 문제를 이해하는 데도 유용하다.

상호작용주의의 기본 생각은 개인차가 어떤 상황에서는 중요하지만 다른 상황에서는 그렇지 않다는 것이다. 행동 문제에 적용해 보면, 이 아이디어는 약간 다른 함의를 지닌다. 특성을 문제에 대한 취약성vulnerability(혹은 소질susceptibility)으로 생각한다면 그 함의를 이해하기가 가장 쉽다. 어떤 사람이 특정한 문제에 대한 취약성이 있다고 말하는 것은 그 사람이 문제를 가지고 있다는 의미가 아니다. 그것은 이 문제가 다른 사람에 비해 그 사람에게서 일어나기 더 쉽다는 것을 의미한다. 상호작용주의라는 면에서 이야기하면 취약성이 중요한 상황이 있고 그렇지 않은 상황이 있다([그림 4-4]를 떠올려 보라).

취약성이 중요한 상황은 보통 사람이 많은 스트레스를 겪고 있는 경우다. 그러므로 문제에 대한 이러한 접근을 병적 소질-스트레스 모형diathesis-stress model이라 부른다(diathesis라는 용어는 소질 혹은 취약성을 의미한다). 이 모형에 따르면 문제가 발전하기 전에 병적 소질과 스트레스 사이의 상호작용이 요구된다(Meehl, 1962). 병적 소질-스트레스 모형은 심리적 문제를 이해하려는 접근에서 매우 일반적이 되었다.

행동 변화

치료적 행동 변화의 과정은 어떤 것인가? 특성적 접근은 본질적으로 그런 변화에 대해 약간 비관적이다. 만약 특성이 어떤 사람의 성격을 정의한다면, 성격의 변화 없이 얼마나 많은 문제가 해결될 수 있겠는가? 특성은 안정적이다. 치료가 만들어 내는 어떤 변화도 특성 그 자체보다는 특성이 행동 속에서 어떻게 표현되는가에 대한 것이다.

반면에 상호작용주의자의 접근은 이 쟁점에 대해 할 말이 좀 있다. 만약 문제가 취약성과 어려운 상황의 상호작용을 통해 발생한다면, 취약성이 높은 사람에게는 명백히 스트레스가 발생할 가능성이 높은 상황에 들어가는 것을 피하는 것이 도움이 될 것이다. 그런 상황을 피하는 것은 문제의 발생을 방지해 준다.

물론 사람은 스스로 그렇게 하고 있다. 이 장의 앞부분에서 언급했던 것처럼, 사람은 자신이 들어가기로 선택한 상황에 대해 어느 정도 통제력을 행사한다. 어떤 사람은 교회에 가는 것을 선택하고 어떤 사람은 그렇지 않은 것처럼, 사람은 자신의 취약성이 위험에 처하는 상황을 피하는 선택을 한다. 수줍음이 많은 사람은 독신자가 데이트 상대를 찾기 위해 가는 술집은 피할 것이다. 쉽게 흥분하는 사람은 논쟁을 피하려 할 것이다. 회피 전략이 언제나 가능한 것은 아니다. 그러나 적어도 사람이 어떤 스트레스 요인을 스스로 다룰 수 있는지 없는지를 안다면 그것이 그 사람의 삶을 더욱 효과적으로 살 수 있게 도와줄 것이다.

특성심리학: 문제점과 전망

특성적 관점은 여러 면에서 성격 전반에 대한 가장 기초적인 접근이다. 유형과 특성이라는 개념은 시간과 환경을 넘어서 나타나는 인간 행동의 일관성을 설명하기 위해 글자 그대로 수천 년 전에 생겨났다. 이러한 개념은 여러 해에 걸쳐서 다듬어지고 정교화되었지만 그 핵심은 여전히 동일하게 남아 있다.

반면 일부 사람은 특성적 견해에서 불만족스러운 부분을 지적한다. 그것은 몇 가지 근거에서 비판을 받았다(Block, 1995; 양측의 주장은 Block, 2010과 그에 대한 논평을 참조하라). 문제 중 하나는 특성이론은 성격이 어떻게 작용하는지, 행동에 어떻게 영향을 주는지, 사람들이 어떻게 특성에서 행동으로 옮겨 가는지 등의 과정이나 기제에 관해 거의 설명하지 못하고 있다는 것이다. 달리 놓고 보면, 최근까지 특성적 접근은 개인 내적인 기능에 대해 거의 언급이 없었다. 그래서 특성적 접근은 정적이고 공허하다는 느낌을 주었다. McAdams(1992)는 특성심리학이 당신이 전혀 모르는 사람에 대해서라면 중요할 수도 있는 정보를 제공하지만 성격의 역동적 측면을 묘사하지는 못하기 때문에 그것을 "낯선 사람의 심리학"이라고 불렀다. 어떤 사람을 두고 친절하다거나 사교적이라거나 지배적이라고 부르는 것은 그 사람에 대해 당신이 살펴본 대로 이름을 붙였기 때문이다. 그러나 이런 이름 붙이기는 그 사람이 어떻게 혹은 왜 그런 식으로 행동하는지에 대해서는 아무것도 말해 주지 않는다. 이것이 특성 개념에 대한 중요한 비판이다.

이런 비판에 대해 몇 가지 반응이 제시되었다. 한 가지 반응은 특성심리학이 사람의 완전한 모습을 표현한다기보다는 한 가지 시각을 나타낸다는 것이다(McAdams & Walden, 2010; McCrae, 2010). 또 다른 반응은 특성이 행동에 어떻게 반영되는가에 대해 더욱 심각하게 고려하고 설명하는 것이다. Mischel과 Shoda(1995), 자신의 동료 및 자신의 아이디어를 좇는 사람들의 최근 연구가 이에 해당한다. 이런 연구는 과거 특성적 접근 연구의 전형과는 매우 다르다. 이러한 작업은 특성적 접근의 미래를 보여 주는 것인지도 모른다. 또 다른 반응은 특성 관점과 특성의 영향의 기초가 되는 기제를 설명해 주는 다른 성격 관점을 연결하려는 시도다(이에 관해서는 7장을 참조하라).

특성적 관점이 성격의 과정적 측면에 대해 거의 언급하지 않고 있다는 생각은 종종 이와 연관된 두 번째 비판을 초래한다. 두 번째 비판은 특성이론은 때때로 인과관계에 대한 답을 순환적 설명으로 해결하려 한다는 것이다. 예를 들어, 지배적인 방식으로 행동하는 한 여성을 떠올려 보자. 그녀는 가끔 그러는 것이 아니라 자주 지배적으로 행동한다. 특정한 상황이나 특정한 집단 안에서만이 아니라, 곁에 누군가 있기만 한다면 늘 지배적으로 행동하는 것이다. 당신은 여기서 그 여성을 두고 지배성 특성이 높다고 결론지을 것이다.

그러나 다음과 같은 두 가지 질문을 스스로에게 던져 보고 당신의 자연스러운 반응에 대해 생각해 보라. 질문 1: 왜 그녀는 그런 식으로 행동했는가? (대답: 그녀는 지배적이니까.) 질문 2: 당신은 그녀가 주도적이라는 것을 어떻게 알 수 있는가? (대답: 그녀가 그런 식으로 행동했으니까.) 여기서 문제는 행동에 관한 정보가 특성의 존재를 추론하는 데 사용되고, 특성의 존재는 역으로 행동을 설명하는 데 사용되고 있다는 점이다. 이를 순환적 추론이라 하는데, 끝이 없는 원을 순환적으로 돌고 있기 때문이다. 추정된 특성이 어떤 행동을 예언하기 위해 사용되지만, 그렇게 추정하는 데 사용된 증거가 바로 그 행동이라는 지적이 빠져 있다. 만일 특성이 어떤 것을 새롭게 예측하는 데 쓰일 수 있다면 순환성을 깰 수 있다. 가끔 특성 이론가도 그렇게 한다. 그러나 성격에 대한 특성적 관점은 순환성에 대한 대부분의 비판에 대해서 다른 접근법보다 더욱 취약하다.

특성적 접근의 미래를 지지해 주는 최종 지적은 이것이다. 즉, 얼마나 어려운지와는 상관없이 많은 사람이 장기간에 걸쳐 행동 설명 기제로 특성을 사용하는 수고를 감수해 왔고, 특성 개념은 성격심리학자의 실무 어휘에서 여전히 지배적인 지위를 차지한다. 개념에 대한 이처럼 긴 역사가 바로 그들의 강건성을 증언한다. 아무튼 성격심리학자는 그것이 필요한 것처럼 보인다. 긴 시간의 시련을 견뎌 왔다는 사실 자체가 부인하기 어려운 근본적인 중요성이 있음을 시사해 준다.

요 약

특성 접근은 성격이 안정된 내적 자질로 구성되고, 내적 자질은 행동으로 반영된다는 가정에서 시작한다. 유형은 각 사람이 하나 혹은 다른 유목으로 분류되는 성격의 비연속적 범주인데, 이 개념은 이제 성격심리학에서 널리 사용되지는 않는다. 특성은 특정 개인이 특정한 위치를 점할 수 있는 변이의 연속적 차원이다. 대다수의 특성 접근은 특정한 특성 차원이 모든 사람에게 동일한 의미를 지닌다고 가정하지만 개인의 위치는 서로 다르다는 점을 강조한다는 점에서 법칙정립적이다. 개체기술적 접근에서는 개인의 독특성을 강조하고 성격 차원은 특정한 개인마다 다른 의미를 갖는 것으로 취급한다.

요인분석은 많은 특성 이론가가 사용하는 도구다. 이 방법은 어떤 문항이 함께 움직이는가를 말해 준다. 나아가 한 요인이 설명하는 평정치 변이의 정도가 많으면 많을수록 더 중요한 요인으로 평가할 수 있게 해 준다. 요인분석은 어떤 관찰치(혹은 문항)가 특정한 요인을 반영하는지 그렇지 않은지를 알려 주기 때문에 척도를 세련화하는 데도 도움을 준다.

특성심리학에서 가장 중요한 물음은 어떤 특성이 기본적이고 중요한가다. 어떤 연구자는 실체가 성격 구조를 말할 수 있는 방법을 사용해야 한다고 주장하는 반면, 다른 연구자는 미리 이론에서 시작해야 한다고 본다. 한 견해에서는 성격에 관해 오랜 역사를 지니고 있는 특성(외향성과 신경증 성향)을 강조하고, 다른 견해에서는 사회적 상호작용과 관련되는 특성(대인 간 원)을 강조한다.

많은 사람이 성격에는 5개의 중요한 요인이 있다는 아이디어를 선호한다. 이 견해의 경우 그 증거가 강력하고 성격 구조에 관해 사전에 발달된 모형과도 상당한 합치를 보인다. 5개 요인의 정확한 본성에 대한 불일치가 여전히 있지만, 이들을 외향성, 우호성, 성실성, 정서성(신경증 성향) 및 개방성으로 부른다. 최근 연구는 이런 특성이 사람이 일상에서 하는 행동 및 경험과 어떻게 관련되는가를 검토하고 있다.

특성 개념의 유용성은 사람들의 행동이 흔히 자기보고식으로 측정된 특성을 통해서는 잘 예측되지 않는다는 발견으로 인해 큰 난관에 부딪혔다. 이로써 특성이 실질적으로 행동에 영향을 미치겠는가 하는 의심이 생겼다. 행동이 일차적으로 상황적 영향력에 의해 통제된다고 생각하는 상황주의는 틀린 것으로 밝혀졌다. 상호작용주의는 성격과 상황이 몇 가지 방식으로 상호작용해서 행동을 결정한다고 주장한다. 예를 들어, 일부 상황은 개인차의 표현을 허용하거나 조장하고 다른 상황은 그렇지 않을 수 있다. 사람은 또한 자신이 들어갈 상황을 선택하며, 스스로의 행동에 의해서 상황의 성질을 바꾸기도 한다. 사람은 또한 자신이 얼마나 일관적인가라는 면에서도 다르고 자신이 일관되는지 그렇지 않은지를 알고 있다.

행동에 대한 특성의 영향력이 상황에 달려 있다는 아이디어는 성격 구조에 대한 견해를 확장하여 '특성이란 상황과 행위 사이의 개별화된 연결'이라는 새로운 시각을 낳았다. 이런 시각은 상황에 걸친 변이와 함께 개인 내부의 시간에 걸친 안정성을 설명할 수 있게 해준다.

특성심리학의 관점에서 바라보는 성격평가는 평가되는 사람의 성격 프로파일을 그려 내는—성격검사에 의해 측정되는 모든 차원에서 피평가자의 위치를 나타내는—작업이다. 이런 심리학자에게 성격 프로파일은 그 사람의 독특성을 이해하기 위한 열쇠가 된다.

행동 문제와 관련해서 특성 이론가는 일부 문제는 정신증 성향이나 신경증 성향과 같이 원래 문제가 되는 특성을 가졌기 때문에 생긴다고 말한다. 다른 종류의 문제는 일부 특성 차원의 극단적 위치에 있기 때문에 발생한다. 성격장애와 5요인 모형 사이의 관계에 관해서는 흥미가 커지고 있다. 상호작용주의자는 병적 소질-스트레스 모형이라고 부르는 가능성을 제안하는데, 이 모형에서는 특정한 성향이 특정 종류의 행동 문제에 대한 취약성을 만들지만 문제는 특정한 상황 조건(흔히 스트레스를 포함하는 상황)에서만 발생한다고 주장한다. 특성 관점에서의 치료는 특성이 변화되기 어렵기 때문에 특성이 행동에 어떻게 반영되는가를 변화시킴을 의미한다. 대안적으로는 문제 행동이 발생할 가능성이 높은 상황을 피함을 뜻할 수도 있다.

용어설명

2차 요인second-order factor 이미 발견된 요인의 집합을 대상으로 다시 행해진 요인분석에서 나타난 요인.

개체기술적idiographic 개인의 고유함에 초점을 맞추는 접근과 관련되는….

내향적인 사람introvert 혼자서 하는 활동을 선호하는 사람.

대인 간 원interpersonal circle 지배와 사랑의 변이에서 유래하는 성격 패턴.

법칙정립적nomothetic 사람들 사이의 규준과 변이에 초점을 두는 접근에 관련된….

병적 소질-스트레스 모형diathesis-stress model 취약성에 스트레스가 더해져서 행동 문제를 유발한다고 주장하는 이론.

상호작용주의interactionism 상황과 성격이 상호작용해서 행동을 결정한다는 아이디어.

상황주의situationism 상황이 행동의 일차적 결정 요인이라는 아이디어.

어휘적 준거lexical criterion 그것을 언급하는 단어의 수에 기초를 둔 특정 특성의 중요성 지수.

외향적인 사람extravert 사교성이 풍부하고 사회적이고 자극적인 활동을 선호하는 사람.

요인factor 자기보고식 성격검사에서의 문항과 같이 상호 관련된 측정치의 집합의 기초가 되는 차원.

요인 부하량factor loading 어떤 단일 측정치와 그것이 관련되는 요인 사이의 상관.

요인분석factor analysis 측정치의 집합의 기초가 되는 기본 차원을 찾는 데 사용되는 통계 절차.

유형types 사람들이 구별되는 비연속적인 범주.

특성traits 사람들이 변화하는 성격의 연속적 차원.

행동 서명behavioral signature 특정한 사람이 어떤 영역에서 경험을 통해 확립하게 된 상황-행동 연결의 패턴.

Perspectives on Personality

제5장

동기적 관점

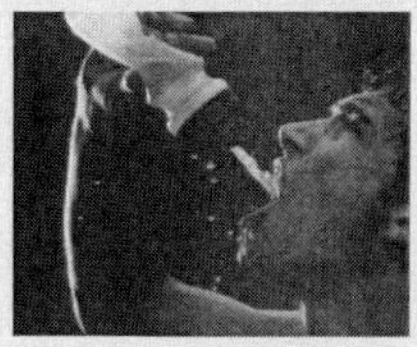

사 례

“나는 의학부 예과생으로 좋은 의대에 들어가길 정말 원한다. 나에게 이 과정은 쉽지 않아서 다른 사람보다 더 공부해야 한다. 난 공부해야 할 부가 과제가 많아서 주말에도 쉬지 못한다. 하지만 상관없다. 나는 의대에 들어가려고 열심히 노력하면서 스스로 정말 만족감을 느끼기 때문이다.”

대부분의 대학생은 졸업 후의 진로를 계획하는 데 적어도 얼마간의 시간을 사용한다. 어떤 학생은 이미 전속력을 내어 추구하고 있는 직업적 야망이 있다(앞에서 제시한 의예과 과정 학생처럼). 많은 대학생은 또한 친밀한 관계를 위해 자신의 에너지를 쏟는다. 어떤 학생은 장래에 결혼을 해서 누군가와 함께 삶을 꾸려 가는 것에 대해 생각한다.

이 두 가지 관심사는 아마 당신에게도 꽤 친숙할 것이다. 일과 사랑은 모든 이의 삶의 쟁점이다. 하지만 일과 사랑만이 전부는 아니며, 사람마다 중요하게 생각하는 것이 다르다. 어떤 사람은 정치나 쇼비즈니스 혹은 성공적인 회사 경영을 통해 다른 사람에게 영향을 주려는 뿌리 깊은 욕망을 가진다. 어떤 사람은 삶에서 질서와 의미를 찾는 일을 원한다. 또 어떤 이는 진리를 찾고, 어떤 이는 아름다움을 찾는다.

사람들은 자신의 삶에서 다양한 관심사를 보인다. 그러나 이런 다양성에도 불구하고 이 모두에는 공통점이 있다. 즉, 사람들이 생각하고 행동하는 이면에는 욕구와 동기가 존재한다. 사람들은 어떻게 자신이 몰두하고 있는 일을 설명하는가? "나는 소울메이트를 찾고 싶다." "나는 내 인생에서 뭔가를 성취하고 싶다." "나는 학교에서 잘하길 원한다." "나는 감정조절을 잘하고 싶다." 사람들은 이런 욕구나 동기에서 개인차를 보인다. 당신이 상상한 삶의 어떤 측면이든지 몇몇 사람은 그 내면에 강력한 욕구를 느끼고 있는 반면 다른 사람은 그렇지 않다.

만약 욕구와 동기가 이런 방식으로 사람들의 사고와 행동에 영향을 미칠 수 있다면 그것은 중요하다. 즉, 욕구와 동기는 그 사람이 누구인지를 알려 주는 것으로 볼 수 있다. 이런 아이디어가 이 장에서 검토될 성격에 대한 접근의 토대를 이룬다.

기본적 이론 요소

욕구

이 접근의 기본 원리는 인간의 행동이란 그가 가진 욕구를 반영하는 것으로 가장 잘 이해할 수 있다는 것이다. 욕구need는 만족하지 못하는 내적인 상태다. 안녕감well-being에 필요한 무엇인가가 부족한 상태다. 성격에 대해 이러한 접근을 한

Henry Murray(1938)는 욕구란 사람들이 환경에 있는 대상이나 상황을 어떻게 찾아내고 반응하는지를 결정하게 해 주는 내부 지향적 힘internal directional force이라고 정의했다.

몇몇 욕구는 생리적이다(음식, 물, 공기, 성, 그리고 고통에 대한 회피의 욕구). 권력, 성취, 친밀함과 같은 다른 것은 생리적 욕구에서 유래했거나 심리적인 구성에 내재한 것일 수도 있다. 당신이 욕구이론을 검토하고자 한다면 먼저 생리적 욕구에서 시작하는 것이 가장 쉽다. 그 이유는 생물학이 욕구가 어떻게 작용하는가를 보여 주는 훌륭한 모델이기 때문이다. 생리적 욕구는 시간이 흐르면서 반복적으로 만족되어야 한다. 시간의 흐름에 따라 욕구 상태는 점차 더 강렬해져서, 개인은 그 욕구가 충족될 수 있는 방식으로 행동한다. 예를 들어, 시간이 지남에 따라 당신의 몸은 음식에 대한 욕구를 보이기 시작한다. 욕구가 충분히 강렬해지면 당신은 음식을 찾기 위해 뭔가를 할 것이다. 그렇게 되면 욕구는 다시 감소한다.

욕구의 강렬함은 관련된 행동의 강도에 영향을 미친다. 욕구가 강렬하면 할수록 행동의 강도는 더 크다. 강도에는 정열vigor, 열광enthusiasm, 철저함throughness 등 여러 속성이 포함된다. 그러나 강도는 조금 덜 분명한 방식으로 표현될 수도 있다. 예를 들어, 욕구 강도는 어떤 활동을 먼저 하고 어떤 활동은 나중에 할지에 대한 우선순위를 정할 수 있다. 욕구가 강하면 강할수록 그것은 더 빨리 행동에 반영된다. [그림 5-1]은 욕구 강도가 증가하고 진정됨에 따라 우선순위가 어떻게 변화하는지, 그에 따라 행동의 흐름이 어떻게 변화해 가는지를 보여 준다. 어느 일정한 지점에서 가장 높은 욕구가 당신 행동으로 나타난다.

욕구는 지시적이어서 일정한 시점에서 발생 가능한 많은 행동 중 어느 행동이 일

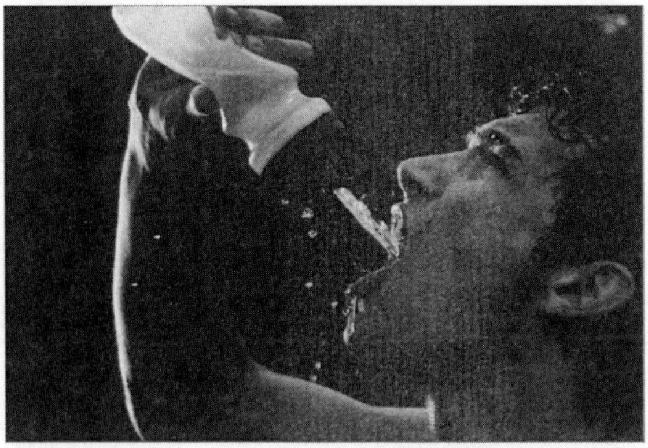

모든 욕구는 어떤 범주의 '목표 대상'에 연관된다. 목이 마를 때 당신은 음식이 아닌 물이 필요하다.

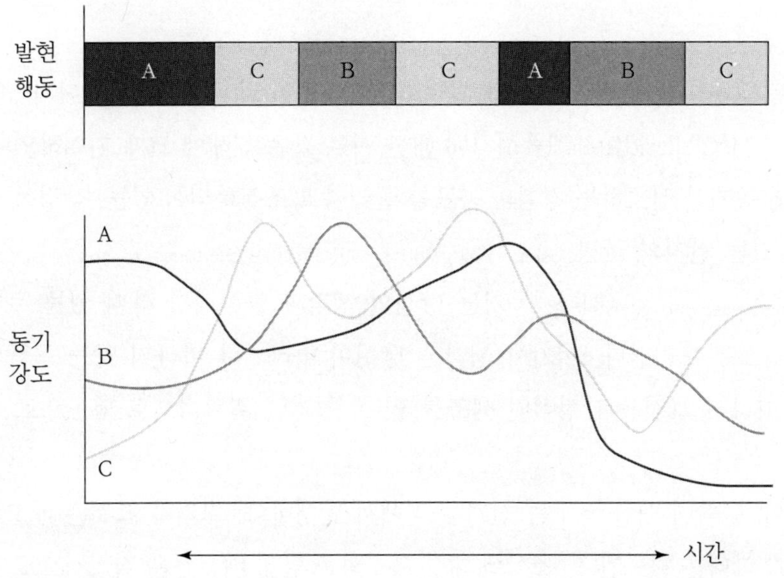

[그림 5-1]

그래프는 시간의 흐름에 걸쳐서 행동이 어떻게 변화하는지를 나타낸다. 특정 시점의 행동은 몇 가지 동기의 상대적인 강도의 변이에 따라 결정된다. 도표 상단부의 알파벳은 일정한 시간에 세 가지 활동 중 어느 것에 참여하고 있는지를 나타낸다. 3개의 선은 이러한 세 가지 활동과 관련된 세 가지 동기의 개별 수준을 나타낸다. 한 동기가 다른 두 동기보다 올라감으로써 행동은 변한다.

어날지를 결정하는 데 영향을 준다. 욕구는 두 가지 면에서 방향성이 있다. 우선 당신이 어떤 욕구를 가졌을 때 그것은 특정한 어떤 것에 대한 욕구다. 물을 요구할 때 당신에게 필요한 것은 그냥 일반적인 욕구가 아니고 바로 물이 필요한 것이다. 그래서 욕구는 일련의 목표 대상이나 사건과 관계된다. 또한 욕구는 대상 쪽으로 향하여 움직이든지, 그것에서 벗어나게 하든지 여부를 명확히 해 준다는 점에서 방향성이 있다. 특정 욕구는 무언가를 가지려고 하거나 회피하려는 욕구 중 하나다.

갈증은 물과 관련된 욕구로 반영되지만 단지 물과 관련된 것 그 이상이다. 수영에 대한 공포 역시 물과 관련된 욕구를 반영한다. 갈증은 물을 얻고자 하는 욕구로 나타난다. 어떤 대상을 향해서 움직이거나 혹은 그 대상에서 벗어나려는 방향으로 움직이는 것이 모든 욕구가 갖는 방향성의 일부분이다.

동기

욕구는 동기motives를 통해 나타난다. 동기는 행동에 한 발짝 더 가깝게 다가가게 한다. David McClelland(1984)는 성격에 대한 이와 같은 견해에 크게 기여하였다. 그에 따르면 동기란 선호하는 경험과 목표를 둘러싸고 조직화되어 있는, 감정적 색채가 배어 있는 인지의 군집clusters of cognitions with affective overtones, organized around preferred experiences and goals이다. 동기는 당신의 생각과 몰두해서 빠져 있는 무엇preoccupations으로 드러난다. 여기서 생각은 당신이 바라거나 바라지 않는 목표와 관계된다. 따라서 그것은 감정적인 색조를 띤다. 동기는 결과적으로 행동으로 나타난다.

예를 들어, 음식에 대한 욕구는 신체 조직에서 발생한다. 그러나 그것은 배고픔이라는 동기 상태를 일으킨다. 음식에 대한 욕구와는 달리 배고픔은 직접적으로 경험된다. 그것은 심적 선입견을 만들고, 이는 다시 배고픔(그리고 음식에 대한 욕구)을 줄여 주는 행동을 유도한다. 따라서 욕구와 동기를 구별하려 할 때, 사람들은 자신이 그 경험을 의식적으로 느끼느냐의 여부로 구분한다. 욕구는 직접적으로 감각되지 않는 신체적 상태다. 주관적으로 경험하게 되면 바로 동기 상태가 된 것이다.

압력

동기는 욕구뿐만 아니라 외부 사건에 의해서도 영향을 받는다. Murray(1983)는 이러한 외부의 영향력을 언급하기 위해 압력press이라는 용어를 사용했다. 압력은 무언가를 얻고자(혹은 회피하고자) 하는 욕망desire을 만들어 내는 외부 조건이다. 그래서 욕구의 경우와 같이 동기화된 힘을 행사한다([그림 5-2] 참조).

역시 생리적 동기를 사용해서 욕구와 압력의 효과를 생각해 보는 것이 가장 쉽다. 음식에 대한 당신의 욕구가 배고픔의 동기를 만들어 내고, 당신이 점심을 먹는 것으로 반응한다고 상상해 보자. 당신의 접시에 있는 간단한 샌드위치가 마르고 부서져 있지만 음식에 대한 욕구를 만족시켜 준다. 그러나 당신이 샌드위치를 다 먹자마자 어떤 사람이 특대 피자(또는 당신을 참을 수 없게 만드는 어떤 음식)를 가지고 왔다고 상상해 보자. 갑자기 당신은 조금 전 샌드위치를 먹고 난 뒤의 순간만큼 만족스럽지가 않다. 음식을 먹고자 하는 동기가 되살아난 것이다. 이런 경우 동기는 욕구가

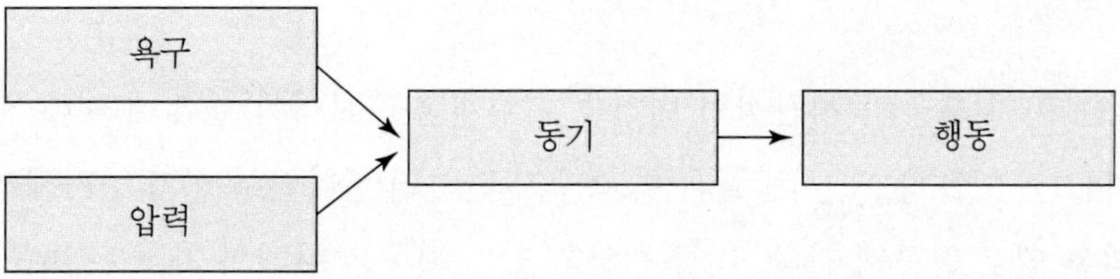

[그림 5-2]

내적 욕구 상태와 외부 압력은 둘 다 특정한 종류의 행위와 관련된 동기에 영향을 미치며, 이는 다시 외현적인 행동으로 바뀐다.

아닌 압력에 의해 생성된 것이다. 이 아이디어는 또한 순수하게 심리적인 동기에도 적용된다. 존경받는 누군가를 보았을 때, 당신은 인정에 대한 동기가 일어날 수 있다. 친밀한 관계에 있는 어떤 이의 주위에 있게 되면, 당신은 친밀한 타인과 함께 있고 싶어 하는 동기를 느낄 수 있다.

비록 동기와 욕구가 각각 명확하게 구별될 수 있더라도 사람들은 항상 그렇게 구분하지는 않는다. 하나의 이유는 심리적 욕구의 경우는 생리적 욕구보다 둘 사이를 뚜렷하게 구분하기 어렵기 때문이다. 성취욕구는 몸 안에서 분명하게 나타나지 않는다. 성취욕구와 성취동기가 어떻게 차이 나는지를 말하기는 어렵다. 이러한 이유로 사람들은 성격에서 욕구와 동기를 상호 호환적인 용어로 사용한다.

욕구, 동기, 그리고 성격

동기가 강할 때, 그것은 행동에 영향을 미친다. 동기는 시간과 상황에 따라 다르다. 사람들은 또한 성향적인dispositional 동기에서도 서로 다르다. 몇몇 사람은 자연스럽게 다른 사람이 갖고 있는 것보다 특정 동기를 거의 대부분의 경우에 더 많이 가진다. 그런 동기 성향motive disposition은 그 사람의 성격의 그림을 형성하기 시작한다.

동기 상태와 동기 성향

우리는 이미 욕구의 시간적인 변천을 어떻게 바라보아야 할지에 대해 알아보았다(앞의 [그림 5-1] 참조). 사람들은 한 욕구가 만족되면 다른 욕구가 증가해서, 한 일에서 다른 일로 전환해 간다. 지금 행하고 있는 행동은 현재의 가장 큰 욕구를 반영한다. 이 모델은 시간의 흐름에 따라 사람들이 어떻게 한 행동에서 다른 행동으로 변화해 가는지를 보여 준다.

이제 사람들이 욕구의 성향적 수준에서 서로 다르다는 개념을 더해 보자. 욕구의 성향적 수준은 선의 전체적 높이의 차이로 묘사할 수 있다. 이런 차이는 순간순간의 행동상에 큰 효과를 가질 수 있다. 예를 들어, 존은 성취에 대한 성향적인 욕구가 높고, 조지는 성취에 대한 성향적 욕구가 낮다. 두 사람 모두 동일한 경험을 함으로써 성취동기가 둘 다에게서 동일한 패턴으로 오르내린다고 가정해 보자. 또한 모든 다른 욕구에서도 동일한 패턴을 보인다고 가정해 보자.

[그림 5-3]에서와 같이, 존과 조지는 시간에 걸쳐서 꽤 다른 행동 패턴을 보인다. 왜 그럴까? 존은 다른 욕구가 높을 때조차도 성취욕구가 가장 높아서 다른 욕구보다 더 우위를 차지하는 경향이 있기 때문이다. 그 결과, 존은 많은 시간 동안 성취와 관련된 행동을 나타내는 경향이 있다. 조지의 경우 성취동기가 가장 강렬한 동기가

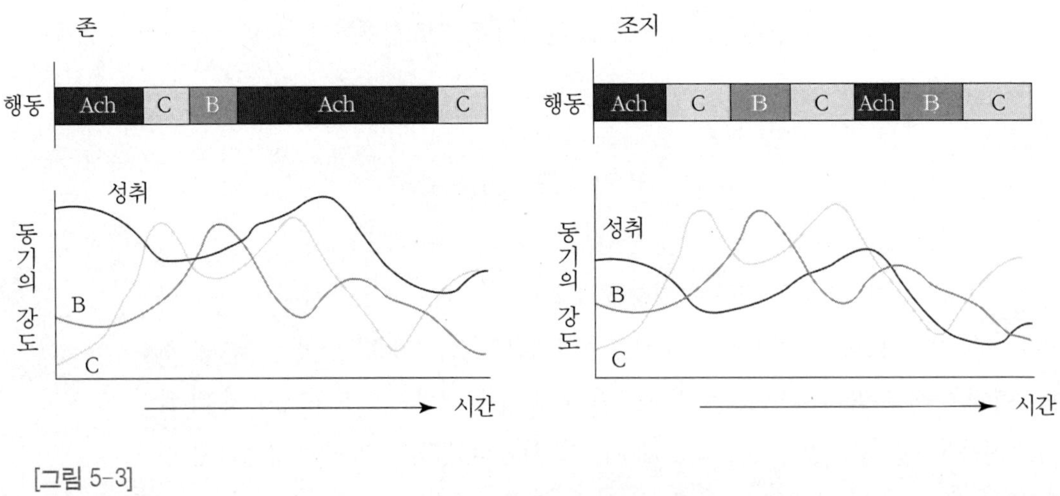

[그림 5-3]

존은 높은 성향적 성취욕구를 가지고 있다. 조지는 낮다. 이 욕구가 그들 모두에게 시간에 걸쳐 동일한 양상으로 오르내린다고 가정하자. 다른 두 가지 욕구에 대해서 존과 조지의 수준은 동일하다(그리고 동일하게 오르내린다). 성향적인 성취욕구의 차이는 존과 조지가 나타내는 외현적 행동에서 커다란 차이를 야기한다.

될 만큼 높지가 않아 성취와 관련된 행동을 그리 자주 나타내지는 않는다.

Henry Murray(1938)는 처음으로 욕구와 동기의 용어로 조직되는 성격이론을 개발하였다. 그와 동료들은 그들이 성격에서 강조하는 욕구 목록을 개발하였다. Murray는 모든 사람이 비슷한 기본 욕구를 가지고 있다고 믿었다. 그는 또한 사람들이 각 욕구의 특정한 수준을 갖는 성향적인 경향성이 있다고 믿었다.

동기 측정: 주제통각검사나 그림이야기 실습

성격을 동기적 관점에서 연구하기 위해서 연구자는 동기를 측정해야 한다. 여러 가지 이유로 연구자는 사람들의 동기를 직접 묻지 않고 다른 전략을 사용하는 것으로 시작했다. 이것은 행운의 결정이었다. 하지만 왜 그것이 우리 이야기에 뜻밖에 끼어들었을까?

동기를 직접 묻지 않는 대안 전략은 무엇이었는가? Morgan과 Murray(1935)는 영화의 상이 스크린 위에 투사되듯이 욕구가 개인의 환상에 '투사projected' 된다고 주장하였다(이 개념은 8장의 정신분석 이론에서 유래한다). Murray는 이 과정을 통각apperception이라고 불렀다. 사람들이 통각에 자연스럽게 참여한다는 가정은 주제통각검사Thematic Apperception Test: TAT에 대한 이론적 근거를 제공하였다(Mogan & Murray, 1935; Murray, 1938; Smith, 1992).

당신의 동기가 TAT를 통해 측정될 때, 당신은 일련의 그림 세트를 보게 되고 각각에 대한 이야기를 만들도록 요구받는다. 그림은 모호하다. 스스로 만들어 내는 이야기에는 그 그림에서 무슨 일이 일어나고 있는지, 등장인물의 생각이나 감정이 어떠한지, 등장인물 사이의 관계가 어떠한지(등장인물이 한 명 이상일 경우), 그 상황의 결과가 어떻게 될지 등에 대한 기술이 포함되어야 한다. 그렇게 해서 당신이 만드는 이야기의 주제 속에 당신의 잠재적 동기가 반영된다고 보는 것이 주제통각검사의 아이디어다.

이러한 이야기는 정말로 그 사람의 욕구를 반영할까? 선행 연구에서 상황을 조작해서 욕구를 만드는 과정을 실험하였다. 한 연구에서는 음식에 대한 욕구를 살펴보았다. 연구 참여자는 각기 다른 시간에 걸쳐서 음식을 박탈당했다. 따라서 각 조건에 따라 음식에 대한 상이한 수준의 욕구를 지닌다고 볼 수 있다. 결과적으로 그들은 음식과 관련된 TAT 심상에서 차이를 보였다(Atkinson & McClelland, 1948).

다른 연구에서는 일부 사람에게는 인위적으로 성공 경험을 하게 하고 다른 사람에게는 실패 경험을 하게 함으로써 사람들의 성취동기를 조작했다. 실패자는 성취 결핍으로 인해 일시적인 성취욕구가 증가해야 한다. 예상한 대로 실패자는 실패 경험이 없는 집단보다 더 많은 성취 심상을 만들어 낸다(McClelland, Atkinson, Clark, & Lowell, 1953). 예상과는 달리 성공 경험을 한 집단에서도 성취 심상이 증가했다. 이러한 발견으로 McClelland는 결핍만이 해당 동기를 반드시 야기하지는 않는다고 판단하였다(Winter, 1998). 동기는 환경이 그 동기와 관련되는 무엇이든 자극하면 야기된다고 할 수 있다.

구체적인 성향적 동기에 관한 연구

상황적 동기의 연구가 검증되자, 통각 절차는 동기 성향을 측정하는 데 사용되었다. TAT 그림은 동기 성향을 측정하기 위해 사용되었지만 TAT 이외의 다른 여러 가지 그림도 개발되었다. 이러한 다양한 형식의 그림은 그림이야기 실습picture story exercise: PSE으로 자주 언급된다. 연구자는 여러 동기 성향을 연구하기 위해 이 절차를 세심하게 사용했는데, 이에 관해서는 다음 절에서 다룬다.

성취욕구

Murray에 의해 확인된 다양한 욕구 중에서 처음 연구 관심을 받은 것은 성취욕구need for achievement다. David McClelland와 John Atkinson을 비롯하여 많은 연구자가 이 동기에 관해 수십 년 동안 연구해 오고 있다(예, Atkinson & Birch, 1970; Atkinson & Raynor, 1974; Hechhausen, 1967; Heckhausen, Schmalt, & Schneider, 1985; McClelland et al., 1953).

성취동기는 일을 잘하고 싶어 하고, 장애를 극복함으로써 만족을 느끼고 싶어 하는 욕망이다. 성취욕구는 어떤 일을 잘 수행하는 것, 목표 또는 목표 달성에 대한 장애물, 그리고 성공에 대한 긍정적인 감정 또는 실패에 대한 부정적인 감정의 언급 등으로 PSE에 반영된다.

성취동기가 다른 사람은 성취동기와 연관된 상황을 대할 때 몇 가지 방식에서 다

• • •
성취동기가 높은 사람은 성공하려는 강한 욕구를 지닌다.

르다. 과제를 선택하는 행동을 살펴보자. 과제(또는 과제 내의 문제)는 쉬울 수도 있고, 어려울 수도 있으며, 중간 정도의 난이도를 보일 수도 있다. 선택을 할 때, 당신은 어떤 과제를 선호하는가? (당신은 다음 학기 수강 과목 시간표를 짤 때 쉬운 과목과 교수를 선택하는가, 아니면 어려운 과목과 교수 또는 중간 정도의 과목과 교수를 선택하는가?)

성취욕구가 낮은 사람은 아주 쉽거나 아주 어려운 과제를 선호한다(Atkinson, 1957). 그들이 쉬운 과제를 좋아하는 이유는 쉽게 달성할 수 있기 때문이다. 쉬운 과제는 성취 압력이 크지 않고 좋은 결과를 획득하기 쉬우며, 모든 사람이 좋은 결과를 획득할 수 있을 때조차 성공은 좋은 것이기 때문이다. 그렇다면 낮은 성취욕구를 보이는 사람이 어려운 과제를 택하는 이유는 무엇인가? 그것은 분명히 도전은 아니다. 이는 아마도 어려운 과제에서 실패해도 과제 자체가 어려워서 그렇지 당신의 잘못이 아닐 수 있으며, (가능성은 낮지만) 그런 과제에서도 운이 좋아서 성공할 가능성도 포함되어 있기 때문이다. 반대로 성취욕구가 높은 사람은 중간 정도로 어려운 과제를 선호하는 경향이 있다. 그들은 또한 아주 어렵거나 아주 쉬운 과제에서보다도 적절하게 어려운 과제에서 더욱 열심히 한다(Clark & McClelland, 1956; French, 1955).

왜 성취동기가 높은 사람은 중간 정도 난이도의 과제를 선호하는가? 이러한 과제는 자기 능력에 대해 가장 많은 정보를 제공하기 때문이다(Trope, 1975, 1979). 만일 쉬운 과제에서 잘한다면 능력에 대해 많은 것을 알 수 없다. 그런 과제는 모든 사람이 다 잘할 수 있기 때문이다. 마찬가지로 어려운 과제에서 실패한다고 해도 능력에 대해 많은 것을 알 수 없다. 그 과제를 잘하는 사람이 거의 없기 때문이다. 그러므로 중간 정도의 난이도에서 자기 능력에 대해 많은 것을 알 수 있다. 성취동기가 높은 사람은 자신의 능력에 대해 알길 원하는 듯하다. Trope(1975, 1980)는 사람들에게 검사 문항을 선택하게 함으로써 이를 검증했다. 문항의 난이도와 그들의 진단가 diagnosticity(그들이 능력에 대해 얼마나 많은 것을 말해 주는지)를 (독립적으로) 조작하는

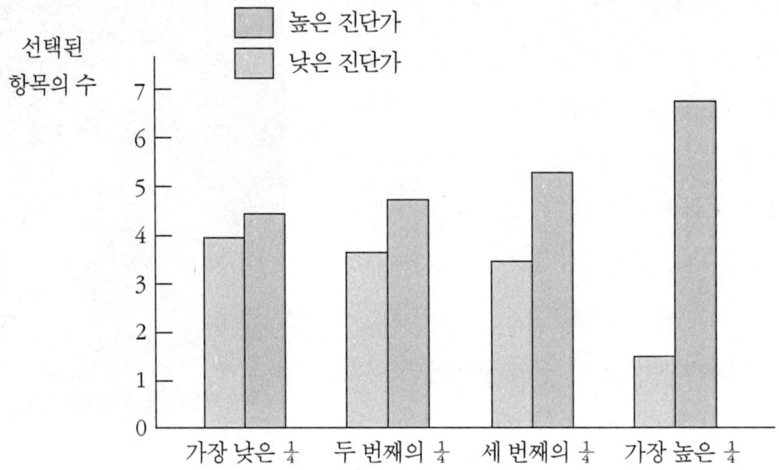

[그림 5-4]

이 연구의 참여자는 그들의 능력을 잘 진단해 주는 문항과 그렇지 않다고 알려진 문항을 선택하게 된다. 참여자는 성취동기 수준에서 네 집단으로 나뉘는데 아주 낮은 수준부터 매우 높은 수준까지 횡으로 배열되어 있다. 성취동기가 높아질수록 진단가가 높은 문항에 대한 선호가 크게 높아짐을 알 수 있다.
[출처] Trope(1975)에서 인용.

방식을 고안해 냈다. 높은 성취욕구를 지닌 사람의 경우 진단적인 문항에 대한 강한 선호를 갖고 있는 반면([그림 5-4]) 난이도 자체는 크게 중요하지 않음이 밝혀졌다.

성취동기의 영향에 관한 연구는 다양한 영역에서 유래한다. 성취욕구는 2만 명의 네덜란드 학생 사이에서 실패에 직면했을 시의 더 많은 인내(예, Feather, 1961), 더 좋은 과제 수행(예, Lowell, 1952), 더 높은 성적(Schultz & Pomerantz, 1976), 그리고 더 큰 교육적 성취와 관련되는 것으로 나타났다(Hustinx, Kuyper, van der Werf, & Dijkstra, 2009). 실제로 성취욕구가 경제 성장과 문화에 주요한 역할을 한다고 제안되기도 했다.

이 아이디어는 여러 문명권의 두드러진 시점의 문헌을 조사해 보는 연구를 이끌었다. 각 문명의 특정 시점의 문헌에 나타난 이야기는 PSE 반응을 해석하는 방식과 유사하게 그 주제로 해석된다. 아울러 같은 시기에 나타난 경제 성장이나 문명의 하락과 상승을 표시했다. Bradburn과 Berlew(1961)의 연구는 매우 인상적이다. 그들은 1500년부터 1800년도 직후까지에 걸쳐 영국의 경제사와 문헌을 조사했다. 그들은 이 기간을 50년 단위로 나누고 각 기간에 대해 성취 심상과 경제 발전 정도를 점수화했다. 성취 심상은 약 100년 동안 안정적이었다가 떨어졌다가 다시 가파르게 올라가는 패턴을 보였다. 경제 발전 지표도 떨어지고 올라가고 하는 패턴이 성취 심상의 패턴을 거의 동일하게 뒤따랐다. 그러나 50년의 시간 간격을 두고 나타나는 패턴을 보였다. 이는 성취욕구의 변화가 후속하는 경제적 결과에 영향을 준다는 것을 시사한다.

보다 더 복잡한 연구가 McClelland(1961)에 의해 행해졌다. 이 연구는 아주 짧은 기간(1925~1950년)에 관심을 두고 있지만, 세계 23개의 문화를 살펴보았다. McClelland는 역사의 두 시점에서 아동의 교과서에 나온 성취 심상을 부호화했다. 그는 그 사이에 있는 기간 동안의 경제 성장과 성취 심상의 측정치를 얻었고 이를 비교했다. 1925년의 성취 심상과 1925년부터 1950년까지의 경제 성장 사이에는 중간 정도의 상관이 있었다. Bradburn과 Berlew의 연구에서처럼, 앞선 경제 성장과 그 이후의 성취 심상 간에는 상관이 없었다. 이 패턴은 (간접적으로 심상에 반영된) 동기가 경제적 성취를 산출해 내지만 그 역은 아님을 시사한다.

이런 연구에서는 성취동기가 경제적 성공을 예측했지만, 성취욕구가 사람들에게 불리하게 작용할 수 있는 상황도 있다. 예를 들어, 높은 수준의 정치적 위치에 있는 사람들의 핵심 과제는 다른 사람을 움직이는 것이다(이는 성격이 다른 권력욕구에 달려 있다). 미국 사회에서 높은 정치적 지위의 사람이 갖는 사적인 통제력은 거의 없다(Winter, 2010). 그 결과 이런 상황에서의 높은 성취욕구는 좋은 결과를 생산하기보다는 좌절된다. 실제로 역대 미국 대통령 사이에서 성취욕구는 낮은 성과와 연결되었다(Spangler & House, 1991). Winter(2010)는 또한 성취욕구는 통제력을 함께 겸비할 때만 비즈니스 세계에서 좋은 성과와 관련된다는 것을 발견하였다.

성취동기에 대한 연구의 흥미로운 측면은 대부분의 초기 연구가 남성만을 연구했기 때문에 최근까지 여성보다는 남성에게서 그 영향이 어떤지에 대해서만 많이 알려져 있다는 점이다. 더욱이 연구는 남녀 모두를 대상으로 하는 성취동기를 다룰 때에도 성취의 다양한 영역(예, 가족의 역할; Duncan & Peterson, 2010)을 살펴보기보다는 전형적인 남성 추구의 영역(예, 근로 소득)에 초점을 맞춘다. 결국 연구자는 여성 사이의 성취욕구를 살피게 되었다. 이 방면의 많은 연구는 성취욕구가 여성 사이에서 다양한 방식으로 표현되며, 여성이 자신의 삶의 방향을 어느 쪽으로 지향하는가에 따라 성취욕구가 표현되는 방식은 달라진다고 제안한다.

Elder와 MacInnis(1983)는 17~18세 소녀로 이루어진 두 집단을 모집했다. 한 집단은 가족 지향적이었고, 다른 집단은 가족과 직업에 대한 관심이 혼합되어 있었다. 두 집단에서 성취동기는 동시에 측정되었지만, 이 동기는 그들이 성인기에 진입함에 따라 두 집단에서 다른 결과를 예측할 것이라고 보았다. 가족 지향적인 여성 사이에서 높은 성취동기를 가진 사람은 결혼과 가정을 이끄는 활동에 에너지를 쏟았다. 사실 이러한 여성은 가정을 꾸리고 유지하는 것으로 성취를 나타냈다. 직업에 관심을 두는 여성 사이에서 높은 성취동기는 결혼과 가정을 꾸리는 일을 뒤로 미루도록 작용하고 있었다. 아마 이런 여성은 자신의 직업에 초점을 맞추기 때문일 것이다. 그러므로 성취욕구가 높은 여성이 어떻게 행동할까는 그 여성이 성취 목표를 무엇으로 잡고 있느냐에 따라 달라진다.

이러한 발견을 또 다른 방식으로 설명하자면, 높은 성취욕구를 가진 여성은 그들 자신의 관점과 그들이 살고 있는 세계에 적합한 방식으로 성취를 추구한다고 이야기할 수 있다. 이러한 원리가 여성이 원하는 취업의 종류에도 영향을 미칠 것이라고 생각하는 것이 합리적이다. Jenkins(1987)는 1967년에 대학 4학년인 여성의 직업 선택을 조사하였다. 성취동기가 높은 사람은 교사가 될 가능성은 높았지만 사업계로는 거의 진출하지 않았다. 왜 그럴까? 그 당시의 교육자라는 직업은 성취욕구에 대한 출구를 제공해 주면서도 전통적인 여성의 역할과 갈등을 일으키지 않는 것이었다. 그러나 사업은 그런 역할과 전혀 맞지 않는 것이었다. 그러므로 여성의 성취욕구는 사회 환경의 다른 측면에 따라 표현되는 방식이 달라진다.

권력욕구

David Winter(1973)와 다른 연구자에 의해 광범위하게 연구되어 온 또 다른 동기는 권력욕구need for power다. 권력욕구는 다른 사람에게 영향력을 행사하고, 우선권prestige을 가지며, 타인에 비해 더 강하다고 느끼고 싶어 하는 욕망이다. 권력욕구를 반영하는 PSE 반응은 강력하고 정렬적인 행동, 특히 사람들에게 강한 정서적 반응을 자아내는 행동의 심상과 관련된다. 지위 또는 신분에 대한 관심을 나타내는 반응 또한 권력욕구를 반영한다.

어떤 종류의 행동이 권력동기를 표현하는가? 놀랄 것도 없이, 권력욕구가 높은 사람은 권위 있고 영향력 있는 힘의 상징으로 그들 스스로를 둘러싸는 지위를 추구한다(Winter, 1972, 1973). 예를 들어, 권력동기가 높은 학생은 학생회에서 임원이

권력욕구는 높은 지위와 재산을 획득하고 자신을 권력의 상징으로 에워싸는 경향으로 자주 표현된다.

될 확률이 높다(Greene & Winter, 1971). 권력동기는 또한 학생회에서 간부 지위에 오를 확률이 높음을 예측한다(Harms, Roberts, & Wood, 2007). 권력 욕구가 높은 사람은 타인에게 보일 자신의 이미지를 통제하는 것에 관해 걱정하기도 한다(McAdams, 1984). 그들은 높은 평판을 받기 원한다. 권력욕구가 높은 사람은 다른 사람이 자신을 권위 있고 영향력 있는 사람으로 봐 주길 바란다. 놀랄 것도 없이, 그들은 자기도취적이고 자기중심적인 경향이 있다(Carroll, 1987). 권력욕구가 높은 사람은 또한 권력욕구가 낮은 사람에 비해 성적 활동도 더 많이 한다(Schultheiss, Dargel, & Rohde, 2003).

권력욕구는 많은 맥락에서 유익하다. 권력욕구가 높은 사람은 권력욕구가 낮은 사람에 비해 외교적 협상에서 양보를 더 적게 한다(Langner & Winter, 2001). 이것은 협상에서 더 좋은 결과를 산출할 수 있다. 권력동기가 높은 사람은 협상에서 이겼을 때, 자신이 암묵적으로 (거의 자각하지 못하면서) 무엇을 계속해야 하는지를 배운다. 그리고 졌을 때는 자신이 무엇을 계속하지 말아야 하는지를 배운다(Schultheiss, Wirth, Torges, Pang, Villacorta, & Welsh, 2005).

권력동기가 사람들을 관리하는 효율성을 높인다는 증거도 있다. 예를 들어, 미 역대 대통령 중에서 권력동기가 높은 사람은 권력동기가 낮은 사람에 비해 더 효율적이었다(Spangler & House, 1991). Winter(2010)는 정치에서 권력동기가 효과를 내는 것은 (성취동기는 그렇지 않은 데 비해) 권력동기가 높은 사람은 정치적인 상황에서 통제력의 부재에 의해 괴롭힘을 당하지 않기 때문이라고 주장했다. 그들은 영향력을 갖기 위해 계속적으로 자신의 행동을 조절하려고 노력한다.

개인적인 삶에서 권력욕구가 높은 남성은 자신의 이상적인 아내감으로 의존적인 여성을 선호하는 경향이 있다(Winter, 1973). 독립적인 여성은 잠재적인 위협이 되는 반면, 의존적인 여성은 남성으로 하여금 우월감을 느끼게 해 준다. 후속 연구는 권력욕구가 높은 남성의 아내는 가정 밖의 직업을 덜 갖는 경향이 있음을 확인했다(Winter, Stewart, & McClelland, 1977).

권력욕구가 남성에게만 중요하다는 의미는 아니다. 여성 역시 이 욕구에서 다양하며, 여성 사이에서도 중요한 결과를 예측하는 것으로 입증되었다. 한 연구(Jenkins, 1994)는 권력욕구가 높은 여성이 낮은 여성보다 권력과 관계된 일에서 더 많은 직무만족을 경험한다고 확인했다. 그러나 불만족 역시 높았다. 이 여성은 또한 14년 동안에 걸친 직업 경력의 발달에서 더 크게 진보했는데, 이는 권력과 관련된 일에서만 그러했다.

개인의 권력욕구 수준은 그 사람이 타인과 관계하는 방식에 영향을 줄 수 있다. 권력욕구는 동료와의 상호작용 시에 보다 적극적이고 주장적이며 통제 지향적인 행동 경향을 보이는 것과 강하게 관련된다(McAdams, Healy, & Krause, 1984). 권력욕구가 높은 사람은 다른 사람의 순종적 표현을 통해 보상을 받으며(Schultheiss & Hale, 2007), 다른 사람의 높은 지배적 표현에 의해 방해를 받는다(Schultheiss, Pang, Torges, Wirth, & Treynor, 2005). 권력욕구가 높은 사람은 또한 다른 사람이 영향력을 행사하려는 자신의 노력에 대해 잘 반응하지 않을 때 더 많이 화를 낸다(Fodor & Wick, 2009). 권력욕구를 특징짓는 상호작용의 지배적 스타일은 더 불길한 시사점을 갖기도 한다. 권력욕구가 높은 남성은 낮은 남성에 비해 논쟁하는 동안 자신의 여성 상대자를 신체적으로 학대하는 경향이 더 많다(Mason & Blankenship, 1987).

지배에 대한 욕구는 자주 성공을 하지만 때로는 실패로 좌절되기도 한다. 권력욕구가 높은 사람은 실패 후에 스트레스 호르몬의 일종인 코르티솔 수준이 증가한다(Wirth, Welsh, & Schultheiss, 2006). 흥미롭게도 낮은 권력욕구를 가진 사람은 성공 후에 코르티솔이 증가한다. 살펴보건대 두 종류의 사람 사이에서 스트레스원의 차이가 있다([그림 5-5] 참조). 성공과 실패는 모두 스트레스가 될 수 있다. 권력욕구의 수준에 따라 스트레스가 될 수도 있고 그렇지 않을 수도 있다. 스트레스는 그 사람이 이루려 하였거나 그 사람에게 익숙하지 않은 결과에 뒤따라 나오는 것처럼 보인다.

Oliver Schultheiss와 동료들은 성 호르몬인 테스토스테론 역시 권력욕구와 관련이 있음을 밝혀냈다(우리는 7장에서 성격에 대한 호르몬의 영향에 대해 더 자세히 다루겠

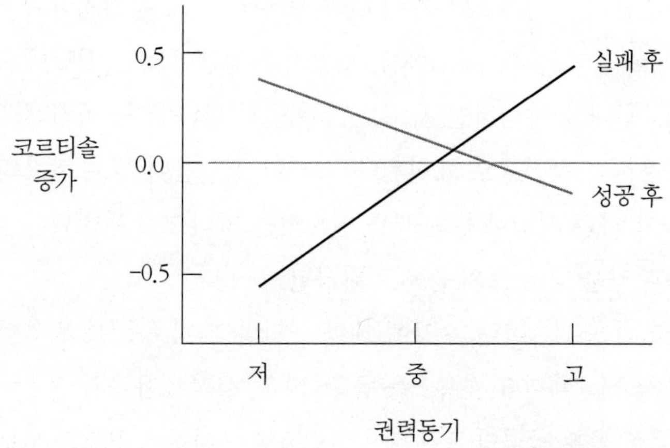

[그림 5-5]

권력욕구가 높은 사람 사이에서는 실패 후 스트레스 호르몬인 코르티솔 수준이 더 높아졌다. 반면 권력욕구가 낮은 사람 사이에서는 성공 후 코르티솔 수준이 더 높아졌다.
[출처] Wirth et al.(2006)에서 인용.

다). 권력욕구와 테스토스테론의 기준치 사이에는 약한 연결이 있었다(Schultheiss et al., 2005). 그러나 더 흥미로운 점은 성공과 실패 후의 테스토스테론 수준의 변화다. 남성 집단에서 권력욕구가 높은 사람은 성공 후에 테스토스테론이 증가하고 실패 후에 테스토스테론이 감소한다. 하지만 여성 집단에서는 그 패턴이 더 복잡해진다. 테스토스테론과 화학적으로 명확하게 연관되는 성 호르몬인 에스트라디올이 남성에게서 테스토스테론이 하는 것처럼 여성에게서 비슷한 역할을 한다는 증거가 있다(Stanton & Schultheiss, 2007). 여성에게서 높은 권력동기는 높은 수준의 에스트라디올 기초 수준과 연관된다. 경쟁의 결과 뒤에 더 두드러지는 에스트라디올 수준의 변화는 종전 남성의 테스토스테론에서 보여 주는 패턴과 매우 유사하다. 경쟁에서 이긴 사람 가운데 권력동기가 높은 사람의 에스트라디올 수준이 증가했다. 승리한 여성 중에서 권력동기가 높은 여성에게서 에스트라디올 수준이 가장 크게 증가했다. 패배한 여성 가운데는 권력동기가 높은 여성이 에스트라디올 수준이 가장 크게 떨어졌다. Stanton과 Edelstein(2009)은 후속 연구에서도 이와 유사한 패턴을 얻었는데, 경구 피임약을 먹지 않는 여성에게서 에스트라디올과 권력동기 간 상관이 피임약을 먹는 여성 집단에 비해 더 높게 나왔다.

권력동기는 좋은 것인가 나쁜 것인가? Winter는 권력동기가 사회화 과정에서 사회적 책임감을 발달시켰는가 그렇지 않은가에 따라 두 갈래 길로 갈라진다고 제안했다(Winter, 1988; Winter & Barenbaum, 1985). 사회적 책임감이 있는 사람에게 권력동기는 우선권prestige에 대한 양심적인conscientious 추구로 나타났다. 이런 경우에 권력은 사회적으로 수용되는 방식으로 표현된다. 그러나 책임감이 낮은 사람의 경우에는 높은 권력욕구가 다른 사람에게 문제를 일으키는 방식으로 표현되어 공격성, 성적 착취, 알코올과 약물 남용 등의 문제로 나타날 수 있다.

Winter와 Barenbaum(1985)은 이런 주장에 대한 상당한 지지 증거를 발견했다. 책임감이 낮은 남성의 한 표본에서 권력욕구는 음주, 싸움, 성적 소유욕과 관련이 있었다. 이에 반해 책임감이 높은 남성의 표본에서 권력욕구는 이러한 경향과 모두 역으로 상관되어 있었다. 유사하게 Magee와 Langner(2008)는 반사회와 친사회적 결정의 결과에서 권력동기의 두 가지 형식을 발견하였다. 책임감이 없이 높은 권력욕구를 가진 남성은 권력과 관련된 성공 경험을 하거나 상상할 때 테스토스테론 수준이 증가하였다(Schultheiss, Campbell, & McClelland, 1999; Schultheiss & Rohde, 2002).

이 모든 증거는 권력동기가 제대로 된 사회화 과정을 통해 길들여질 수 있음을 시사한다. 그러나 이런 결론을 내리기에는 한계점이 있다. 때로 이것은 다른 큰 문제를 초래할 수 있다. Winter(2007)는 전쟁으로 치닫거나 평화적으로 해결된 위기 상황 동안 발생된 다양한 유형의 의사소통을 분석하였다. 연구 결과 전쟁 위기에 대한 개입은 높은 권력동기의 표현을 포함하지만 역설적이게도 높은 수준의 사회적 책임감도 함께 포함함을 보여 주었다. Winter는 많은 상황에서 전쟁에 참여하는 것은 사회적으로 책임감 있게 행동하는 것임을 지적한다. 그래서 조심스럽게 사회화된 책임감은 아마도 권력동기를 어느 정도 길들일 것이지만 단지 어느 한계까지만이라고 말할 수 있다(내집단을 넘어서는 보편적인 인류애나 생명사랑으로까지는 미치지 못한다).

유친욕구

동기 관점의 발달 초기에 또 다른 동기가 많은 관심을 받았다. 유친욕구need for affiliation는 다른 사람과 시간을 함께 보내고 우호적인 사회관계를 구성하려고 하는 동기다. 이것은 다른 사람을 지배하고자 하는 욕구가 아니고 다른 사람과 상호작용하는 사회관계 안에 있고 싶어 하는 욕구다(Sokolowski, 2008의 개관을 참조하라). 이러한 사회적 상호작용은 어떤 다른 목적을 위한 수단이 아니다. 즉, 그것은 그 자체가 목표가 된다. PSE 반응에서 유친욕구는 타인의 수용에 대한 관심이나 다른 사람과 긍정적인 관계를 이루거나 유지하고자 하는 적극적인 시도 등으로 반영된다.

연구에서 이 동기가 몇 가지 방식으로 드러남을 발견했다. 예를 들어, 다른 사람과 친하길 원하는 사람은 자신이 남에게 우호적으로 보이기를 원한다. 어떤 집단이 그들에게 유친 압력을 가하면, 그들은 유친욕구가 낮은 사람에 비해 그 압력을 더 잘 따랐다(Hardy, 1957). 그들은 다른 사람이 자신의 대인 간 기술을 판단한다고 생각하면 불안해진다(Byrne, McDonald, & Mikawa, 1963). 그들은 내성적인 사람보다 따뜻한 사람을 상호작용 파트너로 선호한다(Hill, 1991). 그들은 협상에서 더 많이 양보하고(Langner & Winter, 2001), 더 많이 접촉을 시도하고 친구가 되려고 노력한다(Crouse & Mehrabian, 1977). 그들은 특별하게 타인의 분노 표현에 민감하다(Schultheiss et al., 2005).

적극적으로 사회적 접촉을 시도하는 것은 유친욕구가 타인의 수용에 대해 걱정하는 것 이상임을 시사한다. 유친욕구는 사회적 행사에의 적극적인 참여를 유도한다. 예를 들어, Sorrentino와 Field(1986)는 5주 회기의 만남을 가진 토론 집단에서의 리더십 출현을 연구했다. 집단 구성원은 회기의 마지막에 자기 집단의 리더라고 생각되는 사람을 지적하도록 요구받았다. 이때 유친욕구가 높은 사람은 낮은 사람에 비해 집단의 리더로 더 많이 지목되었다.

Sorrentino와 Field의 연구에서 시사된 것처럼 유친동기가 강한 사람은 낮은 사람보다 사회 활동에 참여하는 시간이 많다. 그들은 더 많이 전화를 걸고(Lansing & Heyns, 1959), 행동 표본을 얻기 위한 연락도구로 호출되었을 때 이야기하거나 편지를 쓰는 등의 사회적 활동에 더 많이 관여하고 있는 것으로 나타났다(Constantian, 1981; McAdams & Constantian, 1983). 그들은 혼자 있을 때 다른 사람과 상호작용하고 싶어 하는 욕구를 더 많이 표현했다(McAdams & Constantian, 1983; Wong & Csikszentmihalyi, 1991).

유친동기와 관계 만족 간의 연결은 복잡하다(Meyer & Pepper, 1977). 행복은 부분적으로 파트너 사이의 유친욕구의 균형에 달려 있었다. 즉, 잘 적응하는 남편과 아내는 서로 유사한 수준의 유친욕구를 갖는 경향이 있었다. 구체적으로 말해서 만약 당신이 낮은 유친욕구를 갖는다면 유사하게 낮은 유친욕구를 가진 누군가와 떨어져 있는 것이 최상일 것이고, 당신이 유친욕구가 높은 사람이라면 유친욕구가 높은 다른 사람과 함께 있는 것이 최고가 될 것이다.

친애욕구

최근 또 다른 연구 초점으로 나타난 동기가 친애욕구need for intimacy다. 이 욕구는 Dan McAdams(1982, 1985, 1989)와 동료들에 의해서 집중적으로 연구되어 왔다. 친애동기는 다른 사람과 따뜻하고, 가깝고, 솔직한 대화를 나누고, 친밀감을 경험하고 싶어 하는 욕망이다. 친애동기는 다른 사람과 함께 하고 싶어 하는 유친동기와 공통점이 있지만, 유친동기의 범위를 넘어서서 다른 사람과 나누는 친밀감과 개방적인 공유를 강조한다.

McAdams는 부분적으로는 유친욕구가 친밀한 관계의 긍정적이고 확신적인 측면에 대해 충분히 초점을 맞추고 있지 못하다고 느꼈기에 친애욕구를 추가로 제안하였다. 유친욕구가 관계를 향해 적극적으로 노력하며 '행위doing' 지향적인 반면, 친애욕구는 좀 더 '존재being' 지향적인 것으로 보았다(McAdams & Powers, 1981). 물론 이 둘이 완전히 구별되지는 않는다. McAdams와 Constantian(1983)은 이들 사이의 상관이 .58이라고 보고했다.

친애욕구는 다른 사람과 따뜻하고 가까우며 의미 있는 관계를 경험하고 싶어 하는 욕망이다.

어떤 행동이 친애동기를 반영하는가? 한 연구에서 친애욕구가 높은 사람은 더 큰 집단의 상호작용에 비해 일대일 방식의 교환을 더 많이 한다고 보고했다(McAdams et al., 1984). 친애동기가 높은 사람이 보고하는 상호작용에는 더 많은 자기 노출이 포함되어 있었다. 달리 말하자면, 친애욕구가 높은 사람은 자신의 희망, 두려움, 환상 등을 친구와 더 많이 공유하는 경향이 있었다. 공유는 두 가지 방식으로 진행한다. 친애욕구가 높은 사람은 낮은 사람에 비해 더 열심히 듣는다. 아마 그들이 친구들의 웰빙에 더 많은 관심을 기울이기 때문일 것이다. 실제로 친애욕구는 자기 노출과 파트너의 자기 노출 둘 다를 끌어내는 것 같다(Laurenceau, Barrett, & Pietromonaco, 1998).

친애욕구가 높은 사람에게는 친밀한 상호작용이 중요하기 때문에, 그들이 자신의 삶을 부분적으로 그런 상호작용으로 규정하는 일은 놀랄 일이 아니다. McAdams(1982)는 친애욕구가 높고 낮은 학생을 대상으로 자서전적인 회고록을 수집했다. 그들은 자신의 과거 경험 중에서 특히 즐거웠거나 초월적이었던 경험을 보고하고, 중요한 학습 경험을 보고하도록 요구받았다. 회상의 내용은 다양한 방식으로 부호화되었다. 예를 들어, 몇몇 사건은 다른 사람과의 두드러진 심리 및 신체적 친밀성을 포함했지만 다른 것은 그렇지 않았다. 분석 결과는 친애동기가 높은 친밀한 내용의 기억 회상을 많이 하는 것과 강하게 상관되어 있었다.

친애욕구가 높은 사람은 다른 사람과 같이 있을 때 어떻게 행동하는가? 그들은 친애욕구가 낮은 사람보다 더 자주 웃고, 미소 짓고, 대화할 때 눈을 더 많이 마주친다(McAdams, Jackson, & Kirshnit, 1984). 그들은 사회적 장면을 지배하려 하지 않는다(높은 권력욕구를 갖는 사람은 지배하려고 했다). 대신 그들은 집단 행위를 집단의 구성원이 함께 대동하는 기회로 보는 것 같다(McAdams & Powers, 1981).

친밀감에 대한 열망은 사람들에게 이롭다는 증거가 있다. 이 연구에서 남성은 30세에 상상의 이야기를 작성하였고 17년 뒤에 생활의 만족을 평가했다(McAdams & Vaillant, 1982). 30세에 친애동기가 더 높았던 남성은 친애동기가 낮았던 사람보다 47세에 자신의 결혼과 직업에 대하여 더 만족하고 있었다. 또 다른 연구는 만약 그들이 혼자 살지 않는다면 친애동기가 높은 여성이 친애동기가 낮은 여성보다 자신의 삶에 더 행복하고 만족해한다고 보고했다(McAdams & Bryant, 1987).

흥미롭게도 친애욕구(가까워지고 싶은 욕구)는 권력욕구(타인에게 영향력 있거나 지배하려는 욕구)와 잘 공존하지 못하는 것 같다. 두 욕구가 모두 높은 사람은 흔히 나쁜 적응을 보인다(Zeldow, Daugherty, & McAdams, 1988).

패턴화된 욕구: 억제된 권력동기

지금까지 우리는 욕구를 개별적으로만 논의해 왔다. 실제로 여러 해 동안 연구자가 욕구를 이런 방식으로 조사했다. 하지만 일부 연구자는 때때로 한 번에 여러 가지 욕구를 포함하는 욕구의 패턴을 연구하거나 다른 특성과의 조합으로 연구했다. 한 가지 잘 알려진 패턴은 권력욕구의 표현을 억제하려는 경향성과 함께 낮은 유친욕구와 높은 권력욕구를 조합한 것이다. 이 패턴은 억제된 권력동기inhibited power motive라 불린다(McClelland, 1979). 이 패턴이 흥미로운 이유는 그것이 조사된 맥락에 따라서 그 효과가 달라지기 때문이다.

한 가지 맥락은 리더십이다. 이론은 다음과 같다. 권력욕구가 높은 사람은 다른 사람에게 영향을 끼치고 싶어 한다. 유친욕구가 낮은 사람은 자신이 미움을 사는 일에 대한 고민 없이 강한 결정을 내린다. 그래서 자기통제가 높은(권력 사용을 억제하는) 사람은 질서 있게 절차를 따르고, 조직의 구조 한계 내에서 유친욕구의 제한 없이 일을 처리한다. 이런 사람은 사업 구조 안에서 일을 잘해 낼 수 있다.

이 유형은 관리직에서의 성공과 관련된다. 한 연구에서 억제된 권력 패턴을 가진 사람은 그렇지 않은 사람보다 16년에 걸쳐 더 높은 지위의 관리직으로 이동했다. 하지만 이것은 비기술직 관리자에게만 해당되었다(McClelland & Boyatzis, 1982). 기술직종의 관리자 사이에서는 성격이 중요하지 않았다. 이는 이해할 만한데, 기술 분야에서는 사람들의 관리적 가치가 그들의 기술에 크게 의존하기 때문이다.

이 유형의 사람들이 설득에 특히 효과적이라는 증거도 있다(Schultheiss & Brunstein, 2002). 그들의 설득력은 언어적 유창성이 높고 몸짓과 같은 비언어적 단서를 효과적으로 사용하는 데서 유래한다. 짐작컨대 더 큰 설득력은 다른 사람을 동원하는 데 있어 더욱 효과적이 되도록 도와줄 것이다.

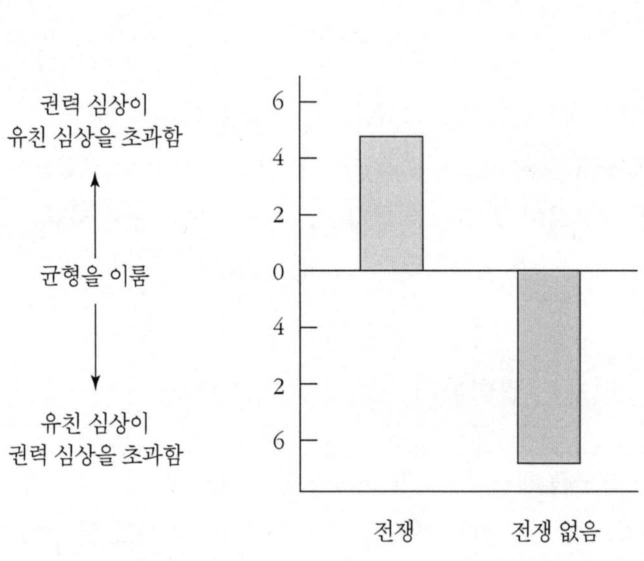

[그림 5-6]

영국이 전쟁에 들어가기 전해의 수상 연설(18사례)과 전쟁에 들어가지 않은 직전 해의 수상 연설(36사례)에서 권력동기 심상 대 유친동기 심상의 균형을 비교했다.
[출처] Winter(1993), 〈표 3〉에서 인용.

권력동기가 높고 유친동기가 낮은 동기 패턴이 타인을 움직이는 데는 좋지만, 반드시 축복만은 아니다. Winter(1993)는 이런 패턴이 전쟁의 발발을 초래할 수 있다고 주장했다. 역사적 자료를 살펴보면, 높은 수준의 권력 심상과 낮은 수준의 유친 심상이 들어 있는 정치인의 연설은 전쟁을 예측하고 있음이 밝혀졌다. 예를 들어, 영국 수상이 한 연설에서 영국이 전쟁에 돌입하기 전년도에는 유친 심상보다 권력 심상이 더 많이 포함되어 있었다. 반면 전쟁이 없던 해의 전년도에는 그 반대였다([그림 5-6] 참조). 미국 지도자를 포함하는 또 다른 사례—1962년 쿠바 미사일 위기—에서도 전쟁의 성공적인 회피 전의 연설에서는 권력 심상보다 유친 심상이 더 많았다.

암묵적 동기와 자기귀인 동기

이 장의 앞에서 살펴본 바와 같이, 동기적 관점에서 보면 성격은 다중 동기 체계다. 각각의 동기는 모든 사람에게 존재한다. 특정한 시점에서 발생하는 행동은 부분적으로 성격에 의해, 그리고 부분적으로는 맥락에 의해 결정되는 다양한 동기가 얼마나 강한지에 의해 정해진다.

유인가

지금까지 분석은 합리적이지만 무언가를 놓치고 있다. 만약 당신의 유친욕구가 지금 다른 욕구보다 더 강렬하다면 이 분석은 당신이 유친적인 행동을 할 것으로 예측할 것이다. 그러나 어떤 종류의 유친행동인가? 이 문제를 다루기 위해서는 부가적 개념이 필요하다(McClelland, 1985).

그런 개념 중 하나가 유인incentive이다. 이는 특정한 행위가 당신의 욕구를 만족시켜 줄 수 있는 정도를 의미한다. 그것은 어떤 행위가 욕구와 어떻게 관련되는지가 개인적인 비중에 따라 달라지는 방식을 두는 그런 종류의 것이다. 유인가incentive value는 특정 동기가 어떻게 행동적으로 표현되느냐를 결정한다. 예를 들어, 유친욕구가 높고 음악을 사랑하는 사람은 친구와 함께 음악 클럽이나 콘서트에 갈 것이다. 스포츠를 사랑하는 유친욕구가 높은 사람은 친구와 함께 축구나 농구 경기를 보러 갈 것이다. 사람들은 자기 욕구와 관련된 행동이라면 아무것에나 생각 없이 빠져들지는 않는다. 사람들은 다양한 활동이 자신에게 갖는 유인가에 기초해서 자신의 욕구를 충족하는 방법을 선택한다.

우리는 욕구의 개념을 소개하면서 유인의 개념을 함께 소개하지 않았다. 그러나 행동의 다양성을 설명하기 위해서는 유인의 개념이 필요하다. 사람들은 심지어 동일한 욕구를 충족하려 할 때도 각기 다른 활동을 택한다. 앞서 언급했듯이 성취욕구가 높은 어떤 여성은 직업적 경력을 통해 자신의 욕구를 충족하려 하는 데 반해, 동일하게 성취욕구가 높은 다른 여성은 끈끈한 가족애를 통해서 이 욕구를 충족한다. 이 두 가지 활동은 서로 매우 다르지만 둘 모두가 성취욕구를 충족해 줄 수 있다.

이 원리는 상호작용주의를 논의했던 4장의 관점과 관련된다. 사람들은 스스로 어떤 상황에 들어가고 어떤 상황은 피해야 할지를 선택하고, 그렇게 해서 사람과 상황 간의 상호작용을 만들어 낸다고 이야기하였다. 우리는 개개인이 왜 서로 각기 다른 상황을 선택하는지 말할 수 없다. 하나의 대답은 다양한 상황에서 사람들은 각기 다른 유인가를 갖는다는 것이다. 심지어 그 상황이 동일한 종류의 욕구를 충족할 때도 그렇다.

욕구와 유인은 둘 다 행동에 영향을 미치지만 다른 방식으로 나타난다. McClelland (1985)는 욕구 강도의 측정치가 특정 유형의 욕구 관련 행동의 장기적 빈도와 관련된다고 주장했다. 한편 유인은 특정 행동 영역 내에서의 선택과 관련된다. 그의 관점에서 욕구는 기본적으로 비의식적인 수준에서 행동에 영향을 미치지만 유인은 의식적인 선택 과정에 더 큰 영향을 미친다.

암묵적 동기는 자기귀인 동기와 다르다

앞선 단락의 내용은 단순하지만 많은 것을 함축한다. 이 장의 앞에서 동기를 측정하기 위한 TAT나 PSE의 발달을 기술하였다. 우리는 사람들에게 그들의 동기에 대해 묻는 대신 다른 전략을 사용하는 결정을 한 것이 행운이었다고 말하였다. 왜 그랬을까? 그 때문에 오늘날 아주 중요하게 보이는 뭔가를 발견하는 것이 가능해졌기 때문이다.

PSE 절차는 지금까지 인용했던 연구의 대다수에서 사용되었다. 그리고 광범위한 발견 결과는 우리가 PSE로 사람의 동기를 제대로 평가할 수 있는가에 대해 확신감을 준다. PSE를 측정하는 것은 많은 노력이 들기 때문에, 다른 연구자는 동기를 평가하는 더 간단한 자기보고식 척도를 개발하였다. 그들은 PSE에서 측정하려는 종류의 동기와 동일한 동기를 측정하기 위해 자기보고 척도를 사용했다. 하지만 자기보고 척도의 점수는 PSE 점수와 낮은 상관을 보였다(McClelland, Koestner, & Weinberger, 1989; Pang & Schultheiss, 2005; Schultheiss & Brunstein, 2001). 왜 그럴까? 무슨 일이 일어났는가?

McClelland와 동료들은 두 가지 다른 평가가 사실은 다른 속성을 재고 있다고 주장하였다(McClelland et al., 1989). 그들은 PSE 측정이 무엇을 측정하는지 알아보기 위해 암묵적 동기implicit motive라는 용어를 사용하였다(Schultheiss & Brunstein, 2010). 그들은 사람들이 자신이 그런 동기를 갖고 있다고 인식할 수도 있고 인식하지 못할 수도 있기 때문에 이러한 동기를 암묵적 동기라고 불렀다. 그들은 또한 자기보고식 검사로 무엇이 측정되는지를 언급하기 위해 자기귀인 동기self-attributed motive라는 용어를 사용했다(현재 외현적 동기explicit motive라고도 불림). 증가하고 있는 증거는 암묵적 동기와 자기귀인 동기가 서로 다르다는 점을 보여 준다. 암묵적 동기는 지금까지 우리가 동기라고 불러 왔던 것이다. 자기귀인 동기는 앞서 설명한 유인과 더 가깝다.

McClelland 등(1989)은 암묵적 동기가 더 기본적이라고 주장했다. 암묵적 동기는 McClelland가 동기의 핵심부에 들어 있다고 믿는 감정적 경험에 대한 만성적인 선호preferences다(성취동기에 대해서는 '더 잘한다고 느끼는 것', 권력동기에 대해서는 '더 강하다고 느끼는 것', 친애동기에 대해서는 '더 친밀하게 느끼는 것'). 암묵적 동기는 원초적이고 반복적이다(Schultheiss, 2002; Schultheiss & Brunstein, 2010). 암묵적 동기가 더 기본적이기 때문에 오랜 시간에 걸쳐 발생하는 광범위한 행동 경향의 좋은 예언자가 된다. 이와는 대조적으로 자기귀인 동기는 특정한 행동 목표와 관련이 있다. 그것은 한 개인이 특정 상황에서 어떻게 행동할 것인가를 말해 준다. 이러한 이유로 구조화된 장면에서의 반응을 더 잘 예측할 수 있다.

이러한 구별이 여러 연구에서 추구되어 왔다. Brunstein과 Maier(2005)는 암묵적 동기와 자기귀인 동기가 성취 행동에서 중요한 역할을 하지만 서로 구분되는 방식을 취한다고 확장한다. 그들은 다른 사람에게 뒤처졌을 때, 암묵적 성취동기는 주로 에너지원으로 작용해서 앞으로 나아가도록 원기를 북돋는 역할을 하는 데 반해, 자기 귀인적 성취동기는 주로 타인과 비교하여 어떻게 의사결정(예를 들어, 어떤 과제를 계속할 것인지 말 것인지를 선택하는) 할 것인지에 영향을 준다는 증거를 발견했다.

두 가지 방식으로 측정된 동기가 서로 다르다는 증거가 연구 참여자들이 PSE와 자기보고를 완성한 뒤 60일 이상에 걸쳐 기억할 만한 경험을 계속 기록하는 연구(Woike, 1995)에서도 나왔다. 기록 경험은 동기에 관련되는 것과 감정에 관련되는 것으로 부호화되었다. 암묵적 동기의 강도는 그 동기와 관련된 감정을 보고하는 빈도와 관련되었다. 반면 자기귀인 동기의 강도는 그렇지 않았다. 대신 자기귀인 동기는 해당 감정을 느끼지 않는 동기 관련 사건을 보고하는 빈도와 관련되었다(그러나 PSE 점수는 아니다).

동기의 두 측면은 기억의 다른 측면과 연결되는 것 같다. 후속 증거는 자기귀인 동기가 자기개념과 연관되는 일반적 기억 회상을 예측하는 반면 암묵적 동기는 특정 사건 회상을 예측함을 보여 준다(Woike, Mcleod, & Goggin, 2003).

암묵적 동기와 자기귀인 동기를 구별하는 가치의 또 다른 예는 Baumann, Kaschel과 Kuhl(2005)의 일련의 연구에서도 찾을 수 있다. 그들은 사람들이 때때로 자신의 암묵적 동기 성향과는 잘 맞지 않는 동기 관련 의도를 갖는다고 주장한다. 이런 일은 특히 자신의 웰빙에 나쁜 영향을 미칠 가능성이 높은 스트레스 상황에서 일어난다. 연구자는 이러한 경향성이 부정적인 감정을 조절하는 것에 취약한 사람 사이에서 특히 현저하다고 주장한다. 세 연구가 이런 아이디어의 증거가 된다.

암묵적 동기와 자기귀인 동기 사이의 불일치가 문제가 될 수 있다는 아이디어가 몇몇 다른 맥락에서 연구되었다. Baumann 등(2005)의 연구에서처럼 동기의 부조화는 그것이 갖는 행동에 대한 갈등적 영향으로 인해 스트레스가 될 수 있다. 예를 들어, 이런 종류의 동기 불일치는 건강하지 못한 섭식을 초래할 수 있다(Job, Oertig, Brandstätter, & Allemand, 2010). 더 일반적으로 최선의 웰빙은 자신의 암묵적 동기와 조화를 이루는 외현적 동기를 가지고 있고, 두 가지 동기를 모두 충족할 수 있는 방식으로 행동하는 것에서 유래한다고 제안된다(Schüler, Job, Fröhlich, & Brandstätter, 2008).

McClelland는 암묵적 동기와 자기귀인 동기 모두 중요하다고 믿었지만 둘은 별개로 간주되어야 한다고 생각했다. 연구 증거는 이런 생각을 지지한다. 흔히 암묵적 동기는 해당 결과를 잘 예측하지만 자기귀인 동기는 그렇지 못하리란 기대를 한다. 그러나 때로는 그 반대의 결과가 나타나기도 한다. 이러한 이유로, 먼저 자신이 측정하고자 원하는 것을 타당하게 측정했나를 확실하게 하는 것이 중요하다(McClelland, 1989). 암묵적 동기와 자기귀인 동기를 구별하는 것은 성격에서 동기를 조망하는 하나의 관점이며, 이 관점은 최근 상당한 주의를 받기 시작했다.

접근동기와 회피동기

점차적으로 중요해지기 시작하는 또 다른 구별은 접근과 회피다. 앞서 논의된 것처럼, 동기는 뭔가에 접근하려고 하거나 또는 뭔가에서 회피하려고 하는 준비성이다. 여태까지 우리는 오직 접근동기에 대해서만 다루었다. 예를 들어, 성취동기가 있는 사람은 성공에 접근하려고 노력한다. 하지만 어떤 성취 과업은 실패 가능성도 지닌다. 실패를 회피하려는 욕망 역시 동시에 작동하리라고 생각할 수 있다. Atkinson(1957)의 주장대로, 성취욕구가 성공 시에 자랑스러움을 느끼는 역량에 연결되듯이 실패 회피 욕구는 실패 후에 수치심을 느끼는 경향성과 관련된다(McGregor & Elliot, 2005).

실패 회피의 간단한 방식은 성취 상황을 완전히 피해 버리는 것이다. 아무런 시도도 하지 않는 것은 실패로부터 당신을 지켜 준다. 실패 회피의 또 다른 방식은 성공적 활동을 계속하는 것이다. 어떤 사람은 자신이 성공에서 실질적으로 무엇을 얻는가에 대해서는 그다지 관심을 보이지 않으면서 자신을 실패하지 않게 만들어 주는 성공 사실 자체에만 주의를 기울인다.

성취에 대한 많은 선행 연구에서 실제로 이 두 가지 동기를 모두 측정했다. 이러한 연구는 Atkinson(1957)의 성취행동 이론에서 파생되었다. 이 이론은 성공을 향해 접근하는 사람들의 동기나 실패에서 벗어나려는 사람들의 동기를 가장 명확하게 예측한다. 그러나 두 가지 동기가 모두 높은 사람이나 모두 낮은 사람에 대한 예측은 분명치 않다. 이러한 이유로 연구는 주로 하나의 동기에서는 높고 다른 동기에서는 낮은 두 집단의 사람들만을 연구 참여자로 택하고 있다.

이런 전략은 이론에 근거한 것이기는 하지만 부작용이 존재한다. 이런 전략은 두 가지 동기를 서로 혼입하여 결과의 해석을 모호하게 한다(2장 참조). 만약 집단 사이에 차이가 있다면 이것은 성공에 대한 접근동기의 차이인가, 아니면 실패에 대한 회피동기의 차이인가? 비록 대부분의 해석이 성공에 대한 접근에 초점을 맞춘 것이라 할지라도 이런 의문에 대한 답을 알 방법이 없다.

최근에는 접근과 회피동기를 독립적으로 구분해 다루는 방식의 연구가 성취동기 연구의 초점으로 재등장했다. Elliot과 동료들(예, Elliot, 2005; Elliot & Harackiewicz, 1996; Elliot & McGregor, 2001)은 이 방면의 대표 연구자다. 그들의 이론은 성취가 접근과 회피동기 중 어느 하나를 반영할 수 있다고 주장한다. 그러나 어느 동기가 중심적인가는 경험의 여러 측면에 영향을 준다.

Elliot과 McGregor(2001)는 어떤 과목의 자료를 숙달하는 데 성공하려는 (접근) 동기는 그 자료를 사려 깊게 정교화하는 전략과 관련되어 있음을 발견했다. 이에 반해 회피동기는 암기와 공부 시간을 효과적으로 조직화하는 문제와 관련됐다. Elliot과 Sheldon(1997)은 두 가지의 동기적 경향성이 주관적 경험에 상이한 영향을 미침을 발견했다. 실패를 회피하려는 데 노력을 쏟는 사람은 성공에 접근하려는 사람에 비해 주관적 안녕감이 낮고 덜 만족하는 것으로 나타났다.

일반적으로 회피동기보다 접근동기가 더 나을지라도 사람들은 자신에게 더 친숙한 어떤 것을 할 때 더 잘 수행한다는 증거가 있다. 구체적으로 말하면 실패에 대한 공포가 높은 사람에게는 성공에 대한 심상화가 어렵고 혼란스럽다(Langens & Schmalt, 2002). 권력동기의 맥락에서도 제안된 것처럼, 당신에게 친숙하지 않은 것은 아마도 당신에게 스트레스가 될 것이다.

다른 동기에서의 접근과 회피

접근동기와 회피동기에 대해 파악하고 나면, 당신은 다른 동기에도 이런 아이디어가 많은 시사점을 지니고 있음을 깨닫게 될 것이다(Carver, Lawrence, & Scheier, 1999; Higgins, 1997; Ogilvie, 1987). 한번 직접 시험해 보라. 한 가지 동기를 선택하라. 다음으로 그 동기에 영향을 주는 행동을 확인하라. 그러면 당신은 같은 행동상에서 다른 동기를 발견할 수 있을 것이다. 예를 들어, 유친행동은 다른 사람과 함께 있으려는 욕망(유친욕구)에서 유래할 수도 있지만 혼자되는 것을 피하기 위해서 발생하기도 한다(Boyatzis, 1973; Pollak & Gilligan, 1982). 이것은 서로 같지 않다. 하나는 접근에 대한 동기이고, 다른 하나는 회피에 대한 동기다. 이와 비슷한 문제는 당신이 생각하는 다른 어떤 동기에 대해서도 생겨날 수 있다.

성취 행동에서와 같이 다른 영역에서도 접근과 회피동기가 다른 결과를 초래한다는 증거가 축적되고 있다. 이런 예 중 강력한 하나가 낭만적 파트너 사이의 개입commitment에 관한 것이다(Frank & Brandstätter, 2002). 이 연구에서는 접근에 기초를 둔 개입이 6개월과 13개월 뒤의 보다 큰 관계 만족도를 예측하고 있었다. 이에 반해 회피에 기초한(즉, 관계가 깨지는 것을 피하기 위한) 개입은 6개월과 13개월 뒤의 낮은 관계 만족도를 예측하고 있었다.

특정한 행동이 접근이나 회피동기 중 어느 하나(혹은 둘의 결합)에 기초할 수 있다는 아이디어는 왜 사람들이 그들이 행하는 일을 할까에 대한 매우 광범위한 질문을 제기한다. 사람들은 일반적으로 목표를 지향해서 움직이는가? 아니면 어떤 것을 회피하거나 도망가려고 시도하는가? 어느 동기가 우세하냐에 따라 행동이 달라질까? 행동이 달라짐에 따라 결과하는 감정이 달라질까?

TAT 또는 PSE의 기초가 되는 과정 글상자 5-1

다음의 그림을 잘 살펴보라. 무엇이 일어나고 있는가? 그것은 무엇인가? 스스로 결정하라. 다음에 나오는 정보(그 외에도 당신이 포함하고 싶은 것은 무엇이든지)를 포함하여 이 그림에 적합한 이야기를 만들어 보라.

- 이 사람들에게는 지금 어떤 일이 일어나고 있는가?
- 그들은 어떤 관계인가?
- 그들의 현재 생각이나 감정은 어떠한가?
- 앞으로 이 상황은 어떻게 될 것 같은가?

충분한 시간을 갖고 당신이 원하는 만큼 길고 자세한 이야기를 만들라.

당신이 지금 해 본 것은 사람들이 주제통각검사TAT(Morgan & Murray, 1935)나 그림이야기 실습PSE(McClelland et al., 1989)을 완성할 때 사람들이 행하는 절차와 유사하다. 이런 검사가 가정하는 아이디어는 사람들이 모호한 그림을 통해 자기 마음속의 동기를 나타낸다는 것이다. 그림의 모호함은 환경의 압력이 이야기 내용을 결정하게 하기보다는 당신의 동기가 더 큰 영향을 발휘하도록 한다. 사람들은 PSE를 완성할 때 여러 그림의 이야기를 기술한다. 각각의 그림은 각기 다른 주제를 이끌어 낸다. 어떤 그림은 성취와 관련된 이야기를 끄집어내고, 다른 그림은 유친과 관련된 이야기를 끄집어낸다. 하지만 여러 그림에 대한 이야기를 만드는 과정 동안 각자가 구성한 공상의 이야기 속에 자신의 성향적 경향성이 나타난다. 아마도 이런 이야기에 반영되는 성향적인 경향성은 그 사람의 성격의 기초가 되는 동기를 반영할 것이다.

만약 당신의 성격을 지배하고 있는 동기에 관심이 있다고 한다면, 당신이 쓴 이야기를 살펴보고 이 장에서 논의된 동기의 증거가 있는지를 찾아보라.

어떤 접근동기도 그에 상응하는 회피동기를 가진다는 일반적인 아이디어는 매우 넓은 함의를 갖는다. 이는 인간 행동의 모습을 매우 복잡하게 만든다. 우리는 이런 아이디어를 이 장의 나머지 부분에서는 한편으로 밀어 놓고 있겠지만, 독자는 행동의 바탕에는 언제나 이런 가능성이 있음을 염두에 두기 바란다.

동기와 5요인 특성 모형

우리가 성격의 핵심을 동기적 성향으로 생각할 때, 자연스레 따라 나오는 질문은 이 장의 동기 견해와 앞의 4장에서 다루었던 특성 견해 사이의 관계가 어떠한가다. 5요인 모형에 동기이론가가 중요하다고 보는 특징이 포함되어 있는가?

이 질문에 접근하는 한 가지 방식은 자기귀인 동기를 분석해 보는 것이다. Stumpf(1993)는 성격연구형Personality Research Form: PRF(Jackson, 1984)을 측정방법의 하나로 사용했으며, 신경증을 제외한 빅 파이브 요인이 PRF에서 모두 나타난다고 결론지었다. Costa와 McCrae(1988a) 또한 빅 파이브 모형의 기초 속성을 반영하는 많은 PRF 척도를 발견했다. 한편 몇 가지 주요한 PRF 척도는 5요인 모형의 한 요인이 아닌 둘 또는 그 이상의 요인에 높은 부하를 보였다. 이는 동기가 하나가 아닌 몇 가지 특성과 관련되어 있음을 시사하는 것이다. 이런 방식의 요인 부하 패턴은 Paunonen 등(1992)에 의해서도 발견되었다. 이와는 상당히 대조적으로, 욕구를 다른 방식으로 측정한 연구에서는 5요인 모델에 대한 보다 나은 지지 증거가 발견되었다(Piedmont, McCrae, & Costa, 1992).

서로 구분되고 상호 보완적인 특성과 동기

동기와 5요인 모형을 일치시키려는 시도는 이론적인 경계를 넘어서는 통합 노력으로 보인다. 그러나 어떤 이는 그런 노력이 방향을 잘못 잡은 것이며, 특성과 동기는 서로 다르다고 믿는다(Winter, John, Stewart, Klohnen, & Duncan, 1998). 앞서의 절에서 논의된 증거는 암묵적 동기가 아닌 자기귀인 동기와 관련된 것이었다. 자기귀인 동기와 암묵적 동기가 서로 강하게 관련되지 않는다는 사실은 특성과 동기가 같다는 결론을 내리는 데 조심해야 할 충분한 이유가 된다. 암묵적 동기가 5요인 모형과 빈약하게 관련되는 또 다른 증거도 있다(Schultheiss & Brunstein, 2001).

Winter 등(1998)은 "동기는 기본 욕망을 대표하고, 특성은 그런 욕망이 어떻게 표현되는가 하는 경로를 결정해 준다."라는 상이한 방식의 통합안을 제안한다. 그래서 그들은 동기와 특성이 행동을 생산하는 데 상호작용한다고 주장한다. 어떤 점에서 이와 유사한 주장을 앞의 암묵적 동기와 유인의 관계에 대한 설명에서 제시하였다. Winter 등의 관점을 취하면, 특성은 유인 선호의 패턴을 나타내는 것이다.

이 주장을 지지하기 위해 Winter 등은 외향적 특성과 (PSE에서 나온) 동기의 관계에 관한 두 연구를 제시했다. 이 연구에서는 수십 년에 걸쳐 여성의 삶을 조사했다. Winter 등은 친애욕구가 내향적 사람과 외향적 사람에게 서로 다르게 영향을 미친다고 주장했다(〈표 5-1〉 참조). 친애욕구가 낮은 여성에게는 그들이 내향적인가 혹은 외향적인가가 거의 문제가 되지 않았다. 친애욕구는 그들에게 큰 의미가 있는 중요한 욕구가 아니었다. 높은 친애욕구를 가진 사람에게서는 그림이 좀 더 복잡해진다. 높은 친애욕구를 가지고 있는 외향적인 사람은 관계가 좋을 수 있는데, 그 이유는 외향적인 사람은 다양한 사회적 상호작용에 편안해하고 능숙하기 때문이다. 대조적으로 높은 친애욕구를 갖는 내향적인 사람은 문제를 초래할 수 있다. 내적인 방향으로의 지향은 친밀한 관계에서 방해를 일으킨다. 그들의 파트너는 그들이 거리를 두고 있거나 뒤로 물러서 있다고 느낄 수 있다. 그 결과로 더 많은 결혼생활의 문제를 일으킬 가능성이 있다. Winter 등은 바로 이러한 패턴을 발견했다.

요점은 암묵적 동기가 특성과는 다른 분석 수준을 지닌다는 것을 말해 준다. 암묵적 동기와 특성이 정확하게 서로 어떻게 관련되는가는 계속되는 후속 연구의 주제가 될 것이다.

‖ 표 5-1 ‖ **유친-친애 동기와 내향성-외향성 특성 차이의 상호작용에 대한 표본 가설**

	유친-친애 동기	
	낮음	높음
외향적 성격의 사람	친밀한 관계가 두드러진 욕망이 아님	친밀한 관계에 대한 욕망이 한 사람과의 안정적인 관계를 유도함
내향적 성격의 사람	친밀한 관계가 두드러진 욕망이 아님	내부세계에 대한 관심이 방해를 받기 때문에 친밀한 관계에 대한 욕망이 있으나 그것을 유지하기가 어려움

출처: Winter et al.(1998)에서 인용.

인간학과 이야기 연구

동기적 성향의 효과에 관한 연구는 두 가지 접근 중 하나를 취하는 경향이 있다. 어떤 연구에서는 사람들이 실험실이나 현장에서의 특정한 사건에 어떻게 반응하는가를 조사한다. 다른 연구에서는 어느 한 시점에서 사람들이 구성한 이야기를 통해 성향적인 동기(또는 동기 세트)의 증거를 모으고, 시간이 꽤 흐른 뒤에 발생하는 특정 결과와 관련시킨다.

동기를 연구하는 이런 두 가지 방법은 이 분야 연구의 아버지인 Murray가 좋아하는 방법과는 많이 다르다. Murray는 성격을 이해하는 유일한 방법이 전인whole person을 장기간에 걸쳐 연구하는 것이라 믿었다. 실제로 그의 이론에 기초한 연구는 51명의 남자 대학생에 대한 집중적인 연구였다(Murray, 1938). 연구 참여자는 다양한 방식의 검사를 받고, 사람의 성격을 꽤 전문적으로 아는 스태프에게 면접을 받았다.

이러한 접근은 개체기술적idiographic이었다. 이것은 각 개인을 독특하게 만드는 특성의 패턴에 초점을 맞춘다. Murray는 법칙정립적nomothetic 방법을 싫어했다. 비교에 관심을 갖게 되면 한 개인의 삶을 깊이 있게 탐구하지 못하게 된다고 믿었기 때문이다. Murray에게 법칙정립적 접근은 사람들을 단지 표면적으로만 이해하게 해 주는 방법이다. 그는 법칙정립적 접근의 부적절성에 대한 걱정으로 자신이 선호하는 접근을 언급하기 위해 인간학personology이라는 용어를 새로 만들었다. 그는 인간학을 개별적인 인간의 삶과 그 과정에 영향을 끼치는 요인에 대한 연구로 정의했다. 그는 인간학이 다른 접근보다 더 의미 있다고 믿었는데, 한 사람을 이해하기 위해서는 그 사람의 인생사가 중요하다고 보았기 때문이다. Murray(1938)에 따르면, "성격의 역사는 바로 성격 그 자체다" (p. 604).

최근 성격을 이러한 방식으로 생각하는 것에 대한 관심이 부활하고 있다. 예를 들어, 앞에서 기술했던 친애동기에 대해 연구했던 McAdams는 정체성이란 우리가 살아가는 장기적인 인생사에 걸쳐 우리 각자가 기록하고 살아온 삶의 확장되어 가는 이야기 형식을 취한다는 아이디어에 대해 심층적으로 저술했다(McAdams, 1985; McAdams & Pals, 2006). 이런 이야기에는 독립된 개별 장이 있고, 영웅이 있으며, 이야기 줄거리에 반복되고 널리 스며들어 있는 주제가 있다(Rabin, Zucker, Emmons, & Frank, 1990 참조).

이야기가 사람마다 어떻게 달라지는지를 예를 들어 보면, 어떤 이야기는 성장을 강조하고("나는 우리 관계가 어떻게 하면 더 좋아지는지를 찾았어."), 다른 이야기는 안전을 강조한다("나는 그런 일이 다시는 일어나지 않았으면 좋겠어.")(Bauer, McAdams, & Sakaeda, 2005). 이야기에 초점을 맞춘 또 다른 예로 McAdams(2006)는 몇몇의 미국 중년의 삶을 특징짓는 개인적 구원redemption에 초점을 맞춘 주제의 무리를 확인하였는데, 그것은 고통의 상태에서 더 나은 심리적인 상태로의 이행을 말한다.

이러한 관점에서 보면 개인의 정체성은 시간에 걸쳐서 일관성 있는 이야기로 유지된다(McAdams & Pals, 2006; Singer, 2004). 모든 삶의 이야기가 독특하기 때문에 이런 방식의 생각은 직접적으로 각 사람의 독특성을 말해 준다(Singer, 2005). 이런 접근법이 장차 성격심리학에서 더욱 현저하게 될지는 아직 미지수이지만, Murray가 찬양했던 바로 그 방법임에는 틀림없다.

평가

동기적 관점에서 성격을 평가하는 일은 한 개인의 동기의 성향적인 수준이 어떠한가를 결정하는 문제다. 이런 성향의 평가와 가장 깊이 관련되는 평가기술은 PSE다(Smith, 1992; Winter, 1996).

앞에서 우리는 PSE가 실시되는 핵심 과정을 기술하였다(앞의 〈글상자 5-1〉 참조). 사람들은 무슨 일이 일어나는지 명확하지 않은 그림을 보고 각각의 그림에 대해 이야기를 만들도록 요청받는다. 그 이야기에서는 무슨 일이 일어났는지를 설명하고, 등장인물의 생각과 느낌을 설명하며, 등장인물 사이의 관계(만약 하나 이상의 인물이 있다면)를 설명하고, 상황의 결과를 말한다. 통각을 통해서 이야기에 나타난 주제는 그 사람의 암묵적 동기를 나타낸다.

검사에 대한 사람들의 반응을 점수화하는 일은 복잡하지만(Winter, 1994), 여기에 간단한 예를 제시한다. 사람들이 기술하는 이야기 속에 어떤 사건이 발생했는지, 그리고 어떤 주제와 심상이 들어 있는지를 살펴보라. 장애를 극복하고, 목표를 이루며, 그 행동에 대해 긍정적인 감정을 갖는 사건은 성취동기를 반영한다. 함께할 다른 사람을 선택하고 사람들 사이의 관계를 강조하는 사건은 친애동기를 반영한다. 다른 사람을 통제하려는 이미지의 이야기는 권력동기를 반영한다. 하나 이상의 주제가 하나의 이야기 속에서 발생할 수도 있다. 이런 경우는 개별적으로 각각 점수화되며, 그 이야기는 동시에 여러 다른 동기를 반영하는 것으로 평가받을 수 있다.

모호한 그림에 대해 설명하는 이야기를 사용하는 것이 이 장의 이론적인 관점에서 파생된 연구에서 동기를 평가하는 핵심 방법이다. 물론 이 이야기만 동기적 심상을 찾아내는 유일한 길은 아니다. 담화, 일기, 편지와 같은 다른 것도 비슷한 방식으로 점수화될 수 있다(Winter, 1994). 하지만 PSE에서의 변이는 암묵적 동기를 평가하는 가장 인기 있는 방법으로 남아 있다

PSE는 동기를 측정하는 데 널리 쓰여 왔지만 비판도 함께 받는다. 상대적으로 낮은 내적 일관성과 검사-재검사 신뢰도에 관한 문제가 제기된다(Entwisle, 1972; Lilienfeld, Wood, & Garb, 2000). 이 기법을 옹호하는 사람은 두 가지가 모두 낮을 그럴 만한 이유가 있다고 말한다. PSE에 있는 그림은 그 내용이 상당히 다양하기 때문에 상이한 종류의 이야기가 보고되는 것은 그리 놀랄 일이 아니다. 그러나 이것은 내적 일관성을 감소시킨다. 또 한 회기에 여러 가지 이야기를 말하라고 요구하는 것은 반복을 피하라는 암묵적인 압력을 발생시킨다고 볼 수 있다. 이것은 내적 일관성과 검사-재검사 신뢰도 둘 다를 감소시킬 수 있다(Atkinson & Raynor, 1974). 이 밖에도 PSE의 신뢰도가 한때 믿었던 만큼 그렇게 낮지 않다는 증거가 있기도 하다(Lundy, 1985; Schltheiss, Liening, & Schad, 2008; Schultheiss & Pang, 2007).

PSE에 대한 또 다른 비판은 보다 실용적인 것으로, 검사를 실시하고 점수화하는 데 너무 많은 시간과 노력이 든다는 점이다. 이것은 사람들이 왜 동기에 관한 자기보고식 측정도구를 개발하고 싶은지에 대한 중요한 이유가 된다. 그러나 앞에서 이야기된 것과 같이 자기귀인 동기(자기보고 척도로 평가된)와 암묵적 동기(이야기 심상화로 평가된)가 같지 않다는 상당한 증거가 있다. 두 방법은 모두 인간의 동기적 경험에 관해 무언가를 측정하지만, 각 방법에서 무엇이 포착되는가는 서로 다르다.

다른 암묵적 평가

성격의 동기적 전통에서 연구하는 학자는 암묵적 평가로 PSE를 주로 사용한다. 그러나 최근 암묵적 구조를 평가하는 다른 방식이 개발되었다(3장에서 논의된 것처럼). 이러한 방법이 토대하는 논리는 투사 개념에 의존하기보다는 상당히 많은 인간

지식이 기본적으로 연합적이라는 아이디어에 기초한다(이에 대해서는 주로 조건화의 과정으로 10장에서 논의된다). 만약 사람들에게 연합적 지식에 대해 내성해 보라고 하면 그들은 정확하게 대답하지 못한다. 왜냐하면 그 지식은 명시적(말로써 설명될 수 있는 것)이지 않기 때문이다. 대신에 그것은 연합의 패턴을 보인다. 이는 명시적 지식을 만드는 것과는 다른 정보의 근원을 대표한다(Rudman, Phelan, & Heppen, 2007).

이런 논리에서 파생된 절차의 한 예로 암묵연합검사implicit association test: IAT (Greenwald, McGhee, & Schwartz, 2008)가 있다. 이것은 내성법으로 발견하기 어렵다고 믿는 기억의 의미적 속성 사이의 연결 강도를 측정한다. 3장에서 이야기한 것처럼, IAT는 어떤 종류의 연합에도 실제로 적용 가능하다. 성격 속성에 적용해 볼 때 다양한 연합에 대한 반응 시간은 암묵적 자기감에 유용한 정보를 제공할 것이다. 명시적 동기와 암묵적 동기는 행동의 다른 측면을 예측하는 것처럼, 자기개념의 명시적 측정과 암묵적 측정IAT도 행동을 예측하는 데 독립적으로 기여한다(Back, Schmukle, & Egloff, 2009).

일부 연구에서는 TAT와 IAT를 비교했다(Sheldon, King, Houser-Marko, Osbaldiston, & Gunz, 2007). 두 가지 측정은 상관이 있었고, 다른 척도와의 상관 패턴도 유사했다. 이것은 아마도 두 방법이 유사한 어떤 것을 측정함을 시사한다.

행동 문제와 행동 변화

성격에 대한 동기적 접근을 하는 사람은 인간 활동의 특정 영역(예, 성취, 유친, 권력, 친애 등)과 보다 일반적인 동기화라는 개념에 관심을 두고 있다. 그들은 행동 문제를 분석하려는 노력을 거의 들이지 않았다. 그럼에도 이 영역에서의 문헌은 적어도 어떤 문제와는 잠정적으로 연결되어 있다.

권력욕구와 알코올 남용

권력동기가 음주 문제를 발달시키는 데 역할을 하고 있다는 주장이 제안되었다(McClelland, Davis, Kalin, & Wanner, 1972). 이 아이디어는 알코올 섭취가 어느 정도 권력의 느낌을 증가시킨다는 발견에 근거한다. 따라서 권력욕구가 높은 사람은 적어도 음주를 함으로써 어느 정도는 그 욕구를 만족시킬 수 있다. 물론 음주는 장기간에 걸쳐 권력동기를 만족시킬 수 없다. 왜냐하면 이 경우 권력감은 일종의 환상이기 때문이다. 술이 깨면 그런 느낌은 금세 사라진다.

알코올 남용이 권력욕구의 문제를 반영할 수도 있다는 개념은 치료에 대한 어떤 시사점을 준다. 특히 이런 방식으로 알코올을 사용하는 사람은 자신이 그렇게 행동하는 진짜 이유를 잘 자각하지 못하고 있음이 시사되었다. 그렇다면 그들은 아마도 자신이 무엇을 하는지를 깨달음으로써 이점을 얻게 될 것이다. 권력동기를 만족시킬 수 있는 대안 방식을 격려함으로써, 치료자는 단순히 증상을 치료하기보다는 좀 더 근원적이고 생산적인 방식으로 문제를 개선할 수 있게 된다. 한 연구(Cutter, Boyatzis, & Clancy, 1977)에서 이런 접근법이 전통적인 치료법보다 더 효과적이고, 1년 후의 추적조사에서도 거의 2배에 가깝게 더 높은 재활률을 보임을 발견했다.

동기에 초점 맞추기와 동기 변화

성격에 대한 동기적 관점에 기여한 심리학자는 치료적 행동 변화에 대해서는 거의 할 말이 없다. 이 접근법의 아버지인 Murray는 치료자였지만 새로운 치료 기법을 개발하지는 않았다. 일반적으로 그는 사람들의 문제를 당시 존재하던 정신역동적으로 지향된 기법을 적용해서 치료하려 했다.

그러나 앞서 논의했던 연구 중 하나는 행동 변화의 과정에 대해 몇 가지 제안을

동기화 세미나는 종종 사업하는 사람들의 성취동기를 증진하기 위해 사용된다.

한다. 일부 사람은 권력에 대한 욕망을 일시적으로 충족하는 방법으로 알코올을 사용한다. 이런 사람을 위해 개발된 한 치료 프로그램은 두 가지에 초점을 맞추었다. 하나는 이런 권력동기가 그들의 알코올 소비의 이면에 있음을 깨닫게 하는 것이다. 다른 하나는 바람직하지 않은 음주를 줄이면서 권력욕구를 만족시킬 수 있는 다른 대안 방법을 찾도록 도와주는 것이다.

이런 논의의 보다 일반적인 함의는 사람들이 종종 자신의 문제 행동의 배경에 있는 동기를 인식하지 못할 수도 있다는 것이다. 많은 문제 행동은 목표에 이르는 경로가 잘못되었거나 암묵적 동기와 명시적 동기 사이의 갈등 때문일 수 있다. 만일 사람들의 동기적 경향성을 세밀하게 살펴볼 수 있다면 문제의 원인에 대해 중요한 어떤 것을 찾아낼 수 있을 것이다. 문제의 원인을 알면 변화는 더 쉬워진다.

치료를 위한 간접적 시사점을 던지고 있는 또 다른 예는 McClelland와 동료들에 의한 연구다(McClelland, 1965; McClelland & Winter, 1969). 이는 사업가의 성취동기를 높이기 위한 훈련 프로그램이었다(Lemann, 1994). 이 프로그램은 성취와 관련된 아이디어를 많이 생각하는 것이 성취동기를 증가시킨다는 생각에 바탕을 두고 있다.

프로그램은 성취동기의 본질을 설명해 주고 TAT 도판에서 어떻게 하면 성취 심상으로 점수를 받게 되는지를 설명해 주는 데서 시작한다. 그다음은 가능한 한 많이 자신의 생각 속에서 성취 심상을 사용하는 방법을 배운다. 스스로를 성취의 면에서 생각하도록 가르침으로써 그들이 참여하는 행위가 무엇이든지 성취 지향적이 될 가능성을 높인다.

성취와 관련된 사고는 중요하지만 그 자체로 충분하지는 않다. 이 훈련의 두 번째 목적은 이러한 사고와 특정하고 구체적인 행동 패턴을 연결하는 것이다. 이런 패턴이 훈련 프로그램 밖에서도 똑같이 작용할 것이라고 확신하는 것 또한 중요하다. 개인은 어디에서든, 설혹 훈련 회기가 아니더라도 성취의 용어로 생각하고 행동하도록 격려받는다. 참여자는 자신의 향후 2년의 계획을 작성한다. 그들은 현실적으로 계획하고 도전적이지만, 도달할 수 있는 목표를 설정하도록 격려받는다. 이러한 기술을 통해 그들이 배운 성취 지향성을 실제적인 활동 과정을 위한 자기 처방으로 바꿀 수 있도록 한다. 이런 처방은 나중에 실제적 성취를 이끌어 내는 데 사용될 수 있다.

이 과정은 효과가 있는가? 대답은 '그렇다'에 가깝다. 2년의 추적연구 동안 통제집단에 비해 성취동기 훈련 과정의 참여자가 사업의 성취 비율이 더 높았고, 새로운 벤처 사업을 더 많이 시작했으며, 고용될 확률도 더 높았다(McClelland & Winter, 1969).

이 프로그램이 사람들의 성취 관련 행동을 변화시킬 수 있다고 하지만, 배경적인 욕구 그 자체가 변할 수 있는지에 대해서는 여전히 의문이 남아 있다. 아울러 이런 결과가 보다 일반적인 치료 영역에서도 얼마나 잘 적용될 수 있을까에 대해서도 불확실하다. 그럼에도 이 연구는 행동 변화에 관해 흥미로운 시사점을 제공한다.

동기이론: 문제점과 전망

이 장을 대표하는 이론가는 성향이 행동에 어떻게 영향을 미치는지에 관해 알기 위해 동기 과정과 사람들에게 부과되는 압력을 살펴보았다. 이 접근법은 성향이 어떻게 행동을 만들어 내는지에 대해 생각하는 방법을 제공하여 성격의 개인 내적인 기능을 구체적으로 설명하도록 해 줌으로써 유사한 성향적 접근인 특성이론의 단점을 피할 수 있게 해 준다.

그러나 피하기 어려운 비판 중 하나는 어떠한 종류의 욕구나 동기를 연구할지에 대한 결정이 임의적이었다는 점이다. Murray는 그의 직관(그리고 타인의 욕구 목록)을 통해 자신의 욕구 목록을 개발하였다. 그리고 그의 전통을 따라 연구하는 사람들에게 이 목록은 무비판적으로 사용되는 경향이 있었다. 그런데 그의 욕구 목록에는 McAdams가 지적했듯이 인간 동기에서 매우 분명한 친애욕구가 빠져 있다. 이는 Murray의 직관적 욕구 목록이 아직 미완성이라는 점을 시사한다. 이 비판에 대한 답으로 지금까지 연구에서 가장 면밀하게 조사된 동기가 심리학의 다른 분야에서 나타나는 아이디어와 상당 부분 맞아떨어진다는 점을 든다. 이런 수렴은 욕구가 실제로 기본적임을 시사한다.

또 다른 비판은 이론보다는 연구의 실행과 관련된다. Murray는 여러 가지 욕구를 함께 고려할 때만 성격의 역동을 제대로 이해할 수 있다는 견해를 분명히 했다. 그러나 성격을 동기적 관점으로 접근하는 기존 연구에서는 거의 그렇게 하지 않았다. 전형적으로 연구자는 한 번에 하나의 동기를 연구하고 그 역동성을 조사했다. 때때로 연구자는 두세 개 욕구의 특정한 군집을 살펴보기도 했지만 이런 예는 상대적으로 드물었다.

이러한 제한이 있음에도 동기적 성향의 관점에서 성격을 연구하는 작업은 지금까지 계속되어 오고 있다. 실제로 이 방향의 연구는 지난 10여 년 동안 다시 부활하고 있다. 사람들이 자신을 동기화하는 데 있어 변이가 있다는 아이디어는 직관적인 호소력을 갖는다. 추가적인 호소는 동기 상태가 시간과 상황에 따라 커졌다 작아졌다 할 수 있다는 아이디어에서 나온다. 이러한 아이디어는 상황적 영향과 성향적 영향 두 가지 모두를 통합된 방식으로 다룰 수 있게 해 준다. 이러한 강점과 함께, 암묵적 동기와 자기귀인 동기가 어떻게 함께 작용하는지를 이해하게 된다면 이 접근의 앞날은 밝아 보인다.

요 약

성격에 대한 동기적 접근은 행동이 잠재적인 욕구의 집합을 반영하고 있다고 가정한다. 어떤 욕구가 더 강렬해짐에 따라 그 욕구는 어떤 행동이 발생하는 데 더 많은 영향력을 행사할 가능성이 높아진다. 행동은 또한 동기적 경향성을 유발하는 외부 자극인 압력에도 영향을 받는다. 욕구(그리고 압력)는 매 순간 강도가 변화하지만, 사람들은 만성적인 욕구 강도의 양상에서도 서로 다르다. 이 관점에 따르면, 이런 차이는 성격에서의 개인차를 만들어 내는 근원이다.

Murray는 인간의 전반적 동기(욕구) 목록을 만들었으며, 다른 연구자는 몇 가지 심리적 동기에 대해 체계적인 연구를 하였다. 이런 연구 중의 하나는 McClelland, Atkinson 등에 의해 연구된, 장애를 극복하고 목표를 달성하고자 하는 성취동기였다. 성취동기 수준이 높은 사람은 낮은 사람에 비해 선호하는 과제의 종류, 선호하는 과제의 난이도 수준, 인내하는 정도 및 수행 수준 등 여러 가지 방식에서 다르게 행동한다. 초기의 성취동기 연구에서는 접근동기와 회피동기가 어떻게 독립적으로 행동에 영향을 미치는지는 무시되는 경향이 있었다. 그러나 최근의 연구는 이런 차이에 대해 검토하기 시작했다.

다른 사람에 비해 강해지고자 하는 동기인 권력욕구 역시 광범위하게 연구되었다. 이 욕구에서 높은 점수를 받은 사람은 영향력을 미칠 수 있는 지위를 추구하고, 자기 주위를 권력의 장식으로 에워싸거나 혹은 자신이 이끄는 집단이 어려움을 겪고 있을 때 강하게 각성하는 경향이 있다. 권력동기 수준이 높은 사람은 영향력이 없거나 인기가 없는 사람을 친구로 선택해서 성가신 경쟁에서 스스로를 보호하려는 경향이 있다. 만일 권력동기가 책임감에 의해 조절되지 않는다면 좋지 않은 사회 영향력의 형태로 나타날 수 있다.

유친욕구는 다른 사람과 함께 시간을 보내고 관계를 진전하거나 유지하려는 욕망이다. 이 욕구의 점수가 높은 사람은 사회 영향력에 민감하고, 다른 사람과의 대화에 비교적 많은 시간을 할애하며, 혼자 있을 때에도 다른 사람과 같이 있는 것에 대해 자주 생각한다. Murray의 목록에는 올라 있지 않았지만, 최근에 많은 연구의 관심을 받고 있는 관련성이 높은 동기가 친애욕구다. 이 욕구가 높은 사람은 다른 사람과 따뜻하고 친밀하고 터놓고 이야기하는 관계가 되기를 바란다. 친애욕구가 강한 사람은 집단에서보다는 일대일 상호작용에 더 많은 시간을 보내는 경향이 있다. 그들은 자기 노출이 많은 상호작용에 참여하는 경향이 있으며, 특히 친구의 복지에 관심을 갖는다.

최근에는 또한 억제된 권력동기와 같은 동기 패턴에 대해 연구하기 시작했다. 이 패턴은 유친욕구보다 권력욕구를 더 많이 가지고 있으면서 권력욕구를 억제하는 유형으로 정의된다. 이 유형의 사람은 관리직에서 일은 잘하지만 전쟁을 유발하는 정치적 지향을 보인다.

이 접근법의 이론가는 동기 외의 다른 개념도 사용한다. 특정한 행동이 한 개인에 대해 특정한 욕구를 만족시킬 수 있는 정도라고 보는 유인은 동일한 욕구를 지닌 사람이 그 욕구를 왜 다른 방식으로 표현하는가를 설명하는 데 도움을 준다. 실질적으로 유인의 개념은 보다 넓은 쟁점에 대해 문호를 열게 해 준다. 흥미롭게도 그림이야기 실습PSE 기법을 통한 동기평가는 자기보고 검사를 통한 평가의 결과와 많은 관련성이 없다. PSE로 평가된 것은 암묵적 동기라 부르고, 자기보고식으로 평가된 것은 자기귀인 동기라 부른다. 암묵적 동기는 일반적으로 무의식적으로 작동하고, 자기귀인 동기는 의식적으로 작동한다고 간주된다. 동기의 이런 두 가지 측면이 어떻게 서로 관련되고 기능하는지는 흥미로운 연구 영역이 될 것이다.

Murray는 개인의 삶을 장기간에 걸쳐서 연구할 것을 강조하였다. 그는 인간에 대한 전인적인 연구를 언급하기 위해 인간학이라는 용어를 새로 만들어 내고 그것을 자신의 목표로 삼았다. 이런 강조는 대부분 연구자의 작업에서 강하게 받아들여지지 않았지만, 최근 들어 McAdams와 동료들의 연구에서 부활되고 있다.

동기적 접근과 동일시되는 평가 기법은 PSE다. PSE는 사람들이 모호한 자극을 볼 때, 즉 그들이 '통각'할 때 개인의 동기가 심상에 반영된다고 보는 아이디어에 기초한다. 여기에서 모호한 자극이란 모호한 상황에 있는 사람을 묘사한 그림 세트다. 자기보고형 욕구 측정도구가 있음에도 PSE가 측정하는 것은 그것과는 다른 어떤 것을 측정하는 듯하다.

성격에 대한 동기적 접근은 행동 문제를 분석하는 쟁점에 대해서는 거의 무시한다. 그럼에도 권력욕구와 알코올 남용이 연관된다는 일부 증거가 있다. 많은 문제 행동이 동기의 부적절한 표출에 기인한다고 추론할 수 있다. 문제가 기초하는 동기를 자각하게 하고 그 동기를 보다 적절한 방식으로 충족하도록 격려함으로써 사람들을 도울 수 있다고 생각하는 것은 합리적이다. 성취욕구를 증가시키는 것과 관련된 연구는 성격을 구성하는 동기의 성향적 수준이 변화될 수 있음을 시사한다.

용어설명

권력욕구need for power 다른 사람에 대해서 영향력을 행사하고 싶어 하는 욕구.

그림이야기 실습picture story exercise: PSE 공상적 이야기를 통해 동기의 강도를 평가하고자 하는 시도로 그림에 대한 이야기를 쓰도록 하는 검사의 일종.

동기motive 특정한 종류의 경험에 대한 준비성을 중심으로 조직화되어 있는 인지-감정의 군집.

동기 성향motive disposition 특정한 동기 수준이 높거나 낮은 사전 경향성.

성취욕구need for achievement 장애를 극복하고 목표를 달성하고자 하는 욕구.

암묵적 동기implicit motive 상대적으로 의식적 접근이 어렵기 때문에 간접적인 방식으로 평가된 동기.

압력press 특정한 동기의 수준을 증가시키는 외부 자극.

억제된 권력동기inhibited power motivation 유친보다는 권력에 대한 욕구를 더 많이 갖고 있지만 그 사용을 억제하고 있는 상태.

욕구need 행동을 동기화하는 만족스럽지 못한 내적 상태.

유인incentive 한 행위가 개인의 특정한 욕구를 만족시킬 수 있는 정도.

유친욕구need for affiliation 사람들과 관계를 형성하고 유지하며 같이 있고 싶어 하는 욕구.

인간학personology 전인에 대한 연구.

자기귀인 동기self-attributed motive 의식적으로 보고된 동기.

주제통각검사thematic apperception test: TAT 상상한 이야기를 통해 특정 동기의 강도를 평가하는 방법.

진단가diagnosticity 한 과제가 어떤 것에 대한 정보를 제공하는 정도.

친애욕구need for intimacy 누군가와 친밀하게 의사소통하고 싶어 하는 욕구.

통각apperception 모호한 외적 자극에 대해 동기를 심상으로 투사하는 것.

Perspectives on Personality

제6장

유전, 진화, 그리고 성격

- 성격에 대한 유전적 영향력 결정하기
  - 쌍생아 연구법
  - 입양아 연구
- 어떤 성격 특성이 유전되는가
  - 기질: 활동성, 사회성, 정서성
  - 기질에 대한 최근 견해
  - 특성의 유전
  - 기질과 5요인 모형
  - 다른 특성의 유전학: 그것은 어떻게 다른가
  - 환경적 영향
- 유전과 성격에 대한 새로운 접근
  - 유전과 환경의 영향 간 상관
  - 유전과 환경의 상호작용
  - 유전자 표현에 미치는 환경의 영향
  - 분자유전학
- 진화와 인간 행동
  - 사회생물학과 진화심리학
  - 유전적 유사성과 매력
  - 배우자 선택과 짝짓기 경쟁
  - 배우자 보유와 다른 쟁점
  - 공격성과 젊은 수컷 증후군
- 평가
- 행동 문제와 행동 변화
  - 정신분열병과 양극성 장애
  - 물질 남용과 반사회적 행동
  - 진화와 행동 문제
  - 행동 변화: 어느 정도까지 가능한가
- 유전과 진화: 문제점과 전망
- 요약

사 례

유리창 아래 생후 3일 된 신생아 두 명이 누워 있다. 한 아기는 한 번에 몇 시간 동안 조용히 누운 채 거의 울지 않으며 가끔씩만 움직인다. 다른 한 아기는 손발을 바둥거리고 얼굴을 찡그리며 날카로운 소리로 울어댄다. 태어난 지 며칠도 되지 않은 아기들이 이렇게 서로 다른 이유는 무엇일까?

16~18세 정도 된 젊은이 한 무리가 수영장 주류 코너에서 어슬렁대고 있다. 그들은 농지거리를 하고, 지나가는 여자에게 눈짓을 하며, 기발한 욕지거리로 서로를 이기려고 애쓰고 있다. 이따금씩 성질을 불같이 내고, 안색이 험해지기도 하며, 서로 밀치고 빈정댄다. 그러나 이번에는 빈정거림의 도를 넘는다. 어두운 금속성 물체가 반짝이고, 곧 총성으로 뜨거운 공기가 흩어진다. 뒤이어 죽은 청년의 어머니가 애통하게 울부짖는다. "왜 남자는 이런 짓을 하는 걸까?"

당신의 신체는 당신이 누구인가를 말해 주는 정보의 일부다. 어떤 사람은 큰 체격을 가지고 있고, 어떤 사람은 왜소한 체격을 가지고 있다. 어떤 신체는 강하고, 어떤 신체는 약하다. 어떤 신체는 잘 조화되어 있고, 어떤 신체는 우스꽝스럽게 균형이 깨져 있다. 삶의 어떤 단계에서 어떤 신체는 인형 쪽을 향하고, 어떤 신체는 레고 블록 쪽을 향한다.

당신의 신체는 당신의 성격이 아니지만 그것이 당신의 성격에 영향을 주는가? 신체가 성격을 결정한다는 생각은 적어도 Hippocrates와 Galen에까지 거슬러 올라간다. 4장에서 말한 바와 같이, Hippocrates는 네 가지 성격 유형을 제안했고, Galen은 각 유형이 특정 체액의 과다함을 반영한다는 견해를 덧붙였다. 사람의 신체 구조가 그들의 성격을 결정한다는 생각은 그 후로도 반복적으로 등장했다.

그러나 이론가에게 '신체 구조'의 의미는 시대마다 달랐다. 20세기 초와 중반에는 이것이 체격 또는 몸의 생김새를 의미했다(〈글상자 6-1〉 참조). 오늘날 체형은 유전자를 의미한다. 지금은 많은 사람이 대부분의 성격 특성이 부분적으로 유전된다고 믿고 있다.

성격에 대한 유전적 영향력 결정하기

연구자는 어떠한 특성이 유전되는지 안 되는지를 어떻게 판단하는가? 가족 유사성은 한 가지 출발점이 될 수 있지만 심각한 문제점도 가지고 있다. 가족 구성원은 유전 때문에 닮았을 수도 있고, 많은 시간을 함께 지내고 비슷하게 행동하도록 학습했기 때문에 닮았을 수도 있다(10장 참조).

더 선명한 그림을 얻으려면 보다 개선된 방법이 필요하다. 심리학자는 이에 관한 아이디어를 얻기 위해 유전학으로 관심을 돌렸다. 그 결과는 심리학과 유전학의 혼합체인 행동유전학behavioral genetics으로 나타났다. 이것은 성격 특성을 포함하는 행동 특성에 대한 유전의 영향을 연구하는 학문이다(Plomin, 1997; Plomin, DeFries, & McClearn, 1990; Plomin & Rende, 1991).

글상자 6-1 **초기 생물적 관점: 체형과 성격**

사람의 신체와 성격 간에 관계가 있다는 생각은 태평하고 유쾌한 뚱보, 모험적이고 힘센 영웅, 허약한 지식인 등의 고정관념 속에 반영되어 있다. 그런 고정관념에 진실이 있는가? 몇몇 이론가도 장기간에 걸쳐 그렇게 생각해 왔다. Kretschmer(1925)는 사람을 세장형, 근육형, 비만형으로 분류했는데, 각 집단은 서로 다른 종류의 장애를 겪는 경향이 있음을 발견하였다. W. H. Sheldon(1942)은 이러한 생각을 범주에서 차원으로 확장하였고, 정상 성격을 연구하였다. Sheldon은 각 특성이 태아가 지니고 있는 세 개의 층layer 중 하나에 대한 강조를 반영한다고 믿었다. 이러한 이유로 그는 각 층의 이름으로 명명했다.

- 내배엽형Endomorphy은 (내장 소화력에 대한 강조를 반영하는) 비만 경향성이다. 내배엽형은 부드럽고 둥글둥글하다.
- 중배엽형Mesomorphy은 (뼈와 근육, 결합 조직의 탁월함을 반영하는) 근육질 경향성이다. 이 체형은 단단하고 각지며 힘이 세기 때문에 격심한 활동에 적합하다.
- 외배엽형Ectomorphy은 (피부와 신경계의 지배를 반영하는) 마른 체형이다. 이 체형은 섬세하고 허약하며, 자극에 의해 쉽게 압도되고, 육체노동에 부적합하다.

대부분의 사람은 각 체형의 특성을 조금씩 가지고 있다.

이러한 신체적 자원에 병행해서, Sheldon은 '기질'의 세 가지 측면을 제안하였다. 내장긴장형Viserotonia은 이완, 관용, 사회성, 편안함의 선호, 선의 및 태평함 같은 특성을 시사한다. 신체긴장형Somatotonia은 대담함, 주장성, 모험과 활동에 대한 열망과 같은 특성을 갖는다. 대뇌긴장형

쌍생아 연구법

행동유전학에서 널리 사용되는 방법 중 하나는 쌍생아 연구twin study다. 이 연구법은 생식에서 발생하는 두 가지 비일상적 사건을 이용한다. 한 가지 우연한 사건은 임신 직후에 일어난다. 수정된 난세포는 보통 2개의 세포로 분열되고 그 후 4개, 8개로 분열되어 결국 사람을 형성한다. 그러나 가끔은 처음의 2개 세포가 분리되어 각각 개별적인 태아로 발달한다. 그 두 사람을 일란성 쌍생아monozygotic(MZ) twins라고 한다. 그들은 단일 세포에서 나왔기 때문에 유전적으로 100% 똑같다.

두 번째 종류의 우연한 사건은 수정 그 자체에서 일어난다. 보통은 모체의 난소에서 오직 1개의 난세포가 방출되는데, 가끔은 2개가 방출된다. 만약 2개의 난자가

Cerebrotonia은 사회적 관계의 회피, 억제, 고통에 대한 과민, 염려에 가까운 정신적 긴장을 포함한다. 체형과 마찬가지로 대부분의 사람은 이 세 가지 기질 특성에서 정도의 차이를 보인다.

자신이 예언했던 바대로, Sheldon은 기질과 체형이 함께 간다는 것을 발견하였다. 중배엽형은 신체긴장형과 관계가 있었고, 내배엽형은 내장긴장형과, 그리고 외배엽형은 대뇌긴장형과 관계가 있었다. 후속 연구도 이러한 견해를 지지하였다.

이런 연구는 모두 신체 유형(체형)이 성격과 관계가 있다는 것을 보여 주었다. 그러나 왜 그럴까? 체형이 성격을 유발하는가? 아니면 둘 사이의 연결은 보다 간접적인가? 신체 유형은 사람들이 어떻게 행동할지에 대한 기대를 포함하는 잘 알려진 고정관념을 반영한다. 그러한 기대를 가지고 있으면 우리는 사람들로 하여금 '기대한 대로' 행동하도록 유도할 수도 있다(Gacsaly & Borges, 1979). 이것이 체형과 행동이 서로 관련되는 듯 보이게 만드는 이유일 수도 있다. 그러나 이것은 사회적 압력에서 기인한 것이지 신체 유형 그 자체에 기인한 것은 아니다.

신체 유형과 성격 사이에 연관성이 생기는 이유를 알기란 어렵다. 부분적으로는 이런 이유로 많은 사람이 이 이론에 대해 회의적이었고 그에 대한 관심이 줄어들었다. 이러한 Sheldon의 생각은 성격심리학에 더 이상 큰 영향력이 없지만, 그는 불과 수십 년 뒤에 다시 출현할 한 가지 아이디어를 강조하였다. 그는 신체 유형과 함께 성격도 유전된다고 믿었다. 그는 이런 아이디어를 검증하지는 않았다. 실제로 그의 시대에는 그런 아이디어를 검증할 수 있는 방법이 널리 이해되지 않았다. 그러나 그 뒤 일부 사람은 그런 검증방법을 발견하였다, 그 결과가 이 장의 초반부에 소개될 것이다.

모두 수정되어 동시에 발달하기 시작하면, 그 결과는 이란성 쌍생아dizygotic(DZ) twins, 즉 2개의 수정란에서 자란 쌍생아가 각각 생긴다. 이란성 쌍생아는 형제간, 자매간, 남매간과 유전적 유사성이 동일하다. 그들은 따로따로 태어나지 않고 다만 공교롭게도 같은 시각에 태어난 것이다. 어떤 동기siblings간이든지(형제간이든 자매간이든) 그들은 유전적으로 평균 50%가 같다(그러나 특정 쌍에서는 0%에서 100%까지에 걸쳐 유사성이 달라질 수 있다). 흥미롭게도 많은 쌍생아는 자신이 어떤 종류의 쌍생아인지를 잘못 알고 있다. 그런 오류는 이란성과 일란성 모두에서 나타난다. 한 연구는 한쪽의 쌍생아가 잘못 알고 있는 경우는 전체 쌍생아 쌍의 약 30%를 차지하며, 두 쪽 모두 잘못 알고 있는 경우도 12%에 달한다는 것을 발견했다(Scarr & Carter-Saltzman, 1979).

일란성 쌍생아와 이란성 쌍생아를 비교해서 성격의 유전성에 관한 정보를 얻을 수 있다.

쌍생아 연구에서는 일란성 쌍생아 조합과 이란성 쌍생아의 조합에서 관심 있는 특성의 상관을 계산한다([그림 6-1] 참조). 그다음 일란성과 이란성 조합 사이의 상관correlations이 비교된다. 만약 일란성 쌍생아가 이란성 쌍생아보다 서로 더 많이 유사하다면 그것은 유전적 유사성의 차이 때문이라고 추정할 수 있다.

성격에 유전이 미치는 영향을 나타내는 지수를 유전성heritability 추정치라고 한다. 연구 중인 특성에 대한 이 지수는 유전에 의해 설명되는 그 특성의 변량 정도를 의미한다. 유전성이 높을수록 유전자가 중요하다는 증거가 강해진다. 사람들은 때때로 이 용어에서 너무 많은 것을 읽어내려 하기 때문에 주의가 필요하다. 유전성 지수는 특정한 한 사람이 유전으로 전해 받은 행동 특징의 양을 의미하지 않는다. 아울러 그것은 왜 유전자가 중요한지에 대해 설명하지 못한다.

쌍생아 연구법은 그들이 일란성이든 이란성이든 간에 함께 양육되는 쌍생아는 똑같은 생애 경험에 노출된다는 가정에 기초한다. 이 점이 결정적으로 중요하다. 부모가 만약 이란성 쌍생아를 일란성 쌍생아와는 다르게 다룬다면 두 쌍생아 집단 간 상관의 차이는 유전에서 기인한다고 결론 내릴 수 없을 것이다. 일란성과 이란성 쌍생아의 유전적 합치에서의 차이는 아동을 다루는 방법의 차이와 혼입될 수 있다.

두 종류의 쌍생아가 대우받는 정도는 실제로 다소 다른가? 대답은 조심스럽게 '그렇다'다. 일란성 쌍생아는 이란성 쌍생아보다 더 비슷한 옷차림을 하는 경향이 있지만 그 차이는 경미하다(Plomin et al., 1990). 일란성 쌍생아가 동일하게 다루어졌을 때가 동일하게 다루어지지 않았을 때보다 그들의 성격 면에서 더 닮은 것처럼

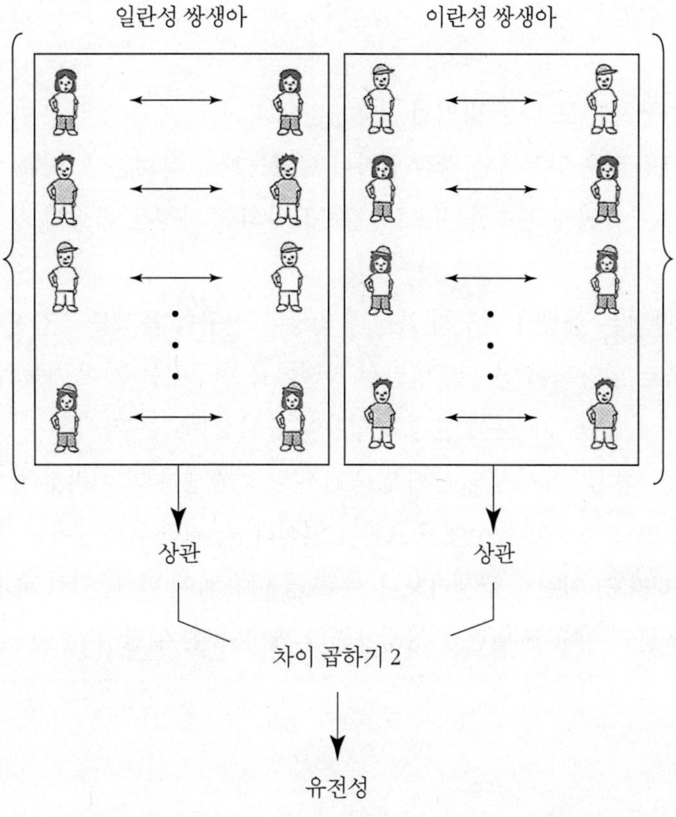

[그림 6-1]

기본 쌍생아 연구법은 함께 자란 일란성 쌍생아와 동성의 이란성 쌍생아 쌍을 조사한다. 각 쌍의 일원이 관심을 갖는 변인이 측정되고, 각각의 상관이 쌍생아의 유형별로 계산된다. 이란성 쌍생아의 상관을 일란성 쌍생아의 상관에서 뺀다. 이 차이에 2를 곱해 주면 그 특성의 유전성 지수, 즉 유전에 의해 설명되는 특성 변량 비율의 추정치가 된다.

보이지는 않는다(Loehlin & Nichols, 1976). 그러나 어떤 연구는 자신이 일란성 쌍생아라고 알고 있는 이란성 쌍생아가 다른 이란성 쌍생아보다 더 유사하다는 것을 발견했다(Scarr & Carter-Saltzman, 1979). 보다 최근의 한 연구는 일란성 쌍생아가 이란성 쌍생아에 비해 비슷한 경험을 다소 더 많이 기억하는 것을 발견하였다. 그러나 이러한 유사성은 성격의 유사성과는 관계가 없었다(Borkenau, Riemann, Angleitner, & Spinath, 2002).

입양아 연구

유전을 연구하는 또 다른 방법인 입양아 연구adoption study는 입양된 아동이 생물적 부모와 자신을 키운 양부모를 각각 얼마나 닮았는지를 살펴본다. 이때 생물적 부모와의 유사성은 유전에 기초한 것으로, 양부모와의 유사성은 환경에 기초한 것으로 간주된다.

또 다른 방법은 쌍생아 연구의 특징과 입양아 연구의 특징을 결합한 것이다. 때로는 따로따로 입양되어 양육된 일란성 쌍생아를 연구하는 것이 가능하다. 그들은 다른 가정에서 자랐기 때문에 환경의 영향이 유사성보다는 차이를 유발할 것이다. 이 쌍생아 쌍 사이의 유사성은 함께 양육된 일란성 쌍생아 및 이란성 쌍생아와 비교될 수 있다. 만약 유전이 특성에 중요한 요인이라면, 일란성 쌍생아는 (비록 분리 양육되었다 하더라도) 이란성 쌍생아보다 서로 더 비슷해야 한다. 만약 유전이 정말로 중요하다면 분리 양육된 일란성 쌍생아는 함께 양육된 일란성 쌍생아만큼 비슷해야 한다.

어떤 성격 특성이 유전되는가

쌍생아 연구와 입양아 연구는 지난 50년 동안에 걸쳐 유전이 성격에 미치는 영향을 연구하기 위해 사용되어 왔다(Johnson, Vernon, & Feiler, 2008). 초기의 연구는 기질temperaments에 초점을 맞추고 있다.

기질: 활동성, 사회성, 정서성

Arnold Buss와 Roberts Plomin(1984)은 초기 아동기부터 출현하는 타고난 성격 특성을 언급하기 위해 기질이라는 용어를 사용했다. 그들은 유아의 행동 관찰에서 가능성 있는 기질의 표시를 찾았다. 후속 연구에서 기질이라고 부를 만한 정상 성격의 세 가지 차원을 제안한다. 그것은 활동성과 사회성 및 정서성이다.

활동성 수준activity level은 그 사람이 지닌 에너지나 행동의 전체적 산출량이다. 이 기질은 개념상 서로 다르지만 높은 상관을 보이는 두 가지 측면을 포함한다. 행동

기질은 다양한 종류의 행동에 영향을 미칠 수 있다. 예를 들어, 활동성 수준은 사람들이 참여하는 여가 활동의 종류를 통해 표현될 수 있다. 어떤 활동은 주로 누워서 하며, 어떤 활동은 속도가 빠르고 상당한 정도의 에너지를 요한다.

의 강도를 뜻하는 활력vigor과 템포tempo, 즉 빠르기다. 활동성 수준이 높은 사람은 높은 강도의 행동과 속도가 빠른 활동을 좋아한다. 활동성 수준이 낮은 사람은 더 여유 있게 사물에 접근한다. 사회성sociability은 혼자 있는 것보다 다른 사람과 함께 있는 것을 더 선호하는 경향성이다. 사회성은 타인의 관심을 끌고 싶고, 활동을 공유하고 싶고, 사회적 상호작용의 일부인 반응과 자극을 받고 싶어 하는 욕구를 말한다. 사회적이 된다는 것은 본질적으로 타인과의 상호작용 과정에 가치를 부여하는 것이다. 정서성emotionality은 당혹스러운 상황에서 생리적으로 쉽고 강하게 각성되는 경향성이다.

기질이 유전된다는 초기 증거는 부모가 자신의 자녀를 평가하는 쌍생아 연구법에서 나타났다(Buss & Plomin, 1975; Plomin, 1974; Plomin & Rowe, 1977). 부모가 평가한 활동성, 정서성 및 사회성에서의 상관은 일란성 쌍생아의 경우 매우 높았다. 하지만 이란성 쌍생아에게는 상관이 거의 존재하지 않는 것에 가까웠다. 입양아 연구도 유전적 영향을 보여 주었다(Loehlin, Willerman, & Horn, 1985).

기질에 대한 최근 견해

발달 연구자는 지난 30년에 걸쳐 기질에 대해 관심을 가져 왔다. 하지만 이제 기질의 본성을 다소 다르게 바라본다. Mary Rothbart와 동료들은 보상에 접근하고 위협을 회피하는 경향성을 반영하는 접근approach 기질과 회피avoidance라는 두 가지 기질을 주장했다(예, Derryberry & Rothbart, 1997; Rothbart, Ahadi, & Evans, 2000; Rothbart, Ahadi, Hershey, & Fisher, 2001; Rothbart & Posner, 1985; Eisenberg, 2002; Eisenberg et al., 2004; Kochanska & Knaack, 2003; Nigg, 2000). 어떤 점에서 회피 기질은 Buss와 Plomin(1984)의 정서성과 비슷하다. 또한 접근 기질과 사회성이 유사한 것처럼 보이지만 전자의 경우처럼 그렇게 분명하지는 않다.

새로운 이론가는 의도적 조절effortful control이라 부르는 용어로 세 번째 기질을 가정한다. 이 기질은 주의를 기울이고 억제하는 것에 관한 것이다. 의도적 조절은 부분적으로 주의관리(긴 과제 수행 기간 동안 주의를 유지하는 것)를 포함하며, 접근이 상황적으로 부적절할 때 접근 행동을 억제하는 능력도 반영한다. 이 기질은 계획성 대 충동성을 암시하는 것처럼 보인다. 생애 초기에 이 기질의 수준이 높은 사람은 생애 후기에 반사회적 행동 문제가 거의 없었다(Kochanska & Knaack, 2003).

특성의 유전

초기의 쌍생아 연구는 성격이 다섯 가지 요인으로 설명된다는 의견이 수렴되기 이전에 이루어졌다(4장 참조). 5요인 모형이 등장하면서 연구자는 다섯 가지 특성 차원이 유전의 영향을 받는지의 여부에 초점을 맞추었다(Bergeman et al., 1993; Heath, Neale, Kessler, Eaves, & Kendler, 1992; Jang, Livesley, & Vernon, 1996; Jang, McCrae, Angleitner, Riemann, & Livesley, 1998; Loehlin, 1992; Tellegen et al., 1988; Viken, Rose, Kaprio, & Koskenvuo, 1994). 그 대답은 명백히 '그렇다' 다. 성격 5요인에 대한 유전의 영향력은 상당하고 매우 안정적이었다(Bouchard, 2004). 여러 문화에 걸쳐서도 5요인에 대한 유전적 영향이 변하지 않는다는 증거가 있다. Yamagata 등(2006)은 5요인이 인간 종의 공통된 유전적 유산을 나타내는 것이라고 결론 내렸다.

대부분의 성인 쌍생아 연구에서는 자기보고나 쌍생아와 가까운 사람들의 보고를 사용한다. 이런 접근은 편향될 가능성이 있다고 비판을 받는다. 이러한 문제점을 다루기 위해 한 연구(Borkenau, Riemann, Angleitner, & Spinath, 2001)에서는 연구 참여자를 비디오로 녹화하고 그들을 모르는 사람이 비디오 자료를 평정하도록 하는 방법을 사용하였다. 그 연구에서도 유전이 5요인 모형의 특성에 기여한다는 증거를 찾아냈다.

기질과 5요인 모형

5요인 모형을 구성하는 상위 특성supertrait은 그 영향력 면에서 광범위하고 널리 퍼져 있다. 그런 점에서 그들은 기질과 매우 유사하다. 실제로 5요인은 기질과 상당한 정도의 개념적 유사성을 갖는다(Caspi, Roberts, & Shiner, 2005; Digman & Shmelyov, 1996; Halverson, Kohnstamm, & Martin, 1994). 한 가지 명백한 유사성은 Buss와 Plomin(1984)이 말한 정서성, 그리고 Rothbart와 Posner(1985)가 말하는 회피가 신경증과 많이 닮았다는 것이다.

또 5요인 중 외향성은 접근 기질의 색조를 갖는다(어떤 사람은 외향성이 사회적 보상에 대한 접근이라고 생각한다). 외향성은 타인과 함께 있는 것에 대한 선호를 암시하고, 사회성과 결합될 가능성을 내포한다(Depue & Morrone-Strupinsky, 2005). Eysenck(1986)는 외향성을 기술하면서 활동성도 그 속에 포함하였는데, 이것은 외향성이 사회성을 활동성과 혼합한 것일 수 있음을 의미한다.

5요인의 또 다른 요인인 우호성도 비록 똑같지는 않지만 사회성의 어감을 가진다. 우호성은 사람들과 함께 있는 것을 좋아함을 시사한다. 그러나 이것은 그것을 넘어서서 타인과 함께 지내기 쉽다는 함축적 의미를 포함한다. 우호성이 사회성에서 도출된 것인지 아닌지는 아직 답을 얻지 못한 미완의 문제다.

성실성은 부분적으로 충동성의 결핍으로 정의된다. 즉, 성실성은 삶의 활동에 대해 계획적이고 지속적으로 집중하는 지향성orientation이다. 충동성이 기질이 될 수 있다는 가능성(Pedersen, Plomin, McClearn, & Friberg, 1988; Rothbart et al., 2003)을 고려한다면, 기질과 5요인 모형 사이의 또 다른 연결이 시사된다.

5요인의 마지막 특성은 경험에 대한 개방성 혹은 지성이다. 4장에서 이 요인을 가리키는 다양한 명칭이 존재하기에 이 특성을 정의하는 데 상당한 어려움이 있음을 언급했다. 지능이 기질로 고려될 성질인지 아닌지는 확실치 않다(흥미롭게도 지능이 무엇인지는 아직도 확실치 않다). 지능은 Buss와 Plomin이 기질을 정의할 때 사용한 속성을 잘 갖추고 있다. 지능은 유전의 영향을 받고(Bouchard, Lykken, McGue, Segal, & Tellegen, 1990; Plomin, 1989), 여러 행동에 광범위한 영향을 미치며, 생애 초기에 확실하게 나타나고, 평생 동안 지속된다. 만약 5요인 모형의 부분에 지능이 반영되어 있다면 기질과 특성 모형 사이의 또 다른 연결이 생길 것이다.

요약하면, 비록 완벽하게 들어맞지는 않지만 생물적인 기초를 가진 기질로 제시된 일련의 성질은 5요인 모형의 특성과 상당히 유사하다. 유사성이 덜 분명한 부분은 부분적으로 흥미로운 질문을 제기한다. 예를 들면, 왜 활동성과 사회성을 외향성보다 더 근본적인 차원으로 볼 수 있는가? 행동 특성을 나누는 방법이 많기 때문에 어떤 것이 최선의 방법인지를 결정하기는 어렵다.

다른 특성의 유전학: 그것은 어떻게 다른가

유전이 행동에 영향을 미친다는 증거는 꽤 널리 퍼져 있다. 수많은 유전 효과가 드러났고 그중 일부는 쉽게 성격과 관련된다. 한 예는 유전이 이혼 위험에 영향을 미친다는 증거다(McGue & Lykken, 1992). 유전이 성격을 통해 이혼에 영향을 미칠 것이라는 증거가 있다(Jockin, McGue, & Lykken, 1996). 유전은 부정적인 생활 사건을 경험할 확률에도 영향을 미치며, 이때 유전의 효과가 성격을 통해 작용한다는 증거가 있었다(Saudino, Pedersen, Lichtenstein, McClearn, & Plomin, 1997). 유전은 사람들이 얼마나 많은 사회적 지지를 받는가에도 영향을 준다(Kessler, Kendler, Heath, Neale, & Eaves, 1992). 이 효과 또한 성격의 차이를 통해서 작용할 것이다(Brissette, Scheier, & Carver, 2002; Kendler, 1997). 유전은 또한 성격을 통해서 다양한 주제에 대한 사람들의 태도에도 영향을 미친다(Eaves, Eysenck, & Martin, 1989; Olson, Vernon, Harris, & Jang, 2001; Tesser, 1993).

이러한 결과는 한 가지 의문을 제기한다. 즉, 이 효과가 어느 정도까지 서로 구별되고 분리되는가다. 앞에서 논의했던 기질과 성격 특성은 그 범위가 매우 넓다. 어떤 성질이 유전의 영향을 받는다는 증거가 발견될 때마다 의문점이 생긴다. 그것은 독립적seperate 효과인가? 또는 연구 중인 세부 특성이 어떤 기질이나 상위 특성과 관계가 있기 때문에 그런 결과가 나타나는 것인가? 예를 들어, 행복은 높은 유전성을 가진다. 하지만 그 유전성은 신경증, 외향성, 성실성의 유전성에 의해 거의 완전하게 설명된다(Weiss, Bates, & Luciano, 2008).

얼마나 많은 별개의 특성이 유전의 영향을 받는가는 아직 그리 많이 탐구되지 않은 질문 중의 하나다. 그러나 이 질문은 유전이 성격에 어떤 식으로 영향을 주는가를 이해하는 데 중요하다. 한 연구는 5요인 모형의 틀 속에서 이것을 탐구하기 시작하였다(Jang et al., 1998). 이 연구는 다섯 가지 상위 특성이 유전된다는 것을 밝혀냈을 뿐만 아니라 그 대부분의 하위 성분(혹은 국면)도 유전된다는 것을 밝혀냈다.

실제로 후자의 유전적 영향은 전반적 특성에 미치는 유전의 영향과는 독립적이었다. 이 결과는 단지 광범위한 소수의 특성보다는 수많은 개별적 특성이 유전의 영향을 받을 수 있음을 암시한다.

환경적 영향

성격에서 유전이 하는 강력한 역할을 입증하는 연구는 환경적 요인의 역할도 중요함을 보여 준다. 그러나 놀랍게도 전반적인 증거는 우리의 추측처럼 환경이 쌍생아를 닮게 만드는 것이 아님을 말해 준다. 환경은 쌍생아를 서로 다르게 만듦으로써 성격에 영향을 준다(Plomin & Daniels, 1987). 이것을 비공유 환경 영향nonshared environment effect이라고 한다.

비공유 환경 영향의 근원은 무엇일까? 이에 대한 정보가 많지는 않다. 그러나 몇 가지 추측이 그럴듯하게 들린다(Dunn & Plomin, 1990; Rowe, 1994), 예를 들면, 형제는 종종 다른, 때로는 완전히 다른 또래 친구 집단을 갖는다. 또래 친구는 성장하는 아동에게 중요한 영향력을 갖는다. 또래 친구 집단의 차이는 쌍생아의 성격을 점차 다르게 할 수도 있다. 만약 그렇게 된다면 그것은 환경의 영향이지만 쌍생아 간에 공유되지 않는 비공유 환경의 영향이다.

다른 요점은 형제는 가족 구성 안에서 상호작용을 하면서 각자 서로 다른 역할을 발달시킨다는 것이다(예, Daniels, 1986; Hoffman, 1991). 예를 들면, 만약 한 자녀가 자주 다른 자녀의 과제를 도와준다면 그 둘은 서로 다른 상호작용의 유형을 발달시키고 있는 것이다. 또 다른 예로, 부모는 가끔 한 자녀를 다른 자녀보다 편애한다. 이것은 자녀의 관계에 영향을 줄 수 있고, 어쩌면 그들 사이에 차이점을 유발할 수 있다. 다시 말하지만 그러한 효과는 환경의 영향이며, 아동마다 다른 비공유 환경의 영향이다.

환경의 효과에 관한 의문은 여전히 남아 있다. 비공유 환경의 중요성이 과장되었다고 믿을 만한 방법론적인 이유가 있다(Rutter, 2006). 또한 평정 척도 대신 행동 측정법이 사용될 때는 공유 환경의 영향력이 더 커진다(Turkheimer, 1998). 앞서 기술되었던, 비디오로 녹화된 행동을 모르는 사람이 평가하는 연구에서 Borkenau 등(2001)은 공유 환경의 영향이 전형적으로 발견되는 것보다 훨씬 큼을 발견하였다. 이런 결과는 연구방법에서의 변이가 어떤 결론을 내릴 것인가에 영향을 미칠 수 있음을 시사한다.

유전과 성격에 대한 새로운 접근

성격의 많은 측면은 높은 유전성을 가진다. 그러나 최근 이런 정보가 우리가 생각했던 것보다 정보적 가치가 없음이 분명해지고 있다(Johnson, Turkheimer, Gottesman, & Bouchard, 2009). 그 한 가지 이유는 유전과 환경의 영향 크기가 유전과 환경의 각 영역에서 변이가 얼마나 많은가에 부분적으로 의존해 있기 때문이다. 즉, 유전성 지표는 특정 환경의 특정 집단에서 계산된다. 만일 하나 혹은 다른 집단이 실제적으로 변한다면 유전성 지표 또한 실제적으로 변할 수 있다.

이러한 관점은 IQ 검사 어휘력의 유전과 환경 효과에 관한 연구에 의해 설명된다(Rowe, Jacobson, & Van den Oord, 1999). 〈표 6-2〉의 왼쪽 가장자리에 표시된, 부모가 교육을 거의 받지 않은 가족의 경우는 공유 환경이 큰 효과를 가졌으나 유전적

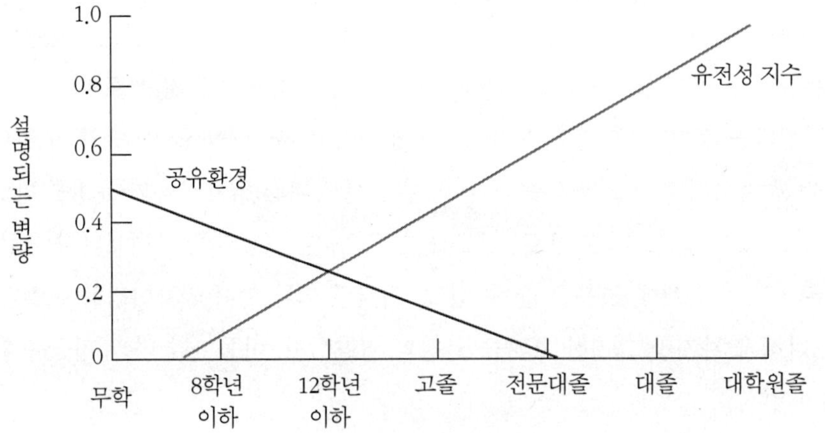

[그림 6-2]

IQ 검사 어휘력은 부모의 교육 수준의 함수로 작용할 때 공유 환경 요인 및 유전적 요인으로 설명된다. 유전성은 낮은 교육 수준의 부모와 아동은 낮은 상관을 보이지만, 높은 교육 수준의 부모와 아동은 높은 상관을 보인다.

[출처] Rowe et al.(1999)에서 인용.

효과는 거의 없었다. 반면 오른쪽으로 그려진, 부모가 높은 수준의 교육을 받았을 경우는 상당히 큰 유전적 효과가 있으나 환경적 효과는 거의 없었다. 이러한 결과 패턴은 한 표본의 유전성 추정치에서 인간 전체 모집단의 유전성에 관한 일반화를 할 때 신중을 기해야 함을 뜻한다.

유전과 환경의 영향 간 상관

유전과 환경 사이에 일어나는 두 종류의 상호작용이 중요하다는 것이 점차 인식되고 있다(Rutter, 2006). 그 하나는 유전적 영향과 환경적 영향 간의 상관이다. 원래는 유전과 환경의 영향은 구별되고 독립적이라고 가정했다. 그러나 이런 가정은 너무 순진한 것임이 드러난다.

Dickens와 Flynn(2001)은 지능을 예로 들어 이러한 관점을 설명한다. 지능이 높은 사람은 지능이 낮은 사람보다 학습을 촉진하는 환경에 더 많이 끌린다. 그러한 촉진적 환경에서 그들은 더 많이 배운다. 그래서 그들의 IQ는 올라간다. 환경은 그들의 IQ에 실질적인 영향을 미쳤다. 그러나 그런 일이 발생할 가능성은 그들의 유전 구조에서 파생된 것이다. 그러므로 두 가지 영향은 서로 상관된다.

이것이 왜 문제가 되는가? 어떤 결과에 미치는 환경 영향의 크기를 판단하는 수치가 유전 영향에 의해 설명될 수 없는 변이성의 크기가 얼마나 되는가에서 나오기 때문이다. 환경의 영향이 유전의 영향으로 오해되면(두 가지는 상관이 있기 때문에) 유전적 영향이 환경적 영향의 결과로 읽히게 된다. 반면에 때때로 유전적 영향이 없다면 환경은 효과를 발휘할 기회를 가지지 못한다.

Dickens와 Flynn(2001)은 이를 IQ라는 맥락에서 논의했다. 그것은 성격에도 적용될 수 있다. 4장에서 말했던 것처럼, 사람들은 자신의 흥미에 부합하는 환경에 끌린다. 그런 환경은 그들로 하여금 자기 자신이 되기 쉽도록 만들어 주기 때문이다. 그러면 환경은 애초에 사람들을 그곳으로 이끌었던 속성을 더 많이 유도할 수도 있다. 조금 내향적인 사람은 책을 읽기 시작하고 그 과정에서 혼자서 하는 활동의 즐거움을 발견하게 되어 더 내향적이 될 수 있다. 약간의 외향적 기질을 타고난 사람이 집단 활동에 참여하게 되면 자신이 집단에서 책임을 맡는 것을 좋아한다는 점을 발견하고 외향성을 더 크게 발전시킬 수 있다.

이러한 기제는 유전적 요인이 그 사람으로 하여금 다른 사람이 경험한 환경과는 다른 환경을 경험할 가능성을 높인다. 때로는 자신의 유전자 구성이 그들이 찾는 환경에 영향을 주고, 때로는 유전자 구성이 주위 사람에게서 나타나는 반응에 영향을 주어서 유전의 영향력이 발휘된다. (4장에서 말했듯이 어떤 사람은 당신을 언제나 미소 짓게 만들지만, 다른 사람은 방에 들어오는 것만으로도 당신의 눈살을 찌푸리게 만들 수 있다.)

유전과 환경의 상호작용

유전과 환경 사이에는 상호작용이 있다. 상호작용의 개념은 2장과 4장에서 언급했다. 4장에서는 특성과 상황 사이의 상호작용에 대하여 이야기했다. 상황은 특정 특성을 가진 사람에 대한 특정 반응의 원인이 되고 다른 특성을 가진 사람에게서 다른 반응의 원인이 된다고 했다. 요점은 같지만 특성 대신 유전적 구성으로 대치한다.

유전학자는 유전과 환경 간의 상호작용이 중요하지 않다고 오랫동안 믿어 왔다(Rutter, 2006). 그러나 이는 지나치게 단순한 가정이다. 많은 연구는 유전-환경G×E 상호작용의 증거를 제공하였다(Rutter, 2006; 9장 참조). 대부분의 연구는 유년기 학대와 같은 불행이나 스트레스 상황과 유전적 요인이 어떻게 상호작용하는지를 보여 주었다. 상호작용 효과를 적절하게 검증하는 과정에 대한 몇 가지 기술적 문제가 제기되었고(Moffit, Caspi, & Rutter, 2006 참조), 그런 연구의 유용성에 대한 많은 논쟁이 있다(Caspi, Hariri, Holmes, Uher, & Moffitt, 2010). 그러나 이런 연구는 장차 이 영역의 중요한 부분이 될 것으로 보인다.

유전자 표현에 미치는 환경의 영향

G×E 상호작용의 아이디어에서 유전자는 다른 사람이 영향을 받는 것보다 특정한 사람이 특정한 환경의 영향을 받기 쉬운 상태가 되게 한다는 것이다. 그러나 환경 또한 유전자가 어떻게 활동하는가에 영향을 준다. 환경은 유전자가 구성된 DNA 서열을 변화시킬 수 없지만 그것이 기능하는 능력에 영향을 미친다. 유전자 표현형gene expression은 유전자가 단백질로 만들어지는 과정에 관여할 때 사용되는 용어다. 흥미롭게도, 유전자 표현은 몸 전체에 걸쳐 동일하지 않다. 유전자 표현은 관여되는 세포의 형태나 부위에 따라 다양하다(예, 뇌 세포, 혈액 세포).

유전자 표현은 유전자가 다른 화학 작용에 접근 가능하게 만들어 주는 과정에 영향을 주는 몇몇 요인의 영향을 받는다. 한 가지 영향은 메틸화methylation다. 이는 유전자의 촉진인자(스위치 켜기에 해당)로 불리는 것에 메틸 화학기가 달라붙는 것을 의미한다. 많은 메틸 작용이 있을 때 유전자 표현의 확률은 낮아진다. 이러한 효과는 유전자 자신의 변화에는 포함되지 않기 때문에 ('유전자에 더하여' 라는 의미인) 후성유전epigenetic 효과라고 불린다. 메틸화는 스트레스 수준 및 식습관의 영향을 받을 수 있다(Champagne & Mashoodh, 2009; Gilbert & Epel, 2009).

유전자 표현이 환경의 다양한 변이에 의해 영향을 받을 수 있다는 증거는 점차 증가하고 있다(Cole, 2009; Gilbert & Epel, 2009; Rutter, 2006). 대부분의 증거는 동물실험 연구에서 나왔지만, 점점 인간을 대상으로 하는 연구가 늘어나고 있다. 이제까지 많은 연구에서는 스트레스 반응을 암시하는 유전자를 포함하였다. 예를 들어, 만성적인 사회적 고립은 면역 반응을 포함한 유전자 표현을 크게 변화시킬 수 있다(Cole, 2009).

유전자 표현 연구의 놀라운 측면은 후성유전적 변화(메틸화의 패턴)가 한 세대에서 다음 세대로 유전될 수 있다는 발견이다(Gilbert & Epel, 2009). 이제 후성유전적 변화는 환경에 따른 경험을 반영한다는 사실과 함께 그림의 조각을 통합해 보자. 불가피한 결론은 환경과의 경험을 반영하는 변화가 유전될 수 있다는 것이다(Champagne & Mashoodh, 2009). 이런 생각은 40년 전에만 해도 조롱거리였다.

분자유전학

앞에서 또 다른 쟁점이 제기되었다. 유전의 영향을 연구하는 방법이 불과 얼마 전까지만 해도 거의 없었는데 이제는 그렇지 않다. 인간 게놈genome 지도—신체의 유전적 청사진—를 제작하려는 노력은 성공을 거두었다. 초안은 일정표보다 몇 년 앞서 2000년에 완성되었다. 사람들 사이의 차이를 유발하는 특정 유전자를 확인하는 것이 점점 더 가능해지고 있다. 차이의 범위는 신체적이거나 심리적인 장애에 대한 취약성에서부터 정상 성격에 이르기까지 매우 넓다. 많은 사람은 이러한 차이와 관련된 유전자를 찾아내는 능력이 의학과 정신의학 및 심리학에 대변혁을 일으킬 것이라고 믿고 있다(Plomin, 1995; Plomin & Crabbe, 2000; Plomin, Defries, Craig, & McGuffin, 2003).

인간 게놈의 대부분은 모든 사람에게서 똑같다. 관심의 초점은 사람마다 다른 부분에 맞추어진다. 특정 부분에 나타나는 DNA의 상이한 형태를 대립형질alleles이라 하고, 이들의 차이의 존재를 다형성polymorphism이라고 한다. 유전형genotype의 차이가 있다는 말은 사람 간에 특정한 위치의 대립형질이 서로 다름을 의미한다. 반면 쌍생아 연구는 양적 유전학quantitative genetics으로 언급되며, 특정 유전자 위치에서의 차이와 사람들 사이의 양적인 차이를 연결하려는 시도로 분자유전학molecular genetics(Carey, 2003) 혹은 게놈학genomics으로 불린다. 얼마 전까지만 해도 유전자는 유전 패턴에서 추론하는 추상적 비유 정도로 취급되어 왔다. 하지만 이제는 구체적이고 특정한 무엇이 되었다. 즉, 염색체의 특정한 위치에 있는 DNA 염기서열이다 (Cole, 2009).

성격에 대한 질문은 특정한 위치가 특정한 성격 특성에 영향을 주는가다. 이 질문에 대한 답은 전혀 간단하지 않다. 특정한 성격 특성에는 많은 유전자가 관여될 가능성이 매우 높다(Plomin & Crabbe, 2000). 그럼에도 첫 번째 게놈학 연구는 후보 유전자 전략candidate gene strategy이라 불리는 방법을 사용했다. 이 전략에서는 특정한 유전자가 특정 생리 과정에 연결된다는 증거와 함께, 그런 생리 과정이 특정한 성격과 관련될 만한 이론적 추론에 근거하여 특정한 유전자 위치를 선택적으로 조사한다.

몇몇 유전자는 정상 성격과 분명한 관련성이 있는 것으로 확인되었다. 한 예가 DRD4라고 불리는 유전자로, 뇌의 도파민 수용기와 관련이 있다. 이 유전자는 여러 개의 변형(대립형질)을 가지고 있는데, 그중 하나는 다른 것보다 더 길다. 긴 대립형질을 가진 사람이 '신기성 추구novelty seeking' 점수가 높다는 결과를 두 집단의 연구팀(Benjamin et al., 1996; Ebstein et al., 1996)이 거의 동시에 발견하였다. DRD2로 불리는 도파민 기능과 관련된 또 다른 후보 유전자는 성격의 '재미 추구fun seeking' 점수와 관련됨을 발견하였다(Reuter, Schimitz, Corr, & Hennig, 2006). 이러한 발견은 도파민이 보상 추구에 관여된다는 견해와 부합된다(이 견해는 7장에서 논의된다).

다른 후보 유전자는 뇌의 세로토닌 사용과 관계가 있다. 5HTTLPR은 세로토닌 전달 유전자라고 불린다. 몇몇 연구 팀은 높은 신경증 점수 및 낮은 우호성 점수와 유전자의 짧은 대립형질의 관계를 발견했다(예, Greenberg et al., 2000; Lesch et al., 1996; Sen et al., 2004). 다른 팀은 충동성과 공격성의 관계를 발견했다(Carver, Johnson, & Joormann, 2008의 개관 참조). 신경증과의 연결은 동일한 결과를 반복해서 얻기가 어려웠다. 증거는 5HTTLPR 다형성이 신경증 자체라기보다는 '충동 대 억제'에 관련되는 무엇이라는 증거를 축적하기 시작했다(Carver et al., 2008; Carver et al., 2011).

단일 유전자 발견은 매우 흥미롭다. 그럼에도 우리는 행동에 대한 대부분의 유전적 영향은 여러 유전자의 작은 기여를 포함할 가능성이 많다(Plomin & Crabbe, 2000)고 다시 천명한다. 실제로 이런 이유 때문에 단일 유전자 발견은 반복 확인이 어렵다. 뉴스 프로그램과 잡지는 새로운 발견이 있을 때마다 '그the' 유전자가 무언가에 작용한다고 요란한 나팔을 불어대지만, 그런 식의 보도는 대중에게 잘못된 인상을 심어 준다(Kendler, 2005). 몇몇 연구자는, 후보 유전자 연구는 실제로는 아닌 것을 그렇다고 잘못 예측하는, 거짓 양성false positive 오류에 취약하다는 사실을 염려한다.

이런 이유와 함께 빠른 기술적 성장으로 인하여, 다른 분자유전학자는 후보 유전자 전략을 포기해야 한다고 주장한다. 이제 전체 게놈 지도에 걸쳐 관심 있는 결과와 관련되는 특정한 혹은 모든 차이를 비교할 수 있는 게놈 전체 연합연구genom-wide association studies: GWAS를 실시하는 것이 가능해졌다. 이런 종류의 연구를 제대로 수행하기 위해서는 매우 많은 연구 참여자가 포함되어야 한다(수많은 단일 유전자가 거짓 양성 오류의 잠재성이 있다). 이런 연구는 또한 비용이 어마어마하게 든다. 그러나 일부 연구자는 이 방법이 행동유전학이 나아가야 할 미래라고 믿는다.

후보 유전자 연구가 계속되든 GWAS가 그 자리를 대치하든 간에, 분자 게놈학의 도구는 성격을 포함한 많은 주제에 관한 유전연구의 본질을 변화시킬 것임에 틀림없다. 이런 새로운 유전적 접근이 성격의 어떤 측면이 중요하다고 명세화하지 않는다는 사실이 자못 흥미롭다. 이런 접근에서는 연구자가 관심 있어 하는 어떠한 성격의 측면에 대해서든 유전적 기여가 어떠한가를 검사하기 위한 도구를 제공할 것이다.

진화와 인간 행동

이제 우리의 방향을 조금 바꾸어 보자. 모든 인간은 수백만 년에 걸쳐 진화해 온 한 종species의 구성원이다. 인간이 진화의 산물이라는 견해는 오래전의 진화 과정이 현재의 인간 행동에도 중요한 영향력을 미칠 것이라고 가정한다. 이러한 계열의 생각은 사회생물학sociobiology 및 진화심리학evolutionary psychology을 포함하는 몇 가지 학문 영역과 관계가 있다(Barkow, Cosmides, & Tooby, 1992; Bjorklund & Pellegrini, 2002; D. M. Buss, 1991, 1995; Caporael, 2001; Heschl, 2002; Segal, 1993; Tooby & Cosmides, 1989, 1990). 이 집단에서 이루어진 연구가 최근 들어 급속하게 증가하고 있다.

사회생물학과 진화심리학

사회생물학sociobiology이란 사회적 행동의 생물학적 기초를 연구하는 학문이다(Alexander, 1979; Barash, 1977, 1986, 2001; Crawford, 1989; Crawford, Smith, & Krebs, 1987; Dawkins, 1976; Lumsden & Wilson, 1981; Wilson, 1975). 사회생물학의 핵심 가정은 인간의 사회적 상호작용의 기본 요소가 진화의 산물이라는 것이다. 즉, 그러한 사회적 행동 유형이 선사시대의 특정 시점에서 적응상의 강점을 제공하

글상자 6-2 이론적 쟁점: 종 차원의 적응과 개인차의 존재

자연 선택natural selection과 집단유전학population genetics의 기본 개념은 단순하다. 만약 어떤 특성이 사람마다 다르다면 그 특성의 배후에 있는 유전자는 몇 개의 잠재적인 형태 또는 대립형질을 가진다.

선택이란 어떤 형태의 유전자가 생존이나 생식에 유리한 경우 다음 세대에 등장할 가능성이 더 많거나, 생존이나 생식을 방해하는 경우 가능성이 더 적어지는 것을 의미한다. 이는 지향적 선택directional selection이라는 것으로, 그 모집단의 다음 세대에 적응적 대립형질의 비율이 커지는 방향으로 변화가 일어나는 것을 의미한다. 지향성 도태(혹은 선택)가 충분히 계속되면 개인차가 줄어들거나 심지어는 사라진다. 여러 세대를 거치면서 적응적인 대립형질이 없는 사람은 재생산에 실패하게 되고, 다음 세대에는 적응적인 대립형질을 가진 사람의 비율이 더 많아진다. 원칙적으로 이것은 어떻게 한 가지 특성이 그 모집단의 보편적인 특성으로 자리 잡는가를 설명해 준다.

수많은 특성이 생존에 영향을 미칠 수 있다. 예를 들어, 힘이 중요한 세상(아마도 인간이 진화하는 동안에는 그랬을 것인데)에서는 힘이 센 사람이 생식하기에 충분할 정도로 오래 생존하는 경향이 있다. 그러면 힘센 유전자가 다음 세대로 전달된다. 이 유전자가 그 모집단에서 잘 나타나는 한, 그 모집단은 생존 가능성이 높아질 것이고 결국 또 다른 세대를 만들어 낼 것이다.

그러나 조금 더 기다려 보자. 어떤 특성이 다른 특성보다 적응적이라면, 개인차가 존재하는 이유는 무엇인가? 왜 우리 모두 덩치가 크고 힘이 세고 잘생기고 그 밖의 좋은 특성만을 갖고 있지 않은 것일까? 선택설의 한 가지 종잡을 수 없는 면은 특정한 가치가 적응적인지 아닌지가

진화심리학자는 적십자에서 벌이는 재난구조 활동과 같은 이타적 행위조차 유전적 기초를 지닌다고 본다.

였기 때문에 유전적으로 남아 있게 된 것이다.

사회생물학자는 어떻게 행동 패턴이 타고나도록 내장되었는가built in 하는 문제에 초점을 맞췄다(〈글상자 6-2〉 참조). 이러한 연구는 놀라운 방향으로 발전한다. 예

특정한 환경에 달려 있다는 것이다. 때때로 어떤 환경에서 유리한 가치가 다른 환경에서는 쓸모없을뿐더러 치명적이다. 긴 안목으로 볼 때 한 모집단의 유전적 변이성은 변화하는 세상에서 그 집단이 생존하기 위해 필요하다. 결국 유전적 변이성을 유지하는 안정화 선택stabilizing selection이라는 또 다른 종류의 선택의 중요성이 알려지게 되었다(Plomin, 1981). 안정화 선택은 어떤 특성의 중간값이 양극단 값보다 더 적응적일 때 발생한다. 아마도 중간값은 하나의 특정한 대립형질보다는 여러 대립형질의 조합을, 그래서 심지어는 복합 유전자를 반영하는 것 같다. 중간값의 지배성은 그래서 유전적 변이성을 의미한다.

어떤 특성의 중간값이 어떻게 극단적 값보다 더 적응적일 수 있을까? 다음의 예를 생각해 보자. 우리가 사회적 종species이라고 가정하면, 사람들이 어느 정도의 사회성을 갖는 것은 중요하다. 사회성이 너무 적은 것은 적응적이지 못하다. 그러나 지나치게 사회적인 것 또한 적응적이지 않다. 극단적으로 사교적인 사람은 혼자 있는 것을 참지 못한다. 그리고 인간의 삶은 사람들에게 혼자 있을 것을 요구한다.

성격과 관련된 수많은 영역에서 중간값은 특히 적응적이다. 그래서 성격 특성이 사람마다 다른 것이다. 이러한 특성에는 유전적 다양성이 있다. 그렇지 않다면 모든 사람이 한 가지 성격을 가질 것이다. 사회생물학과 진화심리학은 특정한 적응 행동이 모든 사람의 일부라는 아이디어를 강조한다. 흥미로운 질문은 그것이 모든 사람의 일부인지, 아니면 어떤 사람에게는 있고 어떤 사람에게는 없는 변이성의 차원을 나타내는 것인지 하는 것이다.

를 들면, 진화 용어로 설명하기가 특별히 어려워 보이는 경향성인 이타주의altruism를 설명하는 한 가지 방법으로 사용된다. 이타주의란 자신의 안녕(잠재적으로는 목숨까지도)을 희생하면서까지 타인의 복지에 관심을 기울이는 행동이다. 이타주의는 표면적으로는 생물적으로 불리하게 보일 것이다. 다시 말해, 이타적이 된다는 것은 다른 누군가에게는 도움이 되겠지만 자신을 죽게 할 수도 있다. 이것은 당신의 유전자가 다음 세대에 전달되는 것을 방해한다. 만약 유전자가 전달되지 않는다면, 유전적 기초를 가진 이타적 경향성은 매우 빨리 사라져야만 한다.

그러나 사회생물학자는 진화 과정에서 정말로 중요한 것은 개체 생존의 문제가 아니라고 지적한다(Wilson & Wilson, 2008). 정말로 중요한 것은 모집단의 '유전자 풀pool'이다. 만약 모집단 중 한 집단이 생존 · 번영하고 높은 비율로 번식을 한다면, 다른 집단의 유전자보다 그 유전자가 후세대에게 더 많이 전달된다.

이것은 스스로의 생식 외에도 당신의 유전자를 전달하는 또 다른 방법이 있음을 의미한다. 당신의 유전자는 다음 세대로 이동할 때 유전자 풀에서 당신의 몫을 번식하도록 도와주는 어떤 것, 소위 포괄적 적합도inclusive fitness에 의해 도움을 받는다(Hamilton, 1964). 만약 당신이 어떤 친족을 위해 이타적인 행동을 한다면 그것은 그 친족이 생존하는 데 도움이 된다. 만일 극단적인 이타 행동(당신이 죽음)으로 엄청나게 많은 친족을 살리게 된다면, 당신의 친족은 당신과 유전적으로 유사하기 때문에 당신의 유전 구성 측면이 전달되는 데 도움이 된다. 이 과정은 친족 선택kin selection이라고 불린다.

결국 이타적 경향이 유전적 기초를 가지고 있다는 주장이다. 이 주장은 사람들이 낯선 사람(특히 경쟁자)보다 친족에게 더 이타적일 것이라는 의미다. 이것은 사실인 것 같다(Burnsteine, Crandall, & Kitayama, 1994). 이 관점과 일관되게 이타주의의 기초가 되는, 타인에 대한 감정 이입적 관심에도 유전이 기여한 바가 있는 것 같다(Burnstein et al., 1994; Matthews, Batson, Horn, & Rosenman, 1981; Rushton, Fulker, Neale, Nias, & Eysenck, 1986). 사실 유전적 친족관계의 사람들이 느끼게 되는 서로에 대한 정서적 친밀감은 부분적으로 이타주의에 대한 친족 효과의 기초가 된다는 증거가 있다(Korchmaros & Kenny, 2001).

이타적인 경향성이 인간 본성의 일부라는 생각은 친족이 아닌 사람 사이의 협력에 대한 진화론적 기초를 암시한다. 이 생각은 본질적으로 우리의 먼 조상은 개인주의자가 되는 것보다 상호 협력자가 됨으로써 더 잘 생존했을 것이다. 그래서 그들은 보다 일반적으로 도움을 주는 경향성을 획득하였다. 장차 도움이 되돌아올 것을 기대하면서 한 사람이 다른 사람을 돕는다는 개념을 호혜적 이타주의reciprocal altruism라 한다(Trivers, 1971).

이런 일이 정말 일어날 수 있을까? 사람들은 속이며, 주지는 않고 받으려고만 하지 않는가? 때로는 그렇다. 그러나 그렇게 하는 사람은 처벌을 받는다(Fehr & Gächter, 2002). 진화적 관점에서 쟁점은 협력이 그 집단에 더 나은 결과를 가져오는지 아닌지의 문제다. 적어도 심리학자가 연구한 상황에서는 그렇다는 증거가 있다(Axelrod & Hamilton, 1981). 이것은 협력하는 경향이 인간 본성의 일부라는 결론을 이끌어 낸다(Guisinger & Blatt, 1994; Kriegman & Knight, 1988; McCullough, 2008). 협력하지 않는 사람을 처벌하는 것이 집단에 더 나은 결과를 가져다준다는 증거도 있다(Fehr & Gächter, 2002). 집단과 잘 지내지 않는 사람을 벌하는 것 역시 인간 본성 속에 유전적으로 확립되어 있는 것 같다.

유전적 유사성과 매력

사람들이 친족에게 이타적으로 행동한다는 생각은 Rushton과 동료들(Rushton, 1989a; Rushton, Russell, & Wells, 1984)에 의해서 유전자 유사성 이론genetic similarity theory으로 확장되었다. 그 기본 개념은 우리가 앞서 말했던 것이다. 즉, 자신의 유전자가 복제되기만 한다면 다른 유기체(사람)의 재생산(번식)을 가져오는 행동이라도 그 행동에 의해 유전자는 '생존한다survive' (다음 세대에 나타난다). 그것은 당신의 혈연(친족) 집단에게 이타적이 되는 것을 의미하지만, Rushton은 그 이상을 의미한다고 말한다.

Rushton과 동료들(1984)은 유전적 유사성은 당신이 누구에게 끌리는가에 영향을 미친다고 주장했다. 특히 당신은 자신과 유전적으로 유사하지 않은 사람보다 유사한 사람에게 더 큰 매력을 느낀다. 이것이 어떻게 유전자의 생존을 돕는가? 만약 당신이 누군가에게 매력을 느낀다면 당신은 그 사람과 성적으로 연루될 가능성이 높아지는데, 그 결과로 '자녀'가 태어날 것이다. 자녀는 부모 모두에게서 유전자를 물려받는다. 당신과 더 유사한 유전자를 가진 사람에게 당신이 매력을 느끼도록 함으로써, 당신의 유전자는 자신과 유사한 유전자를 새로운 사람으로 복제할 가능성을 높여 다음 세대까지 살아남도록 한다.

사람들은 자신과 유사한 유전자를 가진 사람에게 매력을 느끼는가? 아마도 그런 것 같다. Rushton(1984)은 남녀 쌍으로 하여금 유전적 유사성의 개괄적 지표를 알려 주는 혈액검사를 받도록 하였다. 그는 성적으로 연루된 커플이 50%의 유전 표시를 공유한다는 것을 발견했다. 사람들을 무선적으로 짝지어 놓았을 때 무선적 커플은 유전 표지의 단지 43%만 공유하였는데, 이는 성적으로 연루된 커플의 50%에 비해 유의하게 낮은 수치다. Rushton은 아이가 없는 커플과 아이가 있는 커플을 계속하여 비교했다. 아이가 있는 커플은 유전 표지의 52%를 공유하였고, 아이가 없는 커플은 다만 44%만 공유하였다. 결국 성적인 활동을 하는 커플 사이에서 가장 유사한 커플이 재생산을 하는 확률도 높았다.

이러한 매력 효과는 이성에게만 국한된 것이 아니다. 사람들은 자신과 유전적으로 유사한 타인과 우정을 맺는 경향이 있다. Rushton(1989b)은 가까운 우정관계를 맺고 있는 남성 쌍을 대상으로 연구를 반복하였다(모두 이성애자였다). 그 친구 쌍은 유전 표지의 54%를 공유하고 있었고 무선적으로 짝지어진 쌍은 단지 48%만 공유하였다. 다시 유전적 유사성이 매력과 관계된다.

유전적으로 유사한 동성과 우정을 맺는 것은 어떻게 적응적이 될 수 있을까? 요점은 유전자를 자녀에게 전달하는 것이다. 동성 친구를 갖는 것이 직접적으로 그렇게 해 주지는 않는다. 그러나 이것을 도와주는 두 가지 방법이 있다. 첫 번째는 앞에서 이타주의와 친족 선택에 대해 논의한 개념과 유사하다. 당신은 낯선 사람보다는 가까운 친구에게 더 이타적인 경향이 있고, 이는 그 친구가 생식할 나이까지 생존할 확률을 높인다. 두 번째 가능성은 당신이 그 동성 친구의 남매를 만날 수 있다는

남성이나 여성 모두 바람직한 짝을 찾기 위한 경쟁 속에 있다.

가능성이다. 만약 그 친구의 이성 형제도 당신과 유전적으로 유사하다면 잠재적 성 활동 가능성을 포함하는 매력이 발달할 것이고, 그 결과로 자손이 생길 것이다.

사람들은 다른 사람에게서 유전적 유사성을 어떻게 감지할까? 그것은 단정하기 어렵다. 한 가지 가능성은 사람들이 자신의 표정과 용모를 공유하는 타인에게 끌린다는 것이다. 당신과 비슷하게 생긴 사람은 가족처럼 보이고, 그래서 당신의 마음을 끈다는 것이다. 다른 가능성은 냄새를 통해 유전적 유사성이 전달되는 것이다. 여성은 자신의 아버지와 유전적으로 유사한 남성의 냄새를 선호한다는 증거가 있다(Jacob, McClintock, Zelano, & Ober, 2002). 당신은 무의식중에 미묘한 신체적 단서를 통해 당신과 닮은 사람을 인식할 수 있다.

여기에서도 문화가 어떤 역할을 하는 경향이 있다. 당신이 동부 유럽인의 자손이라면 당신의 (동부 유럽) 전통을 공유하는 사람과 함께 있는 것이 더 편안할 것이다. 당신을 끌어당기는 것은 친숙한 전통이다. 하지만 결과는 유전자 풀에서 당신이 속한 부분에 함께 속해 있는 사람에게 끌리게 되는 것이다.

이러한 원칙에 반하는 발견이 있다. Garver-Apgar 등(2006)은 병원체와 자신을 구별하는 면역계를 돕는 유전자를 살펴보았다. 가능한 한 많은 병원체를 탐지하고 그들을 무력화할 수 있을 때, 당신의 면역계는 가장 적응적이다. 이럴 경우 연구자는 누가 당신과 닮았는가가 아니라 누가 당신과 다른가에 매력을 느낄 수 있다고 추론했다. 예측한 바와 같이, 특정 유전자에서 그들의 파트너와 다른 여성이 상대에게 성적으로 더 반응적이었으며 유사한 남성에게는 덜 끌렸다.

사람들이 특정한 특성을 바탕으로 배우자를 찾는다는 일반적 개념을 동종결혼 assortative mating이라 한다(Thissen & Gregg, 1980). 짝짓기가 무작위로 일어나지 않음은 거의 분명하다. 짝의 선택이 얼마나 섬세한가 하는 데에서는 일부 제한점이 있지만, 사람들은 다양한 특성을 바탕으로 자신의 배우자를 선택한다(Lykken & Tellegen, 1993). 흔히 배우자 선택에 영향을 주는 특징은 자신과의 유사함이다(Buss, 1985; Rushton & Bons, 2005).

배우자 선택과 짝짓기 경쟁

우리는 유전자를 다음 세대에 전달하는 일의 중요성에 대해 상당히 길게 얘기해 왔다. (이런 관점에서 보면 개인은 하나의 유전자가 또 다른 유전자를 만들어 내는 통로라고 말할 수 있다[Barash, 2001].) 그래서 성격에 대한 진화론적 관점은 분명히 짝짓기에 초점을 맞추고 있다(Gangestad & Simpson, 2000). 실제로 이 관점에서 보면 짝짓기가 삶의 모든 것이다(비록 당신이 짝짓기의 복잡함을 생각할 때는 다른 쟁점이 떠오르지만). 어떤 특성이 생존상의 이익을 주는 것처럼, 어떤 특성은 생식상의 이익을 준다.

짝짓기는 경쟁을 포함한다. 남성은 서로 경쟁을 하고 여성도 서로 경쟁을 한다. 그러나 경쟁하여 얻고자 하는 자원은 남녀 간에 차이가 있다. Trivers(1972)는 남성과 여성은 생식 역할의 차이에 기초하여 각기 다른 짝짓기 전략을 발전시켰다고 주장해 왔다. 여성은 남성보다 자녀 출산과 양육에 더 많은 투자를 한다. 즉, 그들은 아기를 9개월 동안 몸속에 갖고 있으며, 출산 후 자녀를 돌보는 데 남성보다 더 많이 매이게 된다. 모든 종에 걸쳐 일반적으로 적용되는 법칙은 시간과 에너지의 제한 때문에 출산과 양육에 더 많은 투자를 하는 성이 전 생애 동안 더 적은 수의 새끼를 생산한다는 것이다. 그래서 짝을 더 까다롭게 고른다(그러나 모두가 다 이 관점에 동의하지는 않는다; Small, 1993 참조). 더 적은 투자를 하는 성은 더 많은 수의 새끼를 생산하고, 그래서 짝을 고르는 데 덜 까다롭다.

생물적 투자에 차이가 있다고 가정할 때, 여성의 전략은 최고로 유용한 남성을 확인하기 전까지는 짝짓기를 보류하는 것이다. 여기서 '최고'란 유전적 기여, 어버이적인 돌봄, 배우자와 자녀를 위한 물질적 후원 등의 특성으로 정의된다. 반면에 남성의 전략은 성적 기회를 극대화하여 가능한 한 성교를 자주 하는 것이다. 이것은 유용하고 번식력 있는 짝을 찾는 것을 의미한다(Buss, 1994a, 1994b). 이런 관점에서 볼 때 남성은 여성을 성적 대상sex object으로 보는 경향이 있고, 반면에 여성은 남성을 성공의 대상success object으로 보는 경향이 있다.

남녀의 정향성orientation에서의 이러한 차이는 짝짓기를 할 기회를 얻기 위해 서로 다른 전략을 만들어 낼 수밖에 없다. David Buss와 David Schmitt(1993)는 남성과 여성이 배우자를 얻기 위해 어떻게 경쟁하고 선택하는가에서의 차이 및 단기와 장기 전략이 어떻게 다른지를 조사했다(Buss, 1994a, 1994b; Feingold, 1992; Schmitt & Buss, 1996). 남성이 번식력 있는 짝을 찾는 것에 관심이 있기 때문에, 여성은 다산성(젊음과 미와 관련된 자신의) 속성을 강조하는 방식으로 서로 경쟁할 것이다. 여성이 자신과 자녀를 안정적으로 부양할 짝을 찾기 원하기 때문에, 남성은 자신의 지위, 개인적 우월성과 야망, 부 또는 부의 잠재력을 강조하는 전략으로 경쟁할 것이다(Sidanius, Pratto, & Bobo, 1994; Sprecher, Sullivan, & Hatfield, 1994).

실제로 남성과 여성은 짝짓기 경쟁에서 무엇을 하는가? 대학생이 위의 예언에 들어맞는 많은 이야기를 제공해 준다(Buss, 1988). 여성은 화장이나 보석, 옷, 헤어 스타일을 통해 자신의 미모를 향상하려 한다. 또한 여성은 남성이 자신을 쉽게 손에 넣지 못하게 함(콧대를 높이 세움)으로써 여러 남성 사이에 인기가 널리 퍼지도록 유도한다. 이를 통해 여성은 후보자가 확인되었을 때 자신의 마음에 드는 까다로운 선택을 할 수 있게 된다(Kenrick, Sadalla, Groth, & Trost, 1990 참조). 반면에 남성은 자신의 성취와 돈벌이 잠재력에 대해 허풍을 떨고, 비싼 소유물을 과시하고, 근육을 자랑한다. 실제로 주위에 여성이 있을 때면 남성은 이런 속성을 더욱 드러내려 한다(Roney, 2003). 이런 그림과 일치되게, 사람들은 남성 사이에서는 지배력(우월성)의 표지에 주의를 기울이고 여성 사이에서는 신체적 매력의 표지에 선택적으로 주의를 기울인다(Maner, DeWall, & Gaillot, 2008).

Buss(1989)는 세계 곳곳에 있는 37개의 다양한 문화권에서 배우자 선호의 특징을 조사하였다. 문화적 차이는 비교적 드물었다. 미국 대학생의 배우자 선호는 다른 지역 사람과 크게 다르지 않았다. 남성은 (여성보다) 상대의 생식 능력 단서에 끌렸다. 여성은 (남성보다) 자원의 가용성을 나타내는 단서에 끌렸다(Singh, 1995 참조). 이것은 더 많은 자원을 가질수록 좋다는 '다다익선多多益善'의 의미는 아니다. 그보다는 수용 가능한 일정 수준 이하의 남성은 경쟁에서 탈락된다는 뜻이다(Kenrick, Sundie, Nicastle, & Stone, 2001). 또 여성은 우월함과 높은 지위에 끌리고 있었는데(Cunningham, Barbee, & Pike, 1990; Feingold, 1992; Kenrick et al., 1990; Sadalla, Kenrick, & Vershure, 1987), 특히 그 우월함이 사회적으로 긍정적인 방법으로 표현될 때는 더욱 그랬다(Jensen-Campbell, Graziano, & West, 1995).

이러한 성차에도 불구하고, 방금 열거한 특성이 인간이 자신의 잠재적 짝으로 바람직하게 여기는 배우자 특성의 목록에서 항상 높은 우선순위를 차지하는 것만은 아니다. 어떤 사람은 이런 특성 목록의 중요성을 회의적으로 본다. 이러한 순위가 맞지 않을 수도 있는 것 같다. 다른 연구는 사람들이 배우자에게 원하는 모든 것을 얻기에는 자신이 가지고 있는 '자원'이 부족함을 보여 준다(Li, Bailey, Kenrick, & Linsenmeier, 2002). 즉, 현실적으로는 자신도 모두 좋은 것만을 고를 수 있는 처지가 아니다. 이런 현실적 제한 상황에서 남성은 다른 선택안보다 신체적 매력을 필수적인 것으로 보았고, 여성은 지위와 자원을 필수적인 것으로 보았다. 그리고 양자는 공히 친절함과 지성을 필수적인 것으로 보았다. 다시 말해, 모든 조건을 까다

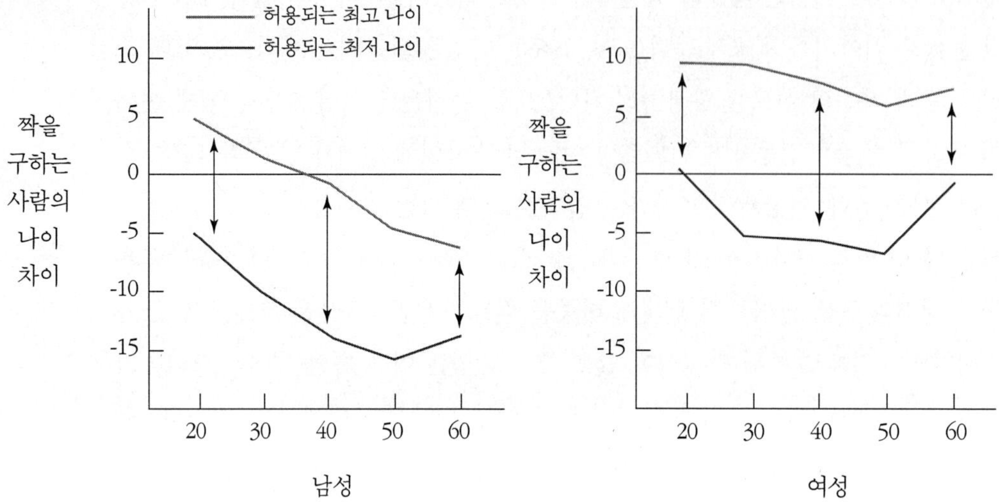

[그림 6-3]

남성 독신자와 여성 독신자 광고는 종종 그들이 만나고 싶어 하는 이성의 연령 범위를 상술한다. 이 광고 견본에서 남성은 더 어린 여성에 대한 선호가 증가함을 보여 주었다. 여성은 자신보다 나이가 약간 많은 남성을 선호하고 시간이 지나도 그 정도는 변하지 않았다.
[출처] Kenrick & Keefe(1992)에서 인용.

롭게 고를 수 없는 조건하에 그들은 이런 자질을 우선적으로 골랐다.

사람들은 진화적 모델의 함의를 여러 가지 방식으로 연구해 왔다. 예를 들어, 어떤 연구는 특히 남성이 나이가 들어갈수록 젊은 여성을 선호한다는 것을 보여 주는데, 이는 생식 능력을 추구한다는 개념과 일치한다. 이것은 독신자 광고에 자세히 명기되는 연령 범위 연구에서 나온 결과다(Kenrick & Keefe, 1992). [그림 6-3]에서 볼 수 있는 것처럼, 25세 이상의 남성은 나이가 들어갈수록 자신의 나이와 더 차이가 나는 젊은 나이 범위의 파트너를 원한다고 명시하였다. 반면에 여성은 자신보다 조금 나이 많은 남자를 선호하고 연령 증가에 따라 이런 경향성이 크게 달라지지 않았다.

진화적 모델에서 나온 예측은 성차에 대한 연구 결과와도 일치한다(〈표 6-1〉 참조). 남성은 여성보다 우발적인 성관계에 홍미를 더 많이 갖고 있었고(Bailey, Gaulin, Agyei, & Gladue, 1994; Buss & Schmitt, 1993; R. D. Clark & Hatfield, 1989; Oliver & Hyde, 1993), 하룻밤의 정사를 위한 기준이 덜 까다로웠다(Kenrick, Groth, Trost, & Sadalla, 1993). 남성은 여성보다 시각적인 성애 자료에 더 쉽게 흥분되었다

‖ 표 6-1 ‖ **진화심리학에서 나온 짝짓기 경향의 성차 예측의 요약**

쟁점	여성	남성
생식의 제약	평생 동안 오직 한정된 수의 자녀만 생산할 수 있다.	전 생애에 걸쳐 제한 없이 생식할 수 있다.
최적의 생식 전략	최상의 자질을 가진 배우자를 정하고 유지한다.	가능하면 널리 그리고 자주 짝짓기를 한다.
잠재적 배우자에게 바라는 특성	자신과 자녀를 보호하고 부양할 자원	임신 능력
배우자의 잠재력을 평가하는 기초	돈벌이 능력, 지위, 재산, 관대함	신체적 매력, 건강, 젊음
질투의 주요한 이유	다른 사람에 대한 배우자의 정서적 애착	배우자의 성적 부정 행위

(Bailey et al., 1994). 관계에 대한 남성의 헌신commitment은 신체적으로 매우 매력적인 여성에게 노출됨으로써 흔들리는 반면, 여성의 헌신은 매우 우월한(지배적인) 남성에게 노출되었을 때 동요된다(Kenrick, Neuberg, Zierk, & Krones, 1994). 마찬가지로 남성이 배우자로서의 자기 가치에 대해 갖는 확신은 (매력적인 남성이 아닌) 매우 우월한 남성에게 노출됨으로써 흔들리고, 여성의 확신은 (우월한 여성이 아닌) 매우 매력적인 여성에게 노출됨으로써 흔들린다(Gutierres, Kenrick, & Partch, 1999). 남성은 여성의 미소와 접촉을 성적 관심을 암시하는 것으로 확대 해석하는 경향이 있다. 그리고 여성은 진전 중인 관계에 있는 남성이 진심으로 개입하고 있는가를 판단하는 데 과도하게 보수적인 경향이 있다(Buss, 2001).

남성과 여성이 모두 질투를 경험하지만 무엇이 그 질투 감정을 만드는가에는 차이가 있는 것 같다. 이론상 남성은 부성에 대해 신경 쓰는 것이 진화론적으로 중요하다(그들은 다른 사람의 자식이 아닌 자신의 자식을 부양하길 원한다). 그래서 남성은 특히 파트너의 성적 부정에 대해 질투한다. 이론상 여성은 남성이 자신과 자녀를 계속 부양할 것인지 아닌지에 가장 신경을 쓴다. 그래서 여성은 남성이 다른 여성과 성관계를 맺는 자체보다는 감정적 유대를 맺는 것에 대해 더 질투한다.

몇몇 연구에서 나온 자료가 이 견해를 지지한다. 남성은 상대의 성적 부정 행위를 생각할 때 더욱 불안해지고, 여성은 감정적 배신을 생각할 때 더욱 불안해진다(Buss, Larsen, Westen, & Semmelroth, 1992; Bailey et al., 1994). 그러나 이 발견이 도전받고 있는데, 부분적인 이유는 질문을 약간 다른 식으로 던지면 질투의 성차가 약해지기 때문이다(DeSteno, Bartlett, Braverman, & Salovey, 2002; Harris, 2002, 2003). 또 다른 이유는 학생이 아닌 표본에서 같은 효과를 얻기 어렵기 때문이다(Sabini & Green, 2004).

질투는 부분적으로는 당신의 배우자가 한 일에 대한 것이지만, 부분적으로는 경쟁자의 존재와 관련된다. 경쟁자의 어떠한 특성이 문제가 되는가 하는 점에서 다시 성차의 증거가 있다. 남성은 잠재적인 경쟁자가 매력적인 사람일 때보다는 우월한 사람일 때 더 질투를 느끼는 데 반해, 여성은 잠재적인 경쟁자가 매력적인 사람일 때 더 질투를 느낀다(Dijkstra & Buunk, 1998).

배우자 보유와 다른 쟁점

배우자 선택에서 첫 번째 도전은 잠재적인 배우자를 유혹하는 것이다. 그다음 도전은 그 배우자와의 관계를 유지하는 것이다. 남성과 여성 모두 탈선할 가능성을 가지고 있고, 탈선을 유혹하는 이도 있다(Schmitt, 2004; Schmitt & Buss, 2001). 사람들은 탈선을 방지하는 다양한 전술을 사용한다(Buss & Shackelford, 1997). 어떤 전술은 남성과 여성 모두가 비슷하게 사용하지만, 어떤 전술은 성별에 따라 다르다. 예를 들면, 남성은 돈을 더 많이 쓰고 부인의 소망을 더 잘 따른다고 보고한다. 여성은 자신을 특히 매력적으로 보이게 만들고 다른 사람에게도 자신에게는 이미 짝이 있다는 것을 알게 한다.

예상대로 유지 전략의 사용은 관계 속의 다른 요인과도 관계가 있다. 그러나 여기에도 남녀 간 차이가 있다. 만약 남편이 보기에 부인이 매력적이라면 남편은 관계 유지를 위한 전략을 더 많이 사용한다. 남성은 아내가 젊다면 관계 유지를 위해 더 많이 노력한다. 이 효과는 남성의 나이나 관계의 지속 기간과 무관하다. 반대로 여성은 자신의 남편이 높은 수입을 가지고 있을 때 배우자 유지를 위해서 더 열심히 노력한다. 또한 그들은 만약 (현재의 수입과 무관하게) 자신의 남편이 높은 지위를 위해 분투하고 있다면 더 많은 노력을 한다.

짝짓기 전략은 많은 성차연구의 출발점이 되었다. 하지만 다른 사람은 이 주제를 더 폭넓게 적용하였다(앞에서 언급한 바와 같이 짝짓기 속에 포함된 쟁점은 삶의 복잡한 다른 문제를 만들어 낸다). 어떤 사람은 진화적 차이가 남녀로 하여금 의사소통에서 매우 다른 스타일—실제로는 다른 욕구—을 갖게 한다고 암시하였다(예, J. Gray,

1992; Tannen, 1990). 남성은 개인주의적, 지배(우월) 지향적, 문제 해결적으로 접근하는 것으로 보인다. 여성은 포용적inclusive, 공유적sharing, 공동체적communal으로 접근하는 것으로 보인다. 목표와 의사소통 유형에서의 이러한 차이가 남녀 간에 일어나는 오해의 상당 부분의 원인이라는 주장도 제시되고 있다.

우리는 우리의 논의가 유사성보다는 차이를 강조해 왔음을 유념해야 한다. 물론 유사성도 많다. 두 성性 모두 좋은 유머감각이 있고 유쾌한 성격의 배우자(Feingold, 1992), 또 상냥하고 정서적으로 안정된 배우자(Kenrick et al., 1993), 지적이고(Li et al., 2002), 친절하고 애정 어린 배우자(Buss, 1994b)를 찾는다. 또한 남녀 모두 얼굴이 균형 잡힌 배우자를 더 선호하는 것으로 보인다(Grammer & Thornhill, 1994). 남성과 여성이 서로를 바라보는 방식은 단순히 성적 대상과 성공 대상으로 나누는 것의 범위를 훨씬 넘어선다(Buss, 1994b). 그렇지만 성차는 역시 중요한 것 같다.

공격성과 젊은 수컷 증후군

짝짓기 기회를 얻기 위한 경쟁은 수컷에게 과장하는 태도를 취하도록 만든다. 이것은 젊은 남성의 위험한 운전을 포함한 수많은 문제 행동의 원인으로 비난받아 왔다(Nell, 2002). 그러나 그것은 그 이상으로 발전할 수도 있다. 남성이 희귀한 자원(여성)을 얻기 위해 힘든 경쟁을 해야 하는 상황에 처할 때, 그 결과는 가끔 대결과 심각한 폭력으로 나타난다(Hilton, Harris, & Rice, 2000).

이러한 패턴은 '젊은 수컷 증후군young male syndrome'이라고 일컬어져 왔다(Wilson & Daly, 1985). 이는 부분적으로는 오래전부터 있어 온 진화적 압력의 효과로 보이며, 부분적으로는 그런 패턴을 이끌어 내는 상황에 대한 반응으로 보인다. 다시 말해, 비록 그런 행동 패턴이 모든 남성의 유전자 속에 부호화되어 있을 수는 있지만, 당면 상황이 생식 실패를 예측할 때 그것이 발생할 가능성은 가장 높다. 최악의 경우는 어디에도 고용되지 못하고 결국 형편없는 배우자 후보가 되는 것이다.

이러한 분석과 일관되게, 경쟁자 사이의 살인은 주로 여자 문제 때문이라는 분명한 증거가 있다(Daly & Wilson, 1990). [그림 6-4]는 16년의 기간 동안 시카고에서 일어난 살인 사건의 비율을 보여 준다. 여기에는 피살자가 친척인 사례는 생략되었다. 남성은 여성보다는 서로를 훨씬 더 많이 죽이는 경향이 있다. 살인자의 주요 연령이 배우자 선택의 시기라는 점이 명백하다. Daly와 Wilson에 따르면, 이러한 살

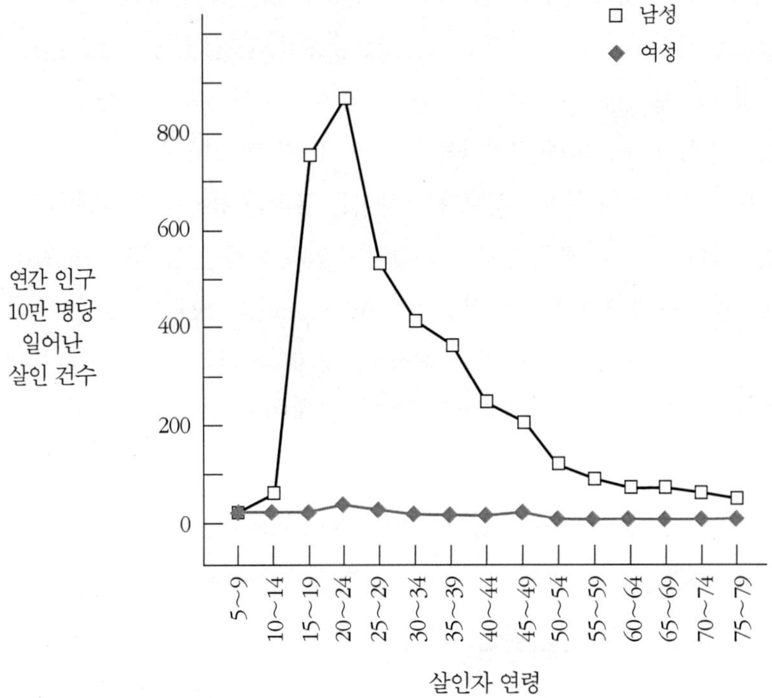

[그림 6-4]

1965~1981년에 시카고에서 일어난 남녀의 비친족 동성 살인율.
[출처] Daly & Wilson(1990)에서 인용.

인은 대부분 '체면'과 사회적 지위의 갈등에 기인한다(Wilson & Daly, 1996). 사소한 사건이 폭력으로 비화되고 누군가가 살해당한다.

의례화된 공격성의 표현 대신 왜 살인을 하는 것일까? 누구도 확실히 그 원인을 알 수는 없다. 어떤 이는 미국에서 총기류를 쉽게 구입할 수 있다는 사실로 이를 설명한다. 무기가 없을 때는 동일한 압력이 밀치기나 고함지르기로 표현되는 경향이 높다. 치명적인 폭력은 확실히 무기 없이도 가능하다. 그러나 무기가 있으면 사람이 죽게 될 가능성이 훨씬 더 크다.

우리는 이 연구 영역의 기초가 되는 이론이 공격성과 인간 본성에 대한 몇 년 전의 생각과는 매우 다르다는 것을 분명히 지적해야 한다. 이 관점은 무차별적으로 표현되는 공격성이 인간 본능의 일부라는 것이 아니다. 오히려 신체적 공격성은 대부분 배우자 획득에 대한 경쟁의 성적 선택 압력의 결과로 일어나는 남성적 현상으로 보인다(Buss, 2005). 최근의 실험실 연구 결과에서 남성은 지위가 쟁점이 될 때 더욱 공격적이 되며, 다른 남성이 주위에 있을 때 짝짓기 동기가 더욱 중요해진다는 사실을 확인했다(Griskevicius et al., 2009).

여기서 우리의 초점은 젊은 남성이 자신의 유전적 경쟁자에게 행사하는 폭력에 맞추어진다. 유전적 경쟁이 가정 내 폭력에도 일정 부분 역할을 하는 것처럼 보이는 점도 주목할 가치가 있다. 아이, 특히 매우 어린아이는 자신의 유전적 부모보다 양부모에 의해 살해당하는 경향이 많다(Daly & Wilson, 1988, 1996). 물론 이런 사건의 전체적인 빈도는 메우 낮다. 대부분의 부모는 자녀를 죽이지 않는다. 그러나 그런 일이 일어났을 때는 양부모가 가해자인 경우가 훨씬 더 많다. 젊은 수컷 증후군의 경우처럼, 이러한 발견은 경쟁자의 유전자 대신 자신의 유전자를 다음 세대에 전달하려는 뿌리 깊은 진화적 욕구를 반영하는 것이다.

우리는 앞에서 짝짓기의 일부는 배우자와의 관계를 유지하는 일임을 주목하였다. 사람들은 관계를 유지하기 위해 다양한 전술을 가지고 있다. 이 전술의 대부분은 상당히 우호적이다. 어떤 것은 유혹에 저항할 수 있도록 관계를 강화하는 노력으로 나타나기도 한다. 그러나 어떤 관계 유지 전술은 강압적이다. 특히 어떤 남성은 자신의 배우자를 잃을까 혹은 부지불식간에 경쟁자의 자식을 부양하게 될까 염려되어 매우 통제적이고 소유적인 사람이 된다. 여성을 통제하려는 전략은 가끔 여성에게 폭력을 행사하는 것으로 비화되기도 한다(Hilton et al., 2000; Wilson & Daly, 1996). 때로 폭력은 탈선하지 말라는 경고로 사용되기도 한다. 그러나 때로는 폭력이 모든 탈선 가능성에 종지부를 찍는 살인이 되기도 한다(Buss, 2005). 가족 내에서 살인이 발생할 때 대부분의 희생자는 부인이다.

비록 여성에 대한 남성의 폭력이 큰 걱정거리이지만, 남성만 이런 행동을 하는 것은 아니다. 배우자를 향한 공격은 여성에게서도 발생한다(Hilton et al., 2000).

평가

이 장의 첫 부분에서 논의된 성격에 대한 유전적 접근은 특성적 관점과 매우 유사한 방식으로 성격을 평가한다. 앞서 말한 것처럼, 성격에 대한 유전적 관점을 가지고 있는 이론가는 성격의 생물학적 토대로서 어떤 기질이 유전된다고 생각한다. 그렇다면 이러한 특성을 측정하는 것이 중요하다.

분자유전학의 영향이 증가하고 있다는 가정하에, 혹자는 종국적으로는 유전자 평가법이 성격을 판단하는 더 나은 방법이 될 수 있다는 가능성을 제기한다. 확신하기에는 너무 이른 감이 있지만, 이 분야의 저명한 사람은 그럴 가능성은 거의 없다고 생각한다(예, Plomin & Crabbe, 2000). 그 이유는 성격 특성 각각이 작은 효과를 발휘하는 아주 많은 유전자의 영향을 받을 것이라는 믿음 때문이다. 그런 유전자를 확인하는 일은 충분히 어려울 것이다. 그것을 성격검사의 편리한 대용물로 이용하려는 생각은 적어도 조만간에는 금물이다.

행동 문제와 행동 변화

유전적 접근은 문제 행동의 분석에서 주요한 공헌을 하였다. 행동유전학은 행동

글상자 6-3 포스트 게놈 시대를 살아가기

인간 게놈의 암호가 해독되었다. 오늘날의 연구자들은 인간 신체 구조와 일부 유전자 기능에 대해 그 어느 때보다 많이 알고 있다(Plomin et al., 2003). 이러한 진보의 배후에 있는 과학기술은 빠른 속도로 계속 발전하고 있고, 속도가 늦춰질 어떤 기미도 보이지 않는다.

인간 게놈 지도를 제작하는 일은 확실히 이득이 있을 것이다. 어떤 장애는 단일 염색체에 의해 생긴다. 게놈 지도를 알면 유전자의 위치를 파악하는 것이 더 쉬워진다. 이러한 정보는 유전상담genetic counselling 시에 활용될 수 있다. 아이에게 전달되는 장애를 일으키는 유전자를 가진 사람은 사전 경고를 받을 수 있다. 다른 이득은 지금도 몇몇 장애에 적용되는 유전치료법genetic therapies이다. 예를 들어, 혈액 세포 생산에 있어서의 결함을 교정하는 것이다. 연구자는 결함을 제거한다는 생각에 앞서 유전자를 바꾸는 가능성도 지지한다. 어떤 사람은 게놈 지도가 유전적 취약성을 확인할 수 있게 해 줌으로써 예방의 새로운 시대를 열어 주어 질병을 다루는 방법을 획기적으로 변화시킬 것이라고 말한다(Lewin, 1990).

게놈 지도를 만드는 일은 상상력을 자극하지만 염려도 일으킨다(Buchanan, Brock, Daniels, & Wikler, 2000; Fukuyama, 2002; Lynn, 2001; Stock, 2002). 어떤 유전자가 신체와 행동을 통제하는지 알게 되면 심각한 윤리적 문제가 야기될 수 있다. 예를 들면, 유전자를 수정하여 새로운 아이 속에 특정한 성격, 즉 '맞춤 아기designer babies'를 창조하라는 상당량의 압력이 의심할 여지없이 발생될 것이다(Plomin & Crabbe, 2000; Stock, 2002). 이런 일이 과연 일어날까? 그렇다면 어떤 특성을 창조할지를 누가 결정할 것인가? 그들의 유전적 특성이 사회

문제에 대한 취약성의 몇 가지 종류가 유전의 영향을 받을 수 있다는 가능성을 검토해 왔다(〈글상자 6-3〉 참조). 분자유전학은 일반 성격과 관련해서 유사한 문제를 제시하기 시작했다. 즉, 한두 개가 아닌 많은 유전자가 특정한 문제에 관여되는 듯하다.

정신분열병과 양극성 장애

여러 해 동안 문제에 대한 행동유전학 연구는 주로 정신분열병과 양극성 장애에 초점을 맞추어 왔다. 이런 연구의 대부분은 정신분열증에 대한 것인데, 정신분열병은 지남력 상실, 정신착란, 인지적 혼란, 현실감 상실 등으로 특징지어진다.

유전이 정신분열병에 미치는 영향에 대한 잘 알려진 초기 연구는 Gottesman과 Shields(1972)에 의해 수행되었다. 그들의 연구는 정신분열병 진단으로 입원하게 된 쌍생아를 대상으로 시작되었다. 그들은 그때 환자의 쌍생아 형제를 찾아내어 그

적으로 열등하다고 간주되는 사람에게는 어떤 일이 일어날까?

장애에 대한 지식도 윤리적 문제를 발생시켰다. 특정한 유전 프로파일을 가진 사람에게 사회적 차별과 고용 차별이 일어날 것인가? 누구에게 어떤 병이 생길지 아는 것이 가능하다면 의료보험의 비용에는 어떤 일이 일어날까? 심지어 병에 걸리기 쉬운 사람도 보험에 가입할 수 있을까? 이것은 어리석은 질문이 아니다. 특정 가족 구성원에게 유전적 문제가 있다는 이유로 이미 전체 가족에 대한 보험이 취소되기도 했다(Stolberg, 1994). 이 쟁점은 매우 심각한 것이어서 2009년에 보험료 요율이나 보험가입 범위를 정하기 위해 유전자 검사를 하지 못하게 금지하는 연방법이 통과되었다.

심리적 장애와 관련해서도 동일한 쟁점이 발생한다. 당신이 유전자나 경조증이나 우울증에 취약하다는 것이 알려져도 일자리를 얻을 수 있을까? 당신은 치료가 필요할 가능성에 대비해 보험에 가입할 수 있을까? 그러나 이 쟁점의 다른 측면은 현재 장애라고 알려진 많은 유형이 단지 정상 성격의 극단적 형태라고 밝혀질 수도 있다는 것이다(Plomin & Crabbe, 2000). 문제 유형과 정상 유형에 다 들어 있는 유전자가 무엇인지 알게 되면 이 쟁점이 명확해질 것이다. 이러한 깨달음은 장애에 대한 낙인을 제거하는 긴 여정을 밟게 될 것이다.

간단히 말해, 게놈 지도를 만드는 프로젝트는 많은 것을 약속하지만, 우리가 응답해야만 하는 대단히 어려운 윤리적, 사회적, 법적 문제점도 발생시킬 것이다. 게놈 지도 프로젝트가 당신의 미래나 당신 아이의 미래에 문제가 될 수 있으므로 이제 당신은 그 쟁점에 대한 생각을 시작하기 원할지도 모르겠다.

형제의 정신병적 상태를 독립적으로 평가하였다. 진단의 유사성을 기술하기 위해 발병 일치율concordance이라는 용어가 사용되었다. 만약 한 쌍의 쌍생아가 모두 정신분열증으로 진단을 받았다면 그들은 일치하는 것이다. 연구 결과, 일란성 쌍생아 사이에서는 50%의 발병 일치율, 이란성 쌍생아 사이에서는 9%의 일치율을 발견하였다. 이 결과를 보면 유전이 정신분열병 발달에 중요한 역할을 한다는 것을 알 수 있다. 이런 결론은 유사한 방법을 사용한 10여 개 이상의 연구 결과에서도 확인되었다.

쌍생아 연구 자료는 겉으로 드러나는 정신분열병 증상을 보이는 사람을 결정하는 데 생활환경이 어떤 역할을 담당하고 있다는 점도 보여 준다(Plomin & Rende, 1991). 어떤 사람은 유전적 취약성을 가지고 있으나 장애를 발달시키지는 않는다. 취약성과 병을 유발하는 맥락 사이의 상호작용은 장애에 대한 소질-스트레스 관점(G×E 상호작용)에 반영되어 있다. 이런 상호작용적인 참조 틀은 유전과 장애를 연구하는 데서도 반복되어 나타난다.

분자유전학 연구에서도 정신분열병과 관련된 유전자 위치를 찾아보려는 시도를 했다. 몇몇 위치가 제안되었다(Faraone, Taylor, & Tsuang, 2002; Owen, Williams, & O'Donovan, 2004; Straub et al., 2002). 그러나 성격 특성에 대한 후보 유전자 연구에서와 유사하게 동일한 결과를 반복해서 얻기가 매우 어렵다(DeLisi et al., 2002). 그래서 정신분열병에 관여되는 특정한 유전자가 무엇인지에 관해서는 많은 불확실성이 남아 있다.

유전의 영향을 받을 수 있는 가능성이 높은 두 번째 장애는 양극성(조울) 기분장애다. 조증mania은 아이디어가 몰려드는 경험을 수반하는 열광적이고 과잉 활동적이며 과장되고 수다스러운 행동 일화로 특징지어진다. 종종 이 조증 패턴은 고양된 기분을 수반하지만, 욕구가 좌절될 때는 불같이 화를 내는 일이 흔하다. 보통 이 장애의 발병은 갑작스럽다. 정신분열병의 경우처럼 쌍생아 연구가 유전적 공헌의 매우 강한 증거를 제시한다(McGuffin et al., 2003).

이 문제에 대해서도 분자유전학적 연구가 진행되었다. 한 연구에서는 아미시Amish 파 가족 집단의 11번 염색체 속에 들어 있는 특정한 우성 유전자와 양극성 장애가 관련 있음이 드러났다(Egeland, Gerhard, Pauls, Sussex, & Kidd, 1987). 그러나 다른 두 연구에서는 이 장애와 그 염색체 사이에는 아무런 관련이 없음을 발견하였다. 이것은 이 유전자가 항상 양극성 기분장애의 원인이 되는 것은 아니라는 의미다(Delta-Wadleigh et al., 1987; Hodgkinson, Sherrington, Gurling, Marchbanks, &

일부 사람은 인간의 생물적 진화가 따라잡기 어려울 정도로 인간의 문화적 진화가 앞서간다고 믿는다.

Reeders, 1987). 과학자는 계속해서 분자유전학 기술을 사용하여 양극성 장애의 유전 표지를 찾고 있다(Badner & Gershon, 2002).

양극성 장애에 생물적 요소가 중요한 역할을 하는 것이 분명하지만, 환경의 사건 역시 이 장애가 어떻게 표현되는가에 중요한 역할을 하는 것 또한 명백하다. 이 사례에서는 적어도 어떤 환경적 영향이 중요한가에 대하여 조금은 알 수 있다. 예를 들어, 수면 부족은 특히 조증 삽화에 취약하게 만든다. 목표를 달성하는 성공 경험 역시 조증 삽화에 대한 취약성을 만든다(S. L. Johnson et al., 2000). 다시 말하자면, 여기에서도 짧은 기간 동안이라도 G×E 상호작용이 있다.

물질 남용과 반사회적 행동

또 다른 유전적 문제로 물질 남용에 초점이 맞추어졌다. 꽤 오래전에 Eysenck (1964b)는 일란성 쌍생아가 이란성 쌍생아보다 알코올중독 경향을 공유할 가능성이 더 많음을 발견하였다. 이러한 차이의 기초가 되는 물질대사 과정에 대한 정보와 함께, 유사한 발견이 Schuckit과 Rayses(1979)에 의해 보고되었다. 또 다른 발견은 유전적 영향과 환경적 영향이 뒤섞인 결과를 흥미롭게 반영해 준다. Dick과 Rose(2002)의 연구에서는 유전이 음주에 공헌하는 정도가 16세 때는 변량의 1/3에서 동일 표본의 18세 때는 변량의 1/2로 증가하였다.

최근의 연구는 일부 사람이 소량의 알코올을 섭취한 후 경험하게 되는 알코올 갈망craving에 특정 유전자가 작용함을 시사한다(Hutchison, McGeary, Smolen, Bryan, & Swift, 2002). 이 유전자는 앞부분에서 언급되었던 도파민 관련 유전자인 DRD4의

긴 대립형질로 판명되었다. 그것은 또한 보상 추구 점수와 관련되는 유전자였다. 이 대립형질은 헤로인 중독과도 관계가 있었다(Kotler et al., 1997; Li et al., 1997; Shao et al., 2006).

연구가 진척된 또 하나의 방향은 반사회적 행동과 관계가 있다. Eysenck(1964b)는 아동기의 행동 문제와 성인기의 범죄로 나타나는 반사회적 성격에서 이란성 쌍생아보다 일란성 쌍생아 사이에서 발병 일치율이 더 높음을 보고했다. 성인 범죄에 대한 이후 연구는 유전적 영향의 설명에 들어맞는 경향을 보인다(DiLalla & Gottesman, 1991; Wilson & Herrnstein, 1985). 다른 연구도 반사회적 성격이 유전의 영향을 받는다는 개념을 지지하였고(Rowe, 1994; Vandenberg, Singer, & Pauls, 1986; Willerman, Loehlin, & Horn, 1992), 대부분의 관찰자는 반사회적 행동의 경우 강력한 유전적 영향을 받는 것이 명백하다고 믿는다(Baker, Jacobson, Raine, Lozano, & Bezdjian, 2007; Moffitt, 2005a, 2005b; Rhee & Waldman, 2002).

그러나 다시 한 번 유전적 소인과 환경 사이의 상호작용에 대한 증거가 나타났다. Moffitt(2005a, 2005b)은 반사회적 행동연구에 관한 연구를 개관해서 명백한 G×E 상호작용을 발견했다. 그녀의 결론 중 하나는 유전자가 이 장애에 영향을 미치는가 아닌가라는 식의 질문을 던져서는 안 된다는 것이다. 그보다는 문제를 유발할 수 있는 상황에 처했을 때 누가 가장 큰 위험에 처하는가를 질문해 보아야 한다. G×E 상호작용 연구는 이 반사회적 행동을 포함한 문제의 연구에 대한 중요한 초점으로 남을 것이다(Moffitt, Caspi, & Rutter, 2006).

진화와 행동 문제

특정 행동 문제에 대해 다소 다른 관점이 사회생물학에 의해 제안되었다. Barash (1986)는 인간 삶의 많은 어려움은 두 가지 종류의 진화가 인간에게 함께 영향을 미친다는 사실에서 기인한다고 주장했다. 한쪽에는 수백 만 년에 걸쳐 일어나는 매우 느린 과정인 생물적 진화가 있다. 다른 한쪽에는 보다 최근에 일어난 훨씬 더 빨리 진행되는 문화적 진화가 있다. 당신의 인생 경험은 부분적으로는 선사시대 동안 생물적 진화가 사람을 그렇게 조형해 온 데서 기인하며, 부분적으로는 당신이 지금 살고 있는 문화적인 환경에서 기인한다.

Barash(1986)는 생물적 진화가 우리가 지금 살고 있는 세계와는 매우 다른 세계에서 살도록 우리를 준비시켰다는 것이 문제라고 지적한다. 문화적 진화는 생물적 진화를 훨씬 앞서가고 있다. 생물적 진화는 현대의 문화적 진화를 따라잡을 수가 없다. 우리는 생물적으로는 진정으로 소속되지 못하는 세계에 살면서 갈등을 겪고 소외된다. 그의 논지는 특정 장애에 국한된 것이 아닌 일반적인 것이지만 매우 흥미로운 지적이다. 즉, 인간 본성의 일부로 확립된 행동 경향성이 현대 문화와 갈등을 빚을 때 문제가 빚어지는 것이다.

행동 변화: 어느 정도까지 가능한가

치료적 행동 변화에 대한 한 가지 주요 질문이 이 장에서 논의되고 있는 관점에 의해 제기된다. 정의상 생물적 기초를 가진 성격 특성—기질이든 아니든—은 개인의 체질상의 기능에 단단히 고정되어 있다. 어떤 주요한 방법으로든(어떠한 치료과정이 사용되든) 성격의 이러한 측면을 변화시키는 것이 얼마나 가능하겠는가? 심리치료는 어느 정도 사람을 변화시킬 것이다. 그러나 자신의 생물적 본성을 거슬러서 어디까지 변화되리라고 기대할 수 있을 것인가?

이는 흥미로운 쟁점이지만 알려진 바가 거의 없다. 심지어 진짜 기질이라고 알려진 성질까지도 어느 한도 내에서는 수정될 수 있다는 시사가 있다. 그러나 그 한도가 어느 정도일까? 어떤 사람에게는 어떤 치료적 변화를 일으키고 유지하기가 다른 사람의 경우보다 어려운 것 같다. 예를 들면, 정서적 반응성을 줄이려는 목표를 가진 치료가 높은 정서성을 가진 사람에게 효과를 발휘할 가능성은 낮은 정서성을 가진 사람에게서 동일한 효과를 기대하는 것보다 훨씬 더 어려울 것이다. 사실 자신의 기질이 어떤 종류의 치료를 실행할 수 없을 만큼 어렵게 만드는 사람이 있다.

반면에 성격의 유전성이 강하긴 하지만 압도적이지는 않다는 점도 알고 있어야 한다. 경험의 영향력은 상당히 남아 있다. 결국 유전이 성격에 미치는 영향을 입증하는 자료는 유전적 결정이 전부가 아니라는 점도 동시에 보여 준다. 유전적으로 부호화된 경향성이 얼마나 많이 행동 변화를 방해하는가 하는 것은 성격에 대해 이 관점이 제기하는 중요한 쟁점이다. 그러나 유전에 의해 강하게 영향을 받는 양극성 장애와 같은 장애에 대하여서도 심리적 과정이 중요함 또한 명백하다. 장애를 조절하는 데 약물이 중요하지만(7장 참조), 다양한 종류의 심리적 처치 또한 유용함이 입증되었다(Johnson & Leahy, 2003).

유전과 진화: 문제점과 전망

성격에 대한 생물적 관점은 사상사를 한참 거슬러 올라가는 근원을 가진다. 그러나 오늘날의 관점도 여러 가지 점에서 꽤 새롭다. 성격의 유전성에 대한 연구는 강력한 증거를 제시하지만 유전자가 환경과 어떻게 상호작용해서 성격에 영향을 주는가는 여전히 복잡한 쟁점으로 남아 있다. 분자유전학 분야의 진보가 도래하면서 사람들은 이제 특성 유전자와 특정한 성격 특성을 연결하기 위해 노력하고 있는데, 이것은 아직은 새로운 접근법이다. 진화심리학의 개념이 적용된 것은 더욱 최근의 일이다.

성격에 대해 생각하면서 이러한 생물학적 개념의 유용성을 고려할 때 몇 가지 쟁점이 제기된다. 예를 들면, 기질은 행동의 기본적 측면에 반영되는 폭넓은 경향성이다. 그러나 기질이 그렇게 기본적인 것이라면 '성격에서 기질이 담당하는 역할을 어떻게 볼 것인가?' 하는 의문이 제기된다. 기질을 성격의 전체로 보는 것, 성격의 일부로 보는 것, 또는 성격이 구성되는 기초로 보는 것 중 어느 것이 더 이치에 맞는가? 많은 성격 특성이 유전될 수 있고, 그중 다수가 개념적으로 기질과 관계가 있다(Caspi et al., 2005).

여기에서 또 다른 질문은 '얼마나 많은 특성이 유전의 영향을 받는가? 그리고 얼마나 많은 것이 특성에서 파생되었다는 이유 때문에 유전되는 것처럼 보이는가?' 하는 것이다. 최근의 증거는 다섯 가지 상위 특성의 하위 측면이 각기 독립적으로 유전된다는 것을 암시한다. 이것은 이 질문을 다른 방식으로 뒤틀어야 함을 의미한다. 우리는 아마 기질이 다양한 방식으로 표현되지만 실제로는 단일하고 광범위한 성질을 지니고 있는지, 아니면 실제로는 독립적인 별개의 특성인데 편의를 위해 이를 모아 놓은 것인지를 물어야 할지 모른다.

마지막 질문은 본질적으로 성격에 대한 유전적 접근은 성격이 어떻게 개념화되는지 혹은 성격의 어떤 양상이 문제가 되는지에 대해 본질적으로 아무런 의견이 없다는 사실과 관련된다. 그 대신 유전적 접근은 성격의 다양한 측면에 기여하는 유전의 영향을 검증할 수 있는 도구를 제공한다. 궁극적으로 유전적 연구에 의해 검증되는 이론적 관점은 다른 어딘가에 뿌리를 두어야 한다. 그 하나는 특성심리학이고(4장 참조), 다른 하나는 생물적 과정 모델이다(7장 참조).

이 장에서 논의된 관점의 다른 일면은 사회생물학과 진화심리학이다. 성격에 대한 이러한 관점은 비교적 짧은 존재 기간 동안에도 계속 논쟁거리가 되어 왔고 여러 가지 이유에서 비판을 받아 왔다(예, L. C. Miller, Putcha-Bhagavatula, & Pedersen, 2002). 사회생물학의 초기 주장은 매우 이론적이었고, 지지해 주는 실증적 증거가 거의 없었다. 어떤 사람에게 사회생물학은 심각한 과학이라기보다는 추측 게임 정도로 여겨졌다. 적지 않은 사람이 이 개념을 입증할 수도 검증할 수도 없다고 경멸하였다.

그러나 지난 15년 동안 이 상황은 극적으로 변했다. 진화론의 함의에 대한 보다 정밀한 아이디어가 발전함에 따라 이 방향의 사고는 많은 연구를 이끌어 냈다. 진화심리학은 오늘날 활기찬 연구 분야가 되었다. 진화론적 사고는 확실히 연구자에게 풍부한 가설을 제공하는 것 같다. 더욱이 그 가설은 점점 더 정교화되어 가고 있다.

그렇지만 연구자가 연구하고 있는 이 가설이 단지 진화론과 일치하는 정도가 아니라 정말로 진화론에 근거한 것인가에 대한 우려는 남아 있다. 실제로 몇몇 최근 비평적인 논쟁은 많은 주요 진화론적 가정이 상당히 모호하고 끌어낸 결론을 지지하지 않는다고 주장한다(Buller, 2005a, 2005b; Richardson, 2007). 오늘날 진화심리학이 직면하는 한 가지 도전은 대안적 해석을 배제할 수 있는 명확한 예측을 만들어 내는 것이다. 물론 이 쟁점은 성격에 대한 모든 관점이 직면하는 문제다. 그러나 이 쟁점은 한동안 다른 접근법보다 이 접근법의 중요한 쟁점으로 남아 있을 것 같다.

진화심리학은 또한 그들의 진술이 혼란한 정치 및 사회적 색조의 의미를 담고 있다는 이유로 비판을 받아 왔다. 혹자는 인간 본성이 어떻게 진화했는가에 대한 논의가 현대 세계의 불공평한 사회 조건을 정당화해 주는 것으로 간주한다(Kitcher, 1987과 후속 논평; Lewontin, Rose, & Kamin, 1984 참조). 다시 말해, 이 개념은 왜 사람이 약한 자를 괴롭히는지, 왜 남녀의 성적 행동에 대한 이중 기준이 있는지, 왜 인종차별과 계급차별이 있는지를 설명해 준다. 이런 설명은 그러한 조건을 자연스럽거나 당연한 것으로 여기는 기초를 제공하고 한 발짝만 비켜서면 그런 조건이 계속 존재해야 한다고 말하는 것과 유사한 입장이 되기도 한다(Pratto & Hegarty, 2000). 진화론적 사고의 이러한 어감은 혹자에 의해 인종차별주의와 성차별주의로 간주되고 있고, 그 결과 어떤 사람은 이 이론에 대해 상당한 적의를 표현해 왔다.

이런 종류의 비판에 대한 한 가지 반응은 진화란 생식과 생존의 원칙에 근거하여

냉정하게 작용하는 자연의 힘이라는 것이다. 진화의 경기장에서 평등한 권리와 평등한 기회라는 쟁점은 아무런 의미도 없다. 진화가 우리를 지금 세상이 아닌 선사시대에 맞게 준비해 왔기 때문에, 오늘의 세계에서는 진화의 어떤 결과가 특정한 사람에게 불리하게 작용할 수 있다. 그러나 사람들이 진화의 결과에 의해 불이익을 당한다면, 그것은 사람이 수립해 온 문화가 다루어야 하는 도전적인 그 무엇이 된다. 불평등이 존재하는 이유를 설명한다는 사실 때문에 그 이론이 틀렸다고 말할 수는 없다. 당신이 예상처럼 이 대답으로 비판자를 완전히 만족하게 할 수는 없을 것이다.

이와 같이 논쟁의 여지가 있지만, 오늘날 성격심리학에는 진화론적 개념에 대한 대단히 큰 관심이 남아 있다. 이런 아이디어가 가까운 시기에 금방 사라지지는 않을 것이다.

요 약

유전과 진화에 근거한 성격이론은 두 측면을 가지고 있다. 그중 하나는 성격이 조상에게서 물려받은 생물적 몸에 연결되어 있다는 견해를 강조한다. 이러한 아이디어는 역사를 거슬러 올라가지만 그것의 현대판은 전혀 다르다. 즉, 유전의 역할을 강조한다.

행동유전학은 성격 차이가 유전되는지의 여부를 알 수 있는 방법을 제공한다. 쌍생아 연구에서는 일란성 쌍생아 사이의 상관과 이란성 쌍생아 사이의 상관을 비교한다. 입양아 연구에서는 아동을 자신의 생물적 가족 및 입양가족과 비교한다. 서로 떨어져서 양육된 일란성 쌍생아에 대한 연구는 유전과 환경의 영향에 대한 또 다른 견해를 제공한다.

쌍생아 연구는 다양한 성향에 대한 유전적 기여를 알아보기 위해 활용되어 왔는데, 인생의 초기에 나타나는 광범위한 타고난 특성인 기질에 대한 연구에서 출발했다. 초기의 연구는 '활동성 수준', '정서성' 및 '사회성'에서 유전적 영향이 있음을 보여 주었다. 기질에 대한 다른 견해가 제안되기도 했는데, '접근'과 '회피' 및 '의도적 통제'에 대한 기질을 기본으로 들고 있다. 빅 파이브(5요인)의 초특성과 다른 변인도 유전의 영향을 받는다는 증거가 있다. 다른 변인에 대한 유전적 영향이 다른 변인과 어떤 기질 사이의 연합 때문에 나타나는지 그렇지 않은지는 확실하지 않다. 최근 분자유전학의 발전으로 유전이 성격에 미치는 영향에 대해 연구할 수 있는 새로운 도구가 생겼다. 현재 신기성의 추구와 신경증 및 충동성에 대한 의도적 통제 등을 포함하는 특성에서 특정한 유전자가 의미 있는 역할을 한다는 증거가 있다.

성향이 유전의 영향을 받는다는 생각은 한 걸음 더 나아가 인간의 사회 행동의 많은 측면이 진화의 산물이라는 주장으로까지 확대될 수 있다. 이러한 생각은 진화심리학 또는 사회생물학이라고 불리는 연구 영역의 배경이 되고 있다. 사회생물학자는 인간 행동의 다양한 측면, 심지어는 표면상 진화적 이점을 제공하지 않는 것처럼 보이는 행동까지도 진화의 면에서 설명하는 방법을 제안했다. 예를 들어, 이타주의는 가족 집단의 이익을 추구하여 가족의 유전자가 계속 이어질 가능성을 높이는 인간 행동으로 이해된다(친족 선택). 이 아이디어는 사람들이 그들과 유전 구조를 공유한 다른 사람에게 매력을 느낀다는 개념으로까지 확대되었다.

진화론적 관점은 또한 짝짓기에서 수컷과 암컷은 서로 다른 전략을 사용한다는 아이디어를 제시한다. 수컷의 전략은 가능할 때마다 짝짓기를 하는 것이기 때문에 암컷의 생식 능력 표시에 이끌린다. 사람들은 적절한 전략을 이용하고 더 좋은 배우자감으로 보이게 해 주는 방식으로 행동한다. 짝짓기 압력은 젊은 남성 사이에서 공격성을 유도하기도 한다. 이 이론은 열악한 생식 환경에 처해 있는 생식 연령의 남성 사이에서 폭력의 가능성이 가장 크다고 주장한다. 많은 폭력이 지위에 대한 갈등과 관련이 있다는 이러한 견해를 지지하는 증거가 있다.

성격에 대한 유전적 접근은 생리적 연결을 가진 것 중에서 어떤 성향을 평가하는 것이 특히 중요한가를 제안하는 것을 제외하고는 평가에 대해 할 말이 별로 없다. 어떤 특성 속에는 수많은 유전자가 관여하고 있기 때문에, 유전자를 통해 성격을 직접 평가할 수 있는 가능성은 적어 보인다. 행동 문제와 관련해서는 물질 남용과 반사회적 행동과 함께 정신분열증과 조울증이 유전의 영향을 받는다는 상당한 증거가 있다. 다른 영역과 마찬가지로 이 영역에서도 유전의 영향을 연구하기 위해 분자생물학의 도구를 사용하기 시작했다.

치료적 행동 변화와 관련하여 이 접근은 기질연구의 기초에 대한 의문을 제기한다. 즉, 사람이 생물적 구조에서 벗어나는 방향으로 얼마나 많이 변화하리라고 기대할 수 있는가 하는 질문이다.

용어설명

게놈genome 염색체 전체에 포함되어 있는 유전자의 연쇄.

게놈 전체 연합연구genome-wide association study 한 번에 전체 유전자를 검증하는 연구.

게놈학genomics 분자유전학 참조.

기질temperaments 생애 초기에 나타나는 유전되는 특성.

내배엽형Endomorphy 비만형 체질 경향성.

다형성polymorphism 동일 유전자가 하나 이상의 대립형질을 갖는 특성.

대립형질allele 특정한 유전자의 어떤 버전.

동기sibling 형제와 자매.

동종결혼assortative mating 무선적 선택이 아닌 특정한 특성의 선택에 기초한 짝짓기.

메틸화methylation 특정 유전자나 물질 주위에 메틸 화학물이 들러붙는 것.

분자유전학molecular genetics 특정 유전자의 대립형질이 관찰되는 차이와 어떻게 연결되는가를 연구하는 학문.

비공유 환경 영향nonshared environment effect 쌍생아을 다르게 만드는 환경의 영향.

사회생물학sociobiology 사회적 행동의 진화적 기초를 연구하는 학문.

쌍생아 연구twin study 이란성 쌍생아 간의 유사성과 일란성 쌍생아 간의 유사성을 비교하는 연구.

안정화 선택stabilizing selection 한 가지 차원의 중간 값이 가장 적응적인 진화 방식.

외배엽형Ectomorphy 약하고 마른 체질 경향성.

유전-환경G×E 환경이 유전적 구성에 의존하여 다른 결과를 도출하는 유전과 환경의 상호작용.

유전성heritability 어떤 특성의 변량이 유전으로 얼마나 많이 설명될 수 있는가의 추정치.

유전자 유사성 이론genetic similarity theory 사람들이 자신의 유전자와 유사한 유전자의 재생산을 위해 행동한다는 이론.

유전자 표현형gene expression 단백질을 생산하는 과정에 유전자가 관여하는 활동.

유전형genotype 인간이나 집단이 가진 유전자의 특정한 버전.

이란성 쌍생아dizygotic(DZ) twins 이란성 쌍생아(유전적으로 평균 50% 일치).

일란성 쌍생아monozygotic(MZ) twins 일란성 쌍생아(유전적으로 100% 일치).

일치율concordance 쌍생아의 한쪽과 다른 한쪽 사이의 특정한 특성의 일치.

입양아 연구adoption study 아동과 그들의 양부모 및 생물적 부모 사이의 유사성을 알아보는 연구.

접근 기질approach temprament 보상에 접근하는 기질적 경향성.

중배엽형Mesomorphy 근육질 체질 경향성.

지향적 선택directional selection 한 차원의 극단이 다른 차원의 극단보다 더 적응적인 선택.

포괄적 적합도inclusive fitness 친족의 생존을 통해 유전자가 전달되는 것.

행동유전학behavior genetics 행동 특성의 유전적 영향력에 대한 연구.

호혜적 이타주의reciprocal altruism 도움이 돌아올 것을 기대하고 타인을 돕는 것.

회피 기질avoidance temprament 위협을 회피하는 기질적 경향성.

후보 유전자 전략candidate gene strategy 특정 유전자가 특정한 생리적 과정과 연결되다는 증거가 있고 그런 과정과 성격이 연결된다는 이론이 있어 일부 유전자를 연구하는 전략.

후성유전epigenetic DNA에 대한 직접 효과가 아니라 DNA의 기능에 작용하는, 다음 세대로 전달될 수 있는 효과를 연구하는 학문.

Perspectives on Personality

제7장

생물적 과정과 성격

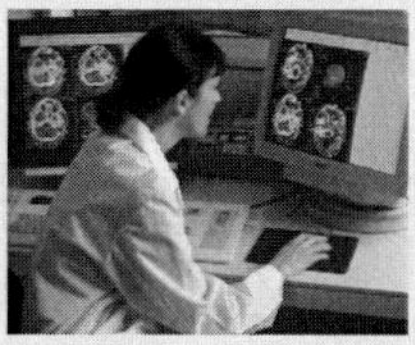

- 초기의 아이디어: 뇌 기능에 대한 Eysenck의 견해
- 유인 접근 체계
  - 행동 접근
  - 접근에 대한 추가 쟁점
  - 신경전달물질과 접근 체계
- 행동 회피 또는 철수 체계
  - 신경전달물질과 회피 체계
- 접근 및 회피 체계를 특성이나 기질과 관련시키기
  - 사회성의 역할
  - 충동성의 역할
- 제3의 차원: 감각 추구, 억제, 그리고 의도적 통제
  - 감각 추구
  - 감각 추구와 특성 및 기질의 관계
  - 충동과 억제의 두 가지 근원
  - 신경전달물질과 충동 대 억제
- 호르몬과 성격
  - 호르몬, 신체, 그리고 뇌
  - 초기 호르몬 노출과 행동
  - 테스토스테론과 성인 성격
  - 테스토스테론의 순환과 행동
  - 테스토스테론, 지배성, 그리고 진화 심리학
  - 스트레스에 대한 반응: 남성, 여성, 그리고 옥시토신
- 평가
  - 뇌전도(뇌파) 검사
  - 신경영상술
- 행동 문제와 행동 변화
  - 불안과 우울의 생물적 기초
  - 반사회적 성격의 생물적 기초
  - 치료에서의 약물요법
- 생물적 과정과 성격: 문제점과 전망
- 요약

사례

지나는 모험을 갈망한다. 그녀는 언제나 자신의 친구와 활동의 범위를 넓혀 나간다. 마치 그런 자극이 그녀를 생기 있고 행복하게 만들기 위해 필요한 것처럼 보인다. 그녀의 남자친구는 수줍음이 많다. 모든 소음과 활동이 그에게는 너무 과도하다. 그는 일이 조금 덜 강렬할 때 편안함을 느끼고 자신의 활동 계획을 차분하게 세울 수 있다. 이상하게도 각자의 몸은 그 자신에게 '가장 좋은 것'을 말해 준다고 느끼지만, '무엇이 가장 좋은가'는 사람에 따라 매우 다르다.

실험실 연구는 내향적인 사람이 외향적인 사람에 비해 항공 관제사와 같이 천천히 변화하는 시각적 표시를 감찰하는 과제를 더 잘할 것임을 시사한다.

인간은 동물 왕국의 공식 카드를 지니고 다니는 정회원이다. 우리는 그 왕국의 회원으로서의 모든 특징을 가진다. 먹고, 마시고, 호흡하고, 배설하고, 종을 이어 가기 위한 성 활동에 관여한다.

이러한 동물적 압력은 얼마나 뿌리 깊은가? 그들의 영향은 얼마나 널리 퍼져 있는가? 성격에 대한 생물과정적 접근은 인간 행동이 복잡한 생물 체계의 작동을 반영한다고 가정한다. 이 체계를 구성하는 과정은 우리가 살아 있는 창조물로 조직화된 방식을 반영한다. 이 관점에서는 생리 과정이 행동과 경험에 체계적인 영향을 준다고 본다. 이런 영향을 이해하기 위해 이론가는 우선 인간 생물 체계가 무엇인지, 그리고 그것이 어떻게 작동하는지를 살펴본다. 그런 다음 그런 체계system의 작동이 성격 현상에 어떻게 영향을 주는지를 검토한다.

이 장은 6장과 출발점이 같다. 즉, 성격이 우리의 몸속에 들어 있다는 아이디어다. 그러나 지금은 성격이 신체의 작동working에 의해 영향을 받는다는 아이디어에 초점을 맞춘다. 이 장에서 우리는 신체가 무엇을 하도록 조직화되고 신체의 과정은 성격에 어떻게 반영되는가를 살펴본다.

6장에서와 같이 사람들 사이에는 유사점과 차이점의 여지가 모두 있다. 모든 사람은 동일한 기본 구조와 기능을 가진 신경계와 내분비계를 가지고 있으며, 어떤 사람은 다른 사람보다 신경계와 내분비계의 형태가 좀 더 활동적이거나 반응적이라는 차이가 있다.

초기의 아이디어: 뇌 기능에 대한 Eysenck의 견해

성격과 생물적 기능을 연결하려는 최초의 현대적 시도 중 하나가 Hans Eysenck의 노력이다. Eysenck가 성격은 신경증 성향과 외향성이라는 두 개의 상위 특성으로 구성되어 있다고 지적한 4장의 내용을 상기해 보자. 그는 이런 상위 특성이 모두 신체에 뿌리를 두고 있다고 보았다.

내향적인 사람은 조용하고 뒤로 물러서는 경향이 있는 반면, 외향적인 사람은 사교적이고 자유분방하며 사회 활동에 몰두한다. Eysenck(1967, 1981)는 대뇌피질의 활성화 정도가 이런 차이를 만든다고 주장한다. 대뇌피질이 활성화되었을 때 사람은 기민하다. 그렇지 않을 때 사람은 졸린다. Eysenck는 내향적인 사람은 외향적인 사람에 비해 전반적으로 대뇌피질의 각성 수준이 높다고 제안한다. 그래서 그들은 사회적 상호작용에서 과도한 자극을 받기 쉽기 때문에 그것을 피한다. 이에 반해 기초 각성 수준이 더 낮은 외향적인 사람은 자신을 각성할 자극을 찾아 나선다.

내향적인 사람과 외향적인 사람이 각성 수준에서 차이가 있다는 아이디어에 들어맞는 몇 가지 증거가 있다. 경계vigilance 과제를 생각해 보자. 이 과제는 특정 자극에 대해 경계할 것을 요구한다. 예를 들어, 당신은 일련의 긴 숫자를 듣고 있다가 홀수가 3개 연달아 이어질 때마다 버튼을 눌러야 한다. 만약 당신의 마음이 방황하면 당신은 듣고 있던 것 중 몇 개의 표적을 놓칠 것이다. 내향적인 사람은 외향적인 사람에 비해 이런 과제에서 실수가 더 적다(Claridge, 1967). 또 다른 증거는 약물 효과다. 만약 내향적인 사람이 이미 각성되어 있는 것이라면 일정 수준의 각성에 도달하기 위해 많은 양의 각성제가 필요하지는 않을 것이다. 이에 반해 내향적인 사람이 일정 수준의 평온함에 도달하려면 더 많은 진정제가 필요할 것이다. 이 두 가지 예언은 모두 사실이었다(Claridge, 1967; Eysenck, 1983).

Eysenck는 또한 신경증 성향에 대한 신경학적 기초에 관해서도 언급한다. 그는 정서적으로 불안정한 사람은 뇌의 정서 센터가 쉽게 각성된다고 말했다. 이런 정서적 각성은 외향성과 내향성 둘 다의 징후를 모두 강하게 만든다고 생각하였다. 즉,

기존의 외향성과 내향성이 더욱 완전하게 행동으로 나타나도록 한다. 각성은 외향적인 사람과 내향적인 사람 모두를 더욱 자기답게 만든다.

뇌 기능과 성격을 연결하려는 Eysenck의 시도는 혁신적이다. 그러나 그가 이런 주장을 할 당시에는 오늘날과 같이 뇌 기능에 대한 세밀한 이해가 어려웠다. 최근의 지식 변화가 뇌와 성격이 어떻게 관련되는지에 대한 사람들의 견해를 더욱 정교하게 만들었다.

유인 접근 체계

지난 25여 년 정도에 걸쳐 많은 이론가가 신경계와 성격이 어떻게 관련되는지에 관한 다양한 아이디어를 제안하였다. 그 아이디어는 초점이 다양하다. 일부 아이디어는 특정 종류의 활동에 뇌의 어느 부분이 관여하는지에 관심이 있다. 다른 아이디어는 특정 종류의 활동에 어떤 뇌 화학물이 관여하는지에 관심이 있다. 이를 모두 '기능적 접근functional approach'이라 부를 수 있다. 즉, 그들은 '특정한 종류의 행동이 어떤 기능에 기여하는가?'를 묻는 것이다. 다양한 유형의 행동은 뇌 과정에 관한 아이디어와 연결되고, 둘은 모두 성격과 연결된다.

많은 사람이 이 주제에 대하여 열심히 연구하고 있고, 문헌은 폭발적으로 증가하고 있다. 광범위한 영역에 걸친 의견 일치가 있지만 불일치도 있다. 주요한 주제에 대한 상당한 합의가 있지만 또한 파이를 나누는 여러 가지 방법이 존재한다.

행동 접근

이 집단의 대부분 이론가는 동물은 그들이 열망하는 유인incentives에 접근하도록 하는 일련의 뇌 조직을 가지고 있다고 믿는다. 여러 이론가가 뇌의 어느 부분이 이 체계와 관련되는지에 관한 여러 주장을 펴 왔지만, 그들의 의견이 완전히 일치하지는 않는다(Cloninger, 1988; Davidson, 1992, 1995; Davidson, Jackson, & Kalin, 2000; Depue & Collins, 1999; Depue & Iacono, 1989; J. A. Gray, 1982, 1991). 비록 뇌의 어느 부분이 이 체계와 관련되는지를 알아내기 위한 많은 노력이 진행 중이지만, 우리는 이에 대해서는 단지 조금만 언급할 것이다. 대신 뇌 체계의 기능적 속성에 초점을 맞추어, 그것이 행동과 경험에 어떻게 반영되는지를 살펴볼 것이다.

접근 행동에 관련되는 구조에 몇 가지 이름이 주어졌다. 활성화 체계activation system(Cloninger, 1987; Fowles, 1980), 행동관여 체계behavior engagement system(Depue, Krauss, & Spoont, 1987), 행동촉진 체계behavioral facilitation system(Depue & Iacono, 1989), 그리고 행동 접근 체계behavioral approach system: BAS(J. A. Gray, 1987, 1990, 1994a, 1994b)가 그것이다. 당신은 이 체계가 자신이 원하는 것을 향하여 움직이는 심리적 가속 페달이라고 생각할 수 있다. 그것은 보상추구 체계에 해당하는 '진전go' 체계다(Fowles, 1980).

이 구조는 사람이 어떤 유인誘因을 추구할 때 관여한다고 가정한다. 뇌의 특정 부분은 음식 추구와 관련되고, 다른 부분은 성적인 것에, 또 다른 부분은 더운 여름날 그늘을 찾는 것에 관련된다. 그러나 이런 분리된 개별 부분이 BAS로 통합되어 연결된다고 가정한다. 그래서 BAS는 당신이 원하는 것을 좇아가도록 만드는 일반 기제에 해당한다. 마음속에 끌리는 무엇이 없는 '중립에서in neutral' BAS는 속도를 높이지 않는다(Depue & Collins, 1999). 이는 오직 유인을 추구하는 활동에만 관련된다.

BAS는 또한 어떤 종류의 보상을 얻을 것이라는 기대를 반영하는 다양한 종류의 긍정적 정서(예, 희망, 열정, 흥분)에 대한 책임을 진다. 이에 관한 증거는 뇌 활동 연구에서 비롯된다. Richard Davidson과 동료들(그리고 다른 연구자)은 두피상의 전기적 활동을 기록하거나 활동을 캡처하는 영상기술을 사용해서 뇌 활동을 연구했다(Davidson, 1988, 1992, 1995; Davidson & Sutton, 1995). 이 검사를 하는 동안 사람들은 특정한 정서적 반응을 일으키도록 고안된 비디오 클립 또는 정지 화면과 같은 자극에 노출된다. 의문은 이런 다양한 상황에서 뇌의 어느 부분이 더욱 활성화되는가를 찾는 것이다.

다양한 증거는 유인(그리고 긍정적 정서)이 뇌의 좌측 전전두 피질을 활성화한다고 시사한다. 유인이 제시된 성인(Sobotka, Davidson, & Senulis, 1992)이나 긍정적 정서 형용사(Cacioppo & Petty, 1980), 그리고 10개월 된 아기는 엄마가 다가오는 것을 보았을 때(Fox & Davidson, 1988) 좌측 전전두엽 활성화가 관찰됐다. 휴식 동안에 좌측 전전두엽의 활성화 수준이 높은 것은 행복한 영화에 대해 더 긍정적으로 반응하는 것을 예측하였다(Wheeler, Davidson, & Tomarken, 1993). 또 자기보고식으로 측정한 높은 BAS 민감성은 이 영역의 높은 휴지기 활성화 수준과 관련되었다(Harmon-Jones & Allen, 1997; Sutton & Davidson, 1997). 이러한 발견은 Davidson

과 동료들로 하여금 다음과 같은 두 가지 판단을 하도록 유도했다. 첫째, 많은 긍정적 정서를 경험하는 경향성은 접근 체계와 관련된다. 둘째, 그 체계는 부분적으로는 좌측 전전두엽 피질에 기초한다.

접근에 대한 추가 쟁점

최근 연구 증거는 좌측 전두엽 활성화의 기초가 되는 것은 긍정적 감정 자체가 아니라 접근 과정에 관한 그 무엇임을 시사한다(Carver & Harmon-Jones, 2009; Harmon-Jones, Lueck, Fearn, & Harmon-Jones, 2006). 때때로 접근에 대한 욕망은 좌절된다. 이 경우에도 접근 체계가 관여되지만 좌절과 분노와 같은 정서는 긍정적이라기보다는 부정적 색조를 띤다. 몇몇 연구에서는 그런 경험을 좌측 전전두엽 활성화 및 BAS 민감성과 연결하였다(이에 관한 개관은 Carver & Harmon-Jones, 2009를 보라).

또 다른 연구에서는 BAS 민감성을 학습과 연결하였다. BAS가 유인에 대해 선택적으로 반응하기 때문에, BAS 민감성은 긍정적인 결과를 수반하는 학습과는 관련되지만 부정적인 결과를 수반하는 학습과는 관련이 없을 것이다. 이 아이디어를 지지하는 연구에서는 BAS 민감성의 자기보고식 측정치가 조건화 과제에서 보상 단서를 학습하는 속도를 예측했다(Zinbarg & Mohlman, 1998). 이 척도의 점수는 처벌 단서에 대한 학습 속도와는 관련되지 않았다.

앞서 언급한 것처럼 접근 체계에는 특화된 하부 조직이 있을 것이다. 신경생물적 증거는 일반적인 접근 및 회피 체계와 부분적으로는 겹치지만 완전히 일치되지는 않는 사회 유인가와 사회 위협 체계가 있음을 시사한다(Depue & Morrone-Strupinksy, 2005; Panksepp, 1998). 그래서 사회 관계 속에서의 유인과 위협에 특화되어 있는 민감성을 보일 수 있다. 이 아이디어는 몇몇 연구에서 지지되었다(Laurenceau, Kleinman, Kaczynski, & Carver, 2010).

요약하면 반응적인 접근 체계를 가진 사람은 유인이나 곧 일어날 좋은 일의 단서에 대해 매우 민감하다. 접근 체계가 덜 반응적인 사람은 그러한 단서에 행동적으로나 정서적으로 강하게 반응하지 않는다. 예를 들어, 두 사람이 곧 있을 자신들이 좋아하는 록 밴드 공연의 티켓을 가지고 있다고 상상해 보자. 멜라니는 단지 공연에 대해 생각하는 것만으로도 흥분이 된다(실제 공연은 비록 다음 주에야 벌어지지만). 그녀는 공연에 대해 생각할 때마다 흥분되고 당장 차 속으로 달려갈 준비가 되어 있다. 멜라니는 유인에 대한 민감성이나 BAS 감수성이 매우 높다. 반면에 바버라는 더 침착하다. 그녀는 자신이 공연을 즐길 것임을 잘 알고 있지만 잠재적인 보상을 생각하는 것에 대해 그렇게 반응적이지 않다. 바버라는 유인에 대한 민감성이 낮다.

신경전달물질과 접근 체계

뇌 영역 외에도 접근 체계의 작동은 뇌의 특정한 신경전달물질neurotransmitter과 잠정적으로 연결된다. 신경전달물질은 신경로를 따라 메시지를 보내는 것에 관여하는 화학물질이다. 각기 다른 역할을 하는 다수의 신경전달물질이 있다. 몇몇 이론가는 도파민dopamine이라 불리는 신경전달물질이 접근 체계와 관련되어 있다고 주장한다(Cloninger, 1988; Depue & Collins, 1999; Zuckerman, 1994).

도파민 기능을 연구하기 위한 여러 방법이 있다. 한 방법은 약물에 저항하는 반응의 생의학적 지수를 사용해서 도파민 반응성에서의 개인차를 평가하는 것이다. 또 다른 방법은 도파민 기능과 관련된 유전자를 살펴보는 것이다(6장 참조). 몇몇 연구에서는 도파민 반응성이 높을수록 긍정적 정서성이 더 높았다(Depue, 1995; Depue, Luciana, Arbisi, Collins, & Leon, 1994). 다른 사람은 도파민을 신기성novelty 추구와 관련지었다(Hansenne et al., 2002). Depue와 Collins(1999)는 도파민을 사회적 지배성, 열의, 에너지 및 주장성을 포함하는 외향성의 몇몇 측면과 관련지었다. 또 원숭이 연구에서는 도파민은 더 높은 사회 지배성과 관련이 있었다(Kaplan, Manuck, Fontenot, & Mann, 2002).

높은 도파민 수준은 목표를 융통성 있게 변화시키는 것과 관련된다고 시사된다(Dreisbach & Goschke, 2004). 목표를 융통성 있게 변화시키는 것에는 물론 주의 분산의 요소도 들어 있다. 높은 도파민 수준이 주의 분산 수준과 관련된다는 증거(Frank & O'Reilly, 2006)가 이런 아이디어를 지지한다.

오랫동안 도파민이 보상기반 학습에 관련된다고 생각해 왔지만(Frank & Claus, 2006; Holroyd & Coles, 2002), 이 아이디어는 최근 몇 년 동안 발전하였다. 현재 한 가지 견해는 접근 반응의 학습(그리고 실행)을 증가시키는 반응으로 도파민이 분출되고, 회피 반응의 학습(그리고 실행)을 증가시키는 비보상 후에는 도파민 방출이 감소한다는 것이다(Frank, Seeberger, & O'Reilly, 2004).

그러나 도파민의 효과는 실제 학습보다는 수행에서 더욱 높았다. 쥐 실험연구에서 보상을 학습하는 데 도파민은 필요하지 않은 것처럼 보였다. 그러나 도파민은 쥐가 그 보상을 욕망하고want 목표 지향적인 행동을 추구하기seek 위해 필요했다(Berridge, 2007; Robinson, Sandstrom, Denenberg, & Palmiter, 2005; Wise, 2004). 몇몇 연구자는 도파민이 학습보다는 주로 동기, 특히 접근과 관련된 노력에 관여된다고 결론 내렸다(Farrar et al., 2007; Salamone, Correa, Farrar, & Mingote, 2007).

다른 연구자는 이런 효과를 다른 시각에서 살펴보았다. 도파민을 활성화하는 뉴런은 예상치 못한 보상에는 강하게 반응하지만 예상된 보상에서는 반응이 적다. 보상이 예상되었지만 실제로 발생하지 않을 때 이 뉴런의 반응은 감소한다(Schultz, 2000, 2006). 이런 패턴은 도파민 뉴런이 두 가지 종류의 예상치 않은 사건을 탐지하는 것과 관련됨을 보여 주는 것이다. 예상보다 더 좋거나 나쁜 사건이다. 즉, 사건이 예상보다 좋았을 때 도파민 분출이 증가한다. 예상과 같을 때는 변화가 없다. 사건이 예상보다 나쁠 때는 활동이 감소한다(Schultz, 2006).

행동 회피 또는 철수 체계

앞에서는 접근 체계를 다루었다. 많은 이론가는 유인보다는 처벌과 위협에 반응하는 뇌의 또 다른 체계를 가정한다. Gray(1987, 1990, 1994a, 1994b)는 이를 행동억제 체계behavioral inhibition system: BIS라고 불렀다. 다른 연구자는 위협에 대한 반응 시스템을 회피avoidance 혹은 철수withdrawal 체계라고 불렀다(Cloninger, 1987; Davidson, 1988, 1992, 1995). 이 체계의 활동은 아마도 (특히 현재 유인에 접근하고 있다면) 사람들의 움직임을 억제하게 만들거나 그들이 직면한 것에서 뒤로 물러서도록 할 것이다. 당신은 이 체계를 심리적 브레이크 장치로 생각해도 좋을 것이다. 이것은 '정지stop' 체계다. 다른 방식으로는 이를 '거꾸로 돌리는throw-it-into-reverse' 체계로 볼 수도 있다. 다시 말해 불안과 회피를 관리하는 뇌 체계의 후보에 해당한다. 이에 관한 논쟁이 있지만 잠시 접어 두기로 한다.

회피 체계는 처벌과 위험의 단서에 대해 반응한다. 이 체계가 활동을 할 때, 사람들은 아마도 멈추고 위협에 대한 단서를 더 자세히 살펴보거나 뒤로 물러설 것이다. 이것은 이 체계가 위협과 위험, 그리고 다른 회피 자극에 반응하기 때문이다. 또 이 체계는 불안, 두려움, 죄책감, 혐오감과 같은 부정적 감정에 책임이 있다고 생각된다.

대뇌피질의 활동에 관한 연구 결과는 이런 일반적인 견해와 일치한다. 우리는 앞서 좌측 전전두엽 영역은 사람들이 행복할 때 더욱 활동적이라고 언급했다. 반면에 우측 전전두엽 영역은 두려움과 혐오감을 유발하는 영화를 보았을 때와 같이 불안하거나 혐오감이 들 때 더 활동적이다(Davidson, Ekman, Saron, Senulis, & Friesen, 1990). 이 영역의 높은 휴지기 활동 수준은 그런 영화를 볼 때 더 부정적인 감정을 경험하는 것을 예측하고, 위협 민감성의 자기보고 점수와 관련된다(Harmon-Jones & Allen, 1997; Sutton & Davidson, 1997). 이러한 발견을 바탕으로 Davidson과 동료들은 불안이 우측 전전두엽 피질이 관여하는 행동철수 체계와 관련된다고 주장하였다.

이 체계의 민감성이 갖는 의미는 학습에 관한 연구를 통해서도 검토되었다. 이는 유인이 아닌 처벌에 대한 반응성으로 이론화되었기 때문에 이 체계의 민감성은 긍정적인 것이 아닌 부정적인 결과에 대한 학습과 관련된다. 이런 예측은 위협 민감성에 관한 자기보고식 점수가 (보상 단서가 아닌) 처벌 단서의 학습 속도를 예측함을 밝힌 Zinbarg와 Mohlman(1998)의 연구에 의해 지지되었다. 유사한 결과가 Cort, Pickering 및 Gray(1997)의 연구에서도 보고되었다.

요약하면 회피 체계가 반응적인 사람은 위협에 민감하다. 이 차원이 불안 경향성의 특성을 반영함은 분명하다. 이러한 특성이 경험에 어떻게 영향을 미치는지를 알아보기 위해 자신이 심리학 시험을 망쳤다는 의구심을 갖는 두 사람의 예를 들어 보자. 불안 경향성이 높은 랜디는 시험에 관해서 거의 공황 상태인 데 반해, 불안 경향성이 낮은 제시카는 전혀 걱정하지 않는다. 한 사람은 위협감에 정서적으로 민감하게 반응하지만 다른 한 사람은 그렇지 않다.

위협 민감성과 유인 민감성은 서로 독립적이라고 간주된다. 사람들은 두 차원 모두에서 서로 다를 수 있다. 결과적으로 높고 낮은 접근과 회피 민감성의 모든 조합이 가능하다. 예를 들어 사교성을 수줍음의 반대라고 생각할 수 있지만, 이런 생각은 지나치게 단순하다(Schmidt, 1999). 매우 사교적이면서(사회적 유인가에 끌리면서) 동시에 매우 수줍어할(사회적 상호작용을 두려워하고 피할) 수도 있다.

신경전달물질과 회피 체계

보상 민감성의 경우와 마찬가지로, 사람들은 위협 민감성을 신경전달물질과 연결하려는 시도를 하였다. 보상 민감성과 도파민의 관계에 비해 합의가 덜하지만, 세로토닌serotonin이 불안 혹은 위협 민감성과 관련된다고 오랫동안 고려되어 왔다(Cloninger, 1987; Handley, 1995; Lesch & Mössner, 1998). 그러나 이 견해는 현재 심각한 도전을 받고 있다(Depue, 1995; Depue & Spoont, 1986; Panksepp & Cox, 1986; Soubrié, 1996; Zuckerman, 2005). 논쟁은 아직 끝나지 않았고 증거는 복잡하다. 그러나 이에 대한 우리의 해석은 세로토닌의 주된 영향은 딴 곳에 있다는 것이다(Carver & Miller, 2006; Carver, Johnson, & Joormann, 2008). 우리는 나중에 이 쟁점으로 돌아가 논의하려 한다.

불안에 관여하는 또 다른 신경전달물질 후보는 일반적으로 GABA로 알려진 감마아미노산gamma aminobutyric acid이다(Roy-Byrne, 2005). 신경증 성향을 GABA 수용기의 민감성과 연결한 몇몇 연구가 있다(Glue, Wilson, Coupland, Ball, & Nutt, 1995). 그러나 GABA와 불안에 관해 알려져 있는 대부분은 불안장애의 연구에서 비롯한다. 사실 대부분의 연구는 특정하게 공황장애에 초점을 맞추고 있다(Zwanzger & Rupprecht, 2005). 공황장애를 보이는 사람은 GABA 수준이 상대적으로 낮다(Goddard et al., 2001). GABA를 증가시키는 치료는 공황장애 환자의 불안을 감소시킨다(Zwanzger & Rupprecht, 2005).

연구자는 위협에 대한 또 다른 생물적 후보로 노르에피네프린norepinephrine의 가능성을 꼽는다. 노르에피네프린은 스트레스 반응으로 분비되고(Morilak et al., 2005), 공황 발작과 관련된다는 증거가 있다(Bailey, Argyropoulos, Lightman, & Nutt, 2003). 연구는 또한 노르에피네프린 조절에서의 문제가 불안장애와 선택적으로 관련됨을 보여 준다(Cameron, Abelson, & Young, 2004). 이런 결과는 이 화학물질이 위협 민감성에 특정하게 관련되는 것처럼 보이게 한다.

접근 및 회피 체계를 특성이나 기질과 관련시키기

잠시 멈추어 이 장을 통해 우리가 말한 것을 살펴보자. 많은 이론가는 하나의 뇌 체계는 유인가에 대한 접근을 관리하고, 다른 하나의 뇌 체계는 위협에서의 철수를 관리한다는 아이디어에 동의한다. 접근을 관리하는 체계는 또한 흥분과 열정을 만든다. 철수를 관리하는 체계는 불안을 생산한다. 이런 아이디어는 이전 장들의 아이디어와 얼마나 잘 들어맞는가? 사실 꽤 잘 들어맞는다.

회피 체계는 신경증 성향과 쉽게 연결된다. 앞서 언급한 바와 같이, 불안은 이 체계의 중심에 있다. Larsen과 Ketelaar(1991)는 신경증 성향이 불안 조작에 대한 취약성을 예측함을 발견하였다. Carver와 White(1994)는 위협 민감성의 자기보고식 측정에서 비슷한 효과를 발견하였다. 요약하면 신경증 성향과 불안 경향성은 공통점이 매우 많다(Elliot & Thrash, 2002 참조). 실제로 회피라고 일컬어져 온 뇌 체계가 신경증 성향의 핵심이라는 데 대한 의구심은 거의 없다. 6장에서 언급한 것처럼 발달 이론가도 회피 기질을 제안한다(예, Derryberry & Rothbart, Ahadi, & Eisenberg, 1997; Eisenberg et al., 2004; Kochanska & Knaack, 2003; Rothbart, Ahadi, & Evans, 2002; Rothbart, Ahadi, Hershey, & Fisher, 2001; Rothbart & Bates, 1998; Rothbart & Posner, 1985). 다시 말해 전체 그림이 잘 부합한다.

접근과 관련해서도 접근 체계와 외향성 사이의 연결이 드러난다. 이 둘 사이의 부합은 이론가들이 외향성을 서로 다르게 정의하는 통에 신경증 성향과 회피가 연결되는 것만큼 깔끔하게 일치하지는 않는다. 보통 외향성의 정의에는 활동성과 능동성이 포함된다(Morrone, Depue, Scherer, & White, 2000). 외향성은 또한 사회성이나 타인과 함께 있는 것에 대한 선호를 의미하기도 한다(Depue & Morrone-Strupinsky, 2005). 때로는 사회적 지배성이나 역량감을 암시하기도 한다(Depue & Collins, 1999). 이 모든 정의 속에는 긍정적 정서를 경험하는 경향성이 포함되어 있는 듯 보인다.

이렇게 다양한 외향성 꾸러미가 BAS 기능과 꽤 유사하다. 6장에서 언급한 바와 같이, 현대의 발달 이론가 또한 접근 기질을 가정한다. 외향성 측정치는 접근 민감성 측정치와 상관이 있다(Carver & White, 1994). Zelenski와 Larsen(1999)은 외향성의 측정과 몇몇 BAS 구성개념이 모두 서로 관련되어 있으며, BAS 점수는 긍정적 감정 경험을 예측한다는 것을 발견했다. 외향적인 사람은 긍정적인 기분 조작에 반응적이었다(Larsen & Ketelaar, 1991). BAS 민감성이 높은 사람은 또한 다가올 보상에 대해 긍정적 감정을 느꼈다(Carver & White, 1994). 이와 같이 다양한 결과 사이에는 상당한 일관성이 있다.

사회성의 역할

외향성을 접근 민감성에 대응시키려 할 때 불확실한 두 가지 영역이 있다. 〈표 7-1〉의 목록에는 외향성과 그와 유사한 특성에 대해 저술한 몇몇 이론가가 나와 있다. 또한 이 표에는 이론가가 외향성에 포함되는 것으로 간주하는 몇몇 성질도 열거되어 있다. 표에서 보다시피 의견 차이를 만드는 두 가지 성질이 있다.

한 가지 쟁점은 보통 외향성의 일부로 고려되는 사회성에 관한 것이다. 이 성질은 BAS에 대한 Gray의 관점에는 빠져 있다. 사실상 Gray는 사회성을 전적으로 무시한다. 이 문제를 해결하기 위한 한 가지 방법은 BAS 민감성을 사회 유인에 대한 민감성으로 여길 수 있다는 것이다. 인간은 매우 사회적인 동물로 태어났기 때문에, 인간의 접근을 일차적으로 사회적 상호작용의 면에서 생각하는 것은 그럴듯하다. 그러나 일부 연구자는 이 장의 초반부에 언급한 바와 같이 사회적 접근을 조절하는 특성화된 하위 접근 체계를 독립적으로 가정한다. 아마도 외향적인 사람은 실제로 전체적인 BAS 민감성과 특정한 사회적 특성의 BAS 민감성을 함께 가지고 있을 것이다.

반면 몇몇 연구는 사회성 그 자체는 외향성의 핵심이 아니라고 제안한다. 이러한 주장 중 하나는 4장에서 언급된 Lucas, Diener, Grob, Suh 및 Shao(2000)의 연구다. 그들의 연구에서는 외향성의 핵심이 보상 민감성reward sensivity과 긍정적 정서positive affect를 경험하는 경향성이라고 결론지었다. 그들은 외향적인 사람의 사회적

‖ 표 7-1 ‖ 몇몇 이론가와 그들이 외향성(그리고 외향성과 밀접하게 관련된다고 보는 대안 특성)에 포함해야 한다고 믿는 성질. 모든 이론가는 유인에 대한 추구와 긍정적 정서 경험에 대한 경향성을 공통으로 포함한다. 많은 사람이 사회성의 성질을 포함한다. 두 명의 이론가만 충동성을 포함한다.

이론가	선호한 용어	용어결합			
		유인 추구	사회성	충동성	긍정적 정서
Eysenck	외향성	×	×		×
Costa & McCrae	외향성	×	×		×
Depue	외향성	×	×	×	×
Zuckerman	사교성	×	×		×
Tellegen	긍정적 정서성	×	×		×
Gray	BAS-충동성	×		×	×

경향성은 사회적 상호작용이 긍정적인 경험의 한 가지 근원이라는 사실에서 유래한다고 추론한다. 실제로 Lucas와 Diener(2001)는 외향적인 사람이 사회적이건 비사회적이건 간에 유쾌한 경험에 대한 기회를 제공하는 상황에 끌린다는 사실을 발견했다.

충동성의 역할

외향성 개념에 대한 두 번째 쟁점은 과거의 충동성에 대한 관심사와는 다르다. 이 경우에 논쟁은 삭아들었다. Gray는 접근 민감성에 대해 충동성impulsivity이라는 단어를 사용하였지만, 충동 통제의 쟁점을 염두에 두지 않은 것은 불행한 선택이었다. Eysenck는 여러 해 동안 충동성을 외향성에 포함하였지만, 그것이 일관되게 정신증 성향과 관련되기 때문에 종국에는 그 위치를 옮겼다. Depue와 Collins(1999)는 긍정적인 정서가 동반되는 충동성(외향성의 핵심)은 외향성에 속하고, 긍정적 정서가 동반되지 않는 충동성은 외향성에 속하지 않는다고 보았다.

이 쟁점과 관련해서 Zelenski와 Larsen(1999)의 연구를 살펴볼 필요가 있다. 그들은 충동성과 위협, 그리고 유인 민감성의 측정을 포함하는 몇몇 성격 측정치를 요인 분석하였다. 그들은 충동성 측정치가 외향성(BAS 요인이 부하되어 있는)이 아닌 다른 요인에 부하됨을 발견했다. 또한 이 쟁점과 관련된 또 하나의 증거는 원숭이 연구에서 나온다. 이 연구(Fairbanks, 2001)에서는 외향성의 한 부분이라고 보는 사회 지배성은 중간 정도 수준의 충동성과 관련됨을 발견하였다. 사회 지배성은 높거나 낮은 충동성과는 관련되지 않았다. 전체적으로 연구 증거는 충동성이 외향성에 속하지 않을 수 있음을 시사한다. 그렇다면 충동성은 어디에 위치하여야 하는가?

제3의 차원: 감각 추구, 억제, 그리고 의도적 통제

많은 사람이 생물적 기반을 가진 성격의 또 다른 차원이 하나 더 있다고 믿는다. 몇 가지 이름이 있지만, 이 구성개념은 계획성 대 충동성의 성질을 합한 어떤 것이다. 이 차원에 대한 한 가지 이름은 감각 추구sensation seeking다. Marvin Zuckerman(예, 1985, 1991, 1992, 1993, 1994, 2005)과 동료들은 이 성질을 광범위하게 연구해 왔다.

감각 추구

감각 추구가 높은 사람은 새롭고 다양하고 흥분되는 경험을 원한다. 이러한 특성이 낮은 사람에 비해 그들은 더 빨리 운전한다(Zuckerman & Neeb, 1980). 그들은 또한 약물을 사용할 가능성이 더 높고(Zuckerman, 1970), 시간이 지날수록 알코올 사용량이 증가하고(Newcomb & McGee, 1991), 스카이다이빙과 같은 위험성이 높은 스포츠를 하고(Hymbaugh & Garrett, 1974), 위험한 반사회적 행동에 더 많이 관여한다(Horvath & Zuckerman, 1993). 그들은 성적인 경험이 더 많고 성적으로 더 반응적이고(Fisher, 1973), 다른 사람과의 관계에서 더 불만스러워한다(Thronquist, Zuckerman, & Exline, 1991). 군대에 지원할 경우는 전투 부대에 더 많이 자원한다(Hobfoll, Rom, & Segal, 1989).

우리는 이 집단의 이론가가 기능적인 접근을 사용하는 경향이 있다고 앞서 언급하였다. 즉, 그들은 특정 체계가 기능하는 목적을 찾는다. 감각 추구의 기능은 무엇일까? 초기 견해는 그것이 자극 강도stimulus intensity에 대한 노출을 조절한다는 것이다(Zuckerman, 1979, 1991, 1994). 감각 추구가 높은 사람은 그들 스스로를 자극에 개방한다. 감각 추구가 낮은 사람은 자극에 대해 스스로를 방어하려 한다. 둘 다 유리한 점과 불리한 점이 있다. 감각 추구가 높은 사람은 전투와 같은 자극이 과도한 조건에서는 잘 기능할 것이지만, 아마도 요구가 덜한 상황에서는 반사회적인 성질을 나타낼 수도 있다. 감각 추구가 낮은 사람은 일상적인 대부분의 상황에서 더 잘 적응할 것이지만, 아마도 상황이 강렬해지면 심리적으로 '문을 닫을 것이다'.

감각을 추구하는 사람은 새롭고 다양하고 흥분된 경험을 추구하는 것을 좋아한다.

이 특성의 기능에 관한 더 넓은 범위의 견해는 그것을 사회적 삶의 요구와 관련시킨다. Zuckerman(1991, 1993)은 이를 충동적 반사회적 감각 추구impulsive unsocialized sensation seeking: IUSS라 부르고, 사회 적응에 기여하는 행동 억제 능력과 관련시켰다. IUSS가 높은 사람은 행동 억제에서 서툴다. IUSS는 사회성과는 부적으로 상관되고 공격성과는 정적으로 상관되었다(Zuckerman, 1996; Zuckerman, Kuhlman, Joireman, Teta, & Kraft, 1993). 이는 반사회적 성격장애를 암시한다(Krueger et al., 1994; Rowe, 2001; Zuckerman, 1994). 또 행동의 장기적인 결과보다는 즉각적인 결과에 초점을 맞추는 것과 관련된다는 증거도 있다(Joireman, Anderson, & Strathman, 2003). 이런 모든 성질은 충동 대 억제의 성질을 부분적으로 반영한 것처럼 보인다.

감각 추구와 특성 및 기질의 관계

이 아이디어는 이전 장들의 아이디어와 얼마나 잘 들어맞는가? 이는 4장에서 논의한 몇몇 특성 모형과 강한 연결이 있다(Carver, 2005 참조). IUSS는 5요인 모형의 우호성 및 성실성과, 그리고 Tellengen(1985) 모형의 억제(억제는 사실상 IUSS와 반대다)와 관련된다(Zuckerman, 1996). 억제의 낮은 수준이 일상생활의 문제와 관련됨을 상기해 보라. IUSS는 또한 강력한 감각을 추구하는 데서 사회 제약을 무시하는 것과 관련되는 Eysenck 모형의 정신병적 성향과 관련된다.

6장에서 우리는 Rothbart와 동료들이 충동성을 기질의 하나로 취급함을 언급하였다(예, Rothbart et al., 2000; Rothbart et al., 2001; Rothbart, Ellis, Rueda, & Posner, 2003; 또한 Eisenberg, 2002; Eisenberg et al., 2004; Kochanska & Knaack, 2003 참조). 의도적 통제effortful control라 불린 이 기질은 IUSS와 많이 유사하다. 이것은 초점이 맞춰지고 잘 억제되며, 계획성과 다른 사람의 욕구에 대한 자각을 내포한다. 생애 초기에 이 기질이 높은 사람은 나중에 반사회적 행동 문제를 적게 보였다(Kochanska & Knaack, 2003). 이 기질은 접근과 회피 기질보다는 천천히 나타나고, 아마도 성인기까지도 완전히 작동되지 않는 것처럼 보인다(Casey, Giedd, & Thomas, 2000). 이는 뇌의 전전두엽 피질이 관여하는 집행 기능과 관련되는 것으로 보인다.

이러한 특성과 기질 모형의 비교에서 지적해야 할 한 가지 사실이 있다. 각 사례에서 지금 논의 중인 특성(감각 추구 성향)이 외향성 및 신경증 성향(혹은 접근과 회피 민감성)과는 구분되고 독립적인 무엇이라는 점이다. Depue와 Collins(1999)는 두 가지 또는 그 이상의 성격검사를 함께 사용해서 고차 요인분석을 했던 11개 연구를 검토하였는데, 모든 연구에서 충동 대 억제를 반영하는 독립적인 상위 특성을 확인할 수 있었다.

충동과 억제의 두 가지 근원

제3차원의 출현은 충동성이 억제되는 두 번째 방식을 제공한다. 오직 접근과 회피 체계만 있다면 충동성을 억제하는 한 가지 힘만이 있다([그림 7-1], A). 유인 욕구가 강하고 불안이 적은 사람은 충동적으로 접근할 것이다(Arnett, Smith, & Newman, 1997; Avila, 2001). 반면 유인 욕구가 약하고 불안이 강한 사람은 충동적으로 행동하지 않는다.

의도적 통제에 대한 세 번째 체계의 추가([그림 7-1], B)는 행동과 억제 사이에 대

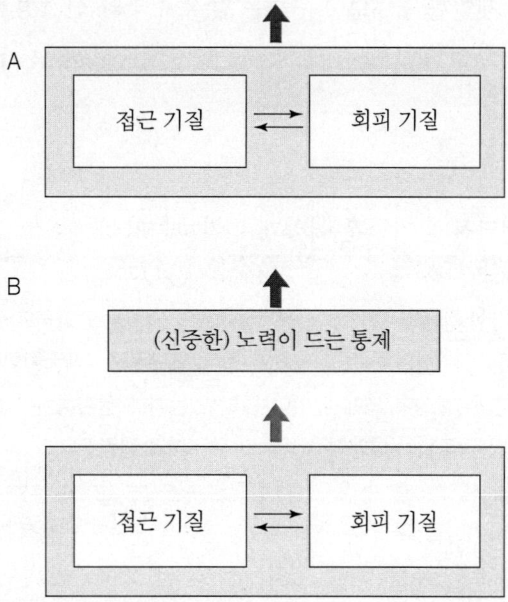

[그림 7-1]

활동과 억제의 두 가지 원천. (A) 접근과 회피 기질이 행동에 영향을 미치기 위해 경쟁한다. 만약 접근 과정이 회피 과정을 능가하면, 충동적인 접근이 발생한다. (B) 노력이 드는 통제. 어느 기질이 더 우세한가를 상쇄하고 행동의 방향을 바꿀 수 있다.

한 의도적인 결정을 허용한다. 이제 사람들은 다른 사람과 함께 잘 지내기 위해서나 장기간에 걸쳐 더 좋은 결과를 얻기 위해서 스스로를 억제할 수 있다(Carver, 2005). 그들은 또한 자신이 좋아하지 않는 선물을 받았을 때도 기분 좋게 보이려고 시도하는 것과 같이 자신이 원하지 않은 행동을 하도록 만들 수도 있다(Kieras, Tobin, Graziano, & Rothbart, 2005). 행동에 대한 이러한 통제 영향력 행사에는 불안이 전혀 필요 없었다. 흥미롭게도 감각 추구 수준이 높거나 낮은 사람에 대한 뇌 반응 연구는 감각 추구가 높은 사람은 특히 강한 접근 반응과 비교적 약한 자기통제 모두를 보인다는 견해를 지지하는 결과를 얻었다(Joseph, Liu, Jiang, Lynam, & Kelly, 2009).

신경전달물질과 충동 대 억제

충동 대 억제와 연결되는 특정한 뇌 화학물질이 있는가? Zuckerman(1994, 1995)은 몇몇 신경전달물질을 조절하는 데 도움을 주는 모노아민 옥시다제monoamine oxidase: MAO의 역할을 제안한다. MAO 수준은 감각 추구와 신기성 추구와 같은 성격 특성과 관련된다(Ruchkin, Koposov, af Klinteberg, Oreland, & Grigorenko, 2005;

글상자 7-1

연구 질문: 신경전달물질 기능은 어떻게 평가하는가

연구자는 최근 다양한 행동에 걸쳐서 신경전달물질의 역할을 검토하고 있다. 연구 참여자의 신경전달물질의 기능을 평가하기 위해 다양한 기법이 요구된다. 어떤 방법이 있을까? 이런 기능평가는 특정한 신경전달물질이 뇌에 얼마나 많이 있는가를 평가하는 것보다 훨씬 복잡하다. 실제적인 쟁점은 신경전달물질이 어떻게 사용되고 있는지와 관련된다.

한 예로 세로토닌을 생각해 볼 수 있다. 세로토닌 수용기는 민감성에서 다를 수 있다(신경전달물질의 모든 수용기가 그럴 수 있는 것과 같이). 만약 누군가가 만성적으로 세로토닌 수준이 낮다면(그를 에디라 부르자), 수용기는 더 민감하게 적응할 것이다. 만약 누군가 만성적으로 세로토닌 수준이 높다면(그를 필이라 부르자), 수용기는 덜 민감하게 작동하게끔 적응할 것이다. 에디의 수용기는 매우 민감하기 때문에 비교적 적은 세로토닌으로도 작업을 할 수 있을 것이다. 이에 반해 필의 수용기는 상대적으로 덜 민감하기 때문에 비슷한 양의 세로토닌에 더 적게 반응할 것이다. 필은 비슷한 처리 과정을 위해 에디보다 더 많은 세로토닌이 필요하다. 에디는 세로토닌 기능이 매우 반응적인 반면, 필의 기능은 덜 반응적이다.

Zuckerman, 1994). MAO는 지배성과 공격성(Rowe, 2001; Zuckerman, 1995), 그리고 음주 운전(Paaver, Eensoo, Pulver, & Harro, 2006)과 관련되었다. MAO 수준과 관련되는 유전자는 공격성 및 충동성과 연결된다(Maunck, Flory, Ferrell, Mann, & Muldoon, 2000; Raine, 2008). 아마도 MAO는 이 체계의 핵심인 듯하다.

반면 일부 연구자는 대개 MAO 수준을 세로토닌계 뉴런의 활동성 지표로 여긴다(Oreland, 2004). 아마도 핵심은 MAO가 아닌 세로토닌의 기능에 있다. 사실 충동성은 낮은 세로토닌 기능과 연결된다는 상당한 증거가 있다(Carver et al., 2008 개관 참조; Carver et al., 2011도 참조). 연구의 대부분은 다양한 종류의 약물 도전제에 대한 반응으로 세로토닌 기능을 평가한다(〈글상자 7-1〉 참조). 때로는 세로토닌 기능이 조작되기도 한다.

한 연구에서는 실험적으로 세로토닌 수준을 낮추는 것이 기존에 공격 성향이 높은 사람 사이에서는 더욱 심한 적대감과 공격성을 야기하지만, 기존에 공격성이 낮은 사람 사이에서는 아무런 변화를 유발하지 않음을 발견했다(Cleare & Bond, 1995). 후속 연구에서는 세로토닌 수준을 낮추는 것은 공격성이 높은 남성 사이에서는 공격성을 높게 만들지만, 공격성이 낮은 사람 사이에서는 반대 효과를 보였다(Bjork, Dougherty, Moeller, & Swann, 2000). 이러한 발견은 낮은 세로토닌 기능은

사람들의 신경전달물질 체계의 반응은 흔히 자기조절을 하는 생화학적 체계의 능력에 대한 도전제에 의해서 평가된다. 이것은 안정된 상태를 방해하는 물질을 투입해서 그 반응을 보는 방식이다. 약물이 투여되면 체계를 자극하게 되고, 이때 보이는 반응이 얼마나 큰지를 살필 수 있다.

예를 들어, 펜플루라민fenfluramine이라 불리는 약물은 시냅스 전 저장 영역에서 세로토닌을 방출하고 이의 재흡수를 억제한다. 그래서 이것은 이용 가능한 세로토닌의 수준을 증가시킨다(몇 시간 동안 지속된다). 시상하부의 수용기는 이런 세로토닌의 증가를 감지하고 뇌하수체에서 프로락틴을 혈류로 방출하게 한다. 그렇게 해서 결국에는 세로토닌의 수준을 떨어뜨리지만, 그렇게 되기까지에는 시간이 좀 걸린다. 이때 뇌의 프로락틴 농도는 쉽게 평가할 수 있어 연구자는 프로락틴 수준을 추적하고, 펜플루라민을 복용한 후 3~5시간 사이에 걸친 이의 최고 증가치를 결정한다. 프로락틴의 (기저선으로부터의 차이로 계산하는) 최고 반응이 그 사람의 세토로닌 반응성 지수가 된다(Manuck, Flory, Ferrell, Mann, & Muldoon, 2000). 프로락틴의 큰 증가는 세로토닌 체계가 민감하거나 반응적임을 의미한다.

사람들을 더욱 기존 방식으로 행동하게 만든다는 것을 시사한다. 이는 낮은 세로토닌 수준이 그 사람의 기본적인 경향성의 억제를 느슨하게 만든다는 아이디어와 잘 들어맞는다.

정보의 또 다른 출처는 성격과 세로토닌 기능을 연결 짓는 횡단연구다. 이러한 연구의 대부분은 환자 집단을 통제집단과 비교하는 환자 표본에 초점을 맞춘다. 이런 연구에서 인기 있는 집단은 충동적인 공격성을 나타내는 사람들이다. 상당히 많은 연구에서 낮은 세로토닌 기능을 폭행과 싸움의 역사(Coccaro, Kavoussi, Cooper, & Hauger, 1997), 가정 폭력(George et al., 2001), 그리고 보다 일반적인 충동적 공격성(Cleare & Bond, 1997)과 관련시켰다. 낮은 세로토닌 기능이 공격성과 관련된다는 증거가 많을지라도, 대부분의 연구자는 낮은 세로토닌 기능이 적대감 그 자체보다는 충동성이나 변덕성과 직접적으로 관련된다고 믿는 것처럼 보인다.

다른 연구는 비임상적인 사람들 사이에서의 성격과 세로토닌 기능을 검토하였다. 몇몇 초기 연구(Cleare & Bond, 1997; Depue, 1995; Netter, Hennig, & Rohrmann, 1999)는 낮은 세로토닌 기능과 높은 공격성(적대감) 사이의 관계를 발견하였다. Depue(1995)는 또한 낮은 세로토닌 기능 수준과 Tellegen의 억제 척도의 충동성 국면, Tellegen의 부정정서 척도의 공격성 국면, 두 가지 감각추구 하위 척도, 그리고 몇 가지 충동성 지표가 연결됨을 발견하였다. Depue는 또한 적대감을 보다 세부적으로 살펴보았는데, 낮은 세로토닌 기능 수준은 충동적인 행위 지향적 공격성을 반영하는 하위 척도 점수와 가장 강하게 관련됨을 발견했다. 최근의 연구도 이와 유사한 결과를 얻었다(Hennig, Reuter, Netter, Burk, & Landt, 2005).

다른 연구에서는 범위를 더 넓혔다. 몇몇 연구는 성격검사 도구를 사용했고, 때로는 다른 측정치도 함께 사용하였다. 그들 중 한 연구(Manuck et al., 1998)는 지역사회 표본 자료에 대해 NEO-PI-R과 다른 추가 측정치를 사용했다. 의미 있게 나타난 모든 효과는 오직 남성 표본에서만 얻어졌다. 낮은 세로토닌 기능은 공격성과 충동성의 생활사와 관련되었다. 이는 종전 결과와 일치하는 양상이다. 낮은 세로토닌 기능은 또한 (NEO-PI-R의) 높은 신경증 성향 및 적대감과 관련되었다. 높은 세로토닌 기능은 (NEO-PI-R의) 높은 성실성과 관련됐다.

이런 증거를 비트는 흥미로운 한 가지 주장이 있다. Zald와 Depue(2001)는 세로토닌이 긍정적 정서뿐만 아니라 부정적 정서도 억제한다고 주장한다. 이 주장을 검증하기 위해 그들은 성인 남성의 정서 경험을 2주 동안 추적 조사하였다. 그리고 나서는 긍정적 그리고 부정적 정서 경험의 평균을 계산하였다. 높은 세로토닌 기능은 더 적은 부정적인 정서 경험과 관련되었고, 지금까지 논의된 발견과 일치하였다. 그러나 높은 세로토닌 기능 또한 낮은 긍정적 감정(흥미롭고, 적극적이며, 주의집중이 잘되고, 열광적인 등의 경험으로 측정한) 경험과 관련되었다. 그래서 세로토닌은 두 가지 종류의 감정을 모두 관리하는 생물적 체계를 통해 억제적 영향력을 행사하는 것으로 보인다.

결과의 전체적인 패턴으로 보면, 연구 증거는 세로토닌성 경로가 충동 조절에 관여한다는 견해와 일치한다(Depue, 1995; Depue & Collins, 1999; Depue & Spoont, 1986; Manuck, Flory, Muldoon, & Ferrell, 2003; Soubrié, 1986; Zuckerman, 2005). 더 나아가 이런 조절은 불안에 대한 무의식적인 반응이라기보다 의식적 노력이 들어가는 억제라는 견해와 일치한다.

호르몬과 성격

이제 성격에 대한 생물적 과정의 다른 측면인 호르몬과 성격 사이의 관계를 살펴보기로 하자. 호르몬의 중요한 집단은 성 호르몬이다. 우리는 성 호르몬이 행동에 영향을 주는 모든 방법을 다루지는 않을 것이다(예, Le Vay, 1993; Tavris & Wade, 1984). 여기서는 주로 테스토스테론testosterone에 초점을 맞춘다.

호르몬, 신체, 그리고 뇌

생애 초기에서부터 성 호르몬은 다양한 방식으로 중요한 영향을 미친다. 보통 남성은 임신 8~24주까지, 대략 생후의 5개월 동안, 그리고 사춘기 이후에 여성보다 높은 테스토스테론 수준을 지니게 된다(Le Vay, 1993). 임신 기간 동안의 테스토스테론의 차이는 정상적인 남성과 여성의 신체적 발달을 창조하는 신경계의 변화에 필수적인 것 같다. 많은 연구자는 호르몬이 뇌를 변화시키고, 그 결과로 행동의 차이가 나타난다고 믿는다(Breedlove, 1994; Le Vay, 1993).

인간 신체의 기본 형판은 여성이다. 단지 남성 호르몬이 특정한 변화가 일어나도록 만들 때만 남성 같은 신체가 나타난다. 만약 유전적으로 남성인 태아가 결정적으로 중요한 발달 시기에 ('남성을 만드는') 안드로겐 호르몬에 노출되지 않는다면 겉모습이 여성 같은 아이가 태어날 것이다. 만약 유전적으로 여성인 태아가 같은 시기에 테스토스테론에 노출된다면, 그녀의 모습은 남성처럼 보일 것이다(Breedlove, 1994). 물론 전형적인 태아 발달 동안에는 남성만이 충분한 안드로겐에 노출되어 남성화된다.

신체를 성적 발달로 안내하는 호르몬은 신경 세포에도 영향을 미친다(Breedlove, 1992; Le Vay, 1993). 호르몬은 남성과 여성의 뇌 발달을 미묘한 방식으로 다르게 조직화한다(Cohen-Bendahan, van de Beek, & Berenbaum, 2005). 동물연구에 따르면, 단지 두 가지의 형태만 있는 것이 아니고 극단적으로 남성적인 형태에서 극단적으로 여성적인 형태 사이에 걸쳐서 다양한 범위의 변이가 존재한다(Panksepp, 1998). 성에 따라 시냅스 사이의 연결과 뇌 구조물 중 일부 크기에서 차이가 있다.

예를 들어, 여성은 대뇌피질의 좌우측이 남성보다 더 완전하게 연결되어 있다(Le Vay, 1993). 흥미롭게도 동성애자인 남성의 뇌가 이성애자인 남성보다 여성의 뇌와 구조적으로 더 유사하다는 증거가 있다(Allen & Gorski, 1992; Le Vay, 1991).

신경계에서의 이러한 차이는 성격과 어떻게 관련되는가? 우리는 안드로겐에 노출되는 것은 신경계를 남성화한다고 초기에 언급하였다. 이로부터 몇 가지가 뒤따라온다.

초기 호르몬 노출과 행동

심지어 태아 시기에 노출될지라도, 초기에 성 호르몬에 노출되는 것은 후기의 행동에 영향을 미칠 수 있다. 한 연구(Reinisch, 1981)에서는 임신 합병증을 치료하기 위해 테스토스테론처럼 작용하는 합성 호르몬을 투여받은 산모의 아동을 관찰했다. 각 아동은 발달의 결정적 단계에서 호르몬에 노출되었다. 다른 집단은 그들의 동성 형제다(유전적이거나 환경적인 변인에서 가능하면 연구 집단과 가깝게 일치시키기 위해 그들의 동성 형제로 구성하였다).

호르몬 투여 노출 후 평균 11년 뒤에 각 아동은 대인 간 갈등을 포함하는 여섯 가지 상황이 기술된 자기보고식 질문에 응답했다. 아동은 각 상황에서 자신이라면 어떻게 할 것인가에 대한 결정을 내려 보고했다. 관심을 가진 응답은 신체공격을 동반한 반응 대 그렇지 않은 다른 반응을 할 가능성에 대한 것이었다.

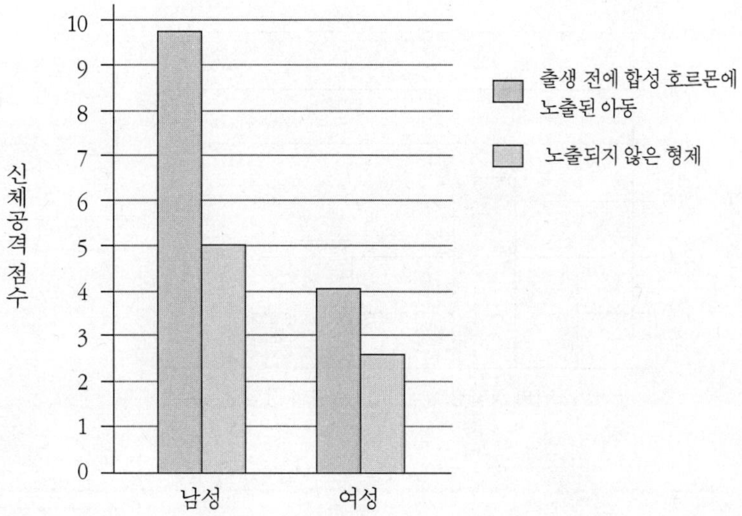

[그림 7-2]

출생 전에 합성 호르몬에 노출되었거나 노출되지 않은 아동과 동성인 형제가 보인 평균적인 신체 공격점수(자기보고 검사). 호르몬에 노출되는 것은 소년과 소녀 모두에서 공격성을 높인다.
[출처] Reinisch(1981)에서 인용.

연구에서는 대인 간 갈등에 대한 반응으로 신체적 공격을 선택하는 행동에 대해 두 가지의 독립적 효과가 나타났다([그림 7-2] 참조). 첫 번째는 성차sex difference다. 소년은 소녀보다 신체적 공격 반응을 더 많이 선택했다. 아울러 태아기에 호르몬에 노출된 경험의 영향도 있었다. 남성 호르몬에 노출된 아동은 그렇지 않은 아동보다 더 많은 신체공격을 선택했다. 이것은 소년과 소녀에 있어서 모두 그러했다.

이 연구는 몇 가지 이유로 호기심을 유발한다. 먼저 생물적 변인—호르몬—이 행동에 영향을 미치는 것은 분명했다. 그러나 그것이 어떻게 영향을 미치는가는 덜 분명하다. 동물연구에서는 초기 발달 동안에 남성 호르몬에 노출되는 것이 공격적 표현을 증가시키는 것으로 나타났다(Reinisch, 1981). 하지만 이 연구에서는 단지 공격행동이 아니라 공격을 선택할 것이라는 자기보고만을 잰 것이다. 그래서 이 연구에서 나타난 신경계에 대한 남성화의 영향은 많은 인지적 영향을 통해 여과된 것으로 보아야 할 것이다.

이와 유사한 또 다른 연구로 Berenbaum과 Hines(1992) 연구를 들 수 있다. 그들은 유전 장애로 인해 태내기와 출생 직후에 높은 남성 호르몬 수준에 노출된 여자 아동을 연구했다.

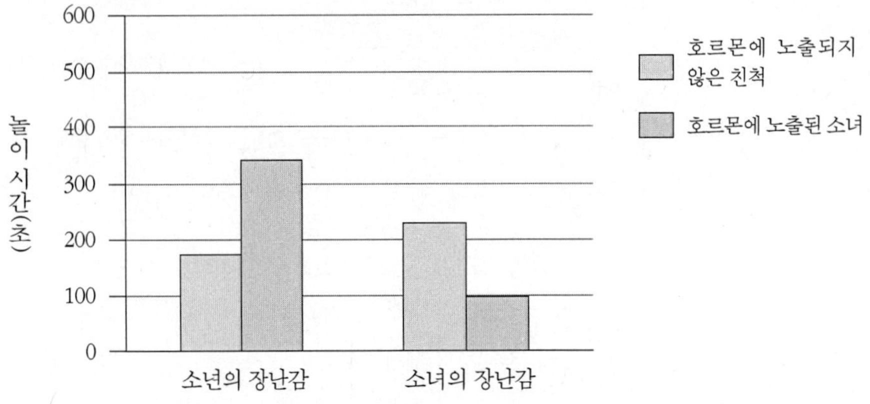

[그림 7-3]

남아가 선호하는 장난감과 여아가 선호하는 장난감을 함께 가지고 노는 자유놀이 장면에서 두 집단의 소녀들이 보인 놀이 시간. 어떤 소녀는 출생 전이나 출생 직후에 남성화 호르몬에 노출된 적이 있으며, 나머지 다른 소녀는 노출된 적이 없었다.
[출처] Berenbaum & Hines(1992)에서 인용.

아동이 3세에서 8세가 되는 시기에 개별적으로 노는 장면을 관찰했고 이와 함께 유전 장애가 없는 친척 아동(여아)이 노는 장면도 관찰했다.

일반적으로 남아와 여아가 각기 더 선호하는 장난감을 제공했을 때 누가 어떤 장난감을 가지고 놀기를 선호하느냐를 눈여겨보았는데, 안드로겐에 노출된 소녀가 그렇지 않은 친척 소녀에 비해 남아 장난감을 더 많이 가지고 놀고 여아 장난감을 덜 가지고 놀았다([그림 7-3] 참조). 실제로 이 소녀들은 남아와 같은 장난감 선호 패턴을 보였다.

안드로겐은 몇 가지 근원에서 유래한다. 임신 동안 의학적 치료를 통해 노출되는 것이 그 하나다. 다른 하나는 정상적으로 안드로겐을 분비하는 부신이다. 소녀의 천연 안드로겐 수준이 높으면 거친 신체 접촉을 포함하는 남성적 스포츠 활동에 더 많이 참여한다고 알려졌다(Kimura, 1999). 또 다른 연구에서는 자연적으로 발생하는 태아의 테스토스테론 수준이 높은 것은 4세 때의 공감 수준이 낮음을 예측한다는 사실을 발견하였다(Knickmeyer, Baron-Cohen, Raggatt, Taylor, & Hackett, 2996).

발견 사항은 다소 혼합되었지만, 발달 초기에 남성화 호르몬에 노출되는 것이 행동에 영향을 미칠 수 있다는 아이디어와 전반적으로 일치한다. 그러한 초기 노출은 공격성에 대한 잠재력과 남자 장난감에 대한 선호 및 대담함의 증가를 유발할 수 있다.

테스토스테론과 성인 성격

성 호르몬과 성격을 다루는 다수의 연구는 현재 테스토스테론 수준과 행동 사이의 관계에 초점을 맞추고 있다. 이런 연구는 테스토스테론이 신경계를 남성화한다는 아이디어와는 몇 발짝 떨어져 있다. 그러나 테스토스테론이 행동의 중요한 특성을 조절하는 데 관련된다는 공통 주제를 가진다. 이 분야의 선구적인 많은 연구가 James Dapps와 동료에 의해 수행되었다(Dabbs & Dabbs, 2000 참조).

테스토스테론이 일종의 성 호르몬이긴 하지만 그것의 행동적 효과연구에서는 성 행동보다는 지배성과 반사회적 행동에 더 많은 초점을 맞추었다. 형무소에 있는 남성에 관한 한 연구(Dabbs, Frady, Carr, & Besch, 1987)에서는 높은 테스토스테론 수준의 입소자는 낮은 테스토스테론 수준의 입소자보다 교도소 규칙을 더 자주 위반하고, 교도소 내에서 더 지배적이라는 것을 발견했다. 그들은 또한 폭력 범죄를 더 많이 범했다. 유사한 결과가 여성 입소자에게서도 관찰되었다(Dabbs, Ruback, Frady, Hopper, & Sgoutas, 1988). 살인을 범한 남자의 표본에서 테스토스테론 수준이 높은 사람은 살인 행위를 더 오래전부터 계획하고 자신이 알고 있는 사람을 살해하는 경향이 높았다(Dabbs, Riad, & Chance, 2001).

다른 연구에서는 범죄를 저지르지 않은 재향 군인의 테스토스테론 수준과 반사회적 행동을 검토하였다(Dabbs & Morris, 1990). 테스토스테론 수준이 높은 남성은 그들의 지금까지 상대한 성적 파트너 수가 더 많고, 알코올이나 다른 약물을 남용하는 경향이 높았다. 그들은 또한 성장하는 동안 부모, 교사 및 급우와 더 많은 문제를 보였다(〈글상자 7-2〉 참조). 이러한 영향은 사회경제적 지위SES가 낮은 사람 사이에서 훨씬 더 강했다.

낮은 사회경제적 지위가 높은 테스토스테론 수준의 악영향을 더 높이지만, 높은 테스토스테론 수준이 남자를 낮은 사회경제적 지위의 직업으로 유도하는 경향이 있음도 시사된다(Dabbs, 1992a). 이것은 높은 테스토스테론 수준이 더 많은 반사회적 행동과 더 낮은 교육을 조장하기 때문에 생기는 것 같다. 이러한 요인은 사람들을 사무직에서 멀어지도록 유도한다.

테스토스테론이 사회 지배성과 연결된다는 생각에 들어맞게, 테스토스테론의 차이는 다른 방식으로 직업과 관련된다(Mazur & Booth, 1998). 예를 들어, (남성과 여성 모두에서) 법정 변호사는 비법정 변호사보다 테스토스테론 수준이 더 높다

글상자 7-2 스테로이드: 의도하지 않은 공격으로 향하는 길

행동에 미치는 테스토스테론의 영향에 대한 논의는 관련 주제를 생각나게 한다. 보디 빌딩과 그 과도함. 보디 빌딩의 매력은 이러한 결과에서 부분적으로 나온다. 바위를 다듬어 놓은 것과 같은 몸. 남성의 몸매에 관한 문화적 기대(플레이걸 잡지에 등장하는 남성 사진에 반영되는)는 지난 20여 년 사이에 많이 변화해서 점점 단단하고 근육질이 되어 왔다(Leit, Pope, & Gray, 2001). 이런 기대가 남성으로 하여금 그렇게 보이고 싶은 압력으로 작용했다.

멋진 몸매에 대한 욕망은 많은 사람이 아나볼릭 스테로이드anabolic steroids를 사용하게 만들었다. 아나볼릭이라는 단어는 '단련'을 의미한다. 아나볼릭 스테로이드는 힘을 주거나 운동을 해서 근육 조직을 재조직하는 신체 성향을 흉내 내는 화학물질이다. 당신의 신체는 소량의 이런 화학물질을 만들어서 근육의 크기를 성장시킨다. 스테로이드를 사용하면 더욱 큰 근육 성장을 초래하게 된다. 스테로이드를 통해 당신은 운동만으로는 이룰 수 없는 방식으로 근육이 빠르고 크게 성장하게 할 수 있다. 그런 이유로 사람들은 스테로이드를 사용한다. 체육관 이용자 연구에서는 체육관 이용 남성의 18%가 부신 호르몬을 사용하고, 25%는 에페드린을 사용하고, 5%는 아나볼릭 스테로이드를 사용한다고 말했다(Kanayama, Gruber, Pope, Borowiecki, & Hudson, 2001). 몇몇 사람은 스테로이드와 자신이 잘 알지 못하는 스테로이드와 같은 보조물을 사용한다. 소위 보조 식품의 형태로 잠재적인 약물을 사용하는 것이다.

많은 사용자는 스테로이드가 합성 호르몬이라는 것을 잘 알지 못한다. 스테로이드는 테스토스테론과 관련이 있다(그것이 남성의 근육이 여성의 근육보다 더 큰 이유다). 테스토스테론은 단지 근육 조직의 강화뿐만 아니라 다른 많은 것과 관련된다. 결과적으로 스테로이드를 사용하는 사람은 큰 근육을 가지는 것 외에도 의도하지 않은 불쾌한 부작용을 보일 수 있다.

최근 연구는 테스토스테론 수준과 공격성 사이에 관계가 있음을 시사한다.

이러한 영향 중 일부는 신체적이다. 만약 당신이 남성이라면, 당신의 신체는 스테로이드를 테스토스테론으로 알 것이다. 더 이상의 테스토스테론의 생산을 멈춤으로써 반응을 한다. 그 결과는 정자 수와 성적 욕구의 감소다(이런 경우에 스테로이드는 테스토스테론처럼 활동하지는 않는다). 만약 당신이 여자라면 스테로이드의 사용은 남성화 효과—줄어든 젖가슴, 저음의 목소리, 얼굴과 몸의 털—를 불러일으킬 것이다(Gruber & Pope, 2000).

스테로이드는 우리가 특별한 관심을 가지는 행동적인 효과를 지닌다. 교재에서 읽었듯이, 연구는 테스토스테론을 지배성 및 공격성과 연결하고 있다. 스테로이드는 동일한 효과를 낳는다(심지어 햄스터 사이에서도; Grimes, Ricci, & Melloni, 2005). 약물 사용이 늘어나는 경향이 있기 때문에 그것이 행동에 미치는 영향도 커진다. 많은 스테로이드 사용은 일반적으로 '로이드 분노'라고 알려져 있는 비이성적 분노 폭발을 불러일으킨다.

행동이나 심리적 반응에서의 부작용은 남성에게만 국한되지 않는다. 여성 사용자의 56%는 스테로이드 사용 동안 경조증 증상을 보고하였으며, 40%는 스테로이드 사용을 끊었을 때 우울 증상을 보고하였다(Gruber & Pope, 2000). 동물연구의 증거에서는 사춘기 동안 스테로이드 사용이 공격성을 증가시켰으며, 나중에 스테로이드를 끊고 난 뒤에도 공격 성향이 지속된다는 증거가 제시되었다(Harrison, Connor, Nowak, Nash, & Melloni, 2000).

이런 효과가 일반인에게 상당한 문제를 일으키지만, 보디 빌딩과 스테로이드 사용은 일반인에게만 영향을 미치는 것은 아니다. 보디 빌딩은 기존에 상당히 지배적이고 공격적인 사람에게 더 매력이 있을 것이다. 이미 공격적인 성격에 스테로이드를 덧보태는 것은 심각한 폭력의 잠재력이 된다.

(Dabbs, Alford, & Fielden, 1998). 배우와 프로 미식축구 선수는 높은 수준의 테스토스테론을 보이고(Dabbs, de La Rue, & Williams, 1990), 성직자는 낮은 수준의 테스토스테론을 보인다(당신이 꼭 알고 싶다면, 대학교수는 중간 수준이다).

왜 배우는 성직자와 그렇게 다른가? 결국 그들은 둘 다 무대 인생이다. Dabbs 등(1990)은 배우는 최근 쇼에서 좋았던 명성이 지금도 여전히 지속되기 때문에 여전히 지배적이라고 제시하였다. 성직자는 변화에서 좀 더 관대한 테두리 안에 있다. 더 나아가 배우의 역할은 현재의 영광을 지키는 것인 데 반해, 성직자의 역할은 자기를 내세우지 않는 것이다.

테스토스테론의 효과는 매우 미묘한 방식으로 사회적 권위나 지배성과 관련을 맺는다. 한 연구에서 테스토스테론 수준은 남성의 더 저음의deeper 목소리 톤과 관련이 있었다(Dabbs & Mallinger, 1999). 낯선 사람과 짧게 상호작용하는 연구에서 테스토스테론 수준이 높은 참여자는 보다 빨리 상호작용을 시작하고, 상대방에 대해 보다 직접적으로 시선을 맞추며, 테스토스테론이 적은 사람보다 독립성과 자신감을 더 많이 표현했다(Dabbs, Bernieri, Strong, Campo, & Milun, 2001). 테스토스테론 수준이 높은 아동은 테스토스테론 수준이 낮은 아동보다 놀이터에서 더욱 독립적으로 놀았다(Strong & Dabbs, 2000).

지배성에서 테스토스테론의 역할은 또 다른 방식으로 나타났다. 만약 테스토스테론 수준이 낮은 사람이 높은 지위에 처하게 된다면 어떤 일이 일어날까? 반대로 테스토스테론 수준이 높은 사람이 낮은 지위에 처하게 된다면 어떻게 될까? 이 두 가지 경우에 사람들은 혼란되고 수행을 잘 하지 못한다(Josephs, Sellers, Newman, & Mehta, 2006). 그러나 반대 상황일 때는 사람들이 기분이 좋아지고 수행을 더 잘하게 된다.

높은 테스토스테론과 관련되어 있는 지배성은 많은 맥락에서 유용하지만 인간관계를 해칠 수도 있다. Booth와 Dabbs(1993)는 높은 테스토스테론 수준의 남성은 더 적게 결혼하는 경향이 있음을 발견했다. 만약 그들이 결혼한다면 그들은 더 쉽게 이혼할 것이다. 그들은 또한 혼외 성관계와 가족 학대를 더 많이 범한다. 높은 테스토스테론의 남성은 낮은 테스토스테론의 남성보다 덜 친근한 미소를 보이고, 그들은 대화할 때 눈빛으로 자신이 상대보다 우위에 있음을 더 자주 표현한다(Dabbs, 1992b, 1997). 동호회의 낮은 테스토스테론의 회원은 더 친근하고 많이 웃는 반면, 높은 테스토스테론의 회원은 더 거칠고 다루기가 힘들다(Dabbs, Hargrove, & Heusel, 1996).

몇몇 연구는 성격과 테스토스테론을 관련시켰다. 두 연구에서는 성격 자료와 테스토스테론 자료를 요인 분석하였다(Daitzman & Zuckerman, 1980; Udry & Talbert, 1988). 두 연구에서 테스토스테론 주위에 충동성과 감각 추구 및 지배성 등이 함께 부하되는 요인이 나타났다. 자기보고 자료에서 이 요인에 부하되는 단어는 '냉소적인, 지배적인, 비꼬는, 자발적인, 고집이 센, 억제되지 않은 것' 등이다. 이 특징의 패턴은 또한 이 장의 앞부분에서 논의되었던 뇌 기능과 충동성에 관한 연구를 생각나게 한다.

테스토스테론의 순환과 행동

일반적으로는 안정된 개인차의 면에서 테스토스테론을 고려한다. 그러나 테스토스테론은 시간과 사건에 따라 변화해 가는 역동적 체계의 일부다(Dabbs, 1992b). 테스토스테론 수준은 여러 형태의 사회 상황에 대한 반응에 따라 변화한다. 이런 변화는 다시 그 사람의 차후 행동에 영향을 준다.

테스토스테론 수준은 긍정적 경험 뒤에 높아진다. [그림 7-4]에서 볼 수 있듯이, 테스토스테론은 경쟁적 사건에서 성공 경험을 한 뒤에 올라가고(Mazur, Booth, & Dabbs, 1992), 실패나 굴욕 경험 뒤에는 낮아진다. 당신이 속한 팀이 이길 때 올라가고, 질 때는 떨어진다(Bernhardt, Dabbs, Fielden, & Lutter, 1998). 당신이 모욕에 직면할 때 테스토스테론은 올라간다(Nisbett & Cohen, 1996). 그것은 성관계 후에 (남자 여자 둘 다) 올라간다(Dabbs & Mohammed, 1992). 또한 매력적인 여성 앞에서 스케이트보드를 타는 남성에게서 올라간다(Ronay & von Hippel, 2010). 심지어 몇 분 동안 총을 가지고 놀면 테스토스테론 수준이 증가한다(Klinesmith, Kasser, & McAndrew, 2006).

테스토스테론의 변화는 후속 행동에 의미 있는 영향을 미친다. 테스토스테론의 증가는 사람들로 하여금 성적으로 더욱 활동적이 되도록 만든다(Dabbs, 1992b). 테

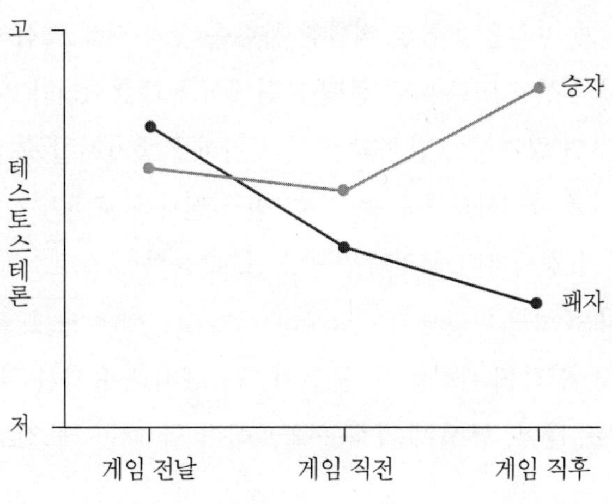

[그림 7-4]

전 도시 대항 토너먼트에서 이기거나 진 체스 경기자의 테스토스테론 수준.
[출처] Mazur et al.(1992) 에서 인용.

스토스테론의 증가는 또한 새로운 경쟁과 지배적이 될 수 있는 기회를 추구하도록 만들 수 있다(Mazur, 1985; Mazur et al., 1992). 이것은 사람들을 발생할 수 있는 보상에 대해서는 더욱 반응적이 되도록 만들고 발생할 수 있는 손실에 대해서는 덜 반응적이 되도록 만든다(van Honk, Schutter, Hermans, Putman, Tuiten, & Koppeschaar, 2004). 그것은 공감 능력을 떨어지게 하고(Hermans, Putman, & van Honk, 2006), 다른 사람의 얼굴에서 분노를 감지하지 못하게 한다(van Honk & Schutter, 2007). 실패 후의 테스토스테론의 감소는 아마도 그 사람을 덜 주장적이게 만들고 새로운 경쟁을 피하게 만들 것이다. 그래서 (성공 또는 실패) 어느 경우든지 가속 효과에 대한 경향성이 있다. 주어진 결과는 동일한 결과를 더욱 조장하는 경향이 있다.

테스토스테론, 지배성, 그리고 진화심리학

세부적인 연구에서 보다 넓은 조망으로 한 걸음 옮겨 가 보자. 전체적으로 연구 결과는 6장에서 논의한 진화심리학의 주제 중 하나와 잘 들어맞는다.

진화적 사고는 선택 압력이 성차를 만든다고 생각한다. 이러한 차이는 인간 여성이 남성보다 (장기간의 임신과 어머니 역할을 통해서) 자손에게 더 많이 투자한다는 사실에서 유래한다. 여성은 이러한 이유 때문에 배우자를 더 까다롭게 선택한다고 생각된다. 즉, 자식에게 자원을 공급할 적합한 사람을 찾기 위해 열심히 노력한다. 지배성과 공격성에서의 성차 또한 이런 선택 압력에서 유래했으리라고 생각된다.

이런 관점에서 보면 공격성이 남성의 짝짓기 기회를 증가시킬 수 있다. 공격성은 남성이 지배와 지위를 확립하도록 돕는다. 한 연구 결과를 보면 수컷 원숭이가 공연단에 있을 때 외부의 경쟁자에게 위협을 받으면, 그들의 테스토스테론이 증가하고 공격성과 지배성의 표시를 나타낸다(Cristóbal-Azkarate, Chavira, Boeck, Rodríguez-Luna, & Veàl, 2006). 인간에 관한 연구 문헌의 개관에서도 유사한 결론이 내려졌다(Archer, 2006). 예를 들어, 남성이 자식을 돌보아야 할 때는 테스토스테론이 감소한다.

테스토스테론의 효과에는 흥미로운 개인차가 있다. 예를 들어, 미국 남부 출신의 남성은 북부 출신의 남성보다 모욕을 당한 후에 테스토스테론 수준이 더욱 증가한다(Cohen, Nisbett, Bowdle, & Schwarz, 1996). 이것은 남부에는 명예에 대해 민감한 문화가 있어 모욕에 대한 충격이 더 크기 때문으로 설명된다.

여성의 공격성 표출은 남성과 같은 이점을 얻지 못하거나 심지어 불리하게 작용할 수도 있다. 이것은 태아나 어린아이에게 해를 끼칠 가능성을 만들 수 있으며, 여성의 중요한 활동인 출산과 자녀 양육을 방해한다. 그럼에도 테스토스테론은 남성뿐만 아니라 여성의 공격성과도 관련된다(Archer, 2006). 이것이 여성에게 문제가 될 수 있다는 점은 자기주장적인 유형의 여성은 집단의 연합을 형성하는 데 방해가 된다는 발견에 의해 시사된다(Archer & Coyne, 2005).

Dabbs(1992b, 1998)는 테스토스테론 영향에 대한 흥미로운 역설을 제안했다. 진화적인 관점에서는 신체적 우위가 짝짓기에 유리하기 때문에 남성은 그것을 도와주는 높은 지배성과 테스토스테론을 유지해 왔다. 그러나 최근 수백만 년 동안 그 규칙은 약간 바뀌었다. 현대의 성공은 신체적 우위보다는 부분적으로는 사회경제적 지위로 정의된다. 자신의 남성다운 겉모양을 드러내는 데 몰두하는 남성은 경제 및 사회적인 힘을 얻기 위해 필요한 기술을 습득하는 데 문제를 일으킬 수 있다. 즉, 선사시대에 중요했던 특성이 현대에는 오히려 성공을 방해할 수도 있다.

스트레스에 대한 반응: 남성, 여성, 그리고 옥시토신

또 다른 중요한 한 호르몬의 영향이 최근 상당한 주목을 끌고 있다. 그것은 스트레스에 대한 반응과 관련된 것이지만 그 범위를 넘어서 널리 확장됐다. 오래전에 Cannon(1932)이 만든 용어로 심리학에 널리 알려진 투쟁-도피 반응fight-flight response이라는 말이 있다. 이 말은 동물이 포획자나 경쟁자와 마주하게 되었을 때 두 가지의 적응적 선택을 한다는 의미다. 즉, (역경을 극복할 수 있으리라 희망하며) 공격하거나 (탈출할 수 있으리라 희망하며) 도망가는 것이다. 짐작컨대, 도망가는 반응은 이 장의 앞에서 논의된 회피 반응과 연결되고, 투쟁 반응은 앞서 논의된 충동성 체계와 연결된다.

지금까지는 투쟁하거나 도피하는 것만이 위협에 대한 중요한 반응인 것처럼 가정되어 왔다. Shelley Taylor(2002, 2006)와 동료들(Taylor et al., 2000)은 이런 가정이 틀렸다고 주장한다. 그들이 지적한 바와 같이 종전 관점에 대한 대부분의 증거는 수컷에 대한 연구(그리고 주로 수컷 쥐)에서 비롯되었다. 스트레스 상황에서 여성의 반응에 관한 연구는 매우 드물지만, 그런 연구에서 검토된 행동은 투쟁 또는 도피에 관한 것이 아니었다. 오히려 유친, 특히 다른 여성에 대한 유친과 관련되는 행동이었다.

Taylor 등(2000)은 남성의 행동에만 초점을 맞추는 것은 인간이 지닌 중요한 반응 세트를 무시하게 만든다고 주장한다. 그들은 남성보다 여성에게서 더 강력한 이런 반응을 '보살피고 한편이 되는tend and befriend' 것이라고 명명했다. Taylor 등은 이런 반응의 존재가 남성과 여성에 대한 진화적 압력의 차이 때문일 것이라고 생각했다. 여성은 자손에 대한 투자가 더 많다. 즉, 공격을 하거나 도망을 가는 것은 자식이 딸리지 않은(혹은 임신하지 않은) 남성에게는 의미가 있겠지만 여성에게는 의미가 덜하다. 그래서 여성은 자신과 자식 모두에게 이로운 또 다른 전략을 진화시키게 되었을 것이다.

보살핌tending은 자식을 안심시키는 것을 의미한다. 이것은 위험을 막아 준다. 즉, 만약 새끼가 울지 않는다면 새끼들은(그리고 당신은) 배경 속으로 조용히 가라앉게 되고 위험은 줄어들 것이다. 이를 좀 더 확장하면, 당신은 스트레스를 받고 있는 가까운 성인에게도 그렇게 할 수 있다. 그들을 위무해 줌으로써 당신은 그들을 덜 위협적인 상황으로 데려가게 된다. 한편이 되기befriending는 타인과 가까워지고 밀착하는 것을 말한다. 이런 반응은 위험을 줄이고(여러 사람이 함께 있는 것이 매우 안전하기 때문이다), 필요할 때 서로에게서 보살핌을 받을 수 있는 기회를 증가시킨다(Taylor, 2002).

이런 반응 양상은 유아와 돌보는 사람 사이의 애착을 유발하는 체계에서 유래한 것으로 보인다. 애착은 흔히 유아의 보호자에 대한 유대의 관점에서 논의된다(9장 참조). 이 경우는 보호자가 유아에 대해 보이는 애착이다. 이 주제는 지금까지 덜 논의되었지만, 그에 대한 많은 연구가 있고 보호자의 애착을 유발하는 생물적 기제가 밝혀지기도 했다(Panksepp, 1998).

이 체계에는 옥시토신oxitocin이라 부르는 호르몬이 관여된다. 이는 이완하고 진정하게 해 주는 역할을 해서(예, Light et al., 2000), 공포를 줄여 주고 엄마와 유아 사이의 유대bonding를 강화한다(Feldman, Weller, Zagoory-Sgaron, & Levine, 2007). 남성이나 여성 모두 이 호르몬이 있지만 여성이 더 많이 가지고 있다. 더욱이 스트레스 상황에서 안드로겐은 옥시토신의 분비를 억제하고, 에스트로겐은 옥시토신의 효과를 증가시킨다(Taylor et al., 2000). 그래서 스트레스에 대해 남성과 여성은 어느 정도 다르게 반응한다. 남성은 사회적 상호작용에서 자신을 배제하는 경향이 있는 데 반해, 여성은 자신을 상호작용에 포함하고 주위 사람을 돌보는 경향이 있다(Repetti, 1989).

옥시토신이 엄마와 유아의 유대에 관여한다는 아이디어가 출발점이었다. 하지만 옥시토신은 일반적으로 사회적 유대 전반에 관계한다고 주장되고 있다(Carter, 1998; Panksepp, 1998; Taylor et al., 2000; Turner, Altemus, Enos, Cooper, & McGuinness, 1999). 동물연구는 옥시토신이 일부 종의 성인 쌍 사이의 유대에서 핵심 역할을 함을 보여 주고 있다. 이것은 오르가슴, 출산, 마사지, 수유 동안에 방출된다(Matthiesen, Ransjö-Arvidson, Nissen, & Uvnäs-Moberg, 2001; Turner et al., 1999). 파트너에게서 많은 지지를 받는 것은 높은 옥시토신 수준과 관련된다(Grewen, Girdler, Amico, & Light, 2005). 또한 낯선 사람과 사회적 유대를 맺는 상황에서 옥시토신을 투여받으면 자진해서 위험을 감수하고 신뢰가 증가한다는 증거가 있다(Kosfeld, Heinrichs, Zack, Fischbacher, & Fehr, 2005). 그것은 또한 다른 사람의 정신 상태를 공감적으로 추론하는 능력을 고양한다(Domes, Heinrichs, Michel, Berger, & Herpertz, 2007).

그렇다면 성격에 대해서는 어떤가? 최근 한 연구에서는 옥시토신이 일생 동안의 낮은 공격성과 관련된다는 것을 발견하였다(Lee, Ferris, Van de Kar, & Coccaro, 2009). 하지만 지금까지의 성격 특성과 옥시토신에 대해 연결하는 증거는 많지 않다. 그 이유는 옥시토신에 대한 인간연구가 이제 가속도가 막 붙기 시작하는 단계이고, 부분적으로는 다른 호르몬 연구보다 옥시토신에 대한 연구가 어렵기 때문이다. 만약 옥시토신이 사회적 유대 형성에 중요하다면, 그것은 인간 경험에 대한 생물적 영향의 핵심이 될 것이다. 성격에 대한 옥시토신의 영향은 의심의 여지없이 장차 연구의 중요한 주제가 될 것이다.

평가

이 장에서 토의한 성격에 관한 생물적인 관점은 성격이 신경계와 호르몬계에서 발생하는 사건에서 유래한다고 가정한다. 만약 성격이 생물적인 것이라면 왜 성격과 관련된 생물적 특징을 평가하지 않는 것일까?

여기에는 몇 가지 문제점이 있다. 많은 경우에 생물적 기제를 정확히 몰라서 무엇을 측정해야 하는지를 알기가 어렵다. 또한 신체 어느 부위에 센서를 부착하거나 피를 뽑지 않는 방법으로 생물적 기능을 평가하는 것이 어렵다. 그럼에도 현재 일부 생물적 평가방법이 사용 중이다.

뇌전도(뇌파) 검사

두피의 전기적 활동을 기록함으로써 뇌 활동의 간접 지수를 얻을 수 있다. 그 기록은 뇌전도electroencephalogram: EEG라 불린다. EEG를 사용하는 것은 뇌의 뉴런이 다양한 간격으로 흥분해서 전압에서의 변동을 만들기 때문이다. 인간의 두피에 전극을 부착하면 이러한 변화를 감지할 수 있다. 이는 대뇌피질 활동의 측면에 대한 한 견해가 된다. 피질 활동은 매우 복잡하지만 서로 다른 주관적인 상태와 연결되는 패턴을 형성한다.

EEG는 현재 정상적인 성격 과정을 연구하는 한 방법으로 사용된다. 사실 이 장의 앞에서 논의된 몇몇 연구는 EEG를 사용했다. 사람들이 다양한 심리적 상태에 있을 때는 피질의 상이한 영역의 활동 정도가 다르다. 상이한 위치에서 EEG 활동의 지도를 그리면mapping 특정한 종류의 정신 활동에 관여하는 뇌 영역의 위치를 알 수 있다. 예를 들어, 휴식기의 좌우측 전두엽의 활성화 수준을 비교해 봄으로써 유인 동기나 회피 동기의 지배를 받는 사람을 가려낼 수 있다(Harmon-Jones & Allen, 1997; Sutton & Davidson, 1997).

신경영상술

뇌 활동 지도 그리기는 이제 뇌의 내부로 더욱 향하고 있다. 한 가지 기술은 양전자방출촬영positron emission tomography: PET이라 불리며, 뇌의 신진대사 활동에서 뇌 기능의 그림을 얻는다. 측정을 받는 사람은 방사성이 주사된 포도당(뇌의 에너지 근원)을 맞고, 후에 뇌의 서로 다른 영역에서 활동하는 방사능이 기록된다. 활동이 더 많은 뇌의 영역에서 더 높은 방사능이 나타나므로 그곳에서 더욱 많은 포도당이 사용될 것으로 추정된다. 색깔로 뇌 활동의 수준을 나타내도록 하는 뇌 지도를 만들기 위하여 컴퓨터는 색깔로 강도를 부호화한다.

자기공명영상법magnetic resonance imaging: MRI이라 불리는 또 다른 기술은 신경 활동의 매우 미묘한 특성에 기초한다. 기능하고 있는 신경 세포는 자기장을 만들어 낸다. 컴퓨터의 도움으로 인간 뇌의 자기 공명을 시각 이미지로 바꿀 수 있다. 전형적으로 영상은 옆의 사진에서 보는 것처럼 뇌를 가로질러 얇게 자른 부분에 대한 이미지다. 그들은 뇌의 다른 부분을 보여 주기 때문에, 각기 다른 단면은 각 부분의 정보를 제공한다.

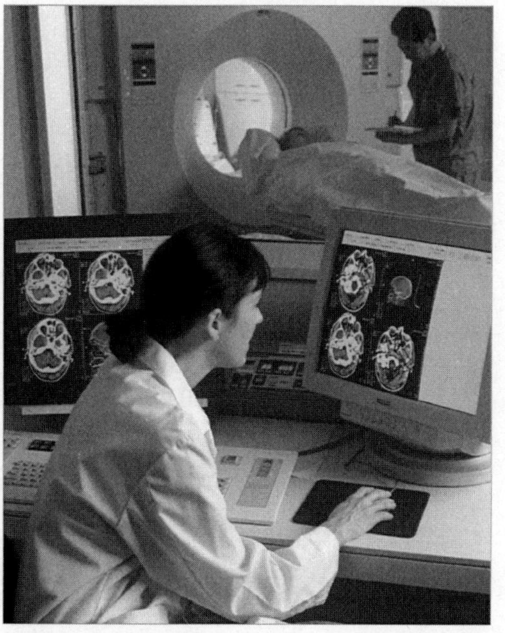

MRI는 뇌 내부의 영상을 보여 준다.

처음에는 MRI 이미지는 뇌의 구조적인 문제를 찾는 데 일차적으로 사용되었다. 예를 들어, 만약 당신이 자동차 사고로 정신을 잃었다면 발생 가능한 모든 위험을 찾기 위해 MRI를 찍도록 요청될 것이다. 현재 MRI는 다른 방식으로 사용되고 있다. 사람들이 휴식을 취할 때와 다른 정신 상태에 있을 때의 경우 모두 다양한 뇌 구조에서의 활동 수준이 평가될 수 있다. 기능성 자기공명영상법functional MRI: fMRI이라 불리는 이러한 종류의 연구에서 유래되는 그림은 EEG 기록에서 나온 것에 비해 훨씬 더 자세하다. 특히 중요한 것은 뇌를 상이한 수준에서 자른 층을 볼 수 있다는 것이다. 그 결과는 스캔하는 동안 뇌 어떤 중심부가 활동적인가에 관한 세부적인 3차원 그림으로 나타난다. PET 스캔과 같이 사진은 보통 서로 다른 활동의 수준을 각 색깔로 나타내는 다양한 색깔 영상을 만들어 낸다.

fMRI의 사용은 지난 15여 년 동안 놀라울 정도로 증가했다. 그것은 매우 비싸지만(많은 숙련된 기술적인 도움에 더해 거대하고 강력한 자석을 요구하기 때문에), 사람이 지금 행하고 있는 행위에 따라 증가하고 감소하는 신경 활동의 매우 정확한 위치를 보여 주는 3차원 그림을 제공해 줄 수 있다. 사람들이 그 장치 속에서 상이한 동기 상태나 정서 상태로 만들 수도 있고 다양한 정신 활동을 하도록 만들 수도 있다. 이것은 연구자로 하여금 인간이 다양한 경험을 할 때 관여하는 뇌 부위가 어딘지를 결정할 수 있게 해 준다.

점차 더 많은 연구자가 이 도구의 사용 가능성에 대해 고려하게 될 것이다. 이것은 의심의 여지없이 이 연구 영역이 조만간 더욱 크게 확장될 것임을 시사한다.

행동 문제와 행동 변화

이제 행동 문제에 대해 논의해 보자. 생물과정적 접근은 장애를 이해하는 데 커다란 공헌을 해 왔다. 여기서는 이 장의 앞부분에서 주로 논의되었던 아이디어와 관련된 기여에 초점을 맞춘다.

불안과 우울의 생물적 기초

모형의 기본 가정은 뇌의 두 가지 동기 체계가 각각 유인가에 대한 접근과 위협에 대한 회피를 관리한다는 것이다. 사람들은 이 두 체계의 강도나 민감성에서 서로 다르다. 만약 어떤 사람이 한 체계나 다른 체계에서 너무 극단적인 위치에 있다면, 그 사람에게 문제가 발생할 가능성은 높아질 수 있다.

아마 이런 견해와 가장 쉽게 연결되는 문제는 불안장애일 것이다. 회피 체계는 곧 닥칠 처벌 단서의 출현에 불안을 느낀다. 매우 민감한 위협 체계를 지닌 사람은 불안을 쉽게 그리고 자주 경험할 것이다(Blackford, Avery, Cowan, Shelton, & Zald, 2010; Haas, Omura, Constable, & Canli, 2007). 이는 불안장애를 일으킬 수 있는 비옥한 토양이 될 수 있다. 만약 이런 사람이 어린 시절의 사회화 과정 동안 처벌 경험에 자주 노출된다면, 그들은 많은 종류의 자극에 대해서 불안 반응을 학습할 것이다. 그 결과는 공포증, 공황발작, 강박장애와 같은 임상적 증상이 될 수 있다.

관련되는 또 다른 문제는 우울증이다. 우울증의 생물적 뿌리에 대해서는 불안의 근원보다 의견의 일치가 약간 더 적다(Davidson, Pizzagalli, Nitschke, & Putnam, 2002). 일부 연구자는 우울증을 지나치게 민감한 회피 체계에서 생겨난 불안의 또 다른 형태로 본다. 다른 연구자는 우울증을 약한 BAS와 연결하였다(예, Allen, Iacono, Depue, & Arbisi, 1993; Henriques & Davidson, 1990, 1991). 이 견해에 따르면, 약한 BAS 활동을 가지는 사람은 유인물에 접근하려는 동기가 거의 없다. 그 결과는 우울증에 전형적인 무기력한 행동과 생기 없음이다.

두 가지 문제—불안과 우울—는 그 사람이 세 번째 체계에서 결함을 보인다면 더욱 쉽게 악화될 것이다. 세 번째 체계는 억제 또는 의도적 통제에 해당한다(Carver et al., 2008). 이 체계가 효과적으로 작동되지 않을 때, 정서는 더욱 강해지고 더욱 요구적이 되며 벗어나기가 매우 힘들어진다(Spoont, 1992). 정서에 대한 과도한 반응성이 다양한 장애의 특징이라는 주장이 제기되고 있다(Johnson-Laird, Mancini, & Gangemi, 2006).

반사회적 성격의 생물적 기초

생물적 체계의 면에서 종종 논의되는 또 다른 문제는 반사회적 성격antisocial personality이다. 앞서 지적했듯이, 이 성격은 충동성과 반사회적 욕망을 억제하지 못하는 무능력을 포함한다. 이런 사람은 BAS가 지나치게 활동적이라고 주장되었다(Arnett et al., 1997; Joseph et al., 2009). 그래서 어떠한 유인물이 마음에 떠오르더라도 그것을 반드시 추구해야 한다. 어떤 연구자는 이 성격의 사람들이 위협 체계에서의 결함을 가지고 있다고 주장하였다(Fowles, 1980). 그들은 처벌을 통해 학습이 되지 않아 그것을 회피하려는 동기를 갖지 못한다.

일부 연구자는 그들이 처벌을 통해 배우는 데 자주 실패하는 것은 회피 체계의 결함 때문이 아니라 어떤 유인가를 추구하기 전에 멈추어 생각하는 데 실패하기 때문이라고 생각한다(Bernstein, Newman, Wallace, & Luh; 2000; Patterson & Newman, 1993; Schmitt, Brinkley, & Newman, 1999). 이것은 충동성과 감각 추구를 기초로 하는 체계와 반사회적 성격을 연결하려는 시도다(Krueger et al., 1994; Rowe, 2001; Zuckerman, 1994). 이것도 비록 다른 종류의 정서이지만 정서에 대해 과민 반응을 보이는 문제의 또 다른 예에 해당한다(Johnson-Laird et al., 2006).

이 체계와 관련되는 부족한 MAO는 나쁜 환경적 영향과 상호작용하는 취약성이 될 수 있다(Raine, 2008). 한 연구(Caspi et al., 2002)에서 낮은 MAO를 유발하는 유전자를 지닌 소년이 더 많은 반사회적 행동을 했는데, 이는 나쁜 양육 환경에서 자랄 때만 그러했다([그림 7-5] 참조). 낮은 MAO 유전자와 나쁜 양육 환경이 결합된 남성은 출생 동시 집단의 12%에 불과했지만 전체 동시 집단 폭력의 44%를 저질렀다. 실제로 이 집단의 85%는 어떤 종류든 반사회적 행동을 발달시켰다.

반사회적 행동에 관한 논의에는 또 다른 생물적 체계가 포함된다. 높은 테스토스테론 수준이 다양한 종류의 폭력 및 반사회적 행동과 관련된다는 점을 기억하라(Dabbs & Dabbs, 2000; Dabbs et al., 2001). 높은 테스토스테론 수준은 심지어 5~11세의 남자 아동이 보이는 파괴적 행동에도 관여된다는 증거가 있다(Chance,

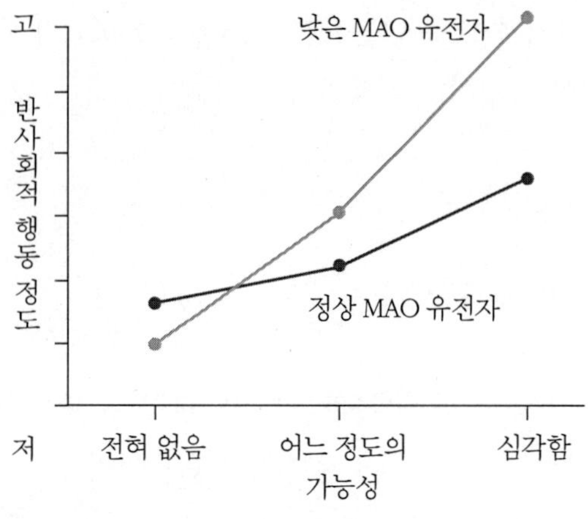

[그림 7-5]

아동기에 나쁜 양육 환경에 노출되었거나 조금 그렇거나 혹은 전혀 그렇지 않은 환경에 있던 아동기를 보낸, 낮은 MAO를 일으키는 유전자를 가진 남성과 정상 MAO를 가진 남성이 보인 반사회적 행동의 지수.
[출처] Caspi et al.(2002)에서 인용.

Brown, Dabbs, & Casey, 2000). 그래서 이 반사회적 행동 문제에는 호르몬과 신경 과정이 모두 관여되는 듯 보인다.

치료에서의 약물요법

성격에 대한 생물적 접근은 치료에 대하여 비교적 직설적인 시사점을 지닌다. 즉, 문제의 출현은 생물적 기능을 반영하는 것이다. 이런 접근에서는 생물적 기능을 변화시키면 장애의 증상을 변화시킬 수 있다고 본다. 이런 접근은 몇 가지 장애에서 효과가 있었다. 이 치료법에는 전형적으로 약물 투여가 포함되기 때문에 종종 약물요법pharmacotherapy이라고 부른다.

조울증 또는 양극성 장애는 리튬으로 그 증상이 잘 완화된다고 오랫동안 알려져 왔다. 양극성 장애를 가진 사람의 약 80%는 리튬에 반응한다(Depue, 1979). 이미 보이는 증상을 치료하는 것 외에도 계속적인 투약은 새로운 증상을 예방할 수 있다. 불행하게도 리튬은 심각한 부작용을 가진다. 그럼에도 이 약물의 효과는 두 가지 아이디어를 지지한다. 장애가 생물적이며 그것의 치료 또한 (적어도 부분적으로는)

생물학에 기초해야 한다는 것이다.

이와 비슷한 사례가 정신분열증 치료다. 한 가지 오래 지속되는 가설은 정신분열증 증상이 과도한 도파민의 결과라는 것이다(Grace, 2010; Walker & Diforio, 1997). 지나치게 많은 도파민 때문에 신경계의 특정 부분의 전달이 너무 쉽게 이루어질 수 있다. 너무 많은 메시지가 보내지기 때문에 대화는 분열된다.

이 가설은 정신분열증 증상의 생화학적 치료 연구의 지지를 받는다. 나중에 밝혀진 것처럼 정신분열증의 증상을 제거하는 약물은 뇌에서 사용 가능한 도파민의 수준을 낮춘다. 이 약물의 효능 정도는 도파민의 사용을 방해하는 그 약물의 역량과 명백하게 관련되어 있었다. 다시 말하지만, 이런 발견은 정신장애가 생물적이고 그 치료는 (적어도 부분적으로는) 생물적인 데 기반을 두어야 함을 시사한다.

또 다른 약물치료는 앞서 논의된 두 가지보다는 덜 극단적인 장애에 대한 것이다. 항불안 약물은 모든 처방 약물 중에서 가장 자주 처방된다. 최신의 항우울제인 선택적 세로토닌 재흡수 억제제selective serotonin reuptake inhibitors: SSRI는 가벼운 정도에서 중간 정도 수준의 우울증을 보이는 많은 사람에게 사용된다. 이런 종류의 항우울제 개발은 전보다 더 광범위하게 기분을 변화시키는 약물을 사용하도록 만들었다.

약물의 광범위한 사용은 많은 의문과 논쟁을 불러일으켰다(Kramer, 1993). 한 가지 쟁점은 약물치료에 대한 반응은 단순히 우울한 기분을 끌어올리는 것 이상이라는 사실과 관계가 있다. 선택적 세로토닌 재흡수 억제제 중의 하나인 프로작을 복용했을 때, 사람들의 성격은 미묘하지만 심오하고 확산적인 변화를 경험한다. 사람들은 그들의 이전 모습보다 더욱 자신감이 있고, 스트레스에 더욱 저항적이며, 더욱 단호해진다. 대부분 더욱 지배적이 된다. 이런 점에서 그들은 약물치료를 받기 이전과 다른 사람 같았다. 그들의 성격이 변한 것이다.

뇌화학 변화의 함수로 이런 성격의 변화가 일어난다면, 성격은 어디에 존재하는 것인가 하는 의문이 생길 수 있다. 성격은 사람들의 생물적 기능과 그것이 일으키는 경험으로 구성될 수도 있다. 성격은 사람들을 치료에 오도록 만드는 생물적 증상과 별로 잘 구분되지 않는 안정되지 않은 실체일 수도 있다. 생물적 체계의 형식에서 성격은 증상의 근원일 수도 있다.

연구자는 장애가 없는 사람들의 SSRI의 효과를 묻는 연구를 계속 진행하였다. 한 연구(Knutson et al., 1998)에서는 사람들에게 SSRI나 위약placebo을 4주 동안 주고 실험 전과 후를 평가했다. SSRI를 투여한 사람들에게서는 더 적은 적대감과 부정적인 감정이 보고되었다(하지만 긍정적인 감정은 증가되지 않았다). 또한 그들은 협동적인 과제를 수행하는 동안 더 긍정적인 친사회적 행동을 보였다. 또 다른 연구(Tse & Bond, 2001)는 더 목적성이 있고 자원이 풍부하다고 느끼는 성질로 평가된 자기 방향성이 증가된다는 것을 발견하였다.

성격에 이같이 폭넓은 영향을 미치는 약물의 가용성은 많은 의문을 제기한다. 그런 약물은 얼마나 광범위하게 처방되어야 하는가? 약물을 투여해서 인생을 더 즐겁게 만들 수 있다면 문제가 심각하지 않은 사람에게도 처방해야 하는가? 모든 사람이 약을 먹어서 자신의 성격을 변화시키는 선택권을 가져야 하는가? 연구자는 이런 의문에 대한 답을 하기에는 아직 먼 길에 있다.

생물적 과정과 성격: 문제점과 전망

이 장에서는 생물적 과정의 패턴이 성격에 관하여 알려 줄 수 있는 중요한 무엇인가를 가지고 있다는 아이디어에 대해 논의했다. 이에 대한 설명이 응집성이 부족하고 분열되어 있다고 느끼더라도 그것은 당신의 탓이 아니다. 실상 아이디어 자체가 어느 정도 분열적이다. 분리된 조각을 모아 보았지만 여전히 체계적 응집성이 부족하다. 결과적으로 성격에 대한 이러한 생각은 어느 정도 혼란한 감정을 느끼게 한다.

그 한 가지 이유는 신경계와 호르몬이 행동에 어떻게 영향을 주는가에 관한 설명 이론이 부분적으로는 다른 과학 분야의 지식에 기초하고 있기 때문이다. 그러한 과학 분야에서의 아이디어는 끊임없이 진화하며 성격에 관한 아이디어를 변화시키고 있다. 게다가 이런 주제에 관한 연구는 생물적 체계가 어떻게 작용하는가를 근접해서 볼 수 있게 해 주는 최근 방법론에서의 진보와 같이 매우 새로운 것이다. 이런 방법론적인 진보는 앞으로 더욱 가속될 것이다(Davidson et al., 2000; Lane & Nadel, 2000; Posner & DiGirolamo, 2000). 그 결과는 때때로 성격에 관해 예기치 않은 시사점을 던질 수도 있는, 생물적 기능을 새롭게 바라보는 만화경 같은 것이 될 것이다.

예를 들어, 많은 심리학자는 이제는 불과 몇 년 전만 하더라도 꿈으로만 생각해 왔던 뇌 기능을 밝히는 PET 검사와 fMRI를 사용할 수 있게 되었다. 그러나 이 방법으로 얻은 발견은 답을 제공하는 만큼이나 많은 새로운 의문을 제기했다. 그러한 방법이 드러내는 그림의 의미를 제대로 파악하는 일은 매우 복잡한 과정이 될 것이다.

이러한 연구와 사고 영역에서 상당한 진보가 있다는 것은 명백하다. 이론가는 그들이 설명하려고 노력하는 것이 무엇인가에 관하여 상당한 정도로 의견이 일치한다. 접근과 회피(그리고 긍정적과 부정적 감정)는 생물적 이론을 구성하기 위한 중요한 초점이라는 것에도 대부분 의견을 같이한다. 아울러 거의 모든 사람이 그 두 차원 밖에 또 다른 것을 포함할 필요가 있다고 공감하지만, 어떤 것을 포함해야 할지에 대해서는 의견 일치가 적다. 부분적으로는 이런 이유에서 이러한 접근 방식이 아직은 완전히 발달한 성격이론으로 자리 잡지는 못하고 있다. 그것은 성격의 본질을 바라보고 고찰할 수 있는 더 유리한 고지일 수도 있다.

당신이 이 방면의 이론가가 충분히 제 할 일을 수행하지 않았기 때문에 합의에 이르지 못했다고 섣부른 결론을 내리지 않도록, 신경계에서 무엇이 진행되고 있는가를 말하기는 매우 어려운 과제임을 지적해야 할 필요가 있다. 뇌 안에서 무엇이 무엇과 연결되는가를 알기 위해서는 신경 경로를 추적해야 하는데, 이는 인간을 대상으로는 직접 연구할 수 없다. 한편 연구에 사용되는 동물은 연구자가 찾으려고 하는 심리적 효과를 직접 보고하지는 못한다. 그래서 얻어지는 정보는 종종 간접적이고 그 진전은 더디다. 신경계의 기능은 몇몇 유형의 연구로 분류되기도 하지만 앞으로 가야 할 길이 멀다. 신경계 조직의 본질이 분명해질 때까지 이 방향의 성격심리학자는 명확한 모델을 갖지 못할 것이다.

성격에 관한 이런 사고방식의 다양한 측면에 대해 비판을 할 수 있겠지만, 이 방향의 연구는 성격심리학에서 현재 가장 활발한 영역이다. 많은 사람이 성격이나 마음의 신비가 뇌에 대한 더 나은 이해에 의해 드러날 것이라고 믿고 있다. 이 방면의 연구자는 아직 풀리지 않은 뇌의 신비와 그것이 성격에 대해 시사하는 바를 풀어 가는 데 전념하고 있다. 이 관점의 전망은 매우 밝아 보인다.

요 약

성격이 신체의 생물적 기능과 연결된다는 아이디어는 신경계와 호르몬계의 기능을 포함하는 다양한 가능성을 이끌어 낸다. 이 아이디어에 기초한 최초의 접근은 뇌 과정이 외향성과 신경증의 기초가 된다는 Eysenck의 이론이었다. 그는 내향적인 사람이 외향적인 사람보다 피질에서 더욱 쉽게 각성되고, 신경증 성향이 높은 사람은 정서적으로 각성된다고 주장하였다.

다른 사람은 새로운 지식에 기초하여 다른 경로를 선택했다. 현재는 성격이 유인에 대해 반응하는 접근 체계BAS와 위협에 대해 반응하는 회피 체계에 기초한다고 종종 주장된다. 정서에 관한 연구는 (부분적으로) 좌측 전전두엽 피질이 관여하는 접근 체계와 (부분적으로) 우측 전전두엽 피질이 관여하는 철수 체계를 제안하고 있다. 위협 체계는 신경증 성향의 특성에 대한 생물적 기초를 나타내는 듯하다. 몇몇 연구자는 BAS가 외향성에 대한 생물적 기초를 나타내는 듯하다고 제안한다.

많은 사람이 충동성과 감각 추구(신기함, 복잡성, 그리고 흥분되는 자극을 추구하는 경향성)에서의 변이에 해당하는 또 다른 생물적 체계를 가정하는 것이 유용하다고 입을 모은다. 감각 추구는 Eysenck의 정신병적 차원 및 Tellegen의 억제 차원과 관련되고, 둘 다 의도적인 통제 기질과 관련된다. 이러한 성질에서의 변이는 사람들이 다른 사람 그리고 장기 목표를 고려하게 하는 기능에서의 차이에 근거를 두었을 것이다.

성격에 관한 또 다른 생물적 견해는 행동에 대한 호르몬의 영향에 초점을 맞춘다. 출생 전에 남성 호르몬에 노출이 되면 갈등에 대해 공격적인 반응을 증가시키거나 남자 장난감에 대한 소녀의 선호를 증가시킬 수 있다. 성인에게서 높은 테스토스테론은 때때로 반사회적인 방식으로 표현되는 지배 행동과 관련된다. 또 테스토스테론 수준은 도전과 승리로 인해 증가하고, 실패로 인해 감소하는 방식으로 상황에 맞게 변화된다.

인간의 사회적 행동에 매우 중요한 옥시토신이라는 호르몬과 관련된 연구가 또 다른 가능성이 있는 영역이다. 옥시토신은 여성의 스트레스에 대한 반응과 관련되고, '보살피고 한편이 되는 반응'으로 언급된다. 이런 반응의 뿌리는 애착 체계, 보다 일반적으로는 사회적 유대 체계에 근거를 두고 있을 수 있다.

성격에 대한 생물과정적 접근은 생물적 기능을 통하여 성격을 평가하는 것이 가능할지도 모른다고 제안한다. 이러한 시도가 아직 출발 단계에 있다고 하더라도, 어떤 사람은 뇌 활동의 기록—특히 fMRI—이 매우 밝은 장래를 기약한다고 믿는다.

행동 문제와 관련해서 위협 민감성 활동 수준이 높은 사람은 불안을 포함한 장애 가능성을 높인다. 높은 위협 반응성이나 낮은 접근 반응성은 아마도 우울증에 기여할 수 있을 것이다. 높은 접근과 낮은 회피 반응성은 반사회적 성격의 증상을 초래할 수 있고, 충동적 감각 추구 및 테스토스테론과 관련된다. 성격에 대한 이러한 접근은 부분적으로는 약물에 기초한 치료가 행동의 변화를 가져오기 위한 하나의 수단이 될 수 있다고 제안한다. 그 아이디어는 약물요법이 생물적 체계에 영향을 주어서 인간의 행동과 주관적인 경험을 변화시킨다는 것이다.

용어설명

GABA 낮으면 불안장애와 연결되는 것으로 나타나는 물질.

감각 추구sensation seeking 다양하고 흔치 않으며 흥미로운 자극을 추구하는 성향.

기능성 자기공명영상법functional MRI: fMRI 상이한 정신적 상태에서 뇌 내부의 활동 그림을 나타내기 위해 자기공명영상MRI을 사용하는 기법.

노르에피네프린norepinephrine 일부 연구자가 불안장애에서 중요하게 여기는 신경전달물질.

뇌전도electroencephalogram: EEG 뇌의 고등 영역에서의 전반적인 전기적 활동에 대한 기록.

도파민dopamine 접근을 조절하는 데 특히 중요하다고 생각되는 신경전달물질.

모노아민 옥시다제monoamine oxidase: MAO 몇몇 신경전달물질을 조절하는 데 도움을 주고 충동을 억제하는 데 관여하는 것처럼 보이는 물질.

반사회적 성격antisocial personality 결과에 대한 고려 없이 충동적인 행동으로 보이는 사람.

세로토닌serotonin 일부 학자는 불안과 관련되어 있다고 믿으며, 다른 학자는 충동에 대한 억제와 관련되어 있다고 믿는 신경전달물질.

신경전달물질neurotransmitter 신경로를 따라 메시지를 내보내는 것과 관련된 화학물질.

아나볼릭 스테로이드anabolic steroids 근육 조직을 재구성하는 신체 경향성을 흉내내는 화학물질.

약물요법pharmacotherapy 약물 사용에 기초한 치료.

양전자방출촬영positron emission tomography: PET 뇌의 신진대사에 기초한 뇌 활동에 대한 그림.

옥시토신oxitocin 사회적 유대에 중요한 호르몬.

자기공명영상법magnetic resonance imaging: MRI 전자기 에너지에 기초한 뇌 내부의 활동에 대한 그림.

충동적 반사회적 감각 추구impulsive unsocialized sensation system: IUSS 사회 적응에 기여하는, 행동을 억제하는 능력에 관여하는 특성.

테스토스테론testosterone 넓은 범위의 행동에 영향을 미치는 남성 호르몬.

행동 접근 체계behavioral approach system: BAS 유인을 추구하게 조절하는 뇌의 부분.

회피 또는 철수 체계avoidance or withdrawal system 처벌에 대한 반응을 조절하는 뇌의 부분.

제8장

정신분석적 관점

- 기본 주제
- 마음의 지형학적 모형
- 성격의 측면: 구조 모형
  - 원초아
  - 자아
  - 초자아
  - 힘의 균형
- 동기: 성격의 추동
  - 추동의 두 종류: 삶과 죽음의 본능
  - 정화
- 불안과 방어기제
  - 억압
  - 부정
  - 투사
  - 합리화와 주지화
  - 전위와 승화
  - 방어에 관한 연구
- 심리성적 발달
  - 구강기
  - 항문기
  - 남근기
  - 잠복기
  - 성기기
- 무의식의 노출
  - 일상생활의 정신병리
  - 꿈
- 평가: 투사 기법
- 행동 문제와 행동 변화
  - 문제의 기원
  - 행동 변화
  - 정신분석적 치료는 도움이 되는가
- 정신분석적 관점: 문제점과 전망
- 요약

사 례

댄과 제이미는 친구 중 하나가 완전히 취했던 지난밤 클럽에서의 일에 대해서 이야기하고 있었다. 이런 일은 지난해에는 거의 매주 반복되는 행사였다. 그 순간 로빈이 코너를 돌아 그들에게 뛰어왔다.

"어이, 로빈, 이제 술 좀 깼어?" 제이미가 물었다.

"도대체 무슨 말을 하는 거야?" 로빈이 반문했다.

"야, 로빈. 어젯밤에 네가 얼마나 많이 마셨는지 걱정도 되지 않니?" 댄이 말한다.

로빈은 방어적으로 보였다. "얘들아, 난 너희가 도대체 무엇에 대해 이야기하는지 전혀 모르겠어."

당신은 자신의 행동을 바라볼 때 정말 있는 그대로를 보게 되는가? 아니면 어떤 이유 때문에 왜곡해서 보게 되는가? 아마도 우리 대다수는 자신이 무엇을 하고 왜 그렇게 하는가를 잘 알고 있다고 생각한다. 사고가 일어날 수 있지만 그것은 우연히 발생한다.

그러나 이런 견해를 정면으로 반박하는 성격에 관한 관점이 있다. 이런 관점에서는 행동이란 우리의 자각과 통제를 벗어나 있는 우리 내부 깊숙이 숨어 있는 어떤 힘에 의해 결정된다고 본다. 우연한 사고? 그런 것은 없다. 사고로 보이는 것도 다 이유가 있다. 다만 그 목적을 잘 인식하지 못할 뿐이다.

성격에 대한 이런 방식의 접근을 정신분석psychoanalysis이라 한다. 정신분석은 Sigmund Freud라는 오스트리아 의사의 저술에서 기원한다. 그는 성격심리학에 지대한 영향을 미쳤다. Freud의 견해는 행동과학과 비슷한 시점에 출현했다(그의 이론은 1895~1940년에 걸쳐 발전되었다). Freud의 이론은 성격에 관한 다른 관점이 아직 출현하기 전에 세상에 널리 퍼지고 지배적이 되었다. 그래서 많은 사람은 Freud를 성격심리학의 아버지로 생각한다.

기본 주제

Freud의 견해가 기초로 삼는 한 가지 주제는 성격은 항상 움직이는 과정의 집합이라는 아이디어다. 그래서 이를 정신역동psychodynamic이라 불렀다. 성격은 발전기나 샘솟아 오르는 물이다. 힘은 길이 생기고, 수정되고 변형될 수 있다. 성격은 하나의 과정이 아니라 서로 대립하여 투쟁하며 행동을 통제하려고 경쟁하고 난투극을 벌이는 여러 과정의 집합이다. 성격 내부의 압력이 서로 갈등할 수 있다는 아이디어가 정신분석적 견해의 또 다른 주제다.

성격이 갈등으로 채워져 있다는 아이디어는 인간 기능의 핵심적 측면으로 또 다른 주제를 제기한다. 정신분석적 견해는 모든 사람이 자신에 관한 위협을 경험한다고 가정한다. 아마도 당신은 자신을 부끄럽다고 생각하고, 후회할 일을 범하려 하고, 한 인간으로서 무가치하다고 느끼려는 욕망을 가졌을 수도 있다. 그중 어느 것이 당신을 가장 위협하는지는 몰라도 지속되는 방어 과정은 그런 위협이 압도적이 되지 않도록 막아 준다. 끊임없이 이어지는 방어라는 아이디어가 정신분석적 사고의 또 다른 중요한 측면이다.

정신분석 이론의 또 다른 주제는 인간 경험은 공격과 성과 죽음의 욕망으로 채워진다는 것이다. 이런 아이디어는 Freud를 진화론과 연결하고(Ritvo, 1990), 인간은 무엇보다도 먼저 생명을 이어 가려는 목적을 가진 동물이라는 점을 되새기게 한다. Freud는 성의 역할을 강조했는데, 이런 생각은 그의 시대에는 매우 드문 것이어서 많은 사람을 충격에 빠뜨렸다.

성격에 대한 정신분석적 관점은 극도로 은유적이다. 단일한 은유가 아닌 여러 가지 복합 은유를 사용한다. Freud는 내과의사로, 그의 글에는 종종 정신 과정의 기초가 되는 생물적 과정에 관한 아이디어가 나타난다. 그의 생과 사의 본능 개념은 끊이지 않고 분해하고 합성하는 물질대사의 이중 처리 과정과 비슷하다. Freud는 또 다른 여러 가지 은유를 사용했다. 때때로 그는 마음을 사회정치 시스템에 비유하여 검열관, 경제, 중재 협상 및 억압 등으로 언급했다. 또 Freud는 물리학으로 돌아가, 성격을 에너지 시스템이나 수압 장치와 같은 힘들 사이의 경쟁으로 비유했다. 그의 은유에 대한 매혹은 자신의 성격에 대한 견해와 일치한다. 상징과 은유에 대한 그의 끌림은 이론의 내용에서도 보인다. 그는 인간 행동 자체가 매우 상징적이라고 보았다. 사람들의 행위는 결코 겉보기와 같지 않고, 숨겨져 있는 다른 무엇을 상징하는 것이다.

정신분석 이론은 매우 복잡하다. 그러나 이런 복잡성 밑에 상당히 적은 수의 원칙이 있다(Kahn, 2002). 이론의 개념들이 서로 깊이 얽혀 있기 때문에 이론은 혼란할 수 있다. 이런 이유 때문에 이론의 어떤 측면을 다른 측면과 분리해서 말하기는 어렵다. 하지만 마음이 어떻게 조직화되어 있는지에 대한 Freud의 견해에서부터 논의를 시작하는 것이 좋을 것 같다. 이는 종종 Freud의 마음에 관한 지형학적 모형 topographical model이라 불린다.

마음의 지형학적 모형

보통 마음에는 두 영역이 있다고 이야기된다. 하나는 의식적 경험으로, 바로 이 순간 당신이 인식하는 사고, 감정, 행동이다. 다른 하나는 기억을 포함하는 것으로, 지금은 의식 밖에 있지만 쉽게 의식으로 들어올 수 있다. Freud는 동시대 다른 이론가의 아이디어를 끌어와서 세 번째 영역을 추가했다. 그는 이 세 영역을 합쳐 마음의 지형학topography 혹은 표면 형상surface configuration이라 불렀다.

Freud는 지금 당신이 자각하는 마음의 부분을 언급하기 위해 의식conscious이란 말을 사용했으며, 이는 오늘날 사용하는 의식이라는 용어의 의미와 같다. 일반적으로 기억을 대표하는 마음의 부분은 전의식preconscious이라 한다. 전의식의 요소는 쉽게 의식으로 가져올 수 있다. 예를 들어, 당신은 당신의 전화번호나 당신이 마지막으로 본 영화 제목을 생각하면 손쉽게 그 정보를 전의식에서 의식으로 떠올릴 수 있다.

Freud는 무의식unconscious이라는 용어를 일상의 용법과는 다르게 사용한다. 그는 이 무의식을 직접적으로는 자각할 수 없는 마음의 부분을 나타내기 위해 사용한다. 또한 무의식을 욕망의 근원이자 불안, 갈등 및 고통과 연결되는 충동과 감정 및 사고의 저장고로 보았다(Rhawn, 1980). 무의식 속에 저장되어 있음에도 이런 것은 사라지지 않고 후속 행위와 의식 경험에 계속적인 영향을 미친다.

이런 견해에서 마음은 빙산과 같다. 물 위로 드러난 빙산의 꼭대기는 의식에 해당한다. 수면 아래 들어 있는 빙산의 가장 많은 부위는 의식 밖의 영역에 해당한다.

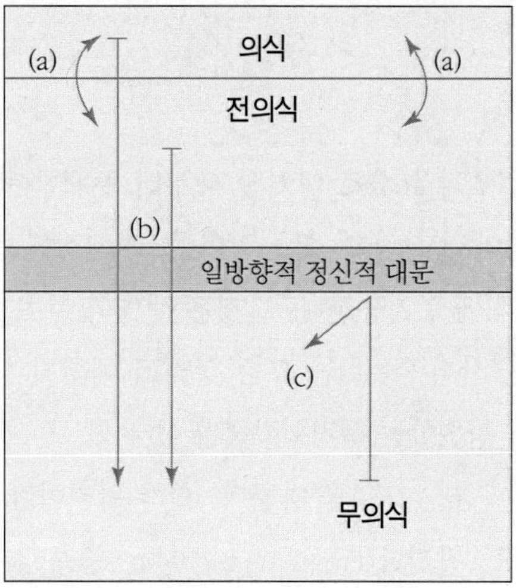

[그림 8-1]

마음에 대한 Freud의 지형학적 모형. (a) 마음의 의식과 전의식 사이에는 재료가 쉽게 왕래될 수 있다. (b) 의식과 전의식에서 무의식으로는 재료가 움직일 수 있지만, 일단 무의식 속으로 들어가면 의식적 접근이 방해를 받는데, 그 이유는 (c) 마음 문이 인출을 막기 때문이다.

수면을 통해 볼 수 있는 물에 잠긴 빙산의 부분은 전의식이다. 빙산의 대부분을 차지하는 가장 큰 부분이 당신이 볼 수 없는 무의식이다. 비록 의식과 전의식이 행동에 영향을 미치지만, Freud는 그것을 무의식보다는 덜 중요한 것으로 보았다. 그의 생각에 무의식은 성격의 진짜 중요한 작용이 발생하는 곳이다.

이런 의식의 세 수준이 마음의 지형학적 모형을 형성한다([그림 8-1] 참조). 사고와 감정 및 욕망으로 구성되는 마음의 재료는 의식과 전의식 사이에서는 자유로이 왕래한다. 그러나 무의식의 재료는 그것을 감추려는 힘 때문에 자발적으로 의식으로 떠오를 수 없다. 이런 마음의 3국 영토가 성격 역동이 상영되는 극장이 된다.

성격의 측면: 구조 모형

Freud(1962/1923)는 성격의 구조 모형structural model도 개발했다. 그는 성격이 세 측면을 지니며, 이런 측면이 상호작용해서 인간 행동의 복잡성을 만들어 낸다고 보았다. 그것은 물리적 실체가 아니고 기능의 세 측면에 대한 명칭으로 보는 것이 가장 그럴듯하다(Grigsby & Stevens, 2000). 우리는 그것을 원초아, 자아, 초자아로 부른다.

원초아

원초아id는 성격의 원초적 요소로 태어날 때부터 존재한다. 원초아(id는 라틴어로 '그것it'을 의미)는 성격의 유전되고, 본능적이며, 원시적인 측면을 모두 망라한다. 원초아는 완전히 무의식에서 기능한다. 그것은 생명의 기초가 되는 기본 생물 과정과 밀접하게 연결된다. 사실 Freud는 모든 심리적 에너지가 원초아에서 나온다고 믿었으며, 이런 면에서 원초아는 성격의 '엔진'이다.

원초아는 쾌락 원칙pleasure principle을 따른다. 쾌락 원칙이란 모든 욕구는 즉각적으로 충족되어야만 한다는 원리다(Freud, 1949/1940). 충족되지 못한 욕구는 불쾌한 긴장 상태를 만들고, 이런 긴장을 방지하기 위해서 사람들은 욕구가 생기자마자 그것을 줄이려 한다. 쾌락 원칙에 따르면, 배고픔이 증가하면 먹으려는 시도가 일어나야 한다. 성적 욕망의 고통은 성적 만족을 얻기 위한 노력을 불러일으켜야만 한다.

원초아는 일차 과정primary process을 통해 욕구를 만족시킨다. 일차 과정은 욕구를 만족시키는 대상이나 사건의 무의식적인 심적 심상을 형성하는 것이다. 배고픈 유아는 일차 과정으로 엄마의 가슴이나 젖병의 심상을 만들어 낼 것이다. 당신이 사랑하는 누군가와 떨어져 있는 경우라면, 일차 과정은 그 사람의 심상을 만들어 내는 것이다. 그런 심상을 갖는 경험은 소망 충족wish fulfillment이라 한다.

자아

일차 과정으로 긴장을 감소시키는 것은 현실과 잘 연결되지 않는 결점이 있다. 그 결과 자아ego(라틴어의 '나'에 해당)라는 기능이 발달한다. 자아는 원초아로부터 진화하며 원초아의 에너지 일부를 빌려서 자신을 위해 사용한다. 자아는 외적 세계를 고려함으로써 원초아의 충동이 효과적으로 표현되는지를 확실하게 하려고 한다. 자아는 외부 세계에 관심이 있기 때문에 대부분의 자아 기능은 의식적이고 전의식적이다. 그러나 한편으로 자아는 원초아와도 연결되어 있기 때문에 무의식에서도 또한 기능한다.

자아는 현실 원칙reality principle을 따른다. 현실 원칙은 내적 욕구와 충동과 함께 외부 현실을 고려함을 의미한다. 자아는 외부 현실을 지향하게 만들기 때문에 행동을 하기 전에 위험을 헤아려 보게 한다. 만약 너무 위험해 보이면, 당신은 그 욕구를 충족하는 다른 방법을 고려할 것이다. 만약 즉각적으로 긴장을 감소할 안전한 방법이 없다면, 당신은 그것을 나중으로, 즉 좀 더 안전하고 좀 더 적당한 때로 미룰 것이다.

따라서 자아의 목표 중 하나는 원초자의 긴장을 적당한 대상이나 맥락이 발견될 때까지 지연하는 것이다(〈글상자 8-1〉 참조). 자아는 긴장 완화 대상의 무의식적 심상과 실제 대상을 매치하는 이차 과정secondary process을 사용한다. 그런 대상이 발견될 때까지 자아는 긴장을 지연하고 있어야 한다. 그러나 자아의 목표는 원초아의 욕망을 영구적으로 막는 것이 아니다. 자아는 원초아의 충동이 만족되는 것을 원하지만, 그것이 세상에서 문제를 일으키지 않도록 적절한 때 안전한 방식으로 만족되기를 원한다(Bergmann, 1980).

현실 원칙과 이차 과정을 사용하는 자아는 지적인 과정과 문제 해결의 근원이다. 현실적 사고 능력은 자아가 욕구를 만족시킬 행동에 대한 계획을 세우고 그것이 잘 기능할지 여부를 검증할 수 있도록 해 준다. 이를 현실 검증reality testing이라 한다. 자

글상자 8-1 **자아 과정과 만족 지연**

자아의 핵심 기능은 충동과 갈망의 만족을 뒤의 적절한 시기까지 지연하는 것이다. 만족의 지연은 성숙한 인격의 표지이자 사회화의 주요 목표이기도 하다. 특정 사회의 완전하고 생산적인 구성원이 되기 위해서, 아동은 보상을 기다리는 것(일은 지금 하고 대가는 나중에 받는 것)을 학습해야 한다. 만족 지연을 못하는 것은 고등학생 사이에서 담배, 알코올 및 마리화나의 사용을 예측하고(Wulfert, Block, Santa Ana, Rodriguez, & Colsman, 2002), 범죄 행동의 발달에도 의미 있는 역할을 할 가능성이 있다.

만족 지연은 다양한 각도에서 연구되어 오고 있다(실상 이 주제는 이 책의 여러 곳에서 여러 번 언급된다). 대부분의 연구에서는 정신분석이 아닌 다른 아이디어에 기반을 두고 있지만, 연구 결과는 정신역동적인 과정과 관련된다. 이 현상을 연구하는 대부분의 경우에서 아동에게는 두 가지 선택안이 제공된다. 지금 바로 원하는 것을 택하면 조금 덜한 보상을 받게 되고, 얼마 동안 기다리는 것을 택하면 조금 더 큰 보상을 받게 된다. 이 연구의 초점은 지연의 결정 요인에 맞추어졌다(Mischel, 1966, 1974 개관 참조). 아동은 자신이 원하는 대상을 코앞에 두고 선택을 지연하는 것이 쉽지 않다(Mischel & Ebbesen, 1970). 아동은 그 상황을 정신적으로 변화시킬 수 있으면 지연이 쉬워진다(Mischel & Baker, 1975; Moore, Mischel, & Zeiss, 1976).

아는 흔히 성격에서 원초아의 욕망과 외부 세계의 제약 사이를 중재하는 '집행관executive' 역할을 하는 것으로 묘사된다.

원초아를 억제하는 일을 하기 때문에 자아는 긍정적 힘으로만 보일 수 있으나 잘못될 소지도 있다. 자아는 도덕적 양심을 가지고 있지 않다. 그것은 전적으로 실용적이어서 가능한 한 주어진 현실적 제약을 그럭저럭 헤쳐 나가는 데만 관여한다. 자아는 위험이 없는 한 속이거나 훔치거나 쾌락 원칙에게 자유를 주는 것을 개의치 않는다. 도덕감은 성격의 세 번째 부분에 있다.

초자아

성격의 마지막 측면은 가장 마지막에 발달하는 초자아superego(라틴어로 '나를 넘어서는'에 해당)다. Freud는 초자아는 사람들이 발달 과정 동안 특정한 갈등을 해결하면서 발달한다고 생각했다.

초자아는 부모와 사회 가치의 구현이다. 당신의 초자아에 있는 가치는 대부분 당예를 들면, 마치 실제로 거기에 있는 것이 아니라 단지 내 머릿속에 있는 그림일 뿐이라고 상상하는 것이다. 더 일반적으로는 바라는 보상에서 주의를 돌릴 수 있을 때, 즉 주의 분산을 할 수 있을 때 만족 지연이 가장 쉬웠다(Mischel, Ebbesen, & Zeiss, 1973). 실은 정신분석 이론에서도 자아는 다른 어떤 것에 관여함으로써 원초아를 속인다.

만족 지연에 관한 연구의 두 번째 계통은 지연 능력과 관련되는 성격에 관한 것이다. 지연을 더 잘할 수 있는 아동은 성취와 사회 책임에 더 많은 관심을 보였는데(Mischel, 1961), 이는 그들이 잘 발달한 자아를 가지고 있다는 아이디어와 들어맞는다. 그런데 지연의 기초는 남아와 여아에 따라 조금 달랐다(Funder, Block, & Block, 1983). 남아 사이에서는 즉각적인 만족 지연 능력이 정서적 충동을 통제하고 주의를 집중하고 행동에서 보다 신중해지는 능력과 밀접하게 관련된다. 이는 만족 지연이 원초아 충동의 표현을 통제하는 목적을 가진 자아의 기능이라는 아이디어와 잘 들어맞는다. 이와 대조적으로 여아 사이에서는 만족 지연 능력이 지능, 적성 및 역량이 높은 것과 관련되었는데, 이런 것은 만족 지연이 상황적으로 적합한 선택임을 깨닫게 되는 것과 관련됨을 시사한다.

신 부모의 가치에서 유래한다. 부모의 사랑을 얻기 위해 아동은 부모가 옳다고 생각하는 것을 하게 된다. 고통과 처벌과 거부를 피하기 위해 아동은 부모가 옳지 않다고 생각하는 것을 회피한다. 부모의 가치를 받아들이는 혹은 통합하는 과정을 내재화introjection라 부른다.

초자아는 두 하위 체계로 나뉜다. 자아 이상ego-ideal은 그 사람이 좋은 행동에 대한 규칙이나 탁월성의 표준으로 구성된다. 양심conscious은 부모가 승인하지 않고 처벌하는 행동이 어떤 것인가에 관한 규칙으로 구성된다(Janoff-Bulman, Sheikh, & Hepp, 2009; Sederer & Seidenberg, 1976). 그런 행동을 하면 양심이 죄책감의 느낌으로 당신을 벌한다. 그래서 자아 이상은 당신이 열망하는 것을 반영하고 양심은 회피하려는 것을 반영한다. (이런 구분은 5장과 7장의 접근과 회피 동기의 맥락에서도 제기된 것이다.)

DENNIS THE MENACE

"엄마는 내가 하지 말아야 하는 것을 얘기하고, 아빠는 내가 해야만 하는 것을 얘기해."

초자아는 두 부분이 있다. 양심은 바람직하지 않은 행동상을 지니고, 자아 이상은 바람직한 행동상을 지닌다.

초자아 또한 의식의 세 수준 모두에서 작동할 수 있다. 초자아는 세 가지 서로 관련된 목표를 가지고 있다. 첫째, 초자아는 부모가 눈살을 찌푸리는 원초아의 충동을 단지 지연하는 것만이 아니라 완전히 금지하려 한다. 둘째, 초자아는 자아가 합리적으로라기보다 도덕적으로 행동하도록 강요하려 한다. 셋째, 초자아는 사람들이 사고, 말, 행동에서 완벽성을 지향하도록 안내하려 한다. 초자아는 사람들이 '문명화civilizing' 되도록 영향력을 행사하지만, 그것의 완벽주의는 현실과 꽤 동떨어진 것이다.

힘의 균형

일단 초자아가 발달하면, 자아는 힘든 길을 간다. 자아는 원초아의 욕망과 초자아의 도덕적 명령, 그리고 현실의 제약을 동시에 다루어야만 한다. 이 모든 요구를 만족시키기 위해 자아는 긴장을 사회적으로 수용되고 동시에 현실적인 방식으로 즉각적으로 방출해야 한다. 이런 일은 각각의 힘이 흔히 갈등적이기 때문에 완벽한 조화는 거의 불가능하다. 정신분석적 관점에서는 그런 갈등이 바로 삶의 본질이다. 자아 강도ego strength라는 용어는 그런 갈등적 힘에도 불구하고 효과를 발휘하는 자

자아 강도는 갈등적 요구와 힘든 상황을 효과적으로 다루는 개인의 능력을 말한다.

아의 능력을 뜻한다(Barron, 1953). 자아 강도가 낮은 사람은 경쟁하는 압력 사이에서 휩쓸려 다니는 반면, 자아 강도가 높은 사람은 그 압력을 관리할 수 있다.

성격의 어느 한 측면이 다른 측면보다 '더 좋은' 것이 아니라는 사실을 깨닫는 것이 중요하다. 그보다는 그들 사이의 균형이 중요하다. 초자아가 지나치게 강한 사람은 항상 죄책감을 느끼거나 참을 수 없을 정도로 '성인군자 같은' 방식으로 행동할 것이다. 원초아가 너무 강한 사람은 자기만족에만 집착하고 다른 사람에게는 완전히 무관심할 것이다. 가장 건강한 성격은 세 측면의 영향력이 통합되고 균형을 잘 이루고 있는 것이다.

동기: 성격의 추동

몇몇 지점에서 우리는 에너지, 충동impulses, 긴장 상태, 추동drives, 갈망urges 등을 일반적인 용어로 이야기했다. 이제 이런 동기적 힘에 대해 좀 더 명시적으로 구분해서 고려해 보기로 하자.

동기에 관해 생각하면서, Freud는 당시 생물학과 물리학에 널리 퍼져 있던 견해에서 중요한 개념을 빌려 왔음을 알 수 있다. 그는 사람을 복잡한 에너지 체계로 보았다. 그 에너지 체계 안에서 심리적 작업(사고, 지각, 기억, 계획, 꿈 등)에 사용되는 에너지는 생물적 과정을 통해 생성되고 방출된다. 원초아를 통해 작용하는 이런 생물적 과정은 본능instinct과 추동drive으로 불린다. 이 두 용어는 맥락에 따라서는 구별되어 사용되나(〈글상자 8-2〉 참조) 여기서는 상호 교환적으로 사용된다.

추동은 두 가지 관련 요소, 즉 생물적 욕구 상태와 그것의 심리적 표상을 가지고 있다. 예를 들어, 신체 내 세포의 물 부족은 물에 대한 욕망인 갈증이라는 심리적 상태를 만들어 낸다. 이런 요소는 합쳐져서 물을 마시려는 추동을 형성한다. (이런 방식의 추동에 대한 묘사는 5장에서 제시된 동기에 대한 묘사와 크게 다르지 않다.)

이러한 과정은 계속적으로 작동해 나간다. 어떤 행위가 긴장을 해소할 때까지 추동 상태는 증가된다. 추동이 표현되지 않으면 그 압력은 지속적으로 증가한다. 동기에 대한 이런 견해는 '수력학 모형hydraulic model'이라 불린다. 이 견해에서 추동이 표현되는 것을 막는 것은 단지 그것을 표현하려는 더 큰 압력을 만들 뿐이다.

글상자 8-2 Freud의 아이디어는 번역과 문화적 거리(차이) 때문에 왜곡되어 왔을 가능성이 있다

Sigmund Freud는 오스트리아인이고 지금의 우리와는 매우 다른 시기와 문화에서 살았다. 그는 전적으로 독일어로 저술을 하였고, 그의 아이디어는 시간이 지난 뒤에 영어로 번역되었다. 복잡하거나 미묘한 아이디어를 번역하는 작업은 힘들고 오류를 범할 가능성이 매우 많다. 완벽한 단어 선택이 되지 않으면 원래의 의미를 크게 왜곡할 수 있다. 어떤 번역가든 원작가가 전달하고자 했던 의미를 정확하게 파악하기가 어렵기 때문에, 어떠한 번역도 원본에 완벽하게 충실한 수준에서 수행되었다고 말하기는 어렵다.

Freud 저술의 번역은 얼마나 충실한가? 그 자신도 중요한 정신분석가 중의 한 사람인 Bruno Bettelheim(1982)에 따르면 그렇게 충실하지 못하다. Bettelheim은 판단을 할 만한 배경을 지닌 사람이다. 그는 비엔나에서 미국으로 건너왔으며, 어린 시절부터 독일어로 말했고 Freud와 유사한 문화적 맥락 속에 살았다. 여기 몇 가지 문제가 되는 번역의 예가 있다.

Freud는 가능하면 독자가 어린 시절부터 사용해 왔던 일상 용어로 자신의 아이디어를 표현하려 했고, 그런 일상 용어에 새로운 통찰을 덧붙이려 했다. 성격의 측면을 위해 그가 선택한 두 가지 용어도 모든 독일어 사용자가 어린아이 때부터 배워 온 말이다. 원래 그 말들은 인칭대명사다. Freud는 대명사 나Ich를 자기 존재의 적극적인 긍정과 관련되는 정서적 성질이 가미되어 있고 자기 스스로를 생각하게 만드는 단어라고 생각하여 선택했다. 그런데 자아ego라는 번역어는 이와 대조적으로 생명력이 없고 무미건조하다.

대명사 그것Es(원초아라고 번역된 성격의 부분)의 경우에도, Freud는 영어만 사용하는 사람들은 전혀 깨닫지 못하는 의미를 포함하였다. 독일어에서 '아동'을 의미하는 이 단어는 중성이다. 독일이나 오스트리아의 아동은 3인칭 중성인 그것it으로 불린다. 이 단어를 자신에게 적용하면 분명하게 정서적인 의미를 지니게 된다. 이는 당신이 충동을 억누르거나 그에 대해 죄책감을 갖게 되는 것을 배우지 못할 만큼 어릴 때의 당신(자신)을 부르던 이름이다. 원단어에서는 개인의 유아기 느낌을 전달하고 있지만 번역어인 원초아에는 이런 내재적인 연상이 전혀 없다.

Freud가 자주 사용하는 또 다른 단어로 흔히 본능instinct으로 번역되는 Trieb가 있다. Bettelheim은 Freud가 동물의 본능을 나타내고자 할 때는 이와 다른 용어를 사용했기 때문에 본능보다는 추동drive이 더 낫다고 말한다. 추동trieb이라는 단어를 통해 그는 내적 추진력, 기본

추동의 두 종류: 삶과 죽음의 본능

Freud의 다른 작업에서와 유사하게, 추동의 본성과 수에 대한 그의 생각은 시간에 따라 변화해 왔다. 종국적으로 그는 모든 기본적 본능은 두 종류로 대별된다고 주장한다(Freud, 1933). 첫 번째는 삶life 혹은 성적 본능sexual instincts(에로스Eros라고도 불

갈망 및 충동 등의 의미를 전달하고자 했지만, 타고나고 변화시키기 어렵다는 의미의 동물적 본능을 뜻하는 것은 아니었다.

Freud가 사용한 독일어가 아닌 소수의 단어 중에는 'Eros'와 'Psyche'가 있다. 이는 그리스 신화에 나오는 인물의 이름이다. 그들은 Freud와 그가 자기 저술의 대상으로 삼고 있는 청중 모두에게 아주 친숙한 캐릭터다. Freud가 '성적인erotic' 성질에 대해 기술할 때, 그는 이 인물이 지닌 특성—즉, 에로스의 매력과 교활함 그리고 프시케를 향한 깊은 사랑—을 언급하고 있는 것이다. 프시케는 처음에는 계략에 빠져 에로스가 혐오스럽다고 믿고 있었고, 신화가 주는 메시지는 이것이 오류라는 것이다. 성적인 사랑이 진정한 에로틱한 쾌감이 되기 위해서는 (에로스에 의해 상징되는) 아름다움이 더해져야 하고 (프시케에 의해 상징되는) 영혼의 열정이 표현되어야 한다. 이런 것이 Freud가 erotic이라는 단어를 통해 전달하고자 원했던 의미였다. 독자가 그리스 신화에 대해 잘 모른다면 이런 함축된 의미가 제거될 것이고, 이 단어는 진정한 의미를 잃을 뿐만 아니라 심지어 Freud의 원래 의도와 반대되는 의미를 갖게 될 수도 있다.

사실 Bettelheim은 psyche란 말 자체가 잘못 해석되고 있다고 주장한다. 그렇게 번역되었기 때문에 우리는 흔히 psyche를 마음mind으로 생각하곤 한다. 그러나 독일어의 psyche에 해당하는 단어는 Seele인데, 이는 마음이 아닌 '영혼soul'이라는 뜻이다. 그래서 Bettelheim은 Freud의 초점은 형이상학에 있었으나 그것이 정신적인 데 초점을 둔 것으로 오해되고 있다고 주장한다.

요약하면, Bettelheim은 Freud의 아이디어에 관한 많은 내재적 의미가 누락되었다고 주장한다. Freud는 자신이 사용한 언어를 단지 지적인 수준뿐만 아니라 정서적인 수준의 반응을 불러일으키기 위해 선택했는데, 그런 의미가 상실되었다는 것이다. 지금 우리는 Freud가 저술을 했던 문화적인 맥락에 살고 있지 않기 때문에 그 당시에는 일상적이던 아이디어에 대한 암묵적 이해의 많은 것을 놓치고 있다. Bettelheim은 Freud도 이런 왜곡에 대해 알고 있었지만 그에 대해 의도적으로 입을 다물기로 했다고 주장한다. 왜 그랬을까? Freud는 분명히 정신분석을 의학의 한 부분으로 만들려는 의도를 가진 것으로 보이는 미국 의학계의 시도에 화가 났다는 것이다. 그는 이런 시도를 반대했다.

림)이라 불린다. 에로스는 생존과 번식과 쾌락을 다루는 일련의 추동이다. 에로스란 명칭에도 불구하고 모든 삶의 본능이 에로틱한 충동만을 다루는 것은 아니다. 성뿐만 아니라 배고픔과 고통 회피도 삶의 본능이다. 삶의 본능에 의해 생성된 에너지는 리비도libido라고 알려져 있다.

두 번째 본능의 집합은 죽음의 본능death instincts(타나토스Thanatos라고도 불림)이다. 이런 본능에 대한 Freud의 견해는 "모든 생명체의 목표는 죽음이다."라는 그의 말에 잘 반영되어 있다(Freud, 1955/1920). 그는 삶은 자연스럽게 죽음을 향해 나아가고, 사람들은 그들이 나온 무생물의 상태로 되돌아가기를 무의식적으로 바란다고 믿었다. 그러나 죽음 본능의 표현은 보통 삶의 본능에 의해 억제된다. 따라서 죽음 본능의 효과는 항상 가시적이지는 않다.

Freud는 죽음 본능과 관련된 에너지에 대한 특정한 용어를 만들어 내지는 않았고, 그래서 죽음 추동은 에로스에 비해 주목을 받지 못했다. 그러나 흥미롭게도 오늘날의 생물학은 죽음의 본능이 인간 생리 기능에 내재한다는 생각을 갖게 되었다. 즉, 특정한 상황에서 인간 세포 내에서 발생하는 능동적인 유전자 조절적 자살 과정인 세포 자살apoptosis 현상이 존재한다. 그것은 발달에서 결정적으로 중요하고(W. R. Clark, 1996), 암에 대한 신체의 방어와도 관련되는 것 같다(Tyner et al., 2002). 세포 자살 기능은 당신의 세포에 부호화되어 있다(Hopkin, 1995). 이 사실은 죽음이 신체의 부분에 대한 궁극적 목표라는 것을 시사한다. 아마도 이 원리는 성격에까지 더 널리 확장될 수 있을 것이다.

심리학자의 주의를 받아 온 죽음 본능의 한 측면은 공격성에 관한 것이다. Freud는 공격성이 기본 추동은 아니지만 죽음 추동의 좌절에서 유래한다고 믿었다. 즉, 에로스가 죽음 추동의 표현을 막으면 긴장이 남는다. 즉, 에너지가 사용되지 않은 채 남는다. 그것은 타인에 대한 공격적 혹은 파괴적 행위에 쓰일 수 있다. 이 견해에 따르면 공격 행위는 자기 파괴적 추동을 외부로 돌려서 타인에게 표현하는 것이다.

정화

앞서 우리는 추동의 긴장이 방출되지 않으면 추동의 압력은 잔존하게 되고, 심지어 증가한다고 말했다. 그러나 어떤 지점에 이르면 쌓인 에너지가 너무 커져서 더 이상 억제될 수 없다. 이 지점에서 통제력이 상실되고 충동이 폭발적으로 표출된다. 정화catharsis라는 용어는 그런 경험에서 발생하는 정서적 긴장의 방출을 언급한다.

정화에 관한 아이디어는 대부분 공격과 관련해서 연구되어 왔다. 정화의 원리에 따르면 두 가지 예측이 가능하다. 첫째, 공격을 하는 것은 긴장을 감소시켜야 한다.

왜냐하면 그렇게 되면 공격 추동이 더 이상 억압되지 않기 때문이다. 둘째, 공격 행위는 추동의 에너지를 다 써 버리기 때문에 가까운 미래에 다시 공격을 할 가능성을 줄여야 한다.

공격적 에너지와 그 방출에 대한 이런 견해는 최근 이론가의 생각에서도 되풀이된다. Megargee(1966, 1971; Megargee, Cook, & Mendelsohn, 1967)는 공격성을 강하게 억제하는 사람은 화가 나게 자극했을 때조차도 거의 스팀을 빼지 않는 것과 유사하다고 본다. 그러나 시간이 지나면서 그들의 화난 감정은 더 이상 억제할 수 없을 정도로 쌓인다. 굉장히 많은 에너지가 축적되기 때문에 공격성이 방출된다면 매우 난폭한 형태가 될 것이다. 역설적이게도 극적인 공격성을 폭발하기 직전의 마지막 도발은 종종 아주 사소한 것이었다(Miller, Pedersen, Earleywine, & Pollock, 2003도 참조). 일단 공격적 사건이 끝나고 나면, (Megargee가 과잉 통제된 공격자라고 부른) 이 사람들은 다시 과도하게 통제되고 수동적인 종전의 방식으로 되돌아가는 경향이 있다.

공격성에 관한 정화 가설이 일반인에게서도 지지된다는 증거가 있는가? 사람들은 일반적으로 화가 났을 때의 공격 표출이 기분을 더 좋게 만들 것이라고 생각하는 것 같다(Bushman, Baumeister, & Phillips, 2001). 그러나 그 증거는 혼란스럽다(Baron & Richardson, 1994). 공격은 흥분을 줄이는 데는 도움을 줄 수 있지만(Geen, Stonner, & Shope, 1975; Hokanson & Burgess, 1962a, 1962b; Hokanson, Burgess, & Cohen, 1963), 왜 그런지는 명확하지 않다. 일부 증거는 실질적인 보복 공격은 정화 효과를 만들어 내지만, 상징적이거나 환상 속의 보복은 정화 효과를 보이지 못한다고 제안한다.

요약하면 몇몇 증거는 정화 효과가 있음을 시사하지만 그 효과는 매우 특정한 상황에서만 발생한다. 더구나 정화 원리와 상반되는 것처럼 보이는 증거도 있다. 종합해 보면 연구 증거는 정신분석 이론의 정화와 관련된 주장을 아주 잘 지지하지는 않는다.

불안과 방어기제

문제를 가진 사람뿐만 아니라 완벽하게 정상인 사람의 경우에도 성격 활동의 많은 부분은 불안anxiety과 관련된다. Freud(1936/1926)는 불안을 추동 그 자체로 보지 않고, 무엇인가 좋지 않은 일이 일어날 것이라는 자아에 대한 일종의 경고 신호라고 보았다. 그럼에도 사람들은 불안을 회피하려고 하거나 도피하려고 한다.

Freud(1959/1926)는 세 가지 유형의 불안을 구별했다. 세 가지 유형은 각 범주의 나쁜 일을 반영한다. 가장 단순한 것은 현실 불안reality anxiety이다. 이는 세상의 위협에서 발생한다. 현실 불안은 당신이 개한테 물릴 것 같거나, 당신의 차가 충돌할 것 같거나, 업무상 실수에 대하여 비난을 받게 되거나, 시험에 떨어질 것 같다고 느낄 때 경험하게 된다. 그 명칭이 의미하듯, 현실 불안은 현실에 근거한다. 이를 다루는 한 가지 방법은 그러한 감정을 불러일으키는 상황을 수정하거나 회피하거나 혹은 도피하는 것이다.

두 번째 유형은 신경증적 불안neurotic anxiety이다. 이것은 원초아 충동이 당신의 통제를 벗어나 당신이 처벌받을 무엇인가를 하게 만들 것이라는 무의식적 두려움이다. 이는 원초아의 충동이 표현되는 것 자체에 대한 두려움이 아니라 그것이 표현됨으로써 초래될 처벌에 대한 두려움이다. 사람들은 종종 충동적 행동으로 인해 처벌받는다(특히 그 행동이 사회에서 용납되지 않을 경우). 따라서 이 유형의 불안은 일종의 현실 기반을 갖는다. 그러나 현실 불안과는 달리 그 위험은 그 사람의 내부, 즉 원초아의 충동에서 나온다. 이러한 이유로 신경증적 불안은 현실 불안보다 다루기가 더 어렵다. 당신은 조심스럽게 운전할 수 있고, 시험 준비를 할 수 있고, 위험한 개를 피할 수 있지만, 당신의 원초아에서 벗어날 수는 없다. 원초아는 항상 통제에서 벗어날 잠재력을 가지고 있다.

불안의 세 번째 유형은 도덕적 불안moral anxiety이다. 이는 사람들이 자신의 도덕률을 어길 때(혹은 어기려 할 때) 갖게 되는 두려움이다. 만약 당신의 도덕관념이 부정행위를 금지하는데도 부정 행위를 하려 한다면 당신은 도덕적 불안을 느끼게 된다. 만약 당신의 도덕관념이 혼전 성교를 금지하는데도 당신이 누군가와 성행위를 하려고 한다면 당신은 도덕적 불안을 경험한다. 도덕적 불안은 죄책감이나 수치심으로 느껴진다. 도덕적 불안과 현실 불안 사이의 차이점에 대해 분명하게 하는 것이 중요하다. 사회의 처벌 위협은 도덕적 불안의 주요 원천이 아니다. 도덕적 불안의 원천은 내부에 있는 당신의 양심이다. 신경증적 불안과 마찬가지로 그것을 다루기는 어렵다. 당신의 원초아를 벗어날 수 없는 것과 마찬가지로 당신은 당신의 양심으로부터도 멀리 도망갈 수 없다.

만약 당신의 자아가 그 역할을 완벽히 하고 있다면, 당신은 결코 어떤 불안도 느끼지 않을 것이다. 외적 위험이 회피되거나 처리된다면 현실 불안이 예방될 것이다. 원초아의 충동이 적절한 때에 적당한 정도로 방출되면 신경증적 불안이 예방될 것이다. 당신의 초자아가 금지하는 일을 하도록 결코 허용하지 않는다면(하고 싶어 하는 것조차 허용하지 않는다면) 도덕적 불안이 예방될 것이다. 그러나 이처럼 훌륭히 작동하는 자아는 세상에 없다. 결과적으로 대부분의 사람은 어느 정도의 불안을 경험하고, 많은 사람은 더 많은 불안을 경험한다. 이런 상태가 정상적인 사람의 삶의 일부다.

불안이 발생할 때, 자아는 두 가지 방법 중 하나로 반응한다. 첫째, 자아는 합리적인 문제 지향적 대처 노력을 증가시킨다. 자아는 위협의 원천을 의식적으로 다루려고 한다. 이 방법은 현실 불안을 다루는 데 가장 적합하다. 둘째, 자아는 방어기제 defense mechanism를 사용한다. 방어기제는 불안을 다루도록 돕기 위해 자아가 발달시킨 전략이다. 방어가 잘 기능하면 불안이 일어나는 것을 막을 수 있다. 방어기제는 두 가지 특성을 공유한다. 첫째, 방어기제는 모두 무의식적으로 작용한다. 둘째, 방어기제는 모두 여러 가지 방식으로 현실을 왜곡하고 변형하고 속인다.

다양한 방어기제가 제안되어 왔다. 방어기제에 대한 가장 포괄적인 논의는 Sigmund Freud의 딸인 Anna Freud(1966)에게서 나온다. 다음에서는 Anna Freud와 다른 사람이 확인한 방어기제의 일부에 대해 개략적으로 설명한다.

억압

방어의 중심 기제는 억압repression이다. 사실 Freud는 종종 방어defense와 억압을 상호 교환적으로 사용하였다. 억압에서는 자아가 사용할 수 있는 가용 에너지의 특정한 양이 수용하기 어려운 충동을 의식 밖으로 몰아내기 위해 사용된다. 억압은 특정 생각을 의도적으로 자각하지 않으려는 시도를 할 때와 같이(〈글상자 8-3〉 참조), 의식적으로 진행될 수도 있다(Anna Freud는 이것을 억제suppression라고 구분해서 다루었다).

억압은 원초아의 충동을 제지하는 것뿐만 아니라 고통스럽거나 혼란한 마음속 정보를 자각하지 않는 데도 사용된다. 때로 그런 정보는 이미 표현되었던 충동에 대한 기억일 수도 있다. 만약 당신이 부끄러운 어떤 일을 행한 것을 억압한다면, 그

글상자 8-3 사고 억제의 의도치 않은 효과

사람들은 때때로 자신의 마음속에서 특정한 생각을 몰아내려고 의식적으로 노력한다. 당신이 담배를 끊으려 한다면 담배 생각을 하지 않으려고 시도할 것이다. 체중을 줄이려 한다면 음식에 대해 생각하려 하지 않을 것이다. 당신이 방금 전 누군가와 헤어졌다면 그 사람과 함께했던 일에 관해 생각하는 것을 피하려 할 것이다, 이 모두에는 당신의 의식에서 그런 생각을 몰아내려 하는 노력이 포함되어 있다.

때때로 사고 억제는 효과를 발휘한다. 그러나 어떤 것을 생각하지 않으려고 시도하는 것은 의도하지 않은 부작용을 초래할 수 있다. Dan Wegner와 동료들은 사고 억제에 관한 일련의 연구(Wegner, 1989, 1994; Wenzlaff & Wegner, 2000)를 수행했는데, 그들의 결론을 들으면 당신은 꽤 놀랄 것이다. 특별히 억제하려는 생각이 당신을 정서적으로 각성하는 성질을 지닌다면, 무언가를 생각하지 않으려고 하면 실제로는 나중에 그 생각을 더 많이 하게 된다는 것이다(Wegner, Shortt, Blake, & Page, 1990).

의식적 사고 억제는 역설을 포함한다는 아이디어다. 사고 억제는 두 단계를 요구한다. 먼저 그 생각을 억제해야겠다는 결정과 억제 계획을 포함해서 그 생각과 관련된 모든 증거를 제거하는 것이다. 이 과정은 당신이 자신의 억제 의도에 대해서 의식하면서 동시에 그것을 의식하지 말아야 하는 작업을 요구하는 것이다. (만약 억압이 무의식적으로 일어난다면, 그 생각을 제거하려는 계획이 무의식적으로 작동하기 때문에 이런 문제는 회피할 수 있다.)

사람들이 어떤 사고를 억제하려 시도할 때는 어떤 일이 일어나는가? 초기 연구에서는 연구 참여자에게 자기 마음속에 떠오르는 모든 생각을 소리 내어 말하는 기법을 가르쳤다. 두 가지 상이한 조건에서 5분 동안에 걸쳐 이 기법을 사용했다. 한 조건에서는 백곰에 대해 생각하지 않으려 하면서 백곰에 대한 생각이 떠오르면 앞에 있는 벨을 누르도록 했다. 다른 조건에서는 백곰에 대해 생각하려 하면서 백곰에 대한 생각이 떠오르면 벨을 누르도록 했다. 일부 참여자에

기억은 무의식으로 밀어 넣어진다. 결국 당신은 그런 일을 했다는 사실을 회상하지 못한다(이 장의 시작에 나온 예처럼). 위협은 당신이 실패라고 간주하는 자신에 관한 것, 예를 들어 당신이 다른 사람에게 인기가 없다는 사실이나 당신이 춤을 잘 못 춘다는 사실에서 유래할 수 있다. 위협은 또한 당신이 다른 사람이 아래로 내려다보는 집단의 일원이라는 사실(Steele, 1997)에서 유래하거나, 결국은 죽을 수밖에 없다는 사실(Pyszczynski, Greenberg, & Solomon, 2000)에서 유래할 수도 있다. 위협은 세상의 굶주리고 있는 사람을 돕기 위해 아무것도 하지 않았다는 사실과 같은 초자아 표준과의 갈등에서 유래할 수도 있다.

게는 백곰 생각을 억제하라고 한 조건이 먼저 나오고 백곰 생각을 하라고 한 조건이 다음에 나왔다. 다른 집단의 사람들에게는 이런 순서가 역전되었다.

두 가지 결과가 나타났다. 먼저 사람들이 백곰 생각을 하지 않으려는 것이 어려웠다. (가장 효과적인 전략은 다른 어떤 것에 주의의 초점을 맞추는 것이다. 흥미롭게도 다른 생각을 방금 끝낸 직후와 침묵할 때가 원하지 않은 생각이 의식에 침입하는 가장 많은 경우였다. 마음 기계가 가득차 있는 한은 억제하려는 생각을 배제할 수 있지만, 다시 문호가 개방되면 그 생각이 슬그머니 끼어들어 오는 듯하다. 당신이 억제하려는 대상 대신 생각할 수 있는 주의 분산물 distractor이 없는 한 억제는 힘들다(〈글상자 8-1〉에서 주의 분산이 만족 지연에 얼마나 도움을 주었는지를 회상해 보라).

다음으로, 백곰 생각을 억제했던 사람은 반동 효과를 보였다. 즉, 사고 억제 뒤에 백곰에 대해 생각하라고 요청받았을 때 그들은 다른 사람에 비해 더 빈번하고 일관되게 백곰 생각을 했다. 그들의 백곰 생각은 5분에 걸쳐 안정되어 있었다. 그에 반해 처음에 백곰 생각을 하라는 지시를 받았던 집단의 사람들은 백곰 생각이 금방 떨어지고 5분 뒤에는 거의 없어졌다. 반동 효과는 심지어 꿈에도 나타나는 등 반복해서 발견되었다!(Wegner, Wenzlaff, & Kozak, 2004)

이런 발견의 실용적인 의미는 무엇일까? 만약 당신이 무언가를 생각하지 않으려 한다면 어떻게 해야 할까? Wegner(1989)는 좀 이상하게 들릴지 모르지만 이럴 때 최선의 방법은 그 생각이 떠오르게 그냥 두는 것이라고 주장한다. 침입적 생각과 연상되는 감정을 경험하면서 그 경험이 스스로 자기 길을 가게 내버려 둔다. 정신적 통제를 느슨하게 함으로써만이 그 통제력을 다시 얻을 수 있다고 Wegner는 주장한다. 당신의 방어를 낮춤으로써 결과적으로 원치 않는 생각의 압력을 줄일 수 있고, 그 생각은 스스로의 길을 거쳐 사라지게 될 것이다(아마도 무의식적 기제를 통해서).

억압은 양분법이 아니다. 방어는 실무율적으로 이해되기 쉬우나 그렇지 않다. 당신은 어느 정도 수준의 스트레스적인 기억을 부분적으로 억압할 수 있고, 그래서 그것에 대해 자주 생각하지는 않게 된다. 당신은 단순히 그것을 회상하는 것을 회피한다(Shane & Peterson, 2004). 그러나 그것을 망각한 것은 아니다. 만약 그것을 떠올린다면, 당신은 여전히 그 존재에 대해 인식할 수 있다. 그러나 당신은 곧 그에 대해 떠올리려 하지 않을 것이다. 이것이 부분적 억압이다.

부정

위협적인 현실에 의해 압도당했을 때 또 다른 단순한 방어가 일어난다. 그 방어는 부정denial이다. 이는 그 사건이 일어났다거나 그 상황이 존재한다는 사실을 믿기를 거부하는 것이다. 한 예는 아들이 전투에서 죽었다는 소식을 믿기를 거부하고 아들이 여전히 살아 있는 것처럼 행동하는 어머니다. 또 다른 예는 부모에 의해 학대받고도 아무 일도 없었다는 듯 지내는 아동이다(Freyd, 1996). 덜 극단적인 예는 자신의 이름으로 우송된 낙제 학점을 믿기 거부하고 어떤 실수가 있었다고 생각하는 대학생이다. 당신의 부모가 성교 시에 특정한 체위를 좋아하고 활발한 성생활을 한다는 생각도 부정의 대상이 될 수 있다.

부정은 많은 면에서 억압과 유사하다. 두 가지 모두 사람이 대처할 수 없다고 느끼는 것을 의식에 떠오르지 않게 한다. 차이는 위협의 원천이 서로 다르다는 점이다. 억압은 마음의 역동 내에서 나온 위협을 다루지만, 부정은 외적 근원을 가진 위협을 다룬다.

사람들은 억압과 부정을 그것이 효과가 있기 때문에 사용한다(Erdelyi, 2006). 그것은 당신을 고통이나 불안에서 구한다. 그러나 너무 많은 억압이나 부정은 다른 방식으로 활용될 수 있는 에너지를 소모하기 때문에 장기적으로는 문제를 일으킨다. 당신은 특정한 시기에는 그때 사용할 수 있는 제한된 일정량의 심적 에너지만 소유하게 된다(Baumeister, 2002; Muraven & Baumeister, 2000). 제한된 양의 에너지에서 방어에 너무 많은 양을 사용한다면, 자아가 사용할 수 있는 에너지는 고갈될 것이다. 자원이 결핍될 때, 행동은 융통성과 조절력이 떨어진다(Finkel & Campbell, 2001). 만약 억압 행위가 오랫동안 계속된다면, 그 에너지 투자는 다소 영구적이 된다. 따라서 억압과 부정이 때때로 필요하다는 사실에도 불구하고 종국적으로는 당신에게 해가 될 수 있다.

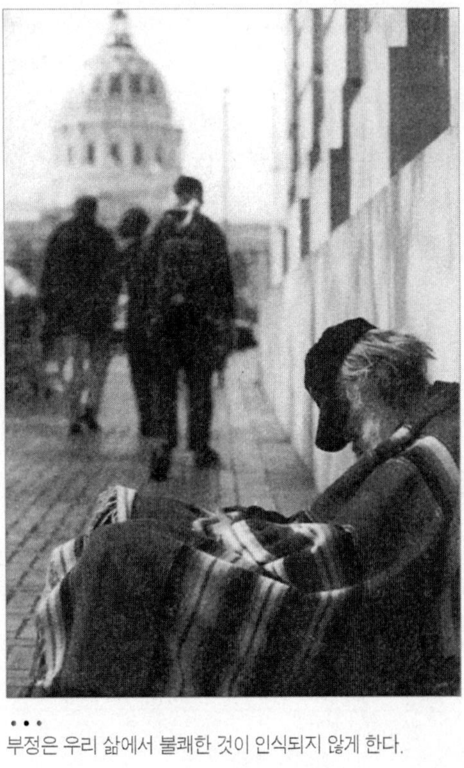

부정은 우리 삶에서 불쾌한 것이 인식되지 않게 한다.

아마도 이러한 이유에서 다른 방어가 발달한다. 이러한 다른 방어는 억압과 결합하거나 자기끼리 결합하여 작동한다. 이런 방어는 수용할 수 없는 충동이나 사고 혹은 감정이 의식에 떠오르는 것은 막으면서도 에너지의 일부를 자유롭게 해 준다는 특징이 있다.

투사

투사projection에서는 자신의 받아들이기 어려운 특성을 다른 누군가에게 돌림으로써 불안이 감소한다(Kawada, Oettingen, Gollwitzer, & Bargh, 2004). 투사는 당신이 싫어하는 자신의 측면을 감출 수 있으면서 동시에 고도로 왜곡된 형태이기는 하지만 여전히 그 특성을 표현할 수 있는 방법을 제공한다(Mikulincer & Horesh, 1999). 예를 들어, 당신이 타인에 대한 적대감을 갖고 있고 그것을 억압한다면 그로 인해 그 감정을 인식하지 못할 것이다. 그러나 그 감정은 여전히 거기에 있다. 이에 반해 투사에서는 당신이 아닌 다른 사람이 당신을 미워하고 괴롭히려 한다는 지각을 발달시킨다. 이런 방식으로 당신의 적대적인 충동이 표현되지만 당신을 위협하지 않는 왜곡된 방식으로 표현된다(Schimel, Greenberg, & Martens, 2003).

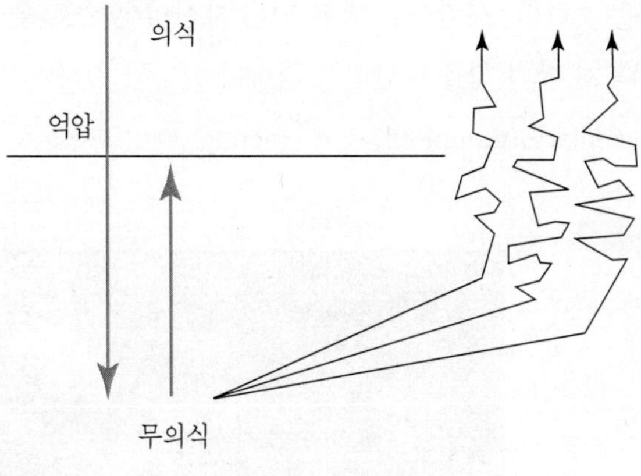

[그림 8-2]

방어는 억압에서 시작한다. 억압은 위협적인 재료를 마음의 의식 영역에서 무의식으로 제거한다. 억압된 재료는 그것이 너무 큰 불안을 유발하기 때문에 직접적으로 꺼내올 수 없다. 그러나 억압된 재료는 들키기 어려운 형태로 위장을 해서 장벽을 몰래 빠져나올 수 있다. 비록 이런 위장(왜곡)이 억압된 갈망을 표현할 수 있는 기회를 제공하기는 하지만, 그 표현은 보다 약하고 덜 효과적이다. 그래서 그 갈망을 표현해야 하는 압력은 여전히 남는다.

따라서 투사는 두 가지 목적을 제공한다. 그것은 원초아의 욕망이 어떤 형태로든 표출되도록 도와서, 그것을 억압하는 데 필요했던 에너지의 일부를 자유롭게 해 준다(Schimel et al., 2003). 그러나 욕망은 자아와 초자아가 그 욕망이 자신의 것임을 인식하지 못하는 그런 형태로 드러난다는 점이 중요하다. 그래서 위협은 옆으로 비켜 간다([그림 8-2] 참조).

합리화와 주지화

또 다른 중요한 방어는 합리화rationalization다. 합리화에서 사람들은 실제로는 수용될 수 없는 이유로 이미 행했던 행동에 대해 논리적인 설명(혹은 변명)을 찾음으로써 불안을 줄인다. 예를 들어, 자신의 수입에 대한 세금을 속인 남자는 자신의 행동을 세계의 무기에 소비되는 돈의 양을 줄인 것으로 합리화한다.

합리화는 또한 다른 종류의 위협에서 자신을 보호한다. 예를 들어, 실패 후의 합리화는 자기존중감self-esteem을 유지하게 해 준다. 당신이 바라던 의대에 들어가지 못했을 경우에는 자신이 실제로는 의사가 되고 싶지 않았다고 스스로를 납득시키려 할 것이다. 그리고 데이트 신청에 무참히 거절당한 남자는 그 여자가 그렇게 대단치는 않았다고 자신을 납득시키려 할 것이다. 합리화는 성공과 실패에 대한 사람들의 반응에서 매우 흔하다. 사람들은 잘된 일은 자신의 공으로 돌리고, 잘못한 일에 대해서는 자기 통제 밖의 힘을 비난하는 경향이 있다는 결과가 반복적으로 관찰되고 있다(예, Krusemark, Campbell, & Clementz, 2008; Ross & Fletcher, 1985;

외과 수술에 대한 한 가지 관점은, 그것은 수용할 수 없는 공격 에너지를 승화하여 좀 더 사회적으로 수용되는 형태의 행위로 방출하는 것을 허용한다는 것이다.

Wilson, Smith, Ross, & Ross, 2004).

합리화와 유사한 또 다른 방어는 주지화intellectualization다. 위협을 냉정하고 분석적이고 정서적으로 초연한 방식으로 생각하는 방식이다. 이렇게 냉철한 방식으로 사건을 생각하는 것은 사람들이 자신의 사고와 관련된 감정을 분리할 수 있게 해 준다. 이런 과정을 통해 위협적인 사건은 정상적으로는 그것과 함께 동반하는 감정에서 분리되고 고립된다(Barrett, Williams, & Fong, 2002). 예를 들어, 남편이 암으로 죽어 간다는 사실을 알게 된 여인은 할 수 있는 한 암과 그 치료에 대해 많은 것을 배우려고 할 것이다. 질병에 지적으로 초점을 맞추고 감정과 지적 정보 사이에 칸막이를 침으로써 고통으로부터 자신을 보호하는 것이다.

전위와 승화

전위와 승화는 일반적으로 앞에서 기술한 것보다는 덜 신경증적이며 더 적응적으로 간주된다. 전위displacement는 한 대상에서 다른 대상으로 충동을 이동하는 것이다. 이는 종종 의도된 대상이 위협적일 때 발생한다. 원래의 대상을 덜 위협적인 대상으로 대치하는 것이 불안을 감소시키기 때문에 전위는 그런 경우 방어다. 예를 들어, 교수에게 화가 났지만 그녀의 적대감을 이해심 많은 남자친구에게 드러내는 학생은 교수를 공격하는 데서 발생할 수 있는 불안을 피한다. 부적절한 욕망을 가진 사람이 그 충동을 허용되는 대상에게 전위하는 것은 진짜 대상을 향한 그 욕망의 표현에서 발생할 수 있는 불안을 피할 수 있게 해 준다.

승화sublimation도 충동을 더욱 수용될 만한 형태로 전환하여 표현하는 것을 허용해 준다. 이 경우 위협이 되는 것은 대상에 관한 어떤 것이 아니라 충동에 관한 것이다. 승화는 원래의 것 대신에 변환된 충동이 표현될 때 불안이 감소하기 때문에 방어에 해당한다. Freud는 승화가 다른 어떤 방어보다도 더 성숙된 것이라고 본다. 승화는 불안이 발생한 후에 사람들이 착수하는 전술이기보다는 오히려 문제가 발생하는 것을 막는 기제다.

방어에 관한 연구

정신분석 이론의 많은 부분이 검정되지 않았음에도 방어에 관해서는 상당히 많

사람들은 종종 충동을 상징적 형태로 표현한다. 때로 사람들은 자신의 아이나 애완동물에게 충동을 표현하며 산다.

은 연구가 수행되었고, 이 주제에 관한 연구 관심이 다시 자라나고 있다(Cramer, 2000). 투사에 관한 한 연구(Halpern, 1977)에 대해 고려해 보자. 이 연구에서는 자기보고식 측정을 통해 성적으로 방어적인 사람과 그렇지 않은 사람을 구분했다. 그들은 다른 사람에 대한 평가를 하기 전에 에로틱한 사진에 노출되거나 노출되지 않았다. 성적으로 방어적이라고 분류된 사람은 에로틱한 사진을 보지 않았을 때보다 봤을 때 다른 사람을 더 음탕하다고 평가했다. 방어적이지 않은 사람은 이러한 투사를 보이지 않았다. 이러한 패턴은 정신역동적 관점에서 볼 때 이치에 맞는다. 당신은 당신을 위협하는 것에 대해서만 투사를 할 것이다.

다른 연구는 자기가 좋아하지 않는 자신의 어떤 측면에 대한 생각을 적극적으로 억제하려고 노력할 때 투사가 발생한다는 가설을 검증했다(Newman, Duff, & Baumeister, 1997). 이렇게 억제하려는 적극적인 시도는 원치 않는 특성에 대한 생각을 다시 돌아오게 만들고 심지어 더욱 접근하기 쉽도록 만드는 것 같다(〈글상자 8-3〉을 상기해 보라). 이는 역으로 그다음에 누군가의 행동이 그 특성과 별로 잘 맞지 않는 경우에조차 그 생각을 사용하도록 만들 가능성은 높인다. 누군가에게 적용하는 특성에 고정관념이 포함되어 있는 경우에 투사의 가능성은 더 높아진다(Govorun, Fuegen, & Payne, 2006).

이러한 연구는 방어에 관한 아이디어를 지지하는 것으로 보인다. 그러나 전체적으로 연구 결과는 모호하며, 종종 대안적 해석이 만들어지기 쉽다. 결과적으로 읽는 사람에 따라 다른 결론을 내리게 된다. Sherwood(1981)는 투사에 대한 상당한 증거를 발견한 반면, Holmes(1981)의 경우는 그렇지 않았다. 많은 사람은 억압이 단기간에 발생한다고 믿는 반면(예, Erdelyi, 1985, 2006; Paulhus & Suedfeld, 1988), 다른 사람은 그렇지 않다고 믿는다(Hayne, Garry, & Loftus, 2006).

심리성적 발달

Freud는 자신의 아이디어를 주로 치료받고 있는 몇몇 성인 사례에서 도출했다. 그럼에도 그는 아동기 동안에 성격이 어떻게 발달하는지에 관한 많은 저술을 남겼다. 그는 초기 경험이 성인의 성격을 결정하는 데 결정적으로 중요한 역할을 한다고 믿었다.

Freud는 성격 발달이 일련의 단계를 거쳐 간다고 보았다. 각 단계는 성감대 erogenous zone를 반영하는데, 그 시기 동안 그 영역을 통해 성적 에너지가 방출된다. 이런 이유 때문에 그것을 심리성적 단계psychosexual stage라고 부른다. Freud의 견해에서 아동은 세 단계에서 갈등에 직면한다. 갈등이 잘 해결되지 않으면 과도한 에너지가 그 단계에 영구적으로 투자된다. 이 과정을 고착 fixation이라 한다. 이는 그 후의 단계에서 갈등을 다루는 데 이용할 에너지가 줄어듦을 의미하며, 결국 다음 단계에서 갈등을 성공적으로 해결하기가 더 어려워진다. 이런 의미에서 각 단계는 이전 단계에 근간을 두고 형성된다.

고착은 두 가지 이유로 발생할 수 있다. 특정 단계에 지나치게 탐닉하는 사람은 그 단계를 떠나 다음 단계로 이동하는 것을 꺼릴 것이다. 욕구가 깊이 좌절된 사람은 욕구가 충족될 때까지 다음 단계로 넘어갈 수 없다. 이 두 경우 모두에서 리비도의 일부가 그 단계의 관심에 투자됨으로써 성격은 부분적으로 그 단계에 고착된다. 고착이 강할수록 더 많은 양의 리비도가 그곳에 투자된다. 매우 강한 고착의 경우는 다른 단계를 위한 에너지가 거의 남아 있지 않을 만큼 그에 강하게 매이게 된다.

구강기

구강기oral stage는 태어나면서부터 대략 18개월까지 지속된다. 이 기간 동안 유아가 세상과 맺는 상호작용의 대부분은 입과 입술을 통해 발생하며, 만족은 그 영역에 집중된다. 입은 긴장 감소의 원천이고 쾌락적 감각(맛보기, 핥기, 빨기)의 원천이다. 게다가 유아는 자신의 생존을 전적으로 다른 사람에게 의존한다. 이 단계의 기본 갈등은 이런 배려의 종식과 글자 그대로나 상징적으로 관련되는 젖을 떼는 과정이다. 즉, 이 단계의 끝 무렵이면 아동은 엄마를 떠나게 해 주고 엄마에게 덜 의존적이 되라는 점차 증가하는 압력을 받게 된다.

구강기에는 두 하위 단계가 있다. 첫 단계(대략 6개월까지 지속되는) 동안 유아는 특히 무력하고 의존적이다. 유아는 다소 제한적으로 사물(음식이나 다른 경험)을 받아들이는 데만 머물기 때문에 구강기의 첫 번째 부분은 구강 합병 단계oral incorporative phase라고 불린다. Freud는 이 시기에 유아가 어떤 경험에 노출되느냐에 따라 낙관주의와 신뢰와 같은 몇 가지 독특한 성격 특성이 발달한다고 생각했다. 유아가 경험하는 세상이 덜 지지적인 것이라면 비관주의와 불신이 발달한다. 세상이 지나치게 도움을 많이 주면, 유아는 타인에 대한 강한 의존성을 발달시킬 것이다.

구강기의 두 번째 부분은 이가 나면서 시작된다. 이는 구강 가학 단계oral sadistic phase라 불린다. 이제 성적 쾌감은 물기와 씹기에서 나온다. 이 시기 동안 유아는 젖병이나 젖을 떼고 음식을 물고 씹기 시작한다. 구강 가학 단계 동안 발생하는 특성은 새로이 획득하는 이런 능력에서 비롯된다. 이 단계는 이후의 삶에서 누가 언어적으로 공격적이고, 누가 대화 시 신랄한 풍자를 사용할지를 결정한다고 여겨진다.

일반적인 용어로 구강기 특성을 지닌 사람은 세상과 입을 통해 연결된다. 그들은 다른 사람보다 먹고 마시는 것에 더욱 몰두하고 스트레스를 받으면 다른 사람보다 입과 관련된 활동(흡연, 음주, 손톱 물어뜯기 같은)을 통해 긴장 감소를 시도할 가능성

비록 구강적 만족이 유아기 동안 가장 중요하지만, 구강적 자극의 쾌감은 일생 동안 지속된다.

이 높다. 또 화가 나면 언어적 공격을 할 것이다. 구강기 특성을 지닌 사람은 다른 사람에게서 지지를 받는 것에 많은 관심을 보이고 다른 사람과의 상호작용이 더 편해지도록 만드는 일을 할 것이다.

이런 묘사가 정확한가? Joseph Masling과 동료들은 구강적 심상에 대한 검사 결과가 비만(Masling, Rabie, & Blondheim, 1967; Weiss & Masling, 1970)과 알코올리즘(Bertrand & Masling, 1969) 모두와 의미 있게 관련된다는 것을 발견했다. 구강성orality은 또한 대인관계에 대한 흥미와 사회적 기술에 대한 측정치와도 관련이 있었다. 예를 들어, 구강적 심상의 사용은 타인을 양육하려는 욕구와 상관이 있었고(Holt, 1966), 대인관계 효율성과도 관계가 있었다(Masling, Johnson, & Saturansky, 1974). 구강적 심상이 높은 사람은 대인관계 과제에 더 기꺼이 자원하고(Bornstein & Masling, 1985; Masling, O'Neill, & Jayne, 1981), 모호한 과제를 하는 동안에는 타인의 판단에 더 의존했다(Masling, Weiss, & Rothschild, 1968).

좀 더 일반적으로는 구강적 심상을 보이는 사람은 타인에게서 친밀성과 지지를 얻으려는 동기가 높아 보이고, 다른 사람이 자신에게 어떻게 반응하는지에 민감하다. 그들은 구강적 심상을 덜 보이는 사람보다 사회적 고립과 거부에 대한 미묘한 단서에 더 큰 생리적인 반응을 보인다. 아울러 그들은 덜 구강적인 사람보다 사회적 상호작용을 하는 동안 좀 더 많은 신체적 접촉을 사용하고(Juni, Masling, & Brannon, 1979) 좀 더 자기 개방적이다(Juni, 1981).

항문기

심리성적 발달에서 항문기anal stage는 약 18개월에서 3세까지 지속된다. 이 기간 동안 항문이 핵심적 성감대이고 성적 쾌감은 배설 시 발생하는 자극에서 나온다. 이 시기의 주요한 사건은 배변 훈련의 시작이다. 많은 아동에게서 배변 훈련은 내적 충동의 만족에 대해 외적 제약이 체계적으로 부과되는 첫 시기에 해당한다. 배변 훈련이 시작되면 아동은 자신이 원하는 아무 때, 아무 장소에서나 배설할 수 없고 대신 모든 것에는 적당한 때와 장소가 있다는 현실을 배워야 한다.

이 시기에 고착되어 나타난다고 하는 성격 특성은 부모와 양육자가 배변 훈련을 어떤 방식으로 했는가에 달려 있다. 두 가지 방식이 전형적이다. 하나는 아동으로 하여금 바람직한 시간과 장소에서 배설하도록 촉구하고 성공에 대해 아동을 아낌

항문기 보유적 성격은 지나치게 정결하고 깔끔한 사무실로 나타날 것이다.

없이 칭찬하는 방식이다. 이 접근은 배설 과정에 많은 관심을 두고 아동에게 보상을 하는 것이다. 결과적으로 아동은 '적당한' 때와 장소에서 '무언가(이 경우에는 오줌과 똥)'를 생산하는 것의 가치에 대해 확신하게 된다. Freud는 이 경험이 성인기 생산성과 창의성의 기반을 제공한다고 본다.

배변 훈련의 두 번째 접근은 좀 더 혹독하다. 잘한 일에 대해 칭찬하기보다 실패에 대한 처벌과 조롱과 수치심에 강조점이 있다. 이런 훈련은 아동이 어떻게 반응하느냐에 따라 두 가지 성격 패턴을 낳는다. 만약 아동이 부모가 별로 원치 않을 때 힘차게 배설해 버리는 반항이라는 적극적인 패턴을 선택하면 일련의 항문 배출적anal expulsive 특성이 발달한다. 이는 주위를 더럽히고, 잔인하고, 파괴적이고, 적대감을 밖으로 표출하는 경향이다.

만약 아동이 대소변을 참으면서 끝까지 보유하려 하면 일련의 항문 보유적anal retentive 특성이 발달한다. 항문 보유적 성격은 세상과 상호작용하는 데 있어 완고하고 강박적인 스타일이다. 때로 이런 양식을 만들어 내는 성격 특성은 항문기 3요인anal triad으로 알려져 있다. 인색함, 고집, 그리고 질서정연함이 그것이다. 인색함은 변을 보유하려는 바람에서 나온다. 고집은 배변 훈련에 대한 의지의 투쟁에서 나온다. 질서정연함은 변으로 더럽히려는 것에 대한 반동형성이다. 그러한 패턴이 존재하는 것 같다. 한 연구에서 가장 큰 항문적 불안을 지닌 것으로 평가된 남자 대학생은 가장 강박적으로 깨끗함을 추구하는 것으로 나타났다(Juni & Fischer, 1985; Juni & Lo Cascio, 1985).

남근기

남근기phallic stage는 3~5세까지 지속된다. 이 기간 동안 리비도 흥분의 초점은 생식기관으로 옮겨진다. 대부분의 아동이 생식기를 만지는 데서 오는 감각적 쾌락을 자각함에 따라 자위를 시작하는 시기이기도 하다.

처음에는 성적 욕망의 자각은 본질적으로 완전히 자기 성애적autoerotic이다. 즉, 성적 쾌감이 완전히 자기 자극에서만 나온다. 그러나 점차 리비도는 반대 성의 부모 쪽으로 이동하기 시작한다. 소년은 엄마에 대한 관심이 발달하고, 소녀는 아버지에 대한 관심이 발달한다.

엄마를 차지하고 아버지를 대신하려는 소년 쪽에서의 욕망을 (우연히 아버지를 죽이고 엄마와 결혼한 오이디푸스 렉스Oedipus Rex라는 Sophocles의 희곡에 나오는 인물의 이름을 따서) 오이디푸스 콤플렉스Oedipus complex라고 한다. 소녀에게서는 이에 비견할 만한 감정을 오이디푸스 콤플렉스 또는 (아버지의 죽음에 대한 복수로 남동생으로 하여금 엄마와 그녀의 애인을 죽이도록 한 그리스의 인물 엘렉트라의 이름을 따서) 엘렉트라 콤플렉스Electra complex라 부른다. 이런 콤플렉스는 많은 면에서 유사한 힘을 반영한다. 그러나 그 힘들은 소년과 소녀에게서 다르게 나타난다.

우선 소년에게 어떤 일이 일어나는지 살펴보자. 두 가지 변화가 발생한다. 엄마에 대한 소년의 사랑이 강한 성적 욕망으로 전환된다. 아버지에 대한 그의 감정은 적대감과 혐오감 쪽으로 변화한다. 왜냐하면 아버지는 엄마의 애정에 대한 라이벌이기 때문이다. 시간이 지남에 따라 소년의 아버지에 대한 질투와 경쟁심은 매우 극단적이 되어, 그는 아버지가 가족에서 없어져 버리거나 죽어 버리길 원할 수도 있다. 그런 생각은 죄책감을 유발할 수 있다. 동시에 소년은 아버지가 자신에게 복수할 것이란 두려움을 느끼게 된다. 전통적인 정신분석 이론에서 소년의 두려움은 상당히 구체적이다. 즉, 소년은 아버지가 그의 성적 욕망의 원천을 제거하려고 자신을 거세할 것을 두려워한다. Freud는 이를 거세 불안castration anxiety이라 불렀다.

궁극적으로 거세 불안은 소년으로 하여금 엄마에 대한 자신의 성적 욕망을 무의식 속으로 밀어 넣게 한다. 거세 불안은 또한 소년을 아버지와 동일시하게 만든다. 여기서 동일시identification란 누군가와 유사하고 관련된다는 느낌을 발달시키는 것을 의미한다. 이는 몇 가지 기능을 한다. 첫째, 그것은 소년에게 일종의 '보호색'을 제공한다. 자신의 아버지처럼 됨으로써 아버지가 자신을 해칠 가능성을 줄이는 것 같다. 둘째, 아버지의 바람직한 측면과 동일시함으로써 소년은 그에 대한 양가감정을 줄인다. 따라서 동일시 과정은 소년이 아버지의 가치를 내재화함에 따라 초자아가 발달할 수 있는 길을 열어 준다. 마지막으로 소년은 아버지와 동일시함으로써 엄마를 향한 그의 성적 충동을 위한 대리적 출구를 얻는다. 즉, 소년은 아버지를 통해 엄마에게 상징적으로 접근한다. 아마도 소년이 아버지를 더욱 닮을수록 무의식적으로 더 쉽게 아버지를 대신한다는 환상을 만들 수 있을 것이다.

소녀의 경우는 남근기의 갈등이 더욱 복잡하다. 앞서 언급했듯이, 소녀는 아버지와의 새로운 애정관계를 위해 엄마와의 애정관계를 포기한다. 이런 변화는 소녀가 자신은 남근이 없다는 것을 깨달을 때 발생한다. 소녀는 (엄마도 남근이 없다는 것을 발견한 후) 자신의 거세된 상태에 대해 엄마를 비난하기 때문에 엄마에게서 사랑을 철회한다. 동시에 소녀의 애정은 남근을 가진 아버지에게로 끌린다. 궁극적으로 소녀는 아버지와의 성적인 결합을 통해 그의 남근을 공유하든지 상징적으로 남근에 상응하는 아기를 제공해 주기를 바라게 된다.

Freud는 이런 감정을 남근 선망penis envy이라고 했다. 남근 선망은 소녀에게 있어 소년의 거세 불안에 상응하는 것이다. 정서적 갈등은 소년처럼 동일시를 통해 해결된다. 더욱 엄마처럼 되어 감으로써 소녀는 아버지에게 대리적 접근을 하게 된다. 또한 아버지 같은 사람과 결혼할 가능성을 높인다.

남근기 동안 발달된 고착은 결국 오이디푸스 갈등과의 씨름을 계속하는 성격을

글상자 8-4

이론가와 그의 이론: Freud 자신의 오이디푸스적 위기

이론가의 사적인 경험이 자신의 이론 형성에 영향을 줄 수 있음을 보여 주는 예가 Sigmund Freud의 인생에서 생생하게 드러난다. 사실 많은 사람은 Freud 삶의 몇 가지 측면이 그의 이론에 직접적인 영향을 미쳤다고 믿는다.

Sigmund Freud의 아버지인 Jakob Freud는 상인이었고 Sigmund가 태어날 당시(1856년) 나이가 40세였다. 여러 이야기를 고려해 보면, 그는 엄격하고 권위적인 아버지였다. 이런 점에서 아버지에 대한 Freud의 감정이 양면적이었다는 사실이 놀라운 일은 아니다. Freud의 아버지에 대한 기억에는 사랑과 미움이 공존한다. Sigmund의 탄생과 관련된 소문이 그들의 관계를 꼬이게 했을지도 모른다. Sigmund Freud의 생일은 여러 곳에서 두 가지 다른 날짜로 나타난다. 이것이 단순한 사무 착오였을까? 그럴 수도 있다. 그러나 일부 사람은 더 늦은 날짜의 생일은 Freud의 어머니가 Jakob과 결혼할 때 이미 임신하고 있었다는 사실을 숨기기 위한 시도라고 믿는다(Balmary, 1979).

Jakob Freud는 이전의 혼인에서 두 아들이 있었고 Sigmund가 태어났을 때는 이미 할아버지가 되어 있었다. 반면 그의 아내 Amalie는 이제 20세에 불과했다. Sigmund는 그녀의 첫아이였고 그녀는 그에게 특별한 애정을 쏟아부었다. Sigmund는 자신의 어머니에 대해 매우 이상화된 심상을 발달시켰고 강한 애정을 갖게 되었다. 그들은 매우 밀접한 관계를 맺게 되었다.

낳는다. 남성은 자신이 거세되지 않았음을 보여 주기 위해 가능한 한 많은 여성을 유혹하거나 많은 아이의 아버지가 되는 것도 서슴지 않는다. 남성성을 주장하려는 시도는 그들이 직업에서 위대한 성공을 함으로써도 상징적으로 표현될 수 있다. 또 한편으로 그들은 엄마의 사랑을 두고 아버지와 경쟁한 것에 대한 죄책감 때문에 성적, 직업적인 삶에서 (고의적이지만 무의식적으로) 실패할 수도 있다.

여성의 경우 오이디푸스 갈등의 지속은 남성과의 관계 방식으로 나타난다. 유혹적이고 경박하지만 내부에 있는 성욕은 부인한다. 이러한 관계 방식은 먼저 자신의 아버지를 향해 발달한다. 그녀는 처음에 아버지에게 끌렸지만 이 시점에서는 처음에 그녀를 끌어당겼던 성적 욕망을 억압한다. 그러고 나서는 이런 패턴이 그 후의 사회적 관계로 이어지게 된다. 이런 여성은 유혹적 행동으로 남성을 흥분시켜 놓고 그 남성이 성적 접촉을 원하면 놀란다.

Freud는 오이디푸스 콤플렉스를 인식한 것이 가장 의미 있는 자신의 이론적 기여 중 하나라고 생각했다(〈글상자 8-4〉 참조). 이 간단한 말은 사랑, 혐오, 죄책감, 질

요약하면, Freud의 아동기 관계는 그가 나중에 오이디푸스 갈등이라고 부른 것의 모든 요소를 갖추고 있었다. 자신의 어머니에 대해 깊은 애착이 있었으며, 어떤 사람은 이 관계가 성적인 색깔을 띤 것이라고 말할 수도 있을 것이다. 그는 또한 자기 아버지에 대해서 강한 양가감정을 가졌다. Freud는 자기 아버지의 장례식에 늦었는데, 그는 이런 행동을 나중에 무의식적으로 동기화된 것으로 보았다. Freud가 자신의 경험을 모든 사람의 발달에 숨어 있는 일반적 측면이라고 주장한 이론의 모형으로 사용했을 가능성을 무시하지는 못할 것이다.

Freud의 생각에 영향을 준 사적 경험은 오이디푸스적 위기만이 아니다. 1000만 명의 사람을 사망케 한 제1차 세계대전은 많은 다른 유럽인에게서처럼 Freud에게도 깊이 각인되는 영향을 미쳤다. 신문은 아무런 목적도 없어 보이는 살인으로 가득 채워졌다. Freud의 두 아들도 전장에 나가 있었는데 그들의 안위에 대한 공포가 Freud에게 큰 스트레스로 작용했을 것이다. 전쟁이 끝난 지 얼마 지나지 않아, Freud는 죽음의 본능에 관한 자신의 견해를 밝히는 저술을 출간했다. 그 저술에서 그는 사람들이 죽으려 하는 무의식적인 소망을 가지고 있으며, 죽음의 본능이 타인을 향해 밖으로 향하게 되면 전쟁과 같은 살인 행위가 나타날 수 있다고 주장했다. 이런 견해는 적어도 부분적으로는 Freud가 자신에게 일어난 전쟁의 참혹성을 이해하기 위한 시도에서 나왔다고 볼 수 있다. 이 역시 이론이 이론가의 경험에 의해 형성될 수 있음을 보여 주는 것이다.

투, 두려움으로 가득 찬 매우 큰 정서적 혼란을 내포한다. Freud는 아동이 남근기의 갈등과 어려움을 어떻게 극복해 나가는지가 그들의 장차 성, 대인관계에서의 경쟁력, 개인적 적절감에 대한 기본 태도를 결정한다고 믿었다.

잠복기

처음 세 단계 동안에 발달하는 고착은 성인 성격의 기초가 된다. 남근기가 끝나면 아동은 잠복기latency period라 불리는 비교적 고요한 시기로 접어든다. 6세에서 10대 초에 이르는 이 기간은 성과 공격적 충동이 덜 활발한 때다. 이런 충동의 약화는 일부는 자아와 초자아의 출현에 기인한다. 이 기간 동안 아동은 지적이거나 사회적인 성질을 지닌 성적이 아닌 다른 것을 추구하는 데 주의를 돌린다.

사춘기의 시작과 함께 잠복기가 종결되면서, 성적이고 공격적인 충동은 다시 강해진다. 또한 이전 기간의 갈등에 다시 직면하게 된다. 청소년은 성인의 성적 욕망을 갖게 되지만 성교는 사회적으로 허용되지 않는다. 자아의 대처기술이 심각하게 검증되는 때가 바로 이 시기다.

성기기

청소년기 후반과 성인기에 사람들은 성기기genial stage로 이동한다. 만약 초기의 심리성적 단계가 잘 해결되어 왔다면 리비도가 성기 주변에 조직화되어 안정된 상태로 이 단계에 들어온다. 그리고 일생 동안 그에 집중된 채 남아 있게 된다. 그러나 이 단계의 성적 만족은 초기 단계의 그것과는 다르다. 구체적으로 말해 초기의 애착은 자기애적narcissistic이었다. 아동은 단지 자신의 성적 쾌감에만 관심이 있었다. 타인은 아동 자신의 쾌감을 더해 주는 한에서만 관심의 대상이었다. 성기기에는 누군가와 상호적인 성적 만족을 나누려는 욕망이 발달한다. 따라서 사람들은 이기적 이유 때문만이 아니라 이타적 이유 때문에 타인을 사랑할 수 있게 된다. 다른 사람과 따뜻하고 돌보는 방식으로 관계를 맺고 그들의 복지에 관심을 갖는 능력이 성기기의 핵심 특징이다.

Freud는 사람들이 나이만 들면 자동적으로 성기기로 들어가는 것은 아니며, 이런 발달이 완전하게 이루어지기는 상당히 어렵다고 믿었다. 대부분의 사람은 자신이 해야 하는 것보다 스스로의 충동을 덜 통제하며, 성적 욕망을 완전히 만족하고 수용할 만한 방식으로 충족하는 데에도 어려움이 있다. 이런 점에서 성기기적 성격은 당연히 달성되는 종착점이라기보다 추구되어야 할 이상에 해당한다. 그것은 정신분석적 관점에서 볼 때 심리성적 발달의 완벽한 최고 정점이다.

무의식의 표출

정신분석 이론에서 무의식의 중요성을 강조한다는 점을 생각해 보면, 무의식에 들어 있는 갈망과 충동과 감정에 접근할 수 있는 방법은 매우 중요해진다. 이는 무의식에 접근하는 것이 적극적으로 방해받는다는 점을 생각해 보면 쉬운 일이 아니다. 그러나 Freud는 무의식에 접근하는 일이 겉으로 보기보다는 어렵지 않다고 믿었다. 그는 무의식적 충동이 일상에서 끊임없이 드러난다고 생각했다. 그것을 단지 잘 관찰하기만 하면 되는 것이다.

일상생활의 정신병리

무의식적 동기가 드러나는 한 가지 방식은 사람들의 실수를 통해서다. 우리는 모두 때때로 실수를 한다. 우리는 무언가를 잊거나, 말이 뒤죽박죽이 되거나, 뜻하지 않은 사건을 겪는다. Freud(1960/1901)는 그러한 사건을 일상생활의 정신병리psychopathology of everyday life라고 일컫는다. 이 말은 모든 정상적인 삶도 어느 정도의 이상을 지닌다는 그의 믿음을 전해 준다. 따라서 기억 착오, 말실수, 우연한 사고 등은 한 사람의 진실한 욕망에 대한 간접적인 통찰을 제공한다. 이러한 사건은 통틀어서 실착증parapraxes이라고 부른다. 실제 이 아이디어는 정신분석 과정에서 확인되는데, 무의식적 감정이나 욕망을 시사하는 듯 보이는 말실수를 할 때 프로이트적 실수Freudian slip라고 언급한다.

또 다른 예는 망각이다. 정신분석적 관점에서 망각은 의식에서 무언가를 밀어내기 위한 시도다. 때로는 망각의 이유를 알아내기가 쉽다(예를 들어, 자신이 좋아하지 않는 누군가에게 중요한 책을 돌려주는 것을 망각해서 상대방에 대한 적대감이 자각되는 것을 막는 학생처럼). 어떤 경우에는 숨어 있는 동기를 알아내는 것이 좀 더 어렵다.

Freud는 사고가 종종 상해를 일으키려는 무의식적 욕망에서 나온다고 믿었다.

그러나 상황에 대해서 충분히 안다면 관찰자에게 상대방의 숨어 있는 동기가 분명해질 것이다.

망각이 생각이 자각되는 것을 성공적으로 억압한 경우라면, 말실수와 글 실수는 부분적으로 성공적이지 못한 억압 시도다. 그것은 감추려는 노력에도 불구하고 무심코 무의식적인 사고나 소망의 일부나 전부를 표현하는 것이다. 망각처럼 숨겨진 의미는 때로는 관찰자에게 분명하다. 예를 들어, 연인에게 "당신은 내가 '매장bury(결혼marry 대신에)' 하고 싶은 바로 그런 사람"이라고 말함으로써 자신의 결혼에 대한 양가감정을 드러내는 여성을 생각해 보라. 어떤 경우에는 숨겨져 있는 의미를 해석하기 어렵다.

불안이 무의식적이라고 하기에는 아직 증거가 부족하지만, 말실수가 불안과 관련된다는 증거가 있다. Motley(1985)와 동료들은 사람들에게 특정한 종류의 실수를 저지르도록 유도하는 연구를 해 왔다. 이 연구에서는 흔히 한 쌍의 단어가 다른 단어 쌍으로 발음될 수 있다(예를 들어, fruit fly 대신에 flute fry라고 말함). 이 연구는 잘못 읽히기 쉬운 특정한 단어 쌍을 만들어 말실수를 유도하는데, 잘못 발음된 단어는 특정한 어감을 갖는 것이다. 이 연구에서는 특정한 불안을 유도했을 때 그러한 불안과 관련이 되는 실수가 늘어나는지를 살펴보려 한다.

예를 들어, 어떤 실험에서는 남성이 전기 충격을 받는 것에 대해 불안을 느끼도록 만들었고, 다른 실험에서는 성적인 문제에 관해 불안을 일으키도록 도발적으로 치장한 여성에 의해 실험 회기가 진행되었다. 두 조건에는 전기 충격과 관련되어서 잘못 읽힐 수 있는 단어 쌍(예, sham dock 대신 damn shock)과 성과 관련되어서 잘

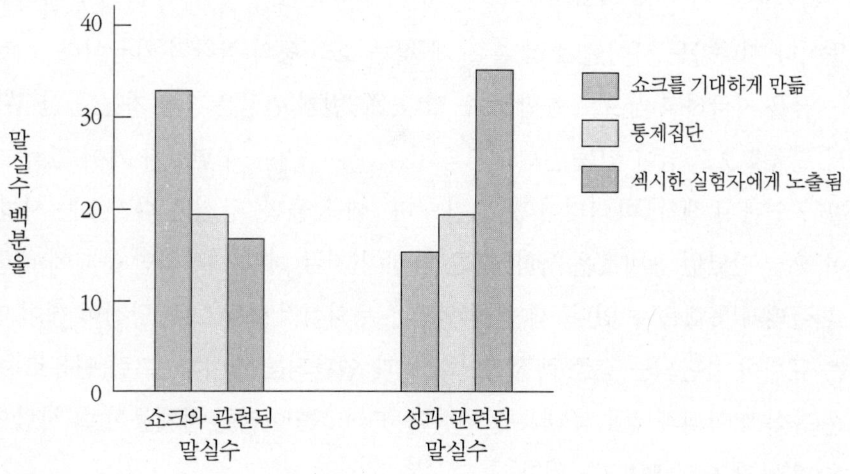

[그림 8-3]

실험실에서 유도된 프로이트적 실수. 연구 참여자는 전기 충격에 노출된다고 기대될 때 전기 충격과 관련되는 실수를 더 많이 했다(그림의 왼쪽). 참여자가 도발적으로 차려 입은 실험자에 노출되었을 때는 성 관련 실수를 더 많이 범했다(그림의 오른쪽).
[출처] Motley(1985)에서 인용.

못 읽힐 수 있는 단어 쌍(예, sappy hex 대신 happy sex)이 포함됐다. 전기 충격에 대해 불안해하도록 유도된 남성은 다른 사람보다 쇼크와 관련된 말실수를 더 많이 하였고, 성에 대해 생각하도록 유도된 남성은 다른 사람보다 성적 의미를 지닌 말실수를 더 많이 하였다. 또 다른 연구는 성적 죄책감의 측정에서 높은 사람이 성적인 말실수가 더 빈번하다는 것을 발견했다(Motley, 1985).

꿈

Freud(1953/1900)는 무의식이 꿈을 통해서도 드러난다고 믿었다. 사실 그는 꿈을 무의식에 이르는 왕도라고 말했다. 꿈 내용은 두 종류로 구분된다. 현재몽manifest content은 우리 대부분이 꿈이라고 생각하는 것, 즉 꿈꾸는 사람의 감각적 심상이다. Freud에게 더 흥미로웠던 것은 잠재몽latent content—분명히 드러나는 꿈(현재몽)의 내용을 만드는 무의식적인 사고, 감정 및 소망—이었다. 잠재몽은 왜 꿈이 그런 형태를 취하고 있는지를 말해 준다.

잠재몽은 세 가지 원천을 가진다. 첫 번째는 우리가 잘 때 우리에게 쏟아지는 천둥이나 지나가는 사이렌 소리 혹은 개 짖는 소리 등의 감각적 자극이다. 이런 소리는 꿈을 자극하고 꿈으로 통합될 수 있다. 두 번째 원천은 잠을 자는 동안 무의식에서 활동적으로 남아 있는 현재의 관심사current concerns—수면자가 깨어 있을 때의 생활과 연관된 생각, 아이디어 및 느낌—다. 예를 들면, 당신은 다가오는 시험, 당신이 오늘 만났던 흥미로운 사람, 혹은 당신이 지금 처한 재정적인 문제에 대한 생각을 끝맺지 못했을 수 있다. 세 번째 원천은 무의식적 충동으로, 당신이 깨어 있을 때는 표현이 차단되는 종종 핵심적인 갈등과 연관되는 것이다. 그런 연유로 이 충동은 유아적 형식과 원초적 내용을 취한다. Freud는 이러한 잠재몽이 그 사람의 성격을 가장 잘 드러낸다고 믿었다.

평가: 투사 기법

앞에서는 일상생활에서 무의식이 자신을 드러내는 방식에 초점을 두었다. 무의식적 과정을 평가하기 위한 보다 공식적인 방법도 개발되었다. 이런 방법을 집합적으로 투사 기법projective techniques이라 부른다. 이러한 검사에서는 사람들에게 모호한 자극을 제시한다. 명확한 정답이 없기 때문에 사람들의 반응은 주로 그들 자신의 느낌, 태도, 욕망, 욕구에 의해 결정된다고 가정한다(5장에서 투사적 기법으로 주제통각검사TAT에 대해 논의했던 것을 상기하라). 투사의 방어기제를 사용해서 사람들은 검사 자극에서 자신의 측면을 지각하게 된다. 이때 투사되는 내용은 자신의 무의식을 반영할 것이다.

Hermann Rorschach(1942)가 개발한 세상에 가장 잘 알려진 투사 기법으로 로르샤흐 잉크반점검사Rorschach inkblot test가 있다. 로르샤흐 잉크반점검사는 3장에서 기술했던 준거조율 방법으로 추출한 10개의 잉크반점 카드로 구성된다. 로르샤흐 세트에서 10개의 반점은 모두 좌우대칭이며, 이는 그것이 가상의 중심선 양편에서 거의 동일하다는 것을 의미한다([그림 8-4] 참조). 그중 5개는 잉크가 모두 검은색이지만 농도는 진한 검은색에서 밝은 회색에 걸쳐 있다. 2개는 검은색과 빨간색 잉크로 되어 있으며, 나머지 3개는 파란색, 초록색, 노란색, 주황색을 포함한 다양한 파스텔 색상으로 구성되어 있다.

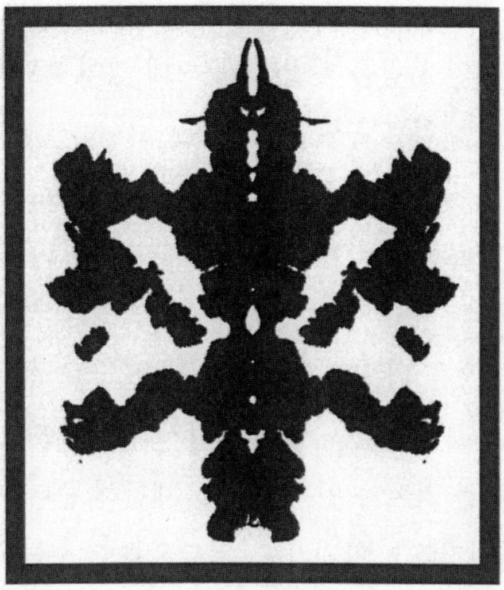

[그림 8-4] 로르샤흐 검사에서 사용되는 것과 유사한 잉크반점의 예

[출처] Jeremy Matthews Scheier와 Meredith Matthews Scheier의 허락하에 게재.

로르샤흐 검사는 보통 한 번에 한 사람에게 두 단계 절차로 실시된다. 첫 번째는 미리 정해진 순서대로 잉크반점을 보고, 거기서 무엇을 보았는지 혹은 잉크반점이 무엇과 닮았거나 무엇을 나타내는 것 같은지를 이야기하게 한다. 그동안 검사자는 피검사자가 이야기하는 것을 기록한다. 그리고 다시 열 장의 카드를 본다. 이때 검사자는 카드에 대해서 앞서 언급했던 것을 상기할 수 있도록 자료를 제공해 주고, 카드의 무엇이 그렇게 생각하도록 만들었는지를 묻는다.

로르샤흐 검사의 채점을 위해 몇 가지 체계가 고안되었는데, 지금까지 가장 인기 있는 체계는 John Exner(1974, 1993)의 것이다. Exner의 체계에서 반응은 먼저 성격 특성이 알려진 사람들의 결과와 비교된다. 그런 다음 개인의 반응은 한 카드에서 다음 카드로의 계열로 검토된다. 마지막으로는 위치(반응이 어디에 초점을 맞추었나), 결정인(형태, 색채, 음영, 움직임 지각 등), 내용(반응의 주제) 등의 면에서 분석된다. 이런 특정의 분석은 사람들의 무의식적인 동기나 느낌에 관한 정보를 드러내는 것으로 간주된다.

로르샤흐 검사는 흥미로운 정보를 생산해 주지만, 심각한 심리 측정적 문제를 지닌다(Lilienfeld, Wood, & Garb, 2000). Exner와 동료들은 이러한 심리 측정적 성질을 개선하기 위해 노력했지만, 그들의 노력이 그렇게 잘 받아들여지지는 않는다

(Lilienfeld et al., 2000; Wood, Nezworski, & Stejskal, 1996a, 1996b). 반면 로르샤흐 검사가 우울과 정신병적인 사람을 식별해 내는 데 있어 MMPI-2보다 낫고 널리 사용되는 심리평가 도구라는 자료도 있다(Ganellen, 1996).

투사검사를 선호하는 많은 사람은 심리 측정 기준이 로르샤흐 검사의 유용성과 관련성이 낮다고 말함으로써 이러한 비판에 응수한다. 그들의 견해로는 그 가치는 그것이 검사자에게 제공해 주는 통찰에 있다. 아마도 심리학자는 로르샤흐를 하나의 검사로만 취급하는 것을 멈추고 하나의 임상 도구로 생각해야 할지도 모른다. 이러한 관점에서 로르샤흐 검사는 숙련된 임상가의 손에 있는 면접 보조도구다. 이 도구는 장차 더 추구해 볼 가치가 있는 가설을 제안해 준다. 비록 로르샤흐 검사가 임상적 보조물로만 여겨진다고 할지라도, 로르샤흐 검사는 정신분석적 평가 배터리의 일부로서 조만간 폐기되지는 않을 것 같다.

행동 문제와 행동 변화

우리의 논의는 행동 문제와 그것을 어떻게 다룰 수 있는지를 강조해 왔다. Freud는 무의식이 사람들이 삶에서 겪는 어려움에 대한 비밀을 지니고 있다고 믿었다. 무의식을 파헤침으로써만이 그러한 어려움을 알아내고 해결할 수 있다. 이 논의는 문제가 발생하는 방식에 관한 정신분석적 관점을 살펴봄으로써 시작한다.

문제의 기원

행동 문제의 몇 가지 가능한 기원이 있다. 한 가지 기원은 아동기의 경험이다. 앞에서도 언급했듯이, Freud는 성인 성격은 인생 초기의 심리성적 발달에 의해 결정된다고 믿었다. 한 개인이 상처 없이 다음 발달 단계로 진입하는 일은 드물다. 대부분의 사람은 이전 단계에 부분적으로 고착된다. 고착이 강하면 상당히 많은 에너지가 거기에 소비된다. 매우 강한 고착의 경우, 선점preoccupation은 비록 무의식적이지만 그 개인에게는 그 밖의 다른 것을 위한 에너지가 거의 남아 있지 않다. 이것이 고착에서 에너지가 과잉 투자되는 문제의 한 가지 원천이다. 이는 자아에게 필요한 에너지를 고갈함으로써 융통성 있는 성인 기능을 방해한다(Baumeister, 2002).

억압, 노출, 그리고 신체 건강 글상자 8-5

우리의 주된 논의 중 하나는 억압이 심리적 비용을 지불케 한다는 아이디어였다. 그러나 사고와 감정을 뒤로 감추는 것이 신체적 비용을 지불케 한다는 증거가 쌓이고 있다.

유방 생검biopsies을 받은 여성에 대한 초기 연구(Greer & Morris, 1975)에서 자신의 정서(특히 분노)를 억압한다는 여성이 그렇지 않은 여성보다 유방암으로 진단되는 경우가 더 많았다(Jensen, 1987도 참조). 다른 연구에서는 분노를 억압한다는 여성이 10년에 걸쳐 동맥경화를 더 많이 경험하는 것으로 나타났다(Matthews, Owens, Kuller, Sutton-Tyrrell, & Jansen-McWilliams, 1998). 모든 증거가 억압이 질병과 관련된다는 견해를 지지하지는 않지만(O'Donnell, Fisher, Rickard, & McConaghy, 2000; Price et al., 2001), 이런 견해를 추가로 연구할 만큼의 충분한 지지 증거가 존재한다.

이런 아이디어의 이면은 고통스러운 생각과 감정을 노출하는 것이 신체적 이득을 가져올 것이라는 사실이다. James Pennebaker와 동료들은 억압된 사고와 정서의 노출에 관한 연구를 진행해 왔다(Pennebaker, 1989; Pennebaker & Chung, 2007; Sexton & Pennebaker, 2009; 또한 Smyth, 1998도 참조). 이 연구에서는 참여자에게 특정한 비외상적 사건이나 당신의 인생에서 가장 혼란했거나 외상적이었던 사건에 관한 가슴속 깊이 묻어 두었던 생각과 감정에 대해 묘사하도록 한다. 이상적으로는 참여자가 이야기하거나 글로 적는 사건은 아직까지 아무에게도 이야기하지 않았던 것이면 더 좋다. 그래서 노출하는 재료는 적어도 부분적으로는 참여자가 억압해 왔던 어떤 것일 가능성이 높다. 사고와 감정의 노출은 전형적으로 4일 동안 연속적으로 20분 정도로 진행된다.

외상 노출의 단기 효과는 더 많은 고통을 경험하는 것이다. 그러나 장기적으로는 자기 노출이 건강의 이득을 가져온다. 초기 연구에서 외상적 사건에 관해 노출을 하였던 학생은 노출하도록 요청을 받지 않았던 학생에 비해 추후 6개월 동안에 건강 센터를 방문하는 횟수가 더 적었다(Pennebake & Beall, 1986). 다른 연구에서는 자기노출이 면역 기능을 높임을 시사한다(Pennebaker, Kiecolt-Glaser, & Glaser, 1988). 대학살 생존자에 대한 연구에서 노출 세션 동안 가장 깊이 자신의 감정과 생각을 노출한 사람은 그렇지 않은 사람에 비해 의사를 방문하는 횟수가 적었다(Pennebaker, 1989).

왜 고통스러운 기억을 노출하는 것이 건강에 이로울까? Pennebaker는 노출하는 동안이나 그 후에 발생하는 인지적 변화에서 그 이유를 찾으려 하였다. 그는 자신의 경험을 인과적 이야기 구조로 조직화하는 사람이 그렇지 않은 사람에 비해 더 많은 이득을 얻는다는 사실을 발견했다(Pennebaker & Graybeal, 2001). 응집성 있는 이야기를 만드는 것이 도움이 되기보다는 이야기를 만드는 과정 자체가 도움이 된다.

Pennebaker(1993)는 몸은 언어적인 동시에 생리적으로 스스로를 표현한다고 주장한다. 외상의 의미를 창조하려고 투쟁할 때, 우리는 생리적인 기능에서도 이점을 창조해 낸다. 그 결과로 신체적 기능이 더 좋아지고 건강이 더 좋아진다. 정서적 표현의 효과에 관한 이러한 견해에 대해서는 논란과 관심이 계속될 것이다. 이런 견해에는 많은 시사점이 포함되어 있다. 만약 이런 주장이 연구 증거에 의해 계속적으로 지지된다면 많은 사람의 치료에 대한 생각이 바뀔 것이다. 이런 작업에서 치료는 일종의 일기 쓰기를 계속하는 것일 수도 있다.

또 다른 문제의 원천은 기본적 욕구와 충동에 대한 광범위한 억압이다. 만약 과도하게 처벌적인 초자아나 거칠고 무자비한 환경으로 인해 지나치게 많은 충동이 매장된다면, 개인의 기본 본성은 왜곡되고 부정될 것이다. 억압된 욕구는 왜곡된 형태로만 억압을 넘어 비집고 나아갈 수 있는 길을 찾을 것이다. 이런 방법은 실제로 욕구를 충족하는 데 효과적이지 않다. 또다시 욕구를 숨겨야 하는 억압의 필요성이 대두되고 이는 자아가 이용할 수 있는 에너지를 계속해서 고갈할 것이다.

문제의 세 번째 원천은 숨겨진 외상이다. 외상적 사건은 삶의 어떤 순간에도 발생할 수 있지만, 외상에 관한 대부분의 논의는 초기 아동기에 초점을 둔다. 실제로 Freud는 자신의 아이디어를 발전시키던 초기의 한 시점에서 자신의 환자 중 대부분이 아동기에 성적 학대를 겪었다고 믿었다. '유혹이론seduction theory'으로 알려진 이 내용은 후기에 Freud가 실제로는 유혹이 발생하지 않았다고 판단했을 때에 폐기되었다.

이러한 생각의 변화가 Freud의 오이디푸스 콤플렉스 이론을 만들어 냈는데, 그 이론에서 아동은 그들의 이성 부모에 대한 성적 끌림을 다루고 있다. 오이디푸스 이론은 부모 사이의 성적 심상을 설명하고 있고 다수의 부모가 자신의 자녀를 성적으로 유혹한다고 믿을 것을 요구하지는 않는다. 그러나 이런 변화에도 불구하고 Freud의 이론은 여전히 성적이거나 신체적인 학대에 대한 여지를 남겨 두고 있다. 그의 변화된 견해는 학대가 흔하지 않다는 결론을 반영하는 것이지만, 그런 학대가 없다는 이야기는 아니다. 반복적인 학대를 경험하는 아동은 다루기에는 너무 불유쾌한 현실의 부분을 지닌 것이 되고, 성적으로 학대를 받는 경우도 이와 동일하다.

문제의 기원에 대한 세 가지 관점은 서로 다르고, 그 결과로서 생기는 문제 또한 서로 다를 것이다. 그러나 세 경로 모두는 하나의 기제를 공유한다. 각각의 경우에서 초기의 고착, 충동, 혹은 외상은 억압된다. 이 억압은 개인을 보호할 수 있지만 그 대가를 치르게 한다.

행동 변화

이런 상황에 어떤 조치를 할 수 있는가? 정신분석 치료법은 Freud의 치료 경험의 시행착오를 통해서 발달했다. 처음에는 최면을 시도했다가, Freud는 자신의 마음에 떠오르는 것을 단순히 소리 내어 말하는 방식인 자유연상free association이라는 절차를 우연히 만들게 되었다. 그는 이 절차가 무의식 속에 숨어 있는 재료를 점차 드러내게 할 수 있다는 사실을 발견했다. 그는 또한 자유연상에서 드러난 것은 종종 말 그대로의 사실은 아니라는 점을 알게 되었고, 자유연상의 내용에 대해 다시 생각하게 되었다. 자유연상이 중요한 무언가를 생산해 주지만, 글자 그대로의 내용은 아니다.

Freud의 새로운 견해에서는 무의식적 재료가 자유연상을 통해 상징적인symbolic 형태로 드러난다. 상징화는 그것을 덜 위협적으로 만들어 그것이 드러날 수 있게 해 준다. 자유연상은 종종 겉으로는 아무 의미 없어 보이는 상징의 혼합을 만들어 낸다. 그러나 십자말풀이에서처럼 자유연상에서 나타난 재료가 빠진 요소를 추론할 수 있는 부분적인 맥락을 제공한다.

앞에서 언급했듯이, 행동으로 드러날 만큼 심각한 많은 문제는 억압된 갈등과 충동, 그리고 억눌린 리비도 에너지에 의해서 야기된다. 치료의 목표는 갈등을 드러내고, 억제된 에너지를 풀어 주는 것이다. 자유연상은 이를 위한 첫 단계인데, 그것이 문제에 상징적으로 접근하도록 허락하기 때문이다. 그러나 억압된 재료의 위협적 성질 때문에 문제의 핵심에 바로 도달하기는 어렵다.

치료를 받고 있는 사람은 억압된 갈등과 충동이 인식되는 것에 대하여 때로는 적극적으로 싸운다. 이러한 투쟁은 저항resistance이라고도 불린다. 저항은 의식적일 수도 있고 무의식적일 수도 있다. 어느 경우든 저항은 정신분석적 치료 과정이 정서적으로 얼마나 많이 왜곡될 수 있는지에 대한 실례를 제공한다. 치료 중인 사람은 자신이 자각하기에는 너무 고통스럽기 때문에 무의식에 묻어 놓았던 괴로운 진실을 밝히려 하는 것이다. 이런 진실을 밝히는 작업이 어려운 것은 어쩌면 당연하다.

정신분석적 치료에서 중요한 요소는 전이transference다. 전이는 전위의 조합이다. 특히 환자의 갈등이나 억압된 욕망과 관련된 인물을 향한 감정이 치료자에게 전이된다. 이러한 감정은 기저의 문제에 따라 사랑도 될 수 있고 증오도 될 수 있다. 치료 장면에서 치료자는 그 감정의 원래 대상보다 불안을 덜 일으키기 때문에 전이는 또 다른 방어로서 기능한다. 전이는 전위되고 있는 감정의 중요성을 지적해 주는 데 도움이 된다. 그래서 전이가 일어날 때는 그에 대한 해석이 치료 과정의 중요한 부분이 된다.

정신분석적 치료의 목표는 통찰insight이다. 치료에서 통찰은 지적인 이해가 아니다. 오히려 이 말은 억압된 갈등, 기억 및 충동에 대한 정서적 현실의 재경험을 의미

‖ 표 8-1 ‖ **성격 문제의 세 가지 기원과 정신분석에서의 치료 목표**

기원	목표
고착	훈습을 위해 예전의 갈등을 완화하기
외상의 억압	정서 정화를 위해서 경험을 이완하기
기본 욕구의 억압	욕구에 대한 정서적 통찰을 얻고 그것을 수용하기

한다(〈표 8-1〉 참조). 지적인 이해만으로는 사람을 변화시키는 힘이 없다. 인지적 재조직화가 유용하기 위해서는 그것이 정서적 정화의 맥락에서 일어나야 한다. 반대로 인지적 조직화가 나타나지 않으면 정서적 해방만으로는 도움이 되지는 않는다(Kelly, Klusas, von Weiss, & Kenny, 2001).

정신분석적 치료는 도움이 되는가

정신분석 치료는 그 기간이 길고, 비용이 많이 들고, 대개 고통스럽다. 그들이 들이는 비용에 비해 정신분석 치료는 얼마나 효과적인가? 초기의 개관연구는 정신분석을 포함하여 심리치료는 일반적으로 큰 도움이 되지는 않는다고 결론지었다(Eysenck, 1961; Feldman, 1968; Wolpe, 1981). 그러나 다른 개관연구는 심리치료가 효과가 있으며, 분석적 치료가 다른 기법만큼이나 효과가 있다는 것을 발견했다(Smith & Glass, 1977; Smith, Glass, & Miller, 1980). 아주 최근의 연구는 장기간의 정신분석은 의학적 치료의 이용을 줄인다는 증거를 제시했다(Berghout, Zevalkink, & Hakkaart-Van Roijen, 2010; de Maat, Philipszoon, Schovers, Dekker, & De Jonghe, 2007).

연구 결과를 해석하는 데 있어 난점 중 하나는 성공을 여러 가지 방식으로 정의할 수 있고, 어떤 방식으로 성공을 정의하느냐에 따라 결론이 달라질 수 있다는 것이다. 정신분석가는 성공을 환자가 자신의 갈등과 정신역동을 얼마나 잘 이해하게 되었는가로 정의하는 경향이 있다. 이런 이해나 통찰은 고통을 야기할 수도 있고 감소할 수도 있다. 많은 정신분석가가 자신의 치료 목표가 스트레스를 줄이기보다는 통찰을 얻는 것이라고 믿고 있다고 하더라도, 어떤 부정적인 발견이 정신분석 치료의 성공에 대해 말해 주는 것인지를 확신하기는 어렵다(Fisher & Greenberg, 1977).

정신분석적 관점: 문제점과 전망

성격의 정신분석적 관점은 영향력이 있으면서도 여전히 논란이 많다. 출발에서부터 사람들은 정신분석적 관점의 특정한 측면을 수용하기를 꺼렸다. 많은 이들이 성적인 주제의 중요성에 대한 강조로 인해 모욕감을 느꼈고, 어린아이의 행동이 성적으로 동기화된 것이라는 주장에 충격을 받았다.

과학 공동체는 다른 이유로 정신분석의 오류를 지적한다. 문제는 이론에서 사용된 많은 개념이 모호하게 정의되었기 때문이 검증하기가 어렵다는 것이다. 한 예로 리비도가 있다. Freud는 이 용어를 생리적 과정에서 유래하는 심리적 특성인 성 에너지라고 언급하였다. 우리는 그에 관해 아는 바가 거의 없다. 그것은 어디에서 유래하는가? 무엇이 그것을 성적이게 만드는가? 어떻게 그것을 측정할 수 있는가? 그것을 측정하는 방법이 없다면 우리는 그것을 연구할 수 없다.

정신분석적 개념의 모호성의 많은 부분은 Freud가 성격을 은유적인 방식으로 생각하는 데서 유래한다. 이런 은유적 방법은 정신분석 이론의 서술에 깊게 뿌리박혀 있다. Freud가 하는 말이 글자 그대로의 의미인지, 단지 은유적으로 그런 표현을 사용한 것인지를 구별하기가 어렵다. 이런 예로는 오이디푸스 콤플렉스가 있다. Freud는 글자 그대로 모든 소년은 4세경에 소년의 어머니에 대해 성적인 욕망이 온다고 한 것인가? 아니면 어린 아동과 부모 사이의 갈등에 대한 은유로 오이디푸스 주제라는 은유를 사용한 것인가? Freud는 한 시점에서 그가 사용했던 특정한 설명 도구의 대다수는 이론을 손상하지 않고 대치되거나 폐기될 수 있다고 지적했다(Silverman, 1976). 분명히 그가 저술한 부분은 글자 그대로 받아들여서는 안 된다. 그런데 우리는 불행하게도 그런 부분이 어떤 것인지를 알지 못한다.

방어기제와 관련해서도 비슷한 문제가 발생한다. 여기서 문제는 방어가 제한 없는 융통성을 제공한다는 것이다. 방어는 실제로 발생할 수 있는 모든 가능성을 설명할 수 있게 기술되고 있다. 만약 방어가 제대로 작동하지 않고 정신적으로 위협적인 재료가 의식에 너무 가까이 다가오고 있다면 상이한 방어기제가 출현하고, 잠재적으로는 반대 효과를 만들어 낼 가능성도 있다. 융통성은 이론이 더 많은 것을 설명할 수 있게 해 준다는 의미에서 좋은 것이지만 예측을 어렵게 한다. 이론이 융통성이 너무 크다면 어떤 결과도 이론과 조화를 이룰 수 있다. 만약 어떤 결과라도 설명할 수 있다면, 그것은 결코 기각할 수 없는 예측이 된다. 불행하게도 어떤 이론이 결코 기각될 수 없다면 결코 그것은 확증될 수 없다(영가설 기각을 통해 대안 가설을 받아들이는 결정을 하는 가설 검증 과정을 생각해 보라). 이러한 비판에도 불구하고 인간이 방어기제를 발달시키고 있다는 아이디어는 오늘날 성격에 관한 이해의 지평에 깊숙이 스며들어 있다. 이런 아이디어는 심지어 정신분석적 견해를 거의 받아들이지 않는 사람에게조차 널리 수용되고 있다.

과학적 심리학자가 정신분석 이론에 대해 제기하는 또 다른 비판은 이론이 기초로 하고 있는 증거의 종류와 관련된다. 이런 비판은 Freud가 자신의 아이디어를 발전시키면서 지나치게 사례연구에 의존하고 있음을 비판한다. 특히 유아 성욕에 관한 그의 견해에 대해 경멸한다. 동일한 사례를 살펴보는 경우에서조차 상이한 관찰자가 같은 결론을 내릴 수 있을까 하는 의심이 든다. 신뢰도의 문제는 Freud가 이론가-연구자이면서 동시에 치료자의 역할을 했다는 사실에 의해 더욱 오염된다. 참여 관찰자로서의 Freud의 행위는 자신의 환자가 말하는 것을 편향되게 만들었을 가능성이 높다(Powell & Boer, 1994). Freud가 자신의 환자에게 때때로 매우 지시적이었다는 증거도 있다(Esterson, 1998).

Freud의 환자에 대한 의존은 또 다른 방식의 편향을 만들어 낼 수 있다. Freud가 자신의 데이터베이스를 만들기 위해 의존하고 있는 사례의 수는 매우 적다. 그의 저술에서 Freud는 오직 12명 정도의 사례사만을 기술하고 있다. 그는 잠재적 환자를 주의 깊게 선별해서 자신이 생각하기에 좋은 후보자로 보이는 사람만을 치료받도록 허락했다. Freud는 편향된 방법으로 선발한 아주 적은 사례의 조합을 관찰하여 자신의 아이디어를 발전시켰다. 우리는 이 사례가 전체 모집단에 비해서 어느 정도 혹은 어떤 면에서 다른지를 확신할 수 없다. 그러나 적어도 Freud가 관찰한 사례는 무선적으로 선발된 것이 아님은 확실하다.

정신분석적 아이디어에 대한 또 다른 비판은 이론의 주창자가 사실과 추론을 섞어 버리는 경향이 있다는 것이다. 예를 들어, Freud는 오이디푸스 콤플렉스의 존재를 관찰을 통해 추론한다. 그다음에는 오이디푸스 콤플렉스가 마치 사실로 존재하는 것처럼 논의를 펼쳐 나간다. 이런 사실과 추론을 뒤섞어 버리는 경향성은 정신분석 모임의 지적 분위기로 자리 잡게 되었고, 마치 검증할 필요가 없는 것처럼 여겨져서 기본 개념에 대한 검증이 이루어지지 않았다(Crews, 1996; Esterson, 1993).

이러한 문제가 있음에도 지형학적 모형과 구조 모형 모두를 구성하는 아이디어에 대한 흥미가 되살아나고 있다(Bargh, 1997). 마음의 지형학적 모형과 관련해서 각기 다른 관점에서 출발했던 많은 연구자가 이제 기억의 중요한 측면 중 일부는 자발적으로 의식될 수 없다고 동의를 한다. 어떤 사례에서는 그것의 성질상 우리가 무엇을 보는 데 이용되지만 보이지는 않기 때문에 의식되지 않는다. 다른 사례에서는 우리가 보는 것이 너무 자동화되어서 우리 마음의 '주소록address book'에서 떨어져 나가기 때문에 의식되지 않는다. 이런 무의식 부분이 Freud가 강조했던 무의식과 꼭 같지는 않지만, 마음이 두 가지 영역 이상을 보유하고 있다는 아이디어에 대한 새로운 관심을 보여 주고 있는 예다.

구조 모형과 관련해서는 마음이 세 가지 성분을 가지고 있다는 아이디어 자체에 너무 얽매이지 말아야 한다는 점을 새삼 강조할 필요가 있다. 그것은 차라리 세 가지 기능 모드라고 보는 편이 더 옳다(Grigsby & Stevens, 2000). 더 나아가 기능 모드도 문자 그대로 해석해서는 안 된다. 원초아는 단순히 유아의 심리적 성질이다. 유아적 성질은 사회화의 효과가 그 위에 덧씌워지지만, 어떤 면에서는 유아적 성질이 여전히 남아 있어서 우리가 자라는 기본 구조가 된다. 원초아는 소망의 부분이다. 즉, 위험이나 승인받지 못하는 것에 개의치 않고 한 살짜리처럼 원하는 것이다. 성인이 되었어도 우리 모두는 이런 마음의 부분을 여전히 지니고 있고, 그 부분은 자신의 존재를 드러내려고 한다. 자아는 우리가 학습한 억제의 조합이고, 억제는 우리가 원하는 것을 위험에 대한 고려 없이 너무 빨리 움켜잡으려 하다가 경험하는 아픔을 줄여 준다. 초자아는 우리가 학습한 추상적인 규범으로, 심지어 우리가 끈기 있게 참고 기다리더라도 항상 내 마음대로만은 할 수 없는 사회의 일부가 되도록 해 준다.

인간이 삶의 시작에서 자신이 처음 원하는 것이 있을 때 그것을 바로 움켜잡으려 하고, 점차로 스스로를 억제하는 것을 배워 나갈 것이라는 아이디어는 매우 그럴듯하다. 사람들은 시간이 더 지난 뒤에 도덕에 관한 추상적 규칙을 배우게 될 것이라는 아이디어도 마찬가지다. 그래서 도덕 규칙은 소망과 갈등을 일으킬 수 있다. 요약하면, 구조 모형은 인간 경험에 관한 상당한 진실을 표현하고 있다. 당신은 성격에 관한 다른 관점에서도 이와 유사한 아이디어와 만나게 될 것이다.

앞서 지적되었던 정신분석 이론과 관련된 다양한 문제를 생각해 보면, 왜 정신분석적 관점이 여전히 그렇게 인기가 있을까 하는 의문이 든다. 사실 최근에 정신분석에 대한 흥미가 다시 부활하고 있다(예, Bargh, 1997; Grigsby & Stevens, 2000). 정신분석의 지속적인 인기에는 세 가지 정도의 이유가 있어 보인다. 첫째는 정신분석이 최초의 주요 성격이론이라는 점이다. 무엇이든 처음에 등장한 원조는 그 영향이 오래간다. 둘째는 Freud가 성격의 핵심에 해당하는 질문을 말하고 있다는 사실이다. 아동기 경험은 나중에 어떤 영향을 주는가? 정신건강은 무엇인가? 사람들이 자신의 동기에 접근 가능한 정도는 얼마나 되는가? Freud가 제기했던 질문은 성격심리학의 영역이 어떻게 구성되어야 하는가에 많은 영향을 미쳤다.

세 번째 이유는 정신분석의 주요 주제가 지니고 있는 직관적 호소력과 관계가 있다. 그것의 과학적 지위와는 관계없이 무의식적 동기화, 심리성적 발달, 원초아, 자아 및 초자아라는 갈등적 힘 사이의 밀고 당기는 정신내적 전쟁 등의 개념은 정서적 호소력이 있다. 이런 아이디어는 새롭고 자극적이고 흥미롭다. 한마디로 그것은 유혹적seductive이다. 정신분석 이론은 사람들이 흥미를 느끼고 아울러 스스로 흥미를 발견해 갈 수 있는 방식으로 성격을 묘사했기 때문에 그 발판을 확립하였다.

요 약

Freud의 지형학적 모형은 마음에 의식, 전의식(일상적으로는 기억), 그리고 무의식(의식에서 접근할 수 없는 마음의 부분)의 세 가지 영역이 있다고 생각한다. 무의식은 위협적이거나 수용될 수 없는 아이디어나 충동을 담고 있다.

Freud의 구조 모형은 성격의 세 가지 국면을 가정한다. 원초아는 모든 에너지의 원천이다. 그것은 쾌락 원칙(모든 욕구가 즉각적으로 충족되어야 함)을 따르며, 완전히 무의식 속에만 존재하고, 일차 과정(원초적이고 현실과 분리된) 사고를 사용한다. 원초아가 외부 세계의 요구를 무시하고, 그런 요구가 적응을 위해서는 무시될 수 없기 때문에 결국 자아가 발달한다. 자아는 현실 원칙(외부 현실을 고려해서 행동을 해야 함)을 따르고, 마음의 세 영역 모두에서 작동하며, 원초아의 충동이 현실적인 방식으로 만족되는가를 보려 한다. 자아는 이차 과정(현실 기반) 사고를 사용한다. 세 번째 성격 요소인 초자아는 부모가 아동을 보상하고 처벌하는 것에 의해 형성되는 규칙의 표상이다. 그것은 두 부분으로 이루어져 있다. 자아 이상은 도덕적 완벽성의 표준이다. 양심은 나쁘다고 간주되는 행동의 표상으로 간주된다. 둘 다 마음의 세 영역 모두에서 기능한다. 일단 초자아가 발달하면, 자아는 원초아와 초자아 그리고 현실 사이를 중재해야 한다.

원초아 충동은 두 범주로 구성된다. 삶의 본능은 자기 보존과 성적 기쁨을 겨냥한다. 죽음의 본능은 자기 파괴와 외부로는 공격으로 나타날 수 있다. 죽음 본능의 증거는 세포생물학에서 세포 자살apoptosis의 형태로 존재할지 모른다. 정화는 충동의 방출에서 유래하는 정서적 해방이다.

불안은 자아에 대한 경고 신호다. 현실 불안은 세상에 존재하는 위협에 대한 두려움이다. 신경증적 불안은 원초아의 충동이 통제에서 벗어나 당신을 곤경에 빠뜨리게 될 것이라는 두려움이다. 도덕적 불안은 초자아의 도덕률을 위반하는 것에 대한 두려움이다. 자아는 방어기제를 사용하여 불안을 다룬다(때로는 불안이 발생하는 것을 막는다).

기본 방어는 억압으로, 원초아 충동과 다른 위협적인 재료를 의식에서 몰아내는 것이다. 부정은 마음 밖에 있는 어떤 현실을 인정하지 않고 거부하는 것이다. 전형적으로 억압과 함께 작용하는 다른 방어에는 투사(수용하기 어려운 충동을 다른 누군가에게 돌리는 것), 합리화(행동에 대해 그럴듯하고 받아들일 만하지만 잘못된 설명을 만들어 내는 것), 주지화(사고를 감정과 분리하여 감정이 아닌 사고만을 인식에 들어오게 허용하는 것), 반동형성(처음의 충동과 반대되는 방식으로 행동하는 것), 퇴행(초기 발달 단계의 행동 양상으로 돌아가는 것), 전위(충동을 한 대상에서 보통 좀 더 안전한 대상으로 옮기는 것), 승화(수용할 수 없는 충동을 수용할 만한 것으로 변화시키는 것) 등이 있다.

Freud는 아동의 발달은 심리성적 단계를 통해 진행되고, 성인기의 성격은 각 단계에서의 위기가 어떻게 해결되었는지에 의해 영향을 받는다고 주장한다. 구강기에서는 성이 입 주위에 분포되고, 이유가 위기가 된다. 항문기에는 항문이 성적인 중심이 되고, 배변 훈련이 위기에 해당한다. 남근기에는 생식기가 성적 중심이고, 위기는 반대 성의 부모에게서 성욕을 느끼고 동성 부모에게서는 경쟁의 두려움을 느끼는(오이디푸스나 엘렉트라 콤플렉스라는 결과를 낳는) 것과 연관된다. 잠재기는 어떤 심각한 갈등이 없는 조용한 기간을 말한다. 생식기는 생식기적인 성욕이 이기적인 자기애에서 성숙된 공유로 이동해 가는 성숙의 단계다.

정신분석적 입장에서는 무의식이 성격의 열쇠라고 생각한다. Freud는 무의식이 매일의 일상적 삶에서 여러 가지 방식으로 자신을 드러낸다고 믿었다. 실착증은 무의식적 욕망이 당신이 의식적으로 의도했던 것과는 다른 방식으로 행동하게 만들 때 발생되는 말이나 글에서의 실수다. 무의식은 꿈으로 드러날 수도 있다. 꿈은 현재몽(꿈에 나오는 것)과 잠재몽(대부분이 무의식적인 꿈의 결정 원인)으로 나눌 수 있다.

무의식은 로르샤흐 잉크반점검사와 같은 투사적 평가 기법을 통해 좀 더 공식적으로 드러날 수도 있다. 투사 기법은 모호한 자극에 대해 기술하는 동안 개인의 무의식이 위협적 재료가 상징화되어 드러나도록 해 주는 방법이다. 로르샤흐 검사는 신뢰도와 타당도가 연구 증거에 의해 강하게 지지받지 못했다는 점에서 어느 정도 논란의 여지가 있다.

정신분석적 관점에서 행동 문제는 고착(성기기 이전의 심리성적 발달 단계에서 해결되지 않는 갈등), 리비도의 일반적 억압 혹은 억압된 심리적 외상에서 유래할 수 있다. 치료의 중요한 측면은 자유연상, 즉 마음에 떠오르는 어떤 것이든 검열하지 않고 말하게 하는 방법이다. 이런 접근은 전형적으로 상징적 의미의 불완전한 매트릭스를 생산하는데, 보다 완전한 의미는 다른 요소에서 추론될 수 있다.

치료를 받는 사람은 흔히 저항을 보인다. 이는 자아가 치료가 접촉하기 시작하는 무언가에 대항하여 자신을 방어하려 함을 뜻한다. 치료 중인 사람은 과거에 갈등이 있었던 누군가에 대해 품었던 감정을 치료자에게 전위하는 형태인 전이를 보인다. 치료의 목표는 통찰로, 이는 종전에는 무의식적이었던 성격의 무의식적 부분에 대한 정서적 경험이다.

정신분석 치료의 효과성에 관한 연구는 혼합된 결과를 이끈다. 정신분석적 치료의 유용함에 대한 강한 지지가 없는데도 여전히 많은 사람이 계속 이에 종사하고 있다. 왜냐하면 정신분석이 일반적인 치료 효과 연구가 사용하는 방법으로는 적절하게 평가할 수 없는 이점을 제공한다고 믿기 때문이다.

용어설명

거세 불안castration anxiety 남근기 동안 자신의 아버지가 경쟁자로서 자신을 거세할지도 모른다는 소년의 두려움.

고착fixation 심리성적 발달의 어떤 단계에서 부분적으로 머무는 조건.

구강기oral stage 구강적 욕구가 이유에 대한 위기를 만들어 내는 심리성적 발달의 첫 단계.

구조 모형structural mode Freud의 성격의 세 가지 요소에 관한 모형.

남근 선망penis envy 소녀가 남성이 가진 남근에 대해 보이는 질투.

남근기phallic stage 반대 성의 부모에 대한 성적 욕망 때문에 위기가 발생하는 발달의 세 번째 단계.

내재화introjection 당신의 초자아 속으로 당신 부모의 가치를 흡수하기.

도덕적 불안moral anxiety 초자아의 도덕률에 어긋나는 행동을 하는 것에 대한 두려움.

동일시identification 다른 사람과 연결되는 유사하다는 느낌의 발달.

로르샤흐 잉크반점검사 Rorschach inkblot test 모호한 자극으로 잉크반점을 사용하는 투사검사.

리비도libido 삶의 본능의 집합적 에너지.

무의식unconscious 의식에 접근할 수 없는 마음의 영역.

방어기제defense mechanism 자기 자신에게 위협을 숨겨서 불안을 감소하는 자아 보호 전략.

부정denial 어떤 실제 상황이 존재한다는 사실을 믿기를 거부하는 것.

불안anxiety 어떤 나쁜 일이 일어날 것이라고 자아에게 경고하는 느낌.

삶의 본능 혹은 성적 본능life instincts or sexual instincts: Eros 생존과 성적인 본능.

성감대erogenous zone 성적으로 반응적인 신체의 부분.

성기기genital stage 다른 사람과의 성숙되고 호혜적인 성적 연결로 특징지어지는 발달의 마지막 단계.

성애eros 삶의 본능이나 성적 본능 참조.

세포 자살apoptosis 생물적으로 프로그램화된 세포의 죽음.

소망 충족wish fulfillment 바라는 대상의 무의식적 이미지를 창조하기.

승화sublimation 원초아 충동을 사회적으로 수용될 만한 행위로 바꾸는 것.

신경증적 불안neurotic anxiety 원초아 충동이 통제를 벗어나 당신을 곤경에 빠뜨릴 것이란 두려움.

실착증parapraxis 말, 행동, 또는 기억의 실수.

양심conscience 초자아의 한 부분으로 도덕적 기준을 범할 때 처벌하는 부분.

억압repression 생각이나 충동이 의식되는 것을 막는 과정.

오이디푸스 콤플렉스Oedipus complex 반대 성의 부모에 대한 욕망과 동성 부모에 대한 증오나 두려움의 섞임.

원초아id 모든 에너지의 원천인 성격의 원시적인 원 성분.

의식conscious 당신이 현재 지각하는 마음의 부분.

이차 과정secondary process 욕망을 충족하기 위해 합리적으로 대상을 찾는 자아 과정.

일차 과정primary process 바라는 대상의 무의식적 이미지를 만들어 내는 원초아 과정.

자아ego 현실을 실용주의적으로 다루는 성격의 합리적인 부분.

자아 강도ego strength 원초아, 초자아, 그리고 현실의 경쟁적인 요구에도 불구하고 잘 기능하는 자아의 능력.

자아 이상ego ideal 좋은 행동을 보상하고 완벽을 표상하는 초자아의 한 부분.

자유연상free association 마음에 떠오르는 것은 무엇이든지 주저 없이 말하는 치료절차.

잠복기latency period 남근기의 위기에 따라 나오는 잠시 조용한 시기.

잠재몽latent content 상징적인 꿈 심상의 기초가 되는 근원.

저항resistance 치료 중에 위협적 재료가 의식되는 것을 피하려는 시도.

전위displacement 원래 대상에서 다른 대상으로 충동을 옮기는 것.

전의식preconscious 일상 기억에 해당하는 마음의 영역.

전이transference 갈등의 대상과 연결되어 있는 감정을 자신의 치료자에게 전위하는 것.

정화catharsis 정서적 긴장의 해방.

주지화intellectualization 임상적인 어떤 것에 대해 정서를 배제한 채 생각하는 과정.

죽음의 본능death instincts 자기 파괴의 본능으로 종종 공격성으로 전환됨.

지형학적 모형topographical model Freud의 마음의 세 가지 영역이나 지역에 관한 모형.

초자아superego 도덕적 완벽함을 추구하는 성격의 성분.

쾌락 원칙pleasure principle 충동이 즉각적으로 충족되어야 한다는 아이디어.

타나토스thanatos 죽음의 본능 참조.

통찰insight 치료 중에 발생하는 자신의 생의 초기 갈등에 대한 정서적 재경험.

투사projection 자기 내부에 있는 위협적 충동이나 특성을 다른 사람에게 돌리는 것.

투사 기법projective techniques 무의식이 모호한 자극에 투사하게 하는 평가 기법.

합리화rationalization 받아들일 수 없는 행동이나 사건에 대해 그럴듯하지만 부정확한 설명을 찾아내는 것.

항문기anal stage 발달의 두 번째 단계, 배변 훈련과 관련된 쟁점에 중심이 있음.

현실 검증reality testing 행동으로 옮기기 전에 계획이 잘 작동할 것인가를 자아가 점검하는 것.

현실 불안reality anxiety 현실 세계의 위험에 대한 두려움.

현실 원칙reality principle 외부 현실의 제약을 감안해서 행동해야 한다는 아이디어.

현재몽manifest content 회상되었을 때 꿈의 경험을 구성하는 심상.

현재의 관심사current concerns 현재 깨어 있는 삶에서 몰두하고 있는 일.

제9장 심리사회 이론

- 대상관계 이론
  - 자기심리학
- 애착이론과 성격
  - 성인기 애착의 유형
  - 얼마나 많은 애착 유형이 있는가
  - 애착의 안정성과 특정성
  - 성인 애착이 반영되는 다른 영역
  - 애착 유형과 5요인 모형
- Erikson의 심리사회 발달이론
  - 자아정체감, 유능감, 그리고 위기 경험
  - 유아기
  - 초기 아동기
  - 학령 전기
  - 학령기
  - 청소년기
  - 성인 초기
  - 성인기
  - 노년기
  - 점성설의 원리
  - 생애사로서의 정체감
  - Erikson의 이론과 다른 심리사회 이론을 연결하기
- 평가
  - 대상관계, 애착 및 평가의 초점
  - 평가로서의 놀이
- 행동 문제와 행동 변화
  - 성격장애로서의 자기애
  - 애착과 우울
  - 행동 변화
- 심리사회 이론: 문제점과 전망
- 요약

사례

고등학교 시절 이래로 크리스티나가 남자와 맺는 애정관계에는 특정한 패턴이 있었다. 그녀는 남자 친구와의 관계가 확립되자마자 아주 가깝게 밀착하려 한다. 시간이 좀 지나면 양가적인 특성이 출현한다. 그녀는 연인에게 가까워지려 하면서 동시에 그를 밀어내는 행동을 한다. 그에게 불같이 화를 내며, 아무것도 아닌 일로 다투고, 남자 친구가 그녀의 화를 달래려는 어떤 행동에도 만족하지 못한다. 남자 친구가 이런 일로 점점 더 화가 남에 따라 관계는 더 큰 위기에 빠져들게 된다. 그러면 크리스티나는 최종 조치를 취한다. 관계를 끝장내는 것이다. "나는 왜 정말 제대로 된 남자를 찾을 수 없는 걸까?" 그녀는 방황한다.

성격에 대한 심리사회적 관점은 정신분석적 관점에 그 뿌리를 두고 있다. Freud는 많은 추종자를 끌어당겼으나, 그들은 모두 중요한 방식으로 Freud와 의견을 달리한다. 그들 중 가장 큰 영향력을 가진 집단은 인간 삶에서 가장 중요한 과제는 인간관계에 관한 것이라는 아이디어에 초점을 맞춘다. 이 관점은 오늘날 성격심리학의 매우 활발한 영역으로 발전하고 있다.

이 관점은 유아가 다른 사람과 어떻게 상호작용하고 영향을 받게 되는지를 검토하는 데서 출발했다. 그것은 유아기의 그 주제가 성인기까지 옮겨 간다고 보고, 성인의 성격은 유아기에 결정적으로 중요했던 그 힘을 반영하는 것으로 조망한다. 이 장에서는 이러한 아이디어에 대해 논의한다.

대상관계 이론

우리는 다양한 기원과 용어를 가지고 있지만 놀라울 정도로 서로 유사한 일군의 이론에서 시작한다. 그것은 대상관계object relations 이론(J. Klein, 1987; Masling & Bornstein, 1994; St. Clair, 1986의 개관 참조)이라 불린다. 대상관계라는 용어에서 '대상object'이란 다른 사람person을 말한다. 따라서 이 이론은 개인이 다른 사람과 맺는 관계에 초점을 맞춘다.

이론의 핵심 주제는 자아가 원초아 에너지를 효과적으로 방출하기 위해 외부 대상에 대해 결속bonds을 발달시킨다는 Freud의 아이디어에서 나왔다(Eagle, 1984). 대상관계 이론은 그러한 결속에 초점을 맞추되, 오로지 인간 대상과의 관계에 대해서만 그렇게 한다. 여기서 요점은 원초아를 만족시키는 것이 아니다. 대신에 그 결속이 바로 기본적 자아 기능ego function이다. 그 결속이 성격의 주요 초점이다(Fairbairn, 1954). 많은 다른 신정신분석적 이론처럼 강조점은 초자아가 아닌 자아에 맞추어져 있다(〈글상자 9-1〉 참조).

대상관계 이론은 몇몇 사람에 의해 발전되었다. 그들은 두 가지의 광범위한 주제를 공유한다(J. Klein, 1987; St. Clair, 1986). 첫째, 그들은 모두 사람이 타인과 관계를 맺는 패턴이 초기 아동기에 뿌리를 두고 있음을 강조한다. 둘째, 그들 모두는 어릴 때 형성했던 관계 패턴이 이후의 생애 전체를 통해서 계속 되풀이되는 경향이 있다고 가정한다.

글상자 9-1 **자아심리학**

Freud를 따르는 많은 사람은 Freud가 자아에 충분한 주의를 기울이지 못했거나 자아를 제대로 잘 평가하지 않았다고 믿었다. 그 결과, 많은 신정신분석 이론가는 초점을 자아와 그 기능에 맞추어야 한다고 주장한다. 그들의 이론은 다양하지만 모두가 자아 그 자체의 독립적인 발달을 강조한다.

Robert White(1959, 1963)는 자아의 두 가지 동기적 개념을 소개한다. 효과성 동기effectance motivation는 당신의 주위에 대해 효과와 영향을 가지고 싶어 하는 동기다. White는 효과성을 기본 동기로 보았다. 초기 아동기 동안 이 동기는 자아 에너지의 주요 출구가 된다. 이 동기는 유능성 동기competence motivation로 진화해 간다. 유능성 동기는 환경을 다루는 데 있어 더 효과적이 되려는 동기다. 이 동기는 적응적 자아 기능의 기초가 된다. 세상에는 언제나 새로 달성해야 할 유능성이 존재하기 때문에, 유능성 동기는 일생 동안 끊임없이 행사되어야 한다. 그래서 유능성 동기는 사람들로 하여금 끊임없이 새로워지는 도전과 숙달을 향해 나아가도록 한다.

또 다른 자아심리학자인 Alfred Adler(1927, 1929, 1931)도 사람들이 더 큰 유능성을 향해 노력하고 있는 중이라고 주장한다. 그러나 White와는 다른 원인을 이유로 든다. Adler는 사람들이 열등감feelings of inferiority(어떤 부적절감)을 느끼게 될 때마다 이를 보상하려는 과정이 작동하고, 그래서 우월성을 추구하게 된다고 주장한다. Adler는 열등감과 우월 추구가 서로 끊임없는 순환을 이루며 이어져 간다고 믿는다. 그 결과 사람들은 전보다 더 좋게 그리고 전보다 더 효율적으로 일을 수행하려는 노력을 계속하게 된다. Adler는 유능성을 높이기 위해 노력하는 것이

한 영향력 있는 대상관계 이론가는 Margaret Mahler(1968; Mahler, Pine, & Bergman, 1975; Blanck & Blanck, 1986 연구도 참조하라)다. 그녀는 신생아가 타인과 심리적으로 융합된 상태에서 생을 시작한다고 믿었다. 그녀의 관점에서 발달이란 이러한 융합을 깨고 타인에게서 독립되고 구별되는 개별적이고 개성적인 존재가 되는 것이다. 유아가 어머니와 융합되는 이 기간을 공생기symbiosis라 부른다. 이 시기에는 어머니와 자기 자신의 경계가 아직 형성되지 않았다(예를 들면, 유아는 어머니의 젖꼭지와 자신의 엄지손가락을 잘 구별하지 못한다). 생후 약 6개월경에 변화가 시작된다. 아이는 자신이 별개의 존재라는 인식을 하기 시작하는데, 이 과정을 Mahler는 분리-개별화separation-individuation라 불렀다. 이 과정은 어머니에게서 아이가 떨어져 나와 세상을 탐색하는 것을 의미한다.

이 시기에 아이의 마음속에는 두 가지 압력 간의 타고난 갈등이 존재한다. 첫 번

건강한 자아의 핵심이라고 보았으며, 이를 '위대한 향상의 추동great upward drive'이라 불렀다. 그는 건강한 사람은 일생을 통해 이런 노력을 계속해 간다고 보았다.

White와 Adler의 견해 모두에서 자아의 일차 목표는 외부 세계에 더 잘 적응하는 것이다. 적응에는 두 가지 측면이 있다. 첫 번째는 충동을 억제하는 것을 학습하는 것이다. 그렇게 함으로써 당신은 세상과의 교류를 더 잘 다룰 수 있는 위치에 서게 되고, 충동적으로 행동해서 생길 수 있는 문제를 피하게 된다. 그러나 적응의 다른 일부는 세상을 다루는 데 좀 더 융통성 있게 되는 것이다. 그래서 적응의 두 번째 측면은 당신이 억제해야 할 때와 더 자유롭게 행동해야 할 때를 아는 것이다.

이 쟁점이 자아심리학자인 Jeanne H. Block과 Jack Block(1980; J. Block, 2002; J. Block & Block, 2006)의 핵심 연구 주제였다. 그들은 적응의 첫 번째 측면을 자아 통제ego control라 불렀다. 이는 자신의 충동을 억제하는 정도를 뜻한다. 한쪽 극단에는 만족을 지연하지 못하고 자신의 감정과 욕망을 즉각적으로 표현하는 과소 통제의 사람들이 있다. 다른 쪽 극단에는 끊임없이 만족을 지연하고 자신의 감정과 행동을 억제하고, 외부 유혹에서 자신을 절연하는 과잉 통제의 사람들이 있다. 자아 기능의 또 다른 측면은 자아 탄력성ego resiliency이다. 이는 융통성이다. 이는 특정 상황에 알맞게 평소 행사하던 자아 통제의 수준을 양방향으로 수정할 수 있는 역량이다. 자아 탄력성 수준이 낮은 사람은 일시적으로 다른 방식으로 행동해도 좋을 때에도 세상과 관계 맺는 평소의 방식을 깨뜨리지 못한다. 자아 탄력성이 높은 사람은 변화하는 환경에 잘 적응해 간다.

째 압력은 어머니의 돌봄을 계속 받고 그 대상과 재결합하고 싶은 소망이다. 두 번째 압력은 사랑의 대상과 완전히 융합되는 데 대한 두려움과 자신의 고유한 자아를 확립하고 싶어 하는 욕망이다. 그래서 아이는 개별화와 분리를 위해 노력하는 동시에 이전에 느꼈던 합일의 느낌을 소망한다. 이러한 갈등은 성인의 행동에서도 중요하다.

이 시기 동안 어머니가 어떻게 행동하는가는 아이의 이후 적응을 결정한다. 어머니는 정서적 활용가능성availability과 독립을 지향하도록 부드럽게 주의를 환기하는 행동을 결합할 수 있다. 만약 어머니가 아이의 경험 속에 너무 많이 나타나 있다면, 아이는 독립된 존재감을 확립할 수 없을 것이다. 반면에 어머니가 개별화를 지나치게 밀어붙인다면, 아이는 분리 불안separation anxiety이라 불리는 거절과 상실감을 경험할 것이다.

마침내(약 3세 무렵에) 아이는 어머니에 대한 안정된 정신적 표상을 발달시킨다. 이제 어머니는 상징적으로 아이와 항상 함께할 수 있다. 즉, 대상관계object relation가 내면화된다. 앞으로 아이는 두 가지 방법으로 이 내면화된 심상을 사용할 것이다. 첫째, 그것은 아이가 미래에 어머니를 바라볼 렌즈가 될 것이다. 둘째, 이러한 내면의 심상이 다른 사람에게까지 일반화될 것이다. 여러 가지 측면에서 아이는 마치 자기 어머니(그리고 아버지)에게 하는 것처럼 다른 사람에게도 그렇게 행동할 것이다.

유아기는 종종 한쪽 부모에게서 받는 거절감이나 숨 막힐 정도의 융합감으로 인해 생기는 모종의 스트레스를 내포한다. 만약 그렇다면 그러한 스트레스는 내적인 대상 표상에 의해서 이후의 삶으로 전달된다. 그런데 이런 내면화는 유아기 경험에서 유래하기 때문에 왜곡될 가능성이 많다. 중요한 것은 아동기에 실제로 무슨 일이 일어나는가가 아니라 아이가 무엇이 일어났다고 경험(지각)하는가다.

당신이 타인과 관계하는 방식이 자신의 부모와 관계하는 방식과 비슷하다는 아이디어는 당신에게 별로 설득력 없다고 생각할 수도 있다. 당신은 자신이 모든 사람을 각기 고유한 개성적 존재로 대하고 있다고 생각할 수도 있다. 대상관계 이론가는 당신이 그렇게 생각하는 이유가 바로 당신의 패턴 안에서 자신을 바라보고 있기 때문이라고 대답할 것이다(Andersen & Chen, 2002). 당신은 바로 그 패턴 속에 있기 때문에 그것을 알아채지 못한다. 당신이 알아차리는 것은 오로지 그 패턴 안에서 일어나는 변화만이다. 당신은 그 변화가 매우 크다고 생각하지만 실상 여러 면에서 그것은 아주 작다.

이런 관점에서 볼 때, 당신이 초기 아동기에 발달시킨 타인과의 관계 유형은 나머지 생애 동안 당신이 타인과 관계하는 방식의 핵을 이룬다. 실제로 이러한 패턴은 바로 당신 성격의 핵심을 형성한다. 당신은 그 패턴을 당신 성격의 어떤 다른 측면만큼이나 당연한 것으로 생각한다. 그것은 당신이 당신의 부모뿐만 아니라 온 세상을 바라보는 렌즈다.

자기심리학

또 한 사람의 중요한 신정신분석가는 Heinz Kohut이다. Kohut은 관계가 자기의 구조를 창조한다고 느껴서 자신의 이론을 자기심리학self psychology이라 불렀다(A.

Goldberg, 1985). 이런 명칭의 차이가 있음에도 그의 이론은 다른 학자가 대상관계라고 불렀던 그 경험에 초점을 맞추고 있다.

Kohut은 사람들이 타인을 통해서 만족되어야 하는 자기중심적 욕구의 패턴인 근본적 자기애narcissism를 지니고 태어난다는 아이디어에서 시작한다. 그는 자신의 욕구를 만족시키는 데 중요한 누군가를 지칭하기 위해 자기대상selfobject이라는 용어를 사용했다. 초기 아동기에 자기대상(부모)은 자기의 확장으로서 경험된다. 후기에 자기대상이라는 용어는 누군가가 자기의 구조 안에서 경험될 때의 그 사람을 의미한다. 자기대상은 자기의 관점에서 볼 때 여전히 존재하며 자기의 욕구에 봉사한다.

Kohut에 따르면, 아동은 부모와의 상호작용을 통하여 자기를 획득한다. 부모는 아동을 지지해 주고 아동에게 감정이입적이고 수용적인 방식으로 반응해 주는 것을 의미하는, 반영mirroring을 해 준다. 반영은 일시적으로 아동을 우주의 중심으로 만들어 주기 때문에 아동의 자기애적 욕구를 만족시킨다. 아동은 처음에는 과장된 자기감을 갖는다. 자신이 세상에서 가장 중요한 존재라는 환상이 발달 과정을 통하여 어느 정도는 유지되어야 하는데, 이를 통해서 자기 중요감이 성인기까지 전달될 수 있기 때문이다. 그러나 그것은 또한 어느 정도 길들여져야 하기도 하는데, 그래야 아동은 이후의 삶에서 어려움과 좌절을 다룰 수 있기 때문이다.

건강한 성격에서는 과장된 자기감이 수정되어 현실적인 활동으로 전환된다. 그것은 야망과 자기존중감으로 변한다. 그러나 반영 과정에서 심각한 실패가 발생한다면 아동은 적절한 자기감을 가지지 못하게 될 것이다. 그런 아동은 자기애적 욕구가 충족되지 않았기 때문에 다른 사람보다 더 심한 자기애적 욕구를 가지게 된다. 그래서 그는 계속해서 자기대상(타인)과 미숙한 방식으로 관계를 맺을 것이다. 여기에는 민감한 균형이 요구된다. 부모는 한편으로 발달을 촉진하기 위해 아동에게 충분한 반영을 해 주어야 하지만 다른 한편으로는 지나치게 반영을 해서는 안 된다. 이것은 분리-개별화와 타인과의 융합에 관해서 언급하는 Mahler의 균형 개념과 어떤 면에서 매우 유사하다.

반영은 전 생애를 통한 관계에서도 중요성이 계속된다(Tesser, 1991). 후기의 반영은 부모로부터 다른 자기대상에게로 방향을 바꾸는 전이transferences를 포함한다. 이는 당신이 자신의 부모에게 맞추어 발달시켜 온 정향성orientation을 타인에 대한 준거 틀로 사용하면서 이 준거 틀을 그들에게 전이함을 의미한다(Andersen & Chen, 2002). 실제로 타인은 당신의 부모 대체물이 되며, 당신은 그들이 당신 부모가 당신

초기 애착 유형은 이후 사회관계의 특성에 영향을 미칠 수 있다.

에게 해 준 것처럼 반영해 주기를 기대한다. 이것은 부모에 상응하는 내적 대상관계가 이후의 관계 형성에 사용된다는 Mahler의 아이디어와 비슷하다.

애착이론과 성격

지금까지 논의한 아이디어는 어머니에 대한 유아의 애착attachment에 관심을 가졌던 이론가가 제안했던 아이디어와 여러 면에서 일치한다(예, Ainsworth, Blehar, Waters, & Wall, 1978; Bowlby, 1969, 1988; Sroufe & Fleeson, 1986). 애착은 정서적 결속이다. 그런 결속에 대한 욕구는 인간 경험의 기본적인 부분이다(Baumeister & Leary, 1995).

최초의 애착 이론가는 John Bowlby였다. 그는 유아의 어머니에 대한 매달림과 따라다님이 중요한 생물적 목적에 기여한다고 믿었다. 그것은 유아를 어머니 가까이 있게 하면서 유아가 생존할 수 있는 기회를 증가시킨다.

애착이론의 기본 주제는 유아에게 반응적인 어머니(그리고 타인)가 아이에게 안정의 기반을 제공해 준다는 것이다. 유아는 자기 삶의 주요 인물이 믿을 만하다는 것, 즉 필요할 때 손에 닿는 거기에 있다는 것을 알 필요가 있다. 이러한 안정감은 아이가 위협받을 때 안정을 추구할 수 있는 장소(안전한 피난처)를 제공해 준다([그림 9-1] 참조). 그것은 또한 아이가 세상을 탐색하기 위한 기반을 제공한다. 그래서 양육자에 대한 일시적인 의존은 미래 탐색을 위한 연료가 된다.

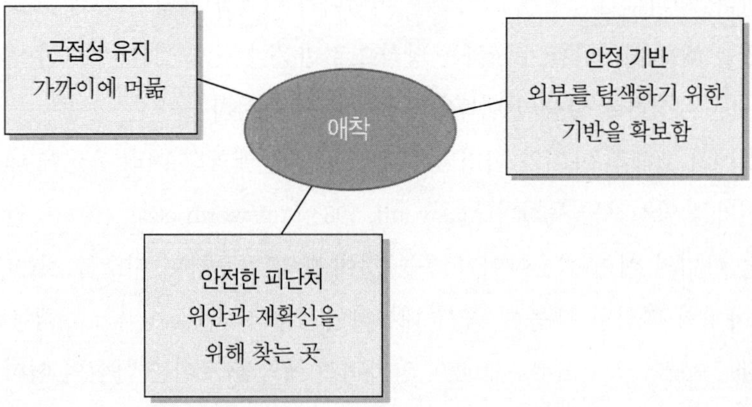

[그림 9-1]

애착의 세 가지 정의적 특징과 애착의 세 가지 기능. 애착은 탐색을 위한 안전 기반을 제공하고, 유아가 가까이에 안전하게 머물게 하며, 위안의 근원을 제공해 준다.
[출처] Hazan & Shaver(1994)에서 인용.

애착 이론가는 또한 아이가 자기와 타인 및 관계의 성격에 대해 암묵적인 정신적 '작동 모형working models'을 만든다고 가정한다. 이런 정신적 작동 모형은 나중에 세상과 관계를 맺는 데 사용된다(Bowlby, 1969). 이것은 대상 표상에 관한 Mahler의 아이디어나 자기대상에 관한 Kohut의 관점과 비슷하다.

유아의 애착을 평가하기 위해서 Mary Ainsworth와 동료들은 낯선 상황strange situation이라 불리는 절차를 고안했다(Ainsworth et al., 1978). 이것은 유아와 유아의 어머니, 그리고 낯선 사람이 포함되는 일련의 사건으로 구성된다. 이런 사건에서 특히 중요한 두 시점은 유아가 낯선 사람과 함께 남겨질 때와 나중에 어머니가 돌아왔을 때다. 평가자는 유아를 관찰하는데, 어머니가 되돌아왔을 때 유아가 보이는 반응에 특별한 주의를 기울인다.

낯선 상황 절차는 애착의 몇 가지 패턴을 확인하게 해 주었다. 안정 애착secure attachment은 어머니가 떠났을 때의 정상적인 슬픔과 그녀가 돌아왔을 때의 행복한 열정으로 나타난다. 불안정 애착insecure attachment에는 두 가지 주요 유형이 있다. 양가적인ambivalent 혹은 저항하는resistant 유형의 아이는 어머니와 함께 있을 때 어머니에게 매달리고, 어머니가 떠나면 매우 혼란해한다. 어머니가 돌아왔을 때, 아이는 어머니와의 접촉을 추구하면서도 자신을 달래려는 어머니의 모든 노력에 분노로 저항한다. 회피avoidant 유형의 아이는 어머니가 떠났을 때는 조용히 있고, 어머니가 돌아왔을 때는 어머니를 무시하는 방식으로 반응한다. 그것은 마치 아이가 장차 버려질 것을 예상하고 일종의 보복을 하려는 것과 유사하다.

가정에서 행해진 아이와 어머니에 대한 관찰은 애착의 여러 유형에 대한 기초가 무엇인가를 암시하는 듯하다(Ainsworth, 1983; Ainsworth et al., 1978). 안정 애착을 보이는 아이의 어머니는 아이가 우는 것에 빨리 반응하며 미소를 짓는다. 그들은 또한 아이의 다양한 행동에 즉시 대응하는 '동시적인synchronous' 행동을 보인다(Isabella, Belsky, & von Eye, 1989). 양가적인 애착을 보이는 아이의 어머니는 일관성이 없었다. 즉, 어떤 때는 반응적이고 어떤 때는 그렇지 않다. 회피 애착을 보이는 아이의 어머니는 냉담하고 아이의 정서적 접근을 거부하는 듯 보이며, 가끔씩 노골적인 거절이나 무시의 표시를 나타내기도 했다. 다른 연구에서는 안정 애착을 보이는 아이의 어머니는 낯선 사람에게 이야기할 때보다 자신의 아이에게 이야기할 때 더 풍부한 언어를 사용하는 것으로 드러났다(Ritter, Bucci, Beebe, Jaffe, & Maskit, 2007). 예상한 바대로, 어머니의 성격은 아이와 어떻게 상호작용할 것인가를 예측했다(Kochanska, Friesenborg, Lange, & Martel, 2004).

흥미롭게도 집단 사이의 차이를 만드는 것은 행위 그 자체만이 아니라 시기 또한 매우 중요했다. 예를 들면, 안정 애착과 회피 애착 유형 아이의 어머니 집단은 아이를 안아 주는 총 시간에서는 차이가 없었다. 그러나 회피 애착 유형의 어머니는 아이가 안기고 싶다는 신호를 보낼 때 덜 안아 주는 것 같다. 즉, 타이밍이 굉장히 중요할 수 있다.

이와 같은 발견에 기초하여 Hazan과 Shaver(1994)는 다음과 같은 질문에 대한 대답의 세 가지 방식으로 안정, 양가 및 회피 애착 유형을 특징지었다. 질문은 '내가 상대를 필요로 할 때 애착 인물은 가까이 접근할 수 있고, 나에게 반응해 줄 것으로 믿을 만한가?' 다. 이 질문에 대한 가능한 세 가지 대답은 '네', '아니요', 혹은 '아마 그럴 수도 있고 그렇지 않을 수도 있다' 이고, 이런 대답은 각각 안정, 회피, 양가적인 유형의 애착에 해당한다.

이론상으로는 나중에 누군가와 더 질 높은 애착을 형성함으로써 불안정 애착을 극복하는 것이 가능하다. 그러나 불안정 애착은 타인을 멀어지게 하는 행동을 하도록 만들기 때문에 이런 변화가 쉬운 일이 아니다. 이것은 새로운 애착 형성을 방해한다. 거부와 매달림이 뒤섞이면 이를 다루기 어려울 수 있다(이런 성인 행동의 예를 보여 주었던 이 장 시작의 크리스티나를 생각해 보라). 회피 유형이 보이는 무관심과 거리감도 애착 형성을 방해한다. 회피와 양가적 애착 유형 모두 다른 사람이 자신에게 부정적으로 반응하도록 만든다. 그렇게 되면 그들에게서는 처음 그런 패턴을 갖게 만들었던 타인에 대한 어린 시절 지각이 다시 확증된다. 실제로 불안정 애착 유형을 보이는 사람은 시간이 지나면서 자신의 상호작용에 대한 기억을 왜곡해서 자신의 작동 모형과 더 잘 들어맞게 만들어 가는 듯 보인다(Feeney & Cassidy, 2003). 그래서 불안정 애착 패턴은 자기 영속적인 특성을 갖게 된다.

어려서의 애착 유형은 나이가 들어가며 약간 다른 형태를 띠기는 하지만 꽤 안정적으로 보인다(〈표 9-1〉 참조). 한 연구에서는 6세 때 아동이 부모에게 보이는 반응 유형으로부터 1세 때의 애착 유형을 84% 정도 정확하게 찾아낼 수 있었다(Main & Cassidy, 1988, 연구 1). 안정 애착의 아동은 여전히 안정되게 행동하였고, 회피 애착의 아동은 여전히 위축되어 있었으며, 양가 애착의 아동은 여전히 의존적이면서 동시에 뿌루퉁했다. 더 최근의 연구(Simpson, Collins, Tran, & Haydon, 2007)에서는 초기 아동기부터 20대까지를 종단적으로 관찰했다. 안정 애착의 유아는 초등학교 시절에 사회적으로 더 유능했으며(교사의 평정으로 평가함), 이는 다시 16세 때 친한 친구와의 안정된 관계를 예측했고, 친구와의 안정된 관계는 성인기의 연애관계에서 긍정적 정서 경험을 더 많이 하는 것을 예측하고 있었다.

‖ 표 9-1 ‖ **1세와 6세 때 관찰한 애착 관련 행동의 세 가지 유형**

1세 때 유형의 명칭	1세 때 행동	6세 때 행동
안정	• 돌아온 부모와 접촉하고 상호작용과 접근을 추구함 • 부모에 의해 쉽게 달래지고 놀이로 돌아감	• 돌아온 부모와 대화를 시작하거나 부모의 제안에 반응함 • 시종일관 차분함
회피	• 돌아온 부모를 회피하고 무시함 • 다른 곳을 보고 장난감을 가지고 노는 데 빠짐	• 단지 짧은 시간 동안 바라보고 말하며 장난감으로 돌아감으로써 돌아온 부모와의 상호작용 기회를 최소화함
양가	• 분리로 인한 고통이 부모에 의해 완화되지 않음 • 접촉을 원하면서도 미묘한 분노의 표시를 드러냄	• 태도와 음성으로 친밀감과 의존을 과장되게 표현함 • 약간의 저항과 미묘한 적대감을 나타냄

출처: Main & Cassidy(1988)에서 인용.

성인기 애착의 유형

아동기의 애착 행동도 흥미롭지만, 우리의 목표와 더욱 관련성이 높은 것은 이러한 아이디어가 성인의 성격과 어떻게 관련되는가다. 이 질문에 대한 연구는 아동기에 발달된 관계의 작동 모형이 (도중에 수정되기도 하면서) 성인기로도 전달될 것이라는 아이디어에서 시작했다. 작동 모형은 정말 성인기의 사회적 관계에도 영향을 주고 있었다. 이런 방식으로 작동 모형은 성격의 핵심으로 작용할 수 있다.

지난 20여 년 동안 성인 애착 유형에 관한 연구가 폭발적으로 증가했다(Cassidy & Shaver, 1999; Feeney, 2006; Mikulincer & Goodman, 2006; Mikulincer & Shaver, 2007; Rholes & Simpson, 2004 참조). 첫 연구는 Cindy Hazan과 Phillip Shaver(1987)에 의해 행해졌다. 성인 연구 참여자는 스스로를 안정, 양가 및 회피 유형으로 분류했다. 그 후 그들은 (과거 또는 현재의) 자기 인생에서 가장 소중한(혹은 소중했던) 낭만적 사랑관계에 대해 묻는 질문에 답을 하였다([그림 9-2] 참조).

안정 애착 유형에 속하는 성인은 다른 두 집단에 비해서 자신의 가장 소중한 사랑 경험의 특징을 행복, 친밀 및 신뢰로 기술했고, 관계의 지속 기간도 가장 길었다. 반면에 회피 애착 유형으로 구분된 성인은 애인의 결점을 다른 집단보다 더 잘 수용

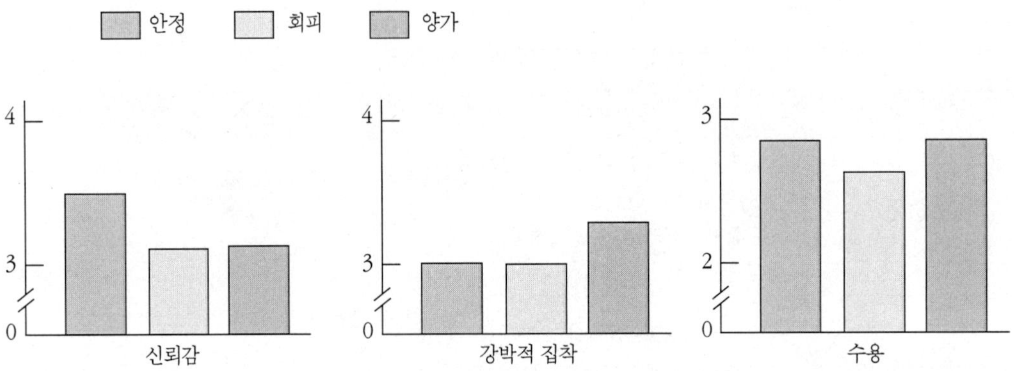

[그림 9-2]

안정 애착 유형의 성인은 자신의 연애 대상에 대해 다른 애착 유형의 사람보다 더 높은 수준의 신뢰감을 보고한다. 양가 애착 유형의 성인은 강박적 집착을 더 많이 보고하고, 회피 유형의 성인은 그들의 연애 대상의 결합을 수용하는 수준이 더 낮았다.

[출처] Hazan & Shaver(1987)에서 인용.

하지 못한다고 보고했다. 양가 애착의 성인은 상대와 하나가 되고 싶은 열망, 극단적 감정 변화, 그리고 높은 성적인 끌림과 질투심 때문에 사랑에 강박적으로 집착하는 경험을 더 많이 보고하였다. 또한 양가 애착 유형의 성인은 다른 사람보다 첫눈에 사랑에 빠지는 애정관계를 더 많이 보고하였다.

Hazan과 Shaver(1987)는 관계의 본질에 대해 유지하고 있는 연구 참여자의 정신적 작동 모형도 조사하였다. 실제로 안정 애착 유형에 속하는 참여자는 사랑은 진실하고 만약 사랑이 찾아오면 그것은 지속된다고 보았다. 회피 애착 유형에 속하는 참여자는 낭만적인 사랑은 지속되지 않는다고 말하면서 애정관계에 대해 더 냉소적인 태도를 보였다. 양가 애착에 속하는 참여자는 관계에 대해 양가적인 반응을 보였다. 그들은 자신이 사랑에 빠지는 일이 쉽게 그리고 자주 일어난다고 말했지만, 사랑이 잘 지속되지 않는다는 의견에도 동의했다.

다른 연구는 양가 애착 유형의 대학생이 애정관계에서 강박적이고 의존적일 가능성이 가장 높음을 확인해 준다(Collins & Read, 1990). 그들이 보이는 강박적인 사랑의 재확인은 더 많은 관계 갈등과 스트레스를 유발하고 있었다(Eberhart & Hammen, 2009). 그들은 옛 연인에 대해서도 세 집단 중에서 가장 강박적으로 집착하고 있었다(Davis, Shaver, & Vernon, 2003).

회피 애착 유형의 대학생은 현재와 과거를 모두 합쳐 사랑에 빠진 경험을 가장 적게 보고하였고(Feeney & Noller, 1990), 자기 파트너의 친밀한 사고와 감정에 대해 가장 적은 흥미를 보였으며(Rholes, Simpson, Tran, Martin, & Friedman, 2007), 성에 대해 가장 불안해하였고(Birnbaum, Reis, Mikulincer, Gillath, & Orpaz, 2007), 관계가 깨진 후에는 가장 많이 자기 의존적인self-reliant 방법으로 대처하였다(Davis et al., 2003).

안정 애착 유형에 속하는 참여자는 애정관계에서 상호 의존과 헌신 및 신뢰를 가장 많이 보여 주고 있었다(Mikulincer, 1998b; Simpson, 1990). 애정관계가 깨진 후에 그들은 가족이나 친구를 안정의 기반으로 삼았다(Davis et al., 2003). 성인 애착이 애정관계의 경로에 영향을 미치는 다양한 방식은 지난 수년간 많은 연구의 초점이 되었다(Mikulincer & Goodman, 2006).

얼마나 많은 애착 유형이 있는가

성인 애착에 대한 연구의 급증은 그림을 복잡하게 만드는 수많은 논점을 제기하였다(〈글상자 9-2〉 참조). 초기 연구는 유아기 연구에서 확인된 세 가지 애착 범주를 사용했지만 또 다른 접근법도 있었다. Bartholomew와 Horowitz(1991)는 Bowlby의 작동 모형 개념을 가지고 시작하였지만 자기와 타인 모형에 초점을 맞추었다. 그들은 두 가지 차원을 주장하였다. 한 차원은 긍정 대 부정적 자기 모형(나는 사랑스럽다 또는 사랑스럽지 않다)이고, 다른 차원은 긍정 대 부정적 타인 모형(타인은 믿을 만하다 또는 믿을 만하지 못하다)이다. 이 차원은 각각 불안 및 회피 차원이다(Brennan, Clark, & Shaver, 1998).

이 접근법에서는 이런 두 가지 차원을 이용하여 가설을 검증하였고, 자기 및 타인 모형의 극단에 있는 사람들을 조합해서 집단으로 분류했다([그림 9-3] 참조). 그림에 나오는 집단 중 두 유형은 앞선 접근법의 안정과 양가 유형에 상응한다. 그러나 앞선 접근법의 회피 유형은 애착 불안을 포함하고 있는가 아닌가에 따라 거부형과 두려움형의 두 집단으로 나뉜다.

각 접근법은 저마다 개념적 강점을 갖는다. 3범주 접근은 중요한 타인이 자신이

글상자 9-2 성인 애착은 어떻게 측정하는가

성인의 애착 유형을 연구하는 사람은 애착을 두 가지 상이한 방식으로 측정한다. 한 방법은 연구 참여자에게 자신의 현재 친밀한 관계에 대해 다양한 의견을 물어보는 일련의 진술문에 자기보고식으로 응답하게 한다. 이런 자기보고 척도에는 애착 양가감정의 많고 적음이나 애착 회피의 많고 적음을 물어보는 문항이 포함되어 있다. 이 장에서 인용하는 애착연구의 대다수는 이런 종류의 측정도구 중 일부를 사용한다.

이와는 매우 다르게 성인 애착을 측정하는 방법은 성인애착면접Adult Attachment Interview: AAI(Main, Kaplan, & Cassidy, 1985)이다. 이 면접에서는 사람들에게 자신을 양육하던 사람과의 초기 경험에 대해 물어본다. 얻어진 정보는 부호화되는데, 사람들이 보고하는 내용 자체보다는 보고자가 자신의 아동기 경험과 관련해서 응집성 있는 이야기를 구성하는가 그렇지 않은가가 중요하다. 핵심 쟁점은 사람들이 자신의 아동기 기억을 회상하지 못하거나 양육자를 이상화하는가(이런 자료는 회피 애착의 징후로 본다) 혹은 아직 해결되지 못한 상실이나 학대에 사로잡혀 있는가(이는 불안[양가] 애착의 신호로 본다) 하는 것이다.

이 두 가지 측정 절차는 개념적 유사성을 공유하고 있지만 경험 자료는 서로 합치하지 않는

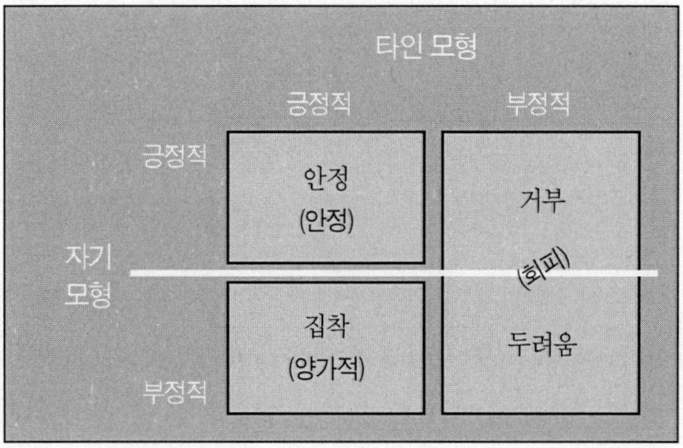

[그림 9-3]

자기와 타인에 대한 긍정적 혹은 부정적 견해는 네 가지 애착 유형을 만들어 낸다. 괄호 속의 유형은 3범주 방식으로 분류했을 때 상응하는 애착 유형을 뜻한다.
[출처] Bartholomew & Horowitz(1991)에서 인용.

어려울 때 접근이 가용한가, 예측하기 어려운가 그렇지 않은가에 대한 감을 멋지게 전달한다. 이에 반해 2차원적 접근은 애착 반응에 관여되어 있는 두 가지 독립적 쟁

다(Roisman, 2009; Roisman et al., 2007). 다른 말로 하면 자기보고식 질문지에서 안정 애착으로 분류된 사람이 면접 방식인 AAI에서의 안정 애착 점수를 다른 사람보다 더 높게 받는 경우는 거의 많지 않았다. 두 점수가 거의 수렴되지는 않았지만, 각 점수는 모두 애착이론과 관련되는 각기 다른 결과를 의미 있게 예측했다.

어떻게 이런 일이 있을 수 있을까? Roisman 등(2007)은 자기보고식 질문의 점수는 대인 간 스트레스가 매우 높은 조건에 있는 사람들의 대인관계 질과 가장 잘 관련된다고 결론을 내렸다. 이에 반해 AAI 점수는 스트레스가 높거나 낮은 조건에 있는 사람의 대인관계 질과 연결되고 있었다.

이런 양상은 앞의 5장에서 이야기된 동기에 대한 암묵적 측정과 자기 귀인적 측정 사이의 차이와 유사하다고 생각하고 싶은 유혹이 찾아온다. 그러나 자기보고식 애착 측정치는 애착 관련 태도에 대한 암묵적 측정치와 관련된다는 증거가 있어서(Shaver & Mikulincer, 2002) 이런 견해와는 모순된다. 그럼에도 성인이 '자신의 현재 관계를 어떻게 지각하는가?'와 '자신의 어릴 적 경험이 어땠는지를 어떻게 이야기하는가?'는 상이한 경험의 조합에서 유래하고 마음속에 다르게 표상되어 있을 것이라는 흥미로운 가능성이 여전히 남아 있다.

점에 대한 감을 깔끔하게 전달한다. 그러나 최근의 연구 문헌은 대부분 2차원 모형으로 옮겨 가는 듯하다.

애착의 안정성과 특정성

이러한 성격이론에 대해 제기되는 또 다른 두 가지 의문은 애착의 안정성과 보편성에 관한 것이다. 애착 유형이 성격의 일부라면 상당히 안정적이어야 한다. 애착 유형은 안정적인가? 만일 애착이 삶의 주요 인물에 관한 것이라면, 낯선 사람이나 친밀한 집단에서 사용되는 패턴은 동일한가?

먼저 안정성에 대해 생각해 보자. 연구 결과가 일부 혼합되어 있음에도 애착은 꽤 오랜 시간이 경과한 후에도 어느 정도 안정적인 것 같다. Fraley(2002)는 관련 연구를 개관해 본 결과, 친밀한 관계의 원형은 유아기에 생겨나며 새로운 경험을 하더라도 없어지지 않는다는 결론을 얻었다. 한편 어느 정도의 안정성이지 완전한 안정성은 아니다. 어떤 사람은 다른 사람보다 더 많이 변화한다. 시간이 지남에 따라 자아상이 바뀌는 사람은 핵심에서는 더 불안정하지만 주기적으로 더 많은 안정감을 느끼는 것으로 보인다(Davila, Burge, & Hammen, 1997). 더 장기적인 애착의 안정성에 관해서는 현재 연구가 진행 중에 있다(Grossmann, Grossmann, & Waters, 2005; Mikulincer & Shaver, 2007).

특정성은 어떤가? 사람마다 타인과 관계하는 패턴은 한 가지인가, 아니면 다양한 관계에서 서로 다른 다양한 패턴을 사용하는가? 대답은 다양한 패턴인 것 같다. 유아도 양성의 부모에게 서로 다른 애착 유형을 나타냄을 이미 언급하였다. 관계를 맺는 행동의 이런 다양성은 성인의 행동에서도 나타난다(Baldwin, Keelan, Fehr, Enns, & Koh-Rangarajoo, 1996; Bartholomew & Horowitz, 1991; Cook, 2000; La Guardia, Ryan, Couchman, & Deci, 2000; Overall, Fletcher, & Friesen, 2003; Pierce & Lydon, 2001).

예를 들어, 한 연구에서는 참여자에게 자신이 맺고 있는 열 가지 친밀한 관계를 애착의 세 가지 범주로 분류하도록 했다. 10개의 기술문을 통틀어 거의 모든 사람이 최소한 두 가지의 애착 유형을 사용하고 있었고, 거의 절반가량은 세 가지 애착 유형을 모두 사용하고 있었다(Baldwin et al., 1996). 사람들은 친밀한 관계에서 보이는 패턴과는 무관하게 집단에 대한 애착에서도 특정한 패턴을 보인다는 증거도 있다(Smith, Murphy, & Coats, 1999). 심지어는 종교적 신념이 또 하나의 애착 패턴을 의미한다는 증거도 있다(Kirkpatrick, 1998).

그러므로 사람들이 그들 삶에서 타인—중요한 타인까지 포함해서—과 관계하는 방식은 변이가 많은 것 같다. 개인이 취하는 다양한 정향성 가운데 새로운 관계를 시작하는 '일반적 정향성' (Feeney, Cassidy, & Ramos-Marcuse, 2008) 또는 '중심적 경향' 이 있을 수 있다(Crittenden, 1990; Pierce & Lydon, 2001). 그리고 이것은 초기 아동기 경험에서 파생된 것일 수 있다. 그러나 성인의 행동은 개인이 타인과 관계하는 방식이 한 가지뿐인 사례보다는 확실히 더 복잡하다.

성인 애착이 반영되는 다른 영역

놀라울 정도로 광범위한 행동이 성인 애착 유형과 관련되는 것으로 나타난다. Hazan과 Shaver(1990)는 애착과 사람들이 일에 대해 보이는 정향성의 관계를 연구했다. 양가 애착은 불안정감을 포함하고 있음을 기억하라. 이와 일관되게, 양가 애착 유형에 속하는 사람은 직장에서 자신이 받고 있는 인정과 직업의 안정성에 대해 행복(만족)해하지 않는다고 보고한다. 그들은 또한 자신이 하고 있는 일이 다른 사람에게 인정받고 싶은 욕망에 의해 동기화된다고 말하는 경우가 가장 많았다. 회피 애착 유형의 사람은 일로 계속 바쁘게 지내려는 욕망을 보고하며, 여가 시간 동안에도 딴 사람과 덜 어울렸다. Hazan과 Shaver는 회피 애착 유형의 사람이 관계의 부족에서 탈출하는 한 가지 방편으로 자기의 일을 이용한다고 제안한다.

많은 연구가 애착 유형이 스트레스 상황에서 위안을 구하고 돌봄을 제공하는 것과 어떻게 관련되는지를 살펴보았다(Collins, Ford, Guichard, & Feeney, 2006). 한 연구(Simpson, Rholes, & Nelligan, 1992)에서는 여성 참여자에게 잠시 후에 불안을 유발하는 과제를 하게 될 것이라고 말해 주었다. 그 후 그들은 다른 과제를 하기로 예정되어 있는 자신의 남성 친구와 함께 5분 동안 불안 유발 과제를 기다렸다. 여성의 반응은 자신의 애착 유형에 따라 달랐다. 불안이 증가함에 따라 안정 애착 유형의 여성은 파트너에게 정서적 지원을 구하고 신경이 예민해진 것에 대해 말하였다. 회피 애착 유형의 여성은 이와 반대로 행동하였다. 그들은 불안할수록 지지를 덜 구했다. 남성의 행동도 애착 유형에 따라 달라졌다. 안정 애착의 남성은 파트너가 더 많이 불안해할수록 상대를 더 많이 안정시키려 했다. 회피 애착의 남성은 파트너가 더 많이 불안해할수록 안정시키는 행동을 오히려 더 적게 했다(Kobak & Hazan, 1991도 참조). 다른 연구는 회피 애착의 남성은 파트너가 걱정을 표시할 때 화를 내기까지 한다는 사실을 발견하였다(Rholes, Simpson, & Oriña, 1999). 흥미롭게도 회피 애착의 남성은 관계 갈등과 관련해서 논의를 하는 동안 더 큰 스트레스 반응을 보였다(Powers, Pitronmonaco, Gunlicks, & Sayer, 2006).

이러한 패턴은 몇 가지 방식으로 확증되고 확장되었다. 스트레스를 받고 있는 파트너를 덜 지지하는 행동 경향은 회피 애착의 남성뿐만 아니라 회피 애착의 여성에게서도 관찰되었다(Simpson, Rholes, Oriña, & Grich, 2002). 이는 다른 방법론을 사용했던 Feeney와 Collins(2001)의 연구에서도 확증되었다. 그들은 회피 애착이 반응적인 돌봄의 정도와 역상관이 있음을 발견하였다. 회피 애착은 또한 친사회적 경향성, 신뢰 및 상호 의존성과도 역상관이 있었다. 양가 애착은 더 높은 수준의 충동적 돌봄과 이기적인 동기화 및 더 낮은 수준의 신뢰와 관련됐다. 또 양가와 회피 애착 모두 결혼한 사람 사이에서 더 낮은 성적 만족 및 더 낮은 결혼 만족과 관련이 있었다(Butzer & Campbell, 2008).

지지를 구하고 주는 행동은 다른 많은 상황에서도 관찰되었다. 예를 들어, Fraley와 Shaver(1998)는 커플 중 한 사람이 비행기를 타고 떠날 예정인 공항에서 쌍들을 관찰했다. 회피 애착 유형의 여성은 안정 애착 유형의 여성에 비해 접촉을 덜 추구하고, 돌봄을 더 적게 하며, 회피 행동을 더 많이 했다. Westmaas와 Silver(2001)는 항암치료를 받고 있다고 연기하는 낯선 사람에게 학생들이 어떻게 반응하는지를 관찰하였다. 회피적인 학생은 가상 암 환자와의 상호작용에서 상대를 덜 지지했다. 다른 연구에서는 부모 역할을 하는 경험을 하게 했다(Rholes, Simpson, & Friedman, 2006). 회피 애착 유형을 보이는 사람은 부모 역할에 더 많은 스트레스를 받고, 그 역할에 덜 만족스러워했다. 또 다른 연구에서는 아이를 잃은 후에 보이는 부모의 적응을 살펴보았다(Wijngaards-de Meij et al., 2007). 회피와 양가 애착 유형을 보이는 두 집단 모두 애도 경험 수준이 더 높았다.

또 다른 연구는 애착 안정감이 도움이 필요한 타인에게 일반적으로 더 큰 연민을 보이고 더 반응적이게 만듦을 시사한다(Mikulincer & Shaver, 2005). 이런 효과는 자연스러운 방식이 아니라 실험실적으로 안정감을 높이는 경우에도 유효했다(Mikulincer, Shaver, Gillath, & Nitzberg, 2005). 그래서 애착 안정감은 도움이 필요한 타인에 대한 이타성을 조장한다고 말할 수 있다.

애착 유형에 따라 다른 사람을 도우려는 동기에서 차이가 있을 것이라고 짐작할 수 있다. 회피 애착 유형은 도움을 되돌려 받을 것을 기대하거나 그렇게 해야 한다고 의무감을 느끼거나 돕지 않았을 때 생길 수 있는 부정적 결과를 피하고 싶어서 도움을 준다고 보고하는 경우가 많았다. 반면 그들은 다른 사람을 돕는 그 자체가 즐겁거나 상대방의 웰빙에 대해 진정한 관심이 있어 돕는 경우는 드물었다(Feeney & Collins, 2003). 안정 애착은 가족을 돌보려는 자율적 동기와 그 돌봄에서 이점을 발견하는 것과 관련된다(Kim, Carver, Deci, & Kasser, 2008). 도움을 받는 측에서 보면, 안정 애착의 사람들은 파트너의 비지지적인 행동을 해명해 주는 데 반해 양가와 회피 애착의 사람들은 도움을 주지 못한 파트너 행동의 부정적인 의미를 과장했다.

다른 연구에서는 사람들이 스트레스에 어떻게 대처하는가를 살폈다. 참전 재향군인과 그들의 아내에 관한 연구에서 양가 애착은 재향군인의 외상후 스트레스 장애PTSD의 심각도와 그들 아내의 이차적인 외상 스트레스의 심각도와 관련됐다(Ein-Dor, Doron, Solomon, Mikulincer, & Shaver, 2010). 또 다른 연구에서는 이스라엘에서 미사일 공격 위협을 받고 있는 사람을 관찰하였다(Mikulincer, Florian, & Weller, 1993). 회피 애착 유형은 다른 사람에 비해 '거리 두기' 대처방법(그 상황에 대하여 생각하지 않으려 노력하는 것)을 더 많이 사용했다. 양가 애착의 사람들은 비효과적인 정서 초점적 반응(예, 자기비난, 스스로 느끼는 방법을 변화시킬 수 있기를 바람)을 더 많이 보였다. 안정 애착의 사람들은 다른 집단보다 사회적 지지 자원을 더 많이 사용했다.

안정 애착된 유아의 한 가지 특징이 안전 기지를 가졌다는 느낌임을 상기하라. 이에 관해서는 성인을 대상으로도 연구됐다. 안정 애착은 탐색 지향과 관련되었는데(Feeney, 2004; Feenet & Thrush, 2010; Green & Campbell, 2000), 아마도 그것은 안정이 사람들로 하여금 자극에 대해 더 긍정적으로 반응하게 만들기 때문으로 보인다(Mikulincer, Hirschberger, Nachmias, & Gillath, 2001). 낯선 상황에서 안정 애착을 보이는 사람들이 일시적으로는 의존적이어야만 하는데, 그들은 이런 일시적 의존이 제공해 주는 재확신감을 이용해서 그 뒤에는 좀 더 자족적인 쪽으로 이동해 간다(Feeney, 2007). 안전 기지로 작용할 수 있는 파트너를 갖는 것은 사람들이 탐험적 과제에서 더 잘 수행하고 수행 후에는 자존감을 높일 수 있게 도와준다(Feeney & Thrush, 2010). 안전감은 또한 외집단에 대해 보이는 전형적인 부정적 반응을 줄이는데(Mikulincer & Shaver, 2001), 이는 기꺼이 탐험해 보고자 함을 시사한다. 이에 반해 회피 애착은 사람들로 하여금 타인 행동의 저변에 깔려 있는 적대적 의도를 지각하도록 유도한다(Mikulincer, 1998).

또 흥미로운 것은 다양한 애착 유형을 보이는 사람끼리 서로 관계하는 방식이다. 놀랄 것도 없이, 안정 애착 유형의 파트너가 가장 선호되며, 그들은 서로에게 활력을 불어넣는 경향이 있다(Collins & Read, 1990). 남성이 회피 애착 유형인 경우와 여성이 양가 애착 유형인 경우, 두 파트너는 상대방에 대해 모두 덜 만족스러워한다. 그러나 양가 애착 유형의 여성과 회피 애착 유형의 남성은 관계에 대한 불만족에도 불구하고 안정된 짝을 이루는 경향이 있다는 증거가 있다(Kirkpatrick & Davis, 1994). 왜 그럴까? 회피 애착 유형의 남성은 갈등을 회피하는데, 이것이 관계를 부드럽게 만들 수 있으며, 양가 애착 유형의 여성은 관계가 해체되지 않게 더욱 노력할 수 있다.

회피 애착 유형과 회피 애착 유형이 짝이 되는 경우와 양가 애착 유형과 양가 애착 유형이 짝이 되는 경우는 드물다(Kirkpatrick & Davis, 1994). 이는 불안정한 애착 유형의 사람들은 자신이 유아기에 받았던 것과 같은 취급을 하는 파트너에게서 멀어진다는 개념과 일치한다. 회피 애착 유형의 사람들은 정서적으로 접근하기 어려운 파트너를 더욱 회피하고, 양가 애착 유형의 사람들은 변덕스러운 파트너를 더 피한다(Collins & Read, 1990; Kirkpatrick & Davis, 1994; Pietromonaco & Carnelley, 1994; Simpson, 1990).

애착 유형과 5요인 모형

여러 성격이론이 5요인 모형과 어떻게 관계되는지에 많은 사람이 관심을 보이고 있음을 상기하라. 성인 애착 유형과 5요인 모형의 관계에 대한 연구도 있다. 3범주 애착 유형을 사용한 몇몇 연구에서 성인 애착과 5요인 모형의 두 가지 특성과의 강한 연결을 발견하였다(Carver, 1997; Shaver & Brennan, 1992). 회피 애착 유형에 속하는 사람은 내향적이고, 안정 애착 유형에 속하는 사람은 외향적이며, 양가 애착 유형의 사람은 신경증 성향이 높았다.

보다 강력한 일치는 때로는 애착 회피attachment avoidance와 애착 불안attachment anxiety이라고 불리기도 하는, 두 가지 차원으로 애착을 접근하는 연구에서 나타난다. 비록 초점은 관계에 맞추어져 있지만, 이 차원들은 내향-외향 및 신경증과 대단히 유사하다. 아마도 회피 애착 유형은 내향적이라서 사회적 관계에 그다지 흥미가 없는 것일 수도 있다. 이것은 실험실에서 관계에 관한 테이프를 들을 때, 회피 애착 유형에 속하는 사람은 안정 애착 유형에 속하는 사람에 비해 부호화를 더 적게 한다는 연구 결과와 일관된다(Fraley, Garner, & Shaver, 2000). 만약 외향성을 사회적 유인가에 대한 열망으로 보고(7장에서처럼) 신경증이 본질적으로 불안 성향이라는 아이디어를 고려한다면, 애착 유형과 5요인 모형의 합치는 더욱 증가한다. 즉, 애착 패턴은 외향성과 신경증의 관계에 초점을 맞춘 견해다.

이런 추론은 애착 불안과 신경증 성향 간의 대응에서도 지지를 받는다. 그러나 회피와 관련해서는 상황이 조금 더 복잡하다. 회피와 안정 애착을 대응시키는 척도에서 측정된 회피 애착은 외향성 및 우호성 양자와 관련되는 것으로 나타났다(Noftle & Shaver, 2006).

애착과 5요인 모형 척도의 상관된 측정치가 결과를 예측하는 데 서로 중첩되는지 혹은 독립적인지에 관해 의문을 제기할 수 있다. 답은 애착과 5요인 모형의 성격 특성은 관계의 질(Noftle & Shaver, 2006)이나 애도 기간 동안에 경험하는 고통(Wijngaards-de Meij et al., 2007)에 부분적으로 독립적인 기여를 한다는 것이다. Simpson 등(2002)도 외향성과 신경증 성향의 측정치가 애착 유형의 효과를 반복하지 않는다고 보고한다. 그래서 서로 간에 겹침이 얼마간 있기는 하지만, 애착 차원은 5요인 모형의 특성과 동일한 것으로는 보이지 않는다.

이와 같은 애착 유형은 양육 패턴(심리사회 이론가에 의해 주장된)의 결과인가? 아니면 유전적으로 결정되는 성격 특성의 표현이고 단지 우연하게 사회적인 것처럼 드러난 것일 뿐인가? 대단위의 전국 규모 성인 표본을 대상으로 한 연구에서는 대인 간 외상(예, 학대, 총기 위협, 부모의 폭력)의 보고와 불안정한 성인 애착이 관련 있다고 나타났다(Mickelson, Kessler, & Shaver, 1997). 부모의 우울과 불안 병력도 성인 애착 유형과 의미 있는 관련성이 있었다. 이런 발견은 애착 유형이 사회적 기원이 있음을 시사한다. 그러나 다른 연구에서는 성인 애착 유형과 5요인 특성의 중복이 공통적인 유전적 영향의 결과임을 시사하는 증거를 제시한다(Donnellan, Burt, Levendosky, & Klump, 2008). 그래서 아직 결론을 내리기에는 시기상조인 듯하다.

Erikson의 심리사회 발달이론

우리는 이제부터 가장 정교한 심리사회 이론인 Erik Erikson(1950, 1963, 1968)의 심리사회적 발달이론을 살펴보기로 하겠다. Erikson은 성격이 일련의 단계를 거치며 발달한다는 Freud의 관점을 받아들였다. 그러나 Freud 이론이 심리성적 발달에 대한 이론인 반면, Erikson 이론은 심리사회적인 발달이론이다. 그것은 전 생애에 걸쳐 일어나는 사회의 영향력을 기술한다.

또 다른 차이점은 내포된 연령의 폭과 관계가 있다. Freud가 기술한 단계는 생애 초기의 몇 년 안에 나타난다. 반면에 Erikson은 성격이란 태어나고 성숙하며 죽을 때까지의 일생 동안에 걸쳐 진화한다고 믿었다. 그는 또한 본질적으로 인생의 특정 시기가 다른 시기보다 더 중요하지 않다고 믿었다. 그래서 Erikson은 전 생애 발달 life-span development이라는 개념을 제안한 최초의 인물 중 하나였다.

자아정체감, 유능감, 그리고 위기 경험

Erikson 이론의 중심 주제는 자아정체감ego identity과 그 발달이다(Erikson, 1968, 1974). 자아정체감은 의식적으로 경험된 자기감이다. 이것은 사회적 현실과의 교류에서 파생된다. 한 사람의 자아정체감은 사회환경에서 일어나는 사건에 반응하여 끊임없이 변화한다. Erikson에게는 강한 자아정체감을 형성하고 유지하는 것이 결정적으로 중요하다.

Erikson 이론의 두 번째 주요 주제는 유능감과 개인적 적합성과 관련이 있다. 그의 발달 단계는 숙달이라는 측면에 초점을 맞춘다. 한 단계가 잘 다루어지면 그 사람은 유능감을 획득할 것이다. 그렇지 못하면 그 사람은 부적절감을 갖게 될 것이다. Erikson 이론의 이 주제—'유능감에 대한 욕망은 사람들의 행동 이면에서 동기를 부여하는 힘이다'—는 앞서 〈글상자 9-1〉에서 논의한 White의 유능성에 대한 개념과 여러 면에서 유사하다. 한 가지 차이는 Erikson은 사회환경에서의 유능성에 보다 특정하게 초점을 맞춘다는 점이다.

Erikson은 발달을 특정한 쟁점이 두드러지는 일련의 기간으로 보았다. 그의 관점에서 사람들은 각 발달 단계 동안 특정한 심리사회적 위기psychosocial crisis 혹은 갈등

conflict을 경험한다. 여기서는 위기와 갈등이라는 용어는 서로 대체 가능하게 사용한다. 두 용어는 일상적인 용법에서는 의미가 다르게 사용되고 특정한 의미를 갖지만, Erikson 이론에서는 더욱 특별한 의미를 지닌다. 여기서의 위기란 전환점turning point, 즉 성장 잠재력이 크지만 동시에 매우 취약한 기간을 말한다. 각 위기는 비교적 길며(적어도 1년 이상), 어떤 것은 정말로 길다(약 30여 년). 그래서 Erikson이 위기라는 단어를 사용했을 때 그것은 시간적 압력이라는 느낌보다는 결정적으로 중요하다는 느낌을 전달한다.

각각의 위기 속에 존재하는 갈등은 개인 간의 대립도, 성격 내의 갈등도 아니다. 그보다 그것은 어떤 심리적 특성을 획득하는 것과 획득하지 못하는 것 사이의 투쟁이다. Erikson에게는 이러한 갈등이 평생에 걸쳐서 결코 끝나지 않는다. 특정한 갈등이 가장 강한 시기에 그것을 잘 다루었다 해도 당신이 그것을 완전히 통달했다는 의미는 아니다. 각 갈등은 항상 어느 정도는 존재하며, 당신은 일생을 통해 다른 형태로 반복해서 그것과 직면한다.

Erikson은 8단계의 심리사회적 발달 단계를 찾아냈다. 각 단계는 사회적 현실과 교류하는 몇 가지 특정한 측면에 초점을 맞추고 있다. 각각의 갈등은 서로 반대되는 심리적 특성의 쌍으로 구성되는 두 가지 가능성을 두고 겨루게 된다. 쌍의 하나는 분명히 적응적이고 다른 하나는 덜 적응적으로 보인다. Erikson은 두 가지 특성에 붙인 명칭을 통해서 위기의 본질이 무엇인가를 나타낸다.

사람들은 각 단계에 붙여진 두 특성 명칭 사이의 균형을 발달시킴으로써 각 단계와 타협한다. 요점은 단지 좋은 특성만을 획득하는 것이 아니다. 실제로 자아가 갈

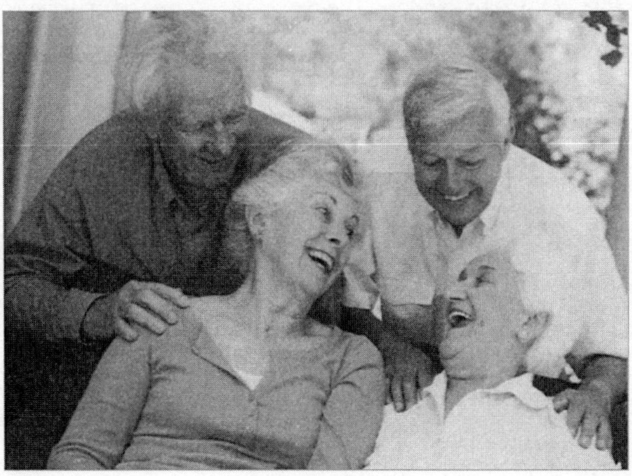

전 생애 발달의 원리에 따르면, 개인의 삶에서 유아기를 거쳐 성인기, 심지어 노년기까지 모든 시기가 다 중요하다.

등의 양 측면을 모두, 최소한 약간만이라도 통합하는 것이 중요하다. 바람직하게 보이는 특성을 너무 많이 갖는 것도 문제를 일으킬 수 있다. 예를 들어, '기본 신뢰' 만 있고 '기본 불신' 은 전혀 없다면 때때로 우리가 당면하게 되는 믿을 수 없는 세계를 효과적으로 다룰 수 없을 것이다.

그런데도 특정 단계에서 성공적인 타협을 이루려면 균형점이 부정적 가치보다는 긍정적 가치 쪽으로 더 기울어져야 한다. 그렇게 되면 그 사람은 그 갈등과 관련되는 미래 사건에 대해 긍정적인 정향성을 가지고 특정한 위기를 벗어나게 된다. Erikson은 이런 긍정적 정향성을 언급하기 위해 자아 특성ego quality, 자아 힘ego strength, 덕성virtue 등의 몇 가지 용어를 사용하였다(Erikson, 1964; Stevens, 1983). 일단 확립되면 이러한 특성은 성격의 일부로 남는다.

Erikson은 발달 단계에 관한 연령 규준을 구체적으로 명세화하는 작업을 별로 내켜 하지 않았다. 그는 사람들이 8단계를 차례로 통과하지만 저마다 자기만의 고유한 시간표를 가지고 있다고 믿었다. 그렇기에 특정한 어떤 사람에게 각 단계가 언제 시작하고 끝나는지를 말하기는 어렵다. 여기에 제시된 연령은 대략적인 근사치일 뿐이다.

유아기

처음의 4단계는 Freud가 제안한 심리성적 발달 단계에 상응될 수 있다. 첫 번째의 심리사회적 단계는 대략 생애 첫해인 유아기다([그림 9-4] 참조). 이 단계의 갈등, 즉 가장 근본적인 생의 위기는 기본 신뢰 대 불신basic trust vs. basic mistrust의 느낌이다. 이 단계의 유아는 자신의 가장 기초적인 욕구를 충족해 주는 타인에게 전적으로 의존한다. 욕구가 충족되면 유아는 안정감과 신뢰감을 발달시킨다. 이것은 유아의 순조로운 수유와 편안한 수면 및 규칙적인 배설에 달려 있다. 돌보는 사람은 과도한 고통을 일으키지 않고도 짧은 시간 동안 유아를 혼자 남겨 놓을 수 있다. 유아가 돌보는 사람이 돌아온다는 '신뢰' 를 배웠기 때문이다. 불신은 변덕스러운 수면, 수유에서의 까다로움, 변비 및 유아가 혼자 남겨졌을 때의 더 큰 고통으로 반영된다.

신뢰감은 대단히 중요하다. 그것은 이 세상이, 특히 관계가 예측 가능하다는 믿음의 기초를 제공한다. 신뢰는 주의를 기울이고 애정적이며 반응적인 양육자와의

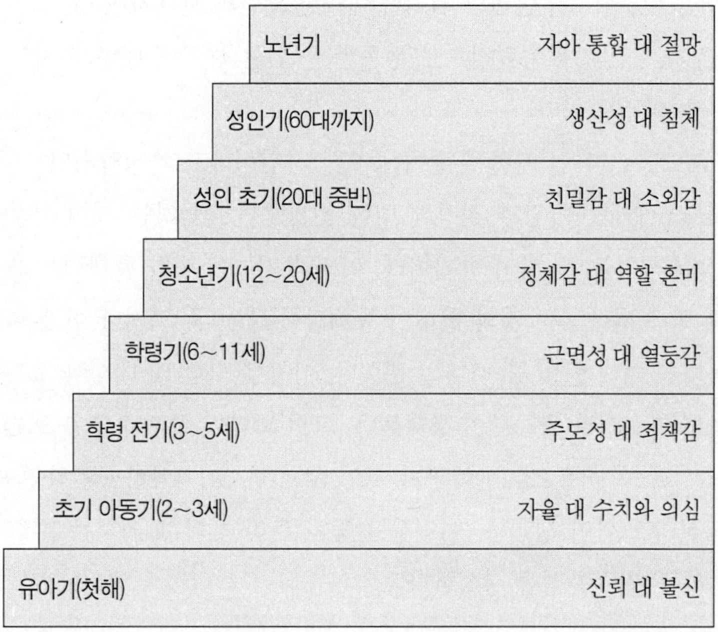

[그림 9-4]

Erikson의 심리사회적 발달 단계, 각 단계의 대략적인 연령 범위와 각 단계에 지배적인 위기를 기술한다.

상호작용에 의해 함양된다. 불신감은 변덕스러운 취급방법, 정서적 접근의 어려움, 또는 거절 때문에 생긴다. 이러한 설명은 이 장의 앞에서 여러 번 나왔던 대상관계와 애착 유형에 관한 개념과 아주 비슷하다. 불신보다 신뢰가 우세하면 희망hope이라는 자아 강도가 높아진다. 희망은 소망을 이룰 수 있다는 지속적인 믿음이다. 이것은 인생에 대한 일종의 낙관주의다.

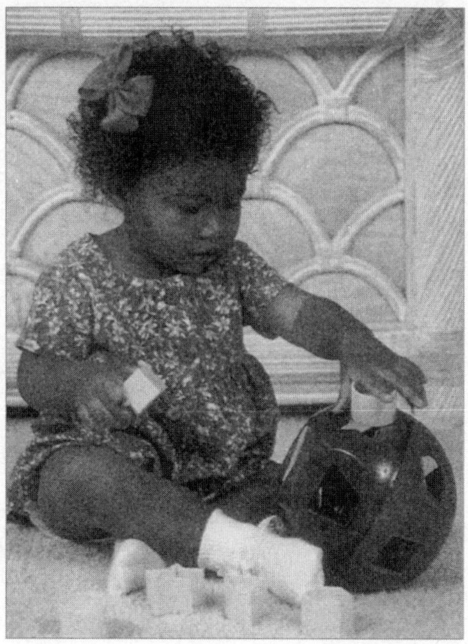

아이는 자기 스스로 일을 처리해 보려 한다. 환경을 성공적으로 다룰 수 있게 되는 것은 유능감 발달에 중요한 역할을 한다.

초기 아동기

두 번째 심리사회적 단계는 초기 아동기(2~3세)로, 아동은 자신의 행동에 대해 통제감을 획득하는 데 초점을 맞춘다. 이 단계의 위기는 이러한 노력과 관계가 있다. 그것은 행동의 자율autonomy in action 대 독립적으로 행동할 수 있는 능력에 대한 수치와 의심shame and doubt 사이의 갈등이다.

Erikson도 Freud처럼 배변 훈련이 중요한 사건이라고 가정하지만 그 이유는 다르다. Erikson에게는 방광과 직장에 대한 통제력을 획득하는 것이 자율성(자기 지배, 독립)을 획득하는 한 가지 방법이다. 이러한 기능에 대한 통제력을 획득하면 신체 충동에 의해 좌우되는 것의 반대인 통제감이 생긴다. 그러나 이것은 이러한 느낌을 획득하는 여러 방법 중 하나일 뿐이다. 아동은 사람 및 대상과 효과적으로 상호작용할 때 자율성과 유능감이 강화된다. 그런 노력이 실패나 조롱 또는 비판으로 끝나면(또는 부모가 아동으로 하여금 자기 스스로의 힘으로 행동하도록 허용하지 않으면) 수치와 의심의 느낌이 생긴다. 이러한 갈등의 관리는 의지will(자유 선택권을 행사하려는 결심)라는 자아 특성을 생성한다.

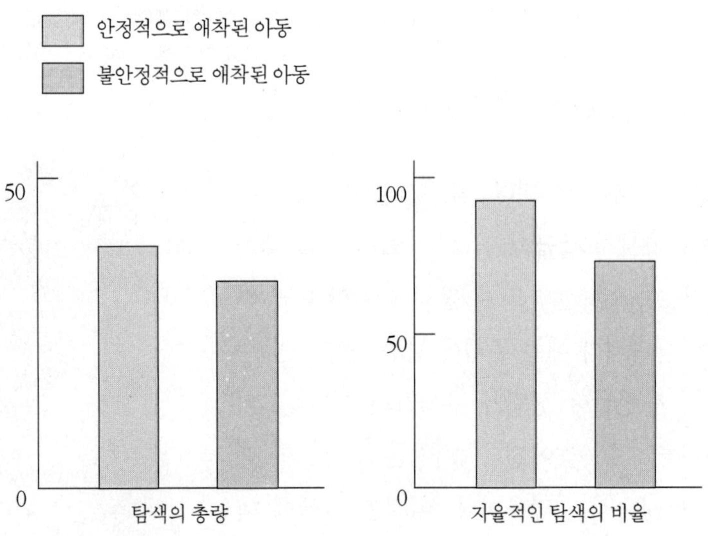

[그림 9-5]

1세 때 신뢰감과 안정감을 더 많이 가진 아동은 2.5세가 되었을 때 안정적인 애착이 덜 형성된 아동보다 더 많이 탐색하고 자기 주도적 또는 자율적 탐색의 비율이 더 높았다. 이러한 발견은 첫 번째 위기에 대한 성공적인 관리는 그 아동이 두 번째 위기에 더 잘 대처하도록 준비시킨다는 것을 시사한다.

[출처] Hazen & Durrett(1982).

Erikson 이론에 관한 연구 중 많은 것은 한 단계의 위기를 성공적으로 관리하면 다음 단계의 위기를 잘 다룰 수 있도록 준비된다는 개념에 초점을 맞추고 있다. 이 개념이 처음 두 단계에 어떻게 적용되는지를 생각해 보자. 신뢰감은 안정 애착 속에서 나타난다. 한 연구에서 1세 때의 애착 유형이 평가되었다. 그 후 2.5세가 된 아동과 그들의 어머니가 실험실에 함께 와서 그곳의 놀이 공간을 탐색할 수 있었다(Hazen & Durrett, 1982). 관찰자는 아동이 그 공간의 새로운 장소에 몇 번이나 혼자서 갔는지 혹은 어머니를 이끌고 갔는지—자율성과 자기 주도성을 반영하는 행동—를 코딩하였다. 그들은 또한 아동이 얼마나 자주 어머니에게 이끌려서 새로운 장소로 갔는지—자율적이지 못한 행동—도 코딩하였다.

[그림 9-5]에서 볼 수 있듯이, 1년 반 전에 안정 애착이 형성되었던 아동은 애착이 덜 안정적이었던 아동에 비해 더 많이 탐색하였다. 나아가 안정 애착을 형성한 아동은 자기 주도적(자율적) 탐색의 비율이 더 높았다. 유사한 결과가 다른 여러 연구(예, Matas, Arend, & Sroufe, 1978)에서도 보고되었다. 그러므로 기본 신뢰감은 이후에 오는 자율성을 촉진하는 것 같다.

학령 전기

다음 시기는 학령 전기(약 3~5세)다. 자율성과 자신의 행동을 통제하는 능력의 획득은 중요한 출발이지만 단지 출발에 불과하다. 세상 속에 존재하는 대상을 조작하려는 능력은 영향력을 행사하고 일이 벌어지게 하고 싶은 욕망, 간단히 말해 권력power에 대한 욕망(McAdams, 1985)으로 나아간다. 이 시기는 Freud가 오이디푸스 갈등이 출현하는 단계로 보았다. 앞서 말했듯이, 오이디푸스 갈등에 대해 회의적인 사람은 오이디푸스 갈등에 대한 Freud의 설명을 부모와 자녀 간의 보다 광범위한 권력 투쟁에 대한 은유로 취급하는 경향이 있다. Erikson은 이런 권력 투쟁에 초점을 맞추었다.

이 단계에서의 갈등은 주도성 대 죄책감initiative vs. guilt에 관한 것이다. 주도성을 가진 아이는 새롭게 발달된 그들의 의지감sense of will을 환경에 부과해 보려고 할 것이다. 그들은 자신의 세계를 탐색하고 조작하며, 주위에서 일어나는 것에 관해 질문함으로써 호기심을 표현하고, 호기심에 따라 행동을 한다. 그러나 행동과 말은 해로울 수도 있다. 너무 강한 행동은 다른 사람을 괴롭힐 수 있다(예를 들면, 당신이 원하는 장난감을 움켜쥐는 것은 다른 아이에게 고통이 될 수 있다). 너무 많은 질문은 성인을 지치게 할 수도 있다. 만일 주도성을 행사하는 것이 승인받지 못한다면 죄책감이 생길 수 있다. 끊임없이 권력(힘)을 행사하는 것은 비난을 받는 경향이 있기 때문에, 주도성은 결국 억제에 의해 길들여져야 한다. 만일 이러한 위기가 잘 다루어진다면, 목적purpose—처벌에 대한 두려움 없이 가치 있는 목표를 추구하려는 용기—이라는 자아 특성이 출현할 것이다.

생애 첫해 동안 신뢰감을 획득하는 것은 그 이후의 주도성 발달을 촉진하는가? 한 연구(Lütkenhaus, Grossmann, & Grossmann, 1985)에서는 1세 아동의 애착이 평가되고 3세가 되었을 때 그들을 집에서 관찰했다. 안정 애착된 아동은 불안정 애착된 아동보다 낯선 사람과의 상호작용에서 더 주도적이었다. 실패할 수 있는 게임을 하는 동안, 안정 애착 아동은 더 열심히 노력하였으나, 다른 아동은 노력을 줄였다. 그러므로 기본 신뢰감은 주도성과 목적을 위한 토대를 제공하는 것 같다.

학령기

다음 단계는 Freud의 잠복기(약 6~11세)에 해당한다. Freud와 달리, Erikson은 이 시기에도 갈등이 존재한다고 보았다. 그것은 근면성 대 열등감industry vs. inferiority 사이의 갈등이다. 근면성이란 용어는 아동의 삶이 세상에 영향을 미치는 일을 행하는 것에 초점이 맞추어진 상태라는 사실을 반영한다. 그러나 이제 그러한 노력의 성격은 다른 색조의 의미를 획득한다. 단지 주도성을 갖고 힘을 행사하는 것만으로는 더 이상 충분하지 않다. 이제는 두 가지 의미에서 다른 사람이 좋다고 판단하는 것을 행하라는 압력이 존재한다. 근면성이란 단순히 어떤 일을 행하는 것이 아니라 다른 사람이 가치 있게 여기는 일을 행하는 것이다. 그것은 또한 다른 사람이 적절하고 칭찬할 만하다고 여기는 방식으로 일하는 것이다.

이러한 근면성의 느낌에 관한 위기는 아동이 초등학교에 입학할 즈음에 시작된다. 학교는 아동이 생산적이고 책임 있는 사회 구성원이 되도록 가르치는 데 그 목적을 두고 있다. 학령기는 지적인 기술이 처음으로 검증되는 시기이기도 하다. 아동은 학교에서 잘하라고 강요를 받으며, 자신이 한 수행의 적절성이 명시적으로 평가된다.

학교 경험에는 사회적 역할을 배우는 것도 포함된다. 아동은 성인 직업의 특성에 관해서도 배우기 시작한다. 그들은 또한 성인 직업을 갖기 위한 약간의 수단과도 접하게 된다. 과거에는 그것이 농업, 목공 및 가사라는 수단이었는데, 오늘날은 컴퓨터나 다른 기술인 경우가 많다. 아동이 획득하는 또 다른 역할은 시민정신이다. 그래서 아동이 갖는 근면성의 느낌은 그들의 행동이 사회집단에서 수용되는가에 의해서 부분적으로 결정된다.

강한 근면성의 느낌을 가진 아동은 이러한 느낌이 부족한 아동과는 여러 면에서 다르다(Kowaz & Marcia, 1991). 그들은 환상보다는 현실에 기초한 행동을 더 선호하는 경향이 있고, 결과를 산출함에 있어서 능력과 노력의 역할을 더 잘 구별할 수 있었다. 그들은 더 좋은 성적을 얻었으며 사회적으로 바람직한 진술에 대해 더 많이 동의했다.

이 단계를 성공적으로 벗어나려면, 아동은 주위 사람에게 수용될 수 있는 방식으로 자신에게 할당된 과제를 숙달했다고 느껴야 한다. 이 단계의 위험은 열등감이다. 이러한 느낌은 자신의 수행이 부적절하거나 도덕적으로 잘못되었다고 보는 다른 사람(부모, 교사, 친구)에게 이끌릴 때 생길 수 있다. 근면성과 열등감 사이의 갈등을 잘 처리하면 Erikson이 유능성competence—타인이 가치 있게 보는 일을 할 수 있다는 느낌—이라고 말하는 자아 특성이 생긴다.

청소년기

다음 단계는 약 20세까지 지속되는 청소년기로 신체적인 변화와 함께 사춘기가 시작되는 시기다. 이 단계는 이제까지의 어느 단계에 비해 보아도 과거와 더 큰 단절을 보인다. 분리감의 일부는 사춘기의 신체적 변화에 기인한다. 이 시기 동안 신체는 단지 커지기만 하는 것이 아니라 질적으로 다른 방식으로 변한다. 전에는 전혀 가져 보지 않았던 욕망을 가지게 된다. 이제는 이전과 동일한 사람이 아니다. 그렇다면 나는 누구인가?

과거와의 단절됨의 일부는 이제 자신과 자신의 삶을 성인 세계와 관련지어 명시적으로 생각하기 시작하고 있다는 사실을 반영한다. 이 세상에서 자신의 위치를 발견해야 하며, 그러기 위해서는 자신의 정체감과 일치하는 역할을 결정해야 한다. 이는 역으로 자신이 누구인지를 아는 것을 의미한다.

이 단계의 위기는 정체감 대 역할 혼미identity vs. role confusion다. 정체감은 자기에 대한 통합된 느낌을 나타낸다. 이것은 '나는 누구인가?' 라는 질문에 대한 대답이다. 역할 혼미는 다양한 자기가 때때로 양립할 수 없어 보이는 복잡한 양상을 보인다는 사실의 반영이다. 모순이 크면 클수록 그 양상을 조화하는 것은 더 어려워지고 혼란해진다. 더 좋지 않은 것은 지금 맡고 있는 어떠한 역할도 자기 정체감의 일부라고 느껴지지 않는 위치에 있을 때다.

강한 정체감을 가지기 위해서는 두 가지 방식으로 발전해야 한다. 첫째, 분별 있는 방식으로 이전 단계 동안 형성된 자기에 대한 견해를 통합해야 한다. 둘째, 이렇게 통합된 자아관은 타인이 자신을 보는 관점과 통합되어야 한다. 이는 정체감이 자신과 관계 맺고 있는 다른 사람과의 합의에 의해 발달된다는 사실을 반영한다. 두 관점을 모두 함께 고려할 때에만 완전한 정체감이 형성된다.

그래서 Erikson의 관점에서 정체감은 사적인 자아개념과 사회적인 자아개념을 통합하는 데서 생겨난다. 이러한 통합의 결과는 개인적 연속성 또는 내적 일치감이다. Erikson은 정체감 발달의 중요성을 대단히 강조하였다. 여러 가지 면에서 그는

글상자 9-3 이론가와 그의 이론: Erikson의 일생을 통한 정체감 추구

Erik Erikson의 인생은 자신의 이론을 형성하는 데, 특히 정체감 획득의 중요성을 강조하는 데 큰 영향을 미쳤다(Friedman, 1999 참조). Erikson은 1902년 덴마크인 아버지에게서 태어났다. 그의 친아버지는 그가 태어나기 전에 어머니를 버리고 떠났고, 그의 어머니는 3년 뒤에 유대인인 Theodor Homburger라는 의사와 재혼했다. Erik은 오랫동안 Homburger가 자신의 친아버지가 아니라는 사실을 몰랐다. 그는 후에 이 이야기에 대해 '사랑의 기만' 행위라고 언급했다.

그는 Erik Homburger로 자랐는데, 스칸디나비아인의 외모를 한 유대인이었다. 유대인은 그를 이방인으로 보았고, 이방인은 그를 유대인으로 보았다. 이런 이유로 그는 어느 집단에도 수용되기가 어려웠다. 그래서 그는 자신을 국외자의 이미지로 묘사하기 시작했다. 청소년기가 되었을 때 그는 자신이 어머니와 결혼한 아버지에게 입양되었음을 알게 되었고, 자신의 조상이 독일인이 아닌 덴마크인임을 깨닫게 되면서 그의 정체감 혼란은 더욱 복잡해졌다.

20대 초반에 그는 유럽을 방랑하며 돌아다녔고, 이에 정체감이 없다는 그의 느낌은 더욱 깊어졌다. 그는 초상화 화가로 일했지만 예술가로서의 정체감은 분명하지 못했다. 결국 그는 Freud의 환자와 친구의 아이를 위해 설립된 비엔나의 학교에서 가르치는 직업을 가지게 됐다. 그곳에서 그는 Anna Freud를 비롯한 많은 정신분석가와 친하게 되었고, Anna Freud는 그를 분석가로 훈련하였다. 1933년에 그는 미국으로 가서 그곳에서 아동 분석가로서 일하게 된다.

정체감이야말로 각 개인의 인생에 있어 주요 과제라고 보았다(〈글상자 9-3〉 참조).

만일 정체감을 형성하는 데 실패한다면 그 결과는 역할 혼미, 즉 자기감에 대한 방향성의 부재다. 역할 혼미는 직업적 진로(또는 직업 진로를 찾는 것을 가능하게 하는 대학에서의 전공)를 선택하지 못하는 무능력에 반영되기도 하고, 공허감을 채우기 위해 대중적 영웅이나 집단(심지어 반영웅)과 동일시하는 쪽으로 사람들을 이끌 수도 있다. 성공적인 정체감 형성과 관련되는 덕목은 충성심fidelity이다. 충성심은 믿음직함을 의미한다. 그것은 당신이 지닌 가치 간에 필연적으로 일어나는 모순에도 불구하고 당신이 누군가에게 맞추어 생활할 수 있는 능력이다.

성인 초기

Erikson 이론의 다음 단계는 성인 초기(20대 중반)다. 여기에서의 갈등은 친밀감 대 소외감intimacy vs. isolation과 관련된다. 친밀감이란 누군가에게 헌신하는 느낌을

Erik Homburger라는 이름으로 그는 Henry Murray가 조직한, 5장에서 기술한 성격의 동기적 접근을 발달시킨 연구 팀에 소속해 있었다.

1939년 Homburger는 미국 시민이 되었다. 그때 그는 Erikson이라는 이름을 사용했다. 이것은 그에게 개인적으로 큰 의미를 지니는 사건이었다. 매우 사적인 의미를 갖는 새 이름을 선택한 것이다. 이는 그가 충분한 정체감을 발달시켰음을 의미한다.

후에 그는 사우스다코타의 수Sioux와 노스캘리포니아의 유록Yurok 원주민의 육아방법과 문화적 생활에 대해 연구했다. 이 연구들은 그에게 두 가지 이유로 중요하다. 첫 번째로, 이 연구는 정체감에서 문화와 사회가 중요하다는 생각을 Erikson에게 확고하게 심어 주었을 것이다. 두 번째로, 이 북미의 원주민은 자신들의 문화적 전통으로부터 뿌리가 뽑혔다는 느낌에 해당하는 혼란감(단층 증상disloaction symptoms)을 드러냈다. 이 종족의 구성원은 정체감을 상실한 듯 보였다. 이런 증상은 Erikson 자신이 젊은 날 겪었던 경험과 너무나 유사했다. Erikson은 또 제2차 세계대전 후에 정서적 어려움을 가지고 고향에 돌아온 퇴역 참전 군인의 삶에서도 유사한 특징을 볼 수 있었다.

이 모든 경험을 통해 Erikson은 정체감의 획득과 유지가 성장을 위한 핵심 과제임을 깨달았다. 그 정체감은 자신의 사회와 완전히 분리된 것이 아니고 그 속에 들어박혀 있는 그런 것이었다. 이런 아이디어는 성격에 대한 그의 관점의 주요 주제 중 하나로 드러나게 되었다.

가지고 그 사람과 가깝고 따뜻한 관계를 맺는 것이다. Erikson은 친밀감을 모든 종류의 성적 혹은 비성적 관계 속에 존재하는 쟁점으로 보았다.

진정한 친밀감은 배려하고 개방적인 방법으로 관계에 접근할 것과 자신의 가장 사적인 모습을 기꺼이 상대와 함께 나눌 것을 요구한다. 당신은 또한 상대의 노출에 대해 마음을 열고 받아들여야 한다. 친밀감은 그것이 희생을 요구할 때조차 헌신하면서 살 수 있는 도덕적 강인함을 요구한다. Erikson은 강한 정체감을 형성하고 있을 때만이 친밀한 관계를 맺을 능력이 발달한다고 믿었다.

친밀감의 반대 극은 타인에게서 떨어져 있다는 느낌과 그들에게 헌신할 수 없다는 느낌에 해당하는 소외감이다. 친밀감을 형성할 수 있는 조건이 갖추어져 있지 않아서 아무도 당신의 친밀감에 대한 욕구를 채워 줄 수 없다면, 당신은 소외감 속으로 표류할 수 있을 것이다. 하지만 사람들은 때때로 관계가 자신들의 개별적인 정체감을 위협한다고 느낄 때 스스로 소외감 속으로 철회하기도 한다. 그러나 철회는 바람직하지 못한 다른 결과를 낳을 수도 있다. 사람들은 그들이 미래에 친밀한 관계를 확립할 수 없을 정도로까지 자기에게만 빠질 수도 있다(Erikson, 1982). 친밀한 관계를 맺는 능력과 연합된 자아 특성은 사랑이다. 이것은 서로 독자적인 정체감 사이의 갈등을 가라앉히는 상호성이다.

하나의 위기를 잘 다룸으로써 다음 위기를 준비하게 된다는 주제는 여기서도 계속된다. Erikson은 사람들이 친밀감을 획득하기 위해서는 강한 자기 정체감이 필요하다고 말한다. 이것은 사실인가? 이런 주장은 청소년기에서 초기 성인기까지를 추적 조사한 한 연구에서 지지되었다(Beyers & Seiffge-Krenke, 2010). 이 연구에서는 15세 때의 정체감 발달 정도가 25세 때의 친밀감을 예측하는 것으로 나타났다. 또 다른 연구에서는 대학생 때의 정체감과 중년기의 친밀감에 대하여 조사했다(Kahn, Zimmerman, Csikszentmihalyi, & Getzels, 1985). 친밀감은 연구 참여 여성이 결혼했는지의 여부와 만일 결혼했다면 후에 이혼을 했는지의 여부로 평가했다. 대학생 시기의 강한 정체감과 성인기의 친밀감 수용력 사이에는 명확한 연결이 있었다. 그러나 그 효과는 남성과 여성 사이에서 약간 달랐다([그림 9-6] 참조). 더 강한 정체감을 가진 남성은 결혼할 확률이 더 높았다. 정체감은 여성의 결혼 여부를 예측하지 못했으나, 결혼한 여성 중에서 강한 정체감을 가진 사람이 이혼을 덜하는 것으로 나타났다. 이런 결과와 개념적으로 유사한 결과가 다른 연구자에 의해 보고되기도 했다(예, Orlofsky, Marcia, & Lesser, 1973; Schiedel & Marcia, 1985; Tesch &

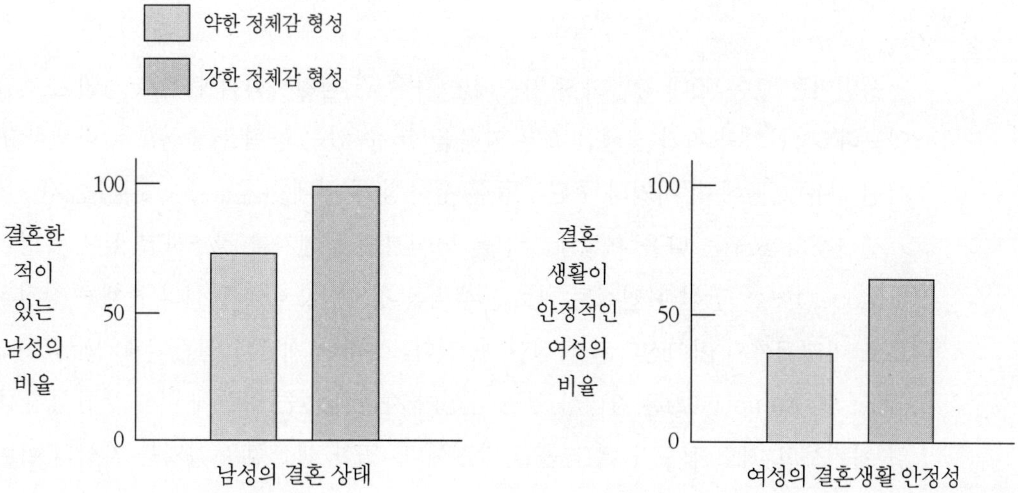

[그림 9-6]

사전에 평가된 안정된 정체감 형성의 여부에 따른, 예술학교를 졸업한 후 18년 동안 결혼한 남성의 백분율과 같은 기간 동안 결혼하여 이혼하지 않고 계속 함께 사는 여성의 백분율이다.
[출처] Kahn et al.(1985)에서 인용.

Whitbourne, 1982).

이 단계 갈등의 다른 극단은 소외(혹은 고립)로, 그 자체가 관심을 끌어 왔다(예, Peplau & Perlman, 1982; Shaver & Rubenstein, 1980; Weiss, 1973). 소외는 두 양상으로 구별될 수 있다. 사회적 소외social isolation는 사회 속으로 통합되는 데 실패한 것이다. 사회집단에서 떨어져 나온 사람들은 소속감을 발달시키지 못한다. 대조적으로 정서적 소외emotional isolation는 당신의 생에서 친밀감 획득에 실패하는 것으로, 더 간단하게 말하면 고독이다.

정서적 소외는 스스로를 갉아먹고 산다. 친밀감을 경험하기 위해서는 타인에게 자기 자신을 드러내는 자기 노출이 필요하다는 점을 기억하라. 고독한 사람은 그렇게 하지 않는다(W. H. Jones, Hobbes, & Hockenberg, 1982; Mikulincer & Nachshon, 1991). 그들은 적게 반응하고, 적게 질문하며, 다른 사람이 말하는 것에 관심을 덜 갖는다. 결과적으로 그들은 알기 어려운 사람이 되고 고독한 채로 남아 있는 경향이 있다.

성인기

성인기는 보통 60대 중반까지 지속되는 가장 긴 심리사회적 단계로 성인 초기를 잇는다. 성인기의 위기는 생산 혹은 양육을 할 수 있는 능력을 중심으로 발생한다. 이런 이유 때문에 이 시기의 주된 갈등은 생산성 대 침체generativity vs. stagnation다.

생산성의 요구는 다음 세상에 당신을 넘어서는 무언가를 창조하고 싶은 욕망이다(Kotre, 1984). 당신과 연결된 새로운 생명을 창조함으로써 당신의 존재는 상징적으로 미래에까지 이어진다고 확신할 수 있다. 이러한 개념과 일관되게, McAdams와 de St. Aubin(1992)은 자녀가 있는 남성이 자녀가 없는 남성에 비해 생산성에 대한 자기보고 척도 점수가 더 높음을 발견했다. 또한 생산성은 자기를 자신의 아이를 위한 역할 모델이자 지혜의 근원으로 보는 자기관(Hart, McAdams, Hirsch, & Bauer, 2001)과 자율성을 촉진하는 양육 방식(Pratt, Danso, Arnold, Norris, & Filyer, 2001)과 관계가 있었다.

생산성이 부분적으로는 다음 세대의 성장을 창조하고 지도하는 문제라 할지라도 그 개념은 그보다 훨씬 더 광범위하다. 그것은 아이디어나 대상을 창조하는 것, 당신의 자녀가 아닌 젊은이를 가르치는 것, 즉 미래에 긍정적으로 영향을 끼치는 것이면 무엇이든 포함할 수 있다(〈표 9-2〉 참조). Erikson에게 생산성은 가까운 관계(친밀감)에서 전체로서의 사회에 대한 폭넓은 관심으로 초점이 바뀌는 것을 의미한다.

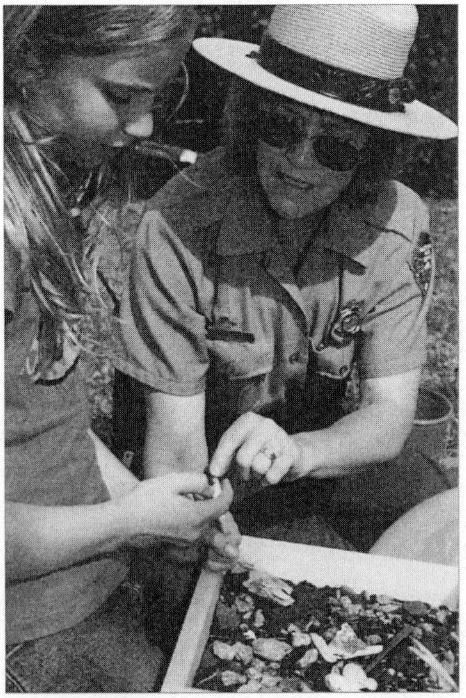

생산성을 느낄 수 있는 한 가지 방식은 다음 세대가 삶에 대해 배우도록 도와주는 것이다.

이러한 생각과 일관되게 고도로 생산적인 사람은 다음 세대를 지원하는 데 있어 높은 수준의 헌신을 나타낸다. 그들은 또한 헌신과 유능감 사이의 통합도 보여 준다(Mansfield & McAdams, 1996; de St. Aubin, McAdams, & Kim, 2004; McAdams, Diamond, de St. Aubin, & Mansfield, 1997). 일단 생산성의 느낌이 발달되면, 그것은 그 사람의 나머지 생애 동안에도 지속될 것이다(Zucker, Ostrove, & Stewart, 2002).

‖ 표 9-2 ‖ **생산성의 측면과 구체적 내용**

측면	기술description
생물적	잉태, 출산 및 수유하기
양육적	아이를 기르기, 양육하기, 사회화하기, 가족 전통 가르치기
기술적	문화의 본체를 구성하는 기술을 가르치기, 일하는 기술을 새로운 세대에게 가르치기
문화적	문화의 마음을 나타내는 상징 체계를 창조, 변화, 유지하기, 그것을 다음 세대로 전하기

생산성의 느낌을 발달시키지 못한 성인은 침체 속으로 표류한다. 침체는 자신을 미래 세대에게 주지 못하는 무능력 또는 저항이다. 이런 사람은 그들 자신의 관심사에만 마음을 빼앗긴다. 그들은 스스로를 주위 세계 속에 더 깊이 관여하지 못하게 막는 자기중심적 또는 자기 탐닉적인 특성이 있다. 이런 생산성 부재는 빈약한 심리적 안녕과 관련된다(Vandewater, Ostrove, & Stewart, 1997).

만일 생산성의 긍정적인 균형이 존재한다면, 이때 나타나는 자아 특성은 배려care다. 배려는 당신이 인생에서 생산한 것이면 무엇이든(아이든, 직업에 관련된 어떤 것이든, 또는 다른 사람과의 관계에서 나온 것이든) 그에 대한 폭넓은 관심이다.

노년기

마지막 심리사회적 발달 단계는 성숙기 또는 노년기다. 이것은 인생의 마지막 장이다. 이 시기의 사람들은 뒤를 돌아보며 그들이 선택한 것을 검토해 보고, 자신의 성취(또는 실패)와 자신의 인생에서 거쳐 왔던 전환점에 대해 숙고한다. 여기서의 위기는 자아 통합 대 절망ego integrity vs. despair이다. 만약 자신의 인생에 대한 회고에서 그동안 했던 선택과 일을 수용하고 인생에 질서와 의미가 있었다는 느낌을 갖는다면 자아 통합감이 출현한다. 이것은 만족감, 즉 자신의 인생을 많이 바꾸고 싶지 않다는 느낌이다.

반대 극은 절망이다. 절망은 당신의 인생이 낭비되었다는 느낌이다. 그것은 다른 방식으로 인생을 살았기를 바라지만 이미 때가 너무 늦었다는 것을 깨닫고 난 후의 느낌이다. 자신의 인생 이야기를 소중한 선물로 받아들이기보다는 다른 이야기를 쓰고 싶다는 비통함이 거기에 있다. Erikson의 예측처럼, 53세 때의 생산성은 62세 때의 자아 통합을 예측한다는 증거가 있다(Torges, Stewart, & Duncan, 2008).

통합의 느낌을 가지고 인생을 회고하면 지혜wisdom라는 자아 특성이 생긴다. 지혜는 의미 부여와 자비를 포함한다(Helson & Srivastava, 2002). 지혜는 죽음이 임박했다는 현실을 직면했을 때조차 인생과 지속적인 성장에 대한 적극적인 관심을 갖는 것이다(Baltes & Staudinger, 1993; Kunzmann & Baltes, 2003도 참조).

점성설의 원리

Erikson의 이론에서 언급해야 할 또 하나의 쟁점은 특정 갈등은 초점이 되는 단계의 외부에 존재한다는 아이디어다. 발생학embryology에서 점성설epigenesis은 단세포가 복잡한 유기체로 변하는 과정이다. 이러한 과정이 발생하려면 출발에서부터 모든 변화와 그 순서를 포함하는 일종의 '청사진blue print'이 필요하다. Erikson은 이 아이디어를 "출생 시에 이미 각 위기에 대한 준비가 되어 있다."라는 말로 그의 이론에 적용하고 있다. 각 위기의 핵심 쟁점은 특정 단계 동안 초점이 되지만, 그 모든 쟁점은 이미 그곳에 항상 존재해 왔다.

점성설의 원리는 몇 가지 함의를 가진다. 그 하나는 특정 위기에 대한 정향성이 이전 위기의 결과에 의해 영향받음을 의미한다. 그것은 또한 특정 단계의 핵심 위기를 해결하는 것은 장차 찾아올 위기의 (보다 단순한 형태로의) 해결을 준비한다는 의미다. 당신이 청소년기의 자아정체감과 역할 혼미 사이의 갈등을 다룰 때, 당신은 또한 친밀감 대 소외감의 위기를 다루는 방향으로도 이미 움직이고 있다는 뜻이다. 결국 점성설 원리란 위기가 단번에 그리고 영원히 해결되는 것이 아님을 의미한다. 이전 단계의 갈등 해결은 인생의 새로운 단계마다 재현되고 다시 형성된다(Sneed, Whitbourne, & Culang; Whitbourne, Sneed, & Sayer, 2009).

생애사로서의 정체감

점성설 원리의 의미는 Dan McAdams의 몇몇 연구에 잘 전달됐다. 그의 연구는 부분적으로 성격의 기초가 되는 동기(5장에서 논의)와 부분적으로는 사람들이 자신의 정체감을 이야기narratives 또는 생애사로 구성한다는 아이디어에 초점을 맞추고 있다(McAdams, 1985, 1993, 2001). 그의 견해에 따르면, 당신의 이야기는 당신 생이 끝날 때까지 결코 완성되지 않고 계속해서 재구성된다. 사실 그것은 당신의 정체감이 끊임없이 진화해 감에 따라 계속해서 개정판을 만드는 중이다.

여느 좋은 책에서처럼 당신 이야기의 첫 장은 장차 일어날 일을 위한 무대를 설치하는 것이다. 때로는 미래 사건이 장의 첫머리에서 예견되기도 하고, 때로는 앞 장에서 일어나는 일이 나중에 꼭 반응을 해야만 하는 조건을 만들어 내기도 한다. 장이 전개됨에 따라 등장인물은 자신이 이전에 경험했던 사건을 재해석하거나 다른 방식으로 이해한다. 모든 조각은 마침내 완전하고 통합된 하나의 그림으로 맞추어지는데, 그 그림은 그 이야기 전체를 통틀어 일어난 모든 사건에서 유래되는 모종의 공통된 특성을 가진다. 그래서 McAdams는 이런 정체감의 광범위한 위기는 사람들이 인생 전체를 통해서 계속 봉착하게 되는 위기라고 보았다(McAdams, 2001).

흥미로운 것은 많은 사람의 인생에서 어떤 이야기 주제의 범주가 나타나는가 하는 것이다. McAdams와 동료들은, 예컨대 고도로 생산적인 중년의 성인은 어려서부터 장점을 가지고 있었고, 타인의 고통을 자각하게 되었으며, 친사회적 가치를 포함하는 개인적 신념 체계를 확립하였고, 사회에 도움이 되는 일에 헌신하는 생애사를 보고한다는 것을 발견하였다. McAdams는 이러한 이야기를 헌신 이야기 commitment story라고 불렀다. 이러한 이야기는 흔히 보상(혹은 대상代償) 주제redemption themes를 담고 있는데, 이것은 나쁜 상황이 무언가 좋은 상황으로 극적으로 변형되는 것을 말한다(McAdams, 2006; McAdams, Reynolds, Lewis, Patten, & Bowman, 2001). 이런 보상감은 생산성의 질과 강하게 연결된다(McAdams, 2006). 생산성이 낮은 성인의 이야기에는 좋은 상황이 나쁜 상황으로 반전되는 오염 주제contamination theme가 가끔 포함되기도 한다.

Erikson의 이론과 다른 심리사회 이론을 연결하기

최종 요점을 찾기 위해서 이 장의 앞부분에서 논의했던 이론으로 되돌아가 보자. 각 이론은 나름대로의 기여를 하고 있다. 그러나 각 이론의 주제는 Erikson 이론의 첫 번째 위기, 즉 기본 신뢰 대 기본 불신의 위기를 반영하고 있다. 그것은 애착의 안정이라는 큰 부분이다. 이는 대상관계 이론에서도 암묵적으로 드러난다. 이 쟁점은 Erikson 자신의 이론에서도 핵심에 해당한다. 그것은 성격의 나머지 부분이 구축될 수 있는 기초를 제공한다.

우리 인간은 삶을 지탱하는 관계에서 신뢰할 수 있는 능력이 필요한 것 같다. 많은 이론가의 마음속에 인간이 적절하게 기능하기 위해서는 신뢰가 필수적이라는 믿음이 들어 있다. 관계에 대한 불신이 뿌리 깊이 박혀 있거나 관계가 파탄이 날 가능성에 대해 끊임없이 겁을 먹고 있는 사람은 손상되고 왜곡된 삶을 영위하게 된다. 그 손상이 아주 가벼운 사람도 있고 매우 무거운 사람도 있다. 그런 불신과 의심을 회피하기(혹은 이미 있었다면 그것을 인식하고 극복하기)는 인간 존재의 중심 과제인 듯하다.

평가

이제부터 심리사회적 관점의 평가에 대해 생각해 보자. 심리사회적 관점에만 특정한 평가의 두 가지 측면이 있다.

대상관계, 애착 및 평가의 초점

한 가지 차이는 무엇이 평가되는가에 관한 것이다. 구체적으로 말해 심리사회적 접근법은 다른 접근법에 비해 관계에 대한 그 사람의 정향성을 평가하는 것을 강조한다.

관계에 대한 개인의 정신 모형을 평가하는 몇 가지 방법이 있다. 측정도구는 개방형 질문(예, Blatt, Wein, Chevron, & Quinlan, 1979)에서부터 구조화된 자기보고(예, Bell, Billington, & Becker, 1986)에 이르기까지 넓은 범위를 보인다. 어떤 도구는 관계와 관련되는 넓은 범위의 쟁점을 평가한다(Bell et al., 1986). 다른 도구는 구체적으로 당신에게 가까운 타인에 대해 가지고 있는 애착에 초점을 맞춘다(예, Bartholomew & Horowitz, 1991; Carver, 1997a; Collins & Read, 1990; Griffin & Bartholomew, 1994; Simpson, 1990).

Bell 등(1986)의 대상관계 척도는 이런 관점에서는 어떤 내용을 평가하는가에 대한 좋은 예가 된다. 이 척도는 네 가지 하위 척도로 구성된다. 소외$_{\text{alienation}}$ 척도는 기본 신뢰의 부족과 타인과 친밀해지지 못하는 무능력을 측정한다. 이 척도에서 높은 점수를 받은 사람은 의심이 많고, 방어적이며, 고립되어 있고, 다른 사람이 자기

아동은 종종 놀이를 통해 자신의 느낌을 표현한다.

를 실망시킬 것이라고 확신하는 경향이 높다. 이것은 회피 애착과 비슷하다. 두 번째 하위 척도는 양가적 애착 유형과 비슷한 불안정 애착insecure attachment을 측정한다. 이는 거절에 대한 민감성이며, 남이 자기를 좋아하고 수용하는지에 대한 관심이다. 세 번째 하위 척도는 자기중심성egocentricity으로, 관계에 대해 자기 보호적이고 착취적인 태도에 해당하는 자기애를 평가한다. 이 척도에서 높은 점수를 받은 사람은 타인을 자신의 욕구와 목적에 관련시켜서만 바라보는 경향이 있다. 마지막 척도는 사회적 무능력social incompetence으로, 심지어 단순한 사회적 상호작용에서도 어떻게 관여해야 하는지에 대해 수줍어하고 불안해하는 속성을 측정한다.

평가에 대한 다른 한 접근법은 Blatt 등(1979)의 개방형 측정법이다. 이것은 사회적 관계 지각의 성숙도를 평가하기 위한 코딩 시스템을 가진다. 이 측정법은 당신에게 자신의 어머니와 아버지를 묘사해 보라고 요구한다. 만약 당신의 성숙 수준이 낮다면, 당신은 자신의 욕구를 만족하기 위해 부모가 어떻게 행동했는가에 초점을 맞추는 경향이 있다. 높은 성숙 수준을 보이는 사람은 자신의 욕구와는 상관없이 부모의 가치, 생각 및 느낌에 더 많이 초점을 맞춘다. 아주 높은 성숙 수준의 사람은 부모의 내적 모순과 시간이 감에 따라 변화해 가는 모습에 대해 기술한다. 이러한 측정치는 개인이 부모에게서 독립하고 개별화된 수준을 나타낸다.

평가로서의 놀이

평가에 대한 심리사회적 관점의 또 다른 측면은 이 관점이 아동기 경험을 성격의 결정 요인으로 강조한다는 사실을 반영한다. 그래서 이 관점은 다른 관점에 비해 아동 평가를 더 많이 강조한다. 아동 평가는 평가도구로서 놀이의 사용을 강조하는 경향이 있다. 아동의 놀이는 아동 자신의 선입견preoccupations을 드러낸다고 자주 언급된다(예, Axline, 1947, 1964; Erikson, 1963; Klein, 1935, 1955a, 1955b). 놀이는 아동이 말로 표현할 수 없는 방법으로 자신의 관심을 표현하게 해 준다.

Erikson(1963)은 탁자 위에 설치된 특수한 장난감 장치를 사용하는 하나의 표준화된 놀이 상황을 고안했다. 아동은 그 탁자가 영화 스튜디오이고 장난감은 배우와 소품이라고 상상하게 된다. 아동은 하나의 장면을 만들어 내고 무슨 일이 일어나고 있는지 묘사하게 된다. 다른 기법은 덜 구조화된 놀이 장면을 사용하기도 하지만, 장면에는 거의 언제나 다양한 인형(예, 어머니, 아빠, 더 나이 든 사람, 아동, 아기)이 포함된다. 이런 인형은 아동이 자기 자신의 관심이나 선입견과 관련되는 등장인물을 선택할 수 있게 허용해 준다.

놀이 상황은 아동이 모호한 자극에 어떤 이야기를 부여하기 때문에 투사적이다. 그러나 그것은 흔히 두 가지의 객관적인 특성도 지닌다. 첫째는 행동 기록behavioral record이다. 여기에는 아동이 장면에 대해 이야기하는 것과 장면과 그것을 만들기 위해 밟는 단계의 순서에 대한 기술이 포함된다. 둘째, 아동 행동의 안면가가 일반적인 투사검사에서보다 더 많은 주목을 받는다. 자동적으로 아동의 행동이 깊이 숨겨진 의미를 나타내는 것이라고 가정하지 않는다.

행동 문제와 행동 변화

심리사회 이론가가 사람들의 관계의 성질에 초점을 맞춘다는 것을 생각해 보면, 그들이 문제를 관계의 어려움으로 보는 것은 어쩌면 당연하다. 여기에 두 가지 예가 있다.

성격장애로서의 자기애

한 심리사회적 관점은 장애로서의 자기애narcissism에 특별히 초점을 맞춘다. 실제로 이 장애는 Kohut의 자기self에 대한 연구의 출발점이었다. 병적인 자기애는 모든 사람과 사물이 자기의 확장된 부분이거나 자기에게 봉사하기 위해 존재한다는 느낌을 의미한다. 거기에는 자기의 중요성에 대한 과장된 느낌과 끊임없이 주목받고자 하는 욕구가 있다. 자기애적인 사람은 자신은 다른 사람의 아첨을 받을 만한 가치가 있다는 자격감sense of entitlement을 드러낸다. 결과적으로 그들은 타인을 자주 착취한다.

Kohut이 "모든 사람은 발달 과정에서 조절되어야만 하는 과장된 자기애를 가지고 생을 시작한다."라고 말한 것을 기억해 보라. 그러나 일부 사람은 과장된 자기애에서 결코 벗어나지 못한다. Kohut(1977)은 부모의 부적절한 반영이 자기애적인 욕구를 좌절시키고 적절한 자기 구조의 형성을 방해한다고 말한다. 이와 유사하게 Kernberg(1976, 1980)는 부모의 거절로 인해 과장된 자기애가 생긴다고 말한다. 그러면 아동은 신뢰할 수 있는(따라서 사랑할 수 있는) 유일한 사람은 자기 자신뿐이라고 믿게 된다. 이런 설명에 부합되게 자기애적인 사람은 친밀감을 제공하는 사람에게 찬사를 보내는 사람을 연애 상대로 더 선호한다(Campbell, 1999). 그들은 더 나은 누군가를 항상 기다리고 있기 때문에 현재의 관계에 덜 헌신적이다(Campbell & Foster, 2002).

자기애가 만족되지 않는 사람은 충족되지 못한 자기애적 욕구를 만족시키기 위해 여러 가지 방법으로 현실을 왜곡할 수 있다. 예를 들면, 병적 자기애가 높은 사람은 낮은 사람보다 다양한 생활 무대에서 자신의 수행에 대한 평가를 더 과장하는 경향이 있다(John & Robins, 1994). 만일 다른 누군가가 자기보다 더 잘한다는 말을 들어서 자기애가 손상을 받으면, 그들은 그 상대를 더 많이 비난하고 조롱하는 경향이 있었다(Morf & Rhodewalt, 1993).

자기애적인 사람narcissists은 처음에는 매우 우호적으로 보일 수도 있지만, 그들이 한동안 주위에 있으면 그들에 대한 평판은 나빠진다(Paulhus, 1998). 그들은 자기를 고양할 수 있는 기회에 대해서 매우 반응적이다(Wallace & Baumeister, 2002). 아울러 그들은 성공의 공적은 자기가 취하고 실패나 비판에는 분노로 반응한다(Rhodewalt & Morf, 1998). 실제로 자기애적인 사람은 자신의 욕망이 좌절되었을 때 극도의 분노를 폭발하거나(Bushman & Baumeister, 1998; Stucke & Sporer, 2002), 사회적으로 거절당한 것으로 생각할 수 있다(Twenge & Campbell, 2003). 이는 그들이 자신을 희생자로 볼 가능성이 높기 때문에 실제로 큰 문제가 될 수도 있다(McCullough, Emmons, Kilpatrick, & Mooney, 2003).

애착과 우울

문제의 본질을 바라보는 또 하나의 창은 대인관계의 거절이 우울증의 주요한 원인이라고 보는 아이디어에서 나온다. 이 아이디어는 상당한 지지를 받았다(Blatt & Zuroff, 1992). 회피 애착 유형은 무시하거나 거절하는 양육 방식에서 생기고, 슬픔과 절망, 종국적으로는 정서적 분리detachment를 초래한다고 알려져 있다(Carnelley, Pietromonaco, & Jaffe, 1994; Hazan & Shaver, 1994).

회피 애착 유형은 스트레스를 받을 때 정서적 고통을 발달시키는 것과도 연결되어 왔다(Berant, Mikulincer, & Florian, 2001). 연구 참여자는 자신의 신생아가 선천적 심장병을 가지고 태어났다는 것을 2주 전에 알게 된 여성이었다. 회피적인(그래서 불안한) 애착 유형을 가진 여성이 가장 큰 고통을 받았다. 회피 애착 유형은 1년 후의 정서적 안녕이 더 많이 떨어지는 것을 예측하였다. 다른 연구(Hankin, Kassel, & Abela, 2005; Lee & Hankin, 2009)에서도 회피 애착이 우울의 위험 요인이라는 아이디어를 지지하는 결과를 얻었다.

회피 애착 유형과 그에 연결된 우울은 둘 다 한 세대에서 다음 세대로 전달될 수 있다고 제안되어 왔다. 이러한 주장은 유전보다는 행동에 기초를 둔 것이다. 당신이 유년기에 획득한 패턴은 당신이 자녀를 가졌을 때 영향을 주게 되는 작동 모형이다. 만일 당신이 (부모의 거절 때문에) 회피적인 성인이 되었다면, 특히 당신이 우울한 회피적 애착의 성인이라면, 당신은 어떤 종류의 부모가 될까? 아마도 아이와 정서적으로 거리를 두는 부모가 될 것이다. 당신이 아이를 싫어하기 때문이 아니라 너무 거리를 두기 때문에, 당신은 아이에게 거절하는 부모로 경험될지도 모른다. 정서적으로 아이가 접근하기 어렵기 때문에, 당신은 바로 당신과 닮은꼴인 회피 애착 유형을 보이는 아이를 만들지도 모른다.

그래서 부모는 스스로를 불행하게 만드는 자신의 애착 특성을 다음 세대로 전할 수 있다. 거절과 우울에 관해 이런 방식으로 추론하는 계열을 지지하는 연구(Besser & Priel, 2005; Whitbeck et al., 1992)가 있다. 부모가 변덕스러운 행동 패턴을 보이는 것이 아이의 양가 애착 유형과 연결됨을 지지하는 연구(Elder, Caspi, & Downey, 1986)도 있다.

행동 변화

심리사회적 전통에 서 있는 사람은 치료에 몇 가지 기법을 보태어 준다. 앞에서 발달에 대한 관심이 평가에서 놀이를 사용하도록 만들었다고 이야기한 바 있다. Erik Erikson(1963), Virginia Axline(1947), Melanie Klein(1955a, 1955b) 같은 심리학자는 아동에게 사용할 수 있는 놀이치료play therapy 기법을 발전시켰다. 이 기법은 성인의 압력이나 강요, 괴롭힘, 혹은 잔소리 없이 아동에게 자신이 원하는 것을 할 수 있는 기회를 준다. 이러한 조건에서 만일 그들이 지나치게 항상 자기 옆에 존재하는 부모에 의해 질식당할까 염려하고 있다면 아동은 타인과 거리를 둘 수 있다. 만약 부모가 그들을 거절하거나 원치 않는다고 느끼고 있다면 분노나 친밀감에 대한 자신의 소망을 놀이로 표현할 수도 있다. 놀이방은 아동의 세계다. 그 안에서 아동은 자신의 느낌을 의식의 수면 위로 끌어올릴 수 있는 기회를 갖게 되고, 그것을 다루며 잠재적으로는 긍정적인 방식으로 관계와 자기에 대한 작동 모형을 변화시킬 수 있다(Landreth, 1991).

대상관계 이론과 자기심리학 이론은 문제에서 관계의 역할을 강조하기 때문에 치료 과정의 일부분으로 관계를 매우 강조한다. 치료자는 환자가 요구하는 종류의 관계를 제공하려고 노력하고, 그래서 환자는 자신의 문제되는 부분을 재통합할 수 있다. 치유는 초기의 정서적 실패를 대체하는 성공적인 자기애 경험이나 애착 경험(거의 일종의 재양육에 해당하는 경험)을 제공함으로써 가능해진다.

이러한 치료 기법은 개인의 삶에서 타인과의 연결감을 회복하는 한 방법을 보여주는 것이다. 과거에 만들어진 관계의 표상을 수정함으로써, 그들은 미래에 더 만족스러운 관계로 발전할 수 있게 허용된다. 과거에 문제가 있었던 경험을 원상태로 돌릴 수 있는가 하는 문제에 대해 이 접근법이 견지하는 낙관론은 "행복한 아동기를 갖기에 결코 늦지 않았다."라는 말에 반영되어 있다.

심리사회 이론: 문제점과 전망

성격에 대한 심리사회적인 접근은 많은 이론가의 고향이다. 출발점이 다름에도 그들의 연구 배후에 존재하는 주제는 놀랄 만큼 일관성이 있다. 각 이론은 인간관계가 인생의 가장 중요한 부분이며, 인간관계를 어떻게 관리하느냐가 성격의 핵심 쟁점이라고 가정한다. 각 이론은 사람들이 초기 경험을 통해 관계에 대한(후에는 새로운 관계를 발전시키기 위해 사용되는) 작동 모형을 발달시킨다고 가정한다. 또 하나 공통으로 내포되어 있는 생각은 건강이란 독립적이고 자율적이 되는 것과 누군가와 밀접하게 연결되는 것 사이의 균형을 요구한다는 것이다(Helgeson, 1994, 2003, 출판 중; Helgeson & Fritz, 1998도 참조).

심리사회적 이론의 한 가지 강점은 다른 이론이 가리키지 않는 방향을 우리에게 지적해 주고 있다는 점이다. 예를 들어, 성격을 애착 유형이라는 면에서 생각하는 것은 다른 관점에서는 쉽게 도출되지 않는 가설을 제안한다. 애착이론에 근거한 연구는 성격이 사회적인 관계에서 어떻게 표출되는가에 대해 더 잘 이해할 수 있도록 만들어 준다. 성격의 이러한 측면에 대한 그림은 출발점으로서의 애착 모형이 없었다면 결코 출현하지 못했을 것이다. 게다가 애착이라는 주제를 Erikson의 이론과 같은 보다 복잡한 모형과 연결하는 것은 다른 관점에서는 도출하기가 거의 불가능한 전 생애에 걸친 변화와 진보의 그림을 만들 수 있도록 해 준다. 심리사회적 관점은 분명 성격에 대한 우리의 이해에 매우 중요한 무언가를 덧붙인다.

이런 진술이 이 접근법에는 미해결인 채 남아 있는 쟁점이 없다는 것을 의미하지는 않는다. 한 가지 중요한 쟁점은 이런 접근을 하는 학자의 관점과 특성심리학자 및 행동유전학자의 관점 사이에 존재하는 대립에 관한 것이다. 성인 애착 유형은 유전적으로 영향을 받는 특성과 잘 상응한다. 회피적인 사람은 본질적으로 내성적인 사람이고, 안정 애착을 보이는 사람은 외향적인 사람이며, 불안-양가적 애착 유형의 사람은 신경증 성향이 높은 사람과 유사하다. 이러한 애착 유형은 양육의 결과인가, 아니면 유전적으로 결정된 것인가? 이 질문의 양측에는 강력한 의견이 있다. 이 질문은 앞으로 수년 내에 더욱 면밀히 조사될 문제다.

이 관점의 미래 전망 고려에서 우리는 심리사회적 접근에 대한 연구가 최고의 속도로 계속되어 왔다는 사실에 주목해야 한다. 실제로 성인 애착 및 관련 아이디어는 오늘날 성격심리학에서 가장 활발한 연구 영역 중 하나이며, 최근 이 주제에 관한 연구의 홍수는 줄어들 조짐이 전혀 보이지 않는다(Mikulincer & Shaver, 2007; Rholes & Simpson, 2004). 아동(그리고 성인)의 인생에 애착 유형이 시사하는 바에 대한 연구는 인간 경험에 대한 흥미롭고 새로운 통찰을 제공할 것임을 약속한다. 가까운 미래에 이 연구 분야의 전망은 매우 밝아 보이며, 그래서 이 접근의 전반적 전망도 밝다.

요 약

심리사회적 이론은 성격이 본질적으로 사회적 산물이라는 생각, 그리고 성격에서 중요한 쟁점은 사람들이 타인과 관계 맺는 방식과 관련이 있다는 아이디어를 강조한다. 몇몇 심리사회적 이론은 생의 초기에 초점을 맞춘다. Mahler의 대상관계 이론은 유아가 그들의 어머니와 심리적으로 결합된 상태로 생을 시작한다는 것과 그들이 생의 처음 3년 동안에 분리되고 개별화된다는 것을 제안한다. 이것이 어떻게 일어나는가 하는 것은 이후의 적응에 영향을 미친다.

Kohut의 자기심리학은 대상관계심리학과 유사하다. 그는 인간은 자기대상으로 표상되는 타인에 의해 만족되는 자기애적 욕구를 가지고 있다고 말한다. 만약 아동이 자기대상(주로 어머니)에게서 충분히 반영(긍정적 주의)을 받는다면 자기감이 적당하게 발전한다. 만약 반영이 너무 지나치다면 아동이 좌절을 다룰 수 없게 된다. 만약에 너무 적은 반영을 받는다면 자기의 발달은 저지된다.

이러한 개념 중 어떤 것은 Bowlby와 Ainsworth 같은 애착 이론가의 연구에서 되풀이된다. 안정 애착은 탐색을 위한 견고한 기초를 제공한다. 또한 변덕스러운 취급, 무시, 또는 거절에서 기인하는 불안정 애착의 유형(양가적이고 회피적인)도 있다. 유년기 애착 유형이 지속되고 성인 성격에 영향을 준다는 아이디어에 대한 관심은 증가하고 있다. 현재 이 주제에 대해 대단히 많은 연구가 행해지고 있으며, 성인 애착은 여러 가지 방법으로 평가된다. 사람들은 사회관계 속에서 다양한 방식으로 관계를 맺지만, 어떤 핵심적인 경향성이 존재하는 것 같다. 성인 애착 유형은 사람들이 직업 활동과 관계 맺는 방식이나 정서적 지지를 추구하고 주는 방식, 그리고 연애 상대와 관계 맺는 방식을 포함하는 다양한 행동 측면에 영향을 미친다.

또 하나의 중요한 심리사회적 집단 이론은 Erikson의 심리사회적 발달이론이다. Erikson은 의식적으로 경험된 자기감에 해당하는 '자아정체감'에 영향을 주는 자아 강도의 근원으로서 유아기부터 노년기까지 일련의 위기가 존재한다고 가정했다. Erikson은 각 위기는 한 단계에서 초점이 되지만 일생을 통하여 덜 분명한 형태로 계속 존재한다고 가정했다.

첫 번째 위기는 기본적 신뢰의 발달과 관계가 있다. 그 후 아동은 신체에 대한 통제 및 그에 동반되는 자율성에 관심을 갖게 된다. 다음 쟁점은 아동이 자신의 힘을 행사하고자 하는 주도성이다. 아동이 학령기에 들어서면서는 사회 환경이 자신들에게 근면성을 요구한다는 것을 깨닫기 시작한다. 청소년기가 되면서 아동은 인생의 새로운 단계와 정체감과 관련된 위기로 들어선다. 성인 초기에 정체감의 쟁점은 친밀감에 대한 관심에 자리를 내어 준다. 성인기에 개인은 생산성에 대한 관심으로 옮겨 간다. 마침내 인생의 마지막 단계에서 사람들은 전체로서의 자신의 생에 대한 통합성에 직면한다.

심리사회적 관점에서 나온 평가 기법은 자아심리학의 그것과 유사하지만 사람들의 관계에 더 많은 초점을 두고 있다. 또한 이 접근법은 아동의 평가방법으로서 놀이를 사용하도록 유도한다. 문제에 대한 심리사회적 관점은 문제의 뿌리가 관계라는 쟁점에 있다는 생각에 초점을 맞추고 있다. Kohut은 병적인 자기애는 부적절한 유년기 반영에 기여한 것으로 보았다. 불안정 애착은 우울의 위험을 일으킨다는 것도 시사되었다.

이 이론들은 자아심리학과 비슷한 방식으로 치료에 접근하지만 추가되는 변수도 있다. 그 중 하나는 아동을 위한 놀이치료다. 대상관계 이론과 애착이론은 자기감의 재통합을 허용하거나 안정된 애착의 느낌을 확립하는 데 있어서 치료자와의 관계가 결정적으로 중요하다고 제시한다.

용어설명

공생기symbiosis 유아가 어머니와의 융합을 경험하는 시기.

낯선 상황strange situation 어머니에 대한 유아의 애착을 평가하기 위해 사용되는 절차.

놀이치료paly relations 아동에 대한 치료를 수행하는 절차로서 놀이를 사용하는 것.

대상관계object relations 개인적으로 상징화된 다른 사람(부모 등)과의 관계.

반영mirroring 누군가에게 긍정적인 관심과 지지를 보내 주는 것.

분리-개별화separation-individuation 어머니와의 융합에서 분리됨으로써 독립적인 정체성을 획득하는 과정.

심리사회적 위기(또는 갈등)psychosocial crisis(or conflict) 특정한 대인관계의 쟁점이 다루어지며, 성장 잠재력과 취약성이 모두 높은 발달 시기에서의 전환점.

애착attachment 누군가와의 정서적 연결.

열등감feeling of inferiority 당신이 어떤 점에서 부족하다고 느끼는 것.

유능성 동기competence motivation 환경을 효과적이거나 성공적으로 다루려는 욕구.

이야기narrative 일관성 있는 정체감을 표현하기 위해 당신의 생애로 구성한 이야기.

자기대상selfobject 자신의 욕구를 충족해 주는 기능을 하는 타인에 대한 정신적 표상.

자기심리학self psychology 관계가 자기 구조를 만든다고 주장하는 Kohut의 이론.

자기애narcissism 자신에 대한 과대한 자기 중요감과 권리 부여.

자아정체감ego identity 사회 현실과 교류하면서 생기는 전반적인 자기감.

자아 탄력성ego resiliency 새로운 환경에 적응하기 위해 당신의 전형적인 자아 통제 수준을 유연하게 수정할 수 있는 능력.

자아 통제ego control 충동을 통제하거나 억제하는 정도.

자아 특성(자아 강도 또는 덕성)ego quality(ego strength or virtue) 위기의 성공적인 관리를 통해 성격의 일부가 된 특성.

전 생애 발달life-span development 발달 과정은 일생을 통해 계속된다는 아이디어.

전이transference 원래 부모에 대하여 발달시킨 자기대상 표상을 통해 다른 사람을 바라보는 것.

점성설epigenesis 미래 발달을 위한 내적 계획은 생의 시초부터 존재한다는 (발생학에서 도입된) 아이디어.

효과성 동기effectance motivation 환경에 영향력을 가지려는 욕구.

제10장

학습 관점

사 례

리사는 파스텔 색감을 좋아한다. 왜 그런지 물었을 때 그녀는 약간 멍해지는 것 같았고, 적어도 8번째 생일 이후로 그 색이 좋다고 느낀 것 외에는 다른 이유는 잘 모르겠다고 말했다. 8번째 맞이하는 생일에 아주 근사하고 깜짝 놀랄 만한 생일파티가 열렸을 때, 주위는 온통 옅은 분홍색, 초록색, 보라색으로 장식되어 있었다.

어느 날 나는 2세인 아들이 부엌에서 유아용 안전 장치가 되어 있는 캐비닛 문 하나를 획 열고 손을 팬을 향해 뻗고 있는 것을 보았다. 나는 아이가 어떻게 그렇게 행동할 수 있는지를 가르치지 않았다. 나는 내 아이가 어떻게 그렇게 할 수 있었는지 궁금했다. 아마도 아이는 내가 하는 것은 보고 그렇게 했을 것 같다.

왜 사람들은 저마다 다른 선호를 갖게 되는가? 사람들은 어떻게 새로운 방식의 행동을 획득하게 되는가? 한 가지 흔한 답은 이러한 행동의 측면이 배움을 통해 얻어진다는 것이다. 이 관점은 성격이란 당신이 인생을 통해 경험해 온 모든 것에서 배운 경향성으로 구성된다고 생각한다.

만약 사람들이 학습의 산물이라면, 그 학습이 어떻게 작동하는지를 아는 것이 중요하다. 학습이 겉으로 보기에는 다양하지만, 기본적으로는 단일한 과정인지 혹은 다양한 독립적 과정이 있는지에 대한 의견의 불일치는 여전하다(예, Locurto, Terrace, & Gibbon, 1980; Rescorla, 1987; Staats, 1996). 이 책에서는 편의를 위해서 각자 서로 다른 규칙을 가진 구분되는 학습 유형이 있다는 견해를 채택하고자 한다.

이 장의 처음은 조건형성이라고 불리는 학습의 기본 형태에 초점을 맞춘다. 이 학습 과정은 사람보다는 동물을 대상으로 한 연구에서 정보가 유래했다. 그럼에도 많은 사람이 이런 과정이 우리가 성격이라고 알고 있는 특성의 기초가 되는 과정이라고 생각한다. 학습연구가 진척됨에 따라 학습이 처음에 생각한 것보다 훨씬 복잡한 현상이라는 점이 드러났다. 그 결과로 인간 지식이 조금씩 늘어난다기보다는 크게 도약하는 형태로 일어날 수도 있다는 사실을 반영하는 더욱 정교한 이론이 필요하게 되었다. 정교화된 이론은 학습에서 인지의 역할을 크게 강조한다. 이 장의 뒷부분에서는 인간에게만 특정하게 적용되는 학습의 이런 유형에 대해 논의한다.

고전적 조건형성

학습에 관한 초기 발견은 한 가지 자극과 또 다른 자극이 연합됨으로써 새로운 반응이 획득될 수 있다는 것이다. 이러한 학습 유형을 고전적 조건형성classical conditioning이라 한다. 이는 또한 러시아의 과학자인 Ivan Pavlov의 이름을 따서 Pavlov식 조건형성이라고도 불린다. Pavlov(1927, 1955)는 이 현상을 이해할 수 있는 문을 열려고 노력한 사람이다.

기본 요소

고전적 조건형성이 일어나기 위해서는 두 가지 요소가 요구된다. 첫 번째, 유기체는 이미 특정 자극에 반사적으로 반응해야 한다. 즉, 자극이 제시될 때마다 신뢰할 수 있고 자동적인 방식으로 반응해야 한다. 따라서 반사reflex는 자극과 반응 간의 관계의 존재로 자극이 반응을 야기한다. 예를 들어, 입안에 신 음식(새콤한 사탕)을 넣으면 언제나 침이 분비된다. 뜨거운 오븐에 손이 닿으면 자동적으로 손을 뒤로 빼게 된다. 이러한 반응은 대부분의 사람에게서 반사적으로 일어난다. 어떤 것은 선천적이고 어떤 것은 학습되지만, 각각의 경우에 자극은 신뢰할 수 있게 특정한 반응을 유도한다.

고전적 조건형성에서 요구되는 두 번째 조건은 반사반응을 일으키는 자극은 다른 자극과 시간과 장소의 면에서 반드시 함께 연합되어야 한다는 것이다. 두 번째 자극은 대개 처음에는 중립적이다(항상 그런 것은 아니다). 즉, 그것 자체로는 존재를 인식하는 것 외에 다른 특정한 반응을 일으키지 않는다. 원칙적으로 이 자극에 대한 특정한 기준은 없다. 색, 소리, 사물, 사람 등 어떤 것이든 조건자극이 될 수 있다.

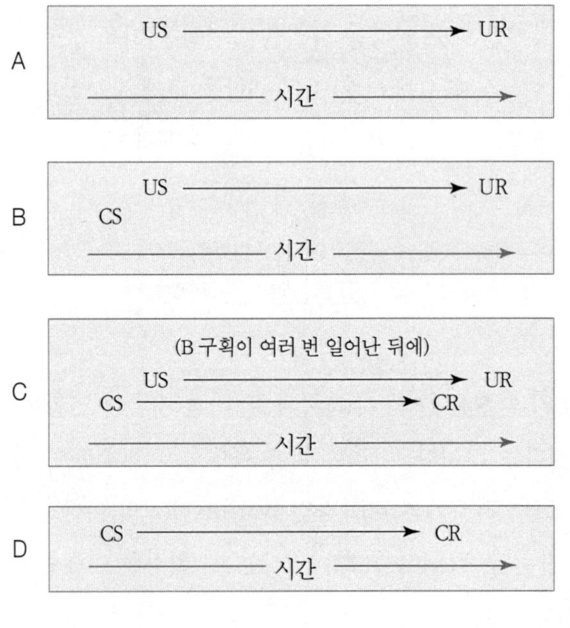

[그림 10-1]

전형적인 고전적 조건형성의 다양한 단계(각 구간에서 시간이 지남에 따라 왼쪽에서 오른쪽으로 흘러간다. (A) 자극(US)과 반응(UR) 사이에서 이미 반사적인 관계가 존재한다. (B) 중립자극이 시간과 공간에서 US와 반복적으로 짝지어진다. (C) 그 결과로 조건반응(CR)이라는 새로운 반응이 발달하게 된다. (D) 일단 조건형성이 발생하게 되면 CS 자체만으로도 CR을 이끌 수 있다.

사람들은 종종 고전적 조건형성을 단계로 기술한다([그림 10-1] 참조). 첫 번째 단계는 조건형성 전 상황이다. 이 단계에서는 오직 반사만 존재한다. 자극이 반응을 일으킨다. 이 자극은 조건형성되지 않은unconditioned 또는 무조건자극unconditional stimulus: US이라 불린다. 이것이 만든 반응은 조건형성되지 않은unconditioned 또는 무조건반응unconditional response: UR이라 불린다. 여기서 무조건이라는 단어는 반응이 일어나는 데 특정한 조건이 요구되지 않음을 의미한다. 그것은 자극이 제시될 때 자동으로 출현한다([그림 10-1], A 참조).

두 번째 단계는 조건형성이 일어나는 단계다. 이 단계에서는 US가 출현하기 바로 전에 나타나는 중립자극과 관련된다([그림 10-1], B 참조). 중립자극은 이제 조건형성된conditioned 혹은 조건자극conditional stimulus: CS이라고 불린다. 그것이 무엇을 의미하는가를 알아보는 두 가지 방식이 있다. 첫째, '조건형성'되어 가고 있는 자극이다. 둘째, US는 특정 조건하에서만 자극이 제시되면 반응한다. US가 오면 자동적이고 반사적으로 UR이 따른다(그리고 그 반응은 그 밖의 다른 것이 있든 없든 간에 US가 제시되기만 하면 발생한다는 것을 기억하라).

US와 CS가 자주 짝지어지면 점차로 무언가가 변하기 시작한다([그림 10-1], C 참조). 이제 CS는 스스로 반응을 발생시킬 수 있는 능력을 획득하기 시작한다. 이 반응을 조건반응conditoned response: CR이라 한다. CR은 종종 UR과 아주 유사하다. 실제로 CR이 UR보다 강도가 덜하다는 것을 제외하면 거의 똑같아 보인다(〈표 10-1〉, A열 참조). 또 다른 경우에는 두 가지를 구별할 수 있다. 그렇기는 하지만 중요한 유사점이 있다. 만일 UR이 유쾌하지 않은 특성을 가질 때 CR도 역시 그럴 것이다(〈표 10-1〉, B열 참조). 만일 UR이 유쾌한 특성을 갖고 있다면 CR도 마찬가지일 것이다(〈표 10-1〉, C열, D열 참조).

‖ 표 10-1 ‖ 두 가지 일반적인 연구 절차(보편적인 아동기 경험과 성인기 경험)에서 고전적 조건형성 요소의 예시(이곳에서 요소는 시간 순서가 아니라 자극과 그것이 연합된 반응으로 배열되어 있다는 것을 유의하라).

US	UR	CS	CR
(A) 입안에 레몬주스	타액 분비	음	타액 분비
(B) 발에 충격	고통	빛	두려움
(C) 입안에 아이스크림	기분 좋은 맛	아이스크림을 봄	행복
(D) 낭만적으로 유혹하는 파트너	성적 각성	무드 음악	성적 각성

이것을 어떻게 당신에게 적용할 것인가? 당신이 이탈리아 음식과 시칠리안 민속 음악을 전문으로 하는 레스토랑에서 저녁 시간을 보내고 있다고 생각해 보자. 어느 날 밤 당신이 놀라울 정도로 성적 각성(UR)을 일으키는 어떤 사람(US)을 만났다고 가정해 보자. 당신은 촛불 아래 있고, 진홍색 벽지와 당신을 부드럽게 잡아끄는 시칠리아 사랑 노래(CS)에 둘러싸여 있다. 이 장면들은 이전에는 중립적인 특성을 갖고 있었지만 이제는 그에 대해 조건형성된 성적 반응(CR)이 획득될 수 있다. 이제 당신에게 촛불은 이전과 다른 느낌일 것이다. 당신이 듣고 있는 음악은 이제 당신의 마음속에 특별한 자리를 차지할 것이다.

만일 US가 중립자극과 함께 반복적으로 제시됐다는 것을 당신이 알고 있다면, 조건형성이 일어났는지 아닌지를 어떻게 알겠는가? 이를 알아보기 위해서는 US 없이 CS만 제시해 보면 된다([그림 10-1], D 참조). 만약 CS(혼자)가 반응을 갖게 되면 조건형성이 발생한 것이다. 만약 반응이 없다면 조건형성이 되지 않은 것이다. 더 빈번하게 CS가 US와 짝지어질수록 조건형성이 더 잘 발생한다. 그러나 US가 매우

글상자 10-1 고전적 조건형성에서 무슨 일이 일어나고 있는가

고전적 조건형성은 수십 년 동안 심리학의 주요 코스 중 일부였다. 대부분의 설명에서 이는 학습이론 발달의 초기에 잘 확립되어 이제는 덧붙일 것이 거의 더 없는 과정으로 묘사된다. 그러나 모든 사람이 이런 의견에 동의하는 것은 아니다(Mineka & Zinbarg, 2006).

대부분의 고전적 조건형성은 가까운 시간 내에 발생하기 때문에 하나의 자극에서 다른 자극으로 퍼지게 되는 저수준의 과정으로 그려진다. 그러나 Robert Rescorla(1988)는 그렇지 않다고 주장한다. 그는 이 현상을 유기체가 세상의 사건 사이의 관계에 대한 자신의 경험을 사용하는 형태라고 본다(Mowrer & Klein, 2001 참조). 그는 조건형성이 단순한 시간과 장소의 연합만으로 발생하지 않는다고 본다. 그보다는 한 자극이 다른 자극에 대해 주는 정보다. Rescorla에 따르면, 학습이란 세상에 대한 유기체의 표상과 실제 세계 사이를 일치하도록 하는 과정이다. 유기체는 그들에게 일어난 어떤 것에 대해 '놀랐을 때'에만 학습한다.

함께 경험되는 두 개의 자극은 때때로 연합되지 않는다. 두 마리의 동물에 대해 살펴보자. 한 마리는 빛(CS로서)과 쇼크(US로서)가 짝지어지는 일련의 시행을 거쳤다. 다른 한 마리는 이러한 경험을 하지 않았다. 그리고 두 마리 모두는 빛과 음(두 개의 CS로서)이 쇼크와 짝지어진 일련의 시행을 받았다. 두 번째 동물은 음에 대한 조건반응(CR)을 획득하였지만, 두 번째 동물은 그렇지 못했다. 아마도 빛에 대한 첫 번째 동물의 이전 경험이 추가된 음을 불필요한 것으로 만든 것으로 보인다. 첫 번째 경우 빛은 이미 US가 나온다는 신호이기 때문에 음에 대해 조건형

강렬해서 아주 강한 UR을 야기한다면, 단 한 번만 짝지어져도 조건형성이 일어날 수 있다. 예를 들어, 화학요법을 받고 있는 암 환자는 약물로 인해 심한 구역질을 경험하고 주변 자극에 대해 아주 강력한 CR을 발달시킨다.

조건형성이 발생하면 CS-CR 조합 행동은 다른 반사처럼 행해진다. 즉, 조건형성을 대신해서 이 조합은 반사처럼 행동할 수 있다. 예를 들어, 한 시칠리아 음악이 성적 각성을 일으키도록 조건형성이 되었다면, 시칠리아 음악은 다른 것에 대해서도 각성을 일으킬 수 있다. 시칠리아 음악을 듣고 있던 그 장소의 특별한 사진과 같은 것도 각성을 일으킬 수 있는 것이다. 이러한 과정을 고차 조건형성higher-order conditioning이라 한다.

고전적 조건형성에서 변별, 일반화 및 소거

고전적 조건형성은 새로운 반응이 중성자극과 결합될 수 있는 기제를 제공한다(그러나 〈글상자 10-1〉도 참조하라). 그렇지만 CS는 조건형성 중의 것과 엄밀하게 꼭

성할 필요가 없고, 실제로 학습은 일어나지 않는다.

이와 같은 방식으로 화학요법 치료를 받고 있는 암 환자에게 화학요법 전에 예외적인 음식을 줌으로써 특정 음식에만 혐오를 조건형성할 수 있음을 보여 주었다(Bernstein, 1985). 특정 음식을 희생양으로 만듦으로써 그 외의 아주 흔한 다른 음식에 대해 혐오감을 조건형성하는 사태를 방지했다.

Rescorla(1988)는 또한 고전적 조건형성에 대한 전통적 견해의 다른 측면에 도전하였다. 그는 고전적 조건형성이 자극을 여러 번 짝지어야 발생하는 느린 과정이라는 아이디어에 대해 반박한다. 그는 학습이 흔히 대여섯 번의 시행으로 발생한다고 이야기한다. 그는 "고전적 조건형성은 유기체가 함께 발생하는 두 자극 간의 연합을 어쩔 수 없이 형성하는 어리석은 과정이 아니다. 오히려 유기체는 세상에 대한 정교한 표상을 형성하기 위해 자신의 사전 개념과 함께 사건 사이의 논리적이고 지각적인 관계를 사용하는 정보 추구자라고 볼 수 있다."(p. 154)라고 말한다.

Rescorla(그리고 다른 사람)가 취한 이런 입장은 고전적 조건형성은 두 자극 사이의 연합에 대한 학습을 반영한다고 보는 이 장에서 기술된 견해와는 분명히 다르다. 연구자들이 표현했던 연합학습에 대한 관점은 또한 이 장의 후반부에서 중요한 쟁점이 될 것이라 예고한다. 그것은 학습에서의 인지의 역할이다.

같은 형태로는 다시 나타나지 않는다. 대신 당신은 CS와 유사한 많은 자극과 마주하게 될 것이다. 이런 경우 어떤 일이 일어나는가?

시실리안 레스토랑에서의 당신 경험은 촛불, 진홍색 벽지, 이탈리아 음식(CS로서)과 성적 각성(CR로서)의 연합을 이끈다. 만약 당신이 부드러운 램프 빛, 포도주색으로 칠해진 벽과 스페인 음식이 있는 방을 걸어 들어가고 있다면 무슨 일이 일어나겠는가? 이것은 성적 각성을 일으키는 바로 그 자극은 아니지만 유사하다. 이때 일반화generalization라고 불리는 과정이 발생한다. 일반화는 처음의 자극과 똑같지는 않지만 유사한 자극에 대해 비슷한 방식으로 반응하는 것이다. 이 상황에서 당신은 비록 첫 번째 방만큼은 아니더라도 아마도 성적 각성을 느끼기 시작한다. 만약 새로운 방이 처음 방과 더 많이 다르다면 당신의 반응은 더욱 저하될 것이다.

왜 반응이 더 저하될까? 그 대답은 변별discrimination이라고 불리는 개념에 달려 있다. 변별은 상이한 자극에 상이하게 반응하는 것을 의미한다. 만약 당신이 형광 불빛과 파란색 벽의 방을 걸어 들어간다면 시칠리안 레스토랑에서의 그윽한 불빛과 연관된 이미지를 떠올릴 수 없을 것이다. 당신은 두 가지 상황의 자극 사이에서 변

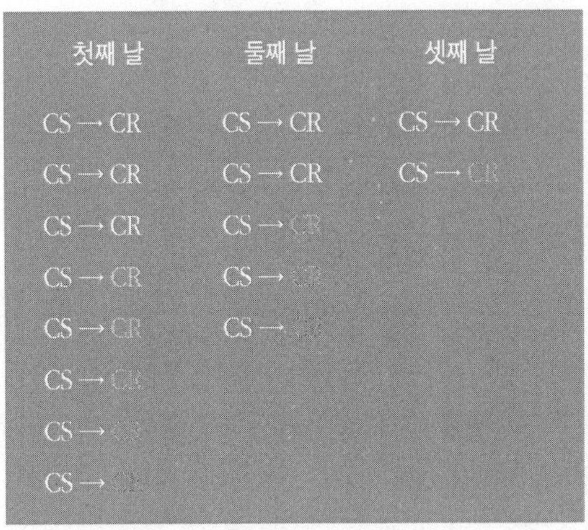

[그림 10-2]

고전적 조건형성에서의 소거와 자발적 회복. US 없이 CS가 여러 번 되풀이되어 나타날 때, CR은 점차 약해지고 결국 사라지게 된다(또는 거의 없어진다). 만약 CS가 시간이 지난 후에 반복된다면 CR은 처음의 높은 수준보다 최후에는 낮은 수준으로 되돌아온다. 반복되는 때를 넘어, 자발적 회복 역시 감소하게 된다.

별을 한 것이다. 변별과 일반화는 상호 보완적이다. 자극이 초기의 CS와 더 많이 달라지면 일반화는 변별로 바뀐다.

그렇다면 조건형성된 반응은 사라진 것일까? 조건형성의 논의에서는 망각forgetting 같은 용어를 사용하지 않는다. 대신 CR이 약해지는 과정을 소거extinction라 부른다. 소거는 US 없이 CS가 반복적으로 나타날 때 발생한다(Pavlov, 1927). 처음에 CS는 CR을 확실하게 이끌어 낸다([그림 10-2] 참조). 하지만 US 없이 CS만 반복적으로 제시되면 CR은 점차 약해진다. 그러나 실제로 CR은 사라지지 않는다. 반응이 일정한 회기에서 멈췄을 때에도 다음 날 '자발적 회복'이 일어난다(Wagner, Siegel, Thomas, & Ellison, 1964). 사실 이를 통해 고전적 조건형성이 신경계에 영구적인 기록을 남겨서, 완전히 지워진 것은 아니고 단지 침묵하고 있는 것이라고 믿게 되었다(Bouton, 1994, 2000).

정서 조건형성

이미 눈치를 챘겠지만, 인간에게 일어나는 많은 고전적 조건형성은 정서적 특성을 지닌 반응과 관련된다. 즉, 반사반응을 가장 분명하게 이끄는 자극은 좋은 느낌(희망, 기쁨, 흥분)이나 나쁜 느낌(두려움, 분노, 고통)을 야기하는 자극이다. 정서조건형성emotional conditioning이란 용어는 CR이 정서적 반응인 고전적 조건형성을 언급하기 위해 흔히 사용된다.

정서 조건형성의 흥미로운 측면은 색깔과 같은 속성에 대한 정서 반응이다.

비즈니스 오찬의 한 가지 목적은 당신의 회사와 그 생산품(CS로서)을 근사한 식당에서의 훌륭한 식사(US로서)로 발생된 긍정적 감정과 연합하는 것이다.

글상자 10-2 고전적 조건형성과 태도

태도는 어디에서 오는가? 이 장에서 제공하는 대답은 당신이 고전적 조건형성을 통해 태도를 발달시킨다는 것이다. 이미 정서 반응(UR)을 유발하는 자극(US)과 짝지어짐으로써 중립자극(CS)이 정서 반응(CR)을 유발하기 시작한다. 조건형성 접근은 사람들이 태도 대상(사물, 사람, 아이디어, 또는 사건)에 대한 정서 반응을 정확히 이런 방식으로 획득한다고 주장한다. 태도 대상이 정서를 유발하는 자극과 짝지어지게 되면 바로 그 정서를 일으키게 된다. 따라서 정서 반응은 태도를 위한 기초가 된다.

이런 주장에 잘 들어맞는 증거가 있다. 지금부터 65년도 더 전에 Razran(1940)은 사람들에게 여러 가지 정치적인 슬로건을 보여 주고 그들이 각 슬로건에 대해 얼마나 찬성하는지를 평정하게 했다. 그 후 그는 세 가지 다른 조건 중 한 조건에서 슬로건을 다시 제시하였다. 사람들이 무료 점심을 먹는 조건, 그들이 불쾌한 냄새를 맡는 조건, 또는 막연히 앉아 있는 중립적인 조건이다. 그 뒤 참여자는 또다시 슬로건에 대한 찬성 정도를 평정했다. 무료 식사 조건에서는 슬로건이 전보다 더 긍정적으로 평정되었다. 불쾌한 냄새를 들이마시는 조건에서는 전보다 더 부정적으로 평정되었다. 많은 연구에서 이와 유사한 결과를 찾아냈다(De Hower et al., 2001). 사람들에 대한 태도도 이와 유사한 방식으로 형성될 수 있다. Walther(2002)는 중립적인 사람

Andrew Elliot과 동료들(예, Elliot & Maier, 2007)은 빨간색이 저조한 성적과 연합되기 때문에 학업 맥락에서 부정적인 감정을 환기한다고 주장한다. (교사는 학생 과제의 잘못된 점을 빨간색 잉크로 표시하는 경향이 있다.) 그들의 연구는 빨간색에 노출되는 시험 응시자는 (다른 색에 노출되는 응시자와 비교해서) 성적이 떨어짐을 발견했다(Elliot, Maier, Moller, Friedman, & Meinhardt, 2007; Lichtenfeld, Maier, Elliot, & Pekrun, 2009). Elliot은 빨간색이 회피 동기를 초래하기 때문에 이러한 결과가 발생했다고 제안하고 있지만(Elliot, Maier, Binser, Friedman, & Pekrun, 2009), 정서조건형성 또한 관여되어 있다(Moller, Elliot, & Maier, 2009).

정서 반응의 조건형성은 성격에 대한 학습적 견해에서 상당히 중요하다. 사람들의 성격의 중요한 측면 중 하나인 선호나 호오(好惡)는 이런 정서조건형성 과정을 통해 발달한다고 주장된다(De Houwer, Thomas, & Baeyens, 2001). 중립자극과 유쾌한 사건의 연결은 '좋음'을 만들어 내고, 중립자극과 불쾌한 사건의 연결은 '싫음'을 만들어 낸다. 사실 어떤 사람이 누군가의 긍정적 또는 부정적 특성에 대해 말

과 좋거나 싫은 사람과 같이 있는 사진이 그 사람에 대해 긍정적이거나 부정적인 태도를 이끌 수 있음을 발견했다.

여기에는 고차 조건형성의 가능성도 있다. 중립적인 사람이 싫은 사람과 같이 연합되어 형성된 부정적 태도는 또 다른 중립적인 사람에게도 조건형성을 유발할 수 있다(Walther, 2002). '좋다', '나쁘다' 라는 단어는 우리가 긍정적 사건과 부정적 사건을 경험할 때 함께하기 때문에(Staats & Staats, 1957, 1958), 그 자체로도 정서 반응을 유발하는 힘을 가지게 될 것이다. 사람들은 언제나 주위에 있는 사람에게 그런 단어를 사용해서 많은 고차 조건형성의 기회가 유발될 것이다.

많은 연구가 고전적 조건형성이 태도의 발달에 관여될 수 있음을 보여 주고 있지만, 태도가 주로 이런 방식으로 획득되는지의 여부에 대해서는 알려 주지 않는다. 그러나 정서를 유발하는 사건은 일상의 삶에서 매우 흔하고, 조건형성의 기회를 제공한다. 예를 들어, '비즈니스 점심' 은 Razran의 실험 조작과 현저하게 비슷하다. 그렇기에 고전적 조건형성 과정은 사람, 사건, 사물, 장소, 아이디어에 대한 많은 사람의 선호에 바탕이 된다고 보는 것이 합리적인 것 같다. 그런 선호가 성격의 중요한 측면이라면, 조건형성은 성격의 중요한 기여자라고 볼 수 있다.

하는 것을 들을 때도 당신은 그 특성과 그 말을 하고 있는 사람을 연합할 수 있다(Skowronski, Carlston, Mae, & Crawford, 1998).

사람들은 저마다 세상의 다른 부분을 경험하게 되고, 그 결과로 사람마다 다른 정서적 각성 패턴을 갖게 된다. 개개인은 똑같은 사건에 대해서조차 자신만의 독특한 '역사' 적 관점에서 그것을 경험한다. 6장에서 언급한 바와 같이 같은 가족에 속한 아이들도 제각기 가족을 다르게 경험한다(Daniels & Plomin, 1985). 그 결과 사람들은 현저하게 다른 호오 패턴을 갖게 될 수 있다(〈글상자 10-2〉 참조). 그래서 정서 조건형성은 성격의 독특성에 중요한 역할을 할 수 있다(Staats & Burns, 1982).

도구적 조건형성

학습의 두 번째 형식은 도구적 조건형성instrumental conditioning이라고 불린다. (이 용어는 종종 미세한 의미의 차이가 있음에도 조작적 조건형성operant conditioning이라는 용어와 호환해서 사용된다.) 도구적 조건형성은 여러 가지 면에서 고전적 조건형성과 차이가 있다. 한 예로, 고전적 조건형성은 수동적이다. 반사가 일어났을 때, 조건형성은 당신에게 무엇인가를 하도록 요구하지 않는다. 단지 거기에 있으면서 다른 자극을 인식하면 된다. 대조적으로 도구적 조건형성은 능동적이다(Skinner, 1938). 그것을 정의하는 사건은 행동과 함께 시작된다(설혹 그 행동이 조용히 머물러 있는 활동일지라도).

효과의 법칙

비록 그 분지가 매우 넓게 펼쳐질지라도, 도구적 조건형성은 단순한 과정이다. 이는 다음과 같다. 만일 어떤 행동으로 사건의 상태가 더 나아지거나 더 만족스럽게 된다면, 그 행동은 나중에 비슷한 상황에서 다시 일어날 가능성이 많아진다([그림 10-3], A 참조). 어떤 사건으로 인해 사건의 상태가 더 나빠지거나 덜 만족스럽게

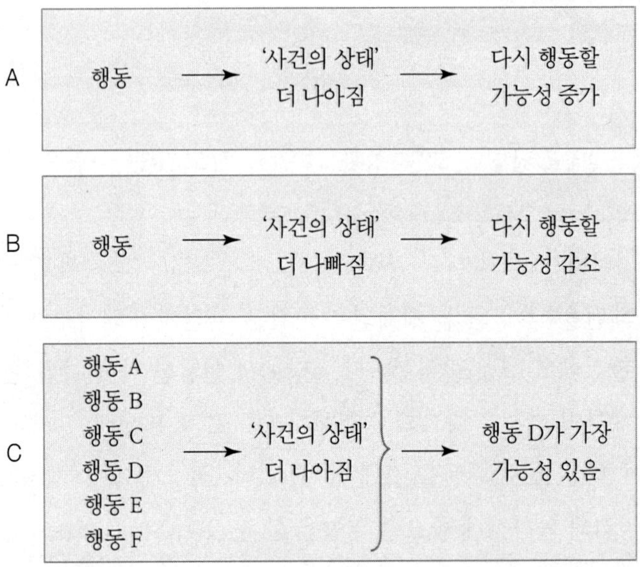

[그림 10-3]

도구적 조건형성. (A) 사건의 상태가 더 만족스러운 행동은 다시 행해질 가능성이 더 많다. (B) 사건의 상태가 덜 만족스러운 행동은 다시 행해질 가능성이 줄어든다. (C) 이 원리는 다음과 같은 사실을 설명한다. 어떤 행동(시간이 흐르고 경험이 쌓임에 따라)은 특정 상황에서 발생하는 습관적인 반응과 같은 많은 가능한 행동에서 나온다.

되면, 그 행동은 나중에 다시 발생할 가능성이 줄어든다([그림 10-3], B 참조).

어떤 행위를 결과 및 장래 행동 가능성과 연결하는 이 간단한 묘사는 한 세기보다도 더 이전에 E. L. Thorndike가 말한 효과의 법칙law of effect이다(Thorndike, 1898, 1905). 효과의 법칙은 단순하지만 심오하다. 효과의 법칙은 행동의 규칙성을 설명한다. 어떠한 상황에서도 많은 잠재적 행동이 가능하다([그림 10-3], C 참조). 어떤 행동은 대단히 규칙적으로 발생하고, 어떤 행동은 한 번 발생하고 사라진다. 그러고 나서 다시는 돌아오지 않는다. 어떤 것은 때때로 일어나지만 아주 가끔씩 일어난다. 왜 그럴까? 그 이유는 어떤 행동 뒤에는 만족스러운 결과가 뒤따라오는 반면 다른 행동 뒤에는 그렇지 않기 때문이다.

다양한 행동 뒤에 어떤 결과가 경험되기 때문에 습관 위계habit hierarchy가 발달한다(Miller & Dollard, 1941). 위계에서의 반응 순서는 이전의 조건형성에서 나온다. 어떤 반응은 종종 더 만족스러운 사건이 되기 때문에 발생할 확률이 높다(높은 위계). 다른 것은 발생 확률이 낮다(낮은 위계). 결과 패턴이 변화하기 때문에 시간이 지남에 따라 위계 형태는 변한다.

강화와 처벌

오늘날 강화물reinforcer이라는 용어는 '만족스러운 일의 상태' 라는 구절을 대신한다. 강화물이라는 용어는 이전 행동을 하는 경향성을 강화하는 것이다. 강화물은 생물적(음식이나 물에 대한) 욕구를 줄이거나 사회적(미소와 수용) 욕구를 만족시키는 것일 수 있다. 몇몇 강화물은 강화하는 특성을 간접적으로 얻는다(돈).

강화물은 그 성질에 따라 다른 이름을 갖는다. 일차적 강화물primary reinforcer은 생물적 욕구를 줄여 준다. 이차적 강화물secondary reinforcer은 일차적 강화물과의 연합(고전적 조건형성을 통해)이나 일차적 강화물을 얻는 데 사용될 수 있다는 사실 때문에 강화하는 속성을 갖게 된다(Wolfe, 1936; Zimmerman, 1957).

처벌punisher이란 용어는 유쾌하지 않은 결과를 나타낸다. 비록 처벌이 얼마나 효과적인지에 대해서는 여전히 논쟁이 있지만, 처벌은 그전에 나타나는 행동 경향성을 줄인다(Rachman & Teasdale, 1969; Solomon, 1964; Thorndike, 1933). 강화와 마찬가지로 처벌도 일차 또는 이차적일 수 있다. 즉, 몇몇 사건은 본질적으로 혐오적이다(예, 통증). 다른 것은 일차적 처벌과의 연합 때문에 혐오적이 된다.

다른 방식의 구분 또한 중요하지만 약간 미묘하다. 강화는 사건의 상황에서 항상 긍정적인 방향으로 움직이려 한다. 하지만 이것은 두 가지 방식으로 생겨날 수 있다. 더 명백한 방식은 좋은 무언가(음식, 선물, 돈)를 받는 것이다. 이런 것을 얻는 것을 정적 강화positive reinforcement라 한다. '정적' 이란 어떤 좋은 것이 더해지는 것을 나타낸다. 정적 강화가 발생하면, 그 이전 행동은 일어날 가능성이 더 높아진다.

강화의 두 번째 종류는 부적 강화negative reinforcement라 불린다. 부적 강화는 불쾌한 어떤 것을 제거할 때 발생한다. 예를 들어, 당신의 룸메이트가 그의 짜증 나는 폴카 선집Polka Favorites CD를 계속 트는 것을 멈추면, 그것은 아마 당신에게 부적 강화물이 될 것이다. 불쾌한 어떤 것을 제거하는 것 또한 사건의 상태를 정적인 방향으로(불쾌한 것에서 중립으로) 이동시킨다. 따라서 이 역시 강화다. 그래서 이전의 행동이 발생할 가능성이 커진다.

처벌 또한 두 가지 형태로 나타난다. 많은 사람은 처벌이 고통을 주고, 사건의 상태를 중립에서 부정적인 쪽으로 이동시킨다고 생각한다. 그러나 처벌은 가끔 어떤 좋은 것을 제거하여 사건의 상태를 중립적으로 변화시키는(그러므로 덜 만족스러운) 것과 관련된다. 어떤 좋은 것을 철수하는 것으로 처벌하는 이 원리는 아동의 불필요한 행동을 억제하는 데 폭넓게 사용된다. 이것은 타임아웃time out이라 불리는데, '정적 강화로부터의 타임아웃' 을 줄여 이렇게 부른다(Drabman & Spitalnik, 1973; Risley, 1968).

타임아웃은 지금 진행하고 있는 강화적 활동에서 아무 재미가 없는 장소로 아동을 떼어 놓는 것이다. 타임아웃은 엉덩이 때리기와 같은 처벌보다 인간적이기 때문에 더 매력적으로 보인다. 그러나 원칙적으로 타임아웃은 아동에게 '덜 만족스러운 일의 상태' 를 일으킴으로써 다른 처벌만큼 행동에 대해 동일한 효과를 가져야 한다.

도구적 조건형성에서 변별, 일반화 및 소거

고전적 조건형성의 맥락에서 소개된 다양한 아이디어는 함축적 의미가 약간 다르기는 하지만 도구적 조건형성에도 적용된다. 예를 들어, 변별은 여전히 상이한 자극이 출현할 때 다르게 반응하는 것을 의미한다. 그러나 여기서 반응의 차이는 이전에 일어난 강화의 변이 때문에 생긴다.

어떤 자극이 출현했을 때만 특정한 행동 뒤에 항상 강화물이 나타난다고 상상해

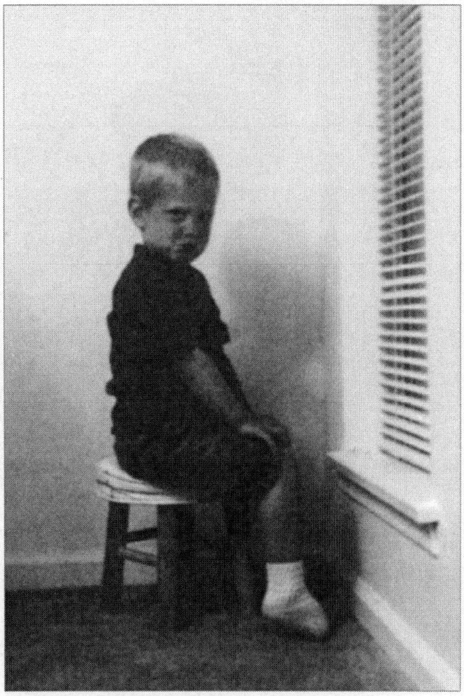

타임아웃은 아동의 필요 없는 행동을 제지하는 효과적인 방법이다.

보라. 그 자극이 없는 경우에는 비슷한 행동 뒤에 강화물이 나타나지 않는다. 그러면 점차로 자극의 존재 또는 부재가 행동 발생 가능성에 대한 영향력을 획득한다. 이것은 변별 자극discriminative stimulus이 된다. 이는 행동을 일으키거나 중단시키는 자극이 된다. 당신은 상황을 변별하거나 반응을 변별하기 위해 그 자극을 사용한다. 변별 자극에 의해 그 단서가 주어지는 행동은 '자극 통제하'에 있다고 불린다.

앞서 우리는 습관 위계(다양한 행동을 할 가능성의 순서를 짓는 것)에 대해 이야기하였다. 이러한 습관 위계는 계속되는 강화나 강화되지 않는 사건의 흐름 때문에 변할 수 있다. 습관 위계는 또 다른 이유로도 끊임없이 변한다. 상황에서의 모든 변화는 단서(변별 자극)의 변화를 의미한다. 특정 단서는 행동이 바로 그 상황에서 강화된다고 제안한다. 그렇게 단서의 변화는 행동 가능성의 목록을 재배열하게 된다. 맥락 단서의 변화는 매우 강한 습관조차 와해할 수 있다(Wood, Tam, & Witt, 2005).

일반화 원리는 여기서도 중요하다. 당신이 새로운 장면에 들어가거나 전에 결코 본 적이 없는 대상이나 사람들을 볼 때, 당신은 쉽게 그리고 자동적으로 반응한다. 이것은 새로운 장면과 이전의 변별자극 간의 유사성 때문이다. 당신은 하나의 행동에서 다른 행동으로 일반화를 하고, 당신의 행동은 부드럽게 앞으로 나아간다. 예를 들어, 당신은 이전에 한 번도 본 적이 없는 특이한 스타일의 스푼을 보았다 할지라도 주저하지 않고 그것을 스프를 먹는 데 사용할 것이다. 또 전에 한 번도 운전해 보지 못한 차를 렌탈 대리점에서 당신에게 준다 해도 당신은 아마 그 차를 다룰 수 있을 것이다.

일반화 원리는 조건형성 이론가에게 성격 특성에 대해 설명할 수 있는 한 가지 방법을 제공한다. 변별자극이 모든 시간과 상황에 걸쳐 꽤 유사하다면, 한 개인은 모든 시간과 상황에 걸쳐 일관성 있게 행동할 것이다. 다른 특성은 크게 다를지라도 핵심 자극 특성은 모든 장면에 걸쳐 종종 동일하게 남아 있을 수 있기 때문에, 그 사

사람들의 많은 미신적 행동은 임의적인 부분강화 계획에 의해 학습된다.

람의 행동 경향성은 모든 장면에 걸쳐 동일하게 남아 있을 수 있다. 그 결과 외부 관찰자는 그 사람이 일련의 내적 특성을 갖고 있는 것으로 보게 된다. 그렇지만 이 관점에서 행동의 일관성은 환경의 유사성에 달려 있다(이 아이디어는 4장의 일관성 논의와 그렇게 다르지 않다).

도구적 조건형성에서 소거는 한때 강화물을 유발하던 행동이 더 이상 그러지 못할 때 발생한다. 행동이 강화물 없이 계속 행해짐에 따라 그 행동의 발생 확률은 떨어진다. 결국 그것은 거의 없어진다(고전적 조건형성에서처럼 자발적 회복에 대한 경향성이 있어서, 일부 학자는 그 행동이 완전히 사라져 버리는 것은 아니라고 믿는다; Bouton, 1994; Lansdale & Baguley, 2008; Rescorla, 1997, 1998). 그래서 소거는 행동 경향성이 희미해지는 한 가지 방식이다.

강화계획

도구적 조건형성에서 사람들은 흔히 행동할 때마다 강화가 주어지는 것으로 가정한다. 그러나 상식적으로나 당신의 경험에 비추어 볼 때 일상의 삶은 그와 같지 않음을 말해 준다. 때때로 강화는 빈번하게 일어나지만, 어떤 때는 전혀 그렇지 않다. 강화 빈도와 양상의 변이를 강화계획schedules of reinforcement이라 부른다. 하나의 간단한 변이는 연속강화와 부분(또는 간헐적)강화다. 연속강화continuous reinforcement는 행동할 때마다 매번 강화물이 주어진다. 부분강화partial reinforcement는 행동 뒤에 간헐적으로 강화물이 뒤따른다.

연속강화와 부분강화는 다른 방식으로 행동에 영향을 미친다. 연속강화에서는 강화가 없을 때보다 계속적으로 발생할 때 새로운 행동을 더 빠르게 획득하게 된다. 다른 효과는 좀 덜 직관적이지만 중요하다. 이는 종종 부분강화 효과partial reinforcement effect라 불린다. 이것은 강화를 멈췄을 때 나타난다([그림 10-4] 참조). 강화물을 제거하면, 연속강화에 의해 형성된 행동은 재빨리 사라진다. 이에 반해 부분(덜 빈번한)

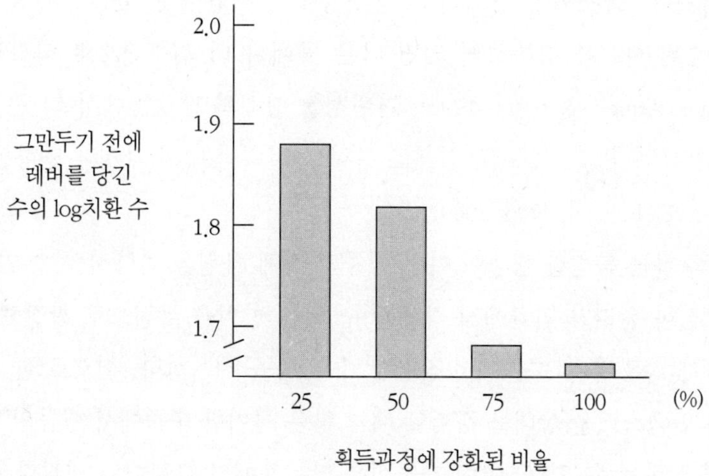

[그림 10-4]

지속성에서 부분강화와 연속강화의 효과. 먼저 참여자에게 25, 50, 75, 100%로 성과가 나타나는 슬롯머신을 하도록 했다. 그런 다음 그들이 원하는 만큼 계속해서 슬롯머신을 하도록 허용했지만 단 한 번도 이기지 못하게 했다. 여기서 보는 것과 같이, 부분강화는 소거에 더 저항적이다. 처음에 100%보다 덜 보상받은 집단이 모든 보상이 제거되었을 때 더 오래 지속한다. 부분강화의 퍼센트가 낮을수록 더 오래 지속하였다.
[출처] Lewis & Duncan(1956)에서 인용.

강화에 의해 형성된 행동은 더 오래 지속된다. 즉, 소거에 더 저항적이다(Amsel, 1967; Humphreys, 1939).

행동의 특성 강화

도구적 조건형성을 통한 학습에 대한 하나의 최종 관점은 다음과 같다. 즉, 강화물은 특정한 행위가 미래에 더 잘 일어날 가능성을 높이는 것이라고 생각하는 것이 직관적으로 가장 그럴듯하다. 하지만 장차 일어날 가능성이 높은 것은 구체적인 행위가 아닌 행동의 어떤 특성인 것 같다(Eisenberger & Sellbst, 1994). 예를 들어, 한 장면에서 노력을 강화하게 되면 다른 장면에서 노력하는 것을 증가시킬 수 있다(Mueller & Dweck, 1998). 한 과제에 대한 정확성을 강화하는 것은 다른 과제에 대한 정확성을 증가시킨다. 한 과제에서 속도를 증가시키는 것은 다른 상황에서 속도를 증가시킨다. 창조성을 강화하면 창조성이 늘어난다(Eisenberger & Rhoades, 2001). 집중된 사고를 강화하게 되면 다른 곳에서 더 집중적으로 사고하게 된다(Eisenberger, Armeli, & Pretz, 1998). 가변성을 강화하면 행동에서 더 큰 가변성을 만들 수 있다(Neuringer, 2004). 실제로 강화는 선택적 주의 과정에 영향을 미칠 수 있다(Libera & Chelazzi, 2006, 2009).

따라서 강화는 특정한 행동이 아닌 행동의 전체 차원을 변화시킬 수 있다. 이 아이디어는 강화 원리가 인간에게 작용할 수 있는 방식을 극적으로 확장해 준다. 이것은 강화가 많은 추상 수준에서 작용할 수 있음을 시사한다. 실제로 한 개인이 어떤 사건의 만족스러운 상태를 경험할 때는 많은 상이한 수준에서 행동의 여러 측면이 동시에 강화될 수 있다. 이런 가능성은 앞부분에서 묘사했던 것보다 훨씬 복잡한 변화의 그림을 만들어 낼 수 있다.

사회 및 인지적 변이

조건형성의 기본 원리는 행동분석을 위한 강력한 도구다. 조건형성의 원리는 인간 경험의 많은 부분을 설명한다. 그것은 태도와 기호가 어떻게 정서 반응에서 유래하는지를 설명해 주고, 어떻게 행동 경향성이 좋거나 나쁜 결과를 통해 강해지거나 사라지는지를 설명해 준다.

이런 아이디어는 강력했지만, 사람들은 그것만으로는 인간이 보이는 학습 현상을 설명하기에 부족하다고 생각했다. 어떤 사람은 실험실 밖에서 명확히 보이는 인간 행동의 측면을 무시한다는 이유로 조건형성 이론에 대한 매력을 잃기도 했다. 예를 들어, 사람들은 종종 다른 사람을 지켜봄으로써 학습한다. 더욱이 사람들은 종종 어떤 행동을 했을 때 그 결과로 무슨 일이 일어날지에 대해 생각해 보고, 그 행동을 할지의 여부를 결정한다. 현존하는 이론은 틀리지는 않아도 불완전해 보인다.

이런 불만족에서 학습이론의 또 다른 세대 차이가 나타났다. 그들은 이전 세대의 이론보다 정신적 사건을 좀 더 강조한다. 이런 이유로 이 이론은 종종 인지학습 이론cognitive learning theories이라 한다. 이 이론은 또한 학습의 사회적 측면을 강조한다. 그러므로 그들은 종종 사회학습 이론social learning theories이라 한다. 두 번째 세대 이

인간의 행동에 영향을 미치는 많은 중요한 강화물은 본질상 사회적이다.

론의 한 가지 측면은 조건형성 원리를 약간 정교화한 것이다.

사회적 강화

학습이론이 발전함에 따라 몇몇 연구자는 인간 학습human learning에 대해 좀 더 신중하게 생각하기 시작했다. 이는 부분적으로 강화를 다른 관점으로 보게 했다. 많은 사람은 (최소한 유아기를 넘은) 인간 경험에서의 강화는 신체적 욕구와는 거의 관계가 없다고 믿었다. 오히려 사람들은 다른 사람의 수용, 미소, 포옹, 칭찬, 인정, 관심, 주의 등과 같은 사회적 강화물social reinforcement에 의해 크게 영향을 받는다(Bandura, 1978; Kanfer & Marston, 1963; Krach, Paulus, Bodden, & Kircher, 2010; Rotter, 1954, 1982). 사람들에게 중요한 강화물은 사회적인 것이라는 아이디어는 이런 학습이론이 사회적이라는 몇 가지 의미 중의 단지 한 가지에 해당한다(Brokaw & McLemore, 1983; A. H. Buss, 1983; Turner, Foa, & Foa, 1971).

사회적 강화에 대한 설명에서 자기 강화self-reinforcement 또한 언급되어야 한다. 이 용어에는 두 가지 의미가 있다. 첫째는 사람들은 그들이 하기로 목표한 것을 해낸 후에 스스로에게 강화물을 줄 수 있다는 생각이다(Bandura, 1976; Goldiamond, 1976; Heiby, 1982). 예를 들어, 당신은 줄곧 6시간을 공부한 보상으로 자신에게 피자를 상으로 줄 수도 있고, 한 학기 성적이 좋으면 새로운 스테레오 장비를 자신에게 사 줄 수도 있다.

자기 강화의 두 번째 의미는 사회적 강화 개념에서 파생된다. 그것은 마치 당신이 다른 누군가의 행동에 반응하는 것처럼 당신 자신의 행동에 대해 승인하거나 승인하지 않는 식으로 반응한다는 생각이다. 당신의 승인 반응으로, 당신은 스스로를 강화한다. 승인하지 않는 당신의 행동 반응으로, 당신은 스스로를 처벌한다. 이런 종류의 내적 자기 강화와 자기 처벌은 행동과 행동 변화를 설명하는 사회-인지 학습이론에서 중요한 역할을 한다(Bandura 1977a, 1986; Kanfer, 1977; Kanfer & Hagerman, 1981; Mischel, 1973, 1979).

대리적 정서 각성

조건형성의 또 다른 발전은 사람들이 다른 누군가를 통해 사건을 간접적으로 경험할 수 있다는 사실에서 나온다. 대리적 과정은 사람들 사이의 학습이 사회적임을 다시 한 번 보여 준다. 즉, 대리적 과정은 두 사람을 포함한다. 한 명은 무언가를 직접 경험하고, 다른 한 명은 간접적으로 경험한다.

대리적 경험의 한 유형은 대리적 정서 각성vicarious emotional arousal 또는 공감이다. 이것은 당신이 누군가가 강한 정서를 느끼는 것을 관찰하고 당신 자신도 같은(대개 덜 강한) 느낌을 경험할 때 발생한다. 공감은 고통을 겪고 있는 어떤 사람에 대한 염려의 느낌인 동정과 같지는 않다(Gruen & Mendelsohn, 1986; Wispé, 1986). 공감을 할 때 당신은 다른 사람이 좋거나 나쁘게 느끼는 것과 유사한 감정을 느낀다. 모든 사람이 이러한 경험을 할 수 있다. 그러나 그 강도에는 개인차가 있다(Eisenberg et al., 1994; Levenson & Ruef, 1992; Marangoni, Garcia, Ickes, & Teng, 1995).

공감은 우리가 다른 사람의 정서를 경험하게 만든다. 다른 사람의 슬픔은 우리를 슬프게 하고 행복은 우리를 기쁘게 한다. 이 사진을 보면 당신은 사진 속의 사람들이 경험하는 것과 같은 정서를 느끼기 시작할 것이다.

공감의 예를 지적하기는 쉽다. 당신 친구를 황홀경에 빠뜨릴 정도의 어떤 멋진 일이 생겼을 때, 당신도 행복감을 느낀다. 어떤 사람의 공포는 주변 대부분의 사람을 조마조마하게 만든다. 다른 사람이 무엇 때문에 웃는지 모를 때조차 웃음은 종종 주위로 전염된다. 당황한 사람 주위에 있으면 당신도 함께 당황하게 된다는 증거가 있다(Miller, 1987).

대리적인 정서 각성을 경험하는 것이 학습을 성립시키는 것은 아니다. 하지만 그것은 학습의 기회를 만든다. 앞에서 말한 정서적 조건형성을 회상해 보라. 정서적 조건형성에서는 중성자극이 있을 때 정서를 느끼는 것은 그 자극이 유사한 정서를 일으킬 수 있게 만든다(Olsson, Nearing, & Phelps, 2007). 정서는 당신이 직접 경험한 어떤 것에 의해 야기될 수 있다. 정서는 또한 대리적으로도 발생할 수 있다. 그러므로 대리적인 정서 각성은 고전적 조건형성을 가능하게 만든다. 이것을 대리적 고전적 조건형성vicarious classical conditioning이라 한다.

대리 강화

또 다른 대리적 과정은 더욱 중요해 보인다. 대리 강화vicarious reinforcement라 불리는 이것 역시 매우 간단하다. 당신이 강화가 뒤따르는 무언가를 하는 사람을 관찰하면 당신 자신이 똑같은 행동을 하기가 더 쉽다는 것이다(Kanfer & Marston, 1963; Liebert & Fernandez, 1970). 누군가가 어떤 행동을 한 뒤에 처벌받는 것을 보면 추후에 당신은 그 행동을 할 가능성이 적어진다. 강화나 처벌이 당신이 아닌 다른 사람에게로 갔지만, 마치 당신이 그것을 받은 것처럼 당신의 행동 경향성이 영향을 받는다(〈글상자 10-3〉 참조).

대리적 강화와 처벌은 사람들에게 어떻게 영향을 미치는가? 짐작컨대 행동한 후에 누군가가 강화받는 것을 보는 것은 당신으로 하여금 같은 방식으로 행동하면 같은 강화물을 얻게 될 것이라고 추론하게 만들 것이다(Bandura, 1971). 누군가가 처벌받으면 당신은 만약 당신이 그런 식으로 행동한다면 당신에게도 같은 일이 일어날 것이라고 결론짓는다(Bandura, 1973; Walters & Parke, 1964).

글상자 10-3 모델링과 만족의 지연

사회-인지 학습이론은 사람들의 행위는 자기 행동의 잠재적 결과에 대한 인지에 의해서 결정됨을 강조한다(Kirsch, 1985). 이런 강조는 사람들이 때때로 자신의 행위를 억제한다는 아이디어인 자기통제self-control 개념과 잘 맞는다.

이 장의 앞부분에서 이야기했듯이, 사람들은 종종 바라는 결과를 즉시 얻을지 혹은 이후에 그보다 더 좋은 결과를 얻을지를 선택해야 한다. 그런데 만족을 지연해야 하는 후자의 선택은 흔히 쉽지 않다. 예를 들어, 4개월 동안 저축을 해서 2주 동안 바닷가 휴양지로 놀러 갈 돈을 모았다고 상상해 보자. 만약 10개월을 더 모은다면 당신은 자신이 늘 원해 왔던 유럽 여행을 갈 수 있다. 한 사건은 시간적으로 가깝다. 다른 사건은 더 좋지만 더 많은 자기통제를 요구한다. 휴가 없는 앞으로의 10개월은 긴 시간이다.

이전에 언급했듯이 많은 변인이 사람들의 지연 능력에 영향을 미친다. 이 장과 특별히 관련된 것은 모델링의 역할이다(Mischel, 1974). Bandura와 Mischel(1965)이 예비검사에서 즉각적이거나 지연된 보상을 선호하는 것으로 밝혀진 4~5학년 초등학생을 대상으로 했던 연구를 고려해 보자. 즉각적 보상과 지연된 보상을 선호하는 아동은 세 조건 중 하나에 할당되었다. 한 조건에서는 아동이 조금 덜 바람직한 것은 즉각적으로 얻을 수 있고 보다 바람직한 것은 좀 더

강화란 무엇인가

대리적 강화의 효과가 행동과 강화물 사이의 정신적 연결 모형인 기대를 발달시킨다는 점을 상기하라. 이는 특정 행동과 예상되는 결과를 연결하는 심적 모형을 의미하는 성과 기대outcome expectancy로 불린다(Bandura, 1977a). 사람들이 기대를 가지고 있고 기대가 행동에 영향을 미친다는 아이디어는 사회학습 이론의 일부가 되었는데, 그것이 새로운 것은 아니었다(예, Brunswik, 1951; Lewin, 1951b; Postman, 1951; Tolman, 1932). 그러나 기대에 대한 강조는 성격에 대한 이 관점의 초석이 되었다(Rotter, 1954; Bandura, 1977a, 1986; Kanfer, 1977; Mischel, 1973).

사실 이 개념은 그렇다면 강화가 무엇을 하는가에 관한 질문을 제기할 만큼 충분히 중요했다. 우리는 앞에서 강화물이 이전에 발생했던 행동을 하는 경향성을 강하게 한다고 이야기했다. 그러나 저명한 사회학습 이론가인 Albert Bandura(1976, 1977a)는 이런 의미의 강화 개념을 분명하게 거부하면서도 강화라는 말은 여전히 계속 사용하고 있다(Bolles, 1972; Brewer, 1974; Rotter, 1954).

기다려야 하는 일련의 선택을 해 가는 성인 모델을 지켜보았다. 이때 성인 모델은 아동의 선호와는 반대의 선택을 했다. 두 번째 조건의 아동에게는 모델의 선택에 대해 읽어 주었다. 세 번째 조건(통제집단)에서는 모델링이 없었다.

모델링 직후와 그 후 한 달 뒤에 연구에 참여했던 모든 아동에게 일련의 만족 지연 선택의 기회가 주어졌다. 즉각적 보상을 선택한 모델을 본 지연 선호 아동은 즉각적 보상을 더 많이 선택하였다. 이에 반해 지연되는 보상을 선택하는 모델을 본 즉각적 보상 선호 아동은 지연을 더 많이 했다. 이런 효과는 한 달 뒤의 관찰에서도 여전했다.

어떻게 모델이 자기통제에 이런 영향을 미치는가? 하나의 가능성은 대리적 강화를 통해서다. 예를 들어, Bandura와 Mischel(1965)의 연구에서 모델은 두 가지 선택 중 하나를 더 선호하는 이유를 소리 내어서 말했다. 그 말에는 자신의 특정한 선택이 강화받게 될 것임을 시사하는 내용이 들어 있었다(Bandura, Grusec, & Menlove, 1967; Mischel & Liebert, 1966; Parke, 1969 참조). 그러므로 사람들은 다른 사람이 선택에 대해 어떻게 반응하는지를 봄으로써 정보를 얻고, 그 정보를 자신의 행위를 안내하는 데 사용한 것이라 할 수 있다.

만약 강화물이 행동 경향을 강화하지 않는다면 강화물은 무엇을 하는가? Bandura는 강화물이 두 가지 일을 한다고 주장한다. 우선, 강화물은 결과에 대한 정보를 제공함으로써 어떤 행동이 어떤 장면에서 유용한지에 대한 기대를 유발한다. 나아가 강화물은 미래에도 그 일이 다시 일어날 것이라는 기대를 하게 만들어 미래의 동기적 상태를 위한 잠재력을 제공한다. 많은 사람이 이런 기능이 중요하다고 동의할 것이다. 하지만 그들은 이 장의 앞에서 논의했던 견해에 비해서 강화가 무엇인지에 대해서는 매우 다른 관점을 명확하게 표명한 것이다.

효능감 기대

기대의 주제에서 또 다른 변이는 부분적으로는 임상 경험에서 파생되었다. Bandura(1977b)는 문제가 있는 사람의 경우도 자신이 원하는 결과에 도달하기 위해 정확히 어떤 행동이 요구되는지를 일반적으로 알고 있다고 주장했다. 하지만 그저 무엇을 해야 하는지를 아는 것만으로 충분하지는 않다. 그 행동을 실천할 수 있다는 자신감도 가져야 한다. Bandura는 자신이 원하는 행동을 수행할 수 있는 능력을 갖고 있다는 자신감을 효능감 기대efficacy expectancy 또는 자기효능감self-efficacy이라고 명명했다. Bandura는 치료가 효과적인 이유는 치료를 통해 이전에 문제가 되었던 행동을 수행할 수 있다는 그 사람의 효능감이 회복되었기 때문이라고 생각했다.

효능감 기대에 대한 연구는 치료와 연합되는 변화에 초점을 둠으로써 시작되었지만, 광범위한 다른 주제를 설명하는 데도 빠르게 확장되었다(Bandura, 1986, 1997, 2006). 여기에 몇 가지 예가 있다. Wood와 Bandura(1989)는 자기효능감이 경영학과 학생이 관리 과제를 얼마나 잘 수행하는지에 영향을 미친다는 사실을 발견하였다. Bauer와 Bonanno(2001)는 사별에 적응하고 있는 사람들 사이에서 자기효능감이 높은 사람이 우울을 덜 경험하다는 사실을 발견했다. 효능감 기대는 약물 사용자가 치료 후 1년 동안 약물 사용 없이 지냈는지 아닌지를 예측한다(Ilgen, McKellar, & Tiet, 2005). 효능감 획득이 면역 기능에 긍정적 영향을 미칠 수 있다는 증거도 있다(Wiedenfeld et al., 1990).

이런 직접적인 연합을 넘어서 효능감 지각은 다른 변인의 긍정적 효과의 기초가 되고 있는 듯하다. 예를 들어, 효능감 지각은 사회적 지지가 사람들에게 안녕감을 주는 경로가 될 수 있다(Major et al., 1990). 또한 자기존중감과 낙관성이 효능감 지각을 통해 작용한다는 증거도 있다(Major, Richards, Cooper, Cozzarelli, & Zubek, 1998).

자각의 역할

조건형성 원리에 대한 최종 정교화는 조건형성에서 자각의 역할을 고려하는 것에서 유래한다. 오랫동안 조건형성은 사람들이 주의를 기울이는 것과 상관없이 발생한다고 가정되어 왔다. 비록 믿을 만한 이유가 있다 해도, 이 가정은 틀렸다. 몇몇 오래된 연구는 사람들이 자극이 상관되어 있다고 인식하지 않는 한, 자극이 반복해서 짝지어지더라도 고전적 조건형성이 이루어지지 않는다는 사실을 발견하였다(Chatterjee & Eriksen, 1962; Dawson & Furedy, 1976; Grings, 1973). 새로운 연구에서는 사람들이 오직 US를 자각하거나(Dawson, Rissling, Schell, & Wilcox, 2007) 적어도 그것의 유인가를 자각할 때 조건형성이 일어난다는 것을 발견하였다(Stahl, Unkelbach, & Corneille, 2009). 또한 사람들은 무엇이 강화받을지 인식하게 되었을 때만이 강화 후에 자신의 행동을 변화시킨다는 증거도 있다(Dulany, 1968; Spielberger & DeNike, 1966).

반면 가끔씩 그저 혐오적인 사건을 예상하는 것(US로서)만으로도 다른 자극에 대한 조건형성된 반응처럼 보이는 무언가를 생산할 수 있다(Bridger & Mandel, 1964; Spacapan & Cohen, 1983). 공포 반응에 대한 고전적 조건형성 후에 고통스러운 무조건자극이 더 이상 없을 것이라고 말하는 것은 조건자극에 대한 공포를 제거한다(Bandura, 1969; Grings, 1973). 이 모든 연구 결과는 조건형성이 규칙에 기초한 것임을 제안한다(〈글상자 10-1〉을 상기하라).

이 쟁점에 대해 중도의 입장을 취하는 관점도 있다. 이 관점에서 경험은 신경계의 상이한 영역에서 두 가지 다른 방식으로 작동한다. 그 결과는 2개의 서로 다른 형식의 기록을 만드는 학습이다(Daw, Niv, & Dayan, 2005). 하나의 양식은 경험의 모든 사례에 걸친 모든 연합의 총체에 해당하는 경험의 '보험 통계적인' 기록으로 생각되는 것을 획득한다. 이와 대조적으로 다른 양식은 예측 모델을 발달시키려 한다. 그저 단지 어떤 것을 쌓는 대신 기대를 만들려고 시도한다. 짐작컨대 두 번째 양식이 첫 번째 양식보다 더 진전된 것이다. 이런 견해와 일관되게 걸음마를 배우는 아기는 학습의 첫 번째 양식에 따라 움직인다(Thomason-Schill, Ramscar, & Chrysikou, 2009). 아마도 자각은 학습의 두 번째 양식에서 중요하고 학습의 첫 번째 양식은 아닌 것 같다.

관찰학습

비록 사회-인지 학습 접근의 많은 측면이 고전적 및 도구적 조건형성에 대한 정교화로 볼 수 있음에도 이 접근의 한 부분은 이러한 개념 뒤편에 남겨져 있다. 이 부분을 관찰학습observational learning이라 부른다. 사회학습 이론에 또 다른 기반을 제공하는 이 과정에는 두 사람이 관련된다.

관찰학습은 한 사람이 어떤 행동을 수행하고 다른 사람이 그것을 관찰함으로써 그 행위를 반복할 능력을 획득할 경우 발생한다(Bandura, 1986; Flanders, 1968). 그런 사건이 분명하게 관찰학습임을 나타내려면, 그 행동은 관찰자가 이미 알고 있는 것이 아니어야 한다. 최소한 그 행동은 관찰자가 지금 발생하는 맥락과 연합하지 않았던 것이어야 한다.

관찰학습은 사람들이 거대한 양의 정보를 그들의 마음속으로 빠르게 집어넣을 수 있게 해 준다. 이것은 매우 중요하다. 관찰학습은 생의 첫해에 시작할 정도로 일찍 시작한다(Jones, 2007; Meltzoff, 1985). 얼마나 간단한지도 괄목할 만하다. 그것은 관찰자가 무슨 일이 일어나고 있는지를 주목하고 이해하는 것보다 더 적은 것을 요구하는 듯 보인다.

주의와 파지

위의 마지막 진술은 몇 가지 자격을 요구한다. 이는 관찰학습이 무엇인지에 대해 더 잘 이해하도록 도움을 준다(〈표 10-2〉 참조). 관찰학습은 관찰자가 모델(관찰되는 사람)에게 주의를 기울일 것을 요구한다. 만약 모델 행동의 적절한 측면에 주의가 기울여지지 않으면 행동은 기억될 만큼 충분히 잘 부호화되지 않을 것이다.

이 원리는 여러 함의를 갖는다. 그 하나는 관찰학습이 다른 사람보다 일부 모델

‖ 표 10-2 ‖ **관찰학습과 수행에 영향을 미치는 변인의 네 가지 범주(각각의 구체적 예)**

부호화를 위한 주의attention for encoding
- 모델의 특성: 모델이 매력적이고 힘이 있거나 전문적인가?
- 행동의 특성: 행동이 독특하고 명확하고 단순한가?
- 관찰자의 특성: 관찰자는 주의할 만큼 동기화되어 있고 주의를 기울일 능력이 있는가?

파지retention
- 부호화 전략으로서 심상을 사용
- 부호화 전략으로서 언어를 사용
- 기억하기 위해 정신적 시연을 사용

생산production
- 필요한 반응을 생산하는 관찰자의 능력
- 전체 행동에 대한 관찰자의 이전 경험
- 행동 요소에 대한 관찰자의 이전 경험

수행performance
- 모델에 뒤따르는 결과: 모델이 보상받거나 처벌받았는가, 아니면 뒤따르는 결과가 없는가?
- 관찰자에 뒤따르는 결과: 관찰자가 보상받거나 처벌받았는가, 아니면 뒤따르는 결과가 없는가?

출처: Bandura(1977a, 1986)에서 인용.

과 더 잘 들어맞음을 의미한다. 힘이나 매력과 같은 몇 가지 이유로 주의를 끄는 모델이 가장 효과적이다. 주의의 역할은 특정 행위가 보다 잘 부호화됨을 의미한다. 특히 두드러진 행위는 그렇지 않은 행위보다 더 큰 영향력이 있다(McArthur, 1981; Taylor & Fiske, 1978). 여기서 중요한 또 다른 변인은 관찰자의 능력과 주의 집중력이다. 예를 들어, 관찰자가 모델을 보는 동안 음악으로 주의가 분산된다면 모델이 행한 것을 완전히 놓칠 수 있다.

관찰학습에서 두 번째로 중요한 과정은 관찰된 것을 파지retention하는 것이다. 어떤 방식으로든 관찰된 것이 기억에 표상되어야만 한다(이 점이 이를 사회적일 뿐만 아니라 인지적인 학습으로 만든다). 두 가지 부호화 전략이 두드러진다. 하나는 심상 부호화imaginal coding다. 이는 당신이 관찰한 것의 이미지를 만들거나 정신적인 그림을 만드는 것이다. 다른 하나는 언어적 부호화verbal coding다. 이는 당신이 관찰한 것을 당신 스스로에게 언어로 기술하는 것을 말한다. 이 두 가지 전략은 이후에 행동을 반복하기 위해 사용될 수 있는 기억을 생산할 수 있다(Bandura & Jeffery, 1973; Bandura, Jeffery, & Bachicha, 1974; Gerst, 1971).

생산

일단 어떤 행동이 기억되면, 행위가 발생하기 위해서 또 하나 요구되는 것이 있다. 구체적으로 당신은 관찰한 것을 자신의 행위로 생산produce할 수 있는 형태로 변형해야 한다. 그것이 얼마나 성공적으로 행하여졌는지는 부분적으로는 당신이 그 행위의 몇 가지 구성 요소에 대해 이미 알고 있는지의 여부에 달려 있다. 만약 당신이 그것의 기초가 되는 기술을 갖고 있거나 그것에 포함된 행위의 일부를 이미 알고 있다면 행동을 재현하기는 더 쉽다. 이것은 종종 숙련된 운동선수가 새로운 스포츠를 수행하기가 매우 쉬운 이유다. 그들은 대개 새로운 스포츠에서 요구하는 것과 유사한 움직임을 이미 알고 있다.

이용 가능한 요소를 가지고 있는 것의 중요성은 부호화 과정에도 유사하게 적용된다(Johnson & Kieras, 1983 참조). 예를 들어, 모델 활동의 요소에 대한 명칭(혹은 좋은 심상)을 이미 알고 있다면 당신은 기억에 덜 저장해도 된다. 만약 당신이 모든 사소한 것까지 기억해야만 한다면 그것을 그대로 유지하는 것은 힘들다. '양파 하나를 기름에 살짝 튀기라saute one onion' (또는 '브레이크 패드에서 발을 떼라remove the

연속된 행위에 대한 가능한 요약된 명칭을 갖고 있는 것은 기억에 그것을 저장하는 일을 단순화한다.

출처: Tribune Media Service의 허락하에 게재.

brake pad assembly')라는 명명과 그 명명이 언급하는 일련의 신체적 행위 간의 복잡성의 차이를 생각해 보라. 그리고 행동 계열의 순서보다 말로 기억하는 것이 얼마나 더 쉬운지를 생각해 보라. 정신적 지름길로서 명칭을 사용하는 것은 기억 과제를 단순화한다. 그러나 그 명칭이 언급하는 것을 당신이 알고 있을 경우에만 이렇게 이해할 수 있다(카툰 참조).

획득 대 수행

관찰학습은 복잡한 행동을 신속히 학습하는 것을 허용한다. 우리가 방금 논의했던 것은 다음과 같은 경우처럼 보인다. '이미 알고 있는 것이 많을수록 배우기는 더 쉽다.' 그러나 행동 잠재력의 획득acquisition과 행동의 수행performance 사이에는 중요한 차이가 있다. 사람들은 다른 사람이 나타내는 행동을 보고 항상 따라 하지는 않는다. 사람들은 결코 하지 않는 많은 것을 학습한다.

관찰학습이 행동으로 나타나는지 여부를 알기 위해서는 또 다른 것을 알아야 한다. 우리는 무엇이 사람의 행동을 이끄는 것으로 예상되는지를 알아야 한다(Bandura, 1977a, 1986). 이 예는 Bandura의 이전 연구에서 나온다(Bandura, 1965). 아동은 5분 동안 성인 모델이 풍선인형에게 일련의 특징적인 공격적 행위를 하는 필름을 보았다. 모델은 각 행위와 동반되는 말을 하였다. 예를 들어, 방망이로 인형 머리를 쿵쿵 때리며 말했다 "이놈아, 가만히 있어."

이 시점에서 세 가지 유형의 필름을 사용하여 세 가지 실험 조건이 만들어졌다.

아동은 많은 복잡한 행동을 관찰학습을 통해 획득한다.

첫 번째 조건에서는 다른 성인이 들어가 모델을 칭찬하고 사탕을 주었다. 두 번째 조건(결과가 따르지 않는 통제집단)에서는 이 마지막 장면이 빠졌다. 세 번째 조건에서는 두 번째 성인이 들어오는 것으로 대신하고 공격 행위를 한 모델을 말과 찰싹 때리는 것으로 처벌하였다.

세 필름 중 하나를 본 후 아동을 다양한 종류의 장난감이 있는 관찰실로 데려갔다. 장난감 중에는 필름에서 나온 것과 똑같은 풍선인형이 있었다. 아동은 10분간 혼자 남겨졌다. 숨어 있던 관찰자는 이전의 공격적인 모델의 행위를 아동이 행하는지의 여부를 주목했다. 아동이 했던 행위의 수는 자발적 수행의 측정치였다.

10분 후 실험자는 돌아왔다. 이 시점에서 아동에게 이전에 보았던 공격적 행위를 기억할 수 있는 한 많이 실험자에게 보여 줄수록 더 많은 유인(과일 주스와 스티커)이 제공되었다. 이때 보이는 행동의 수는 획득의 측정치였다.

이 연구 결과는 많은 것을 시사한다. [그림 10-5]의 맨 위의 선은 세 가지 실험 조건에서 그렇게 하는 것에 대해 유인이 주어졌을 때 아동이 정확하게 재현한 행동의 수를 보여 준다(획득 추정치). 획득에서는 실험 조건별로 차이가 없다는 것이 분명하다. 모델에 대한 강화나 처벌은 여기서 아무런 영향을 미치지 않았다. 그러나 자발적 수행은 매우 다른 그림을 보여 준다. 모델이 받은 결과는 관찰자가 자발적으로 한 행동에 영향을 미쳤다. 비록 보상과 처벌이 이런 상황에서 둘 다 효과적일 수 있다는 다른 증거(예, Kanfer & Marston, 1963; Liebert & Fernandez, 1970; Rosekrans, 1967)가 있기도 하지만, 많은 연구(Thelen & Rennie, 1972)에서처럼 처벌의 효과는 보상의 효과보다 더 컸다.

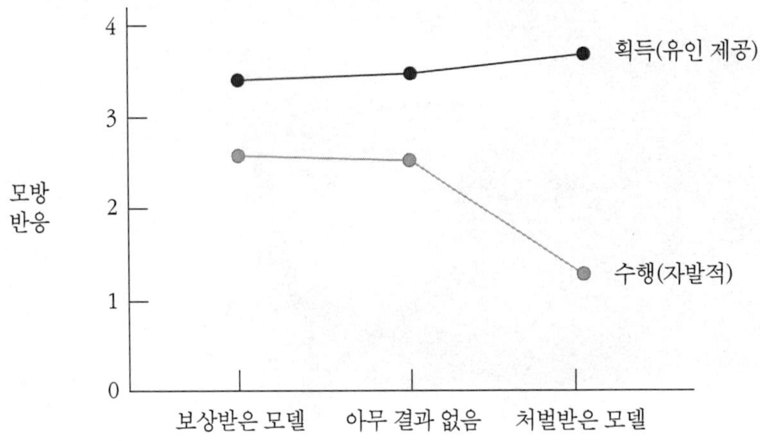

[그림 10-5]

획득과 수행. 참여자는 모델이 보상, 아무 결과 없음, 또는 처벌과 같은 것을 이끄는 일련의 공격적 행동을 관찰했다. 그러고 나서 자발적으로 모델을 모방할 기회를 가졌다(수행). 마지막으로 그들에게 모델의 행동 중 기억할 수 있는 것을 회상해 보라고 하였다(획득). 이 연구는 모델에 대한 강화가 획득에는 아무 역할도 하지 않지만 자발적 수행에는 영향을 미친다는 것을 보여 준다.

결론적으로 대리 강화는 사람들이 관찰을 통해 획득한 행동을 자발적으로 수행할지 여부에 영향을 미친다. 이 효과는 다른 대리 강화의 예에서도 비슷하다. 따라서 그것은 대리적인 도구적 학습을 반영한다. 대조적으로 모델에 대한 강화는 행동 잠재력의 획득에 아무 영향도 미치지 않는다. 그러므로 관찰학습과 대리적 도구학습은 구별되는 과정이다.

공격 모델링과 미디어 폭력 문제

이 장에서 설명된 과정은 행동분석에 대한 도구를 제공한다. 그것이 얼마나 광범위하게 사용될 수 있는지를 보여 주기 위해 여기에서는 그 과정이 핵심 역할을 하는 것 하나를 기술한다. 이 과정은 서로 얽히는 경향이 있다. 과정이 개념적으로 서로 구별될 수 있음에도 우리는 함께 진행되는 것처럼 묘사한다.

미국에서 미디어 폭력물이 실생활의 공격성에 미치는 영향에 대한 큰 관심이 있었다. 사회-인지 학습이론이 한동안 이 문제에 적용되었다. 관찰학습은 실제 모델뿐만 아니라 상징적 모델symbolic models에서도 발생하였다. 정말로 상징적 모델의 영향은 구석구석 널리 스며든다. 상징적 모델은 TV와 영화, 잡지, 책, 비디오 게임 등에서 찾을 수 있다. 모델이 보이는 행위와 행위에 대한 강화의 패턴은 관찰자의 획득과 수행 모두에 큰 영향을 미칠 수 있다.

모델이 관찰자에게 영향을 주는 모든 방식은 어느 정도 다른 것에 연루되어 있다(Anderson et al., 2003). 적어도 세 가지 과정이 발생한다. 첫째, 획기적이게 새로운 공격기술을 관찰한 사람은 관찰학습에 의해서 그 기술을 행동 잠재력으로 획득한다. 그러다 관찰학습이 발생할 수 있는 곳이 생기면 관찰학습은 행동으로 옮겨진다(Geen, 1998; Heller & Polsky, 1975; [그림 10-5]를 상기해 보라). 이 원리는 매년 프로듀서가 새롭고 다른 영화를 만들려고 노력할 때 크게 부각된다. 새로움의 흔한 원천은 고통을 가하는 새로운 방법이다.

두 번째 과정은 용납되거나 보상을 받기조차 하는 폭력을 관찰하는 것은 공격이 의견 차이를 다루는 적절한 방법이라는 감을 촉진하게 만든다. 그래서 대리적 강화는 보는 사람 자신이 같은 방법을 사용할 가능성을 증가시킨다. (이는 TV나 영화에 나오는 성행위를 두고 일부 사람이 우려하는 이유이기도 하다.)

미디어에서 폭력이 강화된다는 주장에 대한 업계의 흔한 응수는 TV나 영화에서는 '나쁜 놈'이 처벌받는 이야기라는 것이다. 그러나 여기서 두 가지를 주목해야 한다. 첫째, 처벌은 단기적으로 강화된 후에 이야기의 나중에서야 나온다. 그 결과 공격은 처벌보다 강화와 더 가깝게 연결된다. 둘째, 영웅의 행위도 대개 공격적이고 이런 공격 행위는 강화받는다. 따라서 이는 공격이 문제를 해결하기 위한 좋은 방법이라는 분명한 메시지가 된다. 수용 가능한 공격성을 보는 것이 사람들에게 그들 자신의 삶에서 공격성을 사용할 가능성을 더 높이는가? 그렇다. 모델이 살아 있든(예, Baron & Kempner, 1970) 상징적이든(예, Bandura, 1965; Liebert & Baron, 1972), 공격적 모델에 노출되는 것은 관찰자의 공격성을 증가시킨다.

폭력에 반복 노출되는 것이 관찰자로 하여금 인간의 고통에 대해 둔감하게 만든다는 사실은 좀 더 확산적이다. 대부분의 사람은 극단적 폭력 행위에 대해 보이는 충격과 혼란함이 폭력적 자극에 대한 반복적인 노출로 인해서 소거된다. 1991년 워싱턴 DC의 경찰서장은 "폭력에 연루된 젊은이와 얘기해 보면 그들은 아무런 양심의 가책이 없습니다…. 폭력이 도덕적으로 잘못된 것이란 생각도 없어요."라고 말한다. 비디오 게임에서의 폭력에 대한 노출도 유사한 둔감화 효과를 만들어 낸다

(Bartholow, Bushman, & Sestir, 2006; Bartholow, Sestir, & Davis, 2005; Carnagey, Anderson, & Bushman, 2006).

이런 둔감화 과정의 장기적 결과는 아주 걱정스럽다. 폭력에 대한 사람들의 감정적인 반응이 약해짐에 따라 희생자가 되는 것(그리고 타인을 희생하는 것)이 일상적 삶의 일부로 보이게 될 것이다. 전 범위에 걸쳐서 이 과정의 영향을 제대로 연구하는 것은 힘들지만, 그것은 사회에 실제적인 위협이 될 만큼 만연되어 있다. 실제로 학교 안에서 괴롭힘이 많아짐에 따라 이런 위험에 대한 자각도 증가하고 있다.

그렇다면 이것은 모든 비디오 게임이 나쁘다는 의미인가? 아니다. 사실 친사회적 비디오 게임은 친사회적 행동을 증가시키는 것 같다(Gentile et al., 2009). 게임을 하는 동안 사람들에게 노출되는 전체 내용이 무엇인가가 중요한 것이다.

평가

이번 장 전체에 걸쳐 기술한 바와 같이, 조건형성 이론과 사회-인지 이론은 학습 과정의 상이한 측면에 초점을 맞추는 경향이 있다. 그래서 평가에 대한 접근에서도 얼마간 서로 다르다는 사실은 별로 놀랄 일이 아니다.

조건형성에 기초한 접근

조건형성 이론의 관점에서 성격이란 대체로 그 사람의 조건형성된 경향성의 축적물에 해당한다(Ciminero, Calhoun, & Adams, 1977; Hersen & Bellack, 1976; Staats, 1996). 성인이 되면 당신은 다양한 자극에 대해 폭넓은 정서 반응을 획득하게 되는데, 이는 태도와 선호로 경험된다. 조건형성 접근의 다양한 평가 기법은 사람들의 경험에 대한 감정적 성질을 측정한다.

두 가지 기법이 발전되었다. 하나는 생리적 평가physiological assessment를 통한 정서 반응의 평가에 초점을 맞춘다. 7장의 성격의 생물적 관점과도 연관되는 생리적 평가는 정서 반응이 어느 정도 생리적이라는 사실을 따른다. 당신이 정서(특히 강렬한 정서)를 경험하면 당신의 몸에서 변화—근육 긴장, 심박률, 혈압, 뇌파, 땀샘 활동 등—가 일어난다. 일부 사람은 이런 반응의 측정이 외상후 스트레스 장애와 같은 문제를 평가하는 데 유용하다고 생각한다(Keane et al., 1998; Orr et al., 1998).

정서 반응을 평가하는 데 사용할 수 있는 두 번째 기법은 행동평가behavioral assessment라 불린다(Barlow, 1981; Haynes & O'Brien, 2000; Staats, 1996). 이는 구체적인 상황에서 겉으로 드러나는 행동을 관찰하는 것이다. 두려움과 같은 정서는 몸을 떠는 것, 창백함, 회피 등과 같은 행동 지수로 평가될 수 있다. 이 기법은 더욱 폭넓게 적용될 수도 있다. 사람들이 어떤 종류의 활동을, 얼마나 오랫동안, 어떤 패턴으로 하는가를 평가하는 데 사용할 수 있다.

행동평가는 그것이 어떻게 이루어지는가에 따라 다양하게 변한다. 때때로 관찰자가 특정 유형의 행동 수를 세거나, 미리 준비된 목록에서 확률을 점검하거나, 피관찰자의 행동이 멈추기 전까지 이어지는 일련의 행동을 관찰한다(Lang & Lazovik, 1963; O'Leary & Becker, 1967; Paul, 1966). 다른 사례에서는 절차를 더 정교화해서 피관찰자가 얼마나 오랫동안 다양한 활동에 참여하는지를 평가해서 기록하기 위해여 자동화된 장치를 사용하기도 한다.

사회-인지 접근

사회-인지 접근의 평가를 고려할 때는 두 가지 특징이 두드러진다. 첫째, 사회-인지 접근은 행동관찰보다 자기보고식 방법을 더 자주 이용하는 경향이 있다. 인지학습의 관점에서는 사고의 역할을 강조하기 때문에, 이 관점에서 다양한 방식의 행동에 대한 보고와 다양한 종류의 사고와 감정을 경험하는 경향에 대한 그 사람의 보고가 적절하고 유용한 정보의 원천이 되는 것은 자연스럽다.

두 번째 문제는 어떤 변인이 측정되는가에 관한 것이다. 이 관점에서의 평가는 경험적experiential 변인에 초점을 맞추는 경향이 있다. 평가는 행동을 도표화하는 대신, 특정한 상황에서 그들이 어떻게 느끼고 그들의 마음속에 어떤 종류의 생각이 스치는지 등을 빈번히 묻는다. 기대—대처에 대한 기대, 개인적 효능감에 대한 기대—는 특별히 중요하다. 이런 행동 관점에서는 기대가 매우 중요하기 때문에 이는 놀랍지 않다.

사회-인지 학습 견해에서는 상황의 특정specific 범주에 대한 반응을 강조하는 경향이 있다. 이는 행동이 상황에 따라 크게 변할 수 있다는 사실을 반영한다. 하지만 사회-인지 학습 관점은 상황에 대한 객관적 정의보다 상황에 대한 개인적 관점을 강조한다는 점에서 조건형성 관점과 다르다. 이 접근에 따르면, 사람들의 표상은 그들이 어떻게 행동하느냐를 결정한다. 따라서 개인적 표상이 평가에서 고려되어야만 한다.

행동 문제와 행동 변화

만약 성격이 학습에서 파생한다면 학습이 문제일 수 있다. 사람들은 종종 자신의 삶을 방해하는 어떤 것을 배우기도 하고, 종종 자신의 삶을 쉽게 살 수 있게 해 주는 것을 학습하지 못할 수도 있다. 이 현상은 여러 문제를 다루는 방식과 함께 문제의 기반을 제안한다. 한 집단으로 묶어, 이 기술은 행동수정behavior modification 또는 행동치료behavior therapy라 불린다(Craighead, Kazdin, & Mahoney, 1981). 이 용어는 그 사람의 실제 행동 변화를 강조한다는 점을 반영한다.

정서 반응의 고전적 조건형성

한 부류의 문제는 효과적인 기능을 방해하는 정서 반응이다. 특정한 자극에 노출되었을 때, 사람들은 종종 강렬한 불안을 갖는다. 이를 공포증phobias이라 한다. 공포 반응은 사실 어떤 자극과도 연결될 수 있지만, 어떤 공포증은 다른 것보다 더 잘 일어난다. 공포증에 대해 흔히 관심을 갖는 것은 개·뱀·거미 등의 동물, 엘리베이터와 같이 폐쇄된 공간, 높은 발코니의 난간과 같은 개방되고 노출된 공간, 그리고 세균과 감염의 가능성에 대한 것이다.

조건형성에서는 공포반응이 고전적으로 조건형성된다고 본다. 이 관점은 또한 공포증이 어떻게 치료되는지에 대한 아이디어도 제안한다. 한 가지 기법은 체계적 둔감화systematic desensitization다. 사람들은 우선 철저하게 이완하는 방법을 배운다. 이완 반응은 공포자극에 노출되었을 때 공포를 완화하거나 대치하는 데 사용하는데, 이 과정을 역조건형성counterconditioning이라 한다. 사람들은 이완을 배우면 치료자와 함께 불안 위계를 작성한다. 두려워하는 자극과 관련된 상황 목록으로 불안의 정도에 따라 순위가 매겨진다(〈표 10-3〉 참조).

둔감화 과정에서 당신은 완전히 이완된다. 그러면 당신은 불안 위계에서 가장 덜

‖ 표 10-3 ‖ 고소공포증(높이에 대한 두려움)의 한 유형에 대한 체계적 둔감화에서 사용한 불안 위계. 완전히 이완되면, 개인은 가장 덜 위협적인 장면(밑에 있는)에서 더 큰 불안을 야기하는 장면(위쪽으로)으로 점차 나아가면서 각 장면을 조심스럽게 마음속에 떠올리게 된다.

엠파이어스테이트 빌딩 꼭대기에서 아래를 내려다보기
엠파이어스테이트 빌딩 꼭대기 층에서 걷기
12층 건물에서 창문 밖을 보기
4층 건물의 발코니 난간에서 아래를 보기
4층 건물에서 창문 밖을 보기
30층 빌딩을 길 건너 작은 공원에서 쳐다보기
초고층 빌딩의 건설에 대한 이야기 읽기
자유의 여신상 꼭대기에 있는 것을 언급하는 이야기 읽기
도시의 큰 빌딩을 언급하는 뉴스 듣기
큰 빌딩이 배경으로 보이는 TV 뉴스 보기

위협적으로 느껴지는 장면부터 마음속으로 떠올린다. 그 심상에 의해 유발된 불안이 사라지게 허용한다. 그런 다음 계속 이완하면서 그 장면을 다시 떠올린다. 그 장면에 대해 전혀 불안을 느끼지 않을 때까지 이 순서를 반복한다(자극에 대해 당신의 두려운 반응이 사라질 때까지). 그러고 나서 불안의 다음 단계로 넘어간다. 당신은 점차 불안을 느끼지 않고 더욱 위협적인 장면을 점점 더 상상할 수 있다. 결국 떠올린 장면은 실제 두려워하는 자극을 대신한다. 불안이 이완으로 바뀜에 따라 이전에는 강렬한 두려움을 일으켰던 자극에 대해 더 효과적으로 대처할 수 있게 된다. 체계적 둔감화는 특히 특정 자극에 대한 공포반응을 감소하는 데 매우 효과적임이 입증되었다(예, Brady, 1972; Davison & Wilson, 1973).

보다 최근에 둔감화는 다른 방식을 취한다. 많은 치료자가 내담자를 공포자극의 더 높은 강도에 노출하고 그것을 견디게 한다. 그러는 동안 불안이 올라갔다가 점차로 떨어진다. 두려운 자극에 대한 노출은 불안의 신체적 측면이 진정된 후에도 잘 유지된다. 소거는 불안이 떨어진 후에 휴식 상태가 발생했을 때 더 빠르게 진행되는 것 같다. 이러한 공포증에 대한 노출치료exposure therapy는 단일 회기와 같이 종종 짧은 회기로 행해질 수 있다(Öst, Ferebee, & Furmark, 1997). 이런 종류의 단기치료는 심각한 외상후 장애에 우수한 효과를 보이는 것으로 입증되었다(Foa & Meadows, 1997; Powers, Halpern, Ferenschak, Gillihan, & Foa, 2010).

조건형성과 맥락

소거와 역조건형성에 기초를 둔 절차의 목적은 바람직하지 못한 반응을 중립적이거나 원래의 것과 반대되는 반응으로 대치하는 것이다. 하지만 그 반응은 치료 장면에서는 사라졌지만 일상의 환경 속에 있을 때는 되돌아온다. 어떻게 하면 문제가 되는 최초 반응이 덜 일어나게 할 수 있을까?

맥락이 중요한 역할을 한다. 즉, 최초의 조건형성이 일어난 맥락은 종종 치료의 맥락과 차이가 있다. 실제로 각 맥락은 변별자극이 된다. 사람들은 치료실에서 목표자극에 대한 중립반응(소거를 거쳐)을 획득한다. 그러나 최초 반응을 배웠던 장면으로 되돌아가면 옛날 반응이 다시 나타날 것이다(Bouton, 1994, 2000). 왜 그럴까? 그 이유는 최초 장면의 자극이 치료되고 소거되는 동안에 그곳에 없었기 때문이다. 그 결과 그들은 행동에 대한 신호로서 여전히 효과가 있다.

새로운 반응이 치료실 밖의 삶 속으로 옮겨지기 위해서는 다음 두 가지 중 하나가 일어나야 한다. 먼저 옛 반응이 획득된 장면과 유사한 장면에서 새로운 반응을 획득할 수 있다. 이것은 새로운 반응을 원래 장면으로 일반화할 것이다. 대안으로는 원래 반응이 학습된 이전 장면을 회피할 수 있다. 이것이 재발을 피하기 위한 많은 접근에서 원래 반응이 획득된 곳과 유사한 장면에서 멀리 떨어지라고 강조하는 이유다.

구체적인 예로 흡연이 재발하는 경우를 살펴보기로 하자. 니코틴 금단이 금연에서의 유일한 문제는 아니다(Perkins, 1999). 흡연자에게 다른 방식으로 니코틴을 공급할 때조차 재발률은 60% 정도로 높다(Kenford, Fiore, Jorenby, & Smith, 1994). 니코틴 금단을 끝까지 잘 이겨 냈던 사람도 많은 경우 재발한다(Brandon, Tiffany, Obremski, & Baker, 1990). 왜 그럴까? 흡연은 특정 맥락(식사 후, 성교 후, 바에서 등등)과 조건형성되기 때문이다. 맥락 그 자체는 니코틴에 대한 갈망이 사라진 뒤에도 오랫동안 흡연에 대한 변별자극으로 남아 있다(Carter & Tiffany, 1999; Conklin, 2006). 심지어 담배나 라이터와 같이 흡연에 대한 특정한 단서가 없는 경우에도 맥락은 갈망을 만들어 낸다(Conklin, Robin, Perkins, Salkeld, & McClernon, 2008).

현재 금연 프로그램에서는 흡연과 관련된 맥락 단서에 대한 반응을 소거하기 위해 노력한다. 흡연 없이 맥락 단서만을 보여 준다. 그러면 비흡연 반응이 그 단서와 조건형성될 것이고, 사람들은 그렇게 함으로써 재발에 잘 견디게 될 것이다. 그런

데 이런 프로그램의 성공에는 한계가 있다(Conklin & Tiffany, 2002). 아마도 그 이유는 금연 프로그램에서 개별화된 단서를 사용하기보다는 '규범적인' 흡연 단서를 사용했기 때문이다. 모든 사람은 독특한 저마다의 흡연 역사를 갖고 있기 때문에 개별화된 단서를 사용하게 되면 성공을 촉진할 수 있을 것이다(Conklin, Perkins, Robin, McClernon, & Salkeld, 출판 중; Conklin & Tiffany, 2001).

도구적 조건형성과 부적응 행동

행동 문제의 또 다른 조합은 도구적 조건형성의 원리와 관련된다. 이 논리는 바람직하지 못한 행동 경향성이 도구적 강화에 의해 조성된다는 것이다. 더 나아가 그 경향성은 소거에 저항적인 방식으로 획득될 수 있다.

예를 들어, 일이 당신 마음대로 잘 되지 않을 때 화를 퍼붓는 것과 같은 특정한 종류의 행동을 생각해 보자. 그런 행동이 당신 삶의 어릴 적 일정 기간 동안 당신의 부모가 당신의 그러한 요구에 굴복했기 때문에 강화되었다고 상상해 보라. 강화는 계속해서 화를 퍼붓는 경향성을 강하게 한다. 만약 그 행동 양상이 충분히 강화되고, 게다가 제대로 된 부분강화 패턴이 형성되었다면, 행동은 빈번하고 지속적으로 일어나게 될 것이다.

나중에(당신이 나이가 들었을 때) 그 행동은 덜 적절해진다. 이제는 자주 강화되지 않지만, 가끔씩 사람들은 그러한 요구에 응해 준다. (때로 사람들이 멈추기를 바라는 바로 그 행동을 얼마나 자주 강화해 주는지를 살펴보면 놀랍다.) 비록 강화가 거의 없다 하더라도, 행동은 부분강화 효과 덕분에 계속된다. 관찰자에게는 그런 행동이 비합리적으로 보이겠지만, 조건형성의 관점에서는 그것이 소거에 대한 저항을 보여 주는 것이다.

도구적 조건형성의 원리에서 볼 때 바람직하지 못한 행동을 변화시키는 방식은 강화의 패턴을 변화시키는 것이다. 한 가지 좋은 방식은 원하는 대안적인 행위를 강화하고, 동시에(만약 가능하다면) 어떤 원치 않는 행동의 강화를 감소하는 것이다. 이것은 보다 적응적이고 적합한 방향으로 행동을 조성해 갈 것이다. 이러한 접근을 종종 유관관리contingency management라고 한다.

건강심리학의 문헌에 있는 한 사례를 살펴보자. 아동기 비만은 나중에 여러 가지 심각한 건강 문제를 일으키는 위험 요인이다. 아동 비만은 활동하는 대신 TV를 보는 습관이나 나쁜 섭식 행동 때문인 것으로 보인다. 최근 연구는 앉아 있는 활동에 대한 강화를 줄이게 되면 움직이는 활동이 증가하고 좌식 활동은 감소하게 됨을 보여 준다(Epstein, Saelens, Myers, & Vito, 1997). 유사하게 간식으로 과일이나 채소를 고르는 것을 강화받으면 건강한 음식을 고르는 경향성이 증가한다(Goldfield & Epstein, 2002).

유관관리 프로그램은 또한 약물과 알코올 남용을 방지하는 데도 사용된다. 이 프로그램은 원치 않는 행동을 완전히 중단하기 전에 일정 시간에 걸쳐 절제를 하는 방향으로 행동을 조성하는 데 유용하게 사용될 수 있었다(Preston, Umbricht, Wong, & Epstein, 2001; Reback et al., 2010). 그것은 또한 알코올 의존을 치료하거나(Petry, Martin, Cooney, & Kranzler, 2000) 코카인 사용 금지를 지지하는 데도 유용했다(Higgins, Wong, Badger, Ogden, & Dantona, 2000; Rash, Alessi, & Petry, 2008).

사회-인지 접근

사회-인지 접근은 문제 이해와 치료에 대리 조건형성, 기대 및 관찰학습의 세 가지 핵심 원리를 사용할 것을 제안한다.

대리적 과정은 이전에 설명된 두 가지 변화를 제안한다. 첫째, 당신은 자극에 대한 정서적 반응(공포 같은)을 발달시키기 위해 그것을 꼭 직접 경험해야만 하는 것은 아니다. 대리적으로 정서 반응을 획득할 수 있다. 둘째, 당신의 활동 양식은 다른 사람의 경험을 관찰한 결과의 영향을 받을 수 있다. 대리적 강화는 그 행동이 바람직하지 않을 때조차 행동을 만들어 낼 수 있으며, 대리적 처벌은 그 행동이 실제로 적응적일지라도 그 행동 경향을 줄일 수 있다.

이 모든 효과는 부분적으로 기대에 의해 매개되는 것으로 볼 수 있다(Bandura, 1986). 만약 높은 장소에서 강한 공포를 경험할 것이라고 기대한다면 당신은 높은 곳을 피할 것이다. 만약 누군가를 괴롭힘으로써 사회적 승인을 얻는다고 생각하면 당신은 그것을 할 것이다. 만약 거절당하거나, 시험을 망치거나, 당신의 삶을 제대로 살지 못하리라고 기대한다면 당신은 그것을 시도조차 하지 않을 것이다(Carver, Scheier, & Segerstrom, 2010; Scheier & Carver, 1992). 기대는 직접적인 경험에서부터, 대리적 경험에서부터, 다른 사람이 당신에게 말한 것에서부터, 혹은 당신 자신의 머릿속에서 이러한 것을 두 개씩 합친 것에서부터 발달할 수 있다.

당신이 두려움을 느끼는 것에 대해 누군가가 성공적으로 대처하는 것을 보는 것은 당신이 스스로 성공적으로 대처하는 능력을 개발하는 것을 도울 수 있다.

사회학습 관점에서 행동 문제의 또 다른 원천은 좀 더 구체적인 것이다. 문제는 종종 기술 결핍skill deficits을 반영한다. 기술 결핍인 사람은 그들이 필요하거나 원하는 어떤 것을 할 수 없다. 어떤 기술 결핍은 관찰학습에서의 결핍을 반영한다. 즉, 일부 사례에서 사람들은 배울 만한 좋은 모델이 없었다. 중요한 활동(요리, 노트 필기, 춤추기, 기타)을 수행하는 것을 배우지 못하면 사람들은 제대로 기능할 수 없을 것이다.

기술 결핍은 기대 발달에 영향을 미칠 수 있다는 점에 주목해야 한다. 특정한 기술이 부족하다는 것을 아는 사람은 그 기술과 관련된 상황에서 나쁜 결과를 예상하게 된다. 예를 들어, 자신이 사회적 기술이 부족하다고 보는 사람은 사회적 상황에서 최악의 것을 기대하게 된다.

모델링에 기초한 기술 결핍의 치료

모델링이 사회-인지 학습 관점의 치료 기법에서 중요한 역할을 한다는 사실은 놀랍지 않다. 모델링을 포함한 기법은 기술 결핍과 정서에 기초한 문제 영역에서 사용되었다.

사람들에게 특정 유형의 적응적 행동이 부족하면, 그들은 좋은 모델을 관찰하는 것을 통해 필요한 기술을 발전시킬 수 있다. 기술이 부족한 상황에 모델이 투입되고, 그 상황에 적절한 행동을 하게 한다. 관찰자(치료받는 중인 사람)는 그 행위를 반복하도록 격려된다. 이런 반복은 겉으로 드러나는 외현적 행위가 될 수도 있고, 내현적(정신적으로 행위를 연습하기)일 수도 있다. 실제로 참여자에게 특정한 시나리오 내에서 누군가가 특정한 행동을 하는 것을 상상해 보라고 함으로써 모델링이 내현적인 것이 되게 할 수 있다(Kazdin, 1975).

원칙적으로 모델링은 결핍이 있는 곳이라면 어디에나 부족한 그 기술을 공급하는 데 사용될 수 있다. 그러나 이 주제에 대한 연구는 대개 기본적인 사회기술(예, La Greca & Santogrossi, 1980; La Greca, Stone, & Bell, 1983; Reichow & Volkmar, 2010; Ross, Ross, & Evans, 1971)과 자기주장(Goldfried & Davison, 1976; Kazdin, 1974, 1975; McFall & Twentymen, 1973; Rosenthal & Reese, 1976) 행동에 초점을 맞추었다. 자기주장성은 타인의 권리를 침해하지 않으면서 동시에 자신의 권리도 침해받지 않게 행동하는 것이다. 어려운 상황에서 어떻게 적절히 자기주장적인 방식으로 반응해야 하는가를 알기는 어려울 수 있다. 하지만 적절한 반응을 묘사해 주는 모델을 보는 것은 (당신도 같은 자기주장 행동을 할 수 있다고 확신하는 연습까지 결합된다면) 큰 차이를 만들어 낼 수 있다.

기술 결핍에 대한 치료에서 관찰학습은 종종 대리적 강화와 혼합된다. 그러나 어떤 사례에서는 그중 하나가 특히 강조된다. 어떤 경우에 사람들은 문자 그대로 주어진 상황에서 무엇을 해야 할지 모른다. 이런 사례에서는 관찰학습이 새로운 반응을 제공하기 때문에 가장 효과적이다. 다른 사례에서는 사람들이 무엇을 해야 할지 모른다기보다 과연 그렇게 해낼 수 있을까에 대해 의심한다. 이런 경우는 대리적 강화가 더 큰 역할을 하는 것처럼 보인다.

모델링과 공포에 대한 반응

모델링과 공포 관련 행동 문제를 논의할 때는 숙달과 대처라는 두 가지 모델이 구분된다(Meichenbaum, 1971). 숙달 모델mastery model은 치료 중인 사람이 두려워하는 것에 대해서 공포가 전혀 없어 보이는 사람이다. 이런 모델은 아마도 관찰자가 모델이 스트레스를 경험하지 않음을 보기 때문에 조건형성된 공포에 대한 대리적 소거를 일으키는 것 같다. 대조적으로 대처 모델coping model은 처음에는 두려움을 나타내지만 차츰 공포를 극복해 나가고, 결국에는 상황을 잘 다루게 되는 사람이다. 이 모델의 효과는 아마도 모델이 관찰자와 같은 상황에 있지만 적극적인 노력에 의해 두려움을 극복할 수 있다는 사실에 있을 것이다.

대처 모델의 효과는 숙달 모델보다 좀 더 인지적인 것으로 보인다. 비록 증거가 완전히 일관되지는 않지만, 대처 모델이 숙달 모델보다 공포에 대한 치료에 좀 더 효과적인 것으로 보인다(Kornhaber & Schroeder, 1975; Meichenbaum, 1971). 이러한 효과는 인지 과정이 공포에 대처하는 데 강력한 역할을 할 수 있음을 증명한다.

여기서 구분해야 할 또 한 가지는 관찰자가 단지 관찰만 하는 모델링과 모델(종종 치료자)이 나중에 그것을 따라 하게 될 다른 사람 앞에서 그 행동을 수행하는 참여적 모델링participant modeling이다. 참여적 모델링에서는 모델이 주로 자신의 행동을 언어화하고verbalization, 적절한 행동 절차를 소개하며, 개인적인 확신을 제공한다. 그래서 치료 시간은 더 소요되지만 행동 변화 기법으로 더 강력하다(예, Bandura, 1982; Bandura, Adams, & Beyer, 1977; Davis, Ollendick, & Öst, 2009).

특정 공포에 대한 전형적인 모델링 치료에서 모델은 두려워하는 자극에 접근하고 참여해 보고 그것을 다루어 본다. 그렇게 하는 동안 모델은 그때 출현하는 감정과 함께 대처에 사용되고 있는 정신적 전략을 기술한다. 그러고 나서 관찰자는 모델이 보인 것과 같은 행동을 (처음에는 치료자의 도움을 받고, 다음에는 혼자서) 해 본다. 이 절차는 다음과 같은 다양한 영역에서 공포를 줄이고 대처를 증가시키는 데 효과적이었다. 여기에는 개나 뱀 같은 동물에 의해 발생하는 공포(Bandura, 1977; Bandura, Grusec, & Menlove, 1967; Bandura & Menlove, 1968), 수술, 주사, 치과 치료에 대한 공포(Melamed & Siegel, 1975; Melamed, Weinstein, Hawes, & Katin-Borland, 1975; Vernon, 1974), 시험 공포(Cooley & Spiegler, 1980; Malec, Park, & Watkins, 1976; Sarason, 1975) 등이 포함된다.

효능감 기대에서의 치료적 변화

방금 기술한 연구에서 어려움을 극복하는 능력을 보여 준 모델은 다른 사람이 공포를 극복하는 것을 도울 수 있다는 것을 보여 준다. 하지만 어떻게 그런 일이 일어나는가? Bandura(1977)는 이런 효과가 행동 변화 이면의 보다 광범위한 원리를 나타내는 것이라고 제안한다. 그의 관점에서 어떤 기법을 통해서든 주어진 상황에 대한 그 사람의 효능감을 증가시킴으로써 치료가 효과를 본 것이다. 모델이 두려움을 극복하는 능력을 나타내 보일 때, 그것은 관찰자로 하여금 자신도 스스로의 공포를 극복할 수 있다는 느낌을 갖도록 돕는다. 개인적 효능성에 대한 지각이 높아지면 결과적으로 더 큰 노력을 지속하게 된다.

이 장의 앞부분에서 소개된 이런 아이디어는 많은 치료 과정 연구에서 검증되어 왔다(예, Avia & Kanfer, 1980; Bandura, 1977; Bandura, Adams, Hardy, & Howells, 1980; Bandura & Schunk, 1981; DiClemente, 1981; Gauthier & Ladouceur, 1981). 이런 연구를 통해서 참여적 모델링은 사람들의 효능감 기대를 변화시키는 것과 그들의 행동을 변화시키는 것에 효과적이었다. 이런 결과는 새로운 상황으로도 일반화된다.

Bandura의 견해에서 이런 결과는 몇 가지 점에서 중요하다(Bandura, 1986, 1997). 가장 광범위하게는 효능감 기대의 변화가 행동 변화를 매개한다는 것이다. 즉, 행동의 변화는 기대의 변화 때문이다. 다른 두 가지 요지는 효능감 지각을 결정하는 요인에 관한 것이다. 효능감 기대는 전형적으로 참여적 모델링을 통해 자신이 문제 상황에 대처할 수 있다는 것을 보여 줄 기회를 가졌던 사람에게서 가장 높았다. 이는 실제 수행 성취가 효능감 지각에 가장 강력한 영향을 미친다는 Bandura의 믿음과 잘 들어맞는다.

하지만 이 연구는 효능감 지각에 대한 두 번째 영향도 보여 준다. 대리적 경험, 즉 모델링만 보았던 집단이 통제집단보다 전형적으로 큰 효능감과 우월한 수행을 보고하였다. 대리적 경험을 통한 결과는 직접 경험의 결과만큼 영향력이 강하지는 않았지만 분명히 어떤 역할을 한다. Bandura(1977b)는 언어적 설득과 정서적 각성 또한 효능감 지각에 영향을 미칠 수 있다고 제안한다.

학습 관점: 문제점과 전망

성격에 대한 학습 관점은 실험실에서 행동에 대해 실험분석을 하고 있는 연구자 집단과 행동치료가 인기가 있을 때 훈련을 받은 임상가 집단의 두 집단에 큰 영향을 미쳐 왔다. 학습 관점은 이 두 집단에 두 가지 서로 다른 이유로 매력적이었고, 각각은 학습 관점의 두 가지 강점을 대표한다.

첫째, 학습 관점은 이전의 다른 관점에서는 볼 수 없었던 연구의 엄격한 검증을 통해 출현했다. 행동에 대한 아이디어는 연구를 통해 지지받는지 아닌지에 대해 엄밀한 검증을 거치려 했다. 많은 아이디어가 철저히 검증되었고, 그들을 지지하는 증거도 상당히 쌓였다. 주의 깊은 관찰에 의해 검증될 수 있는 성격의 특성을 검토한다는 점이 연구자에게 매우 만족스러운 것이다.

두 번째 이유는 행동치료 기법으로서의 행동과 인지의 효과성이 좋다는 것이다. 연구는 몇 종류의 문제가 상당히 간단한 절차로 치료될 수 있음을 보여 주었다. 이러한 이유로 임상가는 이 절차를 기초하는 것으로 보이는 원리를 주의 깊게 살피기 시작했다. 학습 관점은 효과가 있는 행동 변화의 기법과 잘 들어맞기 때문에 심리학자 사이에서 그것을 신뢰하는 분위기가 조성되었다.

비록 이 관점의 많은 발견이 높은 일치성을 보이지만, 이 관점 역시 비판을 받고 있다. 한 가지 비판은 연구하고 있는 상황을 단순화하는 연구자의 경향성에 관한 것이다. 단순화는 실험 통제를 보장한다. 통제하는 것은 원인과 결과의 관계를 분명하게 하도록 도와준다. 그러나 이것은 때때로 여러 행동을 선택할 수 있는 여지가 거의 없는 인공적 실험실 상황을 만든다. 연구에서 일어난 행동은 그 방향으로 너무 많은 압력이 있는 상황이어서 다른 방향의 행동을 택할 만한 선택권이 없었기 때문에 발생했다는 의혹이 제기되고 있다. 이런 사람이 실험실을 벗어났을 때 어떤 행동을 하겠는가? 이런 비판은 사회-인지 접근과는 연관성이 더 적다. 사회-인지적 접근의 연구자는 매우 다양한 상황과 맥락에서 사람들의 행동을 연구한다.

학습 관점의 또 다른 문제는 학습이론이 실제로 성격이론이 아니라는 점이다. 어떤 사람은 이 관점이 너무 단순해서 성격을 의미 있게 볼 수 없다고 믿고 있다. 추측건대, 학습 과정은 단편적이고 우연적인 방식으로 계속적으로 작용한다. 반면 인간의 경험은 매우 복잡하면서도 질서 있는 것 같다. 우연적인 학습 과정이 어떻게 그런 복잡하고 질서 있는 결과를 산출할 수 있겠는가?

그것을 또 다른 방식으로 보면, 조건형성 이론은 우리에게 특정한 행동이 더 잘 일어날 것인지 혹은 덜 일어날 것인지에 관한 방식에 대해서는 많은 것을 알려 주지만, 행동을 하고 있는 전체 개인에 대해서는 많은 것을 알려 주지 않는다. 학습이론의 과정은 매우 기계적이다. 그 사람다움의 주관적 감각에 대한 자리는 없는 것 같고, 자기라는 느낌을 특징짓는 연속성과 일관성에 대한 관심도 없는 것 같다. 요약하면 많은 사람에게 이러한 성격분석은 성격을 갖고 있다는 것이 무엇을 의미하는가에 관한 주관적 경험을 전달하지 못한다. 이 비판도 사회-인지 학습이론에는 덜 해당된다. 개인 효능감에 대한 개념은 어떤 주어진 시간에 성격의 제한된 부분에만 초점을 맞추었음에도 개인다움의 성질을 잘 다루고 있다.

학습 관점에 대한 또 다른 문제는 조건형성 아이디어와 사회-인지 학습에 대한 아이디어 사이의 관계에 대한 것이다. 학습에 대한 두 가지 접근 사이에는 핵심적 불일치가 있다. 이론적인 원리를 제시하는 동안에는 이 문제를 최소화했지만 이는 언급할 만하다. 문제는 다음과 같다. 조건형성 이론은 관찰이 가능한 사건에 초점을 맞추는 경향이 있다. 행동 경향은 이전 경험의 양상과 현재의 단서에 의해 설명된다. 그 밖에 다른 것은 필요치 않다. 여기서 인지는 관련이 없다. 사회-인지 학습 관점은 이와는 꽤 다르다. 기대가 행동을 야기한다. 즉, 행위는 생각에서 나온다.

인지를 행동의 원인으로 취급하는 것은 조건형성 접근의 가장 기본 원리를 거부하는 것을 의미한다. 좀 더 인지적인 견해에서는 고전적 및 도구적 조건형성은 반드시 의식 밖에서 일어나는 점증적인 과정일 필요는 없고 기대와 정신적 모델에 의존한다고 본다. 강화는 행동 경향을 직접 높이는 것이라기보다는 미래 유인에 대한 정보를 제공하는 것으로 보인다.

우리는 이 상황을 어떻게 생각할 수 있는가? 더욱 새로워진 이론은 이전 이론에서 확장되어 추론된 것인가, 아니면 꽤 다른가? 그들은 융합될 수 있는가, 아니면 같은 이론적 영역을 놓고 서로 경쟁하고 있는가? 어떤 사람은 조건형성 견해는 틀렸고 인간 학습은 그런 방식으로 단순하게 발생하지 않는다며, 학습 조망의 새로운 설명이 조건형성의 설명을 단순히 대치해야만 한다고 말한다.

어떤 사람은 통합하려는 시도를 버리고 모든 문제에서 손을 뗐다. 예컨대, 몇 해 전 Bandura는 그의 이론을 설명하기 위해 사용하는 어구에서 학습이란 말을 뺐다. 그는 이제 그 이론을 사회-인지 이론(Bandura, 1986)이라 부른다. 이는 그의 효능감 기대와 같은 생각을 성격에 대한 학습 조망에 속하는 것으로 봐야 할지에 의문을 제기한다.

Bandura가 명칭을 바꾼 사실은 사회학습 틀 내에서 시작한 사람들 사이의 매우 일반적인 경향성을 반영한다고 볼 수 있다. 그들 중 다수가 지난 35년간 인지심리학의 아이디어에 의해 영향을 받아 왔다. 그들의 관심을 사회학습 견해라 불렀던 많은 사람은 이제 다른 울타리를 칠 것이다. 그들 중 몇몇은 오늘날에는 그들의 방향에 다른 이름을 붙일 것이다. 사회학습 접근의 경계는 서서히 무너져 가고 있고 새로운 인지와 자기조절 이론이 결합되고 있다. 이것은 후속 장에서 논의될 것이다. 이렇게 사상의 주요 부분 사이의 경계가 흐려지고 변경되는 것은 사회-인지 학습 접근에 대한 마지막 질문을 제기한다. 이 접근은 앞으로 수년간 활발한 연구 영역으로서 그 정체성을 유지할 것인가, 아니면 그 주제가 다른 견해에 흡수된 채 산산이 흩어질 것인가?

요약

조건형성 접근은 두 가지 학습 유형을 강조한다. 고전적 조건형성에서는 무조건반응(UR)을 방출하는 또 다른 자극(US)과 함께 어떤 중립자극(CS)이 제시된다. 반복적으로 짝지어진 후에는 CS만으로도 UR과 유사한 반응(CR)을 방출하게 된다. CR은 US에 대해 준비하게 하는 예기반응인 것 같다.

이 기본 현상은 (상이한 자극은 상이한 반응을 유도하는) 변별에 의해 수정되고 (상이한 자극이 같은 반응을 유도하는) 일반화에 의해 확장된다. CS를 US 없이 반복적으로 제시하게 되면 CR의 강도는 감소하게 되는데, 이 과정을 소거라고 부른다. 고전적 조건형성은 조건형성되는 반응이 정서적인 성질을 띠는 (정서 조건형성의) 경우 성격 형성에 매우 중요하다. 따라서 고전적 조건형성은 사람마다의 독특한 선호와 혐오를 이해하기 위한 기초를 제공해 주며, 공포증과 같은 특정한 심리적 문제를 분석하는 방식을 제공해 준다.

도구적 조건형성에서 행동은 긍정적인 유인가를 지니거나 혐오적인 결과를 수반한다. 결과가 긍정적인 유인가를 가지게 되면 행동을 수행하는 경향성은 강해진다. 따라서 이 결과를 강화물이라고 부른다. 만일 결과가 혐오적(처벌적)이면 행동 수행 경향성은 감소된다. 도구적 조건형성에서 변별은 상이한 상황적인 단서에 상이한 방식으로 반응하는 것이고, 일반화는 상이한 단서에 같은 방식으로 반응하는 것이다. 그리고 소거는 행동을 강화하지 않음으로써 행동 경향성이 감소하는 것이다. 강화물은 여러 양상으로 나타날 수 있는데 이를 강화계획이라 한다. 강화계획에서 가장 중요한 변이의 효과는 간헐적(부분적) 강화에 의해 학습된 행동이 연속강화에 의해 학습된 행동보다 나중에 강화가 주어지지 않는 조건하에서 더 지속적이라는 것이다.

학습이론의 또 다른 세대가 발달했다. 그들은 행동에서 사고 과정의 역할을 강조하기 때문에 인지적이라 부르기도 하고, 다른 사람을 통해 배운다는 생각을 강조하려고 사회적이라 부르기도 한다. 이 이론의 몇 가지 측면은 행동을 조성하는 데 있어서 사회적 강화를 다른 종류의 강화보다 더 강조한다는 점에서, 조건형성의 원리를 더 정교화한 것으로 간주할 수 있다. 인간은 대리적으로 각성된 정서를 통해 공감하는 능력이 있기 때문에 고전적 조건형성을 대리적으로 경험할 수 있다. 아울러 인간은 또한 다른 사람의 행동 결과에 기초해서 자신의 행동 경향을 변화시킴으로써 강화와 처벌을 대리적으로 경험할 수 있다. 이런 관점은 또한 인간이 종종 기대를 배우고 그것을 새로운 상황에 적용한다고 생각한다.

결과에 대한 기대가 행동을 결정하는 중요한 부분이 되는 것은 사회-인지 학습 모델의 중심 요점이다. 또 다른 중요한 아이디어는 개인적 효능감에 대한 지각이 스트레스가 되는 상황에서 그 사람이 지속적으로 노력할지의 여부를 결정한다는 것이다.

성격에 대한 이 접근의 일부분은 조건형성 원리와 완전히 구별되는데, 그것은 관찰학습을 통해 행동 잠재력을 획득하는 과정이다. 이 과정은 관찰자가 (어떤 행동을 나타내 보이는) 모델에 주의를 기울이고, 행해진 것에 대해 (대개 시각적 또는 언어적 기억의 형태로) 얼마간의 기억을 파지하고, 모델이 수행했던 행위를 재연할 수 있는 기술 요인을 지니고 있을 것을 요구한다. 이런 획득 과정은 강화 유관성에 의해 직접적으로 영향을 받지 않는다. 반면 획득된 행동의 자발적 수행은 강화 유관성에 대한 지각에 의해 많은 영향을 받는다.

평가가 구체적인 특정 상황에서 발생하기 때문에 조건형성 관점에서의 평가는 행동의 다양한 측면을 관찰할 것을 강조한다. 평가는 사람들의 생리적 반응, 외현적 행동, 혹은 상이한 종류의 자극에 대한 정서 반응의 보고에 초점을 맞출 수 있다. 사회-인지 학습의 관점에서 평가는 자기보고에 더 의존한다.

조건형성 접근에서 볼 때 행동 문제는 정상 행동을 야기하는 과정과 다르지 않다. 고전적 조건형성을 통해 공포증이라 불리는 강렬하고 비합리적인 공포 증상이 생성될 수 있다. 또 조작적 조건형성을 통해 특정 행동이 더 이상 적응적이지 못한데도 지속되는 행동 경향성을 갖게 될 수도 있다. 조건형성 절차를 통해 이런 다양한 문제는 치료할 수 있는데, 그것을 행동치료 또는 행동수정이라 한다. 체계적 둔감화는 공포반응을 이완으로 역조건형성한다. 노출요법은 스트레스 상황에 초점 맞춰진 사람들의 불안이 줄어들어 안심될 때까지 그 상황에 초점을 맞추게 한다.

대리적 학습의 기회나 사람들이 모델을 통해 필요한 행동을 배울 기회를 갖지 못할 때도 행동 문제는 발생할 수 있다. 사회-인지 학습 관점에 기초한 치료는 종종 관찰학습을 통해 기술 결핍을 치료하려고 하거나 대리적 강화를 통해 대처기술의 유용성을 보여 주는 것과 같은 모델링을 포함한다.

용어설명

강화물reinforcer 그전에 오는 행동이 다시 일어날 가능성을 높이는 사건.

고전적 조건형성classical conditioning 중립자극과 무조건자극을 짝짓는 것.

고차 조건형성higher-order conditioning 이전 조건형성 상황에서는 CS였는데 새로운 조건형성 상황에서는 US로 작용하는 사건.

공포증phobia 특정한 종류의 자극에 부적절하게 강렬한 공포를 나타내는 장애.

관찰학습observational learning 다른 누군가가 하는 것을 보고 새로운 행동을 할 수 있는 능력을 획득하는 것.

기술 결핍skill deficit 필요한 행동이나 기술이 없거나 부족한 것.

노출치료exposure treatments 자신의 불안반응이 소멸되어 호전될 때까지 두려운 주제에 머물게 하는 치료.

대리 강화vicarious reinforcement 다른 사람에 의해서 경험되는 강화가 그 사람 자신의 행동에 강화적 효과를 갖는 사건.

대리적 고전적 조건형성vicarious classical conditioning 공감을 통해서 무조건반응이 일어나는 조건형성.

대리적 정서 각성vicarious emotional arousal 다른 사람의 감정을 그들과 함께 느끼는 경향. 공감이라고도 부름.

대처 모델coping model 처음에는 공포를 나타내지만 궁극적으로는 그것을 처리하는 모델.

도구적 또는 조작적 조건형성instrumental or operant conditioning 행동 뒤에 바람직한 결과가 뒤따름으로써 장차 발생할 가능성이 높아지거나, 바람직하지 않은 결과가 뒤따름으로써 발생 가능성이 낮아지게 되는 종류의 조건형성.

무조건반응unconditioned or unconditional response: UR 무조건자극에 대한 반사적 반응.

무조건자극unconditioned or unconditional stimulus: US 반사적(무조건) 반응을 일으키는 자극.

반사reflex 자극이 자동적인 반응을 발생시키는 사건.

변별discrimination 상이한 자극에 상이한 방식으로 반응하는 것.

변별자극discriminative stimulus 행동 발생을 통제하는 단서.

부분강화partial reinforcement 표적 행동 뒤에 강화가 매번 주어지기보다는 가끔 강화되게 하는 계획.

부분강화 효과partial reinforcement effect 부분강화를 통해 획득된 행동이 소거에 저항적인 현상.

부적강화negative reinforcement 혐오자극을 제거해 주는 것.

사회적 강화물social reinforcer 다른 사람에게서 받는 칭찬, 호감, 수용, 혹은 승인.

상징적 모델symbolic models 서적, 영화, TV 등에 나오는 모델.

생리적 평가physiological assessment 정서 반응의 생리적 측면을 측정하는 것.

성과(결과) 기대outcome expectancy 특정한 행동이 목표를 달성할 가능성에 대한 판단.

소거extinction 고전적 조건형성에서 US 없이 CS를 반복적으로 제시함으로써 CR이 감소하는 것, 도구적 조건형성에서 강화를 제거함으로써 행동 경향성이 감소하는 것.

숙달 모델mastery model 공포를 전혀 나타내지 않는 모델.

습관 위계habit hierarchy 일어날 가능성에 따라 한 개인의 잠재적 반응을 서열 짓는 것.

역조건형성counterconditioning 현재 자극이 일으키는 정서와는 다르게 자극과 정서를 연결 짓기.

연속강화continuous reinforcement 행동할 때마다 강화가 계속 뒤따르는 계획.

유관관리contingency management 바람직한 행동에 대해서는 강화를 늘리고 바람직하지 않은 행동에 대해서는 강화를 철회하는 프로그램.

일반화generalization 어느 정도 상이한 자극에 대해 유사한 방식으로 반응하는 것.

자기 강화self-reinforcement 자신의 행동에 대해 스스로에게 주는 승인.

자기통제self-control 자기 자신의 행위를 조절하고 억제하는 것.

자기효능감self-efficacy 무언가를 성공적으로 할 수 있다는 신념.

정서조건형성emotional conditioning CR이 정서적 반응인 고전적 조건형성.

정적 강화positive reinforcement 바람직한 자극이 더해지는 강화.

조건반응conditoned or conditional response: CR 고전적 조건형성에 의해 획득된 CS에 대한 반응.

조건자극conditioned or conditional stimulus: CS US와 짝지어져서 조건형성된 중립 자극.

조작적 조건형성operant conditioning 도구적 조건형성 참조.

참여적 모델링participant modeling 치료자를 모델로 사용하면서 자신에게 어려웠던 행동을 연습하는 행위.

처벌punisher 그전에 나타난 행동을 줄어들게 하는 바람직하지 않은 결과.

체계적 둔감화systematic desensitization 공포를 소거하기 위해 의도된 치료적 절차.

타임아웃time out 아동이 즐거워하는 활동을 일시적으로 못하게 하는 훈련 기법.

행동수정 또는 행동치료behavior modification or behavior therapy 행동 변화를 위해 조건형성 과정을 사용하는 치료적 접근.

행동평가behavioral assessment 한 개인의 외현적 행동을 관찰하여 평가하는 것.

효능감 기대efficacy expectancy 무언가를 성공적으로 수행할 수 있다는 신념.

제11장
자기실현과 자기결정

사 례

줄리아는 깨어 있는 대부분의 시간을 남을 위해 일하면서 보낸다. 그녀는 자신의 어머니와 자주 대화를 나누는데, 어머니는 언제나 그녀가 줄 수 있는 것보다 더 많은 것을 원하신다. 어머니와 대화를 할 때면 줄리아는 가끔 자신이 모래 늪 속으로 빠져드는 듯한 느낌을 받기도 하지만, 그런 불만을 드러낸 적은 없다. 그녀가 데이트를 해 온 에릭이라는 청년이 있다. 그의 삶은 혼란하고, 그는 그녀의 조언을 듣기 위해 밤늦게까지 전화를 해대곤 한다. 그녀는 잠이 필요했지만, 남자 친구를 위한 공감의 귀를 닫은 적은 한 번도 없다. 줄리아는 다른 사람의 이득을 위해 자기 일을 제쳐 두곤 한다. 마치 그녀는 자신이 그렇게 하지 않고는 인간으로서의 가치가 없다고 생각하는 것 같기도 하다. (보통은 그 소리를 듣기에 너무 바쁘지만) 마음 깊은 곳에서 그렇게 하는 것이 잘못이라고 속삭이는 조그만 소리가 들린다. 그리고 가끔, 단지 가끔 새로운 운명을 발견할 수 있게 자신을 자유롭게 둔다면 지금과는 다른 새로운 운명이 그녀를 기다리고 있을 것이라고 느낀다.

인간이 되는 경험은 신비하고 도전적이다. 당신은 지금까지 살아온 사람들이나 미래에 살게 될 여느 사람과 다른 사건, 감정, 사고, 선택을 경험한다. 당신은 끊임없이 '되어 가고 있고becoming' 단순한 버전에서 좀 더 복잡한 버전으로 진화해 가고 있다. 자신이 왜 현재 느끼고 있는 것처럼 그렇게 경험하는지를 늘 이해할 수는 없기 때문에 간혹 당혹해하기도 한다. 그러나 당신이 살고 있는 삶이 자신의 것—다른 어느 누구의 것도 아닌 바로 당신에게 속하는 일련의 감각적 사건—이라는 사실은 그 경험을 생생하고 저항할 수 없는 것으로 만든다.

당신의 자아는 어떻게 '되어 가고 있는' 것을 아는가? 당신이 변화해 갈 때도 당신은 어떻게 여전히 자기 자신으로 머물 수 있는가? 왜 때때로 당신의 일부는 어떤 방향으로 성장하길 원하고 당신의 또 다른 일부는 다른 방향으로 성장하길 원하는 것처럼 느끼는가? 무엇이 인간으로서 존재하는 이 경험을 이렇게 특별하게 만드는가? 우리 자신에 대한 책임은 무엇인가? 이런 것이 자기실현과 자기결정에 관련해 이론가가 제기하는 질문이다.

이 장에서 논의되는 이론의 일부는 때때로 인본주의 심리학humanistic psychology (Schneider, Bugental, & Pierson, 2001)으로 언급되기도 한다. 이 용어는 모든 사람이 성장과 발달의 잠재력을 가지고 있다는 견해를 반영한다. 선천적으로 악하거나 무능하거나 가치 없는 사람은 없다. 인본주의 심리학의 기본 목표는 사람들이 자신에 대해 이러한 점을 깨닫도록 도와서 그들로 하여금 성장할 기회를 갖도록 하는 것이다. 이 장에서 논의되는 아이디어의 일부는 현상학적phenomenological이라고 불린다. 이 용어는 한 개인의 고유하고 사적인 경험의 중요성을 강조한다.

자기실현

인본주의 심리학의 중요 인물은 Carl Rogers다. 그의 사상은 잠재력이 어떻게 실현되는가와 무엇이 그것을 가로막는가에 대해 이야기하는 한 가지 방법을 제공한다. Rogers의 관점에서 볼 때, 이를 막는 강한 영향력이 존재하지만 않는다면 모든 사람은 긍정적이고 건강한 성장을 보인다. 이런 성장 과정은 실현actualization이라 불린다. 실현은 유기체를 유지하거나 향상하는 방식으로 잠재 역량을 발달시키려는 경향성에 해당한다(Rogers, 1959).

부분적으로 실현 경향성은 신체 기능으로 반영된다. 예를 들면, 당신의 신체는 병원체를 제거하기 위해 면역 체계를 작동할 때 실현되는 것이다. 당신의 신체는 더 크고 강해질 때 실현된다. 실현 경향성은 성격에도 적용된다. 실현이 자기의 유지나 향상을 촉진할 때는, 이를 자기실현self-actualization이라고 부른다. 자기실현은 당신의 인생 경험을 더 풍부하게 만들고 창조성을 고양한다. 그것은 개인 내부의 일치성congruence, 온전성wholeness, 또는 통합성integration을 증진하고 분열이나 불일치를 최소화한다.

Rogers는 실현 경향성이 인간 본성의 일부라고 믿었다. 이런 믿음은 그가 사용하던 또 다른 용어인 유기체적 평가 과정organismic valuing process에도 반영되는데, 이는 유기체가 자동적으로 자신의 경험과 행동이 실현될지 그렇지 않을지를 분간하여 평가함을 의미한다. 만약 그 경험과 행동이 실현적이지 않다면 유기체적 평가 과정은 무엇인가가 잘못되어 가고 있다고 끈질기게 잔소리를 할 것이다.

Rogers는 자기실현을 하는 사람을 묘사하기 위해 충분히 기능하는 사람fully functioning person이란 용어를 사용했다. 그런 사람은 자신의 느낌을 경험하는 것에 개방적이고, 그 느낌에 의해 위협받지 않으며, 그것이 무엇이든지 문제 삼지 않는다. 그들은 의심하기보다는 그 느낌을 신뢰한다. 충분히 기능하는 사람은 또한 세상을 경험하는 것에도 개방적이다. 그들은 세상에서 도망치기보다는 세상 속에 자신을 푹 담근다. 결과적으로 충분히 기능하는 사람은 의미와 도전이 있고 흥미가 넘치며, 그러면서도 기꺼이 고통을 감수하는 삶을 산다. 충분히 기능하는 사람은 특수한 부류의 사람이 아니다. 오히려 그런 방식으로 살기를 선택하는 사람이라면 누구나 택할 수 있는 일종의 기능 방식을 의미한다.

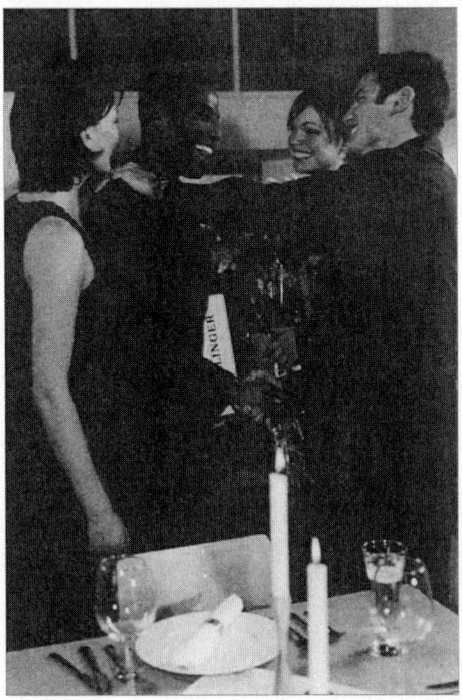

우리는 모두 다른 사람에게서 수용되고, 이해받고, 존경받는다는 긍정적인 존중을 경험하고 싶은 강한 욕구를 갖는다.

긍정적 존중의 욕구

자기실현만이 인간 행동에 중요한 영향력을 미치는 유일한 것은 아니다. 사람들은 타인, 특히 그들에게 중요한 사람(종종 중요한 타인이라고 불리는)에게 수용, 사랑, 우정 및 애정을 받고 싶어 하는 강한 동기를 지닌다. Rogers는 이런 수용을 언급하기 위해 긍정적 존중positive regard이란 용어를 사용했다.

긍정적 존중은 서로 다른 두 가지 방식으로 일어날 수 있다. 특별한 조건 없이, 즉 '단서가 추가됨 없이' 주어지는 애정은 무조건적 긍정적 존중unconditional positive regard이다. 그러나 때때로 특정한 조건이 충족되는 경우에만 주어지는 애정이 있다. 이 조건은 사례마다 다르지만 원칙은 같다. 즉, 당신이 특정한 방식으로 행동할 때만 당신을 좋아하고 수용할 것이라는 원칙이다. 이는 조건적 긍정적 존중conditional positive regard이다. 사람들이 매일의 삶 속에서 얻는 애정의 대부분은 이처럼 조건적이다.

이러한 맥락 속에서 사용되는 또 다른 용어는 가치의 조건conditions of worth이다. 가치의 조건은 사람들이 긍정적 존중을 받을 가치가 있는지를 판단하는 기준이 되는 조건이다. 사람들이 가치의 조건에 일치하도록 자신의 행동을 변화시킬 때, 그들은 그 행동이 내적으로 바람직하기 때문이 아니라 다른 사람에게서 긍정적 존중을 받기 위해서 그렇게 하는 것이다(카툰 참조).

Rogers는 우리가 주위의 다른 사람이 우리에게 적용해 온 가치의 조건을 습득한 후에는 우리 자신에게 스스로 그것을 적용하기 시작한다고 주장한다(Sheldon & Elliot, 1998). 오직 그 조건을 만족시키는 방식으로 행동할 때만 우리는 우리 자신에게 애정과 수용을 준다. 이런 패턴이 조건적 자기존중conditional self-regard이다. 조건적 자기존중은 당신이 자신에게 적용하는 가치의 조건에 맞게 자신의 행동을 바꾸도록 만든다(Crocker & Wolfe, 2001).

사람들은 종종 다른 사람에게 가치의 조건을 부여하고자 한다.

출처: Tribune Media Services의 허락하에 게재.

가치의 조건과 조건적 존중은 중요한 결과를 낳는다. 즉, 타인의 수용을 얻기 위해 자신의 행동, 가치, 또는 목적을 바꾸는 것은 자기실현을 방해하거나 갈등을 일으킬 수 있다. 자기실현이 가치의 조건을 이행하는 것보다 더 중요하기 때문에 이는 최고 우선권을 가져야 한다. 그러나 긍정적 존중의 욕구가 너무 현저해서 그 영향력은 종종 더 예리하게 느껴진다.

이 두 가지 동기가 어떻게 갈등을 빚는지 알아보기 위해 다음 예를 살펴보자. 조엘은 아버지가 가업을 이끌어 나가는 데 아들의 도움을 필요로 하기 때문에 음악계로 나아가려던 진로를 포기하기로 결심한 청년이다. 이런 결정에서 조엘은 가족이 자신에게 부과하는 가치의 조건을 따르고 있다. 그러나 가치의 조건에 굴복하는 것은 자기 내부의 중요한 어떤 측면, 즉 자신의 진정한 일부를 부정하는 것을 의미할 수도 있다.

이 장 시작에서 소개된 줄리아도 이런 종류의 갈등을 경험한다. 줄리아가 대부분의 시간과 에너지를 타인을 위한 일에 쏟고 있다는 사실을 회상해 보라. 그러나 그녀의 이런 행동은 자신이 인간으로서 가치가 있음을 증명하고자 하는 그녀의 욕구에 의해 조종되는 것처럼 보인다. 그녀는 스스로에게 가치의 조건을 적용하고 있는 것 같다. 이 조건에 맞춰 행동하려고 노력함으로써, 줄리아는 자기 내부에서 나오는 자기실현의 목소리를 듣지 못하고 자기 고유의 방식대로 성장하지 못하게 된다.

메리는 직업적 경력을 쌓고 싶은 강한 욕구를 가지고 있지만, 그녀의 부모는 그녀가 빨리 결혼하여 가족을 이루길 원하고 있다. 만약 그녀가 부모의 뜻에 복종하지 않는다면, 부모는 그녀를 완전히 수용하지 않게 될 것이다. 이것은 부모가 그녀에게 가치의 조건으로 부과한 것이다. 이 조건을 받아들이는 것은 그녀의 자기실현을 방해할 수 있다. 그러나 가치의 조건이 항상 외부에서 강요되는 것만은 아니다. 메리의 직업에 대한 욕구 자체가 가치의 조건, 즉 자기 스스로가 부과한 조건일 수 있다(다른 사람에게 헌신함으로써 자신의 가치를 증명하고자 하는 줄리아의 욕구처럼). 메리는 직업을 갖지 않는 한 자신을 완전한 인간으로 수용하지 않겠다고 결심했을 수도 있다.

진정한 욕망과 가치의 조건에서 나온 욕망을 구분하기는 매우 어렵다(Janoff-Bulman & Leggatt, 2002). 가치의 조건을 규정짓는 것은 그것이 자신에게서 나오든 타인에게서 나오든 수용에 대한 전제조건을 단다는 것이다. 가치의 조건은 항상 강압적이다. 즉, 가치의 조건은 그것이 요구하는 것을 행하도록 당신을 강요한다. 그러한 조건이 존재할 때 분노와 낮은 웰빙이 초래된다(Assor, Roth, & Deci, 2004).

조건적 자기 가치

Jennifer Crocker와 동료들(Crocker & Knight, 2005; Crocker & Park, 2004; Crocker & Wolfe, 2001)은 사람들이 스스로에게 가치의 조건을 부과한다는 아이디어에 관한 일련의 연구를 수행했다. 자기 삶의 일부 영역에서의 수행을 자기 수용의 조건으로 부과하는 사람을 조건적 자기 가치contingent self-worth를 가진 사람이라 부른다. 가치의 조건은 많은 형태로 나타난다. 어떤 사람은 학구적 성취를 요구하고, 다른 사람은 멋진 외모를 요구한다.

조건부는 동기화를 유발한다. 학구적인 가치의 조건을 자신에게 부과하는 사람은 다른 사람보다 공부를 더 많이 하고, 외모라는 가치의 조건을 부과하는 사람은 다른 사람보다 운동을 더 많이 하고 옷을 더 많이 산다(Crocker, Luthanen, Cooper, & Bouvrette, 2003). 만약 당신이 가치의 조건을 부과한 영역에서 실패가 발생하면, 당신은 더 많이 혼란되고 더 많은 동기를 잃게 된다.

Rogers의 견해와 일관되게, 자신에 대한 가치의 조건을 지니고 사는 일은 비용을 지불하게 만든다. 그것은 스트레스를 만들고 관계를 와해한다(Crocker & Knight, 2005). 가치의 조건은 사람들을 다른 사람의 부정적인 피드백으로 더 혼란하게 한다(Cambron & Acitelli, 2010; Cambron, Acitelli, & Steinburg, 2010; Park & Crocker, 2008). 그것은 또한 사람들이 대인 간 폭력의 희생자가 되도록 만든다(Goldstein, Chesir-Teran, & McFaul, 2008). 아마도 가장 중요한 점은 가치의 조건이 사람들로 하여금 특정한 가치의 조건에만 초점을 맞추게 하여 스스로를 자유롭게 풀어 주지 못한다는 데 있다.

자기결정성

Rogers의 아이디어는 Ed Deci와 Richard Ryan(1980, 1985, 1991, 2000; Ryan, 1993; Ryan & Deci, 2001; Vallerand, 1997도 참조)이 제안하는 자기결정성self-determination 이론에 반영되고 있다. Deci와 Ryan은 인간이 성장과 통합과 행복한 삶

을 살기 위해서는 세 가지 욕구가 충족되어야 한다고 믿는다. 이 세 가지란 자율성(자기결정성), 유능성 및 관계성의 욕구를 말한다. 사람들은 보편적으로 이 세 가지 욕구를 삶에서 가장 중요한 것으로 간주한다는 증거가 발견되기도 했다(Sheldon, Elliot, Kim, & Kasser, 2001).

이 이론은 인간 행동이 몇 가지의 근원적 역동을 반영할 수 있다는 아이디어와 함께 시작된다. 일부 행동은 자기 결정된다self-determined. 즉, 그 행동은 자신에게 고유한 흥미나 가치를 갖기 때문에 행해진다. 다른 행동은 통제된다controlled. 즉, 보상을 얻거나 어떤 압력에 굴복하여 일어난다. 비록 그 통제가 전적으로 당신의 마음속에서 일어난다 할지라도, 그 행동은 통제된 것일 수 있다. 만약 당신이 어떤 일을 하면서 그렇게 하지 않는다면 죄책감을 느끼리라는 사실을 알기에 그 일을 하는 것이라면, 당신은 통제된 행동을 하고 있는 것이다.

행동이 통제되는가 혹은 자기 결정되는가에 따라 여러 가지 다른 결과가 초래될 수 있다. 그중 하나는 얼마나 오랫동안 그 활동을 흥미 있어 하는가다. 사람들은 통제받을 때보다는 자신의 행동을 스스로 결정하였을 때 더 오랫동안 흥미 있어 한다. 어떤 활동을 계속하는 것에 대해 보상을 약속하는 것이 오히려 사람들의 흥미를 해친다는 많은 증거가 있다(Deci, Koestner, & Ryan, 1999). 성인과 마찬가지로 아동에게서도 이런 효과가 발견된다. 그것은 아동에게서 "놀이를 일로 바꾸는 것"이다(Lepper & Greene, 1975, 1978).

이 효과를 일으키는 것은 보상 그 자체가 아니다. 자신의 행동을 자기 결정된 것으로 보는가 아닌가 하는 지각이 관건이다. 사람들에게 그들이 무엇을 하는 것에 대해 보수를 받게 될 것이라고 말하면, 그들은 자신의 행동이 자기 결정된 것이 아니라고 추론한다. 결과적으로 그들은 흥미를 잃는다. 그렇지만 때로는 보상의 존재가 동기를 훼손하는 대신에 동기를 증가시킨다(Elliot & Harackiewicz, 1994; Harackiewicz, 1979; Henderlong & Lepper, 2002). 왜 그럴까? Deci(1975)는 보상이 두 가지 측면을 지니기 때문이라고 말한다. 먼저 보상은 당신의 행동이 자기 결정적이지 않다는 것을 의미하는 통제적controlling 측면을 지닌다. 보상은 또한 당신에게 당신의 기술 수준에 대해 무언가를 말해 주는 정보적informational 측면도 지닌다. 만약 보상이 당신의 유능함을 의미한다면 그것은 동기를 증가시킬 것이다(Eisenberger & Rhoades, 2001; Koestner, Zuckerman, & Koestner, 1987). 적절한 조건에서는 보상이 자율성을 증진시킬 수도 있다(Henderlong & Lepper, 2002). 그러나 보상이 가치의 조건을 내포하거나 당신이 보상을 위해서만 그 활동에 종사하고 있다는 것을 의미한다면, 보상의 통제적인 면은 더욱 두드러지고 동시에 내적 동기는 줄어들 것이다.

Deci와 Ryan은 사람들이 모든 행동에서 자율성을 느끼고 싶어 한다고 주장한다. 이런 관점에서 볼 때, 학업을 잘 수행하는 것과 같은 성취는 그 일에서 자기결정감을 느낄 때에만 만족을 준다. 만약 그 일을 하도록 강요받는다고 느끼거나 타인에 의해 그렇게 행동하도록 압력을 받았다고 느낀다면 만족과 동기는 낮아질 것이다 (Flink, Boggiano, & Barrett, 1990; Grolnick & Ryan, 1989). 사실 일을 잘 수행하도록 자신을 압박하는 것이 동기를 감소시킬 수 있다는 증거가 있다(Ryan, 1982). 이런 발견은 사람들이 가치의 조건을 자신에게 강요할 수 있다는 아이디어와 잘 맞는다.

내사화와 동일시

Deci와 Ryan 및 동료들은 행동이 통제되거나 자기 결정된 정도를 나타내기 위해 몇 가지 용어를 더 사용한다([그림 11-1] 참조). 특히 중요한 것은 내사화된 조절과 동일시된 조절이다.

내사화된 조절introjected regulation은 개인이 행동을 '당위'나 '의무' 때문에 그렇게 할 때 발생한다. 즉, 죄책감을 피하기 위해서거나 자기 승인을 얻기 위해서 그렇게 행동하는 것이다. 부모의 돈을 낭비한다는 죄책감을 갖지 않기 위해 공부를 잘하려고 노력하는 것은 내사화된 행동이다. 내사화된 행동은 통제된 행동이지만 통제가 그 사람 내부에서 행사되고 있다. 그래서 부모가 당신을 업신여기지 않게 하려고 공부를 열심히 하는 것은 통제된 행동이지만 통제가 외부에 있기 때문에 내사화된 조절이라기보다는 외적 조절이다([그림 11-1] 참조).

이와는 대조적으로, 동일시된 조절identified regulation이란 그 행동이 자신에게 개인적인 의미와 가치가 있다고 믿어서 발생하는 것이다. 공부가 자신의 성장에 중요하다고 믿기 때문에 공부를 잘하려고 노력하는 것은 동일시된 조절이다. 동일시된 조절은 자기 결정된 조절이다. 이것은 그 행동에 대한 흥미가 본래부터 존재하는 내적으로 동기화된 행동이나 그 목표가 자기개념 속에 통합되어 있는 통합된 조절만큼은 자기 결정적이지 않지만, 그에 상당히 근접해 있다([그림 11-1] 참조). 일반적으로 사람들은 성숙해 감에 따라 점차 내사화된 가치보다는 동일시되거나 통합된(자

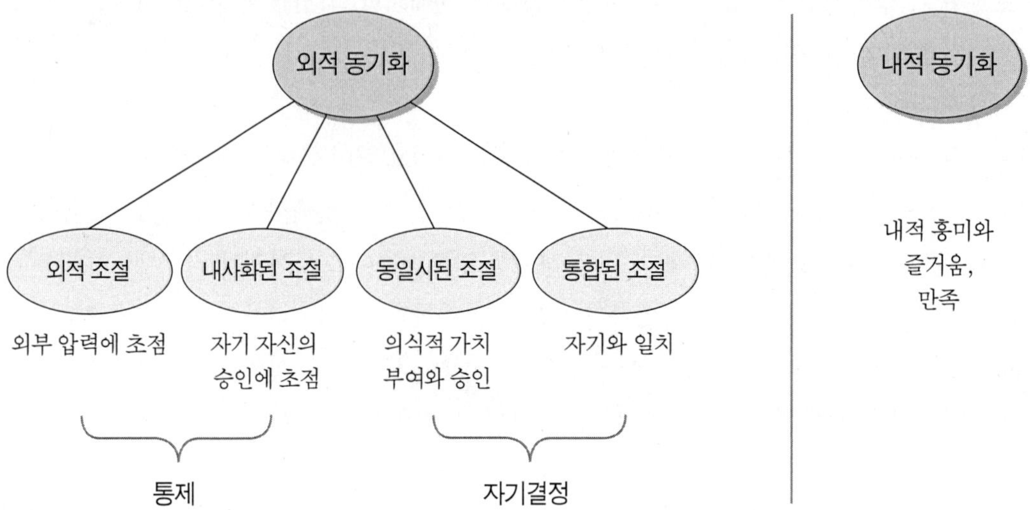

[그림 11-1]

통제 대 자기결정의 정도. Deci와 Ryan의 견해에서 행동의 조절은 왼쪽의 극단적으로 통제된 것에서부터 오른쪽의 극단적으로 자기 결정적인 것 사이의 범위 내에 위치할 수 있다. 이상은 내적 동기화다. 그러나 외적으로 동기화된 행동도 그 사람이 의식적으로 그것에 가치를 부여하거나 자기 구조 속으로 통합한다면 자기 결정적이 될 수 있다. 외적 조절과 내사화된 조절은 외적 동기 유형으로 조절된 행동이다.
[출처] Ryan & Deci(2000)에서 인용.

율적인) 가치에 의해서 행동을 하게 된다(Sheldon, 2005).

이러한 아이디어는 매우 폭넓게 적용된다. 예를 들어, 당신이 진정으로 원하는 것은 무엇인가? 금전적 성공에 대한 열망(이는 일반적으로 통제된 행동을 반영한다)은 정신건강에 좋은 영향을 미치지 않지만, 공동체 참여에 대한 열망은 정신건강에 좋은 영향을 미친다(Kasser, 2002; Kasser & Ryan, 1993). 물론 정말 중요한 문제는 그 개인이 그러한 열망을 갖게 된 이유다(Carver & Baird, 1998). 그러므로 통제적인 이유 때문에(사람들에게 잘 보이려고) 공동체 참여를 원하는 것은 해롭다. 진정 자기 결정적인 이유 때문에(즉, 돈을 버는 과정 자체가 본원적으로 즐겁기 때문에) 금전적 성공을 바라는 것은 좋을 수 있다.

내사화된 행동을 유도하는 압력은 타인에게 수용되고자 하는 욕구나 다른 사람이 좋아하지 않을 것이라고 생각하는 일을 하는 데서 오는 죄책감을 피하고자 하는 욕구에서 온다. 이것은 타인의 긍정적 존중을 받고자 하는 열망이 자기실현을 방해한다는 Rogers의 믿음과 정확히 일치한다. 중요한 타인이 당신에게 가치의 조건을 부과하는지 여부에 많은 것이 달려 있다. 예를 들어, 엄격한 양육 방식은 자기 지향성보다는 외적 압력에 순응하는 데 가치를 두는 성인이 되게 한다(Kassner, Koestner, & Lekes, 2002).

자율성을 갖는 경험은 후속하는 자율성을 더욱 촉진하는 것으로 보인다. 어떤 연구 프로젝트에서 교수가 자신의 자율성을 지지해 준다고 생각하는 의대생은 시간이 갈수록 더욱 자율적이 되어 갔다(Williams & Deci, 1996). 그들은 또한 더 유능하다고 느꼈고, 타인에게도 자신의 자율성을 지지하는 방식으로 행동했다.

관계성 욕구

Deci와 Ryan은 사람들이 관계성에 대한 내적 욕구도 지니고 있다고 주장한다(Baumeister & Leary, 1995). 언뜻 보면 관계성 욕구는 자율성 욕구와 충돌하는 것처럼 보인다. 그러나 Deci와 Ryan의 자율성 개념은 타인에게서 완전히 분리되거나 독립적이 되는 것을 의미하지 않는다는 사실을 깨닫는 것이 중요하다. 이것은 자유로운 자기결정감을 가짐을 의미한다(Deci & Ryan, 1991, 2000). 진정한 관계성은 이런 자기결정감과 충돌하지 않는다.

몇몇 연구가 확인한 바로는 자율성과 관계성은 서로 잘 공존할 수 있다. 여러 개별 연구를 포함하는 한 프로젝트에서는 자율성과 관계성이 상호 보완적이고, 각각은 독자적으로 안녕감well-being과 관련된다는 것을 밝혔다(Bettencourt & Sheldon, 2001; Beiswenger & Grolnick, 2010). 다른 연구에서는 자율적 행동의 점수가 더 많은 관계성—중요한 타인과 개방적이고 긍정적인 의사소통을 하는 형태로—과 관련됨을 밝혔다. 자신의 삶을 통제된 방식으로 조절하는 사람은 다른 사람과 더 방어적으로 상호작용한다(Hodgins, Koestner, & Duncan, 1996). 또 다른 연구에 따르면, 자율적이 되는 것은 관계유지 대처 전략의 사용과 관계에 대해 논의할 때 보이는 긍정적 반응과 상관이 있었다(Knee, Patrick, Vietor, Nanayakkara, & Neighbors, 2002). 갈등이 발생할 때, 자율성이 높은 사람은 덜 방어적이고 상대를 이해하려는 행동을 더 많이 보였다(Knee, Lonsbary, Canevello, & Patrick, 2005).

자율성을 지지하는 것은 큰 힘을 갖는다(Sheldon & Gunz, 2009 참조). 관계 파트너가 자율성을 지지해 주면 둘 사이의 관계가 더 풍부하고 좋은 것으로 경험된다(Deci, La Guardia, Moller, Scheier, & Ryan, 2006). 한편 당신이 상대방의 자율성을 지지해 주면 당신 자신도 그 관계를 더 좋게 느낀다(Deci et al., 2006).

그럼에도 관계성 욕구는 여전히 긍정적 존중의 욕구와 다소 닮아 있다. 따라서 우리는 관계성 욕구가 자기실현을 방해할 수 있는지를 물어야 한다. 대답은 '아니요'인 것 같다. Deci와 Ryan의 관계성 개념은 압력이나 요구에 기초한 연결이 아닌 타인과의 순수한 연결, 다시 말해 무조건적인 수용을 의미한다. 이 욕구는 무조건적인 존중의 욕구에 가깝다.

자기 일치

자기결정성 이론의 또 다른 중요한 함의는 개인적 목표와 관계가 있다. 당신은 이 책의 곳곳에서 개인의 목표 속에 드러나는 인간의 성격에 대해 읽게 될 것이다(5장, 13장 참조). 목표는 안녕감에 대한 기여에서 서로 다르다. 요점은 당신의 핵심 가치와 일치하거나 자기 일치self-concordance적인 목표를 추구하는 것이 더 좋다는 것이다(Sheldon & Elliot, 1999). 우리는 그런 목표에 더 많이 투자하고, 핵심 가치와 일치하는 목표를 달성함으로써 더 많은 이득을 얻는다. 이러한 추론을 지지하는 다양한 연구(Brunstein, Schultheiss, & Gräsmann, 1998; Sheldon & Elliot, 1999; Sheldon & Kasser, 1998)가 있다.

자기 일치적인 목표를 추구하게 되면 장기간에 걸쳐 연쇄적인 이익이 발생한다는 증거도 있다(Sheldon & Houser-Marko, 2001). 즉, 자기 일치적인 목표에 도달하려고 노력하면 할수록 더 만족스러운 경험을 하게 되고 더 나은 안녕감을 얻게 된

하려는 것을 하지 못하게 하면 오히려 활동하려는 욕구가 전보다 더 증가한다.

다. 나아가 이러한 경험은 그다음의 자기 일치적인 목표 추구 동기를 북돋우고, 이러한 선순환은 계속 이어진다.

자유의지

인본주의 심리학자는 사람들이 어떻게 행동해야 할지, 무엇이 되어야 할지 스스로 결정할 자유를 가지고 있다는 점을 강조한다. 예를 들어, Rogers는 사람들이 자기실현적 행동을 할 것인지, 아니면 가치의 조건에 굴복할 것인지를 자유롭게 선택할 수 있다고 믿었다. Deci와 Ryan은 사람들이 자기 결정적인 방식으로 행동하기로 선택할 때 자신의 의지를 행사한다고 믿는다.

자유의지free will라는 개념은 매우 흥미롭지만 논쟁의 여지가 많다. 우리가 자유의지를 가지고 있는지 아닌지를 확실히 알기는 거의 불가능하지만, 사람들은 자신이 확실히 자유의지를 행사하고 있다고 생각하는 것처럼 보인다. 이러한 신념을 반영하는 한 가지 현상은 저항reactance이다(Brehm, 1996; Brehm & Brehm, 1981). 저항은 당신이 특정한 자유를 가지고 있다고 기대하는데 그 자유가 위협받으리라고 예상될 때 발생한다. 결과는 그 자유를 되찾거나 다시 주장하려는 시도로 나타난다. 이에 해당하는 많은 예가 있다. 어떤 것을 해서는 안 된다는 말을 들은 어린아이는 그것을 더욱 하고 싶어 한다. 낭만적 연애관계에서 '얻기가 더 어려울수록(이룰 수 없는 사랑일수록)' 상대에 대한 매력은 더욱 커진다. 확실히 사람들은 흔히 '무엇을 하라'고 하면 그에 저항한다. 저항은 자유의 재주장을 유도한다는 아이디어에 대한 많은 증거가 있다(Brehm & Brehm, 1981).

사람들이 자신이 자유의지를 행사하고 있다고 생각하지만, 실제로 그런지에 대해서는 몇 가지 의문이 있다. Wegner와 Wheatley(1999)는 상당히 복잡한 연구를 통해서 사람들이 실제로는 다른 사람이 그렇게 되도록 만들고 있는 어떤 사태를 자신이 의도적으로 그렇게 하고 있다고 믿게 할 수 있음을 보여 주었다. 다른 말로 하면, 사람들은 자신이 자유의지를 행사하지 못하고 있는 상황에서 자신의 자유의지를 행사하고 있다고 주장했다. 이 결과와 다른 몇몇 증거를 통해 Wegner(2002)는 "자유의지란 착각"이라고 주장하게 되었다. 물론 앞으로도 인간이 자유의지를 행사하는가에 관한 쟁점은 계속 논란거리가 될 것이다.

자기와 방어 과정

이제 자기라는 개념으로 방향을 돌려 보자. 자기의 중요성을 강조했기 때문에 Rogers는 때로는 자기 이론가로 불리기도 했다. 사람이 성장함에 따라 자기는 더욱 정교해지고 복잡해진다. 자기는 평생에 걸쳐 계속 진화해 간다.

Rogers는 자기라는 용어를 몇 가지 방식으로 사용하였다(Rogers, 1965). 어떤 때는 이 용어를 존재의 주관적인 자각을 언급하기 위해 사용하였고, 또 어떤 때는 자기개념과 맞바꾸어 사용하기도 했다. 자기개념이란 사람들이 자신의 일부라고 간주하는 특성의 집합이다(이는 9장에서 소개된 자아정체감과 매우 유사하다). 자기개념을 형성하는 요소는 여러 가지로 구분할 수 있다. 그중 하나는 실제(또는 현실)적 자기와 이상적 자기의 구분이다. 이상적 자기ideal self는 당신이 되고 싶어 하는 종류의 인간에 대한 심상이다. 실제적 자기actual self는 바로 지금 당신이 정말 어떤 사람이라

글상자 11-1 두 종류의 불일치를 동시에 어떻게 관리하나

이번 절에서 실제적 자기와 이상적 자기 사이 및 자기개념과 경험 사이라는 두 종류의 불일치를 강조했다. 이런 두 종류의 불일치는 흔히 동시에 관리될 수 있어야 한다. 그러나 어떤 상황에서는 한 종류의 불일치를 줄이려는 노력이 당신을 다른 종류의 불일치로 몰고 갈 수 있다.

어떤 상황이 그러할까? William Swann과 동료들은 이를 자기 타당화self-verification라 불렀다(예, Swann, 1987, 1990). 자기 타당화는 사람들이 일단 자기가 어떠하다는 그림을 갖게 되면 그런 자기개념이 다른 사람이 자기에게 하는 반응에 의해 확증되기를 원한다는 아이디어다. 즉, 사람들은 자신의 자기개념과 일치하는 경험을 원한다. 예를 들어, 당신은 스스로를 운동을 잘하는 사람이라고 생각한다면 다른 사람도 자신을 그렇게 생각하기를 원한다. 그리고 자신이 수줍음을 타는 사람이라고 생각한다면 다른 사람도 그 사실을 깨닫기를 원한다. 조금 이상하게 들릴지 모르지만, 자기 타당화 욕구는 자신에 관한 그 믿음의 내용이 당신을 깎아내리는 것일지라도 동일하게 적용된다(Swann, Wenzlaff, & Tafarodi, 1992). 만약 당신이 스스로를 촌스럽다고 생각한다면 다른 사람이 그렇지 않다고 말하기보다는 촌스럽다고 말해 주기를 더 바란다.

그렇다면 자기를 부정적으로 보는 사람은 자기 타당화와 자기 보호 사이에서 생래적인 문제가 생긴다. 자기 타당화는 자기와 경험 사이에 불일치가 일어나지 않게 하려고 한다. 이에 반해 자기 보호는 바라는 자기와 실제 자기 사이에 불일치가 생기는 것을 자각하지 않으려 한다. 이 두 가지 불일치를 줄이려는 시도는 그 사람을 양극단으로 잡아당기는 끌과 같다.

고 생각하는가에 해당한다.

자기실현이 일치를 증진한다는 점을 상기해 보라. 일치congruence란 서로 딱 들어맞음을 의미한다. 일치의 한 가지 종류는 실제적 자기와 이상적 자기 사이의 관계다. 그래서 자기실현이 일어날 때 실제적 자기와 이상적 자기가 더 밀접하게 일치하게 된다. 그것은 당신이 되고자 하는 자기와 더욱더 닮은 사람이 되도록 당신을 이끈다.

두 번째 종류의 중요한 일치는 실제적 자기와 경험 사이의 관계다. 즉, 당신이 살아가는 동안 겪게 되는 경험은 당신이 자신이라고 생각하는 그 사람과 들어맞아야 한다. 예를 들어, 당신은 자신을 친절한 사람이라고 생각하고 있는데 무자비하고 불친절한 방식으로 행동하는 자신을 발견한다면 자기와 경험 사이의 불일치가 발생한 것이다. 당신은 자신을 똑똑하다고 생각하는데 공부를 못하는 당신을 발견한다면 자기와 경험 사이의 불일치가 있는 것이다. 자기실현은 여기서도 실제적 자기와 경험 사이의 더 밀접한 일치를 촉진하는 경향이 있다(〈글상자 11-1〉 참조).

Swann과 동료들은 이런 두 종류의 대립적인 힘이 누구에게나 작동하고 있다고 주장한다. 특정한 장면에서 둘 중 어떤 힘이 더 지배적이 되는가는 당신의 선택에 달려 있다. 대다수 사람의 자기개념은 긍정적인 성질과 부정적인 성질을 동시에 지니고 있음(Swann, Pelham, & Kull, 1989)을 유념하라. 당신이 다른 사람이나 성격검사를 통해서 자신에 관한 정보를 얻을 수 있는 기회를 얻었다고 가정해 보자. 그 상황에서 당신은 당신에 관해 어떤 정보를 얻기를 원할까? 자신을 최상으로 보는 정보인가, 아니면 최악으로 보는 정보인가? 양자 사이를 선택할 수 있는 조건에서라면 당신은 자신을 보다 바람직하게 보는 정보를 알고자 할 것이다. 이는 자기 보호 경향성에 맞는다. 그러나 당신이 장차 얻게 될 정보가 당신을 나쁘게 보는 것임을 미리 안다고 가정해 보라. 그런 상황에서 당신은 자신을 좋게 보는 정보를 구할까, 아니면 나쁘게 보는 정보를 구할까? Swann 등(1989)이 얻은 답은 그런 상황에서 사람들은 자신에 관해 부정적인 정보를 찾는 경향을 보인다는 것이다.

요약하면, 자기 보호와 자기 향상 경향성운 당신이 어디를 보거나 안 보는 것, 언제 실제적 자기와 이상적 자기 사이의 관계를 고려하는가에 영향을 미친다. 일반적으로 사람들은 자신의 바람직한 면을 바라보기를 선호한다. 하지만 사람들이 특별히 자신의 일부 측면을 검토하고 있을 때는 자기 타당화 경향성이 추구하는 정보의 종류에 더 큰 영향을 미친다. 이때 사람들은 자신이 경험하는 자기와 실제 자기가 들어맞는 자기에 대한 견해를 확증해 주는 정보를 원한다. 어느 경우에서든 Rogers가 제안한 대로 그 효과는 일치감 지각을 고양한다.

불일치, 분열, 그리고 방어

불일치incongruence란 통일된 자기감이 붕괴되는 것이다. 당신이 이를 항상 의식적으로 아는 것은 아니지만, 유기체적 평가 과정은 그것을 자동적으로 감지한다. Rogers는 불일치(실제적 자기와 이상적 자기 사이의 격차든, 당신이 자신의 자기상과 맞지 않는 무엇인가를 경험하는 것이든 간에)가 불안을 일으킨다고 말한다.

불일치 경험은 사람들을 다른 문제에도 취약하게 만들 수 있다. 실제적 자기와 이상적 자기 사이의 불일치감을 가진 사람은 자신에게 중요한 타인이 자신을 얼마나 잘 돌보는가를 과소평가한다(Murray, Holmes, & Griffin, 2000; Murray, Holmes, Griffin, Bellavia, & Rose, 2001). 이런 오지각은 그들로 하여금 배우자에게 잘 반응하지 못하게 만들 수 있다. 그들은 관계에 대해 비관적으로 느끼기 때문에 진실하지 못한 방식으로 반응할 수 있고, 궁극적으로 그 관계는 번성하지 못할 가능성이 높아진다.

완전한 일치가 항상 가능하지는 않다. Rogers는 불일치로 인한 불안을 회피하기 위해서 사람들이 불일치의 지각으로부터 스스로를 방어한다고 가정했다. 불일치의 지각에 대한 방어는 크게 두 가지 범주로 나뉘는데, 이는 정신분석 이론에서 설명하고 있는 방어기제와 크게 다를 바 없다(8장 참조).

방어의 한 범주는 경험의 왜곡이다. 합리화가 그 실례로, 무언가가 왜 지금과 같은 방식으로 존재하는가에 대해 그럴듯하지만 실제와는 다른 설명을 만들어 내는 방식이다. 또 다른 왜곡은 당신이 어떤 사건을 실제로 일어난 방식과 다르게 지각할 때 발생한다. 예를 들어, 당신이 다른 누군가의 기분을 상하게 하는 말을 했다면, 당신은 그가 정말로 상처받지는 않았을 것이라고 믿음으로써 자신을 보호할지도 모른다.

방어의 두 번째 범주는 위협적인 경험이 의식되는 것을 막는 방법이다. 어떤 상황이 존재한다거나 특정 경험이 발생했다는 것에 대해 인정하지 않는 것에 해당하는 부정이 이런 기능을 담당한다. 현재 자신의 남자 친구가 자신에게 성실하지 않다는 압도적인 증거를 무시하고 있는 여성은 현실을 부정하고 있는 것이다.

당신은 또한 어떤 경험이 일어날 만한 상황에 자신을 들여놓지 않음으로써 그 경험이 의식되는 것을 간접적으로 막으려 할 수도 있다. 사건이 발생하지 않게 한 걸음 비켜 감으로써 경험이 의식에 접근하는 것을 막는 것이다. 이 방식은 상당히 미묘하다. 예를 들면, 낯선 사람에 대한 성욕 때문에 자기상이 위협을 받는 사람은 해변이나 나이트클럽에 가지 않음으로써 그런 경험이 일어나는 것을 회피할 수 있다.

자기존중감의 유지와 고양

방어는 자기의 일치와 통일성을 유지하고 고양하는 작용을 한다. 이에 대한 또 다른 설명은 방어가 자기존중감(자존감)을 보호하고 고양한다는 것이다. 인간이 자존감을 보호하기 위해 열심히 노력한다는 개념은 오랫동안 널리 퍼져 있었다. 여러 가지 표제를 달고서 이에 대한 연구가 활발히 이루어져 왔다(Alicke & Sedikides, 2010의 개관 참조).

자존감을 유지하거나 고양하기 위해서는 두 가지 조건이 요구된다(Snyder, Stephan, & Rosenfield, 1978). 첫째, 사건은 반드시 당신 때문에 일어난 것이어야 한다. 사건이 당신의 통제를 벗어나 있다면 당신과 관련이 없다. 둘째, 그 사건은 반드시 좋거나 나빠야 하고, 그래야 자존감에 잠재적인 함의를 갖는다.

자존감이 위협받을 때는 무슨 일이 일어나는가? Rogers가 주장한 바와 같이 사람들은 이런 위협 지각을 왜곡하거나 의식되지 못하게 한다. 자존감이 위협받을 때, 사람들은 사건의 부정적 측면을 축소하여 자신의 지각을 왜곡한다. 대안적으로 그들은 그 사건이 자기의 영구적인 속성 탓으로 귀인되는 것을 막기 위해 힘쓴다. 그럼으로써 자신과의 관련성을 부정한다.

몇 가지 예를 살펴보자. 실패는 흔히 자존감을 위협한다. 학업이나 사회 혹은 다른 중요한 삶의 영역에서 실패했을 때, 대부분의 사람은 인간으로서 부적절감을 느낄 수 있다. 사람들은 실패했을 때 어떻게 하는가? 그들은 흔히 변명을 한다(Snyder & Higgins, 1988). 사람들은 실패의 탓을 자신의 통제를 넘어선 것으로 돌린다. 즉, 실패의 이유를 과제의 어려움, 우연, 다른 사람, 또는 (어쩔 수 없는) 노력의 부족으로 돌린다(예, Bradley, 1978; Snyder et al., 1976, 1978). 이런 현상은 실패가 실험실 과제의 실패에서처럼 사소한 것이든, 혹은 이혼 경험과 같이 심각한 것이든 마찬가지다(Gray & Silver, 1990). 다른 무엇인가를 비난하는 것은 실패와 자기 사이에 거리를 만들어 준다. 충분한 거리가 주어진다면 자존감은 위협받지 않는다.

사람들은 실패 후에 다른 방식으로 지각을 왜곡함으로써 자존감을 보호할 수 있다. 사건은 그 영향이 좋거나 나쁠 때만이 자존감과 관련된다. 그래서 사건의 충격을 평가 절하하면 자존감을 보호할 수 있다. 누군가에게 나쁜 인상을 준다는 것은 상대가 함께 상대할 만한 가치가 없는 경우라면 별 문제가 되지 않는다. 어떤 시험이 중요하지 않거나 타당하지 않다면 그 시험에서 실패하는 것은 큰 문제가 아니다. 어떤 시험에서 성적이 나쁘다고 사람들에게 말해 주었을 때, 사람들은 흔히 그렇게 대응한다. 즉, 그 시험이 중요치 않거나 타당하지 않다고 말한다(Greenberg, Pyszczynski, & Soloman, 1982).

반면 당신이 성공을 경험할 때는 자존감을 고양할 기회를 갖는다. 당신은 성공을 당신의 능력에 귀인함으로써 자존감을 향상할 수 있다(Agostinelli, Sherman, Presson, & Chassin, 1992; Bradley, 1978; Snyder et al., 1976, 1978; Taylor & Brown, 1988). 실제로 사람들은 성공을 자신의 공으로 돌림으로써 자기의 긍정적 성격 특성이 자신의 통제하에 있다고 생각한다는 증거가 있다(Alicke, 1985).

구실 만들기

사람들은 매우 이상한 방식으로 자존감을 방어하기도 한다. 그중 하나가 구실 만들기self-handicapping다(예, Arkin & Baumgardner, 1985; Higgins, Snyder, & Berglas, 1990; Jones & Berglas, 1978; Jones & Pittman, 1982). 구실 만들기는 실패를 초래할 가능성이 있는 바로 그 조건을 스스로 만들어 내는 것이다. 만약 내일 시험을 봐야 한다면 공부를 하는 대신 밤샘 파티를 하는 것이 바로 구실 만들기다. 누군가에게 좋은 인상을 주길 원한다면 술에 취하거나 야구경기로 땀에 흠뻑 젖은 당신의 모습을 보여 주는 것 역시 구실 만들기다.

왜 당신은 자신에게 불리한 이런 짓을 하는가? 목표에 도달하기를 원하면서도, 왜 그것을 어렵게 하는 조건을 스스로 만드는가? 이론은 바라는 목표에 도달하지 못하는 것이 자존감을 위협한다는 아이디어다. 그러나 성공이 당신의 통제 범위를 넘어서는 환경에 의해 방해를 받는 것이라면 당신은 정말로 실패한 것이 아니고, 실패의 오명은 제거될 것이다. 당신이 비록 그 시험에 실패하거나 나쁜 인상을 주지만, 다른 어느 누구라도 그런 조건 아래에서는 잘해 내지 못할 것이다. 그래서 진짜로는 실패가 아니다. 이런 추론과 일치하게, 나쁜 결과가 기대될 때 사람들은 구실 만들기를 더 많이 한다(Lovejoy & Durik, 2010).

그리하여 구실 만들기는 실패의 자각을 막아 낸다. 이러한 전략이 성공하기 위해서는 당신이 그 전략을 사용하고 있다는 사실을 의식하면 안 된다는 점을 명심하라. 당신이 스스로 장애물을 만들었다는 사실을 깨닫게 된다면, 그 장애물은 이제 종전과 같은 심리적 의미를 갖지 못할 것이다.

구실 만들기는 사람들이 자각하고 있는 것보다 훨씬 더 흔한 현상일 수 있지만 좋은 대처방법은 아니다. 구실 만들기를 더 많이 하는 사람은 스트레스에 잘 대처하지 못한다(Zuckerman, Kieffer, & Knee, 1998). 실제로 구실 만들기와 부적응은 꼬리에 꼬리를 물고 서로를 강화한다(Zuckerman & Tsai, 2005). 더구나 다른 사람은 당신이 구실 만들기를 하고 있다고 생각하면 당신을 더욱 부정적으로 대한다(Hirt, McCrea, & Boris, 2003). 끝으로, 구실 만들기는 당신이 피하고자 했던 바로 그 실패를 만들어 내는 데 기여한다는 점을 잊지 말아야 한다.

고정관념 위협

우리가 논의해 온 아이디어와 연결되는 또 다른 개념은 고정관념 위협stereotype threat이다. 이 개념은 Claude Steele와 동료들(Promin, Steele, & Ross, 2004; Steele, 1997; Steele & Aronson, 1995)에 의해서 처음으로 제안되고 연구되었다. 고정관념 위협에 대한 연구는 특정 집단은 특정한 유형의 수행을 잘 못할 것이라고 기대하게 만드는 고정관념이 발생한다는 사실에서 시작됐다. 예를 들어, 아프리카계 미국인은 지적인 과제를 잘 수행하지 못하고, 여성은 수학을 잘하지 못하며, 나이 든 사람은 기억 과제를 잘 못한다고 생각하는 부정적 기대가 발달해 있다. 이런 집단에 속하는 사람은 개인으로서가 아니라 특정 집단의 구성원이라고 보는 고정관념에 의해 위협받는다. 상대에게 그런 선입견을 주고 있다는 느낌이 그 사람의 마음을 사로잡고 부정적으로 생각하게 만든다(Cadinu, Maass, Rosabianca, & Kiesner, 2005). 이런 부정적 감정과 생각은 수행을 방해할 수 있다(예, Cheung & Hardin, 2010; Chung, Ehrhart, Ehrhart, Hattrup, & Solamon, 2010; Fischer, 2010; Rydell, Shiffrin, Boucher, Van Loo, & Rydell, 2010). 수행이 나빠지면 고정관념은 다시 확정된다.

그러나 이런 일이 빈번하게 반복되면 더욱 나쁜 일이 일어날 수 있다. Steele(1997)은 이렇게 되면 사람들은 위협이 발생하는 그 영역과 자신을 떼어 놓기 시작하고, 더 이상 자신은 상관하지 않게 된다고 주장한다. 그래서 그 경험이 자신과는 개인적 관계가 없다고(책임이 없다고) 간주해서 자긍심을 보호한다. 그 시험이 중요하지 않다면 실패는 별 문제가 아니다. 그러나 탈동일시disidentifying 또한 부정적 결과를 낳는다. 구실 만들기와 유사하게, 탈동일시 또한 (노력을 하지 않기 때문에) 수행을 더욱 나쁘게 몰고 간다. 그것은 상당한 정도의 기술을 발달시킬 수 있는 노력의 중요한 영역에 관해서 더 이상 관심을 기울이지 않도록 만든다(Bergerson, Block, & Echtenkamp, 2006).

자기실현과 Maslow의 동기 위계

자기실현의 중요성을 강조하는 또 다른 학자는 Abraham Maslow(1962, 1970)다. 그는 삶에서 가장 많은 것을 얻는 것처럼 보이는 사람들, 즉 가장 충분히 기능하고 가장 건강하며 가장 잘 적응하는(즉, 번영하는) 사람들의 특성에 관심을 가졌다. Maslow는 그들이 어떻게 그렇게 완전하고 잘 적응할 수 있는가를 이해하는 데 자기 직업 경력의 대부분을 보냈다(〈글상자 11-2〉 참조).

글상자 11-2 이론가와 그의 이론: Abraham Maslow의 긍정성에 초점을 맞추기

Abraham Maslow는 그의 연구 대부분을 인간 경험의 긍정적 측면에만 초점을 맞추었다. 그는 어떤 사람은 실패하는데도 사람들을 성공하게 하고 심지어 삶의 위대함을 성취하게 만드는 것이 무엇인가에 관심을 가졌다. Maslow는 개인적 성장과 인간 잠재력 실현의 주제를 찾으려 했다. 그의 이런 관심이 자신의 인생에서 겪은 사건에 의해 영향을 받았음은 분명하다.

Maslow는 1908년 뉴욕의 부르클린에서 러시아계 유대인 이민자의 일곱 자녀 중 맏이로 태어났다. 그의 가정환경은 개인적 성장을 조장하는 환경이 전혀 아니었다. 그의 아버지는 그를 시원찮게 생각했고 그의 외모를 대놓고 조롱했다. 이런 경험은 Maslow가 지하철을 탈 때면 다른 사람의 눈에 띄지 않기 위해 빈칸을 찾게 만들었다.

아버지가 그를 나쁘게 대우했다면, 어머니는 더 최악으로 대했다. 가족은 가난했고 어머니는 아이들이 냉장고 문을 열지 못하도록 하기 위해 자물쇠를 달아 놓았으며, 아이들은 어머니가 보고 있을 때만 먹을 수 있었다. Maslow는 자신의 어머니를 "잔인하고 무식하며 적대감으로 가득 찬 인물이고, 너무 미워 미칠 정도"라고 묘사하기도 했다(Hoffman, 1988. p. 7). 나중에 그는 자신이 성격의 긍정적인 측면에 초점을 맞추게 된 것은 어머니가 자신에게 한 대접의 직접적인 결과라고 말했다. 그것은 어머니가 자신에게 한 처우나 어머니가 보여 주었던 특성에 대한 일종의 반작용이었다(Maslow, 1978. p. 958). 인생을 시작하면서 겪은 고난이 인간 경험의 최

이러한 노력의 일환으로, Maslow는 다양한 동기가 어떻게 조직화되는가를 고찰하게 되었다. 동기에 대한 그의 관점은 5장에서 논의된 관점과는 매우 다르다. Maslow는 인간의 욕구가 종종 피라미드와 같은 그림으로 묘사되는 일종의 위계([그림 11-2] 참조)를 형성한다고 보았다(Maslow, 1970). Maslow는 욕구가 긴급성과 힘에 있어 변이가 있다는 점을 지적한다. 어떤 욕구는 극도로 원시적이고 기본적이며 요구적이다. 이런 욕구는 매우 기본적이어서 피라미드의 기초를 형성한다. 이러한 욕구는 생존에 반드시 필요한 공기, 물, 음식 등을 포함하고 있는 생리적physiological 욕구다.

다음 수준의 욕구도 생존에 필수적이기는 하지만, 전 수준보다는 덜 요구적이다. 이 욕구는 나쁜 날씨로부터 자신을 지켜 줄 은신처나 주거지, 포식자로부터의 보호와 같은 안전safety과 (신체적physical) 보호security에 대한 욕구다. Maslow는 두 번째 수준의 욕구는 첫 번째 수준의 욕구보다 덜 기본적이라고 보았다. 왜냐하면 안전의 욕구는 생리적 욕구보다는 만족이 덜 자주 필요하기 때문이다. 당신은 몇 초마다 산소를 공급받아야 하고, 몇 시간마다 물을, 하루에 한두 번 음식을 섭취해야 한다.

고를 이해하려는 결심을 하게 만든 것이다.

Maslow는 법조계에서 일하려는 의도를 가지고 대학에 들어갔으나, 법이 선보다는 악에 더 많이 초점을 맞추고 있음을 알아차리자 곧바로 법에 대한 흥미를 잃었다. 그는 심리학으로 관심을 돌렸다. Maslow에 따르면 그것이 진정한 자기 인생이 시작한 때였다. 그는 그 당시 유명한 영장류 연구자였던 Harry Harlow의 지도하에 원숭이 사이에서 지배성이 어떻게 확립되는지에 관한 박사학위 논문을 썼다. 동물연구를 하면서도 그는 무엇이 덜 특별한 개체에서 예외적인 개체를 만들어 내는가에 관심을 가졌다.

Maslow는 제2차 세계대전 기간 동안 자신의 연구 관심을 인간으로 바꾸었다. 1930년대와 1940년대의 뉴욕은 유럽의 위대한 지성이 모여드는 장소였다. 그들 중 대다수는 나치 독일을 피해서 그곳으로 이주했다. Maslow는 이런 사람 중 일부에게 매료되었고 그들에 관한 모든 것을 알아내려고 시도했다. 그 사람들이 어떻게 그렇게 예외적이 되었는지를 이해하려는 과정에서, Maslow는 자신이 후기에 행한 보다 공식적인 작업의 씨앗을 뿌렸다고 할 수 있다.

Maslow는 제2차 세계대전이 초래한 고통과 고뇌에 의해 마음이 크게 움직였다. 그는 자신의 인생을 인간이 전쟁과 편견과 증오보다는 더 나은 무언가를 할 수 있는 능력이 있음을 입증하는 데 바치겠다고 맹세했다. 자기실현 과정을 연구함으로써 Maslow는 바로 그 맹세를 진행하였다.

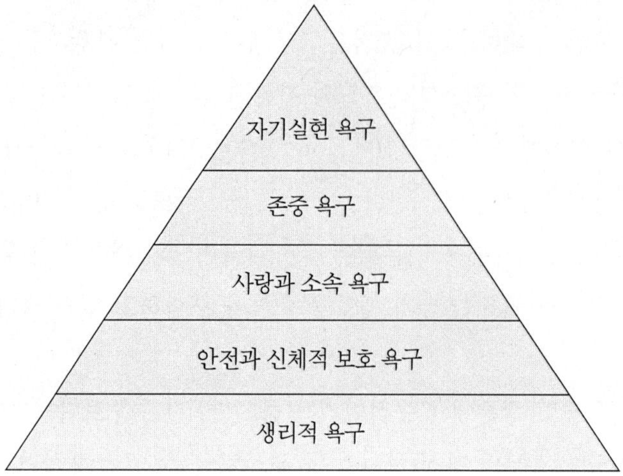

[그림 11-2]

Maslow의 이론적 욕구 위계. 위계에서 하위에 있는 욕구일수록 더 요구적이고 동물적이며, 상위에 있는 욕구일수록 더 미묘하지만 더 인간적으로 구별된다.

그러나 당신이 일단 아파트를 구한다면 한동안(임대료를 무는 동안) 신체적인 주거지를 확보한 셈이 된다. 만약 아파트와 공기 공급 둘 다 얻기가 어려워진다면, 당신은 틀림없이 공기를 먼저 얻으려고 하고 아파트는 그 후에 걱정할 것이다.

Maslow 욕구 위계의 다음 수준은 좀 더 사회적인 특성을 가지기 시작한다. 안전 욕구 바로 위의 욕구는 사랑과 소속love and belongingness 욕구다. 여기에는 (긍정적 존중의 욕구와 매우 유사한) 우정과 애정 및 타인의 수용에 대한 욕구가 있다. 이러한 유형의 욕구는 다른 사람과의 상호작용을 통해 충족된다.

피라미드의 더 높은 수준에는 외부 평가와 자기 평가를 포함하는 존중esteem의 욕구가 있다. 존중 욕구는 숙달과 권력에 대한 욕구와 타인에게서 인정받고 싶은 욕구를 포함한다(Leary & Baumeister, 2000). 이것은 전 단계에 해당하는 수용과 애정의 욕구와는 다르다는 점을 유념하라. 수용acceptance은 평가적이지 않을 수 있다. 그러나 인정appreciation은 평가적이다. 당신이 가지고 있는 어떤 특성이나 자질 때문에 당신은 인정받고 존중받는다. 그래서 인정에 대한 욕구는 수용에 대한 욕구보다 좀 더 정교하다elaborate.

위계의 가장 상위에는 자기실현self-actualization의 욕구가 있다. Maslow는 Rogers 만큼이나 이 용어를 자주 사용하였고, 이는 당신이 능히 될 수 있는 무엇이든지 되고자 하는 경향성, 즉 자기 능력의 한계까지 자신을 확장하려는 경향성을 의미한다. Maslow에 따르면, 이것은 인간 동기의 정점이다.

피라미드는 Maslow 핵심 가정의 시각적 아날로그다. 피라미드의 위계에서 하위 욕구는 상위 욕구보다 더 원시적이고 더 요구적이라고 가정한다. 공기에 대한 욕구는 주거에 대한 욕구보다 더 요구적이다. 그러나 Maslow의 가정은 보다 광범위하게 적용된다. 그는 신체적 피난처에 대한 욕구는 수용받으려는 욕구보다 더 요구적이고, 소속감에 대한 욕구는 인정받고 싶어 하는 욕구보다 더 요구적이고 강력하다고 가정한다. 그래서 Maslow는 피라미드에서 위로 한 단계씩 이동함에 따라 동기의 강도가 차츰 약해진다고 말한다. 반면 위계의 위쪽으로 이동함에 따라 욕구는 더 인간적이 되고 덜 동물적인 것이 된다.

Maslow는 생물적 속박과 인간됨의 고유성 사이의 협상trade-off을 보게 되었다. 우리에게는 다른 창조물과 다르고 싶은 개성의 욕구가 있다. 자기실현의 욕구는 최상위의 욕구이자 가장 중요한 욕구다. 그러나 우리는 다른 피조물과 공유하고 있는 욕구를 피할 수 없다. 그러한 욕구가 충족되지 않을 때는 우리를 특별하게 만들어 주는 욕구보다 더 강력하다.

일반적으로 사람들은 상위 수준의 욕구를 처리하기 전에 하위 수준의 욕구를 먼저 충족하여야 한다. 여기에는 두 가지 함축적인 의미가 있다. 첫째, 상위 욕구를 만족시키려고 애쓰는 동안 하위 수준의 욕구가 발달하기 시작한다면, 하위 수준의 욕구는 당신을 상위 수준의 욕구에서 손 떼게 만든다. 실제로 당신의 주의는 아래쪽으로 끌어당겨지며, 당신은 하위 수준의 욕구에 관련된 무언가를 하도록 강요받는다(Wicker, Brown, Wiehe, Hagen, & Reed, 1993).

두 번째 의미는 사람들이 이와 같은 일련의 욕구를 거쳐 위로 이동하는 방법과 관련된다. 자기실현의 매우 조용한 목소리와 조율하는 것은 정확히 당신의 마음이 하위 수준 욕구의 요구에서 자유롭게 되는 것을 의미한다. 피라미드에서 위로 이동할수록 더 미묘해지고 생존과는 관련성이 덜함을 기억하라. 가장 상위 동기인 자기실현은 오로지 다른 욕구가 잠잠해질 때만 고려할 수 있게 되는 마지막 욕구다.

위계의 수준은 다른 의미의 차이도 있다. Maslow(1955)는 피라미드 아래의 동기는 결핍 동기deficiency-based motives, 피라미드 위의 동기(특히 자기실현)는 성장 동기growth-based motives라 불렀다. 즉, 아래 위계의 욕구는 결핍에 의해 발생한다. 그 욕구를 만족시키는 것은 불유쾌한 상태에서 벗어남을 뜻한다. 자기실현은 한 인간으로서 아직 실현되지 않은 잠재력을 멀리서 부르는 소리와 비슷하다. 이 욕구를 충족하려는 것은 불유쾌한 상태를 피하려는 것이라기보다는 성장에 대한 추구다(Sheldon et al., 2001도 참조).

끝으로 Maslow의 아이디어와 Rogers의 아이디어를 비교해 보자. Rogers가 자기실현 경향성과 긍정적 존중(애정과 수용)에 대한 욕구라는 두 가지 동기를 강조했다는 점을 상기하자. 이런 아이디어와 보다 정교한 Maslow 피라미드 구조 간의 유사성을 발견할 수 있다([그림 11-2] 참조). Maslow 피라미드의 맨 아래 두 수준은 Rogers가 무시했던 욕구를 언급하고 있다. Rogers는 사회적 욕구에 중점을 두었는데, 이는 Maslow의 세 번째 수준에 해당된다. Maslow는 Rogers처럼 수용의 욕구가 자기실현의 욕구보다 더 요구적일 수 있다고 믿는다. 피라미드의 구조는 자기실현의 욕구가 긍정적 존중의 욕구에 의해서 길을 잃을 수 있음을 명백하게 암시한다.

Maslow 피라미드의 중간 수준에 있는 존중 욕구는 Rogers의 긍정적 존중에 대한 정교화로 볼 수 있다. 존중 욕구는 Rogers의 가치의 조건과 많은 부분에서 비슷해 보인다. 두 이론가는 이 동기를 어떻게 보느냐에서 서로 달랐다. Rogers는 가치의 조건에 굴복하는 것이 나쁘다고 보았다. Maslow는 존중 욕구가 자기실현 욕구보다는 덜 중요함에도 인간됨의 한 중요한 부분이라고 보았다. 그러나 두 이론가는 모두 존중 욕구가 자기실현을 방해할 수 있다는 데 동의했다. 요약하면, Rogers와 Maslow는 성격에 대해 서로 다른 독특한 생각을 가지고 있었음에도 이론적 관점에서는 많은 공통점이 있다.

빈번하게 자기실현을 하는 사람의 특징

자기실현의 개념은 여러 면에서 이 분야 이론가가 만들어 낸 가장 매력적이고 호기심을 자극하는 아이디어다. Maslow가 인간 동기에 대해 폭넓은 그림을 그렸지만, 그의 흥미와 관심을 가장 잘 나타내는 것은 바로 자기실현이었다. 그는 자기 인생의 대부분을 이를 연구하는 데 바쳤다.

Maslow에 따르면, 모든 이는 자기실현을 할 수 있는 잠재력이 있고, 자신이 장차 될 만한 역량 있는 사람이 되고 싶어 하는 내적인 욕망을 지니고 있다. 자기실현은 인간에게 너무나 보편적인 특성이어서 어떤 종류의 행동으로도 나타날 수 있다. 화가, 음악가, 작가, 또는 배우만이 자기실현을 할 수 있는 것이 아니다. 한 인간으로서 좀 더 일치되고 통합되고 완전하게 되어 가는 과정에 있는 바로 그런 사람이 자기실현자다.

모든 사람이 자기실현의 잠재력을 가지고 있다는 믿음이 있음에도, Maslow는 일부 사람은 다른 사람보다 좀 더 자기실현을 하는 경향이 높음을 깨달았다. 그 과정을 더 잘 이해하기 위해서 그는 자기실현의 특성을 빈번하게 보이는 사람을 찾아 나섰다. 그는 이들을 세밀하게 기술하기 위하여 열심히 연구했다. 왜냐하면 자기실현은 굉장히 파악하기 힘든 개념이기 때문이다. 이들의 특징을 잘 기술함으로써 Maslow는 다른 사람도 그들 자신의 삶에서 자기실현 경험을 깨달을 수 있기를 원했다.

Maslow(1962, 1968)는 빈번하게 자기실현을 하는 사람은 몇 가지 특성을 공유한다고 믿게 되었다. 그런 몇 가지 특성을 여기에 기술한다(더 완전한 목록은 〈표 11-1〉을 참조하라). 예를 들어, 자기실현자는 현실을 지각하는 데 있어서 효율적efficient이다. 즉, 그들의 경험은 고도로 예리하게 초점이 맞춰져 있다. 자기실현자는 타인의 혼란한 지각을 분별할 수 있고, 그 혼란함을 헤치고 나아갈 수 있다. 빈번히 자기실현을 하는 사람은 또한 수용적accepting이다. 그들은 자신과 타인 모두를 수용한다.

‖ 표 11-1 ‖ **빈번히 자기실현을 하는 사람의 특성**

자기실현을 하는 사람은…
• 현실 지각이 효율적이고 정확하다. • 자신과 타인 및 자연을 있는 그대로 수용한다. • 사고와 감정이 꾸밈이 없고 자발적이고 자연스럽다. • 문제 중심적이거나 영원한 철학적 의문에 관심을 갖는다. • 욕구 충족에서 독립적이고 자율적이다. • 일상적인 사건에 대해 끊임없이 감사한다. • 시공간을 초월한 자연과의 일체감인 광대무변한 대양과 같은 느낌을 종종 경험한다. • 자신을 모든 인류와 동일시하고 민주적이고 타인을 존중한다. • 오직 소수의 사람과 깊은 결속을 유지한다. • 일이 되어 가는 과정 자체를 감상한다. • 철학적이고 사색적이며 적의 없는 유머감각을 지닌다. • 어린이와 같이 신선한 독창성과 창의성이 있다. • 자신이 살고 있는 문화에서 내적인 독립성을 유지한다. • 충분히 강하고 독립적이며, 때로는 변덕스럽고 냉혹하게 보일 수도 있는 자기 자신의 내적인 비전에 의해 인도된다.

출처: Maslow(1968)에서 인용.

그들의 자기 수용은 스스로 우쭐대는 자가발전self-promotion이 아니다. 그들은 스스로가 완벽하지 않다는 사실을 잘 알고 있다. 그들은 있는 그대로의 자신, 즉 불완전함을 포함한 자신의 모든 것을 있는 그대로 수용한다. 주변 사람에 대한 그들의 반응도 이와 같다. 그들은 다른 사람의 단점도 그 사람의 일부로서 수용한다.

자기실현자의 또 다른 특성은 정신적 자발성spontaneity이다. 이것은 꾸며 내지 않은 창의성creativity으로 반영된다. 이 특성은 흔히 삶의 과정에 대한 흥미에 해당하는 인생에 대한 신선한 감상fresh appreciation과 연결된다. 창의성이 자기실현과 관련된다는 아이디어는 지지를 받고 있다. 한 연구(Amabile, 1985)에서는 시인에게 창작 행위를 외적 유인가(Maslow의 위계에서 하위 수준에 해당하는)의 관점이나 행위 그 자체에 내재된 특성(자기실현을 암시하는)으로 인한 것으로 생각하게끔 유도했다. 그런 다음 그들은 시를 썼다. 심사위원이 시의 창의성을 평가했는데, 외적인 유인가에 대해 생각한 후에 쓰인 시는 자기실현 지향적으로 창작된 시보다 독창성이 더 낮았다.

자기실현자는 종종 문제 중심적problem centered이라고 일컬어지지만, 이 용어는 다소 오해의 소지가 있다. 여기에서 문제problem라는 용어는 철학 또는 윤리학의 영구적인 질문을 의미한다. 자기실현자는 폭넓은 시야를 취해서 보편적인 주제를 고려한다. 이러한 특성과 더불어 자신의 문화와 근접 환경에서 독립성을 유지한다. 자기실현자는 일차적으로 우주에 살고, 단지 이차적으로만 이 아파트, 이 도시, 또는 이 나라에 산다. 자기실현자는 관계에서 노력이 요구된다는 것을 안다. 그들은 관계가 자신에게 중요하기 때문에 깊게 결속한다. 그러나 그 결속은 종종 극소수의 사람으로 제한된다.

Maslow(1971)는 그의 생이 끝날 즈음 일반적 자기실현자 집단과는 다른 초월적 자기실현자transcendent self-actualizers라고 부르는 또 다른 집단을 구별했다. 이 집단의 사람들은 자기실현에 깊이 개입되어 그것이 삶의 가장 귀중한 부분이 되었다. 그들은 범세계적인 가치나 자신을 넘어서는 외부의 (아름다움, 진실, 통일성과 같은) 목표에 더욱 의식적으로 동기화된 사람들이다. 그들은 세상에 대해 보다 전체적인 관점, 즉 모든 요소를 통합된 것으로 보는 관점을 지닌다. 이 경우 자기실현은 거의 우주실현universe actualization이 된다. 이러한 사람에게는 모든 경험이 신성하다. 그들은 스스로를 능력의 소유자보다는 그 능력이 표현되는 도구로 바라보게 된다. 이러한 관점에서 초아超我적transpersonal(개인을 넘어선)이라는 용어가 탄생했다. 이 용어는 때때로 인간의 잠재력을 바라보는 새로운 (제4심리학[1])의) 방식을 나타내기 위해 사용된다.

절정 경험은 한 가지 활동에 개인이 깊이 참여하거나 한순간에 완전히 마음을 빼앗길 때 일어난다. 이 풋볼 선수가 터치다운으로 점수를 냈을 때의 느낌이 어떠할지 상상해 보라.

절정 경험

Maslow는 자기실현 과정을 기술하면서 그것이 명확하게 일어나는 순간에도 초점을 맞추었다. 상당한 정도의 자기실현자라 하더라도 자신의 모든 행동에서 자기실현을 경험하는 것이 아님을 기억해야 한다. Maslow는 자기실현의 강렬한 순간을 언급하기 위해 절정 경험peak experience이라는 용어를 사용한다.

절정 경험을 할 때, 사람들은 자신의 주위 환경과 강하게 연결됨을 느낀다. 색깔과 소리는 또렷해지고, 지각은 날카로울 정도로 선명해진다(Privette & Landsman, 1983). 경험이 진행됨에 따라 시간 감각은 손실된다(Keller & Bless, 2008). 절정 경험과 흔하게 연합되는 감정은 경외, 경이, 황홀감 등이다. 절정 경험은 자신을 잊고 자신을 바깥으로 데려가는 경향이 있다. 자신에 대해 생각하기보다는 경험하고 있는 무엇이든지 최대한 온전하게 경험하는 것이다.

절정 경험은 예를 들어 위대한 예술작품을 감상하는 것과 같이 수동적인 방식으로 일어날 수도 있다. 그러나 보통은 능동적으로 행동하고 있을 때 발생한다(Csikszentmihalyi, 1975; Privette & Landsman, 1983). 실제로 절정 경험이 여가 시간보다는 일하고 있을 때 더 빈번하게 발생한다는 증거가 있다(Csikszentmihalyi & LeFevre, 1989). 절정 경험을 하는 사람은 지금 경험하고 있는 그 활동에 너무 열중해서 활동 자체가 자신인 것처럼 느낀다. 몰입flow이라는 용어가 이런 경험을 언급하는 데 사용된다(Csikszentmihalyi, 1990; Csikszentmihalyi & Csikszentmihalyi, 1988).

절정 경험이나 몰입이 반드시 예술적인 창조와 같은 특별한 어떤 것만을 의미하

1) 역주: 정신분석과 행동주의 심리학을 각각 제1과 제2의 심리학으로, 그리고 인본주의 심리학을 제3의 심리학으로 명명했을 때, 인본주의 심리학이 갖는 개인주의적 한계를 넘어선 심리학이라는 의미로 제4의 심리학으로 부르기도 한다.

지 않음을 새삼 강조할 필요가 있다. 중요한 것은 무엇이 행해졌느냐what is being done가 아니라 그것이 어떤 방식으로 일어났느냐how it's taking place다. 당신이 만약 무엇에 완전히 몰두하게 되고 그것이 인간으로서의 자신을 확장할 수 있다면 그것이 무엇이든 절정 경험이 될 수 있다.

실존주의 심리학: 존재와 죽음

지금까지 우리는 사람들이 성장을 향해 나아가는 자연스러운 경향성을 지니고 있고, 자기 삶의 진로를 조정하는 자유의지를 발휘할 수 있으며, 불일치의 지각을 방어하고, 성장 동기가 동기 위계의 최정상에 위치한다는 낙관적 아이디어에만 초점을 맞추어 왔다. 그러나 성장과 인간 잠재력에는 또 다른 측면이 있다. 자기실현의 가능성에는 비용이 있다. 즉, 그에는 책임이 뒤따른다.

이것이 실존주의 심리학existential psychology의 주요 원칙이다(Koole, Greenberg, & Pyszczynski, 2006). 실존주의existential라는 용어는 존재existence라는 단어와 관련이 있다. 그것은 존재는 누구나 지니고 있는 모든 것임을 주장하는 철학적 관점과 관련된다. 각 사람은 측량할 수 없는 우주에서 누구나 혼자다. 이러한 관점은 개개인이 자신의 선택에 책임을 져야 한다는 점을 강조한다. 이는 저마다의 독특한 현실 경험이 중요함을 강조한다는 점에서 현상학적인 지향과 일치한다.

실존적 딜레마

실존주의적 관점의 중심 개념은 현 존재Dasein다. 이 독일어는 종종 '세계 속에 존재하고 있는 것being in the world'으로 번역된다. 현 존재라는 용어는 자율적이고 개별적이고 진화하는 실체로서의 자기가 개인적으로 경험하는 전체totality를 의미한다(Binswanger, 1963; Boss, 1963; May, 1958). 현 존재는 또한 사람들이 세상과 분리되어 존재할 수 없고, 세계는 그 안에 있는 사람들과 분리되어서는 아무런 의미가 없음을 강조한다.

실존주의자의 기본 쟁점은 인생은 불가피하게 죽음으로 끝나고, 그 죽음은 언제 다가올지 모른다는 점이다(Becker, 1973). 죽음은 당신의 경험이 자기실현적인지 아닌지에 관계없이 어느 누구도 피해 갈 수 없다. 죽음의 불가피성에 대한 자각은 자기의 불일치에 기인한 불안보다 훨씬 더 깊은 고통인 실존적 불안angst을 유발한다. 단지 존재와 비존재만이 존재하며, 우리는 끊임없이 그 사이의 양극단에 직면한다.

당신은 이러한 깨달음에 대해 어떻게 반응해야 하는가? 실존주의자에게는 이것이 인생의 핵심 질문이다. 그 선택은 무nothingness로 후퇴하느냐, 아니면 존재할 용기를 갖느냐다. 극단적인 선택은 자살하느냐 않느냐는 것인데, 그럼으로써 어차피 죽음으로 끝나 버릴 인생의 모순을 피하는 것이다. 자신을 죽이는 것은 무를 선택하는 것이다. 그러나 선택은 덜 극단적인 방식이 될 수도 있다. 사람들은 정직하게 행동하지 않고, 자신의 일부인 목표와 책임에 개입하지 않는 삶을 선택할 수 있다. 그들은 표류하거나 군중에 묻혀서 살아갈 수 있다. 사람들이 자기의 삶을 책임지기를 포기할 때, 그들은 무를 선택하고 있는 것이다.

존재하기로 선택하는 것에는 무엇이 내포되어 있는가? 실존주의자에게 인생은 당신이 창조하지 않는다면 아무런 의미가 없다. 인생을 스스로 창조하려는 용기를 지닌 사람은 자신의 존재에 의미를 부여해야 한다. 당신은 참다운 자신으로 존재함으로써, 즉 정직하게 행동함으로써 당신의 인생에 의미를 부여한다. 실존적 딜레마에 대한 바로 그 인식은 이를 실천하기 위한 중요한 걸음이다. May(1958, p. 47)가 말한 것처럼, "존재하는 것이 무엇을 의미하는지를 이해하기 위해서는 자신이 존재하지 않을 수도 있다는 사실을 이해할 필요가 있다."

이런 자유를 행사하기는 쉽지 않다. 당신이 누구인가를 아는 것이 어려울 수 있고, 죽음을 정면으로 직면하기가 어려울 수도 있다. 흔히 다른 사람이 무엇이 옳고 적합한지를 결정하게 하는 것이 더 쉬울 수 있다. 하지만 실존주의 심리학자는 모든 사람이 자기 존재의 매 순간에 최상의 것을 만들 책임이 있고, 최고의 능력을 발휘하여 자기 존재를 완수해야 할 책임이 있다고 믿는다(Boss, 1963; Frankl, 1969; May, 1969). 이 책임은 회피할 수 없는 것이다.

사람들이 자신의 선택에 책임이 있지만, 정직한 선택조차 항상 좋은 것이 아닐 수도 있다. 당신이 관심이 있는 사람들에게 항상 완벽하게 대하지는 않을 것이다. 당신은 때때로 자연과의 연결을 잃어버릴 것이다. 비록 당신의 선택이 현명했을지라도, 당신은 자신의 가능성을 성취하지 못했다는 것에 대해 여전히 실존적 죄책감existential guilt을 가질 수도 있다. 이런 죄책감은 선택할 자유가 있는 사람이 그렇게 하지 못했을 때 가장 강해진다. 그러나 선택의 자유를 의식하고 있는 사람도 죄책감에서 완전하게 자유로울 수는 없다. 모든 가능성을 이루는 것은 불가능하기 때문이다. 당신이 한 역량을 깨달을 때, 그것은 다른 역량이 표현되는 것을 막는다. 그래서 실존주의적 죄책감은 불가피하다. 그것은 존재가 치러야 할 대가의 일부다.

공허감

실존주의자는 인생의 공허감 문제에도 초점을 맞춘다. 그들은 많은 현대인이 가치에 대한 신념을 잃어버렸다는 사실에 관심을 가졌다(May, 1953). 예를 들어, 많은 사람은 정부와 대기업과 같은 거대 권력에 영향력을 미치기에는 그들 스스로가 무력하다는 사실을 발견하게 되기 때문에 더 이상 품위와 가치감을 갖지 못하게 된다. 지구는 뜨거워지고, 지금 우리에게는 그것을 막을 힘이 없다. 은행과 기업체는 심각한 재정 위기로 인한 긴급 구제금으로 수십 억 달러가 필요하고, 우리 모두는 그 청구서 때문에 굳어진다. 국가의 지도자는 왜 전쟁을 하는지에 대해 정당한 이유도 대지 않거나 전쟁이라고 선전포고도 하지 않고서 우리를 전쟁으로 내몬다. 그리고 우리는 그 결과를 감수해야 한다.

사람들은 가치에 대한 헌신을 잃었을 때 공허와 무의미감을 경험한다. 사람들이 그렇게 느낄 때는 다른 사람에게 의지해 답을 찾으려 한다. 그러나 거기에도 답은 없다. 왜냐하면 문제가 바로 자기 내부에 존재하기 때문이다. 이는 다시 한 번 실존주의적 주제를 보여 주는 것이다. '당신은 자신의 행동을 책임져야 하며, 진리는 오로지 당신 내부와 행동에서 나올 수 있다' 는 주제다.

공포 관리

실존심리학의 아이디어는 공포관리terror management 이론에서도 드러난다(Greenberg, Pyszczynski, & Solomon, 1986). 이 이론은 우리가 인간은 결국 죽게 된다는 사실을 인식하게 되면 실존적 불안이나 공포를 경험하게 된다는 아이디어에서 시작한다(Becker, 1973). 사람들은 이 공포에 반응해서 의미 있고 가치 있는 삶을 살려고 노력한다. 이 명제는 실존주의 심리학에서 우리가 이미 말했던 것과 잘 들어맞는다.

사람들은 죽을 수밖에 없는 운명을 알게 되면 자신이 속한 사회조직에 더 밀착되는 반응을 보인다.

그러나 공포관리 이론은 대부분의 사람이 삶의 의미를 스스로 규정하지 못한다고 제안한다. 그러기보다 그들은 이를 위해 사회문화적인 합의 과정을 사용한다. 이것은 사람들이 자기 삶의 가치를 어떻게 확인하는지에서 집단 정체성이 중요한 역할을 함을 의미한다. 죽을 수밖에 없는 운명의 신호는 사람들로 하여금 자신의 문화적 가치를 보호하도록 행동하게 만든다(Greenberg, Solomon, & Pyszczynski, 1997). 자신이 죽은 후에도 지속될 의미 있는 문화적 조직망 속에 자신을 긴밀히 짜 넣음으로써 사람들은 인간으로서 자기 자신의 가치를 확인하려 한다.

이 이론은 지난 20여 년간 엄청나게 많은 연구를 생산하게 했다(Greenberg et al., 1997). 그중 일부는 사람에게 자신이 죽을 수밖에 없다는 운명을 부각하면, 사람은 자신의 세계관을 지지하는 사람에게는 더 호의적이 되고 지지하지 않는 사람에게는 더 거부적이 된다는 것을 보여 주었다. 죽을 운명의 부각은 사람으로 하여금 문화적 규범 자체에 더 집착하게 만들기도 한다. 미국인은 더 애국자가 되고, 지하드주의자(jihadists)는 자신의 대의에 더 헌신적이게 된다(Pyszczynski, Solomon, & Greenberg, 2002). 죽을 수밖에 없는 운명을 부각하는 것은 사람으로 하여금 더 이타적으로 행동하게도 한다. 예를 들어, 사람은 자선단체를 지원함으로써 이타적으로 행동한다. 그러나 그런 이타적 행동은 오로지 그 자선이 자신의 문화와 관련 있을 때에만 그렇다. 관계는 다른 방향으로 나아갈 수도 있다. 당신의 세계관에 대한 위협은 거꾸로 죽음에 대한 사고를 유도한다(Schimel, Hayes, Williams, & Jahrig, 2007).

이 주제에 관한 많은 연구는 죽을 운명을 상기한 후, 사람들이 자신의 문화적 세계관을 어떻게 확인하는가를 검토하였다. 그러나 적어도 한 연구에서는 사람들이 자기의 가치관을 어떻게 확인하는가를 살펴보았다(McGregor, Zanna, Holmes, & Spencer, 2001, 연구 4). 죽을 운명을 두드러지도록 조작한 후, 연구 참여자는 정체감 추구 척도와 임박한 장래의 목표에 대해 답했다. 죽을 운명을 생각했던 연구 참여자는 다른 사람보다 정체감 추구 척도에서 더 높은 점수를 얻었다. 그들은 또 다른 사람이 보고한 프로젝트보다 더 자기 일치적인 프로젝트에 더 많이 참여하고자 하는 의도를 보였다.

공포관리 이론은 수많은 다른 흥미로운 아이디어로 발전하고 있다. 그중 하나는 공포 관리는 사람들이 스스로를 다른 동물과 구별된 존재로 보게 되는 이유라는 것이다. 자신을 동물로 생각하는 것은 죽음을 상기시킨다. 왜냐하면 모든 동물은 죽기 때문이다. 이러한 생각과 일관되게, 죽을 운명을 부각하는 것은 사람으로 하여금 인간이 동물과 구별된 존재라는 생각을 더 강하게 선호하도록 만든다(Goldberg et al., 2001).

이러한 관점은 성적 활동과도 관련이 있다(Goldberg, Pyszczynski, Greenberg, & Solomon, 2000). 성은 당신의 동물적 본성을 기억나게 하는 또 다른 것이다. 이것이 많은 사람이 성에 대해 과민하게 되는 이유 중 하나일 수도 있다. 성은 사람으로 하여금 죽을 운명을 상기시킨다. 사람들은 많은 방식으로 자신이 죽을 수밖에 없는 운명의 신호를 회피하게 된다. 그들은 성행위에 대해 심미적인 가치를 귀속한다. 그들은 성행위를 둘러싼 로맨스를 창조하여 동물적 특성에서 자신의 주의를 돌리려고 한다(Florian, Mikulincer, & Hirschberger, 2002). 그들은 이상화되고 상징화된 미에 대한 문화적 기준을 창조한다. 그렇게 해서 그 동물은 정신적(영적)인 것으로 변환된다.

사람들은 많은 방식으로 필멸이라는 실존적 공포에 대항하여 투쟁한다. 공포관리 이론에 따르면, 자존감을 지탱하는 것은 자신의 가치감을 형성할 수 있고 실존적 불안을 피할 수 있게 해 준다(Pyszczynski, Greenberg, Solomon, Arndt, & Schimel, 2004). 최근 연구를 보면, 죽을 운명에 직면하게 만드는 것은 사람으로 하여금 친밀한 관계를 형성하도록 동기화한다(Mikulincer, Florian, & Hirschberber, 2003). 사실상 유친을 향한 이런 압력은 문화적 가치에 대한 친애보다 더 중요할 수 있다(Wisman & Koole, 2003).

이 이론은 많은 연구를 자극하여 여러 방향으로 확장되었다. 그러나 현재 논의에 초점을 맞추기 위해 공포관리 이론을 다시 실존주의와 연결하여 보자. 그 연구는 사람들에게 궁극적으로 자신이 죽을 운명임을 상기시키면 그들은 자기 삶의 가치를 확인하려고 노력하게 됨을 분명하게 보여 준다. 사람들은 주로(완전하게가 아니라) 자신이 속한 문화의 가치를 받아들임으로써 자기 삶의 가치를 확인하려 한다. 오로지 소수의 증거만이 사람들이 자신의 개인적 의미를 창조하려고 노력한다는 것을 보여 준다.

이런 사실이 대부분의 사람이 실존적 불안에 대한 반응으로 다른 사람이 무엇이 옳은지를 결정하게 하고 자신은 그저 그 결정에 따라가는 것임을 의미하는 것일까? 물론 이것은 실존주의 심리학자를 당황하게 할 것이다. 그러나 이것은 단순히 가치라는 것이 실존주의자가 생각했던 것보다 개인이 아닌 집단에 의해 자연스럽게 정의된다는 사실을 보여 주는 것일 수도 있다.

평가

성격평가의 한 가지 기본 쟁점은 성격을 어떤 방법으로 평가하는가다. 다양한 조망이 평가에 대한 다양한 접근법을 제안한다. 인본주의 조망에서는 거기에 또 다른 하나를 제안한다.

평가에서의 면접

Rogers와 같은 자기 이론가에게 평가는 그 사람이 어떤 사람인가를 알아가는 과정이다. 이 방향은 평가 기법으로서의 면접과 궁합이 잘 맞는다. 면접은 최대한의 융통성을 제공한다. 그것은 무엇이든 떠오르는 것을 말하게 한다. 그래서 면접자는 앞선 주제에서 벗어난 사고를 따라가고, 그렇지 않았다면 물어보지도 않았을 새로운 질문을 한다. 그럼으로써 면접자가 그 사람과의 상호작용을 통해 그 사람이 어떤 사람인지에 대한 주관적인 느낌을 얻게 해 준다(〈글상자 11-3〉 참조).

이러한 방식으로 특정한 사람이 어떤 사람인가를 알아가는 과정에서는 공감이 필요하다. 결국 면접자는 다른 사람의 사적인 세계에 들어가려는 것이다. 공감은 자동적으로 일어나지 않는다. 그것은 작은 변화에도 민감할 것을 요구한다. 면접자

글상자 11-3 자기실현과 당신의 인생

지금까지 우리는 자기실현 개념에 대해 많은 것을 읽어 왔다. 그것은 모두 매우 추상적으로 들릴 수도 있다. 그 아이디어에 대한 좀 더 구체적인 느낌을 얻기 위해 당신 자신을 몇 분간 인터뷰하는 데 시간을 사용해 보자. 자기실현을 둘러싼 이슈가 어떻게 당신 자신의 삶에 적용될 수 있는지에 대해 생각해 보자.

예를 들어, Maslow의 욕구 위계가 당신의 현재 상태와 어떻게 관련되는지를 생각해 보라. 위계의 어떤 수준이 당신의 일상 경험을 지배하는가? 당신은 어떤 사회적 집단의 소속감(또는 아마도 특정한 사람과의 수용과 친밀감)을 갖는 데 주로 관심이 있는가? 당신이 현재 관심을 갖고 있는 것이 소중하고 존중받고 있다고 느끼고 싶은 욕구가 있는가? 또는 당신의 가능성에 대한 비밀을 쥐고 있는 당신 안에 숨겨져 있는 청사진에 가능한 한 가깝게 접근하기 위해 적극적으로 성장하려고 노력하고 있는가?

고등학교 시절로 돌아가서 그때 당신의 인생이 어떠했는지를 생각해 보라. 그 기간 동안 당신의 욕구와 관심은 무엇이었는가? 그때 이후로 당신의 초점은 욕구 위계의 위 또는 아래를 향해 움직였는가? 아니면 여전히 동일한 수준에 초점을 맞추고 있는가?

또 다른 이슈가 있다. 삶에 있어서 초점과 의미를 제공하는 당신의 현재 사명에 대해 생각해 보라. 그 사명은 어디에서 유래했는가? 그것은 당신의 부모(또는 그 밖의 타인)에게서 전해 내려왔는가? 아니면 당신 내부 깊은 곳에서 나왔는가? 당신의 목표가 당신 자신의 것이고, 누군가에 의해 가치의 조건으로 할당된 것이 아니라는 점을 어떻게 확신하는가? 그 목표가 당신이 스스로에게 부과한 의무 할당량이 아니라는 점을 어떻게 확신하는가? 당신의 남은 생을 '의무 할당량'을 완수하는 데 바친다면 어떤 느낌이 들까?

로서 당신이 잘못하고 있지 않다는 것을 확신하기 위해서는 당신의 감각의 정확성을 반복적으로 점검해야 한다. (공감은 단지 면접을 위해서만 중요한 것이 아니다. Rogers는 공감이 치료와 충분히 기능하는 사람이 되기 위해서도 중요하다고 보았다.)

폭넓은 면접은 많은 정보를 제공한다. 면접 정보를 평가하는 한 방법은 내용분석 content analysis을 통해서다. 내용분석은 어떤 일정한 방식으로 그 사람의 진술을 분류하고 얼마나 많은 진술이 각 범주에 속하는지를 보는 것이다. 예를 들어, 수전은 면접을 통해 자기를 수용하는 표현을 2개, 자기를 수용하지 않는 표현을 18개, 양가적인 표현을 15개 보였다. 어떤 이는 이 자료를 통해 수전이 자신에 대해 매우 만족해하지 않는다고 추론할 수 있다.

또 다른 질문이 있다. 당신은 항상 자신이 원하는 것만을 할 수는 없다. 모든 이가 이를 안다. 때때로 당신은 해야 할 의무를 행해야만 한다. 그러나 얼마나 많은 시간을 그렇게 해야 할까? 당신 자신의 욕구를 돌보기 전에 얼마나 많은 시간—당신 자신의 얼마나 많은 부분—을 가치의 조건에 복종하는 것을 의미하는 의무 할당량을 채우는 데 소비해야만 하는 걸까? 당신이 잠시 동안, 아주 잠시 동안 이러한 의무 할당량을 위해 일하고 몇 주, 몇 달, 혹은 몇 년 후에는 자신이 정말로 원하는 것을 하고 살 것이라고 스스로에게 말하는 것은 얼마나 위험한 일인가? 당신은 여전히 판에 박힌 삶을 살거나 의무 할당량을 완수하는 것을 삶의 유일한 현실로 보지 않겠다고 어떻게 확신할 수 있는가? 가치의 조건을 충족하는 데 초점을 맞추는 것이 습관이 되었다면, 당신이 수년 후에는 자기실현으로 전환하기로 결정할 수 있을 것이라고 어떻게 확신하는가?

인생의 모든 경험이 자기실현적이지는 않다. 광범위하게 자기실현을 하는 사람조차도 때로는 그것 때문에 문제가 생기고 옴짝달싹 못하게 된다. 당신 자신이 자기실현을 하지 못하고 있다면 무엇이 그것을 방해하고 있는가? 때때로 당신이 직면하게 되는 성장의 장애물은 무엇인가? 그 장애물은 다른 욕구의 요구에서 기인하는가? 당신의 부모나 가족 혹은 친구와의 관계에서 기인하는가? 또 아니면 그 장애물은 당신이 스스로 자신 앞에 놓아둔 것인가?

확실히 이런 질문에 대한 답은 쉽지 않다. 당신은 단지 몇 분 이내에 그에 대답하리라 기대할 수는 없다. 사람들은 이런 답을 하기 위해 노력하며 인생을 보낸다. 그러나 이러한 질문은 중요하고, 잠시 동안이라도 그에 대해 생각하는 것은 자기실현 접근에 의해 유발된 쟁점에 대한 더욱 생생한 느낌을 당신에게 가져다줄 것이다.

면접을 유용하게 만드는 융통성이 문제를 일으키기도 한다. 면접이 매우 구조화되어 있지 않는 한 서로 비교하기는 어렵다. 만약 제인이 샐리보다 자기를 수용하지 않는 표현을 더 많이 했다면, 그것은 제인이 샐리보다 스스로를 더 싫어하기 때문인가? 아니면 단지 우연히 면접자가 제인의 자아상의 특별히 나쁜 측면을 추적하게 된 것일까? 만약 수전이 치료 전보다 치료 후에 자기를 수용하지 않는 표현을 덜 하게 되었다면, 그것은 그녀가 자신에 대해 더욱 만족하게 되었기 때문일까, 아니면 면접자가 치료 후 면접에서 자기비판적인 영역으로 캐고 들어가지 못했기 때문일까?

Q분류에 의한 자기개념 측정

평가의 또 다른 핵심 쟁점은 어떤 특성을 평가하는가다. 이론가는 이 장에서 몇 가지 답을 제안한다. 한 가지 답은 자기개념을 평가하는 것이다.

Rogers가 자기개념을 평가할 때 선호한 방법은 Q분류Q-sort다(예, Block, 1961; Rogers & Dymond, 1954). 이 절차의 많은 변형이 있으나, 그 기본 과정은 동일하다. Q분류는 개인에게 카드에 인쇄된 일련의 문항을 제시하는 것을 포함한다. 그 문항은 종종 자기 평가적인 문장이지만(〈표 11-2〉 참조), 구절, 단어, 또는 다른 것이 될 수도 있다. Q분류를 하는 사람은 카드를 파일로 분류하라고 요청받는다([그림 11-3] 참조). 한쪽 극단에는 당신과 가장 닮은 소수의 진술문을, 다른 쪽 극단에는 당신과 가장 닮지 않은 소수의 진술문을 가져다 놓는다. 이 양극단 사이에 있는 파일은 그 정도에서 다른 진술문에 해당되어서 좀 더 많은 진술문 카드를 포함한다.

주어진 파일에서 얼마나 많은 카드를 넣을 수 있는지에 대한 규칙이 있다([그림 11-3] 참조). 보통 사람은 전반적인 분류(예를 들면, 나와 같다, 나와 같지 않다,혹은 어느 것도 아니다 정도로)에서 시작해서 더 자세한 분류로 나아간다. 모든 진술문에 대한 분류가 다 끝날 때까지 당신은 문장을 읽고 어떤 것이 당신과 가장 가까운지, 어떤 것이 덜 그런지를 결정해야 한다. 특성을 서로 비교함으로써 당신은 자기를 평가하도록 요구받는다. Q분류는 이런 면에서 각 반응이 서로 독립적인 평가 척도와는 다르다. 평가 척도에서는 당신이 모든 문항의 기술어가 동등하게 자신에게 잘 적용된다고 말할 수도 있는데, Q분류에서는 그렇게 할 수 없다.

〈표 11-2〉 Q분류 절차에서 흔히 사용되는 문장

나는 똑똑하다.	나는 야심이 있다.
나는 자주 죄책감을 느낀다.	나는 충동적인 사람이다.
나는 낙관적이다.	나는 쉽게 불안해진다.
나는 내 감정을 자유롭게 표현한다.	나는 나 자신에게 심한 요구를 한다.
나는 나 자신을 이해한다.	나는 다른 사람과 쉽게 어울린다.
나는 게으르다.	나는 종종 강요당한다고 느낀다.
나는 대체로 행복하다.	나는 자신을 믿는다.
나는 우울하다.	나는 내 문제에 대해 책임을 진다.

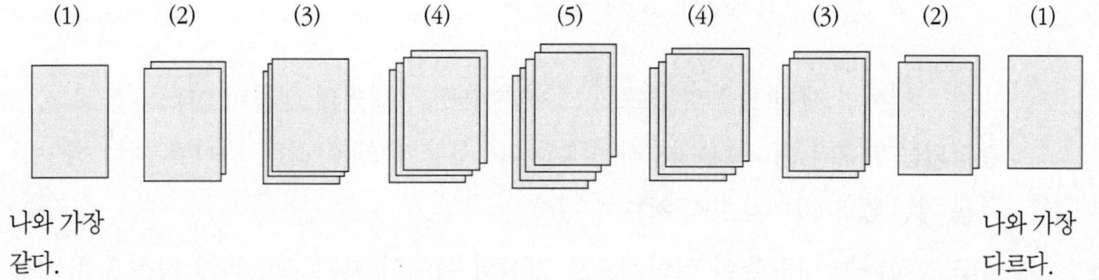

[그림 11-3]

Q분류 절차에서 당신은 (카드에 인쇄된) 일련의 문항을 한 줄의 파일로 분류한다. 그 줄의 한쪽 끝에는 당신과 가장 비슷한 1개의 문항을 배치하고, 다른 쪽 끝에는 당신과 가장 비슷하지 않은 1개의 문항을 배치한다. 다른 파일은 이 두 지점 사이의 단계적 변이 정도를 나타내는 것이다. 괄호 속의 숫자에서 볼 수 있듯이, 가운데로 갈수록 양극단에 가까운 파일보다 분류하는 카드가 많다. 그래서 당신은 어떤 문항이 정말로 자신과 가장 비슷한지와 비슷하지 않은지를 결정하도록 요구받는다.

자기실현의 측정

성격평가 내용의 두 번째 유형은 자기실현을 강조하는 데서 나온다. 이러한 강조를 가정한다면, 그것은 사람들이 빈번하게 자기실현을 하는 특성을 어느 정도나 갖는지를 측정하는 것이 바람직해 보인다.

개인 지향성 검사Personal Orientation Inventory: POI는 이러한 목적에서 개발되었다(Shostrom, 1964, 1974; 또한 Knapp, 1976도 참조). POI는 문장 쌍으로 구성된다. 사람들은 각 쌍에서 더 많이 동의하는 문장을 선택한다. POI는 두 개의 척도를 가진다. 하나는 시간 역량time competence이라 불리는데, 이것은 그 사람이 과거와 미래에 의해 마음이 흐트러지지 않고 어느 정도나 현재에 살고 있는가 하는 정도를 부분적으로 나타낸다. 그러나 역량이라는 용어가 암시하듯이 이 척도는 다른 의미도 지닌다. 시간 역량이 있는 사람은 자신의 과거와 미래를 현재와 효과적으로 연결할 수 있다. 그들은 시간의 이러한 세 패턴 간의 연속성을 감지한다. 두 번째 척도는 가치와 의미를 추구함에 있어서 얼마나 내부 지향적인가inner directed 하는 경향성을 평가한다. 자기실현적인 사람은 자신의 가치를 결정하는 데 있어서 자기실현을 덜하는 사람에 비해 더 강한 내부 지향적 경향성을 보인다고 간주된다.

자기결정성(자율성)과 통제의 측정

이 장에서 소개된 관점의 중요한 또 다른 특성은 개인의 행동이 어느 정도로 자기결정되는가 혹은 통제되는가 하는 것이다. 사람 간의 이러한 차이를 재는 다양한 폭을 지닌 많은 자기보고식 척도가 있다.

그중 하나는 사람들이 일반적으로 자신의 삶에서 자기 결정적인 방식으로 기능하는 정도를 평가한다(Sheldon, Ryan, & Reis, 1996). 일반적인 자기결정 척도는 다양한 영역에 걸쳐서 한 개인의 행동을 광범위하게 질문한다. 이 척도는 일반적인 자기결정이 높은 사람은 그들의 욕구와 목표 간에 조화를 이룬다는 것을 보여 주는데 사용되어 왔다(예, Thrash & Elliot, 2002).

다른 몇 가지 척도는 삶의 몇몇 특정한 영역에서 어떻게 행동하는가에 초점을 맞춘다. 예를 들어, Ryan과 Connell(1989)은 아동의 학업 행동과 친사회적 행동을 측정하는 척도를 개발하였다. 문항은 아동에게 왜 다양한 일을 하는지를 묻고, 그 이유로 통제된 동기 또는 자율적인 동기를 반영하도록 설계된 잠재적 이유를 고르게 한다. 또 다른 프로젝트에서 Black과 Deci(2000)는 대학생에게 특정 과목을 수강하는 이유를 묻는 척도를 개발하였는데, 여기서도 통제적인 이유와 자율적인 이유를 반영하는 선택지가 제공되었다. 종교적 행동에 깔려 있는 동기를 평가하기 위한 또 다른 척도도 고안되었다(Ryan, Rigby, & King, 1993).

행동 문제와 행동 변화

이 관점에서는 삶 속에서 일어나는 문제를 어떻게 개념화하는가? 충분히 기능하는 사람은 자기실현 경향성과 조율되어 있고 통일감과 일치감을 경험한다는 점을 상기하라. 그들은 가치의 조건에 맞춰 자신의 삶을 살려고 노력하지 않는다. 그러기보다는 있는 그대로의 자신이 되고자 한다. Rogers(그리고 다른 인본주의자)에게 자기 내부의 일치성 결여는 심리적 문제를 일으킨다(다양한 종류의 증거를 살펴보려면 Deci & Ryan, 1991; Higgins, 1990; Ryan, Sheldon, Kasser, & Deci, 1996을 참조하라).

Rogers는 경험과 자기개념 간의 불일치 또는 자기개념 사이의 불일치는 불안을 경험하게 만드는 것으로 보았다. 불안은 유기체적 평가 과정에서 나온 혼란disorganization

의 신호(전체적 자기의 붕괴 위험 신호)다. 불안은 특히 가치의 조건에 지나치게 많은 초점을 맞춰서 자기실현을 방해하는 방식으로 행동할 때 발생할 가능성이 높다.

전체 자기holistic self가 불확실성으로 위협을 받을 때, 그 사람은 더 많은 고통을 받을 뿐만 아니라 융통성이 없어진다(McGregor et al., 2001). 이 반응은 전에 존재했던 자기를 놓치지 않으려는 노력의 일환으로 보인다. 자기의 어떤 한 측면에서 불일치성에 직면한 사람은 위협받고 있는 것을 보상하려는 노력으로 자신의 다른 측면에 대한 확실성을 강조한다. 그들은 자신의 믿음과 개인적인 가치에 더 열렬해지거나 극단적으로 반응하게 된다. 사실상 McGregor 등(2001)은 이 현상이 이 장 앞부분에서 논의한 공포 관리 효과에서 일어났던 것이라고 제안한다.

Rogers에게 치료 과정은 본질적으로 부분으로 분열된 자기를 재통합하는 과정이다. 이런 재통합 과정은 그 사람이 경험한 요소 간의 불일치를 직면하지 못하게 방어하던 과정을 뒤집는 것이다. 그러나 그런 과정이 손쉬운 것은 아니다.

Rogers는 그러한 변화가 일어나려면 한 가지 중요한 조건이 충족되어야 한다고 믿는다. 특히 과거에 그 사람의 행동을 왜곡했던 가치의 조건이 제거되어야 한다. 그 사람은 여전히 긍정적 존중이 필요하다. 그러나 그것은 무조건적인 존중이어야 한다. 오직 그럴 때만이 그 사람은 자기 경험의 불일치를 직면할 수 있다고 느끼게 될 것이다. 가치의 조건을 제거하는 것은 그 사람으로 하여금 유기체적 평가 과정, 즉 무엇이 당신에게 좋고 나쁜지를 알고 있는 고요한 내부의 음성에 더욱 온전하게 초점을 맞추도록 할 것이다. 이것은 다음 차례로 자기의 재통합을 가능하게 한다. 이러한 주장과 일치하게, 사람들은 있는 모습 그대로의 자기로 수용될 때가 평가적이고 조건적인 방식으로 수용받을 때보다 덜 방어적이 된다는 증거가 있다(Arndt, Schimel, Greenberg, & Pyszczynski, 2002; Schimel, Arndt, Pyszczynski, & Greenberg, 2001).

그렇다면 무조건적인 긍정적 존중은 치료의 열쇠와 같다. 그러나 복잡한 열쇠다. 무조건적인 존중이 효과적인 것이 되려면 그 사람 자신의 참조 틀frame of reference에서 주어진 존중이어야 한다. 즉, 그것은 당신이 생각하기에 자신이 누구인지에 대한 수용을 의미한다. 당신이나 당신의 감정에 대해 아무것도 모르는 어떤 이가 의미 있는 수용을 제공할 수 없다. 이것이 치료자가 정확한 공감을 해야 하는 두 번째 중요한 이유가 된다. 정확한 공감이 중요한 첫 번째 이유는 내담자가 어떤 사람인가에 대한 충분한 느낌을 얻기 위해서다. 두 번째 이유는 만일 치료자가 내담자 성격의 재통합을 촉진할 수 있는 방식으로 내담자에게 무조건적인 긍정적 존중을 보여 주고자 한다면 정확한 공감이 필수적이기 때문이다.

여기에 한 가지 더욱 잠재적인 문제가 있다. 사람들은 때때로 가치의 조건을 만족시키기 위해 치료에 참여한다. 자기 결정적인 이유로 변화하려고 노력하는 사람은 가치의 조건을 만족시키기 위해 비슷한 변화를 시도하는 사람보다 더 잘하는 것은 당연하다. 적어도 체중 감량이라는 변화의 한 영역에서는 이 말이 맞는다는 증거가 있다. 한 연구에서 자발적인 이유로 체중 감량을 시작한 사람은 덜 자발적이 이유로 체중 감량을 시작한 사람보다 자신의 체중을 더 많이 줄였고, 더 오랫동안 감량한 체중을 유지하였다(Williams, Grow, Freedman, Ryan, & Deci, 1996).

내담자중심 치료

치료의 몇몇 접근법은 인본주의 심리학 이론에서 유래했다(Cain & Seeman, 2002). 가장 널리 알려진 접근법은 Rogers에 의해 개발된 것으로 내담자중심 치료 client-centered therapy 또는 인간중심 치료person-centered therapy라 한다. 그 용어가 암시하듯이, 내담자는 자신을 개선하는 책임을 진다. 실현 경향성은 타고난다는 Rogers의 신념을 상기해 보라. 만약 문제를 지닌 사람이 가치의 조건이 제거된 상황에 놓일 수 있다면, 그들은 그런 선천적 경향성에 따라 자기를 재통합할 것이다. 이것은 상처에 붕대를 감는 원리와 아주 비슷하다. 붕대가 당신을 치료하는 것은 아니지만 멸균된 환경을 유지함으로써 자연적인 치유가 일어나도록 돕는다.

인간중심 치료에서 치료자는 정확한 공감과 무조건적인 긍정적 존중을 보여 준다. 이것은 내담자가 가치의 조건에서 일시적으로 벗어나 자기와 불일치하는 경험의 측면을 탐색할 수 있도록 도와준다. 그러는 동안 치료자는 비지시적이고 비평가적인 태도를 유지하고, 어떠한 정서도 나타내지 않으며 어떠한 충고도 하지 않는다. 치료자의 역할은 가치의 조건이 부과하는 압력을 제거하는remove 것이다. 효과적인 치료자는 평가적인 코멘트(예, 어떤 것이 좋다 나쁘다 말하는 것)를 피함으로써 또 다른 가치의 조건을 부과하지 않도록 조심한다. 치료자는 평가하기보다 내담자가 자신의 감정과 경험에 대한 명확한 조망을 얻을 수 있도록 도와준다. 일반적으로 그것은 내담자가 말한 것을 약간 다른 방식으로 되비추어 줌(반영reflection)을 뜻하며, 그래서 내담자는 조금 다른 각도에서 자신의 말을 재검토할 수 있게 된다. 반영 절차에는 두 가지 변이가 있다. 첫 번째 것은 감정 명료화clarification of feeling로, 내담자가 치료 회기 중에 직접 말로 표현하거나 혹은 간접적으로 어떤 일에 대해 표현한 감정이 그 대상이 된다. 감정이 표현되면 치료자는 다른 말로 그 표현을 반복한다. 그 목적은 내담자가 자신의 진짜 감정이 무엇인가에 대해 더 자각하도록 만드는 것이다. 단순히 감정을 상기시킴으로써 이러한 일이 일어나게 도울 수 있다.

어떤 순간의 반영은 이 기법의 유용성을 반드시 확인시켜 줄 것이다. 느낌은 종종 빠르게 스쳐 지나간다. 사람들이 그들의 말과 행동으로 느낌을 표현할 때, 그들은 종종 그것을 알아차리지 못한다. 특정한 순간이 지난 후에 사람들은 그런 느낌을 가지고 있었던 것조차 잘 알지 못할 수 있다. 만약 그런 느낌이 위협적인 것이라면, 사람들은 그것이 의식화되는 것을 적극적으로 방어할 수 있다. 그래서 느낌을 되비추어 주는 과정은 내담자에게 그 느낌의 본질과 강도가 더 명백해지도록 만들어 주는 것이 된다. 이것은 내담자로 하여금 그 경험과 가까이 접촉하도록 도와준다.

인간중심 치료에서 사용되는 반영의 두 번째 종류는 보다 인지적이고 덜 정서적인 것이다. 이는 내용 재진술restatement of content이라고 불린다. 이것은 우리가 막 기술한 것과 동일하지만 내담자의 진술에 포함된 사고ideas, 즉 내담자가 말한 인지적 사고 내용에 대해 반영하는 것이다.

치료를 넘어 인간적 성장으로

인본주의 심리학자에게 치료는 잘못된 어떤 것을 고치고 그다음 그것을 잊어버리는 그런 과정이 아니다. 그보다 치료는 다른 인생 경험으로 계속해서 이어지는 것이다. 이런 관점에서 가장 온전한 삶을 사는 사람은 바로 치료 과정에서 일어나는 것과 얼마간 동일한 과정에 항상 참여해야만 한다. 이러한 과정은 평균적인 삶, 심지어는 매우 좋은 삶을 사는 사람이 자신의 경험을 더 풍부하게 하고 더 완전하게 자기실현을 할 수 있도록 하기 위한 한 가지 방법을 제공한다.

이상적인 삶을 사는 것에 대한 Rogers의 관점은 충분히 기능하는 사람이라는 용어로 잘 포착된다. Rogers는 전 생애 동안의 인간적 성장이 모든 삶의 목표여야만 한다고 믿는다. 이런 성장에는 효과적인 치료에 필요한 것과 동일한 조건이 요구된다. 성장은 당신과 함께하는 사람들이 진실하고 개방적으로 상호작용하고, 뒤로 감추거나 겉치레하지 않을 것을 요구한다. 성장은 또한 무조건적인 긍정적 존중과 함게 공감적인 이해를 요구한다.

성장에 대한 이런 관점은 자기실현에 대한 Maslow의 관점과 유사하다. 성장은 한번 도달하면 내던져 버릴 수 있는 목표가 아니다. 그것은 일생을 통하여 추구해야 할 삶의 방식이다.

자기실현과 자기결정: 문제점과 전망

많은 사람은 이 장에서 기술한 인본주의 관점을 직관적으로 그럴듯한 성격이론으로 본다. 이러한 접근의 호소력은 부분적으로는 개인 경험의 독특성과 타당성을 강조하는 데서 나온다. 정말로 이 접근은 각 개인의 주관적인 경험을 가장 중요하게 취급한다. 개인 경험에 대한 강조는 많은 사람이 성격이라는 단어를 생각할 때, 특히 자신의 성격을 생각할 때 자신의 마음속에 떠올리는 것과 잘 들어맞는다. 이런 이유로 이 관점은 많은 사람에게 편안하고 상식적으로 느껴진다.

인본주의 관점은 또한 적어도 두 가지 다른 장점을 가진다. 첫째, 이것은 인간 본성에 대해 낙관적이고 긍정적인 관점을 대표한다. Rogers, Maslow, Deci, Ryan 같은 심리학자는 사람이 본질적으로 선하다고, 선천적으로 그들이 되고 싶은 최선의 존재가 되고자 하는 동기를 부여받고 태어난다고 강하게 주장해 왔다. 이 관점에 따르면, 그 동기는 환경이 심하게 방해하지 않는 한 모든 사람에게서 표현될 것이다.

인간성에 대한 낙관적 조망은 인본주의 관점의 실용적인 장점에도 반영된다. 이 관점은 당신 자신의 인생을 온전히 제대로 감상하고, 자신의 감정과 밀접하게 접촉하는 것의 중요성을 강조한다. 이런 강조는 많은 사람이 자신의 삶을 풍요롭게 하기 위해 사용해 왔던 삶을 위한 전략을 제공해 준다. 이런 이점은 때로는 형식적 치료 경험에서 나온다. 그러나 이 관점을 가진 대부분의 이론가는 치료와 평범한 삶의 일부인 보다 일상적인 '과정 교정course correction' 사이에는 실질적인 차이가 없다고 생각한다는 점을 기억하라. 개인적 삶의 풍요로움을 향한 움직임은 많은 사람에게는 비공식적인 방식으로 일어난다. 그것은 어떻게 한 사람의 삶을 더 좋게 만들 것인가에 대한 일종의 자기 주도적인 탐색이다.

인본주의 심리학은 확실한 장점에도 불구하고 몇 가지 문제점도 안고 있다. 과거에 있었던 한 가지 문제점은 정밀성의 결여였다. 이 이론에서 쉽게 검증될 수 있는 연구 가설을 만들어 내는 것이 어려웠다. 예를 들어, 자기실현을 연구하기 위해 당신은 연구 대상인 사람마다 다른 실현 경향성과 관련이 있는 삶의 영역을 알아야 한다. 그러나 실현은 다양한 사람 내에서 다른 방식으로 일어난다. 이론적으로는 연구의 대상이 되는 사람만큼이나 많은 행동 유형을 연구할 필요가 있다.

이 문제를 해결하기 위해 최근 많은 심리학자가 여러 조치를 취해 왔다. 초기 자기실현 이론가와 많은 지향적 가정을 공유하고 있는 Deci와 Ryan 및 동료들은 쉽고 직접적인 방식으로 검증될 수 있는 가설을 고안해 왔다. 자기결정성과 같은 주제에 대한 연구에서 나온 결과는 인본주의 관점의 많은 가정을 강력하게 지지하는 증거를 제공한다.

인본주의 심리학에 대한 두 번째 비판은 우리가 장점이라고 묘사했던 특성, 즉 인간 본성에 대한 낙관적이고 긍정적인 관점을 겨냥한다. 이런 관점은 때때로 인위적이고, 순진하고, 감상적이며, 낭만적이라는 비판을 받는다. 어떤 사람은 이 관점이 인간이 태어날 때부터 선하다는 이론가의 신념 외에 아무런 근거도 갖고 있지 않다고 말한다. 누구나 모든 이가 선천적으로 선하다고 믿는 것은 아니다(Baumeister & Campbell, 1999).

모든 이의 자기실현이 장려받아야 한다는 생각 또한 비판을 받는다. 일부 사람은 이러한 가정이 극단에 이르게 되면 다른 사람이 피해를 입을 가능성이 있음에도 모든 이들이 저마다 가장 충만하게 살도록 용인해야 한다는 요구가 생길 것으로 본다. 그러한 무제한적 자기표현의 결과는 혼돈이다. 삶에 대한 이런 접근은 특정한 사람의 자기실현이 다른 어떤 사람의 자기실현을 방해하게 될 때마다 심각한 분쟁이 발생하게 만들 것이다.

인본주의 심리학에 널리 배어 있는 낙관적 어감이 실존주의자의 저술에서는 많이 빠져 있다는 점을 주목할 만하다. Rogers와 Maslow 같은 인본주의자가 세상에서 자신의 길을 감으로써 발생할 수 있는 충만함의 특성을 강조한 반면, 실존주의자는 실현하는 삶이 어렵고 고통스러울 수 있음을 강조한다. 정직하게 사는 것은 가혹한 현실과 부조리를 직면하고 그것을 넘어선다는 것을 의미한다. 이런 그림은 Rogers와 Maslow가 그리는 그것과는 매우 다르다. 따뜻하고 빛나는 낙관주의 관점과 불안과 어두움의 관점을 조화하는 작업은 어려울 수 있다.

성격의 인본주의 관점에 대한 또 다른 쟁점의 요지는 자유의지라는 개념과 관련된다. 자기실현과 자기결정성을 강조한 이론가는 사람들이 삶의 어떤 지점에서라도 무엇을 해야 할지를 스스로 결정할 수 있다고 가정하는 경향이 있다. 다른 사람은 자유의지라는 개념을 편리한 허구, 즉 기껏해야 현혹하는 착각 정도로 여긴다.

그렇다면 성격에 대한 이 접근의 전망은 어떠한가? 해결되어야 할 문제가 많이 남아 있지만, 이런 사고방식에 대한 전망은 20년 전보다는 상당히 밝은 것 같다. 활발하고 열정적인 연구 활동의 몇몇 영역은 인본주의의 개척자가 제안했던 가정과 관계가 있는 지식의 접합점을 열어젖혔다. 자기결정성, 고정관념 위협, 공포 관리, 자기 불일치self-discrepancies와 같은 주제는 모두 활동적으로 연구되고 있다. 이런 종류의 아이디어의 개발과 탐구는 이 접근의 장래 전망을 열어 주는 상당한 힘의 원천이 된다.

요 약

이 장에 소개된 이론가는 인간이 자기실현에 대한 타고난 경향성을 가지고 있다고 강조한다. 자기실현이란 자기를 유지하거나 향상하는 방식으로 자신의 역량을 발달시키려는 경향성을 말한다. 이 경향성은 개인 내의 일치감 또는 통합성을 증진한다. 그 효과성은 유기체적 평가 과정에 의해 감찰된다.

인간은 또 긍정적 존중과 수용 및 타인의 애정을 받고자 하는 욕구도 가진다. 긍정적 존중은 무조건적인 것일 수도 있고, 어떤 방식으로 행동해야 한다는 조건적인 것을 수도 있다. 가치의 조건이란 개인이 바람직한 방법으로 행동할 때에만 '가치 있게' 간주됨을 의미한다. 타인에 의해 부과되는 것뿐만 아니라 스스로 부과할 수도 있는 가치의 조건은 자기실현과 반대되는 방식으로 행동하게 만드는 원인이 될 수 있다.

자기결정성 이론은 스스로 결정하는 행동과 어떤 식으로든 통제된 행동 사이의 차이에 초점을 맞춘다. 인간은 외적인 보상을 받기 위해서 하는 활동보다 내적인 흥미 때문에 하는 활동을 더 즐긴다. 통제된 활동에 의해 삶이 지배당하는 사람은 스스로가 결정한 삶을 사는 사람보다 덜 건강하다.

이 집단에 속하는 많은 이론가는 인간이 자유의지를 가지고 있다고 가정한다. 이것은 검증하기 매우 어려운 개념이지만 확실히 사람은 자신이 자유의지를 가지고 있다고 생각하는 것처럼 보인다. 심리적 저항에 관한 연구는 인간이 갖고자 기대하는 자유에 대한 위협에 저항한다는 사실을 보여 준다. 하지만 다른 연구에서는 자유의지가 환상에 불과한 것이라는 의문을 제기한다.

실현 경향성에 위배되는 행동은 자기감에 분열을 일으킨다. 분열은 두 종류의 방어로 줄일 수 있다. 위협을 줄이기 위해 현실 지각을 왜곡할 수도 있고, 그 경험을 무시한다든지 하는 식으로 행동함으로써 위협적인 경험이 의식화되는 것을 막는 방식도 있다. 이러한 방어를 사용한다는 사실은 사람들이 흔히 성공의 공로는 자기 것으로 돌리는 반면 실패의 탓은 외부 요인으로 돌린다는 사례를 보아서 입증할 수 있다. 사람들은 또한 구실 만들기 전략을 사용하여 실패가 일어나기도 전에 실패 가능성에 대한 자기 보호적 설명을 만들어 낸다. 구실 만들기의 사용은 실패의 가능성을 높이기 때문에 자기모순적이다.

Maslow는 동기 위계를 제안함으로써 가장 기본적인(가장 하위에 있는) 신체적 욕구부터 (가장 최상위에 있는) 자기실현 욕구까지 걸쳐 있는 자기실현 개념을 정교화하였다. 기본 욕구는 하위 욕구가 비교적 충족되었을 때만 영향을 미칠 수 있는 (더 미묘한) 상위 욕구보다 더 요구적이다. Maslow 동기 위계의 중간 수준은 긍정적 존중에 대한 욕구와 관련이 있는 것으로 보이며, 타인의 수용에 대한 갈망을 무시하는 것이 왜 어려운지를 설명해 준다.

실존주의 심리학자는 자유에는 당신의 삶이 어떠한 의미가 있는지를 스스로 선택하는 데 따르는 책임이 뒤따른다고 지적한다. 그런 기본 선택은 당신의 삶에 의미를 부여하든지, 아니면 무nothingness로 후퇴하는 것이다. 사람들에게 자신의 죽음을 피할 수 없다는 점을 상기시켜 주면, 그들은 자신의 문화적 가치와 연결되려고 노력한다. 당신은 인생의 의미를 발견하려고 노력하더라도 실존적 죄책감에서 벗어날 수는 없다. 각각의 선택은 다른 가능성을 배제하기 때문에 어떤 삶도 결코 그것이 품고 있는 모든 가능성을 반영할 수는 없다.

성격의 인본주의 관점은 면접과 자기보고 모두를 포함하는 수많은 평가 기법을 사용한다. 내용과 관련해서 이 관점은 자기개념, 자기실현, 자기결정성을 강조한다. 자기개념을 평가하는 한 가지 방법은 Q분류법인데, 이 기법에서는 자신에게 얼마나 잘 적용되는가에 따라 일련의 문항을 여러 파일로 분류한다. 다양한 '유형'이 추가 정보를 얻기 위해 비교될 수 있다.

인본주의 조망에서 볼 때, 행동 문제는 불일치에서 파생되고 치료는 부분적으로 분열된 자기를 재통합하는 과정이다. 재통합이 일어나기 위해서 내담자는 무조건적 긍정적 존중의 느낌을 받아야 한다. 내담자중심 치료에서 사람들은 자신의 문제에 대한 느낌을 재조명하도록 유도된다. 치료자는 비평가적으로 단순히 내담자가 자신의 느낌을 명료화하도록 도와준다. 이런 관점에서 볼 때, 치료 과정은 지속적인 인간적 성장의 경험이라는 목표와 일상생활의 과정 속에 뒤섞여 있음을 알 수 있다.

용어설명

Q분류Q-sort 자신에게 얼마나 잘 적용되는지에 따라 문장을 분류하는 평가 기법.

가치의 조건conditional of Worth 긍정적 존중에 부과되는 조건(유관)적 사건.

감정 명료화clarification of feelings 치료자가 내담자의 표현된 감정을 재진술하는 절차.

결핍 동기deficiency-based motive 욕구가 충족되어야 하는 한 개인 내부의 결핍을 반영하는 동기

고정관념 위협stereotype threat 편견을 받는 느낌 때문에 자기에 대해 부정적인 지각을 하는 것.

구실 만들기self-handicapping 실패에 대한 자기비난을 피하기 위해 성공하기 어려운 상황을 스스로 만드는 것.

긍정적 존중positive regard 수용과 애정.

내담자중심 치료client-centered therapy 인간중심 치료라고도 함. 가치의 조건을 배제하고 내담자가 자신의 감정을 고찰하게 돕는 치료.

내용 재진술restatement of content 치료자가 내담자가 표현한 생각을 바꾸어 말하는 절차.

내용분석content analysis 면접에서의 진술을 다양한 범주로 분류하고 집계하는 것.

몰입flow 어떤 활동에 완전히 몰두하는 경험.

무조건적 긍정적 존중unconditional positive regard '덧붙여진 조건이 없는' 수용과 애정.

성장 동기growth-based motives 자신을 확장하고 정교화하려는 욕구를 반영하는 동기.

실제적 자기actual self 사람이 현재 바라보는 자기 자신.

실존적 죄책감existential guilt 개인의 모든 가능성을 실현하지 못했다는 죄책감.

실존주의 심리학existential psychology 인간은 자신의 삶에 의미를 부여할 책임이 있다는 관점.

실현actualization 유기체를 유지하거나 고양하는 방식으로 성장하려는 경향.

유기체적 평가 과정organism valuing process 자기실현이 일어나는지의 여부를 알려주는 내적인 신호.

이상적 자기ideal self 당신이 되고 싶어 하는 자기.

인간중심 치료person-centered therapy 내담자중심 치료 참조.

인본주의 심리학humanistic psychology 누구나 지니고 있는 성장 역량을 강조하는 심리학의 한 분파.

일치성congruence 자기 내부의 통합과 자기와 경험 사이의 통합성.

자기결정성self-determination 무엇을 해야 할지를 스스로 결정하는 것.

자기실현self-Actualization 자기를 유지하거나 고양하는 방식으로 성장하는 과정.

자기 일치self-concordance 자신의 핵심 가치와 일치하는 목표를 추구하는 것.

저항reactance 위협받고 있는 자유를 되찾거나 재주장하려는 동기.

절정 경험peak experience 자기실현의 강렬한 주관적 경험.

조건적 긍정적 존중conditional positive regard 오직 어떤 조건에 부합될 때만 주어지는 애정.

조건적 자기존중conditional self-regard 어떤 조건에 부합될 때에만 주어지는 자기 수용.

조건적 자기 가치contingent self-worth 인생의 어떤 영역에서 수행에 근거해서 자기를 수용함.

초월적 자기실현자transcendant self-actualizer 실현이 자기를 넘어서 보다 우주적이 된 사람.

충분히 기능하는 사람fully functional person 삶의 경험에 개방적이고 자기실현을 하는 사람.

현상학적phenomenological 자신의 개인적 경험의 중요성을 강조하는 관점.

현 존재dasein 당신의 자율적 인간 존재의 총체인 '세상 속의 존재'.

제12장 인지적 관점

사례

돈과 샌디는 집을 사기 위해 돌아다니고 있었다. 일부는 쉽게 제외할 수 있었다. 다시 말해 어떤 것은 너무 비쌌고, 어떤 것은 주유소와 인접해 있었으며, 또 어떤 것은 보기에 너무 흉했다. 그 외의 다른 집은 판단하기가 어려웠다. 시간이 갈수록 돈과 샌디는 자신들이 관심을 갖는 것을 명확하게 인식하는 데 능해졌다. 그들은 각각의 집에 대하여 좋은 점과 나쁜 점을 따져볼 수 있는 목록을 만들었고, 그럼으로써 합리적인 선택을 할 수 있었다. 그러나 지난달에 그들은 포레스트 힐스 드라이브에 있는 한 집을 찾았다. 그 집은 그들이 원했던 것보다 작았고, 손봐야 할 곳도 많았으며, 수영장도 없었다. 하지만 그들은 그 집이 마음에 바로 들었다. 거의 동시에 둘은 그 집을 사기로 결정했고, 현재 그 집에서 살고 있다.

인지심리학은 1970년대와 1980년대에 심리학의 중요 분야로 등장했다. 인지심리학의 초점 중 하나는 사람들이 자신의 경험을 어떻게 인지적으로 표상하는가이며, 또 다른 초점은 사람들이 어떻게 의사결정을 하는가다. 수백 편의 연구가 이 과정을 고찰하였고, 많은 이론이 이를 설명하기 위해 제안되었다. 이런 과정에 대한 고찰 역시 이론가가 성격에 대해 생각하는 방식에 영향을 미쳤다.

성격에 대한 인지적 관점은 다음과 같은 두 가지 암묵적 가정에 의거한다. 첫 번째는 사람들이 자기 주위의 정보를 어떻게 처리하는지에 대해 이해하는 것이 중요하다는 가정이다. 당신이 지금 있는 방을 한번 둘러보라. 당신 주위에는 시각적 자극과 청각적 자극이 있고 또한 다른 사람이 일을 하고 있음을 볼 수 있다. 각각은 모두 정보원이다. 이 정보는 당신에게 작은 조각 단위로 다가오지만, 당신은 그런 분절적인 방식으로 경험하지 않는다. 당신은 단지 색의 조각을 보는 것이 아니라 벽을 보는 것이다. 당신은 연결되지 않는 소리의 조각을 듣는 것이 아니라 곡을 듣는 것이다. 당신은 룸메이트에 대한 사실의 조각을 수집하는 것이 아니라 전체적인 인상을 형성하고 있다. 이런 보다 폭넓은 경험을 하려면, 당신은 세상이 제공하는 정보의 조각을 통합하고 조직화하여야 한다.

두 번째 가정은 인생의 흐름은 정교한 의사결정망으로 구성된다는 생각이다. 의사결정의 일부는 의식적으로 이루어지고, 더 많은 것은 의식하지 못하는 자각 밖에서 이루어진다. 당신의 성격은 이런 당신 마음에서 진행되는 의사결정의 흐름으로 드러난다. 이는 당신의 정신적 조직이 만들어 내는 편향과 그것을 어떻게 사용하느냐에 반영된다. 암묵적 결정의 흐름은 이론가가 생각하던 것보다 예측 가능성이 낮다. 이는 인지적 과정에 관한 이론을 재구성해야 함을 의미한다. 이는 또 성격에 대한 관점에 시사하는 새로운 함의가 있다.

이 두 가정은 이 장에서 논의되는 몇몇 아이디어의 기초를 이룬다. 이 장에서 우리는 마음이 어떻게 조직화되고, 그래서 성격이 어떻게 구성되는지에 관한 이론을 기술할 것이다. 그것은 사건이 어떻게 기억에 표상되고 그 기억이 어떻게 세상에 대한 당신의 경험을 이끌어 가는지에 초점을 맞춘다. 이 모든 복잡성이 어떻게 조직화되고 사용되는지가 인지적 관점의 중요한 쟁점이다.

인지적 관점이 1970년대에 중요한 세력으로 등장했지만, 그중 많은 주제는 수십 년 전에 이미 George Kelly가 예고한 것이다(〈글상자 12-1〉 참조). 이를 테면 인지 이론가는 Kelly가 그랬듯이 사람들을 암묵적 과학자로 본다. 당신은 당신이 사용할

글상자 12-1 **개인적 구성개념 이론: 인지적 관점에 대한 예시**

모든 사람에게는 똑같은 물리적 세상이 존재한다. 하지만 사람들의 세상에 대한 경험은 전적으로 물리적 실재를 기반으로 하고 있지는 않다. 세 사람이 같은 영화를 볼 수 있지만, 그렇다고 모두 똑같은 경험을 하지는 않는다. 잠재적으로는 어떤 경험이든 가능하다. 물리적 실재는 인간 경험의 가공되지 않은 원재료일 뿐이다. 그럴 만한 시간이나 자원도 없어서 누구나 원재료를 모두 검토할 수는 없다. 당신은 원재료를 조직화해야만 하고, 혼돈에서 질서를 창조해 내야만 한다. 때문에 사람들은 원재료를 표집하여 현실이 어떻게 조직화되어 있는가에 관한 사적인 비전을 구성한다. 그래서 당신은 성격이란 사람들이 실재에 대한 관찰을 통해 구성하는 정신적 구조의 조직화라고 말할 수도 있다.

이런 견해가 George Kelly(1955)의 입장이다. 그는 사람들이 지니고 있는 저마다의 세계관이 독특함을 강조하였다. 여러 면에서 그의 이런 아이디어는 20여 년 뒤에 형성되기 시작한 인지적 관점을 미리 예고하고 있다. Kelly는 성격을 이해하는 가장 좋은 방법은 인간을 과학자로 보는 것이라고 주장한다. 과학자가 하는 것과 꼭 같이 우리는 자기 주변에서 일어나는 일을 설명하고 사건을 예측할 필요가 있다. 당신이 수도꼭지를 트는 매 순간 물이 나올 것이라고 기대하는 것이 바로 실재의 성질에 대해 예측을 하는 예다. 당신은 문손잡이를 돌릴 때마다 문이 열리기를 예측하고, 음식을 먹을 때마다 병에 걸리지 않으리라고 예측한다.

수 있는 것보다 훨씬 많은 정보로 둘러싸여 있다. 당신은 그 모든 정보를 일일이 점검할 수 없기에 그런 시도를 하지 않는다(Gigerenzer & Goldstein, 1996). 대신에 당신은 질서를 부여한다. 당신은 일부의 정보만으로 나머지를 추정한다(J. R. Anderson, 1991; Nisbett & Ross, 1980). 이는 정신적 자원을 절약해 준다(Macrae, Milne, & Bodenhausen, 1994). 그것이 중요하다. 왜냐하면 당신은 일반적으로 마음속에서 한꺼번에 몇 가지 일을 동시에 진행하고 있고, 그러기 위해서는 그런 자원이 필요하다.

세상에 대한 경험 표상

인지 이론가는 사람들이 자신의 경험을 어떻게 조직하고, 저장하고, 인출하는지에 관심을 가진다. 우리는 어떻게 이런 일을 하는가?

과학자가 그러듯, 우리 모두는 실재에 대한 저마다의 이론을 발달시킨다. Kelly의 표현을 빌리자면, 사람들은 사적 구성개념personal constructs의 집합을 만들어 내고 그것을 실재에 부과한다. 그의 관점에서 사람들은 세상을 직접적으로 경험하지 않고 그들의 구성개념이라는 렌즈를 통해서 이해한다. Kelly는 구성개념을 중요한 것으로 보고 있는데, 그 이유는 인생의 모든 사건은 다양한 해석이 가능하다고 믿기 때문이다. 이는 사람들은 통상 그들의 구성개념에 맞는 단어를 발견할 수 있고 다른 사람도 그 단어를 사용한다는 사실에 의해 엉뚱한 방향으로 오도될 수 있다. 의사소통에서 사용되는 단어는 대화자 사이에서 정확하게 똑같은 의미를 갖는 것이 아니다. 대화자 두 사람이 어떤 단어의 의미에 대해 동의한다고 생각하고 있을 때에도 정말로 그런지를 확인하기는 불가능하다.

Kelly의 견해는 나중의 인지심리학자가 사용하는 것과 놀랍도록 유사하다. 이상하게도, Kelly는 자신을 인지심리학자로 보지 않았다. 사실 그는 인지심리학의 아이디어에서 거리를 두려 했다(Neimeyer & Neimeyer, 1981). 성격의 인지 과정에 관한 연구는 대부분 다른 계통의 사상에서 유래했다(Bruner, 1957; Heider, 1958; Koffka, 1935; Köhler, 1947; Lewin, 1951a). 사실 심리학에서 '인지 혁명'이라고 불리는 큰 흐름에서 Kelly는 철저하게 무시되었다. 그러나 성격에 대한 오늘날의 인지적 관점은 그의 아이디어와 매우 유사하다.

도식과 도식의 발달

사람들은 반복되는 사건에 걸쳐 유사한 특성이 반복되면 그 경험에 질서를 부과한다. 그 질서는 정보의 정신적 조직(혹은 지식 구조)에 해당하는 도식을 형성한다. 도식은 개략적으로 범주다. 범주에 대한 인식은 때로는 명시적이지만 때로는 암묵적이다. 도식은 지각적 심상, 추상적 지식, 정서적 특성, 시간 순서에 관한 정보 등을 비롯한 다양한 종류의 요소를 포함할 수 있다(Schwarz, 1990).

대부분의 관점은 도식이 본보기exemplars라고 부르는 특정한 사례에 대한 정보와 그 범주가 무엇인가에 대한 보다 일반적인 감에 관한 정보를 포함한다고 가정한다. 그래서 어떤 범주(예, 축구선수)에 대해서든 우리는 특정한 예를 마음속에 떠올릴 수 있다. 당신은 또한 전체로서의 범주에 대한 감을 마음속에 떠올릴 수도 있다(전형적인 축구선수). 이런 전체로서의 범주의 감은 그 범주의 최고 구성원으로 이상화된 형태로 이해되는데, 그것을 원형prototype이라고 부른다. 일부 이론에서는 이것이 지금까지 당신이 경험했던 최고의 실제 구성원으로 보는 데 반해, 다른 이론에서는 지금까지 당신이 경험했던 사례의 평균에 해당하는 이상화된idealized 구성원이다.

범주category라는 단어는 거기에 무엇이 들어 있고 무엇이 없는지에 대한 정의가 있음을 의미하지만 항상 그런 것은 아니다. 범주의 특징은 모두가 그 본질에 기여하지만 그것이 항상 필수적이지는 않다. 예를 들어, 당신의 새의 도식은 아마도 새는 난다는 특징을 포함할 것이다. 하지만 몇몇 새(예, 닭과 펭귄)는 날지 못한다. 이것은 비록 난다는 특징이 어떤 동물을 보다 새에 가깝게 만드는 데 기여할 수 있지만, 난다는 특징이 새의 정의적 특징defining features이 될 수 없음을 의미한다, 경계 모호 집합fuzzy set이라는 용어는 도식이 관련성은 있지만 필수적이지는 않은 일련의 기준에 의해 모호한 방식으로 정의됨을 전달하기 위해 사용된다(Lakoff, 1987; Medin, 1989). 어떤 본보기가 그런 기준을 더 많이 충족할수록 그것은 그 범주의 구성원으로 간주될 가능성이 높아진다. 그러나 필수 기준이 없다면 구성원은 그들이 갖고 있거나 갖고 있지 않은 속성에서 서로 많이 다를 수 있다.

도식에 관한 이론은 서로 다르지만, 도식이 조직화하는 성질을 지닌다는 점에는 의견이 일치한다. 도식은 의미를 통합한다. 하나의 사건은 사람, 움직임, 이용 대상 등의 집합이다. 하지만 그 사건이 무엇인지에 관한 전체적 감이 없다면 조각의 단순한 집합은 의미를 갖지 못한다. 도식은 정보 조각을 결합하는 일종의 접착제다.

일단 도식이 발달되면, 그것은 새로운 경험을 인식하는 데 사용된다. 당신은 새로운 사건을 도식과 비교함으로써 재빨리 (대부분 무의식적으로) 확인한다(J. R. Anderson, 1976, 1985; Medin, 1989; Rosch & Mervis, 1975; E. E. Smith, Shoben, & Rips, 1974). 만약 새로운 사건의 특성이 현존하는 도식과 비슷하면 그 새로운 자극은 '그중의 하나' 로 인식된다. 이것이 우리가 대상과 사건을 인식하는 방법이다. 새로운 지각은 부분적으로는 지금 유입되는 정보에, 그리고 부분적으로는 당신의 머릿속의 기존 도식에 기초한다(Jussim, 1991).

도식의 효과

도식은 몇 가지 효과를 갖는다. 첫째, 도식은 새로운 정보를 쉽게 기억하도록 만든다. 도식은 마치 벨크로와 같은 것이다. 일단 도식이 환기되면, 새로운 정보는 쉽게 거기에 달라붙는다. 어떤 정보가 달라붙는지는 당신이 어떤 도식을 사용하는지에 달렸다.

도식은 또 당신이 현재 진행하고 있는 경험 중에서 어디에서 정보를 찾아야 하는지를 말해 준다. 당신은 도식과 관련된 특정한 정보를 찾는다. 도식을 변화시키는 것은 당신이 무엇을 찾을까를 변화시킨다. 그 결과, 당신은 다른 것을 인식하게 된다. 예를 들어, 이 장의 시작에서 소개한 돈과 샌디는 잠재적인 구매자의 입장에서 집을 살펴보았다. 그들은 방의 설비와 설계에 주목하였다. 만약 그들이 잠재적인 강도의 입장에서 집을 살펴보았다면 보석, TV, 컴퓨터 등의 귀중품에 주목하였을 것이다(R. C. Anderson & Pichert, 1978).

이러한 도식기반 편향은 자기 영속적self-perpetuating이 될 수 있다. 즉, 도식은 당신에게 어디where를 볼지 그 이상을 알려 준다. 도식은 당신이 무엇what을 찾으려고 하는지에 대해서도 영향을 준다. 당신은 자신의 기대를 확증해 주는 정보를 그렇지 않은 정보보다 더 잘 기억한다. 이는 도식이 장차 더 견고해지도록 해서 변화에 더욱 저항적이 되도록 만든다(Hill, Lewicki, Czyzewska, & Boss, 1989).

도식의 또 다른 효과는 사건의 정보가 종종 누락된다는 사실에 기인한다. 만약 하나의 도식이 인식되면, 우리는 기억에서 부가적인 정보를 얻는다. 당신은 도식에 들어 있는 것이 과거에는 사실이었기 때문에 새로운 사건에 대해서도 사실이라고 가정한다. 예를 들어, 당신은 조가 빨래를 하고 있다는 이야기를 듣는다면 언급하지 않아도 그가 가루비누를 물에 넣는다고 가정할 수 있다. 사실 당신은 그렇게 했다는 말을 듣지 않았는데도 나중에 그렇게 들을 것으로 믿을 수 있다(Cantor & Mischel, 1977). 당신이 그렇지 않다고 듣기 전까지는 당연히 사실이라고 가정하는 무엇을 기본사양default이라고 부른다. 도식의 두 번째 효과는 기억에서 기본사양 정보를 불러와 빈틈을 채우는 것이다.

의미기억, 일화기억, 각본, 그리고 절차 지식

도식은 기억 사이의 조직체이지만, 기억은 몇 가지 방식으로 조직화된다(Tulving, 1972). 의미기억semantic memory은 의미로 조직된다. 그것은 대상과 개념의 범주다. 예를 들어, 대부분의 사람은 보트에 대한 도식을 지니는데, 이 도식에는 보트가 어떻게 생겼는지에 대한 심상과 보트의 특성과 기능을 기술하는 단어가 포함된다. 그에는 보트를 즐거움이나 위험의 근원으로 생각하는 예에서와 같이 종종 감정적 특성도 통합되어 있다.

조직화의 두 번째 유형은 일화기억episodic memory으로, 사건이나 일화에 관한 것이다. 이는 공간과 시간 속에서의 경험에 대한 기억이다(Tulving, 1993). 일화기억에서 사건의 구성 요소는 함께 일어난 사건과 서로 묶여 있다(Freyd, 1987). 어떤 일화기억은 고등학교에 가기와 같이 길고 정교하다. 이에 반해 어떤 것은 금속이 서로 부딪히는 소리와 유리가 깨지는 소리와 같이 간단하다. 간단한 사건은 그 자체로서와 동시에 더 긴 사건의 일부로서 저장될 수 있다(예, 자동차 충돌 사고는 당신의 고등학교 시절의 경험에서 생생한 일화일 수 있다).

만약 당신이 일정한 유형의 일화를 충분히 경험하게 되면 그러한 종류의 일화에 대한 도식이 형성되기 시작한다. 이런 유형의 도식을 각본script이라고 부른다(Schank & Abelson, 1977). 각본은 어떤 사건 범주에 대한 원형이다. 이는 부분적으로는 철물점에 가기나 잔디 깎기와 같은 평범한 사건을 지각하고 해석하는 데 사용된다. 각본은 지속감과 그 사건 전반에 걸친 흐름과 변화에 대한 느낌을 제공한다.

모든 도식과 마찬가지로 각본도 당신이 어떤 것을 당연히 사실이라고 가정하는 기본사양을 갖는다. 예를 들어, 다음 문장을 읽어 보라. '존은 어젯밤에 태국 레스토랑에 갔다. 그는 치킨 카레를 주문했고 돈을 지불하고 집에 갔다.' 당신은 이 묘사를 외식에 대한 당신의 각본을 이용해서 이해한다. 당신의 기본사양은 위 묘사에 많은 세부사항을 첨가한다. 당신은 아마도 존이 차를 운전하여(그가 걸어서 갔다고 가정할 수도 있지만) 레스토랑에 갔다고 가정하였을 것이다. 당신은 그가 다른 탁자의 것을 빼앗아 먹기보다는 먹기 전에 치킨을 주문했을 것이라고 가정했을 것이다.

각본이란 우리가 특정 상황에서 무엇을 기대하고 어떻게 행동해야 될지를 알려 주는, 잘 정의된 행동의 연쇄를 말한다(예, 결혼식장에 가기)

그리고 아마도 그가 식당에서 지불한 돈은 저녁식사를 위한 것이지 접시를 파손한 것에 대한 배상금이 아니라고 가정하였을 것이다. 이 모든 예에서 당신은 이야기의 빈틈을 채우기 위해 기본사양 정보를 가져다 쓴다. 각본은 많은 다양성을 허락하지만, 각각은 어떤 기본 구조를 갖는다. 따라서 당신은 새로운 변화를 접하는 경우에도 지금 무슨 일이 일어나고 있는지를 쉽게 이해할 수 있다.

의미기억과 일화기억을 구별하는 것은 쉽지만, 대부분의 경험은 동시에 두 가지 방식으로 부호화된다. 예를 들어, 개념 범주(의미기억)는 사적인 경험(일화기억)의 규칙에 반복적으로 노출됨으로써 발달한다. 만약 어린아이가 여러 동물과 놀려고 시도하여서 다양한 정도의 성공 경험을 갖게 되면, 이 경험은 아동으로 하여금 강아지와 고양이는 서로 다른 두 가지 범주의 동물이라는 사실을 발견하게 한다.

최근 몇 년 동안 이론가는 감정이 도식에서 중요한 역할을 한다는 점을 더 잘 인식하게 되었다. 감정의 관여는 많은 의미를 지닌다. 예를 들어, 어떤 감정을 경험하는 것은 특정한 도식을 환기할 수 있다(Niedenthal, Halberstadt, & Innes-Ker, 1999). 감정적 특성은 특히 감정이 위협적일 때 도식에 통합되기 쉬운 것 같다(Crawford & Cacioppo, 2002). 아마도 위협을 감지하는 것이 생존에 매우 중요하기 때문에 우리는 그에 관한 정보를 우선적으로 부호화할 것이다.

의미 범주와 경험에 대한 일화와 관계된 도식 이외에도, 사람들은 행위에 관련되는 지식 구조를 가진다. 이는 수동적인 지각 과정과 이해라기보다는 자신이 수행하는 과정에 관한 구조다. 이런 수행에 관한 지식을 절차 지식procedural knowledge이라고 부른다. 수행은 흔히 특정한 외적 행동에 참여함을 의미하지만, 때로는 정신적 조작에 참여함을 의미하기도 한다. 예를 들어, 특정한 숫자를 다른 숫자로 나누는 것, 어떤 진술문을 의문문으로 바꾸는 것, 양자택일에서의 결정 등은 모두 절차적 지식이 필요하다. 그것은 이런 지식 기반의 많은 것에 의식적으로 접근하기가 어렵지만 다른 맥락에서 사용될 수 있는 도식적 구조를 형성한다.

사회적으로 관련되는 도식

인지심리학자가 범주에 대해 연구를 시작하자마자, 성격과 사회 심리학자는 범주를 형성하는 과정이 사회적으로 의미 있는 자극에 어떻게 적용되는지를 연구하기 시작했다. 이런 연구의 초점을 사회 인지social cognition라 부른다(Fiske & Taylor, 1984;

Higgins & Bargh, 1987; Kunda, 1999; Macrae & Bodenhausen, 2000; Schneider, 1991; Wyer & Srull, 1986). 사람들은 사람, 성 역할, 환경, 사회적 상황, 사회관계 유형, 정서, 음악 구조 등과 같이 모든 종류의 것을 범주화한다.

사람들은 얼마나 쉽게 도식을 발달시키는가에서 다르다(Moskowitz, 1993; Neuberg & Newsom, 1993). 사람들은 또한 도식의 내용과 복잡성에서도 서로 다르다. 이런 차이는 부분적으로는 주어진 영역에서 사람들의 경험의 양이 다르다는 사실에서 기인된다. 예를 들어, 어떤 사람은 와인의 다양성에 대해 정교한 심적 표상을 가지는 반면, 어떤 사람은 와인에는 적포도주와 백포도주가 있다는 정도만 알고 있다.

자기 도식

특히 중요한 도식은 당신이 자신에 대해 형성한 것인데(Greenwald & Pratkanis, 1984; Markus, 1977; Markus & Wurf, 1987; T. B. Rogers, 1981), 이를 자기 도식self-schema이라 부른다. 이 용어는 자기개념과 유사하지만 얼마간 다르다. 자기 도식은 다른 도식과 마찬가지로 그에 잘 들어맞는 것을 쉽게 기억하게 해 준다. 이는 당신에게 많은 기본사양 정보를 제공하며, 당신에게 새로운 정보를 어디서 찾아야 하는지를 말해 준다. 당신의 자기 도식은 회상을 왜곡하거나 기억을 비틀어 버릴 수도 있는데, 이렇게 함으로써 당신이 현재 자신을 보는 방식과 더 잘 들어맞도록 한다(Ross, 1989).

자기 도식은 다른 도식과 차이가 있는가? 자기 도식은 더 크고 복잡한 것 같다(T. B. Rogers, Kuiper, & Kirker, 1977). 이 말은 당신이 세상의 다른 어떤 것보다도 자기 자신에 관한 일을 주목하면서 더 많은 시간을 보내기 때문에 그럴듯하게 들린다. 자기 도식은 특성 이름과 구체적인 행동에 대한 정보 양자를 통합하며(Fekken & Holden, 1992; Schell, Klein, & Babey, 1996), 다른 도식보다 정서적인 요소를 더 많이 포함한다(Markus & Sentis, 1982). 하지만 자기 도식이 정말로 특별한 것인지에 대해서는 의문이 있다. 자기 도식에서 특별해 보이는 특징은 잘 발달된 다른 도식에서도 나타난다(Greenwald & Banaji, 1989; Karylowski, 1990). 아마도 자기 도식이 특별해 보이는 이유는 단지 그것이 잘 발달되었기 때문일 것이다.

자기 도식은 복잡성의 면에서 개인차가 있다(Linville, 1987). 어떤 사람은 서로 잘 구분되는 독립적인 자아 측면을 가진다. 어떤 사람은 자신이 하는 각각의 역할, 지니고 있는 각각의 목표, 자신이 하는 각각의 활동이 자기상에서 각각 고유한 위치를 점하고 있다. 이런 사람은 자기 복잡성self-complexity이 높은 사람이다. 다른 사람은 자기의 측면이 서로 섞여 있고 덜 분화되어 있다. 이런 사람은 자기 복잡성이 낮은 사람이다.

이러한 개인차는 흥미로운 함의를 갖는다. 자기 복잡성이 낮은 사람은 인생의 특정한 측면에서 발생한 나쁜 사건과 연관된 감정이 자기의 다른 측면에 대해서도 영향을 미치는 경향이 있다(Linville, 1987). 예를 들어, 강의 시간에 경험한 문제가 당신의 사회생활에 대해서도 나쁜 감정을 갖도록 만든다. 이런 감정의 전이는 자기 복잡성이 높은 사람에게서는 덜 발생하는데, 자기 측면 사이의 분리와 경계가 이를 막아 주기 때문이다(Niedenthal, Setterlund, & Wherry, 1992; Showers & Ryff, 1996도 참조).

유사한 방식으로, 비록 일시적일지라도 자신에 대해 맥락화된 방식으로 생각하는 것은 특정한 실패에 대한 자신의 정서 반응을 완화할 수 있다. 한 연구(Mendoza-Denton, Ayduk, Mischel, Shoda, & Testa, 2001)에서는 자신에 대해 특정한 종류의 상황('~할 때, 나는 ~하다')의 면에서 생각하도록 지시받은 사람이 보다 광범위한 용어('나는 ~하다')로 생각하도록 지시받은 사람보다 나쁜 결과에 의해 정서적으로 더 적은 영향을 받았다.

사람들은 자기 복잡성을 어떻게 획득하거나 획득하지 못하는가? 이는 부분적으로는 당신이 자신에 대해 얼마나 많이 생각하느냐의 문제다. Nasby(1985)는 자신에 대해 생각을 많이 한다고 보고한 사람은 그렇지 않은 사람보다 더 복잡하고 상세한 자기 도식을 갖고 있음을 발견했다. 아마도 자신에 대해 생각하는 과정이 바로 자기 도식의 계속적인 성장과 가지치기의 원인일 것이다.

자기 도식을 바라보는 또 다른 방식은 자신을 하나의 도식이 아닌 일군의 도식으로 보는 것이다(예, Markus & Nurius, 1986). 어떤 면에서 당신은 다른 맥락에서는 다른 사람이 된다(S. M. Andersen & Chen, 2002; Swann, Bosson, & Pelham, 2002). 당신은 자신에 대해서 상이한 가설을 세운다. 당신은 일어난 일의 상이한 측면에 주의를 둔다. 예를 들어, 대학에서 함께했던 친구들을 떠나 부모에게로 갈 때 당신이 하나의 도식을 제쳐 두고 다른 하나를 취하는 것과 같다.

Markus와 동료들(예, Markus & Nurius, 1986)은 사람들이 서로 다른 방식으로 분화되는 자기상을 갖는다고 제안한다. 사람들은 그렇게 되리라고 기대하는 자기, 그렇게 되고 싶은 자기(Hewitt & Genest, 1990), 그렇게 될까 두려운 자기(Carver, Lawrence, & Scheier, 1999) 도식을 갖고 있다. 사람들은 또한 싫어하는 자기(Ogilvie, 1987)와 그렇게 되어야 한다고 생각하는 의무적 자기(Higgins, 1987, 1990) 도식도 갖고 있다. 이런 다양한 가능한 자기possible selves는 동기 유발자가 될 수 있는데, 이는 그런 자기가 접근하거나 회피할 목표를 제공하기 때문이다.

실체 도식과 증가 도식

자기 도식에서의 또 다른 차이는 자신의 안정성을 어느 정도로 가정하느냐다. 이의 한 쉬운 예는 사람들이 자신의 능력을 어떻게 생각하느냐다(Dweck & Leggett, 1988). 어떤 사람에게 능력은 하나의 고정된 실체entity다. 능력은 그들이 더 많이 혹은 더 적게 가지고 있는 것이지만 변화하지 않는다. 다른 사람에게 능력은 당신이 경험을 통해 증가시키고 증가시킬 수 있는 그 무엇increment이다. 일단 당신이 이런 관점 중 하나를 발달시키고 나면, 당신은 이 견해를 성격의 부분으로 유지하는 경향이 있다(Robins & Pals, 2002).

양쪽 견해 모두 능력에 대한 일관된 도식을 나타내지만, 각각은 사람들을 다르게 행동하도록 유도한다. 실체적 관점을 가진 사람은 과제 수행을 자신의 능력을 입증하는 것으로 본다. 만약 수행을 잘 못하면 그들은 스트레스를 받고 수행을 중지한다. 증가적 관점을 갖는 사람은 과제 수행을 자기 능력을 확장해 가는 것으로 본다. 만약 수행을 잘 못하게 되면 그들은 이를 자신의 능력을 증대할 기회로 본다.

능력에 대한 증가 도식을 가진 사람은 실패를 미래의 개선을 위한 도전으로 취급한다.

이런 관점은 다른 도식과 같은 방식으로 작동하는 것처럼 보인다. 예를 들어, 이는 사람들이 새로운 정보를 탐색하도록 이끈다(Plaks, Stroessner, Dweck, & Sherman, 2001). 실체 도식을 갖고 있는 사람은 일관성 정보에 주목한다(또는 기억한다). 증가 도식을 갖고 있는 사람은 변화 단서에 주목한다

(또는 기억한다).

귀인

사건을 경험하는 중요한 측면은 그 원인을 판단하는 것이다. 원인을 추론하는 것은 사건이 고의적인 것인지 혹은 우연히 일어난 것인지를 말해 준다. 이는 또한 그 사건이 다시 일어날 가능성이 어느 정도나 되는지도 알려 준다. 사건의 원인에 대한 추론을 귀인attribution이라 한다(Heider, 1944, 1958). 사람들은 이를 의식하지 못하면서도 자발적으로 행하고 있다(Hassin, Bargh, & Uleman, 2002).

귀인 과정은 부분적으로는 사회적 상황의 본질에 대한 도식에 의존한다(Read, 1987). 그런 도식에서 나오는 기본사양 값은 현재 존재하고 있는 정보의 범위를 넘어서서 추론할 수 있게 당신을 도와준다(Carlston & Skowronski, 1994). 다른 맥락에서와 마찬가지로 서로 다른 도식을 사용하는 것은 사건의 원인에 대해 서로 다른 추론을 하게 한다.

귀인에 관한 중요한 측면은 사람들이 좋고 나쁜 결과, 즉 성공과 실패에 대해 내리는 해석이다. 성공과 실패는 많은 원인을 가질 수 있지만, 연구는 능력, 노력, 과제 난이도, 그리고 행운이나 기회 요인이라는 네 가지 큰 원인에 초점을 맞춘다. 이런 귀인의 종류에 대해 제일 잘 알려진 분석은 Bernie Weiner(1979, 1986, 1990)에 의한 것이다.

Weiner는 이 네 가지 원인이 인과성의 위치locus of causality 차원에서 다르다고 지적한다. 두 가지 원인은 당신 내부인 것(능력, 노력)이거나 혹은 당신 외부에 있는 외적인 것(기회 요인, 과제 난이도, 강력한 타인)이다. 이와 독립적으로, 원인은 안정성의 면에서 다르다. 어떤 것(능력)은 꽤 안정적인 데 반해, 다른 것(노력)은 시간에 따라 달라진다. 일반적으로 사람들은 그들의 성공을 내적이고 안정적 원인(그들의 능력) 탓으로 해석하는 경향이 있다. (이런 귀인은 11장에서 제안된 바와 같이 자존감을 높임을 주목하라.) 사람들은 일반적으로 자신의 실패는 불운이나 노력 부족과 같은 상대적으로 불안정한 영향 탓으로 보려는 경향이 있다.

상당한 영향을 미칠 수 있는 귀인 경향성에서의 개인차도 있다. 당신이 만약 실패를 불안정한 요인에 의한 것이라고 본다면 미래에 대해 크게 걱정할 필요가 없다. 즉, 실패의 원인이 불안정하다면 아마 다음 상황에서는 이번과는 다른 결과가 펼쳐질 것이다. 그러나 원인을 안정적인 것에 돌린다면 그림은 상당히 달라진다. 당신의 무능력이나 세상이 당신을 적대시하기 때문에 실패한 것이라고 본다면, 당신은 다음에도 그리고 그다음에도 똑같은 상황에 직면해야 할 것이다. 당신은 장차 더 많은 실패만을 맛볼 것이다.

당신의 행동, 사고, 감정은 이런 귀인에 관한 심적 조합에 큰 영향을 받을 수 있다. 삶의 나쁜 결과의 이유를 안정적이고 영속적인 원인으로 인식하는 것은 우울(예, Abramson, Alloy, & Metalsky, 1955; Abramson, Metalsky, & Alloy, 1989; Abramson, Seligman, & Teasdale, 1978; Weiner & Litman-Adizes, 1980), 심지어 질병과 죽음(예, Buchanan, 1955; Peterson, 1955)과 관련된다.

기억의 활성화

우리는 도식을 몇몇 관점에서 이야기했다. 다음으로는 도식이 어떻게 조직되고 활성화되는지를 고찰해 보자.

도식은 기억의 상층부에 단지 축적되는 것일까? 아니다. 한 가지 견해는 기억이 하나의 거대한 연결망을 형성한다는 것이다([그림 12-1] 참조). 기억 마디nodes 혹은 저장 영역은 그들 사이에 논리적 관계가 있으면 결합된다. 어떤 연결은 의미론적인 것으로, 범주에 기여하는 속성을 연결한다([그림 12-1], A 참조). 다른 연결은 일화적인 것으로, 하나의 사건을 구성하고 있는 속성을 연결한다([그림 12-1], B 참조). 정보의 조각이 상호작용을 많이 하면 강하게 연결되는 반면, 상호작용을 많이 하지 않으면 약하게 연결된다. 이런 관점에서 모든 지식은 수많은 정보의 연결 마디 사이에서 상이한 강도로 연합되어 있는 하나의 정교한 연합망이다. (이는 연합의 강도이지 마디 사이의 거리를 이야기하는 것이 아니다. 거리는 이 부분의 내용과는 상관이 없다.)

기억 마디가 활성화될 때는 그 안의 정보가 의식된다. 어떤 마디는 (예컨대, 당신의 전화번호를 생각해 보라고 말할 때처럼) 의도적인 탐색에 의해서 활성화될 수도 있고, 다른 방식으로 활성화될 수도 있다. 하나의 마디가 활성화되면, 활성화는 부분적으로 그것과 관계된 다른 마디로 확장된다. 그 관계가 강하면 강할수록 더 많이 확장된다. 부분적 활성화는 그와 관련된 영역을 더 쉽게 의식하게 한다. 즉, 이미

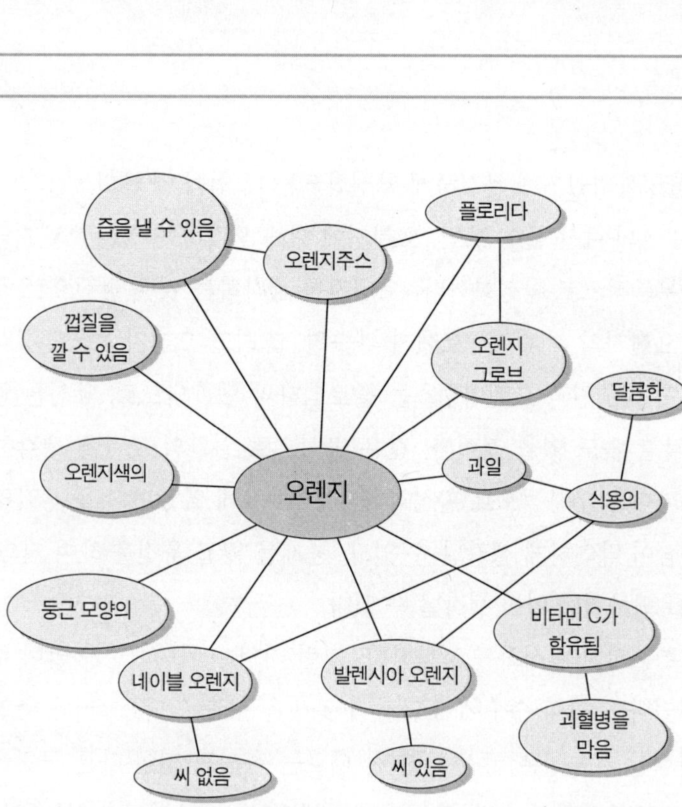

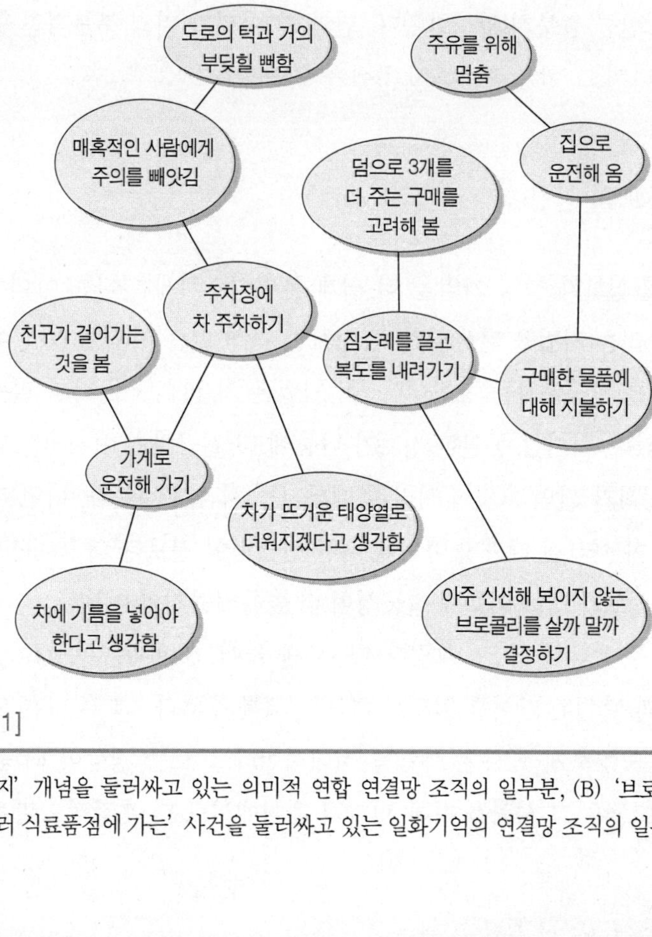

[그림 12-1]

(A) '오렌지' 개념을 둘러싸고 있는 의미적 연합 연결망 조직의 일부분, (B) '브로콜리, 딸기, 맥주를 사러 식료품점에 가는' 사건을 둘러싸고 있는 일화기억의 연결망 조직의 일부분.

부분적으로 활성화되었기에 완전하게 활성화되는 데 힘이 덜 든다.

[그림 12-1], A의 예를 들어 보면, 오렌지에 대해 생각하는 것은 오렌지와 연관된 의미 마디를 부분적으로 활성화한다. 오렌지를 생각하는 것은 당신으로 하여금 네이블오렌지, 오렌지의 색과 맛, 오렌지 과수원, 그리고 오렌지주스도 생각나게 할 것이다. 오렌지 과수원과 오렌지주스는 플로리다와 연관되므로, 당신은 얼마간 플로리다를 생각할 수도 있을 것이다. 같은 방식으로 일화의 조각을 생각하는 것은 그와 관련된 마디를 부분적으로 활성화한다. 주차장에 있었던 것을 생각하면 거기서 보았던 사람이 막연하게 생각날 수 있고, 통제를 잃고 운전을 하여 거의 인도 보호대와 접촉할 뻔하였던 일이 생각날 수 있다.

이런 예는 부분적인 활성화를 포함한다. 그런 기억은 어디에선가 밀어 주는 촉진적인 힘이 없었다면 의식 수준에 도달하지 못했을 수도 있다. 그러나 촉진으로 인해 전보다 의식할 가능성은 더 많아졌다. 때로는 촉진적 힘이 다른 근원에서 나온다(예, 주차장에서 주차할 때 누군가를 약간 닮은 사람을 보거나 라디오에서 흘러나오는 노래를 듣는 것). 가외의 촉진이 주어진다면, 그 마디는 그 내용(그 사람의 이미지)이 의식될 수 있을 만큼 충분히 활성화된다. 만약 그 마디가 미리 부분적인 활성화가 되어 있지 않았다면 그 힘은 충분하지 못했을 수도 있다.

점화와 정보의 사용

부분적인 활성화가 특정 기억을 더 쉽게 불러일으키게 한다는 아이디어는 점화 priming라고 불리는 기법을 탄생시켰다. 점화는 관심 있는 과제에 앞서 어떤 과제에 의해 그 마디를 활성화하는 방법이다. 이 기법은 처음에는 두 가지 질문에 답하기 위해 사용되었다. 하나는 동일한 정보가 나중에 더 접근하기 쉬워지는지의 여부다. 즉, 일단 활성화가 되면 그것이 사라질 때까지는 시간이 걸린다. 이런 부분적 활성화는 그 영향이 사라질 때까지 마디에 대한 접근성이 전보다 더 높아진다. 다른 질문은 관련된 정보가 점화 이후에 접근성이 더 높아지는지의 여부다.

두 경우 모두에 대한 답은 '그렇다'다. 예를 들어, Srull과 Wyer(1979)는 사람들에게 적대감과 관련된 단어를 읽도록 하는 과제를 주었다. 그 후 다른 연구로 소개된 과제에서 모호하게 묘사된 사람을 적대적이라고 보는 경향이 더 높았다([그림 12-2] 참조). 그들은 그 사람을 다른 평가적 용어에서도 더 부정적으로 평가했는데,

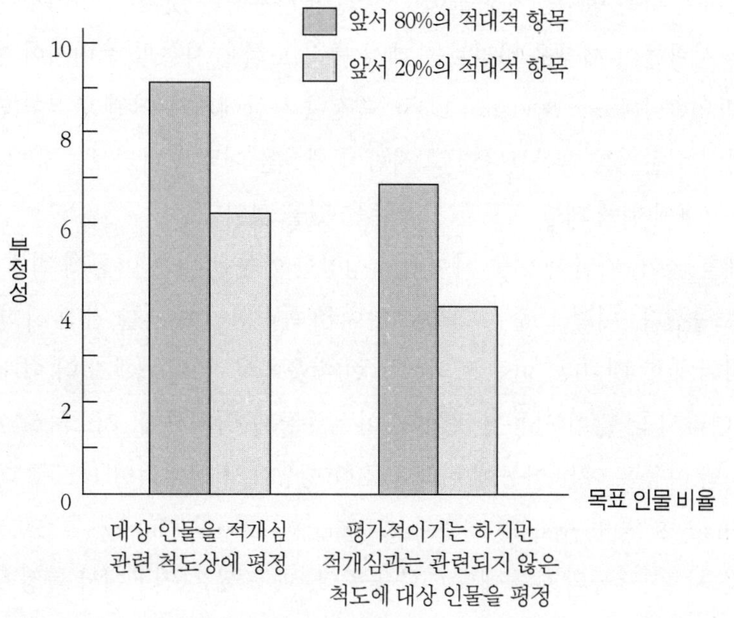

[그림 12-2]

점화의 효과. 참여자는 일련의 항목을 읽었는데, 그중 80%(또는 그중 20%)는 적대감과 관련된 단어를 포함하는 것이었다. 나중에 그들이 다른 종류의 실험이라고 생각했던 실험에서 그들은 목표 인물을 모호하게 묘사한 것을 읽고, 어떤 것은 적개심을 포함하고 다른 것은 평가적이지만 적개심과 직접적으로는 관련되지 않은 일련의 두 가지 척도상에서 그 사람을 평가하였다. 적대적인 단어를 더 많이 읽은 사람은 목표 인물을 더 적대적이고 덜 상냥하다고 보았다.
[출처] Srull & Wyer(1979), 실험 1, '즉각적인 조건'에서 인용.

이는 기억의 관련된 영역으로 활성화가 확산되었음을 시사한다.

이런 효과는 점화된 정보가 후속 사건에 그럴듯하게 적용될 수 있을 때에만 발생한다(Higgins & Brendl, 1995). 만약 당신이 '부정직하다'를 점화한다면 그것이 운동 능력에 대한 당신의 판단에는 영향을 미치지 않을 것이다. 한편으로 점화는 점화한 한쪽 극단만이 아니라 전체 차원을 활성화하는 것 같다(Park, Yoon, Kim, & Wyer, 2001). 만약 당신이 정직을 점화하고 나서 부정직할 것 같은 표적 인물을 제시한다면 사람들은 그 인물에게서 부정직함을 더 많이 보게 된다.

점화 기법은 사건이 정보를 보다 쉽게 접근 가능하게 만든다는 사실을 활용한다. 하지만 사람들은 어떤 범주가 보다 쉽게 접근 가능한가라는 점에서 서로 다르다(Bargh, Lombardi, & Higgins, 1988; Higgins, King, & Mavin, 1982; Lau, 1989). 가장 접근하기 쉬운 범주는 사람들이 가장 많이 사용하는 것이다. 따라서 만성적인 접근성은 사람들이 세상을 바라보는 데서 특정 도식을 사용할 준비성이 어느 정도인지를 반영한다(Bargh & Pratto, 1986). 특정한 사람에게서 어떤 도식이 만성적으로 접근하기 쉬운지를 찾아본다면 그 사람이 세상을 어떻게 바라보는지(그래서 그 사람의 성격이 어떤지)에 대한 정보를 제공할 수 있을 것이다.

예를 들어, 가난한 이웃 사이에서 성장한 아동은 다른 아동에 비해 폭력에 더 많이 노출된다. 이런 노출은 그들로 하여금 폭력적인 주제를 가진 사회적 도식을 발달시키게 할 것이다. 이런 도식은 그런 이웃에서 온 아동에게 더 쉽게 접근 가능하고, 따라서 더 많이 사용될 것이다. 이런 추론과 일치하게, 저소득층 이웃 사이에서 자라난 아동은 다른 아동에 비해 모호한 행동에서 적대적인 의도를 더 많이 찾아낸다(Brady & Matthews, 2006; Chen & Matthews, 2001; Matthews & Gallo, 2011).

점화는 사람들의 행동에도 영향을 준다. 매우 많은 연구에서 특정 행동과 관련되는 정보를 활성화하면 실제 그 행동에도 영향을 미칠 수 있다는 것이 밝혀졌다. 점화에 의해 활성화된 목표의 범위는 자기 확인self-verification 목표(Kraus & Chen, 2009)에서부터 간식을 먹는 것(Harris, Bargh, & Brownell, 2009)에까지 이른다. 특정한 관계를 점화하면 그 사람과 연합되는 목표를 활성화한다(Morrison, Wheeler, & Smeesters, 2007). 만성적인 목표와 갈등적인 어떤 상황에 대해 단순히 언급하는 것만으로도 그 목표와 관련된 행동을 활성화한다(Custers & Aarts, 2007). 어떤 목표를 점화하는 것은 그 목표의 달성을 촉진할 수 있는 자극에 대해 더 긍정적인 태도를 갖게 한다(Ferguson, 2008). 한 행동을 점화하는 것은 상이하지만 관련되는 다른 행동을 하는 경향성을 증가시킨다(Maio, Pakizeh, Cheung, & Rees, 2009). 행동의 점화는 18개월 된 아이에게서도 나타난다(Over & Carpenter, 2009).

지각적 범주와 행동만 점화될 수 있는 것은 아니다. 상호 비교해서 결정을 하는 것과 같은 절차적 지식을 사용하면 미래에도 같은 지식을 사용하도록 점화한다는 증거가 있다(Xu & Wyer, 2008). 이 연구에서 사람들은 하나 혹은 그 이상의 비교 판단과 선택을 하도록(혹은 선택을 하지 않도록) 지시받았다. 그 후에 그들은 구매 결정을 내렸다(두 품목 중 어느 하나를 사든지, 아니면 아예 사지 않든지). 사전 선택을 하게 하면 아예 사지 않는 것보다는 두 품목 중 어느 하나를 사는 경향이 더 강했다.

행동에 대한 무의식의 영향

우리는 정보가 어떻게 기억에서 의식화되고 다시 여러 가지 방식으로 사용되었는가에 대해 이야기해 왔다. 그러나 John Bargh와 동료들(예, Chartrand & Bargh, 1996; Fitzsimons & Bargh, 2004)의 연구 계열은 정보가 의식되지 않고도 다음에 일어나는 일에 영향을 미칠 수 있음을 분명히 했다.

이 연구에서 연구 참여자는 자신의 의식 밖에서 이루어지는 점화에 해당하는 역하subliminal 점화를 받았다. 이런 역하 점화는 흔히 의식적인 점화와 같은 효과가 있다. 예를 들어, 인상 형성을 목표로 하는 사람은 기억을 목표로 하는 사람보다 상이한 일에 주의를 더 기울였다. 이런 목적을 무의식적으로 점화하는 것은 의식 수준에서 점화하는 것과 같은 효과가 있다(Chartrand & Bargh, 1996). 다른 예에서와 같이 그 목표를 회상하는 것은 종종 특정한 관계(예를 들어, 당신이 시험을 잘 보는 것은 당신의 아버지와 연결될 수 있다)와 연결된다. 심지어 자각 밖에 있는 관계를 점화하는 것도 당신이 무의식적으로 추구하고 있는 그와 관련된 목표를 활성화한다(Fitzsimons & Bargh, 2003). 정서를 무의식적으로 점화하는 것이 후속 자극에 대한 평가를 해당 정서의 특성에서 하게 만든다는 증거가 있다(Ferguson, Bargh, & Nayak, 2005).

이 연구의 발견은 매혹적이다. 그들은 무의식에 대해 관심이 새로워지는 것에 대한 중요한 이유를 대표한다(Hassin, Uleman, & Bargh, 2005). 무의식에 대한 이런 관점은 8장에서 기술된 Freud의 그것과는 매우 다르다. 현대 이론가는 정신역동적psychodynamic 무의식에 대응되는 것으로, 이를 인지적cognitive 무의식이라고 말한다(Hassin et al., 2005). 그들은 Freud와 같이 자각하지 못하는 힘의 영향이 상당히 클 수 있다고 믿을 뿐만 아니라, 무의식을 우리가 쉽게 접근할 수 없는 마음의 한 부분으로 본다. 그러나 그 이유를 정신역동과는 다르게 본다.

오늘의 관점에서 의식은 당신이 정보를 고려하여 판단하고, 의사결정을 하고, 의도를 형성하는 하나의 작업 공간이다. 만약 이 과정이 일상적인 것이라면 이는 의식의 바깥에서 자동적으로 일어난다. 무엇이 이 과정을 일상적인 것으로 만드는가? 몇몇 과정은 선천적으로 일상적이다. 예를 들어, 당신은 당신의 심장을 뛰게 하겠다는 생각을 할 필요가 없는데, 심장 박동의 과정을 의식적으로 다루기에는 너무 귀찮은 일이 많을 것이다. 과정을 일상적으로 만드는 다른 방식은 연습이다. 당신

글상자 12-2 이름에 무엇이 들어 있는가

점화는 흥미로운 과정이다. 매 순간 일어나기 때문에 사람들은 그것을 깨닫지 못한다. 점화는 사람들의 행동에 예기치 못한 영향을 미칠 수 있다. 예를 들어, 당신의 이름을 생각해 보자. 당신의 이름은 당신의 자기 도식의 일부분이다. 우리 대부분에게 자신의 이름은 가족과의 연대를 나타낸다. 하지만 당신의 이름이 당신의 생활에도 폭넓은 영향을 미칠까? 이상한 이름 때문에 놀림을 받은 몇몇 사람을 제외하고, 대부분의 사람은 아마 그렇지 않다고 말할 것이다.

연구에서 사람들의 이름은 인생에서의 중요한 결정과 관련 있음이 드러났다. Pelham, Mirenberg 및 Jones(2002)는 사람들의 이름에 관한 10개의 연구를 보고하였는데, 사람들의 이름은 그들의 거주 지역 및 직업과 관련이 있었다. 5개의 연구에서는 사람들이 자신의 이름과 유사한 이름을 가진 지역에 사는 확률이 우연보다 높음을 밝혔다. 예를 들어, 잭슨빌Jacksonville에 살고 있는 잭Jack이라는 이름을 가진 남자가 필라델피아에 사는 잭보다 더 많은 비율을 가진다. 루이지애나Louisiana에는 루이스Louis라는 이름을 가진 사람이 우연 확률보다 2배 더 많았다. 버지니아Virginia라는 이름을 가진 여자는 조지아Georgia가 아닌 버지니아로 더 많이 이사를 가는 반면, 조지아라는 이름을 가진 여자의 경우는 그 반대였다.

이름은 단지 사람들이 거주하는 지역과만 관련되는 것이 아니라 그들이 무엇을 하느냐와도 관련된다. Pelham 등(2002)은 사람들이 직업의 첫 글자와 자기 이름의 첫 글자가 같은 직업을

은 어떤 것(예, 테니스 스트로크, 타자)을 처음 연습할 때 그에 많은 주의를 쏟아야 한다. 그러나 당신은 연습을 반복하면 할수록 그것에 대해 유동적이 되고 부드러워지는 느낌을 받을 것이다. 많이 연습할수록 더 적은 주의가 필요하게 된다. 충분히 연습하면 당신은 그것을 거의 완전히 묵과하게 된다. 그 일을 시작하기 위해 더 이상 의식할 필요가 없다. 이제는 무의식적 점화에 의해 일이 일어날 수 있다.

당신이 (의식적이든 아니든) 점화가 무엇인가를 주의 깊게 생각해 보면, 당신은 그 일이 당신의 일상생활에서 끊임없이 일어나고 있음을 깨달을 것이다(Carver & Scheier, 2002). 당신이 무엇을 듣고 읽고 생각하고 보든 간에, 그것은 당신 기억의 해당 부분을 활성화한다. 이는 관련 영역의 부분적 활성화를 야기하고, 또한 현재 활성화된 영역의 잔여 활성화하는 흔적을 남길 것이다. 이것이 행동에 대해 광범위하게 미묘한 효과를 행사할 수 있다(〈글상자 12-2〉 참조).

선택하는 경향이 있다고 밝혔다. 캐럴Carol이 아닌 셰리Sheri가 살롱Salon을 소유할 확률은 우연보다 더 많았다. 캐럴은 캔들숍Candle shop을 더 많이 운영하는 것 같다. 톰슨Thompson은 우연보다 여행업travel business을 할 확률이 더 많았다.

Pelham 등(2002 참조)은 사람의 다른 영역에서도 이런 효과가 나타나는지를 연구하였다. 2000년의 대통령 선거에서는 B로 시작하는 성을 가진 사람이 부시Bush에게 투표하는 경향이 높았고, G로 시작하는 성을 가진 사람은 고어Gore에게 투표하는 경향이 높았다. 사람들은 또한 자신의 이름과 유사한 사람과 결혼하는 확률이 더 높았다(J. T. Jones, Pelham, Carvallo, & Mirenberg, 2004).

왜 이런 일이 일어날까? 이에 대한 설명은 대부분의 사람이 자기 도식의 일부로서 그들 자신에 대해 긍정적인 느낌을 가지지 때문이다. 그 긍정적인 느낌은 그들 자신을 생각하게 하는 그 어떤 것에 의해서도 촉발된다. 이런 효과는 회상이 매우 미약하고 무의식적인 경우에도 발생한다. 만약 당신의 이름이 켄Ken이고 켄터키Kentucky에 살고 있다면, 당신은 자기 도식을 점화하는 곳에 의해 둘러싸여 있는 꼴이 된다. 사람들은 따뜻한 자기 감각을 촉발하는 그 어떤 것에 얼마간 끌릴 수 있다. 우리는 켄터키에 살고 기아Kia차를 운전하고 케넬Kennel을 소유하고 캐런Karen이라는 여자와 결혼한 켄Ken이라는 사람이 살고 있는지 모른다. 하지만 그런 사람이 있다면 우리는 그가 매우 만족스러운 사람일 것이라고 단언할 수 있다.

정신적 조직에 대한 연결주의 관점

우리가 지금까지 논의했던 인지는 상징적 처리 과정과 관계가 있다는 관점을 주로 반영한다. 이 관점은 수년간 인지심리학을 지배해 왔다. 1980년대 중반에 성격에 대한 우리의 생각에 상당한 영향을 미치는 새로운 관점이 생겨났다. 이 견해에 대한 여러 가지 명칭이 있다. 병렬분산 처리parallel distributed processing(McClelland, Rumelhart, & PDP Research Group, 1986), 신경망neural networks(J. A. Anderson, 1995; Levine & Leven, 1992), 그리고 가장 보편적인 명칭은 연결주의connectionism(J. L. McClelland, 1999)일 것이다.

연결주의 관점은 인지 과정을 신경망 과정에 비유한다. 신경계가 정보를 많은 경로를 통해 동시에 처리하기 때문에, 병렬 처리 과정은 신경계의 핵심 특징 중 하나

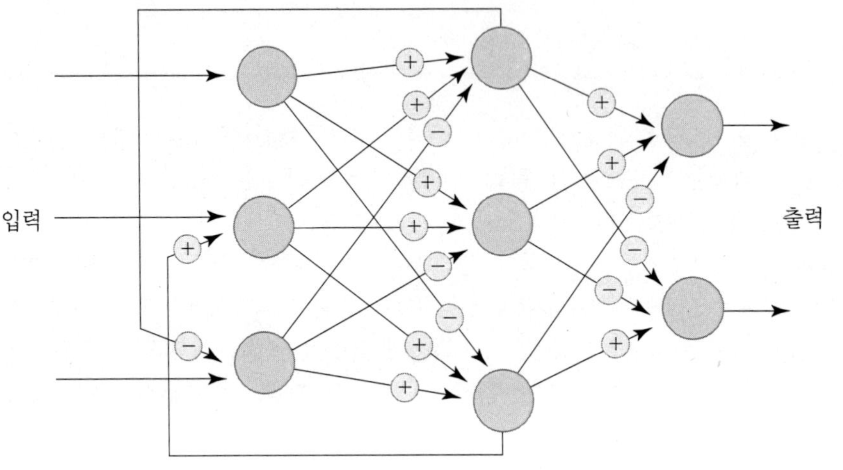

[그림 12-3]

연결주의 조직망의 예. 조직망은 활성화를 받아들이고 내보내는 신경 단위와 활성화를 '선행' 신경 단위로 되돌려 보내는 2개의 연결부(색으로 인쇄된)로 이루어져 있다. 특정한 활성화는 흥분성(+)일 수도 있고 억제성(-)일 수도 있다. 각 단위는 그쪽으로 투사된 모든 단위에서 활성화를 전달받는다. 그리고 그것이 투사하는 모든 단위로 활성화를 전달한다.
[출처] Carver & Scheier(1998)에서 인용.

다. 이 관점은 또한 표상은 특정한 마디에만 집중되는 것이 아님을 지적한다. 그 대신 표상은 전체 신경망의 활성화된 하나의 패턴으로 존재한다.

연결주의자는 인지를 단순한 신경원과 같은 단위의 연결망으로 기술하고, 정보처리를 하나의 단위에서 다른 단위로 활성화가 전달되는 것으로 본다([그림 12-3] 참조). 각 활성화는 흥분 혹은 억제적일 수 있다. 따라서 이 둘은 모두 입력 정보와 같은 단위의 전체 활성화로부터 더하기 또는 빼기를 하는 것이다. 각 단위는 입력 정보를 합산하고(플러스와 마이너스) 전체적인 활성화를 전달한다. 에너지는 각 연결에 대해 뉴런에서처럼 한 방향으로만 전달된다. 하지만 연결은 종종 활성화가 신경원과 마찬가지로 '후속' 단위로부터 '선행' 단위로 되돌아간다고도 가정된다. 신경망은 특정한 활성화 패턴으로 입력 정보에 반응한다. 이 활성화는 입력에서 시작하여 신경망의 층을 통과하며, 연결이 존재하면 어디든지 통과하여 출력으로 전달된다. 출력에서 나타나는 패턴이 입력에 대한 반응이다.

연결망의 활성화 패턴은 아마도 매우 자주, 계속적으로 갱신된다. 점차 체계가 형태를 '갖추고 나면' 입력 정보가 추가되어도 더 이상 변화는 없다. 이런 상태를 이루는 흔한 방법은 전제 체계에서 개별 단위가 서로에게 동시에 여러 억제 조건을 만족시키는 것이다(Thagard, 1989). 예를 들어, 만약 2개의 단위가 서로를 억제하면, 그들은 동시에 고도로 활성화될 수 없다. 각 마디는 다른 활성화를 억제한다. 그중 하나의 마디는 결국 다른 마디가 활성화되지 못하도록 억제한다. 다양한 억제가 활성화가 계속 갱신되는 동안 발생한다. 이 과정은 복잡하지만, 여기에 기초선이 있다. 병렬 억제 만족 과정은 최대의 조직화와 응집성을 창조하여 주어진 억제 조건하에서만 연결망을 통과할 수 있다.

연결주의 문헌은 인지심리학에서 방대하고 또 지금도 성장하고 있다(예, J. A. Anderson, 1995; Dawson, 2005; Elman, 2005; Seidenberg, 2005; Smolensky, Mozer, & Rumelhart, 1996; Wendelken & Shastri, 2005). 몇몇 저자는 왜 이런 아이디어가 성격을 포함한 심리학의 다른 영역에서 유용한가를 설명하려고 시도하였다(Caspar, Rothenfluh, & Segal, 1992; Kunda & Thagard, 1996; Overwalle & Siebler, 2005; Read & Miller, 1998, 2002; Read, Vanman, & Miller, 1997; Schultz & Lepper, 1996; Smith, 1996).

하나의 재밌는 응용은 사회적 지각과 의사결정에 대한 것이다(Read et al., 1997; Thagard & Millgram, 1995). 그런 현상 중에는 2개 혹은 그 이상의 대안 중에서 하나의 가능성을 고르는 것이 포함된다. 어떤 모호한 그림([그림 12-4] 참조)을 볼 때, 당신은 2개를 혼합하여 보지 않고 이것(그림에서 젊은 여성) 혹은 저것(그림에서 노파의 얼굴)을 지각하게 된다. 한 번에 이것 혹은 저것이 당신의 마음속으로 들어온다. 같은 방법으로 당신이 의사결정을 내릴 때는 하나를 선택한다. 당신은 보통 선택안을 섞지 않는다. 또 한편으로는 당신이 합리적인 결정을 하려고 노력하는 경우에도, 오히려 어떤 답이 당신의 마음속으로 갑작스레 밀고 들어오는 것 같다. 이 장의 시작에서 자신이 원하던 집을 사려고 돌아다니던 돈과 샌디의 경우를 생각해 보라. 그들은 이성적이고 질서정연하였지만, 의사결정은 갑작스럽게 나타났다.

연결주의자는 이런 경험을 어떻게 분석할까? 그들은 그 경험이 입력 정보의 조각에서 구성된다고 말한다. 이런 개별 정보 조각은 연결망 속에 있는 단위를 활성화하고, 그 단위는 상호 억제한다. 활성화는 이 단위에서 저 단위로, 사방으로 전달된다. 활성화 패턴이 계속 갱신됨에 따라 어떤 억제는 더 강해지고 어떤 억제는 더 약해진다. 연결망은 전체적으로 하나의 패턴이 된다. 그 패턴이 지각 혹은 결정이다. 여기

[그림 12-4]

모호한 그림의 예. 이 심상은 젊은 여성이 고개를 돌리고 있는 모습과 삐죽 튀어나온 코와 턱을 가진 노파의 모습 중 하나로 보일 수 있다. 우리의 지각은 쉽게 한 가지에서 다른 것으로 바뀔 수는 있어도 두 심상을 혼합하여 보지는 않는다.

에는 많은 순환이 있을 수 있지만, 관여되는 시간은 매우 짧을 수 있다. 주관적으로 보면, 이 패턴(지각 혹은 결정)은 최종 산물로 가끔은 갑작스럽게 나타난다.

이 과정은 여러 방향에서 영향을 창조해 낸다. 즉, 정보 조각이 서로를 억제함에도 결정은 증거의 조각을 함께 맞추어 내려진다. 일단 어떤 결정이 내려지지만, 다시 증거에 대한 당신의 평가에 의해 다시 영향을 받으며, 이는 결정을 더욱 응집성 있게 만든다(Simon, Snow, & Read, 2004).

이런 연결망에 관해 흥미로운 것은 그것이 어떻게 안정되는지를 미리 예측하기가 대단히 어렵다는 점이다. 억제의 패턴은 미묘하게 얽혀 있을 수 있고, 억제는 명백하지 않는 방식으로 서로 관련되어 있을 수 있다. 연결망은 전체적인 '큰 그림'에는 관심이 없다. 그런 식으로 작동하지 않는다. 각 단위는 그것이 얼마나 활성화되었는지의 함수로서 활성화를 계속 내보낼 뿐이다. 밀고 당기는 과정에서 비합리적으로 보이는 지각과 결정이 출현할 수 있다. 집을 구매하는 결정은 구매 후보가 되는 모든 집의 좋고 나쁨을 대수적으로 합산하여 평가한 것이 아니다. 이는 이것저것이 마구 뒤섞여 있다. 연결주의적 접근법의 특히 이런 측면이 이를 상징적 접근법과 매우 다르게 느껴지도록 만드는 것이다.

또 하나의 흥미로운 점은 비록 이 연결망이 매우 안정적일 것 같지만 때로는 갑자기 재편성된다는 것이다(Read & Miller, 2002). 많은 경우 입력 정보 중의 하나를 변화시켜도 많은 변화가 일어나지 않는다. 그 변화의 반응은 점차 약화된다. 그렇지만 때로는 입력 정보에서 하나의 변화가 결정적이 될 수도 있다. 만약 작은 변화의 영향이 약화하는 대신에 증가한다면 순환이 거듭될수록 깊은 반향을 일으킬 수 있고, 이는 패턴의 철저한 재편성을 초래할 수 있다. 그래서 당신이 [그림 12-4]를 볼 때 패턴이 갑자기 재편성되어 이미지가 바뀔 수 있다. 이 아이디어는 종종 어떻게 자기개념이 때로는 외부의 정보에 대해 저항하고 때로는 반응적이 되는가를 논의하는 데 사용되었다(Nowak, Vallacher, Tesser, & Borkowski, 2000).

이중 처리과정 모형

인지심리학자는 상징적 처리 접근법과 연결주의 접근법 사이의 차이와 어느 접근이 더 옳은지를 두고 상당 기간 동안 씨름하였다. 몇몇 학자는 인지가 하나라기보다는 두 종류의 사고를 포함한다는 아이디어로 돌아섰다. Smolensky(1988)는 의식적 처리 장치conscious processor는 노력이 요구되는 추론에 사용되며 지시 프로그램을 따르는 데 반해, 직관적 처리 장치intuitive processor는 연결주의적인 처리 과정을 사용하여 직관적인 문제 해결, 발견법 전략heuristic strategy, 그리고 숙련되거나 자동적인 활동을 관리한다고 주장한다. 이런 견해는 인지심리학의 다른 여러 이중 처리 과정 모형dual-process models에서도 제기되었다(De Neys, 2006; Holyoak & Spellman, 1993; Sloman, 1996).

통제된 정보처리를 할 때, 마음은 이렇게 말한다. '규칙을 발견하고 그것을 상황에 적용하라. 추론과 행동의 논리적 단계를 실행하고, 필요한 의사결정을 하라. 만약 이용할 수 있는 규칙이 없으면 무엇이든 가장 가까운 것을 사용하라.' 마음이 연결주의 모드에 있을 때는 구성 요소가 크게 흔들리다 하나의 패턴이 나타날 때까지 안정화 과정이 계속된다. 이 모드의 활성화는 통찰 경험에 맞는다. 전에는 존재하지 않았던 곳에서 하나의 패턴이 갑자기 생겨난다.

사람들이 2개의 서로 다른 처리 과정 양식을 통해 세계를 경험한다는 아이디어는 성격심리학 문헌에도 나타난다. 2개의 정보처리 모드에 대한 묘사는 Seymour

Epstein(1985, 1990, 1994)이 얼마 전에 주장했던 내용과 매우 비슷하다. Epstein의 인지-경험적 자기이론cognitive-experiential self-theory은 우리가 두 가지 체계를 통해 세상의 실재를 경험한다고 가정한다. 이성 체계rational system는 주로 의식적으로 작동하고, 논리적 법칙을 사용하며, 상당히 느리다. 이는 우리가 이성적 마음이라고 생각하는 상징적 처리 장치다. 경험 체계experiential system는 직관적이다. 그것은 실재를 '급속하고 저급하게' 평가하고 반응하는 체계다. 그것은 지름길과 쉽게 이용할 수 있는 정보에 의지한다. 그리고 주로 의식 밖에서 자동적으로 기능한다.

Epstein은 이 두 가지 체계가 항상 작동하고 있고 공동으로 행동을 결정한다고 주장한다. 환경에 따라 어느 체계가 더 많이 관여할까가 결정된다. 예를 들어, 사람들에게 가설적인 사건에 대해 철저하게 논리적으로 반응하라고 요구하면 그들은 이성적 모드로 들어가는 경향이 있다. 만약 자신에게 그런 일이 일어난다면 어떻게 반응하겠냐고 물어보면, 그들은 경험적 모드로 들어간다(Epstein, Lipson, Holstein, & Huh, 1992). 상황이 정서적으로 부담이 될수록 사고는 경험 체계에 의해 지배받는다.

Epstein의 견해에 따르면, 경험 체계는 보다 오래된 진화 시기의 산물이다. 이는 상황이 정서적으로 부담될 때나 속도가 필요할 때 지배적이 된다. 만약 신속하게 행동할 필요가 있을 때(예를 들어, 위협을 회피할 때)면 당신은 철저해질 수가 없다.

글상자 12-3 만족 지연: 인지 전략의 역할

앞의 몇 개 장에 걸쳐서, 당신이 원하는 것을 얻기 위해 잠시 기다려야 하는 만족 지연의 능력에 대해 논의해 왔다. 정신분석적 관점(8장 참조)에서 그것은 욕구를 충족할 수 있는 적절한 때가 찾아올 때까지 자아가 이드를 감시하는 문제다. 학습적 관점(10장 참조)에서 한 사람이 만족을 지연할 수 있는지의 여부는 상황의 보상 구조와 두드러지는 모형의 행동이 어떤가에 달려 있다.

인지적 견해는 만족 지연 과정에 대해 다른 관점을 제안한다. 만족 지연에 중요한 영향을 미치는 것은 사람들이 사용하는 특정한 정신적 전략이다(Kanfer, Karoly, & Newman, 1975; Mischel, 1974, 1979). 사람들이 무엇을 생각하는지, 그리고 그에 관해 어떻게 생각하는지가 만족 지연을 더 쉽거나 어렵게 만들 수 있다.

초기 연구에서 취학 전 아동은 자신이 원하는 음식이 눈앞에 보일 때보다는 보이지 않을 때 10배나 더 오래 기다릴 수 있었다(Mischel & Ebbesen, 1970). 후속 연구에서는 이 효과가 아동이 원하는 대상에 대해 어떻게 생각하는지의 변화에 따라 달라진다고 밝혀졌다. 맛있는 음식

당신은 의도를 형성할 때까지 기다릴 수가 없을 것이다. 이성 체계의 기원은 보다 최근이다. 이는 더 신중하고 분석적이며 계획적인 정보처리 방법을 제공한다. 이 접근은 또한 당연히 당신이 충분한 시간과 생각에 대한 압력에서 자유가 있을 때 강점이 있다.

이중 처리과정 아이디어는 이와 매우 유사한 형태로 여러 번 출현했다(Carver, 2005; Carver, Johnson, & Joormann, 2008의 개관 참조). Metcalfe와 Mischel(1999)은 정서적이고 충동적이며 반사적인 '뜨거운' 체계가 존재하며, 이는 연결주의적 방식으로 작동한다고 제안한다. 또한 전략적이고 탄력적이며 느리고 비정서적인 '차가운' 체계도 존재한다. 이런 생각은 부분적으로는 만족 지연(〈글상자 12-3〉 참조)에 대한 오랜 연구 계열에서 비롯되었다. 하지만 이는 분명히 보다 넓은 범위에 걸쳐서 적용된다.

이중 처리과정에 관한 아이디어는 다른 여러 영역에서도 출현했다. 예를 들어, Lieberman, Gaunt, Gilbert 및 Trope(2001)는 상대적으로 노력이 더 많이 드는 귀인과 반복되었기 때문에 자동적이 된 것을 비교했다. Epstein처럼, 이 연구자들은 반사 체계reflexive system는 세상의 압력과 정서적으로 요구에 조율되어 있고 매우 빠르게 활동한다고 가정했다. 반면 다른 체계(반성 체계reflective system)는 상징적 논리를

에 대해 생각하는 것은 아동이 만족을 지연하는 것을 거의 불가능하게 만들었다(Mischel & Baker, 1975). 반면 먹는 것과 연관되지 않는 음식의 특성에 주의를 기울이게 하는 것은 아동으로 하여금 만족 지연을 더 쉽게 만들었다(Kanfer et al., 1975; Moore, Mischel, & Zeiss, 1976; Toner & Smith, 1977도 참조).

자기조절 전략이 어떻게 진화해 가는지에 대한 연구는 그것이 시간이 흐를수록 자연적으로 진화함을 보여 주었다(Mischel, 1979). 처음에 아동은 맛과 같이 마음을 가장 잡아끄는 보상적인 측면에 주의를 기울였다(Yates & Mischel, 1979). 결국 아동은 이런 생각을 자신의 의식에서 밀어내는 인지 전략을 만들어 냈다. 그 결과로 자기 억제가 증가됐다. Mischel(1990)이 지적한 것처럼, 이는 아동의 눈앞에 무엇이 있는지의 문제가 아니라 아동의 머릿속에서 무슨 일이 일어나고 있는지의 문제다. 이는 성인의 경우에도 마찬가지다(Trope & Fishbach, 2000, 2005). 따라서 이 연구는 Mischel의 핵심 주장 중 하나를 강화한다. 즉, 사람들의 정신적 전략은 그들의 행동을 결정한다.

사용하고 더 느리게 활동한다고 보았다. 몇몇 연구 결과를 검토한 후, Lieberman 등(2002)은 의식적으로 통제되는 귀인과 자동적으로 진행되는 귀인은 뇌의 서로 다른 부분에 의해 관장된다고 주장하였다.

Strack와 Deutsch(2004) 또한 사회적 행동에 관한 이중 처리과정 모형을 제안하였다. 이는 상당히 광범위한 모형인데, Epstein의 이론과 마찬가지로 행동이 반성과 충동이라는 두 가지 모드의 공동 산물이라고 본다. 이 두 가지 기능 모드는 동시에 발생하고 상호 보완적일 수도 있고 충돌할 수도 있다.

이중 처리과정 모형은 또한 다른 장에서 기술된 몇몇 아이디어와 공통점이 있다. 우리는 6장에서 행동이 때로는 자동적인 충동을 반영하고 때로는 억제 기질의 감독이나 노력이 드는 통제를 반영한다고 설명하였다. 통제된 행동은 억제된 것이며 사회화된 것이다. 자동적인 정보처리 과정의 지배를 받는 행동은 충동적이고 사회화가 되지 않은 것일 수 있다. 7장에서 우리는 '충동(감각 추구)' 대 '보다 강한 통제(억제)를 포함하는 생물적 처리 과정'에 대한 몇몇 아이디어를 기술하였다. 두 경우의 아이디어는 위에서 기술한 이중 처리과정 모형과 공통점이 있다. 기능의 한 가지 모드는 분명하게 인식될 수 있는 사고thinking로, 다른 하나는 직관적 반응reacting으로 볼 수 있다(Kuhl, 2000도 참조).

많은 사람은 사고가 더 중요하며 성격의 일부라고 믿는다. 하지만 직관적 반응도 대부분의 사람이 인식하는 것보다 성격에 대해 더 강력한 영향을 미칠 수 있다(Toates, 2006도 참조). 이 장에서 약술한 이중 처리과정 이론은 사람들의 마음이 상대적으로 가득 찰 때(예, 당신이 두 가지 일을 동시에 하려고 할 때) 노력이 많이 드는 처리 과정이 자동적인 처리 과정보다 더 지배적이기는 어렵다고 가정한다. 유사하게, 상황이 정서적이거나 압력을 받을 때는 자동 처리 과정이 마음을 운영하는 경향이 있다. 인지적으로 복잡하거나 압력을 많이 받거나 정서적으로 각성되었을 때가 인생의 상당 부분을 차지한다.

명시적 지식과 암묵적 지식

정신적 표상에 대한 또 다른 연구도 인지의 이중 처리과정 관점과 들어맞는 듯 보인다. 이 연구는 사람들이 요구에 따라 접근하기 쉬운 명시적 지식explicit knowledge과 접근하기 어려운 암묵적 지식implicit knowledge을 모두 가지고 있다는 아이디어를 검토하였다. 다른 시각에서 보면, 3장과 5장에서 제안된 아디이어인 암묵적 지식은 우리가 실제로 의식하지 못하는 자동적인 정신적 연합의 실체다.

이런 계열의 사고가 출현하게 된 배경에는 편견과 그것이 정신적으로 어떻게 표상되는가에 대한 관심이 있다. 많은 사람이 자신은 소수인종 집단에 대한 편견이 없으며, 그래서 모든 사람을 평등하게 대한다고 믿고 있다. 그러나 그중 많은 이가 소수인종 집단에 대해 '좋다' 는 의미론적 특성보다는 '나쁘다' 는 의미론적 특성과 더 강한 정신적 연결을 보인다(Greenwald, McGhee, & Schwartz, 1998). 이런 연결을 암묵적 연합implicit associations이라고 부르는데, 그 이유는 흔히 일련의 반응 시간 측정을 통한 간접적인 방식으로 그 연결을 의식하지 못하는 연합을 측정하기 때문이다.

암묵적 태도의 발견은 암묵적인 자기이론(Beer, 2002)과 암묵적인 자기존중감을 포함하는 더 광범위한 여러 가지 형태의 암묵적 지식에 관한 연구를 유도하였다(DeHart, Pelham, & Tennen, 2006; Greenwald et al., 2002). 암묵적 자기존중은 일상생활의 부정적인 정서 상태와 관계되며, 명시적 자기존중의 역할과 독립적임이 밝혀졌다(Conner & Barrett, 2005). 특히 흥미로운 것은 암묵적인 자기존중은 자기보고 척도에 의해 측정되는 명시적인 자기존중과 상관이 그리 높지 않다는 사실이다. 이런 양상은 다른 태도에서도 동일하다. 다양한 유형의 명시적 태도와 암묵적 태도가 행동과 관련된다는 증거가 있지만, 두 가지 태도가 의미 있게 예측하는 행동의 측면은 서로 다르다(Asendorpf, Banse, & Mücke, 2002).

왜 지식의 이 두 가지 양상은 밀접하게 연관되지 않은가? 하나의 가능성은 암묵적 지식의 많은 부분은, 고전적 조건형성과 도구적 조건형성에 해당하는 단순한 연합학습에서 유래하는 데 반해, 명시적 지식은 언어적이고 개념적인 학습에서 비롯된다는 것이다. 아마도 연합적 지식과 언어적 지식을 제공하는 경험은 우리가 흔히 가정하고 있는 것보다 더 독립적일 수 있다. 예를 들어, 부모는 언어로는 훌륭한 아이라고 말해 줄지라도 아이를 거칠게 다룰 수 있다. 이와 같은 두 가지 경험의 원천은 서로 잘 합치되지 않는다. 이는 시간이 갈수록 아이로 하여금 암묵적(연합적)이고 명시적(구두적)인 수준에서 서로 다른 지식을 갖게 할 것이다.

다른 이유는 암묵적 지식이 명시적 지식보다 인생에서 더 일찍 시작된다는 사실에 기인할 수도 있다. 즉, 조건형성은 매우 일찍 시작되는 데 반해 개념과 언어적 학습은 이보다 얼마간 늦게 발달한다. 이런 생각과 일관되게, 소수인종에 대한 부정적인 암묵적 태도가 6세쯤에 나타나는 데 비해 평등주의적인 명시적 태도는 10세

쯤에 나타나지만 암묵적 태도는 6세 때와 여전히 같다는 발견이 있다(Baron & Banaji, 2006).

이 주제를 소개하면서, 우리는 암묵적 태도와 명시적 태도가 인지의 이중 처리과정과 관계될 것이라고 말했다. 우리가 이 절에서 암묵적 지식이라고 언급한 것은 연합 체계에 해당하고 경험적, 반사적, 혹은 직관적 체계라고 언급한 것과 같다고 말할 수 있다. 이에 반해 명시적 지식은 합리적, 반성적, 혹은 숙고적 체계에 더 가깝다. 이런 그림에 들어맞게 통제된 처리 과정은 사람들이 다른 사람을 고정관념화하는 자동적 반응 경향성을 극복하고(Payne, 2005), 낙인의 단서에 반응하는 것을 이겨 내도록 도울 수 있다는 증거가 있다(Pryor, Reeder, Yeadon, & Hesson-McInnis, 2004).

인지와 성격에 대한 보다 광범위한 관점

성격에 대한 인지적 관점의 많은 부분은 성격의 기초가 되는 특정한 정신 과정에 관한 것이다. 이런 작업은 특정한 쟁점에만 초점을 맞추는 경향이 있어, 결과적으로

글상자 12-4 이론가와 그의 이론: Mischel과 그의 멘토

전문적인 멘토는 그들의 학생에게 여러 가지 방식으로 영향을 끼친다. 가장 분명한 것은 일련의 전문적 기술과 세계를 바라보는 방식을 가르치는 것인데, 학생들은 그것을 자신이 선택한 영역에 적용한다. 그러나 때로는 그 이상의 것도 있다. 때로는 학생의 마음에 각인된 것이 그들의 연구 속에서 오랫동안 반향을 일으키기도 한다. 제자는 멘토의 견해의 진수를 흡수해서 재창조해 낸다. 이것이 바로 Walter Mischel의 직업 경력의 특징이라 할 수 있다.

Mischel은 1930년에 비엔나에서 태어났고, Sigmund Freud의 집에서 가까운 거리에 살았다. Mischel이 9세 되던 해에 그의 가족은 나치를 피해 뉴욕으로 갔다. 그는 뉴욕에서 성장했고, 사회사업가가 되었으며, Freud의 성격이론을 활용해 일을 했다. 하지만 뉴욕의 로어이스트사이드의 청소년 범죄자에게 이 개념을 적용하려고 했을 때, 그의 정신분석에 대한 열정은 사그라졌다. 그 후로 그는 오하이오 주립대학에서 연구를 계속해 나갔다.

거기서 Mischel은 성격심리학의 두 대가인 George Kelly와 Julian Rotter에게서 영향을 받는다. Kelly의 아이디어는 실재에 대한 개인적(사적)인 관점을 강조하고, Rotter의 아이디어는

인지적 접근법은 세분화되었다(Funder, 2001). 하지만 인지와 성격을 좀 더 통합적으로 진술하려는 시도도 있었다. 그중 가장 영향력 있는 두 가지는 현대의 인지적 관점에 커다란 영향을 끼치고 있는 이론가인 Walter Mischel(〈글상자 12-4〉 참조)에 의해 이루어졌다. 흥미롭게도, 이런 진술은 거의 25여 년 전에 벌써 만들어졌다.

인지적 개인 변인

현재의 인지적 관점을 견지하고 있는 많은 성격심리학자가 그러하듯이, Mischel의 이론도 초기에는 인지-사회 학습cognitive-social learning 관점과 같이 취급됐다. 1973년에 제안했던 이론적 진술에는 이미 그가 학습 이론가에서 인지 이론가로 변모한 모습이 들어 있다. Mischel은 적합한 성격이론이 되기 위해서는 다섯 가지 종류의 인지적 개인 변인을 고려해야 한다고 제안하는데, 그것은 모두 학습의 영향을 받는다. 이런 기준을 감안해서 Mischel은 이를 '인지-사회 학습 개인 변인cognitive-social learning person variable'이라는 긴 이름으로 불렀다. 그는 이 변인을 특성을 대신해서 사용하려 하였다(Mischel, 1990).

기준 변인 중 첫 번째는 개인의 역량competencies이다. 이는 인생을 통해 발달시켜

사람들의 행동을 결정하는 데 있어 기대가 중요함을 강조한다. Kelly와 Rotter 둘 다 성격에 대해 순수하게 성향적인 접근을 하는 데 대해 회의적이었다.

멘토들이 제기한 각각의 주제를 자신의 고유한 방향으로 재설정하긴 했지만, Mischel의 연구에서는 이러한 세 가지 주제 모두가 나타난다. 예를 들어, 4장에서 논의된 것처럼 Mischel(1968)은 행동이 성향에 관한 믿음을 정당화할 만큼 상황에 걸친 일관성을 갖는가에 관한 성격심리학 분야의 논쟁을 촉발하였다. Mischel은 기대의 역할을 포함하는, 인지-사회학습적 관점의 쟁점에 초점을 맞춘 연구를 하면서 자기 직업적 생애의 상당 부분을 보냈다. 지난 30여 년 동안, 그의 관점은 자신이 1968년에 촉발하였던 논쟁에 대한 해결책으로 보이는 어떤 것으로 발전했다. 우리가 이 장을 시작할 때 주목했던 것처럼, 성격에 대한 현대의 인지적 관점은 Kelly의 아이디어와는 다른 몇몇 곳에 뿌리를 두고 있다. 하지만 지금의 인지적 관점이 출현한 한 가지 확실한 이유는 멘토인 Kelly가 젊은 Mischel에게 준 영향 때문이다.

가는 기술이다. 사람들은 물리적 세계를 조작하는 기술을 발달시키는 것처럼 사회적 기술과 문제해결 전략을 사회적 세계를 분석하는 도구로 발달시킨다. 당연히 사람마다 서로 다른 역량의 패턴을 보일 것이다. 어떤 사람은 공감 역량이 있고, 어떤 사람은 브레이크를 수리하는 역량이 있고, 어떤 사람은 사람을 웃게 만드는 역량이 있고, 어떤 사람은 사람을 위험에 빠뜨리게 하는 역량이 있을 수 있다. 어떤 역량이 요구되는가는 상황에 따라 다르다(Shoda, Mischel, & Wright, 1993). 따라서 서로 다른 상황은 상이한 사람에게 이용할 수 있는 기회를 제공한다.

두 번째 유형의 변인은 부호화 전략encoding strategies과 개인 구성개념personal constructs이다. 이는 Kelly(1955)가 각 개인이 저마다 다르게 발달시키는 독특한 세계관과 함께 도식을 포함한다. 앞에서 잠재적인 구매자는 집을 어떤 방식으로 보고 잠재적인 강도라면 그와 어떻게 다른 방식으로 볼 수 있는가를 예시했듯이, 사람들은 그들이 사용하고 있는 도식에 의거하여 사건과 사람을 다르게 해석한다. 사람들이 현실에 어떻게 반응하는지를 결정하는 것은 객관적인 상황이 아니라 그들이 그것을 어떻게 해석하는가다. 두 사람이 같은 상황에 대해 다르게 반응하는 것은 그들이 실제로 그 상황을 다르게 경험하기 때문이다.

부호화 전략은 세상을 바라보는 방식이다. 하지만 어떤 사람이 그 세계에서 무엇을 할 것인지를 알기 위해서는 그들의 경험에 대해서도 알아야 한다. 기대expectancies는 전형적으로 특정한 종류의 사건에 이어서 다른 사건이 일어날 것이라고 보는 하나의 예상이다. 예를 들어, 사이렌 소리를 듣게 되면 종종 따라오는 응급차를 보게 된다. 먹구름이 보이고 천둥 소리가 들리면 종종 뒤이어서 비가 온다. 무엇과 무엇이 연결되는지에 대한 기대는 경험의 연속성을 제공한다.

두 번째 유형의 기대는 행동-결과 기대behavior-outcome expectancies다. 이는 특정한 행동이 전형적으로 특정한 결과를 불러온다는 신념이다. 이것은 본질적으로 10장에서 논의한 Bandura의 사회-인지 학습이론의 '성과 기대'와 본질적으로 동일하다. 어떤 식당에 들어가면(행동) 흔히 주인이나 웨이터의 인사를 받는다(결과). 다른 사람에게 친절하게 대하면(행동) 보통 우호적인 반응이 따라온다(결과). ATM에 정확한 번호를 입력하면(행동) 보통 돈을 인출하게 된다. 만약 당신이 갖고 있는 기대가 현실과 일치하면, 당신의 행동은 효과적이 될 것이다. 하지만 당신이 현실 세계와 적합하지 않은 일련의 행동-결과 기대를 배웠다면, 당신의 행동은 덜 효과적일 것이다.

기대는 사람들이 무엇을 할지를 명세화하기 시작한다. 사람들은 결과를 산출할 것이라고 생각하는 일을 행한다. 네 번째 퍼즐의 조각은 그 사람이 어떤 결과를 생산하기를 원하는가를 아는 것이다. 즉, 개인의 주관적 가치subjective value다. 이런 주관적 가치는 사람들이 행동하게 하는 기대로 사용된다. 만약 얻을 수 있는 결과가 자신이 관심을 두지 않는 것이라면 기대는 별로 중요치 않게 된다.

Mischel(1973)이 논의한 다섯 번째 변인은 그가 '자기조절 체계와 계획self-regulatory systems and plans'으로 명명한 것이다. 사람들은 목표를 설정하고, 계획을 세우며, 그 계획이 행동으로 실천되기 위해 필요한 여러 가지 일을 한다. 이에는 많은 입지가 있다. Mischel이 이런 다섯 가지 범주를 제안한 이후에 그것은 그 자체로 독립적인 생명을 얻게 되었다. 이런 이유로 우리는 이를 13장에서 따로 다룰 것이다.

인지-정서적 정보처리 체계로서의 성격

Mischel과 Shoda(1995)는 보다 최근에 Mischel의 초기 이론을 확장하고 정교화한 새로운 모형을 제안하였다(우리는 이 모형을 4장에서 간략하게 논의하였다). 그들은 이를 '인지-정서적 정보처리 체계cognitive-affective processing system'라고 불렀다. 이 명칭에서 인지와 정서를 연결한 것은 인지적 경험의 많은 부분에서 정서가 핵심적 역할을 한다는 인식을 반영하는 것이다.

Mischel과 Shoda(1995)는 사람들은 상황, 타인, 그리고 자기의 본성에 관한 정보의 조직(도식)을 발달시킨다고 주장한다. 이런 도식은 우리가 지금까지 기술하였던 것보다 어떤 의미에서 훨씬 복잡하다. 특히 Mischel과 Shoda는 이 도식은 '만약-그러면if~then'이라는 일종의 조건적 특성을 가진다고 말한다. 누군가가 공격적이라고 말하는 것은 그 사람이 항상 공격적이라고 생각한다는 의미는 아니다. 이는 그 사람이 특정 종류의 상황에서는 대부분의 사람에 비해 더 공격적일 것 같다고 생각한다는 의미다.

몇몇 출처에서 나오는 증거가 이 견해를 지지한다. 예를 들어, 우리는 종종 다른 사람을 특정한 조건에서 특정한 방식으로 행동한다고 생각하는 것을 표현하는 울타리치기hedges를 사용해서 묘사한다(Wright & Mischel, 1988). 이는 사람들이 서로에 대해 보통 조건적인 용어를 사용하여 생각함을 시사한다. 사실 당신이 어떤 사람에 대해 잘 알면 알수록 상대를 조건적인 용어로 생각하는 경향은 더 높아지는 것 같다(Chen, 2003).

Mischel과 Shoda(1995)는 사람들이 자신에 대해서도 조건적으로 생각한다고 주장한다. 즉, 자신의 행동 역시 '만약-그러면' 이라는 원칙을 따른다는 것이다. 상황을 구성하는 도식에는 그 상황에서 적합한 행동에 대한 정보가 포함된다. 규준은 특정 상황과 그와 연관되는 행동 사이의 연결을 표현하는 것이다(Aarts & Dijksterhuis, 2003). 만약 어떤 상황이 특정한 행동과 연결되는 것으로 확인된다면, 특정 상황에서는 그 행동이 발생할 경향성이 높을 것이다('만약-그러면').

이 관점에서 개인차는 두 가지 출처에서 나온다. 첫째, 사람들은 자신의 다양한 도식에 대한 접근성과 도식을 환기하는 자극에서 서로 다르다. 그래서 사람들은 특정 상황에 대해서 저마다 다른 도식을 떠올리는 경향이 있다. 사람들은 동일한 상황에 대해 문자 그대로 서로 다르게 지각한다. 둘째, 사람들은 '만약-그러면' 이라는 프로파일에서 서로 다르다. 어떤 도식이 활성화되면 사람들은 그 도식에 적합한 방식으로 행동할 것이지만, 그 행동은 사람마다 다를 것이다.

예를 들어, 다른 사람의 모호한 언급에 대해 어떤 사람은 거절로 볼 것이고, 어떤 사람은 도전으로, 어떤 사람은 '권력 게임power game'이 진행 중이라는 표시로, 그리고 어떤 사람은 다른 사람이 지난밤 너무 늦게 집에 들어가서 피곤하다는 표시로 볼 것이다. 그 방에 있는 어느 누구도 그렇게 보지 않는다고 해도, 만약 마티가 그 언급을 권력 게임으로 본다면 그는 고함을 지르고 화를 낼 것이다. 만약 그가 그런 방식으로 보지 않는다면 그렇게 행동하지 않을 것이다. 에드도 권력 게임에 민감하지만, 그는 마티와는 다른 '만약-그러면'의 연결을 가지고 있을 수도 있다. 만약 에드가 상대방의 언급을 권력 게임으로 보게 된다면 매우 조용해지고 누가 승자가 될 것 같은지에 관한 단서를 찾기 시작한다. 그래서 에드와 마티가 상대의 언급을 권력 게임으로 동일하게 인식한다고 하더라도 그들은 서로 상당히 다르게 행동할 것이다.

행동의 일관성을 예언하기 위해서 당신은 두 가지를 알아야 한다. 첫째, 당신은 그 사람이 그 상황을 어떻게 해석하는지(이는 그 사람의 도식과 그들의 접근 가능성에 달려 있다)를 알아야 한다. 둘째, 그 사람의 '만약-그러면'의 프로파일을 알아야 한다. 이 관점에서 '만약-그러면'의 독특한 관계의 프로파일은 한 개인의 성격을 알려 주는 행동 서명behavioral signature으로 여겨진다(Shoda, Mischel, & Wright, 1994). 실제로 이 '만약-그러면' 관계의 프로파일은 어떤 의미에서 성격을 정의할 수 있다

(Mischel, Shoda, & Mendoza-Denton, 2002). 이 '만약-그러면'의 프로파일은 시간이 지나도 상대적으로 안정적이어서(Shoda et al., 1994) 행동의 시간에 걸친 일관성을 설명한다. 물론 시간에 걸친 일관성은 성격 개념의 핵심 요소다.

Andersen과 Chen(2002)은 이런 생각을 개인 삶의 핵심적인 사회관계에 적용했다. 그들은 사람들이 자신에게 중요한 사람에 대한 도식적 지식을 생애 초기에 발달시킨다고 주장한다. 우리가 중요한 타인 도식을 활성화할 정도로 충분히 닮은 새로운 사람을 만나게 되면 중요한 타인과 관련된 '만약-그러면'의 프로파일이 환기된다. 그래서 당신의 행동은 당신이 중요한 타자에게 보여 주었던 자신의 버전과 더 비슷해진다.

행동에 대한 이러한 일반적인 관점은 도식이 서로 깊이 연결되어 있음을 시사한다. 사람에 대한 도식은 상황의 성질에 대한 도식과 연관되어 있다. 이 두 가지 도식 또한 행동을 위한 도식과 연결되어 있다. 비록 당신은 한 번에 한 도식에만 초점을 맞추겠지만, 하나의 도식을 사용하는 것은 은연중에 다른 도식도 함께 사용한다는 것을 내포한다(Shoda et al., 1989).

이 생각과 일치되게, 일부 뇌 구조는 지각-인지 및 그와 관련된 행동 모두에 관련된다는 증거가 있다. 예를 들어, 원숭이가 특정 행동을 할 때 활성화되는 신경세포는 그 원숭이가 동일한 행동을 보았을 때도 활성화된다(Gallese, 2001; Rizzolatti, Fogassi, & Gallese, 2002). 이를 거울 신경세포mirror neurons라고 부른다. 유사한 증거가 인간에게서도 발견되었다(Buccino et al., 2001). 후속 연구는 이 발견을 소리에까지 확장하였다. 원숭이가 그 행동을 하거나 관찰할 때 활성화되는 신경세포는 원숭이가 그 행동과 관련된 소리를 들었을 때에도 활성화된다(Kohler et al., 2002). 관련된 연구는 어떤 이야기를 읽는 것만으로도 이야기 속의 행동을 보고 수행하는 것 모두와 관련되는 뇌 영역을 활성화함을 발견했다(Speer, Reynolds, Swallow, & Zacks, 2009). 이런 연구 결과는 지각 기억을 행동 잠재력이라는 측면에서 조직화된 것으로 볼 수 있다는 생각으로 발전되었다(Fadiga, Fogassi, Gallese, & Rizzolatti, 2000).

평가

인지적 관점에서 성격평가는 사람들의 정신적 구조에 대한 평가를 강조한다. 정신적 구조를 평가하기 위한 여러 가지 방법이 있는데(예, Merluzzi, Glass, & Genest, 1981), 그것을 인지 평가법cognitive assessment이라고 부른다. 이 기법의 범위는 면접과 자기보고식 척도부터 사람들이 어떤 활동을 하는 동안 마음에 떠오르는 것을 소리 내어 말하는 방법인 '소리 내어 생각하기 프로토콜think-aloud protocols' 까지 이른다. 그 한 가지 변형은 간헐적인 경험표집experience sampling이다.

소리 내어 생각하기, 경험표집, 그리고 자기 감찰

어떤 기법을 사용할지는 흔히 관심의 대상이 되는 사건의 성격에 의해 결정된다. 예를 들어, 소리 내어 생각하기의 접근법은 문제해결 과정의 인지를 평가하는 데 사용된다(Ericsson & Simon, 1993). 이 방법은 다양한 문제해결 단계에서 어떤 사고가 발생하는지를 찾아내는 것을 목적으로 한다. 이 방법의 용도는 어떤 인지적 전략이 효과적이고 어떤 전략이 비효과적인지, 그리고 전문가와 초심자가 사용하는 전략은 어떻게 다른지와 같은 질문을 검토하는 것이다(Simon & Simon, 1978).

경험표집은 전형적으로 다소 다른 목적을 갖는다. 이 기법에서 사람들은 일정한 시간에 그들이 무엇을 생각하고 무엇을 하고 있었는지를 보고한다. 때로는 정기적으로 보고가 이루어지고, 때로는 보고 시기를 무선적으로 선택하여 보고하도록 한다(예, Gable, Reis, & Elliot, 2000; Hormuth, 1990; Laurenceau, Barrett, & Pietromonaco, 1998; Pietromonaco & Barrett, 1997). 이 절차는 연구자가 연구 참여자의 하루 동안 발생하는 넓은 범위의 사건에 걸쳐서 표집할 수 있게 해 준다. 이런 식으로 자료를 수집하면 어떤 인지와 정서가 어떤 종류의 사건과 함께 발생하는지에 대해 알 수 있다. 그래서 다양한 사건이 그 사건에 참여하는 사람들에게 어떻게 느껴지는지에 대한 보다 분명한 그림을 얻을 수 있다.

예를 들어, Csikszentmihalyi와 Csikszentmihalyi(1988)는 연구 참여자를 불규칙한 시간 간격으로 호출하여 그들의 활동, 사고 및 감정에 대해 기록하도록 하였다. 11장에서 지적되었던 것처럼 이 작업의 초점 중 하나는 최적 경험에 맞추어졌다. 흥미로운 결과가 많이 발견되었다. 긍정적인 감정은 의무적인 행동이 아닌 자발적인 행동과 주로 관련되었다. 만족, 자유, 기민함 및 창조성은 사람들의 주의가 자신이 지금 행하고 있는 일에 집중되어 있는 것과 관련된다(Csikszentmihalyi, 1978). 흥미롭게도 긍정적인 몰입의 감정은 일하고 있는 동안에 일어날 가능성이 높았다.

보다 최근의 연구는 경험표집 방법을 새로운 영역으로 널리 확장하였다. 나아가 휴대용 컴퓨터로 연구 참여자의 사고와 감정에 대한 보고를 수집하는 일도 이제는 드물지 않게 되었다(Gable et al., 2000; Laurenceau et al., 1998; Pietromonaco & Barrett, 1997). 이 방법은 이런 종류의 인지적 평가 자료를 수집하기가 매우 쉽게 만들었다. 이 기법은 이제 다양한 이론적 전망의 아이디어를 연구하는 데 사용되고 있다.

사건 기록event recording 또는 자기 감찰self-monitoring이라 불리는 또 다른 기법은 하루 중의 특정 순간이나 시간에 초점을 맞추는 것이 아니라 특정한 종류의 사건에 초점을 맞춘다. 이 기법에서는 특정한 사건 유형의 예를 기록한다(Ewart, 1978; Mahoney, 1977; Nelson, 1977). 당신은 특정한 행동, 정서 또는 사고 유형에 주목하고 그것이 발생할 때와 관련된 정보(예를 들어, 하루 중 언제였는지, 당신이 타인과 함께 있었는지 혹은 혼자 있었는지, 상황은 어떤 종류의 것이었는지)를 기록한다. 그럼으로써 당신은 문제가 되는 사고와 정서를 둘러싸고 있는 맥락의 규칙성을 발견하게 된다. 당신은 자신이 어떤 도식을 자동적으로 사용하고 있는지에 대한 더 나은 이해를 획득한다.

맥락화된 평가

인지적 관점에서 볼 때 평가의 또 다른 요소는 특정한 맥락에서 성격을 측정해야 한다는 생각이다. 이 요소는 인지-사회 학습 관점에도 함께 존재한다. 몇몇 연구에 따르면 이렇게 함으로써 중요한 정보가 추가된다.

Wright와 동료들이 이 논점에 대해서 행한 연구는 문제 아동에 대한 평가에 초점을 맞추었다. 한 연구(Wright, Lindgren, & Zakriski, 2001)에서는 교사가 두 가지 척도를 사용하여 소년을 평정하였다. 하나는 공격성이나 사회적 철회 등에 해당하는 문제 행동을 평가할 때 흔히 쓰이는 척도였지만 그 행동이 일어나는 맥락을 확인하는 척도는 아니었다. 다른 하나는 특정한 상황에 반응하여 그 행동이 얼마나 자주 발생하는지를 평가하는 척도였다. 광범위한 척도는 공격적인 아동과 그렇지 않은 아동을 구분할 수 있었지만, 서로 매우 다른 맥락에서 공격성을 보이는 소년의 두 집단을 제대로 잘 구분하지는 못했다.

다른 연구(Wright, Zakriski, & Drinkwater, 1999)에서는 아동이 주거 장면에서 6주

동안 관찰되었는데, 행동과 그것이 일어난 맥락이 정교하게 기록되었다. 각 아동은 맥락을 무시하는 문제행동 척도상에서도 평정되었다. 각 아동은 평정 결과에 따라 공격성 같은 행동을 보이는 외현화 집단externalizer, 사회적 철회 같은 행동을 보이는 내면화 집단internalizer, 두 유형의 행동을 모두 보이는 혼합 사례mixed case 집단, 또는 어떤 진단에도 들어맞지 않는 비임상 사례not a clinical case 집단으로 분류되었다.

이 집단의 행동적 지표는 포괄적인 평정으로는 예측하지 못하는 측면을 예측했다. 또래가 집적대거나 위협했을 때 외현화 집단은 때리고 대장 노릇을 하려 했고, 내면화 집단은 우는 소리를 하고 위축되었다. 이런 특정 상황을 고려하지 않는다면, 두 집단의 아동 행동은 문제아로 진단받지 않은 아동과 다르지 않았다. 혼합 집단은 괴롭힘을 당해도 이런 행동을 별로 하지 않았지만, 또래 아동이 단순히 말을 거는 사회적 맥락에서 때리고 위축되는 경향이 모두 높았다. 이와 같이 맥락화된 평가는 참여자에 대한 정보를 훨씬 더 많이 알려 주었다(Wright & Zakriski, 2003도 참조).

행동 문제와 행동 변화

이 장 전반에 걸쳐 명백히 보아 왔던 인지 구조에 대한 초점은 또한 이 관점이 심리적 문제와 치료적 행동 변화를 어떻게 개념화하는가 하는 것과도 관계가 있다.

정보처리 결함

인지적 관점의 한 가지 함의는 특정한 문제가 기본적인 인지 및 기억 기능(주목하기, 추론하기, 정보 조직하기 등)에서의 결함을 반영한다는 것이다. 예를 들어, 정신분열증에 걸린 사람은 다른 사람보다 철자 같은 자극을 인식하는 데 더 많은 시간이 필요하다(Miller, Saccuzzo, & Braff, 1979; Steronko & Woods, 1978). 이것이 더 심층적인 문제를 수반하는지 또는 지각에만 영향을 미치는지는 분명치 않다. 하지만 그 자체만으로도 이 문제는 정신분열증 환자가 생활에서 경험하는 몇 가지 어려움을 설명한다.

또 하나의 간단한 아이디어는 사람들의 주의 용량에 제한이 있다는 것이다. 만일 당신이 다른 것에 너무 많은 신경을 쓰면 현재 하려고 하는 일의 효율성이 떨어진다. 너무 넓은 범위에 주의를 기울이면 학습이 어렵게 될 수 있다. 예를 들어, 불안은 주의의 용량을 차지한다. 그 이유 하나만으로도 불안은 다른 정보를 처리하는 능력을 손상할 수 있다(Newman et al., 1993; Sorg & Whitney, 1992). 그래서 시험불안이나 사회적 불안이 높은 사람은 불안이 일어날 때 해당 과제에서 덜 능률적이게 된다. 주의 과부하에 대한 이런 주장은 우울증과 관련된 결함을 탐색하는 데도 사용되었다(Conway & Giannopoulos, 1993; Kuhl & Helle, 1986).

주의를 배치하는deploying 양식이 문제를 일으킬 수도 있다(Crick & Dodge, 1994). 예를 들어, 지나치게 공격적인 아동은 다른 아동의 의도 단서에 주의를 기울이지 않는 것으로 보인다(Dodge, 1986; Dodge & Crick, 1990). 결과적으로 그들은 다른 사람의 의도를 잘못 판단하고 공격적으로 반응한다. 사실 그들은 다른 아동이 적대적일 것이며 주먹을 먼저 휘두를 것이라는 기대를 발달시키고 있었다(Hubbard, Dodge, Cillessen, Coie, & Schwartz, 2001). 이것은 폭력적인 성인의 경우에도 그럴 수 있다(Holtzworth-Munroe, 1992). 더 일반적으로, 사회적 배척은 사람들로 하여금 중립적인 정보를 적대적인 것으로 지각하게 만들어서 더 많은 공격성을 유도한다(DeWall, Twenge, Gitter, & Baumeister, 2009).

왜 사람들은 그들의 주의를 비효과적으로 배치하는가? 그들이 지닌 도식이 그렇게 하도록 이끌기 때문이다. 도식의 한 가지 효과는 새로운 사건이 일어날 때 어디서 정보를 찾아야 하는지를 알려 주는 것임을 기억하라. 당신은 도식에 맞는 정보를 찾는다. 그래서 편향된 도식은 단서 탐색에서 편향을 일으킬 수 있고, 이는 잘못된 추론과 부적절한 행동을 유도할 수 있다.

우울한 자기 도식

보다 폭넓게 인지적 관점에서는 인간 문제의 많은 부분이 효과적인 기능을 더 복잡한 방식으로 방해하는 도식에서 기인한다고 본다. 이러한 추론은 여러 가지 문제에 적용되었는데, 그중에서 가장 주목할 만한 것은 우울증이다. 이 분야의 이론가는 사람들이 때때로 세계에 대해 부정확하거나 왜곡된 생각을 발달시킨다고 주장한다. 이러한 생각은 그것을 가지고 있는 사람에게 불리한 영향을 끼친다(예, Beck, 1976; Ellis, 1987; Meichenbaum, 1977; Young & Klosko, 1993). Aaron Beck(1972,

1976; Beck, Rush, Shaw, & Emery, 1979)은 우울증 및 다른 문제가 이런 인지적 왜곡에서 기인한다고 생각하는 이론가다. 실제로 그러한 문제를 갖고 있는 사람은 사건을 해석하는 데 오류가 많은 도식을 사용한다. 그들은 또한 환경 속에 존재하는 활용 가능한 정보를 무시한다.

Beck의 관점에서 볼 때, 부정확한 도식은 신속하고 자동적으로 작동해서 자동 사고automatic thoughts의 흐름을 낳는다. 이러한 자동적 사고(예, '나는 이것을 할 수 없어', '내가 무엇 때문에 이 고생을 하고 있지?', '모든 것이 점점 잘못되어 가고 있어'와 같은 내용의 생각)는 감정과 행동에 영향을 끼친다. 이 패턴은 다른 가능성을 보지 못하고 '계속 달려가는run-on' 특성을 지녀서, 부정적인 감정은 부정적인 도식을 더 많이 사용하도록 유도하고, 그러면 다시 부정적인 감정이 더욱 높아지는 방식의 악순환을 이룬다(Nolen-Hoeksema, Morrow, & Frederickson, 1993; Wenzlaff, Wegner, & Roper, 1988 참조). 실제로 정서적 고통을 예상하기만 해도 실제와 유사한 고통이 유발된다(Kirsch, 1990; Kirsch, Mearns, & Catanzaro, 1990).

우울하거나 불안해지기 쉬운 사람은 기억에 저장된 정보에 지나치게 의존하고 현실 상황에는 덜 의존하는 경향이 있다. 이 방식이 특히 문제가 되는 것은 이러한 사람의 자기 도식이 흔히 부정적이기 때문이다(Kuiper & Derry, 1981; Segal, 1988). 사람들은 부정적인 도식을 사용할 때 자연스럽게 나쁜 결과를 기대한다. 그들은 마음을 열고 상황을 보는 것이 아니라 일어날 일의 가장 나쁜 측면에 주목하고 그것을 부호화한다(Gotlib, 1983).

Beck은 자신, 세계 및 미래에 대한 부정적인 생각을 표현하기 위해 인지 삼제cognitive triad라는 용어를 사용한다. 그는 우울한 사람은 다른 종류의 왜곡도 사용하는 것으로 보았다. 그들은 한 가지 나쁜 결과를 전반적인 자기 가치감의 부정으로 과잉 일반화한다(Carver, 1998; Carver, La Voie, Kuhl, & Ganellen 1988; Hayes, Harris, & Carver, 2004). 그리고 지지하는 증거가 없을 때에도 부정적인 결론으로 비약하는 임의적 추론arbitrary inference을 사용한다(Cook & Peterson, 1986). 또한 모든 문제가 끔찍한 결과를 초래할 것이라고 예상하고 나쁜 결과가 영원할 것으로 해석하는 파국화catastrophize를 하기도 한다(Abramson et al., 1978; Abramson et al., 1989). 이 모든 것의 결과는 낮은 자기 가치감과 미래에 대한 무망감이다(Haaga, Dyck, & Ernst, 1991; J. E. Roberts, Gotlib, & Kassel, 1996; J. E. Roberts & Monroe, 1994).

몇 단락 앞에서 우리는 Beck이 부정적인 정신 구조의 사용을 자동적인 것으로 본다고 말하였다. 이 주장은 이 장의 앞에서 언급하였던 자기의 암묵적 측면과 명시적 측면이 행동에 영향을 미치기 위해 서로 경쟁하고 있다는 아이디어와 조화를 이룰 수 있다. 이 아이디어에서는 자동적으로 진행되는 부정적 정신 구조를 관장하는 뇌의 영역은 의식적이고 노력이 소요되는 행동을 지배하는 뇌 영역과 다르다고 제안한다. 이런 부정적인 패턴은 조건형성에서 비롯되었거나 단지 오랜 세월에 걸쳐서 자동화되었을 수 있다. 어떤 방식에서 유래하였건 간에, 이중 처리과정의 관점에서는 더 많은 노력이 요구되는 과정에 의해서 조절되지 않는 한 이런 자동적 과정이 행동을 지배한다(Carver, Johnson, & Joormann, 2008).

이는 본질적으로 Beevers(2005)가 우울한 사람의 취약성에 대해 주장한 바와 같다. 특정하게 암묵적 자기에서 부정적인 것과 연합을 보이는 사람은 부정적인 감정의 희생자가 될 확률이 높다. 이런 사람은 노력이 드는 교정 과정을 통해 암묵적 자기에 들어 있는 이런 부정적 연합을 치료해야 한다. 만약 노력이 드는 의식적인 처리 과정이 일어나지 않는다면, 암묵적 자기는 지속적으로 개인의 경험을 지배하며 우울해지기 쉬울 것이다.

인지치료

Beck의 관점에서 볼 때, 치료는 잘못된 도식을 제거하고 새로운 도식을 구축하도록 사람들을 도와야 한다. 사람들은 자동적인 자기 패배적 사고를 인식하고 그것을 다른 자기말로 바꾸는 법을 배워야 한다. 이것을 인지 재구조화cognitive restructuring 또는 재구성reframing이라 한다. 그들은 또한 현재 상황에 존재하는 정보에 초점을 맞추고 선입견에는 덜 의지하는 것을 학습해야 한다. 다른 말로 하면, 개인은 지금 진행되고 있는 정보처리 과정에서 더 통제되어야controlled 하고 덜 자동적automatic이 되어야 한다(Barber & DeRubeis, 1989; Kanfer & Busemeyer, 1982 참조).

잘못된 도식과 그 결과를 변화시키기 위해 사용되는 절차는 인지치료cognitive therapy로 알려져 있다(Beck, 1976, 1991; Beck et al., 1979; DeRubeis, Tang, & Beck, 2001). 여기에는 여러 가지 상이한 기법이 있다. 한 가지 놀라운 기법은 사람들에게 나쁜 결과가 나타나리라고 비현실적으로 예상하는 일을 계속 진행하도록 하는 것이다. 만일 실제로 나쁜 결과가 일어나지 않는다면, 사람들은 자신의 종전 기대를 재검토하고 아마도 그것을 변화시킬 것이다.

보다 일반적으로 사람들은 자신의 사고 유형을 확실한 것으로 보기보다는 검증되어야 할 가설로 보도록 격려받는다. 그리고 그 가설을 검증해 보도록 격려받는다. 예를 들어, 당신이 한 번의 실패로 모든 것이 잘못될 수 있다고 생각하는 사람이라면, 실패한 직후에 다른 영역의 기술을 조사해 보라는 지시를 받는다. 만약 당신이 무언가를 잘못할 경우 모든 사람이 당신을 몹시 경멸할 것으로 생각한다면, 당신이 어떤 것을 잘못한 다음 친구와 함께 이러한 당신의 가정이 정말인가를 검증해 보라는 지시를 받을 수 있다.

이런 종류의 '현실 검증'이 아주 사소한 것일지라도 사람들은 스스로를 바라보는 방식에 큰 영향을 받을 수 있다. 한 연구(Haemmerlie & Montgomery, 1984)에서는 사회적 불안이 강한 대학생에게 간단한 처치가 제공되었다. 그 처치는 한 명의 이성과 대화를 나누는 것이었는데, 실험 협조자인 그 여성에게는 대화의 주제를 먼저 말하고, 너라는 대명사를 빈번히 사용하며, 부정적 평가의 언급을 피하라는 지시가 미리 주어졌다. 이런 '한쪽으로 치우친 상호작용biased interaction'은 매번 약 1시간 동안 일주일 간격을 두고 두 차례 이루어졌다. 그 결과에서는 불안의 징후가 크게 감소된 것으로 나타났다.

인지적 관점: 문제점과 전망

일부 심리학자는 인지적 성격이론을 흥미롭게 생각한다. 그러나 다른 심리학자는 그렇지 않게 생각하며 이 이론이 무질서하고 아직 성숙되지 않았다고 본다(Funder, 2001). 이 이론이 흥미롭다고 생각하는 사람조차 그 아이디어가 매우 느슨하다는 점을 인정한다. 이 관점에 대한 몇몇 비평가는 이것이 한때의 지나가는 유행이며, 심리학의 매우 다른 한 부분을 그것이 속하지 않은 엉뚱한 곳에다 접목하려는 오도된 노력이라고 생각한다.

인지적 관점에 대한 한 가지 보다 특정한 비판은 인지심리학을 성격이라는 주제에 이식한 것에 지나지 않는다는 주장이다. 사람들의 지식이 도식적으로 조직화된다는 것을 알아서 얻는 것은 무엇인가? 이런 지식 구조가 점화에 의해 활성화된다는 것은 성격에 대해 무엇을 알려 주는가?

한 가지 대답은 마음의 이러한 기능적 측면은 우리가 성격이라는 말을 사용할 때

보통 생각하는 일상적인 행동에 대해 중요한 함의를 갖는 것 같다는 점이다. 사람들은 새로운 경험을 흡수할 때 현재 그들의 세계에 대한 이해를 사용한다. 그러므로 현재의 이해(즉, 도식)에 의해 발생하는 편향이 무엇인지를 아는 것은 유용하다. 사람들이 자신의 경험을 해석하는 방식은 또한 그들이 염두에 두고 있는 목표에도 영향을 받는다. 사람들은 서로 다른 목표를 갖고 있기 때문에 동일한 사건을 매우 다른 방식으로 경험한다.

사람들의 해석이 점화에 영향받을 수 있다는 사실은 특히 흥미롭다. 왜냐하면 이는 부분적으로 Freud의 아이디어와 관계가 있지만 매우 다른 관점을 지니기 때문이다. 그것은 사람들이 자신이 자각하지 못하는 어떤 이유 때문에 행동할 수 있다는 아이디어다. 점화 현상은 실제로 일어나지만 그 이유가 정신분석적 무의식에 자리 잡고 있을 필요가 없다. 그 과정은 훨씬 더 피상적일(그리고 그런 이유 때문에 덜 불길할) 수도 있다. 그러나 피상적이기 때문에 이전에 우리가 알고 있는 것보다 훨씬 더 흔히 발생할 수 있다(Bargh & Chartrand, 1999; Carver & Scheier, 2002; Hassin et al., 2005).

하지만 인지적 관점의 비판에 대한 가장 포괄적인 대답은 다음과 같다. 즉, 성격에 대한 인지적 관점은 마음이 작동하는 특징을 이해하기 위한 광범위한 시도 중의 일부라는 것이다. 마음이 작동하는 특징에 대해 잘 이해하게 된다면 성격의 중요한 측면을 더 잘 이해하게 될 것이 틀림없다. 이런 관점에서 볼 때, 성격은 마음의 복잡성과 그 작용의 반영물이다. 우리가 마음의 작용을 제대로 이해하지 못한다면 성격을 완전히 이해할 수는 없다.

요 약

성격에 대한 인지적 정향은 사람들이 어떤 방식으로 정보에 주의를 기울이고, 처리하고, 조직화하고, 부호화하고, 저장하고, 인출하는지에 대해 고찰하는 것이다. 도식은 경험을 통해 발달하는 정보의 정신적 조직화로 새로운 사건을 확인하기 위해 사용된다. 일부 이론가는 도식이 원형(최고의 구성원)을 중심으로 조직화된다고 하고, 다른 이론가는 그 도식이 경계가 불분명하거나 부정확한 정의를 갖는다고 믿는다. 도식은 새로운 사건을 기억하기 쉽게 만든다. 도식은 또한 사건의 빈틈을 채우기 위한 기본사양 정보를 제공한다. 도식은 개념(의미기억)과 사건(일화기억)을 표상한다. 기억의 각 측면은 특정 사례와 일반 원칙을 가지고 있다.

전형적인 사건 범주는 각본이라고 한다.

사회 인지라는 용어는 사회적 행동과 관련된 자극을 품고 있는 인지적 처리 과정을 말한다. 사람들은 사회적으로 관련되는 많은 종류의 범주에 대한 도식적 표상을 발달시킨다. 사람들은 또한 자신에 대한 표상인 자기 도식을 발달시킨다. 자기 도식은 다른 도식보다 더 복잡하지만 같은 원리를 따르는 것 같다. 이 자기 도식은 여러 가지 측면(예, 가능한 자기)이 있다. 어떤 사회적 도식은 영속성(실체)을 의미하고, 어떤 것은 변화의 잠재성(증가)을 의미한다.

많은 심리학자는 기억을 다양한 연합으로 서로 연결되어 있는 거대한 내용 마디의 집합으로 본다. 기억 속의 한 마디를 활성화하면 관련된 마디가 부분적으로 활성화(점화)되고, 그 정보에 대한 접근 가능성은 높아진다. 점화는 무의식적으로 발생할 수 있다. 연결주의 모형은 기억을 전체 연결망 속의 한 패턴으로 본다. 특정 패턴은 많은 제한을 동시에 만족시키고 있음을 반영한다. 이런 관점은 사회적 지각과 의사결정에 멋지게 적용된다. 일부 이론가는 상이한 두 가지 사고 과정이 있다고 믿는다. 하나는 빠르고 직관적이며 연결주의적이고, 다른 하나는 느리고 이성적이며 선형적이라고 믿는다. 암묵적 태도에 대한 연구는 사람이 두 가지 수준에서 지식을 가지고 있는데, 이는 사고 과정의 두 가지 모드에 상응한다.

성격을 인지적 관점에서 바라보는 폭넓은 한 이론에서는 사람들의 도식, 부호화 전략, 개인적 능력, 세계 속에서 사물이 어떻게 관련되는지에 대한 예상, 가치나 유인가, 그리고 자기조절 체계의 중요성을 강조한다. 사람들의 행동은 '만약-그러면'의 수반관계를 따른다고 보는데, 여기서 만약if은 상황을 기술하고, 그러면then은 행동 반응을 기술한다. 이런 관점에서 보면 성격은 각 사람마다 독특한 '행동적 표식'을 형성하는 이런 수반관계의 프로파일이다.

이 관점에서 평가는 개인의 인지적 경향성과 의식 내용을 결정하는 과정이다. 인지적 평가 기법에는 소리 내어 생각하기 절차, 사고표집, 그리고 특정 범주의 사건 발생에 대한 감찰이 포함된다. 이 절차는 다양한 종류의 상황, 전형적으로 문제가 되는 상황에서 어떤 종류의 사고가 떠오르는가를 파악하는 데 크게 도움이 된다. 또한 개인의 '만약-그러면'의 수반관계를 파악하기 위해서 평가가 맥락화되어야 한다는 생각도 중요하다.

행동 문제는 정보처리 결함(예, 부호화 장애, 비효과적인 주의 할당)에서 생길 수 있다. 문제는 또한 부정적인 자기 도식을 발달시키는 데서 유래할 수도 있다. 이 관점에서 볼 때, 우울증은 사건을 실제보다 더 불쾌하고 더 부정적인 의미를 갖는 것처럼 보이게 하는 다양한 종류의 인지적 왜곡에서 발생한다. 인지치료는 부분적으로 사람들로 하여금 이런 인지적 왜곡에 휘둘리는 것을 멈추고 그들이 경험한 사건에 대해 보다 적응적인 관점을 발달시키도록 시도하게 도와주는 것이다. 이런 시도에는 자동적이고 직관적인 과정을 의식적이고 노력이 소요되는 과정으로 관찰하고 수정하는 절차가 포함되어 있다.

용어설명

가능한 자기possible self (기대하는, 바라는, 두려운 등의) 미래의 자기상.

각본script 고도로 정형화된 사건의 범주를 표상하는 데 사용되는 기억 구조.

거울 신경세포mirror neurons 행동을 지각할 때와 행동을 실행할 때 모두에서 활성화되는 신경원.

경계 모호 집합fuzzy set 절대적으로 필요한 속성이 아닌 일련의 속성의 집합으로 정의되는 범주.

귀인attribution 사건의 원인이나 원인에 대해 판단하는 과정.

기본사양default 다르게 학습하기 전까지는 사실이라고 가정하는 어떤 것.

기억 마디node 몇 가지 정보 요소를 저장하는 기억의 영역.

도식schema 기억 속 지식의 조직화.

본보기exemplar 범주 구성 요소의 한 특정한 사례.

사적 구성개념personal construct 사건을 해석하는 데 사용되는 개인의 정신적 표상.

사회 인지social cognition 사회적으로 의미 있는 자극에 초점을 맞추는 인지 과정.

암묵적 지식implicit knowledge 직접적으로 접근할 수 없는 기억에 있는 어떤 것 사이의 연합.

역하subliminal 의식하기에는 너무 빨리 발생하는.

연결주의connectionism 상호 연결된 뉴런이라는 은유에 기초해서 인지를 이해하려는 접근.

원형prototype 범주의 최상 요소라는 면에서 그 범주의 대표.

의미기억semantic memory 의미에 따라 조직화된 기억.

이중 처리과정 모형dual-process models 하나는 노력이 소요되고 다른 하나는 자동적인 서로 다른 인지의 두 양상.

인지 재구조화 또는 재구성cognitive restructuring or reframing 개인의 경험에 대해 보다 긍정적인 다른 관점을 갖게 하는 과정.

인지 삼제cognitive triad 자기 자신, 세계, 그리고 미래에 대한 부정적인 사고 패턴.

인지 평가법cognitive assessment 인지 과정, 정신 구조, 그리고 의식 내용을 평가하기 위해 사용되는 절차.

인지치료cognitive therapies 인지적 왜곡과 그 결과로 인한 고통의 감소를 목표로 하는 절차.

일화기억episodic memory 사건의 순서에 따라 조직된 기억.

자기 도식self-schema 자기에 대한 도식적 표상.

자기 복잡성self-complexity 개인의 자기 도식이 분화되고 구분된 정도.

자동 사고automatic thoughts 행동을 종종 방해하는 자기와 관련된 내적 대화.

절차 지식procedural knowledge 특정한 행동과 정신적 조작에 참여하고 수행하는 것에 관한 지식.

점화priming 특정 기억 속의 다른 요소를 부분적으로 남겨 두고, 그 속에 포함되어 있는 정보의 일부를 활성화하여 기억의 특정 요소를 활성화하기.

행동 서명behavioral signature 특정한 영역에서 경험과 시간에 걸쳐서 확립된 상황과 행동의 연결 패턴.

Perspectives on Personality

제13장

자기조절 관점

- 인지에서 행동으로
  - 의도
  - 목표
  - 목표 설정
  - 이행 의도와 전략의 중요성
  - 신중한 마음자세와 이행적 마음자세
- 자기조절과 피드백 통제
  - 피드백 통제
  - 자기 지향적 주의와 비교기의 활동
  - 정신적 대조와 목표 합치
  - 위계적 조직화
  - 위계적 조직화와 관련된 쟁점
  - 위계적 조직화에 대한 증거
  - 해석 수준
  - 정서
  - 기대의 효과: 노력 대 철수
  - 부분적 철수
- 자기조절의 추가 주제
  - 접근과 회피
  - 의도에 기초한 행위와 자극에 기초한 행위
  - 자기통제로서의 자기조절
- 평가
  - 자기조절 특성의 평가
  - 목표의 평가
- 행동 문제와 행동 변화
  - 목표 간의 갈등과 전략 구체화의 부족으로서의 문제
  - 철수 불능에서 오는 문제
  - 자기조절과 치료 과정
  - 치료는 문제해결 훈련이다
- 자기조절 이론: 문제점과 전망
- 요약

사 례

수전은 오늘 아침에 있을 발표에 대해 생각하면서 잠을 깼다. 속옷을 입으며 그녀는 오늘 발표에서 전달하려는 요점을 시연해 본다. 자신이 한 주제에서 다른 주제로 너무 빨리 넘어가는 것을 알아채고 속도를 내려 하는 징조가 보이면 심호흡을 하고 집중하는 시간을 잠시 가져야겠다고 마음먹는다. 발표에서 자신이 표현하고 싶은 인상을 청중에게 뇌리 깊게 새기려면 어떻게 옷을 입어야 할까에 대해 생각해 보고, 집을 떠나기 직전 거울 앞에서 자신의 옷매무새를 다시 한 번 가다듬는다. 현관문을 열면서 오늘 가져가야 할 물건의 목록(발표 노트, 현금, 지갑, 열쇠)을 마음속으로 확인한다. 문이 제대로 잠겼나, 차의 기름이 충분한가를 확인한다. 캠퍼스로 운전해 가는 경로를 조금 돌아가지만 경치가 좋은 길로 잡아도 될 만한 시간 여유가 있는지를 가늠해 본다. 수전은 생각한다. '좋아, 모든 일이 내가 생각하는 대로 잘 돌아가고 있어.'

사람들은 하루를 지내면서 이 일에서 저 일로, 그리고 또 다른 일로 옮겨 다닌다. 하지만 그런 와중에도 보통은 응집성이나 연속성을 유지한다. 당신의 하루는 비록 방해를 받기도 하고 충동적으로 다른 길로 빠지기도 하지만, 보통은 계획하에 움직이고 그 속에는 많은 활동이 포함되어 있다. 어떻게 전체적인 조직화를 유지해 가면서 이 일에서 저 일로 그렇게 많은 일을 모두 해낼 수 있을까? 이런 의문에 대한 답이 이 장에서 다루어질 것이다.

이 장에서 논의되는 성격에 대한 관점은 몇몇 배경과 연결되어 있다. 그 하나는 자연적으로 발생하는 조직 체계와 그것이 어떻게 작동하는가에 관한 아이디어다(Ford, 1987; von Bertalanffy, 1968). 다른 하나는 로봇학robotics에서 유래한다(Brooks, 2002; Dawson, 2004; Fellous & Arbib, 2005). 인공물이 어떻게 인간과 유사하게 일을 처리해 내는가에 관해 점점 더 많이 알게 됨에 따라, 일부 학자는 그런 지식이 인간이 어떻게 일을 해내는가를 이해하는 데도 많은 도움이 될 수 있을 것이라고 생각하였다.

성격에 대한 이런 접근의 논의를 시작하는 가장 손쉬운 방법은 동기의 관점에서 성격을 바라보는 것이다. 이 장의 상당 부분은 사람들이 어떻게 목표를 채택하고, 어떻게 여러 목표 사이에서 우선순위를 정하고, 어떻게 그 목표를 달성해 나가는가에 초점을 맞춘다. 이런 기능은 5장에서 다룬 '동기적 관점'과 많이 닮아 있다. 아울러 12장에서 다룬 성격에 대한 '인지적 관점'과 동일하게 사람들이 조직화된 기억 연결망을 가지고 있다고 가정한다는 점도 염두에 두어야 한다. 이제 인지와 기억이 어떻게 행동으로 나타나게 되는가에 초점을 맞추어 보자.

인지에서 행동으로

12장에서 논의된 바와 같이, 사람들이 사건을 이해하기 위해 사용하는 도식 속에는 흔히 행동에 관한 정보도 포함되어 있다. 사람들은 이 정보를 다른 사람이 무엇을 하는가를 인식하는 데 사용하고 자신의 행동을 안내하는 데도 사용한다. 이 정보는 그 도식이 표상하는 특정한 종류의 상황에서 무엇을, 어떻게 해야 할까를 알게 도와준다(Burroughs & Drews, 1991; Dodge, 1986). 예를 들어, 외식하기 각본dining out script은 다른 사람의 저녁 식사하기를 이해할 수 있게 도와주고, 당신이 외식을 하게 될 때 어떻게 행동해야 하는가도 알려 준다(음식을 먹기 전에 주문하기, 식당에서 나가기 전에 돈을 지불하기 등).

행위를 인식하는 데 사용되는 정보와 자신이 행위하는 데 사용되는 정보 사이의 관계는 어떠한가? 하나의 도식이 두 가지 용도에 함께 사용되는지, 아니면 하나는 이해를 위한 것이고 다른 하나는 수행을 위한 것으로 두 가지 형태가 병존하는지는 명확하지 않다(Petri & Mishkin, 1994). 그러나 적어도 그 둘 사이에는 어느 정도 겹치는 부분이 있다. 12장에서 언급했듯이, 소위 거울 신경세포mirror neuron는 행위를 지켜볼 때나 동일한 행위를 자신이 행할 경우 모두에서 유사하게 활동한다(Gallese, 2001; Rizzolatti, Fogassi, & Gallese, 2002). 이는 사고와 수행 사이에 매우 강한 연결이 있음을 암시한다.

의도

때로는 특정 상황이 행위를 위한 도식을 자동적으로 유발하기도 하지만, 많은 행동은 의도에 뒤따라 나온다. 그러면 의도는 어떻게 형성되는가? Icek Ajzen과 Martin Fishbein(Ajzen, 1985, 1988; Ajzen & Fishbein, 1980)은 일종의 정신적인 계산식을 사용해서 행동 가능성을 계산하는 과정을 제안한다. 만약 그 가능성이 충분히 높으면 행동으로 이행된다.

Ajzen과 Fishbein에 따르면, 사람들은 무엇을 할 것인가를 결정할 때 몇 종류의 정보를 저울질한다([그림 13-1] 참조). 그들은 행동의 가능한 결과와 자신이 그 결과를 얼마나 원하는지를 고려한다. 예를 들어, 당신은 봄 휴가 때 카리브해 여행에 돈을 쓰는 것이 굉장한 즐거움을 가져다줄 것이고, 당신이 정말로 그러한 즐거움을 원한다고 생각할 수 있다. 행동 결과와 그것의 바람직함은 그 행동에 대한 태도attitude를 형성한다. 이런 것은 당신 자신의 바람에서 유래하기 때문에 태도는 행동에 대한 사적인 지향성이다.

추가로 필요한 두 가지 정보는 그 행동이 당신에게 사회적으로 의미하는 바와 관련된다. 이 중 한 가지는 당신에게 중요한 사람들이 당신이 그 행동을 하기를 원하는지의 여부다. 봄방학 때 당신이 여행 가는 것을 원하지 않고 집에 오기를 원하는 부모에 대해 생각할 수도 있고, 여행이 멋진 아이디어라고 생각하는 당신 친구에 대해 생각할 수도 있다. 또 다른 요인은 당신이 그 사람들을 얼마나 기쁘게 해 주고

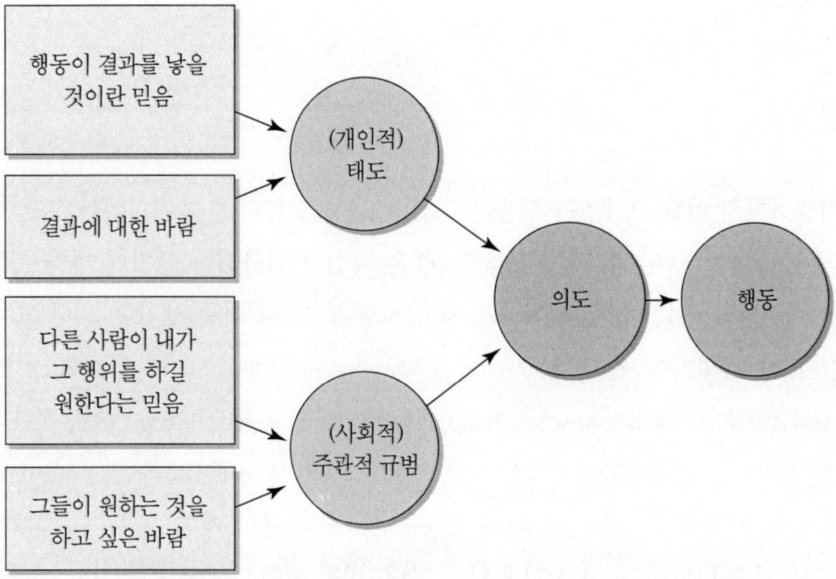

[그림 13-1]

의도의 기초. 행동이 특정한 결과를 생산할 것이란 믿음과 결과에 대한 개인적 바람이 합쳐져서 태도가 형성된다(행동에 대한 개인적 지향). 다른 사람이 당신이 그 행동을 하길 원한다는 믿음과 그들의 소망에 따르려는 바람이 합쳐져 주관적 규범이 형성된다(행동에 대한 사회적 지향). 태도와 주관적 규범은 의도를 형성하는 데 가중되고 그러고 나서 의도는 행동에 영향을 미친다.
[출처] Ajzen(1988)에서 인용.

싶은가다. 당신은 얼마나 부모를 기쁘게 해 주고 싶어 하는가? 혹은 최소한 그들과 좋은 관계를 유지하고 싶어 하는가? 당신은 얼마나 친구의 소망을 따르고 싶은가? 당신의 마음속에 있는 사람들은 당신이 무엇을 하길 원하는지, 그리고 그것이 당신에게 얼마나 중요한지가 행위에 대한 주관적 규범 subjective norm을 형성한다.

의도는 태도와 주관적 규범을 통합하는 것과 관련된다. 만약 태도와 주관적 규범 둘 다 그 행동에 우호적이면, 당신은 그 행동을 하려는 강한 의도를 형성할 것이다. 만약 태도와 규범이 둘 다 그 행동에 반대한다면, 당신은 그 행동을 하지 않으려는 강한 의도를 형성할 것이다. 태도와 주관적 규범이 상충될 때 이 과정은 더욱 복잡해진다. 때로 당신은 그 결과를 원하지만 다른 사람은 당신이 그렇게 행동하는 것을 원치 않는다는 사실을 알고 있다. 이러한 경우 당신이 형성하는 의도는 당신 자신을 만족시키거나 다른 사람을 만족시키는 것 중 무엇이 당신에게 더 중요한지에 달려 있다.

목표

지금까지 논의된 이야기는 행동은 목표goal를 지향한다는 아이디어다. 도식은 취할 행위를 제안한다. 의도를 형성하는 것은 자신이 취하려는 행위에 대한 목표 설정을 의미한다. 인간 경험이 목표를 중심으로 조직화된다는 생각은 지난 20여 년 동안 많이 논의되어 왔다(예, Austin & Vancouver, 1996; Elliott & Dweck, 1988; Freund & Baltes, 2002; Johnson, Chang, & Lord, 2006; Pervin, 1983, 1989). 목표에 대해 인생 과제life tasks(Cantor & Kihlstrom, 1987), 개인적 추구personal strivings(Emmons, 1986), 현재 관심사current concerns(Klinger, 1987), 개인적 계획personal projects(Little, 1989)과 같은 다양한 용어가 사용되어 왔다. 비록 명칭은 서로 다르지만 여러 용어를 관통하는 동일한 핵심 주제가 있다. 요점은 사람들의 목표가 그들의 행위에 활력을 주고, 움직임을 인도하고, 심지어 삶의 의미를 제공한다는 것이다(Baumeister, 1989).

이 모든 구성개념은 전체(혹은 상위) 목표와 하위 목표를 함께 가정한다. 그런데 당신이 전체 목표에 이르기 위해 어떤 길을 선택하는가는 인생의 여러 다른 측면에 달려 있다. 즉, 동일한 과제를 추구하기 위해 사용되는 전략은 사람마다 많이 다를 수 있다(Langston & Cantor, 1989). 예를 들어, 상대적으로 수줍어하는 사람은 좀 더 사교적인 사람에 비해 친구를 사귀는 데 있어 상당히 다른 전략을 사용할 것이다.

이러한 견해에서 자기self는 부분적으로 목표와 그것 사이의 조직화로 구성된다. 사실 특성traits은 관련되어 있는 목표에서 그 의미가 도출된다는 증거가 있다(Read, Jones, & Miller, 1990; Roberts & Robins, 2000). 목표와 열망은 사람마다 다르다. 그러나 목표 사이에는 다양한 문화권에 걸쳐서 비교적 일관된 관계를 가진다는 증거가 있다. 즉, 목표는 일부는 상호 양립 가능하고 일부는 상호 갈등적인 2차원 공간을 형성한다(Grouzet et al., 2005). 예를 들어, 영성spirituality은 공동체community 목표와는 양립 가능하나 쾌락적 즐거움hedonic pleasure이라는 목표와는 갈등적이다([그림 13-2] 참조). 한 사람이 중요하게 여기는 가치가 세월이 감에 따라 변화해서 한 가치(예, 공동체)의 중요성이 증가하면 다른 양립 가능한 가치(예, 영성과 유친)의 중요성도 동반해서 커진다(Bardi, Lee, Hofmann-Towfigh, & Soutar, 2009).

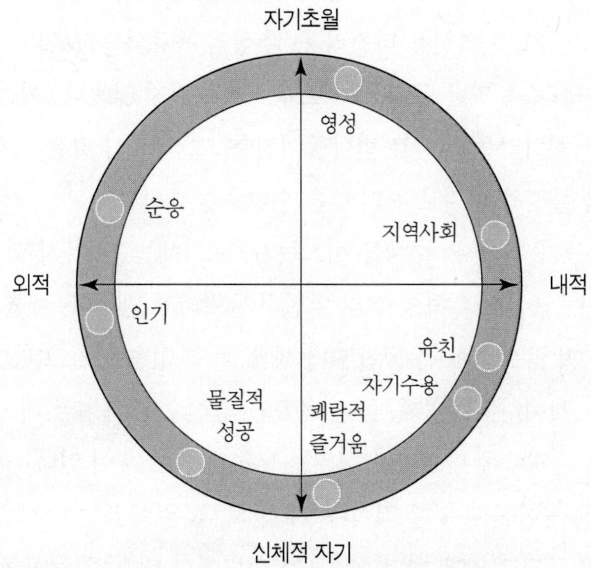

[그림 13-2]

15개 문화에 걸쳐서 다양한 목표 사이의 관계로 그려 본 원. 목표는 '내적' 대 '외적'과 '신체적 자기' 대 '자기초월'의 상호 독립적인 차원상에서 변화한다.
[출처] Grouzet et al.(2005)에서 인용.

목표 설정

많은 목표는 행위를 규정하지만 그것이 반드시 어떤 탁월한 기준을 의미하는 것만은 아니다. 예를 들어, 뜨거운 오후에 수상스키를 하러 가려는 목표는 반드시 탁월성의 목표를 의미하는 것은 아니다. 슈퍼마켓에 가려는 의도를 형성하는 것은 특정 행동을 안내하지만 매우 도전적인 것은 아니다.

반면에 수행의 수준level은 탁월성과 관련된다. 많은 활동에서 목표는 단지 수행하는 것이 아니라 잘 수행하는 것이 된다. 예를 들어, 대학에서 과목을 수강하는 목표는 단지 그 과정을 마치는 것이 아니라 좋은 학점을 따는 것이다. 또 다른 예는 사업 수행이다. 목표는 단지 업계에서 살아남는 것이 아니라 남보다 뛰어나게 성공하려는 것이다. 이 같은 맥락에서 다음과 같은 질문이 나온다. 특정한 목표 수준을 설정하는 것은 당신이 얼마나 잘할지에 영향을 미치는가?

상당한 증거가 그렇다고 한다(Locke & Latham, 1990). 더 높은 목표를 설정하는 것은 더 높은 수행을 유도한다. 이는 구체적이고 높은 목표가 구체적이고 쉬운 목표와 비교될 때 그렇고, '최선을 다하라'는 추상적 목표와 비교될 때도 그렇다. 분명히 '최선을 다하라'는 말은 문자 그대로 받아들여지지 않는다. 이는 적당한 수준에서 잘하려고 노력하라는 지시로 받아들여진다. 그래서 이 말은 더욱 구체적이고 도전적인 목표를 설정하는 것보다 더 낮은 수행을 초래한다.

왜 더 높은 목표가 더 좋은 수행을 이끄는가? 여기에는 세 가지 이유가 있다. 첫 번째, 높은 목표는 당신으로 하여금 더 열심히 노력하게 만든다. 예를 들어, 당신은 자신을 몰아붙이지 않으면 10분 동안 50문제를 풀 수 없음을 알고 있다면 스스로를 몰아대기 시작할 것이다. 두 번째, 높은 목표는 당신으로 하여금 더 꾸준히 노력하게 할 것이다. 많은 경우에 단기간 뿜어내는 노력은 별 소용이 없다. 당신은 전 시간에 걸쳐서 당신을 몰아붙여야 할 것이다. 세 번째, 높은 목표는 당신을 더 집중하게 만들어 주의가 분산되지 않게 한다. 이 모든 측면에서 더 낮은 목표는 사람을 약간 느긋하게 만든다.

높은 목표 설정의 긍정적 효과는 잘 증명되었다. 그러나 매우 중요한 제한점이 있다. 특히 당신은 자신에게 완전히 비현실적인 목표가 주어진다면 그것을 수용하지 않을 것이다. 그래서 정말로 그것을 위해 노력하려 하지 않을 것이다. 당신이 목표를 스스로 채택하지 않는다면 목표가 존재하지 않는 것이 된다. 이런 경우 핵심은 최대의 노력이 유지될 만큼 충분히 높되, 거부될 만큼은 높지 않은 수용 가능한 목표를 정하는 것이다.

이행 의도와 전략의 중요성

목표는 전형적으로 그와 관련되는 하위 목표나 전략을 가진다. Peter Gollwitzer와 동료들(Brandstätter, Lengfelder, & Gollwitzer, 2001; Gollwitzer, 1999; Gollwitzer & Brandstätter, 1997)은 유사하게 두 가지 종류의 의도를 구분했다. 목표 의도goal intention는 특정한 결과를 획득하려는 의도다. 이행 의도implementation intention는 언제, 어디서, 어떻게라는 과정에 관계된다. 이것은 주어진 특정한 종류의 상황에서 특정한 행위를 하려는 의도다. 행위와 맥락을 연결하는 것은 우리가 12장에서 '만약-그러면if-then'의 연결로 기술했던 것과 매우 유사하다(Mischel & Shoda, 1995). '만약-그러면'의 연결은 습관적인 것이 될 수도 있지만(Brandstätter & Frank, 2002), 특정하게 의도된 행동의 경로를 위해서 의식적으로 만들어질 수도 있다.

이행 의도는 목표 의도보다 더 구체적이다. 이행 의도는 목표 의도를 위해 일한다. 이행 의도는 매우 중요한데, 그것이 실제로 행동이 수행될 때 발생할 수 있는 문제를 해결하는 과정을 돕기 때문이다. 언제, 어디서, 어떻게 시작하는 것을 도울 뿐만 아니라 목표 달성 과정이 바른 경로에서 벗어나는 것을 방지하는 데도 도움을 줄 수 있다(Achtziger, Gollwitzer, & Sheeran, 2008).

사람들은 때때로 어떻게 해야 하는가를 모르기 때문에 목표 의도를 충족하는 데 실패한다. 이행 의도를 갖는 것은 목표를 구체적이고 특정하게 실행하고 그 진행 과정을 돌볼 수 있게 되는 것이다. 또 이행 의도를 갖는 것은 그것을 실행할 수 있는 기회를 알아차릴 수 있게 도와준다(Brandstätter et al., 2001). "만약 내가 이 과제를 하는 데 10분을 사용할 기회를 갖게 된다면, 나는 더욱 집중해서 그렇게 할 것이다." 때로 사람들은 너무 지쳐서 실행을 하지 못할 수도 있다. 이행 의도를 갖는 것은 이런 장애를 극복하는 데도 도움이 된다(Webb & Sheeran, 2003). "피곤해진다면, 나는 세 차례의 심호흡을 하고 내 주의의 초점을 다잡을 것이다." 무엇인가를 열심히 하려는 이행 의도(예, 크리스마스 휴가에 논문을 쓰기)는 그것을 실행에 옮길 가능성을 크게 증가시킨다(Gollwitzer & Brandstätter, 1997). 이행 의도를 형성하는 것은 건강한 다이어트를 하는 데도 도움이 됐다(Stadler, Oettingen, & Gollwitzer, 2010).

이행 의도는 관련되는 상황 단서를 더 쉽게 깨닫게 만드는 동시에 단서에서 활동으로의 연결을 확립함으로써 작동한다(Webb & Sheeran, 2007). 그렇다 하더라도 이행 의도 그 자체만으로는 성공적 행동에 충분치 않아 보인다. 강하고 활동적인 목표 의도 또한 가져야 한다(Sheeran, Webb, & Gollwitzer, 2005). 목표가 일반적인 자기개념과 보다 일치할 때는 그렇지 않을 때보다 이행 의도가 도움 되는 정도가 더 컸다(Koestner, Lekes, Powers, & Chicoine, 2002).

이행 의도는 상황 단서와 목표로 다가가기 위한 전략을 이어 준다. 이는 가능한 자기possibile self라는 개념을 유발한다. 12장에서 기술했듯이, 가능한 자기는 당신이 그렇게 될 수 있다고 생각하는 자신에 관한 심상이다. 가능한 자기는 자기조절의 참조점으로 작용한다(Hoyle & Sherrill, 2006). 그러나 가능한 자기가 행동에 영향을 행사할 수 있으려면, 당신은 그것을 달성하기 위한 전략도 가지고 있어야 한다(Oyserman, Bybee, & Terry, 2006; Oyserman, Bybee, Terry, & Hart-Johnson, 2004). 사용할 수 있는 전략을 아직 구비하고 있지 못하다면 그것을 얻기 위해 노력해야 한다.

신중한 마음자세와 이행적 마음자세

의도를 형성하는 것이 중요하지만, 의도를 갖는 것과 그것을 실행을 하는 것은 다른 일이다. 사람들은 이와 관련해서 상이한 마음자세를 형성하고 실행한다(Heckhausen & Gollwitzer, 1987). 목표 의도를 갖기는 가능성을 가늠해 보고, 특정 선택의 장단점을 고려해 보고, 선택 대안에 대해 저울질하도록 요구한다. 행위하려는 결정을 내리는 데 신중을 기하기 때문에 이를 신중한 마음자세deliberative mindset라고 한다. 이런 마음자세에서는 최상의 선택을 하는 데 도움이 되도록 개방적이고 주의 깊고 그리고 조심스럽다(Fujita, Gollwitzer, & Oettingen, 2007; Taylor & Gollwitzer, 1995).

일단 의도가 형성되고 나서 실제 행동으로 옮기는 단계에서는 새로운 마음자세가 형성된다. 이제는 행위가 문제다. 이것은 이행적 마음자세implemental mindset라 불리는데, 그것이 행동 의도를 이행하는 데 초점을 두기 때문이다. 이러한 마음가짐에서 사람들은 성공에 대해 낙관적이 되고, 잠재적 문제를 최소화하려 하며, 행위를 수행하는 데 가능한 한 열심을 내려고 한다(Taylor & Gollwitzer, 1995). 일반적으로 그것은 인내력을 촉진한다(Brandstätter & Frank, 2002).

이러한 두 가지 마음자세는 뇌의 서로 다른 영역을 사용한다는 증거가 있다. Lengfelder와 Gollwitzer(2001)는 전두엽 손상 환자와 다른 뇌 영역에 손상이 있는 환자를 연구했다. 그들은 전두엽 손상 환자에게서 신중성이 손상되어 있음을 발견하였다. 그러나 환자에게 '만약-그러면' 방식의 이행 의도가 주의 깊게 제공되면 환자는 수행에서 손상을 보이지 않았다. 이는 계획하기가 뇌 전두엽 피질에서 처리되는 반면 자동적 행위는 뇌의 다른 영역에서 처리됨을 시사한다.

자기조절과 피드백 통제

우리는 지금까지 행위 도식, 의도, 목표, 높은 목표 설정의 영향 및 전략을 갖는 것의 중요성 등에 관해 논의했다. 일단 목표가 설정되고 의도가 형성되면, 당신은 당신이 실제로 하는 행동이 원래 하기로 설정한 것이라는 사실을 어떻게 확인하는가? 이 질문에 답하기 위해서는 피드백 통제의 개념이 필요하다(Carver & Scheier, 1981, 1998; MacKay, 1963, 1966; Miller, Galanter, & Pribram, 1960; Powers, 1973; Scheier & Carver, 1988; Wiener, 1948).

피드백 통제

부적 피드백 고리negative feedback loop는 네 부분으로 구성된다([그림 13-3] 참조). 첫째 요소는 자기조절을 위한 값value이다. 행동의 목표나 비교 기준, 혹은 참조가다(이 용어는 모두 동일한 의미다). 이 값은 많은 곳에서 유래할 수 있고 여러 추상 수준에서 존재할 수 있다. 그것은 계획, 의도, 가능한 자기 및 전략 등이 될 수 있으며, 모두 자기조절에 사용되는 값이다.

두 번째 요소는 투입input으로, 당신의 현재 행동과 그 효과에 대한 지각이다. 이는 단순히 당신이 하고 있는 것과 그것이 지닌 효과에 대해 주목함을 의미한다. 때때로 이것은 당신이 하고 있는 것을 희미하게 감지하는 순간적인 자각의 명멸이다.

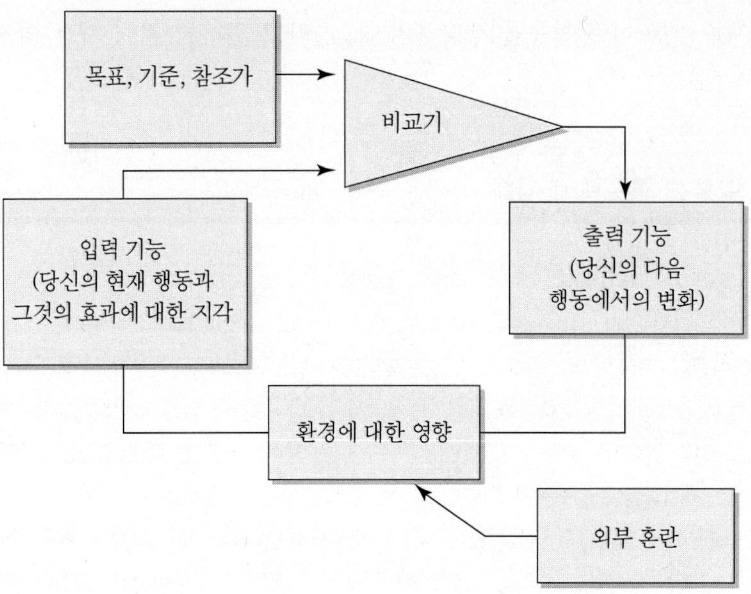

[그림 13-3]

차이를 줄이는 피드백 고리 그림. 이는 인공 체계와 생명 체계 둘 다에서 자기수정적인 행동적 자기조절에 기초가 된다고 생각되는 기본 과정을 보여 준다.

피드백 통제가 일어나기 위해서 사람들은 자신이 현재 하고 있는 것을 감찰monitor 해야 한다.

어떤 때는 당신이 오랜 기간 해 오고 있는 일에 대해 주의 깊게 생각함을 의미한다. 어떤 때는 문자 그대로 사람들이 지금 하고 있는 것을 지켜보는 것이다(예, 댄스 스튜디오에서). 비록 이런 활동을 생각하기thinking라고 말하는 것이 가장 쉽지만, 이

글상자 13-1 이론적 쟁점: 피드백 대 강화

사람들이 자신의 마지막 노력의 결과를 알아서 다음 일을 하는 데 도움을 받는다는 사실은 오랫동안 알려져 왔다(Locke & Latham, 1990; Schmidt, 1988). 그러나 이 증거는 사람마다 다르게 해석된다. 지금 우리가 논의하고 있는 맥락에서 보면 결과에 관한 지식은 피드백에 해당하고, 이는 사람들이 자신의 행동을 조절하는 데 사용된다. 그러나 다른 맥락에서 이는 흔히 강화물reinforcer이라 불린다(Kulhavy & Stock, 1989). 이런 용어의 차이는 다른 관점을 반영한다.

그러면 자기조절에서 보상과 처벌의 역할은 무엇인가? 이 장에서 논의되는 연구를 하는 연구자는 완전하게 동의하지 않겠지만, 일부 연구자는 보상, 특히 자기 보상을 중요하게 여긴다. Bandura(1986)는 바라는 목표를 달성한 뒤에 주어지는 자기 보상이나 자기 칭찬이 자기조절의 결정적 측면이라고 주장한다. 반면 우리는 목표를 달성한 뒤에 자기를 칭찬한다고 말하는 것이 아무 보태는 것이 없다고 보고 이 개념이 필요 없다고 본다(Carver & Scheier, 1981, 1990). 자기 칭찬이 발생할 수 있지만, 그것은 단지 사건에 대한 반작용이다. 중요한 것은 사건이다. 이런 관점에서 결정적인 사건은 목표 달성과 그것이 어떻게 일어났는가에 대한 행위자의 인식(깨

기능이 반드시 의식적일 필요는 없다(Bargh & Ferguson, 2000).

투입 지각은 목표와 비교되고, 이를 비교기comparator라 부른다. 만약 당신이 의도한 대로 하고 있다면 둘 사이에는 차이가 없고, 당신은 이전처럼 계속한다. 그러나 만약 당신의 행동이 당신이 의도한 것과 다르다면 마지막 과정이 치고 들어온다. 이 과정은 행동을 변화시켜 당신의 의도에 좀 더 맞게 행동을 조정한다(이 견해와 관련된 상세한 이론적 문제는 〈글상자 13-1〉을 보라).

피드백feedback이란 용어는 당신이 행동을 수정할 때 결과가 새로운 지각의 형태로 '되먹임fed back' 되고, 그것이 참조가와 비교되어 재확인된다는 의미로 사용된다. 이 피드백 고리는 제어 체계control system라고도 불리는데, 피드백 고리 안의 각 사건이 이전의 결과에 의존하기 때문이다. 그래서 이전 과정은 다음에 일어날 일을 '통제 혹은 제어' 한다. 부적negative 고리라는 용어는 이 과정이 행동과 목표 사이의 차이를 취소하거나 줄이려 한다는 의미다.

피드백 고리라는 개념은 몇 가지 함축적 의미를 지니고 있다. 그중 하나는 행동은 (이전에 논의된 목표 개념처럼) 목적이 있음을 가정한다. 이런 관점에서는 사실상 모든 행동은 특정한 참조가를 충족하려는 노력을 포함한다(예외에 대해서도 조금 뒤에 언급할 것이다). 삶은 (광의와 협의, 그리고 장기와 단기의) 목표와 의도를 형성하고,

---

달음)이다.

강화의 개념은 학습이론에서 나온다. 이 논쟁에 대해 생각해 볼 때, 학습 이론가도 학습이론에서 강화의 역할이 무엇인가에 대해 장기간 논쟁해 왔다는 사실이 상기되어 참으로 흥미롭다. Tolman(1932)은 보상이 실험실의 쥐에게조차 어떤 도장을 찍어 주듯 하는 것이 아니라 그 동물이 배울 수 있는 어떤 정보를 제공해 주는 것이라고 믿었다. 더 특정하게 말하면, 동물은 사건 사이의 연합을 경험함으로써 무엇이 무엇을 이끌고 있음을 학습한다는 것이다. Tolman은 보상과 처벌이 학습을 위해 필요한 것이 아니고, 특별하게 관련성이 있는 학습 상황의 측면에 주의를 기울이게 하는 역할을 한다고 주장한다.

'좋아요' 라고 말하는 것과 같은 단순한 사회적 강화도 그 말을 단지 아주 드물게만 사용하는 경우에 훨씬 더 큰 효과가 있음이 발견된다(Babad, 1973). 아마도 이는 희귀한 사건이 흔한 사건보다 정보적 가치가 더 많기 때문일 것이다. 이런 결과는 강화 그 자체가 중요한 것이 아니라 강화가 지니는 정보적 가치가 중요하다는 Tolman의 의견을 지지하는 것이라고 볼 수 있다.

그에 맞추어 행동을 조정하고, 당신이 의도한 대로 진행되고 있는가를 알려 주는 피드백을 사용하는 과정이라고 할 수 있다.

이러한 논리의 또 다른 함축적 의미는 자기조절이 연속적이며 결코 끝이 없다는 점이다. 결과에서의 모든 변화는 현재 상태를 변화시킨다. 그리고 다시 현재의 새로운 상태는 목표에 비추어 점검되어야만 한다. 한 걸음 더 나아가 목표는 종종 역동적이다. 시간에 따라 진화한다. 예를 들어, 학교에서 잘하는 것, 다른 사람에게 좋은 인상을 주는 것(그리고 그것을 유지하는 것), 혹은 휴가 여행을 가는 목표를 생각해 보자. 당신은 특정한 목표점에 도달함으로써가 아니라 많은 과제를 여러 시간에 걸쳐 잘해 냄으로써 '학교에서 잘한다'. 당신은 그냥 떠났다가 다시 돌아옴으로써가 아니라, '휴가 가기'를 구성하는 세부적 활동을 행함으로써 '휴가 여행을 간다'. 당신의 행위를 조정하는 것과 진화해 가는 목표의 다음 단계로 나아가는 것 사이에는 연속적인 상호작용이 존재한다.

여기서 표준이나 기준standard으로 언급하는 목표는 단지 지침으로 사용되는 값이라는 의미다. 그것이 (비록 그럴 수 있다 하더라도) 반드시 탁월하게 높은 기준을 의미할 필요는 없다. 시험 보기 전날 밤에 노트를 한 번 보고는 더 이상 열심히 하지 않음으로써 C학점을 받는 것을 목표로 학습 행동을 조절하는 한 학생을 생각해 보자. 이런 행동의 구조(목표 설정, 점검, 그리고 필요할 경우의 조정)는 A 학점을 받기 위해 노력하는 학생의 것과 완전히 똑같다. 그들은 단지 서로 다른 2개의 비교값(혹은 표준이나 기준)을 사용하고 있을 뿐이다.

자기 지향적 주의와 비교기의 활동

인간 행동은 피드백 통제의 패턴을 따르는가? 이와 관련된 증거는 자기 지향적 주의의 효과에 관한 연구에서 나온다. 마음속에 목표나 의도를 가졌을 때 자신에게 주의를 기울이면 행동을 조절하는 피드백 고리의 비교기가 작동된다고 주장되어 왔다(Carver & Scheier, 1981, 1998).

자기 지향적 주의에 관한 몇몇 연구에서 참여자는 자기 자신을 의식하게 되는 조건(예, 청중, TV 카메라, 혹은 그들의 모습이 비친 거울 등)에 노출된다. 다른 연구 계열에서는 개인의 자기반성적이 되는 일반적 경향성을 측정한다(Fenigstein, Scheier, & Buss, 1975; Trapnell & Campbell, 1999).

자기 지향적 주의가 비교기를 작동한다는 생각은 두 종류의 예측을 하게 만든다. 첫째, 자기 초점은 현재 행동과 목표를 비교하는 경향성을 증가시킬 것이다. 이를 직접 연구하기는 어렵지만 간접적인 방법이 있다. 즉, 사람들이 어떤 구체적인 정보를 얻지 않고는 목표와 현재 진행되는 행동을 정신적으로 비교할 수 없는 상황을 만드는 것이다. 사람들을 그런 상황에 처하게 하고 나서 그들이 정보를 얼마나 많이 찾는지를 관찰한다. 아마도 정보를 더 많이 찾는 것은 더 많은 비교를 시도하고 있음을 뜻할 것이다. 이런 논리에 기초한 연구에서 자기 초점적인(자기 의식적인) 사람은 그렇지 않은 사람에 비해 비교와 관련된 정보를 더 많이 찾았다(Scheier & Carver, 1983).

다음으로 자기 지향적인 주의가 비교기를 작동한다면, 행동은 목표에 더욱 가깝게 조절되어야 한다. 실상은 그렇다. 예를 들어, 한 연구(Carver, 1975)에서 연구 참여자는 처벌을 교육의 도구로 사용하는 것을 반대하거나 찬성한다는 각자의 의견을 말했다. 그들은 나중에 학습에서 실수한 사람을 처벌하는 역할을 맡았다. 각자 스스로 판단해서 사용할 처벌의 양을 결정하도록 했을 때는 자기 의식적이게 만들었던 집단의 사람만이 실제로 자신의 의견과 일치되게 행동했다. 다양한 범위의 눈에 띄는 비교 표준에서, 자기에게 초점을 맞추게 하는 작업은 목표에 일치하는 행동을 유도한다는 사실이 많은 연구에서 입증되었다.

정신적 대조와 목표 합치

피드백 원리가 현재 상태와 바람직한 최종 상태 사이의 정신적 대조에 특정하게 초점을 맞춘다는 주장을 지지하는 다른 연구가 있다(Oettingen & Kappes, 2009). 이 연구에서는 정신적 대조를 통해 비교기 기능을 작동하게 했다고 볼 수 있다. 단지 미래의 목표에 대해서만 생각해 보게 하거나 단지 현재의 상태만을 생각해 보는 것은 이 둘 모두를 생각하게 했을 때와는 다른 효과를 보인다. 또 바라는 목표에 도달할 수 있다고 확신하는 조건에서만 현재 상태와 바람직한 상태 사이의 정신적 대조가 행동을 활성화하였다(Oettingen et al., 2009). 그 결과 사람들은 자신의 목표를 달성하는 데 더 성공적이었다.

위계적 조직화

이런 연구는 피드백 과정이 행동에 관련되어 있을 것이라고 제안한다. 그러나 실제로 당신은 피드백 과정에서 어떻게 신체적 행위에 이르는가? 한 가지 대답은 William Powers(1973)가 제안하듯이 피드백 고리가 위계적인 층을 이루고 있다는 것이다. 그는 이런 유형의 조직화가 신체적 행위를 가능하게 만든다고 주장했다. 다른 사람도 이와 관련된 주장을 했다(예, Broadbent, 1977; Gallistel, 1980; Rosenbaum, 1987, 1990; Toates, 2006; Vallacher & Wegner, 1987).

피드백 위계feedback hierarchy의 개념은 낮고 높은 수준의 목표가 함께 있다고 가정한다. 당신은 가능한 자기가 되려는 어떤 목표를 가지고도 있지만, 이와 함께 깨끗한 옷을 입으려는 목표와 심리학 수업에 제시간에 맞추어 도착하려는 목표도 가지고 있을 수 있다. 이런 여러 목표를 어떻게 함께 짜 맞출 것인가? [그림 13-3]에서 묘사되는 피드백 고리의 구조를 상기해 보라. Powers는 위계 체계에서 한 단계 높은 수준의 피드백 고리의 행동결과는 그 아래 수준의 피드백 고리의 목표를 설정한다고 본다([그림 13-4] 참조). 높은 순위의 고리는 신체적 활동을 함으로써 '행동' 하지 않고 그 아래 위계의 고리를 안내하는 역할을 한다. 가장 낮은 수준의 고리만 실제로 근육 집단을 제어함으로써 신체적 활동을 창출한다(Rosenbaum, 1987, 1990, 2005). 각 층은 각각의 추상 수준level of abstraction에 적합한 피드백을 받는다.

Powers가 제안하는 성격과 가장 관련성이 높은 수준이 [그림 13-4]에 제시되어 있다. 가장 꼭대기에 시스템 개념system-concepts이라 부르는 매우 추상적인 특성이 있다. 그 한 예는 사람들이 유지하려고 애쓰는 광의의 이상적인 자기다. [그림 13-4]에서 예로 든 리처드는 이상적인 자기상에 따라 인생을 살려고 노력한다. 이런 노력은 자기실현(11장 참조) 경험과 유사하다. 그것은 그 사람의 전체성과 통합성을 증진한다.

그러나 사람들이 저절로 이상적인 자기가 되는 것은 아니다. 이상적인 자기에 도달하려고 노력하는 것은 그것을 구체적으로 기술하는 안내인 원칙principles에 따라 살려고 노력하는 것을 의미한다. 그래서 Powers는 시스템 개념 통제의 그 아래 수준에 원칙 제어principle control라는 이름을 붙였다. 원칙은 폭넓은 안내 지침이다. 그것은 많은 방식으로 표현될 수 있는 광범위한 특성을 구체화한다. 그것이 활성화되면 원칙은 당신이 어떤 활동을 시작해야 하고 그것을 할 때 어떤 선택을 해야 할지

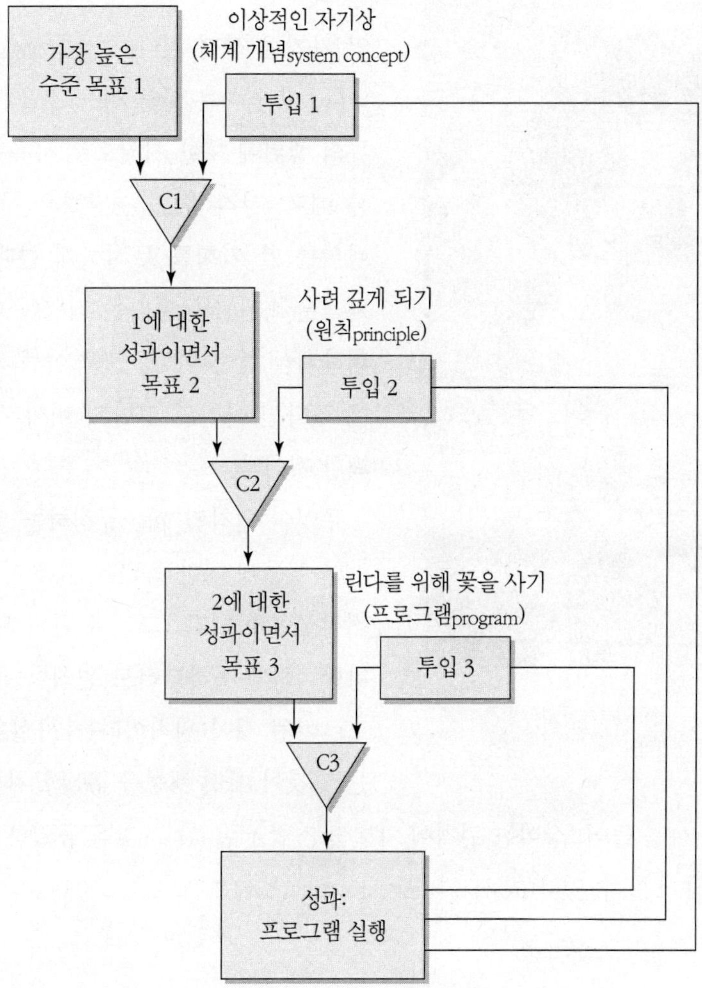

[그림 13-4]

피드백 체계의 3-수준 위계의 그림. 이 그림은 높은 수준 고리에서 낮은 수준 고리로 흐르는 통제의 '계단식 폭포'를 나타낸다. 높은 수준 고리는 그 바로 아래 고리를 위한 목표를 설정한다. 여기서 묘사된 통제 수준은 Powers(1973)가 제안한 위계의 맨 위에 있는 것들이다. 이 그림은 능동적으로 (3) 그의 아내를 위해 꽃을 사는 프로그램적 활동에서 나타나고 있는 (2) 사려 깊음이란 원칙을 따름으로써 (1) 자기지각을 그의 이상화된 자기에 맞추려는 한 사람의 행동을 단적으로 보여 준다.

결정하는 것을 돕는다(Verplanken & Holland, 2002). 원칙은 특성이나 가치에 상응하는 경향이 있다. 사람들은 자신의 행동을 비교적 추상적인 수준으로 생각할 때 행위를 통해 자기의 가치를 표현하는 경향이 있다(Torelli & Kaikati, 2009).

일상에서 우리가 하는 많은 것은(식료품 구입과 같은) 프로그램이나 각본 같은 특성을 가진다.

[그림 13-4]에서 보여 주듯이, 리처드의 이상적인 자기는 사려 깊다thought-fullness는 원칙을 갖고 있다. 이 원칙은 꽃을 사는 것을 포함하여 많은 종류의 행위에 대한 지침으로 사용될 수 있다. 또 다른 예로, 정직성honesty 원칙은 시험을 볼 때 부정행위를 할 기회를 무시하게 한다. 검약frugality의 원칙은 비싼 식당보다는 적당한 가격의 식당을 선택하게끔 할 것이다. 만약 이런 사람이 비싼 식당에 갔다면 아마도 그다지 비싸지 않은 메뉴를 선택할 것이다.

무엇이 원칙인가를 규정하는 것은 추상성과 다양한 행동에 대한 폭넓은 적용 가능성이지 사회적 적절성이 아니다. 그래서 편의성은 사회적으로는 바람직하지 못하더라도 원칙이 될 수 있다(카툰 참조). 어떤 것이 원칙이라는 사실을 아는 것만으로는 그것이 어떤 행동을 유발할지를 예측하지 못한다. 예를 들어, 상이한 원칙이 차별 방지법affirmative action을 동일하게 지지하거나 반대하게 할 수 있다(Reyna, Henry, Korfmacher, & Tucker, 2005).

비록 원칙이 종종 선과 도덕을 연상시키지만 꼭 그럴 필요는 없다. 원칙은 때때로 이기적이다. 정작 필요한 것은 원칙이 많은 종류의 행동에 적용될 수 있을 정도로 매우 추상적이어야 한다는 것이다.

출처: Bill Watterson의 허락하에 게재.

사람들이 저절로 이상적인 자기가 '되지' 않는 것처럼 원칙도 '저절로 굴러가는' 것은 아니다. 원칙은 프로그램programs을 구체화함으로써(혹은 프로그램 내의 결정을 구체화함으로써) 작동한다([그림 13-4] 참조). 프로그램은 12장에서 우리가 각본이라고 불렀던 것과 유사하다. 그것은 행위의 일반적 과정을 구체화하지만 많은 상세한 부분에 대해서는 여지를 남겨 둔다. 프로그램(혹은 각본)을 활성화하는 것은 당신이 많은 가능성 중에서 선택을 할 것을 요구한다. 프로그램은 실상은 전략이다.

사려 깊음의 원칙은 리처드가 꽃을 사는 프로그램에 들어가게 한다. 이 프로그램은 부분적으로만 구체화되어 있다. 꽃집을 들린다. 꽃을 고른다. 그리고 돈을 지불한다. 그러나 그가 어떤 꽃을 고를지는 꽃집에 어떤 꽃이 있는지에 달려 있다. 그는 현금 혹은 신용카드로 지불할 수 있다. 또한 그는 주차 미터기에 돈을 넣을 수도 있고 넣지 않을 수도 있다.

이 예에서 두 가지를 더 생각해 보자. 이 둘 모두 사려 깊음의 원칙에 맞는 몇 가지 방식이 있다는 사실에서 나온 것이다. 첫째, 리처드는 이 원칙을 구현하는 다른 프로그램을 고를 수도 있었을 것이다. 예를 들면, 아내 린다를 위해 특별한 외식을 하거나 그녀의 차를 세차해 주는 것을 들 수 있다. 이 두 가지 방법 모두가 동일한 원칙을 만족시킬 수 있다. 둘째, 사려 깊음의 원칙에 맞추는 것이 프로그램에 들어갈 것을 요구하는 것은 아니다. 원칙은 프로그램이 진행되는 동안에 작동할 수도 있다. 예를 들어, 린다가 집에 오는 길에 꽃을 사 달라고 부탁했다고 생각해 보자. 이런 요청에 대해 그는 어쨌든 꽃을 샀을 것이다. 사려 깊음의 원칙은 꽃을 사는 프로그램을 진행하는 중에 활성화되어서 제철이 지나 비쌀지라도 린다가 좋아하는 꽃을 사기로 결정하게 만들 수 있다.

일상생활에서 사람들이 행하는 많은 것은 대체로 프로그램이나 각본처럼 보인다. 일상생활에서 당신이 형성하는 대부분의 의도는 프로그램과 관련된다. 세탁하기, 가게에 가거나 영화 보러 가기, 시험 준비하기, 점심 먹기, 어떤 사람에게 주목받으려 하기 등은 모두 프로그램이다. 이 모두는 일반적으로 예측 가능한 행위의 과정과 하위 목표를 가지고 있지만, 주어진 시점에서 당신이 정확히 무엇을 할지는 상황에 따라 다를 수 있다.

아마도 여러 원칙과 그와 관련된 프로그램 사이에는 잘 학습된 연계가 있을 것이다. 프로그램과 더 낮은 수준의 제어 사이의 연계는 아마도 더욱 강할 것이다. 예를 들어, 당신이 어떤 여행 목표를 마음속에 지니고 있다면, 그것은 자동적으로 당신이 가려고 하는 목적지에 이르는 가능하고 통상적인 방법에 대한 정보를 활성화한다(Aarts & Dijksterhuis, 2000).

위계적 조직화와 관련된 쟁점

사람들이 목표 위계에 대해 생각할 때 공통으로 일어나는 몇 가지 의문점이 있다. 예를 들어, 위계의 모든 수준이 항상 활성화되어 있다고 가정할 수도 있다. 하지만 꼭 그럴 필요는 없다. 때로 행동은 전반적인 이상적 자기감에 의해서가 아니라 프로그램에 의해서 안내된다. 달리 말하면 때로는 좀 더 낮은 위계 수준이 기능적으로 상위functionally superordinate가 되어 작동할 수 있다.

예를 들어, 사람들이 식료품점에서 쇼핑하기, 설거지하기, 학교에 운전해 가기와 같은 일상적 삶의 '유지' 활동을 할 때가 그런 경우다. 이럴 때 사람들은 높은 순위의 목표를 잊어버리는 것 같다. 게다가 프로그램은 본래 의사결정을 요구한다. 이 때문에 프로그램이 다른 수준보다 더 빈번하게 기능적으로 상위가 되는 것 같다. 흥미롭게도 사람들은 자발적으로 자신에 대해 기술하게 하면 자신이 어떤 사람인지보다는 자신이 무엇을 하고 있는지를 기술하는 경향이 있다(McGuire & McGuire, 1986). 이는 프로그램 수준이 사람들에게 특히 두드러질 것임을 시사한다.

낮은 수준이 기능적으로 상위가 되어 활성화되면, 대체로 그보다 더 높은 위계 수준은 일시적으로 연결되지 않는 것 같다. 그러나 이런 단절이 영구적일 수는 없다. 높은 수준의 목표는 낮은 수준의 목표가 책임을 맡고 있는 동안 발생하는 일에 의해 영향을 받을 수 있다. 프로그램(할인 기간 중 신발을 사는 것)은 당신이 원칙(검소함)에 맞추도록 도울 수 있다. 비록 그것이 당신이 프로그램에 참여한 의식적인 이유는 아닐지라도 말이다(그 신발을 보는 순간, 그 신발이 좋아졌다). 프로그램은 만약 그것이 원칙에 위배된다면 문제를 발생시킬 수도 있다. 예를 들어, 건강에 민감한 많은 사람은 저지방 음식을 먹는 원칙을 가지고 있다. 그러나 이런 사람이 (낮은 목표 위계 수준에 맡긴 채) 파티에 몰두해 있다면 기름진 음식을 많이 먹고 머잖아 곧 후회하게 될 것이다.

이전에 말했듯이 목표는 다양한 방식으로 달성될 수 있다. 어떤 행위가 다양한 원칙에 봉사할 수 있다. 예를 들어, [그림 13-4]의 리처드는 사려 깊게 되기 위해서가 아니라 상대를 조종하기 위해, 즉 린다의 호의를 얻기 위해 꽃을 샀을 수도 있다.

동일한 신체적 움직임이 일어나지만 그것은 각각 서로 매우 다른 상위 위계의 목표를 추구한 것이다.

또 다른 요점은 사람들이 같은 수준에 있는 몇 가지 가치를 한꺼번에 맞추려고 한다는 것이다. 때로 그것은 양립할 수 있다(양심적이면서도 검소한). 어떤 경우에는 덜 그렇다(옷을 잘 입으면서 검소하다거나, 활동적인 사회생활을 하면서 좋은 학점을 받는 것 등). 그런 경우 하나의 가치에 맞추려는 시도는 다른 가치에 문제를 일으킨다(Emmons & King, 1988; Emmons, King, & Sheldon, 1993).

위계적 조직화에 대한 증거

행동은 위계적으로 조직화되는가? Robin Vallacher와 Dan Wegner는 그들의 연구에서 그렇다고 제안한다(Vallacher & Wegner, 1985, 1987). 그들은 사람들에게 자신의 행위를 어떻게 보는지에 대해 물어보았는데, 이를 행위 인식action identifications이라 불렀다. 특정한 행동은 본인에게 다양한 방식으로 인식될 수 있다. 예를 들어, 수업 시간에 필기를 하는 것은 '교실에 앉아서 펜으로 종이에 표시를 하는 것', '수업 시간에 노트를 하는 것', '수업에서 잘하려고 노력하는 것', '교육을 받는 것' 등 여러 가지 수준에서 인식될 수 있다. 이런 인식 중 어떤 것은 구체적이며, 어떤 것은 좀 더 추상적이다. 아마도 당신이 자신의 행위를 어떻게 인식하느냐는 지금 당신이 인식하고 있는 목표를 말해 줄 것이다.

Vallacher와 Wegner(1985, 1987)는 사람들은 일반적으로 가능하면 자기 행위를 더 높은 수준의 위계로 보려는 경향이 있다고 주장한다. 그래서 당신은 학생들의 행동을 '건물 속으로 걸어 들어가 앉아서 누군가가 말하는 것에 귀를 기울이는 것'으로보다는 '수업에 참여하는', '교육을 받는', 혹은 '강의를 듣는' 행위로 보기가 쉽다. 그러나 사람들이 높은 목표 위계 수준에서 행위를 조절하는 데 문제가 있어 이를 해결하기 위해 애를 쓰기 시작한다면, 그들은 그 행위에 대해 애초보다 더 낮은 목표 수준의 조절 위계로 철수하는 경향이 있다. 앞에서 사용된 용어로 표현하자면, 높은 위계 수준의 목표 조절에 어려움을 겪게 되면 보다 낮은 수준의 목표가 기능적으로 상위가 되게 된다. 행위에 대한 더 낮은 수준의 인식을 사용해서 사람들은 흔히 문제를 해소한다. 문제가 해결됨에 따라 그 사람은 다시 더 높은 수준의 인식으로 옮겨 가는 경향이 있다.

예를 들어, 당신이 수업 시간에 필기를 하고 있는 도중 강의를 이해하는 데 어려움이 발생하였다면, 당신은 자신의 행동을 '교육을 받고 있는 것'으로 생각하기보다는 '가능한 한 많이 받아 적어 놓고 나중에 이해하려고 해 보기'로 생각하기 시작할 것이다. 잠시 후 강의 내용을 따라가기가 한결 쉬워진다면, 당신은 자신의 행동을 좀 더 추상적인 용어로 생각하기 시작할 수 있을 것이다.

해석 수준

추상 수준에 관한 아이디어를 흥미롭게 비틀어 놓은 새로운 버전을 Yaacov Trope와 Nira Liberman(2003, 2010)이 개발했다. 그들은 사람들이 부분적으로 특정 활동이 현재 순간에서 얼마나 멀리 있다고 보느냐에 따라서 그 활동을 다르게 해석한다고 제안한다. 특정 활동이 더 미래에 있을수록 더 추상적으로 해석된다. 그 활동이 현재에 가까워질수록 더 구체적이 되고 덜 추상적이 된다.

이런 추론은 당신이 바로 어떤 행위를 이제 실천에 옮겨야 할 국면에 들어서면 그것을 하기 위한 구체적 행동에 주의를 기울여야 한다는 일상의 관찰과 잘 들어맞는다. 만약 학기 말로 기한이 정해져 있는 심리학 보고서 과제를 본다면 '보고서를 써야겠군' 하겠지만, 학기 말이 이제 한 주 반 정도 남은 시점이라면 당신은 '최신 관련 문헌을 읽어서 얻은 아이디어를 기존의 다른 아이디어와 비교해 보고, 새로운 아이디어를 만들어 논리적인 흐름에 맞는 문장으로 구성해야지' 하고 생각하기 시작할 것이다.

보다 근래에 Trope와 Liberman(2010)은 이 아이디어를 더 확장했다. 그들은 위에 설명한 시간에 기반을 둔 거리는 보다 일반적인 심리적 거리의 특수한 사례라고 조망한다. 심리적 거리가 멀어질수록 심적 표상은 더욱 추상적이 된다. 심리적 거리가 가까워질수록 심적 표상은 더 구체적이고 세부적이 된다. 심리적 거리는 매우 다양한 방법—시간, 공간, 사회적 거리, 심지어는 1인칭과 3인칭 관점—으로 만들어질 수 있다(Libby, Shaeffer, & Eibach, 2009). 더 나아가 상이한 유형의 거리는 어느 정도 상호 교환적이다. 당신이 만약 어떤 일이 일어날 가능성이 낮다고 생각한다면, 그것은 시간과 공간상에서도 어느 정도 떨어져 있는 것처럼 보인다. 사람들이 자신의 행동을 어떻게 (추상적 혹은 구체적으로) 해석(구성)하느냐가 자신이 조절하려고 하는 위계 수준에 영향을 미치기 때문에, 이런 해석construal 수준의 차이는 매우 중요할 수 있다.

정서

성격에 대한 자기조절적 접근에서는 정서를 어떻게 바라보는가? 이에 관해 노벨상 수상자인 Herb Simon(1967)은 일찍이 정서가 핵심 역할을 한다고 주장한다. 사람들은 종종 동시에 몇 가지 목표를 추구하지만 그것을 순서를 두고 처리한다(예를 들면, 당신은 주유소에 갔다가 점심을 먹고 해변으로 간다. 거기서 햇빛을 받으며 시험 공부를 한다. 그리고 다시 집으로 돌아와 시간이 있다면 빨래를 한다). 일의 순서는 부분적으로는 우선권, 즉 각각의 목표가 당신에게 얼마나 중요한지의 문제다.

일의 우선순위는 재배열될 수 있다. Simon은 정서가 이런 우선순위를 변화시키는 내적인 요청이라고 주장한다. 불안과 같은 정서는 당신의 개인적인 안녕(중요한 목표)을 충분히 돌보고 있지 않으며, 그래서 우선순위를 바꿔야만 한다는 신호에 해당한다. 분노는 당신의 자율성(사람들이 가치를 두는 또 다른 목표)에 더 높은 우선순위가 주어질 필요가 있음을 알려 주는 신호가 될 수 있다.

이런 분석에는 당신이 한 번에 한 가지 목표에 초점을 두지만, 의식 밖에서는 많은 목표의 추이가 감찰되고 있다는 가정을 하고 있다. 만약 어떤 목표에 대해 문제가 발생한다면 그와 관련된 정서가 발생한다. 문제가 충분히 커진다면 정서는 당신의 현재 행동을 가로막는다. 예를 들어, 두 문단 전에 기술된 목표로 다시 돌아가 보자. 만약 당신이 다른 일을 다 마칠 때까지 차에 주유하는 것을 미루기로 작정했다면, 잠시 후 해변에서 기름이 바닥나 자동차가 오가지 못할 가능성 때문에 불안해지기 시작할 수 있다. 만약 그런 불안이 충분히 강해진다면, 당신은 마음을 바꿔서(다시 일의 우선순위를 매겨서) 결국 기름을 먼저 넣으러 갈 것이다.

Simon의 이론은 정서가 목표를 향해서 '얼마나 일이 잘 진행되어 가고 있나' 하는 '진전율'을 감찰하는 체계에서 발생한다는 아이디어와 잘 조화될 수 있다(Carver & Scheier, 1990, 1998). 일이 정말 잘 진전되고 있을 때 당신은 열의와 행복을 느낀다. 진전이 매우 빨리 진행된다면 당신은 기쁨, 심지어 환희를 느낀다. 일이 잘 진행되지 않을 때는 좌절, 슬픔, 불안 등의 부정적인 감정이 나타난다. 만약 당신이 단지 무언가를 얻는 데 실패한 것이 아니라 완전히 설 자리를 잃었다면 부정적인 감정은 더욱 강해진다. 이 모든 경우에서 정서는 당신이 얼마나 잘하고 있는지를 나타내는 주관적인 표시등readout이다.

이와 일치하는 증거가 몇몇 연구에서 나온다. Hsee와 Abelson(1991, 실험 2)은 연구 참여자에게 스포츠 경기 결과에 돈을 거는 가상적인 상황에 참여하게 했다. 각 사람은 승리를 향한 진전이 각기 다른 비율로 제시되는 것을 피드백 받게 된다. 그런 다음 그들은 관찰한 각 사건에 대해 얼마나 만족하는지를 평가했다. 특히 흥미로운 것은 출발과 종결 지점은 같지만 변화의 비율을 다르게 했던 사건에 대한 평가다. 참여자는 느린 변화보다 빠른 변화에 더 만족했다.

감정은 행위에 대한 의미를 지닌다. Simon(1967)이 제안하듯이, 일이 잘 안 되고 부정적인 감정이 일어날 때는 그 감정과 관련된 목표를 향한 노력을 증가시킨다. 만약 당신이 뒤떨어지고 좌절을 느낀다면 더 열심히 노력할 것이다. 만약 당신이 무언가를 두려워한다면 그 상황에서 벗어나기 위해 더 열심히 노력할 것이다.

긍정적인 감정은 행동에 어떤 영향을 미치나? 그것도 우선순위의 재배열에 영향을 미친다(Carver, 2003). 당신이 어떤 목표에 대한 진전에서 긍정적인 감정을 느낀다면, 당신은 조금 '천천히 걸을 수 있고(여유를 부릴 수 있고coast)' 당신의 주의를 끄는 다른 욕구가 없는가를 점검할 수 있다. 이런 유의 여유 부리기가 나타날 수 있다는 증거가 있다(Fulford, Johnson, Llabre, & Carver, 2010; Louro, Pieters, & Zeelenberg, 2007). 여유 있음은 여러 가지 목표를 한꺼번에 교대로 다루는 과정을 도와준다. 만약 당신 앞에 한 번에 한 가지의 목표만 있다면, 당신은 그것을 쉽게 다루고 당신이 추구하는 다른 목표에 주의를 기울일 수 있을 것이다.

기대의 효과: 노력 대 철수

지금까지 우리는 대체로 커다란 어려움이 없을 때의 행동에 초점을 맞추었다. 그러나 모든 일이 항상 그렇게 잘 풀려 나가는 것은 아니다. 사람들은 종종 자신이 의도한 목표에 도달하려고 노력할 때 장애물에 부딪힌다. 그렇게 되면 무슨 일이 벌어지는가?

방금 언급했듯이, 장애물은 부정적인 감정을 일으킨다. 장애물은 심각할 경우 행위를 방해하는 경향도 있다(Carver & Scheier, 1981, 1990, 1998; Simon, 1967). 이런 방해는 짧을 수도 있고 길 수도 있다. 방해는 (만약 당신이 문제를 미리 예상한다면) 행위를 시작하기 전이나 (만약 장애가 일의 진행 중에 발생한다면) 행위 도중에 일어날 수 있다. 방해물은 일시적으로 당신의 행동을 멈추게 하고, 당신이 처해 있는 특정 상황에서 그 목표에 얼마나 잘 도달할 수 있는가를 평가하게 만든다.

성공에 대한 기대는 다른 장에서 나온 개념이다. 우리는 동기적 관점(5장)과 사회 학습 이론(10장)의 맥락 및 인지적 관점(12장)을 기술하면서 그것을 논의했다. 기대가 자기조절 모형에서 기능하는 방식은 다른 이론에서와 본질적으로 같다. 장애물을 극복할 수 있다는 자신감은 사람들로 하여금 자기조절을 위한 노력으로 돌아가게 만든다. 그러나 의심이 높아지면 그 사람은 철수disengage하기 쉽고, 목표 달성에 대한 노력을 줄이거나 심지어 목표 전부를 일시적 혹은 영구적으로 포기할 가능성이 높아진다(Klinger, 1975; Kukla, 1972; Wright, 1996).

노력의 수준은 양적으로 차이가 나는 연속체다. 그러나 노력을 대략 이분법적으로 생각해 보자. 그래서 당신이 계속 노력하느냐 혹은 그만두느냐에 대한 질문으로 단순화해 보자. 많은 경우 사람들에게는 그러한 두 가지 선택만이 있다(Carver & Scheier, 1998). 장차 어떤 일이 일어날까에 대한 이 관점은 사람들이 어떻게 '모퉁이를 돌다' 멈추어 원래로 다시 돌아가거나 원래의 목표를 포기하고 다른 것을 향해 가게 되는지를 설명할 수 있는 방법을 제공한다(Wrosch, Dunne, Scheier, & Schultz, 2006; Worsch, Scheier, Carver, & Schulz, 2003).

사람들은 기대의 상이한 국면을 강조한다. 우리는 자신감이나 의심을 갖는 이유에 초점을 두지 않고, 바라는 결과의 획득에 대한 자신감 대 의심을 강조한다(Carver & Scheier, 1998). 이와 대조적으로 Bandura는 효능감 기대efficacy expectancy(10장에서 기술된)를 강조한다. 효능감 기대란 자신이 특정한 수행을 하는 데 필요한 행위를 할 수 있는 능력을 지니고 있다는 믿음을 뜻한다. 그는 자신감과 의심을 좀 더 분명하게 자기 지각된 능력과 연결한다. 당신이 어떤 것을 선호하든지 기대는 사람들이 얼마나 열심히 노력하고 얼마나 잘할지를 결정하는 데 중요한 역할을 한다는 증거가 있다. 목표에 도달하는 데 자신이 있는 사람(높은 효능감을 지각한 사람)은 결과를 의심하는 사람보다 더 지속적으로 수행하고 더 잘 수행한다(〈글상자 13-2〉 참조).

예를 들어, 성폭행으로부터 자신을 지키는 법을 배우는 여성에 대한 연구(Ozer & Bandura, 1990)를 생각해 보자. 그들은 자기 방어를 위해 필요한 신체적 기술과 위험한 상황이 확대되지 않도록 사전에 대처하기 위한 언어적인 기법을 배웠다. 학습 동안의 몇몇 시점에서 여성은 자신이 위협이나 희롱을 무력화하는 전략적 행동과 언어적인 기법을 얼마나 잘 수행할 수 있는가에 관한 자신감을 평정했다. 또한 성

글상자 13-2

인생에 대한 확신: 일반화된 낙관성의 효과

기대는 인간 행동을 결정하는 중요한 요인이다. 본문에서는 주로 특정한 기대에 관해 다루었다. 예를 들면, 바람직한 인상 형성에 대한 확신, 학구적 목표를 달성하기, 특정한 전략을 실천으로 옮기기 등이다. 그러나 사람들이 특정한 목표와 함께 일반적인 목표도 설정하듯이, 기대에 대해서도 특정하거나 일반적인 기대를 지닐 수 있다. 장시간에 걸쳐서 낙관성optimism은 일반화된 확신을, 비관성pessimism은 일반화된 의구심을 의미해 왔다(Carver, Scheier, & Segerstrom, 2010; Scheier & Carver, 1992; Scheier, Carver, & Bridges, 2001). 즉, 인생의 특정한 국면이 아닌 인생 일반에 관한 것이다. 이런 일반화된 확신은 특성과 매우 유사하다. 이는 시간에 걸쳐 안정되어 있고 유전에 의해 영향을 받는 것으로 보인다(Plomin et al., 1992).

성격 차원으로서의 낙관성은 장기간 동안 연구되어 왔고 또 많은 것이 알려져 있다(Carver et al., 2010; Scheier et al., 2001). 인생에 대해 낙관적인 사람은 비관론자보다 남에게서 더 많은 호감을 산다(Carver, Kus, & Scheier, 1994). 아마도 그 이유 때문에 낙관적인 사람은 새로운 환경에 들어가게 되었을 때 사회관계망을 더 잘 형성한다(Brissette, Scheier, & Carver, 2002). 아울러 그들은 갈등을 해결할 때 상대방에게 더 지원적인 경향이 있기 때문에 더 좋은 관계를 형성하기도 한다(Srivastava, McGonigal, Richards, Butler, & Gross, 2006).

낙관성에 대한 연구는 대부분 스트레스를 다루는 데 낙관성이 어떤 영향을 미치는가에 초점

폭행에 관한 생각을 멈출 수 있다는 자신감 정도를 평정했다. 가장 중요한 결과 자료는 그들이 집 밖의 활동에 어느 정도나 참여했는가(혹은 회피했는가)에 대한 평정이었다.

결과 양상은 복잡했지만 전반적인 주제가 나타났다. 자신감이 매우 중요했다. 새로운 대처기술을 사용할 수 있다는 여성의 자신감은 자신이 덜 취약하다는 지각, 위험한 상황과 안전한 상황을 구별할 수 있다는 자신감, 그리고 궁극적으로는 그들의 집 밖 행동과 관련됐다. 대처기술의 사용에 대한 자신감은 또한 폭행에 대한 생각을 통제할 수 있다는 자신감과 관련됐다. 요약하면, 다양한 영역에서의 자신감은 여성이 자신의 사회적 세계에서 좀 더 효과적으로 대처하도록 돕는다.

을 맞추었다. 낙관적인 사람은 비관적인 사람에 비해 역경을 더 잘 다룬다. 역경의 종류가 미사일 공격 경험(Zeidner & Hammer, 1992)이든, 암이나 심장 질환 발병에 대처하는 것(Carver, Pozo et al., 1993; Scheier, Matthews et al., 1989)이든 마찬가지였다. 낙관성이 높은 사람은 고통을 덜 경험하고, 앞으로 진전하는 데 초점을 맞추고, 자신의 일상적인 활동에서 덜 철수하는 경향이 있었다(Carver, Lehman, & Antoni, 2003). 그들은 또 그 상황(역경)을 현실로 수용하려는 준비성이 높아 보였다(Carver, Pozo et al., 1993). 그들은 모래 속으로 머리를 처박고 자신들의 웰빙을 위협하는 위협을 무시하지 않았다.

낙관성에 대해 가장 잘 알려진 바는 사람들의 행동과 주관적인 정서적 경험에 대한 영향에 관해서다. 그러나 최근 연구는 낙관성이 역경에 대한 신체적 반응에 미치는 영향을 넘어서고 있다. 예를 들어, 큰 심장 수술을 받고 난 뒤에 비관성이 높은 사람은 낙관적인 사람에 비해 재입원 요구율이 더 높다(Scheier, Matthews et al., 1999). 낙관성이 높은 사람은 글자 그대로 치료가 더 잘됐다. 연구 결과는 전반적 낙관성이 높은 사람이 암 사망률(Allison, Guichard, Fung, & Gilain, 2003), 심혈관계 질환 사망률(Giltay, Kamphuis, Kalmijn, Zitman, & Kromhout, 2006), 그리고 사망률 전반(Tindle et al., 2009; 또한 Rasmussen, Scheier, & Greenhouse, 2009도 참조)이 낮았다. 낙관성이라는 성격 특성이 건강에 대해 갖는 전반적인 이점에 대한 연구가 증가하고 있다(Scheier, Carver, & Armstrong, 출판 중).

부분적 철수

지금까지 우리는 노력의 지속과 포기를 엄격하게 구별해 왔다. 그러나 때로는 그 경계가 불분명하다. 때로는 의도한 목표를 달성하기 어렵고 다른 것으로 대치할 수 있다(Freund & Baltes, 2002; Wrosch et al., 2003). 예를 들어, 어떤 사람이 스포츠를 즐겼지만 이제 휠체어에 앉게 되어 더 이상 축구를 할 수 없게 되었다. 그러나 그는 이제부터는 다리를 사용할 필요가 없는 스포츠로 관심을 돌릴 수 있다.

때때로 철수는 한 영역의 보다 요구가 높은 목표에서 덜 요구적인 목표로 내려오는 것만을 의미한다. 첫 번째 목표를 포기하고 그보다 덜한 것을 채택한다는 의미에서 이것은 철수다. 그러나 이는 해당 영역을 떠날 필요는 없다는 의미에서 좀 더 제한적이다. 이런 부분적인 철수는 당신이 그만두길 원했던 영역에 당신이 계속 참여하게 만든다. 난이도를 낮추어 조금 내려옴으로써(조금만 포기함으로써) 당신은 거시적으로는 목표를 포기하지 않고 앞으로 나아가려는 노력을 계속한다.

철수와 포기를 논의하면서, 우리는 포기가 좋은지 나쁜지의 여부는 맥락에 달려 있다고 누차 강조한다(Wrosch et al., 2003, 2006). 어떤 경우에 철수는 나쁜 것이다. 이는 삶의 평범한 어려움에는 좋은 대처 방식이 아니다. 이 경우는 계속 노력하는 것이 성공을 가져온다. 그런 경우에 목표를 그렇게 쉽게 포기해서는 안 된다. 반면 상황이 어려울 때나 목표에 도달하기 불가능할 때는 목표를 포기하거나 미루는 것이 종종 필요하다. 예를 들어, 당신이 돈과 신용카드를 집에 놓고 왔다는 것을 알고 나서도 쇼핑을 계속하는 것은 어리석다. 되돌아오지 않을 떠나 버린 사랑을 계속 붙잡고 있는 것도 어리석다. 이와 같이 포기는 때로 옳은 반응이 된다. 그러나 때로는 포기가 쉽게 이루어지지 않는다. 목표를 포기할 수 없는 것처럼 느껴질 때가 있고, 너무 중요해 보여서 뒤로 미룰 수 없을 것 같아 보일 때가 있다. 이런 경우에는 철수하지 못하는 것 때문에 고통이 지속된다. 이 점에 대해서는 행동 문제를 고려할 때 다시 이야기할 것이다.

자기조절의 추가 주제

지금까지 사람들이 의도를 형성하고, 그 의도를 이행 양식으로 전환하고, 행동이 계획대로 굴러가거나 그렇지 않은 상황의 그림을 제시했다. 이에 반해 사람들이 다양한 추상 수준의 목표를 가지고 있고 한 번에 여러 목표를 가지고 있는(그래서 동시에 많은 반자동적인 피드백 회로가 함께 돌아가는) 사실에 대해서는 거의 이야기하지 않았다. 이제 이와 관련된 세 가지 복잡한 문제를 논의해 보기로 한다.

접근과 회피

우리는 자기조절이 목표를 향해 나아가는 것을 포함한다는 아이디어에 초점을 맞추었다. 그러나 모든 행위가 접근approach에 관한 것만 있는 것은 아니다. 회피avoidance에 관한 것도 있다. 여기서의 회피는 바라는 목표에서의 철수를 의미하는 것이 아니다. 위협에서 능동적으로 멀어지려는 것을 뜻한다.

성격에 대한 동기적 관점을 논의할 때(5장), 두 가지 반대되는 동기가 겉으로는 동일한 행동을 산출할 수 있음을 지적했다. 당신은 성공에 접근하기 위해서 혹은 실패를 회피하기 위해서 어떤 과제를 동일하게 잘 수행하려 할 수 있다. 이때 동기는 같지 않다(그리고 때로는 그 행동도 속 내용은 같지 않다). 실제로 어떠한 일이든지 한편으로는 어떤 일이 일어나게 하려는 측면에서 볼 수도 있고, 다른 한편으로는 어떤 일이 일어나지 않게 방지하려는 측면에서 바라볼 수 있다(Higgins, 1997). 동일한 쟁점이 여기에도 적용된다.

피드백 회로에서 목표와 현 상태에 대한 지각 사이의 차이를 줄이는 것이 아니라 차이를 오히려 키우는 피드백 회로의 또 다른 범주에 대해서도 고려해 보아야 한다. 이것이 회피 모델의 근거를 제공한다. 접근하려 할 때와 회피하려 할 때 모두 정서가 관여됨은 분명하다. 어느 경우든 잘 수행할 수도 있고 나쁘게 수행할 수도 있다. 그래서 자기조절 모형은 접근과 회피 모두를 위한 근거지를 갖추고 있다. 그러나 여기에서 우리는 혼란을 피하려는 목적으로 회피 기능에 대해서는 많이 이야기하지 않았다(Carver & Scheier, 2007 참조).

의도에 기초한 행위와 자극에 기초한 행위

지금까지는 행동이 목표 설정에서 시작되는 의도적인 행동에만 논의의 초점을 맞추어 왔다. 그러나 모든 행동이 그렇게 일어나지는 않는다. 일부 행동, 아마도 대부분의 행동은 도식을 활성화하는 우연히 마주치는 자극의 특성에서 촉발된다.

이런 현상의 암시는 해석 도식interpretive schema이 행동 명세화specifications for action와 밀접하게 연결됨을 보여 주려는 연구에서 유래한다. 이런 연구에서는 도식을 활성화하기 위해서 점화 기법을 사용했는데, 점화 기법이 행동에 영향을 미침을 발견하게 되었다. 한 연구(Carver, Ganellen, Froming, & Chambers, 1983)에서는 단어 맞추기 게임word scramble에서 문장을 만들게 했다. 연구 참여자 중 일부는 단어 조합에 적대적인 내용이 포함되어 있었고 다른 일부는 그렇지 않았다. 그 뒤 학습 맥락에서 누군가를 벌주는 역할을 맡게 되었을 때, 적대적 내용의 단어를 읽은 사람은 그렇지 않은 사람에 비해 더 강한 처벌을 했다([그림 13-5], A 참조).

다른 연구(Bargh, Chen, & Burrows, 1996)에서는 유사한 과제를 사용해서 노인 고정관념을 점화하였다. 연구 참여자 중 일부는 노인 고정관념에 관한 많은 단어를

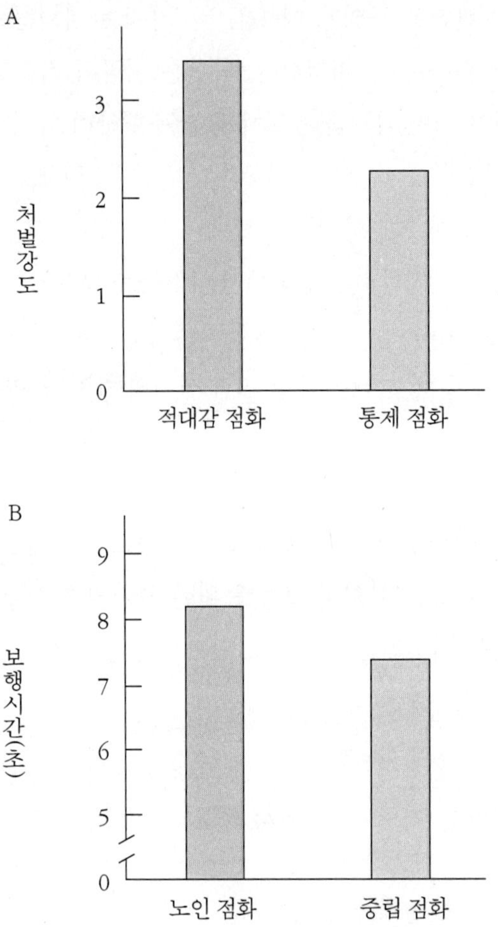

[그림 13-5]

도식과 관련된 행동에 대한 해석적 도식의 점화 효과. (A) 문장 형성과제에서 적대적 내용에 노출된 사람은 덜 적대적 내용에 노출된 사람보다 이후 과제에서 더 강한 처벌을 하였다. (B) 문장 형성과제에서 나이 든 사람에 대한 고정관념 요소에 노출된 사람은 중립적인 단어에 노출된 사람보다 연구실을 떠나 승강기까지 걸어가는 데 더 오래 걸렸다.
[출처] (A) Carver et al.(1983), Study 2; (B) Bargh et al.(1996), Experiment 2.

읽게 되었고 다른 일부는 그렇지 않았다. 관심 있는 결과는 그 절차를 마치고 연구 참여자가 복도를 걸어 나가는 데 걸린 시간이었다. 노인 고정관념에 노출된 사람은 마치 자신이 노인이 된 것처럼 복도를 더 천천히 걸어 나갔다([그림 13-5], B 참조).

이런 효과는 이렇게 해석된다. 단어로 문장을 만들기 위해서는 먼저 단어를 이해해야 한다. 단어를 이해하기 위해서는 기억의 의미망이 활성화될 것을 요구한다.

이런 활성화는 행동과 연결되어 있는 망으로 퍼지고 행동에 반영된다(Bargh, 1997). 실제로 연결은 양방향적이다. 고정관념과 맞는 방식으로 행동하는 것이 마음속에 고정관념을 떠오르게 해서 후속 지각에 사용될 수 있다(Mussweiler, 2006).

이와 같은 발견은 자동성automaticity에 관한 연구 문헌 중의 일부(12장에서 언급된 일부; 또한 Moors & De Houwer, 2006도 참조)다. 이 연구 중 많은 것이 John Bargh와 동료들(Bargh, 1997; Bargh & Chartrand, 1999; Bargh & Ferguson, 2000; Dijksterhuis & Bargh, 2001)에 의해 실행되었다. 이제 많은 연구는 목표가 그것이 일어난다는 사실을 깨닫지 못하는 가운데 활성화될 수 있음(혹은 추구될 수 있음)을 분명하게 보여 준다(Bargh & Williams, 2006 개관 참조). 이 연구 중 일부는 목표가 자각하지 못하는 자극에 해당하는 식역하 자극subliminal stimuli에 의해서도 활성화될 수 있음을 보여 준다.

이는 인간의 마음이 얼마나 다양한 종류의 점화에 의해서 조작될 수 있는가를 인상적으로 보여 주는 것이기도 하지만, 여기서 더 중요한 메시지는 자동성이 중요하다는 점이다. 실제로 습관적 행위는 점화 효과와 매우 유사한 방법으로 발생한다고 주장된다. 상황은 그와 연합되어 있는 목표를 활성화하고 행동은 자동적으로 그 목표를 좇는다(Aarts & Dijksterhuis, 2000). 이와 유사하게 사람들에 관한 범주는 그 집단에 관해 잘 학습된 특정 반응을 활성화하고, 이에 자동적으로 행동이 따라 나온다(Jonas & Sassenberg, 2006).

그럼에도 자신이 깨닫지도 못하는 사이에 행동의 특정한 특성이 활성화되고 행동의 흐름으로 이어진다는 아이디어는 꽤 놀라운 것이다. 당신의 행동은 라디오에서 우연히 듣거나, 잡지에서 읽거나, 대화에서 나누었거나, 심지어 당신이 알지도 못하고 조우하게 되는 여러 우연한 자극의 영향을 받을 수 있다. 이 아이디어는 사람들은 다른 사람이 하는 것을 반복한다(Carver et al., 1983)는 모델링 효과를 해석할 수 있게 해 준다(10장 참조). 사람들은 깨닫지 못한 채로 자신과 상호작용하고 있는 파트너의 자세나 몸짓을 흉내 낸다(Chartrand & Bargh, 1999). 그런 효과가 널리 퍼져 있다면 인간의 행동이 지시되거나 자기 조직화되는 것 중 어떻게 보는 것이 최상일까에 관한 의문을 갖게 된다(Carver & Scheier, 2002; Vallacher & Nowak, 1997; Vallacher, Read, & Nowak, 2002).

두 생각 모두 옳을 수 있을까? 우리는 그렇게 생각한다. 12장에서 보았듯이, 우리는 인지에 대해 이중 처리과정 모형을 기술했다. 그 모형 중 하나는 연결주의적, 연합주의적 과정이고, 다른 하나는 상징적 과정이다. 첫 번째 모형은 직관적intuitive인 반면 두 번째 모형은 합리적rational인 것으로 특징지어진다. 이중 처리과정 모형은 어떻게 의도와 자동성 모두가 행동에 영향을 주는가를 종합해서 설명할 수 있게 도와준다(Bargh & Williams, 2006; Kuhl, 2000; Rothbart, Ellis, Rueda, & Posner, 2003; Strack & Deutsch, 2004).

이런 해석은 다음과 같다. 직관 체계는 자동적으로 기능한다. 인식하지 못하는 자극이 행위 특성의 단서로 작동하게 되면 그 행위 특성이 진행 중인 행동의 흐름 속으로 스며들어 간다. 그런 행위 특성은 단순하거나 매우 과잉 학습된 것일 수 있다. 즉, 직관 체계는 상당히 복잡한 사건도 다룰 수 있지만(Kuhl, 2000), 그 역량은 연합에서 나오는 것이다. 이는 충동적이 되거나 재빠르게 반응하는 데 좋은 반면, 사안을 철저하게 생각하는 데는 좋지 않다.

이와 대조적으로 합리 체계는 당신이 의식적인 의도를 형성하거나 어떤 목표를 의도적으로 설정할 때 작동하기 시작한다. 이 체계가 작동할 때면, 행동은 노력이 들어가는 하향적 방식top-down manner으로 자기조절이 된다. 이 체계는 또한 계획적이다(Eisenberg et al., 2004). 이 체계는 자동적이고 단서에 의해 유도되는 반응이 준비되지 않아서 상황을 더 철저하게 생각해서 다루어야 할 때 작동한다. 그러나 사안을 철저하게 생각한다는 것은 행동에 얼마간의 지체가 발생함을 의미한다.

12장에서 인지적 견해에 대해 이야기하면서 사람들은 그들 자신의 마음에서 한꺼번에 처리해야 할 일이 여럿이어서 정신적 자원을 보존하려는 자연스러운 경향성이 있다고 지적한 바 있다. 이 원리는 여기에도 적용된다. 아주 조금만 생각하고도 사안을 처리할 수 있다면, 그 일을 하면서 동시에 다른 사안에 대해 생각할 수 있는 여지를 만들어 주기 때문에 매우 유용하다(Wood, Quinn, & Kashy, 2002).

자기통제로서의 자기조절

또 하나의 쟁점은 자기조절self-regulation의 실행에는 빈번히 자기통제self-control가 수반된다는 점이 주목을 받으면서 수면 위로 떠올랐다. 사람들은 때때로 다른 목표를 성취할 수 있기 위해서는 또 다른 것을 목표로 하는 다른 행동을 삼가야 한다. 자기통제는 그 목표가 함께 양립할 수 없어서 언제나 갈등을 안고 있는 상황과 관련된다.

자기통제는 매우 많은 상황에서 요구되고, 문제가 되는 갈등은 중요한 실질적 문제에 적용된다(Baumeister & Vohs, 2004 파트 VI 참조). 예를 들어, 다이어트 상황에서는 허기지는 느낌에 의해 섭식하려는 동기가 생기는 동시에 체중을 줄이려는 욕망 때문에 섭식을 억제하려는 동기가 발생한다. 이와 유사한 갈등이 물질 남용이나 가정 폭력 상황에서도 일어난다. 자기통제에 효과적인 사람은 장기적인 목표를 달성하기 위해서 유혹을 이겨 내기 위한 다양한 전략을 발달시키고 있다(Friese & Hofmann, 2009; Trope & Fishbach, 2000, 2005).

자기통제의 실패에 관한 논의(Baumeister & Heatherton, 1996)는 특정한 행동을 억제하려는 계획적이고 노력이 많이 요구되는 경향성, 그리고 그와 반대되는 방향으로 작용하는 비교적 자동적인 경향성을 대비하고 있다. 통제되지 않는 한 자동적으로 행동화되고 억제되어야 하는 행동은 흔히 충동적인 특징이 있다. 통제되지 않으면 자동적으로 행동화되는 흔한 이유는 습관적이 되었거나 보다 원초적이기 때문이다.

이런 견해 또한 이중 처리과정 모형의 풍미를 풍긴다. 자기조절은 충동적 경향성의 세력(힘)과 이를 억제하는 자기통제 경향성의 힘 모두와 관련된다(Edmonds, Bogg, & Roberts, 2009). 특정 행동을 보다 높은 수준의 용어로 인식하는 것이 즉각적인 성과를 무시하고 지연된 성과를 더 선호하기 쉽게 만든다는 증거가 있다(Fujita, Trope, Liberman, & Levin-Sagi, 2006).

평가

성격에 대한 자기조절 관점은 꽤 새로운 것이다. 이 관점은 아직 실제적이기보다는 훨씬 더 이론적이다. 그런데도 성격평가에 관해 몇 가지 제안을 한다.

자기조절 특성의 평가

이 장에서 기술된 행동에 대한 관점은 인간의 경험 안에 몇 가지 과정이 존재함을 강조한다. 이는 자기조절 과정에서의 개인차를 측정하는 것이 유용할 것이라고 제안한다(Williams, Moore, Pettibone, & Thomas, 1992).

예를 들면, 사적인 자의식private self-consciousness(Fenigstein et al., 1975)은 자기반

성적이 되는, 즉 자신의 감정, 동기, 행위 등에 대해 생각하는 경향성이다. (여기서 자의식이란 말은 '당혹해함embarrassment'이 아닌 단지 '자기 초점적self-focus'이란 뜻이다.) 앞서 언급했듯이 자기 초점적은 행동을 안내하는 피드백 고리를 작동하는 것 같다. 자의식이 높은 사람은 비교적 주의 깊고 철저한 자기조절자(아마 '강박적인' 사람일 수도 있다)라는 뜻이다. 그들은 자신의 행동이 의도에 맞는지 그렇지 않은지를 감지하여 행동을 적절하게 조정한다. 자의식이 덜한 사람은 좀 더 무작위적이고 되는 대로 행동하는 방식을 보인다(〈글상자 13-3〉 참조). 자의식의 이런 특성과 일치하게, 자의식 척도의 점수는 5요인 모형의 성실성 점수와 관련된다는 증거가 있다(Trapnell & Campbell, 1999). 자의식이 높은 사람은 자동적이고 무의식적인 자기조절도 더 많이 한다는 증거도 있다(Hull, Slone, Meteyer, & Matthews, 2002).

자기 초점이란 것 자체는 그 내용의 측면에서는 비교적 자유롭다는 점을 염두에 두라. 이는 자기조절 효과는 사용되고 있는 목표의 내용과는 대체로 독립적이라는 의미다. 그래서 자의식적인 운동선수는 연습에 약간 강박적일 것이다. 자의식적인 생물학 전공자는 생물학 숙제를 항상 제때에 내는 것을 확실히 할 것이다. 자의식적인 음악가는 자신이 설정한 음악 관련 목표에 도달하기 위한 연습에 긴밀하게 초점을 맞출 것이다.

Trapnell과 Campbell(1999)은 자의식의 두 가지 측면을 구분했다. 그들은 자의식에 기저하고 있는 두 가지 동기를 고려한다. 하나는 성장 지향적인 동기에 해당

글상자 13-3 자기조절의 감소: 몰개성화와 알코올

이 장의 앞부분에서 자기에게 초점을 맞추는 것이 어떻게 현저해진 표준을 향한 자기조절을 고양할 수 있는가에 대해 논의했다. 자기 초점이 행동을 보다 잘 조절될 수 있도록 만들어 준다면, 자기 초점이 줄어든다면 행동 조절은 더 어려워질 것이라고 짐작할 수 있다. 그런데 이 말이 의미하는 바는 무엇인가? 자기 초점이 줄어든다고 행동을 완전히 멈춘다는 의미가 아니라, 행동이 보다 가변적이 되어 덜 철저하게 생각하고 순간적 단서에 더 반응적이 된다는 뜻이다.

몰개성화deindividuation는 사람들이 특정 집단으로 스며들어 갈 때 생긴다. 이는 자기 초점을 감소한다(Diener, 1979; Prentice-Dunn & Rogers, 1982, 1989). 그 결과로 공격적이고 억제되지 않은 행동이 나타난다. 이런 효과는 정상적으로 행동을 안내하던 프로그램과 원리 수준의 자기조절이 손상되어 나타나는 것으로 해석할 수 있다. 이럴 때는 잘 생각해서 구성되는 계획이

하는 호기심이고, 다른 하나는 강점의 원천이 무엇인가를 확인하려는 안전 추구적인 동기에 해당하는 부정적 감정 상태를 탐사하려는 욕망이다. 그들은 이 두 가지 동기를 구분해서 다룰 수 있게끔 반추-반성 질문지Rumination-Reflection Questionnaire라 불리는 측정도구를 개발했다. 반추 문항은 어떤 생각을 떨쳐 버리지 못하는 것과 관련되는 내용이다. 반성 문항은 사색적이며 탐구적이 되는 것과 관련되는 내용이다. 반성은 5요인 모형 척도의 경험에 대한 개방성과 관련되며, 반추는 신경증 성향과 관련된다.

또 다른 자기조절 기능은 사람들이 자신의 행동을 더 높은 수준이나 더 낮은 수준의 용어로 인식하는 경향성을 평가하는 것이다. Vallacher와 Wegner(1989)는 그런 목적으로 행동인식검사Behavior Identification Form라고 불리는 측정도구를 개발했다. 그들은 유사한 특성을 가진 사람이라도 그들이 다른 위계 수준으로 목표를 생각한다면 서로 매우 다를 것이라고 주장한다. 자신의 행동을 높은 위계 수준에서 인식하는 사람은 그들이 사회 활동을 하든, 공부를 하든, 음악을 만들든 간에 '큰 그림'을 보는 경향이 있다. 자신의 행동을 낮은 위계 수준으로 인식하는 사람은 행동의 내용이 무엇이든 간에 벌어지는 일에 대해 보다 '작은 세부' 에 좀 더 초점을 맞추는 경향이 있다.

자기조절 기능의 또 다른 측면은 자기통제 경향성이다. 충동성을 측정하는 몇 가지 도구가 있다(예, Cyders et al., 2007; Patton, Stanford, & Barratt, 1995; Whiteside &

아니라 순간의 단서에 반응해서 충동적으로 행동하는 경향성이 있다.

이런 효과는 알코올 섭취의 효과와 어느 면에서 매우 유사하다. 술에 취한 사람은 흔히 부적절하게 공격적이고 단서에 과도한 반응을 보이곤 한다. 알코올은 억제의 해방군으로 간주되어 가끔은 의도적으로 그런 용도로 사용되기도 한다. 알코올은 또 자기 자각(Hull, 1981; Hull & Rielly, 1986)과 집행 기능(Giancola, 2004)을 줄인다. 그렇게 되면 자신의 가치관과 의도에 대한 감찰 기능을 멈추게 된다. 그래서 행동은 보다 비조직화되고 충동적이고 분절된다.

이 두 가지 현상을 보는 다른 방식은 이중 처리과정 관점의 렌즈를 통하는 것이다. 몰개성화와 알코올 모두는 숙고적이고 계획적인 양식은 줄이고 반사적이고 충동적인 양식은 늘리는 것으로 보인다. 몰개성화와 술 취함 모두는 동일한 원리로 해석될 수 있다. 모두 정상적인 행동의 자기조절 과정을 방해하는 것처럼 보인다.

Lyman, 2001). 자기통제 척도도 하나 개발되었다(Tangney, Baumeister, & Boone, 2004). 이 척도의 문항은 활동을 완성하는 것과 관련되는 지속성persistence에 초점을 맞추는 경향이 있지만 전반적 자기통제를 측정하는 도구다. 자기통제는 학점, 적응, 알코올 남용 및 대인 간 기술을 예측하는 매우 중요한 변수로 밝혀졌다(Tangney et al., 2004).

목표의 평가

자기조절 경향성은 조절하려는 목표의 내용과는 무관하다고 했지만, 이 말이 행동의 내용이 중요치 않다는 의미는 아니다. 앞서 이야기했듯이 자기조절 관점은 목표를 강조한다. 그래서 사람들의 목표와 그 목표가 어떻게 조직화되어 있는가를 평가하는 것이 유용하다(Emmons, 1986; Pervin, 1983). 그 사람의 마음속에는 어떤 종류의 '가능한 자기'가 들어 있는지를 평가하기 원할 수 있다(Markus & Nurius, 1986). 어떤 사람에게 어떠한 목표가 두르러지는가를 아는 것은 그 사람이 어떤 사람인가에 관한 다른 측면을 아는 것보다 정보적 가치가 더 높다.

이런 접근법의 한 예가 Emmons(1986)가 사용하는 개인적 열망personal strivings에 관한 평가 기법이다. 그는 사람들에게 일/학업, 가정/가족, 사회적 관계, 그리고 여가/오락의 네 가지 인생 영역에서 반복해서 나타나는 목표를 기술하도록 했다. 이때 응답자는 다른 사람과 비교하는 것이 아니라 자신의 의도와 목표에 대해서 생각하도록 요청받는다. 이런 지시하에서 자신에게 중요해 보이는 어떤 열망이든지 자유롭게 적도록 한다. 이러한 과정은 특정한 시간을 넘어서서 그 사람의 마음을 사로잡고 있는 목표 가치관에 관한 개별화된 그림을 그려 낼 수 있게 해 준다.

행동 문제와 행동 변화

자기조절 관점은 매우 최근에 나왔기 때문에, 어떤 이는 이러한 관점이 문제나 치료를 이해하는 데 거의 혹은 전혀 영향을 미치지 않았을 것이라고 생각한다. 그러나 그렇지 않다(Hamilton, Greenberg, Pyszczynski, & Cather, 1993; Ingram, 1986; Merluzzi, Rudy, & Glass, 1981 참조). 자기조절 모델은 이 주제에 대해서도 많은 제안을 한다.

목표 간의 갈등과 전략 구체화의 부족으로서의 문제

위계 모델은 문제가 발생할 수 있는 몇 가지 방식을 제안한다(Carver & Scheier, 1990, 1998). 가장 단순한 방식으로 문제는 목표 간의 뿌리 깊은 갈등에서 나온다. 갈등은 한 사람이 함께 달성하기 어려운 두 가지 목표에 동시에 개입될 때 발생한다(예, 훌륭한 아내와 엄마이면서 동시에 성공적인 변호사가 되는 것, 정서적으로 독립적이면서 친밀한 관계를 맺는 것 등). 당신은 아마도 두 가지 목표 사이를 왔다 갔다 할 텐데, 이는 몹시 지치고 고통스러운 일이다(Emmons & King, 1988). 갈등이 다시 나타나지 않게 하는 데는 많은 노력이 필요하다. 또 다른 해결책은 현재 갈등적인 것보다 더 높은 위계의 가치에 더 많이 기여하는 한 가지 목표를 선택하고 다른 목표에 대한 투자를 철회하는 것이다.

위계적 모델이 제안하는 또 다른 아이디어는 사람들이 때때로 추상적인 목표를 원하지만 그 목표에 어떻게 다가가야 하는지를 모른다는 것이다. 만약 각 수준마다 구체적인 설명서가 빠져 있다면 자기조절은 실패한다. 많은 사람은 '충만' 하거나 '성공적' 이거나 '호감을 받기' 를 원하지만 그럼 목표를 달성하기 위한 전략을 모른다. 어떤 사람은 '아내와 말다툼하지 않기' 나 '좀 더 자기주장적이 되기' 와 같은 좀 더 구체적인 목표를 갖지만, 자신을 올바른 방향으로 데려다 줄 구체적인 행동은 명확히 기술할 수 없다. 이런 지식이 없으면 그들은 진전하지 못하고 고통을 받는다. 일이 나아지기 위해서는 전략이 뒷받침되어야 한다(Oyserman et al., 2006).

철수 불능에서 오는 문제

문제의 세 번째 근원은 실패를 기대하는 사람은 노력을 중단한다는 아이디어에서 나온다. 이전에 지적했듯이 때로는 이것이 적절한 반응이다. 예를 들어, 현금이나 신용카드를 깜박 잊고 가져오지 않았다면 쇼핑을 그만두어야 한다. 그러나 이러한 포기가 쉽지 않을 때도 있다. 당신이 특정한 목표에 도달하기가 거의 어렵다고 생각할지라도 어떤 목표는 포기하기가 매우 어렵다. 당신이 선택한 일을 잘해 내려는 것과 다른 사람과 만족스러운 관계를 맺으려는 목표 등이 그 예다. 이런 목표는 왜 그렇게 포기하기가 어려운가? 위계적인 관점에서 그것은 그런 목표가 당신의 목표 위계에서 매우 높이 있거나(그래서 당신의 자기개념의 중심에 있거나) 그러한 높은 위계의 목표로 가는 중심 경로에 있기 때문이라고 볼 수 있다. 때로는 단지 하나의 구체적인 목표를 포기하는 것임에도 그것이 당신이 되고 싶어 하는 그 사람이 되려는 목표의 포기를 의미할 수도 있다.

사람들이 자신의 중요한 목표를 달성하는 것에 대해서 심각하게 의심할 때, 그들은 예측할 수 있는 패턴을 보인다. 그들은 노력하는 것을 멈추지만 곧 또다시 그 목표에 직면한다. 예를 들어, 충만한 관계를 맺는 것을 포기하기로 결정하고 대인관계에 관한 영화를 보러 갔는데, 그 영화가 당신이 누군가를 절실히 원한다는 것을 상기시킨다. 동료와 잘 지내려는 노력을 포기하기로 했는데, 그와 함께 일해야 하는 과제를 맡았다는 것을 발견한다. 미적분학 숙제를 포기하기로 했는데, 미적분학 수업 시간이라는 것을 안다. 자신의 중요한 목표를 달성하는 것에 대한 깊은 의심은 간헐적인 노력, 의심, 고민, 포기, 그리고 그 목표에 재직면하게 되는 방식의 반복적 악순환을 초래할 수 있다.

실패에 관한 생각을 계속하는 것이 항상 나쁘지만은 않다. 그것은 다음에(다음이 있다면) 더 열심히 노력하도록 동기화할 수 있다. 때로는 다음번에는 사안을 어떻게 다르게 처리할까에 관한 아이디어를 창안하도록 만들기도 한다(Martin & Tesser, 1996). 그러나 일이 성취될 수 없는 상황이나 조건에서 실패에 대해 계속적으로 생각하는 것은 위험하다(Pyszczynski & Greenberg, 1985, 1987; Wrosch et al., 2003). 사람들이 자기 가치에 대한 큰 원천을 잃어버리고 나서 그것을 다시 얻으려고 노력하는 작업에 너무 장기간 초점을 맞추면, 결과적으로 매우 큰 고통을 경험할 수 있다. 이런 일이 너무 자주 발생하면 습관이 된다. 실패에 초점을 두고 성공을 무시하는 것은 우울 증상을 지속할 뿐만 아니라 자기 영속화되는self-perpetuating 패턴을 형성하게 된다.

이와 유사한 관점이 Susan Nolen-Hoeksema와 동료들(Nolen-Hoeksema, Morrow, & Frederickson, 1993; Nolen-Hoeksema, Parker, & Larson, 1994)에 의해 지적되었다. 그들은 우울해지기 쉬운 사람은 자신의 슬픈 감정에 더 많은 주의를 기울인다고 주장한다. 이러한 반추는 우울 상태를 연장하는 역할을 한다.

자기조절과 치료 과정

제어 과정의 개념은 치료 문제를 다루는 몇몇 이론가에 의해 사용되어 왔다. Fred Kanfer와 동료들(예, Kanfer & Busemeyer, 1982; Kanfer & Hagerman, 1985; Kanfer & Schefft, 1988; Semmer & Frese, 1985)은 이 장을 통해 논의된 자기조절과 잘 조화되는 방식으로 치료를 기술하고 있다.

그들이 지적하는 한 가지 요점은 인간 행동의 많은 부분이 의식적으로 잘 감찰되지 않고 특정한 단서에 의해서 자동적이고 습관적으로 발생한다는 것이다. 이는 이 장의 앞부분에서와 여러 인지 이론가가 지적한 내용이다(예, Beck, 1972, 1976; Dodge, 1986; Semmer & Frese, 1985). 치료는 부분적으로 바로 그 자동성을 깨려는 노력이다. 개인은 무슨 일이 일어나고 있는지에 대해 좀 더 '통제된' 혹은 '감찰된' 과정에 참여해야만 한다. 이렇게 하는 것이 좀 더 주의 깊게 생각하게 만드는 반응을 유발할 것이다.

이것은 문제를 다루는 사람이 자신의 나머지 삶을 자신의 행동을 주의 깊게 감찰하는 데 사용하면서 보내야 한다는 의미인가? 아마 그럴 수도 있다. 사람들이 일생 동안 감찰하기를 피하려면, 치료자는 문제 반응 대신에 바람직한 반응이 자동적이 되게끔 하는 방식을 제공해야만 한다. 어떻게 그렇게 하는가? 아마도 그것은 새로운 연결이 어떻게 기억에서 철저하게 부호화되는지에 관한 문제다. 새로운 반응을 기억 속에 매우 넘쳐나게 이식해 줌으로써 그 반응은 자동화될 수 있다. 그 사람이 '자동적인 조종사'가 되었을 때는 나중에 그 연결이 사용될 확률이 높아진다. 지금 널리 쓰이고 있는 많은 치료 기법은 아마도 정확히 이와 같을 것이다.

Kanfer와 Busemeyer(1982)가 지적한 또 다른 요점은 치료 과정 자체가 역동적인 피드백 체계라는 것이다. 그것은 내담자가 자신의 움직임을 조정하기 위해서 장기간의 변화계획을 통해 치료 회기와 치료 밖의 행동 모두에서 반복적인 피드백을 사용하는 일련의 단계다. 각 단계에서 행동 변화 과정을 유도하고자 하는 목표와 쟁점도 계속 변화하고 있다. 계속 진행해 가면서 당신은 당신이 작업하고 있는 구체적 목표가 당신의 더 높은 상위 목표를 달성하게 도움을 주고 있는지를 점검해야만 한다.

치료는 문제해결 훈련이다

많은 사람이 지적하는 요점은 치료가 현재만을 위한 것은 아니라는 것이다. 즉, 내담자로 하여금 더 좋은 문제 해결자가 되고 미래의 문제를 더 잘 다루도록 준비되게 해야 한다(Nezu, 1987; Schefft & Lehr, 1985). 당신이 치료자를 통해서 얻든 스스로 얻든 간에, 선택을 생산할 수 있고 가장 좋은 선택을 할 수 있는 것이 중요한 기술이다.

선택을 형성할 수 있는 유용한 방법은 수단-목표 분석means-end analysis이라 부른다(Newell & Simon, 1972). 먼저 현재 상태와 바라는 상태the end 간의 차이를 알아차림으로써 시작한다. 그런 다음 그 차이를 줄이는 여러 행동 수단a means에 대해 생각한다. 흔히 처음에 마음에 떠오르는 것은 추상적이고 대규모적인 목표다. 다음은 큰 단계를 검토해서 각 단계를 세부적인 하위 목표로 나눈다. 만약 당신이 충분한 정도로 오랫동안 그것을 세분화해 나간다면, 수단-목표 경로는 현재(여기)에서 바라는 상태(거기)로 도달할 수 있을 만큼 완전하고 구체적이게 될 것이다. 그리하여 당신은 전략을 형성했다.

이런 생각은 수입이 낮은 아프리카계 미국인 중학생의 학업적 정체감 발달을 돕기 위해 고안된 프로그램에 사용되었다(Oyserman, Terry, & Bybee, 2002). 이 프로그램에서 학생은 성인으로 가는 경로로서 학교가 관련되는 가능한 자기를 형성하는 데 어려움을 겪고 있었다. Oyserman 등은 이를 시행하기 위해 소집단 개입을 개발하였다. 그들은 학생들에게 학업적인 면에서 가능한 자기를 능동적으로 개발하는 경험을 제공했다. 더 나아가 그러한 가능한 자기에 바라는 단기 목표를 성취하기 위한 전략을 연계하고, 그것을 성인 자기상으로 확장하였다. 프로그램은 일상적인 문제의 해결을 강조하면서 그것을 수단-목표 분석으로 세분화해 나갔다. 그 결과 학생들은 학교와 유대감이 더 강해졌다.

마지막으로 행위의 효과에 대한 정확한 피드백을 추구하는 것이 중요하다. 만약 정확한 피드백을 받는다면 당신은 처음부터 완벽한 선택을 할 필요는 없다. 당신은 자신이 받는 피드백에 지속적으로 적응해 나간다면 결국 옳은 방향으로 계속 나아갈 수 있다. 자기조절 접근에 기초가 되는 이 원칙은 한 가지 중요한 종류의 자유—출발부터 옳아야 하는 것으로부터 자유freedom from having to be right the first time—를 낳는다.

자기조절 이론: 문제점과 전망

인지적인 관점에서도 그러했듯이 성격에 대한 자기조절 관점은 혼합된 반응을 일으켰다. 그것은 인지적 관점과 더불어 몇 가지 느슨한 결말과 인지적 관점으로 답하지 못한 몇 가지 문제를 공유하고 있고, 자체의 고유한 문제도 가지고 있다. 이것이 치명적인 문제인지 혹은 단지 장차 채워져야 할 빈 부분인지는 아직 불분명하다.

자기조절 관점에 대한 한 가지 비판은 로봇공학적robotics 은유에서 나온다. 이런 비판은 로봇과 같은 인공 시스템은 인간에게는 없는 많은 한계를 갖고 있기 때문에 인간 행동에 대한 적절한 모델이 될 수 없다는 지적이다. 인간은 자유의지를 갖고 있으며 스스로 결정한다. 이에 반해 로봇은 외부에서 주어지는 프로그램에 의존한다.

이런 비판에 대한 하나의 반론은 소위 인공지능 체계의 행동이 매년 신기할 정도로 자기 결정적인 체계와 닮은 쪽으로 더 다가가고 있다는 것이다(Brooks, 2002). 인간과 인공 체계가 서로 얼마나 닮았고, 얼마나 다른지는 앞으로도 계속 논쟁이 될 것이 분명하다. 그러나 인공물의 행동이 점점 사람과 비슷해지게 됨에 따라 논쟁은 점점 미묘한 대상에 초점을 둘 것처럼 보인다.

비판에 대한 또 다른 반응은 로봇 은유가 이러한 생각에 사용된 유일한 것이 아니라는 점이다. 흔히 전기 활동의 예가 피드백 조절의 원리를 보여 주기 위해 종종 사용되고 있지만, 피드백 개념은 엔지니어에 의해 개발되지 않았다. 그것은 실은 신체 기능을 설명하기 위해 고안되었다(Cannon, 1932). 로봇 은유는 생명 체계에 언제나 적합하게 느껴지지는 않지만, 피드백 원리 그 자체는 바로 생명 체계를 설명하기 위해 고안되었다.

자기조절 접근에 대한 또 다른 비판은 피드백 원리에 기초한 모델이 거의 항상성homeostasis(문자 그대로 안정적 상태)에 초점을 맞추는 모형이라는 점이다. 항상성 기제는 체온, 혈액 내의 다양한 성분의 수준, 많은 다른 신체적 패러미터parameters를 통제하기 위해 존재한다. 그러나 이런 방식의 생각은 우리가 항상 변화한다고 알고 있는 상태를 기술하는 데 대해서 얼마나 타당한가? 인간 행동은 안정된 상태가 아니다. 자기조절 관점은 인간이 움직이지 않고 안정되어야만 한다거나 같은 것을 반복해야 한다는 의미를 내포하고 있지는 않은가?

그러나 실제로는 그렇지 않다. 사람들은 자기 경험의 일부를 반복적으로 항상성을 이루는 방식으로 조절한다. 예를 들면, 시간에 걸쳐 그들이 참여하는 유친관계의 양이 그렇다(O'Connor & Rosenblood, 1996). 그러나 항상 그런 것은 아니다. 앞서 지적했듯이, 많은 목표는 역동적이다(예, 휴가 여행을 가는 것, 누군가와 흥미로운 대화를 나누는 것). 역동적이라는 사실이 그것을 목표와 다른 그 무엇으로 만드는 것은 아니다. 이는 단지 행동과 목표를 맞추는 전체 과정이 역동적이어야 함을 의미한다. 만약 목표가 어떤 상태라기보다 경험의 흐름을 창출하는 것이라면, 감찰되는 행동의 특성도 이런 변화하는 특성을 가지고 있을 것이다. 따라서 인간이 자신이 행하는 것을 계속 변화시킨다는 사실과 행동이 피드백 통제 체계 안에 있다는 아이디어 사이에는 아무 모순이 없다.

더 큰 난점이 또 다른 비판에 의해 제기된다. 이는 위계적 모델을 표적으로 한다. 즉, 그것은 '호문쿨루스homunculus' 문제를 효과적으로 다루지 못한다는 지적이다. '호문쿨루스'란 사람들이 어떻게 행동하는지를 설명하기 위해 한때 사용되었던 용어로 당신의 머릿속에 들어앉아서 당신이 해야 할 일을 말하고 있는 가상의 아주 작은 사람을 뜻한다. 그것이 궁극적으로 당신의 행동을 설명한다. 그러나 다시 누가 그 난쟁이가 당신에게 무엇을 하라고 말해 주는가? 만약 사람들이 목표의 위계를 가지고 있다면, 자기 아래의 모든 하위 목표를 구체화한다고 가정하고 있는 최상위의 목표는 어디에서 오는 것인가?

이에 대한 한 가지 반응은 정보처리 모델은 종종 다른 활동을 통합 조정하고 결정을 내리는 '집행관the executive' 혹은 최상위 체계를 가정한다는 것이다. 집행관은 의식과 같은 주관적인 경험에서 분명하게 나타난다. 집행관은 아마도 많은 다른 체계를 통제하기에 호문쿨루스와 유사하다. 이런 추론은 그럴듯하지만 모든 것이 만족스럽지는 않다.

또 다른 반응은 사람들이 생존과 사적인 일관성personal coherence 등과 같은 타고난built-in 목표를 가지고 있다는 주장이다. 이런 목표는 의식에 거의 나타나지 않을 정도로 희미하지만, 어떤 목표를 취해야 할지에 대한 사람들의 결정에 미묘하고도 지속적인 영향을 미칠 만큼 널리 퍼져 있다. 그래서 행동은 유기체 내에 형성된 가치에 의해서 안내를 받고 있지만, 그 사람에게 언제나 분명하게 드러나는 것은 아니다. 이런 추론도 물론 그럴듯하다. 그러나 이 역시 충분히 만족스럽지는 않다. 그래서 '호문쿨루스' 문제는 여전히 실제적인 것으로 남아 있다.

자기조절 관점(그리고 12장의 인지적 관점)에 대한 또 다른 비판은 학습적 관점에 대한 비판과 유사하다. 이 모든 것이 지나치게 외부에서 안을 들여다보고 한 기술처럼 보인다. 즉, 성격을 가지고 있다는 것이 무엇을 의미하는지에 대한 느낌이 너무 적다. 이 관점은 '행동의 자기조절'에 관해 기술하고 있다. 그러나 그것이 성격에 관해서 정말로 말하고 있는 것은 과연 무엇인가? 이 접근은 내용보다는 구조와 과정을 강조한다. 이런 이유로 어떤 사람은 이런 관점을 상당히 인위적인 목적과 목표를 위해서 잘 구체화되지 않은 방식으로 프로그램된 빈껍데기만을 다루는 것으로 본다(예, Ryan & Deci, 2000).

이런 비판에는 일리가 있다. 그러나 우리는 이런 아이디어가 성격 개념에 직접적으로 초점을 맞추어 고안된 것은 아니라는 점을 유념해야 한다. 오히려 그것은 성격에서는 약간 벗어나 있는 쟁점에 초점을 두려던 것이었다. 이런 아이디어는 성격에 대한 완전한 이론을 형성하고 있지는 못하지만 성격에 몇 가지 시사점을 제공하는 것처럼 보이는 인간 경험의 본성을 바라볼 수 있는 하나의 창을 제공한다. 그렇다면 이러한 아이디어가 성격에 대한 좀 더 완전한 그림으로 발전할 것인가? 이를 확신하기에는 아직 너무 이르다.

이런 비판이 있음에도 성격에 대한 자기조절 관점은 몇 가지 장점을 지니고 있는 것으로 입증된다. 그것은 일이 어떻게 작동하는지how things work에 대한 정보를 추구할 수 있는 새로운 장을 제안해 주는 발견적 가치heuristic value를 지니고 있다. 게다가 그것은 다른 관점은 직관적으로 제공하지 못하는 몇 가지 예측을 한다. 이 가치만으로도 자기조절 관점이 상당 기간 동안 살아남으리라고 기대하게 만든다. 그러나 시간의 검증과 앞으로의 연구조사만이 이 접근이 성격에 대한 경쟁력 있는 조망으로 계속 존재할 것인지 여부를 말해 줄 것이다.

요 약

자기조절 모델에서 행동은 만약 그 해석이 행위 질과 밀접하게 연결되어 있다면 때때로 해석적 도식에 의해 구체화된다. 때때로 행동은 의도를 따른다. 의도는 개인적으로 바라는 결과와 행동을 하거나 하지 않았을 때 나타나는 결과에 대한 사회적 고려를 정신적으로 계산해서 얻어진다.

자기조절에 관한 이론은 목표를 강조한다. 행동의 기저에 있는 목표는 삶의 과제, 개인적 추구, 개인적 프로젝트, 현재 관심사 등의 다양한 명칭을 지닌다. 이 관점은 자기의 구조를 목표의 조직으로 간주한다. 어떤 목표는 꽤 중립적이지만, 다른 목표는 우수성의 기준을 내포한다. 후자의 경우 더 높은 목표를 설정하는 것은 더 높은 수행을 야기한다. 그 이유는 자신을 좀 더 요구적인 목표에 개입시키면 노력을 더 많이 기울이는 데 초점을 맞추기 때문이다. 그러나 목표가 너무 높으면 사람들은 그것을 받아들이지 않는다.

어떤 의도는 최종 목표에 도달하는 것과 관련되고, 다른 의도는 그러한 최종 목표에 도달하기 위한 행동 계획을 이행하는 것과 관련된다. 후자는 행동이 실제로 완수되도록 하는 데 중요하다. 이행 의도는 그 사람이 관여하고 싶어 하는 맥락에 전략을 연결해 준다. 의도는 처음 신중한 마음가짐에서 형성되어 있지만, 일단 의도를 추구하기 시작하면 이행적 마음가짐이 된다.

일단 행동을 위한 목표가 환기되면, 자기조절은 피드백 통제의 과정이 된다. 참조값(또는 목표)은 현재 행동과 비교된다. 만약 이 둘이 서로 다르면, 행동은 조정되고 새로운 지각과 비교가 이루어진다. 많은 목표가 역동적이고 진화한다는 점을 감안해서, 이 관점은 자기조절은 끝이 없는 과정임을 강조한다. 단일 피드백 고리가 인간 행동의 다양성을 설명하기에는 너무 단순하지만, 피드백 체계가 위계적으로 조직화될 수 있다는 사실로 복잡성을 설명할 수 있다. 위계적 조직에서는 상위 체계가 바로 아래에 있는 체계에 참조값을 제공함으로써 작동된다. 위계 개념은 같은 행동이 여러 목표를 달성하는 데 사용될 수 있고, 특정 목표가 여러 종류의 행동에 의해 성취될 수 있다는 사실을 설명해 준다.

이러한 틀 내에서 정서는 목표의 우선순위를 재조정하라는 요청으로 볼 수 있다. 정서는 당신이 목표를 향해 얼마나 잘 나아가고 있는지에 대한 주관적 속도계 역할을 하는 것으로 보인다. 따라서 정서는 행동에 강력한 영향을 미치는 중요한 정보를 전달한다.

노력하는 중에 장애물을 만나면 자기조절은 방해를 받고, 사람들은 성공 또는 실패 여부에 대해 고려하게 된다. 만약 그들의 기대가 충분히 긍정적이라면 그 사람은 계속 노력할 것이고, 만약 그렇지 않다면 그들은 노력을 철수하거나 포기할 것이다. 철수는 때때로 적응적인 반응이지만 사람들은 때때로 너무 빨리 포기한다. 어떤 경우에 철수는 목표를 다른 것으로 대체하거나 한 단계 내려오기와 같이 부분적이다. 이는 한편으로는 철수이지만 다른 한편으로는 계속 참여하는 것이다.

이 장의 대부분은 목표에 다가가는 자기조절에 관한 내용이었지만, 자기조절 모델은 회피에 대한 논의도 포함한다. 회피는 다가가는 대신에 거리를 두는 것을 의미한다. 또 다른 논의는 일부 행동은 의도를 통해서 일어나지만 일부 행동은 의식하지 못한 채 매우 자동적으로 일어난다는 것이다. 행동의 영향원 간의 이러한 차이는 12장에서 논의된 것과 유사한 이중 처리과정 모형에 의해 다루어진다. 직관 체계는 그 순간의 신호에 의해 유발된 행동을 증진하고, 합리 체계는 심사숙고하고 의도적인 행동을 증진한다. 자기조절이 때때로 자기통제를 수반해서, 좀 더 중요한 다른 목표를 위해서 어떤 목표는 추구되지 않는다.

이 관점에서의 평가는 부분적으로 자기반성, 자기통제, 사람들이 자신의 목표를 바라보는 추상 수준 등과 같은 자기조절 기능의 개인차를 측정하는 문제다. 이 관점은 또한 목표 그 자체를 평가하는 것의 가치를 제안한다. 이 관점에서 행동 문제를 개념화하는 몇 가지 방식이 있다. 하나는 양립될 수 없는 목표 간의 갈등에 초점을 둔다. 다른 것은 행동을 유도하기 위한 중간 수준의 행동 참조 값을 명세화하지 못함을 지적한다. 또 다른 것은 사람들이 때때로 상위 수준의 목표를 달성하기 위해 필요한 행동에서 철수할 수 없음을 강조한다. 우울한 사람은 과도한 철수 불능성을 나타낸다는 증거가 있다.

행동이 자기조절 체계의 면에서 구성될 수 있듯이 치료에 의해 유도되는 행동 변화 과정도 그럴 수 있다. 치료 중인 사람은 더 진전된 결정을 하기 위해 이미 실행에 옮긴 결정의 피드백을 사용한다. 그들은 변화가 바라던 결과를 생성했는지의 여부를 결정하기 위해서 행동 변화의 효과를 감찰한다. 치료의 장기적 목표는 사람들이 수단-목표 분석과 같은 기법을 통해 문제를 더 잘 해결할 수 있게 해서 새로운 문제에 직면했을 때 스스로 적응하게 하는 것이다.

용어설명

목표 의도goal intention 특정한 결과를 달성하려는 의도.

부적 피드백 고리negative feedback loop 특정 비교값에 일치성을 유지하는 자기조절 체계.

비교기comparator 2개의 값을 서로 비교하는 기제.

수단-목표 분석means-end analysis 전체 목표를 계속해서 좀 더 구체적인 목표로 나눔으로써 그것을 달성하기 위한 계획을 세우는 과정.

시스템(체계) 개념system concept 이상적인 자기감과 같이 행동에 대한 매우 추상적인 지침.

식역하 자극sublimianl stimuli 너무 빨리 제시되어 의식적으로 인식할 수 없는 자극.

신중한 마음자세deliberative mindset 행위를 할지의 여부를 결정하는 동안 사용되는 사려 깊은 마음가짐.

원칙principle 몇몇 프로그램의 어느 곳에서도 표현될 수 있는 광범위하고 추상적인 행위 특성.

이행 의도implemental intention 특정한 맥락에서 특정한 행위를 하려는 의도.

이행적 마음자세implement mindset 행위 의도를 이행하는 동안 사용되는 긍정적으로 편향된 마음가짐.

주관적 규범subjective norm 다른 사람이 어떤 행위에 대해 얼마나 가치를 두고 있는지에 대한 개인의 인상.

철수disengage 어떤 목표에 관해 자기조절을 미루거나 그만두는 것.

태도attitude 행동의 결과와 그에 대한 바람직성에 대한 개인적인 평가.

프로그램program 사건의 특정한 범주에서 발생하는 행동을 위한 안내서(일종의 각본).

피드백 위계feedback hierarchy 상위 고리가 하위 고리에 참조값을 제공함으로써 작동하는 피드백 고리의 조직.

항상성homeostasis 지속적이고 일정한 상태 주위의 조절.

행위 인식action identification 당신이 수행하고 있는 행동이 어떤 행동인지 생각하거나 명칭을 붙이는 방식.

제14장

관점으로 본 성격: 중복과 통합

사례

인도스탄의 여섯 장님이 코끼리라 불리는 것에 대해 듣게 되었다. 그들은 그 본성을 조사하러 갔다. 그들 중 하나가 코끼리의 옆구리에 부딪혔다. 그러고 나서 코끼리는 벽과 비슷하다고 결론지었다. 두 번째 사람은 어금니를 접하게 되고, 코끼리는 창과 같다고 결론지었다. 세 번째는 꿈틀거리는 코를 만지고는 코끼리가 큰 뱀 같다고 했다. 네 번째는 팔을 코끼리의 다리에 둘러보고는 코끼리가 나무와 비슷하다고 했다. 다섯 번째는 퍼덕거리는 귀를 만져 보고는 코끼리가 일종의 부채라고 추측했다. 꼬리를 만져 본 여섯 번째는 코끼리가 밧줄 같다고 결론지었다.

이들 각자는 자신이 조사한 것이 진실이라고 확신했다. 그리고 사실 각각은 부분적으로는 옳았다. 그러나 모두 다 부분적으로는 틀렸다.

– 힌두 우화

이전 장에서 당신은 성격의 본성에 대한 일련의 견해를 접했다. 각각은 인간 본성을 어떻게 하면 가장 잘 조망할 수 있을지에 대한 나름대로의 가정에 기초하고 있다. 각 접근법은 또한 사람들이 어떻게 기능하는지를 개념화하고 개인차의 중요성에 답하는 저마다의 방식을 가지고 있다. 각 접근법은 각기 강점을 지니고 있으며, 이와 함께 설명하지 못한 채 남겨 두거나 검토조차 하지 못한 부분을 약점으로 가지고 있다.

이런 성격에 대한 이런 관점을 기술하면서, 우리는 독자에게 특정한 관점 내부의 유사성에 대한 감을 주려고 노력했다. 그렇게 하면서 우리는 각 접근을 다른 접근과 구분되고 독특하게 만드는 것에 대해서만 강조하는 경향이 있었다. 실제로 각 견해는 중요한 방식으로 다르고, 몇 가지 갈등 영역은 해결하기 어려워 보인다. 예를 들어, 사람들이 자유의지를 갖고 있다는 신념(현상학적 관점)이 행동은 이전 결과의 패턴에 의해 결정된다는 신념(학습 관점)이나 행동이 내적인 힘에 의해 결정된다는 믿음(정신분석적 관점)과 어떻게 조화를 이룰 수 있겠는가?

각 이론의 독특성을 강조한 것이 이론을 서로 아주 다른 것처럼 보이게 했을 수 있다. 그 다양성은 성격 이론가가 기술한 것이 동일한 대상에 관한 것인지조차 의심하게 만들었을 수도 있다(이는 물론 코끼리를 묘사한 장님의 얘기를 듣는 사람에게도 마찬가지다). 이전 장에서 나온 아이디어의 다양성은 여러 가지 질문을 제기한다. 이 다양한 관점 사이에는 공통점이 있는가? 하나의 관점이 다른 것보다 옳거나 더 나은가? 만약 그렇다면 어느 것인가? 이 장에서 우리는 이러한 질문을 고려해 본다.

당신이 이 책에서 읽었던 이론 사이에 공통점이 있는가? 그렇다. 차이점이 있지만 겉보기보다는 공통점이 많다. 이 장의 첫 부분에서는 우리가 흥미롭게 생각하는 몇 가지 공통점에 관해 기술하려 한다. 당신은 그중 몇몇을 이미 알아차렸을 것이다. 그러나 다른 것은 좀 더 미묘하고 알아내기 어려운 것도 있었을 것이다. 이 장에서 우리는 여러 이론에서 각도를 달리하여 답하려 했던 몇몇 주요 쟁점에 대해서도 논의하려 한다.

어떤 견해가 최고라거나 옳다고 답하기는 어렵다. 다만 이론 간의 큰 차이점조차도 어느 것이 옳고 어느 것이 틀린지를 의미하지는 않는다는 점을 지적할 수 있다. 종종 성격의 몇몇 문제나 요소는 어떤 이론적 견해에서는 매우 중요해 보이지만 다른 이론적 견해에서는 덜 중요하거나 무관해 보이기조차 한다. 장님의 경우처럼 한 이론에서 붙잡고 씨름하는 문제를 다른 이론에서는 건드리지조차 않는다.

따라서 성격에 대한 다양한 관점은 더 큰 그림의 여러 측면을 반영하는 것으로 볼 수 있다. 이런 관점에서 보면 여러 관점은 상반되기보다는 오히려 상호 보완적이다. 각각은 진실을 담고 있지만 어느 것도 그 자체만으로는 완전한 진실이 아니다. 서로 다른 관점이 더 큰 그림(체계)의 부분적 측면이라는 생각은 이 장의 마지막 부분에서 좀 더 충분히 논의된다.

관점 사이의 유사성

먼저 이 책의 초반부에 기술한 견해 사이의 몇 가지 특정한 유사성을 고려해 보자. 우리는 있을 수 있는 모든 유사성을 지적하지는 않을 것이다. 그보다는 단순히 관점 사이에 있을 수 있는 연결에 대한 감을 전달하려고 한다.

정신분석과 다른 견해 사이의 공통점에서부터 시작해 보겠다. 정신분석은 자연스러운 출발점이다. 그것은 매우 오랫동안 우리 주변에 있었다. 어떤 사람은 그것을 유일하게 정말로 포괄적인 성격이론으로 여긴다. 이 두 가지 이유로 정신분석은 다른 모든 접근에 대한 자연스러운 비교점이 된다.

한편으로 정신분석은 또한 매우 평범하지 않은 이론이다. 이는 정신분석과 다른 접근법 사이의 유사성을 찾기가 쉽지 않음을 의미한다. 이 책의 초반부에 지적했듯이 정신분석에서 파생된 '신정신분석 이론' 조차 정신분석과 많은 것을 공유하는 것처럼 보이지 않는다. 그런데도 정신분석과 다른 이론 간에 주목할 만한 몇 가지 유사성이 있다. 사실 정신분석적 아이디어와 최소한 세 가지 다른 관점의 아이디어, 즉 생물적 관점, 학습 관점, 그리고 인지적 자기조절 관점 사이에 유사성이 제안되어 왔다.

정신분석과 진화심리학: 구조 모형

지금까지는 Freud가 Darwin의 진화론에 의해 얼마나 큰 영향을 받았는지가 종종 간과되어 왔다. 정신분석 이론은 생물적 필수 요건인 생존과 번식에 깊은 관심을 보인다. 인간에게 이런 목표를 달성하는 일은 매우 중요하다. 그것이 생물적 삶의 전부이기 때문이다. 그래서 성격의 핵심이 생존과 번식에 초점을 맞추고 있다는 사실은 놀랄 일이 아니다. 한편 인간은 위험한 세계에 살고 있기 때문에 현실에 의해 부과되는 복잡성을 잘 다루어야 한다. 다른 한편 인간은 집단으로 살고 있기 때문에 결국 또 다른 문제, 즉 우리가 아닌 다른 사람도 욕구를 가지고 있다는 사실을 잘 다루는 것 역시 중요하다.

이것이 진화심리학의 틀 내에서 Freud의 아이디어 중 몇 가지를 해석하려는 Leak과 Christopher(1982)의 시도 저변에 깔려 있는 주된 생각이다. 그들은 진화적 관점이 행동을 자기 본위self-serving로 조망한다는 점을 지적한다(단지 하나의 예외가 있지만). 생물적 행동에서 이런 자기 본위적 특성은 Freud의 원초아 개념에 들어 있는 이기적인 본성을 닮았다. 원초아는 원초적이고 자신의 욕망만을 생각한다. 원초아는 자기에게만 관심이 있는 동물성을 나타낸다. 유전자가 계속 살아남으려 함에 따라 우리 자신의 유전자가 우리를 그렇게 만든다.

원초아도 유전자도 합리적이지 않다. Freud는 원초아와 외부 현실을 매개하는 기제인 자아에 합리성을 연결한다. Leak과 Christopher(1982)는 유전자도 현실의 복잡성을 다루는 데 있어서 어떤 도움이 필요하다고 제안한다. 그들은 대뇌 피질이 이 목적을 충족하기 위해 진화되었다고 주장한다. 인간 종에 있어서 피질의 진화는 한 개인에게 있어서의 자아의 진화와 상응한다. 두 구조—피질과 자아—는 의사결정에서 계획성의 증가와 신중함을 허용한다. 둘 다 생존을 촉진하는 적응이다.

초자아의 경우는 어떤가? 이것은 Leak과 Christopher(1982)의 주장에서 가장 복잡한 부분이다. 초자아를 진화론적 용어로 나타내기 위해서는 또 하나의 아이디어가 필요하다. 구체적으로 말해, 생존은 개인 문제만이 아니다. 인간은 집단으로 생활하고 생존하는 매우 사회적인 존재로 진화해 왔다. 인간은 매우 상호 의존적이기 때문에 때로는 단기적인 개인적 이익을 넘어서는 집단 이익을 허용함으로써 장기적으로는 자신을 더 이롭게 만든다. 6장에서 지적했듯이, 집단으로 생활하는 사람들은 호혜적 이타주의reciprocal altruism를 유도(때로 강요)하는 기제를 진화시켰다고 주장된다(Trivers, 1971). 이렇게 하는 유전적 기제를 갖는 것이 집단의 적응적 성공을 증진한다.

그런 기제가 진화하는 것은 심리학적 용어로 초자아를 갖는 능력을 발달시키는 것과 유사하다. 따라서 초자아를 가지고 있는 것은 진화적 이점을 제공한다. 사회 집단의 가치를 채택하고 그런 가치를 따르는 사람은 집단의 일원으로 받아들여질 것이다. 그들은 집단의 구성원이라는 점에 따르는 이익(가령 당신이 아플 때 다른 집단 일원이 당신을 돌봐 준다든지 하는)을 얻기가 좀 더 쉽다. 이런 이익은 생존적인 가치를 지닌다.

요약하면 Leak과 Christopher(1982)는 자아(의식적 합리성)가 행동경영 체계라고 제안한다. 원초아와 초자아는 그것에 동기를 제공한다. 이기적인 것과 집단에 관련되는 것의 두 종류의 동기가 있다. 둘 다 적응적 가치가 있다. 원초아는 물리적 환경(자원에 대한 경쟁이 심하고 이기적인)에 적응한다. 초자아는 집단생활에서 비롯된 압력에 대한 반응으로 진화된 경향성이다.

정신분석과 진화심리학: 고착과 짝짓기 패턴

정신분석과 진화적 관점 사이에는 또 하나의 유사성이 있다. 이는 Leak과 Christopher가 지적한 것과는 꽤 다른 것이다. 오이디푸스 갈등과 거기서부터 나타날 수 있는 고착을 회상해 보라. 남성에게서 남근기 고착은 가능한 한 많은 여성과 성관계를 맺거나 권력과 지위를 추구함으로써 자신이 거세되지 않았음을 드러내 보이려는 과장된 시도라고 해석된다. 여성에게 이 단계의 고착은 필연적으로는 성관계를 이끌어 내지는 않는 유혹적인 특성을 포함한다.

이런 효과는 진화심리학자가 우리 인간 종이 지니는 특성의 일부라고 주장하는 짝짓기(배우자 선택) 전략과 상당히 유사하다. 6장에서 남녀는 자녀에 대한 투자의 차이에 기초해서 서로 다른 재생산 전략을 구사한다고 말했던 내용을 상기하라(Trivers, 1972). 남성의 짝짓기 전략은 힘과 지위가 있게 보여서 가능한 한 자주 짝짓기를 하는 것이다. 여성의 전략은 성적으로 매우 바람직하게 보이면서도 최고의 짝이 나타날 때까지 기다리는 것이다. 이러한 전략은 방금 위에서 기술한 남근기 고착의 특성과 꽤 유사하다. 우리는 Freud가 이런 생물적 현상을 알고 거기에 정신역동적 성격을 부가하여 이론의 적합도를 높이려 한 것이 아닌가 하는 의심을 지울 수 없다.

정신분석과 자기조절: 위계와 구조 모형

성격에 대한 정신분석적 접근은 자기조절 접근과도 특정한 유사점이 있다. 하나의 유사성은 자기조절의 위계 개념에서 나온 것이다. 행동 특성은 매우 제한된 움직임에서부터 조직화된 일련의 단계를 거쳐 매우 추상적인 상위 수준의 특성에까지 이르는 위계적 범위를 갖는다. 13장에서 지적했듯이, 주의가 상위 수준에서 하위 위계 수준으로 이탈하면 행동은 좀 더 자발적이 되고 그 순간의 단서에 더 반응적이게 된다. 그것은 비록 하위 위계 수준의 행동 연쇄이지만, 연쇄가 일단 시발되면 자동적으로 굴러가게 된다. 이런 충동적인 행동 양식과는 대조적으로, 높은 위계 수준의 값(준거)에 따라 조절된 행위(프로그램이나 원칙)는 좀 더 조심스럽게 관리되는 특성이 있다.

여기 기술된 측면은 Freud의 성격의 세 가지 성분에 대한 관점과 유사함을 암시한다. 먼저 자기조절 모델에서 상위 수준의 통제(조절 혹은 제어)가 수행되지 않을 경우에 발생하는 자발성과 상황적 단서에 대한 반응성을 고려해 보자. 이는 원초아 기능의 특정한 측면과 닮았다. 한 가지 명확한 차이는 원초아 충동은 주로 성적이거나 공격적이라는 Freud의 가정이다. 대조적으로 자기조절 모델은 그런 가정을 하지 않는다. 그러나 상위 수준의 통제가 줄어든 것처럼 보이는 중독과 몰개성화가 종종 성적이거나 파괴적인 활동을 이끌어 낸다는 점은 주목할 가치가 있다(13장 참조).

원초아 과정과 하위 위계 수준의 통제 사이의 연관은 미미하다. 그러나 자기조절 접근의 프로그램 제어와 정신분석적 접근의 자아 기능 사이에는 꽤 강한 유사성이 있다. 프로그램 제어는 계획 세우기, 의사결정 하기, 실용적인 행동 하기 등이다. 이들은 충동적이거나 원칙에만 충실히 따르는 것 둘 다에 반한다. 이런 특성은 또한 자아 기능의 특징이다.

프로그램 통제보다 더 높은 위계 수준의 통제는 몇 가지 면에서 초자아의 기능과 닮았다. 최소한 몇몇 경우에 원칙 통제는 사람들이 도덕적 원칙을 따르게 만든다. 최상위 수준에서의 통제는 당신의 이상화된 자기감을 충족하려는 노력을 포함한다. 이런 노력은 어떤 면에서는 당신의 행동을 자아 이상의 원칙에 맞추려 하고 죄책감을 느끼는 양심이 이런 원칙을 어기는 것을 회피하려는 시도와 비슷하다.

부분적으로는 모든 원칙이 도덕주의적이지 않기 때문에 이런 상위 수준에서 모형 사이의 궁합이 완벽하지는 않다. 그러나 여기서 질문이 하나 생긴다. 왜 Freud는 도덕성에 초점을 맞추고 다른 종류의 이상은 무시했을까? 그것은 아마 도덕성이 당시의 사회에서 매우 두드러지는 문제였기 때문이었을까? 아마 초자아는 단순히 도덕적 규칙이라기보다는 실제로 일반적인 규칙을 따르는 능력일 것이다. 만약 초자아가 실제로 도덕적인 것뿐 아니라 다른 원칙을 향하도록 행동에 압력을 가하는 것이라면 모형 사이의 유사성은 더욱 커진다.

정신분석과 인지 과정

정신분석적 주제와 인지심리학에서 나온 생각 사이에는 몇 가지 연관이 존재한다(예, Westen, 1998). Matthew Erdelyi(1985)는 실제로 Freud 이론의 많은 부분이 인지이론이라고 제안한다. 그는 Freud가 마음과 컴퓨터의 유사에 대해 깨닫고 있었지만 그 당시 컴퓨터가 발명되지 않았기 때문에 이론에 활용하지는 못했다고 말했다.

Erdelyi(1985)는 인지심리학자가 많은 정신분석적 개념을 본질적으로 재발명했다고 주장한다. 예를 들어, Freud는 위협적인 것을 자각하지 않도록 만드는 과정을 가정한다. 이는 인지의 여과 과정과 몇 가지 방식에서 닮았다. 여과 과정에 의해서 마음은 보다 중요한 정보를 좀 더 충분히 처리하기 위해서 정보를 전주의적으로 선택한다. Freud의 자아에 대한 개념은 '집행 통제 과정executive control processes'이 된다. 마음의 지형학은 '처리 과정 수준'의 문제가 되고, 왜곡은 '처리 과정에서의 편향'이 된다.

Erdelyi(1985) 접근의 예로 억압과 부인을 살펴보자(Paulhus & Suedfeld, 1988도 참조). 위협적인 아이디어나 사고 혹은 지각이 떠오르기 시작할 때 억압과 부인은 그것이 의식에 도달하는 것을 막는다. 이는 지각적 방어perceptual defense에서처럼 위협적 자극이 의식적으로 경험되기 전에도 발생할 수 있거나, 사건이 경험된 후에 그것을 망각하는 방식이 될 수도 있다. Erdelyi(1985)는 이런 현상이 일련의 정보처리 결정의 연쇄적 단계에 반영된다고 주장한다([그림 14-1] 참조).

그는 정보가 부분적으로는 전주의적으로 분석된다고 말한다. 이는 정보가 의식되면 얼마만큼의 불안이 발생할지를 은연중에 평가한다. 평가가 해당 역치를 넘어서면 처리 과정은 중단되고, 해당 정보는 그 지점을 넘어갈 수 없다. 평가가 역치보다 낮으면 정보는 전의식에 해당하는 기억 영역으로 넘어가게 된다. 다음 처리 수준으로 이동하기 위해서는 점점 더 낮은 역치 기준을 넘어야 하는 방식으로 다른 단계에서도 유사한 결정이 내려진다. 이 모델은 억압, 억제 반응 및 자기기만이 정보처리의 각 단계에서의 점검을 반영하는 것으로 다룬다.

이러한 설명 방식에 내포되어 있듯이 오늘날의 인지적 견해는 마음의 일부가 무의식적이라고 가정한다. 사실 무의식 과정에 대한 연구는 최근 활발한 연구 영역이

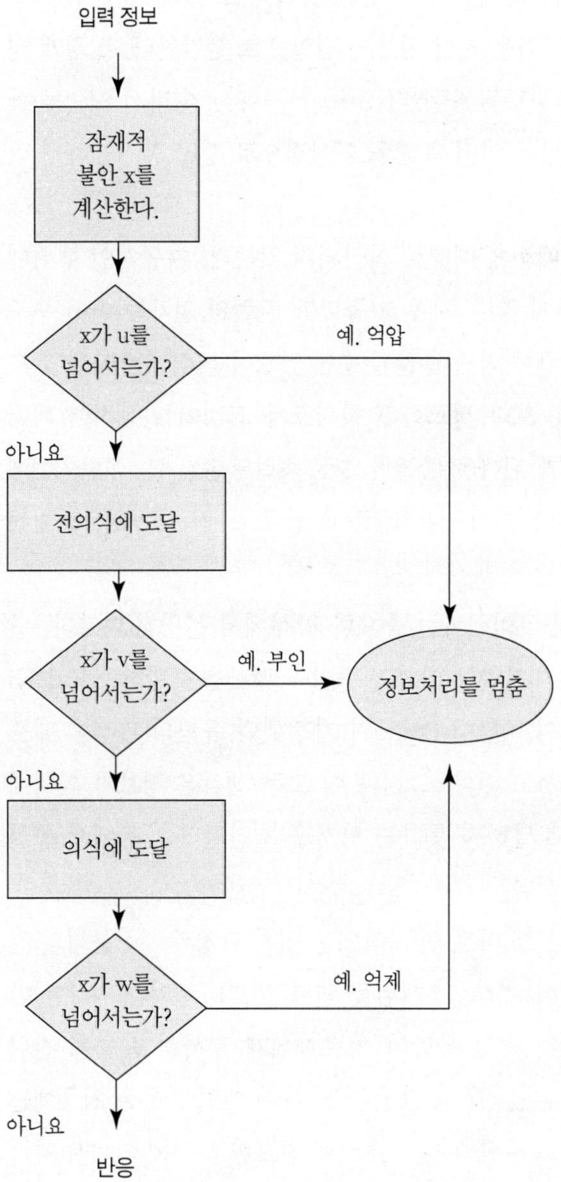

[그림 14-1]

억압과 부인에 대한 정보처리 과정. 입력 정보(맨 위)—지각이나 억제된 기억에서 나온—는 전주의적preattentively으로 그것의 불안 유발 값이 평가된다. 그러고 나서 일련의 내현적 결정을 하게 된다. 첫째, 정보가 만들어 내는 불안이(x) '참을 수 없음' (u)의 기준을 넘어서는가? 만약 그렇지 않으면 재료는 전의식에 해당하는 기억 영역으로 넘어간다. 다음으로 예상된 불안이 '심한 불편함' 기준(v)을 넘어서는가? 만약 그렇다면 처리 과정은 중지되고 정보는 기억에 머무르게 된다. 그렇지 않다면 정보는 의식으로 이동한다. 마지막 결정은 현재 의식하고 있는 정보를 공개적으로 인식할지 여부다(그렇게 함으로써 오는 불안이 최종 기준(w)을 넘어설 것인지 여부에 의존하여). 이런 연쇄는 정보가 결코 기억에 저장되지 않거나, 저장되지만 의식에 도달하지 않거나, 의식에 도달하지만 억제되거나 혹은 공개적으로 인식된다는 것을 보여 준다.
[출처] Erdelyi(1985)에서 인용.

기도 하다(Hassin, Uleman, & Bargh, 2005). 오늘날의 인지적 견해는 의식conscious을 주의attention와 동일시하는 경향이 있다. 무의식적인 사건은 주의를 거의 혹은 전혀 얻지 못한 것이다.

어떤 사건이 주의를 거의 얻지 못하는 몇 가지 이유가 있다. 그것은 불안의 잠재 가능성이 지나치게 많은 것으로 전주의적으로 꼬리표가 붙을 수도 있다. 혹은 주의 과정이 접근할 수 없는 신경 체계의 일부에서 발생한 것일 수도 있다. 많은 인지과학자는 신경계를 일련의 특별한 목적을 지닌 성분의 집합으로 생각한다. 신경계 성분 중 단지 몇몇만이 의식적으로 검토될 수 있다(Gardner, 1985). 따라서 시스템(체계)의 기본적인 '배선wiring'이 경험의 어떤 측면을 의식적으로 접근 불가능하게 만든다.

어떤 행동은 매우 자동적이기 때문에 때때로 의식되지 않는다. 자동적인 행위에는 감찰이 거의 혹은 전혀 필요하지 않다. 매우 자동화된 일련의 절차는 어떤 수준에서 신경계는 감지할 수 있는 자극에 의해 촉발될 수는 있으나 의식에는 도달할 수 없다(Bargh, 1997; Norman, 1981). 보다 정교화된 행위조차 그것이 일상적이 되어 감에 따라 대부분 의식 밖에 놓이게 된다(예를 들면, 모든 숙련된 운전자는 어떤 시기에는 어떻게 집까지 운전해 왔는지에 대한 기억은 전혀 없는데 집에 도착해 있는 경우를 발견하게 된다).

이런 기술은 Freud가 다루었던 무의식과는 중요한 방식에서 분명히 다르다. 단지 불안에 대한 전주의적 평가를 포함하는 Erdelyi의 예만이 Freud가 가정했던 유형의 과정을 내포하고 있다. 그러나 이 모든 생각은 정보가 의식에 도달하지 못하는 방식을 제안한다는 점에서 동일하다.

걸어가기와 같은 매우 프로그램화된 행동은 거의 자각하지 못한 채 일어날 수 있다. 이 점이 인지와 자기조절의 아이디어 및 정신역동 이론의 접촉점을 제공해 준다.

또 다른 연구 작업은 인지 과정과 정신분석의 전이transference 개념을 연결하였다. 전이는 치료를 받는 중인 사람이 치료자에게 정서적 반응을 전위displace할 때 발생한다. 아마 이런 반응은 처음에는 그 사람의 생의 초기에 중요한 타인에 의해서 자극되었던 것이다. 최근 연구는 그런 사건의 전환에 대한 인지적 설명을 제공한다(Anderson, Glassman, Chen, & Cole, 1995; Glassman & Anderson, 1999).

구체적으로 사람들이 중요한 타인에게 갖는 도식은 만성적으로 부분적인 활성화(점화)가 되어 있는(따라서 쉽게 접근 가능한) 것처럼 보인다. 부분적 활성화의 다른 예에서처럼 이는 도식이 쉽사리 떠올라서 다른 자극을 지각하고 해석하는 데 사용되기 쉽게 만든다. 결과적으로 당신은 많은 사람을 그 도식의 렌즈를 통해 보게 되지만 그것을 깨닫지 못한다. 만약 누군가가 당신으로 하여금 당신 어머니의 죄책감을 유도하는 방식을 어렴풋이 생각나게 하는 무엇인가를 하게 되면, 당신은 당신 어머니의 도식을 사용하여 그 사람을 마치 당신 어머니처럼 지각하게 되는 것이다.

사실 그런 도식이 떠오르면 그런 중요한 타인과 관련된 자기의 측면도 나타난다(Hinkley & Anderson, 1996). 따라서 만약 누군가가 당신의 어머니가 그랬듯이 죄책감을 유도하는 경향이 있다면, 비록 그 반응이 현재 상황에 적당하지 않을지라도 당신은 자신이 과거에 당신 어머니에게 반응했던 것과 동일한 방식으로 반응(가령 비이성적으로 화를 낸다든지)할 것이다.

사회학습과 인지 및 자기조절 관점

수년에 걸쳐 좀 더 새로운 이론이 만들어짐에 따라 성격심리학자는 심리학의 다른 영역에서 사용되는 아이디어에 의해 종종 영향을 받는다. 사실 이렇게 서로를 풍요롭게 만드는 것이 점점 흔한 일이 되고 있다. 지난 수십 년간 성격심리학자의 아이디어의 원천은 학습심리학과 인지심리학에 있었다. 이 중 많은 사람이 하나만이 아닌 둘 다를 참조로 했다.

이런 패턴의 한 가지 결과는 사회-인지 학습 접근(10장)과 인지 및 자기조절 접근(12, 13장) 사이에서 찾을 수 있는 일련의 유사성이다. 이런 접근은 다양한 역사적 배경을 지니고 있지만 사실 그들의 중심 개념은 서로 적지 않게 닮았다. 독자가 이미 알아차렸겠지만, 몇몇 사람의 연구는 이런 관점 중의 하나만이 아닌 둘 혹은 그 이상에 관한 것이다.

중복되는 한 가지 영역은 이런 접근이 세계와 자기에 대한 표상을 만들어 내는 데 있어서 인지 과정이 핵심 역할을 한다고 강조한다는 점이다. 이 문제에 관한 이론 사이의 차이점은 각 이론이 인지를 강조하는 이유가 서로 다르다는 사실에서 유래한다. 사회학습 접근에서 인지를 논의하면서, Mischel(1973)은 만약 우리가 학습을 이해하길 원한다면 자극 자체보다는 오히려 자극에 대한 사람들의 정신적 표상을 살펴보아야만 한다고 말한다. 사람들은 외부인이 보는 것이 아닌 자신이 거기에 무엇이 있다고 생각하는 것에서 배운다. 자극이 정신적으로 표상되고 전환되는 방식은 사람들이 자극에 어떻게 반응할지를 결정한다(Bandura, 1977a, 1986).

학습 조망에서 보면 이런 말은 인간 학습이 겉으로 보기보다 더 복잡하다는 점을 강조한 것이다. 한 사건이 모든 사람에게 자동적으로 똑같은 조건형성을 일으키지 않는다. 학습 조망에서 보면, 그런 말은 학습이론에 대한 일종의 자격 요건이다. 그들은 다른 학습 이론가에게 학습을 분석하는 데 있어서 사람 요인이 고려되어야만 한다고 말하는 것이다. 바로 이것이 그것을 학습 조망에서 볼 때의 요점이다.

그러나 성격에 대한 인지적 견해에 내포되어 있는 더 큰 가능성은 광범위한 생활에서 인지가 중요한 역할을 한다는 아이디어다. 이런 관점에서 볼 때, 인지 과정은 성격에 대한 모든 것을 이해하는 데 중심이 된다. Mischel(1973)은 성격에 대한 인지적 관점을 취했을 때 학습의 복잡성에 초점을 둔 것이 아니라 사람들이 그들의 이해를 조직화하는 방식에 초점을 두었다. 강조점에서의 차이를 주목하라. 인지적 관점에서는 사람들이 경험을 조직화한다는 아이디어가 성격의 본질에 관한 중요한 원리다. 학습 그 자체는 좀 더 주변적이다. 비록 강조점이 약간 다르긴 하지만, 성격에 대한 자기조절 관점에서도 인지 과정이 결정적이다. 자기조절 접근의 초점은 행동을 창출하는 인지의 역할에 있다.

사회학습과 인지적 자기조절 관점 사이의 또 다른 유사성은 기대에 관한 것이다. 사실 기대는 욕구-동기 접근에서도 나온다. 이런 접근은 모두 기대가 사람들이 무언가를 하기 위해 얼마나 열심히 노력하는가의 결정 요인이라고 생각한다. 많은 사람(예, Bandura, 1977a, 1986; Carver & Scheier, 1981, 1998; Kanfer, 1977; Kirsch, 1985, 1990; Mischel, 1973, 1979; Rotter, 1966)이 그들의 행위가 갖게 될 효과에 대한 기대와 그들이 하고자 하는 것을 행할 수 있는지에 대한 기대를 가지고 있다고 주장한다. 이런 기대가 사람들이 얼마나 열심히 노력할지와 어떤 사건에서 사람들이 무엇을 학습하는지에 영향을 미칠 수 있다.

사회학습과 인지 및 자기조절 접근은 또한 그들이 행동에 기저한다고 가정하는 구조에서 서로 닮았다. 사회학습 관점은 사람들이 그들을 행동하도록 끌어당기는 유인incentives을 가지고 있다고 가정한다. 유인은 자기조절 관점에서 큰 역할을 하는 개념인 목표와 동일하다. 사실 다른 조망도 행동을 안내하는 이와 비슷한 역할을 하는 구성개념을 가지고 있다

그러나 학습과 자기조절 관점의 강조 사이에는 한 가지 중요한 차이가 있다. 그것은 강화 개념에 관한 것이다. 사회학습 관점은 이 개념을 명시적으로 사용한다.

이는 도구적 학습 원리의 기본이다. 그러나 10장에서 지적했듯이 사회학습 관점의 한 이론가인 Bandura는 이 개념을 이전 이론가와 지속적으로 다르게 사용해 왔다. Bandura에게 강화물은 미래 유인의 정신적 표상을 만들어 낸다. 그것은 사람들로 하여금 어떤 상황에서 어떤 행동이 유용한지에 대한 기대를 학습하게 만든다. 그러나 강화물은 그에 선행하는 행동을 할 경향성을 직접적으로 증가시키지는 않는다. Bandura가 이 개념을 사용하는 방식은 그 의미가 다른 학습 이론가의 가정과 양립할 수 있을지에 대해 의문을 제기하는 것이다.

그러나 Bandura가 학습 관점과 인지적 자기조절 관점에 양다리를 걸쳤다는 점을 명심하라. 강화에 대한 그의 견해는 학습 이론가로서의 Bandura라기보다 자기조절 이론가로서의 Bandura를 더 많이 드러낸다. 13장에서 지적했듯이, 자기조절 이론가는 강화 문제에 대해서는 개념적으로 분열되어 있다. 몇몇은 사람들이 성공 후에 자기 강화를 한다고 말한다. 다른 사람은 자기 강화에 대한 개념이 별로 유용하지 않다고 본다.

이 쟁점에서 우리는 이론가의 개인사가 그들의 아이디어가 어떻게 구성되는지에 한 몫을 한다는 점을 엿볼 수 있다. 자기 강화의 역할을 가정하고 있는 대부분의 자기조절 이론가는 학습 조망에서 자신의 연구를 시작했다. 그들은 새로운 자기조절 견해를 단지 점차적으로만 조금 조금씩 인식하게 되었다. 아마도 그들은 일종의 심리적 타성으로 자기 강화의 역할을 계속 사용하고 있는 듯하다. 왜냐하면 그것이 현재와 과거를 이어 주는 편안한 끈이 되기 때문이다. 특별히 흥미로운 것은 그러한 이론가가 외적 강화보다는 자기 강화에 대해 더 자주 얘기한다는 점이다(예, Kanfer, 1977). 결국 중요한 것은 그 사람 자신의 목표 표상이다. 오직 당신만이 당신 목표가 달성되었는지의 여부를 결정할 수 있다. 따라서 외적 강화가 아닌 자기 강화가 이런 논의의 핵심이다.

다른 사람에게 자기 강화를 하나의 개념으로 소개하는 것은 단순히 더 많은 문제를 야기한다. 분명 사람들은 종종 성공 후에는 자신감을, 실패 후에는 슬픔을 느낀다. 그러나 이런 반응이 학습을 창조하는가? 혹은 정말로 중요한 것은 정보를 주는 사건이고, 그것은 단지 정보를 주는 사건에 대한 정서적 반응일 뿐인가? 이 쟁점은 아직 자기조절 관점에서는 해결되지 않는 문제다(어느 정도는 학습 조망에서조차도 마찬가지 상황이다).

Maslow 위계와 자기조절의 위계

현상학적 관점과 인지적 자기조절 관점의 요소 사이에도 유사성이 있다. 동기에 대한 Maslow의 위계(11장)를 생각해 보자. 그 위계와 자기조절 위계 사이에는 두 가지 유사성이 있다.

첫째, Maslow는 위계의 맨 위에 있는 동기의 특성을 추상적이고 미묘하며 낮은 단계보다 더 통합적인 것으로 생각했다. 통제(제어) 위계 수준도 이와 같은 특성을 지닌다. 둘째, Maslow는 낮은 단계에서의 장애나 문제가 사람의 주의를 끌고, 그 사람으로 하여금 그것을 다루도록 강요한다는 의미에서 낮은 위계의 동기를 더 높은 위계의 동기보다 좀 더 요구적인 것으로 보았다. 이와 유사하게 최소한 한 가지 버전의 제어 위계에서는 낮은 위계 수준에서 문제가 발생하면 그것을 해결하려는 시도로 그 아래 위계로 주의가 끌린다고 주장한다.

그러나 이러한 관점 사이에는 차이도 있다. 가장 큰 차이는 위계의 '내용content'에 관한 것이다. Maslow의 분석은 명시적으로 생물적 욕구와 심리적 동기 둘 다를 통합하려는 의도로 동기를 분석한 것이다. 반면 통제 위계는 행동의 특성에 관련되는 목표를 지닌 행위의 구조에 초점을 맞춘다. 이런 차이는 두 위계가 낮은 수준에서는 매우 다름을 의미한다. Maslow의 낮은 수준의 위계는 생존 욕구를 가리키고 자기조절의 위계는 근육 운동을 가리킨다.

그럼에도 좀 더 높은 위계 수준에서는 유사성이 더 높아진다. 자기조절 관점에서 통제의 최상위 위계 수준은 Maslow나 Rogers가 말하는 자기실현 개념과 대체로 유사해 보인다. 최상위 수준의 목표(더 낮은 다음 단계에 영향을 미치는 여러 원칙과 관련된 이상적인 자기)의 성질은 상당히 모호하다. 사실 너무 모호해서 그것을 향한 자기조절이 분명하지 않게 느껴지리란 상상도 어렵지 않다. 이는 어떤 면에서는 자기실현이 매우 낮은 목소리를 가졌다는 아이디어와 상응한다.

자기실현과 자기조절

Maslow의 위계를 넘어서 성격에 관한 자기실현 관점과 자기조절 관점 사이에 또 다른 두 가지 유사성이 있다. 한 가지는 두 관점 모두가 자기의 이상화된 측면과 경험된 측면에 해당하는 개념을 사용한다는 점이다. 실제 자기와 이상 자기라는 명칭은 Rogers의 현상학적 관점에서 분명히 명시되어 있다. 이상화된 자기의 개념은 통제 위계의 맨 위에 있어서 경험되는 실제 자기와 비교된다.

비교 과정 자체도 두 접근이 유사하다. Rogers는 사람들이 그들의 현재 자기를 이상적 자기와 비교하고, 둘 사이에 불일치가 있을 때 불안을 경험한다고 강조했다. 이상적 자기와 관련해서만이 아니라 위계의 모든 수준에서, 감지된 조건과 표준 혹은 참조가 사이를 비교하는 과정이 자기조절 관점에 포함되어 있다.

특성과 다른 모형에서 그에 상응하는 것

이론 사이의 또 다른 유사성은 이 책을 시작할 때 우리가 가졌던 생각을 떠올리게 한다. 우리는 특성이란 개념으로 시작했고, 이제 다시 그것으로 돌아가 보자.

1장에서 지적했듯이, 성격심리학의 주요 주제는 사람들이 어떻게 일시적이 아닌 지속적인 방식으로 서로 다른가다. 이 주제는 성격에 대한 특성적 관점의 기초다. 다른 이론가는 사람들의 성향에 대해 다른 가정을 가지고 있다. 동기적 관점에서는 지속되는 동기적 성향을 가정한다. 유전적 관점에서는 특성의 기초를 이루는 유전된 기질을 가정한다.

개념 그 자체는 아니지만, 성향의 진수는 성격에 대한 최소한 다른 두 가지 견해에서도 현저하게 드러난다. 정신분석 견해는 아동기의 심리성적 위기에서 안정된 성격 특성이 유래한다고 가정한다. 사회적 관점에서 Erikson은 아동기의 심리사회적 위기가 성인 성격을 형성한다고 가정했고, 대상관계와 애착 이론도 이와 유사한 가정을 한다.

이런 이론은 성향의 근원에 관해서는 다르게 생각하지만 두 가지 가정을 공유한다. 무언가가 삶의 초기에 개인에게 각인되거나 새겨졌고, 그 이후로 이 특성이 그 사람에게 지속적으로 영향을 미친다는 가정이다. 성향이란 생물적 기질, 성적 추동의 변형, 심리사회적 위기의 반영, 학습된 동기적 특성, 그리고 단순히 특성으로 생각되어 왔다. 그러나 이 모든 이론은 성향을 한 사람의 삶의 경험에 지속적인 영향을 미치는 것으로 생각한다는 점에서 유사하다. 종종 간과되는 접근 사이의 이러한 유사성은 사소한 것은 아니다.

사실 성향 개념은 다른 견해에서도 찾아볼 수 있다. 예를 들어, 학습 접근 중 하나는 무엇을 어떻게 학습하는지를 결정하는 데 도움을 주는 통제 소재에서 사람들이 서로 다르다고 가정한다. 자기조절 접근의 한 측면은 사람들이 자기반성적이 되는, 따라서 주의 깊게 자기조절적이 되는 성향에서 사람마다 다르다고 가정한다. 이 두 경우 모두(다른 것도 마찬가지로) 개인차는 안정된 성향으로 광범위한 영역에 걸친 개인의 경험에 영향을 미친다고 가정한다.

다양한 각도에서 바라본 반복되는 주제

지금까지는 한 이론적 관점의 특정한 생각이 다른 관점의 아이디어와 유사하다는 점을 강조해 왔다. 우리는 또한 여러 관점에 걸친 또 다른 종류의 유사성을 지적하고 싶다. 이는 이론이 고려하는 쟁점의 유사성이다. 이 장의 초반부에서 우리는 각기 다른 이론은 종종 서로 다른 쟁점을 다룬다고 말했다. 사실 그렇다. 그러나 최소한 두 가지 쟁점은 여러 관점에 걸쳐서 반복된다.

충동과 억제

이러한 쟁점 중 하나는 '충동impulse'과 '억제restraint' 사이를 기본적으로 구분하는 것이 무엇인가에 관한 것이다. 이 쟁점은 오랫동안에 걸쳐 성격심리학의 일부였다. 그러나 최근에 더 중요하게 부각되어 왔다. 이 쟁점은 종종 만족 지연의 맥락에서 소개된다. 거기서는 당장의 작은 보상과 차후의 큰 보상 사이에서 선택을 해야만 한다. 이전 장에서 우리는 정신분석적 시각에서(자아가 원초아 충동을 억제한다고 말하면서), 사회학습 이론에서(모델의 효과를 고려하면서), 그리고 인지적 견해에서(억제를 촉진하는 정신적 심상에 대해 초점을 두면서) 만족의 지연에 대해서 논의했다.

그러나 충동 대 억제의 문제는 그보다 더 광범위하다. 몇 가지 방식으로 그것은 성격의 기본이다. 결과적으로 그것은 성격에 관한 많은 관점에서 광범위하게 그 모습을 드러낸다.

- 특성심리학에서는 성실성이라는 특성이 자기 규율과 신중함에 의해 정의된다고 가정한다(McCrea & Costa, 1987). 다른 특성이론은 억제를 기본 차원으로 다

룬다(Tellegen, 1985).

- 그것은 기질이론에서도 나타난다. 거기서 일부 학자는 억제가 기본 기질이라고 주장하며(Clark & Watson, 1999), 다른 이는 유사한 기질을 자기조절이라고 부른다(Rothbart et al., 2003).
- 생물적 과정 모델에서는 접근 대 회피 체계가 충동 대 억제에 관한 체계와 상응한다는 주장이 나타나기 시작한다(Carver & Miller, 2006; Depue & Spoont, 1986; Eysenck & Eysenck, 1976; Zuckerman, 2005).
- 정신분석의 핵심 문제는 원초아의 욕망과 자아의 억제 사이의 균형이다.
- 인지이론에서는 합리 체계와 경험 체계(Epstein, 1994) 사이의 대비로, 그리고 '뜨거운' 유인 관련 인지와 '차가운' 억제된 인지(Metcalfe & Mischel, 1999) 사이의 대비로 나타난다.
- 자기조절 이론에서도 신중한 마음자세와 이행적 마음자세 사이의 구분으로 나타난다(Heckhausen & Gollwitzer, 1987).

충동과 억제는 지난 10여 년간에 걸쳐서 성격심리학의 몇몇 영역에서 주요한 쟁점으로 부상하고 있다(Carver, 2005; Carver, Johnson, & Joormann, 2009). 이 쟁점은 많은 사람으로 하여금 인지 과정이 두 가지 서로 다른 양식으로 발생한다고 생각하게끔 영향을 미쳤다(12장 참조). 이 이론들에서는 행동 관리가 아마도 다른 뇌 영역을 사용하는 두 가지 체계(층)의 영향을 받는 것이라고 가정하는 듯하다. 한 체계는 보다 자동적, 직관적, 피상적, 그리고 세상과의 빠른 상호작용 방식을 제공한다. 그것은 좀 더 오래전에 진화된 것으로 생각된다. 또 다른 체계는 합리적, 신중한, 그러나 느리게 진행되는 세상과의 상호작용 방식을 제공한다. 그것은 좀 더 최근에 진화한 것으로 생각된다.

어떻게 그리고 왜 사람들이 즉각적 행위 또는 행동의 지연을 선택하는지에 대한 의문이 기본이다. 많은 이론이 이 문제에 대해 이렇게 저렇게 말하는 것은 이상할 것이 없다. 이 쟁점은 분명히 앞으로 수년간 많은 사람의 흥미의 초점으로 남을 것이다.

개인 대 집단 욕구

또 다른 기본 쟁점은 '개인주의적인 자기 이익' 대 '집단(혹은 커플)에 소속함으로써 유래하는 욕구' 사이의 경쟁적인 압력에 관한 것이다. 많은 구체적 사례에서 이 문제는 종종 충동적 행동 대 억제의 문제와 얽혀 있다. 이는 다른 사람의 욕구를 인식하는 것이 종종 자신의 충동에 대한 억제를 요구하기 때문이다. 그러나 이 두 쟁점은 개념적으로는 별개의 문제다.

이 장의 첫 부분에서 정신분석 이론과 진화심리학이 둘 다 이런 두 가지 압력 사이의 대비에 직면해 있다고 지적했다. 정신분석에서는 자아가 사회적 현실과 물리적 현실을 다루고, 초자아가 사회적 욕구의 다른 측면을 다룬다. 진화심리학에서는 사람들이 생존이나 배우자 선택을 위한 경쟁과 같은 개인적 욕구와 동시에 배우자나 더 큰 사회와의 협동과 같은 집단에 기초한 욕구도 가지고 있다고 주장한다.

이런 개인주의적인 목표와 사회적인 목표 사이의 구분은 다른 접근에서도 나타난다. 특성심리학에서는 두 군데서 나타난다. 하나는 다른 사람과 긍정적인 관계를 유지하는 것에 관한 관심에 해당하는 우호성agreeableness이다. 이 차원이 높은 사람은 상호 간 안녕에 초점이 맞춰져 있다. 이 차원이 낮은 사람은 다른 사람의 흥미에는 관심을 두지 않는다. 이러한 구분은 외향성extraversion에서도 나타난다. 외향적인 사람은 사회적 영향력을 지니기를 원한다. 내향적인 사람은 집단에 끼는 것에 관심이 없고 보다 개인주의적 경로를 따른다.

동기적 접근에서 이 쟁점은 '성취하고 권력을 행사하려는 동기' 대 '관계를 맺고 친밀감을 얻으려는 동기'로 나타난다. 생물과정적 접근에서는 타인의 욕구를 등한시하는 '사회화되지 않은 감각 추구'의 차원이다. 심리사회적 접근에서는 '분리-개별화 대 합병'의 문제와 관련이 있다. 자기실현 접근에서는 '자기실현 경향 대 긍정적 존중의 욕구' 사이의 균형에 있다.

이 모든 경우에서 사람들은 두 가지 경쟁적 압력 사이의 균형을 이루려는 욕구에 직면한다. 두 압력은 서로 다른 측면에서 모두 다 중요하다. 다른 많은 관점의 이론가로부터 이러한 주목을 받는 것을 볼 때, 이 쟁점은 인간 경험에서 매우 중요한 어떤 것처럼 보인다.

관점의 통합

이제 보다 명확해졌듯이, 겉보기에 관련 없어 보이는 성격에 대한 접근 사이에는 유사성이 존재한다. 이런 유사성은 적절한 시기가 되면 개별 접근이 서로 통합되도록 도울 것이다. 1장에서 언급했듯이, 몇몇 사람은 이러한 추세로 이동하려고 노력하고 있다(예, McAdams & Olson, 2010; McAdams & Pals, 2006; Roberts & Wood, 2006). 그럼에도 대부분의 성격심리학자는 그런 통합을 아직은 요원한 목표로 생각한다고 말하는 것이 안전할 것 같다. 한 가지 이유는 그런 작업의 방대한 양과 복잡성 때문이다.

이론가는 때로 경계를 넘어서 통합하려고 한다. 예를 들어, Eysenck와 Zuckerman 같은 사람이 이에 해당한다. 이론가는 두세 가지의 관점을 통합하려고 해 왔다. 이전 장에서 Eysenck의 연구를 기술하면서, 우리는 그것을 편의상 서로 독립적인 초점을 지닌 두 부류의 아이디어로 간주했다. 그 한 가지는 행위, 습관, 특성, 그리고 초특성supertraits 사이의 관계에 대한 위계 모델이다. 다른 하나는 뇌 기능(그리고 어느 정도는 차이의 유전성)을 다루는 생물적인 것이다. 비록 우리는 이런 생각을 서로 분리해서 제시했지만, Eysenck는 그것을 복합적인 측면을 가진 통합 모델로 본다. Zuckerman(1991, 1994, 2005)도 특성, 유전, 그리고 생물적 과정 관점을 하나의 모델로 묶는 유사한 주장을 했다.

통합의 보다 최근 예는 상이한 관점은 인간 발달의 상이한 시기에 대해 설명할 수 있는 상이한 무언가를 가지고 있다고 제안한다. 예를 들어, McAdams와 Olson (2010)은 생물적 근원을 갖는 유아의 기질은 인생의 초기에 나타나는 특성의 기초라고 지적한다. 이런 아동이 발달해서 세상에서 행위자로서의 자기감을 획득하게 되면, 이제는 동기와 목표를 둘러싼 쟁점이 현저해진다. 그래서 동기와 목표에 초점을 맞추는 관점이 이 시기의 삶에 대해서는 할 이야기가 많아진다.

청소년기와 초기 성인기 동안에는 의미와 정체감의 제공을 도와주는 삶에 관한 구성에 해당하는 인생사 이야기가 출현한다. 이런 이야기는 특성이나 목표를 대체하는 것이 아니라 그것을 덮는 상위의 층을 이룬다(Lodi-Smith, Geise, Roberts, & Robins, 2009). 이러한 입장은 Eysenck와 Zuckerman이 제공하고 있는 관점과는 또 다른 통합적 관점이며, 잠재적으로 매우 유용해 보인다.

절충주의

많은 심리학자가 취하는 또 다른 선택은 절충적 접근이다. 이는 단지 한두 개로 이론을 묶으려 하기보다 여러 이론에서 유용한 아이디어를 발췌하는 것이다. 본질적으로 이런 접근에서는 각기 다른 아이디어가 각기 다른 목적에 유용하고, 모든 목적에 최고로 잘 맞는 하나의 접근은 없다고 말한다. 어떤 현상을 더 잘 이해하기 위해서, 당신은 그 현상에 초점을 맞추고 있지 않은 이론보다는 그것에 초점을 맞춘 이론의 시각에서 조망해 보아야 한다. Scarr(1985)의 말처럼 "우리가 만화경 kaleidoscope의 조망을 즐길 수 있다면 굳이 하나의 심리학적 렌즈를 선택할 필요는 없다" (p. 511).

이런 유의 접근은 다양한 조망에서 나온 성격에 대한 관점이 상호 지지적일 수 있음을 제안한다. 그것을 단일한 세트의 구성개념이나 원칙으로 통합할 필요는 없을 것이다. 이전에 말했듯이 한 이론의 초점은 다른 이론의 그것과는 다르다. 몇 가지 초점에 걸친 이론의 조각을 취함으로써 아마도 우리는 성격이 정말로 무엇과 같은지에 대한 좀 더 잘 다듬어진 그림을 얻을 수 있을 것이다.

예를 들면, 오늘날 많은 성격심리학자는 성격이 진화의 압력에 의해 형성되었다는 생각을 수용한다. 대부분은 유전된 기질이 있고, 이것이 성격이 반영되는 과정은 생물적이라고 가정한다. 정신분석적 이론에서 나온 몇 가지 생각도 널리 수용되고 있다. 예를 들어, 행동의 결정 요인이 때로는 의식 밖에 있고, 그러한 기제는 우리가 생각하기를 원치 않는 것으로부터 자신을 보호하기 위해 존재한다. 많은 성격심리학자는 초기 어린 시절의 경험이 그 사람이 어떤 사람인지에 큰 영향을 미친다는 생각을 수용한다. 분명히 학습은 성격에 영향을 미친다. 사람들은 자기 삶의 경험을 각기 독특한 방식으로 조직화하는 것 같다. 사람들이 자기실현에 대한 내적 목소리를 가지는 것은 당연하다. 행동은 피드백 고리의 작용을 반영하기도 할 것이다.

이 모든 생각이 진실이거나 그중 몇몇만이 진실일 수 있다. 그것 모두가 유용하거나 혹은 그중 몇몇만이 유용할 수도 있다. 많은 심리학자는 다양한 조망에서 조각을 선택해서 그들이 타당하다고 생각되는 곳에 그것을 사용한다. 이용 가능한 요소 중에서 선택은 개인적인 것이다.

예: 성격에 상보적인 영향을 미치는 생물학과 학습

아마도 절충적 접근의 가장 단순한 예는 심리학자 대다수는 거의 보편적으로 성격에 대한 생물학과 학습의 중요성을 함께 인식하고 있다는 것이다. 생물학에 초점을 둔 사람, 학습에 초점을 둔 사람, 성격의 다른 부분에 주의를 둔 사람 등 모든 사람이 그렇다. 초기의 학습 이론가는 마음이 어떤 종류의 성격도 그려질 수 있는 '빈 서판blank slate' 이라고 주장했다. 그러나 이것이 사실이 아니라는 점은 분명하다. 학습에 대한 생물적 제약이 있다.

요점은 어떤 연합은 다른 것보다 더 쉽게 학습된다는 점이다. 이를 기술하기 위해 사용되는 용어가 준비성preparedness이다. 이는 유기체가 특정한 연결을 다른 것보다 좀 더 쉽게 조건화할 준비가 되어 있음을 의미한다(Öhman & Mineka, 2001; Seligman & Hager, 1972). 준비성은 실무율적이지 않고, 학습적 연결의 '쉬움 대 어려움' 의 연속체에 해당한다. 아마도 이것은 생물적으로 영향을 받는 듯하다.

예를 들어, 당신은 배가 아프게 되면 이론적으로는 어떠한 자극에 대해서건 조건화된 혐오 반응을 일으킬 수 있다. 즉, 조건형성이 자극 사이의 연합에만 의존한다면, 당신은 현존하는 모든 중성자극에 혐오감을 조건 형성할 수 있어야 한다. 그러나 당신은 다른 자극보다 배 아프기 직전에 경험했던 맛에 대한 혐오감을 일으키기가 더 쉬울 것이다(Garcia & Koelling, 1966). 분명히 다른 것보다 특정한 몇몇 사건

생물적 그리고 학습적 원리는 준비성이란 현상을 충분히 이해하는 데 필요하다. 예컨대 원숭이와 사람이 도구사용법을 학습하는 데서 보이는 생물적 준비성이 있다.

의 쌍에서 신경계의 연결이 만들어지기 더 쉽다.

준비성은 도구적 학습에도 관여하는 것 같다. 즉, 같은 보상이 따를 때조차도 어떤 종류의 행동은 다른 것보다 동물이 학습하기 더 쉽다. 쥐는 쇼크를 회피하기 위해 막대를 누르는 것보다는 뛰어오르는 것을 더 빨리 학습한다(Wickelgren, 1977). 비둘기가 음식을 얻기 위해 점을 쪼아대는 것은 재빨리 학습하지만 음식을 얻기 위해 쪼는 행동을 억제하는 것을 학습하기는 어렵다.

마음이 백지(빈 서판)가 아닌 것이 분명한 것처럼, 대부분의 생물적 경향성의 표현이 경험에 의존한다는 점도 분명하다. 이 책의 초반부에 우리는 '병적 소질-스트레스 모형diathesis-stress model'에 대해 얘기했다. 이 모형에서는 개인이 (꼭 그럴 필요는 없지만 생물적인) 특정한 취약성을 가지고 있을 경우에만 특정한 종류의 스트레스가 문제를 일으킨다. 이 모형은 널리 받아들여지고 있다. 그렇게 널리 받아들여지는 한 가지 이유는 장애를 가진 쌍생아에 대한 연구가 두 가지를 한꺼번에 보여주기 때문이다. 즉, 연구 결과는 정신분열병 같은 심각한 장애가 유전적인 영향을 받는다는 점, 그리고 그와 동시에 유전자가 모든 것이 아니라는 점을 분명하게 보여준다. 즉, 당신이 정신분열병을 가진 누군가와 일란성 쌍생아라면, 당신이 정신분열증이 될 가능성은 증가하지만 그 가능성이 100%는 아니라는 것이다. 만약 유전자가 중요한 전부라면 그 수치는 100%가 되어야 한다.

따라서 성격에 중요한 영향을 미치는 생물학과 학습 둘 다에 대한 절충적 수용은 견고한 기반을 잡은 것처럼 보인다. 미래에는 아마 다른 조합이 유사하게 기반을 잘 잡은 것으로 증명될 것이다.

어떤 이론이 가장 좋은가

이전에 말했듯이 어떤 이론이 가장 좋은가라는 질문에 대한 하나의 대답은 어떤 이론도 완벽하지 않으며 많은 이론의 조각을 함께 사용함으로써 이익을 얻을 수 있다는 것이다. 그러나 이 질문은 때로 또 다른 방식으로 답할 수 있다는 것을 지적해야겠다. 이 대답을 위해 이 책의 첫 장에서 했던 설명으로 돌아가 보자. 그것은 또한 이 책의 마무리로도 잘 어울릴 것이다.

한 세기 전에 William James는 이론은 사람들이 실제로 경험하는 현상을 합리적으로 잘 설명해야 하지만, 보다 성공적인 이론이 되기 위해서는 그 이상이 요구된다고 적고 있다. James(1890)는 사람들은 "가장 흥미롭고, 우리의 심미적이고 정서적이고 활동적인 욕구에 가장 긴박하게 호소하는"(p. 312) 이론을 믿게 될 것이라 적고 있다. 좀 더 간단히 말해서 가장 좋은 이론은 당신이 가장 좋아하는 이론이다. 당신에게 가장 좋은 이론은 자신에게 가장 호소력이 있고 흥미롭고 매력적인 것이다.

Edward Tolman(1959)도 매우 간단히 말한다. "나는 심리학을 내 배포에 잘 맞는다고 입증되는 방식으로 생각하는 것을 좋아했다…. 결국 확실한 기준은 재미가 있냐는 것이다. 그리고 나는 재미있었다." (p. 152)

요 약

성격에 대한 다양한 관점은 중요한 방식에서 서로 다르지만 그들 사이에 유사성도 있다. 정신분석적 관점은 최소한 다른 세 가지 견해와 유사성을 갖는다. 첫째, 종의 생물적 진화에 대한 생각은 Freud의 개인 성격의 진화에 대한 생각과 유사하다. 다시 말해서, 각 경우에 원시적 힘(유전자, 원초아)은 현실을 다루기 위해 그것을 도와줄 또 다른 힘(피질, 자아)이 필요하고, 종국에는 사회적 세계와 접촉을 유지하게 하는 힘(사회적 영향에 대한 유전된 민감성, 초자아)도 필요하다. 오이디푸스적 위기의 결과로 초래되는 고착에 대한 Freud의 그림은 진화 이론가가 남녀의 짝짓기 전략으로 제안하고 있는 그림과 유사하다. 둘째, 정신분석적 관점과 자기조절 관점은 통제의 위계 개념에서 유사하고, 이는 정신분석 이론에서 제안하는 성격의 세 가지 성분과도 들어맞는다. 셋째, 무의식의 영향에 대한 인지적 관점에 입각한 연구에서 유래한 개념은 Freud의 무의식의 영향에 대한 것과 어떤 점에서 유사하다.

사회학습, 인지 및 자기조절 관점 사이에도 잠재적인 중복이 존재한다. 비록 각 관점이 강조하는 이유는 조금 다르지만, 그들은 세상에 대한 정신적 표상을 강조한다. 그들은 또한 기대의 중요성과 행동의 기본 구조에 대해서도 유사한 관점을 가지고 있다.

자기조절과 Maslow의 동기에 관한 생각에 들어 있는 위계 개념 사이에도 유사성이 있다. Maslow의 동기 위계의 낮은 수준에서는 통제 위계에서는 무시되고 있는 일부 동기를 다룬다. 그러나 상위 수준에서는 두 모델이 매우 유사해진다. 자기실현 원리는 이상적 자기와 현실적 자기, 그리고 그들 사이의 일치에 대한 바람이란 개념의 면에서 자기조절 모델과 닮았다.

접근법 사이의 또 다른 유사성은 성향 개념에 관한 것이다. 이 구성개념이 특성적 관점에서 중심적이라는 것은 분명할 뿐 아니라 정신분석이나 사회적 관점에서도 중요하다. 이 모든 경우에(그리고 다른 접근법의 경우에는 함축적으로) 사람들은 시간과 상황에 걸쳐 지속되는, 그리고 그들의 행동과 사고, 감정에 영향을 미치는 특성을 가지고 있다고 가정한다.

비록 각 이론이 초점을 맞추는 부분이 다르지만, 일부 쟁점은 대부분의 이론에서 반복되는 것 같다. 이는 이론 사이에 존재하는 또 다른 종류의 유사성을 나타낸다. 많은 이론이 언급하고 있는 한 가지 쟁점은 '충동 대 억제'라는 양극단이다. 사실 이 문제는 최근에 점점 더 현저해지고 있다. 또 다른 쟁점은 개인의 '자기 이익과 공동체 이익'에 대한 경쟁적인 압력에 관한 것이다.

따라서 이론 사이에는 중복되는 부분이 있다. 그러나 이론은 또한 서로 다르다. 그렇다면 어느 것이 옳은가? 한 가지 대답은 모든 관점이 나름대로 가치 있는 정보를 제공할 수 있다는 것이다. 많은 심리학자는 한 가지만을 택하기보다 몇 가지 관점의 요소와 아이디어를 취하는 절충주의적 입장을 선호한다.

최소한 특정 이론의 틀 안에서 연구하는 사람들은 다른 견해에 의해 생산된 증거가 부과하고 있는 제한점을 고려해야 한다. 예를 들어, 기질 이론가는 성격의 많은 부분이 유전에 의해 결정된다고 믿는다. 그러나 그들 또한 기질이 학습에 의해 수정된다고 가정한다. 학습 이론가는 성격이 학습사의 산물이라고 믿는다. 그러나 어떤 종류의 학습이 다른 것보다 더 쉽다는 것은 분명하다. 아마도 앞으로는 여러 관점 사이에서 서로의 아이디어를 공유하는 이런 절충주의에 대한 강조가 더욱 증가할 것이다.

용어설명

준비성preparedness 어떤 조건형성은 동물에게 그것이 발생하도록 생물적으로 준비되어 있기 때문에 보다 쉽게 이루어진다는 아이디어.

지각적 방어perceptual defense 위협적 자극을 자각하기 전에 차단하는 반응.

참고문헌

Aarts, H., & Dijksterhuis, A. (2000). Habits as knowledge structures: Automaticity in goal-directed behavior. *Journal of Personality and Social Psychology, 78,* 53-63.

Aarts, H., & Dijksterhuis, A. (2003). The silence of the library: Environment, situational norm, and social behavior. *Journal of Personality and Social Psychology, 84,* 18-28.

Abramson, L. Y., Alloy, L. B., & Metalsky, G. I. (1995). Hopelessness depression. In G. M. Buchanan & M. E. P. Seligman (Eds.), *Explanatory style* (pp. 113-134). Hillsdale, NJ: Erlbaum.

Abramson, L. Y., Metalsky, G. I., & Alloy, L. B. (1989). Hopelessness depression: A theory-based subtype of depression. *Psychological Review, 96,* 358-372.

Achtziger, A., Gollwitzer, P. M., & Sheeran, P. (2008). Implementation intentions and shielding goal striving from unwanted thoughts and feelings. *Personality and Social Psychology Bulletin, 34,* 381-383.

Adams, G. D., & Fastnow, C. (2000, November 10). A note on the voting irregularities in Palm Beach, Florida. Retrieved January 1, 2011, from

Adler, A. (1927). *Practice and theory of individual psychology.* New York, NY: Harcourt, Brace, & World.

Adler, A. (1929). *The science of living.* New York, NY: Greenberg.

Adler, A. (1931). *What life should mean to you.* Boston, MA: Little, Brown.

Agostinelli, G., Sherman, S. J., Presson, C. C., & Chassin, L. (1992). Self-protection and self-enhancement biases in estimates of population prevalence. *Personality and Social Psychology Bulletin, 18,* 631-642.

Ahadi, S., & Diener, E. (1989). Multiple determinants and effect size. *Journal of Personality and Social Psychology, 56,* 398-406.

Ainsworth, M. D. S. (1983). Patterns of infant-mother attachment as related to maternal care. In D. Magnusson & V. Allen (Eds.), *Human development: An interactional perspective.* New York, NY: Academic Press.

Ainsworth, M. D. S., Blehar, M. C., Waters, E., & Wall, T. (1978). *Patterns of attachment.* Hillsdale, NJ: Erlbaum.

Ajzen, I. (1985). From intentions to actions: A theory of planned behavior. In J. Kuhl & J. Beckmann (Eds.), *Action control: From cognition to behavior.* New York, NY: Springer-Verlag.

Ajzen, I. (1988). *Attitudes, personality, and behavior.* Chicago, IL: Dorsey.

Ajzen, I., & Fishbein, M. (1980). *Understanding attitudes and predicting social behavior.* Englewood Cliffs, NJ: Prentice-Hall.

Alexander, R. (1979). *Drawinism and human affairs.* Seattle, WA: University of Washington Press.

Alicke, M. D. (1985). Global self-evaluation as determined by the desirability and controllability of trait adjectives. *Journal of Personality and Social Psychology, 49,* 1621-1630.

Alicke, M. D., & Sedikides, C. (Eds.). (2010). *Handbook of self-enhancement and self-protection.* New York, NY: Guilford Press.

Allen, J. J., Iacono, W. G., Depue, R. A., & Arbisi, P. (1993). Regional electroencephalographic asymmetries in bipolar seasonal affective disorder before and after exposure to bright light. *Biological Psychiatry, 33,* 642-646.

Allen, L. S., & Gorski, R. A. (1992). Sexual orientation and the size of the anterior commissure in the human brain. *Proceedings of the National Academy of Sciences of the U.S.A., 89,* 7199-7202.

Allison, P. J., Guichard, C., Fung, K., & Gilain, L. (2003). Dispositional optimism predicts survival status 1 year after diagnosis in head and neck cancer patients. *Journal of Clinical Oncology, 21*(3), 543-548.

Allport, G. W. (1937). *Personality: A psychological interpretation.* New York, NY: Holt.

Allport, G. W. (1961). *Patterns and growth in personality.* New York, NY: Holt, Rinehart, & Winston.

Amabile, T. M. (1985). Motivation and creativity: Effects of motivational orientation on creative writers. *Journal of Personality and Social Psychology, 48,* 393-399.

Amsel, A. (1967). Partial reinforcement effects on vigor and persistence: Advances in frustration theory derived from a variety of within-subject experiments. In K. W. Spence & J. T. Spence (Eds.), *The psychology of learning and motivation* (Vol. 1). New York, NY: Academic Press.

Andersen, S. M., & Chen, S. (2002). The relational self: An interpersonal social-cognitive theory. *Psychological Review, 109,* 619-645.

Andersen, S. M., Glassman, N. S., Chen, S., & Cole, S. W. (1995). Transference in social perception: The role of chronic accessibility in significant-other representations. *Journal of Personality and Social Psychology, 69,* 41-57.

Anderson, C., John, O. P., Keltner, D., & Kring, A. M. (2001). Who attains social status? Effects of personality and physical attractiveness in social groups. *Journal of Personality and Social Psychology, 81,* 116-132.

Anderson, C. A., Berkowitz, L., Donnerstein, E., Huesmann, L. R., Johnson, J. D., Linz, D., Malamuth, N. M., & Wartella, E. (2003). The influence of media violence on youth. *Psychological Science in the Public Interest, 4,* 81-110.

Anderson, J. R. (1995). *An introduction to neural networks.* Cambridge, MA: MIT Press.

Anderson, J. R. (1976). *Language, memory and thought.* Hillsdale, NJ: Erlbaum.

Anderson, J. R. (1985). *Cognitive psychology and its implications* (2nd ed.). New York, NY: Freeman.

Anderson, J. R. (1991). The adaptive nature of human categorization. *Psychological Review, 98,* 409-429.

Anderson, R. C., & Pichert, J. W. (1978). Recall of previously unrecallable information following a shift in perspective. *Journal of Verbal Learning and Verbal Behavior, 17,* 1-12.

Archer, J. (2006). Testosterone and human aggression: An evaluation of the challenge hypothesis. *Neuroscience and Biobehavioral Reviews, 30,* 319-345.

Archer, J., & Coyne, S. M. (2005). An integrated review of indirect, relational, and social aggression. *Personality and Social Psychology Review, 9,* 212-230.

Arkin, R. M., & Baumgardner, A. H. (1985). Self-handicapping. In J. H. Harvey & G. Weary (Eds.), *Attribution: Basic issues and applications.* New York, NY: Academic Press.

Arndt, J., Schimel, J., Greenberg, J., & Pyszczynski, T. (2002). The intrinsic self and defensiveness: Evidence that activating the intrinsic self reduces self-handicapping and conformity. *Personality and Social Psychology Bulletin, 28,* 671-785.

Arnett, P. A., Smith, S. S., & Newman, J. P. (1997). Approach and avoidance motivation in psychopathic criminal offenders during passive avoidance. *Journal of Personality and Social Psychology, 72,* 1413-1428.

Asendorpf, J. B., Banse, R., & M ke, D. (2000). Double dissociation between implicit and explicit personality self-concept: The case of shy behavior. *Journal of Personality and Social Psychology, 83,* 380-393.

Asendorpf, J. B., & Wilpers, S. (1998). Personality effects on social relationships. *Journal of Personality and Social Psychology, 74,* 1531-1544.

Ashton, M. C., & Lee, K. (2007). Empirical, theoretical, and practical advantages of the HEXACO model of personality structure. *Personality and Social Psychology Review, 11,* 150-166.

Ashton, M. C., & Lee, K. (2008). The prediction of honesty-humility-related criteria by the HEXACO and five-factor models of personality. *Journal of Research in Personality, 42,* 1216-1228.

Ashton, M. C., Lee, K., & Goldberg, L. R. (2004). A hierarchical analysis of 1,710 English personality-descriptive adjectives. *Journal of Personality and Social Psychology, 87,* 707-721.

Ashton, M. C., Lee, K., Perugini, M., Szarota, P., de Vries, R. E., Di Blas, L., Boies, K., & De Raad, B. (2004). A six-factor structure of personality-descriptive adjectives: Solutions from psycholexical studies in seven languages. *Journal of Personality and Social Psychology, 86,* 356-366.

Assor, A., Roth, G., & Deci, E. L. (2004). The emotional costs of parents' conditional regard: A self-determination theory analysis. *Journal of Personality, 72,* 47-88.

Atkinson, J. W. (1957). Motivational determinants of risk-taking behavior. *Psychological Review, 64,* 359-372.

Atkinson, J. W., & Birch, D. (1970). *The dynamics of action.* New York, NY: Wiley.

Atkinson, J. W., & McClelland, D. C. (1948). The projective expression of needs II. The effect of different intensities of the hunger drive on thematic apperception. *Journal of*

Experimental Psychology, 38, 643–658.

Atkinson, J. W., & Raynor, J. O. (Eds.). (1974). *Motivation and achievement.* Washington, DC: V.H. Winston.

Austin, J. T., & Vancouver, J. B. (1996). Goal constructs in psychology: Structure, process, and content. *Psychological Bulletin, 120,* 338–375.

Avia, M. D., & Kanfer, F. H. (1980). Coping with aversive stimulation: The effects of training in a self-management context. *Cognitive Therapy and Research, 4,* 73–81.

Avila, C. (2001). Distinguishing BIS-medicated and BAS-mediated disinhibition mechanisms: A comparison of disinhibition models of Gray (1981, 1987) and of Patterson and Newman (1993). *Journal of Personality and Social Psychology, 80,* 311–324.

Axelrod, R., & Hamilton, W. D. (1981). The evolution of cooperation. *Science, 211,* 1390–1396.

Axline, V. M. (1947). *Play therapy.* Boston, MA: Houghton Mifflin.

Axline, V. M. (1964). *Dibs: In search of self.* Boston, MA: Houghton Mifflin.

Babad, E. Y. (1973). Effects of informational input on the "social deprivation-satisfaction effect." *Journal of Personality and Social Psychology, 27,* 1–5.

Back, M. D., Schmukle, S. C., & Egloff, B. (2009). Predicting actual behavior from the explicit and implicit self-concept of personality. *Journal of Personality and Social Psychology, 97,* 533–548.

Badner, J. A., & Gershon, E. S. (2002). Meta-analysis of whole-genome linkage scans of bipolar disorder and schizophrenia. *Molecular Psychiatry, 7,* 405–411.

Bailey, J. E., Argyropoulos, S. V., Lightman, S. L., & Nutt, D. J. (2003). Does the brain noradrenaline network mediate the effects of the CO2 challenge? *Journal of Psychopharmacology, 17,* 252–259.

Bailey, J. M., Gaulin, S., Agyei, Y., & Cladue, B. A. (1994). Effects of gender and sexual orientation on evolutionarily relevant aspects of human mating psychology. *Journal of Personality and Social Psychology, 66,* 1081–1093.

Baker, L. A., Jacobson, K. C., Raine, A., Lozano, D. I., & Bezdjian, S. (2007). Genetic and environmental bases of childhood antisocial behavior: A multi-informant twin study. *Journal of Abnormal Psychology, 116,* 219–235.

Baldwin, M. W., Keelan, J. P. R., Fehr, B., Enns, V., & Koh-Rangarajoo, E. (1996). Social-cognitive conceptualization of attachment working models: Availability and accessibility effects. *Journal of Personality and Social Psychology, 71,* 94–109.

Balmary, M. (1979). *Psychoanalyzing psychoanalysis: Freud and the hidden fault of his father.* Baltimore, MD: Johns Hopkins University Press.

Baltes, P. B., & Staudinger, U. M. (1993). The search for a psychology of wisdom. *Current Directions in Psychological Science, 2,* 75–80.

Bandura, A. (1965). Influence of models' reinforcement contingencies on the acquisition of imitative response. *Journal of Personality and Social Psychology, 1,* 589–595.

Bandura, A. (1969). *Principles of behavior modification.* New York, NY: Holt, Rinehart, & Winston.

Bandura, A. (1971). Vicarious and self-reinforcement processes. In R. Glaser (Ed.), *The nature of reinforcement.* New York, NY: Academic Press.

Bandura, A. (1973). *Aggression: A social learning analysis.* Englewood Cliffs, NJ: Prentice-Hall.

Bandura, A. (1976). Self-reinforcement: Theoretical and methodological considerations. *Behaviorism, 4,* 135–155.

Bandura, A. (1977a). Self-efficacy: Toward a unifying theory of behavioral change. *Psychological Review, 84,* 191–215.

Bandura, A. (1977b). *Social learning theory.* Englewood Cliffs, NJ: Prentice-Hall.

Bandura, A. (1978). The self system in reciprocal determinism. *American Psychologist, 33,* 344–358.

Bandura, A. (1982). Self-efficacy mechanism in human agency. *American Psychologist, 37,* 122–147.

Bandura, A. (1986). *Social foundations of thought and action: A social cognitive theory.* Englewood Cliffs, NJ: Prentice-Hall.

Bandura, A. (1997). *Self-efficacy: The exercise of control.* New York, NY: Freeman.

Bandura, A. (2006). Toward a psychology of human agency. *Perspectives on Psychological Science, 1,* 164–180.

Bandura, A., Adams, N. E., & Beyer, J. (1977). Cognitive processes mediating behavioral change. *Journal of Personality and Social Psychology, 35,* 125–139.

Bandura, A., Adams, N. E., Hardy, A. B., & Howells, G. N. (1980). Tests of the generality of self-efficacy theory. *Cognitive Therapy and Research, 4,* 39–66.

Bandura, A., Grusec, J. E., & Menlove, F. L. (1967). Vicarious extinction of avoidance behavior. *Journal of Personality and Social Psychology, 5,* 16–23.

Bandura, A., & Jeffery, R. W. (1973). Role of symbolic coding and rehearsal processes in observational learning. *Journal of Personality and Social Psychology, 26,* 122–130.

Bandura, A., Jeffery, R., & Bachicha, D. L. (1974). Analysis of memory codes and cumulative rehearsal in observational learning. *Journal of Research in Personality, 7,* 295–305.

Bandura, A., & Menlove, F. L. (1968). Factors determining vicarious extinction of avoidance behavior through symbolic modeling. *Journal of Personality and Social Psychology, 8,* 99–108.

Bandura, A., & Mischel, W. (1965). Modification of self-imposed delay of reward through exposure to live and symbolic models. *Journal of Personality and Social Psychology, 2,* 698–705.

Bandura, A., & Schunk, D. H. (1981). Cultivating competence, self-efficacy, and intrinsic interest through proximal self-motivation. *Journal of Personality and Social Psychology, 41,* 586–598.

Bandura, A., & Walters, R. (1963). *Social learning and personality development.* New York, NY: Holt, Rinehart, & Winston.

Barash, D. P. (1986). *The hare and the tortoise: Culture, biology, and human nature.* New York, NY: Penguin Press.

Barash, D. P. (2001). *Revolutionary biology: The new, gene-centered view of life.* London, England: Transaction.

Barber, J. P., & DeRubeis, R. J. (1989). On second thought: Where the action is in cognitive therapy for depression. *Cognitive Therapy and Research, 13,* 441–457.

Bardi, A., Lee, J. A., Hofmann-Towfigh, N., & Scoutar, G. (2009). The structure of intraindividual value change. *Journal of Personality and Social Psychology, 97,* 913–929.

Bargh, J. A. (1997). The automaticity of everyday life. In R. S. Wyer, Jr. (Ed.), *Advances in social cognition* (Vol. 10, pp. 1–61). Mahwah, NJ: Erlbaum.

Bargh, J. A., & Chartrand, T. L. (1999). The unbearable automaticity of being. *American Psychologist, 54,* 462–479.

Bargh, J. A., Chen, M,. & Burrows, L. (1996). Automaticity of social behavior: Direct effects of trait construct and stereotype activation on action. *Journal of Personality and Social Psychology, 71,* 230–244.

Bargh, J. A., & Ferguson, M. J. (2000). Beyond behaviorism: On the automaticity of higher mental processes. *Psychological Bulletin, 126,* 925–945.

Bargh, J. A., Lombardi, W. J., & Higgins, E. T. (1988). Automaticity of chronically accessible constructs in person X situation effects on person perception: It's just a matter of time. *Journal of Personality and Social Psychology, 55,* 599–605.

Bargh, J. A., & Pratto, F. (1986). Individual construct accessibility and perceptual selection. *Journal of Experimental Social Psychology, 22,* 293–311.

Bargh, J. A., & Williams, E. L. (2006). The automaticity of social life. *Current Directions in Psychological Science, 15,* 1–4.

Barkow, J. H., Cosmides, L., & Tooby, J. (1992). *The adapted mind: Evolutionary psychology and the generation of culture.* New York, NY: Oxford University Press.

Barlow, D. H. (Ed.). (1981). *Behavioral assessment of adult disorders.* New York, NY: Guilford Press.

Baron, A. S., & Banaji, M. R. (2006). The development of implicit attitudes: Evidence of race evaluations from ages 6 and 10 and adulthood. *Psychological Science, 17,* 53–58.

Baron, R. A., &Kempner, C. R. (1970). Model's behavior and attraction toward the model as determinants of adult aggressive behavior. *Journal of Personality and Social Psychology, 14,* 335–344.

Baron, R. A., & Richardson, D. R. (1994). *Human aggression* (2nd ed.). New York, NY: Plenum Press.

Barrett, L. F., Williams, N. L., & Fong, G. T. (2002). Defensive verbal behavior assessment. *Personality and Social Psychology Bulletin, 28,* 776–788.

Barron, F. (1953). An ego-strength scale which predicts response to psychotherapy. *Journal of Consulting Psychology, 17,* 327–333.

Bartholomew, K., & Horowitz, L. M. (1991). Attachment styles among young adults: A test of four-category model. *Journal of Personality and Social Psychology, 61,* 226–244.

Bartholow, B. D., Bushman, B. J., & Sestir, M. A. (2006). Chronic violent video game exposure and desensitization to violence: Behavioral and event-related brain potential data. *Journal of Experimental Social Psychology, 42,* 532–539.

Bartholow, B. D., Sestir, M. A., & Davis, E. B. (2005). Correlates and consequences of exposure to video game violence: Hostile personality, empathy, and aggressive behavior. *Personality and Social Psychology Bulletin, 31,* 1537–1586.

Bauer, J. J., & Bonanno, G. A. (2001). I can, I do, I am: The narrative differentiation of self-efficacy and other self-evaluations while adapting to bereavement. *Journal of Research in Personality, 35,* 424–448.

Bauer, J. J., McAdams, D. P., & Sakaeda, A. R. (2005). Interpreting the good life: Growth memories in the lives of mature, happy people. *Journal of Personality and Social Psychology, 88,* 203–217.

Baumann, N., Kaschel, R., & Kuhl, J. (2005). Striving for unwanted goals: Stress-dependent discrepancies between explicit and implicit achievement motives reduce subjective well-being and increase psychosomatic symptoms. *Journal of Personality and Social Psychology, 89,* 781–799.

Baumeister, R. F. (1989). The problem of life's meaning. In D. M. Buss & N. Cantor (Eds.), *Personality psychology: Recent trends and emerging directions* (pp. 138–148). New York,

NY: Springer-Verlag.

Baumeister, R. F. (2002). Ego depletion and self-control failure: An energy model of the self's executive function. *Self and Identity, 1,* 129-136.

Baumeister, R. F., & Campbell, W. K. (1999). The intrinsic appeal of evil: Sadism, sensational thrills, and threatened egotism. *Personality and Social Psychology Review, 3,* 210-221.

Baumeister, R. F., & Heatherton, T. F. (1996). Self-regulation failure: An overview. *Psychological Inquiry, 7,* 1-15.

Baumeister, R. F., & Leary, M. R. (1995). The need to belong: Desire for interpersonal attachments as a fundamental human motivation. *Psychological Bulletin, 117,* 497-529.

Baumeister, R. F., & Vohs, K. D. (2004). *Handbook of self-regulation: Research, theory, and applications.* New York, NY: Guilford Press.

Beck, A. T. (1972). *Depression: Causes and treatments.* Philadelphia, PA: University of Pennsylvania Press.

Beck, A. T. (1976). *Cognitive therapy and the emotional disorders.* New York, NY: International Universities Press.

Beck, A. T. (1991). Cognitive therapy: A 30-year retrospective. *American Psychologist, 46,* 368-375.

Beck, A. T., Rush, A. J., Shaw, B. F., & Emery, G. (1979). *Cognitive therapy of depression: A treatment manual.* New York, NY: Guilford Press.

Becker, E. (1973). *The denial of death.* New York, NY: Free Press.

Beer, J. S. (2002). Implicit self-theories of shyness. *Journal of Personality and Social Psychology, 83,* 1009-1024.

Beevers, C. G. (2005). Cognitive vulnerability to depression: A dual process model. *Clinical Psychology Review, 25,* 975-1009.

Beiswenger, K. L., & Grolnick, W. S. (2010). Interpersonal and intrapersonal factors associated with autonomous motivation in adolescent's after-school activities. *Journal of Early Adolescence, 30,* 369-394.

Bell, M., Billington, R., & Becker, B. (1986). A scale for the assessment of object relations: Reliability, validity, and factorial invariance. *Journal of Clinical Psychology, 42,* 733-741.

Benet, V., & Waller, N. G. (1995). The Big Seven factor model of personality description: Evidence for its cross-cultural generality in a Spanish sample. *Journal of Personality and Social Psychology, 69,* 701-718.

Benet-Mart ez, V., & John, O. P. (1998). Los Cinco Grandes across cultures and ethnic groups: Multitrait multimethod analyses of the Big Five in Spanish and English. *Journal of Personality and Social Psychology, 75,* 729-750.

Benjamin, J., Li, L., Patterson, C., Greenberg, B. D., Murphy, D. L., & Hamer, D. H. (1996). Population and familial association between the D4 dopamine receptor gene and measures of novelty seeking. *Nature Genetics, 12,* 81-84.

Bentler, P. M. (1990). Comparative fit indexes in structural models. *Psychological Bulletin, 107,* 238-246.

Berant, E., Mikulincer, M., & Florian, V. (2001). Attachment style and mental health: A 1 -year follow-up study of mothers of infants with congenital heart disease. *Personality and Social Psychology Bulletin, 27,* 956-968.

Berenbaum, S. A., & Hines, M. (1992). Early androgens are related to childhood sex-typed toy preferences. *Psychological Science, 3,* 203-206.

Bergeman, C. S., Chipuer, H. M., Plomin, R., Pedersen, N. L., McClearn, G. E., Nesselrode, J. R., Costa, P. T., Jr., & McCrae, R. R. (1993). Genetic and environmental effects on openness to experience, agreeableness, and conscientiousness: An adoption/twin study. *Journal of Personality, 61,* 159-179.

Bergeron, D. M., Block, C. J., & Echtenkamp, B. A. (2006). Disabling the able: Stereotype threat and women's work performance. *Human Performance, 19,* 133-158.

Berghout, C., Zevalkink, J., & Hakkaart-Van Roijen, L. (2010). The effects of long-term psychoanalytic treatment on healthcare utilization and work impairment. *Journal of Psychiatric Practice, 16,* 209-216.

Bergmann, M. S. (1980). Symposium on object relations theory and love: On the intrapsychic function of falling in love. *Psychoanalytic Quarterly, 49,* 56-77.

Bernhardt, P. C., Dabbs, J. M., Jr., Fielden, J., & Lutter, C. (1998). Testosterone changes during vicarious experiences of winning and losing among fans at sporting events. *Physiology and Behavior, 65,* 59-62.

Bernstein, A., Newman, J. P., Wallace, J. F., & Luh, K. E. (2000). Left-hemisphere activation and deficient response modulation in psychopaths. *Psychological Science, 11,* 414-418.

Bernstein, I. L. (1985). Learning food aversions in the progression of cancer and its treatment. *Annals of the New York Academy of Sciences, 443,* 365-380.

Berridge, K. C. (2007). The debate over dopamine' s role in reward: The case for inventive salience. *Psychopharmacology, 191,* 391-431.

Berry, D. S., & Miller, K. M. (2001). When boy meets girl: Attractiveness and the five-factor model I opposite-sex interactions. *Journal of Research in Personality, 35,* 62-77.

Bertrand, S., & Masling, J. M. (1969). Oral imagery and alcoholism. *Journal of Abnormal Psychology, 74,* 50-53.

Besser, A., & Priel, B. (2005). The apple does not fall far from the tree: Attachment styles and personality vulnerabilities to depression in three generations of women. *Personality and Social Psychology Bulletin, 31,* 1052–1073.

Bettelheim, B. (1982, March 1). Reflections: Freud and the soul. *New Yorker, 58,* 52–93.

Bettencourt, B. A., & Sheldon, K. (2001). Social roles as mechanisms for psychological need satisfaction within social groups. *Journal of Personality and Social Psychology, 81,* 1131–1143.

Beyers, W., & Seiffge-Krenke, I. (2010). Does identity precede intimacy? Testing Erikson's theory on romantic development in emerging adults of the 21st century. *Journal of Adolescent Research, 25,* 387–415.

Binswanger, L. (1963). *Being-in-the-world: Selected papers of Ludwig Binswanger.* New York, NY: Basic Books.

Birnbaum, G. E., Reis, H. T., Mikulincer, M., Gillath, O., & Orpaz, A. (2006). When sex is more than just sex: Attachment orientations. sexual experience, and relationship quality. *Journal of Personality and Social Psychology, 91,* 929–943.

Bjork, J. M., Dougherty, D. M., Moeller, F. G., & Swann, A. C. (2000). Differential behavioral effects of plasma tryptophan depletion and loading in aggressive and nonaggressive men. *Neuropsychopharmacology, 22,* 357–369.

Bjorklund, D. F., & Pellegrini, A. D. (2002). *Origins of human nature: Evolutionary developmental psychology.* Washington, DC: American Psychological Association.

Bjorner, J. B., Chang, C., Thissen, D., & Reeve, B. B. (2007). Developing tailored instruments: Item banking and computerized adaptive assessment. *Quality of Life Research, 16,* 95–108.

Black, A. E., & Deci, E. L. (2000). The effects of instructors' autonomy support and students' autonomous motivation on learning organic chemistry: A self-determination theory perspective. *Science Education, 84,* 740–756.

Blackford, J. U., Avery, S. N., Cowan, R. L., Shelton, R. C., & Zald, D. H. (2010). Sustained amygdala response to both novel and newly familiar faces characterizes inhibited temperament. *Social Cognitive and Affective Neuroscience.* First published onlice July 26, 2010.

Blanck, R., & Blanck, G. (1986). *Beyond ego psychology: Developmental object relations theory.* New York, NY: Columbia University Press.

Blatt, S. J., Wein, S. J., Chevron, E., & Quinlan, D. M. (1979). Parental representations and depression in normal young adults. *Journal of Abnormal Psychology, 88,* 388–397.

Blatt, S. J., & Zuroff, D. C. (1992). Interpersonal relatedness and self-definition: Two prototypes for depression. *Clinical Psychology Review, 12,* 527–562.

Block, J. (1977). Advancing the science of personality: Paradigmatic shift or improving the quality of research? In D. Magnusson & N. S. Endler (Eds.), *Personality at the crossroads: Current issues in interactional psychology* (pp. 37–63). Hillsdale, NJ: Erlbaum.

Block, J. (1995). A contrarian view of the five-factor approach to personality assessment. *Psychological Bulletin, 117,* 187–215.

Block, J. (2001). Millennial contrarianism: The five-factor approach to personality description 5 years later. *Journal of Research in Personality, 35,* 98–107.

Block, J. (2002). *Personality as an affect-processing system: Toward an integrative theory.* Mahwah, NJ: Erlbaum.

Block, J. (2010). The five-factor framing of personality and beyond: Some ruminations. *Psychological Inquiry, 21,* 2–25.

Block, J., & Block, J. H. (2006). Venturing a 30-year longitudinal study. *American Psychologist, 61,* 315–327.

Block, J. H. (1961). *The Q-sort method in personality assessment and psychiatric research.* Springfield, IL: Charles C Thomas.

Block, J. H., & Block, J. (1980). The role of ego-control and ego-resiliency in the organization of behavior. In W. A. Collins (Ed.), *Development of cognition, affect, and social relations* (Minnesota Symposia on Child Psychology, Vol. 13, pp. 39–101). Hillsdale, NJ: Erlbaum.

Bogg, T., & Roberts, B. W. (2004). Conscientiousness and health-related behaviors: A meta-analysis of the leading behavioral contributors to mortality. *Psychological Bulletin, 130,* 887–919.

Bolger, N., & Zuckerman, A. (1995). A framework for studying personality in the stress process. *Journal of Personality and Social Psychology, 69,* 890–902.

Bolles, R. C. (19720. Reinforcement, expectancy, and learning. *Psychological Review, 79,* 394–409.

Booth, A., & Dabbs, J. M., Jr. (1993). Testosterone and men's marriages. *Social Forces, 72,* 463–477.

Borgatta, E. F. (1964). The structure of personality characteristics. *Behavioral Science, 12,* 8–17.

Boring, E. G. (1930). A new ambiguous figure. *American Journal of Psychology, 42,* 444–445.

Borkenau, P., Riemann, R., Angleitner, A., & Spinath, F. M. (2001). Genetic and environmental influences on observed personality: Evidence from the German observational study of adult twins. *Journal of Personality and Social Psychology, 80,* 655–668.

Borkenau, P., Riemann, R., Angleitner, A., & Spinath, F. M. (2002). Silimialrity of childhood experiences and personality resemblance in monozygotic and dizygotic twins: A test of the equal environments assumption. *Personality and Individual Differences, 33,* 261–269.

Bornstein, R. F., & Masling, J. (1985). Orality and latency of volunteering to serve as experimental subjects: A replication. *Journal of Personality Assessment, 49,* 306–310.

Borsboom, D., Mellenbergh, G. J., & van Heerden, J. (2004). The concept of validity. *Psychological Review, 111,* 1061–1071.

Boss, M. (1963). *Psychoanalysis and Daseinsanalysis.* New York, NY: Basic Books.

Botwin, M. D., & Buss, D. M. (1989). Structure of act-report data: Is the five-factor model of personality recaptured? *Journal of Personality and Social Psychology, 56,* 988–1001.

Bouchard, T. J. (2004). Genetic influence on human psychological traits. *Current Directions in Psychological Science, 13,* 148–151.

Bouchard, T. J., Jr., Lykken, D. T., McGue, M., Segal, N. L., & Tellegen, A. (1990). Sources of human psychological differences: The Minnesota study of twins reared apart. *Science, 250,* 223–228.

Bouton M. E. (1994). Context, ambiguity, and classical conditioning. *Current Directions in Psychological Science, 3,* 49–53.

Bouton, M. E. (2000). A learning theory perspective on lapse, relapse, and the maintenance of behavior change. *Health Psychology, 19,* 57–63.

Bowlby, J. (1969). *Attachment and loss: Vol. 1, Attachment.* New York, NY: Basic Books.

Bowlby, J. (1988). *A secure base: Parent-child attachment and healthy human development.* New York, NY: Basic Books.

Boyatzis, R. E. (1973). Affiliation motivation. In D. C. McClelland & R. S. Steele (Eds.), *Human motivation: A book of readings.* Morristown, NJ: General Learning Press.

Bradburn, N. M., & Berlew, D. E. (1961). Need for achievement and English industrial growth. *Economic Development and Cultural Change, 10,* 8–20.

Bradley, G. W. (1978). Self-serving biases in the attribution process: A reexamination of the fact or fiction question. *Journal of Personality and Social Psychology, 36,* 56–71.

Brady, J. P. (1972). Systematic desensitization. In W. S. Agras (Ed.), *Behavior modification: Principles and clinical applications.* Boston, MA: Little, Brown.

Brady, S. S., & Matthews, K. A. (2006). Effects of media violence on health-related outcomes among young men. *Archives of Pediatric Adolescent Medicine, 160,* 341–347.

Brandon, T. H., Tiffany, S. T., Obremski, K. M., & Baker, T. B. (1990). Postcessation cigarette use: The process of relapse. *Addictive Behavior, 15,* 105–114.

Brandstätter, H. (1983). Emotional responses to other persons in everyday life situations. *Journal of Personality and Social Psychology, 45,* 871–883.

Brandstätter, V., & Frank, E. (2002). Effects of deliberative and implemental mindsets on persistence in goal-directed behavior. *Personality and Social Psychology Bulletin, 28,* 1366–1378.

Brandstätter, V., Lengfelder, A., & Gollwitzer, P. M. (2001). Implementation intentions and efficient action initiation. *Journal of Personality and Social Psychology, 81,* 946–960.

Branje, S. J. T., van Lieshout, C. F. M., & van Aken, M. A. G. (2004). Relations between big five personality characteristics and perceived support in adolescents' families. *Journal of Personality and Social Psychology, 86,* 615–628.

Breedlove, S. M. (1992). Sexual dimorphism in the vertebrate nervous system. *Journal of Neuroscience, 12,* 4133–4142.

Breedlove, S. M. (1994). Sexual differentiation of the human nervous system. *Annual Review of Psychology, 45,* 389–418.

Brehm, J. W. (1966). *A theory of psychological reactance.* New York, NY: Academic Press.

Brehm, S. S., & Brehm, J. W. (1981). *Psychological reactance: A theory of freedom and control.* New York, NY: Academic Press.

Brennan, K. A., Clark, C. L., & Shaver, P. R. (1998). Self-report measurement of adult attachment: An integrative overview. In J. A. Simpson & W. S. Rholes (Eds.), *Attachment theory and close relationships* (pp. 46–76). New York, NY: Guilford Press.

Brewer, W. F. (1974). There is no convincing evidence for operant or classical conditioning in adult humans. In W. B. Weimer & D. S. Palermo (Eds.), *Cognition and the symbolic processes.* Hillsdale, NJ: Erlbaum.

Bridger, W. G., & Mandel, I. J. (1964). A comparison of GSR fear responses produced by threat and electric shock. *Journal of Psychiatric Research, 2,* 31–40.

Briggs, S. R. (1989). The optimal level of measurement for personality constructs. In D. M. Buss & N. Cantor (Eds.), *Personality psychology: Recent trends and emerging directions* (pp. 246–260). New York, NY: Springer-Verlag.

Brissette, I., Cheier, M. F., & Carver, C. S. (2002). The role of optimism in social network development, coping, and psychological adjustment during a life transition. *Journal of Personality and Social Psychology, 82,* 102–111.

Britt, T. W., & Shepperd, J. A. (1999). Trait relevance and trait assessment. *Personality and Social Psychology Review, 3,* 108–122.

Broadbent, D. E. (1977). Levels, hierarchies, and the locus of control. Quarterly *Journal of Experimental Psychology, 29,* 181-201.

Brokaw, D. W., & McLemore, C. W. (1983). Toward a more rigorous definition of social reinforcement: Some interpersonal clarifications. *Journal of Personality and Social Psychology, 44,* 1014-1020.

Brooks, R. A. (2002). *Flesh and machines: How robots will change us.* New York, NY: Pantheon.

Bruner, J. S. (1957). On perceptual readiness. *Psychological Review, 64,* 123-152.

Brunstein, J. C., & Maier, G. W. (2005). Implicit and self-attributed motives to achieve: Two separate but interacting needs. *Journal of Personality and Social Psychology, 89,* 205-222.

Brunstein, J. C., Schultheiss, O. C., & Grossmann, R. (1998). Personal goals and emotional well-being: The moderating role of motive dispositions. *Journal of Personality and Social Psychology, 75,* 494-508.

Brunswik, E. (1951). The probability point of view. In M. H. Marx (Ed.), *Psychological theory.* New York, NY: Macmillan.

Buccino, G., Binkifski, F., Fink, G. R., Fadiga, L., Fogassi, L., Gallese, V., Seitz, R. J., Zilles, K., Rizzolatti, G., & Freund, H. -J. (2001). Action observation activates premotor and parietal areas in somatotopic manner: An fMRI study. *European Journal of Neuroscience, 13,* 400-404.

Buchanan, A., Brock, D. W., Daniels, N., & Wikler, D. (2000). *From chance to choice: Genetics and justice.* New York, NY: Cambridge University Press.

Buchanan, G. M. (1995). Explanatory styles and coronary heart disease. In G. M. Buchanan & M. E. P. Seligman (Eds.), *Explanatory style* (pp. 225-232). Hillsdale, NJ: Erlbaum.

Buller, D. J. (2005a). *Adapting minds: Evolutionary psychology and the persistent quest for human nature.* Cambridge, MA: MIT Press.

Buller, D. J. (2005b). Evolutionary psychology: The emperor's new paradigm. *Trends in Cognitive Sciences, 9,* 277-283.

Burnstein, E., Crandall, C., & Kitayama, S. (1994). Some neo-Darwinian decision rules for altruism: Weighing cues for inclusive fitness as a function of the biological importance of the decision. *Journal of Personality and Social Psychology, 67,* 773-789.

Burroughs, W. J., & Drews, D. R. (1991). Rule structure in the psychological representation of physical settings. *Journal of Experimental Social Psychology, 27,* 217-238.

Bushman, B. J., & Baumeister, R. F. (1998). Threatened egotism, narcissism, self-esteem, and direct and displaced aggression: Does self-love or self-hate lead to violence? *Journal of Personality and Social Psychology, 75,* 219-229.

Bushman, B. J., Baumeister, R. F., & Phillips, C. M. (2001). Do people aggress to improve their mood? Catharsis beliefs, affect regulation opportunity, and aggressive responding. *Journal of Personality and Social Psychology, 81,* 17-32.

Buss, A. H. (1983). Social rewards and personality. *Journal of Personality and Social Psychology, 44,* 553-563.

Buss, A. H., & Plomin, R. (1975). *A temperament theory of personality development.* New York, NY: Wiley-Interscience.

Buss, A. H., & Plomin, R. (1984). *Temperament: Early developing personality traits.* Hillsdale, NJ: Erlbaum.

Buss, D. M. (1984). Toward a psychology of person-environment correlation: The role of spouse selection. *Journal of Personality and Social Psychology, 47,* 361-377.

Buss, D. M. (1985). Human mate selection. *American Scientist, 73,* 47-51.

Buss, D. M. (1988). The evolution of human intrasexual competition: Tactics of mate attraction. *Journal of Personality and Social Psychology, 54,* 616-628.

Buss, D. M. (1989). Sex differences in human mate preferences: Evolutionary hypotheses tested in 37 cultures. *Behavioral and Brain Sciences, 12,* 1-49.

Buss, D. M. (1991). Evolutionary personality psychology. *Annual Review of Psychology, 42,* 459-491.

Buss, D. M. (1994a). *The evolution of desire: Strategies of human mating.* New York, NY: Basic Books.

Buss, D. M. (1994b). The strategies of human mating. *American Scientist, 82,* 238-249.

Buss, D. M. (1995). Evolutionary psychology: A new paradigm for psychological science. *Psychological Inquiry, 6,* 1-30.

Buss, D. M. (2001). Cognitive biases and emotional wisdom in the evolution of conflict between the sexes. *Current Directions in Psychological Science, 10,* 219-223.

Buss, D. M. (2005). *The murderer next door: Why the mind is designed to kill.* New York, NY: Penguin Press.

Buss, D. M., Gomes, M., Higgins, D. S., & Lauterbach, K. (1987). Tactics of manipulation. *Journal of Personality and Social Psychology, 52,* 1219-1229.

Buss, D. M.. Larsen, R. J., Westen, D., & Semmelroth, J. (1992). Sex differences in jealousy: Evolution, physiology, and psychology. *Psychological Science, 3,* 251-255.

Buss, D. M., & Schmitt, D. P. (1993). Sexual strategies theory: An evolutionary perspective on human mating. *Psychological Review, 100,* 204-232.

Buss, D. M., & Shackelford, T. K. (1997). From vigilance to violence: Mate retention tactics in married couples. *Journal of*

Personality and Social Psychology, 72, 346-361.

Butcher, J. N. (Ed.). (1996). *International adaptations of the MMPI-2: Research and clinical applications.* Minneapolis, MN: University of Minnesota Press.

Butcher, J. N., Dahlstrom, W., Graham, J., Tellegen, A., & Kaemmer, B. (1989). *Manual for administering and scoring the MMPI-2.* Minneapolis, MN: University of Minnesota Press.

Butzer, B., & Campbell, L. (2008). Adult attachment, sexual satisfaction, and relationship satisfaction: A study of married couples. *Personal Relationships, 15,* 141-154.

Byrne, D., McDonald, R. D., & Mikawa, J. (1963). Approach and avoidance affiliation motives. *Journal of Personality, 31,* 21-37.

Cacioppo, J. T., & Petty, R. E. (1980). The effects of orienting task on differential hemispheric EEG activation. *Neuropsychologia, 18,* 675-683.

Cadinu, M., Maass, A., Rosabianca, A., & Kiesner, J. (2005). Why do women underperform under stereotype threat? Evidence for the role of negative thinking. *Psychological Science, 16,* 572-578.

Cain, D. J., & Seeman, J. (Eds.). (2002). *Humanistic psychotherapies: Handbook of research and practice.* Washington, DC: American Psychological Association.

Cambron, M. J., & Acitelli, L. K. (2010). Examining the link between friendship contigent self0esteem and the self-propagating cycle of depression. *Journal of Social and Clinical Psychology, 29,* 701-726.

Cambron, M. J., Acitelli, L. K., & Steinburg, L. (2010). When friends make you blue: The role of friendship contingent self-esteem in predicting self0esteem and depressive symptoms. *Personality and Social Psychology Bulletin, 36,* 384-397.

Cameron, O. G., Abelson, J. L., & Young, E. A. (2004). Anxious and depressive disorders and their comorbidity: Effect on central nervous system noradrenergic function. *Biological Psychiatry, 56,* 875-883.

Campbell, D. T. (1960). Recommendations for the APA test standards regarding construct, trait, and discriminant validity. *American Psychologist, 15,* 546-553.

Campbell, D. T., & Fiske, D. W. (19590. Convergent and discriminant validation by the multitrait-multimethod matrix. *Psychological Bulletin, 56,* 81-105.

Campbell, W. K. (1999). Narcissism and romantic attraction. *Journal of Personality and Social Psychology, 77,* 1254-1270.

Campbell, W. K., & Foster, C. A. (2002). Narcissism and commitment in romantic relationships: An investment model analysis. *Personality and Social Psychology Bulletin, 28,* 484-495.

Cannon, W. B. (1932). *The wisdom of the body.* New York, NY: Norton.

Cantor, N., & Mischel, W. (1977). Traits as prototypes: Effects on recognition memory. *Journal of Personality and Social Psychology, 35,* 38-48.

Caporael, L. R. (2001). Evolutionary psychology: Toward a unifying theory and a hybrid science. *Annual Review of Psychology, 52,* 607-628.

Carey, G. (2003). *Human genetics for the social sciences.* Thousand Oaks, CA: Sage.

Carlston, D. E., & Skoweonski, J. J. (1994). Savings in the relearning of trait information as evidence for spontaneous inference generation. *Journal of Personality and Social Psychology, 66,* 840-856.

Carnagey, N. L., & Anderson, C. A. (2005). The effects of reward and punishment in violent video games on aggressive affect, cognition, and behavior. *Psychological Science, 16,* 882-889.

Carnagey, N. L., Anderson, C. A., & Bushman, B. J. (2007). The effect of video game violence on physiological desensitization to real life violence. *Journal of Experimental Social Psychology, 43,* 489-496.

Carnelley, K. B., Pietromonaco, P. R., & Jaffe, K. (1994). Depression, working models of others, and relationship functioning. *Journal of Personality and Social Psychology, 66,* 127-140.

Carroll, L. (1987). A study of narcissism, affiliation, intimacy, and power motives among students in business administration. *Psychological Reports, 61,* 355-358.

Carter, B. L., & Tiffany, S. T. (1999). Meta-analysis of cue reactivity in addiction research. *Addiction, 94,* 327-340.

Carter, C. S. (1998). Neuroendocrine perspectives on social attachment and love. *Psychoneuroimmunology, 23,* 779-818.

Carver, C. S. (1975). Physical aggression as a function of objectives self-awareness and attitudes toward punishment. *Journal of Experimental Social Psychology, 11,* 510-519.

Carver, C. S. (1997). Adult attachment and personality: Converging evidence and a new measure. *Personality and Social Psychology Bulletin, 23,* 865-883.

Carver, C. S. (1998). Generalization, adverse events, and development of depressive symptoms. *Journal of Personality, 66,* 609-620.

Carver, C. S. (2003). Pleasure as a sign you can attend to something else: Placing positive feelings within a general model of affect. *Cognition and Emotion, 17,* 241-261.

Carver, C. S. (2004). Negative affects deriving from the behavioral approach system. *Emotion, 4,* 3–22.

Carver, C. S. (2005). Impulse and constraint: Perspectives from personality psychology, convergence with theory in other areas, and potential for integration. *Personality and Social Psychology Review, 9,* 312–333.

Carver, C. S., & Baird, E. (1998). The American dream revisited: Is it what you want or why you want it that matters? *Psychological Science, 9,* 289–292.

Carver, C. S., Ganellen, R. J., Froming, W. J., & Chambers, W. (1983). Modeling: An analysis in terms of category accessibility. *Journal of Experimental Social Psychology, 19,* 403–421.

Carver, C. S., & Harmon-Jones, E. (2009). Anger is an approach-related affect: Evidence and implications. *Psychological Bulletin, 13,* 183–204.

Carver, C. S., Johnson, S. L., & Joormann, J. (2008). Serotonergic function, two-mode models of self-regulation, and vulnerability to depression: What depression has in common with impulsive aggression. *Psychological Bulletin, 134,* 912–943.

Carver, C. S., Johnson, S. L., & Joormann, J. (2009). Two-mode models of self-regulation as a tool for conceptualizing effects of the serotonergic system in normal behavior and diverse disorders. *Current Directions in Psychological Science, 18,* 195–199.

Carver, C. S., Johnson, S. L., Joormann, J., Kim, Y., & Nam, J. Y. (2011). Serotonin transporter polymorphism interacts with childhood adversity to predict aspects of impulsivity. *Psychological Science, 22,* in press.

Carver, C. S., Kus, L. A., & Scheier, M. F. (1994). Effects of good versus bad mood and optimistic versus pessimistic outlook on social acceptance versus rejection. *Journal of Social and Clinical Psychology, 13,* 138–151.

Carver, C. S., LaVoie, L., Kuhl, J., & Ganellen, R. J. (1988). Cognitive concomitants of depression: A further examination of the roles of generalization, high standards, and self-criticism. *Journal of Social and Clinical Psychology, 7,* 350–365.

Carver, C. S., Lawrence, J. W., & Scheier, M. F. (1999). Self-discrepancies and affect: Incorporating the role of feared selves. *Personality and Social Psychology Bulletin, 25,* 783–792.

Carver, C. S., Lehman, J. M., & Antoni, M. H. (2003). Dispositional pessimism predicts illness-related disruption of social and recreational activities among breast cancer patients. *Journal of Personality and Social Psychology, 84,* 813–821.

Carver, C. S., & Miller, C. J. (2006). Relations of serotonin function to personality: Current views and a key methodological issue. *Psychiatry Research, 144,* 1–15.

Carver, C. S., Pozo, C., Harris, S. D., Noriega, V., Scheier, M. F., Robinson, D. S., Ketcham, A. S., Moffat, F. L., & Clark, K. C. (1993). How coping mediates the effect of optimism on distress: A study of women with early stage breast cancer. *Journal of Personality and Social Psychology, 65,* 375–390.

Carver, C. S., & Scheier, M. F. (1981). *Attention and self-regulation: A control- theory approach to human behavior.* New York, NY: Springer-Verlag.

Carver, C. S., & Scheier, M. F. (1990). Principles of self-regulation: Action and emotion. In E. T. Higgins & R. M. Sorrentino (Eds.), *Handbook of motivation and cognition: Foundations of social behavior* (Vol. 2, pp. 3–52). New York, NY: Guilford Press.

Carver, C. S., & Scheier, M. F. (1998). *On the self-regulation of behavior.* New York, NY: Cambridge University Press.

Carver, C. S., & Scheier, M. F. (2002). Control processes and self-organization as complementary principles underlying behavior. *Personality and Social Psychology Review, 6,* 304–315.

Carver, C. S., & Scheier, M. F. (2007). Feedback processes in the simultaneous regulation of action and affect. In J. Y. Shah & W. L. Gardner (Eds.), *Handbook of motivation science.* New York, NY: Guilford Press.

Carver, C. S., Scheier, M. F., & Segerstrom, S. C. (2010). Optimism. *Clinical Psychology Review, 30,* 879–889.

Carver, C. S., & White, T. L. (1994). Behavioral inhibition, behavioral activation, and affective responses to impending reward and punishment: The BIS/BAS scales. *Journal of Personality and Social Psychology, 67,* 319–333.

Casey, B. J., Giedd, J. N., & Thomas, K. M. (2000). Structural and functional brain development and its relation to cognitive development. *Biological Psychology, 54,* 241–257.

Casper, F., Rothenfluth, T., & Segal, Z. (1992). The appeal of connectionism to clinical psychology. *Clinical Psychology Review, 12,* 719–762.

Caspi, A., Hariri, A. R., Holmes, A., Uher, R., & Moffitt, T. E. (2010). Genetic sensitivity to the environment: The case of the serotonin transporter gene and its implications for studying complex diseases and traits. *American Journal of Psychiatry, 167,* 509–527.

Caspi, A., & Herbener, E. S. (1990). Continuity and change: Assortative marriage and the consistency of personality in adulthood. *Journal of Personality and Social Psychology, 58,* 250–258.

Caspi, A., McClay, J., Moffitt, T. E., Mill, J., Martin, J., Craig, I. W.,

Taylor, A., & Poulton, R. (2002). Role of genotype in the cycle of violence in maltreated children. *Science, 297,* 851-854.

Caspi, A., Roberts, B. W., & Shiner, R. L. (2005). Personality development: Stability and change. *Annual Review of Psychology, 56,* 453-484.

Cassidy, J., & Shaver, P. R. (Eds.). (1999). *Handbook of attachment: Theory, research, and clinical applications.* New York, NY: Guilford Press.

Cattell, H. E. P. (1993). Comment on Goldberg. *American Psychologist, 48,* 1302-1303.

Cattell, R. B. (1947). Confirmation and clarification of primary personality factors. *Psychometrica, 12,* 197-220.

Cattell, R. B. (1965). *The scientific analysis of personality.* Baltimore, MD: Penguin Press.

Cattell, R. B. (1978). *The scientific use of factor analysis.* New York, NY: Plenum Press.

Cattell, R. B. (1979). *Personality and learning theory, Volume 1. The structure of personality in its environment.* New York, NY: Springer.

Cattell, R. B., Eber, H. W., & Tarsuoka, M. M. (1977). *Handbook for the 16 personality factor questionnaire.* Champaign, IL: IPAT.

Cattell, R. B., & Kline, P. (1977). *The scientific analysis of personality and motivation.* New York, NY: Academic Press.

Cervone, D. (1997). Social-cognitive mechanisms and personality coherence: Self-knowledge, situational beliefs, and cross-situational coherence in perceived self-efficacy. *Psychological Science, 8,* 43-50.

Cervone, D. (2004). The architecture of personality. *Psychological Review, 111,* 183-204.

Chamorro-Premusix, T., & Furnham, A. (2003). Personality predicts academic performance: Evidence from two longitudinal university samples. *Journal of Research in Personality, 37,* 319-338.

Champagne, F. A., & Mashoodh, R. (2009). Genes in context: Gene-environment interplay and the origins of individual differences in behavior. *Current Directions in Psychological Science, 18,* 127-131.

Chance, S. E., Brown, R. T., Dabbs, J. M., Jr., & Casey, R. (2000). Testosterone, intelligence and behavior disorders in young boys. *Personality and Individual Differences, 28,* 437-445.

Chaplin, W. F., Phillips, J. B., Brown, J. D., Clanton, N. R., & Stein, J. L. (2000). Handshaking, gender, personality, and first impressions. *Journal of Personality and Social Psychology, 79,* 110-117.

Chapman, L. J. (19670. Illusory correlations in observational report. *Journal of Verbal Learning and Verbal Behavior, 6,* 151-155.

Chartrand, T. L., & Bargh, J. A. (1996). Automatic activation of impression formation and memorization goals: Nonconscious goal priming reproduces effects of explicit task instructions. *Journal of Personality and Social Psychology, 71,* 464-478.

Chartrand, T. L., & Bargh, J. A. (1999). The chameleon effect: The perception-behavior link and social interaction. *Journal of Personality and Social Psychology, 76,* 893-910.

Chassin, L., Flora, D. B., & King, K. M. (2004). Trajectories of alcohol and drug use and dependence from adolescence to adulthood: The effects of familial alcoholism and personality. *Journal of Abnormal Psychology, 113,* 483-498.

Chatterjee, B. B., & Eriksen, S. W. (1962). Cognitive factors in heart rate conditioning. *Journal of Experimental Psychology, 64,* 272-279.

Chen, E., & Matthews, K. A. (2001). Cognitive appraisal biases: An approach to understanding the relation between socioeconomic status and cardiovascular reactivity in children. *Annals of Behavioral Medicine, 23,* 101-111.

Chen, S. (2003). Psychological-state theories about significant others: Implications for the content and structure of significant-other representations. *Personality and Social Psychology Bulletin, 29,* 1285-1302.

Cheung, R. M., & Hardin, C. D. (2010). Costs and benefits of political ideology: The case of economic self-stereotyping and stereotype threat. *Journal of Experimental Social Psychology, 46,* 761-766.

Christensen, A. J., Ehlers, S. L., Wiebe, J. S., Moran, P. J., Raichle, K., Ferneyhough, K., & Lawton, W. J. (2002). Patient personality and mortality: A 4-year prospective examination of chronic renal insufficiency. *Health Psychology, 21,* 315-320.

Chung, B. G., Ehrhart, M. G., Ehrhart, K. H., Hattrup, K., & Solamon, J. (2010). Stereotype threat, state anxiety, and specific slef-efficacy as predictors of promotion exam performance. *Group & Organization Management, 35,* 77-107.

Church, A. T. (Ed.). (2001). Introduction: Culture and personality [Special issue]. *Journal of Personality, 69,* 787-801.

Church, A. T., & Burke, P. J. (1994). Exploratory and confirmatory tests of the big five and Tellegen' s three and four-dimensional models. *Journal of Personality and Social Psychology, 66,* 93-114.

Ciminero, A. R., Calhorn, K. S., & Adams, H. E. (Eds.). (1977). *Handbook of behavioral assessment.* New York, NY: Wiley.

Claridge, G. S. (1967). *Personality and arousal.* New York, NY: Pergamon Press.

Clark, L. A. (2007). Assessment and diagnosis of personality disorder: Perennial issues and an emerging reconceptualization. *Annual Review of Psychology, 58,* 227-257.

Clark, L. A., Kochanska, G., & Ready, R. (2000). Mothers' personality and its interaction with child temperament as predictors of parenting behavior. *Journal of Personality and Social Psychology, 79,* 274-285.

Clark, L. A., & Watson, D. (1999). Temperament: A new paradigm for trait psychology. In L. A. Pervin & O. P. John (Eds.), *Handbook of personality: Theory and research* (2nd ed., pp. 399-423). New York, NY: Guilford Press.

Clark, R. A., & McClelland, D. C. (1956). A factor-analytic integration of imaginative and performance measures of the need for achievement. *Journal of General Psychology, 55,* 73-83.

Clark, R. D., & Hatfield, E. (1989). Gender differences in receptivity to sexual offers. *Journal of Psychology and Human Sexuality, 2,* 39-55.

Clark, W. R. (1996). *Sex and the origins of death.* New York, NY: Oxford University Press.

Cleare, A. J., & Bond, A. J. (1995). The effect of tryptophan depletion and enhancement on subjective and behavioural aggression in normal male subjects. *Psychopharmacology, 118,* 72-81.

Cleare, A. J., & Bond, A. J. (1997). Does central serotonergic function correlate inversely with aggression? A study using D-fenfluramine in healthy subjects. *Psychiatry Research, 69,* 89-95.

Cloninger, C. R. (1987). A systematic method of clinical description and classification of personality variants: A proposal. *Archives of General Psychiatry, 44,* 573-588.

Cloninger, C. R. (1988). A unified biosocial theory of personality and its role in the development of anxiety states: A reply to commentaries. *Psychiatric Developments, 2,* 83-120.

Clower, C. E., & Bothwell, R. K. (2001). An exploratory study of the relationship between the Big Five and Inmate recidivism. *Journal of Research in Personality, 35,* 231-237.

Coccaro, E. F., Kavoussi, R. J., Cooper, T. B., & Hauger, R. L. (1997). Central serotonin activity and aggression: Inverse relationship with prolactin response to d-fenfluramine, but not CSF 5-HIAA concentration, in human subjects. *American Journal of Psychiatry, 154,* 1430-1435.

Cohen, D., Nisbett, R. F., Bowdle, B. F., & Schwarz, N. (1996). Insult, aggression, and the Southern culture of honor: An "experimental ethnology." *Journal of Personality and Social Psychology, 70,* 945-960.

Cohen-Bendahan, C. C. C., van de Beek, C., & Berenbaum, S. A. (2005). Prenatal sex hormone effects on child and adult sex-typed behavior: Methods and findings. *Neuroscience and Biobehavioral Reviews, 29,* 353-384.

Cole, S. W. (2009). Social regulation of human gene expression. *Current Directions in Psychological Science, 18,* 132-137.

Collins, N. L., Ford, M. B., Guichard, A. C., & Feeney, B. C. (2006). Responding to need in intimate relationships: Normative processes and individual differences. In M. Milulincer & G. Goodman (Eds.), *The dynamics of love: Attachment, caregiving, and sex* (pp. 149-189). New York, NY: Guiford Press.

Collins, N. L., & Read, S. J. (1990). Adult attachment, working models, and relationship quality in dating couples. *Journal of Personality and Social Psychology, 58,* 644-663.

Conklin, C. A. (2006). Environments as cues to smoke: Implications for human extinction-based research and treatment. *Experimental and Clinical Psychopharmacology, 14,* 12-19.

Conklin, C. A., Perkins, K. A., Robin, N., McClemon, F. J., & Salkeld, R. P. (2010). Bringing the real world into the laboratory: Personal smoking and nonsmoking environments. *Drug and Alcohol Dependence, 111,* 58-63.

Conklin, C. A., Robin, N., Perkins, K. A., Salkeld, R. P., & McClemon, F. J. (2008). Proximal versus distal cues to smoke: The effects of environments on smokers' cue-reactivity. *Experimental and Clinical Psychopharmacology, 16,* 207-214.

Conklin, C. A., & Tiffany, S. T. (2001). The impact of imagining personalized versus standardized urge scenarios on cigarette craving and autonomic reactivity. *Experimental and Clinical Psychopharmacology, 9,* 399-408.

Conklin, C. A., & Tiffany, S. T. (2002). Applying extinction research and theory to cue-exposure addiction treatments. *Addiction, 97,* 155-167.

Conley, J. J. (1985). Longitudinal stability of personality traits: A multitrait-multimethod-multioccasion analysis. *Journal of Personality and Social Psychology, 49,* 1266-1282.

Conner, T., & Barrett, L. F. (2005). Implicit self-attitudes predict spontaneous affect in daily life. *Emotion, 5,* 476-488.

Conner, T. S., Tennen, H., Fleeson, W., & Barrett, L. F. (2009). Experience sampling methods: A modern idiographic approach to personality research. *Social and Psychology Compass, 3,* 292-313.

Constantian, C. A. (1981). Attitudes, beliefs, and behavior in regard to spending time alone. Unpublished doctoral dissertation, Harvard University, Cambridge, MA.

Converse, J., & Presser, S. (1986). *Survey questions: Handcrafting the standardized questionnaire.* Newbury

Park, CA Sage.

Conway, M., & Giannopoulos, C. (1993). Dysphoria and decision making: Limited information use for evaluations of multiattribute targets. *Journal of Personality and Social Psychology, 64,* 613-623.

Cook, K. F., O'Malley, K. J., & Roddey, T. S. (2005). Dynamic assessment of health outcomes: Time to let the CAT out of the bag? *Health Services Research, 40,* 1694-1711.

Cook, M. L., & Peterson, C. (1986). Depressive irrationality. *Cognitive Therapy and Research, 10,* 293-298.

Cook, W. L. (2000). Understanding attachment security in a family context. *Journal of Personality and Social Psychology, 78,* 285-294.

Cooley, E. J., & Spiegler, M. D. (1980). Cognitive versus emotional coping responses as alternatives to test anxiety. *Cognitive Therapy and Research, 4,* 159-166.

Corr, P. J., Pickering, A. D., & Gray, J. A. (1997). Personality, punishment, and procedural learning: A test of K. A. Gray' s anxiety theory. *Journal of Personality and Social Psychology, 73,* 337-344.

Costa, P. T., Jr., & McCrae, R. R. (1988a). From catalog to classification: Murray' s needs and the five-factor model. *Journal of Personality and Social Psychology, 55,* 258-265.

Costa, P. T., Jr., & McCrae, R. R. (1988b). Personality in adulthood: A six-year longitudinal study of self-reports and spouse rating on the NEO personality inventory. *Journal of Personality and Social Psychology, 54,* 853-863.

Costa, P. T., Jr., & McCrae, R. R. (1989). Personality continuity and the changes of adult life. In M. Storandt & G. R. VandenBos (Eds.), *The adult years: Continuity and change* (pp. 45-77). Washington, DC: American Psychological Association.

Costa, P. T., Jr., & McCrae, R. R. (1992). *Revised NEO Personality Inventory (NEO-PI-R) and NEO Five-Factor Inventory (NEO-FFI) professional manual.* Odessa, FL: Psychological Assessment Resources.

Costa, P. T., Jr., & McCrae, R. R. (1995). Domains and facets: Hierarchical personality assessment using the revised NEO Personality Inventory. *Journal of Personality Assessment, 64,* 21-50.

Costa, P. T., Jr., & Widiger, T. A. (Eds.). (2002). *Personality disorders and the five-factor model of personality* (2nd ed.). Washington, DC: American Psychological Association.

Couch, A., & Keniston, K. (1960). Yeasayears and naysayers: Agreeing response set as a personality variable. *Journal of Abnormal and Social Psychology, 60,* 151-174.

Craighead, W. E., Kazdin, A. E., & Mahoney, M. J. (1981). *Behavior modification: Principles, issues, and applications.* Boston, MA: Houghton Mifflin.

Cramer, P. (2000). Defense mechanisms in psychology today: Further processes for adaptation. *American Psychologist, 55,* 637-646.

Crawford, C. B. (1989). The theory of evolution: Of what value to psychology? *Journal of Comparative Psychology, 103,* 4-22.

Crawford, C. B., Smith, M. S., & Krebs, D. (Eds.). (1987). *Sociobiology and psychology: Ideas, issues and applications.* Hillsdale, NJ: Erlbaum.

Crawford, L. E., & Cacioppo, J. T. (2002). Learning where to look for danger: Integrating affective and spatial information. *Psychological Science, 13,* 449-453.

Crews, F. (1996). The verdict on Freud. *Psychological Science, 7,* 63.

Crick, N. R., & Dodge, K. A. (1994). A review and reformulation of social information-processing mechanisms in children' s social adjustment. *Psychological Bulletin, 115,* 74-101.

Cristóbal-Azkarate, J., Chavira, R., Boeck, L., Rodríguez-Luna, E., & Veàl, J. J. (2006). Testosterone levels of free-ranging resident mantled howler monkey males in relation to the number and density of solitary males: A test of the challenge hypothesis. *Hormones and Behavior, 49,* 261-267.

Crittenden, P. M. (1990). Internal representational models of attachment relationships. *Infant Mental Health Journal, 11,* 259-277.

Crocker, J. (1981). Judgment of covariation by social perceivers. *Psychological Bulletin, 90,* 272-292.

Crocker, J., & Knight, K. M. (2005). Contingencies of self-worth. *Current Directions in Psychological Science, 14,* 200-203.

Crocker J., Luhtanen, R. K., Cooper, M. L., & Bouvrette, A. (2003). Contingencies of self-worth in college students: Theory and measurement. *Journal of Personality and Social Psychology, 85,* 894-908.

Crocker, J., & Park, L. E. (2004). The costly pursuit of self-esteem. *Psychological Bulletin, 130,* 392-414.

Crocker, J., & Wolfe, C. T. (2001). Contingencies of self-worth. *Psychological Review, 108,* 593-623.

Cronbach, L. J., & Meehl, P. E. (1955). Construct validity in psychological tests. *Psychological Bulletin, 52,* 281-302.

Crouse, B. B., & Mehrabian, A. (1977). Affiliation of opposite-sexed strangers. *Journal of Research in Personality, 11,* 38-47.

Crowne, D. P., & Marlowe, D. (1964). *The approval motive: Studies in evaluative dependence.* New York, NY: Wiley.

Csikszentmihalyi, M. (1975). *Beyond boredom and anxiety.* San Francisco, CA: Jossey-Bass.

Csikszentmihalyi, M. (1978). Attention and the holistic approach to behavior. In K. S. Pope & J. L. Singer (Eds.), *The stream of consciousness: Scientific investigations into the flow of human experience*. New York, NY: Plenum Press.

Csikszentmihalyi, M. (1990). *Flow: The psychology of optimal experience*. New York, NY: Harper & Row.

Csikszentmihalyi, M., & Csikszentmihalyi, I. S. (Eds.). (1988). *Optimal experience: Psychological studies of flow in consciousness*. New York, NY: Cambridge University Press.

Csikszentmihalyi, M., & LeFevre, J. (1989). Optical experience in work and leisure. *Journal of Personality and Social Psychology, 56,* 815–822.

Cunningham, M. R., Barbee, A. P., & Pike, C. L. (1990). What do women want? Facialmetric assessment of multiple motives in the perception of male facial physical attractiveness. *Journal of Personality and Social Psychology, 59,* 61–72.

Custers, R., & Aarts, H. (2007). Goal-discrepant situations prime goal-directed actions if goals are temporarily or chronically accessible. *Personality and Social Psychology Bulletin, 33,* 623–633.

Cutter, H. S. G., Boyatzis, R. E., & Clancy, D. D. (1977). The effectiveness of power motivation training in rehabilitating alcoholics. *Journal of Studies on Alcohol, 38,* 131–141.

Cyders, M. A., Smith, G. T., Spillane, N. S., Fishcer, S., Annus, A. M., & Peterson, C. (2007). Integration of impulsivity and positive mood to predict risky behavior: Development and validation of a measure of positive urgency. *Psychological Assessment, 19,* 107–118.

Dabbs, J. M., Jr. (1992a). Testosterone and occupational achievement. *Social Forces, 70,* 813–824.

Dabbs, J. M., Jr. (1992b). Testosterone measurements in social and clinical psychology. *Journal of Social and Clinical Psychology, 11,* 302–321.

Dabbs, J. M., Jr. (1997). Testosterone, smiling, and facial appearance. *Journal of Nonverbal Behavior, 21,* 45–55.

Dabbs, J. M., Jr. (1998). Testosterone and the concept of dominance. *Behavioral and Brain Sciences, 21,* 370–371.

Dabbs, J. M., Jr., Alford, E. C., & Fielden, J. A. (1998). Trial lawyers: Blue collar talent in a white collar world. *Journal of Applied Social Psychology, 28,* 84–94.

Dabbs, J. M., Jr., Bernieri, F. J., Strong, R. K., Campo, R., & Milun, R. (2001). Going on stage: Testosterone in greetings and meetings. *Journal of Research in Personality, 35,* 27–40.

Dabbs, J. M., Jr., & Dabbs, M. G. (2000). *Heroes, rogues and lovers: Testosterone and behavior*. New York, NY: McGraw-Hill.

Dabbs, J. M., Jr., de La Rue, D., & Williams, P. M. (1990). Testosterone and occupational choice: Actors, minsters and other man. *Journal of Personality and Social Psychology, 59,* 1261–1265.

Dabbs, J. M., Jr., Frady, R. L., Carr, T. S., & Besch, N. F. (1987). Salica testosterone and criminal violence in young adult prison inmates. *Psychosomatic Medicine, 49,* 174–182.

Dabbs, J. M., Jr., Hargrove, M. F., & Heusel, C. (1996). Testosterone differences among college fraternities: Well-behaved vs. rambunctious. *Personality and Individual Differences, 290,* 157–161.

Dabbs, J. M., Jr., & Mallinger, A. (1999). High testosterone levels predict low voice pitch among men. *Personality and Individual Differences, 27,* 801–804.

Dabbs, J. M., Jr., & Mohammed, S. (1992). Male and female salivary testosterone concentrations before and after sexual activity. *Physiology and Behavior, 52,* 195–197.

Dabbs, J. M., Jr., & Morris, R. (1990). Testosterone, social class, and antisocial behavior in a sample of 4,462 men. *Psychological Science, 1,* 209–211.

Dabbs, J. M., Jr., Riad, J. K., & Chance, S. E. (2001). Testosterone and ruthless homicide. *Personality and Individual Differences, 31,* 599–603.

Dabbs, J. M., Jr., Ruback, R. B., Frady, R. L., Hopper, C. H., & Sgoutas, D. S. (1988). Saliva testosterone and criminal violence among women. *Personality and Individual Differences, 9,* 269–275.

Daitzman. R., & Zuckerman, M. (1980). Disinhibitory sensation seeking, personality and gonadal hormones. *Personality and Individual Differences, 1,* 103–110.

Daly, M., & Wilson, M. I. (1988). *Homicide*. New York, NY: Aldine de Gruyter.

Daly, M., & Wilson, M. I. (1990). Killing the competition: Female/female and male/male homicide. *Human Nature, 1,* 81–107.

Daly, M., & Wilson, M. I. (1996). Violence against step-children. *Current Directions in Psychological Science, 5,* 77–81.

Daniels, D. (1986). Differential experiences of siblings in the same family as predictors of adolescent sibling personality differences. *Journal of Personality and Social Psychology, 51,* 339–346.

Daniels, D., & Plomin, R. (1985). Differential experience of siblings in the same family. *Developmental Psychology, 21,* 747–760.

Davidson, R. J. (1988). EEG measures of cerebral asymmetry: Conceptual and methodological issues. *International Journal of Neuroscience, 39,* 71–89.

Davidson, R. J. (1992). Prolegomenon to the structure of emotion:

Gleanings from neuropsychology. *Cognition and Emotion, 6,* 245-268.

Davidson, R. J. (1995). Cerebral asymmetry, emotion, and affective style. In R. J. Davidson & K. Hugdahl (Eds.), *Brain asymmetry* (pp. 361-387). Cambridge, MA: MIT Press.

Davidson, R. J., Ekman, P., Saron, C. D., Senulis, J. A., & Friesen, W. V. (1990). Approach-withdrawal and cerebral asymmetry: Emotional expression and brain physiology I. *Journal of Personality and Social Psychology, 58,* 330-341.

Davidson, R. J., Jackson, D. C., & Kalin, N. H. (2000). Emotion, plasticity, context, and regulation: Perspectives from affective neuroscience. *Psychological Bulletin, 126,* 890-909.

Davidson, R. J., Pizzagalli, D., Nitschke, J. B., & Putnam, K. (2002). Depression: Perspectives from affective neutoscience. *Annual Review of Psychology, 53,* 545-574.

Davidson, R. J., & Sutton, S. K. (1995). Affective neuroscience: The emergence of a discipline. *Current Opinion in Neurobiology, 5,* 217-224.

Davila, J., Burge, D., & Hammen, C. (1997). Why does attachment style change? *Journal of Personality and Social Psychology, 73,* 826-838.

Davis, D., Shaver, P. R., & Vernon, M. L. (2003). Physical, emotional, and behavioral reactions to breaking up: The roles of gender, age, emotional involvement, and attachment style. *Personality and Social Psychology Bulletin, 29,* 871-884.

Davis, T. E., Ollendick, T. H., & Öst, L. (2009). Intensive treatment of specific phobias in children and adolescents. *Cognitive and Behavioral Practice, 16,* 294-303.

Davison, G. C., & Wilson, G. T. (1973). Processes of fear reduction in systematic desensitization: Cognitive and social reinforcement factors in humans. *Behavior Therapy, 4,* 1-21.

Daw, N. D., Miv, Y., & Dayan, P. (2005). Uncertainty-based competition between prefrontal and dorsolateral striatal systems for behavioral control. *Nature Neuroscience, 8,* 1704-1711.

Dawkins, R. (1976). *The selfish gene.* New York, NY: Oxford University Press.

Dawson, M. E., & Furedy, J. J. (1976). The role of awareness in human differential autonomic classical conditioning: The necessary-gate hypothesis. *Psycho-physiology, 13,* 50-53.

Dawson, M. E., Rissiling, A. J., Schell, A. M., & Wilcox, R. (2007). Under what conditions can human affective conditioning occur without contingency awareness? Test of the evaluative conditioning paradigm. *Emotion, 7,* 755-766.

Dawson, M. R. W. (2004). *Minds and machines.* Walden, MA: Blackwell.

Dawson, M. R. W. (2005). *Connectionism: A hands-on approach.* Malden, MA: Blackwell.

De Houwer, J., Thomas, S., & Baeyens, F. (2001). Associative learning of likes and dislikes: A review of 25 years of research on human evaluative conditioning. *Psychological Bulletin, 127,* 853-869.

de Maat, S., Philipszoon, F., Schoevers, R., Dekker, J., & De Jonghe, F. (2007). Costs and benefits of long-term psychoanalytic therapy: Changes in health care use and work impairment. *Harvard Review of Psychiatry, 15,* 289-300.

De Neys, W. (2006). Dual processing in reasoning: Two systems but one reasoner. *Psychological Science, 17,* 428-433.

de St. Aubin, E., McAdams, D. P., & Kin, T. (2004). *The generative society: Caring for future generations.* Washington, DC: American Psychological Association.

Deci, E. L. (1975). *Intrinsic motivation.* New York, NY: Plenum Press.

Deci, E. L., Koestner, R., & Ryan, R. M. (1999). A meta-analytic review of experiments examining the effects of extrinsic rewards on intrinsic motivation. *Psychological Bulletin, 125,* 627-668.

Deci, E. L., La Guardia, J. G., Moller, A. C., Scheiner, M. J., & Ryan, R. M. (2006). On the benefits of giving as well as receiving autonomy support: Mutuality in close friendships. *Personality and Social Psychology Bulletin, 32,* 313-327.

Deci, E. L., & Ryan, R. M. (1980). The empirical exploration of intrinsic motivational processes. In L. Berkowitz (Ed.), *Advances in experimental social psychology* (Vol. 13). New York, NY: Academic Press.

Deci, E. L., & Ryan, R. M. (1985). *Intrinsic motivation and self-determination in human behavior.* New York, NY: Plenum Press.

Deci, E. L., & Ryan, R. M. (1991). A motivational approach to self: Integration in personality. In R. Dienstbier (Ed.), *Nebraska symposium on motivation: Perspectives on motivation* (Vol. 38, pp. 237-288). Lincoln, NE: University of Nebraska Press.

Deci, E. L., & Ryan, R. M. (2000). The "what" and "why" of goal pursuits: Human needs and the self-determination of behavior. *Psychological Inquiry, 11,* 227-268.

DeHart, T., Pelham, B. W., & Tennen, H. (2006). What lies beneath: Parenting style and implicit self-esteem. *Journal of Experimental Social Psychology, 42,* 1-17.

DeLisi, L. E., Shaw, S. H., Crow, T. J., et al. (2002). A genome-wide scan for linkage to chromosomal regions in 382 sibling pairs with schizophrenia or schizoaffective disorder. *American Journal of Psychiatry, 159,* 803-812.

Deluty, R. H. (1985). Consistency of assertive, aggressive, and submissive behavior for children. Journal of Personality and

Social Psychology, 49, 1054-1065.

Depue, R. A. (1979). *The psychobiology of the depressive disorders: Implications for the effect of stress.* New York, NY: Academic Press.

Depue, R. A. (1995). Neurobiological factors in personality and depression. *European Journal of Personality, 9,* 413-439.

Depue, R. A., & Collins, P. F. (1999). Neurobiology of the structure of personality: Dopamine, facilitation of incentive motivation, and extraversion. *Behavioral and Brain Science, 22,* 491-517.

Depue, R. A., & Iacono, W. G. (1989). Neurobehavioral aspects of affective disorders. *Annual Review of Psychology, 40,* 457-492.

Depue, R. A., Krauss, S. P., & Spoont, M. R. (1987). A two-dimensional threshold model of seasonal bipolar affective disorder. In D. Magnusson & A. Öhman (Eds.), *Psychopathology: An interactional perspective* (pp. 95-123). Orlando, FL: Academic Press.

Depue, R. A., Luciana, M., Arbisi, P., Collins, P., & Leon, A. (1994). Dopamine and the structure of personality: Relation of agonist-induced dopamine cativity to positive emotionality. *Journal of Personality and Social Psychology, 67,* 485-498.

Depue, R. A., & Morrone-Strupinsky, J. V. (2005). A neurobehavioral model of affiliative bonding: Implications for conceptualizing a human trait of affiliation. *Behavioral and Brain Sciences, 28,* 313-395.

Depue, R. A., & Spoont, M. R. (1986). Conceptualizing a serotonin trait: A behavioral dimension of constraint. *Annals of the New York Academy of Sciences, 487,* 47-62.

Derryberry, D., & Rothbart, M. K. (1997). Reactive and effortful processes in the organization of temperament. *Development and Psychopathology, 9,* 633-652.

DeRubeis, R. J., Tang, T. Z., & Beck, A. T. (2001). Cognitive therapy. In Dobson, K. S. (Ed.), *Handbook of cognitive-behavioral therapies* (2nd ed., pp. 349-392). New York, NY: Guilford Press.

DeSteno, D., Bartlett, M. Y., Braveman, J., & Salovey, P. (2002). Sex differences in jealousy: Evolutionary mechanism or artifact of measurement? *Journal of Personality and Social Psychology, 83,* 1103-1116.

Detera-Wadleigh, S. D., Berrettini, W. H., Goldin, L. R., Boorman, D., Anderson, S., & Gershon, E. S. (1987). Close linkage of c-harvey-ras-1 and the insulin gene to affective disorder is ruled out in three North American Pedigrees. *Nature, 325,* 806-808.

DeWall, C. N., Twenge, J. M., Gitter, S. A., & Baumeister, R. F. (2009). It's the thought that counts: The role of hostile cognition in shaping aggressive responses to social exclusion. *Journal of Personality and Social Psychology, 96,* 45-59.

DeYoung, C. G. (2006). Higher-order factors of the big five in a multi-informant sample. *Journal of Personality and Social Psychology, 91,* 1138-1151.

DeYoung, C. G., Shamosh, N. A., Green, A. E., Braver, T. S., & Gray, J. R. (2009). Intellect as distinct from openness: Differences revealed by fMRI of working memory. *Journal of Personality and Social Psychology, 97,* 883-892.

DeYoung, C. G., Quilty, L. C., & Peterson, J. B. (2007). Between facets and domains: 10 aspects of the big five. *Journal of Personality and Social Psychology, 93,* 880-896.

Di Blas, L., & Forzi, M. (1999). Refining a descriptive structure of personality attributes in the Italian language: The abridged big three circumplex structure. *Journal of Personality and Social Psychology, 76,* 451-481.

Dick, D. M., & Rose, R. J. (2002). Behavior genetics: What's new? What's next? *Current Directions in the Psychological Science, 11,* 70-74.

Dickens, W. T., & Flynn, J. R. (2001). Heritability estimates versus large environmental effects: The IQ paradox resolved. *Psychological Review, 108,* 346-369.

DiClements, C. G. (1981). Self-efficacy and smoking cessation. *Cognitive Therapy and Research, 5,* 175-187.

Diener, E. (1979). Deindividuation, self-awareness, and disinhibition. *Journal of Personality and Social Psychology, 37,* 1160-1171.

Digman, J. M. (1990). Personality structure: Emergence of the five-factor model. *Annual Review of Psychology, 41,* 417-440.

Digman, J. M. (1997). Higher-order factors of the Big Five. *Journal of Personality and Social Psychology, 73,* 1246-1256.

Digman, J. M., & Inouye, J. (1986). Further specification of the five robust factors of personality. *Journal of Personality and Social Psychology, 50,* 116-123.

Digman, J. M., & Shmelyov, A. G. (1996). The structure of temperament and personality in Russian children. *Journal of Personality and Social Psychology, 71,* 341-351.

Dijksterhuis, A., & Bargh, J. A. (2001). The perception-behavior expressway. In M. P. Zanna (Ed.), *Advances in experimental social psychology* (Vol. 33, pp. 1-40). San Diego, CA: Academic Press.

Dijkstra, P., & Buunk, B. P. (1998). Jealousy as a function of rival characteristics: An evolutionary perspective. *Personality and Social Psychology Bulletin, 24,* 1158-1166.

DiLalla, L. F., & Gottesman, I. I. (1991). Biological and genetic contributors to violence+Widom's untold tale. *Psychological Bulletin, 109*, 125-129.

Dodge, K. A. (1986). A social information-processing model of social competence in the children. In M. Perlmutter (Ed.), *Minnesota symposium on child psychology* (Vol. 18). Hillsdale, NJ: Erlbaum.

Dodge, K. A., & Crick, N. R. (1990). Social information-processing bases of aggressive behavior in children. *Personality and Social Psychology Bulletin, 16*, 8-22.

Domes, G., Heinrichs, M., Michel, A., Berger, C., & Herpertz, S. C. (2007). Oxytocin improves "mind reading" in humans. *Biological Psychiatry, 61*, 731-733.

Donnellan, M. B., Burt, S. A., Levendosky, A. A., & Klump, K. L. (2008). Genes, personality, and attachment in adults: A multivariate behavioral genetic analysis. *Personality and Social Psychology Bulletin, 34*, 3-16.

Donnellan, M. B., Conger, R. D., & Bryant, C. M. (2004). The big five and enduring marriages. *Journal of Research in Personality, 38*, 481-504.

Drabman, R. S., & Spitalnik, R. (1973). Training a retarded child as a behavioral teaching assistant. *Journal of Behavior Therapy and Experimental Psychiatry, 4*, 269-272.

Dreisbach, G., & Goschke, T. (2004). How positive affect modulates cognitive control: Reduced perseveration at the cost of increased distractibility. *Journal of Experimental Psychology: Learning, Memory, and Cognition, 30*, 343-353.

Dulany, D. E. (1968). Awareness, rules and propositional control: A confrontation with S-R behavior theory. In T. R. Dixon & D. L. Horton (Eds.), *Verbal behavior and general behavior theory*. Englewood Cliffs, NJ: Prentice-Hall.

Duncan, L. E., & Peterson, B. F. (2010). Gender and motivation for achievement, affiliation-intimacy, and power. In J. C. Duncan & D. R. McCreary (Eds.), *Handbook of gender research in psychology* (2nd ed., pp. 41-62). New York, NY: Springer.

Dunn, J., & Plomin, R. (1990). *Separate lives: Why siblings are so different*. New York, NY: Basic Books.

Dunning, D., & McElwee, R. O. (1995). Idiosyncratic trait definitions: Implications for self-description and social judgment. *Journal of Personality and Social Psychology, 68*, 936-946.

Dweck, C. S., & Leggett, E. L. (1988). A social-cognitive approach to motivation and personality. *Psychological Review, 95*, 256-273.

Eagle, M. N. (1984). *Recent developments in psychoanalysis: A critical evaluation*. New York, NY: McGraw-Hill.

Eaves, L. J., Eysenck, H. J., & Martin, N. G. (1989). *Genes, culture, and personality: An empirical approach*. San Diego, CA: Academic Press.

Eberhart, N. K., & Hammen, C. L. (2009). Interpersonal predictors of stress generation. *Personality and Social Psychology Bulletin, 35*, 544-556.

Ebstein, R. P., Novick, O., Umansky, R., Priel, B., Osher, Y., Blaine, D., Bennett, E. R., Nemanov, L., Katz, M., & Belmaker, R. H. (1996). Dopamine D4 receptor (D4DR) exon III polymorphism associated with the human personality trait of novelty seeking. *Nature Genetics, 12*, 89-80.

Edmonds, G. W., Bogg, T., & Roberts, B. W. (2009). Are personality and behavioral measures of impulse control convergent or distinct predictors of health behaviors? *Journal of Research in Personality, 43*, 806-814.

Edwards, A. L. (1957). *The social desirability variable in personality assessment and research*. New York, NY: Dryden.

Egeland, J. A., Gerhard, D. S., Pauls, D. L., Sussex, J. N., & Kidd, K. K. (1987). Bipolar affective disorders linked to DNA markers on chromosome 11. *Nature, 325*, 783-787.

Ein-Dor, T., Doron, G., Solomon, Z., Mikulincer, M., & Shaver, P. R. (2010). Together in pain: Attachment-related dyadic processes and posttraumatic stress disorder. *Journal of Counseling Psychology, 57*, 317-327.

Eisenberg, N. (2002). Emotional-related regulation and its relation to quality of social functioning. In W. W. Hartup & R. A. Weinberg (Eds.), *Child psychology in retrospect and prospect: The Minnesota symposium on child psychology* (Vol. 32, pp. 133-171). Mahwah, NJ: Erlbaum.

Eisenberg, N., Fabes, R. A., Murphy, B., Karbon, M., Maszk, P., Smith, M., O'Boyle, C., & Suh, K. (1994). The relations of emotionality and regulation to dispositional and situational empathy-related responding. *Journal of Personality and Social Psychology, 66*, 776-797.

Eisenberg, N., Spinrad, T. L., Fabes, R. A., Reiser, M., Cumberland, A., Shepard, S. A., Valiente, C., Losoya, S. H., Guthrie, I. K., & Thompson, M. (2004). The relations of effortful control and impulsivity to children's resiliency and adjustment. *Child Development, 75*, 25-46.

Eisenberger, R., Armeli, S., & Pretz, J. (1998). Can the promise of reward increase creativity? *Journal of Personality and Social Psychology, 74*, 704-714.

Eisenberger, R., & Rhoades, L. (2001). Incremental effects of reward on creativity. *Journal of Personality and Social Psychology, 81*, 728-741.

Eisenberger, R., & Selbest, M. (1994). Does reward increase or decrease creativity? *Journal of Personality and Social Psychology, 66,* 1116-1127.

Ekehammer, B. (1974). Interactionism in personality from a historical perspective. *Psychological Bulletin, 81,* 1026-1048.

Elder, G. H., Jr., & MacInnis, D. J. (1983). Achievement imagery in women's lives from adolescence to adulthood. *Journal of Personality and Social Psychology, 45,* 394-404.

Elder, G. H., Jr., Caspi, A., & Downey, G. (1986). Problem behavior and family relationships: Life course and intergenerational themes. In A. B. Sorenson, F. Weinert, & L. R. Sherrod (Eds.), *Human development and the life course: Multidisciplinary perspectives* (pp. 293-340). Hillsdale, NJ: Erlbaum.

Elliot, A. J. (2005). A conceptual history of the achievement goal construct. In A. J. Elliot & C. S. Dweck (Eds.), *Handbook of competence and motivation* (pp. 52-72). New York, NY: Guilford Press.

Elliot, A. J., & Harackiewicz, J. M. (1994). Goal setting, achievement orientation, and intrinsic motivation: A mediational analysis. *Journal of Personality and Social Psychology, 66,* 968-980.

Elliot, A. J., & Harackiewicz, J. M. (1996). Approach and avoidance achievement goals of intrinsic motivation: A mediational analysis. *Journal of Personality and Social Psychology, 70,* 461-475.

Elliot, A. J., & Maier, M. A. (2007). Color and psychological functioning. *Current Directions in Psychological Science, 16,* 250-254.

Elliot, A. J., Maier, M. A., Binser, M. J., Friedman, R., & Pekrun, R. (2009). The effect of red on avoidance behavior in achievement contexts. *Personality and Social Psychology Bulletin, 35,* 365-375.

Elliot, A. J., Maier, M. A., Moller, A. C., Friedman, R., & Meinhardt, J. (2007). Color and psychological functioning: The effect of red on performance attainment. *Journal of Experimental Psychology: General, 136,* 154-168.

Elliot, A. J., & McGregor, J. A. (2001). A 2×2 achievement goal framework. *Journal of Personality and Social Psychology, 80,* 501-519.

Elliot, A. J., & Sheldon, K. M. (1997). Avoidance achievement motivation: A personal goals analysis. *Journal of Personality and Social Psychology, 73,* 171-185.

Elliot, A. J., & Thrash, T. M. (2002). Approach-avoidance motivation in personality: Approach and avoidance temperaments and goals. *Journal of Personality and Social Psychology, 82,* 804-818.

Elliott, E. S., & Dweck, C. S. (1988). Goals: An approach to motivation and achievement. *Journal of Personality and Social Psychology, 54,* 5-12.

Ellis, A. E. (1987). The impossibility of achieving consistently good mental health. *American Psychologist, 42,* 364-375.

Elman, J. L. (2005). Connectionist models of cognitive development: Where next? *Trends in Cognitive Sciences, 9,* 112-117.

Emmons, R. A. (1986). Personal strivings: An approach to personality and subjective well-being. *Journal of Personality and Social Psychology, 51,* 1058-1068.

Emmons, R. A., & Diener, E. (1986). Situation selection as a moderator of response consistency and stability. *Journal of Personality and Social Psychology, 51,* 1013-1019.

Emmons, R. A., Diener, E., & Larsen, R. J. (1986). Choice and avoidance of everyday situations and affect congruence: Two models of reciprocal interactionism. *Journal of Personality and Social Psychology, 51,* 815-826.

Emmons, R. A., & King, L. A. (1988). Conflict among personal strivings: Immediate and long-term implications for psychological and physical well-being. *Journal of Personality and Social Psychology, 54,* 1040-1048.

Emmons, R. A., King, L. A., & Sheldon, K. (1993). Goal conflict and the self-regulation of action. In D. M. Wegner & J. W. Pennebaker (Eds.), *Handbook of mental control* (pp. 528-551). Englewood Cliffs, NJ: Prentive-Hall.

Endler, N. S., & Magnusson, D. (1976). *Interactional psychology and personality.* Washington, DC: Hemisphere.

Entwisle, D. R. (1972). To dispel fantasies about fantasy-based measures of achievement motivation. *Psychological Bulletin, 77,* 377-391.

Epstein, L. H., Saelens, B. E., Myers, M. D., & Vito, D. (1997). Effects of decreasing sedentary behaviors on activity choice in obese children. *Health Psychology, 16,* 107-113.

Epstein, S. (1985). The implications of cognitive-experiential self theory for research in social psychology and personality. *Journal for the Theory of Social Behavior, 15,* 283-310.

Epstein, S. (1990). Cognitive-experiential self-theory. In L. Pervin (Ed.), *Handbook of personality: Theory and research* (pp. 165-192). New York, NY: Guilford Press.

Epstein, S. (1994). Integration of the cognitive and the psychodynamic unconscious. *American Psychologist, 49,* 709-724.

Epstein, S., Lipson, A., Holstein, C., & Huh, E. (1992). Irrational reactions to negative outcomes: Evidence for two conceptual systems. *Journal of Personality and Social Psychology, 62,* 328-339.

Erdelyi, M. H. (1985). *Psychoanalysis: Freud's cognitive*

psychology. New York, NY: Freeman.

Erdelyi, M. H. (2006). The unified theory of repression. *Behavioral and Brain Sciences, 29,* 499–551.

Ericsson, K. A., & Simon, H. A. (1993). *Protocol analysis: Verbal reports as data* (Rev. ed.). Cambridge, MA: MIT Press.

Erikson, E. H. (1950). *Childhood and society* (1st ed.). New York, NY: Norton.

Erikson, E. H. (1963). *Childhood and society* (2nd ed.). New York, NY: Norton.

Erikson, E. H. (1964). *Insight and responsibility*. New York, NY: Norton.

Erikson, E. H. (1968). *Identity: Youth and crisis*. New York, NY: Norton.

Erikson, E. H. (1974). *Dimensions of a new identity*. New York, NY: Norton.

Erikson, E. H. (1982). *The life cycle completed: A review*. New York, NY: Norton.

Ernst, C., & Angst, J. (1983). *Birth order: Its influence on personality*. Berlin, Germany: Springer-Verlag.

Esterson, A. (1993). *Seductive mirage: An exploration of the work of Sigmund Freud*. Chicago, IL: Open Court.

Esterson, A. (1998). Jeffrey Masson and Freud' s seduction theory: A new fable based on old myths. *History of the Human Sciences, 11,* 1–21.

Ewart, C. K. (1978). Self-observation in natural environments: Reactive effects of behavior desirability and goal-setting. *Cognitive Therapy and Research, 2,* 39–56.

Exner, J. E., Jr. (1974). *The Rorschach systems*. New York, NY: Grune & Stratton.

Exner, J. E., Jr. (1993). *The Rorschach: A comprehensive system: Vol. 1. Basic foundations* (3rd ed.). New York, NY: Wiley.

Eysenck, H. J. (1952). *The scientific study of personality*. New York, NY: Macmillan.

Eysenck, H. J. (1961). The effects of psychotherpay. In H. J. Eysenck (Ed.), *Handbook of abnormal psychology*. New York, NY: Basic Books.

Eysenck, H. J. (1964a). *Crime and personality*. Boston, MA: Houghton Mifflin.

Eysenck, H. J. (1964b). Involuntary rest pauses in tapping as a function of drive and personality. *Perceptual and Motor Skills, 18,* 173–174.

Eysenck, H. J. (1967). *The biological basis of personality*. Springfield, IL: Charles C Thomas.

Eysenck, H. J. (1970). *The structure of human personality* (3rd ed.). London, England: Methuen.

Eysenck, H. J. (1975). *The inequality of man*. San Diego, CA: EdITS.

Eysenck, H. J. (1983). Psychopharmacology and personality. In W. Janke (Ed.), *Response variability to psychotropic drugs*. London, England: Pergamon Press.

Eysenck, H. J. (1986). Models and paradigms in personality research. In A. Agleitner, A. Furnham, & G. Van Heck (Eds.), *Personality psychology in Europe, Vol. 2: Current trends and controversies* (pp. 213–223). Lisse, Holland: Swets & Zeitlinger.

Eysenck, H. J. (1992). Four ways five factors are *not* basic. *Personality and Individual Differences, 13,* 667–673.

Eysenck, H. J. (1993). Comment on Goldberg. *American Psychologist, 48,* 1299–1300.

Eysenck, H. J. (Ed.). (1981). *A model for personality*. Berlin, Germany: Springer-Verlag.

Eysenck, H. J., & Eysenck, M. W. (1985). *Personality and individual differences: A natural science approach*. New York, NY: Plenum Press.

Eysenck, H. J., & Eysenck, S. B. G. (1975). *Manual of the Eysenck Personality Questionnaire*. San Diego, CA: EdITS.

Eysenck, H. J., & Eysenck, S. B. G. (1976). *Psychoticism as a dimension of personality*. London, England: Hodder & Stoughton.

Fadiga, L., Fogassi, L., Gallese, V., & Rizzolatti, G. (2000). Viuomotor neruons: Ambiguity of the discharge or 'motor' perception? *International Journal of Psychophysiology, 35,* 165–177.

Fairbairn, W. R. D. (1954). *An object relations theory of personality*. New York, NY: Basic Books.

Faraone, S. V., Taylor, L., & Tsuang, M. (2002). The molecular genetics of schizophrenia: An emerging consensus. *Expert Reviews in Molecular Medicine, 23.* Retrieved from.org/02004751h.htm

Farrar, A. M., Pereira, M., Velasco, F., Hockemeyer, J., Müller, C. E., & Slamone, J. D. (2007). Adenosine A2A receptor antagonism reverses the effects of dopamine receptor antagonism on instrumental output and effort-related choice in the rat: Implications for studies of psychomotor slowing. *Psychopharmacology, 191,* 579–586.

Feather, N. T. (1961). The relationship of persistence at a task to expectations of success and achievement-related motivation. *Journal of Abnormal and Social Psychology, 63,* 552–561.

Feeney, B. C. (2004). A secure base: Responsive support of goal strivings and exploration in adult intimate relationships. *Journal of Personality and Social Psychology, 87,* 631–648.

Feeney, B. C. (2006). An attachment theory perspective on the interplay between intrapersonal and interpersonal processes. In K. D. Vohs & E. J. Finkel (Eds.), *Self and relationships* (pp. 133–159). New York, NY: Guilford Press.

Feeney, B. C. (2007). The dependency paradox in close relationships: Accepting dependence promotes independence. *Journal of Personality and Social Psychology, 92,* 268–285.

Feeney, B. C., & Cassidy, J. A. (2003). Reconstructive memory related to adolescent-parent conflict interactions: The influence of attachment-related representations on immediate perceptions and changes in perceptions over time. *Journal of Personality and Social Psychology, 85,* 945–955.

Feeney, B. C., Cassidy, J. A., & Romas-Marcuse, F. (2008). The generalization of attachment representations to new social situations: Predicting behavior during initial interactions with strangers. *Journal of Personality and Social Psychology, 95,* 1481–1498.

Feeney, B. C., & Collins, N. L. (2001). Predictors of caregiving in adult intimate relationships: An attachment theoretical perspective. *Journal of Personality and Social Psychology, 80,* 972–994.

Feeney, B. C., & Collins, N. L. (2003). Motivations for caregiving in adult intimate relationships: Influences on caregiving behavior and relationship functioning. *Personality and Social Psychology Bulletin, 29,* 950–968.

Feeney, B. C., & Thrush, R. L. (2010). Relationship influences on exploration in adulthood: The characteristics and function of a secure base. *Journal of Personality and Social Psychology, 98,* 57–76.

Feeney, B. C., & Noller, P. (1990). Attachment style as a predictor of adult romantic relationships. *Journal of Personality and Social Psychology, 58,* 281–291.

Fehr, E., & Gächter, S. (2002). Altruistic punishment in humans. *Nature, 415,* 137–140.

Feingold, A. (1992). Gender differences in mate selection preferences: A test of the parental investment model. *Psychological Bulletin, 112,* 125–139.

Fekken, G. C., & Holden, R. R. (1992). Response latency evidence for viewing personality traits as schema indicators. *Journal of Research in Personality, 26,* 103–120.

Feldman, F. (1968). Results of psychoanalysis in clinic case assignments. *Journal of the American Psychoanalytic Association, 16,* 274–300.

Feldman, R., Weller, A., Zagoory-Sgaron, O., & Levine, A. (2007). Evidence for a neuroendocrinological foundation of human affiliation: Plasma oxytocin levels across pregnancy and the postpartum period predict mother-infant bonding. *Psychological Science, 18,* 965–970.

Fellous, J-M., & Arbid, M. A. (Eds.). (2005). *Who needs emotions? The brain meets the robot.* New York, NY: Oxford University Press.

Fenigstein, A., Scheier, M. F., & Buss, A. H. (1975). Public and private self-consciousness: Assessment and theory. *Journal of Consulting and Clinical Psychology, 43,* 522–527.

Ferguson, M. J. (2008). On becoming ready to pursue a goal you don't know you have: Effects of nonconscious goals on evaluative readiness. *Journal of Personality and Social Psychology, 95,* 1268–1294.

Ferguson, M. J., Bargh, J. A., & Nayak, D. A. (2005). After-affects: How automatic evaluations influence the interpretation of subsequent, unrelated stimuli. *Journal of Experimental Social Psychology, 41,* 182–191.

Finkel, E. J., & Campbell, W. K. (2001). Self-control and accommodation in close relationships: An interdependence analysis. *Journal of Personality and Social Psychology, 81,* 263–277.

Fisher, M. J. (2010). A longitudinal examination of the role of stereotype threat and racial climate on college outcomes for minorities at elite institutions. *Social Psychology of Education, 13,* 19–40.

Fisher, S. (1973). *The female orgasm.* New York, NY: Basic Books.

Fisher, S., & Greenberg, R. P. (1977). *The scientific credibility of Freud's theories and therapy.* New York, NY: Basic Books.

Fiske, D. W. (1949). Consistency of the factorial structures of personality ratings from different sources. *Journal of Abnormal and Social Psychology, 44,* 329–344.

Fiske, S. T., & Taylor, S. E. (1984). *Social cognition.* Reading, MA: Addison-Wesley.

Fitzsimons, G. M., & Bargh, J. A. (2003). Thinking of you: Nonconscious pursuit of interpersonal goals associated with relationship partners. *Journal of Personality and Social Psychology, 84,* 148–164.

Fitzsimons, G. M., & Bargh, J. A. (2004). Automatic self-regulation. In R. F. Baumeister & K. D. Vohs (Eds.), *Handbook of self-regulation: Research, theory, and applications* (pp. 151–170). New York, NY: Guilford Press.

Flanders, J. P. (1968). A review of research on imitative behavior. *Psychological Bulletin, 69,* 316–337.

Fleeson, W. (2001). Toward a structure- and process-integrated view of personality: Traits as density distributions of states. *Journal of Personality and Social Psychology, 80,* 1011–1027.

Fleeson, W. (2004). Moving personality beyond the person-situation debate. *Current Directions in Psychological Science, 13,* 83–87.

Fleeson, W., Leicht, C. (2006). On delineating and integrating the study of variability and stability in personality psychology: Interpersonal trust as illustration. *Journal of Research in Personality, 40,* 5-20.

Fleeson, W., Malanos, A. B., & Achille, N. M. (2002). An intraindividual process approach to the relationship between extraversion and positive affect: Is acting extraverted as "good: as being extraverted?" *Journal of Personality and Social Psychology, 83,* 1409-1422.

Flink, C., Boggiano, A. K., & Barrett, M. (1990). Controlling teaching strategies: Undermining children's self-determination and performance. *Journal of Personality and Social Psychology, 59,* 916-924.

Florian, V., Mikulincer, M., & Hirschberger, G. (2002). The anxiety-buffering function of close relationships: Evidence that relationship commitment acts as a terror management mechanism. *Journal of Personality and Social Psychology, 82,* 527-542.

Flynn, F. J. (2005). Having an open mind: The impact of openness to experience on interracial attitudes and impression formation. *Journal of Personality and Social Psychology, 88,* 816-826.

Foa, E. B., & Meadows, E. A. (1997). Psychosocial treatments for posttraumatic stress disorder: A critical review. *Annual Review of Psychology, 48,* 449-480.

Fodor, E. M., & Wick, D. P. (2009). Need for power and affective response to negative audience reaction to an extemporaneous speech. *Journal of Research in Personality, 43,* 721-726.

Ford, D. H. (1987). *Humans as self-constructing living systems: A developmental perspective on behavior and personality.* Hillsdale, NJ: Erlbaum.

Fowles, D. C. (1980). The three arousal model: Implications of Gray's two-factor learning theory for heart rate, electrodermal activity, and psychopathy. *Psychophysiology, 17,* 87-104.

Fox, N. A., & Davidson, R. J. (1988). Patterns of brain electrical activity during facial signs of emotion in 10-month-old infants. *Developmental Psychology, 24,* 230-236.

Fraley, R. C. (2002). Attachment stability from infancy to adulthood: Meta-analysis and dynamic modeling of developmental mechanisms. *Personality and Social Psychology Review, 6,* 123-151.

Fraley, R. C., Garner, J. P., & Shaver, P. R. (2000). Adult attachment and the defensive regulation of attention and memory: Examining the role of preemptive and postemptive defensive processes. *Journal of Personality and Social Psychology, 79,* 816-826.

Fraley, R. C., & Shaver, P. R. (1998). Airport separations: A naturalistic study of adult attachment dynamics in separating couples. *Journal of Personality and Social Psychology, 75,* 1198-1212.

Franke, E., & Brandstätter, V. (2002). Approach versus avoidance: Different types of commitment in intimate relationships. *Journal of Personality and Social Psychology, 82,* 208-221.

Frank, M. J., & Claus, E. D. (2006). Anatomy of a decision: Striato-orbitofrontal interactions in reinforment learning, decision making, and reversal. *Psychological Review, 113,* 300-326.

Frank, M. J., & O'Reilly, R. C. (2006). A mechanistic account of striatal dopamine function in human cognition: Psychopaharmacological studies with cabergoline and haloperiodol. *Behavioral Neuroscience, 120,* 497-517.

Frank, M. J., Seeberger, L. C., & O'Reilly, R. C. (2004). By carrot or by stick: Cognitive reinforcement learning in Parkinsonism. *Science, 306,* 1940-1943.

Frank, V. E. (1969). *The doctor and the soul.* New York, NY: Bantam.

French, E. G. (1955). Some characteristics of achievement motivation. *Journal of Experimental Psychology, 50,* 232-236.

Freud, A. (1966). *The ego and the mechanisms of defense* (Rev. ed.). New York, NY: International Universities Press.

Freud, S. (1933). *New introductory lectures on psychoanalysis* (W. J. H. Sprott, Trans.). New York, NY: Norton. (Original work published 1926).

Freud, S. (1949). *An outline of psychoanalysis* (J. Strachey, Trans.). New York, NY: Norton. (Original work published 1940).

Freud, S. (1953). The interpretation of dreams. In J. Strachey (Ed.), *The standard edition of the complete psychological works of Sigmund Freud* (Vols. 4 and 5). London, England: Houghton Press. (Original work published 1900).

Freud, S. (1955). Beyond the pleasure principle. In J. Strachey (Ed.), *The standard edition of the complete psychological works of Sigmund Freud* (Vol. 18). London, England: Hogarth Press. (Original work published 1920)

Freud, S. (1959). Inhibitions, symptoms and anxiety. In J. Strachey (Ed.), *The standard edition of the complete psychological works of Sigmund Freud* (Vol. 20). London, England: Hogarth Press. (Original work published 1926)

Freud, S. (1960). Psychopathology of everyday life. In J. Strachey (Ed.), *The standard edition of the complete psychological works of Sigmund Freud* (Vol. 6). London, England: Hogarth Press. (Original work published 1901)

Freud, S. (1962). *The ego and the id.* New York, NY: Norton. (Original work published 1923)

Freund, A. M., & Baltes, P. B. (2002). Life-management strategies of selection, optimization, and compensation. Measurement by self-report and construct validity. *Journal of Personality and Social Psychology, 82,* 642-662.

Freyd, J. J. (1987). Dynamic mental representations. *Psychological Review, 94,* 427-438.

Freyd, J. J. (1996). *Betrayal trauma: The logic of forgetting childhood abuse.* Cambridge, MA: Harvard University Press.

Friedman, L. J. (1999). *Identity's architect: A biography of Erik H. Erikson.* New York, NY: Scribner.

Friese, M., & Hofmann, W. (2009). Control me or I will control you: Impulses, trait self-control, and the guidance of behavior. *Journal of Research in Personalty, 43,* 795-805.

Fujita, K., Gollwitzer, P. M., & Oettingen, G. (2007). Mindsets and pre-conscious open-mindedness to incidental information. *Journal of Experimental Social Psychology, 43,* 48-61.

Fujita, K., Trope, Y., Liberman, N., & Leven-Sagi, M. (2006). Construal levels and self-control. *Journal of Personality and Social Psychology, 90,* 351-567.

Fukuyama, F. (2002). *Our posthuman future: Consequences of the biotechnology revolution.* New York, NY: Farrar, Straus, & Giroux.

Fulford, D., Johnson, S. L., Llabre, M. M., & Carver, C. S. (2010). Pushing and coasting in dynamic goal pursuit: Coasting is attenuated in bipolar disorder. *Psychological Science, 21,* 1021-1027.

Funder, D. C. (1991). Global traits: A neo-Allportian approach to personality. *Psychological Science, 2,* 31-39.

Funder, D. C. (2001). Personality. *Annual Review of Psychology, 52,* 197-221.

Funder, D. C., & Blcok, J. (1989). The role of ego-control, ego-resiliency, and IQ in delay of gratification in adolescence. *Journal of Personality and Social Psychology, 57,* 1041-1050.

Funder, D. C., Block, J. H., Block, J. (1983). Delay of gratification: Some longitudinal personality correlates. *Journal of Personality and Social Psychology, 44,* 1198-1213.

Funder, D. C., & Colvin, C. R. (1991). Explorations in behavioral consistency: Properties of persons, situations, and behaviors. *Journal of Personality and Social Psychology, 60,* 773-794.

Funder, D. C., & Ozer, D. J. (1983). Behavior as a function of the situation. *Journal of Personality and Social Psychology, 44,* 107-112.

Furr, R. M., & Funder, D. C. (2004). Situational similarity and behavioral consistency: Subjective, objective, variable-centered, and person-centered approaches. *Journal of Research in Personality, 38,* 421-447.

Gable, S. L., Reis, H. T., & Elliot, A. J. (2000). Behavioral activation and inhibition in everyday life. *Journal of Personality and Social Psychology, 78,* 1135-1149.

Gacsaly, S. A., & Borges, C. A. (1979). The male physique and behavioral expectancies. *Journal of Psychology, 101,* 97-102.

Gallese, V. (2001). The "shared manifold" hypothesis: From mirror neurons to empathy. *Journal of Consciousness Studies, 8,* 33-50.

Gallistel, C. R. (1980). *The organization of action: A new synthesis.* Hillsdale, NJ: Erlbaum.

Ganellen, R. J. (1996). Comparing the diagnostic efficiency of the MMPMU, MCMI-II, and Rorschach: A review. *Journal of Personality Assessment, 67,* 219-243.

Gangetad, S. W., & Simpson, J. A. (2000). The evolution of human mating: Trade-offs and strategic pluralism. *Behavioral and Brain Sciences, 23,* 573-587.

Gangetad, S. W., & Snyder, M. (1985). "To carve nature as its joints": On the existence of discrete classes in personality. *Psychological Review, 92,* 317-349.

Garcia, J., & Koelling, R. A. (1966). Relation of cue to consequence in avoidance learning. *Psychonomic Science, 4,* 123-124.

Gardner, H. (1985). *The mind's new science: A history of the cognitive revolution.* New York, NY: Basic Books.

Garver-Apgar, C. E., Gangestad, S. W., Thornhill, R., Miller, R. D., & Olp, J. J. (2006). Major histocompatibility complex alleles, sexual responsivity, and unfaithfulness in romantic couples. *Psychological Science, 17,* 830-835.

Gauthier, J., & Ladouceur, R. (1981). The influence of self-efficacy reports on performance. *Behavior Therapy, 12,* 436-439.

Geen, R. G. (1998). Aggression and antisocial behavior. In D. T. Gilbert, S. T. Fiske, & G. Lindzey (Eds.), *The handbook of social psychology* (Vol. 2, 4th ed., pp. 317-356). Boston, MA: McGraw-Hall.

Geen, R. G., Stonner, D., & Shope, G. L. (1975). The facilitation of aggression by aggression: Evidence against the catharsis hypothesis. *Journal of Personality and Social Psychology, 31,* 721-726.

Gelhorn, H., Hartman, C., Sakai, J., Mikulich-Gilbertson, S., Stallings, M., Young, S., et al. (2009). An item response theory analysis of DSM-IV conduct disorder. *Journal of the American Academy of Child and Adolescent Psychiatry, 48,* 42-50.

Gentile, D. A., Anderson, C. A., Yukawa, S., Ihori, N., Saleem, M., Ming, L. K., et al. (2009). The effects of prosocial video games on prosocial behaviors: International evidence from correlational, longitudinal, and experimental studies. *Personality and Social Psychology Bulletin, 35,* 752-763.

George, D. T., Umhau, J. C., Phillips, M. J., Emmela, D., Ragan, P. W., Shoaf, S. E., & Rawlings, R. R. (2001). Serotonin, testosterone, and alcohol in the etiology of domestic violence. *Psychiatry Research, 104,* 27-37.

Gerst, M. S. (1971). Symbolic coding processes in observational learning. *Journal of Personality and Social Psychology, 19,* 7-27.

Giancola, P. R. (2004). Executive functioning and alcohol-related aggression. *Journal of Abnormal Psychology, 113,* 541-555.

Gigerenzer, G., & Goldstein, D. G. (1996). Reasoning the fast and frugal way: Models of bounded rationality. *Psychological Review, 103,* 650-669.

Gilbert, S. F., & Epel, D. (2009). *Ecological developmental biology: Integrating epigenetics, medicine, and evolution.* Sunderland, MA: Sinauer Associates.

Giltay, E. J., Kamphuis, M. H., Kalmijn, S., Zitman, F. G., & Kromhout, D. (2006). Dispositional optimism and the risk of cardiovascular death: The Zutphen elderly study. *Archives of Internal Medicine, 166,* 431-436.

Glassman, N. S., & Andersen, S. M. (1999). Activating transference without consciousness: Using significant-other representations to go beyond what is subliminally given. *Journal of Personality and Social Psychology, 77,* 1146-1162.

Glue, P., Wilson, S., Coupland, N., Ball, D., & Nut, D. (1995). The relationship between benzodiazepine receptor sensitivity and neuroticism. *Journal of Anxiety Disorders, 9,* 33-45.

Goddard, A. W., Mason, G. F., Almai, A., Rothman, D. L., Behar, K. L., Petroff, O. A. C., Charney, D. S., & Krystal, J. H. (2001). Reductions in occipital cortex GABA levels in panic disorder detected with H-Magnetic resonance spectroscopy. *Archives of General Psychiatry, 58,* 556-561.

Goldberg, A. (Ed.). (1985). *Progress in self psychology* (Vol. 1). New York, NY: Guilford Press.

Goldberg, L. R. (1981). Language and individual differences: The search for universals in personality lexicons. In L. Wheeler (Ed.), *Review of personality and social psychology* (Vol. 2, pp. 141-165). Beverly Hills, CA: Sage.

Goldberg, L. R. (1982). From ace to zombie: Some explorations in the language of personality. In C. D. Spielberger & J. N. Butcher (Eds.), *Advances in personality assessment* (Vol. 1). Hillsdale, NJ: Erlbaum.

Goldberg, L. R. (1993a). The structure of personality traits: Vertical and horizontal aspects. In D. C. Funder, R. Parke, C. Tomlinson-Keasey, & K. Widaman (Eds.), *Studying lives through time: Approaches to personality and development* (pp. 169-188). Washington, DC: American Psychological Association.

Goldberg, L. R. (1993b). The structure of phenotypic personality traits. *American Psychologist, 48,* 26-34.

Goldberg, J. L., Pyszczynski, T., Greenberg, J., & Solomon, S. (2000). Fleeing the body: A terror management perspective on the problem of human corporeality. *Personality and Social Psychology Review, 4,* 200-218.

Goldberg, J. L., Pyszczynski, T., Greenberg, J., Solomon, S., Kluck, B., & Cornwell, R. (2001). I am not an animal: Mortality salience, disgust, and the denial of human creatureliness. *Journal of Experimental Psychology: General, 130,* 427-435.

Goldfield, G. S., & Epstein, L. H. (2002). Can fruits and vegetables and activities substitute for snack foods? *Health Psychology, 21,* 299-303.

Goldfried, M. R., & Davison, G. C. (1976). *Clinical behavior therapy.* New York, NY: Holt, Rinehart, & Winston.

Goldiamond, I. (1976). Self-reinforcement. *Journal of Applied Behavior Analysis, 9.* 509-514.

Goldstein, S. E., Chesir-Teran, D., & McFaul, A. (2008). Profiles and correlates of relational aggression in young adults' romantic relationships. *Journal of Youth and Adolescents, 37,* 251-265.

Gollwitzer, P. M. (1999). Implementation intentions: Strong effects of simple plans. *American Psychologist, 54,* 493-503.

Gollwitzer, P. M., & Brandstätter, V. (1997). Implementation intentions and effective goal pursuit. *Journal of Personality and Social Psychology, 73,* 186-199.

Gosling, S. D. (2001). From mice to men: What can we learn about personality from animal research? *Psychological Bulletin, 127,* 45-86.

Gosling, S. D. (2008). *Snoop: What your stuff says about you.* New York, NY: Basic Books.

Gotlib, I. H. (1983). Perception and recall of interpersonal feedback: Negative bias in depression. *Cognitive Therapy and Research, 7,* 399-412.

Gottesman, I. I., 7 Shields, J. (1972). *Schizophrenia and genetics.* New York, NY: Academic Press.

Govorun, O., Fuegen, K., & Psyne, B. K. (2006). Stereotypes focus defensive projection. *Personality and Social Psychology Bulletin, 32,* 781-793.

Grace, A. A. (2010). Animal models of schizophrenia: Focus on hippocampal disruption of dopamine system regulation. In W. F. Gattaz, & G. Busatto (Eds.), *Advances in Schizophrenia Research 2009* (pp. 175-191). New York, NY:

Springer.

Grammer, K., & Thornhill, R. (1994). Human facial attractiveness and sexual selection: The role of symmetry and averageness. *Journal of Comparative Psychology, 108,* 233-242.

Gray, J. (1992). *Men are from Mars, women are from Venus: A practical guide for improving communication and getting what you want in your relationships*. New York, NY: HarperCollins.

Gray, J. A. (1982). *The neuropsychology of anxiety: An enquiry into the functions of the septo-hippocampal system*. New York, NY: Oxford University Press.

Gray, J. A. (1987). Perspectives on anxiety and impulsivity: A commentary. *Journal of Research in Personality, 21,* 493-509.

Gray, J. A. (1990). Brain systems that mediate both emotion and cognition. *Cognition and Emotion, 4,* 269-288.

Gray, J. A. (1991). The neuropsychology of temperament. In J. Strelau & A. Angleitner (Eds.), *Explorations in temperament: International perspectives on theory and measurement* (pp. 105-128). New York, NY: Plenum Press.

Gray, J. A. (1994a). Personality dimensions and emotion systems. In P. Ekman & R. J. Davidson (Eds.), *The nature of emotion: Fundamental questions* (pp. 329-331). New York, NY: Oxford University Press.

Gray, J. A. (1994b). Three fundamental emotion systems. In P. Ekman & R. J. Davidson (Eds.), *The nature of emotion: Fundamental question* (pp. 243-247). New York, NY: Oxford University Press.

Gray, J. D., & Silver, R. C. (1990). Opposite sides of the same coin: Former spouses' divergent perspectives in coping with their divorce. *Journal of Personality and Social Psychology, 59,* 1180-1191.

Granziano, W. G., & Eisenberg, N. H. (1999). Agreeableness as a dimension of personality. In R. Hogan, J. Johnson, & S. Briggs (Eds.), *Handbook of personality* (pp. 795-825). San Diego, CA: Academic Press.

Granziano, W. G., Jensen-Campbell, L. A., & Hair, E. C. (1996). Perceiving interpersonal conflict and reacting to it: The case for agreeableness. *Journal of Personality and Social Psychology, 70,* 820-835.

Green, J. D., & Campbell, W. K. (2000). Attachment and exploration in adults: Chronic and contextual accessibility. *Personality and Social Psychology Bulletin, 26,* 452-461.

Greenberg, B. D., Li, Q., Lucas, F. R., Hu, S., Sirota, L. A., Benjamin, J., Lesch, K, -P., Hamer, D., & Murphy, D. L. (2000). Association between the serotonin transporter promoter polymorphism and personality traits in a primarily female population sample. *American Journal of Medical Genetics (Neuropsychiatric Genetics), 96,* 202-216.

Greenberg, J., Pyszczynski, T., & Solomon, S. (1982). The self-serving attributional bias: Beyond self-presentation. *Journal of Experimental Social Psychology, 18,* 56-67.

Greenberg, J., Pyszczynski, T., & Solomon, S. (1986). The causes and consequences of a need for self-esteem: A terror management theory. In R. F. Baumeister (Ed.), *Public self and private self* (pp. 189-212). New York, NY: Springer-Verlag.

Greenberg, J., Solomon, S., & Pyszczynski, T. (1997). Terror management theory of self-esteem and social behavior: Empirical assessments and conceptual refinements. In M. P. Zanna (Ed.), *Advances in experimental social psychology* (Vol. 29, pp. 61-139). New York, NY: Academic Press.

Greene, D. L., & Winter, D. G. (1971). Motives, involvements, and leadership among Black college students. *Journal of Personality, 39,* 319-332.

Greenwald, A. G., & Banaji, M. R. (1989). The self as a memory system: Powerful, but ordinary. *Journal of Personality and Social Psychology, 57,* 41-54.

Greenwald, A. G., Banaji, M. R., Rudman, L. A., Farnham, S. D., Nosek, B. A., & Mellott, D. S. (2002). A unified theory of implicit attitudes, stereotypes, self-esteem, and self-concept. *Psychological Review, 109,* 3-25.

Greenwald, A. G., McGhee, D. E., & Schwartz, J. L. K. (1998). Measuring individual differences in implicit cognition: The implicit association test. *Journal of Personality and Social Psychology, 74,* 1464-1480.

Greenwald, A. G., McGhee, D. E., & Schwartz, J. L. K. (2008). Measuring individual differences in implicit cognition: The Implicit Association Test. In R. H. Fazio & R. E. Petty (Eds.), *Attitudes: Their structure, function, and consequences* (pp. 109-131). New York, NY: Psychology Press.

Greenwald, A. G., & Pratkanis, R. A. (1984). The self. In R. S. Wyer, Jr., & T. K. Srull (Eds.), *Handbook of social cognition* (Vol. 3). Hillsdale, NJ: Erlbaum.

Greer, S., & Morris, T. (1975). Psychological attributes of women who develop breast cancer: A controlled study. *Journal of Psychosomatic Research, 19,* 147-153.

Greguras, G. J., & Diefendorff, J. M. (2010). Why does proactive personality predict employee life satisfaction and work behaviors? A field investigation of the meditating role of the self-concordance model. *Personality Psychology, 63,* 539-560.

Grewen, K. M., Girdler, S. S., Amico, J., & Light, K. C. (2005). Effects of partner support on resting oxytocin, cortisol, norepinephrine, and blood pressure before and after warm partner contact. *Psychosomatic Medicine, 67,* 531-538.

Griffin, D., & Bartholomew, K. (1994). Mod딘 of the self and other: Fundamental dimensions underlying measures of adult attachment. *Journal of Personality and Social Psychology, 67,* 430-445.

Grigsby, J., & Stevens, D. (2000). *Neurodynamics of personality.* New York, NY: Guilford Press.

Grimes, J. M., Ricci, L. A., & Melloni, R. H., Jr. (2006). Plasticity in anterior hypothalamic vasopressin correlates with aggression during anabolic-androgenic steroid withdrawal in hamsters. *Behavioral Neuroscience, 120,* 115-124.

Grings, W. W. (1973). The role of consciousness and cognition in autonomic behavior change. In F. J. McGuigan & R. Schoonover (Eds.), *The psychophysiology of thinking.* New York, NY: Academic Press.

Griskevicius, V., Tybur, J. M., Gangestad, S. W., Perea, E. F., Shapiro, J. R., & Kenrick, D. T. (2009). Aggress to impress: Hostility as an evolved context-dependent strategy. *Journal of Personality and Psychology, 96,* 980-994.

Grolnick, W. S., & Ryan, R. M. (19890. Parent styles associated with children's self-regulation and competence in school. *Journal of Educational Psychology, 81,* 143-154.

Grossmann, K. E., Grossmann, K., & Waters, E. (2005). *Attachment from infancy to adulthood: The major longitudinal studies.* New York, NY: Guilford Press.

Grouzet, F. M. E., Kasser, T., Ahuvia, A., Fernändez Dols, J. M., Kim, Y., Lau, S., Ryan, R. M., Saunders, S., Schmuck, P., & Sheldon, K. M. (2005). The structure of goal contents across 15 cultures. *Journal of Personality and Social Psychology, 89,* 800-816.

Gruber, A. J., & Pope, H. G., Jr. (2000). Psychiatric and medical effects of anabolic-androgenic steroid use in women. *Psychotherapy and Psychosomatics, 69,* 19-26.

Gruen, R. J., & Mendelsohn, G. (1986). Emotional responses to affective displays in others: The distinction between empathy and sympathy. *Journal of Personality and Social Psychology, 51,* 609-614.

Guisinger, S., & Blatt, S. J. (1994). Individuality and relatedness: Evolution of a fundamental dialectic. *American Psychologist, 49,* 104-111.

Gutierres, S. E., Kenrick, D. T., & Partch, J. J. (1999). Beauty, dominance, and the mating game: Contrast effects in self-assessment reflect gender differences in mate selection. *Personality and Social Psychology Bulletin, 25,* 1126-1134.

Haaga, D. A. F., Dyck, M. J., & Ernst, D. (1991). Empirical status of cognitive theory of depression. *Psychological Bulletin, 110,* 215-236.

Haas, B. W., Omura, K., Constable, R. T., & Canli, T. (2007). Emotional conflict and neuroticism: Personality-dependent activation in the amygdala and subgenual anterior cingulate. *Behavioral Neuroscience, 121,* 249-256.

Haas, B. W., Omura, K., Constable, R. T., & Canli, T. (2007). Is automatic emotion regulation associated with agreeableness? A perspective using a social neuroscience approach. *Psychological Science, 18,* 130-132.

Haas, A. (2002). Extending the search for folk personality constructs: The dimensionality of the personality-relevant proverb domain. *Journal of Personality and Social Psychology, 82,* 594-609.

Haemmerlie, F. M., & Montgomery, R. L. (1984). Purposefully biased interactions: Reducing heterosocial anxiety through self-perception theory. *Journal of Personality and Social Psychology, 47,* 900-908.

Halpern, J. (1977). Projection: A test of the psychoanalytic hypothesis. *Journal of Abnormal Psychology, 86,* 536-542.

Halverson, C. F., Jr., Kohnstamm, G. A., & Martin, R. P. (Eds.). (1994). *The developing structure of temperament and personality from infancy to adulthood.* Hillsdale, NJ: Erlbaum.

Hamilton, J. C., Greenberg, J., Pyszczynski, T., & Cather, C. (1993). A self-regulatory perspectives on psychopathology and psychotherapy. *Journal of Psychotherapy Integration, 3,* 205-248.

Hamilton, W. D. (1964). The genetical evolution of social behavior. *Journal of Theoretical Biology, 7,* 1-52.

Hampson, S. E., & Friedman, H. S. (2008). Personality and health: A life span perspective. In O. P. John, R. Robins, & L. Pervins (Eds.), *Handbook of personality* (3rd ed., pp. 770-794). New York, NY: Guilford Press.

Hampson, S. E., Andrews, J. A., Barckley, M., Lichtenstein, E., & Lee, M. E. (2000). Conscientiousness, perceived risk, and risk-reduction behaviors: A preliminary study. *Health Psychology, 19,* 496-500.

Hampson, S. E., Goldberg, L. R., Vogt, T. M., & Dubanoski, J. P. (2006). Forty years on: Teachers' assessments of children's personality traits predict self-reported health behaviors and outcomes at midlife. *Health Psychology, 25,* 57-64.

Handley, S. L. (1995). 5-Hydroxytryptamine pathways in anxiety and its treatment. *Pharmacology and Therapeutics, 66,* 103-148.

Hankin, B. L., Kassel, J. D., & Abela, J. R. Z. (2005). Adult attachment dimensions and specificity of emotional distress symptoms: Prospective investigations of cognitive risk and interpersonal stress generation as mediating mechanisms. *Personality and Social Psychology Bulletin, 31,* 136–151.

Hansenne, M., Pinto, E., Pitchot, W., Reggers, J., Scantamburlo, G., Moor, M., & Ansseau, M. (2002). Further evidence on the relationship between dopamine and novelty seeking: A neuroendocrine study. *Personality and Individual Differences, 33,* 967–977.

Harackiewicz, J. M. (1979). The effects of reward contingency and performance feedback on intrinsic motivation. *Journal of Personality and Social Psychology, 37,* 1352–1363.

Hardy, K. R. (1957). Determinants of conformity and attitude change. *Journal of Abnormal and Social Psychology, 54,* 289–294.

Harmon-Jones, E., & Allen, J. J. (1997). Behavioral activation sensitivity and resting frontal EEG asymmetry: Covariation of putative indicators related to wisk for mood disorders. *Journal of Abnormal Psychology, 106,* 159–163.

Harmon-Jones, E., Lueck, L., Fearn, M., & Harmon-Jones, C. (2006). The effect of personal relevance and approach-related action expectation on relative left frontal cortical activity. *Psychological Science, 17,* 434–440.

Harms, P. D., Roberts, B. W., & Wood, D. (2007). Who shall lead? An integrative personality approach to the study of the antecedents of status in informal social organizations. *Journal of Research in Personality, 41,* 689–699.

Harris, C. R. (2002). Sexual and romantic jealousy in heterosexual and homosexual adults. *Psychological Science, 13,* 7–12.

Harris, C. R. (2003). A review of sex differences in sexual jealousy, including self-report data, psychophysiological responses, interpersonal violence, and morbid jealousy. *Personality and Social Psychology Review, 7,* 102–128.

Harris, J. L., Bergh, J. A., & Brownell, K. D. (2009). Priming effects of television food advertising on eating behavior. *Health Psychology, 28,* 404–413.

Harrison, R. J., Connor, D. F., Nowak, C., Nash, K., & Melloni, R. H., Jr. (2000). Chronic anabolic-androgenic steroid treatment during adolescence increases anterior hypothalamic vasopressin and aggression in intact hamsters. *Psychoneuroendocrinology, 25,* 317–338.

Hart, H. M., McAdams, D. P., Hirsch, B. J., & Bauer, J. J. (2001). Generativity and social involvement among African Americans and white adults. *Journal of Research in Personality, 35,* 208–230.

Hassin, R. R., Bargh, J. A., & Uleman, J. S. (2002). Spontaneous causal inferences. *Journal of Experimental Social Psychology, 38,* 515–522.

Hassin, R. R., Uleman, J. S., & Bargh, J. A. (Eds.). (2005). *The new unconscious.* New York, NY: Oxford University Press.

Hathaway, S. R., & McKinley, J. C. (1943). *MMPI manual.* New York, NY: Psychological Corporation.

Hayes, A. M., Harris, M. S., & Carver, C. S. (2004). Predictors of self-esteem variability. *Cognitive Therapy and Research, 28,* 369–385.

Hayne, H., Garry, M., & Loftus, E. F. (2006). On the continuing lack of science evidence for repression. *Behavioral and Brain Science, 29,* 521–522.

Haynes, S. N., & O'Brien, W. H. (2000). *Principles and practice of behavioral assessment.* Amsterdam, The Netherlands: Kluwer.

Hazan, C., & Shaver, P. R. (1987). Romantic love conceptualized as an attachment process. *Journal of Personality and Social Psychology, 52,* 511–524.

Hazan, C., & Shaver, P. R. (1990). Love and work: An attachment-theoretical perspective. *Journal of Personality and Social Psychology, 59,* 270–280.

Hazan, C., & Shaver, P. R. (1994). Attachment as an organizational framework for research on close relationships. *Psychological Inquiry, 5,* 1–22.

Hazan, N. L., & Durrett, M. E. (1982). Relationship of security of attachment to exploration and cognitive mapping abilities in 2-year-olds. *Developmental Psychology, 18,* 751–759.

Heath, A. C., Neale, M. C., Kessler, R. C., Eaves, L. J., & Kendler, K. S. (1992). Evidence for genetic influences on personality from self-reports and informant ratings. *Journal of Personality and Social Psychology, 63,* 85–96.

Heckhausen, H. (1967). *The anatomy of achievement motivation.* New York, NY: Academic Press.

Heckhausen, H., & Gollwitzer, P. M. (1987). Thought contents and cognitive functioning in motivational versus volitional states of mind. *Motivation and Emotion, 11,* 101–120.

Heckhausen, H., Schmalt, H. D., & Schneider, K. (1985). *Achievement motivation in perspective.* New York, NY: Academic Press.

Heiby, E. M. (1982). A self-reinforcement questionnaire. *Behaviour Research and Therapy, 20,* 397–401.

Heider, F. (1944). Social perception and phenomenal causation. *Psychological Review, 51,* 358–374.

Heider, F. (1958). *The psychology of interpersonal relations.* New York, NY: Wiley.

Heilbrun, K. S. (1980). Silverman's psychodynamic activation: A failure to replicate. *Journal of Abnormal Psychology, 89,* 560–566.

Helgeson, V. S. (1994). Relation of agency and communication to well-being: Evidence and potential explanations.

Psychological Bulletin, 116, 412-428.

Helgeson, V. S. (2003). Gender-related traits and health. In J. Suls & K. A. Wallston (Eds.), *Social psychological foundations of health and illness* (pp. 367-394). Oxford, England: Blackwell.

Helgeson, V. S. (in press). Gender and health: A social psychological perspective. In A. Baum, T. Revenson & J. Singer (Eds.), *Handbook of health psychology* (2nd ed.). New York, NY: Psychology Press.

Helgeson, V. S., & Fritz, H. L. (1998). A theory of unmitigated communion. *Personality and Social Psychology Review, 2,* 173-183.

Helgeson, V. S., & Fritz, H. L. (1999). Unmitigated agency and unmitigated communion: Distinctions from agency and communion. *Journal of Research in Personality, 33,* 131-158.

Heller, M. S., & Polsky, S. (1975). *Studies in violence and television.* New York, NY: American Broadcasting Companies.

Helson, R., Kwan, V. S., Y., John, O. P., & Jones, C. (2002). The growing evidence for personality change in adulthood: Findings from research with personality inventories. *Journal of Research in Personality, 36,* 287-306.

Helson, R., & Srivastava, S. (2002). Creative and wise people: Similarities, differences, and how they develop. *Personality and Social Psychology Bulletin, 28,* 1430-1440.

Henderlong, J., & Lepper, M. R. (2002). The effects of praise on children's intrinsic motivation: A review and synthesis. *Psychological Bulletin, 128,* 774-795.

Henning, J., Reuter, M., Netter, P., Burk, C., & Landt, O. (2005). Two types of aggression are differentially related to serotonergic activity and the A779CTPH polymorphism. *Behavioral Neuroscience, 119,* 16-25.

Henriques, J. B., & Davidson, R. J. (1990). Asymmetrical brain electrical activity discriminates between previously depressed subjects and healthy controls. *Journal of Abnormal Psychology, 99,* 22-31.

Henriques, J. B., & Davidson, R. J. (1991). Left frontal hypoactivation in depression. *Journal of Abnormal Psychology, 100,* 535-545.

Hermans, E. J., Putman, P., & van Honk, J. (2006). Testos-terone administration reduces empathetic behavior: A facial mimicry study. *Psychoneuroendocrinology, 31,* 859-866.

Hersen, M., & Bellack, A. (Eds.). (1976). *Behavioral assessment.* New York, NY: Pergamon Press.

Heschl, A. (2002). *The intelligent genome: On the origin of the human mind by mutation and selection.* New York, NY: Springer.

Hewitt, P. L., & Genest, M. (1990). The ideal self: Schematic processing of perfectionistic content in dysphoric university students. *Journal of Personality and Social Psychology, 59,* 802-808.

Higgins, E. T. (1987). Self-discrepancy: A theory relating self and affect. *Psychological Review, 94,* 319-340.

Higgins, E. T. (1990). Personality, social psychology, and person-situation relations: Standards and knowledge activation as a common language. In L. A. Pervin (Ed.), *Handbook of personality: Theory and research* (pp. 301-338). New York, NY: Guilford Press.

Higgins, E. T. (1997). Beyond pleasure and pain. *American Psychologist, 52,* 1280-1300.

Higgins, E. T., & Bargh, J. A. (1987). Social cognition and social perception. *Annual Review of Psychology, 38,* 369-425.

Higgins, E. T., & Brendl, C. M. (1995). Accessibility and applicability: Some :activation rules" influencing judgement. *Journal of Experimental Social Psychology, 31,* 218-243.

Higgins, E. T., King, G. A., & Mavin, G. H. (1982). Individual construct accessibility and subjective impressions and recall. *Journal of Personality and Social Psychology, 43,* 35-47.

Higgins, R. L., Snyder, C. R., & Berglas, S. (Eds.). (1990). *Self-handicapping: The paradox that isn't.* New York, NY: Plenum Press.

Higgins, S. T., Wong, C. J., Badger, G. J., Ogden, D. E. H., & Dantona, R. L. (2000). Contingent reinforcement increases cocaine abstinence during outpatient treatment and 1 year of follow-up. *Journal of Consulting and Clinical Psychology, 68,* 64-72.

Hill, C. A. (1991). Seeking emotional support: The influence of affiliative need and partner warmth. *Journal of Personality and Social Psychology, 60,* 112-121.

Hill, T., Pewicki, P., Czyzewska, M., & Boss, A. (1989). Self-perpetuating development of encoding biases in person perception. *Journal of Personality and Social Psychology, 57,* 373-387.

Hilton, N. Z., Harris, G. T., & Rice, M. E. (2000). The functions of aggression by teenagers. *Journal of Personality and Social Psychology, 79,* 988-994.

Hinkley, K., & Andersen, S. M. (1996). The working self-concept in transference: Significant-other activation and self change. *Journal of Personality and Social Psychology, 71,* 1279-1295.

Hirt, E. R., McCrea, S. M., & Boris, H. I. (2003). "I know you self-handicapped last exam": Gender differences in reactions to self-handicapping. *Journal of Personality and Social*

Psychology, 84, 177-193.

Hobfoll, S. E., Rom, T., & Segal, B. (1989). Sensation seeking, anxiety, and risk taking in the Israeli context. In S. Einstein (Eds.), *Drugs and alcohol use: Issues and factors* (pp. 53-59). New York, NY: Plenum Press.

Hodgins, H. S., Koestner, R., & Duncan, N. (1996). On the compatibility of autonomy and relatedness. *Personality and Social Psychology Bulletin, 22,* 227-237.

Hodgkinson, S., Sherrington, R., Gurling, H., Marchbanks, R., & Reeders, S. (1987). Molecular genetic evidence for heterogeneity in manic depression. *Nature, 325,* 805-806.

Hoffman, E. (1988). *The right to be human: A biography of Abraham Maslow*. Los Angles, CA: Jeremy P. Tarcher.

Hoffman, L. W. (1991). The influence of the family environment on personality: Accounting for sibling differences. *Psychological Bulletin, 110,* 187-203.

Hofstee, W. K. B., de Raad, B., & Goldberg, L. R. (1992). Integration of the big five and circumplex approaches to trait structure. *Journal of Personality and Social Psychology, 63,* 146-163.

Hogan, R., & Nicholson, R. A. (1988). The meaning of personality test scores. *American Psychologist, 43,* 621-626.

Hogan, R., DeSoto, C. B., & Solano, C. (1977). Traits, tests, and personality research. *American Psychologist, 32,* 255-264.

Hokanson, J. E., & Burgess, M. (1962a). The effects of status, type of frustration, and aggression on vascular processes. *Journal of Abnormal and Social Psychology, 65,* 232-237.

Hokanson, J. E., & Burgess, M. (1962b). The effects of three types of aggression on vascular processes. *Journal of Abnormal and Social Psychology, 64,* 446-449.

Hokanson, J. E., Burgess, M., & Cohen, M. F. (1963). Effects of displaced aggression on systolic blood pressure. *Journal of Abnormal and Social Psychology, 67,* 214-218.

Holmes, D. S. (1981). Existence of classical projection and the stress-reducing function of attribution projection: A reply to Sherwood. *Psychological Bulletin, 90,* 460-466.

Holroyd, C. B., & Coles, M. G. H. (2002). The neural basis of human error processing: Reinforcement learning, dopamine, and the error-related negativity. *Psychological Review, 109,* 679-709.

Holt, R. (1966). Measuring libidinal and aggressive motives and their controls by means of the Rorschach test. In D. Levine (Ed.), *Nebraska symposium on motivation*. Lincoln, NE: University of Nebraska Press.

Holtzworth-Munroe, A. (1992). Social skill deficits in martially violent men: Interpreting the data using a social information processing model. *Clinical Psychology Review, 12,* 605-617.

Holyoak, K. J., & Spellman, B. A. (1993). Thinking. *Annual Review of Psychology, 44,* 265-315.

Hopkin, K. (1995). Programmed cell death: A switch to the cytoplasm? *Journal of NIH Research, 7,* 39-41.

Hormuth, S. E. (1990). *The ecology of the self: Relocation and self-concept change*. Cambridge, England: Cambridge University Press.

Horvath, P., & Zuckerman, M. (1993). Sensation seeking, risk appraisal, and risky behavior. *Personality and Individual Differences, 14,* 41-52.

Howard, G. S. (1990). On the construct validity of self-reports: What do the data say? *American Psychologist, 45,* 292-294.

Howard, G. S., Maxwell, S. E., Weiner, R. L., Boynton, K. S., & Rooney, W. M. (1980). Is a behavioral measure the best estimate of behavioral parameters? Perhaps not. *Applied Psychological Measurement, 4,* 293-311.

Hoyle, R. H., & Sherrill, M. R. (2006). Future orientation in the self-system: Possible selves, self-regulation, and behavior. *Journal of Personality, 74,* 1673-1696.

Hsee, C. K., & Abelson, R. P. (1991). The velocity relation: Satisfaction as a function of the first derivative of outcome over time. *Journal of Personality and Social Psychology, 60,* 341-347.

Hunnard, J. A. Dodge, K. A., Cillessen, A. H. N., Coie, J. D., & Schwartz, D. (2001). The dyadic nature of social information processing in boys' reactive and proactive aggression. *Journal of Personality and Social Psychology, 80,* 268-280.

Hull, J. G. (1981). A self-awareness model of the causes and effects of alcohol consumption. *Journal of Abnormal Psychology, 90,* 586-600.

Hull, J. G., & Rielly, N. P. (1986). An information-processing approach to alcohol use and its consequences. In R. E. Ingram (Ed.), *Information processing approaches to clinical psychology*. New York, NY: Academic Press.

Hull, J. G., Slone, L. B., Meteyer, K. B., & Matthews, A. R. (2002). The nonconsciousness of self-consciousness. *Journal of Personality and Social Psychology, 83,* 406-424.

Humphreys, L. G. (1939). The effect of random alteration of reinforcement on the acquisition and extinction of conditioned eyelid reactions. *Journal of Experimental Psychology, 15,* 141-158.

Hustinx, P. W. J., Kuyper, H., van der Werf, M. P. C., & Dijkstra, P. (2009). Achievement motivation revisited: New longitudinal data to demonstrate its predictive power. *Educational Psychology, 29,* 561-582.

Hutchison, K. E., McGeary, J., Smolen, A., Bryan, A., & Swift, R. M. (2002). The DRD4VNTR polymorphism moderates craving after alcohol consumption. *Health Psychology, 21,* 139–146.

Hymbaugh, K., & Garrett, J. (1974). Sensation seeking among skydivers. *Perceptual and Motor Skills, 38,* 118.

Ilgen, M., McKellar, J., & Tiet, Q. (2005). Abstinence self-efficacy and abstinence 1 year after substance use disorder treatment. *Journal of Consulting and Clinical Psychology, 73,* 1175–1180.

Ingram, R. E. (Ed.). (1986). *Information-processing approaches to clinical psychology.* New York, NY: Academic Press.

Isabella, R. A., Belsky, J., & von Eye, A. (1989). Origins of infant-mother attachment: An examination of interactional synchrony during the infant's first year. *Developmental Psychology, 25,* 12–21.

Jackson, D. N. (1984). *Personality Research Form manual* (3rd ed.). Port Huron, MI: Research Psychologists Press.

Jackson, D. N., & Messick, S. (Eds.). (1967). *Problems in assessment.* New York, NY: McGraw-Hill.

Jacob, S., McClintock, M. K., Zelano, B., & Ober, C. (2002). Paternally inherited HLA alleles are associated with women's choice of male odor. *Nature Genetics, 30,* 175–179.

James, W. (1890). *The principles of psychology* (Vol. 2). New York, NY: Holt.

Janel, D., & Pennebaker, J. W. (2009). The healing powers of expressive writing. In S. B. Kaufman & J. C. Kaufman (Eds.), *The psychology of creative writing* (pp. 264–273). New York, NY: Cambridge University Press.

Jang, K. L., Livesley, W. J., Angleitner, A., Riemann, R., & Vernon, P. A. (2002). Genetic and environmental influences on the covariance of facets defining the domains of the five-factor model of personality. *Personality and Individual Differences, 33,* 83–101.

Jang, K. L., Livesley, W. J., & Vernon, P. A. (1996). Heritability of the big five personality dimensions and their facets: A twin study. *Journal of Personality, 64,* 577–591.

Jang, K. L., McCrae, R. R., Angleitner, A., Riemann, R., & Livesley, W. J. (1998). Heritability of face-level traits in a cross-cultural twin sample: Support for a hierarchical model of personality. *Journal of Personality and Social Psychology, 74,* 1556–1565.

Janoff-Bulman, R., & Leggatt, H. K. (2002). Culture and social obligation: When "shoulds" are perceived as "wants." *Journal of Research in Personality, 36,* 260–270.

Janoff-Bulman, R., Sheikh, S., & Hepp, S. (2009). Proscriptive versus prescriptive morality: Two faces of moral regulation. *Journal of Personality and Social Psychology, 96,* 521–537.

Jenkins, S. R. (1987). Need for achievement and women's careers over 14 years: Evidence for occupational structure effects. *Journal of Personality and Social Psychology, 53,* 922–932.

Jenkins, S. R. (1994). Need for power and women's careers over 14 years: Structural power, job satisfaction, and motive change. *Journal of Personality and Social Psychology, 66,* 155–165.

Jensen, M. B. (1987). Psychobiological factors predicting the course of breast cancer. *Journal of Personality, 55,* 317–342.

Jensen-Campbell, L. A., Adams, R., Perry, D. G., Workman, K. A., Furdella, J. Q., & Egan, S. K. (2002). Agreeableness, extraversion, and peer relations in early adolescence: Winning friends and deflecting aggression. *Journal of Research in Personality, 36,* 224–251.

Jensen-Campbell, L. A., Gleason, K. A., Adams, R., & Malcolm, K. T. (2003). Interpersonal conflict, agreeableness, and personality development. *Journal of Personality, 71,* 1059–1086.

Jensen-Campbell, L. A., & Graziano, W. G. (2001). Agreeableness as a moderator of interpersonal conflict. *Journal of Personality, 69,* 323–362.

Jensen-Campbell, L. A., Graziano, W. G., & West, S. G. (1995). Dominance, prosocial orientation, and female preferences: Do nice guys really finish last? *Journal of Personality and Social Psychology, 68,* 427–440.

Jensen-Campbell, L. A., & Malcolm, K. T. (2007). The importance of conscientiousness in adolescent interpersonal relationships. *Personality and Social Psychology Bulletin, 33,* 368–383.

Job, V., Oertig, D., Brandstätter, & Allemand, M. (2010). Discrepancies between implicit and explicit motivation and unhealthy eating behavior. *Journal of Personality, 78,* 1209–1238.

Jockin, V., McGue, M., & Lykken, D. T. (1996). Personality and divorce: A genetic analysis. *Journal of Personality and Social Psychology, 71,* 288–299.

John, O. P. (1990). The big-five factor taxonomy: Dimensions of personality in the natural language and in questionnaires. In L. Pervin (Ed.), *Handbook of personality theory and research* (pp. 66–100). New York, NY: Guilford Press.

John, O. P., & Robins, R. W. (1994). Accuracy and bias in self-perception: Individual differences in self-enhancement and the role of narcissism. *Journal of Personality and Social Psychology, 66,* 206–219.

Johnson, A. M., Vernon, P. A., & Feiler, A. R. (2008). Behavior genetic studies of personality: An introduction and review of the results of 50+ years of research. In G. J. Boyle, G. Matthews, & D. H. Saklofske (Eds.), *Handbook of personality theory and assessment* (Vol. 1, pp. 145–173). Los Angeles, CA: Sage.

Johnson, J. A., Germer, C. K., Efran, J. S., & Overton, W. F. (1988). Personality as the basis for theoretical predilections. *Journal of Personality and Social Psychology, 55,* 824–835.

Johnson, J. A., & Ostendorf, F. (1993). Clarification of the five-factor model with the abridged big five dimensional circumplex. *Journal of Personality and Social Psychology, 65,* 563–576.

Johnson, R. E., Chang, C. H., & Lord, R. G. (2006). Moving from cognition to behavior: What the research says. *Psychological Bulletin, 132,* 381–415.

Johnson, S. L. (2005). Mania and goal regulation: A review. *Clinical Psychology Review, 25,* 241–262.

Johnson, S. L., & Leahy, R. L. (Eds.). (2003). *Psychological treatment of bipolar disorder.* New York, NY: Guilford Press.

Johnson, S. L., Sandrow, D., Meyer, B., Winters, R., Miller, I., Solomon, D., & Kietner, G. (2000). Increases in manic symptoms after life events involving goal attainment. *Journal of Abnormal Psychology, 109,* 721–727.

Johnson, W., & Kieras, D. (1983). Representation-saving effects of prior knowledge in memory for simple technical prose. *Memory and Cognition, 11,* 456–466.

Johnson, W., Turkheimer, E., Gottesman, I. I., & Bouchard, T. J., Jr. (2009). Beyond heritability: Twin studies in behavioral research. *Current Directions in Psychological Science, 18,* 217–220.

Johnson-Laird, P. N., Mancini, F., & Gangemi, A. (2006). A hyper-emotion theory of psychological illness. *Psychological Review, 113,* 822–841.

Joireman, J., Anderson, J., & Strathman, A. (2003). The aggression paradox: Understanding links among aggression, sensation seeking, and the consideration of future consequences. *Journal of Personality and Social Psychology, 84,* 1287–1302.

Jonas, E., Schimel, J., Greenberg, J., & Pyszczynski, T. (2002). Thee Scrooge effect: Evidence that mortality salience increases prosocial attitudes and behavior. *Personality and Social Psychology Bulletin, 28,* 1342–1353.

Jonas, K. J., & Sassenberg, K. (2006). Knowing how to react: Automatic response priming from social categories. *Journal of Personality and Social Psychology, 90,* 709–721.

Jones, E. E., & Berglas, S. (1978). Control of attributions about the self through self-handicapping strategies: The appeal of alcohol and the role of underachievement. *Personality and Social Psychology Bulletin, 4,* 200–206.

Jones, E. E., & Pittman, T. S. (1982). Toward a general theory of strategic self-presentation. In J. Suls (Ed.), *Psychological perspectives on the self* (Vol. 1.). Hillsdale, NJ: Erlbaum.

Jones, J. T., Pelham, B. W., Carvallo, M., & Mirenberg, M. C. (2004). How do I love thee? Let me count the Js: Implicit egotism and interpersonal attraction. *Journal of Personality and Social Psychology, 87,* 665–683.

Jones, S. S. (2007). Imitation in infancy: The development of mimicry. *Psychological Science, 18,* 593–599.

Jones, W. H., Hobbes, S. A., & Hockenberg, D. (1982). Loneliness and social skills deficits. *Journal of Personality and Social Psychology, 42,* 682–689.

Jöreskog, K. G., & Sörbom, D. (1979). *Advances in factor analysis and structural equations.* Cambridge, MA: Abt Association.

Joseph, J. E., Liu, X., Jiang, Y., Lynam, D., & Kelly, T. H. (2009). Neural correlates of emotional reactivity in sensation seeking. *Psychological Science, 20,* 215–223.

Joseph, R. A., Sellers, J. G., Newman, M. L., & Mehta, P. H. (2006). The mismatch effect: When testosterone and status are at odds. *Journal of Personality and Social Psychology, 90,* 999–1013.

Jung, C. G. (1933). *Psychological types.* New York, NY: Harcourt, Brace, & World.

Juni, S. (1981). Maintaining anonymity vs. requesting feedback as a function of oral dependency. *Perceptual and Motor Skills, 52,* 239–242.

Juni, S., & Fischer, R. E. (1985). Religiosity and preoedipal fixation. *Journal of Genetic Psychology, 146,* 27–35.

Juni, S., & Lo Coscio, R. (1985). Preference for counseling and psychotherapy as related to preoedipal fixation. *Psychological Reports, 56,* 431–438.

Juni, S., Masling, J., & Brannon, R. (1979). Interpersonal touching and orality. *Journal of Personality Assessment, 43,* 235–237.

Jussim, L. (1991). Social perception and social reality: A reflection-construction model. *Psychology Review, 98,* 54–73.

Kahn, M. (2002). *Basic Freud: Psychoanalytic thought for the 21st century.* New York, NY: Basic Books.

Kahn, S., Zimmerman, G., Csikszentmihalyi, M., & Getzels, J. W. (1985). Relations between identity in young adulthood and intimacy at midlife. *Journal of Personality and Social Psychology, 49,* 1316–1322.

Kamarck, T. W., Muldoon, M. F., Shiffman, S. S., & Sutton-Tyrrell, K. (2007). Experiences of demand and control during daily life are predictors of carotid atherosclerotic progression among healthy men. *Health Psychology, 26,* 324–332.

Kamarck, T. W., Shiffman, S. S., & Wethington, E. (2011). Measurement of daily psychosocial stress: Use of realtime methods. In R. Contrada & A. Baum (Eds.), *The handbook of stress science: Biology, psychology, and health* (pp. 597–

617). New York, NY: Springer.

Kanayama, G., Gruber, A. J., Pope, H. G., Jr., Borowiecki, J. J., & Hudson, J. I. (2001). Over-the-counter drug use in gymnasiums: An underrecognized substance abuse problem? *Psychotherapy and Psychosomatics, 70,* 137-1140.

Kanfer, F. H. (1977). The many faces of self-control, or behavior modification changes its focus. In R. B. Stuart (Ed.), *Behavioral self-management: Strategies, techniques, and outcomes.* New York, NY: Brunner/Mazel.

Kanfer, F. H., & Busemeyer, J. R. (1982). The use of problem-solving and decision-making in behavior therapy. *Clinical Psychology Review, 2,* 239-266.

Kanfer, F. H., & Hagerman, S. M. (1981). The role of self-regulation. In L. P. Rehm (Ed.), *Behavior therapy for depression: Present status and future directions.* New York, NY: Academic Press.

Kanfer, F. H., & Hagerman, S. M. (1985). Behavior therapy and the information-processing paradigm. In S. Reiss & R. R. Bootzin (Eds.), Theoretical issues in behavior therapy. New York, NY: Academic Press.

Kanfer, F. H., Karoly, P., & Newman, A. (1975). Reduction of children's fear of the dark by competence-related verbal cues. *Journal of Consulting and Clinical Psychology, 43,* 251-258.

Kanfer, F. H., & Marston, A. R. (1963). Human reinforcement: Vicarious and direct. *Journal of Experimental Psychology, 65,* 292-296.

Kanfer, F. H., & Schefft, B. K. (1988). *Guiding the process of therapeutic change.* Champaign, IL: Research Press.

Kaplan, J. R., Manuck, S. B., Fontenot, M. B., & Mann, J. J. (2002). Central nervous system monoamine correlates of social dominance in synomolgus monkeys (Macaca fascicularis). *Neuropsychopharmacology, 26,* 431-443.

Karylowski, J. J. (1990). Social reference points and accessibility of trait-related information in self-other similarity judgments. *Journal of Personality and Social Psychology, 58,* 975-983.

Kasser, T. (2002). *The high price of materialism.* Cambridge, MA: Bradford Books.

Kasser, T., Koestner, R., & Lekes, N. (2002). Early family experiences and adult values: A 26-year, prospective longitudinal study. *Personality and Social Psychology Bulletin, 28,* 826-835.

Kasser, T., & Ryan, R. M. (1993). A dark side of the American dream: Correlates of financial success as a central life aspiration. *Journal of Personality and Social Psychology, 65,* 410-422.

Katigbak, A. J., Church, A. T., Guanzon-Lapeña, Ma. A., Carlota, A. J., & del Pilar, G. H. (2002). Are indigenous personality dimensions culture specific? Philippine inventories and the five-factor model. *Journal of Personality and Social Psychology, 82,* 89-101.

Kawada, C. L. K., Oettingen, G., Gollwitzer, P. M., & Bargh, J. A. (2004). The projection of implicit and explicit goals. *Journal of Personality and Social Psychology, 86,* 545-559.

Kazdin, A. E. (1974). Effects of covert modeling and reinforcement on assertive behavior. *Journal of Abnormal Psychology, 83,* 240-252.

Kazdin, A. E. (1975). Covert modeling, imagery assessment, and assertive behavior. *Journal of Consulting and Clinical Psychology, 43,* 716-724.

Keane, T. M., Kolb, L. C., Kaloupek, D. G., Orr, S. P., Blanchard, E. B., Thomas, R. G., Hsieh, F. Y., & Lavori, P. W. (1998). Utility of psychophysiological measurement in the diagnosis of posttraumatic stress disorder: Results from a Department of Veteran Affairs cooperative study. *Journal of Consulting and Clinical Psychology, 66,* 914-923.

Keller, J., & Bless, H. (2008). Flow and regularity compatibility: An experimental approach to the flow model of intrinsic motivation. *Personality and Social Psychology Bulletin, 34,* 196-209.

Keller, P. E., Wascher, E., Prinz, W., Waszak, F., Koch, I., & Rosenbaum, D. A. (2006). Differences between intention-based and stimulus-based actions. *Journal of Psychophysiology, 20,* 9-20.

Kelly, A. E., Klusas, J. A., von Weiss, R. T., & Kenny, C. (2001). What is it about revealing secrets that is beneficial? *Personality and Social Psychology Bulletin, 27,* 651-665.

Kelly, G. A. (1955). *The psychology of personal constructs* (Vol. 1 and 2). New York, NY: Norton.

Kendler, K. S. (1997). Social support: A genetic-epidemiological analysis. *American Journal of Psychiatry, 154,* 1398-1404.

Kendler, K. S. (2005). "A gene for …… ": The nature of gene action in psychiatric disorders. *American Journal of Psychiatry, 162,* 1243-1252.

Kenford, S. L., Fiore, M. C., Jorenby, D. E., & Smith, S. S. (1994). Predicting smoking cessation: Who will quit with and without the nicotine patch. *Journal of the American Medical Association, 217,* 589-594.

Kenrick, D. T., Groth, G. E., Trost, M. R., & Sadalla, E. K. (1993). Integrating evolutionary and social exchange perspectives on relationships: Effects of gender, self-appraisal, and involvement level on mate selection criteria. *Journal of Personality and Social Psychology, 64,* 951-969.

Kenrick, D. T., & Keefe, R. C. (1992). Age preferences in mates reflect sex differences in human reproductive strategies. *Behavioral and Brain Sciences, 15,* 75–91.

Kenrick, D. T., Neuberg, S. L., Zierk, K. L., & Krones, J. M. (1994). Evolution and social cognition: Contrast effects as a function of sex, dominance, and physical attractiveness. *Personality and Social Psychology Bulletin, 20,* 210–217.

Kenrick, D. T., Sadalla, E. K., Groth, G., & Trost, M. R. (1990). Evolution, traits, and the stages of human courtship: Qualifying the parental investment model. *Journal of Personality, 58,* 97–116.

Kenrick, D. T., Sundie, J. M., Nicastle, L. D., & Stone, G. O. (2001). Can one ever be too wealthy or too chaste? Searching for nonlinearities in mate judgment. *Journal of Personality and Social Psychology, 80,* 462–471.

Kern, M. L., & Friedman, H. S. (2008). Do conscientious individuals live longer? A quantitative review. *Health Psychology, 27,* 505–512.

Kernberg, O. (1976). *Borderline conditions and pathological narcissism.* New York, NY: Jason Aronson.

Kernberg, O. (1980). *Internal world and external reality.* New York, NY: Jason Aronson.

Kessler, R. C., Kendler, K. S., Heath, A., Neale, M. C., & Eaves, L. J. (1992). Social support, depressed mood, and adjustment to stress: A genetic epidemiological investigation. *Journal of Personality and Social Psychology, 62,* 257–272.

Keyes, C. L. M., & Shmotkin, D., & Ryff, C. D. (2002). Optimizing well-being: The empirical encounter of two traditions. *Journal of Personality and Social Psychology, 82,* 1007–1022.

Kieras, J. E., Tobin, R. M., Graziano, W. G., & Rothbart, M. K. (2005). You can't always get what you want" Effortful control and children's responses to undesirable gifts. *Psychological Science, 16,* 391–396.

Kim, Y., Carver, C. S., Deci, E. L., & Kasser, T. (2008). Adult attachment and psychological well-being in cancer caregivers: The meditational role of spouses' motives for caregiving. *Health Psychology, 27,* S144–S154.

Kimura, D. (1999). *Sex and cognition.* Cambridge, MA: MIT Press.

Kirkpatrick, L. A. (1998). God as a substitute attachment figure: A longitudinal study of adult attachment style and religious change in college students. *Personality and Social Psychology Bulletin, 24,* 961–973.

Kirkpatrick, L. A., & Davis, K. E. (1994). Attachment styles, gender, and relationship stability: A longitudinal analysis. *Journal of Personality and Social Psychology, 66,* 502–512.

Kirsch, I. (1985). Response expectancy as a determinant of experience and behavior. *American Psychologist, 40,* 1189–1202.

Kirsch, I. (1990). *Changing expectation: A key to effective psychotherapy.* Pacific Grove, CA: Brooks/Cole.

Kirsch, I., Mearns, J., & Catanzaro, S. J. (1990). Mood-regulation expectancies as determinants of dysphoria in college students. *Journal of Counseling Psychology, 37,* 306–312.

Kitcher, P. (1987). Précis of *Vaulting ambition: Sociobiology and the quest for human nature. Behavioral and Brain Sciences, 10,* 61–100.

Klein, J. (1987). *Our need for others and its roots in infancy.* London, England: Tavistock.

Klein, M. (1935). *The psychoanalysis of children.* New York, NY: Norton.

Klein, M. (1955a). The psychoanalytic play technique. *American Journal of Orthopsychiatry, 112,* 418–422.

Klein, M. (1955b). The psychoanalytic play technique, its history and significance. In M. Klein, P. Heiman, & R. Money-Kyrle (Eds.), *New directions in psychoanalysis: The significance of infant conflict in the pattern of adult behavior.* New York, NY: Basic Books.

Klimstra, T. A., Hale, W. W. III, Raaijmakers, Q. A. W., Branje, S. J. T., & Meeus, A. W. (2009). Maturation of personality in adolescence. *Journal of Personality and Social Psychology, 96,* 898–912.

Linesmith, J., Kasser, T., & McAndrew, F. T. (2006). Guns, testosterone, and aggression: An experimental test of a mediational hypothesis. *Psychological Science, 17,* 568–571.

Klinger, E. (1975). Consequences of commitment to and disengagement from incentives. *Psychological Review, 82,* 1–25.

Klinger, E. (1987). Current concerns and disengagement from incentives. In .F Halisch & J. Kuhl (Eds.), *Motivation, intention, and volition* (pp. 337–347). Berlin, Germany: Springer-Verlag.

Knapp, R. R. (1976). *Handbook for the Personal Orientation Inventory.* San Diego, CA: EdITS.

Knee, C. R., Lonsbary, C., Canevello, A., & Patrick, H. (2005). Self-determination and conflict in romantic relationships. *Journal of Personality and Social Psychology, 89,* 997–1009.

Knee, C. R., Patrick, H., Vietor, M. A., Nanayakkara, A., & Neighbors, C. (2002). Self-determination as growth motivation in romantic relationships. *Personality and Social Psychology Bulletin, 28,* 609–619.

Knickmeyer, R., Baron-Cohen, S., Raggatt, P., Taylor, K., & Hackett, G. (2006). Fetal testosterone and empathy. *Hormones and Behavior, 49,* 282–292.

Knutson, B., Wolkowitz, O. M., Cole, S. W., Chan, T., Moore, E. A., Johnson, R. C., Terpstra, J., Turner, R. A., & Reus, V. I. (1998). Selective alteration of personality and social behavior by serotonergic intervention. *American Journal of Psychiatry, 155,* 373-379.

Kobak, R. R., & Hazan, C. (1991). Attachment in marriage: Effects of security and accuracy of working models. *Journal of Personality and Social Psychology, 60,* 861-869.

Kochanska, G., Friesenborg, A. E., Lange, L. A., & Martel, M. M. (2004). Parents' personality and infants' temperament as contributors to their emerging relationship. *Journal of Personality and Social Psychology, 86,* 744-759.

Kochanska, G., & Knaack, A. (2003). Effortful control as a personality characteristic of young children: Antecedents, correlates, and consequences. *Journal of Personality, 71,* 1087-1112.

Koestner, R., Lekes, N., Powers, T. A., & Chicoine, E. (2002). Attaining personal goals: Self-concordance plus implementation intentions equals success. *Journal of Personality and Social Psychology, 83,* 231-244.

Koestner, R., Zuckerman, M., & Koestner, J. (1987). Praise, involvement, and intrinsic motivation. *Journal of Personality and Social Psychology, 53,* 383-390.

Koffka, K. (1935). *Principles of Gestalt psychology.* New York, NY: Harcourt, Brace.

Kohler, E., Keysers, C., Umiltá, M. A., Fogassi, L., Galese, V., & Rizzolatti, G. (2002). Hearing sounds, understanding actions: Action representation in mirror neurons. *Science, 297,* 846-848.

Köhler, W. (1947). *Gestalt psychology.* New York, NY: Liveright.

Kohut, H. (1977). *The restoration of the self.* New York, NY: International Universities Press.

Koole, S. L., Greenberg, J., & Pyszczyncki, T. (2006). Introducing science to the psychology of the soul: Experimental existential psychology. *Current Directions in Psychological Science, 15,* 212-216.

Koole, S. L., Jager, W., van den Berg, A. E., Vlek, C. A. J., & Hofstee, W. K. B. (2001). On the social nature of personality: Effects of extraversion, aggreableness, and feedback about collective resource use on cooperation in a resource dilemma. *Personality and Social Psychology Bulletin, 27,* 289-301.

Krchmaros, J. D., & Kenny, D. A. (2001). Emotional closeness as a mediator of the effect of genetic relatedness on altruism. *Psychological Science, 12,* 262-265.

Kornhaber, R. C., & Schroeder, H. E. (1975). Importance of model of similarity on extinction of avoidance behavior in children. *Journal of Consulting and Clinical Psychology, 43,* 601-607.

Kosfeld, M., Heinrichs, M., Zack, P. J., Fischbacher, U., & Fehr, E. (2005). Oxytocin increases trust in humans. *Nature, 435,* 673-676.

Kotler, M., Cohen, H., Segman, R., Critsenko, L., Memanov, L., Lerer, B., Kramer, I., Zer-Zion, M., Kletz, I., & Ebstein, R. P. (1997). Excess dopamine D4 receptor (D4DR) exon III seven repeat allele in opioid-dependent subjects. *Molecular Psychiatry, 2,* 251-254.

Kotre, J. (1984). *Outliving the self: Generativity and the interpretation of lives.* Baltimore, MD: Johns Hopkins University Press.

Kowaz, A. M., & Marcia, J. E. (1991). Development and validation of a measure of Eriksonian industry. *Journal of Personality and Social Psychology, 60,* 390-396.

Krach, S., Paulus, F. M., Bodden, M., & Kircher, T. (2010, May 28). The rewarding nature of social interactions. *Frontiers in Behavioral Neuroscience.* Retrieved October 13, 2010, from

Kramer, P. D. (1993). *Listening to Prozac: A psychiatrist explores anti-depressant drugs and the remarking of the self.* New York, NY: Viking.

Kraus, M. W., & Chen, S. (2009). Striving to be known by significant others: Automatic activation of self-verification goals in relationship contexts. *Journal of Personality and Social Psychology, 97,* 58-73.

Kretschmer, E. (1925). *Physique and character.* New York, NY: Harcourt, Brace.

Kriegman, D., & Knight, C. (1988). Social evolution, psychoanalysis, and human nature. *Social Policy, 19,* 49-55.

Krueger, R. F. (2002). Personality from a realist' s perspective: Personality traits, criminal behaviors, and the externalizing spectrum. *Journal of Research in Personality, 36,* 564-572.

Krueger, R. F., Schmutte, P. S., Caspi, A., Moffitt, T. E., Campbell, K., & Silva, P. A. (1994). Personality trait are linked to crime among men and women: Evidence from a birth cohort. *Journal of Abnormal Psychology, 103,* 328-338.

Krueger, R. F., Watson, D., & Barlow, D. H. (Eds.). (2005). Toward a dimensionally based taxonomy of psychopathology [Special section]. *Journal of Abnormal Psychology, 114,* 491-569.

Krusemark, E. A., Campbell, W. K., & Clementz, B. A. (2008). Attributions, deception, and event related potentials: An investigation of the self-serving bias. *Psychophysiology, 45,* 511-515.

Kuhl, J. (2000). The volitional basis of Personality Systems Interaction Theory: Applications in learning and treatment contexts. *International Journal of Educational Research,*

33, 665-703.

Kuhl, J., & Helle, P. (1986). Motivational and volitional determinants of depression: The degenerated-intention hypothesis. *Journal of Abnormal Psychology, 95,* 247-251.

Kuiper, N. A., & Derry, P. A. (1981). The self as a cognitive prototype: An applications to person perception and depression. In N. Cantor & J. Kihlstrom (Eds.), *Cognition, social interaction, and personality.* Hillsdale, NJ: Erlbaum.

Kukla, A. (1972). Foundations of an attributional theory of performance. *Psychological Review, 79,* 454-470.

Kulhavy, R. W., & Stock, W. A. (1989). Feedback in written instruction: The place of response certitude. *Educational Psychology Review, 1,* 279-308.

Kunda, Z. (1999). *Social cognition: Making sense of people.* Cambridge, MA: MIT Press.

Kunda, Z., & Thagard, P. (1996). Forming impressions from stereotypes, traits, and behaviors: A parallelconstraint-satisfaction theory. *Psychological Review, 103,* 284-308.

Kunzmann, U., & Baltes, P. B. (2003). Wisdom-related knowledge: Affective, motivational, and interpersonal correlates. *Personality and Social Psychology Bulletin, 29,* 1104-1119.

La Greca, A. M., & Santogrossi, D. A. (1980). Social skills training with elementary school students: A behavioral group approach. *Journal of Consulting and Clinical Psychology, 48,* 220-227.

La Greca, A. M., Stone, W. L., & Bell, C. R., III. (1983). Facilitating the vocational-interpersonal skills of mentally retarded individuals. *American Journal of Mental Deficiency, 88,* 270-278.

La Guardia, J. G., Ryan, R. M., Couchman, C. E., & Deci, E. L. (2000). Within-person variation in security of attachment: A self-determination theory perspective on attachment, need fulfillment, and well-being. *Journal of Personality and Social Psychology, 79,* 367-384.

Lakoff, G. (1987). *Women, fire, and dangerous things: What categories reveal about the mind.* Chicago, IL: University of Chicago Press.

Landreth, G. L. (1991). *Play therapy: The art of the relationship.* Muncie, IN: Accelerated Development.

Landy, F. J. (1986). Stamp collecting versus science: Validation as hypothesis testing. *American Psychologist, 41,* 1183-1192.

Lane, R. D., & Nadel, L. (Eds.). (2000). *Cognitive neuroscience of emotion.* New York, NY: Oxford University Press.

Lang, P. J., & Lazovik, A. D. (1963). Experimental desensitization of a phobic. *Journal of Abnormal and Social Psychology, 66,* 519-525.

Langens, T. A., & Schmalt, H-D. (2002). Emotional consequences of positive daydreaming: The moderating role of fear of failure. *Personality and Social Psychology, 28,* 1725-1735.

Langner, C. A., & Winter, D. G. (2001). The motivational basis of concessions and compromise: Archival and laboratory studies. *Journal of Personality and Social Psychology, 81,* 711-727.

Langston, C., & Cantor, N. (1989). Social anxiety and social constraint: When "making friends" is hard. *Journal of Personality and Social Psychology, 56,* 649-661.

Lanning, K. (1994). Dimensionality of observer ratings on the California Adult Q-set. *Journal of Personality and Social Psychology, 67,* 151-160.

Lansdale, M., & Baguley, T. (2008). Dilution as a model of long-term forgetting. *Psychological Review, 115,* 864-892.

Lansing, J. B., & Heyns, R. W. (1959). Need affiliation and frequency of four types of communication. *Journal of Abnormal and Social Psychology, 58,* 365-372.

Larsen, R. J., & Ketelaar, T. (1991). Personality and susceptibility to positive and negative emotional states. *Journal of Personality and Social Psychology, 61,* 132-140.

Larston, R. M., Kang, K. L., Liversley, W. J., Vernon, P. A., & Wolf, H. (2002). The relationship between Eysenck's P-E-N model of personality, the five-factor model of personality, and traits delineating personality dysfunction. *Personality and Individual Differences, 33,* 25-37.

Lau, R. R. (1989). Construct accessibility and electoral choice. *Political Behavior, 11,* 5-32.

Laurenceau, J. -P., Barrett, L. F., & Pietromonaco, P. R. (1998). Intimacy as an interpersonal process: The importance of self-disclosure, and perceived partner responsiveness in interpersonal exchanges. *Journal of Personality and Social Psychology, 74,* 1238-1251.

Laurenceau, J. -P., & Bolger, N. (2005). Using diary methods to study marital and family processes. *Journal of Family Psychology, 19,* 86-97.

Laurenceau, J. -P., Kleinman, B. M., Kaczynski, K. J., & Carver, C. S. (2010). Assessment of relationship-specific incentive and threat sensitivities: Predicting satisfaction and affect in adult intimate relationships. *Psychological Assessment, 22,* 407-419.

Le Vay, S. (1991). A difference in hypothalamic structure between heterosexual and homosexual men. *Science, 253,* 1034-1037.

Le Vay, S. (1993). *The sexual brain.* Cambridge, MA: MIT Press.

Leak, G. K., & Christopher, S. B. (1982). Freudian psychoanalysis and sociobiology: A synthesis. *American Psychologist, 37,* 313-322.

Leary, M. R., & Baumeister, R. F. (2000). The nature and function of self-esteem: Sociometer theory. In M. P. Zanna (Ed.), *Advances in experimental social psychology* (Vol. 32, pp. 1-62). San Diego, CA: Academic Press.

Lee, A., & Hankin, B. L. (2009). Insecure attachment, dysfunctional attitudes, and low self-esteem predicting prospective symptoms of depression and anxiety among adolescents. *Journal of Clinical Child & Adolescent Psychology, 38,* 219-231.

Lee, R., Ferris, C., Van de Kar, L. D., & Coccaro, E. F. (2009). Cerebrospinal fluid oxytocin, lige history of aggression, and personality disorder. *Psychoneuroendocrinology, 34,* 1567-1573.

Leit, R. A., Pope, H. G., Jr., & Gray, J. J. (2001). Cultural expectations of muscularity in men: The evolution of playgirl centerfolds. *International Journal of Eating Disorders, 29,* 90-93.

Lemann, N. (1994, February). Is there a science of success? *Atlantic Monthly, 273,* 83-98.

Lengfelder, A., & Gollwitzer, P. M. (2001). Reflective and reflexive action control in patients with frontal brain lesions. *Neuropsychology, 15,* 80-100.

Lepper, M. R., & Greene, D. (1975). Turning play into work: Effects of adult surveillance and extrinsic rewards on children' s intrinsic motivation. *Journal of Personality and Social Psychology, 31,* 479-486.

Lepper, M. R., & Greene, D. (1978). *The hidden costs of reward.* Hillsdale, NJ: Erlbaum.

Lesch, K-P., & Mössner, R. (1998). Genetically driven variation in serotonin uptake: Is there a link to affective spectrum, neurodevelopmental, and neurodegenerative disorders? *Biological Psychiatry, 44,* 179-192.

Lesch, K-P., Bengel, D., Heils, A., Sabol, S. Z., Greenberg, B. D., Petri, S., et al. (1996). Association of anxiety-related traits with a polymorphism in the serotonin transporter gene regulatory region. *Science, 274,* 1527-1531.

Levenson, R. W., & Ruef, A. M. (1992). Empathy: A physiological substrate. *Journal of Personality and Social Psychology, 63,* 234-246.

Levine, D. S., & Leven, S. J. (Eds.). (1992). *Motivation, emotion, and goal direction in neural networks.* Hillsdale, NJ: Erlbaum.

Lewin, D. I. (1990). Gene therapy nears starting gate. *Journal of NIH Research, 2,* 36-38.

Lewin, K. (1951a). *Field theory in social science.* New York, NY: Harper.

Lewin, K. (1951b). The nature of field theory. In M. H. Marx (Ed.), *Psychological theory.* New York, NY: Macmillan.

Lewis, D. J., & Duncan, C. P. (1956). Effect of different percentages of money reward on extinction of a lever pulling response. *Journal of Experimental Psychology, 52,* 23-27.

Lewontin, R. C., Rose, S., & Kamin, L. J. (1984). *Not in out genes: Biology, ideology, and human nature.* New York, NY: Penguin Press.

Li, N. P., Bailey, J. M., Kenrick, D. T., & Linsenmeier, J. A. W. (2002). The necessities and luxuries of mate preferences: Testing the tradeoffs. *Journal of Personality and Social Psychology, 82,* 947-955.

Li, T., Xu, K., Deng, H., Cai, G., Liu, J., Liu, X., Wang, R., Xiang, X., Zhao, J., Murray, R. M., Sham, P. C., & Collier, D. A. (1997). Association analysis of the dopamine D4 gene exon III VNTR and herion abuse in Chinese subjects. Molecular Psychiatry, 2, 413-416.

Libby, L. K., Shaeffer, E. M., & Eibach, R. P. (2009). Seeing meaning in action: A bidirectional link between visual perspective and action identification level. *Journal of Experimental Psychology, 4,* 503-516.

Libera, C. D., & Chelazzi, L. (2006). Visual selective attention and the effects of monetary rewards. *Psychological Science, 17,* 222-227.

Libera, C. D., & Cheslazzi, L. (2009). Learning to attend and to ignore is a matter of gains and losses. *Psychological Science, 20,* 778-785.

Lichtenfeld, S., Maier, M. A., Elliot, A. J., & Pekrun, R. (2009). The semantic red effect: Processing the word red undermines intellectual performance. *Journal of Experimental Social Psychology, 45,* 1273-1276.

Lieberman, M. D., Gaunt, R., Gilbert, D. T., & Trope, Y. (2002). Reflection and reflexion: A social cognitive neuroscience approach to attributional inference. In M. Zanna (Ed.), *Advances in experimental social psychology* (pp. 199-249). San Diego, CA: Academic Press.

Liebert, R. M., & Baron, R. A. (1972). Some immediate effects of televised violence on children's behavior. *Developmental Psychology, 6,* 469-475.

Liebert, R. M., & Fernandez, L. E. (1970). Effects of vicarious consequences on imitative performance. *Child Development, 41,* 841-852.

Light, K. C., Smith, T. E., Johns, J. M., Brownley, K. A., Hoftheimer, J. A., & Amico, J. A. (2000). Oxytocin responsivity in mothers of infants: A preliminary study of relationships with blood pressure during laboratory stress and normal ambulatory activity. *Health Psychology, 19,* 560-567.

Lilienfeld, S. O., Wood, J. M., & Garb, H. N. (2000). T he scientific status of projective techniques. *Psychological*

Science in the Public Interest, 1, 27-66.

Linville, P. W. (1987). Self-complexity as a cognitive buffer against stress-related illness and depression. *Journal of Personality and Social Psychology, 52,* 663-676.

Little, B. R. (1989). Personal projects analysis: Trivial pursuits, magnificent obsessions, and the search for coherence. In D. M. Buss & N. Cantor (Eds.), *Personality psychology: Recent trends and emerging directions* (pp. 15-31). New York, NY: Springer-Verlag.

Locke, E. A., & Latham, G. P. (1990). *A theory of goal setting and task performance.* Englewood Cliffs, NJ: Prentice-Hall.

Locurto, C. M., Terrace, H. S., & Gibbon, J. (Eds.). (1980). *Autoshaping and conditioning theory.* New York, NY: Academic Press.

Lodi-Smith, J., Geise, A. C., Roberts, B. W., & Robins, R. W. (2009). Narrating personality change. *Journal of Personality and Social Psychology, 96,* 679-689.

Loehlin, J. C. (1992). *Genes and environment in personality development.* Newbury Park, CA: Sage.

Loehlin, J. C., & Nichols, R. C. (1976). *Heredity, environment, and personality.* Austin, TX: University of Texas Press.

Loehlin, J. C., Willerman, L., & Horn, J. M. (1985). Personality resemblances in adoptive families when the children are late-adolescent or adult. *Journal of Personality and Social Psychology, 48,* 376-392.

Louro, M. J., Peiters, R., & Zeelenberg, M. (2007). Dynamics of multiple-goal pursuit. *Journal of Personality and Social Psychology, 93,* 174-193.

Lovejoy, C. M., & Durik, A. M. (2010). Self-handicapping: The interplay between self-set and assigned achievement goals. *Motivation and Emotion, 34,* 242-252.

Lowell, E. L. (1952). The effect of need for achievement on learning and speed of performance. *Journal of Psychology, 33,* 31-40.

Lucas, R. E., & Diener, E. (2001). Understanding extraverts' enjoyment of social situations: The importance of pleasantness. *Journal of Personality and Social Psychology, 81,* 343-356.

Lucas, R. E., Diener, E., Grob, A., Suh, E. M., & Shao, L. (2000). Cross-cultural evidence for the fundamental features of extraversion. *Journal of Personality and Social Psychology, 79,* 452-468.

Lumsden, C., & Wilson, E. O. (1981). *Genes, mind, and culture.* Cambridge, MA: Harvard University Press.

Lundy, A. C. (1985). The reliability of the Thematic Apperception Test. *Journal of Personality Assessment, 49,* 141-145.

Lütkenhaus, P., Grossmann, K. E., & Grossmann, K. (1985). Infant-mother attachment at twelve months and style of interaction with a stranger at the age of three years. *Child Development, 56,* 1538-1542.

Lykken, D. T., & Tellegen, A. (1993). Is human mating adventitious or the result of lawful choice? A twin study of mate selection. *Journal of Personality and Social Psychology, 65,* 56-68.

Lynam, D. R., Leukefeld, C., & Clayton, R. R. (2003). The contribution of personality to the overlap between antisocial behavior and substance use/misuse. *Aggressive Behavior, 29,* 316-331.

Lynn, R. (2001). *Eugenics: A reassessment.* Westport, CT: Praeger.

MacKay, D. M. (1963). Mindlike behavior in artefacts. In K. M. Sayre & F. J. Crosson (Eds.), *The modeling of mind: Computers and intelligence.* Notre Dame, IN: University of Notre Dame Press.

MacKay, D. M. (1966). Cerebral organization and the conscious control of action. In J. C. Eccles (Ed.), *Brain and conscious experience.* Berlin, Germany: Springer-Verlag.

Macrae, C. N., & Bodenhausen, G. V. (2000). Social cognition: Thinking categorically. *Annual Review of Psychology, 51,* 93-120.

Macrae, C. N., Milne, A. B., & Bodenhausen, G. V. (1994). Stereotypes as energy-saving devices: A peek inside the cognitive toolbox. *Journal of Personality and Social Psychology, 66,* 37-47.

Magee, J. C., & Langner, C. A. (2008). How personalized and socialized power motivation facilitate antisocial and prosocial decision-making. *Journal of Research in Personality, 42,* 1547-1559.

Magnus, K., Diener, E., Fujita, F., & Pavot, W. (1993). Extraversion and neuroticism as predictors of objective life events: A longitudinal analysis. *Journal of Personality and Social Psychology, 65,* 1046-1053.

Magnusson, D., & Endler, N. S. (Eds.). (1977). *Personality at the crossroads: Current issues in interactional psychology.* Hillsdale, NJ: Erlbaum.

Mahler, M. S. (1968). *On human symbiosis and the vicissitudes of individuation: Infants psychosis.* New York, NY: International Universities Press.

Mahler, M. S., Pine, F., & Bergman, A. (1975). *The psychological birth of the human infant: Symbiosis and individuation.* New York, NY: Basic Books.

Mahoney, M. J. (1977). Some applied issues in self-monitoring. In J. D. Cone & R. P. Hawkins (Eds.), *Behavioral assessment: New directions in clinical psychology.* New York, NY:

Brunner/Mazel.

Main, M., & Cassidy, J. (1988). Categories of response to reunion with the parent at age 6: Predictable from infant attachment classifications and stable over a 1-month period. *Developmental Psychology, 24,* 415-426.

Main, M., Kaplan, N., & Cassidy, J. (1985). Security in infancy, childhood, and adulthood: A move to the level of representation. In I. Bretherton & E. Waters (Eds.), *Growing points of attachment theory and research. Monographs of Society for Research in Child Development 50* (1-2, Serial No. 209), 66-104.

Maio, G. R., Pakizeh, A., Cheung, W. Y., & Rees, K. J. (2009). Changing, priming, and acting on values: Effects via motivational relations in a circular model. *Journal of Personality and Social Psychology, 97,* 699-715.

Major, B., Cozzarelli, C., Sciacchitano, A. M., Cooper, M. L., Testa, M., & Mueller, P. M. (1990). Perceived social support, self-efficacy, and adjustment to abortion. *Journal of Personality and Social Psychology, 59,* 452-463.

Major, B., Richards, C., Cooper, M. L., Cozzarelli, C., & Zubek, J. (1998). Personal resilience, cognitive appraisals, and coping: An integrative model of adjustment to abortion. *Journal of Personality and Social Psychology, 74,* 735-752.

Malec, J., Park, T., & Watkins, J. T. (1976). Modeling with role playing as a treatment for test anxiety. *Journal of Consulting and Clinical Psychology, 44,* 679.

Maner, J. K., DeWall, C. N., & Gailliot, M. T. (2008). Selective attention to signs of success: Social dominance and early stage interpersonal perception. *Personality and Social Psychology Bulletin, 34,* 488-501.

Mansfield, E. D., & McAdams, D. P. (1996). Generativity and themes of agency and communion in adult autobiolgraphy. *Personality and Social Psychology Bulletin, 22,* 721-731.

Manuck, S. B., Flory, J. D., Ferrell, R. E., Mann, J. J., & Muldoon, M. F. (2000). A regulatory polymerphism of the monoamine oxidase-A gene may be associated with variability in aggression, implusivity, and central nervous system serotonergic responsivity. *Psychology Research, 95,* 9-23.

Manuck, S. B., Flory, J. D., McCaffery, J. M., Matthews, K. A., Mann, J. J., & Muldoon, M. F. (1998). Aggression, impulsivity, and central nervous system serotonergic responsivity in a nonpatient sample. *Neuropsychopharmacology, 19,* 287-299.

Manuck, S. B., Flory, J. D., Muldoon, M. F., & Ferrell, R. E. (2003). A neurobiology of intertemporal choice. In G. Loewenstein, D. Read, & R. F. Baumeister (Eds.), *Time and decision: Economic and psychological perspectives on intertemporal choice* (pp. 139-172). New York, NY: Russell Sage Foundation.

Marangoni, C., Garcia, S., Ickes, W., & Teng, G. (1995). Empathic accuracy in a clinically relevant setting. *Journal of Personality and Social Psychology, 68,* 854-869.

Markey, C. N., Markey, P. M., & Tinsley, B. J. (2003). Personality, puberty, and preadolescent girls' risky behaviors: Examining the predictive value of the five-factor model of personality. *Journal of Research in Personality, 37,* 405-419.

Markon, K. E., Krueger, R. F., & Watson, D. (2005). Delineating the structure of normal and abnormal personality: An integrative hierarchical approach. *Journal of Personality and Social Psychology, 88,* 139-157.

Markus, H. (1977). Self-schemata and processing information about the self. *Journal of Personality and Social Psychology, 35,* 63-78.

Markus, H., & Sentis, K. (1982). The self and social information peocessing. In J. Suls (Ed.), *Psychological perspectives on the self* (Vol. 1, pp. 41-70). Hillsdale, NJ: Erlbaum.

Markus, H., & Wurf, E. (1987). The dynamic self-concept: A social psychological perspective. *Annual Review of Psychology, 38,* 299-337.

Martin, L. L., & Tesser, A. (1996). Some rnminative thoughts. In R. S. Wyer, Jr. (Ed.), *Advances in social cognition* (Vol. 9, pp. 1-47). Mahwah, NJ: Erlbaum.

Martin, L. R., Friedman, H. S., & Schwartz, J. F. (2007). Personality and mortality risk across the life span: The importance of conscienctiousness as a biopsychosocial attribute. *Health Psychology, 26,* 428-436.

Masling, J. M., & Bornstein, R. F. (Eds.). (1994). *Empirical perspectives on object relations theory.* Washington, DC: American Psychological Association.

Masling, J. M., Johnson, C., & Saturansky, C. (1974). Oral imagery, accuracy of perceiving others, and performance in Peace Corps training. *Journal of Personality and Social Psychology, 30,* 414-419.

Masling, J. M., O'Neill, R., & Jayne, C. (1981). Orality and latency of volunteering to serve as experimental subjects. *Journal of Personality Assessment, 45,* 20-22.

Masling, J. M., O'Neill, R., & Katkin, E. S. (1982). Autonomic arousal, interpersonal climate, and orality. *Journal of Personality and Social Psychology, 42,* 529-534.

Masling, J. M., Price, J., Goldband, S., & Katkin, E. S. (1981). Oral imagery and autonomic arousal in social isolation. *Journal of Personality and Social Psychology, 40,* 395-400.

Masling, J. M., Rabie, L., & Blondheim, S. H. (1967). Obesity, level of aspiration, and Rorschach and TAT measures of oral dependence. *Journal of Consulting Psychology, 31,* 233-239.

Masling, J. M., Weiss, L., & Rothschild, B. (1968). Relationships of oral imagery to yielding behavior and birth order. *Journal of Consulting and Clinical Psychology, 32,* 38-81.

Maslow, A. H. (1955). Deficiency motivation and growth motivation. In M. R. Jones (Ed.), *Nebraska symposium on motivation*. Licoln, NE: University of Nebraska Press.

Maslow, A. H. (1962). *Toward a psychology of being*. Princeton, NJ: Van Nostrand.

Maslow, A. H. (1968). *Toward a psychology of being*. (2nd ed.). New York, NY: Van Nostrand.

Maslow, A. H. (1970). Motivation and personality (Rev. ed.). New York, NY: Harper & Row.

Maslow, A. H. (1971). *The farther reaches of human nature*. New York, NY: Viking.

Maslow, A. H. (1979). *The journals of A. H. Maslow* (R. J. Lowry, Ed., 2 vols.). Monterey, CA: Brooks/Cole.

Mason, A., & Blankenship, V. (1987). Power and affiliation motivation, stress, and abuse in intimate relationships. *Journal of Personality and Social Psychology, 52,* 203-210.

Matas, L., Arend, R. A., & Sroufe, L. A. (19780. Continuity of adaptation in the second year: The relationship between quality of attachment and later competence. *Child Development, 49,* 547-556.

Matthews, K. A., Batson, C. D., Horn, J., & Rosenman, R. (1981). "Principles in his nature which interest him in the fortune of others…": The heritability of empathic concern for others. *Journal of Personality, 49,* 237-247.

Matthews, K. A., & Gallo, L. C. (2011). Psychological perspectives on pathways linking socioeconomic status to physical health. *Annual Review of Psychology, 62,* 501-530.

Matthews, K. A., Owens, J. F., Kuller, L. H., Sutton-Tyrrell, K., & Jansen-McWilliams, L. (1998). Are hostility and anxiety associated with carotid atherosclerosis in healthy postmenopaussal women? *Psychosomatic Medicine, 60,* 633-638.

Matthiesen, A-S., Ransjö-Arvidson, A-B., Nissen, E., & Uvnä-Moberg, K. (2001). Postpartum maternal oxytocin release by newborns: Effects of infant hand massage and sucking. *Birth, 28.* 13-19.

May, R. (1953). *Man's search for himself.* New York, NY: Norton.

May, R. (1958). The origins and significance of the existential movement in psychology. In R. May, E. Angel, & H. F. Ellenberger (Eds.), *Existence: A new dimension in psychiatry and psychology*. New York, NY: Basic Books.

May, R. (Ed.). (1969). *Existential psychology* (2nd ed.). New York, NY: Random House.

Mazur, A. (1985). A biosocial model of status in face-to-face primate groups. *Social Forces, 64,* 377-402.

Mazur, A., & Booth, A. (1998). Testosterone and dominance in men. Behavior and Brain Sciences, 21, 353-397.

Mazur, A., Booth, A., & Dabbs, J. M., Jr. (1992). Testosterone and chess competition. *Social Psychology Quarterly, 55,* 70-77.

McAdams, D. P. (1982). Experiences of intimacy and power: Relationships between social motives and autobiographical memory. *Journal of Personality and Social Psychology, 42,* 292-302.

McAdams, D. P. (1984). Human motives and personal relationships. In V. J. Derlaga (Ed.), *Communication, intimacy, and close relationships*. New York, NY: Academic Press.

McAdams, D. P. (1985). *Power, intimacy, and the life story: Personological inquiries into identity*. New York, NY: Guilford Press.

McAdams, D. P. (1989). *Intimacy: The need to be close*. New York, NY: Doubleday.

McAdams, D. P. (1992). The five-factor model in personality: A critical appraisal. *Journal of Personality, 60,* 329-361.

McAdams, D. P. (1993). *The stories we live by: Personal myths and the making of the self.* New York, NY: Morrow.

McAdams, D. P. (2001). The psychology of life stories. *Review of General Psychology, 5,* 100-122.

McAdams, D. P. (2006). *The redemptive self: Stories Americans live by*. New York, NY: Oxford University Press.

McAdams, D. P., Anyidoho, N. A., Brown, C., Huang, Y. T., Kaplan, B., & Machado, M. A. (2004). Traits and stories: Links between dispositional and narrative features of personality. *Journal of Personality, 72,* 761-784.

McAdams, D. P., & Bryant, F. B. (1987). Intimacy motivation and subjective mental health in a nationwide sample. *Journal of Personality, 55,* 359-413.

McAdams, D. P., & Constantian, C. A. (1983). Intimacy and affiliation motives in daily living: An experience sampling analysis. *Journal of Personality and Social Psychology, 45,* 851-861.

McAdams, D. P., & de St. Aubin, E. (1992). A theory of generativity and its assessment through self-report, behavioral acts, and narrative themes in autobiography. *Journal of Personality and Social Psychology, 62,* 1003-1015.

McAdams, D. P., Diamond, A., de St. Aubin, E., & Mansfield, E. (1997). Stories of commitment: The psychosocial construction of generative lives. *Journal of Personality and Social Psychology, 72,* 678-694.

McAdams, D. P., Healy, S., & Krause, S. (1984). Social motives and patterns of friendship. *Journal of Personality and Social*

Psychology, 47, 828–838.

McAdams, D. P., Jackson, R. J., & Kirshnit, C. (1984). Looking, laughing, and smiling in dyads as a function of intimacy motivation and reciprocity. *Journal of Personality, 52,* 261–273.

McAdams, D. P., & Olson, B. D. (2010). Personality development: Continuity and change over the life course. *Annual Review of Psychology, 61,* 517–542.

McAdams, D. P., & Pals, J. L. (2006). A new big five: Fundamental principles for an integrative science of personality. *American Psychologist, 3,* 204–217.

McAdams, D. P., & Powers, J. (1981). Themes of intimacy in behavior and thought. *Journal of Personality and Social Psychology, 40,* 573–587.

McAdams, D. P., Reyolds, J., Lewis, M., Patten, A. H., & Bowman, P. J. (2001). When bad things turn good and good things turn bad: Sequences of redemption and contamination in life narrative and their relation to psychosocial adaptation in midlife adults and in students. *Personality and Social Psychology Bulletin, 27,* 474–485.

McAdams, D. P., & Vaillant, G. E. (1982). Intimacy motivation and psychosocial adjustment: A longitudinal study. *Journal of Personality Assessment, 46,* 586–593.

McAdams, D. P., & Walden, K. (2010). Jack Block, the Fig Five, and personality from the standpoints of actor, agent, and author. *Psychological Inquiry, 21,* 50–56.

McArthur, L. Z. (1981). The role of attention in impression formation and causal attribution. In E. T. Higgins, C. P. Herman, & M. P. Zanna (Eds.), *Social cognition: The Ontario Symposium* (Vol. 1). Hillsdale, NJ: Erlbaum.

McClelland, D. C. (1961). *The achieving society.* Princeton, NJ: Van Nostrand.

McClelland, D. C. (1965). Toward a theory of motive acquisition. *American Psychologist, 20,* 321–333.

McClelland, D. C. (1979). Inhibited power motivation and high blood pressure in men. *Journal of Abnormal Psychology, 88,* 182–190.

McClelland, D. C. (1984). *Human motivation.* Glenview, IL: Scott, Foresman.

McClelland, D. C. (1985). How motives, skills, and values determine what people do. *American Psychologist, 40,* 812–825.

McClelland, D. C. (1989). Motivation factors in health and disease. *American Psychologist, 44,* 675–683.

McClelland, D. C., Atkinson, J. W., Clark, R. A., & Lowell, E. L. (1953). *The achievement motive.* New York, NY: Appleton-Century-Crofts.

McClelland, D. C., & Boyatzis, R. E. (1982). Leadership motive pattern and log-term success in management. *Journal of Applied Psychology, 67,* 737–743.

McClelland, D. C., Davis, W. N., Kalin, R., & Wanner, E. (Eds.). (1972). *The drinking man.* New York, NY: Free Press.

McClelland, D. C., Koestner, R., & Weinberger, J. (1989). How do self-attributed and implicit motives differ? *Psychological Review, 96,* 690–702.

McClelland, D. C., & Winter, D. G. (1969). *Motivating economic achievement.* New York, NY: Free Press.

McClelland, J. L. (1999). Cognitive modeling, connectionist. In R. W. Wilson & F. C. Keil (Eds.), *The MIT encyclopedia of the cognitive sciences* (pp. 137–139). Cambridge, MA: MIT Press.

McClelland, J. L., Rumelhart, D. E., & PDP Research Group (Eds.). (1986). *Parallel distributed processing: Exploration in the mircrostructure of cognition: Vol. 2. Psychological and biological models.* Cambridge, MA: MIT Press.

McCrae, R. R. (1993). Moderate analyses of longitudinal personality stability. *Journal of Personality and Social Psychology, 65,* 577–585.

McCrae, R. R. (1996). Social consequences of experimential openness. *Psychological Bulletin, 120,* 323–337.

McCrae, R. R. (2010). The place of the FFM in personality psychology. *Psychological Inquiry, 21,* 57–64.

McCrae, R. R., & Costa, P. T., Jr. (1987). Validation of the five-factor model of personality across instruments and observers. *Journal of Personality and Social Psychology, 52,* 82–90.

McCrae, R. R., & Costa, P. T., Jr. (1989). The structure of interpersonal traits: Wiggins's circumplex and the five-factor model. *Journal of Personality and Social Psychology, 56,* 586–595.

McCrae, R. R., & Costa, P. T., Jr. (1997). Personality traits structure as a human universal. *American Psychologist, 52,* 509–516.

McCrae, R. R., & Costa, P. T., Jr. (2003). *Personality in adulthood: A five-factor theory perspective* (2nd ed.). New York, NY: Guilford Press.

McCrae, R. R., Costa, P. T., Jr., Martin, T. A., Oryol, V. E., Senin, I. G., & O'Cleirigh, C. (2007). Personality correlates of HIV stigmatization in Russia and the United States. *Journal of Research in Personality, 41,* 190–196.

McCrae, R. R., & John, O. P. (1992). An introduction to the five-factor model and its implications. *Journal of Personality, 60,* 175–215.

McCrae, R. R., Terracciano, A., et al. (2005). Universal features of personality traits from the observer' s perspective: Data from 50 cultures. *Journal of Personality and Social Psychology, 88,* 547–561.

McCrae, R. R., Zonderman, A. B., Costa, P. J., Jr., Bond, N. H., & Paunonen, S. V. (1996). Evaluating replicability of factors in the Revised NEO Personality Inventory: Confirmatory factor analysis versus procrustes rotation. *Journal of Personality and Social Psychology, 70,* 552-566.

McCullough, M. E. (2008). *Beyond revenge: The volution of the forgiveness instinct.* San Francisco, CA: Jossey-Bass.

McCullough, M. E., Emmons, R. A., Kilpatrick, S. D., & Mooney, C. N. (2003). Narcissists as "victims": The role of narcissism in the perception of transgressions. *Personality and Social Psychology Bulletin, 29,* 885-893.

McCullough, M. E., & Hoyt, W. T. (2002). Transgression-related motivational dispositions: Personality substrates of forgiveness and their links to the big five. *Personality and Social Psychology Bulletin, 28,* 1556-1573.

McCullough, M. E., Tsang, J., & Brion, S. (2003). Personality traits in adolescence as predictors of religiousness in early adulthood: Findings from the Terman longitudinal study. *Personality and Social Psychology Bulletin, 29,* 980-991.

McFall, R., & Twentyman, C. T. (1973). Four experiments on relative contributions of rehearsal, modeling and coaching to assertion training. *Journal of Abnormal Psychology, 81,* 199-218.

McGregor, H. A., & Elliot, A. J. (2005). The shame of failure: Examining the link between fear of failure and shame. *Personality and Social Psychology Bulletin, 31,* 218-231.

McGregor, I., Zanna, M. P., Holmes, J. G., & Spencer, S. J. (2001). Compensatory conviction in the face of personal uncertainty: Going to extremes and being oneself. *Journal of Personality and Social Psychology, 80,* 472-488.

McGue, M., & Lykken, D. T. (1992). Genetic influence on risk of divorce. *Psychological Science, 3,* 368-373.

McGuffin, P., Rijsdijk, F., Andrew, M., Sham, P., Katz, R., & Cardon, A. (2003). The heritability of bipolar affective disorder and the genetic relationships to unipolar depression. *Archives of General Psychiatry, 60,* 497-502.

McGuire, W. J., & McGuire, C. V. (1986). Differences in conceptualizing self versus conceptualizing other people as manifested in contrasting verb types used in natural speech. *Journal of Personality and Social Psychology, 51,* 1135-1143.

Medin, D. L. (1989). Concepts and conceptual structure. *American Psychologist, 44,* 1469-1481.

Meehl, P. E. (1962). Schizotaxia, schizotypy, schizophrenia. *American Psychologist, 17,* 827-838.

Meehl, P. E. (1992). Factors and taxa, traits and types, differences of degree and differences in kind. *Journal of Personality, 60,* 117-174.

Megargee, E. I. (1966). Undercontrolled and overcontrolled personality types in extreme antisocial aggression. In E. I. Megargee & J. E. Moranson (Eds.), *Psychological Monographs.* New York, NY: Harper & Row.

Megargee, E. I. (1971). The role of inhibition in the assessment and understanding of violence. In J. L. Singer (Ed.), *The control of aggression and violence.* New York, NY: Academic Press.

Megargee, E. I., Cook, P. E., & Mendelsohn, G. A. (1967). Development and evaluation of an MMPI scale of assaultiveness in overcontrolled individuals. *Journal of Abnormal Psychology, 72,* 519-528.

Meichenbaum, D. (1971). Examination of model characteristics in reducing avoidance behavior. *Journal of Personality and Social Psychology, 17,* 298-307.

Meichenbaum, D. (1977). *Cognitive-behavior modification: An integrative approach.* New York, NY: Plenum Press.

Meier, B. P., & Robinson, M. D. (2004). Does quick to blame mean quick to anger? The role of agreeableness in dissociating blame and anger. *Personality and Social Psychology Bulletin, 30,* 856-867.

Meier, B. P., Robinson, M. D., & Wilkowski, B. M. (2006). Turning the other cheek: Agreeableness and the regulation of aggression-related primes. *Psychological Science, 17,* 136-142.

Melamed, B. G., & Siegel, L. J. (1975). Reduction of anxiety in children facing hospitalization and surgery by use filmed modeling. *Journal of Consulting and Clinical Psychology, 43,* 511-521.

Melamed, B. G., Weinstein, D., Hawes, R., & Katin-Borland, M. (1975). Reduction of fear-related dental management problems using filmed modeling. *Journal of the American Dental Association, 90,* 822-826.

Meltzoff, A. N. (1985). Immediate and deferred imitation in fourteen- and twenty-four-month-old infants. *Child Development, 56,* 62-72.

Mendoza-Denton, R., Ayduk, O., Mischel, W., Shoda, Y., & Testa, A. (2001). Person x situation interactionism in self-encoding (I am... when...): Implications for affect regulation and social information processing. *Journal of Personality and Social Psychology, 80,* 533-544.

Merluzzi, T. V., Glass, C. R., & Genest, M. (Eds.). (1981). *Cognitive assessment.* New York, NY: Guilford Press.

Merluzzi, T. V., Rudy, T. E., & Glass, C. R. (1981). The information-processing paradigm: Implications for clinical science. In T. V. Merluzzi, C. R., Glass, & M. Genest (Eds.),

Cognitive assessment. New York, NY: Guilford Press.

Mershon, B., & Gorsuch, R. L. (1988). Number of factors in the personality sphere: Does increase in factors increase predictability of real-life criteria? *Journal of Personality and Social Psychology, 55,* 675-680.

Metcalfe, J., & Mischel, W. (1999). A hot/cool-system analysis of delay of gratification: Dynamics of willpower. *Psychological Review, 106,* 3-19.

Meyer, J. P., & Pepper, S. (1977). Need compatibility and marital adjustment in young married couples. *Journal of Personality and Social Psychology, 35,* 331-342.

Mickelson, K. D., Kessler, R. C., & Shaver, P. R. (1997). Adult attachment in a nationally representative sample. *Journal of Personality and Social Psychology, 73,* 1092-1106.

Mikulincer, M. (1998). Adult attachment style and individual differences in functional versus dysfunctional experiences of anger. *Journal of Personality and Social Psychology, 74,* 513-524.

Mikulincer, M., Florian, V., & Hirschberger, G. (2003). The existential function of close relationships: Introducing death into the science of love. *Personality and Social Psychology Review, 7,* 20-40.

Mikulincer, M., Florian, V., & Weller, A. (1993). Attachment styles, coping strategies, and posttraumatic psychological distress: The impact of the GulfWar in Israel. *Journal of Personality and Social Psychology, 64,* 817-826.

Mikulincer, M., & Goodman, G. S. (2006). *Dynamics of romantic love: Attachment, caregiving, and sex*. New York, NY: Guilford Press.

Mikulincer, M., Hirschberger, G, Nachmias, O., & Gillath, O. (2001). The affective component of the secure base schema: Affective priming with representations of attachment security. *Journal of Personality and Social Psychology, 81,* 305-321.

Mikulincer, M., & Horesh, N. (1999). Adult attachment style and the perception of others: The role of projective mechanisms. *Journal of Personality and Social Psychology, 76*, 1022-1034.

Mikulincer, M., & Nachshon, O. (1991). Attachment styles and patterns of self-disclosure. *Journal of Personality and Social Psychology, 61,* 321-331.

Mikulincer, M., & Shaver, P. R. (2001). Attachment theory and intergroup bias: Evidence that priming the secure base schema attenuates negative reactions to out-groups. *Journal of Personality and Social Psychology, 81,* 97-115.

Mikulincer, M., & Shaver, P. R. (2005). Attachment security, compassion, and altruism. *Current Directions in Psychological Science, 14,* 34-38.

Mikulincer, M., & Shaver, P. R. (2007). *Attachment in adulthood: Structure, dynamics, and change*. New York, NY: Guilford Press.

Mikulincer, M., Shaver, P. R., Gillath, O., & Nitzberg, R. A. (2005). Attachment, caregiving, and altrusim: Boosting attachment security increases compassion and helping. *Journal of Personality and Social Psychology, 89,* 817-839.

Miller, G. (2010). The seductive allure of behavioral epigenetics. *Science, 329,* 24-27.Miller, G. A., Galanter, E., & Pribram, K. H. (1960). *Plans and the structure of behavior*. New York, NY: Holt, Rinehart, & Winston.

Miller, J. D., Lynam, D., & Leukefeld, C. (2003). Examining antisocial behavior through the lens of the five factor model of personality. *Aggressive Behavior, 29,* 497-514.

Miller, L. C., Putcha-Bhagavatula, A., & Pedersen, W. C. (2002). Men' s and women' s mating preferences: Distinct evolutionary mechanisms? *Current Directions in Psychological Science, 11,* 88-93.

Miller, N. E., & Dollard, J. (1941). *Social learning and imitation*. New Haven, CT: Yale University Press.

Miller, N., Pedersen, W. C., Earleywine, M., & Pollock, V. E. (2003). A theoretical model of triggered displaced aggression. *Personality and Social Psychology Review, 7,* 75-97.

Miller, R. S. (1987). Empathic embarrassment: Situational and personal determinants of reactions to the embarrassment of another. *Journal of Personality and Social Psychology, 53,* 1061-1069.

Miller, S., Saccuzzo, D., & Braff, D. (1979). Information-processing deficits in remitted schizophrenics. *Journal of Abnormal Psychology, 88,* 446-449.

Mineka, S., & Zinbarg, R. (2006). A contemporary learning theory perspective on the etiology of anxiety disorders. *American Psychologist, 61,* 10-26.

Mischel, W. (1961). Delay of gratification, need for achievement, and acquiescence in another culture. *Journal of Abnormal and Social Psychology, 62,* 543-552.

Mischel, W. (1966). Theory and research on the antecedents of self-imposed delay of reward. In B. A. Maher (Ed.), *Progress in experimental personality research* (Vol. 3). New York, NY: Academic Press.

Mischel, W. (1968). *Personality and assessment*. New York, NY: Wiley.

Mischel, W. (1973). Toward a cognitive social learning reconceptualization of personality. *Psychological Review, 80,* 252-283.

Mischel, W. (1974). Processes in delay of gratification. In L. Berkowitz (Ed.), *Advances in experimental social psychology* (Vol. 7). New York, NY: Academic Press.

Mischel, W. (1977). The interaction of person and situation. In D. Magnusson & N. S. Endler (Eds.), *Personality at the crossroads: Current issues in interactional psychology*. Hillsdale, NJ: Erlbaum.

Mischel, W. (1979). On the interface of cognition and personality: Beyond the person-situation debate. *American Psychologist, 34,* 740-754.

Mischel, W. (1990). Personality dispositions revisited and revised: A view after three decades. In L. A. Pervin (Ed.), *Handbook of personality: Theory and research* (pp. 111-134). New York, NY: Guilford Press.

Mischel, W., & Baker, N. (1975). Cognitive transformations of reward objects through instructions. *Journal of Personality and Social Psychology, 31,* 254-261.

Mischel, W., & Ebbesen, E. (1970). Attention in delay of gratification. *Journal of Personality and Social Psychology, 16,* 329-337.

Mischel, W., Ebbesen, E., & Zeiss, A. (1973). Selective attention to the self: Situational and dispositional determinants. *Journal of Personality and Social Psychology, 27,* 129-142.

Mischel, W., & Liebert, R. M. (1966). Effects of discrepancies between observed and imposed reward criteria on their acquisition and transmission. *Journal of Personality and Social Psychology, 3,* 45-53.

Mischel, W., & Shoda, Y. (1995). A cognitive-affective system theory of personality: Reconceptualizing situations, dispositions, and invariance in personality structure. *Psychological Review, 102,* 246-268.

Mischel, W., Shoda, Y., & Mendoza-Denton, R. (2002). Situation-behavior profiles as a locus of consistency in personality. *Current Directions in Psychological Science, 11,* 50-54.

Moffitt, T. E. (2005a). Genetic and environmental influences on antisocial behaviours: Evidence from behavioral-genetic research. *Advances in Genetics, 55,* 41-104.

Moffitt, T. E. (2005b). The new look of behavioral genetics in developmental psychopathology: Gene-environment interplay in antisocial behaviors. *Psychological Bulletin, 131,* 533-554.

Moffitt, T. E., Caspi, A., & Rutter, M. (2006). Measured gene-environment interactions in psychopathology: Concepts, research strategies, and implications for research, intervention, and public understanding of genetics. *Perspectives on Psychological Science, 1,* 5-27.

Molenaar, P. C. M., & Campbell, C. G. (2009). The new person-specific paradigm in psychology. *Current Directions in Psychological Science, 18,* 112-116.

Moller, A. C., Elliot, A. J., & Maier, M. A. (2009). Basic hue-meaning associations. *Emotion, 9,* 898-902.

Monson, T., Hesley, J., & Chernick, L. (1982). Specifying when personality traits can and cannot predict behavior: An alternative to abandoning the attempt to predict single-act criteria. *Journal of Personality and Social Psychology, 43,* 385-399.

Moore, B., Mischel, W., & Zeiss, A. (1976). Comparative effects of the reward stimulus and its cognitive representation in voluntary delay. *Journal of Personality and Social Psychology, 34,* 419-424.

Moors, A., & De Hower, J. (2006). Automaticity: A theoretical and conceptual analysis. *Psychological Bulletin, 132,* 297-326.

Morf, C. C., & Rhodewalt, F. (1993). Narcissism and self-evaluation maintenance: Explorations in object relations. *Personality and Social Psychology Bulletin, 19,* 668-676.

Morgan, C. D., & Murray, H. A. (1935). A method for investigating fantasies. *Archives of Neurology and Psychiatry, 34,* 289-306.

Morilak, D. A., Barrera, G., Echevarria, D. J., Garcia, A. S., Hernanadez, A., Ma, S., & Petre, C. O. (2005). Role of brain norepinephrine in the behavioral response to stress. *Biological Psychiatry, 29,* 1214-1224.

Morrison, K. R., Wheeler, S. C., & Smeesters, D. (2007). Significant other primes and behavior: Motivation to respond to social cues moderates pursuit of prime-induced goals. *Personality and Social Psychology Bulletin, 33,* 1661-1674.

Morrone, J. V., Depue, R. A., Scherer, A. J., & White, T. L. (2000). Film-induced incentive motivation and positive activation in relation to agentic and affiliative components of extraversion. *Personality and Individual Differences, 29,* 199-216.

Moskowitz, D. S. (1994). Cross-situational generality and the interpersonal circumplex. *Journal of Personality and Social Psychology, 66,* 921-933.

Moskowitz, G. B. (1993). Individual differences in social categorization: The influence of personal need for structure on spontaneous trait inferences. *Journal of Personality and Social Psychology, 65,* 132-142.

Motley, M. T. (1985). Slips of the tongue. *Scientific American, 253,* 116-127.

Mowrer, R. R., & Klein, S. B. (Eds.). (2001). *Handbook of contemporary learning theories*. Mahwah, NJ: Erlbaum.

Mroczek, D. K., & Spiro, A., III. (2007). Personality change influences mortality in older men. *Psychological Science, 18,* 371-376.

Mroczek, D. K., Spiro, A., III., & Turiano, N. A. (2009). Do health behaviors explain the effect of neuroticism on mortality?

Longitudinal findings from the VA normative aging study. *Journal of Research in Personality, 43,* 653-659.

Mueller, C. M., & Dweck, C. S. (1998). Praise for intelligence can undermine children's motivation and performance. *Journal of Personality and Social Psychology, 75,* 33-52.

Muraven, M., & Baumeister, R. F. (2000). Self-regulation and depletion of limited resources: Does self-control resemble a muscle? *Psychological Bulletin, 126,* 247-259.

Murray, H. A. (1938). *Explorations in personality.* New York, NY: Oxford University Press.

Murray, S. L., Holmes, J. G., & Griffin, D. W. (2000). Self-esteem and the quest for felt security: How perceived regard regulates attachment processes. *Journal of Personality and Social Psychology, 78,* 478-498.

Murray, S. L., Holmes, J. G., Griffin, D. W., Bellavia, G., & Rose, P. (2001). The mismeasure of love: How self-doubt contaminates relationship beliefs. *Personality and Social Psychology Bulletin, 27,* 423-436.

Mussweiler, T. (2006). Doing is for thinking! Stereotype activation by stereotypic movements. *Psychological Science, 17,* 17-21.

Nasby, W. (1985). Private self-consciousness, articulation of the self-schema, and the recognition memory of trait adjectives. *Journal of Personality and Social Psychology, 49,* 704-709.

Neimeyer, G. J., & Neimeyer, R. A. (1981). Personal construct perspectives on cognitive assessment. In T. V. Merluzzi, C. R., Glass, & M. Genest (Eds.), *Cognitive assessment.* New York, NY: Guilford Press.

Nell, V. (2002). Why young men drive dangerously: Implications for injury prevention. *Current Directions in Psychological Science, 11,* 75-79.

Nelson, R. O. (1977). Methodological issues in assessment via self-monitoring. In J. D. Cone & R. P. Hawkins (Eds.), *Behavioral assessment: New directions in clinical psychology.* New York, NY: Brunner/Mazel.

Netter, P., Hennig, J., & Rohrmann, S. (1999). Psychological differences between the aggression and psychoticism dimension. *Pharmacopsychiatry, 32,* 5-12.

Neuberg, S. L., & Newsom, J. T. (1993). Personal need for structure: Individual differences in the desire for simple structure. *Journal of Personality and Social Psychology, 65,* 113-131.

Neuringer, A. (2004). Reinforced variability in animals and people: Implications for adaptive action. *American Psychologist, 59,* 891-906.

Newcomb, M. D., & McGee, L. (1991). Influence of sensation seeking on general deviance and specific problem behaviors from adolescence to young adulthood. *Journal of Personality and Social Psychology, 61,* 614-628.

Newell, A., & Simon, H. A. (1972). *Human problem solving.* Englewood Cliffs, NJ: Prentice-Hall.

Newman, J. P., Wallace, J. F., Strauman, T. J., Skolaski, R. L., Oreland, K. M., Mattek, P. W., Elder, K. A., & McNeeley, J. (1993). Effects of motivationally significant stimuli on the regulation of dominant responses. *Journal of Personality and Social Psychology, 65,* 165-175.

Newman, L. S., Duff, K. J., & Baumeister, R. F. (1997). A new look at defensive projection: Thought suppression, accessibility, and biased person perception. *Journal of Personality and Social Psychology, 72,* 980-1001.

Nezu, A. M. (1987). A problem-solving formulation of depression: A literature review and proposal of a pluralistic model. *Clinical Psychology Review, 7,* 121-144.

Niedenthal, P. M., Halberstadt, J. B., & Innes-Ker, A. H. (1999). Emotional response categorization. *Psychological Review, 106,* 337-361.

Niedenthal, P. M., Setterlund, M. B., & Wherry, M. B. (1992). Possible self-complexity and affective reactions to goal-relevant evaluation. *Journal of Personality and Social Psychology, 63,* 5-16.

Nigg, J. T. (2000). On inhibition/disinhibition in developmental psychoapthology: Views from cognitive and personality psychology as a working inhibition taxonomy. *Psychological Bulletin, 126,* 220-246.

Nigg, J. T., John, O. P., Balskey, L. G., Huang-Pollock, C. L., Willcutt, E. G., Hinshaw, S. P., & Pennington, B. (2002). Big five dimensions and ADHD symptoms: Links between personality traits and clinical symptoms. *Journal of Personality and Social Psychology, 83,* 451-469.

Nisbett, R. E., & Cohen, D. (1996). *Culture of honor.* Boulder, CO: Westview Press.

Nisbett, R. E., & Ross, L. (1980). *Human inference: Strategies and shortcomings of social judgment.* Englewood Cliffs, NJ: Prentice-Hall.

Noftle, E. E., & Robins, R. W. (2007). Personality predictors of academic outcomes: Big five correlates of GPA and SAT scores. *Journal of Personality and Social Psychology, 93,* 116-130.

Noftle, E. E., & Shaver, P. R. (2006). Attachment dimensions and the big five personality traits: Associations and comparative ability to predict relationship quality. *Journal of Research in Personality, 40,* 179-208.

Nolen-Hoekseman, S., Morrow, J., & Frederickson, B. L. (1993). Response styles and the duration of episodes of depressed mood. *Journal of Abnormal Psychology, 102,* 20-28.

Nolen-Hoekseman, S., Parker, L., & Larson, J. (1994). Ruminative coping with depressed mood following loss. *Journal of Personality and Social Psychology, 67,* 92-104.

Norman, D. A. (1981). Categorization of action slips. *Psychological Review, 88,* 1-15.

Norman, W. T. (1963). Toward an adequate taxonomy of personality attributes: Replicated factor structure in peer nomination personality ratings. *Journal of Abnormal and Social Psychology, 66,* 574-583.

Nowak, A., Vallacher, R. R., Tesser, A., & Borkowski, W. (2000). Society of self: The emergence of collective properties in self-structure. *Psychological Review, 107,* 39-61.

O'Connor, B. P. (2002). The search for dimensional structure differences between normality and abnormality: A statistical review of published data on personality and psychopathology. *Journal of Personality and Social Psychology, 83,* 962-982.

O'Connor, B. P., & Dyce, J. A. (2001). Rigid and extreme: A geometric representation of personality disorders in five-factor model space. *Journal of Personality and Social Psychology, 81,* 1119-1130.

O'Connor, S. C., & Rosenblood, L. K. (1996). Affiliation motivation in everyday experience: A theoretical comparison. *Journal of Personality and Social Psychology, 70,* 513-522.

O'Donnell, M. C., Fisher, R., Rickard, M., & McConaghy, N. (2000). Emotional suppression: Can it predict cancer outcome in women with suspicious screening mammograms? *Psychological Medicine, 30,* 1079-1088.

O'Leary, K. D., & Becker, W. C. (1967). Behavior modification of an adjustment class: A token reinforcement program. *Exceptional Children, 33,* 637-642.

Oettingen, G., & Kappes, A. (2009). Mental contrasting of the future and reality to master negative feedback. In K. D. Mark, W. M. Kelin, & J. A. Suhr, *Handbook of imagination and mental simulation* (pp. 395-412). New York, NY: Psychology Press.

Oettingen, G., Mayer, D., Sevincer, A. T., Stephens, E. J., Pak, H-j., & Hagenah, M. (2009). Mental contrasting and goal commitment: The mediating role of energization. *Personality and Social Psychology Bulletin, 35,* 608-622.

Ogilvie, D. M. (1987). The undesired self: A neglected variable in personality research. *Journal of Personality and Social Psychology, 52,* 379-385.

Öhman, A., & Mineka, S. (2001). Fears, phobias, and preparedness: Toward an evolved module of fear and fear learning. *Psychological Review, 108,* 483-522.

Oliver, M. B., & Hyde, J. S. (1993). Gender differences in sexuality: A meta-analysis. *Psychological Bulletin, 114,* 29-51.

Olson, J. M., Vernon, P. A., Harris, J. A., & Jang, K. L. (2001). The heritability of attitudes: A study of twins. *Journal of Personality and Social Psychology, 80,* 845-860.

Olsson, A., Nearing, K. I., & Phelps, E. A. (2007). Learning fears by observing others: The neural system of social fear transmission. *Social Cognitive and Affective Neuroscience, 2,* 3-11.

Oreland, L. (2004). Platelet monoamine oxidase, personality and alcoholism: The rise, fall and resurrection. *Neurotoxicology, 25,* 79-89.

Orlofsky, J. L., Marcia, J. E., & Lesser, I. M. (1973). Ego identity states and the intimacy versus isolation crisis of young adulthood. *Journal of Youth and Adolescence, 27,* 211-219.

Orr, S. P., Lasko, N. B., Metzger, L. J., Berry, N. J., Ahern, C. E., & Pitman, R. K. (1998). Psychophysiologic assessment of women with posttraumatic stress disorder resulting from childhood sexual abuse. *Journal of Consulting and Clinical Psychology, 66,* 906-913.

Öst, L. G., Ferebee, I., & Furmark, T. (1997). One-session group therapy of spider phobia: Direct versus indirect treatments. *Behavior Research and Therapy, 35,* 721-732.

Over, H., & Carpenter, M. (2009). Eighteen-month-old infants show increased helping following priming with affiliation. *Psychological Science, 20,* 1189-1193.

Overall, N. C., Fletcher, G. J. O., & Friesen, M. D. (2003). Mapping the intimate relationship mind: Comparisons between three models of attachment representations. *Personality and Social Psychology Bulletin, 29,* 1479-1493.

Overwalle, F. V., & Siebler, F. (2005). A connectionist model of attitude formation and change. *Personality and Social Psychology Review, 9,* 231-274.

Owen, M. J., Williams, N. M., & O'Donovan, M. C. (2004). The molecular genetics of schizophrenia: New findings promise new insights. *Molecular Psychiatry, 9,* 14-27.

Oyserman, D., Bybee, D., & Terry, K. (2006). Possible selves and academic outcomes: How and when possible selves impel action. *Journal of Personality and Social Psychology, 91,* 188-204.

Oyserman, D., Bybee, D., Terry, K., & Hart-Johnson, T. (2004). Possible selves as roadmaps. *Journal of Research in Personality, 38,* 130-149.

Oyserman, D., Terry, K., & Bybee, D. (2002). A possible selves intervention to enhance school involvement. *Journal of Adolescence, 25,* 313-326.

Ozer, D. J. (1986). *Consistency in personality: A methodological framework*. New York, NY: Springer-Verlag.

Ozer, D. J., & Benet-Martínez, V. (2006). Personality and the prediction of consequential outcomes. *Annual Review of Psychology, 57,* 401–421.

Ozer, D. J., & Reise, S. P. (1994). Personality assessment. *Annual Review of Psychology, 45,* 357–388.

Ozer, E. M., & Bandura, A. (1990). Mechanisms governing empowerment effects: A self-efficacy analysis. *Journal of Personality and Social Psychology, 58,* 472–486.

Paaver, M., Eensoo, D., Pulver, A., & Harro, J. (2006). Adaptive and maladaptive impulsivity, platelet monoamine oxidase (MAO) activity and risk-admitting in different types of risky divers. *Psychopharmacology, 186,* 32–40.

Pang, J. S., & Schultheiss, O. C. (2005). Assessing implicit motives in U. S. college students: Effects of picture type and position, gender and ethnicity, and cross-cultural comparisons. *Journal of Personality Assessment, 85,* 280–294.

Panksepp, J. (1998). *Affective neuroscience: The foundations of human and animal emotions*. New York, NY: Oxford University Press.

Panksepp, J., & Cox, J. (1986). An overdue burial for the serotonin theory of anxiety. *Behavioral and Brain Sciences, 9,* 340–341.

Park, J-W., Yoon, S-O., Kim, K-H., & Wyer, R. S., Jr. (2001). Effects of priming a bipolar attribute concept on dimension versus concept-specific accessibility of semantic memory. *Journal of Personality and Social Psychology, 81,* 405–420.

Park, L E., & Crocker, J. (2008). Contingencies of self-worth and responses to negative interpersonal feedback. *Self and Identity, 7,* 184–203.

Parke, R. D. (1969). Effectiveness of punishment as an interaction of intensity, timing, agent nurturance, and cognitive structuring. *Child Development, 40,* 211–235.

Patterson, C. M., & Newman, J. P. (1993). Reflectivity and learning from aversive events: Toward a psychological mechanism for the syndromes of disinhibition. *Psychological Review, 100,* 716–736.

Patton, J. H., Stanford, M. S., & Barratt, E. (1995). Factor structure of the Barratt Impulsiveness Scale. *Journal of Clinical Psychology, 51,* 768–774.

Paul, G. L. (1966). *Insight vs. desensitization in psychotherapy: An experiment in anxiety reduction*. Stanford, CA: Stanford University Press.

Paulhus, D. L. (1998). Interpersonal and intrapsychic adaptiveness of trait self-enhancement: A mixed blessing? *Journal of Personality and Social Psychology, 74,* 1197–1208.

Paulhus, D. L., & Suedfeld, P. (1988). A dynamic complexity model of self-deception. In J. S. Lockard & D. L. Paulhus (Eds.), *Self-deception: An adaptive mechanism?* Englewood Cliffs, NJ: Prentice-Hall.

Paunonen, S. V. (1989). Consensus in personality judgments: Moderating effects of target-rater acquaintanceship and behavior observability. *Journal of Personality and Social Psychology, 56,* 823–833.

Paunonen, S. V. (1998). Hierarchical organization of personality and prediction of behavior. *Journal of Personality and Social Psychology, 74,* 538–556.

Paunonen, S. V., & Ashton, M. C. (2001a). Big Five factors and facets and the prediction of behavior. *Journal of Personality and Social Psychology, 81,* 524–539.

Paunonen, S. V., & Ashton, M. C. (2001b). Big Five predictors of academic achievement. *Journal of Personality and Social Psychology, 35,* 78–90.

Paunonen, S. V., Jackson, D. N., Trzebinski, J., & Forsterling, F. (1992). Personality structure across cultures: A multimethod evaluation. *Journal of Personality and Social Psychology, 62,* 447–456.

Pavlov, I. P. (1927). *Conditioned reflexes*. Oxford, England: Oxford University Press.

Pavlov, I. P. (1955). *Selected works*. New York, NY: Foreign Language.

Payne, B. K. (2005). Conceptualizing control in social cognition: How executive functioning modulates the expression of automatic stereotyping. *Journal of Personality and Social Psychology, 89,* 488–503.

Peabody, D. (1984). Personality dimensions through trait inferences. *Journal of Personality and Social Psychology, 46,* 384–403.

Peabody, D., & De Raad, B. (2002). The substantive nature of psycholexical personality factors: A comparison across languages. *Journal of Personality and Social Psychology, 83,* 983–997.

Peabody, D., & Goldberg, L. R. (1989). Some determinants of factor structures from personality-trait descriptors. *Journal of Personality and Social Psychology, 57,* 552–567.

Pedersen, N. L., Plomin, R., McClearn, G. E., & Friberg, L. (1988). Neuroticism, extraversion, and related traits in adult twins reared apart and reared together. *Journal of Personality and Social Psychology, 55,* 950–957.

Pelham, B. W., Mirenberg, M. C., & Jones, J. T. (2002). Why Susie sells seashells by the seashore: Implicit egotism and major life decisions. *Journal of Personality and Social Psychology, 82,* 469–487.

Pennebaker, J. W. (1989). Confession, inhibition, and disease. In

L. Berkowitz (Ed.), *Advances in experimental social psychology* (Vol. 22, pp. 211-244). San Diego, CA: Academic Press.

Pennebaker, J. W. (1993). Putting stress into words: Health, linguistic, and therapeutic implications. *Behaviour Research and Therapy, 31,* 539-548.

Pennebaker, J. W., & Beall, S. K. (1986). Confronting a traumatic event: Toward an understanding of inhibition and disease. *Journal of Abnormal Psychology, 95,* 274-281.

Pennebaker, J. W., & Chung, C. K. (2007). Expressive writing, emotional upheavals, and health. In J. S. Friedman & R. C. Silver (Eds.), *Foundations of health psychology* (pp. 263-284). New York, NY: Oxford University Press.

Pennebaker, J. W., & Graybeal, A. (2001). Patterns of natural language use: Disclosure, personality, and social integration. *Current Directions in Psychological Science, 10,* 90-93.

Pennebaker, J. W., Kiecolt-Glaser, J. K., & Glaser, R. (1988). Disclosure of traumas and immune function: Health implications for psychotherapy. *Journal of Consulting and Clinical Psychology, 56,* 239-245.

Peplau, L. A., & Perlman, D. (Eds.). (1982). *Loneliness: A sourcebook of current theory, research, and therapy.* New York, NY: Wiley.

Perkins, K. A. (1999). Nicotine self-administration. *Nicotine and Tobacco Research,* 1 (Suppl.), 133-137.

Pervin, L. A. (1983). The stasis and flow of behavior: Toward a theory of goals. In M. M. Page & R. Dienstbier (Eds.), *Nebraska symposium on motivation* (Vol. 31). Lincoln, NE: University of Nebraska Press.

Pervin, L. A. (1985). Personality: Current controversies, issues, and directions. *Annual Review of Psychology, 36,* 83-114.

Pervin, L. A. (Ed.). (1989). *Goal concepts in personality and social psychology.* Hillsdale, NJ: Erlbaum.

Peterson, C. (1995). Explanatory style and health. In G. M. Buchanan & M. E. P. Seligman (Eds.), *Explanatory style* (pp. 233-246). Hillsdale, NJ: Erlbaum.

Petri, H. L., & Mishkin, M. (1994). Behaviorism, cognitivism, and the neuropsychology of memory. *American Scientist, 82,* 30-37.

Petry, N. M., Martin, B., Cooney, J. L., & Kranzler, H. R. (2000). Give them prizes, and they will come: Contingency management for treatment of alcohol dependence. *Journal of Consulting and Clinical Psychology, 68,* 250-257.

Piedmont, R. L., McCrae, R. R., & Costa, P. T., Jr. (1992). An assessment of the Edwards Personal Preference Schedule from the perspective of the five-factor model. *Journal of Personality Assessment, 58,* 67-78.

Pierce, T., & Lydon, J. E. (2001). Global and specific relational models in the experience of social interactions. *Journal of Personality and Social Psychology, 80,* 613-631.

Pietromonaco, P. R., & Barrett, L. F. (1997). Working models of attachment and daily social interactions. Journal of Personality and Social Psychology, 73, 1409-1423.

Pietromonaco, P. R., & Carnelley, K. B. (1994). Gender and working models of attachment: Consequences for perception of self and romantic relationships. *Personal Relationships, 1,* 3-26.

Plaks, J. E., Stroessner, S. J., Dweck, C. S., & Sherman, J. W. (2001). Person theories and attention allocation: Preferences for stereotypic versus counterstereotypic information. *Journal of Personality and Social Psychology, 80,* 876-893.

Plomin, R. (1974). *A temperament theory of personality development: Parent-child interactions.* Unpublished doctoral dissertation, University of Texas at Austin.

Plomin, R. (1981). Ethnological behavioral genetics and development. In K. Immelmann, G. W. Barlow, L. Petrinovich, & M. Main (Eds.), *Behavioral development: The Bielefeld interdisciplinary project.* Cambridge, England: Cambridge University Press.

Plomin, R. (1989). Environment and genes: Determinants of behavior. *American Psychologist, 44,* 105-111.

Plomin, R. (1995). Molecular genetics and psychology. *Current Directions in Psychological Science, 4,* 114-117.

Plomin, R. (1997). *Behavioral genetics.* New York, NY: Freeman.

Plomin, R., & Crabbe, J. (2000). DNA. *Psychological Bulletin, 126,* 806-828.

Plomin, R., & Daniels, D. (1987). Why are children in the same family so different from one another? *Behavioral and Brain Sciences, 10,* 1-60.

Plomin, R., DeFries, J. C., Craig, I. W., & McGuffin, P. (Eds.). (2003). *Behavioral genetics in the postgenomic era.* Washington, DC: American Psychological Association.

Plomin, R., DeFries, J. C., & McClearn, G. E. (1990). *Behavioral genetics: A primer* (2nd ed.). New York, NY: Freeman.

Plomins, R., & Rende, R. (1991). Human behavioral genetics. *Annual Review of Psychology, 42,* 161-190.

Plomin, R., & Rowe, D. C. (1977). A twin study of temperament in young children. *Journal of Psychology, 97,* 107-113.

Plomin, R., Scheier, M. F., Bergeman, C. S., Pedersen, N. L., Nesselroade, J. R., & McClearn, G. E. (1992). Optimism, pessimism, and mental health: A twin/adoption analysis. *Personality and Individual Differences, 13,* 921-930.

Pollak, S., & Gilligan, C. (1982). Images of violence in Thematic Apperception Test stories. *Journal of Personality and Social*

Psychology, 42, 159-167.

Poropat, A. E. (2009). A meta-analysis of the five-factor model of personality and academic performance. *Psychological Bulletin, 135,* 322-338.

Posner, M. I., & DiGirolamo, G. J. (2000). Cognitive neuroscience: Origins and promise. *Psychological Bulletin, 126,* 873-889.

Postman, L. (1951). Toward a general theory of cognition. In J. H. Rohrer & M. Sherif (Eds.), *Social psychology at the crossroads.* New York, NY: Harper.

Powell, R. A., & Boer, D. P. (1994). Did freud mislead patients to confabulate memories of abuse? *Psychological Reports, 74,* 1283-1298.

Powers, M. B., Halpern, J. M., Ferenschak, M. P., Gillihan, S. J., & Foa, E. B. (2010). A meta-analytic review of prolonged exposure for posttraumatic stress disorder. *Clinical Psychology Review, 30,* 635-641.

Powers, S. I., Pietromonaco, P. R., Gunlicks, M., & Sayer, A. (2006). Dating couples' attachment styles and patterns of cortisol reactivity and recovery in response to a relationship conflict. *Journal of Personality and Social Psychology, 90,* 613-628.

Powers, W. T. (1973). *Behavior: The control of perception.* Chicago, IL: Aldine.

Pratt, M. W., Danso, H. A., Arnold, M. L., Norris, J. E., & Filyer, R. (2001). Adult generativity and the socialization of adolescents: Relations to mothers' and fathers' parenting beliefs, styles, and practices. *Journal of Personality, 69,* 89-120.

Pratto, F., & Hegarty, P. (2000). The political psychology of reproductive strategies. *Psychological Science, 11,* 57-62.

Prentice-Dunn, S., & Rogers, R. W. (1982). Effects of public and private self-awareness on deindividuation and aggression. *Journal of Personality and Social Psychology, 43,* 503-513.

Prentice-Dunn, S., & Rogers, R. W. (1989). Deindividuation and the self-regulation of behavior. In P. B. Paulus (Ed.), *Psychology of group influence* (2nd ed., pp. 87-109). Hillsdale, NJ: Erlbaum.

Preston, K. L., Umbricht, A., Wong, C. J., & Epstein, D. H. (2001). Shaping cocaine abstinence by successive approximation. *Journal of Consulting and Clinical Psychology, 69,* 643-654.

Price, M. A., Tennant, C. C., Smith, R. C., Butow, P. N., Kennedy, S. J., Kossoff, M. B., & Dunn, S. M. (2001). The role of psychosocial factors in the development of breast carcinoma: Part I. The cancer-prone personality. *Cancer, 91,* 679-685.

Privette, G., & Landsman, T. (1983). Factor analysis of peak performance: The full use of potential. *Journal of Personality and Social Psychology, 44,* 195-200.

Pronin, E., Steele, C. M., & Ross, L. (2004). Identity bifurcation in response to stereotype threat: Women and mathematics. *Journal of Experimental Social Psychology, 40,* 152-168.

Pryor, J. B., Reeder, G. D., Yeadon, C., & Hesson-McInnis, M. (2004). A dual-process model of reactions to perceived stigma. *Journal of Personality and Social Psychology, 87,* 436-452.

Purpura, D. J., Wilson, S. B., & Lonigon, C. J. (2010). Attention-deficit/hyperactivity disorder symptoms in preschool children: Examining psychometric properties using item response theory. *Psychological Assessment, 22,* 546-558.

Pyszczynski, T., & Greenberg, J. (1985). Depression and preference for self-focusing stimuli after success and failure. *Journal of Personality and Social Psychology, 49,* 1066-1075.

Pyszczynski, T., & Greenberg, J. (1987). Self-regulatory perseveration and the depressive self-focusing style: A self-awareness theory of reactive depression. *Psychological Bulletin, 102,* 122-138.

Pyszczynski, T., Greenberg, J., & Solomon, S. (2000). Proximal and distal defense: A new perspective on unconscious motivation. *Current Directions in Psychological Science, 9,* 156-160.

Pyszczynski, T., Greenberg, J., Solomon, S., Arndt, J., & Schimel, J. (1985). Why do people need self-esteem? A theoretical and empirical review. *Psychological Bulletin, 130,* 435-468.

Pyszczynski, T., Solomon, S., & Greenberg, J. (2002). *In the wake of 9/11: The psychology of terror.* Washington, DC: American Psychological Association.

Pytlik Zillig, L. M., Hemenover, S. H., & Dienstbier, R. A. (2002). What do we assess when we assess a Big 5 trait? A content analysis of the affective, behavioral, and cognitive processes represented in Big 5 personality inventories. *Personality and Social Psychology Bulletin, 28,* 847-858.

Rabin, A. I., Zucker, R. A., Emmons, R. A., & Frank, S. (Eds.). (1990). *Studying persons and lives.* New York, NY: Springer.

Rachman, J., & Teasdale, J. (1969). *Aversion therapy and behaviour disorders: An analysis.* Coral Gables, FL: University of Miami Press.

Rachman, S. (Ed.). (1978). *Advances in behaviour research and therapy* (Vol. 1). Oxford, England: Pergamon Press.

Raine, A. (2008). From genes to brain to antisocial behavior. *Current Directions in Psychological Science, 17,* 323-328.

Rash, C. J., Alessi, S. M., & Petry, N. M. (2008). Contingency management is efficacious for cocaine abusers with prior treatment attempts. *Experimental and Clinical Psychopharmacology, 16,* 547-554.

Rasmussen, H. N., Scheier, M. F., & Greenhouse, J. B. (2009). Optimism and physical health: A meta-analytic review. *Annals of Behavioral Medicine, 37,* 239-256.

Razran, G. H. S. (1940). Conditioned response changes in rating and appraising sociopolitical slogans. *Psychological Bulletin, 37,* 481.

Read, S. J. (1987). Constructing causal scenarios: A knowledge structure approach to causal reasoning. *Journal of Personality and Social Psychology, 52,* 288-302.

Read, S. J., Jones, D. K., & Miller, L. C. (1990). Traits as goal-based categories: The importance of goals in the coherence of dispositional categories. *Journal of Personality and Social Psychology, 58,* 1048-1061.

Read, S. J., & Miller, L. C. (Eds.). (1998). *Connectionist models of social reasoning and social behavior.* Mahwah, NJ: Erlbaum.

Read, S. J., & Miller, L. C. (2002). Virtual personalities: A neural network model of personality. *Personality and Social Psychology Review, 6,* 357-369.

Read, S. J., Vanman, E. J. & Miller, L. C. (1997). Connectionism, parallel constraint satisfaction processes, and Gestalt principles: (Re)introducing cognitive dynamics to social psychology. *Review of Personality and Social Psychology, 1,* 26-53.

Reason, J., & Mycielska, K. (1982). *Absent-minded? The psychology of mental lapses and everyday errors.* Englewood Cliffs, NJ: Prentice-Hall.

Reback, C. J., Peck, J. A., Dierst-Davies, R., Nuno, M., Kamien, J. B., & Amass, L. (2010). Contingency management among homeless, out-of-treatment men who have sex with men. *Journal of Substance Abuse Treatment, 39,* 255-263.

Reeve, B. B., Hays, R. D., Chang, C., & Perfetto, E. M. (2007). Applying item response theory to enhance health outcomes assessment. *Quality of Life Research, 16,* 1-3.

Reichow, B., & Volkmar, F. R. (2010). Social skills interventions for individuals with autism: Evaluation for evidence-based practices within a best evidence synthesis framework. *Journal of Autism and Developmental Disorders, 40,* 149-166.

Reinisch, J. M. (1981). Prenatal exposure to synthetic progestins increases potential for aggression in humans. *Science, 211,* 1171-1173.

Repetti, R. L. (1989). Effects of daily workload on subsequent behavior during marital interactions: The role of social withdrawal and spouse support. *Journal of Personality and Social Psychology, 57,* 651-659.

Rescorla, R. A. (1987). A Pavlovian analysis of goal-directed behavior. *American Psychologist, 42,* 119-129.

Rescorla, R. A. (1988). Pavlovian conditioning: It's not what you think it is. *American Psychologist, 43,* 151-160.

Rescorla, R. A. (1998). Instrumental learning: Nature and persistence. In M. Sabourin, F. Craik, et al. (Eds.), *Advances in psychological science, Vol. 2: Biological and cognitive aspects* (pp. 239-257). Hove, England: Psychology Press.

Reuter, M., Schmitz, A., Corr, P., & Henning, J. (2006). Molecular genetics support Gray's personality theory: The interaction of COMT and DRD2 polymorphisms predicts th behavioural approach system. *International Journal of Neuropsychopharmacology, 9,* 155-166.

Reyna, C., Henry, P. J., Korfmacher, W., & Tucker, A. (2005). Examining the principles in principled conservatism: The role of responsibility stereotypes as cues for deservingness in racial policy decisions. *Journal of Personality and Social Psychology, 90,* 109-128.

Reynolds, S. K., & Clark, L. A. (2001). Predicting dimensions of personality disorder from domains and facets of the five-factor model. *Journal of Personality, 69,* 199-222.

Rhwan, J. (1980). Awareness, the origin of thought, and the role of conscious self-deception in resistance and repression. *Psychological Reports, 46,* 767-781.

Rhee, S. H., & Waldman, I. D. (2002). Genetic and environmental influences on antisocial behavior: A meta-analysis of twin and adoption studies. *Psychological Bulletin, 128,* 490-529.

Rhodewalt, F., & Morf, C. C. (1998). On self-aggrandizement and anger: A temporal analysis of narcissism and affective reactions to success and failure. *Journal of Personality and Social Psychology, 74,* 672-685.

Rholes, W. S., & Simpson, J. A. (2004). *Adult attachment: Theory, research, and clinical implications.* New York, NY: Guilford Press.

Rholes, W. S., Simpson, J. A., & Friedman, M. (2006). Avoidant attachment and the experience of parenting. *Personality and Social Psychology Bulletin, 32,* 275-285.

Rholes, W. S., Simpson, J. A., Tran, S., Martin, A. M., III, & Friedman, M. (2007). Attachment and information seeking in romantic relationships. *Personality and Social Psychology Bulletin, 33,* 422-439.

Rholes, W. S., Simpson, J. A., & Oriña, M. M. (1999). Attachment and anger in an anxiety-provoking situation. *Journal of Personality and Social Psychology, 76,* 940-957.

Richardson, R. C. (2007). *Evolutionary psychology as maladapted psychology.* Cambridge, MA: MIT Press.

Risley, T. R. (1968). The effects and side effects of punishing the autistic behaviors of a deviant child. *Journal of Applied*

Behavior Analysis, 1, 21-34.

Ritter, M., Bucci, W., Beebe, B., Jaffe, J., & Maskit, B. (2007). Do mothers of secure infants speak differently than mothers of avoidant infants in natural conversations? An interpersonal exploration of language differences. *Journal of the American Psychoanalytic Association, 55,* 269-274.

Ritvo, L. B. (1990). *Darwin's influence on Freud: A tale of two sciences.* New Haven, CT: Yale University Press.

Rizzolatti, G., Fogassi, L., & Gallese, V. (2002). Motor and cognitive functions of the ventral premotor cortex. *Current Opinion in Nerubiology, 12,* 149-154.

Roberts, B. W., & Bogg, T. (2004). A longitudinal study of the relationships between consciencetiousness and the social-environmental factors and substance-use behaviors that influence health. *Journal of Personality, 72,* 325-354.

Roberts, B. W., & DelVecchio, W. F. (2000). The rank-order consistency of personality traits from childhood to old age: A quantitative review of longitudinal studies. *Psychological Bulletin, 126,* 3-25.

Roberts, B. W., Kuncel, N. R., Shiner, R., Caspi, A., & Goldberg, L. R. (2007). The power of personality: The comparative validity of personality traits, socioeconomic status, and cognitive ability for predicting important life outcomes. *Perspectives on Psychological Science, 2,* 313-345.

Roberts, B. W., & Robins, R. W. (2000). Broad dispositions, broad aspirations: The intersection of personality traits and major life goals. *Personality and Social Psychology Bulletin, 26,* 1284-1296.

Roberts, B. W., Walton, K. E., & Bogg, T. (2005). Conscientiousness and health across the life course. *Review of General Psychology, 9,* 156-168.

Roberts, B. W., Walton, K. E., & Viechtbauer, W. (2006). Patterns of mean-level change in personality traits across the life course: A meta-analysis of longitudinal studies. *Psychological Bulletin, 132,* 1-25.

Roberts, B. W., & Wood, D. (2006). Personality development in the context of the neo-sociouanalytic model of personality. In D. K. Mroczek & T. D. Little (Eds.), *Handbook of personality development* (pp. 11-39). Mahwah, NJ: Erlbaum.

Roberts, J. E., Gotlib, I. H., & Kassel, J. D. (1996). Adult attachment security and symptoms of depression: The mediating roles of dysfunctional attitudes and low self-esteem. *Journal of Personality and Social Psychology, 70,* 310-320.

Roberts, J. E., & Monroe, S. M. (1994). A multidimensonal model of self-esteem in depression. *Clinical Psychology Review, 14,* 161-181.

Robins, R. W., John, O. P., Caspi, A., Moffitt, T. E., & Stouthamer-Loeber, M. (1996). Resilient, overcontrolled, and undercontrolled boys: Three replicable personality types. *Journal of Personality and Social Psychology, 70,* 157-171.

Robins, R. W., & Pals, J. L. (2002). Implicit self-theories in the academic domain: Implications for goal orientation, attributions, affect, and self-esteem change. *Self and Identity, 1,* 313-336.

Robinson, S., Sandstrom, S. M., Denenberg, V. H., & Palmiter, R. D. (2005). Distinguisging whether dopamine regulates liking, wanting, and/or learning about rewards. *Behavioral Neuroscience, 119,* 5-15.

Roccas, S., Sagiv, L., Schwartz, S. H., & Knafo, A. (2002). The Big Five personality factors and personal values. *Personality and Social Psychology Bulletin, 28,* 789-801.

Rogers, C. R. (1951). *Client-centered therapy: Its current practice, implications and theory.* Boston, MA: Houghton Mifflin.

Rogers, C. R. (1959). A theory of therapy, personality and interpersonal relationships, as developed in the client-centered framework. In S. Koch (Ed.), *Psychology: A study of a science* (Vol. 3). New York, NY: McGraw-Hill.

Rogers, C. R. (1961). *On becoming a person.* Boston, MA: Houghton Mifflin.

Rogers, C. R. (1965). *Client-centered therapy: Its current practice, implications, and theory.* Boston, MA: Houghton Mifflin.

Rogers, C. R., & Dymond, R. F. (Eds.). (1954). *Psychotherapy and personality change: Co-ordinated research studies in the client-centered approach.* Chicago, IL: University of Chicago Press.

Rogers, C. R., & Stevens, B. (1967). *Person to person: The problem of being human.* New York, NY: Simon & Schuster.

Rogers, T. B. (1981). A model of the self as an aspect of the human information-processing system. In N. Cantor & J. F. Kihlstrom (Eds.), *Personality, cognition and social interaction.* Hillsdale, NJ: Erlbaum.

Rogers, T. B., Kuiper, N. A., & Kirker, W. S. (1977). Self-reference and the encoding of personal information. *Journal of Personality and Social Psychology, 35,* 677-688.

Roisman, G. I. (2009). Adult attachment: Toward a rapprochement of methodological cultures. *Current Directions in Psychological Science, 18,* 122-126.

Roisman, G. I., Holland, A., Fortuna, K., Fraley, R. C., Clausell, E., & Clarke, A. (2007). The Adult Attachment Interview and self-reports of attachment style: An empirical rapprochement. *Journal of Personality and Social Psychology, 92,* 678-697.

Ronay, R., & von Hippel, W. (2010). The presence of an attractive woman elevates testosterone and physical risk taking in young men. *Social Psychological and Personality Science, 1,* 57–64.

Roney, J. R. (2003). Effects of visual exposure to the opposite sex: Cognitive aspects of mate attraction in human males. *Personality and Social Psychology Bulletin, 29,* 393–404.

Rorschach, H. (1942). *Psychodiagnostics.* Berne, Switzerland: Huber.

Rosch, E., & Mervis, C. (1975). Family resemblances: Studies in the internal structure of categories. *Cognitive Psychology, 7,* 573–605.

Rosekrans, M. A. (1967). Imitation in children as a function of perceived similarity and vicarious reinforcement. *Journal of Personality and Social Psychology, 7,* 307–315.

Rosenbaum, D. A. (1987). Hierarchical organization of motor programs. In S. Wise (Ed.), *Neural and behavioral approaches to higher brain function* (pp. 45–66). New York, NY: Wiley.

Rosenbaum, D. A. (1990). *Human motor control.* San Diego, CA: Academic Press.

Rosenbaum, D. A. (2005). The Cinderella of psychology: The neglect of motor control in the science of mental life and behavior. *American Psychologist, 60,* 308–317.

Rosenthal, T. L., & Reese, S. L. (1976). The effects of covert and overt modeling on assertive behavior. *Behavior Research and Therapy, 14,* 463–469.

Rosenwald, G. C. (1972). Effectiveness of defenses against and impulse arousal. *Journal of Consulting and Clinical Psychology, 39,* 292–298.

Ross, D. M., Ross, S. A., & Evans, T. A. (1971). The modification of extreme social withdrawal by modeling with guided participation. *Journal of Behavior Therapy and Experimental Psychiatry, 2,* 273–279.

Ross, M. (1989). Relation of implicit theories to the construction of personal histories. *Psychological Review, 96,* 341–357.

Ross, M., & Fletcher, G. J. O. (1985). Attribution and social perception. In G. Lindzey & E. Aronson (Eds.), *The handbook of social psychology* (3rd ed., pp. 73–122). Reading, MA: Addison-Wesley.

Rothbart, M. K., Ahadi, S. A., & Evans, D. E. (2000). Temperament and personality: Origins and outcomes. *Journal of Personality and Social Psychology, 78,* 122–135.

Rothbart, M. K., Ahadi, S. A., Hershey, K., & Fisher, P. (2001). Investigations of temperament at three to seven years: The Children's Behavior Questionnaire. *Child Development, 72,* 1394–1408.

Rothbart, M. K., & Bates, J. E. (1998). Temperament. In W. Damon (Series Ed.) & N. Eisenberg (Vol. Ed.), *Handbook of child psychology: Vol 3. Social, emotional and personality development* (5th ed., pp. 105–176). New York, NY: Wiley.

Rothbart, M. K., Ellis, L. K., Rueda, M. R., & Posner, M. I. (2003). Developing mechanisms of temperamental effortful control. *Journal of Personality, 71,* 1113–1143.

Rothbart, M. K., & Posner, M. (1985). Temperament and the development of self-regulation. In L. C. Hartlage & C. F. Telzrow, (Eds.), *The neuropsychology of individual differences: A developmental perspectives* (pp. 93–123). New York, NY: Plenum Press.

Rotter, J. B. (1954). *Social learning and clinical psychology.* New York, NY: Prentice-Hall.

Rotter, J. B. (1966). Generalized expectancies for internal versus external control of reinforcement. *Psychological Monographs, 80* (1, Whole No. 609).

Rotter, J. B. (1982). *The development and applications of social learning theory: Selected papers.* New York, NY: Praeger.

Rowe, D. C. (1994). *The limits of family influence: Genes, experience, and behavior.* New York, NY: Guilford Press.

Rowe, D. C. (2001). *Biology and crime.* Los Angeles, CA: Roxbury.

Rowe, D. C., Jacobson, K. C., & Van den Oord, E. J. C. G. (1999). Genetic and environmental influences on vocabulary IQ: Parental education level as moderator. *Child Development, 70,* 1151–1162.

Roy-Byrne, P. (2005). The GABA-benzodiazepine receptor complex: Structure, function, and role in anxiety. *Journal of Clinical Psychiatry, 66,* 14–20.

Ruchkin, V., Koposov, R. A., af Klinteberg, B., Oreland, L., & Grigorenko, E. L. (2005). Platelet MAO-B, personality, and psychopathology. *Journal of Abnormal Psychology, 114,* 477–482.

Rudman, L. A., Phelan, J. E., & Heppen, J. B. (2007). Developmental sources of implicit attitudes. *Personality and Social Psychology Bulletin, 33,* 1700–1713.

Rushton, J. P. (1988). Genetic similarity, mate choice, and fecundity in humans. *Ethology and Sociobiology, 9,* 329–335.

Rushton, J. P. (1989a). Genetic similarity, human altruism, and group selection. *Behavioral and Brain Sciences, 12,* 503–559.

Rushton, J. P. (1989b). Genetic similarity in male friendships. *Ethology and Sociobiology, 10,* 361–373.

Rushton, J. P., & Bons, T. A. (2005). Mate choice and friendships in twins. *Psychological Science, 16,* 555–559.

Rushton, J. P., Fulker, D. W., Neale, M. C., Nias, D. K. B., & Eysenck, H. J. (1986). Altruism and aggression: The heritability of individual differences. *Journal of Personality and Social Psychology, 50,* 1192–1198.

Rushton, J. P., Russell, R. J. H., & Wells, P. A. (1984). Genetic similarity theory: Beyond kin selection. *Behavior Genetics, 14,* 179–193.

Rutter, M. (2006). *Genes and behavior: Nature-nurture interplay explained.* Oxford, England: Blackwell.

Ryan, R. M. (1982). Control and information in the intrapersonal sphere: An extension of cognitive evaluation theory. *Journal of Personality and Social Psychology, 43,* 450–461.

Ryan, R. M. (1993). Agency and organization: Intrinsic motivation, autonomy, and the self in psychological development. In J. Jacobs (Ed.), *Nebraska symposium on motivation: Developmental perspectives on motivation* (Vol. 40, pp. 1–56). Lincoln, NE: University of Nebraska Press.

Ryan, R. M., & Connell, J. P. (1989). Perceived locus of causality and internalization: Examining reasons for acting in two domains. *Journal of Personality and Social Psychology, 57,* 749–761.

Ryan, R. M., & Deci, E. L. (2000). Self-determination theory and the facilitation of intrinsic motivation, social development, and well-being. *American Psychologist, 55,* 68–78.

Ryan, R. M., & Deci, E. L. (2001). On happiness and human potentials: A review of research on hedonic and eudaimonic well-being. *Annual Review of Psychology, 52,* 141–166.

Ryan, R. M., Rigby, S., & King, K. (1993). Two types of religious internalization and their relations to religious orientations and mental health. *Journal of Personality and Social Psychology, 65,* 568–596.

Ryan, R. M., Sheldon, K. M., Kasser, T., & Deci, E. L. (1996). A llgoals are not created equal: An organizamic perspective on the nature of goals and their regulation. In P. M. Gollwitzer & J. A. Bargh (Eds.), *The psychology of action: Linking cognition and motivation to behavior* (pp. 7–26). New York, NY: Guilford Press.

Rydell, R. J., Shiffrin, R. M., Boucher, K. L., Van Loo, K., & Rydell, M. T. (2010). Stereotype threat prevents perceptual learning. *Proceedings of the National Academy of Sciences, 107,* 14042–14047.

Sabini, J., & Green, M. C. (2004). Emotional responses to sexual and emotional infidelity: Constants and differences across genders, samples, and methods. *Personality and Social Psychology Bulletin, 30,* 1375–1388.

Sadalla, E. K., Kenrick, D. T., & Vershure, B. (1987). Dominance and heterosexual attraction. *Journal of Personality and Social Psychology, 52,* 730–738.

Salamone, J. D., Correa, M., Farrar, A., & Mingote, S. M. (2007). Effort-related functions of nucleus accumbens dopamine and associated forebrain circuits. *Psychopharmacology, 191,* 461–482.

Samuel, D. B., Simms, L. J., Clark, L. A., Livesley, W. J., & Widiger, T. A. (2010). An item responses theory integration of normal and abnormal personality scales. *Personality Disorders: Theory, Research, and Treatment, 1,* 5–21.

Samuel, D. B., & Widiger, T. A. (2006). Clinicians' judgements of clinical utility: A comparison of the DSM-IV and five-factor models. *Journal of Abnormal Psychology, 115,* 298–308.

Sarason, I. G. (1975). Test anxiety and the self-disclosing coping model. *Journal of Consulting and Clinical Psychology, 43,* 148–153.

Saucier, G. (1992). Benchmarks: Integrating affective and interpersonal circles with the big-five personality factors. *Journal of Personality and Social Psychology, 62,* 1025–1035.

Saucier, G., & Goldberg, L. R. (2001). Lexical studies of indigenous personality factors: Premises, products, and prospects. *Journal of Personality, 69,* 847–879.

Saucier, G., & Ostendorf, F. (1999). Hierarchical subcomponents of the Big Five personality factors: A cross-language replication. *Journal of Personality and Social Psychology, 76,* 613–627.

Saucier, G., & Simonds, J. (2006). The structure of personality and temperament. In D. K. Mroczek & T. D. Little (Eds.), *Handbook of personality development* (pp. 109–128). Mahwah, NJ: Erlbaum.

Saudino, K. J., Pedersen, N. L., Lichtenstein, P., McClearn, G. E., & Plomin, R. (1997). Can personality explain genetic influences on life events? *Journal of Personality and Social Psychology, 72,* 196–206.

Scarr, S. (1985). Constructing psychology: Making facts and fables for our time. *American Psychologist, 40,* 499–512.

Scarr, S., & Carter-Saltzman, L. (1979). Twin method: Defense o f a critical assumption. *Behavior Genetics, 9,* 527–542.

Scarr, S., & McCartney, K. (1983). How people make their own environments: A theory of genotype environment effects. *Child Development, 54,* 424–435.

Schaller, M., & Murray, D. R. (2008). Pathogen, personality, and culture: Disease prevalence predicts worldwide variability in sociosexuality, extraversion, and openness to experience. *Journal of Personality and Social Psychology, 95,* 212–221.

Schank, R. C., & Abelson, R. P. (1977). *Scripts, plans, goals, and understanding.* Hillsdale, NJ: Erlbaum.

Schefft, B. K., & Lehr, B. K. (1985). A self-regulatory model of adjunctive behavior change. *Behavior Modification, 9,* 458–

476.

Scheier, M. F., & Carver, C. S. (1983). Self-directed attention and the comparison of self with standards. *Journal of Experimental Social Psychology, 19,* 205–222.

Scheier, M. F., & Carver, C. S. (1988). A model of behavioral self-regulation: Translating intention into action. In L. Berkowitz (Ed.), *Advances in experimental social psychology* (Vol. 21, pp. 303–346). New York, NY: Academic Press.

Scheier, M. F., & Carver, C. S. (1992). Effects of optimism on psychological and physical well-being: Theoretical overview and empirical update. *Cognitive Therapy and Research, 16,* 201–228.

Scheier, M. F., Carver, C. S., & Armstrong, G. H. (in press). Behavioral self-regulation, health, and illness. In A. S. Baum, T. A. Revenson, & J. E. Singer (Eds.), *Handbook of health psychology* (2nd ed.). New York, NY: Psychology Press.

Scheier, M. F., Carver, C. S., & Bridges, M. W. (2001). Optimism, pessimism, and psychological well-being. In E. C. Chang (Ed.), *Optimism and pessimism: Implications for theory, research, and practice* (pp. 189–216). Washington, DC: American Psychological Association.

Scheier, M. F., Matthews, K. A., Owens, J. F., Magovern, G. J. Lefebvre, R. C., Abbott, R. A., & Carver, C. S. (1989). Dispositional optimism and recovery from coronary artery bypass surgery: The beneficial effects on physical and psychological well-being. *Journal of Personality and Social Psychology, 57,* 1024–1040.

Scheier, M. F., Matthews, K. A., Owens, J. F., Schulz, R., Bridges, M. W., Magovern, G. J., Sr., & Carver, C. S. (1999). Optimism and rehospitalization following coronary artery bypass graft surgery. *Archives of Internal Medicine, 159,* 829–835.

Schell, T. L., Klien, S. B., & Babey, S. H. (1996). Testing a hierarchical model of self-knowledge. *Psychological Science, 7,* 170–173.

Schiedel, D. G., & Marcia, J. F. (1985). Ego identity, intimacy, sex-role orientation, and gender. *Journal of Personality and Social Psychology, 21,* 149–160.

Schimel, J., Arndt, J., Pyszczynski, T., & Greenberg, J. (2001). Being accepted for who we are: Evidence that social validation of the intrinsic self reduces general defensiveness. *Journal of Personality and Social Psychology, 80,* 35–52.

Schimel, J., Greenberg, J., & Martens, A. (2003). Evidence that projection of a feared trait can serve a defensive function. *Personality and Social Psychology Bulletin, 29,* 969–979.

Schimel J., Hayes, J., Williams, T., & Jahrig, J. (2007). Is death really the worm at the core? Converging evidence that worldview threat increases death-thought accessibility. *Journal of Personality and Social Psychology, 92,* 789–803.

Schimmack, U., Oishi, S., Furr, R. M., & Funder, D. C. (2004). Personality and life satisfaction: A facet-level analysis. *Personality and Social Psychology Bulletin, 30,* 1062–1075.

Schmidt, L. A. (1999). Frontal brain electrical activity in shyness and sociability. *Psychological Science, 10,* 316–320.

Schmidt, R. A. (1988). *Motor control and learning: A behavioral emphasis* (2nd ed.). Champaign, IL: Human Kinetics.

Schmidt, D. P. (2003). Universal sex differences in the desire for sexual variety: Tests from 52 nations, 6 continents, and 13 islands. *Journal of Personality and Social Psychology, 85,* 85–104.

Schmidt, D. P. (2004). Patterns and universals of mate poaching across 53 nations: The effects of sex, culture and personality on romantically attracting another person's partner. *Journal of Personality and Social Psychology, 86,* 560–584.

Schmidt, D. P., & Buss, D. M. (1996). Strategic self-promotion and competitor derogation: Sex and context effects on the perceived effectiveness of mate attraction tactics. *Journal of Personality and Social Psychology, 70,* 1185–1204.

Schmidt, D. P., & Buss, D. M. (2001). Human mate poaching: Tactics and temptations for infiltrating existing mateships. *Journal of Personality and Social Psychology, 80,* 894–917.

Schmitt, W. A., Brinkley, C. A., & Newman, J. P. (1999). Testing Damasio's somatic marker hypothesis with psychopathic individuals: Risk takers or risk averse? *Journal of Abnormal Psychology, 108,* 538–543.

Schneider, D. J. (1991). Social cognition. *Annual Review of Psychology, 42,* 527–561.

Schneider, K. J., Bugental, J. F. T., & Pierson, J. F. (Eds.). (2001). *The handbook of humanistic psychology: Leading edges in theory, research, and practice.* Thousand Oaks, CA: Sage.

Schriesheim, C. A., & Hill, K. D. (1981). Controlling acquiescence response bias by item reversals: The effect on questionnaire validity. *Educational and Psychological Measurement, 41,* 1101–1114.

Schuckit, M. A., & Rayses, V. (1979). Ethanol ingestion: Differences in blood acetaldehyde concentrations in relatives of alcoholics and controls. *Science, 203,* 54–55.

Schüler, J., Job, V., Fröhlich, S. M., & Brandstätter, V. (2008). A high implicit affiliation motive does not always make you happy: A corresponding explicit motive and corresponding behavior are further needed. *Motivation and Emotion, 32,* 231–242.

Schultheiss, O. C. (2002). An information-processing account of implicit motive arousal. In P. R. Pintrich & M. L. Maehr (Eds.), *Advances in motivation and achievement: New directions in measures and methods* (Vol. 12, pp. 1-41). Amsterdam, The Netherlands: Elsevier.

Schultheiss, O. C., & Brunstein, J. C. (2001). Assessment of implicit motives with a research version of the TAT: Picture profiles, gender differences, and relations to other personality measures. *Journal of Personality Assessment, 77,* 71-86.

Schultheiss, O. C., & Brunstein, J. C. (2002). Inhibited power motivation and persuasive communication: A lens model analysis. *Journal of Personality, 70,* 553-582.

Schultheiss, O. C., & Brunstein, J. C. (2010). *Implicit motives.* Oxford, England: Oxford University Press.

Schultheiss, O. C., Campbell, K. L., & McClelland, D. C. (1999). Implicit power motivation moderates men's testosterone responses to imagined and real dominance success. *Hormones and Behavior, 36,* 234-241.

Schultheiss, O. C., Dargel, A., & Rohde, W. (2003). Implicit motives and sexual motivation and behavior. *Journal of Research in Personality, 37,* 224-230.

Schultheiss, O. C., & Hale, J. A. (2007). Implicit motives modulate attentional orienting to facial expressions of emotion. *Motivation and Emotion, 31,* 13-24.

Schultheiss, O. C., Liening, S. H., & Schad, D. (2008). The reliability of a picture story exercise measure of implicit motives: Estimates of internal consistency, retest reliability, and ipsative stability. *Journal of Research in Personality, 42,* 1560-1571.

Schultheiss, O. C., & Pang, J. S. (2007). Measuring implicit motives. In R. W. Robins, R. C. Fraley, & R. F. Krueger (Eds.), *Handbook of research methods in personality psychology* (pp. 322-344). New York, NY: Guilford Press.

Schultheiss, O. C., Pang, J. S., Torges, C. M., Wirth, M. M., & Treynor, W. (2005). Perceived facial expressions of emotion as motivational incentives: Evidence from a differential implicit learning paradigm. *Emotion, 5,* 41-54.

Schultheiss, O. C., & Rohde, W. (2002). Implicit power motivation predicts men's testosterone changes and implicit learning in a contest situation. *Hormones and Behavior, 41,* 195-202.

Schultheiss, O. C., Wirth, M. M., Torges, C. M, Pang, J. S., Villacorta, M. A., & Welsh, K. M. (2005). Effects of implicit power motivation on men's and women's implicit learning and testosterone changes after social victory or defeat. *Journal of Personality and Social Psychology, 88,* 174-188.

Schultz, C. B., & Pomerantz, M. (1976). Achievement motivation, locus of control, and academic achievement behavior. *Journal of Personality, 44,* 38-51.

Schultz, T. R., & Lepper, M. R. (1996). Cognitive dissonance reduction as constraint satisfaction. *Psychological Review, 103,* 219-240.

Schultz, W. (2000). Multiple reward signals in the brain. *Nature Reviews, 1,* 199-207.

Schultz, W. (2006). Behavioral theories and the neurophysiology of reward. *Annual Reviews of Psychology, 57,* 87-115.

Schutte, N. S., Kenrick, D. T., & Sadalla, E. K. (1985). The search for predictable settings: Situational prototypes, constraint, and behavioral variation. *Journal of Personality and Social Psychology, 49,* 121-128.

Schwarz, N. (1990). Feelings as information: Informational and motivational functions of affective states. In E. T. Higgins & R. M. Sorrentino (Eds.), *Handbook of motivation and cognition: Foundations of social behavior* (Vol. 2, pp. 527-561). New York, NY: Guilford Press.

Sederer, L., & Seidenberg, R. (1976). Heiress to an empty throne: Ego-ideal problems of contemporary women. *Contemporary Psychoanalysis, 12,* 240-251.

Segal, N. L. (1993). Twin, sibling, and adoption methods: Tests of evolutionary hypotheses. *American Psychologist, 48,* 943-956.

Segal, Z. V. (1988). Appraisal of the self-schema construct in cognitive models of depression. *Psychological Bulletin, 103,* 147-162.

Seidenberg, M. S. (2005). Connectionist models of word reading. *Current Directions in Psychological Science, 14,* 238-242.

Seligman, M. E. P., & Hager, J. L. (Eds.). (1972). *Biological boundaries of learning.* New York, NY: Appleton-Century-Crofts.

Seltzer, R. A. (1973). Simulation of the dynamics of action. *Psychological Reports, 32,* 859-872.

Semmer, N., & Frese, M. (1985). Action theory in clinical psychology. In M. Frese & J. Sabini (Eds.), *Goal directed behavior: The concept of action in psychology.* Hillsdale, NJ: Erlbaum.

Sen, S., Villafuerte, S., Nesse, R., Stoltenberg, S. F., Hopcian, J., Gleiberman, L., Weder, A., & Burmeister, M. (2004). Serotonin transporter and GABA(A) alpha 6 receptor variants are associated with neuroticism. *Biological Psychiatry, 55,* 244-249.

Sexton, J. D., & Pennebaker, J. W. (2009). The healing powers of expressive writing. In S. B. Kaufman & J. C. Kaufman (Eds.), *The psychology of creative writing* (pp. 264-273). New York, NY: Cambridge University Press.

Shane, M. S., & Peterson, J. B. (2004). Self-induced memory distortions and the allocation of processing resources at encoding and retrieval. *Cognition and Emotion, 18,* 533-558.

Shao, C., Li, Y., Jiang, K., Zhang, D., Xu, Y., Lin, L., Wang, Q., Zhao, M., & Jin, L. (2006). Dopamine D4 receptor polymorphism modulates cue-elicited heroin craving in Chinese. *Psychopharmacology, 186,* 185-190.

Shaver, P. R., & Brennan, K. A. (1992). Attachment styles and the "big five" personality traits: Their connections with each other and with romantic relationship outcomes. *Personality and Social Psychology Bulletin, 18,* 536-545.

Shaver, P. R., & Mikulincer, M. (2002). Dialogue on adult attachment: Diversity and integration. *Attachment & Human Development, 4,* 243-257.

Shaver, P. R., & Rubenstein, C. (1980). Childhood attachemtn experience and adult loneliness. In L. Wheeler (Ed.), *Review of personality and social psychology* (Vol. 1, pp. 42-73). Beverly Hills, CA: Sage.

Sheeran, P., Webb, T. L., & Gollwitzer, P. M. (2005). The interplay between goal intentions and implementation intentions. *Personality and Social Psychology Bulletin, 31,* 87-98.

Sheldon, K. M. (2005). Positive value change during college: Normative trends and individual differences. *Journal of Research in Personality, 39,* 209-223.

Sheldon, K. M., & Elliot, A. J. (1998). Not all personal goals are personal: Comparing autonomous and controlled reasons for goals as predictors of effort and attainment. *Personality and Social Psychology Bulletin, 24,* 546-557.

Sheldon, K. M., & Elliot, A. J. (1999). Goal striving, need satisfaction, and longitudinal well-being: The self-concordance model. *Journal of Personality and Social Psychology, 76,* 482-497.

Sheldon, K. M., Elliot, A. J., Kim, Y., & Kasser, T. (2001). What is satisfying about satisfying events? Testing 10 candidate psychological needs. *Journal of Personality and Social Psychology, 80,* 325-339.

Sheldon, K. M., & Gunz, A. (2009). Psychological need as basic motives, not just experimental requirements. *Journal of Personality, 77,* 1467-1492.

Sheldon, K. M., & Houser-Marko, L. (2001). Self-concordance, goal attainment, and the pursuit of happiness: Can there be an upward spiral? *Journal of Personality and Social Psychology, 80,* 152-165.

Sheldon, K. M., & Kasser, T. (1998). Pursuing personal goals: Skills enable progress but not all progress is beneficial. *Personality and Social Psychology Bulletin, 24,* 1319-1331.

Sheldon, K. M., King, L. A., Houser-Marko, L., Osbaldiston, R., & Gunz, A. (2007). Comparing IAT and TAT measures of power versus intimacy motivation. *European Journal of Personality, 21,* 263-280.

Sheldon, K. M., Ryan, R. M., & Reis, H. (1996). What makes for a good day? Competence and autonomy in the day and in the person. *Personality and Social Psychology Bulletin, 22,* 1270-1279.

Sheldon, W. H. (with the collaboration of S. S. Stevens). (1942). *The varieties of temperament: A psychology of consituational differences.* New York, NY: Harper.

Sher, K. J., Bartholow, B. D., & Wood, M. D. (2000). Personality and substance use disorders: A prospective study. *Journal of Consulting and Clinical Psychology, 68,* 818-829.

Sherwood, G. G. (1981). Self-serving biases in person perception: An examination of projection as a mechanism of defense. *Psychological Bulletin, 90,* 445-459.

Shiner, R. L., Masten, A., & Tellegen, A. (2002). A developmental perspective on personality in emerging adulthood: Childhood antecedents and concurrent adaptation. *Journal of Personality and Social Psychology, 83,* 1165-1177.

Shoal, G. D., & Giancola, P. R. (2003). Negative affectivity and drug use in adolescent boys: Moderating and mediating mechanisms. *Journal of Personality and Social Psychology, 84,* 221-233.

Shoda, Y., Mischel, W., & Wright, J. C. (1989). Intuitive interactionism in person perception: Effects of situation-behavior relations on dispositional judgements. *Journal of Personality and Social Psychology, 56,* 41-53.

Shoda, Y., Mischel, W., & Wright, J. C. (1993). The role of situational demands and cognitive competencies in behavior organization and personality coherence. *Journal of Personality and Social Psychology, 65,* 1023-1035.

Shoda, Y., Mischel, W., & Wright, J. C. (1994). Intraindividual stability in the organization and patterning of behavior: Incorporating psychological situations into the idiographic analysis of personality. *Journal of Personality and Social Psychology, 67,* 674-687.

Shostrom, E. L. (1964). An inventory for the measurement of self-actualization. *Educational and Psychological Measurement, 24,* 207-218.

Shostrom, E. L. (1974). *Manual for the Personal Orientation Inventory.* San Diego, CA: EdITS.

Showers, C. J., & Ryff, C. D. (1996). Self-differentiation and well-being in a life transition. *Personality and Social Psychology Bulletin, 22,* 448-460.

Sidanius, J., Pratto, F., & Bobo, L. (1994). Social dominance orientation and the political psychology of gender: A case of invariance? *Journal of Personality and Social Psychology, 67,* 998-1011.

Silverman, L. H. (19760. Psychoanalytic theory: "The reports of my death are greatly exaggerated." *American Psychologist, 31,* 621-637.

Simon, D. P., & Simon, H. A. (1978). Individual differences in solving physics problems. In R. S. Siegler (Ed.), *Children's thinking: What develops?* (pp. 325-348). Hillsdale, NJ: Erlbaum.

Simon, D., Snow, C. J., & Read, S. J. (2004). The redux of cognitive consistency theories: Evidence judgments by constraint satisfaction. *Journal of Personality and Social Psychology 86,* 814-837.

Simon, H. A. (1967). Motivational and emotional controls of cognition. *Psychological Review, 74,* 29-39.

Simpson, J. A. (1990). Influence of attachment styles on romantic relationships. *Journal of Personality and Social Psychology, 59,* 971-980.

Simpson, J. A., Collins, A., Tran, S., & Haydon, K. C. (2007). Attachment and the experience and expression of emotions in romantic relationships: A developmental perspective. *Journal of Personality and Social Psychology, 92,* 355-367.

Simpson, J. A., Rholes, W. S., & Nelligan, J. S. (1992). Support seeking and support giving within couples in an anxiety-provoking situation: The role of attachment styles. *Journal of Personality and Social Psychology, 62,* 434-446.

Simpson, J. A., Rholes, W. S., Oriña, M. M., & Grich, J. (2002). Working models of attachment, support giving, and support seeking in a stressful situation. *Personality and Social Psychology Bulletin, 28,* 598-608.

Singer, J. A. (2004). Narrative identity and meaning making across the adult lifespan: An introduction. *Journal of Personality, 72,* 437-459.

Singer, J. A. (2005). *Personality and psychotherapy: Treating the whole person.* New York, NY: Guilford Press.

Singh, D. (1995). Female judgement of male attractiveness and desirability for relationships: Role of waist-to-hip ratio and financial status. *Journal of Personality and Social Psychology, 69,* 1089-1101.

Skinner, B. F. (1938). *The behavior of organisms.* New York, NY: Appleton-Century -Crofts.

Skoweonski, J. J., Carlston, D. E., Mae, L., & Crawford, M. T. (1998). Spontaneous trait transference: Communicators take on the qualities they describe in others. *Journal of Personality and Social Psychology, 74,* 837-848.

Sloman, S. A. (1996). The empirical case for two forms of reasoning. *Psychological Bulletin, 119,* 3-22.

Smith, C. P. (Ed.). (1992). *Motivation and personality: Handbook of thematic content analysis.* New York, NY: Cambridge University Press.

Smith, E. E., Shoben, E. J., & Rips, L. J. (1974). Structure and process in semantic memory: A featural model for semantic decisions. *Psychological Review, 81,* 214-241.

Smith, E. R. (1996). What do connectionism and social psychology offer each other? *Journal of Personality and Social Psychology, 70,* 893-912.

Smith, E. R., Murphy, J., & Coats, S. (1999). Attachment to groups: Theory and measurement. *Journal of Personality and Social Psychology, 77,* 94-110.

Smith, G. M. (1967). Usefulness of peer ratings of personality in educational research. *Educational and Psychological Measurement, 27,* 967-984.

Smith, M. L., & Glass, G. V. (1977). Meta-analysis of psychotherapy outcome studies. *American Psychologist, 32,* 752-760.

Smith, M. L., Glass, G. V., & Miller, T. I. (1980). *The benefits of psychotherapy.* Baltimore, MD: Johns Hopkins Press.

Smolensky, P. (1988). On the proper treatment of connectionism. *Behavioral and Brain Sciences, 11,* 1-23.

Smolensky, P., Mozer, M. C., & Rumelhart, D. E. (Eds.). (1996). *Mathematical perspectives on neural networks.* Mahwah, NJ: Erlbaum.

Smyth, J. M. (1998). Written emotional expression: Effect sizes, outcome types, and moderating variables. *Journal of Consulting and Clinical Psychology, 66,* 174-184.

Sneed, J. R., Whitbourne, S. K., & Culang, M. E. (2006). Trust, identity, and ego integrity: Modeling Erikson's core stages over 34 years. *Journal of Adult Development, 13,* 148-157.

Snyder, C. R., & Higgins, R. L. (1988). Excuses: Their effective role in the negotiation of reality. *Psychological Bulletin, 104,* 23-35.

Snyder, M. L., Stephan, W. G., & Rosenfield, D. (1976). Egotism and attribution. *Journal of Personality and Social Psychology, 33,* 435-441.

Snyder, M. L., Stephan, W. G., & Rosenfield, D. (1978). Attributional egotism. In J. H. Harvey, W. Ickes, & R. F. Kidd (Eds.), *New directions in attributional research* (Vol. 2). Hillsdale, NJ: Erlbaum.

Sobotka, S. S., Davidson, R. J., & Senulis, J. A. (1992). Anterior brain electrical asymmetries in response to reward and punishment. *Electroencephalography and Clinical Neurophysiology, 83,* 236-247.

Sokolowski, K. (2008). Social bonding: Affiliation motivation and intimacy motivation. In J. Heckhausen & H. Heckhausen (Eds.) *Motivation and action* (pp. 184-201). Cambridge, England: Cambridge University Press.

Solomon, R. L. (1964). Punishment. *American Psychologist, 19,* 239–253.

Somer, O., & Goldberg, L. R. (1999). The structure of Turkish trait-descriptive adjectives. *Journal of Personality and Social Psychology, 76,* 431–450.

Sorg, B. A., & Whitney, P. (1992). The effect of trait anxiety and situational stress on working memory capacity. *Journal of Research in Personality, 26,* 235–241.

Sorrentino, R. M., & Field, N. (1986). Emergent leadership over time: The functional value of positive motivation. *Journal of Personality and Social Psychology, 50,* 1091–1099.

Soubrié, P. (1986). Reconciling the role of central serotonin neurons in human and animal behavior. *Behavioral and Brain Sciences, 9,* 319–364.

Spacapan, S., & Cohen, S. (1983). Effects and aftereffects of stressor expectations. *Journal of Personality and Social Psychology, 45,* 1243–1254.

Spangler, W. D., & House, R. J. (1991). Presidential effectiveness and the leadership motive profile. *Journal of Personality and Social Psychology, 60,* 439–455.

Speer, N. K., Reynolds, J. R., Swallow, K. M., & Zacks, J. M. (2009). Reading stories activates neural representations of visual and motor experiences. *Psychological Science, 20,* 989–999.

Spielberger, C. D., & DeNike, L. D. (1966). Descriptive behaviorism versus cognitive theory in verbal operant conditioning. *Psychological Review, 73,* 309–326.

Spoont, M. R. (1992). Modulatory role of serotonin in neural information processing: Implications for human psychopathology. *Psychological Bulletin, 112,* 330–350.

Sprecher, S., Sullivan, Q., & Hatfield, E. (1994). Mate selection preferences: Gender differences examined in a national sample. *Journal of Personality and Social Psychology, 66,* 1074–1080.

Srivastava, S., Angelo, K. M., & Vallereux, S. R. (2008). Extraversion and positive affect: A day reconstruction study of person-environment transactions. *Journal of Research in Personality, 42,* 1613–1618.

Srivastava, S., McGonigal, K. M., Richards, J. M., Butler, E. A., & Gross, J. J. (2006). Optimism in close relationships: How seeing things in a positive light makes them so. *Journal of Personality and Social Psychology, 91,* 143–153.

Sroufe, L. A., & Fleeson, J. (1986). Attachment and the construction of relationships. In W. W. Hartup & Z. Rubin (Eds.), *Relationships and development* (pp. 51–71). Hillsdale, NJ: Erlbaum.

Srull, T. K., & Wyer, R. S., Jr. (1979). The role of category accessibility in the interpretation of information about persons: Some determinants and implications. *Journal of Personality and Social Psychology, 37,* 1660–1672.

St. Clair, M. (1986). *Object relations and self psychology: An introduction.* Monterey, CA: Brooks/Cole.

Staats, A. W. (1996). *Behavior and personality: Psychological behaviorism.* New York, NY: Springer.

Staats, A. W., & Burns, G. L. (1982). Emotional personality repertoire as cause of behavior. *Journal of Personality and Social Psychology, 43,* 873–881.

Staats, A. W., & Staats, C. K. (1958). Attitudes established by classical conditioning. *Journal of Abnormal and Social Psychology, 57,* 37–40.

Staats, C. K., & Staats, A. W. (1957). Meaning established by classical conditioning. *Journal of Experimental Psychology, 54,* 74–80.

Stadler, G., Oetingen, G., & Gollwitzer, P. M. (2010). Intervention effects of information and self-regulation on eating fruit and vegetables over two years. *Health Psychology, 29,* 274–283.

Stahl, C., Unkelbach, C., & Corneille, O. (2009). On the respective contributions of awareness of unconditioned stimulus valence and unconditioned stimulus identity in attitude formation through evaluative conditioning. *Journal of Personality and Social Psychology, 97,* 404–420.

Stanton, S. J., & Edelstein, R. S. (2009). The physiology of women's power motive: Implicit power motivation is positively associated with estradiol levels in women. *Journal of Research in Personality, 43,* 1109–1113.

Stanton, S. J., & Schultheiss, O. C. (2007). Basal and dynamic relationships between implicit power motivation and estradiol in women. *Hormones and Behavior, 52,* 571–580.

Steele, C. M. (1997). A threat in the air: How stereotypes shape intellectual identity and performance. *American Psychologist, 52,* 613–629.

Steele, C. M., & Aronson, J. (1995). Stereotype threat and the intellectual test performance of African Americans. *Journal of Personality and Social Psychology, 69,* 797–811.

Steronko, R. J., & Woods, D. J. (1978). Impairment in early stages of visual information processing in nonpsychotic schizotypic individuals. *Journal of Abnormal Psychology, 87,* 481–490.

Stevens, R. (1983). *Erik Erikson: An introduction.* New York, NY: St. Martins' Press.

Stock, G. (2002). *Redesigning humans: Our inevitable genetic future.* Boston, MA: Houghton Mifflin.

Stolberg, S. (1994, March 27). Genetic bias: Held hostage by heredity. *Los Angeles Times,* p. 1A.

Stone, A. A., Kennedy-Moore, E., & Neale, J. M. (1995).

Association between daily coping and end-of-day mood. *Health Psychology, 14,* 341-349.

Strack, F., & Deutsch, R. (2004). Reflective and impulsive determinants of social behavior. *Personality and Social Psychology Review, 8,* 220-247.

Straub, R. E., Jiang, Y., MacLean, C. J., Ma, Y., Webb, B. T., et al. (2002). Gnentic variation in the 6p22.3 gene DTNBP1, the human ortholog of the mouse dysbindin gene, is associated with schizophrenia. *American Journal of Human Genetics, 71,* 337-348.

Strauss, M. E., & Smith, G. T. (2009). Construct validity: Advances in theory and methodology. *Annual Review of Clinical Psychology, 5,* 1-25.

Streiner, D. L. (2010). Measure for measure: New developments in measurement and item response theory. *Canadian Journal of Psychiatry, 55,* 180-186.

Strong, R. K., & Dabbs, J. M., Jr. (2000). Testosterone and behavior in normal young children. *Personality and Individual Differences, 28,* 909-915.

Strube, M. J. (1989). Evidence for the type in Type A behavior: A texometric analysis. *Journal of Personality and Social Psychology, 56,* 972-987.

Stucke, T. S., & Sporer, S. L. (2002). When a grandiose self-image is threatened: Narcissism and self-concept clarity as predictors of negative emotions and aggression following ego-threat. *Journal of Personality, 70,* 509-532.

Stumpf, H. (1993). The factor structure of the Personality Research Form: A cross-national evaluation. *Journal of Personality, 61,* 27-48.

Sutton, S. K., & Davidson, R. J. (1997). Prefrontal brain symmetry: A biological substrate of the behavioral approach and inhibition systems. *Psychological Science, 8,* 204-210.

Swann, W. B., Jr. (1987). Identity negotiation: Where two roads meet. Journal of Personality and Social Psychology, 53, 1038-1051.

Swann, W. B., Jr. (1990). To be adored or to be known: The interplay of self-enhancement and self-verification. In E. T. Higgins & R. M. Sorrentino (Eds.), *Handbook of motivation and cognition* (Vol. 2, pp. 408-448). New York, NY: Guilford Press.

Swann, W. B., Jr., Bosson, J. K., & Pelham, B. W. (2002). Different partners, different selves: Strategic verification of circumscribed identities. *Personality and Social Psychology Bulletin, 28,* 1215-1228.

Swann, W. B., Jr., Pelham, B. W., & Krull, D. S. (1989). Agreeable fancy or disagreeable truth? Reconciling self-enhancement and self-verification. *Journal of Personality and Social Psychology, 57,* 782-791.

Swann, W. B., Wenzlaff, R. M., & Tafarodi, R. W. (1992). Depression and the search for negative evaluations: More evidence of the role of self-verification strivings. *Journal of Abnormal Psychology, 101,* 314-317.

Tangney, J. P., Baumsiter, R. F., & Boone, A. L. (2004). High self-control predicts good adjustment, less pathology, better grades, and interpersonal success. *Journal of Personality, 72,* 271-324.

Tannen, D. (1990). *You just don't understand: Women and men in conversation.* New York, NY: Ballantine Books.

Tavris, C., & Wade, C. (1984). *The longest war: Sex differences in perspective* (2nd ed.). New York, NY: Harcourt Brace Jovanovich.

Taylor, S. E. (2002). *The tending instinct: How nurturing is essential to who we are and how we live.* New York, NY: Henry Holt.

Taylor, S. E. (2006). Tend and befriend: Biobehavioral bases of affiliation ender stress. *Current Directions in Psychological Science, 15,* 273-277.

Taylor, S. E., & Brown, J. D. (1998). Illusion and well-being: A social psychological perspective on mental health. *Psychological Bulletin, 103,* 193-210.

Taylor, S. E., & Fiske, S. T. (1978). Salience, attention, and attribution: Top of the head phenomena. In L. Berkowitz (Ed.), *Advances in experimental social psychology* (Vol. 11). New York, NY: Academic Press.

Taylor, S. E., & Gollwitzer, P. M. (1995). Effects of mindset on positive illusions. *Journal of Personality and Social Psychology, 69,* 213-226.

Taylor, S. E., Klein, L. C., Lewis, B. P., Gruenewald, T. L., Gurung, R. A. R., & Updegraff, J. A. (2000). Biobehavioral responses to stress in females: Tend-and-befriend, not fight-or-flight. *Psychological Review, 107,* 411-429.

Tellegen, A. (1985). Structure of mood and personality and their relevance to assessing anxiety, with an emphasis on self-report. In A. H. Tuma & J. D. Maser (Eds.), *Anxiety and the anxiety disorders* (pp. 681-706). Hillsdalen, NJ: Erlbaum.

Tellegen, A., Lykken, D. T., Bouchard, T. J., Jr., Wilcox, K. J., Segal, N. L., & Rich, S. (1988). Personality similarity in twins reared apart and together. *Journal of Personality and Social Psychology, 54,* 1031-1039.

Tesch, S. A., & Whitbourne, S. K. (1982). Intimacy status and identity status in young adults. *Journal of Personality and Social Psychology, 43,* 1041-1051.

Tesser, A. (1991). Social vs. clinical approaches to self psychology: The self-evaluation maintenance model and

Kohutian object relations theory. In R. Curtis (Ed.), *The relational self: Theoretical convergences in psychoanalysis and social psychology* (pp. 257-281). New York, NY: Guilford Press.

Tesser, A. (1993). The importance of heritability in psychological research: The case of attitudes. *Psychological Review, 100,* 129-142.

Thagard, P. (1989). Explanatory coherence. *Behavioral and Brain Sciences, 12,* 435-467.

Thagard, P., & Millgram, E. (1995). Inference to the best plan: A coherence theory of decision. In A. Ram & D. B. Leake (Eds.), *Goal-driven learning* (pp. 439-454). Cambridge, MA: MIT Press.

Thelen, M. H., & Rennie, D. L. (1972). The effect of vicarious reinforcement on imitation: A review of the literature. In B. Maher (Ed.), *Progress in experimental personality research* (Vol. 6). New York, NY: Academic Press.

Thiessen, D., & Gregg, B. (1980). Human assortative mating and genetic equilibrium: An evolutionary perspective. *Ethology and Sociobiology, 1,* 111-140.

Thomason-Schill, S. L., Ramscar, M., & Chrysikou, E. G. (2009). Cognition without control: When a little frontal lobe goes a long way. *Current Directions in Psychological Science, 18,* 259-263.

Thorndike, E. L. (1989). Animal intelligence: An experimental study of the associative processes in animals. *Psychological Monographs, 2* (Whole Ni. 8).

Thorndike, E. L. (1905). *The elements of psychology*. New York, NY: A. G. Seiler.

Thorndike, E. L. (1933). *An experimental study of rewards*. New York, NY: Columbia University Teachers College Press.

Thorne, A. (1987). The press of personality: A study of conversations between introverts and extraverts. *Journal of Personality and Social Psychology, 53,* 718-726.

Thorne, A., Korobov, N., & Morgan, E. M. (2007). Channeling identity: A study of storytelling in conversations between introverted and extraverted friends. *Journal of Research in Personality, 41,* 1008-1031.

Thrash, T. M., & Elliot, A. J. (2002). Implicit and self-attributed achievement motives: Concordance and predictive validity. *Journal of Personality, 70,* 729-755.

Thronquist, M. H., Zuckerman, M., & Exline, R. V. (1991). Loving, liking, looking, and sensation seeking in unmarried college couples. *Personality and Individual Differences, 12,* 1283-1292.

Tindle, H. A., Chang, Y., Kuller, L. H., Manson, J. E., Robinson, J. G., Rosal, M. C., Siegle, G. J., & Matthews, K. A. (2009). Optimism, cynical hostility, and incident coronary heart disease and mortality in the Women's Health Initiative. *Circulation, 120,* 656-662.

Toates, F. (2006). A model of the hierarchy of behaviour, cognition, and consciousness. *Consciousness and Cognition, 15,* 75-118.

Tolman, E. C. (1932). *Purposive behavior in animals and men*. New York, NY: Appleton-Century-Crofts.

Toner, I. J., & Smith, R. A. (1977). Age and overt verbalization in delay-maintenance behavior in children. *Journal of Experimental Child Psychology, 24,* 123-128.

Tooby, J., & Cosmides, L. (1989). Evoluationary psychology and the generation of culture, Part I. *Ethology and Sociobiology, 10,* 29-49.

Tooby, J., & Cosmides, L. (1990). On the universality of human nature and the uniqueness of the individual. *Journal of Personality, 58,* 17-67.

Torelli, C. J., & Kaikati, A. M. (2009). Values as predictors of judgments and behaviors: The role of abstract and concrete mindsets. *Journal of Personality and Social Psychology, 96,* 231-247.

Torges, C. M., Stewart, A. J., & Duncan ,L. E. (2008). Achieving ego integrity: Personality development in late midlife. *Journal of Research in Personality, 42,* 1004-1019.

Trapnell, P. D., & Campbell, J. D. (1999). Private self-consciousness and the five-factor model of personality: Distinguishing rumination from reflection. *Journal of Personality and Social Psychology, 76,* 284-304.

Trapnell, P. D., & Wiggins, J. S. (1990). Extension of the interpersonal adjective scales to include the big five dimensions of personality. *Journal of Personality and Social Psychology, 59,* 781-790.

Trivers, R. L. (1971). The evolution of reciprocal altruism. *Quarterly Review of Biology, 46,* 35-57.

Trivers, R. L. (1972). Parental investment and sexual selection. In B. Campbell (Ed.), *Sexual selection and the descent of man: 1871-1971* (pp. 136-179). Chicago, IL: Aldine.

Trobst, K. K., Herbst, J. H., Masters, H. L., III, & Costa, P. T., Jr. (2002). Personality pathways to unsafe sex: Personality, condom use, and HIV risk behaviors. *Journal of Research in Personality, 36,* 117-133.

Trope, Y. (1975). Seeking information about one's own ability as a determinant of choice among tasks. *Journal of Personality and Social Psychology, 32,* 1004-1013.

Trope, Y. (1979). Uncertainty-reducing properties of achievement tasks. *Journal of Personality and Social Psychology, 37,* 1505-1518.

Trope, Y. (1980). Self-assessment, self-enhancement, and task preference. *Journal of Experimental Social Psychology, 16,* 116-129.

Trope, Y., & Fishbach, A. (2000). Counteractive self-control in overcoming temptation. *Journal of Personality and Social Psychology, 79,* 493-506.

Trope, Y., & Fishbach, A. (2005). Going beyond the motivation given: Self-control and situational control over behavior. In R. R. Hassin, J. S. Uleman, & J. A. Bargh (Eds.), *The new unconscious* (pp. 537-563). New York, NY: Oxford University Press.

Trope, Y., & Liberman, N. (2003). Temporal construal. *Psychological Review, 110,* 403-431.

Trope, Y., & Liberman, N. (2010). Construal-level theory of psychological distance. *Psychological Review, 117,* 440-463.

Tse, W. S., & Bond, A. J. (2001). Serotonergic involvement in the psychosocial dimension of personality. *Journal of Psychopharmacology, 15,* 195-198.

Tulving, E. (1972). Episodic and semantic memory. In .E Tulving & W. Donaldson (Edsd.), *Organization of memory.* New York, NY: Academic Press.

Tulving, E. (1993). What is episodic memory? *Current Directions in Psychological Science, 2,* 67-70.

Turkheimer, E. (1998). Heritability and biological explanation. *Psychological Review, 105,* 782-791.

Turner, J. L., Foa, E. B., & Foa, U. G. (1971). Interpersonal reinforcers: Classification, interrelationship, and some differential properties. *Journal of Personality and Social Psychology, 19,* 168-170.

Turner, R. A., Altemus, M., Enos, T., Cooper, B., & McGuinness, T. (1999). Preliminary research on plasma oxytocin in normal cycling women: Investigating emotion and interpersonal distress. *Psychiatry, 62,* 97-113.

Twenge, J. M., & Campbell, W. K. (2003). "Isn't it fun to get the respect that we're going to deserve?" Narcissism, social rejection, and aggression. *Personality and Social Psychology Bulletin, 29,* 261-272.

Tyner, S. D., Venkatachalam, S., Choi, J., Jones, S., Ghebranious, N., Igelmann, H., Lu, X., Soron, G., Cooper, B., Crayton, C., Park, S. H., Thompson, T., Karsenty, G., Bradley, A., & Donehower, L. A. (2002). p53 mutant mice that display early ageing-associated phenotypes. *Nature, 415,* 45-53.

Udry, J. R., & Talbert, L. M. (1988). Sex hormone effects on personality at puberty. *Journal of Personality and Social Psychology, 54,* 291-295.

Uebelacker, L. A., Strong, D., Weinstrck, L. M., & Miller, I. W. (2009). Use of item response theory to understand differential functioning of DSM-IV major depression symptoms by race, ethnicity and gender. *Psychological Medicine, 39,* 591-601.

Underwood, B. J. (1975). Individual differences as a crucible in theory construction. *American Psychologist, 30,* 128-134.

Vallacher, R. R., & Nowak, A. (1997). The emergence of dynamic social psychology. *Psychological Inquiry, 8,* 73-99.

Vallacher, R. R., & Wegner. D. M. (1985). *A theory of action identification.* Hillsdale, NJ: Erlbaum.

Vallacher, R. R., & Wegner. D. M. (1987). Action identification theory: The representation and control of behavior. *Psychological Review, 94,* 3-15.

Vallacher, R. R., & Wegner. D. M. (1989). Levels of personal agency: Individual variation in action identification. *Journal of Personality and Social Psychology, 57,* 660-671.

Vallacher, R. R., Read, S. J., & Mowak, A. (Eds.). (2002). The dynamical perspective in personality and social psychology [Special issue]. *Personality and Social Psychology Review, 6*(4).

Vallerand, R. J. (1997). Toward a hierarchical model of intrinsic and extrinsic motivation. In M. P. Zanna (Ed.), *Advances in experimental social psychology* (Vol. 29, pp. 271-360). San Diego, CA: Academic Press.

van Honk, J., & Schutter, D. J. L. G. (2007). Testosterone reduces conscious detection of signals serving social correction: Implications for antisocial behavior. *Psychological Science, 18,* 663-667.

van Honk, J., Schutter, D. J. L. G., Hermans, E. J., Putman, P., Tuiten, A., & Koppeschaar, H. (2004). Testosterone shifts the balance between sensitivity for punishment and reward in healthy young women. *Psychoneuroendocrinology, 29,* 937-943.

Vandenberg, S. G., Singer, S. M., & Pauls, D. L. (1986). *The heredity of behavior disorders in adults and children.* New York, NY: Plenum Press.

Vandewater, E. A., Ostrove, J. M., & Stewart, A. J. (1997). Predicting women's well-being in midlife: The importance of personality development and social role involvements. *Journal of Personality and Social Psychology, 72,* 1147-1160.

Vernon, D. T. A. (1974). Modeling and birth order in responses to painful stimuli. *Journal of Personality and Social Psychology, 29,* 794-799.

Vernon, P. E. (1964). *Personality assessment: A critical survey.* New York, NY: Wiley.

Verplanken, B., & Holland, R. W. (2002). Motivated decision making: Effects of activation and self-centrality of values on choices and behavior. *Journal of Personality and Social Psychology, 82,* 434-447.

Viken, R. J., Rose, R. J., Hapiro, J., & Koskenvuo, M. (1994). A developmental genetic analysis of adult personality: Extraversion and neuroticism from 18 to 59 years of age. *Journal of Personality and Social Psychology, 66,* 722-730.

von Bertalanffy, L. (1968). *General systems theory.* New York, NY: Braziller.

Wagerman, S. A., & Funder, D. C. (2007). Acquaintance reports of personality and academic achievement: A case for conscientiousness. *Journal of Research in Personality, 41,* 221-229.

Wagner, A. R., Siegel, S., THomas, E., & Ellison, G. D. (1964). Reinforcement history and the extinction of a conditioned salivary response. *Journal of Comparative and Physiological Psychology, 58,* 354-358.

Walker, E. F., & Diforio, D. (1997). Schizophrenia: A neural diathesis-stress model. *Psychological Review, 104,* 667-685.

Wallace, H. M., & Baumeister, R. F. (2002). The performance of narcissists rises and falls with perceived opportunity for glory. *Journal of Personality and Social Psychology, 82,* 819-834.

Walters, R. H., & Parke, R. D. (1964). Influence of response consequences to a social model on resistance to deviation. *Journal of Experimental Child Psychology, 1,* 269-280.

Walther, E. (2002). Guilty by mere association: Evaluative conditioning and the spreading attitude effect. *Journal of Personality and Social Psychology, 82,* 919-934.

Walton, K. E., & Roberts, B. W. (2004). On the relationship between substance use and personality traits: Abstainers are not maladjusted. *Journal of Research in Personality, 38,* 515-535.

Walton, K. E., Roberts, B. W., Krueger, R. F., Blonigen, D. M., & Hicks, B. M. (2008). Capturing abnormal personality with normal personality inventories: An item response theory approach. *Journal of Personality, 76,* 1623-1647.

Watson, D., Clark, L. A., McIntyre, C. W., & Hamaker, S. (1992). Affect, personality, and social activity. *Journal of Personality and Social Psychology, 63,* 1011-1025.

Webb, T. L., & Sheeran, P. (2003). Can implementation intentions help to overcome ego-depletion? *Journal of Experimental Social Psychology, 39,* 279-286.

Webb, T. L., & Sheeran, P. (2007). How do implementation intentions promote goal attainment? A test of component processes. *Journal of Experimental Social Psychology, 43,* 295-302.

Wegner, D. M. (1989). *White bears and other unwanted thoughts: Suppression, obsession, and the psychology of mental control.* New York, NY: Viking Penguin.

Wegner, D. M. (1994). Ironic processes of mental control. *Psychological Review, 101,* 34-52.

Wegner, D. M. (2002). *The illusion of conscious will.* Cambridge, MA: MIT Press.

Wegner, D. M., Shortt, J. W., Blake, A. W., & Page, M. S. (1990). The suppression of exciting thoughts. *Journal of Personality and Social Psychology, 58,* 409-418.

Wegner, D. M., Wenzlaff, R. M., & Kozak, M. (2004). Dream rebound: The return of suppressed thoughts in dreams. *Psychological Science, 15,* 232-236.

Wegner, D. M., & Wheatley, T. (1999). Apparent mental causation: Sources of the experience of will. *American Psychologist, 54,* 480-492.

Weiner, B. (1979). A theory of motivation for some classroom experiences. *Journal of Educational Psychology, 71,* 3-25.

Weiner, B. (1986). *An attributional theory of motivation and emotion.* New York, NY: Springer-Verlag.

Weiner, B. (1990). Attribution in personality psychology. In L. A. Pervin (Ed.), *Handbook of personality: Theory and research* (pp. 465-485). New York, NY: Guilford Press.

Weiner, B., & Litman-Adizes, T. (1980). An attributional, expectancy-value analysis of learned helplessness and depression. In J. Garber & M. E. P. Seligman (Eds.), *Human helplessness: Theory and applications.* New York, NY: Academic Press.

Weiss, A., Bates, T. C., & Luciano, M. (2008). Happiness is a personal(ity) thing: The genetics of personality and well-being in a representative sample. *Psychological Science, 19,* 205-210.

Weiss, L., & Masling, J. (1970). Further validation of a Rorschach measure of oral imagery: A study of six clinical groups. *Journal of Abnormal Psychology, 76,* 83-87.

Weiss, R. S. (Ed.). (1973). *Loneliness: Th experience of emotional and social isolation.* Cambridge, MA: MIT Press.

Wendelken, C., & Shastri, L. (2005). Connectionist mechanisms for cognitive control. *Neurocomputing: An International Journal, 65-66,* 663-672.

Wenzlaff, R. M., & Wegner, D. M. (2000). Thought suppression. *Annual Review of Psychology, 51,* 59-91.

Wenzlaff, R. M., Wegner, D. M., & Roper, D. W. (1988). Depression and mental control: The resurgence of unwanted negative thoughts. *Journal of Personality and Social Psychology, 55,* 1-11.

Westen, D. (1998). The scientific legacy of Sigmund Freud: Toward a psychodynamically informed psychological science. *Psychological Bulletin, 124,* 333-371.

Westmaas, J. L., & Silver, R. C. (2001). The role of attachment in responses to victims of life crises. *Journal of Personality and*

Social Psychology, 80, 425–438.

Wheeler, R. E., Davidson, R. J., & Tomarken, A. J. (1993). Frontal brain asymmetry and emotional reactivity: A biological substrate of affective style. *Psycholophysiology, 30,* 82–89.

Whitbeck, L. B., Hoyt, D. R., Simons, R. L., Conger, R. D., Elder, G. H., Jr., Lorenz, F. O., & Huck, S. (1992). Intergenerational continuity of parental rejection and depressed affect. *Journal of Personality and Social Psychology, 63,* 1036–1045.

Whitbourne, S. K., Sneed, J. R., & Wayer, A. S. (2009). Psychosocial development from college through midlife: A 34-year sequential s성y. *Developmental Psychology, 45,* 1328–1340.

White, R. W. (1959). Motivation reconsidered: The concept of competence. *Psychological Review, 66,* 297–333.

White, R. W. (1963). *Ego and reality in psychoanalytic theory: A proposal regarding independent ego energies* (Psychological Issues Monograph 11). New York, NY: International Universities Press.

Whiteside, S. P., & Lynam, D. R. (2001). The Five Factor Model and impulsivity: Using a structural model of personality to understand impulsivity. *Personality and Individual Differences, 30,* 669–689.

Wickelgren, W. A. (1977). *Learning and memory.* Englewood Cliffs, NJ: Prentice-Hall.

Wicker, F. W., Brown, G., Wiehe, J. A., Hagen, A. S., & Reed, J. L. (1993). On reconsidering Maslow: An examination of the deprivation/domination proposition. *Journal of Research in Personality, 27,* 118–133.

Widiger, T. A., & Mullins-Sweatt, S. N. (2009). Five-factor model of personality disorder: A proposal for DSM-V. *Annual Review of Clinical Psychology, 5,* 197–220.

Widiger, T. A., & Trull, T. J. (2007). Plate tectonics in the classification of personality disorder. Shifting to a dimensional model. *American Psychologist, 62,* 71–83.

Widiger, T. A., Trull, T. J., Clarkin, J. F., Sanderson, C., & Costa, Jr. (2002). A description of the DSM-IV personality disorders with the five-factor model. In P. T. Costa, Jr., & T. A. Widiger (Eds.), *Personality disorders and the five-factor model of personality* (2nd ed., pp. 89–99). Washington, DC: American Psychological Association.

Wiedenfeld, S. A., O'Leary, A., Bandura, A., Brown, S., Levine, S., & Raska, K. (1990). Impact of perceived self-efficacy in coping with stressors on components of the immune system. *Journal of Personality and Social Psychology, 59,* 1082–1094.

Wiener, N. (1948). *Cybernetics: Control and communication in the animal and the machine.* Cambridge, MA: MIT Press.

Wiggins, J. S. (1973). *Personality and prediction: Principles of personality assessment.* Reading, MA: Addison-Wesley.

Wiggins, J. S. (1979). A psychological taxonomy of trait-descriptive terms: The interpersonal domain. *Journal of Personality and Social Psychology, 37,* 395–412.

Wiggins, J. S. (Ed.). (1996). *The five-factor model of personality: Theoretical perspectives.* New York, NY: Guilford Press.

Wiggins, J. S., Phillips, N., & Trapnell, P. (1989). Circular reasoning about interpersonal behavior: Evidence concerning some untested assumptions underlying diagnostic classification. *Journal of Personality and Social Psychology, 56,* 296–305.

Wijngaards-de Meij, L., Stroebe, M., Schut, H., Stroebe, W., van den Bout, J., van der Heijden, P., & Dijkstra, I. (2007). Neuroticism and attachment insecurity as predictors of bereavement outcome. *Journal of Research in Personality, 41,* 498–505.

Wijngaards-de Meij, L., Stroebe, M., Schut, H., Stroebe, W., van den Bout, J., van der Heijden, P. G. M., & Dijkstra, I. (2007). Patterns of attachment and parents' adjustment to the death of their child. *Personality and Social Psychology Bulletin, 33,* 537–548.

Willerman, L., Loehlin, J. C., & Horn, J. M. (1992). An adoption and a cross-fostering study of the Minnesota Multiphasic Personality Inventory (MMPI) Psychopathic Deviate scale. *Behavior Genetics, 22,* 515–529.

Williams, G. C., & Deci, E. L. (1996). Internalization of biopsychosocial values of medical students: A test of self-determination theory. *Journal of Personality and Social Psychology, 70,* 767–779.

Williams, G. C., Grow, V. M., Freedman, Z. R., Ryan, R. M., & Deci, E. L. (1996). Motivational predictors of weight loss and weight-loss maintenance. *Journal of Personality and Social Psychology, 70,* 115–126.

Williams, P. G., Rau, H. K., Cribbet, M. R., & Gunn, H. E. (2009). Openness to experience and stress regulation. *Journal of Research in Personality, 43,* 777–784.

Williams, R. L., Moore, C. A., Pettibone, T. J., & Thomas, S. P. (1992). Construction and validation of a brief self-report scale of self-management practices. *Journal of Research in Personality, 26,* 216–234.

Wilson, A. E., Smith, M. D., Ross, H. S., & Ross, M. (2004). Young children's personal accounts of their sibling disputes. *Merrill-Palmer Quarterly, 50,* 39–66.

Wilson, D. S., & Wilson, E. O. (2008). Evolution "for the good of the group." *American Scientist, 96,* 380–389.

Wilson, E. O. (1975). *Sociobiology: The new synthesis.*

Cambridge, MA: Harvard University Press.

Wilson, J. Q., & Herrnstein, R. J. (1985). *Crime and human nature*. New York, NY: Simon & Schuster.

Wilson, M. I., & Daly, M. (1985). Competitiveness, risk-taking, and violence: The young male syndrome. *Ethology and Sociobiology, 6,* 59–73.

Wilson, M. I., & Daly, M. (1996). Male sexual proprietariness and violence against wives. *Current Directions in Psychological Science, 5,* 2–7.

Winter, D. G. (1972). The need for power in college men: Action correlates and relationship to drinking. In D. C. McClelland, W. N. Davis, R. Kalin, & E. Wanner (Eds.), *The drinking man*. New York, NY: Free Press.

Winter, D. G. (1973). *The power motive*. New York, NY: Free Press.

Winter, D. G. (1988). The power motive in women+and men. *Journal of Personality and Social Psychology, 54,* 510–519.

Winter, D. G. (1993). Power, affiliation, and war: Three tests of a motivational model. *Journal of Personality and Social Psychology, 65,* 532–545.

Winter, D. G. (1994). *Manual for scoring motive imagery in running text*. Ann Arbor, MI: University of Michigan.

Winter, D. G. (1996). *Personality: Analysis and interpretation of lives*. New York, NY: McGraw-Hill.

Winter, D. G. (1998). "Toward a science of personality psychology:: David McClelland's development of empirically derived TAT measures. *History of Psychology, 1,* 130–153.

Winter, D. G. (2007). The role of motivation, responsibility, and integrative complexity in crisis escalation: Comparative studies of war and peace crises. *Journal of Personality and Social Psychology, 92,* 920–937.

Winter, D. G. (2010). Why achievement motivation predicts success but failure in politics: The importance of personal control. Journal of personal control. *Journal of Personality, 78,* 1637–1688.

Winter, D. G., & Barenbaum, N. B. (1985). Responsibility and the power motive in women and men. *Journal of Personality, 53,* 335–355.

Winter, D. G., John, O. P., Stewart, A. J., Klohnen, E. C., & Duncan, L. E. (1998). Traits and motives: Toward an integration of two traditions in personality research. *Psychological Review, 105,* 230–250.

Winter, D. G., Stewart, A. J., & McCelland, D. C. (1977). Husband's motives and wife's career level. *Journal of Personality and Social Psychology, 35,* 159–166.

Wirth, M. M., Welsh, K., & Schultheiss, O. C. (2006). Salivary cortisol changes in humans after winning or losing a dominance contest depend on implicit power motivation. *Hormones and Behavior, 49,* 346–352.

Wise, R. A. (2004). Dopamine, learning and motivation. *Nature Reviews Neuroscience, 5,* 1–10.

Wisman, A., & Koole, S. L. (2003). Hiding in the crowd: Can mortality salience promote affiliation with others who oppose ones worldviews? *Journal of Personality and Social Psychology, 84,* 511–526.

Wispé, L. (1986). The distinction between sympathy and empathy: To call forth a concept, a word is needed. *Journal of Personality and Social Psychology, 50,* 314–321.

Woike, B. A. (1995). Most-memorable experiences: Evidence for a link between implicit and explicit motives and social cognitive processes in everyday life. *Journal of Personality and Social Psychology, 68,* 1081–1091.

Woike, B., Mcleod, S., & Goggin, M. (2003). Implicit and explicit motives influence accessibility to different autobiographical knowledge. *Personality and Social Psychology Bulletin, 29,* 1046–1055.

Wolfe, J. B. (1936). Effectiveness of token-rewards for chimpanzees. *Comparative Psychology Monographs, 12* (Whole No. 60).

Wolfe, R. N., & Kasmer, J. A. (1988). Type versus trait: Extraversion impulsivity, sociability, and preferences for cooperative and competitive activities. *Journal of Personality and Social Psychology, 54,* 864–871.

Wolpe, J. (1981). Behavior therapy versus psychoanalysis: Therapeutic and social implications. *American Psychologist, 36,* 159–164.

Wong, M. M., & Csikszentmihalyi, M. (1991). Affiliation motivation and daily experience: Some issues on gender differences. *Journal of Personality and Social Psychology, 60,* 154–164.

Wood, J. M., Nezworski, M. T., & Stejskal, W. J. (1996a). The comprehensive system for the Rorschach: A critical examination. *Psychological Science, 7,* 3–10.

Wood, J. M., Nezworski, M. T., & Stejskal, W. J. (1996b). Thinking critically about the comprehensive system for the Rorschach: A reply to Exner. *Psychological Science, 7,* 14–17.

Wood, R., & Bandura, A. (1989). Impact of conceptions of ability on self-regulatory mechanisms and complex decision making. *Journal of Personality and Social Psychology, 56*, 407–415.

Wood, W., Quinn, F. M., & Kashy, D. A. (2002). Habits in everyday life: Thought, emotion, and action. *Journal of Personality and Social Psychology, 83,* 1281–1297.

Wood, W., Tam, L., & Witt, M. G. (2005). Changing circumstances, disrupting habits. *Journal of Personality and*

Social Psychology, 88, 918-933.

Wright, J. C., Lindgren, K. P., & Zakriski, A. L. (2001). Syndromal versus contextualized personality assessment: Differentiating environmental and dispositional determinants of boys' aggression. *Journal of Personality and Social Psychology, 81,* 1176-1189.

Wright, J. C., & Mischel, W. (1988). Conditional hedges and the intuitive psychology of traits. *Journal of Personality and Social Psychology, 55,* 454-469.

Wright, J. C., & Zakriski, A. L. (2003). When syndromal similarity obscures functional dissimilarity: Distinctive evoked environments of externalizing and mixed syndrome boys. *Journal of Consulting and Clinical Psychology, 71,* 516-527.

Wright, J. C., Zakriski, A. L., & Drinkwater, M. (1999). Developmental psychopathology and the reciprocal patterning of behavior and environment: Distinctive situational and behavioral signatures of internalizing, externalizing, and mixed-syndrome children. *Journal of Consulting and Clinical Psychology, 67,* 95-107.

Wright, R. A. (1996). Brehm's theory of motivation as a model of effort and cardiovascular response. In P. M. Gollwitzer & J. A. Bargh (Eds.), *The psychology of action: Linking cognition and motivation to behavior* (pp. 424-453). New York, NY: Guilford Press.

Wrosch, C., Dunne, E., Scheier, M. F., & Schulz, R. (2006). Self-regulation of common age-related challenges: Benefits for older adults' psychological and physical health. *Journal of Behavioral Medicine, 29,* 299-306.

Wrosch, C., Scheier, M. F., Carver, C. S., & Schulz, R. (2003). The importance of goal disengagement in adaptive self-regulation: When giving up is beneficial. *Self and Identity, 2,* 1-20.

Wulfert, E., Block, J. A., Santa Ana, E., Rodriguez, M. L., & Colsman, M. (2002). Delay of gratification: Impulsive choices and problem behaviors in early and late adolescence. *Journal of Personality, 70,* 533-552.

Wyer, R. S., Jr., & Srull, T. K. (1986). Human cognition in its social context. *Psychology Review, 93,* 322-359.

Xu, A. J., & Wyer, R. S., Jr. (2008). The comparative mind-set: From animal comparisons to increased purchase intentions. *Psychological Science, 19,* 859-864.

Yamagata, S., Suzuki, A., Ando, J., Ono, Y., Kijima, N., Yoshimura, K., et al. (2006). Is the genetic structure of human personality universal? A cross-cultural twin study from North American, Europe, and Asia. *Journal of Personality and Social Psychology, 90,* 987-998.

Yates, B. T., & Mischel, W. (1979). Young children's preferred attentional strategies for delaying gratification. *Journal of Personality and Social Psychology, 37,* 286-300.

York, K. L., & John, O. P. (1992). The four faces of Eve: A typological analysis of women's personality at midlife. *Journal of Personality and Social Psychology, 63,* 494-508.

Young, J. E., & Klosko, J. S. (1993). *Reinventing your life.* New York, NY: Plume.

Zald, D. H., & Depue, R. A. (2001). Serotonergic functioning correlates with positive and negative affect in psychiatrically healthy males. *Personality and Individual Differences, 30,* 71-86.

Zeidner, M., & Hammer, A. L. (1992). Coping with missile attack: Resources, strategies, and outcomes. *Journal of Personality, 60,* 709-746.

Zeldow, P. B., Daugherty, S. R., & McAdams, D. P. (1988). Intimacy, power, and psychological well-being in medical students. *Journal of Nervous and Mental Disease, 176,* 182-187.

Zelenski, J. M., & Larsen, R. J. (1999). Susceptibility to affect: A comparison of three personality taxonomies. *Journal of Personality, 67,* 761-791.

Zimmerman, D. W. (1957). Durable secondary reinforcement: Method and theory. *Psychological Review, 14,* 373-383.

Zinbarg, R. E., & Mohlman, J. (1998). Individual differences in the acquisition of affectively valenced associations. *Journal of Personality and Social Psychology, 74,* 1024-1040.

Zucker, A. N., Ostrove, J. M., & Stewart, A. J. (2002). College-educated women's personality development in adulthood: Perceptions and age differences. *Psychology and Aging, 17,* 236-244.

Zuckerman, M. (1979). *Sensation seeking: Beyond the optimal level of arousal.* Hillsdale, NJ: Erlbaum.

Zuckerman, M. (1985). Biological foundations of the sensation-seeking temperament. In J. Strelau, F. H. Frley, & A. Gale (Eds.), *The biological bases of personality and behavior. Vol. 1. Theories, measurement techniques, and development.* Washington, DC: Hemishpere.

Zuckerman, M. (1991). *The psychobiology of personality.* New York, NY: Cambridge University Press.

Zuckerman, M. (1992). What is a basic factor and which factors are basic? Turtles all the way down. *Personality and Individual Differences, 13,* 675-681.

Zuckerman, M. (1993). P-impulsive sensation seeking and its behavioral, psychophysiological and biochemical correlates. *Neuropsychobiology, 28,* 30-36.

Zuckerman, M. (1994). *Behavioral expression and biosocial bases of sensation seeking.* New York, NY: Cambridge University Press.

Zuckerman, M. (1995). Good and bad humors: Biochemical bases of personality and its disorders. *Psychological Science, 6,* 325-332.

Zuckerman, M. (1996). The psychobiological model for impulsive unsocialized sensation seeking: A comparative approach. *Neuropsychobiology, 34,* 125-129.

Zuckerman, M. (2005). Psychobiology of personality. New York, NY: Cambridge University Press.

Zuckerman, M., Kieffer, S. C., & Knee, C. R. (1998). Consequences of self-handicapping: Effects on coping, academic performance, and adjustment. *Journal of Personality and Social Psychology, 74,* 1619-1628.

Zuckerman, M., Kuhlman, D. M., Joireman, J., Teta, P., & Kraft, M. (1993). A comparison of three structural models for personality: The big three, the big five, and the alternative five. *Journal of Personality and Social Psychology, 65,* 757-768.

Zuckerman, M., & Neeb, M. (1980). Demographic influences in sensation seeking and expressions of sensation seeking in religion, smoking, and driving habits. *Personality and Individual Differences, 1,* 197-206.

Zuckerman, M., & Tsai, F. (2005). Costs of self-handicapping. *Journal of Personality, 73,* 411-442.

Zuroff, D. C. (1986). Was Gordon Allport a trait theorist? *Journal of Personality and Social Psychology, 51,* 993-1000.

Zwanzger, P., & Rupprecht, R. (2005). Selective GABAergic treatment for panic? Investigations in experimental panic induction and panic disorder. *Journal of Psychiatry and Neuroscience, 30,* 167-175.

찾아보기

[인 명]

[내 용]

저자 소개

Charles S. Carver와 **Michael F. Scheier**는 Texas Austin 대학의 대학원 과정에서 만났다. 그곳에서 둘은 성격심리학으로 박사학위를 받았으며, 졸업 후 각각 Miami 대학교와 Carnegi Mellon 대학교에 자리를 잡고 지금까지 봉직하고 있다. Scheier는 2003~2004년 사이에 미국 건강심리학회장을 지냈으며, Carver는 미국심리학회지 중 *Journal of Personality and Social Psychology*의 편집자를 지냈다. 둘은 성격, 사회, 동기, 임상 및 건강 심리학에 걸쳐 35년 이상을 공동 작업해 왔다. 1998년에 그들은 미국심리학회(APA) 건강분과학회로부터 과학학술상을 받았으며, 2007년에는 미국 사회 및 성격심리 분과학회로부터 사회심리학에 대한 뛰어난 기여로 Donald T. Campbell 상을 수상했다. *Perspectives on Personality*의 7권의 개정판과 더불어 자기조절에 관한 책(*On the Self-Regulation of Behavior* 등)을 발간했으며, 320편 이상의 학술 논문과 공동 집필 저서를 출간하였다. Scheier는 열렬한 야외 운동가로 사냥과 낚시를 즐기며, Carver는 그림 그리는 것이 취미이고 수리하는 일도 즐긴다.

역자 소개

김교헌은 성균관대학교 산업심리학과를 졸업하고 동 대학교 대학원 심리학과에서 문학박사 학위를 받았다. 미국 Arizona 대학교와 뉴질랜드 Auckland 대학교에서 건강심리학을 연구하였다. 충남대학교 심리학과 교수로 한국심리학회, 한국건강심리학회, 한국중독심리학회 회장을 역임하였으며, 현재 아시아건강심리학회 회장을 맡고 있다. 건강심리전문가, 임상심리전문가, 중독심리전문가로서 명상, 중독, 자기 노출, 스트레스와 대처, 웰빙에 관심이 있으며, 이와 관련한 다수의 논문과 저서가 있다.

성격심리학 -성격에 관한 관점-

Perspectives on Personality (7th ed.)

2012년 9월 10일 1판 1쇄 발행
2026년 4월 20일 1판 11쇄 발행

지은이 • Charles S. Carver · Michael F. Scheier
옮긴이 • 김 교 헌

펴낸이 • 김 진 환
펴낸곳 • (주) 학지사
04031 서울특별시 마포구 양화로 15길 20 마인드월드빌딩 5층
대표전화 • 02) 330-5114 팩스 • 02) 324-2345
등록번호 • 제313-2006-000265호
홈페이지 • http://www.hakjisa.co.kr
인스타그램 • https://www.instagram.com/hakjisabook

ISBN 978-89-6330-418-2 93180

정가 25,000원

역자와의 협약으로 인지는 생략합니다.
파본은 구입처에서 교환하여 드립니다.